aga08-001 Foto: ad

Erika und Astrid Därr

Agadir, Marrakesch und Südmarokko

„Marokko liefert sich nicht aus,
man muss es sich selbst suchen."
Tahar Ben Jelloun

Impressum

Erika und Astrid Därr
Agadir, Marrakesch und Südmarokko

erschienen im
Reise Know-How Verlag Peter Rump GmbH
Osnabrücker Str. 79, 33649 Bielefeld

6., neu bearbeitete und komplett aktualisierte Auflage 2010

Gestaltung
Umschlag: G. Pawlak, P. Rump (Layout); M. Luck (Realisierung)
Inhalt: G. Pawlak (Layout); M. Luck (Realisierung)
Karten: B. Spachmüller; Th. Buri; world mapping project ™ (Atlas)
Fotos: siehe Fotonachweis S. 590
Titelfoto: A. Därr (Jardin Majorelle in Marrakesch)

Lektorat: M. Luck, A. Därr

Druck und Bindung: Wilhelm & Adam, Heusenstamm

ISBN 978-3-8317-1874-0
Printed In Germany

Dieses Buch ist erhältlich in jeder Buchhandlung Deutschlands, Österreichs, der Niederlande, Belgiens und der Schweiz. Bitte informieren Sie Ihren Buchhändler über folgende Bezugsadressen:

Deutschland
Prolit Verlagsauslieferung GmbH, Siemensstr. 16, D-35463 Fernwald (Annerod)
sowie alle Barsortimente

Schweiz
AVA/Buch 2000
Postfach, CH-8910 Affoltern a.A.

Österreich
Mohr-Morawa Buchvertrieb GmbH
Sulzengasse 2, A-1230 Wien

Niederlande, Belgien
Willems Adventure
www.willemsadventure.nl

Wer im Buchhandel trotzdem kein Glück hat, bekommt unsere Bücher auch über unseren **Büchershop im Internet: www.reise-know-how.de**

Wir freuen uns über Kritik, Kommentare und Verbesserungsvorschläge, gern auch per E-Mail an info@reise-know-how.de.

Alle Informationen in diesem Buch sind von den Autorinnen mit größter Sorgfalt gesammelt und vom Lektorat des Verlages gewissenhaft bearbeitet und überprüft worden.

Da inhaltliche und sachliche Fehler nicht ausgeschlossen werden können, erklärt der Verlag, dass alle Angaben im Sinne der Produkthaftung ohne Garantie erfolgen und dass Verlag wie Autorinnen keinerlei Verantwortung und Haftung für inhaltliche und sachliche Fehler übernehmen.

Die Nennung von Firmen und ihren Produkten und ihre Reihenfolge sind als Beispiel ohne Wertung gegenüber anderen anzusehen. Qualitäts- und Quantitätsangaben sind rein subjektive Einschätzungen der Autorinnen und dienen keinesfalls der Bewerbung von Firmen oder Produkten.

aga08-005 Foto: ch

Erika Därr
Astrid Därr

Agadir, Marrakesch und Südmarokko

Vorwort

Königreich zwischen Sahara und Meer oder **„Oase für die Sinne“**, wie das Fremdenverkehrsamt titelt – Marokko ist ein ideales Ziel für aufgeschlossene Urlauber, die Entspannung am Strand, Aktivitäten im Wasser, in der Wüste und den Bergen mit der Erkundung orientalischer Sehenswürdigkeiten verbinden möchten!

Natürlich ist die Atlantik-Metropole **Agadir** zunächst vor allem ein preiswertes Ziel für einen **Badeaufenthalt.** Hotels wie aus „1001 Nacht“ findet man in Agadir kaum, dafür umso mehr in Marrakesch. Agadir steht für eine moderne Hotellerie, lange, feinsandige Badestrände, ein vielseitiges Sport- und Unterhaltungsangebot, alles gekrönt von einem strahlend blauen Himmel und immerwährendem Sonnenschein – bessere Voraussetzungen für die schönsten Wochen des Jahres lassen sich kaum denken.

Aber Marokko bietet viel mehr – zum Beispiel in **Marrakesch.** Die „Rote Stadt“ verbindet den Traum vom Orient mit modernem Lebensstil und Urlaubsfreuden: farbenfrohe Märkte in den verschachtelten Gassen der Altstadt, prachtvolle, zu Gästehäusern umfunktionierte Stadthäuser mit Mosaiken und Springbrunnen, historische Monumente aus der Zeit der Almohaden- und Saaditen-Dynastien, kulinarische Köstlichkeiten in opulenten Palastrestaurants, Hammams mit orientalischem Wellnessprogramm, blühende Gärten aus Rosen, Bougainvilleen und Palmen.

Oder **Essaouira,** Stadt der Alternativen und Individualisten, der Musiker und Künstler, Surfer und Hippies. Die charmante Fischerstadt am Atlantik hat sich zum beliebten Urlaubsziel mit guter touristischer Infrastruktur entwickelt.

Die **Landschaft** Marokkos ist **abwechslungsreich.** Lichte Kiefern- und Eukalyptuswäldchen bilden häufig das Hinterland der Strandzonen nördlich von Agadir, während die Macchia bis nahe ans Meer heranreicht. In den südlichen Küstenregionen weicht die Strauchvegetation zunehmend wüstenhafter Umgebung, nur noch vereinzelt gedeihen Palmen in trockenen Oueds (Wadis).

Das Landesinnere zeigt sich gebirgig. Tafelberge mit schrundigen Auswaschungen, Felskegel, karge Hochflächen, grüne, fruchtbare Täler und Senken bestimmen das Landschaftsbild im südlichen **Hohen Atlas.** Der nördliche Hohe Atlas bekommt mehr Regen ab, mit sprudelnden Gebirgsbächen, Oleander, Walnuss- und Apfelbäumen. Der Anti-Atlas mit seinen eindrucksvollen Granitbergen, bizarren Felsformationen und engen Palmentälern um Tafraoute ist besonders reizvoll. In den Bergregionen finden sich alte Speicherburgen aus Bruchstein neben den rosafarbenen Wohnhäusern der Chleuh-(Schlöh-)Berber.

Im Drâa- und Dadèstal thronen die mächtigen Kasbahs der Berber – Wehrburgen aus Lehm – auf Anhöhen über den Flusstälern. Entlang der **Straße der Kasbahs** von Ouarzazate nach Errachidia werden weite Steinwüstengebiete durchquert, die im Norden vom Hohen Atlas, im Süden vom vulkanischen Djebel Siroua und Jebel Saghro begrenzt und von fruchtbaren Palmenoasen unterbrochen werden. Das dicht von Palmen gesäumte **Ziztal** zieht sich in Richtung Erfoud nach Süden, und dort ist dann wirklich die Sandwüste – der Erg Chebbi – erreicht.

Ein besonderes Erlebnis ist eine **Saharatour,** sei es mit dem Geländewagen oder auf dem Kamel. Die weite Sand- und Steinwüste bei M'hamid oder die Dattelpalmenoasen bei Zagora auf dem Rücken eines sanft dahinschwankenden Dromedars zu erleben, sollte sich kein Reisender entgehen lassen. Abends bezieht man in Nomadenzelten Quartier und bewundert am Lagerfeuer den unendlichen Wüstenhimmel.

Marokko garantiert dem interessierten Gast einen erlebnisreichen Urlaub voller neuer und unvergesslicher Eindrücke – sofern man bereit ist, den Hotelbereich zu verlassen und mehr vom Urlaub erwartet als Körperbräunung und ein Souvenir aus der Hotelboutique. Keine falsche Scheu in der Fremde! Auch wenn eventuell mangelnde Sprachkenntnisse abschrecken und manchmal die „hilfreichen Geister" auf die Nerven gehen: Unternehmen Sie den ein oder anderen Ausflug, vielleicht zuerst im Rahmen einer organisierten Tour. Und wer weiß ... womöglich kommen Sie auf den Geschmack!

Mit diesem Buch wollen wir vor allem den **Fluggast,** der sich nur im Süden Marokkos aufhält – ob **organisiert oder individuell** (mit Mietwagen oder öffentlichen Verkehrsmitteln) –, ansprechen. Der Besucher soll Wissenswertes über Land und Leute, über seinen Urlaubsort, über die Vielfalt an Sehenswürdigkeiten, Aktivitäten und Ausflugszielen erfahren. Praktische Hinweise und Tipps sowie Informationen zu Hintergründen erleichtern den Aufenthalt und die Orientierung und fördern das Verständnis für Marokkos Menschen und Kultur.

Individualreisende, die sich mehrere Wochen im ganzen Land aufhalten oder mit eigenem Fahrzeug, mit dem Rucksack, auf einer Trekkingtour oder mit dem Fahrrad das Land durchqueren, und jene, die ausführlicher über Marokko informiert werden wollen, weisen wir auf den ebenfalls bei Reise Know-How erschienenen **Reiseführer „Marokko"** hin. Auf über 900 Seiten erhält der Leser detaillierte Routenbeschreibungen (speziell auch zu Bergpisten und Wüstenregionen mit GPS-Daten), umfassende Hintergrundinformation sowie unzählige Hinweise für die Vorbereitung und Durchführung einer ganz individuellen Entdeckungsreise durch Marokko.

Mit den besten Wünschen für einen eindrucksvollen, erholsamen und interessanten Marokko-Aufenthalt

Ihre Erika und Astrid Därr

Inhalt

Marrakesch

Nördlicher Hoher Atlas

Anmerkung: In diesem Buch sind viele **Internet- und E-Mail-Adressen** genannt. Bedingt durch den Zeilenumbruch werden manche Adressen getrennt, so dass ein Trennstrich eingefügt wird, der nicht zur Adresse gehören muss!

Ouarzazate und das Drâatal

Die Straße der Kasbahs

Das Tafilalet und der Südosten

Anhang

Karten

In den Kopfzeilen der Buchseiten steht ein Verweis auf die jeweiligen in den Kontext passenden Karten bzw. Stadtpläne.

Atlas: Bei den jeweiligen Orten erfolgt ein Verweis auf die entsprechende Karte bzw. genaue Positionierung in der Karte, z.B. Marrakesch ⇗ III, D2.

Exkurse

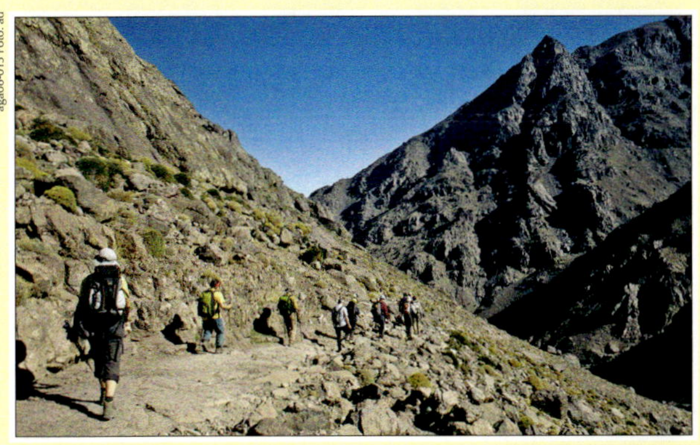

aga08-013 Foto: ad

Abstieg vom Djabal Toubkal

aga08-014 Foto: ch

Reisetipps A–Z

ag5391ch Foto: dd

aga08-015b Foto: ch

Hotel Palais Salam (Taroudannt)

Marokkanische Schönheitsutensilien

Als Kerzenstander harmlos: ein Skorpion

Als Gast in Marokko

Touristen bringen Geld, und Marokko ist um den weiteren Ausbau des Tourismus bemüht. Allerdings kommen die Devisen nur zum Teil der marokkanischen Bevölkerung zu Gute, denn ein großes Stück vom Kuchen bleibt den Touristen in Form von Luxusgütern, die importiert werden müssen, um die Ansprüche der Besucher zu befriedigen. Auch sonst hat der Tourismus nicht nur positive Seiten. Wenn man beobachtet, wie Busladungen kamerabewehrter Urlauber sich zur Schnellvisite über ein abgelegenes Bergdorf ergießen oder Touristinnen in knappen Shorts und tief ausgeschnittenen Tops durch arabische Altstädte bummeln, lässt sich erahnen, welch **unterschiedliche Welten und Moralvorstellungen** hier aufeinanderprallen. Daher sollte nie vergessen werden: Auch wer bezahlt, bleibt Gast und hat die **landestypischen Sitten zu respektieren.** Religion, Gebräuche, Kultur und Mentalität der meisten Marokkaner weichen nun einmal stark von europäischen Maßstäben ab.

Wo zu viele Fremde auftauchen, hat sich das **Verhalten der Einheimischen** inzwischen verändert. Während man sich entlang der Küste und in den großen Städten mittlerweile an Touristen gewöhnt hat und diesen mal reserviert, mal geschäftstüchtig, aber weitestgehend freundlich begegnet, wird der Besucher an stark frequentierten Ausflugszielen vor allem in den Hochgebirgsregionen des südlichen Hohen Atlas oft bedrängt, gelegentlich regelrecht belästigt und angebettelt. Man bedenke jedoch: Für den einfachen Marokkaner ist ein Europäer, der sich eine Auslandsreise leisten kann, der gut gekleidet in für ihn unerschwinglichen Hotels wohnt, zumindest reich genug, um auch ihn daran teilhaben zu lassen. Wenn wohlmeinende, aber gedankenlose Touristen Geschenke oder gar Geld an die vermeintlich armen Kinder verteilen, ist es kein Wunder, wenn die nächsten Besucher umso forscher bedrängt werden. In manchen Regionen hat sich daraus regelrecht ein Sport entwickelt, nach dem Motto „Wer luchst den Touristen am meisten ab?". Unterstützen Sie diese Entwicklung nicht! Spenden Sie lieber an Hilfsorganisationen (siehe Webadressen), oder geben Sie Sachspenden z.B. an Schulen. Abseits der Touristenpfade, aber oft auch in den Touristenhochburgen trifft man nach wie vor auf eine überaus freundliche Bevölkerung und herzliche Gastfreundschaft.

Das **große Geld im Tourismus** machen vorwiegend Veranstalter und (immer mehr europäische) Hotelbesitzer. Angestellte und kleine Dienstleistende finden oft nur saisonweise Arbeit und müssen bei geringem Einkommen zusehen, wie die Gäste in Saus und Braus leben. Zudem haben Kauflust und -kraft der Europäer nachgelassen, oder die Touristen bleiben zum Beispiel nach Terroranschlägen wie denen des 11. September 2001 und des 16. Mai 2003 in Casablanca ganz aus, sodass der **Konkurrenzkampf** von Teppichhändlern und Souvenirverkäufern **immer härter** wird. Nur wer ständig auf sich und seine Ware aufmerksam macht, hat Chancen, ein Geschäft zu machen. Man sollte das berücksichtigen, wenn die Händler wieder einmal besonders penetrant und nervend zum Kauf animieren.

Es wird sich nie ganz vermeiden lassen, dass man in einem fremden Land da oder dort ins Fettnäpfchen tritt. Wer sich jedoch für die Menschen, ihre Lebensart und ihren Alltag interessiert und versucht, sie zu **verstehen,** wird ganz von allein nicht so viel falsch machen wie der ignorante Reisende, dem nur seine Erholung, Sonne, Meer und die Qualität des Strandes und des Essens wichtig sind und der das Drumherum lediglich als malerische und exotische Kulisse registriert.

Touristenknigge

- **Beginnen Sie Ihre Reise unvoreingenommen** mit dem Wunsch, mehr über das Land und seine Menschen zu erfahren.
- **Respektieren Sie die Gefühle der gastgebenden Bevölkerung.** Bedenken Sie, dass Sie durch Ihr Verhalten auch ungewollt verletzen können. Dies trifft vor allem auf das Fotografieren zu.
- Machen Sie es sich zur Gewohnheit, **zuzuhören** und zu beobachten anstatt nur zu hören und zu sehen.
- Halten Sie sich vor Augen, dass andere Völker oft **andere Zeitbegriffe** haben. Das heißt aber nicht, dass diese schlechter sind – sie sind eben verschieden.
- Entdecken Sie, wie interessant und wertvoll es sein kann, **eine andere Art des Lebens kennen zu lernen.**
- Machen Sie sich mit den **örtlichen Sitten** und Gebräuchen vertraut. Sie werden sicher jemanden finden, der Ihnen dabei hilft.
- **Legen Sie die Gewohnheit ab, auf alles eine Antwort parat zu haben.** Seien Sie mal derjenige, der eine Antwort haben möchte.
- Denken Sie daran, dass Sie nur einer von Tausenden Touristen im Land sind. **Beanspruchen Sie keine besonderen Privilegien.**
- **Wenn Sie etwas günstig eingekauft haben,** denken Sie daran, dass Ihr Vorteil vielleicht nur deswegen möglich war, weil die Löhne in Ihrem Gastland niedrig sind.
- **Machen Sie niemandem Versprechungen,** wenn Sie nicht sicher und willens sind, sie auch zu halten.
- **Nehmen Sie sich täglich etwas Zeit, um Ihre Erlebnisse zu verdauen;** sie werden dann mehr vom Reisen haben.
- **Wenn Sie es auf Reisen wie zu Hause haben wollen,** dann sollten Sie Ihr Geld nicht fürs Reisen verschwenden und lieber daheimbleiben.

Wasserknappheit

Gehen Sie sparsam, zumindest bewusst mit Wasser um! Einige Touristenhotels machen ihre Gäste bereits gezielt auf dieses Problem aufmerksam, indem sie beispielsweise die Handtücher nicht täglich waschen; weisen Sie ggf. die Rezeption darauf hin, dass z.B. das tägliche Wechseln von Handtüchern und Bettwäsche nicht notwendig ist. Gut gefüllte Pools und Wellnessbereiche in allen besseren Hotels gaukeln Wasser in Hülle und Fülle vor, aber nur durch den kostspieligen Bau zahlreicher Stauseen kann die Versorgung des Landes mit Trinkwasser aufrechterhalten werden. Die Hotelzentren in Agadir wurden z.B. selbst in Trockenjahren immer mit Wasser versorgt, während der einheimischen Bevölkerung das **Wasser rationiert** wurde. Besonders kritisch ist die Situation in den Saharaoasen, wo durch den unverhältnismäßig hohen zusätzlichen „touristischen" Bedarf der Grundwasserspiegel sinkt und dadurch die gesamte Oasenwirtschaft gefährdet ist.

Fotografieren

Die vielen fremdartigen Motive Marokkos verlocken zu häufigem Gebrauch der Kamera. Aber **Vor- und Rücksicht!** Grundsätzlich verboten ist das Filmen und Fotografieren militärischer Einrichtungen im weitesten Sinne, dazu gehören auch die Staumauern der Stauseen. Zurückhaltung also, wenn Antennenanlagen, beflaggte Gebäude, Militärzäune, Uniformierte etc. mit in die „Schusslinie" kommen.

Nach strenger Koranauslegung ist jede bildliche Darstellung des Menschen verboten, daher ist vor allem **bei Personenaufnahmen äußerstes Feingefühl** gefragt. Wer Menschen fotografieren will (und dies nicht unbemerkt tun kann), sollte sich durch Fragen oder entsprechende freundliche Gestik vergewissern, dass der Betroffene nichts dagegen hat. Im Zweifelsfall: kein Foto. Während die berberische Bevölkerung zumeist aufgeschlossen aufs Fotografieren reagiert, ist es nach wie vor undenkbar, z.B. eine traditionell gekleidete arabische Frau ungefragt aus der Nähe „abzuschießen". Auf wenig Verständnis stoßen auch Fotografen, die ärmliche Verhältnisse (Slums, Müllhalden, baufällige Häuser, Bettler etc.) als Motiv wählen.

Mit der **Digitalkamera** kann man fotografierscheue Menschen eventuell doch von einem Foto überzeugen, indem man ihnen einen Blick auf das Display gewährt - die Freude und das Erstaunen, das eigene Abbild so schnell bewundern zu können, lassen die Skepsis vielleicht schwinden.

Digitalaufnahmen, von denen man auch in Marokko problemlos Abzüge machen lassen kann, sind eine gute Möglichkeit, sich für eine Einladung oder Dienstleistung zu revanchieren, ebenso das (natürlich einzuhaltende) Versprechen, Bilder später von zu Hause aus zu schicken.

Buchtipps – Praxis-Ratgeber:
- Harald A. Friedl, **Respektvoll reisen**
- Birgit Adam, **Als Frau allein unterwegs**
- Kirstin Kabasci, **Islam erleben**

(alle Bände Reise Know-How Verlag)

Einladungen

Der Besucher Marokkos entwickelt mit der Zeit ein Gespür dafür, ob echte **Gastfreundschaft oder** nur **Geschäftssinn** hinter einer Einladung steckt. In touristischen Hochburgen kann ein gesundes Misstrauen nicht schaden. Zwar mag das Angebot einer Tasse Tee schließlich in einen Laden mit hohen Stapeln von Teppichen führen, doch wer partout nichts kaufen will und dies klar kundtut, wird ohne Groll wieder entlassen.

Abseits der touristischen Zentren wird der Besucher im Allgemeinen auch heute noch traditionsgemäß herzlich und ohne kommerzielle Hin-

ft1_6-5 Foto: oh

tergedanken begrüßt und aufgenommen. Legen Sie dann Ihre europäische Hektik ab, zeigen Sie Interesse für Ihre Gastgeber, lassen Sie Ihre Schuhe vor der Wohnungstüre stehen, und strecken Sie Ihrem Gegenüber niemals die Fußsohlen entgegen, also am besten im Schneidersitz.

Man sitzt traditionell auf Teppichen oder Sitzkissen, die später auch zum Schlafen benutzt werden. Die Frauen der Familie werden Sie abseits der großen Städte in der Regel nur zum Auftragen der Speisen sehen. Üblicherweise essen die Frauen und Kinder von den Männern getrennt. Bei Touristinnen wird eine Ausnahme gemacht. **Essen Sie nur mit der rechten Hand, die Linke gilt als unrein** (da man sich damit nach der Toilette das Hinterteil säubert). Reichen Sie einem Marokkaner Zigaretten oder auch ein kleines Gastgeschenk – was im Falle einer privaten Einladung angebracht wäre – ebenfalls nur mit der rechten Hand!

Üblicherweise wird vor und nach dem Essen ein Krug mit Wasser, Seife und eine Schüssel zum Händewaschen gereicht. Dieser Brauch ist sehr sinnvoll, wird aber inzwischen oft unterlassen. Die übliche marokkanische **Begrüßung** auf der Straße ist: „Läbäs (bes)?“, was in etwa heißt: „Wie geht's?“. Im Haus wird man meist mit

Henna-Applikationen: schön und mit „Baraka“, dem „göttlichen Segen“

„marhaba" – „Willkommen" bzw. dem arabischen „Salam aleikum" in Empfang genommen. Darauf folgt ein „läbäs" und als Antwort „läbäs el hamdulilah" – „Es geht gut, Gott sei Dank". Zur Verabschiedung sagt man „Besslama" bzw. „Ma S'lama (Ma Salama – Saleikum ma Salam)" – „Auf Wiedersehen".

Wenn Sie bei einer Stadtfamilie zu Gast sind, kann es durchaus vorkommen, dass den ganzen Abend der **Fernseher** läuft, was nicht etwa Unhöflichkeit dem Besucher gegenüber darstellt, sondern den Stolz auf die modernen technischen Errungenschaften dokumentiert. Der Fernseher ist in den Städten ein solch wichtiger Bestandteil des Haushalts geworden, dass er häufig den ganzen Tag über eingeschaltet bleibt, auch wenn nebenbei alle anderen Dinge des täglichen Lebens erledigt werden.

Allein reisende Frauen

Eine Frau kann sich grundsätzlich unbesorgt allein und fernab des Hotelbereichs frei bewegen (das betrifft insbesondere die Städte Agadir, Marrakesch, Ouarzazate und Essaouira). Einige wichtige Punkte sollten jedoch beachtet werden: Westliches Fernsehen und Filme sowie das Verhalten einer nicht unerheblichen Zahl von Touristinnen, die einem kleinen Abenteuer im Urlaubsland nicht abgeneigt sind und sich entsprechend benehmen, ha-

2a Foto: vf

ben unter vielen marokkanischen Männern die Ansicht verstärkt, dass Touristinnen „leicht zu haben" seien. Was bei den eigenen Frauen undenkbar wäre – bei den freizügigen Ausländerinnen kann man doch zumindest mal sein Glück versuchen. **Gelegentliche Anmache** in Form von dummen Sprüchen wie „Bonjour, la gazelle!" oder „Oooh, la belle!" bis hin zu eindeutigen Angeboten, kessen Blicken und anerkennendem Pfeifen sollten vor diesem Hintergrund gesehen und nicht allzu ernst genommen werden. Am besten Sie ignorieren solche Kennenlernversuche einfach, auch wenn dies in manchen Städten Nerven und Geduld strapazieren kann. Aggressive Annäherungsversuche passieren so gut wie nie – zumindest sind uns keine Fälle (auch aus eigener Erfahrung als allein reisende, junge und blonde Frau) bekannt. Bei echten Belästigungen machen Sie sich lautstark bemerkbar. Ältere Marokkaner missbilligen das aufdringliche Verhalten der Jüngeren und werden entsprechend eingreifen.

Allein reisende Frauen in **dezenter Kleidung,** die zurückhaltend, gleichzeitig aber **selbstsicher** auftreten, womöglich schon ein bisschen in die Jahre gekommen sind, haben im Allgemeinen nichts zu befürchten. In Agadir allerdings haben sich jüngere Männer darauf spezialisiert, älteren Damen Avancen zu machen, vorwiegend mit dem Ziel, an eine Aufenthaltsgenehmigung für Europa zu kommen. Annäherungsversuchen sollte man, auch wenn man sich geschmeichelt fühlt, sehr skeptisch begegnen. Wer seine Ruhe haben will, sollte auch jeden direkten **Blickkontakt mit Männern vermeiden** und eventuelle Zudringlichkeiten freundlich, aber bestimmt (und laut) ablehnen. Wenn in Gesprächen der eigene Verlobte, Ehemann oder gar Kinder erwähnt werden, dürfte auch das hartnäckigste Interesse versiegen. Als Verlobte oder verheiratete Frau und erst recht als Mutter wird auch eine Ausländerin respektiert. Allerdings fehlt nach wie vor das Verständnis, warum man ohne männliche Begleitung reist.

Frauen unter sich – Einladung zum Tee

Sonstiges

Gefühlsbezeugungen oder gar der Austausch von **Zärtlichkeiten** zwischen Mann und Frau in der Öffentlichkeit **widersprechen den islamischen Moralvorstellungen.** Umgekehrt lässt sich beobachten, dass marokkanische Männer häufig Händchen haltend oder Arm in Arm miteinander durch die Straßen gehen. Dies ist meist Ausdruck einer ganz „normalen", guten Freundschaft unter Männern und in Marokko durchaus üblich. Man sollte jedoch nicht verschweigen, dass **Homosexualität** zwar verboten, aber weit verbreitet ist. Viele Marokkaner machen ihre ersten sexuellen Erfahrungen mit dem gleichen Geschlecht. Diesbezügliche Offerten werden daher immer wieder an männliche Touristen herangetragen.

Als ungebührlich gilt, wenn ein männlicher Tourist in der Öffentlichkeit eine **marokkanische Frau** anspricht, und sei es nur, um nach dem Weg zu fragen. Ganz und gar ungewöhnlich ist es, als Mann von einer oder mehreren marokkanischen Frauen angesprochen zu werden. Diese Form der Kontaktaufnahme wird nur von Prostituierten gewählt, selbst wenn die Damen überhaupt nicht danach aussehen und sich erst ganz harmlos als am Fremden interessierte Studentinnen ausgeben.

Außereheliche und gleichgeschlechtliche **Sexualbeziehungen** sind in Marokko Straftatbestände, jedoch zeigt die Praxis, dass eine Sexualbeziehung unter europäischen nicht verheirateten Hetero-Paaren nicht geahndet wird, jedoch Schwierigkeiten auftreten, wenn einer der unverheirateten Partner die marokkanische Staatsbürgerschaft besitzt.

Zu respektieren sind die **religiösen Sitten: Moscheen dürfen** in Marokko von Andersgläubigen (Ausnahmen sind die Moschee Hassan II. in Casablanca und die renovierte Moschee von Tin Mal im Hohen Atlas), **nicht besichtigt werden.** Allenfalls kann man einen Blick durch den Eingang in den Innenhof werfen. Nach der Religion gefragt, sollte man sich nicht als Atheist, sondern als Christ bekennen, wenn man nicht Unverständnis ernten will. Während des Fastenmonats Ramadan sollten auch Touristen in der Öffentlichkeit Zurückhaltung bezüglich Rauchen, Essen und Trinken üben. Alkoholgenuss sollte generell auf Hotels, Bars und Restaurants beschränkt bleiben. Animieren Sie keinen Moslem zum Alkoholkonsum!

In der Nähe von Grenzen, im Süden in Richtung Westsahara und häufig auch an den Ein- und Ausfahrtsstraßen der großen Städte (hier v.a. zur Geschwindigkeitskontrolle; siehe dazu im Kapitel Verkehr) gibt es **Polizei-Checkpoints,** deshalb sollte der Pass immer griffbereit sein und nicht für die Dauer des Urlaubs an der Hotelrezeption verbleiben.

Beamten sollte man immer **freundlich begegnen.** Autoritäten werden in Marokko noch wesentlich mehr respektiert als bei uns. Die Autorität des Staates, der Amtspersonen, aber auch der Eltern ist noch kaum in Frage gestellt. Deshalb sollten kritische oder gar beleidigende Äußerungen, sowohl was den König (Straftatbestand!) als auch das Land betrifft, unterbleiben. Der Stolz auf das Land, seine Kultur und seine Werte ist groß, und selbst dem System kritisch gegenüberstehende Marokkaner werden selten negativ über ihre Heimat sprechen.

Nur Mut zu eigenen Unternehmungen

Direkte Kontakte mit Einheimischen und persönliche Beobachtungen prägen sich tiefer ein und bleiben oft stärker in Erinnerung als jedes noch so spektakulär organisierte Programm. Sie machen den eigentlichen Reiz jeder Reise aus, und auf solche Erlebnisse sollte kein Besucher, auch nicht der organisiert Reisende, verzichten.

Wer **zum ersten Mal nach Marokko,** vielleicht auch zum ersten Mal nach Afrika, kommt wird zunächst vermutlich ziemlich „fremdeln". Vieles ist anders als bei uns, die Sprache, die Religion, die Mentalität der Landesbewohner. Man kennt sich nicht aus mit öffentlichen Verkehrsmitteln, ist unsicher beim Einkaufen und in Restaurants, fühlt sich schutzlos im Gewühle eines Marktes oder in unbekannten Stadtvierteln. Kurzum: Viele Pauschalurlauber trauen sich oft kaum aus ihrem ghettoartigen Hotelbereich hinaus. Ausflüge werden meist nur unter den Fittichen erfahrener Agenturen und Reiseleiter unternommen, die zweifellos bemüht sind, so viel wie möglich an Sehenswertem in ihre Touren zu packen. Das hat allerdings zur Folge, dass das Programm prallvoll ist und es keine Zeit zum „Atmosphäre schnuppern", keine Chance für private Erlebnisse lässt.

Nichts spricht dagegen, Ausflüge und Rundfahrten zu buchen – manches lässt sich ohnehin kaum oder nur mühsam in der Kürze der Zeit auf eigene Faust organisieren. Wer jedoch das Land und seine Menschen wirklich kennen lernen will, sollte versuchen, die **ausgetretenen Touristenpfade** zu **verlassen.** Das ist für jeden Hotelgast problemlos möglich und keineswegs ein riskantes Unterfangen, wie Reiseleiter gelegentlich – in weiser Berechnung – zu suggerieren versuchen.

Die **Marokkaner sind** ausgesprochen **gastfreundlich, tolerant, hilfsbereit und kontaktfreudig.** Man spürt dies schnell und fühlt sich dadurch auch bald sicherer in der fremdartigen Umgebung. Wenn Sie sich irgendwo verlaufen haben oder sonst wie Hilfe brauchen, sprechen Sie einen Passanten an oder gehen Sie ins nächstbeste Geschäft. Man wird Sie notfalls so lange „weiterreichen", bis irgendjemand gefunden ist, der Ihnen – vielleicht sogar in Ihrer Sprache – weiterhilft (vor allem in Agadir sprechen inzwischen viele Marokkaner deutsch).

Dunkle, enge, abgelegene Altstadtgassen, die man in südeuropäischen Ländern – wenn überhaupt – nur mit Gänsehaut, schnellem Schritt und festem Griff um die Handtasche durcheilen würde, können in Marokko tagsüber sorglos durchstreift werden. Die **Kriminalitätsrate** insgesamt liegt im Vergleich zu Deutschland und anderen Urlaubsländern extrem niedrig, auch wenn sie in Agadir und Marrakesch steigt. Dies ist auch auf die extremen Gegensätze zwischen der Glitzerwelt des Tourismus und den ärmlichen Lebensverhältnissen der häufig arbeitslosen Jugendlichen und ebenso auf den **Alkoholkonsum** der männlichen Stadtbevölkerung zurückzuführen. Nicht selten setzen Männer ihren geringen Verdienst in Bier oder Spirituosen um. Alkohol ist in Agadir, Essaouira und Marrakesch leicht erhältlich,

Buchtipp – Praxis-Ratgeber:
- Matthias Faermann
Schutz vor Gewalt und Kriminalität unterwegs
(Reise Know-How Verlag)

und die Abhängigkeit steigt trotz islamischen Alkoholverbots. Wenn das Geld nicht ausreicht für die entsprechende Zeche, dann kommt der eine oder andere schon auf den Gedanken, sich das Geld von Touristen zu verschaffen. Im ländlichen Marokko wäre so etwas undenkbar: Alkohol ist kaum erhältlich, und vor allem würde man in der Öffentlichkeit nicht damit gesehen werden wollen. Allenfalls wird, verschämt in der Plastiktüte versteckt, eine Flasche Wein oder Bier für einen Gast nach Hause gebracht.

Der Konsum von **Cannabis** (Kif) gehört in manchen Regionen zum marokkanischen Alltag und ist im Gegensatz zum Alkoholkonsum nach religiöser Auslegung nicht „haram" (verboten). Kif ist Marokkanern für den Eigenverbrauch erlaubt, für Touristen jedoch streng verboten. Junge Männer z.B. in Essaouira versuchen sich als Drogendealer oder locken Touristen mit fragwürdigen Einladungen, wo man entweder ausgenommen oder beschwatzt wird, Drogen zu kaufen.

Trotz einer gewissen Gefahr des Taschendiebstahls in Touristenzentren (v.a. in dichten Menschenmengen, z.B. auf dem Djamâa-el-Fna in Marrakesch), muss man sich eher gegen eine gewisse **„Schlitzohrigkeit"** wappnen. So wird z.B. in fantasievollen Varianten immer wieder versucht, dem Besucher Führerdienste oder jede Art von Souvenirs aufzudrängen. „Wäre es Ihnen möglich, mir den Brief eines deutschen Freundes zu übersetzen?", ist einer der ältesten **Tricks,** um Sie in einen Laden zu locken. Auch nicht gerade selten ist eine vorgetäuschte Autopanne (insbesondere auf der Strecke über den Tizi-n-Tichka-Pass und in Richtung Zagora) und die Bitte, doch einen der Beifahrer mit in die nächste Stadt zu nehmen. Darauf folgt selbstverständlich eine Einladung zum Tee – im nächsten Teppichladen! Man übe sich in freundlicher, aber selbstsicherer und konsequenter Ablehnung – dann kehrt Ruhe ein, zumindest für kurze Zeit ...

Vorschläge, was sich von den Ferienzentren aus **unternehmen lässt** und Hinweise auf lohnende Ziele finden sich jeweils in den Ortsbeschreibungen; allgemeine Tipps und Ratschläge in verschiedenen Sonderkapiteln. Klemmen Sie sich einen Stadtplan unter den Arm und marschieren Sie los. Mieten Sie sich ein Fahrrad oder einen Motorroller. Nehmen Sie sich – zur Kostensenkung evtl. zusammen mit anderen Gästen – einen Mietwagen oder steuern Sie einfach mit dem Linienbus oder mit einem „Grand Taxi", das Sie auch mit Fahrer für einen ganzen Tag mieten können, nahe liegende Ziele an (Adressen siehe Städtekapitel). Es kostet Sie – nebenbei bemerkt – kaum mehr als das, was Sie für eine organisierte Tour bezahlen, und Sie können sich die Zeit unterwegs nach Gutdünken einteilen.

Hotelrezeptionen und die in allen größeren Touristenzentren vorhandenen Informationbüros sind behilflich, wenn es um **Auskünfte** zu lokalen Ereignissen und Veranstaltungen geht. Auch die in größeren Hotels ausliegenden Informations-Ordner der Reiseveranstalter sowie die „Schwarzen Bretter" enthalten nützliche Tipps.

Sollten Sie größere Aktivitäten auf eigene Faust planen – besonders abseits touristischer Routen oder womöglich sogar Geländewagenstrecken im Hohen Atlas oder der Wüste –, empfehlen wir Ihnen unseren ausführlichen, auch bei REISE KNOW-HOW erschienenen **Reiseführer „Marokko – vom Rif zum Anti-Atlas"** mit detaillierten Routenbeschreibungen für das ganze Land.

Urlaub und Umwelt

Wer sich öfters in Dritte-Welt-Ländern aufhält, gewöhnt sich an den **Müll,** den Schutt und die Plastiktüten, die wild verstreut in der Gegend herumliegen. Auch Marokko erreicht natürlich keinen deutschen Umweltstandard. Aber im Vergleich zu vielen anderen arabischen Staaten herrschen hier geradezu paradiesische Zustände.

Ausnahmen sind in erster Linie die **Randgebiete der Großstädte.** Trifft man mit dem Touristenbus von Marrakesch kommend am Stadtrand von Agadir ein, oder fährt man von Aït Melloul die Stadtautobahn vom Flughafen zur Stadt, dann wird man ein verständnisloses Kopfschütteln nicht unterdrücken können. Auch die dunkelste Sonnenbrille bewahrt einen nicht vor dem Anblick der herumfliegenden schwarzen Plastiktüten.

Aber keine Sorge: Ist man erst einmal **im Hotel,** so entsprechen die **hygienischen Verhältnisse** den Anforderungen der ausländischen Kundschaft. Heerscharen von Bediensteten und Putzpersonal sind ständig im Einsatz, um die Hotelräume, die Außenanlagen und den Strand in Schuss zu halten. Leider endet die Verantwortlichkeit schon vor der Tür und außerhalb der Touristenmeile und des Stadtzentrums ist es oft vorbei mit der Sauberkeit. Gleiches gilt übrigens für die privaten marokkanischen Haushalte: Ihr gepflegter und sauberer Charakter steht in krassem Gegensatz zu dem Schmutz im öffentlichen Raum.

Eine perfekte **Müllentsorgung** und **Straßenreinigung,** wie wir sie kennen, existiert in Marokko nur in Ansätzen. Agadir immerhin hat sich dank eines umsichtigen Gouverneurs sehr zum Positiven gewandelt! Müll, Luft- und Umweltverschmutzung werden mit zunehmender Bevölkerungszahl und Industrialisierung ein immer brennenderes Problem. Zwar sind in größeren Städten Müllcontainer aufgestellt (in kleineren Orten offene Kübel oder Fässer), man bemüht sich auch um die Aufklärung der Bevölkerung, doch landet trotzdem viel Abfall einfach im Gelände. Außerdem sorgen Wind, Hunde und Katzen dafür, dass der gesammelte Müll wieder verteilt wird. Besonders in den Gassen der Medinas gibt es meist keine funktionierende Abfallentsorgung.

Eine regelrechte „Landplage" sind die **Plastiktüten,** die beim Einkauf großzügig ausgegeben werden und dann landesweit Straßen, Gehwege, Gärten und Felder verunzieren und an Zäunen, Sträuchern und Bäumen hängen. Hier wäre ein gewaltiger Schritt in

Richtung Umweltschutz möglich, würde eine Gebühr auf Plastiktüten erhoben. Dann würden Einheimische und Touristen wohl schnell auf die traditionellen Bastkörbe zurückgreifen.

Der **Mangel an Umweltbewusstsein** ist erschreckend. Wenn schöne Strände, Park- oder Picknickplätze übersät sind mit Plastikflaschen, Kronkorken und rostigen Sardinenbüchsen, dann könnte man schon in Depressionen verfallen – auch wenn von Zeit zu Zeit Säuberungsaktionen stattfinden, vor allem wenn der König im Land herumreist. Andererseits sollte berücksichtigt werden, dass Umweltschutz und die entsprechende Bewusstseinshaltung immer auch in direkter Beziehung stehen zum allgemeinen Wohlstand eines Landes und seiner Einwohner. Eine bekannte Weisheit paraphrasierend, könnte man formulieren: „Fressen kommt vor Sauberkeit" – und viele Marokkaner haben nun mal in erster Linie damit zu tun, ihren Lebensunterhalt zu sichern, und sorgen sich wenig um die Sauberkeit außerhalb ihrer vier Mauern. Wie aber in allen arabischen Ländern, ist es dafür in der eigenen Wohnung umso sauberer!

Besonders ärgerlich ist es, wenn der in ökologischer Hinsicht sensibilisierte **Tourist im Ausland** alle Hemmungen fallen lässt, nur weil sich die meisten Einheimischen einen Dreck um Umweltbelange kümmern. Hier besteht eine gute Gelegenheit, als Vorbild aufzutreten: Hinterlassen Sie keinen Müll, gehen Sie sparsam mit Wasser um, und verwenden Sie umweltfreundliche Shampoos, Seifen und Waschpulver, da die Abwässer meist ungeklärt ins Meer fließen.

Das Erscheinungsbild mancher Dörfer und Städte wird auch beeinträchtigt durch deren anhaltenden **Baustellencharakter.** Häuser bleiben lange Zeit halbfertig und unverputzt. Steine, Sand, Bauschutt und Abfall werden nach der Fertigstellung nur peu à peu weggeräumt. Der Wind wirbelt Staub und Dreck unbefestigter Bodenflächen durch die Gassen. Mancherorts stolpert man bei Rundgängen über hochstehende Steinplatten, steigt über Sandhaufen und Baumaterial, hüpft über Löcher und offene Kanalschächte – und niemand stört sich daran. **Rollstuhlfahrer** haben es deshalb, auch mangels durchgehend gepflasterter Gehwege, besonders schwer. Wenn dann die wenigen gut ausgebauten Fußgängerwege noch mit Buden und Caféstühlen vollgestellt sind, gleicht das Fußgängerdasein eher einem Hindernislauf.

Abstriche von der uns gewohnten Sauberkeit und Hygiene müssen häufig auch gemacht werden, wenn **Billighotels,** kleine Restaurants und **Garküchen** besucht werden – von **öffentlichen Toiletten** ganz zu schweigen.

Diese Zu- und Missstände sind den Verantwortlichen durchaus bewusst. In Ministerien, Kommunen, Universitä-

Buchtipp:
- Muriel Brunswig-Ibrahim

KulturSchock Marokko
(Reise Know-How)

ten und Schulen sind landesweit **Umweltspezialisten** eingesetzt, die forschen, informieren und aufklären - ein weites Aufgabengebiet, das viel Geld kostet. Auch die deutsche GTZ unterstützt hier die marokkanische Regierung. Vieles wird bereits getan, aber noch mehr bleibt zu tun. Marokko hat eine Menge Probleme zu lösen - die Umweltverschmutzung ist nur eines davon.

Anreise nach Marokko

Pauschalurlauber erreichen Marokko im Allgemeinen **per Charterflug** mit Ferienfluggesellschaften wie Air Berlin und Condor von vielen Flughäfen in Deutschland, Österreich und der Schweiz **direkt nach Agadir/Aït Melloul oder Marrakesch** und gelangen dann per Bustransfer zum Hotel.

Nonstop- oder Direktverbindungen aus dem deutschsprachigen Raum mit Linienfluggesellschaften nach Marokko bestehen **nach Casablanca** mit Lufthansa von Frankfurt, mit Royal Air Maroc von Düsseldorf, Frankfurt, Genf und Zürich sowie mit Austrian Airlines von Wien. Royal Air Maroc fliegt auch direkt von Düsseldorf und Frankfurt **nach Nador** sowie von München direkt **nach Marrakesch,** Austrian Airlines auch von Wien **nach Agadir.**

Die **Flugzeit** z.B. von München nach Agadir beträgt rund 4 Stunden.

Daneben gibt es etliche Umsteigeverbindungen mit mindestens einem Zwischenstopp im Heimatflughafen der jeweiligen Airline. In Casablanca bestehen Anschlüsse zu allen großen Städten.

Flugpreise

Je nach Fluggesellschaft, Jahreszeit und Aufenthaltsdauer schwanken die Preise für einen Hin- und Rückflug nach Agadir erheblich. So kann es im Januar, Februar, Juni oder November durchaus möglich sein, einen Linienflug **ab 160 Euro** zu ergattern, während für die Ferienmonate ein Flug unter 450 Euro kaum zu bekommen ist.

Kinder unter zwei Jahren fliegen ohne Sitzplatzanspruch für 10% des Erwachsenenpreises, ansonsten werden für ältere Kinder die regulären Preise je nach Airline um 25–50% ermäßigt. Ab dem zwölften Lebensjahr gilt der Erwachsenentarif.

Von Zeit zu Zeit offerieren die Fluggesellschaften **befristete Sonderangebote.** Dann kann man z.B. mit Condor für rund 100 Euro von vielen deutschen Flughäfen nach Agadir und zurück fliegen. Diese Tickets haben in der Regel eine befristete Gültigkeitsdauer und eignen sich nicht für Langzeitreisende. Ob für die gewünschte Reisezeit gerade Sonderangebote für Flüge nach Marokko auf dem Markt sind, lässt sich im Internet auf der Webseite von Jet-Travel (www.jet-travel.de) unter „Flüge“ entnehmen, wo sie als Schnäppchenflüge nach Afrika mit aufgeführt sind.

In Deutschland gibt es **ab Frankfurt** die häufigsten Verbindungen nach Marokko. Flugverbindungen mit anderen deutschen Flughäfen sind oft teurer. Da kann es für Deutsche attraktiver sein, mit einem **Rail-and-Fly-Ticket** per Bahn nach Frankfurt zu reisen (entweder bereits im Flugpreis enthalten oder nur 30–60 Euro extra). Man kann je nach Fluglinie auch einen preiswerten **Zubringerflug** der gleichen Airline von einem kleineren Flughafen in Deutschland buchen. Außerdem gibt es **Fly-&-Drive-Angebote,** wobei eine Fahrt vom und zum Flughafen mit einem Mietwagen im Ticketpreis inbegriffen ist.

Reist man viel per Flugzeug, kann man als Mitglied eines **Vielflieger-Programms** auch indirekt sparen, z.B. im Verbund der www.star-alliance.com (Mitglieder u.a. Austrian Airlines, Lufthansa). Die Mitgliedschaft ist kostenlos, und die gesammelten Flugmeilen bei Fluggesellschaften innerhalb eines Verbundes reichen dann vielleicht schon für einen Freiflug bei einer der Partnergesellschaften beim nächsten Flugurlaub. Bei Einlösung eines Gratisfluges ist langfristige Vorausplanung nötig.

In Marokko selbst lassen sich **Inlandsflüge** (auch verbilligte Wochenendtarife) über die Royal Air Maroc buchen, jedoch gehen diese in der Regel nicht von Stadt zu Stadt, sondern immer über Casablanca, sodass sich diese Art des Reisens im Land nicht lohnt.

Buchtipps – Praxis-Ratgeber:
- Frank Littek
Fliegen ohne Angst
- Erich Witschi
Clever buchen, besser fliegen
(beide Bände Reise Know-How Verlag)

Buchung

Für die Tickets der Linienairlines kann man bei folgenden **zuverlässigen Reisebüros** meistens günstigere Preise als bei vielen anderen finden:

- **Jet-Travel,** Buchholzstr. 35, 53127 Bonn, Tel. 0228 28 43 15, Fax 28 40 86, info@jet-travel.de, www.jet-travel.de. Sonderangebote auf der Website unter „Schnäppchenflüge".
- **Globetrotter Travel Service,** Löwenstr. 61, 8023 Zürich, Tel. 044 22 86 666, www.globetrotter.ch. Weitere Filialen siehe Website.

Die vergünstigten Spezialtarife und befristeten Sonderangebote kann man nur bei wenigen Fluggesellschaften in ihren Büros oder direkt auf ihren Websites buchen; diese sind jedoch immer auch bei den oben genannten Reisebüros erhältlich.

Billigfluglinien

Preiswerter geht es mit etwas Glück nur, wenn man bei einer Billigairline **sehr früh online bucht.** Es werden keine Tickets ausgestellt, sondern man bekommt nur eine Buchungsnummer per E-Mail. Zur Bezahlung wird in der Regel eine Kreditkarte verlangt.

Im Flugzeug gibt es oft **keine festen Sitzplätze,** sondern man wird meist schubweise zum Boarden aufgerufen, um Gedränge weitgehend zu vermeiden. **Verpflegung** wird **extra** berechnet, bei einigen Fluggesellschaften auch aufgegebenes Gepäck. Für die Region interessant sind:

- **Air Berlin,** www.air-berlin.de. Von Nürnberg nonstop und von diversen anderen deutschen Flughäfen über Nürnberg nach Agadir; von Köln/Bonn nonstop und von vielen anderen deutschen und österreichischen Flughäfen sowie von Basel über Köln/Bonn nach Nador, von Köln/Bonn nonstop und von vielen anderen deutschen und österreichischen Flughäfen über Köln/Bonn nach Tanger.
- **Easy Jet,** www.easyjet.com. Von Basel-Mühlhausen-Freiburg und Genf nach Marrakesch.
- **Jet4you,** www.jet4you.com. Von Genf nach Casablanca.
- **Ryan Air,** www.ryanair.de. Von Hahn im Hunsrück und Weeze am Niederrhein nach Agadir, Marrakesch und Fès.
- **Transavia,** www.transavia.com. Von Amsterdam nach Marrakesch und Agadir.

Last Minute

Wer sich erst im letzten Augenblick für eine Reise nach Marokko entscheidet oder gern pokert, kann Ausschau nach Last-Minute-Flügen halten, die von einigen Airlines mit deutlicher Ermäßigung ab **etwa 14 Tage vor Abflug** angeboten werden. Die Flüge lassen sich nur bei Spezialisten buchen:

- **L'Tur,** www.ltur.com, Tel. 00800 21 21 21 00 (gebührenfrei für Anrufer aus Europa); 165 Niederlassungen europaweit.
- **Lastminute.com,** www.lastminute.de, (D)-Tel. 01805 28 43 66 (0,14 €/Min.), für Anrufer aus dem Ausland Tel. 0049 89 44 46 900.
- **5 vor Flug,** www.5vorflug.de, (D)-Tel. 01805 10 51 05 (0,14 €/Min.), (A)-Tel. 0820 20 30 85 (0,145 €/Min.).
- **Restplatzbörse,** www.restplatzboerse.at, (A)-Tel. (01) 58 08 50.

Kleines „Flug-Know-how"

Check-in

Nicht vergessen: Ohne einen **gültigen Reisepass** (oder bei Pauschalreisen ohne gültigen Personalausweis) kommt man nicht an Bord eines Flugzeuges nach Marokko. Man muss mindestens **1 Stunde vor Abflug** am Schalter der Airline eingecheckt haben. Viele Airlines neigen zum Überbuchen, d.h., sie buchen mehr Passagiere ein, als Sitze im Flugzeug vorhanden sind, und wer zuletzt kommt, hat dann möglicherweise das Nachsehen.

Das Gepäck

In der Economy Class darf man in der Regel nur **Gepäck bis zu 20 kg pro Person** einchecken (Ausnahme z.B. Ryanair mit nur 15 kg) und zusätzlich ein Handgepäck von 7 kg in die Kabine mitnehmen, welches eine bestimmte Größe von 55 x 40 x 23 cm nicht überschreiten darf. In der Business Class sind es meist 30 kg pro Person und zwei Handgepäckstücke, die insgesamt nicht mehr als 12 kg wiegen dürfen. Bei manchen Fluggesellschaften kann man Sportgepäck separat aufgeben, z.B. Tauch- oder Golfausrüstung, Surfbretter, manchmal auch Fahrräder. Man sollte sich beim Ticketkauf über die Bestimmungen der Airline informieren.

Flüssigkeiten oder vergleichbare Gegenstände in ähnlicher Konsistenz (z.B. Getränke, Gels, Sprays, Cremes, Shampoos, Zahnpasta, Suppen) dürfen Fluggäste nur in der Höchstmenge von jeweils 0,1 Liter als Handgepäck mit ins Flugzeug nehmen. Die Flüssigkeiten müssen in einem durchsichtigen, wiederverschließbaren Plastikbeutel transportiert werden, der maximal 1 Liter Fassungsvermögen hat. Es ist allerdings kein Problem, sich im Duty-free-Bereich nach der Kontrolle wieder mit Wasser oder dort erhältlichen alkoholischen und nichtalkoholischen Getränken oder Kosmetika einzudecken (in versiegelten Einkaufstüten). Da sich diese Regelungen ständig ändern, sollte man sich beim Reisebüro oder der Fluggesellschaft nach dem jeweils gültigen Stand erkundigen.

Aus Sicherheitsgründen dürfen **Taschenmesser, Nagelfeilen, Nagelscheren,** sonstige Scheren u.Ä. nicht mehr im Handgepäck untergebracht werden. Diese Gegenstände sollte man unbedingt im aufzugebenden Gepäck verstauen, sonst werden sie bei der Sicherheitskontrolle einfach weggeworfen. Darüber hinaus gilt, dass Feuerwerke, leicht entzündliche Gase (in Sprühdosen, Campinggas), entflammbare Stoffe (in Benzinfeuerzeugen, Feuerzeugfüllung) etc. nichts im Passagiergepäck zu suchen haben.

Ankunft in Marokko

Die **Abfertigung am Flughafen** ist ziemlich unproblematisch. Dem Polizeibeamten legt man den Pass und den **Ein-/Ausreisezettel** (*Carte d'Embarquement/Débarquement,* ist bereits im Flugzeug auszufüllen) vor. Daraufhin erhält man den Einreisestempel mit **Identifikationsnummer,** auf deren Lesbarkeit man achten sollte, da sie beim Einchecken in die Hotels und für weitere Einreisen benötigt wird. Bei der Ausreise ist der gleiche Zettel auszufüllen, der meistens bei den Säulen am Flughafen rumliegt, und dem Beamten mitsamt Pass und Ticket vorzulegen. Falls man mit dem Personalausweis einreist (was nur für Pauschaltouristen im Rahmen einer Gruppenreise möglich ist), erhält man ein gesondertes Blatt mit dem Einreisestempel, das bei der Ausreise wieder vorgezeigt werden muss. Bei der **Zollabfertigung** werden Gruppenreisende selten kontrolliert.

CARTE DE DEBARQUEMENT
EINREISE

1 Nom: ....
Name (Druckschrift)

Nom de jeune fille: ....
Geburtsname

Prénoms: ....
Vorname

2 Date de naissance: ....
Geburtsdatum

3 Lieu de naissance: ....
Geburtsort

4 Nationalité: ....
Nationalität

5 Profession: ....
Beruf

6 Domicile: ....
Heimatadresse

7 Passeport no .... délivré à .... le ....
Reisepaß-Nr. ausgestellt in am

8 Allant à (adresse): ....
Zielflughafen

Réservé à l'Administration
Für behördliche Eintragung

Form 300012 -95

Einreiseformular

Ausrüstung

Reisegepäck

Eine rechtzeitig angelegte **Checkliste** hilft, dass man nichts einzupacken (und vorab zu erledigen) vergisst. Im Grunde erfordert eine Marokkoreise kaum andere Vorbereitungen als eine beliebige Südeuropareise. Zu beachten ist jedoch, dass man in ein arabisches Land reist (u.a. Kleidungssitten).

Kleidung

Sie richtet sich nach **Reisezeit, Reiseziel und Reiseart.** Wer einen Pauschal-Badeurlaub gebucht hat, muss anders packen als der Rundreisende. Sportliche Freizeitkleidung ist auch für Luxushotels ausreichend. Smoking und Abendkleid sind kaum irgendwo angemessen, geschweige denn erforderlich, außer vielleicht im Mamounia-Hotel in Marrakesch.

Selbst in der größten Hitze muss **Rücksicht auf das islamische Gastland** genommen werden. Nacktbaden ist in Marokko verboten, „oben ohne" wird höchstens an den Hotelpools geduldet, an Stränden jedoch signalisiert die barbusige Europäerin dem männlichen Marokkaner sexuelle Bereitschaft, was Belästigungen nach sich zieht. Badekleidung, Shorts, tief ausgeschnittene, rücken-/bauchfreie Oberteile sowie Miniröcke sollten auf die Badezonen und den Hotelbereich beschränkt bleiben und sind vor allem in den Medinas und in religiösen Monumenten absolut unangebracht!

Zu empfehlen ist Kleidung aus **pflegeleichter, luftdurchlässiger Baumwolle oder atmungsaktiver Microfaser.** Mit leichten Hosen oder Röcken, die bis über die Knie reichen, sowie bequemen, weitärmeligen Blusen oder T-Shirts ist man unterwegs nicht nur einigermaßen „anständig" angezogen, sondern auch vor der intensiven Sonneneinstrahlung geschützt. Marokkaner wird man außerhalb der Küstenstädte selbst im Hochsommer allenfalls in knielangen Shorts auf der Straße antreffen. Auch der wohlgeformte Mann würde sich daneben benehmen, liefe er mit entblößter Brust herum. Diese Regeln gelten umso mehr, je weiter man sich von touristischen Zentren entfernt.

Das Tragen **marokkanischer Landestracht** empfiehlt sich nur zu geeigneten Anlässen: Als Kopfbedeckung bei einer staubigen Tour unter sengender Sonne etwa, ist ein *Chech* (Kopfwickeltuch der Tuareg und anderer Saharavölker) sehr praktisch. Beim Rundgang in der Altstadt kann durchaus eine *Djellabah* getragen werden. Insgesamt aber sollte auch hier das nötige Fingerspitzengefühl bewiesen werden.

Sehr praktisch für Frauen ist ein großes, leichtes **Tuch,** beliebig über Kopf und/oder Schultern zu tragen. Dies ist nicht nur ein empfehlenswertes Zugeständnis an die Landessitte, es schützt auch Kopf und Nacken vor der Sonne und das Haar vor Austrocknung und Staub – außerdem lässt sich damit bei Besuchen z.B. von Moscheen, Museen, Souks, Restaurants ein etwaiges Zuviel an nackter Haut im Schulterbereich dezent verhüllen.

Auch ins Sommergepäck gehören ein **warmer Pullover** für kühle Abende sowie ein leichter Wind- und Regenschutz. Im Winter braucht man vor allem im Gebirge, aber auch in der Wüste, eine warme Jacke oder einen Fleecepullover sowie Regenkleidung.

Feste, geschlossene **Schuhe** sind nicht nur für Wüstenexkursionen nötig, auch bei Ausflügen ins Gelände und Besichtigungen antiker Ruinenstätten geben sie sicheren Halt. Ansonsten sind wasserfeste Trekkingsandalen ideal, sowohl für den Altstadtbummel als auch für Spaziergänge abseits der Straße. Badeschuhe nicht vergessen!

Sonstiges

Auch wenn Sie etwas zu Hause vergessen haben – fast alles (Kleidung, Toilettenartikel etc.) lässt sich in Marokko nachkaufen. Wichtig ist generell, an die **persönlichen, unersetzlichen Dinge** zu denken, z.B. Personaldokumente, Sehbrille, Medikamente, Adressbüchlein, Wörterbuch/Sprachführer (z.B. Kauderwelsch, REISE KNOW-HOW). Reiseführer/-karte und Urlaubslektüre (deutsche Tageszeitungen, Zeitschriften) sind auch in den Urlaubszentren erhältlich.

Fotografen sollten ausreichend Ersatzbatterien und Filme bzw. für Digitalkameras die Ladestation und eine Speicherkarte mit ausreichend Kapazität dabei haben (Speicherchips und Filme sind in Marokko in Fotoläden erhältlich, aber teurer).

Sonnenbrille, Sonnencreme und evtl. eine Strandmatte sind wichtig für **Badeurlauber.** Sollten Sie vorzugsweise in kleinen, unklassifizierten Hotels nächtigen, kann ein **Handtuch** auch nicht schaden, denn diese gehören nicht immer zur Ausstattung. Für Trekkingtouren, Übernachtungen auf der Dachterrasse und in Jugendherbergen empfiehlt sich im Winter ein warmer Schlafsack, im Sommer reicht ein Leintuch oder Hüttenschlafsack.

Packen Sie eine kleine **Taschenlampe** (z.B. LED-Stirnlampe) ein: Sie brauchen sie bei evtl. Stromausfällen, bei abendlichen Spaziergängen durch schlecht oder unbeleuchtete Straßen, bei Touren über Land für Übernachtungen in Zelten oder Hütten, gelegentlich sind sie auch nützlich bei Besichtigungen von Ruinenstätten. Ein kleiner **Schirm** ermöglicht Spaziergänge notfalls auch bei Regen (Frühjahr, Spätherbst).

Empfehlenswert ist die Mitnahme einiger individueller **Geschenkartikel** als Dank für kleinere Dienstleistungen. Auch Kellner und Zimmermädchen freuen sich (neben dem Trinkgeld) darüber. Beliebt sind Seifen, Parfüms, amerikanische Zigaretten, Jeans, ausgediente Handys oder ein typisches Souvenir (Kalender/Postkarten/Bildband) von zu Hause.

Noch ein Tipp: Ein **Notizbuch** mit Kalenderteil sollte jeder dabeihaben, um die eine oder andere Information festzuhalten. Handelt es sich um die erste und einzige Marokkoreise, hat man später ein interessantes Souvenir. Folgen weitere Reisen, kann man dankbar auf das Notierte (z.B. Preise, Hotel-, Restaurant- oder Einkaufstipps, Adressen) zurückgreifen.

Wer länger oder geschäftlich unterwegs ist, kann mit seinem **Notebook** in immer mehr Hotels sowie Restaurants und Cafés in Agadir, Essaouira und Marrakesch kabellos im Internet surfen (WLAN).

Kopien von Pass und Dokumenten – separat aufbewahrt – sind nützlich bei Verlust der Originale.

Behindertenreisen

Marokko ist kein ideales Land für Behinderte. Es gibt nur wenige behindertengerechte Hotels, öffentliche Einrichtungen oder gar öffentliche Verkehrsmittel. Am ehesten funktioniert dies noch mit der Eisenbahn. Auch die Straßen und Gehsteige sind nicht für einen Rollstuhl geeignet: So sind Gehwege oft nicht vorhanden bzw. häufig uneben, mit Löchern und hohen Bordsteinkanten. In den Medinas sind die Gassen oft so eng, dass man schon als normaler Fußgänger seine liebe Not hat, Mopeds, Eselswagen und Menschen auszuweichen. Behinderte, die auf den Rollstuhl angewiesen sind, sollten deshalb unbedingt mit Begleitperson reisen. Es gibt zwar Rollstuhlfahrer, die sich alleine durch Marokko geschlagen haben, aber dieses Unterfangen ist ausgesprochen mühsam – immerhin lautet das einstimmige Urteil aller, dass die Bevölkerung Behinderten gegenüber sehr aufgeschlossen, hilfsbereit und freundlich wäre.

- Eine kostenlose **Reiseberatung für Behinderte** erhält man bei der **Bundesarbeitsgemeinschaft der Clubs Behinderter und ihrer Freunde: BAGcbf,** Langenmarckweg 21, 51465 Bergisch-Gladbach, Tel. 02202 56 016, www.bagcbf.de oder www.cbf.eu.

Diplomatische Vertretungen

Adressen aller Vertretungen auch im Internet unter www.auswaertiges-amt.de, www.bmeia.gv.at und www.amb-maroc.ch.

Marokkanische Vertretungen

- **Botschaft des Königreichs Marokko**
Niederwallstr. 39, 10117 **Berlin,**
Tel. 030 206 12 40, Fax 206 12 420,
www.botschaft-marokko.de.
- **Botschaft des Königreichs Marokko**
Opernring 3–5, 1010 **Wien,**
Tel. 01 586 66 50, 586 66 51, Fax 586 76 67.
- **Botschaft des Königreichs Marokko**
Helvetiastr. 42, 3005 **Bern,**
Tel. 031 351 03 62, Fax 351 03 64,
www.amb-maroc.ch.

Vertretungen in Marokko

- **Deutsche Botschaft: Ambassade de la République fédérale d'Allemagne**
7, Zankat Madnine, Rabat, Postadresse: Ambassade de la République fédérale d'Allemagne, B.P. 235, 10001 Rabat, Marokko, Tel. (00212) (0)537 21 86 00 bzw. Fax (0)537 70 68 51, www.rabat.diplo.de; in dringenden Notfällen außerhalb der Öffnungszeiten kann man auch unter Tel. 0661 14 70 59 einen Mitarbeiter der Botschaft erreichen; Rechts- und Konsularreferat: 12, Av. Mehdi Ben Barka, Souissi, Tel. (00212) (0)537 63 54 00, Fax (0)537 65 36 49, visallemagne@menara.ma.
- **Consulat de l'Allemagne**
Deutsches Konsulat, Honorarkonsul *Hamza Choufani,* 6, Rue de Madrid, Sec. résidentiel, 80000 Agadir, Tel. (00212) (0)528 84 10 25, Fax (0)528 84 09 26, conshono@menara.ma.
- **Ambassade de l'Autriche**
Österreichische Botschaft, 2, Zankat Tiddas, Rabat, Tel. (00212) (0)537 76 40 03, 76 16 98, rabat-ob@bmeia.gv.at.
- **Ambassade de Suisse**
Schweizerische Botschaft, Square de Berkane, 10020 Rabat, Postanschrift: B.P. 169, 10000 Rabat, Marokko, Tel. (00212) (0)537 26 80-30/-31/-32, rab.vertretung@eda.admin.ch.

Einreise und Zollbestimmungen

Deutsche Staatsbürger benötigen für einen Aufenthalt in Marokko bis zu 90 Tagen einen noch sechs Monate gültigen **Reisepass,** Kinder brauchen für die Ein- und Ausreise entweder einen (Kinder-)Reisepass nach neuem Muster oder den bisherigen Kinderausweis als Passersatz, der in jedem Fall mit einem Lichtbild versehen sein muss. Jugendliche ab 16 Jahren brauchen einen eigenen Reisepass, allein reisende Minderjährige grundsätzlich einen eigenen Reisepass und eine schriftliche Reisegenehmigung der Eltern, die notariell oder von einer Behörde beglaubigt und ins Französische übersetzt sein muss. Für deutsche **Pauschalreisende,** die einen Charterflug (fester Hin- und Rückflugtermin) mit Hotelaufenthalt für die gesamte Reisedauer gebucht und bezahlt haben, genügt auch der **Personalausweis.** Impfvorschriften bestehen nicht.

Eine **Verlängerung des Aufenthalts** ist grundsätzlich **nicht möglich,** es sei denn, der Ausländerpolizei wird ein vollständiger Antrag mit Nachweis über finanzielle Mittel, ggf. Arbeitsvertrag in Marokko und Begründung, warum ein längerer Aufenthalt erforderlich ist, vorgelegt. Ein Aufenthalt über 90 Tage hinaus stellt einen Verstoß gegen das Aufenthaltsrecht dar und wird strafrechtlich geahndet.

Private Gebrauchsgegenstände können **zollfrei** eingeführt werden. Laptops, Surfbretter, Fahrräder und Boote müssen evtl. in einem extra Formular deklariert bzw. gegebenenfalls in den Pass eingetragen und wieder ausgeführt werden. Normalerweise gibt es damit aber keine Probleme. Die Einfuhr von Barmitteln, deren Gegenwert 100.000 Dirham (ca. 9000 Euro) übersteigt, muss ebenfalls bei der Einreise deklariert werden – dies ist für Touristen jedoch kaum relevant.

Erwachsene Reisende dürfen an Genussmitteln 200 Zigaretten oder 400 g Tabak oder 50 Zigarren, 1 Liter Wein und 1 Liter Spirituosen oder drei Flaschen Wein zollfrei mitführen. Die Mitnahme von **Funkgeräten** aller Art, auch eingebauten, ist verboten. Amateurfunker (nicht CB) können aber in Deutschland bzw. Österreich oder der Schweiz eine Gastlizenz beantragen. Die Einfuhr von Pornografie ist ebenfalls verboten.

Die marokkanische **Währung (Dirham)** darf nur bis zu einem Höchstbetrag von 1000 Dirham ein- oder ausgeführt werden.

Jagdwaffen und Munition können zeitlich befristet mit einer **Genehmigung** der Sûreté Nationale ins Land gebracht werden. Alle sonstigen Waffen und Tränengassprays sind verboten.

Die Ein- und Ausfuhr von Rauschgift (in Marokko vor allem **Cannabis** in Form von Haschisch, Marihuana und Kif) ist ebenfalls verboten und wird mit langen Gefängnisstrafen geahndet.

Hinweis: Da sich die **Einreisebedingungen kurzfristig ändern** können, raten wir, sich kurz vor Abreise beim Auswärtigen Amt (www.auswaertiges-amt.de bzw. www.bmeia.gv.at oder www.dfae.admin.ch) oder der jeweiligen Botschaft zu informieren.

Buchtipp – Praxis-Ratgeber:
- Mark Hofmann
Verreisen mit Hund
(Reise Know-How Verlag)

Bei der Mitnahme von **Hunden** (und Katzen) sind vor allem die Bestimmungen für die Wiedereinfuhr in die EU relevant: Der EU-Heimtierpass muss eine gültige Tollwutimpfung vor wenigstens einem Monat und nicht länger als zwölf Monaten nachweisen. Außerdem brauchen Sie einen sogenannten Tollwut-Titer, der den Nachweis erbringt, dass die Impfung auch angeschlagen hat. Das Tier muss tätowiert oder mit einem implantierten Chip gekennzeichnet sein. Für die Einreise nach Marokko ist offiziell ein amtstierärztliches Zeugnis nötig, das in den Impfpass eingetragen wird (jedoch sehr selten Kontrollen). Beachten Sie, dass es Probleme gibt, wenn Sie einen Hund aus Marokko mitbringen: Selbst wenn dieser geimpft ist und ein amtsärztliches Zeugnis aus Marokko vorliegt, wird dies oft nicht anerkannt und das Tier muss in Quarantäne. Mit einem Hund kann es erhebliche Probleme bei der Hotelsuche geben: Viele Hotels akzeptieren keine Tiere in den Zimmern!

Auto- oder Motorradfahrer können ihr Fahrzeug (bis zu 6 Monate) zollfrei einführen. Erforderliche Dokumente sind der (nationale) Führerschein sowie Fahrzeugschein *(carte grise)*. Sie benötigen für Marokko außerdem die **Grüne Versicherungskarte,** die ihren Versicherungsschutz in der Kfz-Haftpflichtversicherung bescheinigt; Sie erhalten diese kostenlos von Ihrer Versicherung. Achten Sie darauf, dass die Karte für Marokko gültig geschrieben ist, sonst muss an der Grenze eine lokale Haftpflichtversicherung abgeschlossen werden (ca. 900 DH pro Monat). 2006 und 2007 war Marokko vom zuständigen Versicherungsdachverband ausgeschlossen und mit der Grünen Versicherungskarte kein Versicherungsschutz gegeben (auch wenn Marokko auf der Karte vermerkt war). Erkundigen Sie sich mit Hinweis auf diese Information vor der Abreise bei Ihrem Versicherungsbüro oder beim Deutschen Büro Grüne Karte (www.gruene-karte.de) über den aktuellen Stand!

Mittelmeerfähren verkehren von Spanien, Frankreich und Italien. Die billigsten und kürzesten Verbindungen sind von Algeciras nach Ceuta oder Tanger. Eine Alternative sind die Schnellboote von Tarifa nach Tanger sowie die Schiffe zwischen Almeria und Nador/Melilla. Die längste und teuerste Überfahrt, dafür aber die kürzeste und bequemste Anreise nach Südfrankreich, haben Sie mit der Verbindung Genua – Tanger (48 Std.) und Sète – Tanger/Nador (34–36 Std.). Es operieren die Fährlinien COMANAC, Trasmediterranea, Ferrimaroc, FRS Iberia und Comarit.

Duty-Free: Bei Ein- und Ausreise kann an allen Flughäfen in Duty-Free-Shops eingekauft werden (gegen Devisen, nicht marokkanische Dirham!).

Neuerdings gibt es in Marokko **„tax free shopping“:** Bei Einkäufen über 2000 Dirham im gleichen Geschäft am gleichen Tag werden 250 DH rückerstattet, wenn man die Ware(n) wieder ausführt. Angeschlossen sind derzeit 890 Geschäfte. Eine Vorlage des Reisepasses ist notwendig. Näheres dazu auf www.visitmorocco.com, der Webseite des Office National de Tourisme.

Bei der **Rückeinreise** gibt es auch auf europäischer Seite Freigrenzen, Verbote und Einschränkungen. Folgende **Freimengen** darf man zollfrei einführen (EU und Schweiz):

- **Tabakwaren** (für Personen ab 17 Jahren): 200 Zigaretten oder 100 Zigarillos oder 50 Zigarren oder 250 g Tabak oder eine anteilige Zusammenstellung dieser Waren.
- **Alkohol** (für Personen ab 17 Jahren) in die EU: 1 Liter Spirituosen über 22 Vol.-% oder 2 Liter Spirituosen unter 22 Vol.-% oder eine anteilige Zusammenstellung dieser Waren, und 4 Liter nicht-schäumende Weine, und 16 Liter Bier; in die Schweiz: 2 Liter bis 15 Vol.-% und 1 Liter über 15 Vol.-%.
- **Andere Waren** (in die EU): 10 Liter Kraftstoff im Benzinkanister; für See- und Flugreisende bis zu einem Warenwert von insgesamt 430 Euro, über Land Reisende 300 Euro, alle Reisende unter 15 Jahren 175 Euro (bzw. 150 Euro in Österreich); (in die Schweiz): neu angeschaffte Waren für den Privatgebrauch bis zu einem Gesamtwert von 300 SFr; bei Nahrungsmitteln gibt es innerhalb dieser Wertfreigrenze auch Mengenbeschränkungen.

Wird die Wertfreigrenze überschritten, sind **Einfuhrabgaben** auf den Gesamtwert der Ware zu zahlen und nicht nur auf den die Freigrenze übersteigenden Anteil. Die Berechnung erfolgt entweder pauschal oder nach dem Tarif jeder einzelnen Ware zuzüglich sonstiger Steuern.

Einfuhrbeschränkungen bestehen u.a. für Tiere, Pflanzen, Arzneimittel, Betäubungsmittel, Feuerwerkskörper, Lebensmittel, Raubkopien, verfassungswidrige Schriften, Pornografie, Waffen und Munition; in Österreich auch für Rohgold und in der Schweiz auch für CB-Funkgeräte.

Nähere Informationen

- **Deutschland:** www.zoll.de oder unter Tel. 0351 44 83 45 10.
- **Österreich:** www.bmf.gv.at oder unter Tel. 01 514 33 56 40 53
- **Schweiz:** www.ezv.admin.ch oder unter Tel. 061 287 11 11

Elektrizität

Die Netzspannung beträgt **220 V.** Gelegentlich passen unsere Gerätestecker nicht in die marokkanischen Steckdosen; für ältere Hotels wird die Mitnahme eines Südeuropasteckers empfohlen.

Essen und Trinken

Marokkos Kerngebiet ist ein reiches, fruchtbares Land mit vielen Wäldern, Tausenden von Obstbäumen, großen Obstplantagen – ein Land, in dem Milch und Honig fließt. Im Gegensatz zu den Verhältnissen bei seinen Nachbarn Algerien und Mauretanien quellen hier die Märkte über von **frischen Gemüsen, vielen Obstsorten** wie Datteln, Mandarinen, Aprikosen, Mandeln, Orangen, Äpfeln, ja sogar Kirschen, Erdbeeren und Pflaumen (das

Couscous, das marokkanische Nationalgericht, wird serviert

heißt allerdings nicht, dass im Land keine Menschen hungern).

Den Eiweißbedarf decken **Fisch,** verschiedenste **Meeresfrüchte** wie Krabben, Hummer, Langusten, Muscheln, Austern und durch **Geflügel, Schaf-, Ziegen- und Rindfleisch,** manchmal auch Kamelfleisch. **Milchprodukte** sind durch die weit verbreitete Viehhaltung ebenso erhältlich.

Oliven - sowohl frisch als auch zu Öl verarbeitet - gehören mit zu den wichtigsten Nahrungsmitteln in Marokko; früher wurde Öl aus Oliven auch als Lampenöl verwendet.

Eine Spezialität Marokkos ist das **Arganienöl,** das aus den Kernen der gelben Arganienfrüchte gepresst wird und nussartig schmeckt. Arganienbäume wachsen nur im Süden Marokkos - im Sous (Region Agadir, Taroudannt) - und sonst nur noch in Südamerika. Arganienöl ist wegen der aufwendigen Gewinnung verhältnismäßig teuer (ca. 250 DH pro Liter).

Getreide wird zwar eingeführt, aber auch in großen Mengen angebaut. Getreidearten wie Weizen, Hirse oder Dinkel bilden die Grundlagen marokkanischer Ernährung.

Eine wichtige Bedeutung als Grundnahrungsmittel haben ferner **Hülsenfrüchte** wie Linsen, Erbsen (vor allem Kichererbsen) und dicke Bohnen.

Das Wesentliche an der marokkanischen Küche sind aber die **Gewürze.** Araber dominierten lange Zeit den Gewürzhandel und bewahrten bis ins 13. Jahrhundert das Geheimnis der Herkunft seltener Gewürze wie Muskat, Zimt, Nelken, Ingwer und Safran. Erst durch die Reisen *Marco Polos* wur-

93 Foto: dd

den die Handelswege und Herkunftsländer bekannt. Auf Marokkos Märkten stehen Gewürzläden und -stände, die farbenfroh in Rot-, Braun- und Gelbtönen leuchten. Eine eigene Gewürzmischung *(Ras el Hanout)* aus bis zu 35 verschiedenen Gewürzen sorgt dafür, dass die Nationalgerichte Tajine und Couscous den richtigen Geschmack bekommen.

So reichhaltig wie die Natur ist Marokkos **vielfältige Küche.** Durch die jahrhundertealten Verbindungen zu den Mittelmeerländern haben vor allem die andalusische Küche, aber auch Einflüsse aus Sizilien (Pastas) und den östlichen arabischen Staaten bis nach Persien die marokkanische Küche entlang der Küstenlinie und in den Königsstädten geprägt. Die Berberküche beschränkt sich auf wenige Gerichte, da in den unzugänglichen Gebirgsdörfern die Nahrungsbeschaffung wesentlich komplizierter ist als in den kosmopolitischen Städten.

Traditionell wird in Marokko **auf Holzkohle gekocht.** Nach wie vor zieht die marokkanische Hausfrau ein transportables Holzkohlegestell oder einen Holzkohlerost zum Grillen dem Gasherd vor, auch wenn dieser inzwischen Einzug in die Stadtküchen gehalten hat. In Marokko wird **eigenes Geschirr** verwendet, das auf dem Land immer noch **aus gebranntem Ton** besteht; in Gebrauch sind außerdem mit **Zinn ausgekleidete Kupfertöpfe.** In den Stadthaushalten werden Kochtöpfe aus Aluminium verwendet, deren Ausmaße eine europäische Hausfrau oft in Erstaunen versetzen. Denkt man aber an die Anzahl der Familienmitglieder in einem marokkanischen Haushalt, sind diese Maße nicht weiter verwunderlich.

Bekannte Gerichte

Couscous

Es ist das **Nationalgericht** und wird in allen nordafrikanischen Ländern in verschiedenen Varianten gegessen. Es besteht aus Hartweizengrieß, der in einem Sieb über einem Eintopf aus Hammel-, Lamm- oder Hühnerfleisch mit sieben verschiedenen Gemüsen und Kichererbsen gedämpft wird. Dazu kommt eine sehr scharfe Soße aus Harissa (Paprikamark). Die Zubereitungsarten von Couscous variieren stark, je nach Geldbeutel des Gastgebers und auch danach, zu welchem Anlass es gekocht wird. Bei vielen Familien kommt Fleisch nur an Festtagen auf den Tisch, ansonsten gibt es Gemüse-Couscous. Bei wohlhabenderen Familien findet sich dagegen meistens reichlich Fleisch auf dem Couscous. Es gibt auch noch ein süßes Couscous, das mit Rosinen, Zimt und Mandeln als Nachspeise zubereitet wird.

Traditionell wird Couscous **am Freitag serviert,** oftmals wird von reichen Familien auf dem Lande mehr gekocht und in die Moschee gebracht, um dort bedürftige Familien zu speisen.

Mechoui

Ein **junger Hammel** wird ganz am Spieß oder im Ofen gebraten, gewürzt mit Knoblauch, Salz, Kreuzkümmel, Paprika und Cayennepfeffer, eingerieben mit Smen, dem marokkanischen Butterschmalz. Dies geschieht gewöhnlich über einem Holzkohlenfeuer. Das Gericht ist das **traditionelle Festmahl,** das vor allem zum Opferfest Aid al-kabir 50 Tage nach Ramadan-Ende, aber auch zum Maulad (Mohammeds Geburtstag) oder zum Neujahrsfest Ashura zubereitet wird.

Bastillia (B'stilla)

Ebenfalls ein Festgericht. Es handelt sich um eine Art **Pastete** aus hauchdünnen Teigblättern (Warkha), die mit Rosinen, Mandeln und Taubenfleisch, oft auch mit Früchten und Geflügel gefüllt ist. Die Zubereitung ist sehr aufwendig.

Tajine

Ein **sehr landestypisches Gericht,** das in jedem marokkanischen Restaurant angeboten wird. Für die Zubereitung wird ein Tontopf mit spitzhaubigem Deckel verwendet, in dem das Gericht direkt über der Holzkohle im Kanoun geschmort wird. Ein Tajine kann aus gebratenem Hähnchen mit Mandeln, Rosinen und Oliven oder aus gestückeltem Lamm- bzw. Ziegenfleisch mit Quitten oder Rindfleisch mit Pflaumen und Mandeln bzw. verschiedenen Gemüsen bestehen. Es gibt viele Zubereitungsmöglichkeiten.

Kebab (Brochettes)

Das sind die im ganzen arabischen Raum erhältlichen, auf Spieße gesteckten, **gegrillten Lammfleischstücke,** welche mit verschiedenen Salaten gegessen werden.

Kefta

Hierbei handelt es sich um Kügelchen oder Würstchen aus gerolltem **Lammhack,** ziemlich scharf gewürzt und in Öl gebraten oder gegrillt. Ein Gericht, welches im gesamten Vorderen Orient und von Ägypten bis in den Maghreb beheimatet ist.

Merguez

Die **rötlichen Würstchen,** die wie unsere Bratwürstchen gebraten oder gegrillt werden, sind ein beliebter Imbiss.

Harira

Die **traditionelle Fastensuppe** ist eine dicke, nahrhafte Suppe aus Lammbrühe, Lammfleisch, Linsen, Kichererbsen, gehackten Tomaten, Zwiebeln und frischen Kräutern und Gewürzen. Das Gericht ist in der ganzen arabischen Welt verbreitet und wird vorwiegend im Winter gegessen, wenn frisches Gemüse fehlt.

Im Ramadan wird diese Suppe meist mit dem Ruf des Muezzin bzw. der Sirene, die das Fastenbrechen verkündet, als **erste Mahlzeit** zu sich genommen. Inzwischen wird diese nahrhafte Suppe aber auch zu anderen Jahreszeiten gegessen, in Fès gibt es sogar eine spezielle Diätversion für heiße Tage.

Teezeremonie

Zu jeder Tageszeit wird Tee serviert, meist auf einem kunstvoll ziselierten Messingtablett, das manchmal auch versilbert ist, mit dazugehöriger bauchiger Teekanne und Gläsern mit Goldbemalung. Tee ist in Marokko ein Aufguss aus chinesischem grünen Tee und frischen Pfefferminzblättern mit sehr viel Zucker. Das **Nationalgetränk** wurde erst 1854 von britischen Händlern eingeführt. Der Tee wird sehr heiß serviert, kunstvoll in dünnem Strahl von weit oben in die Gläser gegossen, nachdem vorher in langer Zeremonie der Aufguss zubereitet wurde. Jedem in der Runde stehen drei Gläser zu, erst dann ist die Teezeremonie beendet. Spaßeshalber wird das marokkanische Nationalgetränk auch „Whisky marocain" genannt.

95 Foto: ad

Sonstiges

In den Küstenregionen wird sehr viel Fisch gefangen, aber auch Langusten, Krabben und allerlei Meeresfrüchte gehen ins Netz. Zahlreiche Restaurants entlang der Meeresküste bieten hervorragende Fischgerichte an.

Salate aus frischem Gemüse sind in Marokko weit verbreitet und in verschiedensten Variationen erhältlich. Sehr gebräuchlich ist ein Salatteller aus Gurken, Kartoffeln, Tomaten und Roten Beeten.

Als **Nachtisch** reicht man **Obst,** das in Marokko reichlich wächst, oder **süßes Gebäck** mit viel Honig und Mandeln. Dieses in einer der vielen Konditoreien in Agadir oder Marrakesch auszuprobieren, ist ein Genuss! Als Ramadan-Gebäck gibt es *Griouch* (mit Hand gefaltet) und *Chebakia*.

Die **marokkanische Küche ist vielfältig und schmackhaft,** und zu Festen werden Unmengen von Essen angeboten. Vorzügliche Menüs in traditionellen Stadthäusern oder auch in internationalen Restaurants erhalten Sie nur in den Städten. In den **Cafés/Restaurants** auf dem Land kann man einfaches, wohlschmeckendes, oft sehr preiswertes Essen bekommen. Die Auswahl beschränkt sich wegen der geringeren Nachfrage und dem geringeren Angebot an Lebensmitteln meist auf Tajine, Brochettes, Kefta, Omelette und Couscous.

Schweinefleisch ist tabu, nicht aber Rind-, Ziegen- und Schaffleisch

Alkohol darf in Marokko nur in lizensierten (d.h. großen oder teureren) Restaurants und Hotels ausgeschenkt werden. In den lizensierten Einrichtungen bekommt man u.a. sehr guten marokkanischen Wein aus der Region um Meknès, Casablanca oder Essaouira.

In den großen Städten wie Agadir und Marrakesch gibt es für Selbstversorger hervorragend sortierte **Supermärkte** wie z.B. Marjane, mit einem Angebot, das dem in Europa in nichts nachsteht.

Feiertage

Der islamische Kalender

Das **islamische Jahr** wird **nach Mondmonaten** gerechnet, ist also kürzer als das Sonnenjahr. Ein **Hidjri** (bzw. *Higri*) entspricht **einem Jahr christlicher Zeitrechnung minus 10–11 Tage** je nach Mondaufgang. 100 Hidjri sind also ungefähr 97 Jahre christlicher Zeitrechnung. Da die arabischen Ziffern ebenso von muslimischen Türken wie von nichtmuslimischen Arabern verwendet werden, sagen Inschriften und Jahresangaben ohne den Zusatz „Hidjri" nicht eindeutig aus, ob sie sich tatsächlich nach der islamischen Zeitrechnung richten.

2010/2011 ist nach der islamischen Zeitrechnung das Jahr **1431/1432.**

Jedes neue islamische Tagesdatum beginnt abends nach Sonnenuntergang, jeder neue islamische Monat mit Mondaufgang.

Wochentage

- **Sonntag** = *nhar el had*
- **Montag** = *nhar et tnin*
- **Dienstag** = *nhar el tlata*
- **Mittwoch** = *nhar el arba*
- **Donnerstag** = *nhar el khemis*
- **Freitag** = *el djemâa*
- **Samstag** = *nhar es sebt*

Religiöse Feiertage

Von allen Muslimen gemeinsam werden nur zwei Feste gefeiert: das Aid al-Fitr und das Aid al-Adha. Die anderen Feste sind jedoch in vielen weiteren islamischen Ländern üblich. Die aktuellen Festtermine sind im Internet unter **www.islam.de** zu finden. Aufgrund verschiedener Berechnungsgrundlagen kann das Datum der Feste um einen Tag variieren.

Aid al-Fitr oder Aid as-Saghir

Das Fest **am Ende des Fastenmonats Ramadan** (s.u.) findet 2010 am 10. September, 2011 am 31. August und 2012 am 21. August statt.

Aid al-Adha oder Aid al-Kabir

Das **Opfer-,** bzw. im Volksmund auch **Hammelfest,** erinnert an die – uns auch durch das Alte Testament bekannte – nicht vollzogene Opferung *Ismails (Isaaks)* durch seinen Vater *Ibrahim (Abraham)*. Dieses Fest dauert vier Tage bis eine Woche, und überall in der islamischen Welt werden zu diesem Anlass Hammel geschlachtet. Das Opferfest findet am zehnten Tag des Pilgermonats statt, und jede Familie, die es sich leisten kann, schlachtet ein

Schaf, Rind oder Kamel. Zwei Drittel des Fleisches sind für die Armen bestimmt, ein Drittel behält die Familie selbst.

Während dieser Zeit sind die meisten **Geschäfte geschlossen,** und auch die Ämter haben nur gelegentlich offen. Viele Verkehrsmittel verkehren nicht. Man sollte sich unbedingt am Donnerstag oder Freitag vor Beginn des Festes mit einem Lebensmittelvorrat eindecken und Amtsgänge vorher erledigen. Fleisch ist in diesem Zeitraum kaum zu bekommen, da die Familien selber schlachten und dies für einige Zeit reicht. Geschlachtet werden darf nach islamischen Regeln nur ein männliches erwachsenes Tier, das mindestens zwei Jahre alt ist. Arme Familien können sich lediglich ein Huhn leisten, da ein ganzer Hammel 1300–1600 DH kostet, bei vielen Familien mehr als ein Monatsverdienst. Die Banken haben die ersten beiden Tage des Festes geschlossen und die restlichen Tage meist vormittags offen, besser aber noch vorher Geld wechseln!

● **Termine:** Das Hammelfest beginnt 2010 am 17.11. und 2011 am 07.11.

Mevlid (Maulad)

Am 12. Tag des 3. Monats (Rabia I), Geburtstag Mohammeds. Im Islam werden Geburtstage eigentlich nicht gefeiert, dieser Tag ist aber zugleich ein Gedenktag an die Emigration der Muslime von Mekkah nach Medina (früher Yathrib), die Hidjra.

● **Termine:** 2011 am 14./15.02., 2012 am 03./04.02.

Ashura

Am 1. Tag des Monats Muharram. Ursprünglich ein Trauertag zur Erinnerung an den Tod von *Hussein,* Enkel des Propheten. Heutzutage wird Ashura in Marokko ähnlich wie Weihnachten in unseren Gefilden mit Geschenken und Süßigkeiten für die Kinder gefeiert.

● **Termine:** 2011 am 16.02., 2012 am 06.02.

Ramadan

Der 9. Monat ist der **Fastenmonat.** Während dieser Zeit darf von Sonnenaufgang bis Sonnenuntergang weder gegessen noch getrunken werden. Diese Maßnahme legt das öffentliche Leben ziemlich lahm, da nachts gegessen und gefeiert wird und tagsüber, soweit möglich, geschlafen. Banken und Ämter sind im Ramadan meist nur vormittags offen. Dörfer wirken total verwaist, Restaurants sind tagsüber geschlossen (nur in großen Städten und Hotels bekommt man tagsüber etwas zu essen), Brot ist meist nur abends erhältlich!

● **Termine:** 2010 vom 11.08. bis 10.09., 2011 vom 01.08. bis 30.08.

Die Pilgerfahrt (Hadj)

Beginn der Pilgerfahrt im 12. Monat des islamischen Kalenders. Auf diesen Tag fällt in der ganzen islamischen Welt der Aufbruch zur Pilgerfahrt nach Mekka. Hat man einmal in seinem Leben dieses Pilgerziel erreicht, darf man sich „al Hadj" nennen, eine der wichtigsten Auszeichnungen in der muslimischen Welt.

Vefat/Wafa

Todestag des Propheten Mohammed am 2. Rabia I.

Staatliche Feiertage

- **1. Januar:** Neujahrsfest (das islamische Neujahr – 1432 n.H. – beginnt am 07.12.2010).
- **1. Mai:** Tag der Arbeit.
- **14. Mai:** Jahrestag der Armeegründung.
- **30. Juli:** Thronfest *(Fête du Throne)*, Thronbesteigung *Mohammed VI.*
- **21. August:** Fest der Jugend *(Fête de la Jeunesse)*, am Geburtstag des Königs.
- **6. November:** Jahrestag des Grünen Friedensmarsches zum Wiederanschluss der ehemals spanischen Sahara *(Anniversaire de la Marche Verte)*.
- **18. November:** Unabhängigkeitsfest *(Fête de l'Indépendance)*.

Wochenfeiertag und arbeitsfreier Tag ist der Sonntag, freitags sind mittags zu Gebetszeiten zahlreiche Ämter zu, aber auch im Souk sind Freitag vormittag und mittwochs viele Läden geschlossen.

Fremdenführer

Der Ärger mit (inoffiziellen) Fremdenführern und die Belästigung durch aufdringliche Kinder, Jugendliche und/ oder „Mopedguides" haben in der Vergangenheit wesentlich zum touristischen **Negativimage** Marokkos beigetragen. Kampagnen in Fernsehen und Rundfunk sowie verstärkte Polizeikontrollen haben vor allem in den Großstädten die Situation wesentlich verbessert. Selbst in Marrakesch kann man mittlerweile unbeschwert bummeln. Anders verhält sich die Situation in den kleinen Oasen im Süden, wo man auf Schritt und Tritt von Kindern, Jugendlichen oder Geschäftemachern angesprochen wird.

Nehmen Sie sich, wenn Sie sich in orientalischen Ländern unsicher fühlen, kein Französisch sprechen oder auf eigene Faust etwas unternehmen wollen **einen autorisierten offiziellen Führer.** Diese sind vor großen Hotels anzutreffen, bei den örtlichen Fremdenverkehrsbüros und bei den Vertretungen des Staatlichen Fremdenverkehrsamtes ONMT. Hier gibt man auch Auskünfte über die offiziellen Tarife (ca. 200 DH pro ½ Tag zzgl. Trinkgeld oder 300–350 DH für einen ganzen Tag). Diese Preise gelten pro Führung, unabhängig davon, wie viele Personen daran teilnehmen. Man kann den Preis für die Führung senken, wenn man mit dem Guide Geschäfte besucht, in denen er Provision erhält.

Zu erkennen sind die offiziellen Führer an dem vom Tourismusministerium ausgestellten Ausweis. Sagen Sie vor Beginn Ihrer Tour deutlich, was Sie sehen wollen und was nicht (z.B. Souvenir-/Teppichgeschäfte!). Wobei zu bedenken ist, dass auch staatliche Führer in keinem festen Anstellungsverhältnis stehen, also im Falle eines schleppenden Geschäftsgangs oder nach Krankheit für den Verdienstausfall nicht entschädigt werden und deswegen auf Provisionen des Teppichhändlers oder Restaurantbesitzers angewiesen sind.

Engagieren Sie **keinesfalls einen illegalen Führer** *(faux guide)*, denn diesem droht, erwischt man ihn, eine Gefängnisstrafe bis zu einem Jahr. Zudem ist bei einem *faux guide* die

Wahrscheinlichkeit sehr hoch, nur von einem Laden zum nächsten geführt zu werden. Einige empfehlenswerte offizielle Führer sind in den Städtekapiteln genannt.

Geld und Finanzen

Währung und Wechselkurs

Währungseinheit ist der **Marokkanische Dirham (DH).** Bis zu einer Summe von 1000 DH darf die Währung ein- und ausgeführt werden. Der Dirham ist in 100 Centimes unterteilt. Es gibt Scheine zu 20, 50, 100 und 200 sowie Münzen zu 0,01, 0,05, 0,10, 0,20, 0,50, 1, 2, 5 und 10 DH. Der Kurs des Dirham richtet sich nach dem US-Dollar, sodass der Wechselkurs zum Euro sehr von dessen Stärke oder Schwäche abhängt.

Wechselkurse (Mitte 2010)

- **1 DH** = 8,5–9 Euro-Cent
- **1 Euro** = 10,95–11,33 DH
- **1 DH** = 0,13 SFr, 1 SFr = 7,60 DH

- **Aktuelle Wechselkurse** im Internet unter: **www.oanda.com/convert/classic**

Geldwechsel

An den **Grenzen** und **Flughäfen** befinden sich **Wechselstuben,** die **Bargeld** tauschen.

Autorisierte **Wechselstuben** findet man außer in großen Hotels auch in manchen Reisebüros und in den Touristenstädten in der Nähe stark frequentierter Plätze oder Straßen.

Fast alle **großen Banken** wie Attijariwafa, BMCI und BMCE sind in den Städten vertreten und haben auch Geldautomaten (s.u.).

Auch größere **Hotels** wechseln Euros, dann allerdings zu einem schlechten Kurs (meist 1:10).

Travellerschecks können Sie problemlos in vielen Banken wechseln. Viele Geldinstitute (auch in Spanien) verlangen beim Einlösen die Kaufquittung, deshalb sollte man diese an einem sicheren Ort griffbereit aufbewahren. Der Vorteil ist die größere Sicherheit bei Diebstahl. Sie sind gegen Verlust versichert, und so bekommen Sie die Schecks in der Regel innerhalb von 24 Stunden nach Verlustmeldung ersetzt. Travellerscheck-Kunden sollten die bei der Ausstellung den Schecks beigelegten Bestimmungen gut durchlesen, hier finden sie auch die Notrufnummern. Sinnvoll ist es, die Travellerschecks in **größeren Beträgen** ausstellen zu lassen, da sich die Wechselgebühren nach der Anzahl der Schecks richten!

Nehmen Sie **nie Ihre gesamten Geldmittel in Schecks mit,** denn wenn Ihnen mal das Geld ausgeht und gerade keine Bank greifbar ist, haben Sie eher die Chance, **Bargeld** von privat gewechselt zu bekommen als einen Travellerscheck.

Bargeld können Sie in fast allen Banken tauschen, die internationalen Geldverkehr anbieten. **Euro** werden überall gern gesehen, auch im Souk (Suq) und in Geschäften der Touristenzentren können Sie damit zahlen, wenn Ihnen die Dirhams ausgegangen sind.

Auf der **Straße zu tauschen** ist illegal und kann auch eher dazu führen, über's Ohr gehauen zu werden, als finanzielle Vorteile zu erzielen.

Lassen Sie sich bei den Banken genügend Kleingeld geben, denn grundsätzlich herrscht überall **Kleingeldmangel.** Selten kann ein kleiner Gemüsehändler auf größere Scheine herausgeben, und wenn kleine Dienstleistungen an Kinder oder Jugendliche zu zahlen sind oder ein Bettler seinen Obulus fordert, dann ist es sinnvoll, einige Münzen griffbereit zu haben.

Warten Sie mit dem **Wechseln** nicht bis zum Nachmittag, wenn Ihre Dirhams knapp werden, denn am **Vormittag hat jede Bank geöffnet.** Über Mittag sind die Banken in der Regel geschlossen, die Öffnungszeiten nachmittags variieren, manche kleine Banken schließen bereits sehr zeitig. Immer wieder findet man Banken oder Wechselstuben, die auch Samstagvormittag geöffnet haben, **im Notfall** gibt es die Möglichkeit, **in Hotels** zu wechseln (die Wechselschalter werden oft von einer Bank betrieben). Auch **Geldautomaten** (ATM) sind manchmal nur zu den Banköffnungszeiten in Betrieb, beachten Sie evtl. Hinweise.

Bei der **Ausreise** können übrige Dirhambeträge (z.B. am Schalter im Flughafen im bzw. vor dem Check-in-Bereich und vor der Handgepäckkontrolle) zurückgetauscht werden – jedoch zu einem sehr ungünstigen Kurs.

Öffnungszeiten der Banken

- **Montag bis Donnerstag:** 8.30 (9)–11.30 und 14.30–16.30 (17) Uhr.
- **Freitag:** evtl. nachmittags geschlossen oder längere Mittagspause.
- **Im Ramadan bzw. Sommer:** 8–14 (14.30) Uhr.
- Während der **Aid-Feiertage** (siehe „Feiertage") sind Banken und Amtsstuben **mehrere Tage geschlossen.**

Geld- und Kreditkarte

Im Hafen, an den Flughäfen sowie in allen Städten gibt es inzwischen **Bankomaten,** an denen man mit seiner **Maestro-/EC-Karte** unter Angabe der PIN-Nummer Geld abheben kann – max. 2000 DH. Dies funktioniert auch mit der Kreditkarte (verbreitet sind die VISA-Karte und vor allem MasterCard, American Express ist eher unbekannt). Ob und welche **Kosten für die Barabhebung** anfallen, ist abhängig von der kartenausstellenden Bank und von der Bank, bei der die Abhebung erfolgt. Man sollte sich daher vor der Reise bei seiner Hausbank informieren, mit welcher marokkanischen Bank sie zusammenarbeitet. Im ungünstigsten Fall wird pro Abhebung eine Gebühr von bis zu 1% des Abhebungsbetrages per Maestro-/EC-Karte oder gar 5,5% des Abhebungsbetrages per Kreditkarte berechnet.

Die regelmäßige Abhebung von **Bargeld am Automaten** bietet sicher die bequemste Geldversorgung unterwegs und hat den Vorteil, dass man nicht von Anfang an sein gesamtes Reisebudget mit sich rumträgt.

Kreditkarten werden in den großen Hotels und in exklusiveren Restaurants und vielen großen Geschäften in den Städten zum bargeldlosen Zahlen angenommen. Auf dem Land und in kleinen Hotels ist dies nicht möglich. Von der Bank werden in der Regel ca. 1–2% für den Auslandseinsatz berechnet. Bei Verlust der Kreditkarte siehe Kapitel „Notfall".

Gesundheit

Eine Reise nach Marokko birgt normalerweise keine größeren gesundheitlichen Risiken als eine Reise in ein beliebiges südeuropäisches Land. **Impfungen sind keine vorgeschrieben.** Einen guten Überblick und alle Informationen zu gesundheitlichen Risiken, Impfvorschriften, Präventivmaßnahmen, Reiseapotheke, Adressen qualifizierter Berater, von Impfstellen und Tropenmedizinischen Instituten u.v.m. findet man auf der Internetseite **www.travelmed.de** (siehe auch **im Anhang**).

Das Risiko, während eines Aufenthalts in Marokko (schwer) zu erkranken, ist geringer als das Risiko, Opfer eines Verkehrsunfalls oder von Kriminalität zu werden. Reisestil, Reisezeit, Aufenthaltsdauer und -orte spielen natürlich bei der Beurteilung des Risikos eine wichtige Rolle. Das Risiko einer **Infektionskrankheit** ist in Marokko nur gegeben, wenn man sehr viel Kontakt mit der einheimischen Bevölkerung auf dem Land hat und dort auch isst. Im eigentlichen touristischen Bereich ist die Wahrscheinlichkeit, ernsthaft zu erkranken, sehr gering.

Buchtipps:
Zum Thema Gesundheit bzw. Krankheiten auf Reisen hat Reise Know-How nützliche Ratgeber im Programm:
- Dr. Dürfeld, Dr. Rickels
Selbstdiagnose und -behandlung unterwegs
- Armin Wirth
Erste Hilfe unterwegs effektiv und praxisnah

Reisedurchfall

Die **häufigste Erkrankung** während eines Marokkoaufenthalts ist der sogenannte Reisedurchfall. Meist wird er durch relativ harmlose landesspezifische Bakterien – an die der Einheimische gewöhnt ist, nicht aber der Tourist – oder durch Viren hervorgerufen. Seltener sind die gefährlichen Erreger des Typhus, der bakteriellen Ruhr, der Cholera, Lambliasis und Amöbenruhr Ursache von Durchfall. Die Ansteckung erfolgt über verschmutztes Wasser und damit verunreinigte Lebensmittel. Auch Wurminfektionen (z.B. Spulwürmer, Ascaris) und Hepatitis A werden über verunreinigte Lebensmittel übertragen. Häufig genug erkranken Touristen nicht vom Essen der Garküchen, sondern vom vermeintlich „guten Essen" der Hotelküche. Man kann keine verbindliche Regel aufstellen, warum und weswegen man das eine oder andere Mal an Durchfall erkrankt oder nicht. Vieles hängt von den eigenen Abwehrkräften und der momentanen gesundheitlichen Gesamtkonstitution ab. Wer längere Zeit im Ausland weilt, stärkt sein Immunsystem eher durch einheimisches Essen, als wenn man versucht, möglichst „keimfrei" zu essen.

Folgende **Vorbeugemaßnahmen** helfen, einen Reisedurchfall zu vermeiden:
- Zum **Trinken** sollten nur abgepackte Getränke oder abgekochtes Wasser verwendet werden. Das Leitungswasser in den Städten Marokkos ist ausreichend gechlort, sodass es zum Zähneputzen reicht. Zum Abkochen muss das Wasser mindestens 10 Minuten sprudelnd kochen. Im Handel befindliche Ta-

bletten zur chemischen Wasserdesinfektion können in Marokko das Abkochen ersetzen. Desinfizieren Sie bei Auto-/Motorrad-/Fahrradreisen Ihr Trinkwasser mit Micropur, Romin oder Certisil, das es flüssig (nur ein Jahr haltbar), in Pulver- oder Tablettenform gibt. Flaschenwasser gibt es überall preiswert zu kaufen. Filterpumpen müssen unbedingt nach Herstelleranweisung regelmäßig gereinigt werden.

- **Tee und Kaffee** aus nur kurz erhitztem Wasser sind nicht keimfrei.
- **Eiswürfel** sind in einfachen Hotelanlagen und Restaurants zu meiden.
- **Kohlensäurehaltige Getränke** sollten bevorzugt werden, da die vorhandene Kohlensäure als Beweis der intakten Originalverpackung gelten kann.
- **Obst** sollte man selbst schälen.
- **Fleisch und Gemüse** sollten stets stark gekocht sein, wenn man sich selbst versorgt am besten im Dampfkochtopf. Über rohes oder nicht ausreichend gegartes Fleisch kann eine Ansteckung mit Trichinen erfolgen. In Restaurants sollte bei Kurzgebratenem, wie Brochettes oder Kefta, darauf geachtet werden, dass das Fleisch ganz durchgebraten wurde. Tajines und Couscous sind immer lange genug gegart, hier braucht man keine Bedenken zu haben. Auf rohe Salate und Obst ohne Schale sollten Sie verzichten, wenn Sie zum erstenmal im Land und noch nicht abgehärtet sind. Marokkanischer Salat besteht meist aus gekochten Roten Rüben, Kartoffelsalat, geschälten Gurken und Tomaten – man kann ihn bedenkenlos essen. Blattsalat wird ohnehin selten verwendet.
- **Eier** sollten Sie nach Möglichkeit in Läden mit Kühlschrank kaufen, da sie auf den normalen Märkten oft tagelang in der Sonne brüten.
- **Frischmilch** sollte gemieden werden, da über sie Rindertuberkulose und die Brucellose übertragen werden kann.

Kommt es trotzdem zu Durchfall, sollte man darauf achten, dass die dadurch entstehenden Wasser- und Elektrolytverluste ausgeglichen werden. Dazu gibt es in den Apotheken erhältliche Elektrolytpulver (z.B. Elotrans), die man aber gewöhnlich nicht braucht. Im Notfall kann man sich mit 1 Teelöffel Kochsalz, 10 Teelöffel Zucker und 1 Glas Orangensaft auf 1 Liter Tee behelfen. Das sind Zutaten, die Sie in Marokko überall bekommen. Diese **Kochsalzmischung,** ähnlich Elotrans, kann man in Marokko ebenfalls in Apotheken bekommen. Sie heißt *Sels de Rehydration orale* und kostet ca. 20 DH für 10 Päckchen à 1-Liter-Lösung. Zur Überbrückung kann kurzfristig Loperamid (z.B. Immodium) eingesetzt werden. Da der Durchfall durch die Ausscheidung der Erreger auch zur Heilung führt, sollte man der Sache, sobald eine geeignete Toilette zur Verfügung steht, unbedingt freien Lauf lassen. Antibiotika sollten nicht selbstständig eingenommen werden. Lang anhaltender Durchfall mit Fieber oder Blut im Stuhl sollte sofort zum Arztbesuch führen. Sinnvoll ist erstmal schwarzer Tee (kein Kamillentee) sowie Zwieback oder Salzstangen. Am zweiten Tag Hühnerbrühe, Haferschleimsuppe und leicht verdauliche Speisen. Gegen Erbrechen und Durchfall wirkt auch Coca-Cola. Hungern ist lediglich bei starkem Erbrechen vorzuziehen. In den marokkanischen Apotheken wird von den Apothekern „Intetrix" empfohlen, das sehr gut gegen Durchfall helfen soll.

Sonnenschutz

In Marokko ist ein guter Sonnenschutz **dringend zu empfehlen,** da die Sonneneinstrahlung sehr stark ist und jeder Sonnenbrand das Hautkrebsrisiko erhöht. Lange Sonneneinstrahlung (z.B. am Strand eingeschlafen) kann zu schweren Hautverbrennungen, Sonnenstich oder Hitzschlag durch Überwärmung führen. Durch Benutzen einer Sonnencreme, Tragen eines Sonnenhuts, Aufenthalt im Schatten und regelmäßiges Trinken kann man dem vorbeugen.

Bilharziose

Die Krankheit wird durch winzige Würmer übertragen, die beim Baden oder Waten in befallenen Gewässern durch die Haut eindringen. Die Eiablage der Würmer erfolgt in Blase und Darm und hat starke (bei Nichtbehandlung tödliche) Folgen. **Vorsicht** ist in Marokko vor allem im Falle stehender Wassertümpel, bei Bewässerungskanälen in den Oasen südlich des Atlas geboten! Die Würmer können sich nur bei warmen Temperaturen halten, deshalb gibt es diese Krankheit nicht in den Gebirgsregionen des Atlas. In Bergseen und Gebirgsbächen kann man problemlos baden!

Tollwut

Für Fahrrad- oder Motorradfahrer, die abseits der Hauptrouten unterwegs sind, besteht die Gefahr, **von streunenden Hunden gebissen** zu werden. Eine Tollwutimpfung ist bei dieser Reiseform oder auch wenn man mit eigenem Hund reist (wegen evtl. vermehrtem Kontakt mit anderen Hunden) unbedingt empfehlenswert! In Marokko kam es in den letzten Jahren vereinzelt zu Tollwutinfektionen bei Menschen, die durch streunende Hunde übertragen wurden.

Haut-/Augenschutz

Sonne und Wind trocknen die Haut aus. Eine Fettcreme und ein Fettstift für die Lippen gehören ins Gepäck. Eine gute Sonnenbrille schützt die Augen vor grellem Licht und Staub.

Insektenschutz

Hautsprays oder Lotions (z.B. *Autan*, *Toxial*, *Zedan*); Insektensprays halten Stechmücken fern bzw. bringen sie um; Insektensalbe (in Marokko *Mousticrème*) oder -stift (z.B. *Soventol* oder *Fenistil*) verhindern Schwellungen und lindern den Juckreiz, wenn die Biester trotzdem gestochen haben.

Schlangenbisse/Skorpionstiche

Vergiftungen durch Gifttiere, insbesondere durch Giftschlangen und Skorpione, sind in Marokko bei Touristen sehr selten. Eine gewisse Vorsicht ist bei Kindern angebracht: Sie sollten nicht unbeaufsichtigt in der Wildnis spielen, denn unter dem einen oder anderen Stein mag ein Skorpion sitzen, vielleicht sonnt sich auch auf einem Felsen ganz unscheinbar eine Schlange oder zieht in der Nähe einer Wasserstelle ihre Bahnen.

AIDS

Ansteckungsgefahr mit AIDS (franz. **SIDA**) besteht, wie bekannt, hauptsächlich beim ungeschützten Geschlechtsverkehr. Die AIDS-Quote liegt laut offiziellen (!) Daten bei nur 0,1%, bei Prostituierten und Homosexuellen jedoch mit Sicherheit um ein Vielfaches höher. Am besten schützt sexuelle Zurückhaltung. Wer es nicht lassen kann: Vorsicht und Kondome!

Mit Kleinkindern unterwegs

Sie brauchen **keine Bedenken** zu haben, Ihre Kinder mit nach Marokko zu nehmen. Auch Säuglinge haben solche Touren mit einigen Vorsichtsmaßnahmen gut überstanden. Was Wasserdesinfektion, Durchfallvorsorge und das Essen anbelangt, gelten die gleichen Empfehlungen wie für Erwachsene.

Vor **Mücken und Fliegen** schützen Sie Ihr Kind bei einem Campingaufenthalt am besten mit einem Moskitonetz über dem Bettchen, evtl. sollten Sie das Kind mit einem Moskitomittel aus ätherischen Ölen wie z.B. Zedan einreiben. Engen Kontakt zu streunenden Hunden und Katzen sollten Sie meiden. Kontakt mit der Bevölkerung ist auf Reisen immer wünschenswert, aber wenn man kleine Kinder dabei hat, nicht ganz ungefährlich. Jeder will Ihrem Baby auch die Hand schütteln oder es gar abküssen, und bei einer Einladung stoßen Sie auf Unverständnis, wenn Sie Ihr Kind nicht vom gemeinsamen Teller mitessen lassen.

Ungünstig ist die Mitnahme von **Kindern im Krabbelalter** (außer Sie planen einen reinen Hotelaufenthalt), da der Boden in tropischen und nordafrikanischen Ländern meist stark verschmutzt ist. Zudem stecken Kinder in diesem Alter fast alles in den Mund. Wenn Ihr Kind laufen kann, steht einer Mitnahme nichts mehr entgegen. Mit kleinen Kindern sollten Sie natürlich möglichst selbst kochen und das Essen in sehr einfachen Marktlokalen vermeiden.

Ein Blick auf die **sanitären Anlagen** eines Restaurants ist oft ein Gradmesser für die restliche Sauberkeit. Starrt das Örtchen vor Dreck, fehlen die Wasserhähne bzw. tropft das Wasser nur, dann können Sie davon ausgehen, dass die Küche ebenfalls ungepflegt ist und der Koch mit nicht gerade sauberen Händen seine Mahlzeiten bereitet. Eis ist oft eine Infektionsquelle (verunreinigte Milch), inzwischen aber in den Touristengebieten wie Agadir unbedenklich genießbar. Innerhalb der Touristikkomplexe von Agadir und den Königsstädten ist ohnehin für einwandfreie europäische Kost gesorgt.

Versicherungsschutz

Die staatlichen Krankenhäuser und Gesundheitszentren in Marokko bieten ihre Grundleistungen auch für Ausländer kostenlos an. Sonderleistungen, Behandlungen in den besser ausgestatteten Privatkliniken und private Konsultationen müssen allerdings selbst bezahlt werden.

Die Kosten für eine Behandlung in Marokko werden von den gesetzlichen Krankenversicherungen in Europa nicht übernommen, daher ist der Abschluss einer privaten **Auslandskrankenversicherung unverzichtbar.** Bei Abschluss der Versicherung – die es mit bis zu einem Jahr Gültigkeit gibt – sollte auf einige Punkte geachtet werden. Zunächst sollte ein Vollschutz ohne Summenbeschränkung bestehen, im Falle einer schweren Krankheit oder eines Unfalls sollte auch der Rücktransport übernommen werden. Diese Zusatzversicherung bietet sich auch über einen Automobilclub an, insbesondere wenn man bereits Mitglied ist. Diese Versicherung bietet den Vorteil billiger Rückholleistungen (Helikopter, Flugzeug) in extremen Notfällen. Wichtig ist auch, dass im Krankheitsfall der Versicherungsschutz über die vorher festgelegte Zeit hinaus automatisch verlängert wird, wenn die Rückreise nicht möglich ist.

Schweizer sollten bei ihrer Krankenversicherungsgesellschaft nachfragen, ob die Auslandsdeckung auch für Marokko inbegriffen ist. Sofern man keine Auslandsdeckung hat, kann man sich kostenlos bei Soliswiss (Gutenbergstr. 6, Postfach, 3001 Bern, Tel. 031 380 70 30, www.soliswiss.ch) über mögliche Krankenversicherer informieren.

Zur **Erstattung der Kosten** benötigt man ausführliche Quittungen (mit Datum, Namen, Bericht über Art und Umfang der Behandlung, Kosten der Behandlung und Medikamente).

Medizinische Versorgung im Land

Vor einer Reise empfiehlt sich ein **Zahnarztbesuch,** da vor Ort eine qualifizierte zahnärztliche Versorgung problematisch sein

mal_007 Foto: ad

Schneebedeckt – der Hohe Atlas

kann. Viele Hotels verfügen über einen (teuren) Hotelarzt oder empfehlen **zuverlässige Ärzte.** Auch über die Botschaften oder Konsulate können Sie Adressen von zuverlässigen Ärzten vor Ort erfahren. Auf dem Land gibt es Gesundheitsstationen, die auch für Touristen eine kostenlose Erstversorgung gewährleisten.

In den Städten ist eine gute ärztliche Versorgung gewährleistet. Größere Hotels verfügen gelegentlich über einen eigenen Medizinischen Dienst. In den Ferienorten nennen Ihnen Hotelrezeptionen und Fremdenverkehrsämter die jeweils diensthabenden und evtl. auch englisch- oder sogar deutschsprachigen Ärzte. Beim ADAC (www.adac.de) können sich Mitglieder vorab erkundigen, wo sich in Marokko deutsch sprechende Ärzte befinden. Sie finden auch Empfehlungen in den Städtekapiteln!

In den Städten gibt es **staatliche Krankenhäuser** *(hôpital)* und **private Kliniken** *(clinique),* in kleineren Orten oft nur Polikliniken, einfache Ambulatorien *(dispensaire)* oder mobile Stationen. Adressen finden Sie bei den Städten.

Apotheken *(pharmacie)* führen neben einheimischen auch ausländische (vor allem französische, schweizer und deutsche) Medikamente, die meist rezeptfrei und billiger als bei uns zu haben sind. In jedem größeren Ort gibt es Bereitschaftsapotheken *(pharmacie de nuit),* die auch nachts und an Sonn- und Feiertagen geöffnet und oft in den Rathäusern untergebracht sind.

Informationen

Fremdenverkehrsämter

Die Webseite des Moroccan National Tourist Office ist **www.visitmorocco.com.** Die offizielle Webseite der Fremdenverkehrsämter in mehreren Sprachen ist mittlerweile sehr nützlich und gibt Informationen über das ganze Land: Unterkünfte, Städte, Routenplaner, Transport, Wetter, Veranstaltungen etc.

In Deutschland

- **Staatliches Marokkanisches Fremdenverkehrsamt (ONMT),** Graf-Adolf-Straße 59, 40210 **Düsseldorf,** Tel. 0211 37 05 51/52, Fax 37 40 48, www.tourismus-in-marokko.com (identisch mit www.visitmorocco.com). Das Fremdenverkehrsamt verschickt eine Übersichtskarte sowie mehrere farbige, stimmungsvolle Prospekte zu touristischen Zielen (u.a. Marrakesch und Agadir) mit schönen Fotos, die aber wenig Informationen enthalten. Es sind auch Broschüren mit Urlaubstipps und praktischen Informationen sowie zum Trekking erhältlich. Die Publikationen können auch online bestellt werden.

In der Schweiz

- **Staatliches Marokkanisches Fremdenverkehrsamt (ONMT),** Schifflände 5, 8001 **Zürich,** Tel. 044 252 77 52, Fax 251 10 44, info@marokko.ch.

In Österreich

- **Staatliches Marokkanisches Fremdenverkehrsamt (ONMT),** Kärtnerring 17/2/23A, 1010 **Wien,** Tel. (01) 512 53 26, Fax 512 39 73, marokkotourismus@aon.at.

In Marokko

Die Hauptniederlassung des Fremdenverkehrsamtes und die Vertretung des Tourismusministeriums befinden sich in Rabat. Die Auskünfte sind nicht wesentlich besser als in anderen marokkanischen Städten. Sie erhalten dort dieselben Prospekte wie in Deutschland. Zweigniederlassungen des ONMT gibt es in den großen Städten und wichtigen Touristenorten. Adressen siehe im Routenteil bei den jeweiligen Orten.

- **Office National Marocain du Tourisme** (ONMT bzw. Tourismusministerium), Angle Rue Oued El Makhazine/Rue Zallaqa, **Rabat-Agdal,** Tel. (00212) (0)537 67 39 18, Fax (0)537 67 40 15, website@onmt.org.ma.

Vereine

- **ADAC Camping- und Urlaubsservice,** Am Westpark 8, 81373 **München,** Info-Tel. 01805 10 11 12 (0,123 Euro/Min.), www.adac.de (Mail-Anfragen zu verschiedenen Themengebieten möglich). Hier erhalten ADAC-Mitglieder eine Infomappe (Touren-Set mit den wichtigsten Sehenswürdigkeiten, Routenplaner und übersichtlicher Landkarte) mit Info-Blättern über Einreise- und Verkehrsbestimmungen etc., Schutzbrief und Auslandskrankenversicherung. Der ADAC unterhält auch eine Niederlassung in Agadir (siehe dort).

Zahlreiche Vereine wollen dem **Informationsaustausch zwischen Reisenden** dienen oder haben sich **Völkerverständigung** oder **interkulturellen Austausch** zum Ziel gesetzt:

- **DMG Deutsch-Marokkanische Gesellschaft e.V.,** Sekretariat *Klingner,* Auf der Papenburg 45, 44801 **Bochum,** Tel. 0234 70 22 89, www.deutschmarokkanischegesellschaft.de. Viele Aktivitäten, Regionaltreffen mit interessanten Vorträgen und geselligem Beisammensein.
- **Euro-Arabischer Freundeskreis e.V.,** c/o *Helmut Six,* Trautmannstr. 5, 81373 **München,** Tel. 089 760 44 98, Fax 769 18 56, www.eaf-ev.de. Monatliches Informationsheft über Kulturelles und Touristisches aus arabischen Ländern, regelmäßige Treffen und Diaabende in München u.v.m.

Informationen im Internet

- **www.marokko.com**
- **www.marokko-online.net**

Eine sehr aktive Webseite mit Wirtschaftsinfos, Reiseberichten, Fotos, Filmen, Städte- und Landesinfos sowie Diskussionsforum zu Themen von Tourismus bis Politik und marokkanischer Küche. Viele Links zu anderen Marokko-Seiten. Das Tourismusforum wird von den Autorinnen moderiert.

- **www.visitmorocco.com**

Offizielle Seite des ONMT (Office Nationale Marocain du Tourisme (s.o.).

- **www.tourismus-in-marokko.com**

(identisch mit www.visitmorocco.com) Staatl. Marokkanisches Fremdenverkehrsamt Deutschland bzw. Österreich, Schweiz. Infos, Veranstaltungshinweise, schöne Bilder, Bestellmöglichkeit von Broschüren.

- **www.tourisme.gov.ma**
- **www.tourismemaroc.com**

Erstere ist die offizielle Seite des Tourismusministeriums, die zweite eine Art Forum dazu. Beide Seiten bieten aktuelle Zahlen, Tourismusprojekte, News etc.

- **www.menara.ma**

Aktuelle News und E-Mail-Dienst. Unter „annuaires“ findet man außerdem die Gelben Seiten und das Telefonbuch aller marokkanischen Großstädte (sehr praktisch!).

- **www.oncf.ma**

Die Bahn in Marokko (Preise, Fahrplan).

- **www.ctm.ma**

Busverbindungen in Marokko (Preise, Fahrpläne).

- **www.kohlbach.org/marokko**

Seiten der Reisebuchautorin *Edith Kohlbach* mit vielen Infos zu Hotels und Campingplätzen, mit Reiseberichten und Bestellmöglichkeit ihres Camping- und Hotelführers.

- **www.marokko-hotels.com**

Hotelinfos, Buchungen etc. Gute Übersicht über Städte, Hotels (mit Buchungsmöglichkeit), Fahrzeugvermietung, Restaurants, Taxi-Zubringer-Service.

- **www.TripAdvisor.de**

Guter Überblick zu Hotels und Gasthäusern im Land, mitsamt Bewertungen von Gästen.

- **www.agadir-net.com**
- **www.essaouiranet.com**
- **www.marrakech-info.com**
- **www.ouarzazate.com**

Die Seiten werden von dem lange in Marokko lebenden *Patrick Exler* betrieben und geben eine gute Übersicht über Städte, Hotels (mit Buchungsmöglichkeit), Fahrzeugvermietung, Restaurants, Taxi-Zubringer-Service.

- **www.amazighworld.org**

Interessante Seite zu den Berbern: Kultur, Politik, Geschichte etc.

- **www.maroc.ma**

Offizielle Webseite der marokkanischen Regierung: Politik, Statistiken, Infos zu Kultur und Sozialwesen, Links zu Ministerien etc.

- **www.telquel-online.com**
Webseite der unabhängigen Zeitung „Telquel" mit vielen Hintergrundinfos, die nicht immer regierungskonform sind.
- **www.hcp.ma**
Aktuelle Statistiken und Zahlen zu Marokko (französisch).
- **www.maroc.net**
Aktuelle Informationen zu Politik, Kultur, Wirtschaft usw. (französisch und englisch).
- **web.worldbank.org**
Informationen über Projekte der Weltbank in Marokko (französisch).
- **www.dihkcasa.org**
Diverse nützliche Informationen und Links der Deutschen Industrie- und Handelskammer in Casablanca. Bestellmöglichkeit von Publikationen.
- **www.arso.org**
Aktuelle Infos zur Westsahara.
- **www.maghrebarts.ma**
Sehr gute Seiten über kulturelle Belange und Veranstaltungen in Marokko (Film, Theater, Musik, Medien, Festivals etc.).
- **www.traenenmond.de**
Die Autorin des Buches „Tränenmond", *Warda Saillo,* unterstützt mit ihrem Verein ein Hilfsprojekt für missbrauchte Hausmädchen („petites bonnes") in Agadir.
- **www.weltreiseforum.info**
Aktives und umfassendes Forum mit Austausch (Welt-)Reisender zu allen Themenbereichen und Erdteilen.
- **www.daerr.info/www.durchafrika.info**
Private Seiten der *Därrs.* Infos und aktuelle Nachrichten rund um Afrika, Tipps zu Saharareisen, Weltreisetagebuch etc.
- **www.lehmexpress.de**
Projekt von *Manfred Fahnert* über traditionelle Lehmbautechniken und die Restaurierung der Kasbah Asslim bei Agdz.
- **www.marokko-per-rad.de**
Diese überaus nützliche Webseite betreibt *Jan Cramer,* der seit Jahren mit dem Rad in Marokko unterwegs ist.
- **www.wuestenschiff.de**
Das Forum zur Sahara und Afrika, nützliche Informationen für Individualreisende.

97 Foto: dd

Medien

Es existieren einige **französischsprachige Zeitungen,** welche für den sprachkundigen, politisch interessierten Touristen lesenswert sind, so z.B. die kritische Zeitschrift „Telquel".

Deutschsprachige Zeitungen und Illustrierte sind (etwas verspätet) in den großen Hotels der Touristenzentren und an Kiosken der Ferienorte und Großstädte zu kaufen, dort meist nur in der Hauptstraße (Mohammed V., Hassan II.).

Die **Deutsche Welle** (Radio) ist mit einem **Kurzwellenradio** recht gut zu empfangen, manchmal auch Bayern 3 und Bayern 1. Das beste Programm bietet wohl **BBC-World-Service** (in Englisch) mit aktuellen Nachrichten- und guten Musiksendungen.

Große Hotels verfügen häufig über **Satelliten-TV,** sodass deutsche und andere europäische Programme empfangen werden können.

Notfälle

Autopanne/-unfall

Ist man mit dem Auto unterwegs, gibt es Hilfe z.B. für ADACPlus-Mitglieder oder ÖAMTC-Mitglieder teilweise kostenlos. Man kann sich auch direkt an seinen Automobilclub wenden. Hier die drei größten für Deutschland, Österreich und die Schweiz:

- **ADAC,** (D)-Tel. 089 22 22 22; unter (D)-Tel. 089 76 76 76 gibt es Adressen von deutschsprachigen Ärzten in der Nähe des Urlaubsortes (Liste auch vorab anforderbar).
- **ÖAMTC,** (A)-Tel. 01 251 20 00 oder (A)-Tel. 01 251 20 20 für medizinische Notfälle.
- **TCS,** (CH)-Tel. 022 417 22 20.

Verlust von Geldkarten

Bei Verlust oder Diebstahl der Kredit- oder Maestro-/EC-Karte sollte man diese umgehend sperren lassen. Für deutsche Maestro- und Kreditkarten gibt es die einheitliche **Sperrnummer 0049 116 116** und im Ausland zusätzlich 0049 30 4050 4050. Der TCS (Schweiz) betreibt einen Kartensperrservice; Infos unter 0844 888 111. Für österreicherische und schweizerische Karten gelten:

- **Maestro-/EC-Karte,** (A)-Tel. 0043 1 204 88 00; (CH)-Tel. 0041 44 271 22 30, UBS: 0041 848 888 601, Credit Suisse: 0041 800 800 488.
- **MasterCard,** internationale Tel. 001 636 722 7111 (R-Gespräch).
- **VISA,** internationale Tel. 001 410 581 9994.

Verlust von Reiseschecks

Nur wenn man den **Kaufbeleg** mit den Seriennummern der Reiseschecks sowie den **Polizeibericht** vorlegen kann, wird der Geldbetrag von einer größeren Bank vor Ort binnen 24 Stunden zurückerstattet. Also muss der Verlust oder Diebstahl umgehend bei der örtlichen Polizei und auch bei American Express bzw. Travelex/Tho-

Geschäftsschild einer Motorradwerkstatt

mas Cook gemeldet werden. Die Rufnummer für das Reiseland steht auf der Notrufkarte, die man mit den Reiseschecks bekommen hat.

Geldnot

Wer dringend eine größere Summe ins Ausland überweisen lassen muss wegen eines Unfalles oder Ähnlichem, kann sich auch nach Marokko über **Western Union** Geld schicken lassen. Für den Transfer muss man die Person, die das Geld schicken soll, vorab benachrichtigen. Diese kann es via www.westernunion.de online über ihr Bankkonto versenden oder muss bei einer Vertretung von Western Union (in Deutschland u.a. bei der Postbank) ein entsprechendes Formular ausfüllen und den Code der Transaktion telefonisch oder anderweitig übermitteln. Mit dem Code und dem Reisepass geht man zu einer beliebigen Vertretung von Western Union in Marokko (siehe Telefonbuch oder unter www.westernunion.de „Vertriebsstandort suchen"), wo das Geld nach Ausfüllen eines Formulares binnen Minuten ausgezahlt wird. Je nach Höhe der Summe muss der Absender eine Gebühr ab 10,50 Euro zahlen.

Ausweisverlust/ dringender Notfall

Wird der Reisepass oder Personalausweis im Ausland gestohlen, muss man dies bei der örtlichen **Polizei** melden. Darüber hinaus sollte man sich an die nächste diplomatische **Auslandsvertretung** seines Landes wenden, damit man einen **Ersatz-Reiseausweis** zur Rückkehr ausgestellt bekommt (ohne kommt man nicht an Bord eines Flugzeuges!).

Auch in **dringenden Notfällen** (z.B. medizinischer oder rechtlicher Art, bei der Vermisstensuche, Hilfe bei Todesfällen, Häftlingsbetreuung) können die Auslandsvertretungen vermitteln (siehe Kapitel „Diplomatische Vertretungen").

Post, Telefon, Internet

Post

Postämter gibt es in allen größeren Orten. Sie sind leicht zu erkennen an der Aufschrift „P.T.T.".

Briefmarken sind meist auch in Tabak- und Schreibwarenläden erhältlich, in denen Postkarten verkauft werden. Postkarten und Briefe bis 20 g nach Deutschland müssen bei Luftpost mit 7 DH frankiert werden.

Die **Laufzeit** für Briefe und Karten in die Heimat bewegt sich zwischen einer und drei Wochen.

Telefonieren (Festnetz)

Telefonieren ist inzwischen kein Problem mehr, denn überall in den Städten gibt es **öffentliche Telefone** mit Direktwahlapparaten, von denen auch nach Deutschland bzw. Europa telefoniert werden kann.

Kartentelefone sind an jeder Ecke zu finden, Telefonkarten gibt es bei allen Niederlassungen der Maroc Telecom und in den meisten Läden zu 20 (30 DH), 50 (67,50 DH) und 100 Einheiten (129 DH).

In jedem Ort existieren privat betriebene **Téléboutiquen** (teils mit Fax und Internet) mit Münzapparaten. Das Personal hilft bei Problemen und wechselt Kleingeld.

Der **Minutentarif** lag Mitte 2010 bei 3 DH *(plein tarif)* und 1,50 DH *(tarif réduit)*. Bei einem Anruf auf ein Mobiltelefon gilt ein Tarif von 4,20 DH *(plein tarif)* und 3,30 DH *(tarif réduit)*.

Telefonieren nach Deutschland **vom Hotel** aus ist horrend teuer (3–5 Euro/ Min.). Am günstigsten ist es, sich mit einer deutschen Billigvorwahl zurückrufen zu lassen.

Marokkos Telefongesellschaft **Maroc Telecom** (www.iam.ma) wurde vor einigen Jahren privatisiert und das Telefonnetz komplett modernisiert. Im Zuge dieser Änderungen wurden auch die **marokkanischen Vorwahlen geändert.** Statt acht Vorwahlbereichen blieben nur noch vier Vorwahlen übrig. Im März 2006 wurden die Vorwahlen in einem weiteren Schritt zu nur noch zwei Vorwahlkreisen vereinfacht: Zone Nord mit den ersten beiden Ziffern 02 (ehemals 02 und 04), Zone Süd mit den ersten beiden Ziffern 03 (ehemals 03 und 05). Alle alten Vorwahlen beginnend mit 02 (plus dritte Stelle x) und 04 (plus dritte Stelle x) sind also einheitlich in 02x umgewandelt. Vorwahlen, die früher mit 05 und 03 begannen, sind nun alle 03x. Die dritte Ziffer der Vorwahl blieb unverändert. Doch damit nicht genug: Im März 2009 wurden die Vorwahlen für Festnetz und Mobilfunk erneut geändert. Allen Vorwahlen wurde noch eine Ziffer vorangestellt, sodass die Vorwahl nun vierstellig und die gesamte Telefonnummer zehnstellig ist:

Festnetz:
02x wird zu 052x
03x wird zu 053x
08x wird zu 080x
09x wird zu 089x

Mobilfunk:
01x wird zu 061x
04x wird zu 064x
05x wird zu 065x
06x wird zu 066x
07x wird zu 067x

Wenn Sie also alte Visitenkarten erhalten oder auf nicht aktualisierten Webseiten nur eine dreistellige Vorwahl angegeben ist, fügen Sie bei der Nummer hinter der 0 nach obigem Beispiel eine 5 (Festnetz) oder eine 6 (Mobilfunk) ein. In Marokko wählt man in Städten die Nummer immer komplett, d.h. inklusive der Vorwahl.

Bei Gesprächen vom Ausland wählt man die **Vorwahl für Marokko 00212** und die zehnstellige Nummer ohne die 0 am Anfang.

Das **marokkanische Telefonbuch** sowie die **Gelben Seiten** *(Les Pages Jaunes)* findet man auch im Internet: **www.menara.ma** („annuaires").

Die **Telefonauskunft** erreicht man in Marokko unter der Nummer 160.

Auslandsvorwahlen

- **Deutschland: 0049**
- **Österreich: 0043**
- **Schweiz: 0041**
- **Marokko: 00212**

Mobil telefonieren

Sie können Ihr Handy problemlos nach Marokko mitnehmen, denn die meisten Mobilfunkgesellschaften haben **Roamingverträge** mit den marokkanischen Gesellschaften Maroc Telecom und Méditel (beide GSM 900 MHz). Wegen hoher Gebühren sollte man sich bei seinem Anbieter erkundigen, welcher der **Roamingpartner** günstig ist und diesen **per manueller Netzauswahl** voreinstellen. Nicht zu vergessen sind die passiven Kosten, wenn man von zu Hause angerufen wird (Mailbox abstellen!). Der Anrufer zahlt nur die Gebühr ins heimische Mobilnetz, die teure Rufweiterleitung ins Ausland zahlt der Empfänger. Wesentlich preiswerter ist es, sich auf **SMS** zu beschränken, der Empfang ist in der Regel kostenfrei.

Inzwischen ist die **Netzabdeckung fast überall** (sogar in der Westsahara) gewährleistet. Nur an manchen einsamen Stränden, abseits der großen Straßen im Gebirge oder in der Wüste gibt es kein Netz.

Falls das Mobiltelefon **SIM-lock-frei** ist (keine Sperrung anderer Provider vorhanden ist) und man längere Zeit in Marokko unterwegs ist, ist es sinnvoll, sich ein Handy mit lokaler Nummer **(SIM-Card)** und Prepaid-Guthaben anzuschaffen. Den SIM-lock kann man sich auch in den diversen Telefongeschäften oder bei Bastlern in Marokko entfernen lassen. Eine lokale SIM-Card ist problemlos an den Kiosken der Mobilfunkanbieter oder in Téléboutiquen erhältlich. Mit einer marokkanischen SIM-Card müssen Sie bei ankommenden Anrufen und Telefonaten im Land keine teuren Auslandsgebühren an den deutschen Mobilfunkanbieter bezahlen. Sie sollten aber auch in Marokko bei den verschiedenen Anbietern nachfragen, ob Sie bei eingehenden Telefonaten eine Gebühr bezahlen müssen bzw. ob man zum Ein- oder Auswählen noch eine zusätzliche Nummer braucht. Eine Méditel-SIM-Karte mit marokkanischer Nummer kostet z.B. 75 DH inkl. 50 DH Gesprächsguthaben. Eine **SMS** nach Deutschland kostet 5 DH, innerhalb Marokkos nur 1 DH. Das Guthaben kann jederzeit durch Kauf einer Prepaid-Karte aufgeladen werden. Die Stände und Läden von Méditel und anderen Mobilfunkanbietern sind in jedem größeren Ort zu finden.

Ähnliche Preise hat die **Carte Jawal** der Maroc Telecom (IAM, www.iam.ma). Deren Netz hat die größte Abdeckung im Land. Eine SMS kostet 4 DH, 1 Minute nach Deutschland 7,80 DH. Ferner gibt es noch SIM-Karten von **Wana** (www.wana.ma); dieser Anbieter ist deutlich preiswerter, das Netz aber nicht so dicht.

Buchtipp – Praxis-Ratgeber:
- Volker Heinrich, **Handy global** (REISE KNOW-HOW Verlag)

Satellitentelefon

Wer wirklich **abseits der Hauptwege** reist (Kameltouren, Weiterreise nach

Mauretanien und andere Saharastaaten, Bergtrekking) oder geschäftlich immer erreichbar sein muss, für den lohnt sich unter Umständen auch die Miete eines Satellitentelefons. Für Marokko (nicht Westsahara) bietet **Thuraya** einen günstigen Eco-Tarif an, der mit ca. 0,86 Euro pro Minute günstiger ausfällt, als wenn man mit dem deutschen Handy (mit deutscher SIM-Card) telefoniert. Näheres dazu unter www.thuraya.de oder www.expeditionstechnik.de.

Internet

Marokko boomt in dieser Hinsicht. Es gibt in jeder Stadt und jedem größeren Ort zahlreiche **Internetcafés.** Die Stunde im Netz kostet zwischen 4 und 10 DH (in Hotels teurer). Beim Stadtbummel sind die Cybercafés nicht zu übersehen, wer trotzdem Adressen sucht, findet sie im Internet z.B. auf der Seite **www.cybercafes.com.**

Mit daheim per Mail zu kommunizieren oder sich seine E-Mails auch unterwegs abzurufen, ist kinderleicht, ebenso wie heimische Nachrichten über die Seiten der großen deutschen Zeitungen oder der Fernsehsender zu lesen. **E-Mail-Kommunikation** ist in Marokko nicht mehr die Ausnahme, sondern bei Firmen oder touristischen Unternehmen zum Alltagsgeschäft geworden. So kann man sein Hotelzimmer, den Mietwagen oder den Bergführer bequem per E-Mail buchen.

Mit dem eigenen Notebook kann man in immer mehr Hotels und in manchen Restaurants und Cafés mit **WLAN** kabellos ins Internet, jedoch nicht immer kostenfrei. Wer längere Zeit in Marokko ist, kann über bestimmte Telefongesellschaften einen dongle (z.B. Wana) für 600 DH erwerben, den man an den Computer anschließt; dann kann man für eine monatliche Flatrate von 200 DH surfen.

Öffnungszeiten

Generell sind die **Öffnungszeiten im Ramadan** und **in der Woche nach dem Opferfest** (Aid el Kebir) **sehr eingeschränkt.** (Post-)Ämter und Behörden haben dann meist nur von 9.30–15 Uhr geöffnet, Geschäfte nach Lust des Besitzers manchmal nur vormittags oder nur in den späten Nachmittagsstunden. Am Freitagmittag (Moscheebesuch und islamischer Feiertag) haben viele Geschäfte in den Souk-Vierteln und in Dörfern geschlossen. Am Nachmittag ab 15/16 Uhr ist dann wieder mit offenen Läden zu rechnen.

Geschäfte und Büros: Da es in Marokko kein Ladenschlussgesetz gibt, hier nur die Kernöffnungszeiten der Geschäfte: montags bis samstags von 9.30–13 Uhr und 15–19 Uhr.

Die **Ämter und Behörden** sind montags bis donnerstags von 8.30–12 und 14.30–18.30 Uhr geöffnet, freitags von 8–11.30 und 15.30–18.30 Uhr.

Museen/Sehenswürdigkeiten: Die meisten Museen sind täglich außer dienstags von 9–12 und 14–17.30/18 Uhr geöffnet, der Eintritt beträgt 10–20 DH. Auch bei Sehenswürdigkeiten wie Palästen, Medersen (Koranschulen) etc. gelten diese Eintrittspreise und in etwa die gleichen Öffnungszeiten, wobei muslimische Sehenswürdigkeiten wie Koranschulen meist am Freitagvormittag geschlossen haben.

Souvenirs

Marokko hat eine fantastische Auswahl an geschmackvollen Souvenirs – vor allem das Kunsthandwerk ist weltweit berühmt.

Die größte Auswahl und die günstigsten Preise für Souvenirs findet man auf dem **Suq** (franz. **Souk** = Markt). Diese sind nach **Handwerkervierteln** gegliedert, wo man auch die Möglichkeit hat, die Handwerker bei ihrer Arbeit zu beobachten. In den typischen **Souvenirgeschäften** ist die Auswahl meist nur auf den Touristen abgestimmt, alltägliche Gebrauchsgegenstände sind in der Regel dort nicht zu bekommen.

Auf den **regionalen Märkten** werden oft sehr hübsche Töpferwaren und Dinge des täglichen Gebrauchs angeboten, das „Drumherum" ist wesentlich ursprünglicher und schöner als in den Großstadtsuqs.

Sollten Sie Spaß am **Feilschen** haben, so können Sie das in den Großstadtsuqs stundenlang betreiben und auch einen Gegenstand einigermaßen günstig erstehen. Billig ist in den Städten allerdings nichts mehr, viele Gegenstände werden nur noch für den Verkauf an Touristen gefertigt. Normalerweise konnten wir jeden genannten **Preis bis auf die Hälfte herunterhandeln,** inzwischen werden aber in Touristenorten dermaßen unverschämt hohe Summen angesetzt, dass es sinnvoll ist, 75% unter dem genannten Preis mit dem Handel anzufangen. Man sollte nie ohne **Preisvergleich** handeln und sich niemals als Marokko-Neuling outen. Wenn Sie auf entsprechende Fragen Ihres Pendants mehrere Städte aufzählen, in denen Sie schon gewesen sind und einen Aufenthalt in Marokko von mindestens drei Wochen angeben, suggeriert dies Erfahrung, und die Verhandlungsbasis ist eine ganz andere.

Eine Ausnahme ist **silberner Berber-** und auch **Goldschmuck,** hier sind die Preise relativ konstant, es wird meist nach Gramm abgerechnet.

Beim Feilschen gilt eine Anstandsregel: Beginnen Sie **keinen Handel, wenn Sie nicht die Absicht haben,** den Gegenstand wirklich **zu kaufen.** Manchmal wird man zwar fast zum Handeln gezwungen, aber meist kann man bekunden, dass kein Interesse besteht. Sollte der Händler trotzdem nicht lockerlassen, nennt man einen so idiotisch niedrigen Preis, dass ihm von selbst die Lust zum Handeln vergeht. Haben Sie bei dem Handel das Gefühl, auch nach 50% Reduktion oder mehr noch übers Ohr gehauen zu werden, so trösten Sie sich: Das geht jedem so! Das Wort Betrug in diesem Zusammenhang würde ich vermeiden. Die Araber sind ganz einfach geschickte Händler, und man macht es sich zu leicht, die Geschäftsmethoden als Betrug abzustempeln, wenn Preise nicht festgesetzt sind und die Einhei-

mmh_004 Foto: ed

mischen an den Touristen eine ganze Menge Geld verdienen.

Touristen, die nicht handeln, werden belächelt. Handeln Sie aber wie ein Araber, werden Sie Ihrem Gegenüber gehörigen Respekt abringen.

Sollten Sie am Handeln keinen Spaß finden oder Angst haben, zu teuer zu kaufen, dann besuchen Sie die **staatlichen Läden Maisons de l'Artisanat** oder **Centres Artisanales/Ensemble Artisanal** in den großen Städten. Diese führen ein gutes Sortiment an landestypischen Handwerksprodukten. Hier können Sie zu **Festpreisen** kaufen und bekommen die Waren auf Wunsch sogar nach Hause geschickt.

Grundsätzlich gilt: **Lassen Sie sich nie von einem Händler unter Druck setzen!** Will er Sie am Gehen hindern, oder schlägt er einen aggressiven Ton an, sagen Sie ihm in aller Deutlichkeit, was Sie davon halten und drohen Sie ggf. mit der Touristenpolizei. Dann ist dieses Theater meist sehr schnell beendet.

Lederwaren

Die Lederbearbeitung in Marokko beruht auf **jahrhundertealter Tradition,** die Produkte fanden schon früh in Europa Absatz (Lederwarengeschäfte heißen in Frankreich „Maroqinerie"!).

Lampenmacher in Marrakesch

In der Gegend von Tétouan und im Rif sind die großen braunen und beigefarbenen Ledertaschen der Hirten und Nomaden mit farbigen Riemen verziert. Die Lederwarenhersteller von Rabat verfeinerten diese Technik und benutzten gefärbtes Leder mit gepunzten Ledermustern, um Taschen, Geldbeutel und Gürtel herzustellen. Die Vergolder von Fès bringen auf den verschiedensten Lederwaren goldene Ranken, Girlanden, Sterne und Muster an. In Marrakesch verzieren Sticker gelbes, violettes und weißes Leder mit farbiger Seide und verarbeiten es zu wunderschönen Kissen und Taschen. Diese werden dann mit roten oder blauen Riemen versehen. In der Gegend von Zemmour werden Sandalen, Gürtel und Taschen mit Filzringen und Silberfäden verziert.

Neben den traditionellen Lederwaren gibt es natürlich auch „moderne", z.B. Taschen und Rucksäcke, zum Teil mit Kelimgewebe durchsetzt, Geldbeutel, Bekleidung, Sitzkissen etc.

Messing- und Kupferwaren

Die Messing- und Kupferbearbeitung ist in Marokko, wie in allen arabischen Staaten, **sehr verbreitet.** Die Gegenstände werden nach jahrhundertealten Mustern mit geometrischen Flechtwerken, Ranken, Blumen und Ornamenten verziert. Tabletts, Wasserkessel, Teekannen, Zuckertöpfe, Mokkaservices, Mörser, Leuchter, Laternen, Becher, Türklopfer und vieles mehr werden dadurch zu wertvollem und wunderschönem Hausrat. Leider ist gerade dieses Handwerk durch das

ag5390ch Foto: dd

Vordringen von Plastikgegenständen und billigem Aluminiumhausrat stark gefährdet.

Kunstschmiede

Bei den Kunstschmieden wird hauptsächlich Eisen zu **Ranken, Bändern, Scheiben und Ornamenten** verarbeitet, die Eingangstüren, Leuchter und Blumenvasen, Gartentore, Balkonbrüstungen, Fenster u.v.m. verzieren.

Schmuck

Silber- und Goldschmuck ist in den Dörfern der Hochebenen bei den Berbern immer noch eine wertvolle Geldanlage. Er ist Aussteuer, Brautgeschenk und Prestigeobjekt zugleich, und man trägt ihn dauernd bei sich.

Der Silberschmuck der Berber wird mit Kerben und einfachen Linien dekoriert und zu sehr schweren Armbändern, Kopf- und Gürtelschmuck, Ringen und Anhängern verarbeitet, die oft **mit Bernstein, Malachit oder Korallen verziert** sind.

Der Schmuck dient in Form von Amuletten vor allem zur **Abwehr des „Bösen Blickes".** Silber und Kupfer wird eine segensreiche Wirkung zugesprochen, welche noch durch die Form des Schmuckstückes verstärkt werden kann. So sind vor allem Amulette als fünffingrige Hand üblich, welche als „Hand der Fatima" (nach der Tochter Mohammeds) oder als *chamsa* (arabisch für fünf) bezeichnet werden. Diese Amulette sollen ebenfalls böse Geister und Unglück abwehren. Die Fünf wird als magische Zahl angesehen: Schon das Aussprechen der Zahl oder auch nur das Ausstrecken der rechten Hand genügt, um den bösen Blick von sich abzuwenden. Die Fünf bestimmt in zahlreichen Kombinationen das Design der Schmuckstücke, so auch in Form von Kreuzen und Sternen mit fünf Zacken (Doppelkreuz mit gemeinsamem Mittelpunkt) und als Kreuzbalken in Blütenform. Aber auch Dreiecksamulette und Amulette in Form eines stilisierten Auges sind sehr üblich.

Traditionell wird der Schmuck bei den Berbervölkern **von männlichen Schmieden hergestellt,** die je nach Gebiet einen unterschiedlichen Status haben. Da sie magisches Material verarbeiten, werden ihnen häufig **magische Kräfte zugesprochen.** Schmiede werden oft als Berater hochgestellter Persönlichkeiten herangezogen, sie werden aber auch wegen ihrer Kräfte gefürchtet und deshalb im öffentlichen Leben gemieden. Meist stehen sie außerhalb der Sozialordnung. Der Beruf des Schmiedes wird innerhalb der Familie weitervererbt.

Oft übernahmen den Beruf des Schmiedes Zugewanderte, Nachkommen von Negersklaven *(Haratin)* und Juden, welche vor allem in den jüdischen Vierteln *(Mellah)* der Städte die Mehrheit der Schmiede stellten. Sie verarbeiteten auch den **Goldschmuck,** der vor allem von der arabisierten Be-

Intarsienarbeiten aus Essaouira

völkerung der Städte gekauft wurde. Da aber die Juden nach dem Ersten Weltkrieg in großer Zahl das Land verließen, zudem die Edelmetalle für viele Familien unerschwinglich wurden, ist ein **Niedergang des Schmuckhandwerks zu beobachten.** Oft wird anstelle von Silber Aluminium verwendet, damit viele sich überhaupt noch Schmuck leisten können. Goldschmuck wird hauptsächlich in der Stadt zu zierlichen Schmuckstücken verarbeitet. Sie werden mit Smaragden, Türkisen, Perlen und Granaten besetzt und haben einfache, aber trotzdem kunstvolle Muster. Besonders schön und inzwischen auch sehr wertvoll sind die silbernen, mit Edelsteinen verzierten Dolche und Gewehre der Berber.

Alter Schmuck ist selten geworden. In Agadir und Marrakesch haben Antiquitätengeschäfte solchen Schmuck zu sehr hohen Preisen im Angebot.

Intarsienarbeiten

Dazu wird das Holz von Zeder, Zitronen-, Nussbaum und Thuja verwendet. Für Intarsien in Schmuckkästchen, zierlichen Möbeln, Schränken und Zigarettendosen kommt oftmals auch Perlmutt, Silber und Ebenholz zum Einsatz, um besonders hübsche Farbschattierungen und -nuancen zu erreichen. Die **Muster** bestehen in erster Linie aus Arabesken, Blumendekors und Linien. Die fertigen Stücke werden auf Hochglanz poliert und spiegeln in goldenen, braunen, beigen, schwarzen Farbtönen, jedes auf seine Art. Besondere Tradition hat die Intarsienarbeit in Essaouira, wo kunstvoll Kästchen, Tische und andere Möbelstücke gefertigt werden.

Holzschnitzereien

Viele Moscheen, Koranschulen und auch neuere Bauwerke wie das Mausoleum Mohammed V. bieten herrliche Beispiele für die Kunstfertigkeit der Holzschnitzer. **Decken und Kuppeln,** Wände und Leuchter sind mit Unmengen von Sternen, Geflechten und Ranken **kunstvoll verziert** (zu besichtigen beispielsweise im Palais de la Bahia in Marrakesch). Auch an Grabmälern und in Medersas (Koranschulen) findet man prachtvolle Holzschnitzereien, ebenso werden Musikinstrumente, Teller, Tabletts, Pfeifen etc. verziert. Den Touristen werden in der Regel nur kleinere Stücke interessieren, aber auch komplette Türen (mit Malereien) und Fensterläden kann man mit Glück im Souk erstehen. Wer will und es zu transportieren weiß, kann sich eine Wohnzimmereinrichtung anfertigen lassen.

Keramik

Die **Töpferei** des Abaka-Stammes ist bekannt für ihre rustikalen Formen und das fahlrote und weiße geometrische Dekor. Rotbraun glasierte Töpfe

Keramikteller warten auf Käufer

100 Foto: dd

für Tajine und Couscous und andere Gerichte bilden das übliche Geschirr marokkanischer Hausfrauen. Kobaltblaue, schwarz umringte Muster auf Email verzieren Schüsseln, Buttertöpfe, Krüge, Schalen und Vasen. Salé ist auf Ziertöpferei mit farbigem Email spezialisiert, ebenfalls aus Ton sind die grünen Ziegel der Dächer von Fès, Meknès und manchen Heiligtums.

Die **bekanntesten Keramiken** stammen aus **Fès** (typische blau-weiße Keramik) **und Safi,** aber auch aus der Region Tétouan. Sie sind durchaus mit Keramiken aus Italien und Spanien vergleichbar, oft wegen der kunstvollen Bemalung sogar schöner.

Am besten kauft man direkt bei den Töpfern. Man kann aber auch in den Touristikzentren oft teure, sehr schöne Keramiken erstehen, mitunter sogar in Kunsthandwerksläden in Deutschland.

Stickereien

Stickereien sind vor allem **als Raumschmuck beliebt** – Kissen, Tischdecken, Nischenvorhänge und Wandbehänge werden mit Baumwoll- oder Seidenfaden auf Baumwollstoff gefertigt. Die Stickereien stammen aus dem Norden, wo sich in allen großen Städten (Meknès, Fès, Tétouan, Chefchaouen, Rabat, Salé) ein eigener Stil herausgebildet hat.

Bestickte Kleidungsstücke, z.B. *Djeballahs* oder *Gandouras,* eignen sich hervorragend als Mitbringsel.

Teppiche

Sie **fehlen in keinem Haushalt.** Selbst in den Nomadenzelten der Berber verwendet man sie als Sitzgelegenheit und als Bettdecke in kühlen Nächten. Als Materialien werden Baumwolle, Wolle und Seide verwendet.

In einfacheren Häusern sieht man oftmals nur Rohrmatten, auf die mit Wolle Muster geknüpft wurden. **Kelims,** Webteppiche, findet man **bei den Berbern,** bei denen sie *Hambel* heißen. Sie sind sehr strapazierfähig; erst werden sie einfarbig gewebt, danach Muster darauf gestickt.

Am häufigsten sind **Knüpfteppiche,** die als Boden- oder Wandschmuck dienen.

Die **Teppichornamente sind sehr vielfältig.** Häufig verwendet werden Rautengitter-Muster. Das Dekor besteht aus unverbundenen, in sich geschlossenen Längs- oder Querstreifen mit Rauten oder Zickzackbändern oder miteinander verbundenen Rechteckketten. Bei vielen Teppichen, vor allem bei den Hochzeitsteppichen, die als Aussteuergut dienen, werden Geschichten aus dem täglichen Leben einer Familie dargestellt und in die einzelnen Ornamente Bilder von Häusern und Tieren eingearbeitet, seltener auch Menschenfiguren.

Traditionelle Berberteppiche haben geometrische Muster und im Gegensatz zu den asiatischen Orientteppichen nie eine abschließende Bordüre, die den Teppich umrahmt. Erst Anfang des 20. Jahrhunderts tauchten Teppiche mit Bordüren auf, in Anlehnung an asiatische Vorbilder. Sie scheinen farblich den Berglandschaften angepasst zu sein. Fahlrot und Beige bevorzugen die Marmouchka-Stämme im Hohen Atlas, die Beni Ouarain Schwarz, Weiß und Grün. Bei den Uled Besseba in der Haouz-Ebene bei Chichoua werden Teppiche mit stilisierten Menschen, Tieren und Mustern in den Farben Ocker und Rot gefertigt. Nomadenteppiche werden in der Grundfarbe Orange gefertigt.

Rif-Teppiche werden in drei Techniken hergestellt: gewebt, geknüpft und gestickt.

Sehr berühmt sind die **Teppiche der Glawa** (Glaoua) aus dem Hohen Atlas. Die Stämme der Aït Glawa weben in farbenfrohen Mustern, vor allem in Orange, Schwarz, Gelb, Grün und Weiß. In der Gegend von Ouarzazate werden Blau, Rot und Weiß bevorzugt.

Die in den Städten vertriebenen Teppiche werden in den Nachbarregionen **von Stämmen gefertigt,** zu denen traditionell enge Handelsbeziehungen bestehen, z.B. von den Stämmen der Beni Nguild und der Zayan im Mittleren Atlas.

Gebetsteppiche werden nur zum Beten benutzt und sind nicht durch traditionelle Muster zu erkennen.

Berberteppiche scheinen farblich den Berglandschaften angepasst zu sein. Fahlrot und Beige bevorzugen die Marmouchka-Stämme im Hohen Atlas, die Beni Ouarain Schwarz, Weiß und Grün. Bei den Uled Besseba in der Haouz-Ebene bei Chichoua werden Teppiche mit stilisierten Menschen, Tieren und Mustern in den Farben Ocker und Rot gefertigt.

Sehr berühmt sind die Teppiche der Glawa aus dem Hohen Atlas. Die Stämme der Aït Glawa weben in farbenfrohen Mustern, vor allem in Orange, Schwarz, Gelb, Grün und Weiß. In der Gegend von Ouarzazate werden Blau, Rot und Weiß bevorzugt.

Der **einzige Teppich städtischer Herkunft ist der Rabatteppich,** der zum Vorbild den Orientteppich hat.

Gebetsteppiche werden nur zum Beten benutzt, sind häufig industriell gefertigt und nicht durch traditionelle Muster zu erkennen.

Sport

Marokko ist ein **Mekka für Outdoorenthusiasten!** Alles ist möglich, und das in wunderschöner Umgebung: kurze Oasen- und Strandwanderungen oder mehrtägige Trekkingtouren im Hohen Atlas, Radfahren in der Wüste und den Bergen, Wind-, Body- und Kitesurfen in den Wellen des Atlantiks, Paragliden am Tizi'n'Test und im Anti-Atlas, Quadfahrten im Gelände und am Strand, Kajakfahrten auf Assif M'goun, Dadès und Drâa, Ausritte zu Pferd oder Kamel, Alpin- und Sportklettern im Hohen und Anti-Atlas, Frühjahrs-Skitouren am Djabal Toubkal oder Pisten-Skifahren in Oukaïmeden, Segeln und Hochseefischen in Agadir, Golfen in Essaouira und Agadir. Empfehlenswerte Aktivitäten, Veranstalter und Bergführer sind in den Regional-/Städtekapiteln angegeben.

Wandern/Trekking/Klettern

Tipps für Wanderungen in den Oasengärten, zu Kasbahs, Agadirs und Schluchten geben die Unterkünfte vor Ort (s.a. jeweilige Regionalkapitel). Häufig hängt dort auch eine Karte mit allen Highlights der Umgebung aus.

Die schönsten Regionen für mehrtätige **Trekkingtouren oder Tageswanderungen** sind der Hohe Atlas um Imlil (vgl. Exkurs zum Djabal Toubkal) und das Aït-Bougoummez-Tal mit den über 4000 m hohen Gipfeln des Djabal Toubkal und Djabal Mgoun, das Djabal-Saghro-Massiv (vgl. entsprechenden Exkurs), der Anti-Atlas um Tafraoute und das Djabal-Siroua-Gebiet. Die beste Jahreszeit für Wanderungen in Höhen über 2000 m ist das Frühjahr ab etwa April und der Herbst ab September. Im Sommer ist es sehr heiß, im Winter liegt hier Schnee. Detaillierte Wanderkarten der Gebiete sind leider schwer erhältlich, deshalb ist für weniger erfahrene Wanderer auf jeden Fall das Engagement eines lizenzierten Bergführers *(guide de montagne breveté)* sinnvoll. Die marokkanischen **Bergführer** werden nach einem vom französischen Alpenverein in Marokko etablierten Programm ausgebildet und geprüft. Häufig sprechen sie englisch oder sogar deutsch. Ein Bergführer, ein lokaler Veranstalter oder das „Bureau des guides et accompagnateurs" vor Ort organisieren bei Bedarf auch Gepäckmulis samt Mulitreiber und einen Koch für mehrtägige Trekkings in der Gruppe. Berghütten, wie wir sie aus den Alpen kennen, gibt es in Marokko nur am Djabal Toubkal und am Djabal Mgoun. Wer nicht im Zelt übernachten möchte, kann seine Tour so planen, dass er in kleinen Bergdörfern bei einheimischen Familien in einfachen Gîtes d'Etape (vgl. Unterkunft) schläft. Die Camping- und Kochausrüstung für eine gebuchte Trekkingtour wird von der Agentur gestellt. Diese kümmert sich auch um den Einkauf der Lebensmittel und der Wasserflaschen. Selbst mitbringen sollte man einen Schlafsack, gut eingelaufene Wanderstiefel sowie je nach Jahreszeit ausreichend warme Kleidung und Regenbekleidung.

Mehr Infos zum Trekking in Marokko: **www.caf-maroc.com** *(Club Alpin Français Casablanca).*

Die schönsten Trekkingtouren in Marokko:

- **Djabal-Toubkal-Besteigung:** Imlil – Toubkal-Hütte – Djabal-Toubkal-Gipfel – Toubkal-Hütte oder Imlil; 3 Tage, max. Höhe 4167 m.
- **Djabal-Saghro-Durchquerung:** Tagdilt – Almoun'n'Ouarg – Igli – Bab'n'Ali – Tifdassine – Nekob; 5 Tage, max. Höhe 2592 m.
- **Trekking im Hohen Atlas:** verschiedene Routen möglich, z.B. Oukaimeden – Ouaneskra – Imi Oughlad – Azib Tamsoult – Imlil (anschließende Djabal-Toubkal-Besteigung möglich); 4 Tage, max. Höhe 2960 m.
- **Ighil-Mgoun-Überschreitung:** Tabant – Azib'n'Ikiss – Terkkeddit-Plateau – Ighil Mgoun – Oulilimt-Tal – Ouzighimit-Tal – Achaabou-Schlucht – Vallée des Roses – Boumalne du Dadès; 8 Tage, max. Höhe 4068 m.
- **Große Atlasdurchquerung:** Imilchil – Quellen von Aghbaloul – Batli – Assif Melloul – Hochplateau von Kousser – Zaouiat Ahançal – Assem Souk – Aït-Bougoummez-Tal – Timit – Oulilimt-Tal – Ighil Mgoun – Terkkeddit-Plateau – Tessaout-Tal – Tifardzine – Tamda-See – Ounila-Tal/Telouèt; 16 Tage, max. Höhe 4068 m.

Mehrtägige **Kameltrekkings** werden vor allem in Zagora und in M'hamid zum Dünengebiet des Erg Chegaga angeboten (siehe dort). Eine Tour mit diesen friedlichen und liebenswürdigen Tieren ist vor allem für Familien ein unvergessliches Erlebnis. Bei einer mehrtägigen Kameltour wird jeden Tag etwa vier bis sechs Stunden marschiert oder geritten. Für das nicht abgehärtete Gesäß ist es empfehlenswert, zunächst nur ein bis zwei Stunden zu reiten und dann wieder zu laufen, sonst reitet man sich schnell wund. Übernachtet wird in der Wüste entweder unter freiem Himmel oder in einem fest installierten Nomadenzelt auf Matratzen, abends gibt es Tajine am romantischen Lagerfeuer. Die Kamelführer sind „Söhne der Wüste" und können sich auch im Sandsturm problemlos orientieren, bei der vermittelnden Agentur sollte man sich jedoch unbedingt nach den Sprachkenntnissen erkundigen. Auch ein kurzer Kamelritt durch die Dünen zum Sonnenaufgang am Erg Chebbi ist reizvoll.

In den Felsen gebohrte **Sportkletterrouten** existieren in der Todhra-Schlucht, im Anti-Atlas um Tafraoute und im Aït-Bougoummez-Tal. Schöne **alpine Touren** sind sicherlich auch an den vulkanischen Felstürmen im Djabal-Saghro-Gebiet möglich, müssen jedoch selbst gesichert werden.

Radfahren

Marokko mit dem eigenen Rad bzw. Mountainbike zu bereisen, wird **im-**

mer beliebter. Schöne Mountainbike-Touren sind z.B. am Südrand des Djabal Saghro (Bab'n'Ali, Tizi'n'Tazazert), im Gebiet der Todhra- und Dadès-Schlucht oder in der Aït-Mansour-Schlucht bei Tafraoute möglich. Häufig kann man Fahrräder in Hotels oder bei lokalen Veranstaltern vor Ort für etwa 100 DH/Tag mieten.

Marokko mit dem eigenen Fahrrad zu bereisen, verspricht ein besonders **hautnahes Erlebnis** von Natur, Land und Leuten, allerdings muss man sich wegen der großen Distanzen und z.T. schlechten Straßenverhältnisse auf eine sehr begrenzte Region beschränken. Kilometerleistungen von 50 km pro Tag auf Pisten und 80 km auf Straßen sind realistisch. Die beste Reisezeit ist wie bei Wanderungen das Frühjahr und der Herbst.

Ausführliche Infos mit Routentipps und zahlreichen Fotos finden Radfahrer auf der Webseite von *Jan Cramer,* der Marokko viele Male durchradelt hat: **www.marokko-per-rad.de.**

Surfen

Marokko wurde in den letzten Jahren in der internationalen Surferszene immer beliebter. Die **besten Spots** für Wind-, Body- und Kitesurfer befinden sich in Essaouira, südlich davon bei Sidi Kaouki und Immsouane, nördlich von Essaouira in Moulay Bouzerktoun, in Agadir und an den nördlichen Stränden bei Taghazoute und Tamri, in Mirleft, Sidi Ifni und entlang der südlichen Atlantikküste in der Westsahara. In Essaouira und Agadir existieren diverse Agenturen, die pauschale Surfreisen inkl. Unterkunft in einer Surferpension und Transfers zu den besten Spots, Surfkurse und Ausrüstungsverleih anbieten. Man kann sich aber auch vor Ort stunden- oder tageweise Ausrüstung ausleihen und Surfunterricht nehmen (Adressen in den jeweiligen Ortsbeschreibungen).

Die **Endo-Surfschule** von *Steffen Landgraf* und *Gerrit Handl* (www.endosurf.com, Mobil 0667 13 17 44 oder 0668 39 51 24, Büro in Wiesbaden: Tel. 06127-43 21) in Taghazoute gehört als Anbieter von Surfreisen seit 1999 zu den besten Surfschulen in Marokko: Das Komplettpaket umfasst Flughafentransfer, Unterkunft, Vollverpflegung, Surfunterricht, Leihmaterial und Begleitung zu den interessantesten Surfspots.

Infos zum Surfen, den besten Spots, zu Unterkünften etc. auch unter www.windsurfing-morocco.com oder www.oceanvagabond.com (Surfschule und Hotel in Essaouira).

Golfen

Das Angebot für Golftouristen wurde in Marokko in den letzten Jahren stark ausgebaut. Selbst der König nimmt regelmäßig an Golfturnieren teil. Allein in **Agadir** und **Marrakesch** existieren jeweils vier Golfplätze (mehr Infos siehe dort), in **Essaouira** wurde Anfang 2010 ein neuer 18-Loch-Platz bei Diabat eröffnet. Die Greenfee variiert zwischen etwa 25 und 50 Euro. In Agadir bieten mehrere Hotels spezielle Packages für Golfer an, mit vergünstigten

Tarifen und täglichem Bustransfer zum Platz (z.B. Club Méd, Tikida Beach Hotel). Informationen zum Golfen in Marokko enthält die Zeitschrift „Golf du Maroc" (www.golfdumaroc.com).

Transport

Dem Urlauber stehen vielerlei Transportmittel zur Verfügung, um auf eigene Faust die Umgebung seines Ferienortes zu erkunden (Hinweise bei den jeweiligen Ortsbeschreibungen). Für den Nahbereich eignet sich z.B. das **Fahrrad** (Verleih – gelegentlich auch von **Motorrädern und Vespas** – in den Hotelzonen). In vielen Touristenorten verkehren **Pferdekutschen** *(calèches)*. Für größere Distanzen bieten sich **Busse, (Sammel-)Taxis** und die **Eisenbahn** an. Absolut unabhängig reist man mit **Mietwagen.**

Auch Rundreise- und Ausflugsprogramme sind in diesem Zusammenhang zu erwähnen (vgl. unten). Siehe dazu auch jeweils bei den Städten unter „Ausflüge".

Busse

Die größten Busunternehmen in Marokko mit Verbindungen in fast alle Städte sind **CTM** (*Compagnie de Transport au Maroc Lignes Nationales*, www.ctm.ma), **Supratours** (www.supratours.ma) sowie im Süden **SATAS** mit Niederlassungen in Agadir und Marrakesch. Des Weiteren existiert eine Reihe kleinerer **privater Buslinien.** Busse sind das billigste und populärste Transportmittel, sowohl für Überland- wie für Stadtfahrten. Zwischen den großen Städten der Küste verkehren alle ½–2 Std. Busse verschiedener Linien, zwischen den anderen Orten/Städten mehrmals täglich, im äußersten Süden nur einmal täglich, zu abgelegenen Zielen evtl. gar nicht.

Die Busse von CTM und Supratours sind in gutem Zustand, schnell und pünktlich, viele **Langstreckenbusse (Moumtaz)** sind sogar klimatisiert und sehr komfortabel. Supratours hat zwei Fahrer an Bord, und diese fahren auch nicht schneller als die vorgeschriebenen 80 km/h. Fahrer der Privatlinienbusse legen öfter mal eine Essenspause ein und halten die vorgegebenen Fahrzeiten und meist auch die Geschwindigkeitsbegrenzungen nicht ein. Das führt zu schlimmen Unfällen, auch die Häufigkeit der Pannen ist bei den Privatbussen höher, weil die Busse oft in schlechtem Zustand sind. Vorteile der Privatbusse sind, dass sie häufiger auch abgelegene Ziele frequentieren und preislich günstiger sind. Allein reisende Frauen empfinden die Busse wegen der Enge u.U. als unangenehm.

Busfahrpläne für die Hauptverbindungsstrecken sind meist am Busbahnhof *(gare routière)* bzw. im jeweiligen Stadtbüro der Busgesellschaften zu bekommen. Die **Abfahrtszeiten** sind manchmal angeschlagen (von CTM in lateinischer Schrift, von kleinen privaten Gesellschaften meist nur auf Arabisch). Die Abfahrtszeiten für CTM- und Supratours-Busse kann man im Internet nachsehen bzw. bei CTM unter www.ctm.ma/transport-touristique.html als Pdf herunterladen. Die **Busbahnhöfe** liegen manchmal noch am Rande der Altstadt, wurden aber in fast allen Großstädten an eine wichtige Haupt- oder Ausfallstraße am Rande der Neustadt verlegt. Hin und wieder gibt es einen Bahnhof für CTM, einen für Supratours sowie einen für die anderen Privatlinien. Die Adressen sind bei den Ortsbeschreibungen im Routenteil angegeben, ebenso die Häufigkeit der Abfahrten der CTM-Linien (Hauptverbindungsstrecken) und die Fahrpreise. Erkundigen Sie sich rechtzeitig am Busbahnhof oder bei der örtlichen Niederlassung über die Zeiten. Es empfiehlt sich, die CTM- und Supratours-Busse **schon am Vortag der Reise** zu **buchen,** jedoch spätestens eine Stunde vor Abfahrt, sonst sind sie voll. Stehplätze werden nicht verkauft. Meistens muss pro **Gepäckstück** (abhängig von Größe und Gewicht) eine extra Gebühr bezahlt werden (10–15 DH).

Taxis

In den Städten verkehren **Petit Taxis,** die höchstens drei Passagiere befördern dürfen. Die Petit Taxis sind allesamt vom Typ Fiat Uno und durch ihre einheitliche Farbe leicht zu erkennen (z.B. Rot in Marrakesch).

Man sollte den **Preis immer vorher aushandeln** oder am besten darauf bestehen, dass der **Taxameter eingeschaltet** wird. Eine Stadtfahrt im Zentrum bzw. innerhalb einer Kleinstadt darf tagsüber normalerweise nicht mehr als 15 DH kosten. Weigert sich der Fahrer, den Taxameter einzuschalten und nennt einen überzogenen Preis, sollte man gar nicht erst einsteigen oder wieder aussteigen – dies bewirkt meist ein schnelles Einlenken. Gerade in Touristenstädten wie Marrakesch muss hart verhandelt werden. Es ist üblich, den am Taxameter angezeigten Preis aufzurunden, also das Wechselgeld als Trinkgeld zu geben.

Offizielle, mit dem Taxameter abgerechnete **Tarife:** 1,40 DH Grundgebühr + 0,20 DH pro 80 m, nachts 50% Aufschlag.

Grand Taxis führen sowohl Stadtfahrten als auch Ausflugsfahrten und Fahrten in andere Städte durch. Sie verkehren auch als **Sammeltaxis,** bei denen sich alle Fahrgäste den Fahrpreis teilen. Es empfiehlt sich auch hier, vor Antritt der Fahrt einen festen Preis auszuhandeln. Bei kompletten Tagesmieten muss ein Sonderpreis vereinbart werden (600–1000 DH).

Von/zu den meist außerhalb des Stadtbereichs liegenden **Flughäfen** fahren **nur Grand Taxis** – stellen Sie sich darauf ein, um nicht ewig auf ein kleines Taxi zu warten! In Marrakesch verkehren auch Petit Taxis zum zentrumsnahen Airport. In der Nähe der Flughäfen an den Hauptverkehrsstraßen halten auch Busse, die Sie für ca. 4 DH ins Zentrum befördern. Für die Fahrt mit dem Grand Taxi vom/zum Flughafen gibt es in jeder Stadt Festtarife von 120 bis 350 DH, je nach Tageszeit und Entfernung. Teilen Sie sich evtl. ein Taxi mit anderen Fluggästen.

Erwähnt seien noch die **Pick-Ups** *(camionettes)* und **Berber-Trucks** *(ca-*

mions), auf denen man gegen (ausgehandelte) Bezahlung auf der Pritsche mitfahren kann. Die günstigste Gelegenheit, zuzusteigen, bietet sich auf dem örtlichen Markt.

Eisenbahn

Die Eisenbahn in Marokko ist **pünktlich, bequem, preiswert und zuverlässig.** Während das Schienennetz im Nordteil des Landes (vor allem an der Küste) recht gut ausgebaut ist, verlaufen die Gleise im Süden nur bis Marrakesch, sodass allenfalls eine Anfahrt bis dahin möglich ist. Der Ausbau ist zwar bis Agadir und in die Westsahara geplant, doch wann es so weit ist, weiß allein Allah ... Zwischen Marrakesch und Agadir und weiter in den Süden verkehren allerdings Busse der bahneigenen Linie Supratours. Der Fahrplan der Eisenbahnen und weitere Informationen finden sich unter **www.oncf.ma**.

Mietwagen

In Marokko sind sehr **viele,** auch internationale **Autovermietungen** (Avis, Europcar, Hertz, Holiday-Cars usw.) vertreten, die in der Regel nie ausgebucht sind.

Wenn Sie versiert im Handeln sind und französisch sprechen, können Sie vor Ort bei Vermietern günstigere Tarife als von Deutschland aus erzielen. Bei der Preiskalkulation zu beachten ist allerdings, dass bei manchen marokkanischen Vermietern die Autos in katastrophalem Zustand sind und bei den Angeboten in Deutschland **unbeschränkte Kilometerzahl** *(kilometrage illimité)* sowie lokale **Steuer** (20% T.V.A.) und **Versicherung** enthalten sind, außerdem keine **Kaution** in Form eines Blanko-Kreditkartenabzugs hinterlegt werden muss. In Marokko können Sie wählen zwischen Tagespreisen und Wochenpauschalen. Handeln ist immer möglich.

Voraussetzungen zur Miete eines Fahrzeugs sind: Man muss offiziell mindestens 21 Jahre alt und ein Jahr im Besitz eines gültigen Führerscheins sein, bei den fly-and-drive-Angeboten von Deutschland aus sogar 25 Jahre.

Tipp: Checken Sie das Mietauto gut durch, schon aus eigenem Sicherheitsinteresse (Bremsen, Licht, Reifen, Bordwerkzeug) und auch, um eventuelle Forderungen des Vermieters bei Rückgabe des Fahrzeugs zu vermeiden – wenn es etwa heißt, Sie hätten die Beule im Kotflügel zu verantworten, die aber tatsächlich schon fünf Jahre alt ist ... Auch der Zustand der Reifen sollte geprüft werden.

Es gibt unterschiedliche **Versicherungspakete.** In der Regel sind bei der Grundversicherung nur Schäden am Fahrzeug des Unfallgegners versichert, nicht am Mietfahrzeug; wenn Sie also einen selbst verschuldeten Unfall mit dem Mietfahrzeug haben, wird der Vermieter die Kosten auf Sie abwälzen bzw. die Kaution einbehalten. Am unbeschwertesten reisen Sie, wenn Sie gegen einen Aufpreis eine Vollkaskoversicherung ohne Selbstbeteiligung *(assurance tous risques sans franchise)* abschließen.

Die kleinsten, preiswertesten und am weitesten verbreiteten **Mietwagen-Typen** sind vor allem Fiat Uno oder Palio (Kat. A–B) und Peugeot 206 (Kat. B–C). Die **Tagespreise** bewegen sich hier zwischen 300 und 400 DH. Größere Fahrzeuge von Peugeot oder der auch nicht gerade große Renault Clio sind in die Kategorien D und E eingestuft, sie kosten 450–700 DH. Am größten und teuersten sind Geländewagen (Kat. G), franz. Bezeichnung „Kat-Kat" (von franz. 4x4), wie Mitsubishi Pajero, Nissan Terrano, Landrover oder Toyota Land Cruiser; hier muss man als Tagesmiete 1000–1300 DH rechnen.

Straßennetz

Marokko verfügt über das **dichteste Teerstraßennetz Nordafrikas.** Der Belag lässt auf den Nebenstrecken manchmal zu wünschen übrig (bedingt vor allem durch Wetterschäden wie Frost, Hitze und Erdrutsche), die Hauptstraßen aber *(routes principales)* sind in sehr gutem Zustand. **Vorsicht** vor Fußgängern, Eselskarren, Fahrrad- und Mopedfahrern, vor allem nachts!

Pistenfahrten (nicht die im Buch genannten Strecken!) sind nur mit Allradfahrzeug und entsprechender Ausrüstung und Erfahrung möglich.

Verkehrsregeln

Es herrscht **Rechtsverkehr.** Vorfahrt hat, wer von rechts kommt – auch im Kreisverkehr, es sei denn ein Stoppschild hebt die Vorfahrt auf.

Geschwindigkeitsbeschränkungen: 100 km/h außerhalb von Ortschaften und auf Autobahnen, in Ortschaften 40 km/h, beim Überholen von Militärkolonnen 30 km/h. An Ausfallstraßen stehen häufig Polizisten und überwachen den Verkehr mit und ohne Radar.

Polizeikontrollen werden (leider nicht immer) durch runde rot-weiße Schilder (wie allgemeines Fahrverbot) plus Text angezeigt. Auf diesen Schildern steht „Ralentir, gendarmerie" und „Halte, gendarmerie". Ersteres heißt „Langsam fahren", das zweite „Stopp". Die früher übliche Einheitsstrafe von 400 DH war gelegentlich verhandelbar (weil sich der Polizist dann das Geld ohne Quittung in die eigene Tasche steckte), 2010 jedoch wurden die **Strafgelder für Verkehrsübertretungen** drastisch erhöht. Die neue Straßenverkehrsordnung setzt schon bis 10 km/h Übertretung eine Strafe von 300 DH fest, ab 10–20 km/h sind es bereits 600 DH. Auch für Parken im Halteverbot, für überladene Fahrzeuge, Sichtbehinderung etc. sind empfindliche Geldbußen vorgesehen. Zu hoffen ist, dass dadurch Marokkos Straßen etwas sicherer werden. Touristen sei geraten, sich strikt an die Straßenverkehrsordnung zu halten.

Anschnallpflicht besteht, wenn das Auto über Gurte verfügt. Es herrscht **absolutes Alkoholverbot!** Rotweiße Streifen am Randstein zeigen ein Halteverbot an.

Der Verkehr hat in Marokko in den letzten Jahren deutlich zugenommen, und es passieren leider auch viele tödliche Unfälle. **Erhöhte Vorsicht ist im**

Bereich von Großstädten und nachts geboten: Eselskarren behindern, Fußgänger laufen plötzlich auf die Straße, Mopeds und andere Fahrzeuge scheren oft unerwartet aus und nutzen jede Lücke, um sich plötzlich wieder einzureihen, oder blockieren wegen einer Panne eine Spur. Oft haben Pannen-Lkw kein Warndreieck, stattdessen werden auf Landstraßen, im Gebirge auch an unübersichtlichen Kehren Äste oder Steine auf die Straße gelegt und häufig nach Ende der Panne liegen gelassen! Viele alte Laster sind nicht oder nur schlecht beleuchtet und oft erst im letzten Moment auszumachen. Wer hier nicht über gute Nerven verfügt, schwitzt „Blut und Wasser", wie es ein Leser ausdrückte.

Treibstoffversorgung

Es gibt ein dichtes Tankstellennetz in Städten und entlang der Hauptstraßen. Auch bleifreies Benzin und Super ist mittlerweile fast überall erhältlich. Auf Nebenstraßen in dünn besiedelten Gebieten sollte man vorsichtshalber einen Ersatzkanister mit sich führen bzw. zeitig auftanken.

Kraftstoffpreise (pro Liter/Mitte 2010)

- **Super** *(supercarburant):* ca. 11 DH
- **Bleifrei** *(sans plombe):* ca. 11 DH
- **Diesel** *(gasoil):* ca. 7,70 DH
- **Diesel 350:** ca. 10 DH

Die Spritpreise sind innerhalb einer Provinz gleich - je abgelegener die Provinz, desto teurer ist der Treibstoff. Südlich von Tan-Tan und **in der Westsahara** (Zollfreigebiet) ist Diesel und Benzin **deutlich billiger.**

Trinkgeld

Trinkgeld spielt eine **wichtige Rolle** angesichts des meist geringen Einkommens der Einheimischen. **Zimmermädchen, Kofferträger** (3–15 DH) und **Kellner** im Hotel sollten nicht erst bei der Abreise bedacht werden - ein Trinkgeld vorweg bzw. zwischendurch hebt die Stimmung und verbessert den Service.

Im **Restaurant** sind je nach Service 5–10 % angemessen, bei **Bar- und Taxipreisen** rundet man auf. **Busfahrer, Reiseleiter, Bergführer** etc. bekommen ihren Tarif, erwarten aber trotzdem Trinkgeld von der Gruppe. Bei viel persönlichem Einsatz von Seiten des Führers, Reiseleiters etc. können schon 100 DH pro Führungstag drin sein. Für Fahrer einer Gruppe sind 20–50 DH am Tag angemessen.

Falls Sie jemanden als Aufpasser *(gardien)* für Ihr **Auto** engagieren, darf auch dieser einige Dirham erwarten (1–5 DH), wenn nicht ein offizielles Ticket einen anderen Preis ausweist. Parken über Nacht kostet 10–15 DH. In Touristenstädten wie Essaouira und Marrakesch wird schon mal deutlich mehr verlangt, vor allem wenn man gezwungen ist, sein Fahrzeug über Nacht auf einem öffentlichen Parkplatz abzustellen, weil man in die Altstadt nicht fahren darf. Erkundigen Sie sich bei Ihrem Hotel über einen angemessenen Preis.

Uhrzeit

Bezogen auf die mitteleuropäische Zeit (MEZ) geht Marokkos Uhr eine Stunde zurück, während der europäischen Sommerzeit MESZ sind es zwei Stunden.

Unterkunft

Wer eine **Pauschalreise** nach Marokko plant, tut gut daran, verschiedene Kataloge zu vergleichen. Nicht jeder Veranstalter bietet alle Ferienzentren an. Große Unterschiede bestehen bei Rundfahrtprogrammen. Sonderangebote, Nachlässe für Kinder und Spartarife führen teilweise zu spürbaren Preisunterschieden.

Die in diesem Buch enthaltene Beschreibung der wichtigsten Urlaubszentren, der verschiedenen Hotelzonen bis hin zu einzelnen Hotels soll dem Leser schon bei der Buchung Hilfestellung leisten. Die **Preise** im Buch beziehen sich in der Regel auf die im Internet auf der Webseite des Hotels veröffentlichten Tarife. Bei Online-Buchung (s.u.) können manche Hotels deutlich billiger gebucht werden.

Wer individuell reist, sollte in der **Hochsaison** in Marrakesch und Essaouira **vorbuchen** (Ostern, Weihnachten, Neujahr, in Agadir Weihnachten und August), sofern man ein bestimmtes Hotel präferiert. Zu anderen Zeiten ist eine Vorausbuchung nicht notwendig. Jedoch bekommt man auch in den Großstädten Marokkos bei den Mittelklasse- und Luxushotels einen besseren Preis übers Reisebüro oder einen Internetanbieter, als wenn man direkt vor Ort ein Hotel ohne Buchung besucht *(walk-in-rate)*. Es lohnt sich also, bei den in Frage kommenden Hotels in größeren Städten die Preise vorher online zu prüfen, um dann zu entscheiden, ob man im Voraus bucht oder spontan vor Ort eincheckt.

Einen sehr guten **Überblick** über Preise und Hotels inklusive Bewertungen findet man bei **www.trivago.de.** Hier kann man sich eine Liste aller in einer Stadt verzeichneten Hotels nach Preis-Leistungs-Verhältnis erstellen und dazu noch den Anbieter mit dem günstigsten Preis (z.B. **www.opodo.de** oder **www.booking.com**) nennen lassen. Letztere Seite ist eine der größten Hotelbuchungsplattformen, während man sich bei Opodo auch günstige Flüge, Hotels, Mietwagen auflisten lassen kann. Ein weitere sehr beliebte Internetseite mit Hotelbewertungen von Gästen ist **www.tripadvisor.de.**

Reservierungen für große Hotels, Apartments und Bungalows können Sie, wenn Sie nicht über einen Veranstalter buchen wollen, direkt per Mail oder Fax in Marokko (Adressen siehe Städtekapitel) bzw. über die Reservierungszentralen der großen Hotelketten tätigen.

Es ist marokkanischen Hotels **verboten, ein Zimmer gemeinsam an Ausländer und Marokkaner zu vermieten.** Das soll Prostitution oder gar homosexuelle Kontakte unterbinden. Homosexualität ist in Marokko offiziell verboten! Übernachtung ohne Trauschein gehört sich nicht, deshalb sollte man bei „Multikulti-Ehen" den Trauschein nicht vergessen! Bei nicht verheirateten ausländischen Paaren wird nicht nachgefragt.

Hotels und Riads

In Marokko findet man **Hotels aller Kategorien.** Gruppenreisende werden in der Regel in den besseren Hotels ab drei Sternen untergebracht. In den Reiseprospekten bzw. im Internet findet man dazu recht vernünftige Angaben, oft auch mit Bildern aus den entsprechenden Hotels. Wer auch als Gruppenreisender Reisekosten sparen will, kann durchaus auf ein Mittelklassehotel zurückgreifen. Diese sind oft kleiner, persönlicher und genauso sauber wie die großen.

Wichtiger ist, vor allem in Agadir, ob sich das Hotel in Strandnähe befindet, sofern man sich dort länger aufhalten will, oder auf einer Königsstädtetour die Nähe zur Medina. Auf die **Lage** an verkehrsreichen oder ruhigen Straßen sollte ebenso geachtet werden wie auf die **eigenen Bedürfnisse,** vor allem hinsichtlich des Abendprogramms. Will man viel marokkanische Atmosphäre erleben, sich sozusagen ins Alltagsgetümmel werfen, dann sollte man ein Hotel nahe oder in der Altstadt wählen. Legt man mehr Wert auf Restaurantbesuche, Kino und Discos, dann ist man besser entweder in der Neustadt der Königsstädte oder in Agadir gleich in den Touristikhochburgen entlang der Küste aufgehoben. Will man mehr Erholungsurlaub, dann sollte sowohl auf Strandnähe als auch auf eine Lage möglichst am Rande der Touristenzentren, oder gar einige Kilometer davon entfernt, geachtet werden. Denn gerade im „complexe touristique" in Agadir, wo die meisten Hotels und Restaurants zu finden sind, dröhnt bis Mitternacht laute Musik durch die Gassen.

Im **Ramadan** ist in Hotels mit angeschlossenen Restaurants, die nicht nur von Touristen besucht werden, mit **Musikveranstaltungen** zu rechnen oder in Hotels mit benachbarten Lokalen mit Live-Musik – vor 1 Uhr nachts ist dann nicht an Schlaf zu denken!

Es ist auch möglich, über die **Fremdenverkehrsämter der jeweiligen Städte** eine Liste der Hotels anzufordern (Adressen siehe bei den Städten), oder Sie beschaffen sich den „Hotelführer Marokko" von *Edith Kohlbach.* Sie können sich über viele Hotels auch im **Internet** informieren: entweder auf den Seiten der verschiedenen Städte (siehe Routenteil) oder unter **www.tourism-in-morocco.com.** Außerdem finden Sie im Reiseteil dieses Buches bei allen größeren Orten eine ausführliche Beschreibung von Hotels aller Kategorien.

Neben den üblichen Hotels gibt es auch komfortable **Ferienclubs** (Club Valtur, Club Med, Club Robinson), Clubhotels mit vielfältigem Sportangebot und Apartments (Residence) und Bungalows für Selbstversorger.

Ein Traum aus 1001 Nacht:
Hotel Kasbah Ellouze in Tamdakht

Selbstversorger-Apartments werden zu sehr günstigen Preisen als Wochenarrangements von den Reiseveranstaltern in Deutschland angeboten.

Der Begriff **Riad** (oder Ryad) stammt aus dem Arabischen und bedeutet ursprünglich Garten. Der Begriff wurde für ein traditionelles Stadthaus mit Garten (z.B. Orangenbäume) und Springbrunnen im Innenhof übernommen. Inzwischen wird der Einfachheit halber auch ein **Dar,** ein Stadthaus ohne Grün im Innenhof, als Riad bezeichnet. Ein Riad war früher meist das Haus eines reichen Händlers, Wesirs oder anderweitig wichtiger Menschen, die sich in der Altstadt z.B. von Marrakesch, Essaouira oder Fès ein prachtvolles Haus leisten konnten. Solche Häuser wurden in den letzten zehn Jahren in zunehmendem Maße zu individuellen und sehr stilvoll marokkanisch gestalteten Hotels mit fünf bis maximal zehn Zimmern umgebaut, den sogenannten **Maisons d'Hôtes.** Die Besitzer sind meist Ausländer (Deutsche, Franzosen, Italiener), aber auch wohlhabende Marokkaner. Diese Gästehäuser sind wahre Kleinode, jedes Zimmer ist traditionell und individuell eingerichtet – häufig auch in einem schicken Stilmix mit modernen Elementen –, die Räume sind mit Mosaiken, Springbrunnen, Stuckornamen-

aga08-067 Foto: ch

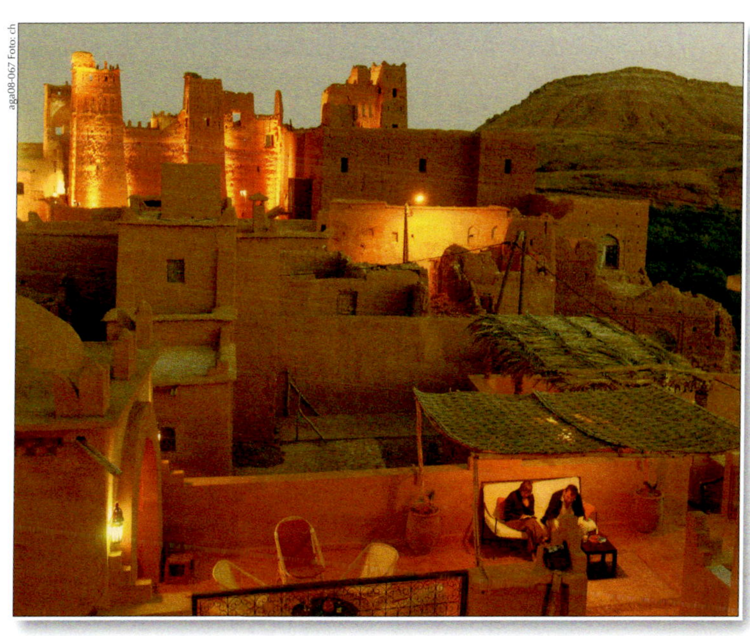

ten und Zedernholzschnitzereien versehen. Die Auswahl in Marrakesch, Fès, Asilah und Essaouira ist groß, allein in Marrakesch gibt es mittlerweile Hunderte Gästehäuser. Die Zimmerpreise in einem Riad reichen von 300–3500 DH für das Doppelzimmer bzw. eine Suite. Manchmal kann man ein Haus auch komplett mieten.

Billige Hotels, vor allem von Rucksackreisenden frequentiert, gibt es in Marokko viele. Man findet sie in der **Nähe der Busstationen** und in der **Altstadt** (Medina).

In den Bergregionen gibt es die sogenannten **Gîtes d'Etape** für Trekkingtouristen. Das sind einfache Dorfunterkünfte bei Einheimischen mit Schlafsälen oder Zimmern mit Matratzen auf dem Boden. Gemeinschaftsduschen (nicht immer warm) und Toiletten sind vorhanden. Sie kosten in der Regel 45–50 DH pro Person. In den Gîtes macht man sehr nette Bekanntschaften mit der Familie des Hauses und erfährt etwas über die Lebensbedingungen der einfachen Leute auf dem Land.

Preisniveau (für ein DZ)

€€€€€ – 5 Sterne und Luxusriads, 1600–5000 DH
€€€€ – 4 Sterne, 600–1600 DH
€€€ – 3 Sterne, 350–600 DH
€€ – 2 Sterne, 200–350 DH
€ – 1 Stern, 100–200 DH
½€ – unklassifziertes Billighotel

€€€€ – Preis im mittleren Segment dieser Klassifizierung
€€€€A – Preis im oberen Segment dieser Klassifizierung
€€€€B – Preis im unteren Segment dieser Klassifizierung

Preise und Ausstattung

Bezüglich der Hotelpreise, zumindest wenn man an Komfort gewöhnt ist, gehört Marokko **nicht mehr zu den preiswerten Ländern.**

Im Reiseteil sind die Hotelpreise nach **Kategorien** angegeben (½€ bis €€€€€). Die Preiskategorien werden entsprechend der **Hotelklassifizierung** (von nicht klassifiziert bis 5***** de Luxe, von ½€ bis €€€€€A) angegeben, wobei im Preisniveau durchaus ein besser oder schlechter kategorisiertes Hotel in der darunter oder darüber liegenden Preiskategorie eingruppiert sein kann. Zusätzlich füge ich ein A oder B an, d.h. €€€A liegt eher am oberen Grenzwert der Drei-Sterne-Preiskategorie, also um die 500–600 DH, B eher am unteren Grenzwert der entsprechenden Kategorie. Ohne Angabe A oder B liegt der Preis ungefähr in der Mitte. Wer es ganz genau wissen will, sollte telefonisch, per Mail oder Fax beim Hotel anfragen.

Die **Toiletten in einfachen Hotels** sind wie in den meisten Ländern der Dritten Welt gewöhnungsbedürftig: Nicht immer sauber, für Klopapier muss man selbst sorgen, die Spülung funktioniert häufig nicht, und auch die arabischen Stehklosetts sind für viele Europäer ungewohnt. Manchmal stehen ein Wasserhahn und Eimer als Spülung bereit, dann wieder sind Gemeinschaftsduschen mit den Toiletten kombiniert, und man duscht über der Stehtoilette.

Besichtigen Sie in einfachen Hotels das Zimmer und die sanitären Anlagen, bevor Sie fest zusagen. **Testen Sie,** ob die Duschen funktionieren, und **überprüfen Sie** das Bettzeug nach Sauberkeit und Ungeziefer. Zu hohe Ansprüche können Sie hier nicht stellen, aber in den meisten größeren Orten haben Sie die Auswahl unter vielen billigen Hotels. Einfache Hotels dienen gelegentlich als Stundenhotels.

Bei Übernachtung **in unklassifizierten Hotels** ist es ratsam, einen **Schlafsack** mitzunehmen, da die Matratzen oft nicht die saubersten sind. Im Winter sollte man darauf achten, dass das Zimmer eine **Heizung** hat bzw. einen dickeren Schlafsack einpacken.

Hitzeempfindliche Menschen sollten im Sommer ein **klimatisiertes Zimmer** buchen.

Der **Preis in einfachen, unklassifizierten Hotels** liegt bei 50–200 DH (Doppelzimmer) und bei 50–100 DH für ein Einzelzimmer (Preisklasse ½€). Letztere sind in der Regel schwer zu bekommen. Häufig ist die Übernachtung in einem Doppelzimmer billiger, auch wenn man es als Einzelperson benutzt. Selbstverständlich kann man sich sein Mehrbettzimmer auch mit anderen Gästen teilen. Auf diese Weise ist ein Hotelzimmer oft nicht teurer als eine Jugendherberge.

Oft stellen Herbergen einen **Schlafsaal** oder eine **Dachterrasse** zur Verfügung, wo man seinen Schlafsack auf Matratzen oder Polstern ausrollen kann (15–50 DH).

Die **Ein-Stern-Hotels** unterscheiden sich wenig von den sogenannten „Billig-Hotels“ und kosten zwischen 100 und 200 DH (Preisklasse €).

Meist recht einfache und nicht immer saubere **Zwei-Sterne-Hotels** kosten 200–350 DH (€€).

Ab drei Sternen aufwärts kann man meist mit sauberen, oft sogar mit komfortablen und geräumigen Zimmern rechnen. In dieser Kategorie findet man fast in jeder Stadt ein Hotelzimmer. Diese **Mittelklassehotels** sind meist gut geführt und kosten zwischen 350 und 600 DH (€€€). Sie bieten Rei-

aga08-073 Foto: ch

Zu Besuch im Maison traditionelle bei Tafraoute

senden mit normalen Ansprüchen guten Komfort. Oft gehört zu diesen Hotels auch ein Swimmingpool oder ein Garten. Dusche und WC im Zimmer sowie Klimatisierung/Heizung sind in dieser Kategorie selbstverständlich. Außerhalb der Saison kann man bei den Mittelklassehotels oft den Preis herunterhandeln, Nachlässe bis zu 15% sind keine Seltenheit. In den Prospekten der Reiseveranstalter sind die günstigsten Zeiten mit saisonaler Ermäßigung oder Preisnachlass bei längeren Aufenthalten angegeben.

Sollten Sie auf einem **Fünf-Sterne-Hotel** bestehen, so müssen Sie für eine Übernachtung 1600–3000 DH für ein Doppelzimmer oder eine Suite berappen, in einem **Vier-Sterne-Hotel** zahlen Sie immerhin 600–1600 DH (€€€€).

Der Preis für ein Doppelzimmer in einem **Maison d'Hôtes** kann je nach Ausstattung (einfach und familiär bis zu durchgestylter Superluxus) 30 Euro bis über 400 Euro betragen.

Die Hotelpreise sollten gut leserlich an der Rezeption angeschlagen sein. Der Übernachtungspreis beeinhaltet nicht immer das **Frühstück** (30–150 DH) und die **Touristensteuer,** die von der Hotelkategorie abhängig ist.

Saisoneinteilung

- **Hauptsaison:** Anfang Juli bis Anfang September, Ostern und Weihnachten. Höchste Preise in den Hotels.
- **Zwischensaison:** Anfang April bis Ende Juni und Mitte September bis Ende Oktober. Günstige Hotelpreise, wenig Betrieb.
- **Nebensaison:** November bis Mitte Dezember und Mitte Januar bis März. Niedrigste Hotelpreise.

Tipp

- Es gibt in Marokko einige Jugendherbergen, die dem internationalen Jugendherbergsverband (www.hihostels.com) angeschlossen sind. Dort kann man im Übrigen unabhängig von seinem Alter absteigen! Hat man einen **internationalen Jugendherbergsausweis** aus dem Heimatland, schläft man auch in diesen Jugendherbergen zum günstigeren Tarif, sonst muss man eine Tagesmitgliedschaft erwerben. Hat man noch keine Jahresmitgliedschaft bei den Jugendherbergsverbänden daheim, kostet diese 12,50–21 Euro in Deutschland (www.jugendherberge.de), 10–20 Euro in Österreich (www.oejhv.or.at) und 22–55 SFr in der Schweiz (www.youthostel.ch).

Campingplätze

Es gibt in Marokko eine **stattliche Anzahl** von Campingplätzen **unterschiedlichster Qualität,** teils in staatlicher, teils in privater Hand. Während die privaten Plätze je nach Engagement des Besitzers durchaus passabel, manche sogar hervorragend ausgestattet sind, verfügen die vor über 30 Jahren konzipierten staatlichen bzw. städtischen Anlagen nur über eine rudimentäre Ausstattung. Der Grund: Die städtischen Plätze werden verpachtet, und die Pachthöhe richtet sich nach dem Zustand des Platzes. So versucht der Pächter ohne Investitionen möglichst viel zu verdienen, und wenn nach einem Jahr die Pacht neu festgelegt wird, zahlt er weniger, weil der Platz heruntergekommen ist ...

Abgesehen von den neueren Plätzen entsprechen die Toiletten und **sanitären Einrichtungen meist nicht europäischen Normen.** Sie sind oft verdreckt, die Spülung funktioniert selten, aus den Duschen läuft oft nur kaltes Wasser – ist eine Warmwasserversorgung vorhanden, muss man dafür extra bezahlen.

Die **Sauberkeit** der Plätze **schwankt nach Jahreszeit und Andrang.** Im August, zur Ferienzeit der Marokkaner, müssen Sie vor allem entlang der Atlantikküste mit überfüllten und verdreckten Anlagen rechnen.

In den **Wintermonaten** quellen die Plätze an der südlichen Atlantikküste und südlich des Hohen Atlas über. Europäische Rentner überwintern mit ihrem Wohnmobil in Marokko und belegen nicht nur die Campingplätze, sondern auch noch einfache Stellplätze, Parkplätze und lange Jahre die sogenannte „Platte" bei Taghazoute für mehrere Monate.

Die **Campingplatzgebühren** betragen 30–50 DH pro Person (Erwachsene; Kinder zahlen meist die Hälfte) und zwischen 30 und 50 DH je nach Fahrzeugtyp (Motorrad, Pkw, Wohnmobil, Caravan). Für ein Zelt werden 10–20 DH extra berechnet. Ein Stromanschluss kostet ca. 20 DH, ist aber nur auf den großen Plätzen vorhanden.

Reiseveranstalter und Rundreisen

Marokkoreisen werden in deutschen Reisebüros in vielfältiger Form angeboten, neben reinem **Badeurlaub** auch immer mehr interessante **Rundreisen** diverser Veranstalter. Dabei handelt es sich vor allem um Touren zu den **Königsstädten** Rabat, Fès, Meknès und Marrakesch**, zu Kasbahs und Speicherburgen,** um Bus- oder **Geländewagenfahrten** in die **Berge** und die **Wüste.** Beachten Sie aber bei Rundreisen durch das ganze Land, dass eine solche Unternehmung mindestens 14 Tage dauern sollte, eher länger. Für eine Tour im Süden, also von Agadir nach Marrakesch und weiter nach Ouarzazate und entlang der Straße der Kasbahs, reichen 14 Tage, auf eine 8-Tage-Rundreise sollten Sie sich auch hier nicht einlassen.

Ferner werden u.a. **Wander- und Trekkingtouren, Golfreisen** sowie **Rundfahrten mit Mietwagen** angeboten. Ein Badeurlaub lässt sich problemlos anhängen. Aber auch Bausteinprogramme (Flug, kombiniert mit individuellen Destinationen und Ausflügen oder Mietwagen) kann man buchen.

Wer das Land und seine Leute wirklich kennen lernen und sich auch abseits der touristischen Zentren und Hauptrouten bewegen möchte, sollte bei spezialisierten Reiseveranstaltern buchen. Gute lokale Veranstalter sind in den jeweiligen Kapiteln genannt.

Auch der Hotelurlauber wird (wenn nicht im Katalog, dann an Ort und Stelle) auf das vielfältige **Ausflugsprogramm** hingewiesen. Meist erläutert der Reiseleiter schon beim „Begrüßungs-Cocktail" die verschiedenen Touren und nimmt Buchungen entgegen. Wer innerhalb seines Hotelarrangements Ausflüge bucht, bezahlt für Übernachtung und Verpflegung jedoch u.U. doppelt.

Hinweise und Tipps

- Die über die Reiseveranstalter oder Hotels gebuchten Touren werden von **offiziellen Agenturen** mit örtlichen (oft deutschsprachigen) Reiseleitern durchgeführt. Die Ausflüge sind meist gut organisiert und die Teilnehmer versichert, was bei Buchung über private Anbieter nicht garantiert ist. **Eintrittsgelder** (ohne Fotogebühr), bei Ein- und Mehrtagesfahrten die **Übernachtungen** und **Mahlzeiten** (ohne Getränke) sind im Preis inbegriffen. Kinder erhalten meist Ermäßigung. Bei Abwesenheit gibt es weder „Lunchpakete" noch eine Kostenerstattung.
- Informieren Sie sich vor einer Buchung (z.B. anhand dieses Führers) über die jeweiligen **Ziele,** und vergleichen Sie die Angebote evtl. auch mit jenen der Nachbarhotels. Achten Sie darauf, kein allzu dicht **gedrängtes Besichtigungsprogramm** zu buchen. Wer überall nur durchhetzt, hat zwar viel abgehakt, aber wenig gesehen.
- **Ausflugskosten** belasten die Urlaubskasse spürbar im Verhältnis zum oft günstigen Pauschalpreis. Prüfen Sie, was Sie (individuell und billiger) **allein unternehmen** können.
- Bei manchen Fahrten werden fakultative, also extra zu bezahlende Ausflüge angeboten. Fahrer und Reiseleiter erwarten zum Schluss ein angemessenes **Trinkgeld.**
- Seien Sie darauf gefasst, dass Sie bei Ortsbesichtigungen irgendwann in ein **Teppich- und Souvenirgeschäft** geführt werden. Tätigen Sie größere Souvenirkäufe aber besser an einem Ort, wo genügend Zeit und Möglichkeit zum Vergleichen und Handeln bleibt. Bei Gruppenreisen wird die Provision des Führers bzw. Reiseleiters (bis 50%) im Kaufpreis einkalkuliert. Auch bei gratis angebotenen Fahrten zur Besichtigung von Leder-, Teppichfabriken etc. wird natürlich auf die Kauflust der Teilnehmer spekuliert.

Versicherungen

Reisekrankenversicherung

Siehe „Versicherungsschutz" im Kapitel „Gesundheit".

Andere Versicherungen

Ist man mit einem Fahrzeug unterwegs, ist der **Europaschutzbrief eines Automobilclubs** eine Überlegung wert. Wird man erst in der Notsituation Mitglied, gilt diese Mitgliedschaft nur für dieses Land, und man ist in der Regel verpflichtet, fast einen Jahresbeitrag zu zahlen, obwohl die Mitgliedschaft nur für einen Monat gültig ist. Adressen der Automobilclubs siehe im Kapitel Notfälle. Die Schutzbriefe (z.B. ADAC plus) beinhalten fast sämtliche unten aufgeführten Versicherungen inklusive Krankenversicherung und Rückholflug im Notfall.

Ob es sich lohnt, eine Reiserücktritts-, Reisegepäck-, Reisehaftpflicht- oder Reiseunfallversicherung abzuschließen, ist individuell abzuklären. Gerade diese Versicherungen enthalten viele **Ausschlussklauseln,** sodass sie nicht immer Sinn machen.

Eine **Reiserücktrittsversicherung** (der Beitrag hängt vom Reisepreis ab) lohnt sich nur für teure, lang im Voraus bei einem Veranstalter gebuchte Reisen und gilt nur für den Fall, dass man vor der Abreise einen schweren Unfall hat, schwer erkrankt, schwanger wird, gekündigt wird oder nach Arbeitslosigkeit einen neuen Arbeitsplatz bekommt, die Wohnung abgebrannt ist u.Ä.; nicht gelten hingegen: Terroranschlag, Streik, Naturkatastrophe etc.

Die **Reisegepäckversicherung** lohnt sich seltener, da z.B. bei Flugreisen verlorenes Gepäck oft nur nach Kilopreis und auch sonst nur der Zeitwert nach Vorlage der Rechnung ersetzt wird. Wurde eine Wertsache nicht im Safe aufbewahrt, gibt es bei Diebstahl auch keinen Ersatz. Kameraausrüstung und Notebook dürfen beim Flug nicht als Gepäck aufgegeben worden sein. Gepäck im unbeaufsichtigt abgestellten Fahrzeug ist ebenfalls nicht versichert. Die Liste der Ausschlussgründe ist endlos ... Überdies deckt häufig die Hausratversicherung schon Einbruch, Raub und Beschädigung von Eigentum auch im Ausland. Für den Fall, dass etwas passiert ist, muss der Versicherung als Schadensnachweis ein Polizeiprotokoll vorgelegt werden.

Eine **Privathaftpflichtversicherung** hat man in der Regel schon. Hat man eine **Unfallversicherung,** sollte man prüfen, ob diese im Falle plötzlicher Arbeitsunfähigkeit aufgrund eines Unfalls im Urlaub zahlt. Auch durch manche (Gold-)Kreditkarten oder eine Automobilclubmitgliedschaft ist man für bestimmte Fälle schon versichert. Die Versicherung über die Kreditkarte gilt aber meist nur für den Karteninhaber!

Veranstalter: Pleite!

Jeder, der eine Rund- oder Pauschalreise bucht, hat das Recht darauf, sich zu vergewissern, dass der Veranstalter **gegen eine Insolvenz versichert** ist. Spätestens bei der ersten (An-)Zahlung sollte der Veranstalter bzw. das Reisebüro dem Kunden deshalb einen **Sicherungsschein** aushändigen.

Wenn kein Sicherungsschein ausgehändigt wird und man annehmen muss, dass der Veranstalter nicht versichert ist, sollte man ermessen, wie wahrscheinlich eine Insolvenz bei diesem Unternehmen ist. Das **Risiko** ist bei namenhaften Veranstaltern eher gering, bei sogenannten **Billigveranstaltern** jedoch durchaus möglich. Im Zweifelsfall erhält man bereits bezahlte Reiseleistungen nicht – beispielsweise den Rückflug ... Jedoch gibt es auch Veranstalter, die als Landeskenner z.B. individuell einmal pro Jahr eine Reise veranstalten, dann ist per Gesetz ein Sicherungsschein nicht notwendig – eine Buchung bei solchen Veranstaltern ist Vertrauenssache.

aga08-074 Foto: ch

Land und Leute

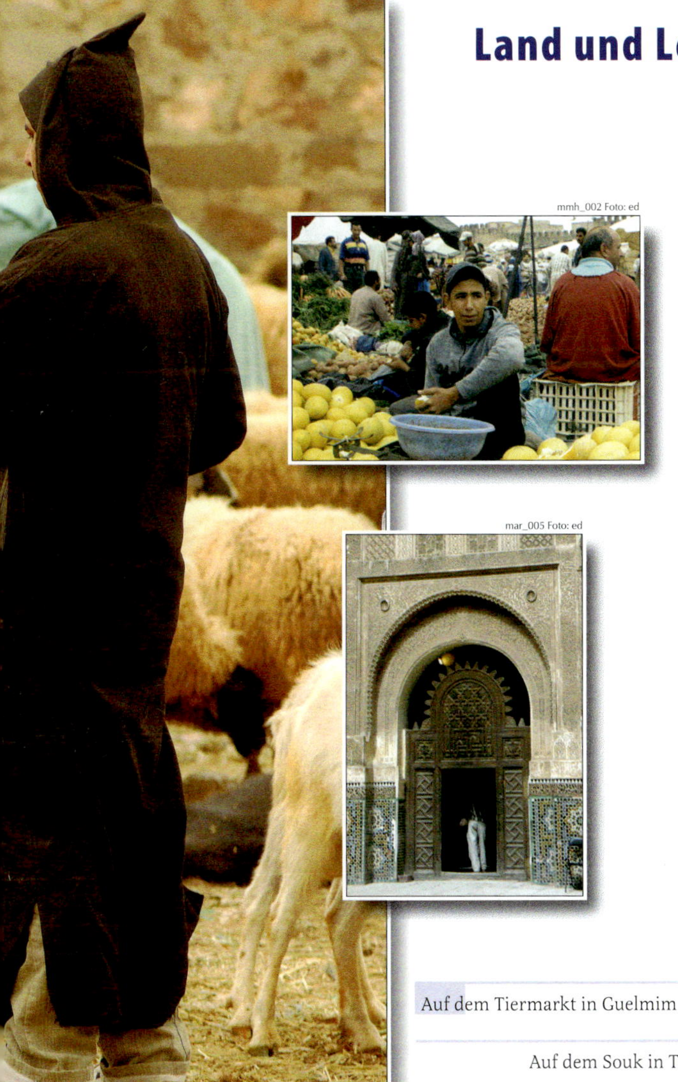

mmh_002 Foto: ed

mar_005 Foto: ed

Auf dem Tiermarkt in Guelmim

Auf dem Souk in Taroudannt

Medersa Ben Youssef in Marrakesch

Marokko im Überblick

Lage

- Marokko erstreckt sich zwischen dem 23. und 36. Breitengrad und zwischen dem 1. und 16. Längengrad. Begrenzt wird das Land vom Mittelmeer im Norden, vom Atlantik im Westen, im Süden von Mauretanien.

Größe

- **458.730 km², ** mit dem Gebiet der Westsahara ca. 710.850 km²; diese wird von Marokko als nationales Territorium beansprucht und verwaltet; Eingliederung des nördlichen Teils 1975 und des südlichen Teils 1979.

Staatsform

- **Konstitutionelle Monarchie** mit sehr weitreichenden Zuständigkeiten des Königs; Zweikammerparlament (erste Kammer – *Chambre des Répresentants* – mit 325 Mitgliedern und zweite Kammer – *Chambre des Conseillers* –, die aus gewählten Vertretern von Standesorganisationen, Berufsverbänden und Arbeitnehmerorganisationen besteht); staatliche Unabhängigkeit seit 1956; König ist seit 1999 *Mohammed VI.,* Premierminister seit den Wahlen 2007 *M. Abbas El Fassi.*

Bevölkerung

- Etwa **34,9 Millionen,** das Gebiet der Westsahara mitgerechnet (geschätzt 2009).

Bevölkerungsdichte

- **42 Einwohner/km²** mit Westsahara.

Bevölkerungswachstum

- ca. **1,48%**

Bevölkerungsverteilung

- **44% Landbevölkerung, 56% Stadtbevölkerung.** 30% der Bevölkerung ist unter 15 Jahre (in Deutschland: 14,7%) alt, 64,7% zwischen 15 und 64 Jahren und nur 5,2% über 65 Jahre (in Deutschland: 19%).

Lebenserwartung

- **71,8 Jahre**

Analphabetenrate

- ca. **47,7%** (52,3% der Erwachsenen über 15 Jahre können lesen und schreiben).

Arbeitslosigkeit

- 15,8% in der Stadt, gesamt **9,8%.**

Religion

- **97,6% sunnitische Moslems** (der Islam ist Staatsreligion); jüdische (0,2%) und christliche (2,2%) Minderheiten.

Sprachen

- **Staatssprache ist Arabisch.**
- Sehr verbreitet ist **Französisch** als Handels- und teilweise als Bildungs- und zweite Amtssprache.
- In den nördlichen Regionen zwischen Mittelmeer und Rif und in der Westsahara wird von der älteren Bevölkerung gelegentlich **Spanisch** gesprochen.
- Verbreitete **Berbersprachen** sind Tamazight, Tachelheit, Tarafit und Hassania (keine Berbersprache, sondern ein in der Westsahara gesprochener arabischer Dialekt).

Währung (Kurs Mitte 2010)

- **Dirham;** 1 DH = 0,09 Euro (0,13 SFR), 1 Euro = 11,33 DH, 1 SFR = 7,60 DH.

Bruttoinlandsprodukt (BIP)

- **88,8 Mrd. US-$** (2008).
- **BIP pro Einwohner: 4500 US-$** (2008).

Auslandsverschuldung

- **20,12 Mrd. US-$** (2008).

Inflationsrate

- **3,8%** (2008).

Wichtigste Städte

Einwohnerzahl; Angaben nach der Volkszählung 2004 und Hochrechnung 2008:

- **Agadir:** 678.596 / 742.130
- **Casablanca:** 2.933.684 / 3.239.585
- **Fès:** 946.815 / 1.008.782
- **Kénitra:** 359.142 / 388.375
- **Marrakesch:** 823.154 / 887.192
- **Meknès:** 536.232 / 576.152

- **Oujda:** 400.738 / 419.154
- **Rabat** (mit Salé): 1.620.860 / 1.754.425
- **Tanger:** 669.685 / 730.849
- **Tétouan:** 320.539 / 341.689

Mitgliedschaft in internationalen Organisationen

- **UNO** (Vereinte Nationen)
- **ECA** (Economic Commission for Africa)
- **FAO** (Food and Agriculture Organization)
- **IWF** (Internationaler Währungsfond)
- **Weltbank**
- **GATT/WTO** (Welthandelsabkommen)
- **Arabische Liga**
- **Islamische Konferenz**
- **OSZE-Partnerland**

Maßsystem

- **metrisch**

Uhrzeit

- **MEZ minus 1 Stunde** (während unserer Sommerzeit minus 2 Stunden).

Strom

- **220 V,** Südeuropastecker, aber auch deutsche Normstecker.

(Quellen für die Daten in der Landeskunde: www.hcp.ma, Bundesministerium für Auswärtige Angelegenheiten (www.bmz.de), CIA Worldfactbook (www.cia.gov), Weltbank)

Geografie

Marokko liegt in seiner Nord-Süd-Erstreckung zwischen dem 36. Breitengrad und dem nördlichen Wendekreis im äußersten Süden bei 23,3°. Das Land bildet zusammen mit Tunesien und Algerien den Landschaftsraum der **Atlasländer.** Die Gipfelhöhen des Atlas-Gebirgsmassivs nehmen westwärts von Tunesien über Algerien nach Marokko hin ständig zu und erreichen im Hohen Atlas ihre größten Höhen. Die beiden Gebirgsketten des nördlichen Rifgebirges an der Mittelmeerküste und des Mittleren Hohen Atlas, der sich Richtung Südwesten bis zur Atlantikküste bei Agadir fortsetzt, umschließen den atlantischen Kernraum Marokkos, die Meseta.

In geologischen Fachkreisen wurde zeitweise diskutiert, ob Afrika nicht schon jenseits der Pyrenäen beginnt oder umgekehrt Europa nicht erst in Südmarokko endet. Diese Vorstellung mag abwegig klingen, sie rührt jedoch daher, dass – geologisch betrachtet – die uralte afrikanische Tafel erst südlich des Hohen Atlas beginnt (und sich marokkanische und spanische Meseta landschaftlich äußerst ähnlich sind). Tatsächlich trennt die Grenze zwischen Hohem Atlas und Anti-Atlas (die sich geologisch im Dadès-Tal weiterzieht) als sogenannte **vorafrikanische Furche** die alte afrikanische Tafel (Alter über 1 Milliarde Jahre mit einzelnen Gebirgsbildungen von ca. 350 Mio. Jahren).

Wenn von Marokko als einer „Insel“ gesprochen wird, so ist der beschriebene Kernraum mit den umrahmenden Gebirgen im Norden, Osten und Süden gemeint. Damit ist aber nicht einmal die Hälfte der Fläche Marokkos abgedeckt. Die übrigen Gebiete werden oft als das **transmontane Marokko** bezeichnet: Hierzu gehören der Nordosten Marokkos östlich des Flusses Moulouya - ein altes Hochlandmassiv, das jenseits der Grenze nach Algerien in das Hochland der Schotts übergeht - und die Landschaftsräume im Süden und Südosten, die zum eigentlichen afrikanischen Festlandsockel gezählt werden. Es sind im Wesentlichen die Gebiete des Anti-Atlas und des östlich anschließenden Djabal Sarhro sowie die atlantischen Wüstenbereiche der Westsahara im äußersten Südwesten Marokkos.

Die **landschaftliche und klimatische Gestaltung** Marokkos wird wesentlich von den Ketten des **Atlas-Gebirges** geprägt. So sind bereits in der gebirgsbildenden Hebungsphase vor 30 bis 50 Millionen Jahren Teile auch der zentralen Meseta in die Hebung mit einbezogen worden. Gleichzeitig bedecken die bei der Gebirgsbildung abgetragenen Sedimente weite Bereiche des alten Massivs Zentralmarokkos, wie auch der transmontanen Hochsteppen und Wüsten. Die Wassermassen der Flüsse werden fast ausschließlich von den Gebirgshängen des Atlas gespeist und gelenkt. Und nicht zuletzt bildet diese Gebirgsmauer die alles dominierende Klimascheide Marokkos und ist damit für die unterschiedlichen Klimate sowie für die mögliche agrarische Nutzung der verschiedenen Landesteile verantwortlich.

Mittlerer Atlas

Von Westen her gehen die Mittelgebirge der zentralen Meseta südlich von Meknès und Fès in den sogenannten Flächenatlas und dieser schließlich in den eigentlichen Mittleren Atlas über. Dieser gefaltete und am stärksten gehobene Gebirgsteil erreicht im äußersten Osten seine größten Höhen mit **über 3300 m.** Ein schroffer, steiler Abfall zum Moulouya-Tal auf 700–800 m markiert dann deutlich die Grenze zu den ostmarokkanischen Hochsteppen.

Die **Niederschläge** sind im Hochgebirge des Mittleren Atlas **sehr reichlich** (bis über 1000 mm) und ermöglichen (meist über Stauseen) die Bewässerung weiter Landesteile. Der Schnee bleibt in den Wintermonaten oft vier bis fünf Monate liegen, sodass selbst Skifahren in diesem Gebiet möglich ist. Zur Zeit der Schneeschmelze in den Monaten März und April sind deshalb plötzliche Hochwasser nicht selten.

Verbreitet sind auf den zentralen Hochplateaus diverse **Karsterscheinungen,** etwa Dolinen (Erdfälle oder größere Senken, die zuweilen Seen enthalten) oder Karren (scharfe Gesteinskämme, vergleichbar dem Gottesacker). Die Baumgrenze wird bei 2600–2800 m erreicht. Es wachsen insbesondere die Steineiche, daneben Laub abwerfende Eichen und die Atlaszeder.

Die **Dörfer** im Mittleren Atlas liegen, abgesehen von manchen Randgebieten, **sehr weit verstreut.** Die Bewohner betreiben als **Halbnomaden** zumeist Transhumanz, d.h. sie wohnen im Winter in ihren Häusern in den Tälern, während im Sommer ein Teil der Bevölkerung mit den Tieren (Schafe und Ziegen, aber auch Rinder) auf die Hochweiden zieht und dort in selbst gebauten Zelten *(Khaimas)* lebt. Der übrige Teil der Bewohner bleibt zurück und bewirtschaftet die meist terrassierten Felder. Große Städte entstanden erst mit der Einrichtung von Militärstützpunkten oder an den Handelsplätzen. Auf den 900–1500 m hohen Ebenen zwischen dem Mittleren und Hohen Atlas, vor allem in der Region Midelt, gewinnt der Apfelanbau immer mehr an Bedeutung.

Hoher Atlas

Gewaltiger noch als der Mittlere Atlas ragt das Gebirge des südlicheren Hohen Atlas empor. Seine Ausdehnung vom Atlantischen Ozean bei Agadir in nordöstlicher Richtung beträgt ca. 700 km, seine höchsten Gipfel erreichen **über 4100 m.**

Die Gipfelketten trennen das mediterrane vom saharischen Marokko, sie schieben die Wüstensteppe gewissermaßen um mehrere hundert Kilometer nach Süden (vgl. dagegen z.B. das weitere Vordringen der Wüste nach Norden in Algerien).

Der Gegensatz zwischen den von Vegetation bedeckten Nordhängen und den nackten, schroffen Südhängen zeigt sich am deutlichsten im gewaltigen Massiv des Hohen Atlas von Marrakesch. Südlich davon trennt die schmale Depression des Sous und Dadès nochmals die Kette des Anti-Atlas und des Djabal Sarho ab, bevor dann die Wüstensteppe endgültig das Landschaftsbild beherrscht.

Der **östliche Hohe Atlas** ist im Gegensatz zum zentralen (paläozoischen = erdaltertümlichen) Hohen Atlas aus **„mittelalterlichen" Jurakalken** aufgebaut (Alter ca. 169–190 Millionen Jahre). Er geht nach Osten in den sogenannten Sahara-Atlas über, der das Bindeglied zum algerischen Teil des Atlas bildet. Die Gebirgshänge sind vor allem oberhalb von 3000 m von mächtigen Schutthalden überdeckt. Sie sind das Resultat häufigen Frostwechsels vor allem in den winterlichen Grenzmonaten (stärkere Erwärmung tagsüber, nächtlicher Frost). Große, eiszeitlich gebildete Hangmulden (sog. Kare) und beachtliche Schuttmäntel auch in den niederen Höhen unter 2700 m zeugen von einer eiszeitlichen Vergletscherung des Hohen Atlas.

Der Wald ist in weiten Teilen des Hohen Atlas durch **Überweidung** dezimiert. Allerdings ist auch unter natürlichen Bedingungen der Wald im Hohen Atlas aufgrund der geringen Niederschläge nie so dicht gewesen wie im Mittleren Atlas.

Anti-Atlas und Sous-Ebene

Der Hohe Atlas und der Anti-Atlas sind durch die bereits erwähnte „vorafrikanische Furche" getrennt. Diese ist als von Ost nach West verlaufende Längssenke ausgebildet, bestehend aus der Sous-Ebene und dem Dadès-Tal. Als einzige Nahtstelle zwischen den beiden Gebirgssystemen fungiert das vulkanische Massiv des Djabal Siroua.

Die fruchtbare **Sous-Ebene** zeichnet sich durch eine offene Lage zum Atlantik hin aus. Der hier vorbeiströmend **kühle Kanarenstrom** führt deshalb bis 30 km landeinwärts zu häufigen Nebelbänken, welche die geringen Niederschläge von unter 200–300 mm zumindest teilweise wettmachen und den Anbau von Zitrusfrüchten, Mandeln, Artischocken und weiteren Gemüsearten ermöglichen.

Der **Anti-Atlas** erweist sich als **trocken-felsiges,** in weiten Teilen **wenig reliefiertes Gebirge** mit Höhen bis 2100 m. Das Gestein besteht im zentralen Bereich aus Granit, während es an den Rändern von (karbonischen) Kalken umgeben ist, die schließlich im Djabal Sarhro in sandige Sedimente übergehen. Im Süden und Südosten dagegen tauchen die Sedimente der auslaufenden Berghänge allmählich unter die weiten Hammada-Flächen.

Kennzeichnend für die lichten Wälder des Anti-Atlas ist der in Marokko endemische Arganienbaum, bei uns auch als Eisenholzbaum bekannt. Weiterhin wachsen Gummi-Akazien und Palmen. Jahresniederschläge von meist unter 200 mm in diesem Gebiet machen eine Vorratswirtschaft notwendig. Zu diesem Zweck sind in und unweit der Dörfer **riesige Speicherburgen** angelegt worden.

Klima und Reisezeit

Marokko hat von Norden her **bis etwa zum Anti-Atlas** Anteil am **gemäßigten Mittelmeerklima.** Dieses zeichnet sich durch trockene, warme Sommer und milde Winter aus. Die je nach Region meist zwischen 300 und 600 mm schwankenden Niederschläge fallen überwiegend im Winterhalbjahr, wenn atlantische Tiefausläufer bis nach Marokko vorstoßen. Ergänzt werden sie am Atlantik und insbesondere in den Mündungsebenen durch ausgedehnte morgendliche Nebel.

Der **kalte Kanarenstrom** zeigt seine ausgleichende Wirkung unmittelbar an der Atlantikküste bis weit in den Süden Marokkos hinein. Die Tagesmitteltemperaturen bewegen sich fast immer zwischen 18 und 25 °C.

Im Landesinneren sorgt der Atlantik bis zu den Atlasketten für jahreszeitlich relativ ausgeglichene Temperaturen. Die mittlere Jahrestemperatur liegt meist um 18 °C, das Monatsmittel der wärmsten Monate um 25 °C (mit Tagesmaxima häufig über 35 °C).

Südlich der als Klimascheide wirkenden Atlas-Ketten bewegen wir uns bis etwa zum Breitengrad der Kanarischen Inseln bei 28 °C im Bereich des **Steppenklimas.** Hier sinken die Niederschläge bereits deutlich auf meist unter 200 mm im Jahr ab, die Temperaturschwankungen zwischen Tag und Nacht nehmen dagegen spürbar zu. Das Jahresmittel der Temperatur liegt meist noch unter 18 °C, die Tagesmaxima im Sommer klettern allerdings bereits auf über 40 °C.

Wesentlich heißer und trockener wird es im Wüstenklima der **Westsahara und der südöstlichen Hammadas.** Tagestemperaturen von 40 bis 50°C im Sommer und immer noch bis 30°C im Winter stehen nächtliche Werte gegenüber, die zwischen 20°C im Sommer und 2,5°C im Winter, d.h. teilweise bis unter dem Gefrierpunkt liegen.

Auch **zum Landesinneren hin** wird das **Klima allgemein extremer,** d.h. die Temperaturunterschiede zwischen Tag und Nacht und – vor allem im Gebirge – auch zwischen Sommer und Winter nehmen zu. So können in den Hochgebirgen des Atlas oberhalb 2000 m die reichlichen Niederschläge von bis zu 1000 mm als geschlossene Schneedecke oft bis ins Frühjahr hinein liegen bleiben.

Ein **besonders angenehmes Klima** herrscht im **Mittleren Atlas** in der Gegend von **Ifrane und Azrou** mit Sommertemperaturen um 25°C und Schneereichtum im Winter, sodass sich diese Region zum bevorzugten Erholungsgebiet der reichen Marokkaner entwickelt hat. Im Hohen Atlas herrschen im Winter eisige Winde und sehr kalte Temperaturen, und im Sommer ist es selbst in den Hochtälern sehr heiß und trocken.

Die Gebiete des **östlichen transmontanen Hochlandes** weisen ein typisches **Steppenklima** auf. Die Som-

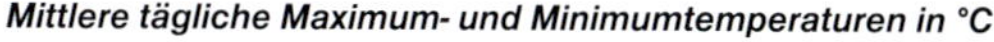

Mittlere tägliche Maximum- und Minimumtemperaturen in °C

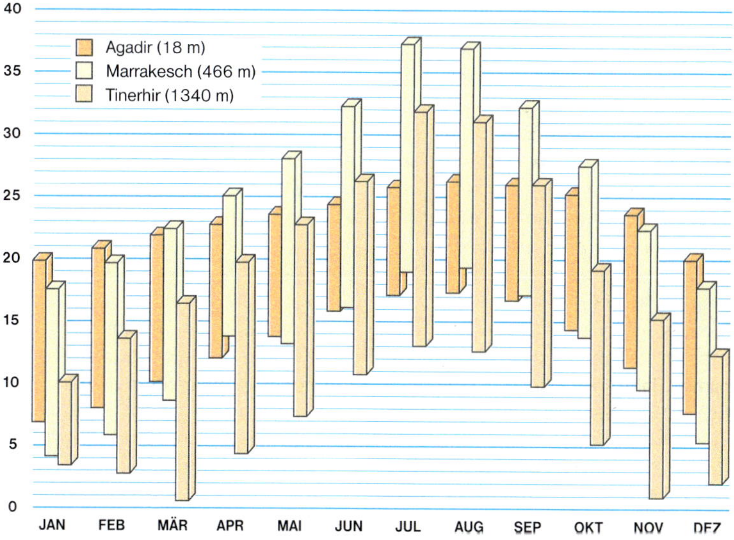

mer sind trocken und heiß mit Durchschnittstemperaturen im Juli von 25 bis 30°C, die Winter relativ kalt mit Januarmittel unter 10°C und zeitweisem Schneefall.

Die tägliche (astronomisch mögliche) **Sonnenscheindauer** in Marokko weicht von den Verhältnissen in unseren mittleren Breiten bereits deutlich ab. Die Sonne steht im Sommer, je weiter wir nach Süden zum Wendekreis kommen, umso näher im Zenit. Dies bedeutet auch, dass der nächtliche Schattenwurf, eingedenk der Erdrotation, größer ist und damit länger andauert als bei uns. Die höchste Sonnenscheindauer im Sommer erreicht deshalb nur etwa 14 Stunden. Im Winter steht die Sonne dagegen nie so tief wie bei uns, die kürzeste (mögliche) Sonnenscheindauer sinkt deshalb kaum unter zehn Stunden ab.

Ursache für die regelhaften Windsysteme und damit verantwortlich für die Wetterlagen in Marokko sind das vor allem im Sommer relativ ortsfeste **Azoren-Hoch** sowie das ebenfalls im Sommer ausgeprägte **Sahara-Hitzetief.**

Das Hoch bewirkt im Uhrzeigersinn umlaufende Winde, die auf die marokkanische Küste als Nord- oder Nordwestwinde treffen. Nach Süden zum Wendekreis hin gehen sie mit einer leichten Drehung in den **Nordostpassat** über.

Das Hitzetief der Sahara dagegen bewirkt leicht gegen den Uhrzeigersinn umlaufende Winde. Sie erreichen den Süden Marokkos aus östlicher Richtung oft als **heiße Wüstenwinde (Schirokko),** die mehrere Tage andauern können und weite Landstriche austrocknen. Diese großräumig wirkenden Zirkulationssysteme werden häufig durch vielfältige lokale Winde überlagert. Als Beispiel mag das bei allgemein windarmen Wetterlagen auffällig in Erscheinung tretende Land-See-Windsystem gelten. Danach weht der Wind tagsüber vom Meer aufs Land, weil sich dieses stärker erwärmt und die dadurch aufsteigende Luft bodennah eine Sogwirkung erzeugt, die die kühlere Meeresluft nachfließen lässt. Umgekehrt weht abends und in der Nacht der Wind aufs Meer hinaus, weil dann das Wasser gegenüber dem sich auskühlenden Land vergleichsweise wärmer ist.

Die **Wassertemperaturen** im Atlantik werden in ihrem Jahresverlauf vom kalten, aber gleichmäßig temperierten Kanarenstrom geprägt. Sie sinken im Januar und Februar auf noch erträgliche 17°C ab, steigen aber im Sommer kaum über 21°C.

Als **Reisezeit** ist das Frühjahr **von Anfang März bis Ende Mai am angenehmsten,** denn hier zeigt sich die im Herbst graubraune Landschaft in ihrem schönsten Kleid, und alles grünt und blüht. Die Zeit um Ostern ist jedoch auch diejenige mit den meisten Touristen, also Hochsaison, was sich vor allem in Marrakesch in erhöhten Preisen und vollen Hotels auswirkt. Preiswerter wird es im Mai, jedoch ist gerade Agadir um diese Zeit häufig mit einer Nebeldecke verhüllt. Trotz meist sehr angenehmer Temperaturen im Frühjahr kann es zu dieser Zeit auch starke Regenfälle und Kälteeinbrüche geben.

Im **Sommer,** vor allem im August, während der europäischen und marokkanischen Ferien, sind die Badeorte am Atlantik (und am Mittelmeer) überfüllt, und die Campingplätze quellen von marokkanischen Großfamilien über, mit der Folge, dass die Zustände auf manchen Plätzen unerträglich sind. Im Landesinnern dagegen lässt es sich vor allem an den hoch gelegenen Seen des Mittleren Atlas gut aushalten, und auch der Hohe Atlas ist noch nicht von Touristen überlaufen. Übrigens bietet selbst der Hochsommer keine Schönwettergarantie. Gerade im Gebirge sind sturzflutartige Regenfälle nicht selten.

Der **Herbst** ist wiederum eine sehr beliebte Reisezeit auch für Gruppen- und Trekkingreisen. Es fehlt jedoch die Farbenpracht des Frühjahrs, und, wie bereits erwähnt, wirken weite Landstriche aufgrund der abgeernteten Felder braun und kahl.

Wichtig ist es, bei der Reiseplanung zu überlegen, ob die Reisezeit in den Fastenmonat **Ramadan** fällt. Da ein erwachsener Moslem während dieser Zeit von Sonnenaufgang bis Sonnenuntergang nichts essen darf, bleibt es nicht aus, dass man, sofern man tagsüber etwas zu sich nimmt, als Tourist entweder unangenehm auffällt oder sich irgendwohin zurückziehen muss. Rucksacktouristen haben es etwas schwerer als Pauschaltouristen, da in kleinen Restaurants und arabischen Hotels nicht gekocht wird und der Geldbeutel für große Hotels zu schmal ist. Ein sparsamer Esser oder man/frau mit Diätabsichten hat während des Ramadan allerdings eine beschaulichere Reisezeit, da wesentlich weniger Touristen im Land unterwegs sind. Und wenn die Fastenzeit nicht gerade in den Hochsommer fällt, wenn die Tage am längsten sind, dann lässt sich das Fasten ganz gut auch für den Touristen durchhalten. Cluburlauber und Gäste größerer Hotels brauchen auf die gewohnte Küche nicht zu verzichten, aber einem marokkanischen Hotelangestellten wird man es kaum verübeln, wenn er angesichts opulenter Buffets und eigenem knurrenden Magen nur noch mürrisch seiner Arbeit nachgeht. Das öffentliche Leben insgesamt läuft während des Ramadan auf Sparflamme: Man kann nur vormittags mit geöffneten Schaltern rechnen; Museen und andere Sehenswürdigkeiten haben verkürzte Öffnungszeiten; Cafés sind tagsüber geschlossen; Brot gibt es in kleineren Orten erst nachmittags, alle anderen Lebensmittel aber sind reichlich auf den Märkten zu haben.

Nach Sonnenuntergang wird umso üppiger gegessen und gefeiert, auf den Straßen ist viel mehr los, und wegen des turbulenten Nachtlebens kann es recht interessant sein, zu Ramadanzeiten zu reisen.

Geschichte und Politik

Frühgeschichte

Die Besiedlung Marokkos ist durch den Fund des *Homo erectus atlanthropus* in den Steinbrüchen von Sidi Abd er-Rahman in der Nähe von Casablanca **bis auf die Zeit um 300.000 v.Chr.** nachgewiesen. Die Überreste eines *Homo sapiens neandertaliensis* bei Rabat und Tanger werden der Zeit um 100.000 v.Chr. zugeordnet. Werkzeuge aus Feuerstein und Knochen, entdeckt vor allem im algerisch-marokkanischen Grenzgebiet, stammen aus der Jungsteinzeit (um 40.000 v.Chr.) und weisen auf die Präsenz des *Homo sapiens* hin. Im östlichen Rif-Gebirge südlich von Melilla wurden noch ältere Funde getätigt (bis zu 130.000 Jahre alt) und Ergebnisse zu allen Epochen der Menschheitsgeschichte – vom Altpäläolithikum bis in die Jungsteinzeit – zutage gefördert. Besonders ergiebig waren die 1997 begonnenen und mittlerweile abgeschlossenen Grabungen am Abri (Felsüberhang) Ifri n'Ammar an einem Verbindungsweg zum Oued Moulouya. Die Funde von Lagerplätzen, Steinwerkzeugen, menschlichen und Tierskeletten, Keramiken und den ältesten jemals entdeckten Schmuckgegenständen aus Schnecken reichen bis ins 13. und 10. Jahrtausend zurück und waren laut Deutschem Archäologischen Institut, das die Grabungen leitete, die ergiebigsten in ganz Nordafrika. Neuere Funde bei Ausgrabungen des Instituts in den Jahren 2005 und 2006 wurden im Raum Al Hoceima gemacht, die in die Zeit von 5600 bis 7000 v.Chr. zurückreichen. Näheres dazu unter www.dainst.org.

Bis 5000 v.Chr. treten die **Capsien-** und die **Mouillien-Kultur** auf (nach den Fundorten Capsa = Gafsa, Tunesien, und Mouillah bei Maghnia, marokkanisch-algerischer Grenzbereich). Aus dieser Zeit liegen Werkzeug- und Skelettfunde vor, auch Gräber wurden entdeckt. Ein Bezug dieser Kulturen zu den Berbern der geschichtlich fassbaren Zeit ist noch ungeklärt.

Die letzte Epoche der Neusteinzeit **8000 bis 2000 v.Chr.** ist die Zeit der **Felsbilder und Megalithkulturen.** Der bekannteste **Steinkreis,** dessen Ursprünge Bezüge zu einer unbekannten Seefahrerkultur aufweisen, die auch Dolmen und Steinkreise in der Bretagne, an der Ostseeküste und in Korsika geschaffen hat, liegt in Mzoura südlich von Tanger. Felsgravuren finden sich überwiegend im Hohen Atlas (Oukaimeden und Djabal Yagour südlich von Marrakesch) und im Anti-Atlas bei Tazzerine und Foum el-Hassan.

Im Laufe des frühen zweiten Jahrtausends v.Chr. wird auch die Einwanderung der Berber vermutet. Stichhaltige Beweise fehlen jedoch, sodass nicht auszuschließen ist, dass es sich bei den Berbern um die Urbevölkerung handelt, die als Nomaden im dünn besiedelten Maghreb umherstreifte.

Phönizier und Karthager

Ende des 2. Jahrtausends v.Chr. begannen Phönizier von Tyros (Libanon) aus im gesamten Mittelmeerraum **Handelskolonien** zu bilden. Man nimmt an, dass sie um 1100 v.Chr. durch die Meerenge von Gibraltar in den Atlantik vorstießen. In der Folgezeit wurden u.a. Gadir (Cadiz, Südspanien) und Liks (röm. Lixus, bei Larache in Nordmarokko) sowie Rusaddir (Melilla) gegründet. Gehandelt wurde mit der einheimischen Bevölkerung. Bis Mitte des 1. Jahrtausends v.Chr. wurden weitere Handelsstützpunkte angelegt, die den Karthagern zugerechnet werden: Tingis (Tanger), Rusibis (Mazagan, Al-Jadida) und Chellah (bei Rabat). Der südlichste Punkt lag bei Mogador (Essaouira). Diese übernahmen nach der Gründung von Karthago (Nordwest-Tunesien) 814 v.Chr. die Oberhoheit über die bis dahin phönikischen Handelsniederlassungen im westlichen Mittelmeerraum.

460 v.Chr. stieß der karthagische Seefahrer *Hanno* bei seiner „Afrika-Umseglung", bis in die Gegend des Río de Oro, womöglich bis zum Golf von Guinea vor. Das **bekannteste Handelsgut** wurde die **Purpurschnecke,** aus der der rot-lila Farbstoff Purpur gewonnen wurde. Die Schnecken stammten ursprünglich aus der Levante (Libanon) und gediehen hervorragend auf den Inseln vor Mogador.

Die einheimische Bevölkerung war – außerhalb ihres Stammes – bis in die letzten vorchristlichen Jahrhunderte nur sehr lose organisiert. Erst im Laufe des 3. Jh. v.Chr. scheint sich eine Art Herrschaftsbereich beidseits des Moulouya-Flusses herausgebildet zu haben. In der Geschichtsschreibung ist er als das mauretanische **Königreich von Marusia** bekannt geworden. In diesem Zusammenhang ist möglicherweise auch die Erwähnung des Masmudakönigs *Baga* zu sehen.

Römer und Byzantiner

Nach dem 3. Punischen Krieg und dem **Fall der Stadt Karthago** im Jahre 146 v.Chr. übernahmen die Römer die Herrschaft über die karthagischen Gebiete und gaben den **Masmuda** oder (I)masiren bzw. Amazigh (die Freien), wie sie sich selbst nennen, auch ihre bis heute geläufigen Namen: **Berber** (von lat. *barbarus,* vom griech. *barbaroi* = „stammeln" bzw. ein mit der einheimischen Sprache nicht vertrauter Ausländer) und **Mauren** (lat. *mauri,* von griech. *amauros* = dunkel). **Mauretanien** ist also das **„Land der Dunkelhäutigen".** Es umfasste das nördliche Marokko bis zum Fluss Ampsaga (dem heutigen Oued al-Kebir im westlichen Algerien).

Der wohl bekannteste Herrscher der Mauren war **Juba II.,** den *Augustus* im Jahre 25 v.Chr. auf den Thron von Numidien und Mauretanien hob. Er behielt diese Stellung bis ins Jahr 23 n.Chr. Seine Frau *Kleopatra Selene,* die Tochter der berühmten ägyptischen Herrscherin und des *Antonius,* brachte das griechische Kulturgut nach Nordwestafrika. *Juba II.* residierte in Jol (Cherchell in Algerien) und in **Volubilis,** der wohl bekanntesten römischen Stadt in Marokko, die auch schon vor der Römerzeit von Masmuda besiedelt war.

Im Jahre 40 n.Chr. wurde Jubas Sohn *Ptolemäus* auf *Caligulas* Geheiß in Rom ermordet. In der Folge kam es in Mauretanien zu **Aufständen,** die im Jahre 42 von Kaiser *Claudius* niedergeschlagen wurden. Er teilte die Provinz in zwei Teile: **Mauretania Tingitana** (Hauptstadt: Tanger) und **Mauretania Caesarea** (Hauptstadt: Cherchell). Die Grenze bildete der Fluss Mulucha (Oued Moulouya). Der römische Einfluss beschränkte sich letztendlich auf einen ziemlich kleinen Teil des heutigen Marokko: auf die nördlichen Küstenstädte und (ungefähr) auf die gedachte Linie Salé - Fès - Taza - Oujda. Südlich dieser Linie, die im Jahre 146 teilweise durch einen Limes befestigt wurde, blieben die Berber unabhängig.

Die ersten nachchristlichen Jahrhunderte waren eine Zeit der Wirren, in der es einigen Statthaltern immer wieder gelang, sich für einige Zeit von Rom loszusagen. Anfang des 5. Jahrhunderts beherrschte Rom nur noch das Gebiet von Tingis (Tanger) und Septem (Ceuta).

Im Jahre 429 kamen die **Wandalen** über die Meerenge von Gibraltar nach Afrika. Die Berber schlossen sich dem Wandalenkönig *Geiserich* an. Dieser besetzte Tingis und Septem, zog aber bald mit dem Großteil seines Heeres und einer nicht unbeträchtlichen Anzahl von Berbern gen Osten, um seinen großen Feldzug fortzuführen. **Nach dem Tod Geiserichs** im Jahre 477 **zerfiel das Reich der Wandalen** sehr schnell, und die Berber über-

aga_8 Foto: dd

nahmen die westlichen Gebiete. Der letzte Wandalenherrscher *Gelimer* wurde von den Truppen *Justinians I.* unter dem Feldherr *Belisar* 533 besiegt. Kaiser *Maurikios* (582–602) fasste Tingis und Septem mit einigen südspanischen Küstenstädten und den Balearen zur Provinz Mauretania Secunda zusammen. Dieser Schritt hatte allerdings fast nur noch nominale Bedeutung, denn die Masiren waren die faktischen Herrscher Marokkos, abgesehen von den beiden Küstenstädten.

Islamisierung

Das erste Eindringen der Araber in Marokko ist mit dem Namen **Uqba Ibn Nafi** verbunden, der im Rahmen des großen islamischen Eroberungsfeldzuges des 7. Jahrhunderts der Überlieferung nach im Jahre 682 bis zum Atlantik, auf der Höhe des heutigen Agadir, vorstieß. Danach kämpfte er gegen die Berber im Mittleren Atlas, die in großer Zahl den Islam annahmen. Doch deren Widerstand war damit nicht gebrochen; zahlreiche Aufstände zwangen Uqba ben Nafi zum Rückzug nach Osten, bei dem sein Heer in der Nähe von Biskra (Algerien) von der Berberarmee unter *Kusaila Ben Lemzen* vernichtend geschlagen wurde und Uqba den Tod fand.

Zwischen 698 und 709 gab es weitere Vorstöße Richtung Atlantik unter der Führung *Musa Ibn Nusairs*. Marokko wurde dem **Umayyaden-Kalifat** von Damaskus einverleibt und wird ein Teil der Provinz Ifriqiya (= Afrika).

Der **Islam breitete sich** unterdessen **immer weiter unter den Berbern aus,** und zwar in Form der kharidjitischen Lehre. Diese Richtung schien ihnen eine gerechtere, ihrem Status als Muslime angemessenere Behandlung zu verheißen. Das **kharidjitische Dogma** ging nämlich davon aus, dass es keine Unterschiede unter den Muslimen aufgrund ihrer Herkunft geben dürfe, und so die Araber nicht automatisch das Recht auf das Kalifenamt besaßen. Nur der beste Muslim sei für dieses Amt geeignet, nicht der mächtigste. Dieses Dogma machte es ihnen zur Pflicht, eine Art „Heiligen Krieg" gegen die „illegitimen" Kalifen zu führen.

711 setzte **Tariq Ibn Ziyad** nach Gibraltar (= Djabal at-Tariq/Berg des Tariq) über und leitete damit die **Eroberung der iberischen Halbinsel** ein. Binnen zwei Jahren gelang es dem arabisch-berberischen Heer, nahezu das ganze heutige Spanien in seinen Besitz zu bringen.

In Marokko kam es in den folgenden Jahrzehnten zu mehreren Aufständen, deren bedeutendster, von *Maisara al-Matghar* geführt (739–740), die **Loslösung vom Kalifat** zur Folge hatte und das Land in Anarchie stürzte.

Die **Dynastie der Idrissiden** (788–974) unternahm den ersten Versuch zur Organisation eines selbstständigen staatlichen Gemeinwesens. *Idris I.* errichtete sein befestigtes Lager *Madinat Fas,* das unter seinem Nachfolger *Idris II.* (803–828) die Züge der künfti-

Hauptstadt zur Zeit der Almoraviden: Marrakesch (hier das Bab Agnaou)

gen **Stadt Fès** annahm. Um das Ende des 8. Jahrhunderts erfolgte die Errichtung der Moschee der Fatima, der nachmaligen Kairawiyine-Moschee. Das Arabische wird als Verwaltungssprache immer gebräuchlicher, und der sunnitische Islam (die orthodoxe Richtung des Bagdader Kalifats) gewinnt allmählich die Vorherrschaft.

Am Anfang des 10. Jahrhunderts entwickelte sich in Nordafrika die **Fatimiden-Dynastie** (974–1061), die sich gegen das herrschende, auf die Umayyaden folgende Kalifat der Abbasiden stellte und dem schiitischen Glaubenszweig (Ismailiten) anhing. Die Herkunft dieser neuen Herrscherfamilie lag im Bereich zwischen Ostalgerien und dem westlichen Libyen. Im Verlauf weniger Jahrzehnte dehnte sie ihre Macht bis Ägypten (969) und Marokko aus. Da sich das Interesse der Fatimiden nach der Eroberung Ägyptens immer mehr nach Osten orientierte, konnte sich in Nordalgerien eine neue Dynastie etablieren, die **Ziriden,** die zum sesshaften Zweig der Sanhadja-Berber gehörten. 1051 sagte sich *al-Mu'izz,* der bedeutendste Ziridenemir, von den Fatimiden los und unterstellte sich dem Kalifat von Bagdad. Diesen Ungehorsam beantwortete der Fatimidenherrscher *al-Mustansir* mit der wohl folgenschwersten Entscheidung für den gesamten Maghreb, mit der Entsendung der **Beni Hillal-Nomaden** nach Westen.

Ursprünglich vom Hidjaz auf der südlichen arabischen Halbinsel stammend, kam dieser Nomadenstamm schon in der ersten Hälfte des 8. Jahrhunderts zusammen mit dem Bruderstamm der Sulayman nach Unterägypten, von wo sie wegen ihres Ungehorsams im letzten Drittel des 10. Jahrhunderts vom Fatimidensultan *al'Aziz* nach Oberägypten umgesiedelt wurden. Um die Mitte des 11. Jahrhunderts veranlasste dann, wie erwähnt, *al-Mustansir* die Strafexpedition der Beni Hillal gegen die abtrünnigen Ziriden im westlichen Maghreb. Damit begann eine große Wanderungsbewegung nach Nordafrika (um 1052), zu deren Beginn die Hillalscharen die Felder und Dörfer niederbrannten und die Bewohner zur Flucht in die Städte zwangen. Nachdem schon 1053 die *Banu Ridyah,* die Vorhut des Hauptstammes, Gabes (Tunesien) erreicht hatten und der Ziridenemir *al-Mu'izz* besiegt war, stießen die Beni Hillal weiter nach Zentralalgerien vor.

Hier herrschten die **Hammadiden,** die die plündernden Horden zu zähmen wussten, indem sie sie teilweise in die eigene Armee eingliederten und ihnen Subsidien zahlten. Der Tauschhandel der arabischen Nomaden mit der einheimischen Bevölkerung forcierte deren Assimilation zusätzlich, sodass im Laufe der folgenden Jahrzehnte ein mehr oder minder friedliches Zusammenleben zustande kam. Der **Ansturm der Almohaden** (siehe unten) ließ das Ziriden- und Hammadidenreich endgültig zusammenbrechen. **Abd al-Mu'min,** der erste große Herrscher der neuen Dynastie, besiegte die Beni Hillal bei Setif und Kairuan und drängte sie mehr und mehr in die nordmarokkanische Tiefebene.

Festzuhalten bleibt, dass alle **Beduinen** zwischen der atlantischen Küste und den Grenzen Ägyptens Nachkommen des Beni Hillal-Stammes sind (und zweier weiterer Stämme, die diesem folgten, des Ma'qil- und des Sulaimstammes). Auf sie geht die Verbreitung der arabischen Sprache in Nordafrika zurück.

Die von 1061–1147 herrschenden **Almoraviden** (arab.: *al-murabitun,* von *ribat* = eine Art „Wehrkloster", ähnlich der Zaouia; die Bewohner dieser Klöster sind die *murabitun,* also Mönche mit offensivem Missionseifer) kamen als eine **Reformbewegung** an die Macht, die die Rückkehr zur reinen, ursprünglichen Lehre des Islam propagierte. An der Spitze standen der Theologe **Abdallah Ibn Yasin** und seine Gemeinschaft von „Kriegermönchen" vom Stamm der Sanhadja-Berber, die den Schleier trugen und deshalb *Al-Mulathamin* genannt wurden (von *litham* = Schleier/t = „th"). Begründer der Almoraviden-Dynastie war der Neffe einer der ersten Gefährten *Ibn Yasins,* **Yussuf Ibn Tashfin,** der von 1061–1106 lebte.

Um 1040 brachen die **Sanhadja** auf, um den Senegal und den Sudan zu islamisieren. Nachdem sie ihre Vorherrschaft im Süden gefestigt hatten, überquerten sie unter der Führung von *Yussuf Ibn Tashfin* den Atlas und schlugen ihr Heerlager in der Haouz-Ebene auf (1062), aus dem sich dann **Marrukusch/Marrakesch** (wörtl.: „die Stadt") entwickelte. Von dort ausgehend eroberten sie im Laufe von weniger als zwanzig Jahren ganz Marokko und Westalgerien bis Algier. Im Jahr 1085 wurde Marrakesch Residenzstadt. Nach der Eroberung Toledos durch *Alfons VI. von Kastilien und León* riefen die andalusischen Moslems *Ibn Tashfin* zu Hilfe, der im Jahre 1086 den Christen in der Schlacht bei Zallaqa (Provinz Badajoz) eine schwere Niederlage beibrachte. In der Folge dehnte sich das Almoravidenreich auch über große Teile Spaniens aus, das seit Anfang des 11. Jahrhunderts in viele kleine moslemische Teilreiche (Taifa-Könige) zerfallen war.

Der **Almoravidenstaat** beruhte auf einer losen Organisation von Provinzen, deren Statthalter auf die Wahrung ihrer Autonomie bedacht waren. Der andalusische Einfluss wurde sehr stark spürbar. *Ibn Tashfin* holte Gelehrte, Dichter und Schriftsteller aus al-Andalus in die neue Hauptstadt Marrakesch und sorgte in seinem Reich für eine **Blüte andalusisch-maurischer Geisteskultur.** Auch auf dem Gebiet des Kunsthandwerks und der Architektur wird das andalusische Wissen verarbeitet und weiterentwickelt (besonders in der Ornamentik). In dieser Zeit ist der Ursprung des typisch „maurischen" Stils in Nordafrika zu suchen.

Nach dem Tode *Alis,* der die Nachfolge seines Vaters, *Ibn Tashfins,* 1106 übernommen hatte, erlosch das Reich der Almoraviden sehr schnell und mit ihm auch die kurze Hochblüte der Geisteskultur. Die regen theologischen Forschungen und Diskussionen machten einer immer dogmatischeren Starrheit Platz, die Entstehung einer neuen religiösen Bewegung war regelrecht absehbar: Es sollte die **Dynastie der Almohaden** (1147–1269) sein.

Der Aufstieg der Almohaden (arab.: *al-muwahhidun* = die Bekenner der göttlichen Einheit, abgeleitet vom arabischen Wort für eins = *wahid*) ist mit dem Namen eines Masmuda-Berbers aus dem Stamm der Hargha verknüpft: **Mohammed Ibn Abdallah Ibn Tumart,** der um 1080 geboren wurde und schon in früher Jugend eine asketische Lebensweise und religiösen Eifer an den Tag legte. Nach langjährigem Aufenthalt in Andalusien und im arabischen Osten zur Vertiefung seiner Studien kehrte er um 1115–1120 von Ägypten nach Marrakesch zurück. Auf seinem Wege entlang der nordafrikanischen Küste predigte er in vielen Städten, und es sammelte sich bereits eine kleine Schar von Adepten um ihn (u.a. *Abd al Mu'min,* der spätere Herrscher). Aus Marrakesch als Agitator vertrieben, ließ er sich um 1125 schließlich in Tin Mal, im zentralen Hohen Atlas, wo heute noch sein Ribat (Kloster) zu sehen ist, nieder. Von dort aus verbreitete sich seine Lehre in wenigen Jahren über das gesamte Atlasgebiet. Deren Grundprinzip ist die rigorose, doch vergeistigte Interpretation des islamischen Dogmas von der Einheit Gottes; der bei den Berbern tief verwurzelte Glaube an einen Erlöser = *Mahdi,* als der er sich verstand, kam *Ibn Tumart* zugute.

Es folgten die **Ausrufung des Heiligen Krieges gegen die Almoraviden** und langwierige Kämpfe. In dieser Zeit (1130) starb *Ibn Tumart,* und sein Schüler **Abd al-Mu'min** übernahm nach und nach die Führung der neuen Bewegung.

Bis 1148 gelang es *Abd al-Mu'min* mit großer Brutalität, ganz Marokko, das moslemische Spanien sowie Algerien und Tunesien zu erobern (Hinrichtung von fast 30.000 Rebellen). Das Almohadenreich erreichte damit eine größere Ausdehnung als alle Dynastien vor- und nachher. Im Jahre 1162 nahm er den Kalifentitel an. *Abd al-Mu'min* gilt als **großer Förderer der spanisch-maurischen Kultur,** er gründete Universitäten und organisierte die Verwaltung, indem er die traditionellen Stammesinstitutionen der Berber (mit einer religiös-militärischen Hierarchie) übernahm und sie mit der aus Andalusien stammenden Administrationspraxis verband. Marrakesch, das er mit prächtigen Bauten schmücken ließ, blieb auch die Hauptstadt des Almohadenreiches.

Nach *Abd al-Mu'mins* Tod (1163) übernahm sein Sohn **Abu Yaqub Yussuf** (bis 1184) das wohl bestorganisierte Imperium des arabischen Westens. Dieser war vor allem ein großzügiger Gönner von Religionswissenschaft und Philosophie. Den strengen Puritanismus, den die ersten Anhänger der Almohadenlehre befolgten, hatte er abgelegt. Unter ihm und seinem Sohn **Abu Yussuf Yaqub Al Mansour** erreichten die Baukunst und die geistige Kultur Marokkos und Südspaniens ihren Höhepunkt. Die drei „verwandten“ Minarette wurden errichtet: der Hassan-Turm in Rabat, die Giralda in Sevilla und die Kutubiya in Marrakesch sowie u.a. die Kasbah der Oudaia in

Rabat, die Kasbah von Marrakesch und das Bab Agnaou ebendort. Unter Yaqub al-Mansur wurde **Rabat** die neue **Hauptstadt.**

Doch schon bald nach der **Schlacht bei Las Navas de Tolosa** (1212), in der der Urenkel von Abd al-Mu'min, *Mohammed an-Nasir,* von *Alfons VIII.* besiegt wurde, brach das Reich auseinander. Die Almohaden mussten sich aus Spanien zurückziehen, in Tunesien löste sich die berberische Dynastie der Hafsiden, und in Algerien übernahmen die Abdalwadiden die Stadt Tlemcen und den Osten des Landes.

Im zentralen Kernland etablierten sich einige Jahrzehnte später die **Meriniden,** die dann von 1269–1420 an der Macht blieben.

Aus dem Osten und Südosten des heutigen Marokko stammend, konnten diese Zenata-Berber nur ungenügend in die almohadische Armee integriert werden. Ihr Führer **Abu Yahya Abdelhaqq** (bis 1258) organisierte den Widerstand gegen die Almohaden, den sein Bruder *Abu Yussuf Yaqub* verstärkte; schließlich gelang es diesem, Marrakesch im Jahre 1269 einzunehmen. Unter ihm und seinem Sohn kam es zur **Ausdehnung des Reiches bis Algier.**

Nach den Regierungszeiten von *Abu al-Hassan Ali* (1331–1351) und seines Sohnes *Abu Inan Faris* (1351–1358) verloren die Meriniden immer mehr an Macht und Bedeutung.

Die **Wattasiden,** ein über viele Jahrzehnte treu ergebener Clan, übernahmen die Regierungsgeschäfte und ließen die Merinidennachkommen als Marionettenherrscher an der Macht. Da den Meriniden das religiöse Prestige ihrer Vorgänger fehlte, versuchten sie dieses Manko wettzumachen, indem sie die Vorkämpfer des Islam in Marokko zu Heiligen erhoben, allen voran *Idris I.,* der bis heute als *Mulay Idris* im religiösen Leben der Marokkaner eine wichtige Rolle spielt.

Die **spanisch-maurische Kultur erlebte nochmals eine Blüte.** Die Universität von Fès, die Kairawiyine, zog viele Gelehrte aus dem gesamten arabischen Westen an, so auch den berühmtesten arabischen Geschichtsschreiber *Ibn Khaldun* und den großen andalusischen Dichter *Ibn al- Khatib.* **Fès,** die **neue Hauptstadt,** wurde mit Palästen, Moscheen und Medresen (Koranschulen) versehen und entwickelte sich zur wichtigsten Handelsstadt im Maghreb.

Doch dem Merinidenreich fehlte eine stabile Organisation, vielen lokalen Persönlichkeiten gelang es immer wieder, **autonome Klein- und Kleinstreiche** zu gründen. Im Jahre 1465 schließlich, nachdem der letze Sultan durch ein Attentat ums Leben gekommen war, übernahmen die Bani Wattas offiziell die Macht im „äußersten Westen“, wie Marokko im arabischen Sprachgebrauch genannt wird.

Christliche Offensive

Die **internen Schwierigkeiten,** mit denen die Meriniden und Wattasiden zu kämpfen hatten, machten es den Christen leicht, eine offensive Position gegen die Mauren zu beziehen. 1415 nahmen die **Portugiesen** Ceuta ein, 1471 Tanger. In den folgenden Jahrzehnten eroberten sie an der Atlantikküste eine Stadt nach der anderen: Asilah, Anfa (Casablanca), Azzemour, Safi, Mazagan (Al-Jadida) und Santa Cruz (Agadir). Nur Larache blieb unabhängig. Damit waren also nahezu die gesamte Atlantikküste und das angrenzende Binnenland unter portugiesischem Einfluss.

Im Osten wurden die Wattasiden von den Spaniern bedrängt. Nachdem im Zuge der **Reconquista 1492** die letzte maurische Dynastie auf andalusischem Boden, die Nasriden von Granada, von der Halbinsel vertrieben worden war, setzten die Spanier ihren „christlichen Eroberungsfeldzug" an der nordafrikanischen Küste fort (1507 fiel Marsa al-Kabir, 1509 Oran).

Diese Bedrohung durch die Christen hatte eine **Renaissance des Islam** im 15. und 16. Jahrhundert zur Folge. Vorbereitet wurde diese Entwicklung einerseits durch die aus dem Osten importierten Sufi-Lehren (Sufismus = islamische Mystik), andererseits durch das **Entstehen von religiösen Bruderschaften** (arab.: *tariqa,* vom arabischen Wort für „Weg" = *tariq* abgeleitet), in denen die Anhänger dieser Lehren organisiert waren. Die Berber, die noch immer dem Maraboutismus anhingen, schlossen sich der Entwicklung schnell an (Maraboutismus = Verehrung „lokaler Heiliger"; das Wort *marabut* bedeutet „Heiliger", bezeichnet aber auch das Grabmal desselben, das etwa zur Befreiung von Krankheiten aufgesucht wurde). Die **religiösen Führer** übten im regionalen Bereich einen sehr starken moralischen Einfluss aus, der von der Bevölkerung bereitwillig aufgenommen wurde und zur Bildung eines „religiösen Gemeinschaftsgewissens" führte. Die Folge war eine starke Solidaridät unter den Anhängern der verschiedenen „Tariqat" (Mehrzahl von *tariqa*), die bis zum heutigen Tag noch spürbar bleibt!

Die Scherifen

Die **Saaditen** (1554–1659) sind, wie ihre Nachfolger, die Alawiten, Scherifen (arab: *shurafa,* sing.: *sharif*). Das bedeutet wörtlich „die Edlen" und bezeichnet diejenigen, die ihre **Herkunft von der Familie des Propheten Mohammed** ableiten. Damit kommen wir in die arabische Epoche und lassen die der Berberdynastien hinter uns.

Die Saaditen stammten wie die Beni Hillal aus dem Hidjaz (arabische Halbinsel) und wanderten zu Beginn des 14. Jahrhunderts in Südmarokko ein; dort ließen sie sich im Drâatal (franz. *Vallée du Drâa*) nieder. Aufgrund ihrer scherifischen Herkunft und ihres religiösen Ansehens waren die Saaditen dazu berufen, den **Kampf gegen die Portugiesen** zu führen. 1511 begann der Scherif von Tagmaddart einen Kleinkrieg gegen die Invasoren mit Unterstützung der Marabouts. Aber erst unter seinem Sohn *Mohammed al-Mahdi* nahm der Aufstand überregionale Dimensionen an. Bis 1541 waren die Portugiesen aus fast allen Küstenstädten vertrieben, im Jahr 1554 fiel Fès, die Hochburg der Wattasiden.

Mohammed I., erster Herrscher der neuen Dynastie, wählte Marrakesch zur neuen Hauptstadt. Die Autorität über Marokko wurde wiederhergestellt, das Reich administrativ gefestigt. Im Jahr 1578 wurden die Portugiesen in der **„Dreikönigsschlacht"** bei Ksar al-Kebir vernichtend geschlagen.

Der Sieger der Schlacht, **Ahmad al-Mansur** („der Siegreiche"), Sohn von *Mohammed I.,* gilt als der fähigste Herrscher der Dynastie. Er leitete eine Periode des „Friedens und Wohlstandes" ein, und das Reich expandierte. 1591 eroberten seine Truppen Timbuktu und brachten von dort mehrere tausend schwarze Sklaven nach Marokko. Die Saaditen wurden für ein halbes Jahrhundert die Herren über den westlichen Sudan, ein Gebiet, das sich vom Senegal bis nach Bornu im heutigen Tschad erstreckte.

Doch wie so oft, kam es auch diesmal nach dem Ableben eines starken Herrschers (*Ahmad al-Mansur* starb 1603) zu einem rapiden **Verfall.** Im Verlauf der Thronstreitigkeiten unter den Söhnen *al-Mansurs* zerfiel die Zentralmacht zusehends. Larache wurde von den Spaniern eingenommen, Fès entzog sich der Oberherrschaft, eine Reihe von religiösen Fürstentümern, mit Marabouts und Sherifen an ihrer Spitze, betrat die Bühne: so im Sous *Sidi Ali,* im Gharb (NW-Marokko) *al-Ayyaschi* und im Tafilalet die Hassani-Sherifen, besser bekannt unter dem Namen **Alawiten** (seit 1659).

Diese unternahmen Raubzüge im Norden und brachten den Osten unter ihre Gewalt. **Mulay ar-Rashid** (1664–1672) gelang es, Fès einzunehmen, bald darauf auch Marrakesch. Erneut kam es zur **Schaffung eines gesamtmarokkanischen Reiches,** das die Alawiden – in Ermangelung einer soliden scherifischen Abstammung – mit Hilfe von Scherifenfamilien mit einem tragfähigen religiösen Fundament untermauerten. Die Nachfolge von *Mulay ar-Rashid* trat **Mulay Ismail** an, der bis 1727 an der Macht war. Während der ersten fünfzehn Jahre bildete er eine **Armee aus schwarzen Sklaven** heran, die er im Laufe seiner langen Regierungszeit durch regelrechte „Zucht" auf 150.000 Mann anwachsen ließ. Das **„bilad al-makhzan",** das Land unter staatlicher Kontrolle, erstreckte sich über nahezu ganz Marokko. Der Unterlauf des Moulouya-Flusses bildete für lange Zeit die Ostgrenze des scherifischen Reiches.

Mulay Ismail

Nach dem Tod Mulay Ismails kam es drei Jahrzehnte lang zu Streitigkeiten um den Thron. **Mulay Mohammed** (1757–1792) gelang es schließlich, die Autorität der scherifischen Dynastie wiederherzustellen. Mit der Eroberung von Mazagan (Al Jadida) im Jahre 1769 nahm er die letzte Bastion der Portugiesen ein. Er versuchte, die miserable finanzielle Lage, in der sich das Reich befand, durch Forcierung des Handels mit Europa zu verbessern. Er schloss **Handelsverträge** mit Dänemark, Schweden, England und Frankreich und gründete die Stadt **Mogador** (Essaouira) als zentralen Handelspunkt, um Kaufleute anzuziehen.

Mulay Sulayman (1794–1822) hatte lange Zeit mit dem nach dem Tode *Mulay Mohammeds* neu entfachten Widerstandsgeist der Berber zu kämpfen, die sofort die Gelegenheit, die sich durch eine schwache Regierung bot, ergriffen, um sich selbstständig zu machen. *Mulay Sulayman* war es, der Marokko nach außen hin abschloss. Die Kontakte mit christlichen Kaufleuten wurden auf ein Minimum reduziert, aus Furcht vor verschwörerischen Verbindungen mit den aufsässigen Berbern. Auch die Nachfolger *Mulay Slimans* verfolgten eine **Politik der Abschottung,** was aber nicht verhinderte, dass der **Einfluss der Europäer** auf die Wirtschaft und Politik des Landes zunahm. Im Land sagten sich die vom Machtzentrum weit entfernten Gebiete von der Regierung los, und die Kontrolle über das Land schrumpfte von Jahrzehnt zu Jahrzehnt.

Mulay al-Hassan, der 1873–1894 das Sagen hatte, konnte den Zusammenbruch noch um einige Jahre verzögern, auch weil sich die Situation auf der internationalen Bühne grundlegend geändert hatte. Die **Franzosen** hatten schon 1830 mit der **Kolonialisierung Algeriens** begonnen, und auch Marokko weckte die imperialistischen Gelüste der europäischen Großmächte. Es war schon mehrmals zu Gefechten zwischen Europäern und Marokkanern gekommen. Am folgenschwersten aber war sicherlich der **1859** von den Spaniern errungene Sieg, der als Antwort auf die andauernden marokkanischen Angriffe auf die spanischen Enklaven gefeiert wurde. Resultat war der **Vertrag von Tetuan** (1860), in dem Marokko verpflichtet wurde, 100 Millionen Riyal (!) als Wiedergutmachung zu zahlen. Dies war der **Grundstein für den Aus-**

Mulay al-Hassan

verkauf Marokkos durch die Kolonialmächte und das 50 Jahre später errichtete spanisch-französische Protektorat. Unter Sultan **Abd al-Aziz** (1894–1908) traten die **Unabhängigkeitsbestrebungen der Berberstämme** wieder in den Vordergrund.

Anfang des 19. Jahrhunderts begann dann die europäische Aufteilungspolitik in Afrika. 1906 wurde als Folge der wirtschaftlichen Ambitionen des Deutschen Reiches in Marokko die Unantastbarkeit des Landes in der **Konferenz von Algeciras** festgelegt. Doch schon ein Jahr darauf provozierten die Franzosen in Marokko Unruhen, denen sie dann durch die Entsendung eines Expeditionskorps entgegentraten. Die Städte Casablanca, Agadir, Rabat, Safi und Essaouira wurden besetzt.

1911 rief der durch die Berber in Fès eingeschlossene Nachfolger *Abd al-Aziz'*, Sultan **Abd al-Hafiz,** die Franzosen zu Hilfe, die daraufhin Mitte des Jahres in Fès einmarschierten. Auch das „Unternehmen Panthersprung“ – das Erscheinen des deutschen Kanonenbootes „Panther“ vor Agadir – konnte die Schutzherrschaft Frankreichs über Marokko nicht verhindern. **Am 30. März 1912 wurde fast ganz Marokko** (der nördlichste Teil unterstand spanischer Kontrolle) **zum französischen Protektorat.**

Die Protektoratszeit (1912–1956)

Die Hauptstadt des französischen Territoriums wurde Rabat, die Spanier wählten Tétouan zum Verwaltungssitz. Tanger wurde internationale Zone. Der französische Marschall **Louis Hubert Lyautey** übernahm zwölf Jahre als Generalresident mehr oder minder die Regierungsgeschäfte, dem Sultan kam eine rein formelle Funktion zu. Es bedurfte zwanzig Jahre kontinuierlicher militärischer Anstrengungen, ehe Frankreich und Spanien den Kleinkrieg gegen die einheimischen Stämme gewannen.

Im Norden, im Rifgebirge, konnte sich der Berber **Abd al-Karim al-Khattabi** (bekannt unter dem Namen *Abd al-Krim*) jahrelang gegen die Spanier erfolgreich zur Wehr setzen und sogar eine **„Rif-Republik“** ausrufen, die von 1922–1926 Bestand hatte. Er wurde schließlich von einer französisch-spanischen Armee unter massivem Einsatz von deutschem Giftgas (!) besiegt und auf die Insel Réunion verbannt, von der er 1947 flüchten konnte. Er starb 1963 in Ägypten. Im Süden vereinte **Ahmad al-Hiba** die Berber des Sous, nachdem schon sein Vater *Ma'al-Ainain* erfolgreich gegen die europäischen Usurpatoren gekämpft hatte.

Die „Befriedung“ Marokkos kostete einer halben Million Moslems das Leben, auf französischer Seite waren es knapp 30.000 Tote – ein Verhältnis, das sich 30 Jahre später im algerischen Befreiungskrieg wiederholen sollte.

1930 wurde von den Franzosen im Namen des Sultans *Mohammed V.*, damals 21 Jahre alt, das **Berber-Dekret** (der „Dahir“) erlassen, das die Trennung von Arabern und Berbern zum Ziel hatte, getreu der schon von den

Römern angewandten machtpolitischen Maxime des „divide et impera" (Teile und herrsche). Den Berbern wurde eine eigene Rechtssprechung nach ihrem Gewohnheitsrecht zugebilligt, während die Araber am islamischen Recht festhalten sollten. Doch die „umma al-islamiyya", das islamische Zusammengehörigkeitsgefühl, war stärker als die politischen Ziele der Franzosen. Ein **marokkanischer Nationalismus** erwachte, erste politische Parteien wurden gegründet, das „Marokkanische Aktionskomitee" in der französischen Zone und die „Nationale Reformpartei" auf spanischem Territorium. Aus dem Komitee entstand 1944 nach dem Zusammenschluss mit der Partei der Marokkanischen Volksbewegung die „Marokkanische Unabhängigkeitspartei" oder **Istiqlal,** wie sie auf Arabisch genannt wurde. **Allal al-Fassi** wurde ihr **legendärer Führer** und die bestimmende Person im Unabhängigkeitskampf.

Die Rede, die Sultan **Mohammed V.** 1947 in Tanger hielt, in der er unverhohlen die Linie der Istiqlal-Partei vertrat, war der Ausgangspunkt zur **Verbreitung des Unabhängigkeitsgedankens** auch im ländlichen Raum beim „einfachen Volk". Die nationalistische Bewegung konnte auch in den Bergen Fuß fassen, im Ausland entstand bald ein Propagandaapparat.

In der Folge kam es zu Masseninhaftierungen, Presseverbot und Landesverweisungen. Im August 1953 wurde *Mohammed V.* vom Thron abgesetzt und nach Madagaskar ins Exil geschickt. *Ben Arafa* wurde zum Marionettensultan von Frankreichs Gnaden erhoben. Die folgenden zwei Jahre konnte der **Aufruhr** trotz Repression und Einkerkerungen nicht mehr eingedämmt werden. Ende 1955 dankte *Ben Arafa* ab.

Mohammed V. kehrte aus dem Exil zurück und wurde begeistert in Rabat empfangen. In einer Reihe von Abkommen wurde schließlich am **2. März 1956** das **Ende des französischen Protektorats** besiegelt, am **8. April 1956 trat Spanien als Schutzmacht zurück.** Tanger blieb bis 1960 internationaler Freihafen, Ceuta und Melilla befinden sich bis heute in spanischem Besitz.

Am 16. August 1956 nahm **Mohammed V.** den Königstitel an. Er starb 1961. Die Nachfolge trat sein Sohn **Hassan II.** an, der 38 Jahre lang die marokkanische Politik bestimmte. Ihm folgte am 23. Juli 1999, dem Todestag *Hassan II.,* sein Sohn **Mohammed VI.** auf den Thron.

Politik und Staat

Staatsform

„Marokko ist eine **konstitutionelle, demokratische und soziale Monarchie"** (Art. 1 der Verfassung) mit Erbfolge in der Linie von *Hassan II.* Der **Islam ist Staatsreligion** (Art. 6).

Staatsoberhaupt

Der König ist religiöses und staatliches Oberhaupt des Landes. „Der König (...) ist der Hüter des Islam und der Verfassung", so der Artikel 19 der marokkanischen Verfassung. Die fast autokratische Position des Königs im Wechselspiel der Staatsgewalten zeigt sich vor allem in der Tatsache, dass er einen Großteil exekutiver und legislativer Entscheidungen per Dekret treffen/beeinflussen und den Ausnahmezustand ausrufen kann. Außerdem hat er den Vorsitz im Obersten Rat der Richter und Staatsanwälte, auf dessen Vorschlag unabsetzbare Richter durch königlichen Erlass ernannt werden. Schließlich ist er auch Oberbefehlshaber der Streitkräfte.

Verfassung

1961 wurde eine Verfassung mit 17 Artikeln verkündet, in denen die Grundrechte und Pflichten der Marokkaner festgelegt waren. Diese **Verfassung** wurde am **07.12.1962** durch Volksabstimmung angenommen, aber bereits drei Jahre später von König Hassan wieder außer Kraft gesetzt. Denn bereits zu Beginn seines Amtsantrittes gab es aufgrund wirtschaftlicher Probleme Unruhen, darauf folgten Wahlmanipulationen und drastische Übergriffe auf Oppositionelle.

1970 trat eine **neue Verfassung** in Kraft, die am 10.03.72 nach einem Referendum revidiert wurde. Das Einkammerparlament mit 306 Abgeordneten, von denen 206 in direkter und 100 in indirekter Wahl gewählt wurden, ersetzte die alte Repräsentantenkammer. Die Machtbefugnisse des Königs blieben de facto unangetastet.

Nach einer erneuten **Volksabstimmung im September 1992** wurde eine weitere Verfassungsrevision genehmigt. Auch hier fielen die Änderungen nur bescheiden aus: Dem Premierminister wird ein Vorschlagsrecht bei der Zusammensetzung des Kabinetts zugebilligt. Das Parlament muss der Regierungserklärung mit absoluter Mehrheit zustimmen. Ohne diese Zustimmung muss die Regierung zurücktreten. Außerdem kann das Parlament Untersuchungskommissionen bilden, und mit der Verhängung des Ausnahmezustandes ist nicht automatisch eine Auflösung des Parlaments verbunden. Auch der König muss sich bei der Einführung von Gesetzen nunmehr an eine Frist von 30 Tagen halten. Neu ist die Bildung eines Verfassungsrates mit neun Mitgliedern, von denen fünf der König bestimmt. Das Wahlalter wurde von 21 auf 20 Jahre gesenkt. Bei dem Referendum 1992 wurde auch die Westsaharapolitik des Königs gutgeheißen. Trotz eines Boykottaufrufs der Opposition wurde bei einer Wahlbeteiligung von 97,29% (einschließlich der Westsahara-Gebiete) ein Wahlergebnis von 99,9% Ja-Stimmen notiert.

Einen neuen **Markstein in der Verfassungsgeschichte** Marokkos bedeutet die Verfassung, die am **13. September 1996** per Referendum angenommen wurde. Festgeschrieben sind u.a. Gewaltenteilung, Meinungsfreiheit, Gleichheit der Geschlechter, Streikrecht, Recht auf Eigentum und Erziehung. Entscheidend aber ist die Verankerung des Zweikammerparlaments im Abschnitt „Titre III.: Du Parlament/De l'Organisation du Parlament“. Damit stellt Marokko nun eine staatliche **Mischform aus Königsherrschaft und Demokratie** dar, wo-

aga08-101 Foto: ad

König Mohammed VI.

König Mohammed VI. (im Volksmund **„M6“**) wurde am 23. August 1963 als *Sidi Mohammed Ben (ibn) al-Hassan* in Rabat geboren. Seine Schulzeit absolvierte er in der königlichen Schule, wo er 1981 das Abitur ablegte. 1987 erwarb er den Abschluss in Politikwissenschaften an der Universität Mohammed V. in Rabat, zusätzlich 1988 den Abschluss in Öffentlichem Recht. 1993 erhielt er von der Universität Nizza den Doktortitel für Rechtswissenschaften. Am 21. März 2002 heiratete *Mohammed VI.* die Informatikingenieurin *Salma Benanni.* Bei den Feierlichkeiten in Rabat wurde zum ersten Mal in der Geschichte des Landes die Frau des Königs offiziell gezeigt und auch fotografiert. Da es den Titel Königin in Marokko nicht gibt bzw. unter *Hassan II.* nur „Mutter der Prinzen“ hieß, erhielt *Salma Benanni* den Titel Prinzessin. Seitdem tritt sie immer wieder öffentlich ohne Schleier auf und verbreitet zusammen mit dem König und den Kindern das Bild eines modernen Familienlebens und Königshauses. Am 8. Mai 2003 kam Kronprinz *Moulay Al-Hassan,* am 28. Februar 2007 Prinzessin *Lalla Khadija* zur Welt.

Mohammed VI. gilt als **moderner König** und trägt im Volksmund den Titel „König der Armen“, da er sich vor allem zu Beginn seiner Herrschaft für soziale Reformen stark machte. Er ist Vorstand der „Stiftung Mohammed V.“, die sich wie eine humanitäre NGO um die Armen kümmert; er begibt sich häufig in die Dörfer, wenn dort Projekte eingeweiht werden. Zudem engagiert er sich für die Alphabetisierung und die Rechte der Frauen. Im Februar 2004 setzte er ein von der islamischen Opposition stark kritisiertes **neues Familienrecht** (Moudawana) durch, das die Rechte der Frauen erheblich stärkt. Das Heiratsalter der Frauen wurde mit 18 Jahren demjenigen der Männer angeglichen und das Recht zur Polygamie für Männer eingeschränkt. Zudem wurde ein Scheidungsverfahren mit Antragsrecht beider Partner und gleichmäßiger Aufteilung der in der Ehe erworbenen Güter eingeführt. Die einseitige Scheidung durch den Ehemann (Verstoßung nach dem Koran) unterliegt strengen Vorschriften und wird richterlich überwacht. Mit dem neuen Familienrecht wurden auch die Rechte der Kinder gestärkt und ein eigenes Familiengericht eingerichtet.

Das neue Frauenrecht wurde in einem Spiegel-Interview vom 4. Juli 2007 mit *Nadia Yassine,* einer islamisch orientierten Frauenrechtlerin von der Vereinigung „Gerechtigkeit und Wohlfahrt – Al Adlwa Lihsane“, „als Gesetz für Gymnasiastinnen bzw. für die Oberschicht“ kritisiert, das nicht der Wirklichkeit Marokkos und dem Willen des Volkes entspräche. Sie betont, dass es seitdem immer mehr illegale Eheschließungen gäbe und dass es einer Frau wenig nütze, wenn sie sich scheiden lassen kann, aber dann auf der Straße stehe.

Eine wichtige innenpolitische, vom König initiierte Maßnahme ist die **„Nationale Initiative für menschliche Entwicklung“** (INDH). Das 2005 begonnene Programm stellt über fünf Jahre Mittel in Höhe von einer Milliarde Euro zur Verfügung, um gezielt Armut und soziale Ausgrenzung in den ärmsten ländlichen Gebieten und städtischen Armenvierteln zu bekämpfen.

Der **Personenkult** um den König, wie er schon unter *Hassan II.* gepflegt wurde, setzt sich fort. Überall hängen Porträts, in Ämtern, Läden und an vielen Straßenkreuzungen.

Tabuthemen (auch für die Presse) sind nach wie vor die Führungsposition bzw. Unantastbarkeit des Königshauses sowie der Anspruch Marokkos auf das Gebiet der Westsahara.

In einer Umfrage der regierungskritischen Zeitung „Telquel" zum zehnten Jahrestag der Thronbesteigung von *Mohammed VI.* über die Zufriedenheit mit dem Königshaus – 100.000 Exemplare wurden noch in der Druckerei beschlagnahmt, aber das Ergebnis dann von „Le Monde" veröffentlicht – war **Zufriedenheit mit dem Königshaus** durchaus festzustellen. Jeder Zweite hält das Regime für demokratisch, und 90% der Marokkaner hätten in der Regierungszeit von M6 eine Verbesserung der Lebensumstände bemerkt, insbesondere im Hinblick auf Schulen, Gesundheitswesen und Straßen. Kritik wurde jedoch auch hier an der Ausdehnung der Frauenrechte geübt, die den meisten Marokkanern erheblich zu weit geht.

Als wichtiges Projekt des Königs gilt auch die **Einigung des Volkes** bzw. der Volksgruppen der Berber bzw. Amazigh (Imaziren) mit der arabisch dominierten Oberschicht, deren Spaltung im französischen Kolonialreich vorangetrieben wurde. Der Schulunterricht in der Grundschule findet mittlerweile in den Berbergebieten in deren Sprache statt, es gibt ein Radioprogramm und in den Berberregionen auch Straßen- und Ortschilder in der Berberschrift Tifinagh.

Auch auf die **religiösen Gruppen** geht der König zu. So sucht er den Kontakt zu gemäßigten islamischen Rechtsgelehrten und den Sufis, deren Mystik vor allem im einfachen Volk regen Zuspruch findet. Zudem wurden unter Aufsicht der Regierung in Moscheen **Alphabetisierungsschulen** für Frauen und Kinder eingerichtet, eine weitere Maßnahme, um einer Radikalisierung vorzubeugen.

Die Bilanz der zehnjährigen Herrschaft *Mohammed VI.* kann sich also durchaus sehen lassen.

bei das Schwergewicht immer noch beim Monarchen liegt.

Volksvertretung

Mit der letzten Verfassungsreform vom September 1996 wurde das alte Einkammersystem durch ein **Zweikammerparlament** ersetzt. Die Volksvertretung setzt sich nun zusammen aus Erster – *Chambre des Répresentants* – und Zweiter Kammer – *Chambre des Conseillers.* Die 325 Abgeordneten der Ersten Kammer werden direkt vom Volk für fünf Jahre gewählt. Die Vertreter in der Zweiten werden bestimmt zu drei Fünfteln von einem Wahlgremium, das sich aus Wahlmännern der Gebietskörperschaften zusammensetzt und zu zwei Fünfteln von regionalen Wahlgremien, die aus Vertretern von Standesorganisationen, Berufsverbänden und Arbeitnehmerorganisationen bestehen. Die Mitglieder der Zweiten Kammer werden für eine neunjährige Amtszeit gewählt, wobei im Turnus von drei Jahren jeweils ein Drittel neu gewählt wird. Formal mag das marokkanische Zweikammerparlament „westlichen" Vorbildern nahekommen, doch die semidiktatorischen Vollmachten des Königs verhindern eine echte Ausgestaltung der für demokratische Systeme wesenhaften Gewaltenteilung.

Die **Regierung** muss sich gegenüber dem König (und dem Parlament) verantworten. Wichtige politische Fragen werden im **Ministerrat** behandelt, dessen Vorsitz der König einnimmt (Art. 25). Der Ministerrat setzt sich aus einflussreichen Persönlichkeiten aus dem **Makhzen,** dem jahrzehntelang aufgebauten Machtgefüge am Hofe, zusammen. Der König ernennt die wichtigsten Minister (Verteidigungs-, Innen-, Außen-, Justiz- und Religionsminister).

Ebenfalls vom König ernannter **Premierminister** ist seit den Wahlen zur Ersten Kammer 2007 (s.u.) **M. Abbas El Fassi** von der konservativen Istiqlal-Partei, der den parteilosen Technokraten *Driss Jettou* (2002–2007) ablöste.

Noch vor den **Wahlen 1997,** die wohl erstmalig ohne Stimmenkauf und manipulierte Wahllisten etc. abliefen, hatte König *Hassan* die Regierung umgeformt und dabei erstmalig in der Geschichte Marokkos (vier) Frauen mit hohen Staatsaufgaben (als Staatssekretärinnen) betraut.

Ein Zeichen der Unzufriedenheit des Volkes sind das relativ gute Abschneiden der gemäßigten **Islamisten** bei den Wahlen 2002 und 2007 und der Zulauf, den die **Bewegung Al Adlwa Lihsane** (sie durfte nicht zur Wahl antreten) von *Abdessalam Yassine* bzw. seiner Tochter *Nadia* (s.u.) vorwiegend durch die arme Bevölkerung erhält. Die Bewegung hat vor allem in den Großstädten an der Küste viele Anhänger gefunden, weil sich die Islamisten in den Armutsvierteln von Casablanca und Rabat um die sozial Schwachen kümmern. Gewalt lehnt diese Partei ab; sie distanzierte sich in der Vergangenheit von Selbstmordattentaten, auch wenn sie die Lebensumstände in den Armutsvierteln als Ursache für den Zulauf zu extremistischen Gruppen ansieht. Nach Ansicht der Regierung bedarf es keiner islamistischen Partei, da der Islam bereits durch den Staat repräsentiert wird und der König auch religiöses Oberhaupt ist. Für den Großteil des Volkes ist er auch nach wie vor der *Amir al Mouminin* – der „Emir der Gläubigen", das unbestrittene geistliche und weltliche Oberhaupt. An seiner Position zu rütteln, hieße auch für die Fundamentalisten, ihr religiöses Oberhaupt in Frage zu stellen. Diese Denkart, dass ja ohnehin der König die Geschicke des Landes lenkt, aber auch die Unzufriedenheit mit der Regierung dürften wohl ursächlich für die geringe Wahlbeteiligung von 37% bei den Wahlen 2007 gewesen sein.

Politische Parteien

Die großen Parteien sind während der gemeinsamen Frontstellung gegen die Protektoratsmacht Frankreich entstanden. Die **programmatischen Unterschiede** prägten sich im Laufe der Zeit immer mehr aus und sind heute erheblich. Die Monarchie, der Anspruch Marokkos auf das Gebiet der Westsahara sowie der Islam als Staatsreligion sind jedoch unantastbar. Volljährige Männer und Frauen sind laut marokkanischer Verfassung politisch gleich- und wahlberechtigt.

Das Mitspracherecht der Oppositionsparteien wurde von 1965 an nachhaltig eingeschränkt. Seit 1977 ist

Der Tourismus ist politisch gewollt und wirtschaftlich wichtig (hier die Strandpromenade von Agadir)

ein vorsichtiger **Demokratisierungsprozess** im Gange, der in den freien Wahlen 1997 und 2002 seinen Höhepunkt fand. Im Februar 2006 wurde ein **neues Parteiengesetz** erlassen, das eine weitere Parteienzersplitterung verhindern soll. Es verbietet zudem programmatische Zusammenschlüsse auf rein religiöser, ethnischer, regionaler oder sprachlicher Grundlage und setzt einen prozentualen Frauenanteil in jeder Partei fest. Schon bei den Wahlen 2002 wurde eine **Frauenquote** festgelegt, sodass im Parlament seitdem mindestens 30 Frauen – eine höhere Zahl als in den meisten anderen arabischen Ländern – sitzen.

Die **Regierungskoalition** 2002 wurde vom **Parteienbündnis Koutla** gebildet, also aus den Parteien *Istiqlal (PI), Union Socialistc des Forces Populaires (USFP), Parti du Progrès et du Socialisme (PPS),* dem liberal-konservativen **Zentrum,** geführt vom *Rassemblement National des Indépendants (RNI),* sowie der **Allianz der Berber-Parteien,** *Union des Mouvements Populaires (UMP).*

Die **Opposition** setzt sich zusammen aus der *Front des Forces Démocrates* (FFD), aus der *Parti National Démocrate (PND)* und der gemäßigt islamistischen **Partei für Gerechtigkeit und Entwicklung (PJD).** Die gemäßigt islamistische soziale PJD wurde bei den Wahlen 2002 drittstärkste Kraft. Ihr wurde im Vorfeld der Wahlen 2007 der Sieg prognostiziert, den sie

aga10_021 Foto: ad

dann jedoch nicht einfahren konnte; immerhin wurde die Partei zweitstärkste Kraft im Parlament.

Radikal islamistische Gruppierungen wie die **Vereinigung Gerechtigkeit und Wohlfahrt – Al Adlwa Lihsane** unter Führung von *Nadia Yassine* werden offiziell nicht als Partei zugelassen und sind von Wahlen ausgeschlossen.

Bei den **Wahlen zur Ersten Kammer am 7. September 2007,** zu der 27 Parteien zugelassen waren, gewann entgegen der Erwartungen nicht die PJD die meisten Stimmen, sondern die konservative Istiqlal (Unabhängigkeitspartei), die älteste politische Gruppierung in Marokko. Die Istiqlal erhielt 52 Sitze, die PJD immerhin 47 Sitze, während die USFP nur noch 36 Sitze errang. Die Wahlbeteiligung lag bei erschreckend geringen 37% (im Jahr 2002 waren es noch 51%). Im Oktober 2007 ernannte der König den Vorsitzenden der Istiqlal-Partei *M. Abbas El Fassi* zum neuen Premierminister.

Bei den **Kommunalwahlen im Juni 2009** stieg die Wahlbeteiligung wieder auf 51%, vor allem dank der Neugründung der **Partei der Authenzität und Modernität (PAM)** durch den Königsvertrauten *Fouad Ali Himma,* die auf Anhieb 22% der Stimmen erhielt und damit in den meisten Wahlkreisen siegte. *Ali Himma* ging mit *Mohammed VI.* in die königliche Palastschule, in der immer wieder Kinder aus dem Volk aufgenommen werden, so auch *Himma.* So kann der König seine Machtbasis im Volk stärken, was sich zum Beispiel auch in der Auswahl seiner Regierungsmitglieder und Berater zeigt, die oft Vertraute aus des Königs Schulzeit sind.

Gewerkschaften

Gewerkschaftliche Vereinigungen sind nach der Verfassung zugelassen und gewannen im Land vor allem in den Zeiten der Repression stark an Einfluss. Streiks zur Durchsetzung von Forderungen wurden von der Regierung allerdings regelmäßig verboten.

Stärkste Gruppe ist die Gewerkschaft **Union Marocaine du Travail (UMT).** Ihr Einfluss in Wirtschaft und Handel ist ziemlich bedeutend, und sie konnte auch ansehnliche Erfolge verbuchen. Das 1962 erlassene Arbeitslosen- und Altersversorgungsgesetz ist zum großen Teil auf ihre Arbeitskämpfe zurückzuführen. Weitere wichtige Gewerkschaften sind die **Union Générale des Travailleurs Marocains (UGTM)** sowie die **Conféderation Démocratique du Travail (CDT).**

Die Gewerkschaften mit insgesamt etwa 600.000 Mitgliedern sind zu einer Gegenmacht im Staate geworden, vor allem deshalb, weil sie sich auch dem Kampf gegen die Korruption verschrieben haben.

Verwaltung

Den **16 Provinzen** und selbstständigen Stadtpräfekturen in Rabat und Casablanca stehen **Gouverneure** vor. Ihnen steht beratend eine Abgeordnetenversammlung zur Seite. In ländlichen Gebieten und bei den Nomaden existieren noch Stammesfraktionen, geführt vom „Qa'id" oder „Shaykh".

Armee und Polizei

Die marokkanische **Armee** ist ein **wichtiger Machtfaktor im Lande** und zählt zu den bestausgebildeten Truppen Afrikas. Infolge des Saharakrieges wurde die Armee von 57.500 (1974) auf inzwischen rund 200.000 Mann aufgestockt. Die Verteidigungsausgaben machen heute etwa 5% des Bruttoinlandsproduktes aus. Marokko ist an Auslandseinsätzen der Vereinten Nationen in der DR Kongo, Elfenbeinküste, Haiti sowie 2009 in Guinea beteiligt. In Marokko gilt eine 18-monatige Wehrpflicht.

Da Marokko von den arabischen Ländern als wichtigster **Verbündeter der USA** im Kampf gegen den Terrorismus zählt, erhält das Land Militärhilfe von den Vereinigten Staaten.

Die **Polizei** ist ebenfalls **straff organisiert** und nicht zimperlich (z.B. bei Demonstrationen der Islamistenpartei von *Nadia Yassine* oder Sahrawi-Demonstrationen in der Westsahara). Korruption und Ausnutzung der Machtposition waren an der Tagesordnung; da aber der neue König als eine seiner ersten Amtshandlungen nach 1999 viele Verantwortliche gerade in der Polizei auswechseln ließ, hat sich manches zum Besseren gewandelt. Verstöße gegen das Gesetz, z.B. gegen das Rauschmittelgesetz (Marokko ist der weltweit größte Cannabisproduzent!), werden vor allem bei Touristen streng bestraft und haben viele europäische Kiffer hinter Gitter gebracht. Immer wieder ist von Berichten zu hören, denen zufolge im Rif die Polizei mit Hanfbauern und Rauschgifthändlern zusammenarbeitet und Käufer bei der Polizei verpfiffen werden. Den Käufern wird das (billig) gekaufte Cannabis abgenommen, hohe Geldstrafen werden verhängt, Haschisch und Geld teilen sich angeblich die Beteiligten.

Die **Gefängnisse** in Marokko entsprechen eher mittelalterlichen Verliesen als unseren Vorstellungen eines modernen Strafvollzugs. Im Zuge der Demokratisierungsmaßnahmen seit 1996 wurden einige der berüchtigten politischen Gefängnisse des Landes wie z.B. Tazmamart geschlossen.

Menschenrechte

Seit dem Amtsantritt von König *Mohammed VI.* ist die Regierung bezüglich Menschenrechten einen weiten Schritt vorangekommen. **Meinungs- und Pressefreiheit** sind zwar noch nicht mit den Standards demokratischer Staaten zu vergleichen, jedoch ist durch die weitgehend freie Diskussion und vor allem durch regierungskritische Zeitungen die Sensibilität in der Öffentlichkeit gewachsen.

Waren unter *Hassan II.* Foltergefängnisse weit verbreitet und wurden politische Gegner kurzerhand weggesperrt, untersuchte ab Januar 2004 die Kommission „Instance Equité et Réconciliation" (IER) **Menschenrechtsverletzungen** in der Zeit der „bleiernen Jahre" zwischen 1956 und 1999. Das Mandat der IER war zwar begrenzt, doch brachte vor allem die öffentliche Anhörung der Opfer eine breite gesellschaftliche Diskussion in Gang. Die im Abschlussbericht festgelegten Empfehlungen zur Entschädigung der Opfer sind weitgehend umgesetzt worden.

Im Jahr 2005 wurde ein Gesetz verabschiedet, das **Folter** explizit verbietet und unter Strafandrohung stellt. Von Inhaftierten werden allerdings weiterhin Foltervorwürfe erhoben – in einzelnen Fällen wurden inzwischen marokkanische Beamte der Folter angeklagt und rechtskräftig verurteilt. Jedoch gibt es Berichte von amnesty international aus den letzten Jahren, die nach wie vor auf systematische Folterungen im Gefängnis Temara (bei Rabat) hinweisen.

Über die **Abschaffung der Todesstrafe** – die de facto in Marokko nicht mehr vollstreckt wird – wird im Lande diskutiert.

Eine **Reform des Rechtssystems und der Sicherheitskräfte** sowie die Durchsetzung der Menschenrechte bei den relevanten Behörden und eine Verankerung in der Verfassung sind eine der großen staatlichen Herausforderungen für Marokkos Zukunft als Rechtsstaat. Doch im Zuge der Terrorismusbekämpfung und der Bedrohung durch die Maghreb-Al-Qaida sowie infolge der Eingliederung der Westsahara und der damit einhergehenden Proteste wird Marokko wohl weiterhin autoritär-repressiv ausgerichtet bleiben. Quelle: Auswärtiges Amt (www.auswaertiges-amt.de).

Terrorismusbekämpfung

Die Regierung pflegt enge **Beziehungen zu den USA,** und der König war auch einer der ersten Staatschefs, die ihr Bedauern über den Terroranschlag des 11. September 2001 ausdrückten. Jedoch waren unter den Attentätern und Unterstützern verhältnismäßig viele Marokkaner, sodass die Gefahr eines Anschlags von Al-Qaida auch in Marokko drohte.

Und der Terror ließ nicht auf sich warten: Am **16. Mai 2003** kam es zu einer **Anschlagsserie in Casablanca** durch eine verhältnismäßig wenig bekannte radikale islamistische Partei, bei der 41 Menschen ums Leben kamen und 60 verletzt wurden. Ziele des Attentats waren ein Luxushotel, ein spanisches Club-Restaurant, eine Straße nahe des Belgischen Konsulats, ein jüdischer Friedhof und ein Club der Israelischen Gemeinde. Die Täter kamen aus dem islamistischen Milieu der Armenviertel der Stadt. Die Bevölkerung reagierte mit großer Bestürzung und Entsetzen – es kam zu den größten Demonstrationen seit der Unabhängigkeit.

Der König ließ ein **Antiterror-Gesetz** in Kraft treten, das die Festnahme von jeder Art von Verdächtigen, Hausdurchsuchungen und Überwachung von Post und Telefon wesentlich erleichterte. Die Sicherheitspolitik wurde massiv verschärft und die Polizeipräsenz im Land ist wesentlich gestiegen. Bei öffentlichen Veranstaltungen gelten höchste Sicherheitsvorkehrungen. Im August 2003 wurden vier der Unterstützung des Attentats Verdächtige schuldig gesprochen und zum Tode verurteilt.

Trotz des harten staatlichen Vorgehens gegen radikale islamistische

Gruppen kam es im **März und April 2007** zu mehreren **terroristischen Vorfällen in Casablanca** mit acht Toten und etwa 40 Verletzten, die jedoch keine Ausländer zum Ziel hatten.

Die **Folgen** der Anschläge für Wirtschaft und Tourismus waren bis 2006 am deutlichen Rückgang der Touristenzahlen abzulesen, danach jedoch stabilisierte sich die Lage. Marokko hat sich mittlerweile laut Bundesministerium für wirtschaftliche Zusammenarbeit aufgrund seiner politischen Stabilität zu einer Art Investoren- und Finanzdrehscheibe für Afrika entwickelt.

Die **Terrorismuswarnung** des Auswärtigen Amtes, die vor der Entführungsgefahr im Sahara-Raum warnt und auch an ganz normale Agadir-Touristen von den Veranstaltern versendet wird, ist mehr eine Vorsichtsmaßnahme mit Blick auf Regressansprüche als ein Hinweis auf wirklich drohende Gefahren für den Touristen (s.a. Kapitel Tourismus).

Wirtschaft

Landwirtschaft

Marokko ist ein Agrarland: **44% der Bevölkerung** leben von der **Land- bzw. Forstwirtschaft** und von der **Fischerei,** und mit – je nach Ernteerträgen – 12–17% des Bruttoinlandsproduktes sind sie ein wichtiger Sektor der Volkswirtschaft.

Fast 22% der Landfläche entfallen auf Ackerland und Dauerkulturen, 13,5% davon werden bewässert. Vor allem der Anbau von **Weizen, Gerste und Hafer** nimmt mehr als die Hälfte der landwirtschaftlichen Fläche ein. Hinzu kommen Mais, Tomaten, Zuckerrohr, Zuckerrüben und Kartoffeln. Im **Obstanbau** dominieren Orangen, Zitronen, Mandarinen und Mandeln. Zwei Drittel der Weintrauben werden zu **Wein** verarbeitet und zum Großteil exportiert. Der Markt für **Fruchtsäfte** wächst aktuell um 20% jährlich, da im Inland ein großer Nachholbedarf besteht.

Reis, Hirse, Bohnen, Kichererbsen, Artischocken und Auberginen werden in großem Stil kultiviert. 13 Millionen **Olivenbäume** dienen der Speiseölherstellung, der Exportanteil ist hoch, die Produktion steigt.

Im Anti-Atlas wird immer mehr **Arganienöl** hergestellt, das zwar nur einen winzigen Beitrag zum Export leistet, aber aufgrund seiner hohen Qualität und Einzigartigkeit (der Arganienbaum wächst nur in Südmarokko) immer mehr Nachfrage in der Bio- und Wellnessbranche erfährt.

Im Osten Marokkos wird **Halfagras** angebaut und zur Papierherstellung verwendet. In geringem Maße werden auch **Baumwolle und Tabak** produziert.

Es gibt einen **kleinen, hochmodernen Agrarsektor,** der **exportorientiert** und auf großen Landgütern beheimatet ist. Angebaut werden insbesondere Frühkartoffeln, Gemüse, Erdbeeren, Zitrusfrüchte und Spargel.

Illegal werden aus dem **Hanfanbau** (Marihuana, Haschisch) im Rifgebirge ca. 2 Mrd. US-$ pro Jahr erzielt.

Weit über die Hälfte der jährlichen Gesamternte wird **auf nur 13% der landwirtschaftlich genutzten Fläche** erwirtschaftet. 10% der agrarischen Betriebe bewirtschaften Anbaugebiete von 100 und mehr Hektar, 11% der Betriebe verfügen über 55% der gesamten landwirtschaftlichen Betriebsflächen. So kann man sich leicht ausrechnen, dass auf den restlichen **45%** nur **Subsistenzwirtschaft** betrieben wird und diese Felder vor allem im Gebirge noch mit archaischen Methoden bestellt werden.

Seit 2005 können ausländische Investoren ehemals staatliches Land langfristig pachten. Auf diese Weise sollen 700.000 Hektar möglichst ertragreich genutzt werden. Bei Meknès, in einer der fruchtbarsten Regionen des Landes, soll der **Agro-Industriepark Agropolis** entstehen.

Angesichts der ständig ungewissen jährlichen Regenmengen werden die **Bewässerungsanlagen ausgebaut und erweitert,** um die Nutzflächen zu vergrößern. Denn regelmäßig wird Marokko von **Dürreperioden** heimgesucht, die der Landwirtschaft starke Einbußen bringen. Weizen z.B. muss regelmäßig teuer importiert werden. Das Land verfügt über etwa 100 große Talsperren, Dutzende weitere sind in Planung. Die Steigerung des BIP im regenreichen Jahr 2006 war vor allem der Getreideernte zu verdanken, die sich gegenüber dem Vorjahr mehr als verdoppelte. Die Ernte 2007 fiel aufgrund der Trockenheit dagegen eher schlecht aus und ließ das Wirtschaftswachstum wieder sinken, während im regenreichen Jahr 2008 das BIP um 5,3% anstieg. Dies zeigt die starke Abhängigkeit der marokkanischen Ökonomie von der Landwirtschaft und damit von den jährlichen Niederschlägen und Ernteerträgen.

Ein wirtschaftlicher Rückschlag für Marokko war der Beitritt Portugals und Spaniens zur **EU** am 1. Januar 1986 (Marokkos Aufnahmeantrag wurde abgelehnt). Seitdem sind die Exportchancen für (land-)wirtschaftliche Erzeugnisse durch die Abschottungspolitik der EU beeinträchtigt. Ein Assoziierungsabkommen mit der EU (in Kraft seit 2000) verbesserte die Situation zwar geringfügig, konnte die Exporteinbußen der vergangenen Jahre aber bei weitem nicht wettmachen. Ein Freihandelsabkommen mit den **USA** (FTA) 2006 beschert dem Land zwar konstante Wachstumsraten, doch der Export von Lebensmitteln wird in Zukunft nicht mehr die Rolle von früher spielen. Marokko wandelt sich laut Bundesministerium für wirtschaftliche Zusammenarbeit vom Agrar- zum Industrie- und Dienstleistungsland.

Forstwirtschaft

Zur Aufforstung des Landes wurden in den letzten zwei Jahrzehnten enorme Anstrengungen unternommen. Das Land drohte, ähnlich wie alle südlichen Mittelmeerländer, zu verkarsten, da die Nomaden und Kleinbauern vorwiegend Ziegen und Schafe halten, die die jungen Triebe der Bäume fressen und so alles Grün mit der Zeit vernichten. Es gibt ein eigenes Ministerium für Wasser- und Forstwirtschaft, und in Zusammenarbeit mit einigen Entwicklungshilfegesellschaften (u.a. der deutschen GTZ) wurden zahlreiche Projekte zur Unterstützung einer sinnvollen Waldnutzung ohne Zerstörung der natürlichen Resourcen gefördert. Inzwischen sind etwa **20% der Landesfläche bewaldet.** Dies ist mehr als in Spanien und weit mehr als in den übrigen nordafrikanischen Ländern.

Die Wälder befinden sich fast ausschließlich in staatlichem Besitz. Vorwiegend wachsen **Stein- und Korkeichen, Thujen, Wacholder, Zypressen** und **Eisenholzbäume** bzw. die in Marokko endemisch vorkommenden **Arganienbäume** im Anti-Atlas.

Die **Aufforstung** in den 1970er und -80er Jahren bediente sich vor allem schnell wachsender Arten wie Eukalyptus, Akazien, Kiefern und Pappeln. Davon ist man abgekommen, vermehrt werden wieder einheimische Arten wie Kork- und Steineichen gepflanzt. Denn gerade Eukalyptus ist ein starker Wasserverbraucher und trägt zur Verwüstung seiner Umgebung bei. Trotz massiver Bemühungen des Forst- und Wasserministeriums – ein Aufforstungsplan bis 2020 sieht 5000 Hektar Aufforstungsfläche pro Jahr vor – ist mit einer Verringerung des Waldbestandes zu rechnen, da der „illegale" Einschlag zur Brennholzgewinnung nach wie vor sehr stark ist.

Viehzucht

Die Viehhaltung hat für die Gesamtwirtschaft einen **geringen Stellenwert,** bringt aber ein Drittel der Erlöse in der Landwirtschaft. Die Erzeugung tierischer Produkte ist im Vergleich mit anderen nordafrikanischen Ländern gering, jedoch in den letzten Jahren stark am Anwachsen, vor allem im Bereich der Geflügelproduktion. Wesentliche **Bedeutung** hat die Viehwirtschaft **für die Kleinbauern,** für den Eigenverbrauch und den Verkauf auf den Märkten der Provinz.

Nach den Statistiken sind **Rind- und Kalbfleisch** neben Hühnerfleisch **am wichtigsten für die Ernährung.** Rinder gibt es in den Ebenen zwischen Rif und Atlas, im Rharb (Gharb), Sous und in den milden, grünen Gebieten des Mittleren Atlas.

Abseits der großen landwirtschaftlichen Ebenen werden **Schafe und Ziegen** in Wechselweidewirtschaft gehalten.

Esel, Maultiere und **Pferde** sind die beliebtesten Arbeits- und Reittiere, ihnen begegnet man im ganzen Land.

Ochsen und Esel werden als Zugtiere für Pflüge und Ölmühlen verwendet. **Kamele** sieht man fast ausschließlich in den Regionen südlich des Atlas, aber auch zwischen Essaouira und Agadir. Sie dienen als Last- und Reittiere.

Fischerei

Der im Atlantik vor Marokkos Küsten vorbeifließende Kanarenstrom mit seinem Planktonreichtum sorgt für **ertragreiche Fischgründe.** Zur Förderung der Fischerei wurde 1981 ein eigenes Ministerium geschaffen, und zahlreiche Fischereihäfen vor allem an

aga08-106 Foto: ch

der südlichen Atlantikküste wurden ab den 1990er Jahren ausgebaut. Die Fischerei trägt nur mit 2% zum BIP bei, jedoch mit etwa 10% zum Export. Die Hälfte der Fangmenge stammt aus den **Gewässern vor der Westsahara** - der wichtigste Fischereihafen ist mittlerweile Laâyoune, gefolgt von Tan-Tan.

An den Küsten zwischen Larache und Agadir werden Thunfisch, Seezungen, Sardinen, Makrelen, Meeraale, Rochen, Brassen, Austern und Tintenfische gefangen. Vor den Küsten Agadirs und Essaouiras werden Langusten und Hummer in großer Zahl eingebracht. Die Hochseefischerei liefert in erster Linie Sardinen. Marokko ist **weltweit zweitwichtigster Erzeuger von Sardinenkonserven** (350.000 t im Jahr) und zweitgrößter Hersteller des Rotalgenextrakts Agar-Agar (über 1200 t pro Jahr). 50% davon gehen in die EU.

Der malerische Hafen von Essaouira

Die **Binnengewässer** Marokkos, vor allem die Bergseen des Mittleren Atlas, sind reich an Süßwasserfischen wie Forellen, Hechte, Brassen, die aber in erster Linie von Hobbyfischern geangelt werden.

1995 kam es über die Frage der Fischereirechte vor der marokkanischen Küste zu einem **Streit zwischen Spanien und Marokko,** der im selben Jahr mit einem Fischerei- und EU-Assoziierungsabkommen beigelegt werden konnte. 1999 ergaben sich zur fälligen Verlängerung des **Fischereiabkommens mit der EU** Auseinandersetzungen, denn Marokko wollte nicht nur über Quoten und Zahlungen für Konzessionen verhandeln, sondern auch Gelder zur Modernisierung der eigenen Fischwirtschaft fordern. Im Jahr 2006 gab es schließlich eine Einigung mit einem neuen Fischereiabkommen bis 2010. Die Vereinbarung legt neben einer Fangquote und einem jährlichen finanziellen Ausgleich auch eine hohe Summe für die Modernisierung und Umstrukturierung der marokkanischen Küstenflotte, für die Förderung von Vermarktung und Absatz sowie die Unterstützung der wissenschaftlichen Forschung fest. Ein staatliches Finanzierungsprogramm stellt der Fischindustrie von 2008 bis 2012 ein Summe von 60 Mio. Euro zur Verfügung.

Bodenschätze und Energie

Marokko verfügt über reiche Bodenschätze, die bei weitem noch nicht alle erforscht und genutzt wurden. Noch trägt der Bergbau erst mit ca. 4% zum Bruttoinlandsprodukt bei, der Wert dürfte aber aufgrund der besseren Preise für Phosphat auf dem Weltmarkt deutlich ansteigen.

Wichtigstes Bergbauprodukt ist das Rohphosphat. Die jährliche Fördermenge beträgt 28 Millionen Tonnen und soll bis zum Jahr 2012 auf 55 Millionen Tonnen gesteigert werden. Nach einer langen Phase rückgängiger Phosphatpreise stieg der Preis innerhalb von zwei Jahren um fast das Zehnfache auf über 400 US-$ pro Tonne. 78% der Phosphatreserven der Welt liegen auf marokkanischem Territorium (vor allem auch in der Westsahara). Für den Export bedeutsam sind zudem Manganerze, Kohle, Eisen- und Bleierze und Kobalt, ebenfalls Baryt. Zinkerz, Zinn, Nickel, Kupfer, Antimon, Silber, Fluorit (Flussspat), Bentonit und Tonerde werden ebenfalls gefördert.

Die bekannten marokkanischen **Erdölvorkommen** im Gharb sind fast erschöpft. Die im Sommer 2000 groß verkündeten Öl- und Erdgasvorkommen in der Nähe von Talsinnt haben sich nicht bewahrheitet. Auch vor der marokkanischen Atlantikküste (Westsahara) werden noch Ölvorkommen vermutet, Shell wurde mit der Prospektion beauftragt. 2008 wurden laut CIA-Worldfactbook 836.000 Barrel Erdölreserven geschätzt, ein lächerlicher Vorrat angesichts eines Ölverbrauches von 179.700 Barrel pro Tag (2006) und einem Import von 192.500 Barrel pro Tag.

Der Abbau von Uran (Kernenergie) und die Nutzung der großen **Erdgasvorkommen** werden ebenfalls stark gefördert. Die Ausbeutung von **Ölschiefern** bei Timadhite und Tarfaya wurde in einzelnen Gebieten wegen mangelnder Rentabilität wieder aufgegeben. Aus der Erdgaspipeline, die von Algerien nach Südeuropa 525 km über marokkanisches Terrtorium führt, kann Marokko für den Eigenbedarf entnehmen.

Bislang muss Marokko noch **85% der Energierohstoffe importieren,** wofür das Land einen stetig wachsenden Anteil seiner Devisen ausgeben muss. Deshalb wird immer mehr sowohl in Windenergie (vor allem an der Straße von Gibraltar) als auch in Solartechnik investiert; Marokko will sich als wichtigster afrikanischer Partner und Standort in den 2009 von der Deutschen Rück und dem Bundesumweltministerium geförderten Desertec-Programm zur Erzeugung von Solarstrom in der Wüste einbringen (www.desertec.org.de).

Industrie und Außenhandel

Privatisierung, Liberalisierung und Investitionsförderung stehen im Mittelpunkt der marokkanischen Wirtschaftspolitik (nicht zuletzt auf Druck des IWF, der Weltbank und im Rahmen von Umschuldungsprogrammen). So wurde der ökonomische Anschluss an den Westen erreicht: eine marktfreundliche Wirtschaftsordnung, Schutz des Eigentums, Preisbildung hauptsächlich durch Angebot und Nachfrage, realistische Wechselkurse, Gewerbe- und Niederlassungsfreiheit.

Wichtige Industrien sind der **Nahrungsmittelsektor** (mit 8% des BIP), die **Textilindustrie** und Lederprodukte, die **chemische Industrie** (Phosphate, Sulfate, pneumatische und Kunststoffartikel, Zement) und die **Zulieferindustrie** in den Bereichen IT, Automobile und Luftfahrt.

Die marokkanische **Exportbilanz** entwickelt sich positiv. Marokko wandelt sich laut Bundesministerium für wirtschaftliche Zusammenarbeit vom Agrarland zu einem Dienstleistungs- und Industrieland. Es ist aber aufgrund geringer Produktivität und Qualität international noch nicht ausreichend wettbewerbsfähig. **Textilien** stehen als Exportprodukt mit Abstand an der Spitze, gefolgt von Fisch/Meeresfrüchten, Phosphorsäure und Phospat sowie Düngemitteln und Nahrungsmitteln. Marokkanische Textilien stehen jedoch auf dem europäischen Markt zunehmend mit asiatischer Ware in Konkurrenz. Unter den **Abnehmerländern** steht Frankreich mit rund 20% an erster Stelle, gefolgt von Spanien, Indien, Brasilien, Italien, USA, Großbritannien und Deutschland (2,1%).

In trockenen Jahren entfallen bis zu 10% der **Importe** auf Nahrungsmittel (vor allem Getreide, Tee, Kaffee, Zucker, Tabak, Vieh). Den größten Posten mit etwa einem Viertel der Einfuhren nehmen Konsumgüter, Investitionsgüter wie Erzeugnisse des Maschinenbaus, elektrotechnische Produkte und Fahrzeuge ein, gefolgt von bearbeiteten Waren (darunter Eisen und Stahl). 16% der Einfuhren entfallen auf mineralische Brennstoffe. Der **größte Lieferant** Marokkos ist **Frankreich,** dann folgen Spanien, China, Italien, Saudi-Arabien, Deutschland, USA und die Niederlande.

Die Zahlen lassen die EU als mit Abstand wichtigsten Handelspartner erkennen. Im Jahr 2000 wurde ein **Assoziierungsabkommen mit der EU** abgeschlossen – bis 2012 sollen erste Zollschranken fallen.

Das **Wirtschaftswachstum** betrug zwischen 2005 und 2008 im Schnitt über 5%, und auch die Weltwirtschaftskrise hat Marokko nicht in dem Maße erfasst wie die europäischen Nachbarländer Spanien und Portugal. Die Außenhandelsbilanz ist jedoch weiter negativ.

Tourismus

Der Tourismus ist die **zweitwichtigste Devisenquelle** Marokkos (nach dem Geldtransfer der Gastarbeiter aus dem Ausland!) und wichtiges Ausgleichsinstrument für die Handelsbilanz. Zudem trägt er zur ökonomischen und infrastrukturellen Entwicklung vieler (vor allem ländlicher) Regionen bei. Allerdings hat das Land nach dem zunächst starken Anstieg der Touristenzahlen und Förderung der klassischen Standbeine **Bade- und Rundreisetourismus** immer wieder mit Einbrüchen bzw. Stagnation zu kämpfen. Marokko sieht sich der starken **Konkurrenz** vor allem **durch Tunesien** ausgesetzt, das billiger ist, flexibler auf Änderungen und spezielle Marktchancen reagiert und weniger mit **marokkospezifischen Imageproblemen** (Belästigung durch bettelnde Kinder und Geschäftemacher etc.) zu kämpfen hat. Hinzu kommen nach dem Attentat in Casablanca 2003 und zwei weiteren, nicht gegen Ausländer gerichteten terroristischen Vorfällen 2007 die **Sicherheitsängste vieler Touristen.** Diese sind allerdings – sofern man die Armen- und Ballungsviertel Casablancas meidet – unberechtigt: Nach wie vor wird man als Tourist in Marokko höchst willkommen geheißen, und der marokkanische Staat bekämpft den islamistischen Terror ebenso rigoros wie die Länder der EU. Das schwer zu bemessende Anschlagsrisiko schätzen wir in Marokko deshalb nicht höher ein als in Europa.

Mit dem sogenannten **Plan Azur** bzw. der **Vision 2010** formulierte die marokkanische Regierung einen ehrgeizigen Tourismusentwicklungsplan, der u.a. die Einrichtung von sechs neuen, großen Badezentren sowie 10 Millionen Touristen pro Jahr bis 2010 vorsieht. Davon profitieren auch die Infrastruktur und der Bausektor, neue Arbeitsplätze werden geschaffen. Insgesamt bietet der Tourismus ca. 1 Mio. Arbeitsplätze. Als zukunftsträchtig gelten neben dem Ausbau des Badetourismus auch die Segmente **Trekking-, Stadt- und Golftourismus.** Das Tourismusministerium setzt auch verstärkt auf die Förderung des Tourismus im ländlichen Raum. Dazu zählt auch der Bereich Ökotourismus, die Errichtung von Herbergen *(Gîtes)* und der Ausbau der sportlichen Aktivitäten im Bereich Trekking, Kanu, Radfahren etc. Auch die Gesellschaft für technische Zusammenarbeit (GTZ) unterstützt mit ihrem Projekt MIDEO die marokkanische Regierung.

Die Gesamtzahl der **ausländischen Besucher** stieg in den letzten Jahren kontinuierlich an. Das Tourismusministerium jubelte Anfang 2010 über einen Anstieg von 10% der Übernachtungen im Dezember 2009 im Vergleich zum Vorjahr. Hier konnte vor allem Marrakesch mit +26% punkten und liegt mit 38% bei der Gesamtzahl der Übernachtungen an der Spitze. Aber im Jahresvergleich muss Marrakesch im Gegensatz zu Fès (+10%) ein Minus von 1%, Agadir von 4% und Rabat sogar von 10% verzeichnen. 2009 war vor allem die Zahl der skandinavischen (-5%) und britischen (-7%) Touristen rückläufig, während sich die Zahl der Touristen aus arabischen Ländern (+6%) sowie Spanien (+10%), Niederlande, Belgien (beide +10%) und Frankreich (+4%) erhöhte. Deutschland blieb mit 1% Zuwachs an Besuchern, aber -7% an Übernachtungen hinter den Erwartungen zurück. Trotzdem kam Marokko seinem Ziel, die 10-Millionen-Marke zu erreichen, mit 8,34 Millionen Besuchern im Jahr 2009 (+6%) einen Schritt näher. Die meisten Touristen kommen aus Frankreich (37%), Spanien (22%), Belgien (6%), den Niederlanden (5%) und Deutschland (5%).

Hoffnung auf Wachstum versprach das **Luftverkehrsabkommen** mit der EU, das Fluglinien wie Ryanair und TUIFly Direktflüge aus Deutschland nach Marrakesch und Fès ermöglicht, jedoch 2009 aufgrund der schlechten Konjunkturlage nicht wirklich zur Entfaltung kam.

Im Übrigen: **Der Tourismus hat natürlich nicht nur positive Seiten.** Er bringt auch erhebliche soziokulturelle Probleme mit sich. Die Preise in Touristengebieten steigen auch für Einheimische stark an, und der Zusammenstoß fremder Kulturen und Mentalitäten ist nicht immer fruchtbar. Alkoholismus und Prostitution nehmen zu, die Kriminalität ebenso. Jeder Tourist – egal welchen Status er in seinem Heimatland einnimmt – wird als „reich" eingestuft und als zahlungskräftiger Kunde betrachtet. Viele Marokkaner versuchen deshalb mit einem Kleinbetrieb – sei es ein Café/ Restaurant, ein kleines Hotel oder eine Souvenirbude – am Tourismus zu verdienen. Das verschafft manchen Anbietern sicher Ansehen und Einkommen, viele scheitern aber aufgrund mangelnder Kenntnisse und Kapital. Die Konkurrenz ist groß, vor allem im Süden: Nahezu jede Familie bietet Kamel- oder andere Wüstentouren an bzw. betreibt ein kleines Gästehaus. Was in unseren Augen als gesunder Wettbewerb erscheint, gestaltet sich in Marokko häufig ruinös – und das Vorgehen gegen unliebsame Konkurrenz gleicht gelegentlich Mafiamethoden.

Bevölkerung und Sozialwesen

30% der rund **34 Millionen Einwohner** Marokkos sind jünger als 15 Jahre. Fast 48% der Bevölkerung können weder lesen noch schreiben. Die **Arbeitslosenquote** beträgt laut offizieller Statistik durchschnittlich **9,8%,** am stärksten betroffen sind die Städte (15,8%) sowie Frauen und die Altersklasse zwischen 15 und 34 Jahren, hier liegt die Quote sogar bei 21%. Dramatisch ist die Zahl der arbeitslosen Akademiker, die erst in den letzten Jahren wieder etwas abgenommen hat (19,7%). Zwischen Stadt und Land bestehen erhebliche Unterschiede im Einkommen und dem erreichten Lebensstandard. Die Schere zwischen Arm und Reich öffnet sich immer weiter. Noch etwa 2,8 Millionen Marokkaner leben unterhalb der **Armutsgrenze,** weitere vier Millionen knapp darüber. Das birgt sozialen Sprengstoff, der zur Radikalisierung bestimmter Bevölkerungsgruppen oder zu verstärkter illegaler Einwanderung nach Europa führt. Um die Lebensbedingungen in städtischen Slums zu verbessern, die Armut zu bekämpfen und die Arbeitslosigkeit zu verringern, startete die marokkanische Regierung im Jahr 2005 eine „Nationale Initiative für menschliche Entwicklung" (INDH) mit einem Budget von 2 Mrd. US-$. Der HDI (Human Development Index der Vereinten Nationen) 2008 weist Marokko auf Platz 123 von 177 Ländern aus, immerhin eine Verbesserung von drei Plätzen gegenüber dem Vorjahr.

Das jährliche (statistische, undifferenzierte und wenig aussagekräftige) **Pro-Kopf-Einkommen** in Marokko lag 2007 bei 2389 US-$. Auch wenn seit 1996 gesetzliche **Mindestlöhne** (SMIG = *Salaire Minimum interprofessionell garanti,* rund 10 DH/Std.) gelten, wird die Entlohnung vor allem in den Städten kaum den Lebenshaltungskosten gerecht bzw. der Mindestlohn oft auch nicht eingehalten. Ein Industriearbeiter verdient etwa 2500 DH im Monat, ein Diplomingenieur 9000 bis 14.000 DH, ein Arzt ähnlich und ein Uni-Professor maximal 21.000 DH. Häufig wird in Form von Bestechungsgeldern ein Zubrot verdient.

Seit 2004 der **Code du Travail** verabschiedet wurde, gilt in Marokko die **44-Stunden-Woche.** Ferner wurden die Regelungen für Mutterschutz, Arbeitsunfälle, Invalidität, Altersrente, Familien und Hinterbliebene ausgeweitet. Zwangsarbeit und Kinderarbeit unter 15 Jahren wurden unter Strafandrohung verboten, kommen aber trotzdem weiter vor.

mahb_4kl Foto: hhb

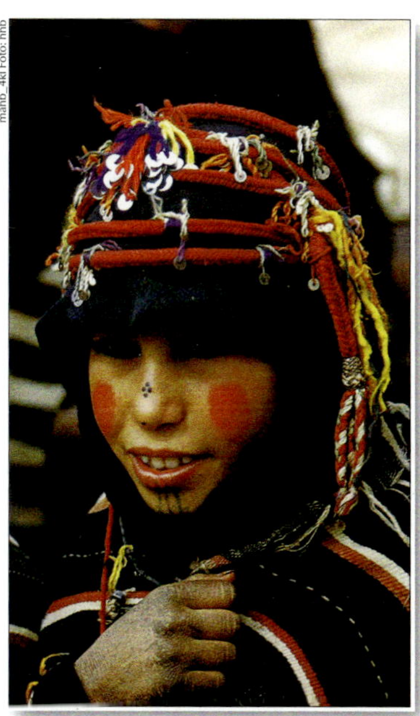

Berbermädchen aus Imilchil

Es gab außerdem seit 2005 Änderungen bei der **Sozialversicherung,** die den Kreis der Empfänger ausweiten; bisher sind allerdings nur 18% der Bevölkerung sozialversichert. Meist bleiben die eigenen Kinder immer noch die zuverlässigste Krankheits- und Altersvorsorge. Die Sozialversicherungspflicht galt bisher nur bei Beschäftigung länger als acht Monate. Die Folge: Sie wurde häufig umgangen, indem Leute nur für acht Monate eingestellt wurden. Die Angestellten hatten somit keinerlei Versicherung, auch wenn sie faktisch jahrelang für den gleichen Arbeitgeber arbeiteten.

Der überwiegende Teil (fast 45%) der marokkanischen Erwerbstätigen arbeitet in **Landwirtschaft und Fischerei,** 19,8% in der Industrie und 35,5% im Dienstleistungssektor. Hierzu zählt auch der informelle Sektor (vor allem Handel), der typisch für Entwicklungs- und Schwellenländer ist. Vermutlich fast die Hälfte der marokkanischen Bevölkerung ist in ihm beschäftigt, oft im Nebenerwerb oder in Form von Kinderarbeit, und trägt mit 36% zum Bruttoinlandsprodukt bei.

Der **Anteil der arbeitenden Frauen** (ab 15 Jahren) betrug 1980 nur 8%, 2007 waren es 28,4% – mehr als die Hälfte ist in der Landwirtschaft beschäftigt. Erst seit einigen Jahren können verheiratete Frauen ohne Erlaubnis ihres Ehemannes einer bezahlten Arbeit nachgehen.

Prostitution existiert offiziell nicht. Vielen Frauen in wirtschaftlicher Notlage und Mädchen, die vor der Heirat ihre Jungfräulichkeit eingebüßt haben, bleibt aber kein anderer Ausweg, als ihren Körper zu verkaufen. Auch Männerprostitution (hetero- und homosexuell) ist häufig. In Agadir und Umgebung fallen nicht nur Insidern die älteren Damen auf, die in Begleitung junger Marokkaner unterwegs sind. In Europa ist Marokko – insbesondere Marrakesch – als Homosexuellen-Treffpunkt schon lange bekannt.

Kinderprostitution, häufig unter Beteiligung einheimischer Vermittlung, ist leider keine Seltenheit. In den letzten Jahren wird endlich auch von staatlicher Seite strenger durchgegriffen; einige Ausländer wurden wegen Pädophilie verurteilt und inhaftiert. Die gesundheitlichen Folgen der Prostitution – Geschlechtskrankheiten und **AIDS** (franz. SIDA)– bleiben sicher nicht aus. Nach Schätzungen sind bisher – ähnlich wie in Deutschland – 0,1% der Bevölkerung mit dem HI-Virus infiziert.

Schulwesen

Zu Beginn der Unabhängigkeit waren 80% aller Marokkaner im schulfähigen Alter Analphabeten. So stand die Regierung vor der gewaltigen Aufgabe, die Kinder in die Schulen zu bekommen. **1959** begann die **Vereinheitlichung des Schulsystems,** das zuvor vorwiegend aus spanischen, französischen, jüdischen und muslimischen Schulen bestand. **1963** wurde die **allgemeine Schulpflicht** für 7- bis 13-Jährige eingeführt.

1956 besuchten erst 200.000 Kinder die Schule, 1982 betrug die **Einschu-**

lungsquote in den Primärschulen erst 50% (mit einem starken Übergewicht in den städtischen Gebieten). Heute liegt sie bei erfreulichen 96%. Bei der Gruppe der über 15-Jährigen besucht allerdings nur noch die Hälfte eine Schule. Vor allem in den unzugänglichen Gebieten des Atlasgebirges und unter den Nomaden ist es unüblich, die Kinder zur Schule zu schicken. Aber selbst in den Städten werden vor allem kleine Mädchen als billige Arbeitskräfte benutzt, um zum Familieneinkommen beizutragen.

Die **Analphabetenquote** beträgt immer noch an die **48%,** mit einer deutlichen Prävalenz auf dem Lande und bei den Frauen. Eine Initiative der Stiftung Mohammed VI. des Königs führte Unterricht an Moscheen ein, der vor allem Frauen zugutekommt. Diese Maßnahme verhindert, dass konservative Männer aus meist religiös orientierten Bevölkerungsschichten ihren Frauen den Unterricht außer Haus verbieten. Bis 2010 sollte die Analphabetenrate auf 20% absinken, eine Utopie, wie die geringfügigen Verbesserungen in den Statistiken zeigen.

Das **Schulsystem** ist **nach französischem Vorbild** aufgebaut. Es gibt staatliche und private Schulen. Eine wichtige Rolle spielen nach wie vor die Koranschulen. Neben Primarschulen *(écoles primaires)* und Sekundarschulen *(écoles secondaires)* gibt es technische Schulen *(écoles techniques)*. Die **Regelschulzeit** in staatlichen Schulen beträgt sechs Jahre in der Primarstufe (Abschluss *Certificat Moyen*). Die Sekundarstufe, zu denen die Gymnasien *(lycées)* zählen, beträgt ebenfalls sechs Jahre. Diese zweite Stufe der Ausbildung gibt es nur in den Städten.

Unterrichtssprache ist Arabisch, unterstützend wird in der Grundschule seit 2004 in 300 Schulen in den ersten zwei Klassen auch in Masirisch bzw. Tamazight unterrichtet. Von Berbervertretern wird aber nach wie vor kritisiert, dass ihre Muttersprache in der Schule zu kurz kommt und nicht wie 2005 beschlossen auch an den Gymnasien Anwendung findet. Arabisch ist in vielen Gebieten Marokkos für die Schüler eine Fremdsprache.

Unter den **Fremdsprachen** nimmt **Französisch** eine Vorrangstellung ein. Es gibt viele private französische Schulen die Schulgeld kosten und auf diese vorwiegend Kinder der Oberschicht und Mittelschicht geschickt werden. So kommt es zu dem Paradoxum, dass viele Oberschichtkinder besser Französisch als Arabisch sprechen.

Nach wie vor sind gewaltige Anstrengungen nötig, um das Schulsystem zu verbessern. So sind Lehrkräfte weiterhin Mangelware und schulische Einrichtungen fehlen auch. Auch wenn der Schulbesuch kostenlos ist, können sich viele Familien nicht einmal Hefte und Stifte leisten – Betteleien nach einem „stylo" werden so verständlicher. In den letzten Jahren bekam Marokko zum Teil erhebliche Unterstützung aus dem Ausland, um den Bildungssektor zu reformieren.

Universitäten befinden sich in den Städten Rabat, Casablanca, Fès, Oujda, Marrakech, Meknès, Ifrane, El Jadida, Kénitra, Agadir und Tétouan.

aga_11 Foto: dd

Viele Marokkaner vertrauen noch auf traditionelle „Wundermittel"

Gesundheitswesen

Das marokkanische Gesundheitswesen ist im Vergleich zu anderen afrikanischen Staaten **relativ gut ausgebaut,** zwischen Stadt und Land jedoch sehr unterschiedlich. Ein Arzt kommt in Marokko auf etwa 2000 Einwohner - in Deutschland steht im Durchschnitt ein Arzt für 270 Einwohner zur Verfügung.

In den Städten ist die ärztliche Versorgung gut. Dort lässt sich die Mehrzahl der Ärzte nieder, weil eine bessere Infrastruktur zur Verfügung steht und das Publikum wesentlich zahlungskräftiger ist.

In den öffentlichen **Krankenhäusern** ist die Versorgung kostenlos, Korruption aber an der Tagesordnung, sodass meist doch nur derjenige behandelt wird, der erfolgreich geschmiert hat. Grundsätzlich sind private Krankenhäuser und Ärzte wesentlich besser ausgestattet als die öffentlichen.

2005 wurde eine **gesetzliche Krankenversicherung** (*Assurance Maladie Obligatoire,* AMO) eingeführt, die den Zugang der Bevölkerung zu medizinischer Versorgung verbessert hat. Es wird jedoch noch lange dauern, bis die Mehrheit über einen Versicherungsschutz verfügt.

Die **ärztliche Versorgung auf dem Lande** wird in erster Linie durch die Gesundheitszentren garantiert. Hier wird kostenlos, freundlich und kompetent eine medizinische Grundversorgung gewährleistet. Zusätzlich wurden fahrbare ambulante Pflegestationen eingerichtet.

Die Versorgung mit **Medikamenten** ist in allen größeren Orten gut, wo oft mehrere Apotheken *(pharmacie)* zur Verfügung stehen. In den entlegenen Gebieten wirken alle möglichen **Wunderheiler,** oft anstelle von Ärzten. Der Glaube an die Wirkung diverser volkstümlicher Heilmittel ist weit verbreitet.

Als **Hebammen** fungieren meist ältere Frauen und Familienangehörige. Aufgrund der verbesserten ärztlichen Versorgung ging die Säuglingssterblichkeit in den letzten Jahren erheblich zurück.

Familienplanung wird seit der zweiten Hälfte der 1960er Jahre staatlich gefördert. Im Zusammenspiel vor allem mit der zunehmenden Verstädterung ist das jährliche **Bevölkerungswachstum** innerhalb von zwei Jahrzehnten von 3 auf **ca. 1,4%** zurückgegangen. So bekam 1962 eine Frau im Schnitt noch sieben Kinder, heute sind es statistisch nur noch 2,6.

Ethnische Gruppen

Die einheimische Bevölkerung Marokkos besteht in der Mehrheit aus **Masiren (Berbern)** und **Arabern,** die mit der Ausbreitung des Islam nach Marokko kamen. Marokkanische Araber sind **überwiegend Stadtbewohner.** Vor allem die gehobenen Schichten von Fès sind arabischer Herkunft. Die Fassis (die Stadtbewohner von Fès) übten zu allen Zeiten einen entscheidenden Einfluss auf das Land und den Handel aus. Die fruchtbarsten Gebiete und die größten Fabriken befinden sich arabischer Hand.

Die **Berber** sind keine homogene Ethnie, sie haben äußerlich wenig gemeinsam und sprechen auch keine einheitliche Sprache. Die Herkunft der Masiren (Selbstbezeichnung der Berber) ist noch nicht eindeutig geklärt, womöglich geht sie auf die Libyer zurück, die bereits in ägyptischen Quellen des alten Reiches (3. Jahrtausend v.Chr.) erwähnt sind und in blonde (Temhu) und dunkle Libyer (Tehennu) unterschieden wurden. Dazu gehören auch die Garamanten, die im Fezzan in Libyen siedelten und mittlerweile als Vorfahren der Tuareg angesehen werden, welche auch zu den Berbervölkern zählen. Die Abstammung z.B. von den blonden Libyern würde auch erklären, warum unter den Berbern so viele blonde und rothaarige Menschen zu finden sind. Man definiert einen Masiren (Amazigh) heute als einen Menschen, der einen Berberdialekt spricht – sei es Tarifit, Tamzight, Tachelheit oder Tamaschek (Sprache der Tuareg). In der marokkanischen Politik sind die Berber nach wie vor nicht gleichgestellt. Der Schulunterricht findet bis jetzt nur in einigen Schulen in den ersten beiden Klassen in Masirisch statt, es gibt nur ein sehr begrenztes Radio- und TV-Programm, und viele masirischen Namen sind in

Marokko nach wie vor verboten. Zu beobachten ist aber z.B. im Anti-Atlas, dass mehr und mehr Ortsschilder masirische Namen aufweisen und auch in Tifinagh geschrieben sind.

Aufgrund der starken Vermischung von Arabern mit Berbern und der Arabisierung von Berbern ist eine klare Zuordnung heute schwierig.

Eine weitere Bevölkerungsgruppe rekrutiert sich aus den **Schwarzen (Haratin),** die hauptsächlich als Sklaven ins Land gebracht wurden und sich im Laufe der Zeit mit den einheimischen Bevölkerungsteilen vermischten. Viele der ehemaligen Haratin bezeichnen sich stolz als Berber, obwohl ihr schwarzafrikanischer Ursprung unverkennbar ist.

Hinzu kommt eine Minderheit von **Juden** (vor allem in Casablanca) und **Nachfahren europäischer Moslems und Juden,** die im Zuge ihrer Flucht vor der Reconquista aus Spanien nach Marokko gelangten.

In der Westsahara leben nach der letzten Volkszählung 373.000 Einwohner. Etwa 50.000 der Einwohner sind noch „echte" Sahrawis der Stämme Reguibat, Kunta, Tekna, Beni Hassan, Brakna, Aulad Delim, Aulad Dada und andere. Davon leben noch ca. 2000 als Nomaden, die wie ihre Nachbarn in den angrenzenden Saharaländern nur von ihrem Vieh leben und in Zelten wohnen, und die je nach Ertrag der Weidegründe weit umherziehen. Es leben jedoch etwa 150.000 Sahrawis in Flüchtlingslagern bei Tindouf in Algerien, wo sie sich eine vorbildlich verwaltete Stadt mit dem Namen Smara aufgebaut haben und weiterhin auf einen eigenen Staat hoffen (siehe Exkurs bei Laâyoune).

Grundsätzlich wäre zu sagen, dass es **keinen einheitlichen marokkanischen Typ** in ethnischer und sprachlicher Hinsicht gibt. Das Zusammengehörigkeitsgefühl wurde in erster Linie von der gemeinsamen Geschichte und Religion geprägt, wobei sich der Großteil der Sahrawis nicht Marokko zugehörig fühlt.

Ehe und Familie

Die wichtigste soziale Einrichtung im Staat Marokko ist nach wie vor die Familie. Im Gegensatz zu europäischen Verhältnissen lebt die **Mehrzahl der Bevölkerung** im Verbund der **Großfamilie,** wobei in den Großstädten die Tendenz zur Kleinfamilie (Eltern und Kinder) zunimmt.

Die **Ehe** kommt nach marokkanischem Recht mit einem Vertrag zustande, durch den sich Mann und Frau zum gemeinsamen und dauerhaften ehelichen Leben verpflichten. Die für die Eheschließung erforderlichen Erklärungen werden vor zwei Adoulen (Notar) in Anwesenheit beider Ehepartner abgegeben. Bei dem Adoulen wird auch der Ehevertrag hinterlegt, der u.a. die Höhe des Brautpreises und Einzelheiten im Falle einer Scheidung (etwa die Verteilung des in der Ehe erworbenen Vermögens) festlegt.

Nach den Gesetzen des Islam kann der Mann vier Frauen heiraten, vorausgesetzt, er kann alle gleichrangig behandeln und ernähren. Auch wenn in Marokko schon vor der Verabschiedung des neuen Familienrechts im Jahr 2004 nur 2% der Männer eine zweite Ehefrau hatten, wurde die **Mehrehe** deutlich erschwert. Ein Mann kann nach dem Gesetz nur dann eine zweite Ehefrau heiraten, wenn sich die erste laut Ehevertrag damit einverstanden erklärt. Eine Frau kann mit dem Ehevertrag eine Verheiratung des Mannes mit weiteren Frauen auch von vornherein ausschließen.

Die **Ehemündigkeit** tritt bei beiden Geschlechtern mit Vollendung des 18. Lebensjahres ein. Bei einer erteilten Genehmigung vor der Volljährigkeit muss ein Vormund *(Wali)* eingesetzt werden. Es ist nicht mehr wie früher nötig, dass die Frau generell durch einen Wali vertreten wird.

Bei der **traditionellen Heirat auf dem Lande** sucht nach wie vor der Vater des Bräutigams die passende Braut für seinen Sohn aus. Die Braut wird in der Regel nach Gesichtspunkten wie Reichtum, Familienverbindungen und Ansehen ausgewählt. Jedoch muss die Frau nun in die Ehe einwilligen.

Im modernen Leben der **Städte, aber auch zunehmend auf dem Land,** nimmt der europäische Einfluss stark zu, und das traditionelle Wertdenken wird oft als rückständig angesehen. Hier gehört die **Liebesheirat** mittlerweile zum Alltag, auch wenn diese gegenüber den Eltern nicht immer durchsetzbar ist.

Die **Scheidung** war **für den Mann** nach islamischem Recht einfach, ist aber inzwischen nur mit der Erlaubnis eines marokkanischen Richters möglich, der zudem Versöhnungsversuche unternehmen muss. Rechtliche **Scheidungsgründe für die Frau** sind beispielsweise Nichterfüllen der Unterhaltspflicht, Misshandlung oder schwere Krankheiten des Mannes, die der Frau vor der Eheschließung nicht zur Kenntnis gebracht wurden. Auch die Verheiratung mit einer zweiten Frau trotz Widerspruchs der ersten Frau im Ehevertrag ist ein Scheidungsgrund.

Gesetze sollen die Frau davor bewahren, nach einer Trennung in Armut zu verfallen. Meist wird der Brautpreis, den der Mann zur Hochzeit entrichten musste, von der Familie der Frau zur Hälfte eingefordert (für den Verlust der Arbeitskraft bzw. falls die Frau nach einer Scheidung wiederaufgenommen werden muss), die zweite Hälfte bekommt die Frau, ebenso den oft teuren Brautschmuck. Nach den Ehegesetzen hat der Mann der Frau bei Verstoßung ein **Schmerzensgeld** zu zahlen, das seinen Mitteln und den Verhältnissen der Frau entspricht. Da nach islamischem Recht **Gütertrennung** gilt, kann die Frau ein vor/in der Ehe erworbenes Vermögen selbst verwalten und darüber verfügen.

Theorie und Praxis gehen hier aber oft weit auseinander: Wenn der Mann nicht zahlen kann oder die Morgengabe bei armen Familien ohnehin sehr gering war und die Familie der Frau sie nicht mehr aufnehmen will bzw. kann, dann bleibt nur noch der Weg in die Armut, der oft in der Prostitution endet. Natürlich gibt es auch umgekehrte Fälle, in denen Frauen in gute Verhältnisse einheirateten und durch Ausgleichszahlung, Morgengabe und Unterhaltszahlungen für die Kinder nach der Scheidung wesentlich besser dastehen als der Ehemann.

Die Zahl der Scheidungen ist ziemlich groß, vor allem bei einigen wenigen Berberstämmen, z.B. den Aït Haddidou, wo die Scheidung geradezu im Interesse der Frauen liegt, da diese danach das Recht haben, sich den Mann selbst zu suchen ...

Gerade auf dem Land oder bei den Islamisten stößt das **neue Ehegesetz** auf Widerstand, denn nach der Sharia wird eine Frau ehemündig, wenn sie die Geschlechtsreife erlangt. Außerdem ist durch die Anhebung des Heiratsalters die junge Frau für die Familie nur ein unnötiger Esser mehr. Die neuen Scheidungsrechte sind zudem für viele Männer unannehmbar. So ist die Zahl der Eheschließungen seit der Einführung der neuen Gesetze deutlich zurückgegangen.

Im Leben des männlichen Marokkaners ist die **Beschneidung** ein wichtiges Ereignis, meist im Alter von etwa fünf Jahren durchgeführt. Das für den Buben schmerzhafte und für die Familie ehrenvolle Ereignis wird mit dem ersten Moscheebesuch des Jungen und einem großen Fest (meist auch mit Hupkonzert und einer Prozession auf den Straßen) begangen. Die Beschneidung bei Frauen wird in Marokko nicht praktiziert.

Der **Tod** ist im Leben eines gläubigen Moslems kein trauriges Ereignis, da der Tote zu Allah zurückkehrt. Die Toten werden schnell mit dem Kopf gen Mekka beerdigt. Ein Totenmahl findet wie bei uns bei der Familie des Toten statt. Männer und Frauen besuchen getrennt den Friedhof, die Witwen tragen als Zeichen der Verbundenheit oder auch als Trauerkleidung vier Monate lang ein Kleidungsstück des Mannes und dürfen sich in dieser Zeit nicht wieder verheiraten.

Dorf und Stamm

Bei den Amazigh (Berbern), die noch in festen Stammeseinheiten leben, sind die **Sippen und Großfamilien** nach wie vor die **grundlegende Sozialeinheit.** Die Leitung der Sippe obliegt dem ältesten Mann; im Besitz der Sippe befinden sich Grund und Vieh. Viele der Sippen besitzen einen **gemeinsamen Speicher,** einen **Agadir.** Er wurde früher auch als Fluchtburg der Familie benutzt. Mehrere verwandte Sippen bewohnen ein **Ksar,** eine befestigtes Dorf, das aus vielen von Familien bewohnten **Kasbahs** (oder masirisch **Igherm**) besteht, oder ein **Duar,** eine Siedlung aus Zelten (jetzt auch festes Dorf).

Die Männer der verwandten Sippen bilden die **Jemâa** (Ratsversammlung). Diese wählt den Vorsitzenden, den „Muqadam" oder „Amghar". Durch Verwandtschaft verbundene Dörfer bilden eine **Stammesfraktion,** „Taqbilt" oder „Fechda" genannt. Sie besitzt oft einen gemeinsamen Wochenmarkt und zählt meist zwischen 5000 und 10.000 Mitgliedern. Der **Stamm** oder **Qibla** besteht aus mehreren Stammesfraktionen. Diese spielen im normalen Leben keine entscheidende

Rolle, lediglich in Notzeiten oder im Kriegsfall.

Der **Ursprung des Stammes** geht auf einen gemeinsamen Urahn zurück. Dem Namen des Stammes wird „Aït" (berberisch) oder „Aulad" bzw. „Beni" (arabisch) vorangestellt, was so viel wie „Söhne von ..." bedeutet.

Stammesbündnisse von kurzer Dauer wurden gelegentlich bei Eroberungszügen in der Vergangenheit geschlossen. Heute gibt es ungefähr **300 Berberstämme** in Marokko.

Die Stammesfraktionen halten ebenso ihre Jemaas ab wie die Dörfer. Allerdings wurde der gewählte Vorsitzende oft durch den **Führer der Stammesfraktion,** den „Schaykh" oder **„Qaid"** ersetzt. Die **Ämter** waren innerhalb der Familien **erblich.** Jetzt werden die Qaids jedoch von der Regierung gestellt. In den Versammlungen verfügen nur die Männer über ein Stimmrecht.

Religion

Rund 98% der marokkanischen Bevölkerung bekennen sich zum Islam. Er ist **Staatsreligion** und gleichzeitig einigende Klammer aller Volksgruppen. Der König ist das geistliche Oberhaupt. Die Marokkaner gehören der **sunnitischen Richtung des Islam** an. **Der Islam durchdringt** derart **den Alltag,** dass ohne seine Kenntnis das Verhalten der Menschen oft nicht verständlich wirkt. Bislang wird der Islam in Europa meist nur negativ rezipiert, oft stehen einer angemessenen und vorurteilsfreien Beurteilung „kulturelle Imperative" der Aufklärung und des christlichen Glaubens im Weg.

Das heilige Buch des Islam ist der **Koran.** Als schriftliche Fixierung der Äußerungen des Propheten Mohammed zu seinen Lebzeiten, gibt der Koran dem Anhänger des Islam die Gewissheit, dass es sich um das **Wort Gottes** handelt, d.h. nicht nur um bloße Glaubensformeln, sondern um ein moralisch und gesellschaftlich bindendes Gesetz. Die gesamte islamische Rechtsprechung beruht daher auf dem Koran. Wo keine Aussagen zu finden sind, wird er von der **Sunna** ergänzt, dem vom Propheten vorgelebten Beispiel, das selbst alltäglichen Tätigkeiten wie zum Beispiel dem Essen und Waschen die Form gibt.

Die fünf Säulen des Islam

Das Glaubensbekenntnis (Sahada)

Der wichtigste Satz des Glaubensbekenntnisses lautet: **„Es gibt keinen Gott außer Allah, und Mohammed ist sein Prophet."** Dieser Satz wird bei zahlreichen Gelegenheiten ausgesprochen, er dient auch als Formel beim Übertritt zum Islam.

Das Gebet (Salat)

Der Gläubige muss sich **fünfmal am Tag** gen Mekka wenden und knieend **beten:** bei Sonnenaufgang, mittags, nachmittags, bei Sonnenuntergang und nachts. Vor dem Gebet wäscht sich der Moslem nach genauer Vorschrift und verrichtet sein Gebet nicht auf blanker Erde (sondern auf Gebetsteppichen, Decken oder ähnlichem) und ohne Schuhe.

Das Fasten (Ramadan)

Der **neunte Monat** im islamischen Kalender ist der Fastenmonat Ramadan. Während dieser Zeit darf der Gläubige **zwischen Sonnenaufgang und -untergang weder essen noch trinken,** nicht rauchen oder sich weltlichen Vergnügungen (das schließt Sex ein) hingeben. Reisende und Kranke, Schwangere und Kinder bis zu 12 Jahren sind von den Vorschriften ausgenommen, Erstere müssen das Fasten aber nachholen. Die Nichteinhaltung des Fastens wird bestraft. Der Ramadan dauert **29 Tage,** sein **Ende** wird mit dem **Aid al-Fitr** festlich begangen. Der erste Tag des Ramadan wird erst unmittelbar vorher über die Medien bekannt gegeben, da er sich nach dem Neumond richtet.

Im Ramadan ertönt zum Sonnenuntergang ein Sirenensignal oder der Ruf des *Neffar (Muezzin)* von der nächstgelegenen Moschee, und erst ab diesem Zeitpunkt darf gegessen werden. Die erste Mahlzeit *(Ftur)* ist in der Regel die *Harira,* eine nahrhafte Gemüsesuppe. Ihr folgt 2 bis 3 Stunden später das Hauptgericht und vor Sonnenaufgang ein Frühstück *(Shour)* zwischen 3 und 4 Uhr morgens. Hierzu wird man entweder wieder vom Ausrufer der Moschee oder von einer Sirene geweckt. Es werden alle drei Mahlzeiten nachts eingenommen. Gefastet wird also eigentlich nicht. Im Gegenteil: Meist fällt das Essen üppiger und festlicher aus als sonst, Gesangs- und Tanzveranstaltungen zwischen den Mahlzeiten sind in den Lokalen während dieser Zeit üblich. In der Stadt wird zwischen den Mahlzeiten promeniert, oder man hält sich im Café auf. Im Ramadan geht es abends wesentlich lebhafter auf den Straßen zu, oft bis weit nach Mitternacht, während sonst ab 22 Uhr nicht mehr viel los ist. Auf dem Lande wird der Ramadan eher im Kreise der Familie zugebracht.

Der Ramadan, vergleichbar mit unserer Adventszeit, soll ein **Monat der Besinnung,** der Freude, Kraft und Güte, der inneren Einkehr sein – aber er ist auch ein Monat der Gelüste, Düfte und Gerüche, ebenso ein Monat der Gebete, der Selbstverleugnung, der Sammlung, Unterwerfung, Mildtätigkeit und ein Monat der Gefühle, Solidarität und Brüderlichkeit unter den Gläubigen.

Auswirkungen für **Reisen im Ramadan:** Die Arbeitsleistung der Marokkaner ist während des Tages selbstverständlich auf ein Minimum reduziert, sodass das Hotelpersonal oder Taxifahrer bisweilen sehr lustlos sind. Körperliche Arbeit wird wenn möglich – vor allem bei großer Hitze – vermieden, sodass es zu dieser Zeit z.B. schwierig sein kann, Bergführer oder Mulitreiber für ein paar Wandertage zu engagieren. Viele Cafés und Restaurants auf dem Land haben tagsüber geschlossen, und einige Läden öffnen erst nachmittags. Während des dreitägigen Festes Aid Fitr zum Ende des Ramadan steht das öffentliche Leben fast still: Ämter und Banken sind geschlossen, es fahren kaum öffentliche Verkehrsmittel. Ansonsten ist es ein besonderes Erlebnis, den Ramadan mitzuerleben und das köstliche, klebrige Ramadangebäck zu probieren.

Zu den Zeiten des Ramadan in den nächsten Jahren siehe „Reisetipps A–Z/Feiertage".

Die Barmherzigkeit (Sakat)

Armen etwas von seinem Verdienst zu geben, ist eine wichtige Pflicht für den Moslem. **Almosen sind selbstverständlich,** früher wurde eine Armensteuer erhoben, die sich auf 10% der Ernte und des Herdenzuwachses und 25% vom zehnten Teil der Geldeinnahmen belief. Inzwischen sind die Almosen an die Armen aber wieder freiwillig.

Aus der Verpflichtung, Almosen zu geben, wird das Betteln bzw. die Anspruchshaltung der Armen gegenüber den Reichen (in diesem Fall auch gegenüber den Touristen) wohl verständlicher.

Die Pilgerfahrt (Hadj)

Im letzten Monat des Jahres begibt sich der Moslem auf **Wallfahrt zu den Pilgerstätten.** Einmal in seinem Leben soll er dabei Mekka besucht haben. Er darf dann den Titel „al-Hadj" führen. Die **Qaaba in Mekka** verehren die Moslems als ein von Abraham *(Ibrahim)* und *Ismail* erbautes Heiligtum. Der Besuch der Kaaba ist eine Wiederbegegnung mit der ursprünglichen, monotheistischen Überlieferung, welche auf Abraham zurückgeht und als deren Erneuerung sich der Islam betrachtet.

In Marokko und auch anderen Ländern wird es zunehmend Sitte, während des Wallfahrtsmonats zu den Gräbern der Landesheiligen zu pilgern, in Marokko z.B. zum Grab des Staatsgründers *Mulay Idris*. Wer es sich allerdings leisten kann, zieht natürlich den Besuch Mekkas vor, denn sich *al-Hadj* nennen zu dürfen, ist nach wie vor die größte Ehre.

Weitere wichtige Regeln

Zahlreiche Regeln bestimmen das Leben des Gläubigen. So darf der Moslem **keinen Alkohol** trinken, er soll **nur Fleisch von geschächteten Tieren** essen – das sind gänzlich ausgeblutete Tiere, denen die Kehle durchschnitten wurde – und kein Blut trinken oder mit Blut verarbeitete Speisen essen. Auch die Frau in der Menstruation gilt als unrein und muss während dieser Zeit zahlreiche Vorschriften einhalten.

Das ganze Leben des Moslems ist durch den Koran und die Sunna geregelt. Für alle denkbaren und undenkbaren Lebensvorgänge gibt es einen Verhaltenskatalog. Dazu gehören auch die zahlreichen Hygienevorschriften, die u.a. die **täglichen Waschungen** vor dem Gebet, die teilweise rituellen Charakter erhalten haben, vorschreiben.

Gebetsräume der **Moscheen** dürfen in Marokko von Ungläubigen nicht betreten werden. Touristen sollten auch beim Fotografieren Zurückhaltung üben.

Mystik und Bruderschaften

Es gibt im Islam keine übergeordnete Einrichtung, die unserer Kirche vergleichbar wäre, also auch kein Priestertum. **Als Verbreiter der Glaubensgesetze gelten die Gelehrten,** die meist Rechtsgelehrte sind. Man verlangt von einem Moslem zwar, dass er die Glaubensvorschriften befolgt, sein inneres Glaubensleben aber geht nur ihn allein etwas an. Da jedoch der Koran immer wieder die geistige Vertiefung in den Glauben empfiehlt, sind Lehrer und Meister hervorgetreten, welche die Besinnung auf den innersten Gehalt der Religion lehren. Aus dieser Besinnung hat sich die islamische Mystik herausgebildet, deren Vertreter die **Sufis** sind. Die Mystik selbst wird als „Tasawuf" bezeichnet. Etwa seit dem 13. Jahrhundert formierten sich die Überlieferer der Mystik zu **Orden oder Bruderschaften (Zaouia),** welche großen Einfluss auf das Volk hatten. Aus solch einem Orden ging zum Beispiel auch das Herrschergeschlecht der Almorawiden hervor.

Der Heiligenglaube

Im Zusammenhang mit der Mystik des Islam und den Glaubensvorstellungen der Berber entwickelte sich in Marokko ein besonderer Heiligenglaube, der aber von den strenggläubigen Moslems nicht als reiner islamischer Glaube anerkannt wird.

Die Heiligen verfügen über **„Baraka"** (Segen), eine göttliche Kraft. Sie wird lebenden und verstorbenen Personen zugeschrieben. Diese Heiligen werden auf Arabisch **Marabuts** (franz. *Marabout*) und auf Berberisch *Igourramen* genannt.

Die berühmtesten islamischen Heiligen waren Begründer von „geistigen Schulen". Sie haben meist **sittliche Vorschriften und Anweisungen** zu einem Leben in Besinnung und geistiger Versenkung hinterlassen, die von Schülern weitergegeben wurden und denen durch das Beispiel des Heiligen eine rettende und verwandelnde Wirkung beigemessen wurde. Den Heiligen werden oft Wundertaten zugeschrieben. Plätze, an denen Heilige gewohnt oder sich auch nur zur Rast niedergelassen haben, werden besonders verehrt, ebenso die **Grabstätten der Marabouts,** die man im ganzen Land findet. Das Baraka soll an diesen Plätzen auf die Gläubigen übergehen, deshalb sind diese Stätten Pilgerziele: Frauen erbitten sich Fruchtbarkeit oder Bauern einen reichen Erntesegen. Viele Feste – **Moussems** *(Mausims)* – finden jedes Jahr an den zahlreichen Marabouts zu Ehren der Dorfheiligen statt.

Die Kraft des Baraka kann aber auch in Dingen wohnen: Baraka besitzt das Korn, das im Kreislauf der Natur immer wieder neues Leben hervorbringt, oder das **Henna** (Henna, die rötlichbraune Farbe), eine Gabe Gottes und des Propheten Mohammed. Daher rührt auch die Sitte, sich Haare, Nägel und Hände mit Henna zu färben. Dieser Baraka-Glaube spielt vor allem bei den Atlas-Berbern eine erhebliche Rolle. Der Heiligenglaube ist aber in ganz Marokko verbreitet, und die Baraka-Wirkung wird vielen Personen, die sich durch Glaubenstaten hervorgetan haben, zugeschrieben, so auch Mohammed. Dieser vererbte sie auf seine Tochter Fatima. Und da das Herrschergeschlecht der Alawiten auf Mohammed zurückgeht, verfügt auch der König über das Baraka.

Weit verbreitet ist der Glaube an die **Djinnen,** die guten und bösen Geister. Man schützt sich mit Salz, Metallen (Silber bringt Glück, Eisen und Gold Unglück, allerdings nur bei den Berbern, nicht bei den Arabern) oder Schießpulver oder besänftigt sie mit Opfergaben.

Vielerorts anzufinden ist auch der **Glaube an den Bösen Blick.** Hier helfen Amulette oder die „Hand der Fatima", ein Talisman in der Form einer Hand. Es mehren sich freilich die Stimmen, die in der Heiligenverehrung eine **Bedrohung des Monotheismus** sehen. Diese Auffassung wird vor allem von den Wahabiten, deren Glaubensrichtung im 19. Jahrhundert aufkam, und von der modernen ägyptischen Islamforschung vertreten. Für die strenggläubigen Moslems aus dem Osten ist der in Marokko praktizierte Islam nichts anderes als Sektentum.

Kunst und Kultur

Vorislamische Kunst

Auf marokkanischem Boden waren es die **Römer** (im damaligen *Mauretania tingitana*), die erste bleibende Kunstwerke hinterließen. Zunächst orientierten sie sich am Stil der Griechen, kauften oft für viel Geld griechische Originale oder ließen Kopien anfertigen. Erst als für römische Bürgerhäuser, Tempel und Gräber der Bedarf an Skulpturen und Steinmetzarbeiten wuchs, entwickelten sich ein **eigener Stil und ein lebhaftes Kunstschaffen.** Vor allem öffentliche Bauten wurden kostbar geschmückt. Teure Plastiken aus Bronze und Marmor wurden hergestellt, von denen auch in Nordafrika wertvolle Stücke gefunden wurden, z.B. die **Bronzefiguren** aus Volubilis,

Banasa und Thamusida. Besonderer Wert wurde auf die **Verschönerung von reichen Privathäusern,** Thermen, öffentlichen Gebäuden und Bädern gelegt.

Die Baumeister verwandten große Sorgfalt darauf, die Bauten der Landschaft anzupassen. Tempel und Säulenhallen wurden so angelegt, dass sie den Blick auf Berge und Täler frei ließen. Ein Beispiel für die schöne Lage und prachtvolle Baukunst ist **Volubilis,** die **bedeutendste Stadt aus römischer Zeit in Marokko.** Sie liegt auf einer Hochebene am Fuß des Zerhoun-Massivs in der Nähe von Fès und Meknès. Das Ruinenfeld erstreckt sich über 40 ha; der Platz war bereits vor den Römern sowohl von Berbern besiedelt als auch von maurischen Königen geschätzt. König *Juba II.* (25 v.Chr. bis 23 n.Chr.) errichtete hier eine seiner Hauptstädte. Sie wurde Residenzstadt der Prokuratoren und mit einer 2350 m langen Mauer und 40 Bastionen gut gegen die aufständischen Berber geschützt.

Das Ruinenfeld von Volubilis wurde früher als Steinbruch genutzt, sodass dadurch viele wertvolle Kunstgegenstände und Bauten zerstört wurden. Erst 1915 begann man dort systematisch mit Ausgrabungen.

Viele **Bronzen, Skulpturen und Stelen** aus den römischen Städten kann man im **Archäologischen Museum in Rabat** besichtigen. Dort findet man auch Keramiken, Werkzeuge und Kunstgegenstände aus der Punierzeit und der Steinzeit.

aga_6-2 Foto: dd

Bronzebüste von Juba II.

Islamische Kunst

Die islamische Kunst basiert auf Elementen der römisch-hellenistischen, persisch-sassanidischen und christlichen Kunst. Aus diesen Bestandteilen formte sich ein **eigener Stil,** für den sich die Bezeichnung **„maurisch"** durchgesetzt hat. Charakteristika sind die Vernachlässigung der Fassaden, die Ausdehnung in die Breite, scheinbare Auflösung der Deckenlasten durch Verjüngung der Säulen und Stalaktitengewölbe sowie Betonung von Details, wobei sich durch die Anwen-

aga_15a Foto: dd

Kennzeichen islamischer Kunst: Stuckornamente, Zelliges und Kalligrafie

dung der stilisierten Muster trotzdem ein zusammenhängendes harmonisches Gesamtbild ergibt.

Das **dekorative Moment** wurde zum **wichtigsten Bestandteil der islamischen Architektur.** Es verziert Decken, Wände, Bögen und Gewölbe. Die charakteristischen Dekors sind der **Hufeisenbogen und Stalaktitenverzierungen, Arabesken und Ornamente.** Da dem Moslem bildliche Darstellungen verboten sind, wurden diese Dekors immer neu variiert.

Arabesken geometrischer Ornamente wurden kombiniert mit pflanzlichen Formen, wodurch abstrakte Bilder entstanden. Linien, Kurven, Blätter und blütenartige Gebilde ohne Anfang und Ende fügen sich zu einem kompletten Ganzen. Die **Arabeske** ist eine typische Schöpfung der maurischen Kunst. Sternförmig ineinander geschlungen illustrieren sie die Unendlichkeit des Universums (auch „Spinngewebe Gottes" genannt), oder als Palmetten, ein Rankenwerk aus Blumenformen und Blättern, deren ursprüngliche Gestalt nicht mehr zu erkennen ist, formen sie sich zu Spiralen und Wellen, verzieren hölzerne Fenstergitter, Wände und Fliesen.

Das **Schriftornament** verbindet sich oft mit Arabesken und stellt so ein Rankengebilde aus Schrift und Muster dar. Es dominieren zwei Stilformen, eine in der eckigen Schrift des *Kufi,* die andere in der Kursivschrift des *Nesschi.* Die Schriftornamente werden so weit stilisiert, dass sie oft zum herausragenden Element des Gesamtdekors werden. Den **Inhalt der Ornamente** bilden **Koranverse,** die sich immer auf die Allmacht Allahs beziehen, und der Gruß *Salam,* was so viel wie Frieden bedeutet.

Die wichtigsten Bauwerke der maurischen Kunst entstanden unter der Herrschaft der Araber in Spanien, so z.B. die **Alhambra in Granada.** Von Spanien aus, zumal nach der Vertreibung der Mauren von der Iberischen Halbinsel, verbreitete sich dieser Stil unter den Almoraviden und Almohaden auch in Marokko. Die **Kairaouyine-Moschee in Fès,** ursprünglich nur ein bescheidener Betsaal, wurde unter dem **Almoraviden** *Yussuf Ben Tashfin* (2. Hälfte des 11. Jahrhunderts) mit gewaltigem Aufwand ausgebaut. Sie bekam reiche Verzierungen, macht aber wegen ihrer wuchtigen Pfeiler und den nur geringen Höhen der Bögen einen schwerfälligen Eindruck. Unter den Almohaden in der 2. Hälfte des 12. Jahrhunderts wurde die marokkanische Architektur zu neuen Glanzleistungen geführt. *Abd al Mu'min* (1130–1163) gründete die Moscheen von Tin Mal, Taza und Marrakesch und veranlasste den Bau des Agnaoua-Tors in Marrakesch. Sein Sohn *Abu Yaqub* (1163–1184) gab in Sevilla eine später zerstörte Moschee in Auftrag. Außerdem ließ er die große Moschee von Salé errichten. Sein Enkel *Abu Yussef Yaqub al Mansur* (1184–1199) vollendete in Marrakesch die von seinem Vater begonnene Kasbah und versah sie mit einer riesigen Moschee. In Rabat errichtete er den großen Almohaden-Mauerring mit seinen berühmten Minaretts, die er aber nicht vollenden konnte.

Die **Meriniden** (13. bis Ende des 15. Jahrhunderts) **führten die Baukunst der Almohaden fort.** So wurde von ihnen neben Fès-al-Bali auch Fès-al-Jedid errichtet, das Arsenal von Salé, die Medersa von Taza und Chellah in Rabat, das zur Königsnekropole (Totenstadt) wurde. Die Kunst der Meriniden war nicht nur dem Krieg und der Religion geweiht, sie diente auch dem persönlichen Vergnügen und der Verschönerung der Städte und Paläste.

Unter den Nachfolgern der Meriniden und Ouassiten, den **Saadiern** bzw. Saaditen (16. bis Mitte des 17. Jahrhunderts), entstanden nicht mehr so bedeutende Bauwerke. Eindrucksvollstes Zeugnis sind die Saaditengräber in Marrakesch.

Unter der Aliden- bzw. **Alawitendynastie** (1663 bis heute) verflachte die Kunst gänzlich. Meknès wurde mit riesigen Stadtmauern, Kasernen und Stallungen versehen, berühmtestes Bauwerk dieser Zeit ist das Bab al Mansur in Meknès.

Das städtische Haus

Die Städte hatten und haben Bedeutung als zentrale Markt- und Produktionsorte, als religiöse und administrative Zentren. **Arabische Städte** waren im Mittelalter wesentlich besser organisiert als europäische Städte und verfügten über Kanalisation und Wasserleitungen. Auch kulturell waren sie den Städten in Europa überlegen. In den marokkanischen Städten hatte sich eine Schicht aus Großgrundbesitzern, Großkaufleuten, Beamten des Sultans, Besitzern von Teppichmanufakturen, Juwelieren, Professoren etc. herausgebildet, die durchaus mit dem europäischen **Großbürgertum** im 19. Jahrhundert zu vergleichen ist. Sie ließen sich prunkvolle Häuser bauen, die zum Teil in den Altstädten (vor allem von Fès) noch erhalten sind.

Die Bauweise des städtischen marokkanischen Hauses lässt sich vom alten orientalischen Hofhaus ableiten **(Riad),** das wiederum römische Vorbilder hat. In der Regel handelt es sich um ein **zweistöckiges,** aus sehr flachen, plattenförmig gebrannten Ziegeln aufgemauertes **Flachdachhaus mit Innenhof (Patio).** Dieser Innenhof ist in der Regel offen, es gibt aber auch Häuser, denen ein Glasdach aufgesetzt wurde. Die schwere **hölzerne Haustür** befindet sich in der linken Hausecke, von der ein rechtwinkliger Gang in den Innenhof abzweigt, sodass dieser von der Haustüre nicht eingesehen werden kann. Dadurch wurde den Frauen ermöglicht, beim Erscheinen eines Besuchers rechtzeitig den Rückzug antreten. Dieser **Innenhof** ist mit Mosaikfliesen belegt, **in der Mitte** befindet sich ein marmorner **Brunnen.**

Um den Innenhof sind **symmetrisch die vier Haupträume** (Empfangszimmer, Schlafraum des Hausherrn, Aufenthaltsraum der Frauen, Familienraum), kleinere Nebenräume und die Küche angeordnet. Vier achteckige, mit Fliesen und Stuck verzierte Säulen tragen die Galerie des überdachten Ganges vor den Räumen. In die vier Haupträume führen geschnitzte Doppelflügeltüren. Lichteinfall erhalten die unteren Räume durch ein ca. 1,50 m hohes und 1 m breites vergittertes Fenster ohne Scheiben, vor dem hölzerne Fensterläden angebracht sind.

Islamische Häuser haben im Gegensatz zu den jüdischen Wohnhäusern in der Mellah (Judenstadt) **keine Fenster zur Straßenseite,** sondern lediglich zum Innenhof oder zum Garten hin. Die Fenster zum Innenhof sind holzgeschnitzt mit doppeltem oder einfachem Hufeisenbogen. Die Holzläden und Türen bestehen aus meist farbig gefasstem Zedernholz, tragende Balken aus geschnitztem, dunklem Zedernholz. Die **Räume des Obergeschosses** entsprechen im Grundriss in der Regel denen des Untergeschosses und werden von den Frauen bewohnt. Geschlafen wird auf Polstern in den Schlafräumen, nach Geschlechtern getrennt. Die nicht verzierten Teile eines Raumes sind gekalkt, das obere Drittel der Wände ist meist durch eine **Stuckdekorbordüre** verziert, an die eine **bemalte Holzkassettendecke** anschließt. Die Böden und Wände der Innenhöfe wie auch die Säulen sind mit **Mosaikfliesen (Zelliges)** in den Farben

Schwarz, Weiß, Flaschengrün, Dunkelblau und Ocker belegt. Hier gibt es einige immer wiederkehrende Muster in Pfeilform oder als achteckiger Stern. Die Stuckverzierungen an den oberen Teilen der Wände, aber auch die Holzdecken sind mit vielfältigen Ornamenten und Arabesken gestaltet.

Zum **Mobiliar** gehören Polster am Boden, die als Rückenstütze (bzw. Kissen) dienen, unter denen häufig auch ein einfaches Holzgestell angebracht ist. Bei vornehmen Familien waren die Stoffpolster aus Brokat, und kunstvoll bestickte Kissen wurden als Rückenpolster verwendet. Im Empfangsraum stehen noch einige wenige kleine Holztische. Der Tee wird auf einem Metalltablett serviert, das auf einem Holzgestell abgestellt wird oder Füße hat. Als zusätzliche Einrichtung gibt es noch gelegentlich hölzerne, verzierte **Wandborde.** Sehr kunstvoll verziert waren auch die hölzernen Brottische, die inzwischen sehr selten geworden sind. Schränke fehlen völlig: Decken sowie Schmuck und Kleider wurden in **Truhen** aufbewahrt, die von der Frau in die Ehe mitgebracht werden. Sie sind aus braun gebeiztem Zedernholz und bemalt.

Die **Lampen** sind aus Messing oder Bronze gegossen, an schweren Ketten aufgehängt und mit typischen marokkanischen Ornamenten durchbrochen.

Derartige Häuser finden sich noch zahlreich **in den Medinas;** sie werden infolge veränderter Gegebenheiten (weniger Frauen, ärmere Familien) meist von mehreren Familien gemeinsam genutzt. In den Volkskundemuseen in Meknès, Tètouan und Fès und im Palais el Bahia in Marrakesch kann man solche Wohnstätten sehr gut besichtigen, da die Museen in ehemaligen Wesirspalästen untergebracht, mit zahlreichen Exponaten aus Bürgerhäusern bestückt und so hervorragende Beispiele gehobener islamischer Wohnkultur und Architektur sind. In den letzten Jahren wurden traditionelle Häuser **(Riad)** als Restaurants, Privatpensionen *(Maison d'Hôtes)* oder als Teppichhäuser verwendet und so vor dem Verfall gerettet, denn kaum jemand kann sich mehr den Unterhalt eines solchen Hauses leisten. In Marrakesch, Fès und Essaouira wurden zahlreiche Riads von Europäern erworben und zu **Luxushotels** umgebaut.

Reiche Familien bauten sich in den 1970er bis 1990er Jahren nach europäischen und maurischen Vorbildern gestaltete und mit allem Komfort ausgestattete **Villen** in den Vororten bzw. Nobelvierteln der großen Städte (z.B. Casablanca-Anfa) und statteten diese teils sehr geschmackvoll, manchmal auch orientalisch überladen, mit westlichem Mobiliar aus. Dieser Trend war auch in Mittelklassefamilien zu beobachten. Da aber inzwischen marokkanische Wohnkultur – modern aufgepeppt – in Europa und Amerika schick geworden ist, besinnen sich Marokkaner der Mittel- und Oberklasse in zunehmende Maße wieder eines gehobenen marokkanischen Wohnungs-Lifestyles.

Wer sich detaillierter für marokkanische Wohnkultur der gehobenen Art interessiert, sollte sich das Buch **„Maroccan Interiors“** besorgen (Taschen-Verlag, Köln).

In den **Wohnungen der einfachen Leute** findet man nach wie vor traditionelle Einrichtung wie Polster, Truhen und Wandborde.

In den großen Städten werden ähnlich wie in Europa zahlreiche **Trabantensiedlungen** angelegt, deren Bauweise nur noch wenig mit islamischer Tradition zu tun hat. Sie weisen, wie auch bei uns üblich, Balkone und Fenster nach außen auf. Nach wie vor sind aber wegen der geringen Regenfälle begehbare Flachdächer, auf denen Wäsche oder Früchte getrocknet werden, vorherrschend.

Ein großzügiges Haus kann sich in der Stadt kaum mehr jemand leisten, die **Mieten** für eine Dreizimmerwohnung in einfachen Neubauvierteln sind für viele ebenfalls unerschwinglich und lassen sich nur durch den Verdienst mehrerer Familienangehöriger bezahlen. Da auch der Zuzug vom Land in die Stadt anhält, wachsen in den Vororten der Großstädte, vor allem in Casablanca, die **„Bidonvilles“**, einfache, selbst zusammengezimmerte Häuser aus Ziegelsteinen, Wellblech und Pappe ohne Wasser- und Stromversorgung, durch hohe Mauern den Blicken der vorbeifahrenden Autofahrer auf der Autobahn entzogen.

Die Baukunst der Berber

So **unklar** wie die Herkunft des Berbervolkes ist auch die **Entstehung der berberischen Baukunst.** Eine Verwandtschaft zu babylonisch-assyrischen Bauten lässt sich nicht leugnen. Eine große Ähnlichkeit besteht vor allem zu den Wohnburgen im Hadramaut (Jemen).

Die **Ksour** (Sg. *Ksar*) – so nennt man die **befestigten Dörfer der Berber** – sind vom Aufbau her alle gleich. Sie bestehen aus einer Aneinanderreihung mehrerer Wohnstätten in verschiedener Höhe mit konisch zulaufenden Mauern und wenigen Fenstern. Sie sind mit Türmchen und Zinnen versehen, oft mehrere Stockwerke

aga_14 Foto: dd

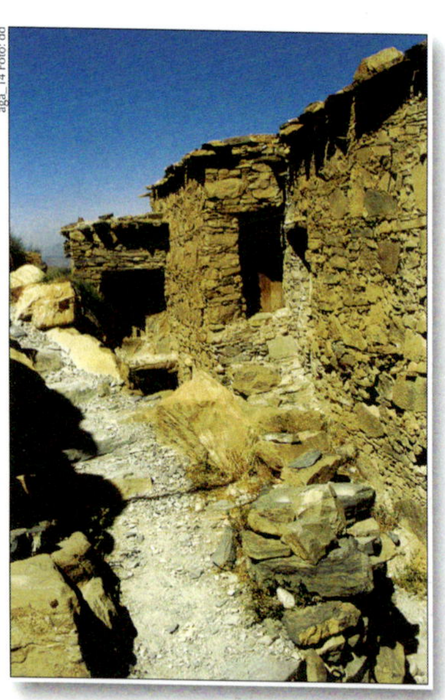

Berberarchitektur in Amtoudi: der Agadir Id Aïssa

hoch und haben eine hohe Umfassungsmauer. Innerhalb der Ksour befinden sich oft bis zu 100 Feuerstellen, je nach Größe des Familienverbandes. Ein Ksar beherbergt oft einen ganzen Stamm oder eine Sippengemeinschaft. In ihnen herrscht nicht selten ein Leben wie bei uns auf den mittelalterlichen Burgen.

Bei Überfällen bot die **Kasbah** (arab. für Burg, berberisch: **Igherm**) Schutz vor Überfällen feindlicher Stämme.

Vier Ecktürme sind charakteristisch für eine Kasbah, aber auch für eine Familienburg, welche als **Tighremt** bezeichnet wird. In den Ecktürmen führen die Treppen nach oben. Die **Tore der Umfassungsmauern eines Ksar** oder eines ummauerten Marktplatzes sind ebenfalls von solchen quadratischen Türmen flankiert. Die Tighremts sind **vor allem im Süden** zu finden und durch ihr wehrhaftes Aussehen und ihre reichhaltigen Verzierungen innerhalb der Ksour besonders dominant. Es gibt zwei Arten von Tighremts, solche mit Innenhof und andere mit Mittelgang. Von außen kann man sie in der Regel nicht unterscheiden. Diejenigen mit Innenhof findet man öfter in den Tälern und Ebenen, die andere Form im Gebirge.

Die Tighremts oder Kasbahs sind häufig **fünf bis sechs Stockwerke** hoch. Die Kasbah als Fürstensitz einer Sippe wird von den Nebengebäuden und manchmal mit einer Mauer innerhalb des Gesamtkomplexes umfasst.

Der **Grundriss** der Burg ist bei allen Anlagen mehr oder minder gleich Das Erdgeschoss besteht gewöhnlich aus mehreren kleinen oder einem großen Raum und wird meist als Stall oder Abstellraum für Arbeitsgerät benutzt. In der Regel besitzt die Burg nur eine Tür, durch die man in einen dieser dunklen Räume gelangt; in einem der Ecktürme führt die Treppe in die weiteren Stockwerke. Das 1. Stockwerk wird in den meisten Fällen noch als Speicher für Getreide und Hülsenfrüchte benutzt. Im 2. Stockwerk befinden sich die Schlafräume und im 3. Stock die Wohnräume. Sie sind mit Teppichen und Polstern ausgelegt. Sessel und Stühle gibt es bei den Berbern nicht.

Die **Fenster sind nicht verglast,** sondern nur mit einem oft schmiedeeisernen Gitter versehen. Die weißen Wände sind hin und wieder mit bunten Ornamenten verziert.

Die **Außenmauern** einer Kasbah oder eines Tighremt sind ebenfalls mit Ornamenten geschmückt, die häufig erst in Höhe des Wohntraktes beginnen. Die **Ornamente haben magische Bedeutung.** Sie verfügen über Baraka, Heil bringenden Segen (siehe „Religion/Der Heiligenglaube"), und sollen vor bösen Geistern schützen. Die Ornamente wurden in ihrer Ausgestaltung geringfügig durch den Islam beeinflusst, beruhen aber meist auf alten Stammestraditionen.

Häuser und Burgen sind **aus Stampflehmerde hergestellt.** Man sticht an dem Platz, an dem das Gebäude entstehen soll, den Lehmboden aus und mischt den Lehm mit Wasser und Maisstroh. Dann wird der Lehmbrei in Holzkasten gefüllt, die die Breite der geplanten Mauern haben, man lässt das Ganze trocknen und zieht dann den Holzkasten ab. Über die fertigen Mauerteile legt man Holzknüppel zur Befestigung, setzt den oben und unten offenen Holzkasten darauf, füllt ihn mit Lehm, lässt die Masse trocknen und löst die Bretter. Nach dem Trocknen zieht man die Balken heraus, sodass in bestimmten Abständen Löcher entstehen, die wie Fenster oder Schießscharten wirken. Bei besonders sorgfältig gebauten Kasbahs werden diese Löcher mit Lehmbrei ausgefüllt. In den oberen Stockwerken führt man manchmal den Bau mit luftgetrockneten Lehmziegeln zu Ende. Durch eine bestimmte Anordnung der Ziegel oder durch Aussparungen kann man nun Muster und Zeichen an der Mauer gestalten. Manche Kasbahs im Hohen Atlas (z.B. im Tessaout-Tal) sind wegen der besseren Haltbarkeit aus Trockensteinen errichtet. Die Decken der Innenräume werden mit Baumstämmen befestigt und mit geflochtenen Rohrmatten in Fischgrätmuster belegt.

Eine Kasbah vergrößerte sich mit dem Anwachsen der Familie. Es wurden immer wieder neue Anbauten mit Türmen, Höfen und Mauern geschaffen, die den Kasbahs ihr jetziges festungsartiges Aussehen gaben und oft Hunderten von Menschen Platz boten. Oftmals war eine **Kasbah auch Privatwohnsitz mächtiger Herrscher** mit prachtvoll ausgeschmückten Räumen und Nebengebäuden für Gesinde und Günstlinge, so z.B. die zahlreichen Kasbahs des Paschas *al-Glawi.*

Kasbahs als Sitz eines Qaids wurden entlang der Karawanenwege, vor allem im Drâa- und Dadèstal errichtet, und hatten die Funktion, den Handel zu kontrollieren, Macht zu demonstrieren und Karawanen zu beherbergen. Mehr und mehr Kasbahs wurden an exponierten Stellen gebaut, alle dem jeweiligen Qaid unterstellt. Als nun im Süden der mit den Franzosen paktierende **Pascha al-Glawi** *(El Glaoui)* an Machtfülle gewann, baute dieser jeweils neben einer qaidalen Kasbah seine eigene Kasbah. Dies erklärt die Fülle an Kasbahbauten vor allem im Drâatal, durch das der Karawanenweg nach Timbuktu führte.

Früher hatten viele Kasbahs eine lebenswichtige Funktion, da sich die Berberstämme laufend bekriegten. Durch die Befriedung der Berberstämme, aber auch aufgrund des eingestellten Karawanenhandels, verloren die Kasbahs ihren ursprünglichen Zweck und wurden, wenn der Unterhalt zu viel Geld verschlang, von den Familien aufgegeben. Früher wurden die Lehmmauern der Kasbahs fortwährend instand gehalten, verbessert und verschönert, sodass kaum eine Kasbah im Laufe der Jahrhunderte das gleiche Gesicht behielt. Denn gerade die starken Regenfälle im Winter zwangen die Menschen dazu, ihre Kasbahs zu renovieren. Vor allem die Besitztümer des mit den Franzosen kooperierenden Pascha *al-Glawi,* der nach der Unabhängigkeit alle seine Ämter verlor, wurden dem Verfall preisgegeben. Einige wenige seiner prachtvollen Fürstensitze (so z.B. die Kasbah Taourirt in

Ouarzazate) wurden in das Förderprogramm der Cerkaz (der staatlichen Stelle zur Erhaltung der Kasbahs) aufgenommen. Manche fürstliche, aber auch Familien-Kasbahs haben mit zunehmendem Tourismus eine **Renovierung** erfahren und dienen jetzt als Hotel. Die Kasbahs befinden sich ausnahmslos im Süden Marokkos, vor allem in den Tälern Dadès, Drâa, Todrha und Ziz.

Innerhalb der Ksour, vor allem im südlichen Hohen Atlas und im Anti-Atlas, findet man meist mehrere **Vorratsspeicher (Agadir)** für die Dorfgemeinschaft. Sie ähneln einer Burg, haben ein oder zwei Wachtürme und sind von zwei Verteidigungswällen umgeben. Der Agadir hat einen einzigen Eingang, an dem ein Wachposten steht. Es gibt zwei Arten von Agadiren, den **Hof-** und den **Zellen-Agadir.** Beim Hof-Agadir sind die Aufbewahrungszellen um einen Innenhof gruppiert, sodass man dort auch noch Vieh unterbringen kann. Diese Form der Agadire ist vor allem bei Halb-Nomaden beliebt. Zellen-Agadire findet man im Anti-Atlas, in ihrem Falle sind die Aufbewahrungszellen entlang eines Ganges angebracht. **Große Agadire haben 200 bis 300 Aufbewahrungszellen, die abschließbar sind.** Manchmal befindet sich innerhalb des Agadirs auch das Grab eines Heiligen, dem einige Vorratskammern geweiht sind. Dieser ist oft ein Urahn der Sippe. So ist dieser Ort besonders geschützt und ein heiliger Bezirk, der nicht entweiht werden darf (etwa durch Gewalttaten).

In den Vorratskammern werden Feldfrüchte, Häute, Waffen, Familienbesitz, Urkunden etc. untergebracht. Die Zellen werden über vorstehende Ziegel oder Balken erreicht. Am gefragtesten sind die mittleren Zellen, da in diese weder durch das Dach noch durch den Boden Feuchtigkeit dringen kann.

Besonders schön und typisch für die Speicher sind die **großen Holzschlösser.** Solch ein Schloss besteht aus einem ausgehöhlten Holzblock mit einem ebenfalls ausgehöhlten Riegel, der sich innerhalb des Blockes hin- und herschieben lässt. In das Loch des Riegels führt man einen hölzernen Schlüssel mit aufrecht stehenden Zacken ein, die man genau unter die dazugehörigen Löcher steckt. Dort befinden sich bewegliche Holzstifte, die das Schloss blockieren, wenn man den Schlüssel abzieht.

Literatur

- *Kalter, J.:* **Aus marokkanischen Bürgerhäusern,** Linden-Museum, Stuttgart 1977
- *Hütt, A.:* **North-Africa-Islamic Architecture,** Scorpin Publications, London
- *Adam, Jürgen:* **Texte zur Architektur, Wohnen und Siedlungsformen im Süden Marokkos,** Callwey Verlag, München
- *Wrage, W.:* **Straße der Kasbahs,** Neumann-Neudamm Verlag, Moschen-Heina
- *Wirth, E.:* **Die islamische Stadt,** Verlag Ph. v. Zabern, Mainz.

Kunsthandwerk

Vieles, was uns als Kunsthandwerk erscheint (z.B. Textilien, Metall-, Lederarbeiten), ist für den Marokkaner Gebrauchsgegenstand. Deshalb haben sich bis heute die **alten Handwerkstraditionen** lebendig erhalten. In einer Stadt wie Fès arbeiten Hunderte von Schneidern, Silberstickern und Metallhandwerkern vor allem für den marokkanischen Markt, auch wenn ein Vordringen der „Plastikkultur" – meist billige Importware aus China – in die marokkanischen Haushalte zu beobachten ist und die Fertigung für den Souvenirmarkt zunehmend auch industriell erfolgt.

Die **Überflutung mit europäischen Waren** seit der französischen Protektoratszeit führte zu einer **Verflachung der handwerklichen Kunst** und zu tiefgreifenden Veränderungen. Denn die Trennung zwischen Handwerker und Kunsthandwerker ist dem Marokkaner ursprünglich fremd. Er benutzt die französische Bezeichnung „artisan" (Künstler) für jeden Handwerker. So sehr dieser auch kreativer Individualist ist, sein bestimmendes Anliegen ist es, Gegenstände zu schaffen, die allen nützen und den Ansprüchen der Allgemeinheit gerecht werden.

Der Touristenstrom nach Marokko hat zu einer gewissen Vereinheitlichung im handwerklichen Schaffen geführt, sodass „echte" marokkanische Handwerksstücke oft nicht mehr auf dem Markt zu finden sind, sondern nur noch direkt bei den Handwerkern oder in Geschäften, die außerhalb der touristischen Gegenden liegen. Insgesamt aber begegnet man bei einem Aufenthalt in Marokko nach wie vor der Vielfältigkeit des marokkanischen Kunsthandwerks.

In den **Souks** oder auf den marokkanischen **Märkten** findet man für die verschiedensten Handwerkszweige eigene Gässchen und Viertel, so etwa Messing- und Kunstschmieden, Teppichwirkereien, Gerbereien, Färbereien, Töpfereien; Leder- und Schmuckwaren, Intarsienarbeiten, Holzschnitzereien und viele andere kunstvolle Arbeiten werden hier gefertigt.

Weiteres zu Kunsthandwerk siehe auch im Abschnitt „Souvenirs".

Film

Der marokkanische Film erlebte in den letzten Jahren eine Art Frühlingserwachen, vor allem in den Großstädten. So finden **Filmfestivals** in Tanger (Mittelmeer-Kurzfilmtage), in Settat (Amateurfilmfestival), Agadir (Dokumentarfilmfestival) und zum elften Mal in Marrakesch mit internationaler Teilnahme statt. Waren in der Vergangenheit nur wenige marokkanische Filmer wie *Mohammed Tazi* in Europa bekannt, finden sich zunehmend **marokkanische Filme** und Namen unter den Wettbewerbsbeiträgen, wie *Said Taghmoui,* der das Leben eines Straßenjungen in Casablanca thematisierte, oder die Regisseurin *Zakia Tahiri,* deren Gesellschaftskomödie „Number one", in der sich ein Macho in einen Feministen verwandelt, ein Kassenhit in Marokko wurde. Eine Pionierin des marokkanischen Films und mittlerweile auch in Europa und Amerika bekannt ist die Drehbuchautorin, Regisseurin und Produzentin *Farida Belyazid,* die vorwiegend feministische Themen aufgreift, aber auch Dokumentationen z.B. über die Fischerei oder Frauen im Sahel gedreht hat. Einen guten Überblick über das Filmschaffen bieten die Webseiten www.maghrebarts.ma/cinema.html oder www.ccm.ma.

Inzwischen laufen in spezialisierten Kinos oder bei Filmfestwochen auch in Deutschland marokkanische Filme. Aber nicht nur marokkanische Filmer greifen Thematiken aus und in Marokko auf, sondern auch deutsche Regisseure wie *Michael Dreher* in seinem letzten Fim „Die zwei Leben des Daniel Shore" oder in seinem Erstling „Fair Trade", der 2006 weltweit viele Preise erhielt. Beide Filme spielen zum großen Teil in Marokko unter Beteiligung einiger marokkanischer SchauspielerInnen.

Marokko ist zudem international **eines der beliebtesten Kulissenländer,** der bekannteste Drehort ist Ouarzazate und Umgebung (siehe dort). Jährlich werden 20 bis 30 Filme in Marokko gedreht. Nur einige bekannte Beispiele sind *Hitchcocks* „Der Mann, der zu viel wusste" (1956), „Lawrence von Arabien" (1962), „Auf der Jagd nach dem Juwel vom Nil" (1985), „Himmel über der Wüste" (1990), sämtliche Folgen von „Die Bibel" (1994–1999), „Kundun" (1997), „Die Mumie" (1999), „Gladiator" (2000), „Alexander" (2004), „Asterix & Obelix: Mission Kleopatra" (2002), „Königreich der Himmel" (2005) und zuletzt *Sönke Wortmanns* „Die Päpstin" (2009). Damit ist die Filmindustrie zu einem wichtigen Wirtschaftsfaktor geworden, sowohl was den Arbeitsmarkt betrifft als auch hinsichtlich der Einnahmen (dreistellige Millionenbeträge im Raum Ouarzazate).

Theater

Die wenigen vorhandenen Bühnen in Marokko bringen eher klassische arabische Musik, Folklore- und Ballettveranstaltungen in ihrem Programm als Theaterstücke. So fand die Uraufführung der Theateradaption des Buches „Nacht der Unschuld" des berühmtesten marokkanischen Schriftstellers *Tahar Ben Jelloun* 1994 in Zürich statt. Theater war immer eher eine Musikveranstaltung oder fand in der Öffentlichkeit als Jahrmarkt statt (etwa auf dem Djamâa-el-Fna in Marrakesch) und hat **keine Tradition** in Marokko. Immerhin: Seit der Eröffnung des Nationaltheaters Mohammed V. in Rabat und dank verschiedener Theaterfestivals findet Theater mehr und mehr Zuspruch in der Bevölkerung. So gibt es mittlerweile 30 Theaterbühnen im Lande, und sogar in Erfoud am Rande der Wüste finden Theaterveranstaltungen statt. Hervorzuheben sind das Nationaltheater-Festival in Meknès und das spanisch-marokkanische Festival **„Deux Rives",** das in sechs Städten (Rabat, Casablanca, Tanger, Tétouan, El-Jadida und Marrakesch) 2010 zum dritten Mal stattfindet und auf dem Theater, Tanz, Zirkus, Kino, Musik und Oper in neun Produktionen mit rund 150 Künstlern aufgeführt werden. Es soll eine Brücke zwischen Spanien und Marokko bilden, auf der sich die Kulturen näher kommen.

Bildende Kunst

von *Sybille Kroll*

Malerei und Grafik als zweckfreie bildende Künste sind in Marokko eine verhältnismäßig junge Erscheinung, doch reichen ihre visuellen Wurzeln bis tief in die Geschichte des Landes zurück: Malerei war in Marokko lange vor der Kolonialisierung bekannt. Färberei, Tätowierung, Webkunst, Keramik, Buchmalerei oder Kalligrafie und andere traditionelle Kunsthandwerke haben die Bildende Kunst genauso beeinflusst wie abendländische Leinwandgemälde. Unter den freien Künsten ist die Malerei in Marokko mit Abstand am stärksten vertreten. Sie wurde von drei Traditionen geprägt: von der präislamischen, der arabo-islamischen und der europäischen Tradition.

Aus der Begegnung und dem Austausch mit der europäischen Kunst erwuchs Anfang des 20. Jahrhunderts eine marokkanische Tradition der **Leinwandmalerei.** Während der Protektoratszeit wurden in Tétouan und Casablanca Kunstschulen gegründet. In den **1940er Jahren** erlebte die „spontane“ Malerei marokkanischer Autodidakten ihren Aufschwung. Zu den herausragenden Repräsentanten dieser frühen „Naiven“ zählen **Mohammed Ben Allal, Mulay Ahmad Drissi** und **Ahmad Louardighi.** Ungeachtet individueller Stilunterschiede lässt ihre Malerei insgesamt eine Vorliebe für

ag02_077 Foto: dd

fantastische, märchenhafte oder surreale Welten erkennen.

Die **marokkanische Moderne** beginnt in den 1960er Jahren. Dank Auslandsstipendien entstand ein reger Austausch mit der europäischen Kunst. Marokkaner studierten in Sevilla, Madrid, Paris, Amsterdam, Rom, Prag und Warschau. Zwei der wichtigsten Vertreter dieser Epoche sind **Ahmad Cherkaoui** und **Jilali Gharbaoui.** Beide Künstler trugen wesentlich zur Entwicklung einer modernen Bildsprache in Marokko bei.

Wichtige intellektuelle Impulse gingen von der 1964 wiedereröffneten **École des Beaux-Arts** von Casablanca aus. Ihr damaliger Direktor **Farid Belkahia,** einer der bedeutenden Künstler Marokkos, rief gemeinsam mit Künstlerkollegen wie **Mohammed Melehi** die **Pro-Arte-Bewegung** ins Leben. Man nahm sich vor, die kulturelle Identität Marokkos neu zu definieren und vor allem Kunst und Künstler besser in das soziale Leben zu integrieren. *Belkahia* setzte die marokkanische Volkskunst auf den Lehrplan und bestand auf der Beherrschung handwerklicher Fähigkeiten. Dementsprechend sind seine eigenen Werke nicht durch den Gebrauch von Leinwand und Ölfarben bestimmt, sondern eher durch die Verwendung landestypischer Materialien wie Messing, Tierhaut und Färber-Pigmente. Nach demselben Prinzip arbeitete der aus Essaouira stammende Künstler und Museumsleiter **Boujmaa Lakhdar.**

Hans-Werner Geerdts in seinem Atelier in Marrakesch (siehe dort, „Einkaufen")

Eine der berühmtesten Malerinnen ist **Chaibia Tallal,** deren vitale Bilder bereits in zahlreichen Museen Europas zu sehen waren und sind, Autodidakt ist auch **Abbes Saladi,** dessen surreale, filigrane Zeichnungen voller Rätsel, Allegorien und Symbole sind.

In Ermangelung einer geeigneten Infrastruktur bekam in den 1960er Jahren die unabhängige **private Initiative** eine tragende Rolle. Es entstanden zahlreiche Künstlerorganisationen. Der Initiative von Künstlern ist es zu verdanken, wenn seit 1978 in Asilah jedes Jahr ein Festival der Kultur stattfindet, das zu einer Begegnungsstätte für Intellektuelle und Künstler aus ganz Marokko wurde.

Seit den 1970er Jahren erhielt das **Galeriewesen** wachsende Bedeutung. Ein Pionier war die Galerie l'Atelier, die 1971 in Rabat eröffnete. Mittlerweile gibt es in Marokko zahlreiche Galerien: Zentren sind Rabat (Galerie Nadar, Galerie Mulay Ismail, Galerie Marsam, Galerie La Découverte), Casablanca (Galerie Alif-Ba, Chorfi Art Gallery, Galerie Bassamat, Villa des Arts der Fondation ONA), Marrakesch (Galerie Bab Doukkala, Zenitude im Quartier Industriel), El-Jadida (Galerie 104), Tanger und nicht zuletzt Essaouira, wo um die Galerie Frederic Damgaard eine erfolgreiche Künstlerkolonie gewachsen ist. Eine virtuelle Galerie mit Werken wichtiger Künstler ist online unter **www.art-maroc.co.ma** zu finden. Einen Überblick über Werke, Künstler und Veranstaltungen übers ganze Jahr in den verschiedensten Galerien und Städten gibt es unter **www.maghreb-arts.ma/artsplastiques.html.**

Wer sich einen Eindruck vom Kunstschaffen in Marokko seit der Unabhängigkeit verschaffen möchte, findet im 1997 gegründeten **Musée privé de Marrakech** eine kleine Überblicksausstellung. Museen für Bildende Kunst sind sonst leider Mangelware.

Heutzutage stehen in Marokko zahlreiche Ausbildungsstätten für Bildende Kunst zur Auswahl. Manche marokkanischen Künstler ziehen es allerdings vor, im Ausland zu studieren und zu arbeiten. So auch der zwischen Paris und München pendelnde Fotokünstler **Touhami Ennadre,** der in Deutschland ansässige Maler **Nacir Chemao** und die in Berlin lebende Künstlerin **Dounia Oualit.**

Das marokkanische Volk hat gelernt, dass es eine Kunst gibt. Viele Künstler versuchen vor allem an touristischen Orten dank ihrer Kunst zu leben. Die gehobene Schicht hat gemerkt, dass Kunstgegenstände eine neue Art von Geldanlage sein können, und bei Veranstaltungen und privaten Festen werden immer wieder Künstler eingeladen. Die gemeine marokkanische Bevölkerung wird nie eine Beziehung zur Kunst finden und eine Liebe dazu aufbauen können. Es fehlen dazu alle notwendigen Voraussetzungen. Der vorherrschende Wandschmuck marokkanischer Wohnungen bleiben Suren aus dem Koran und Fotos der Familie. Kunst muss zuerst von unten, schon in den Grundschulen, gefördert werden, damit eine andere **Einstellung zur Kunst** entstehen kann. Auch hier wurden Etappen übersprungen, welche niemals mehr aufgeholt werden können und die sich nicht mehr wiederholen werden. Mit der Kunst verlief es wie mit dem Telefon – die Entwicklung ging vom fehlenden Apparat zu Hause direkt zum Handy für überall.

Sprache und Literatur

Die Berberliteratur basiert im Wesentlichen auf der **mündlich überlieferten Volksdichtung,** die heute noch in Märchen und Legenden lebendig geblieben ist. Aus der Kultur der Berbervölker nicht wegzudenken sind die **Märchenerzähler** auf den Stadtplätzen, bei Festen und Veranstaltungen. Auch Balladensänger, die den Alltag oder die Liebe besingen, oder der Vortrag von kleinen Theaterstücken und Satiren, die sowohl vom Alltag als auch von Zauber- und Hexenmeistern erzählen, sind heute noch Bestandteil der literarischen Volkskunst.

Die **berberische Sprache gehört zu den ältesten der Welt** und war vor der römisch-christlichen Herrschaft von den Kanarischen Inseln über Nordafrika bis nach Mauretanien und Libyen verbreitet. Sie differenzierte sich später in viele Mundarten, von denen heute die meisten ausgestorben sind. An geschriebener Sprache existieren lediglich Felsinschriften, die heute noch von den Tuareg gelesen werden können, die übrigens als einziges Berbervolk eine Schriftsprache (das Tifinagh) entwickelt haben. Der geistige Austausch zwischen Römern, Puniern und Berbern brachte einige bedeutende berberische Denker hervor. Auch nach der Islamisierung traten Berber durch literarische Leistungen hervor, vor allem durch Übersetzungen des Koran. Hervorzuheben ist das Loblied von *Al-Busiri* (1213–1295) auf den Propheten Mohammed.

Einige **arabische Reiseschriftsteller** berichteten bereits im Mittelalter in eindrucksvoller Weise von Marokko und legten so schriftliches Zeugnis von der damaligen, für den Europäer noch gänzlich fremden Welt ab. Am bekanntesten ist **Ibn Battuta,** der 1325 von Tanger nach Mekka aufbrach und über diese Pilgerfahrt eine der ältesten arabischen Reisebeschreibungen überhaupt verfasste. Spektakulär ist die Geschichte des aus Granada stammenden **Leo Africanus** (ca. 1487 bis ca. 1550), mit richtigem Namen *Al Hassan bin Mohammed bin Ahmad el Wassan,* der nach seiner Flucht vor der Reconquista von Spanien nach Fès als Diplomat in Diensten des Sultans tätig war und durch seine „Beschreibung von Afrika" sowie als Berater des Papstes *Leo X.* berühmt wurde. In dessen Dienste gelangte er, nachdem er von christlichen Eroberern als Sklave nach Rom verschleppt wurde und dort zum Christentum konvertierte.

Die **moderne marokkanische Literatur** ist meist in Französisch verfasst – ein Dilemma für die modernen Autoren, da dies die Sprache der Kolonialmacht ist. Andererseits bildet, laut Harenbergs Lexikon der Weltliteratur, das Hocharabische, als Sprache des islamischen Erbes, ein Hindernis in der Auseinandersetzung mit der modernen Welt.

Ein Problem, sich weiten Teilen der Bevölkerung verständlich zu machen, besteht darin, dass ein großer Teil der Bevölkerung nach wie vor in nur mündlich überlieferten Sprachen – Dialektarabisch und Berbersprachen – spricht. So befinden sich die Marokkaner in der kulturell schwierigen Lage, dass ihnen eine **gemeinsame, geschriebene Muttersprache als verbindendes Element fehlt.** In den Schulen wird zwar als erste Sprache Arabisch gelehrt, das Hocharabisch weicht aber vom maghrebinischen Arabisch deutlich ab. Nach langjährigen Auseinandersetzungen mit den Berbern wird nun in Ortschaften mit überwiegender Amazigh-Bevölkerung auch in Tamzight oder Chleu bzw. Tachelheit unterrichtet. Das Problem dabei war, dass die Berber Marokkos über keine Schriftsprache verfügen und deshalb nun auf das Tifinagh der Tuareg (die einzige Schrift eines Bervolkes) zurückgreifen.

Als zweite Sprache war vor Einführung des Unterrichts in Berbersprachen **Französisch** üblich (und ist es noch in den Städten), sodass – vielleicht auch mit Blick auf den europäischen Markt – Französisch zur Schriftsprache der Intellektuellen wurde.

Die modernen Schriftsteller befassen sich vor allem mit der **Aufarbeitung des tristen marokkanischen Alltags** und der überlieferten Wertvorstellungen, religiösen Riten und Aberglauben, die Konfliktstoff auf dem Weg zur modernen Gesellschaft bilden. Werke, die bis Anfang der 1950er Jahre entstanden sind, sind eher ethnografisch und folkloristisch angelegt und haben die Gewohnheiten des Volkes – Heirat, Familie, Traditionen usw. – zum Thema. Zu dieser Generation gehörte der Schriftsteller *Ahmed Sefrioui* (1915–2004) aus Fès, der vor allem durch seine Kindheitsschilderung „Das marokkanische Wunderkästlein" (1954) bekannt wurde.

Nach der Unabhängigkeit wurde die Literatur nationalistischer, aber auch kritischer. Zunehmend wird die Rollenverteilung in der Gesellschaft, die Willkür des Mannes gegenüber der Frau, aber auch die des Vaters gegenüber den Söhnen, schließlich die Willkür des Staates und der Behörden auf- und angegriffen. Die Machtlosigkeit im Alltag, Hoffnungslosigkeit und Tristesse angesichts von Hunger und Arbeitslosigkeit, aber auch die Unterdrückung der Sexualität und die daraus resultierenden Probleme sind tragende Themen der neuen Literatur.

Wohl der wichtigste und produktivste marokkanische Schriftsteller der heutigen Zeit ist **Tahar Ben Jelloun,** der sich in seinen Romanen „Sohn ihres Vaters", „Nacht der Unschuld", „Das Gebet für den Abwesenden", „Mit gesenktem Blick", „Der korrumpierte Mann", „Zina oder die Nacht des Irrtums" oder „Das Schweigen des Lichts" mit allen brisanten Themen der marokkanischen Gesellschaft auseinandersetzt. Mit dem Bestseller „Papa, was ist ein Fremder" (2000), der sich aber nicht mit Marokko beschäftigt, wurde er auch bei uns bekannt.

Ein weiterer bedeutender Autor ist **Driss Chaibri,** der in der Schilderung des Alltags versöhnlicher ist als sein Kollege **Abdelahak Serrane,** der in seinen Romanen „Messauda" und „Söhne der engen Gassen" ein düsteres Bild der marokkanischen Wirklichkeit zeichnet.

Sehr zeitkritische Autoren sind auch **Mohammed Mrabet** und **Mohammed Choukri.** Dessen bekanntester Roman, „Das nackte Brot", wurde von *Tahar Ben Jelloun* ins Französische und von *Paul Bowles* ins Englische übersetzt und war in Marokko wegen seiner realistischen Schilderung der Armut, die mit sittenwidriger Ausbeutung einhergeht, unter dem Vorwurf der Obszönität zeitweise verboten, findet sich aber heute in allen Buchhandlungen. *Choukri* wuchs selbst in ärmsten Verhältnissen auf, lebte und arbeitete als Kind und Jugendlicher viele Jahre in Straßencafés, war im Gefängnis und beschloss dann mit 20 Jahren, Lesen und Schreiben zu lernen und sich als Schriftsteller zu betätigen. Er starb im November 2003 68-jährig an einem Krebsleiden in Rabat.

Gefängniserfahrung (als politischer Gefangener) und die Rückkehr ins normale Leben arbeitet der in Fès geborene Romanistikprofessor **Abdellatif Laabi** in seinem Roman „Kerkermeere. Bericht aus Marokko" (1990) auf. Er schreibt in französischer Sprache, vor allem Gedichte, Romane und Theaterstücke.

Eine wichtige Autorin kritischer Dokumentationen ist die Soziologieprofessorin **Fatima Mernissi,** die in Amerika studierte und jetzt an der Universität Rabat Soziologie lehrt.

Als wichtiger Schriftsteller darf **Paul Bowles,** gebürtiger und nach Marokko ausgewanderter Amerikaner, nicht vergessen werden. Er hat sowohl Romane marokkanischer Autoren nach mündlichen Erzählungen aufgeschrieben (*Driss Ben Hamed Charhadi:* „Ein Leben voller Fallgruben“) als auch Kurzgeschichten zu Marokko gesammelt. Für seine eigenen Romane wählte er auch marokkanische Schauplätze. Sein Buch „Himmel über der Wüste“ hat Weltruhm erlangt. Er verstarb im November 1999 in Tanger.

Genannt werden sollte auch **Elias Canetti,** der mit seinem Buch „Die Stimmen von Marrakesch“ bekannt wurde und ein immer noch eindrucksvolles Stimmungsbild der Stadt schuf.

Marokkanische Musik

von *Jürgen Sieberer,* überarbeitet von *Muriel Brunswig-Ibrahim*

Musik ist in Marokko allgegenwärtig. Man wird von ihr in den Straßen, den Cafés, den Souks auf Schritt und Tritt begleitet. Dabei ist der Musikgeschmack der Marokkaner sehr vielfältig; fast alles kann man hier antreffen: **Moderne westliche Musik,** vorwiegend frankophon, **klassisch arabische** und **andalusische** Musik, **moderne arabische** Musik, sei es der typisch nordafrikanische **Rai,** der in unseren Breitengraden vor allem von Sängern wie *Cheb Khaled* mit „Aisha“ oder *Cheb Mami* bekannt gemacht wurde, oder aber die **Folklore** der einzelnen Volksgruppen der Berber, Gnaoua (Gnawa) und Araber.

Die klassisch-andalusische Musik

Die klassisch-andalusische Musik geht vor allem mit einem Namen einher: **Ziryab.** Dieser begnadete Musiker kam im Jahr 820 von Bagdad nach Córdoba, wo er am dortigen Sultanshof eine Musikschule gründete, die fortan tonangebend für andalusische Musik wurde. Unter ihm entstand das zentrale musikalische Stück der Andalusier, die **Nuba,** eine Art Suite mit instrumentalen und vokalen Teilen. Unter *Ziryab* wurde auch die **Laute** zu einem kammermusikalischen Instrument. Neben der Laute, die wohl am sinnbildlichsten für die andalusische Musik ist, sind es vor allem die **Geige,** die **Tontrommeln,** die **Zither** und das **Rbab,** ein zweisaitiges Instrument, die in dieser Musikrichtung den Ton angeben. Nach *Ziryabs* Tod in Córdoba entwickelte sich die andalusische Musik weiter. Mit der Vertreibung der Araber aus Spanien gelangte die Musik nach Marokko und etablierte sich schnell in den Kunstzentren des Landes, vor allem in Fès. Hier findet man bis heute das beste andalusische Orchester, denn gerade die Fassis sind stolz darauf, diese musikalische Tradition zu bewahren und weiterzuführen, sehen sie sich doch als die Bewahrer der „echten“ andalusischen Künste.

Rai-Musik

Diese Musik erfreut sich – vor allem seit dem Hitparadenerfolg von *Cheb Khaled* mit „Aisha" – auch in Europa höchster Beliebtheit. *Rai* (arabisch für **„Meinung"**) ist eine sehr junge Musikrichtung, die in Algerien entstand und deren bekannteste Vertreter immer noch aus diesem Land kommen. Wie das Wort „Rai" schon ausdrückt, wollen hier vor allem junge Menschen (das „Cheb" vor dem Künstlernamen bedeutet „junger Mann") ihre Meinung ausdrücken. Meist verstecken sie diese in eher banalen Texten, denn die Angst vor politischen Reaktionen ist groß. Rai ist eine moderne Musik, die sich an orientalischen Weisen orientiert und dabei durchaus europäische Elemente in sich trägt, z.B. Dudelsack und spanische Gitarre.

„Marocpop"

Die zweite moderne Musikrichtung in Marokko ist eine **Mischung aus traditioneller marokkanischer Musik und allen möglichen Stilen,** die sich bisweilen auch an der westlichen Popmusik orientieren, wenn auch nicht in so massiver Form, wie man das in der Rai-Musik findet. Diese Musik ist bei der jungen und mittelalten Bevölkerung überaus beliebt. Die *Stones, Doors* und *Beatles* der Marokkaner sind die Gruppen *Lemchaheb, Jil Jilala* und *Nass el-Ghiwane*. Die Texte zeichnen sich durch äußerst sozialkritische Inhalte aus, sodass fast alle Mitglieder

ma12-6 Foto: dd

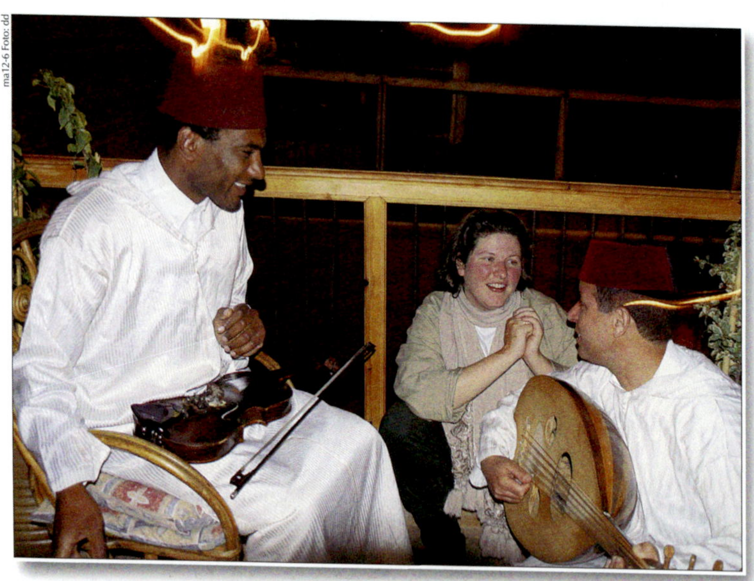

dieser Bands einige Monate im Gefängnis verbracht haben, was ihre Popularität nur enorm gesteigert hat.

Gnaoua-Musik

Die Gnaoua kamen mit den **Sklaven,** die die Saadier mit der Eroberung Timbuktus nach Marokko verschleppt hatten, nach Nordafrika, und wie alle Sklaven brachten auch sie ihre Musik, ihre Religion, ihre Tänze und ihre Kulte aus ihrer **Heimat Mali** mit und schafften es, diese über die Jahrhunderte hinweg zu bewahren. Bis heute spielen sie ihre Musik zu Riten, in denen **Geister und Dämonen** auftreten, die sich der Menschen bemächtigt haben und die es zu besänftigen gilt. Dadurch hat diese Musik eine wichtige sozialpsychologische Funktion, denn für viele psychisch Labile oder Kranke bietet sie eine Möglichkeit, durch Tanz und sich monoton wiederholende Körperbewegungen und Sprachformeln in Trance zu fallen und Aggressionen und seelische Unstimmigkeiten abzubauen.

Die Musik der Gnaoua findet man vor allem im **Süden Marokkos,** wo die meisten ihrer Herkunft leben. Sie verwenden für ihre Musik fast ausschließlich das **Saiteninstrument Hajhuj,** das zugleich als Rhythmus- und Melodieinstrument dient, und die **Qarqaba** (eine Art Kastagnetten aus Metall) als Begleitung zu dunklem, melodiösem Gesang. Außerdem findet eine große Trommel Verwendung, die man um die Schulter hängt und die mit zwei Schlegeln beidseitig bearbeitet wird.

Muriel Brunswig-Ibrahim im Gespräch mit marokkanischen Musikern

Ein beliebter Vertreter dieser Musikrichtung ist *Muallim Susu* mit der Gruppe *Hamdawa.* Ein weiterer ist *Mahmud Guinea.* Bekannt über die Grenzen Marokkos hinaus ist der aus Marrakesch stammende Gnaoua-Interpret **Hassan Hakmoun.** Seine CD mit dem Titel „The Fire within" ist auch in Deutschland erhältlich.

Berbermusik

Berbermusik wird fast ausschließlich von Berbern gehört, ist aber weit über die Grenzen des Landes bekannt. Überall dort, wo Berber leben, ist diese Musik noch lebendig. Sie ist die älteste Musikgattung in Nordafrika und wird von einigen Berbervölkern, wie z.B. den Tuareg, noch immer bewahrt, ist sie doch wichtiger Teil ihrer Geschichte und rettet ein Stück Tradition in die Moderne. Bei den Arabern findet sie keine Beachtung und wird meist als unhörbar abgetan.

Der **Ursprung der Berbermusik und -lyrik** ist in der alten Vorliebe für Dichtung zu suchen, die bei den Berbern einen großen Stellenwert besitzt und oft in Begleitung mit Musik dargeboten wurde. Diese Mischung aus Lyrik und Musik nennt man **Amarg.** Die Musik und Gesänge wurden von den Müttern an ihre Töchter weitergegeben. **Frauen** gelten von jeher bei den Berbern als Bewahrerinnen der Traditionen. Das Repertoire umfasst Wiegenlieder, Gebete, Begräbnisgesänge und rituelle Lieder bei religiösen Handlungen. Daneben gibt es die „professionellen" Sänger, die **Ruwat.** Ihre Aufgabe ist die des mittelalterlichen Minnesängers, d.h. sie fungieren als Nachrichtenübermittler, die Neuigkeiten von Dorf zu Dorf bringen und Missstände anprangern. Diese Berufsmusiker sind gänzlich im Verschwinden begriffen, das Radio hat ihre Funktion übernommen. Einige wenige Berber sind auch über Nordafrika hinaus bekannt geworden, so *Mohand u Mohand* aus der Kabylei (Algerien) oder der Tuareg *Baly Othmani,* der zusammen mit *Steve Shehan* die CD „Assouf" aufgenommen hat und damit international Anerkennung fand. Dank ihnen bleibt der Nachwelt die traditionelle Berbermusik zumindest noch für eine Weile erhalten.

Die **moderne Berbermusik** unterscheidet sich für Europäer anfänglich nicht von der arabischen Populärmusik, was sich allerdings nach genauerem Studium als Trugschluss erweist. Nicht nur die Sprache ist unterschiedlich, deutlich kann man auch den Bezug zur traditionellen Musik heraushören. Meist handeln die Lieder – darin unterscheidet sich die Musik kaum von der modernen arabischen Musik – von der Liebe. Eine in Südmarokko sehr bekannte Vertreterin dieser Musik ist *Bnat Irsmukn,* eine sehr bekannte Gruppe ist *Inerzaf.*

Kassetten von arabischen oder berberischen Musikgruppen kosten übrigens nahezu einheitlich in ganz Marokko nur 15 DH.

Musikfestivals

- **Rabat:** *Festival Mwazine Rythmes du Monde* (Mai), www.mawazine.ma; *Festival du Jazz au Chellah du Rabat* (Juni).
- **Casablanca:** *Boulevard des Jeunes Musiciens de Casablanca* (Juni), www.boulevard.ma.
- **Fès:** *Festival des Musiques Sacrées du Monde du Fès* (Juni), www.fesfestival.com; Jazz im Riad (März): Jazz-Festival in Altstadt-Palästen.
- **Essaouira:** *Festival Gnaoua* (Juni), www.festival-gnaoua.net.
- **M'hamid (Zagora):** *Festival International Nomades de M'hamid Ghizlane,* Nomaden-Festival mit Musik, Tänzen und Darbietungen in M'hamid Ghizlane, 90 km südlich von Zagora im Drâatal, www.nomadsfestival.com.
- **Dakhla:** *Festival International des Musiques Mer et Desert* (Ende Februar bzw. Anfang März).
- **Tanger:** *Festival du Jazz* (Ende Mai), www.tanjazz.org.

Volksmusik und -tänze

Die Volksmusik ist abwechslungsreicher und fantasievoller als die andalusische Musik und kennt kein grammatisches Maß. Sie ist der leichten Musik zuzurechnen, etwa wie bei uns der Schlager. Sie wird in arabischen Dialekten gesungen und ist für den Mann auf der Straße bestimmt. Man unterscheidet diverse Ausdrucksformen: Der **Griha** (bedeutet Improvisation) räumt dem Gedicht viel Platz ein und ist ein von Schlaginstrumenten begleitetes Rezitativ. Die **Aïta** (Aufruf) wird im Haouz in der Gegend von Marrakesch gesungen; sie ist ein schriller Leidensschrei, der am Ende eines von Frauen aufgeführten Tanzes ausgestoßen wird, der im Rhythmus der Klänge von Terrakotta-Tambourinen getanzt wird. Es gibt auch Schaukelgesänge, die vor allem dichterisch wertvoll sind. Zur Volksmusik gehört auch

Zugmusik, die von Tamburin- und Dudelsackkapellen und langen geraden Trompeten, *N'Fir*, bei allen Familien und religiösen Festen und Umzügen gespielt wird.

Die berberische oder ländliche Musik wird allein zum **Rhythmus des Bendir** (kreisförmige, mit Ziegenfell umspannte Trommel) gespielt. Die Tänze und Gesänge der Berber sind Schauspiele mit vielen Gedichten und reich an Ausdruckskraft, die durch die malerische Kulisse der Landschaft und Nomadenzelte besonders wirksam sind. Die Musik ändert ihren Charakter je nach Ort und Stamm.

Die **Volkstänze** werden meist **zu großen Festen** nachts um ein Holzfeuer getanzt. Bei diesen Gelegenheiten tragen die Frauen die schönsten Kleider und wertvollen Schmuck. Diese Volksfeste dürfen nicht mit Moussems verwechselt werden (s.u.). Sie sind Ausdruck der Lebensfreude der jeweiligen Region und keine religiösen oder kulturellen Veranstaltungen.

Fantasia

Die Fantasia ist kein Tanz, sondern ein **Reiterspiel,** ein Höhepunkt diverser Feste und Festspiele. Die prachtvoll geschmückten Pferde und Reiter jagen in einer Staubwolke dahin und halten jäh an, begleitet vom Knallen aller Pulverflinten der Reiter.

Eine hervorragende Vorstellung der besten Gruppen und bekanntesten Volkstänze bietet das **Folklore Festival in Marrakesch** *(Festival des Arts Populaires),* welches jährlich Ende Juni oder Anfang Juli stattfindet.

Moussems

Ein Moussem (arab. **Mausim**) ist eine Wallfahrt zum Grab eines Heiligen. Und da fast jedes Dorf einen Dorfheiligen hat, der in einem Marabout begraben ist, findet dort auch jährlich ein Moussem statt, d.h. zu einem bestimmten Datum oder einer festgelegten Jahreszeit wird am Grab des Heiligen zu dessen Ehren ein Fest gefeiert. Moussems stellen eine Mischung aus Wallfahrt, Volksfest und Jahrmarkt dar. Je nach Charakter finden sich bisweilen Tausende von Marokkanern ein, um um Vergebung zu bitten, Segen zu empfangen, Wünsche zu äußern oder Handel zu treiben.

Moussems werden häufig **auf islamische Feiertage gelegt,** die wiederum nach dem islamischen Kalender, der sich nach dem Mond richtet, stattfinden; dadurch verändern sich die Termine der Feste in jedem Jahr. Hier eine Aufstellung von großen Moussems, die regelmäßig stattfinden:

- **Fest der Mandelblüten (Tafraout):** Die Bevölkerungsgruppe der Ammeln feiert die Blüte der Mandelbäume. Das Fest soll eine ertragreiche Ernte beschwören.
- **Moussem International Feminin d'Asilah:** Frauen-Festival in Asilah an der nördlichen Atlantikküste nahe Tanger; Kultur und Kunst, Musik, Tänze und Darbietungen im März.
- **Fête des Cires de Salé:** Wachs-Festival in Rabat/Salé mit Kerzen-Umzug im April.
- **Rosenfest (Kelâa M'gouna):** Anfang Mai zur Rosenblüte in Kelâa M'gouna, nahe Ouarzazate, dem Rosenzentrum des Landes. Mit blumengeschmückten Frauen und Paraden, Tänzen etc. Sehr touristisch, aber auch sehr malerisch.
- **Moussem de Cheikh Sidi Mohammed Laghdaf (Tan Tan),** „Moussem der Blauen Männer“: Meist im späten Frühjahr (Ende

Mai, Anfang Juni). Nach dem Gebet am Marabout wird eine Kamelstute geopfert. Hier wird auch der „Tanz der Guedra" getanzt.

- **Fête de la Cerise (Sefrou):** Das traditionelle Kirschenfest zur Kirschernte.
- **Moussem de Gouelmim (Asrir):** *Grand foire aux chameaux Guera,* meist Anfang Juni, oft als „Souk der Kamele" bezeichnet.
- **Moussem de Mulay Idris de Zerhoun (Mulay Idris):** An drei aufeinanderfolgenden Wochen jeweils Mittwoch, Donnerstag und Freitag im Juli, wobei die letzte Veranstaltungswoche die lohnendste sein dürfte. Das **bedeutendste Fest des Landes** zu Ehren des ehemaligen Königs und Staatsgründers, der auch als Marabout verehrt wird.
- **Moussem Mulay Idris El Azhar (Fès):** *Mulay Idris El Azhar* war Gründer der Stadt Fès. Gerber, Kupfer- und Messingschmiede sowie Händler opfern Rinder und zünden riesige, bunt bemalte Kerzen an. Dieser Moussem gilt als Dank der Stadt an ihren Begründer und findet im September oder Oktober statt.
- **Moussem de Mulay Abdallah:** Ende August in einem Dorf der Provinz El Jadida. Sein Ruf gründet sich auf die fantastischen Fantasias, die dort vorgeführt werden.
- **Moussem de Sidi Ahmad ou Moussa (Tiznit):** August oder September. Er dauert fünf Tage und beginnt jeweils am dritten Donnerstag des Monats.
- **Moussem des Fiancailles (Imilchil),** „Moussem der Verlobten": Mitte September. Hier werden von den Eltern Ehen gestiftet, und am dritten Tag finden auch Trauungen statt. Sehr touristisch, mit Markt. Am besten am Freitag schon anreisen um das normale Markttreiben mitzubekommen.
- **Moussem de Dattes (Erfoud):** Anfang Oktober zur Dattelernte.
- **Moussem de Cheikh el Kamel (Meknès):** Findet während der Maulad-Feiertage statt. Maulad ist der Geburtstag Mohammeds und verschiebt sich jährlich mit dem islamischen Kalender.

Erkundigen Sie sich im Touristenbüro der jeweiligen Stadt oder Provinz nach den genauen Terminen. Einen guten Überblick über alle Feste in Marokko mit Daten findet man auf der Homepage des marokkanischen Fremdenverkehrsamtes www.visit-maroc.com sowie unter www.marokko.com.

Bei den Städtebeschreibungen im Routenteil finden Sie jeweils eine Auflistung der Feste und Moussems innerhalb der Stadt und der zugehörigen Provinzen, wobei es bei dem Besuch kleiner örtlicher Moussems schon eines gewissen Fingerspitzengefühls bedarf, um nicht als störender Fremder unangenehm aufzufallen.

Neben den traditionellen Volksfesten und Moussems gibt es noch eine Reihe von **Fremdenverkehrsfesten und Festwochen,** die vom Fremdenverkehrsamt oder Tourismusministerium veranstaltet werden. Die Veranstaltungen finden zum größten Teil im Sommer statt und dienen ausschließlich dem Tourismus.

Pflanzen- und Tierwelt

in Zusammenarbeit
mit *Carola Stoob,* Ethologie
und Wildforschung, UZI, Zürich

Bemerkenswert an Marokko ist nicht eine bestimmte Landschaftsformation oder das einzigartige Vorkommen von Pflanzen und Tieren, sondern der **Wechsel** und das zum Teil **sehr krasse Nebeneinander der verschiedenen Landschaftstypen.** Zwischen Laub-Mischwald und Wüste sind alle Übergänge anzutreffen, dazu kommen zwei verschiedene Küstenregionen und spezielle Kulturformen wie die „sagenhaften" künstlich bewässerten Gärten aus 1001 Nacht, die Palmenhaine und die Oasen.

Marokko ist ein **Agrarland**, und ein großer Teil der Produkte dient der Subsistenz der einheimischen Bevölkerung. Die Landwirtschaft ist auf natürlich vorkommendes Wasser angewiesen (Täler, Wadis, Oasen). Dessen Ausnutzung wird durch Bewässerungssysteme verbessert. Unter solchen Voraussetzungen fallen zunächst Kulturpflanzen und Haustiere oder sogenannte Kulturfolger, z.B. Spatzen, ins Auge.

Die **wichtigsten Kulturpflanzen** sind etwa: Olivenbäume (= Ölbaum), Pistazien, Lorbeer, Drum- oder Dattelpalmen, Agaven, Feigenkaktus, Agrumen (das sind die Bäume, die die Zitrusfrüchte liefern), Mandel, Pfirsich, Maulbeere, Walnuss, Feige, Wein, Banane, Baumwolle, Weizen, Gerste, Hirse, Paprika, Artischocke, Aubergine, Mais, Eukalyptus, sog. Mimosen (es sind aber Akazien), Oleander, Thuja, Zypressen, Pappeln und Arganien. Einige dieser Pflanzen sind uns aus dem Supermarkt durch ihre Früchte oder andere essbare Teile längst bekannt, trotzdem kann die Entdeckung der ganzen Pflanze zum Erlebnis werden – meine erste Artischocke, die als Riesen-Distel daherkam, hat mich jedenfalls beeindruckt!

Marokko lässt, bedingt durch die unterschiedliche Höhe und Klimazonen, sowohl **Mittelmeervegetation** wie auch eine **tropische Vegetation** zu. Diesen Vorteil nutzen zahlreiche Hotels, indem sie ihre Gärten zu wahren Pflanzenparadiesen gestalten: so wachsen zwischen verschiedensten Palmenarten prachtvoll leuchtende Bougainvilleen, Jacarandas, Kakteen, Agaven, Bambus- und sogar Bananenstauden.

Vor allem die **Rosenzucht** hat in Marokko eine lange Tradition. Wer Ende Mai bis Ende Juni durch Marokko reist, wird den Duft der Rosen, der aus Haus-, Hotel- und Oasengärten strömt, nicht mehr vergessen. Rosen werden entlang der Oasen der Straße der Kasbahs als Nutzpflanzen geerntet und zu Rosenwasser und Rosenöl, auch als Grundsubstanz für Parfüms, verarbeitet.

Nutztiere sind Geflügel, Schafe, Ziegen, Rinder, Pferde, Kamele, Esel und Maultiere. Hunde und Katzen sind nicht eigentlich „Haustiere", sondern führen in Marokko ein recht freies, wildes Leben. Kamel, Pferd, Esel und Maultier sind traditionelle Transportmittel.

In den Lebensraum der Kulturpflanzen gehört selbstverständlich auch eine Reihe von Tieren, die der Mensch nicht direkt nutzt oder als schädlich bezeichnet. Aufgrund der Temperaturen ist Marokko ziemlich ideal für **Insekten.** Diese bilden die **Nahrungsgrundlage für Reptilien** (z.B. Eidechsen, Geckos, Skinke), **Vögel, Nagetiere** und – systematisch – sog. **Insektenfresser** (das sind z.B. Igel und Spitzmäuse). Man findet hier neben „alten Bekannten" wie Bienen, Ameisen, Tag- und Nachtfaltern, Spinnen, Smaragdeidechsen, Tauben, Spatzen,

Nachtigallen, Käuzen, Eulen, Mäusen und Igeln auch Arten, die man bei uns gar nicht oder höchst selten zu Gesicht bekommt: den Dungkäfer Skarabäus oder den echten „heiligen" Skarabäus, die „biblische" Wanderheuschrecke, Fangschrecken, die Maulwurfsgrille, den Hirschkäfer, Skorpione, den Mauretanischen Mauergecko, Hausammer, Steinsperling, verschiedene Grasmückenarten (z.B. Cistensänger), Blaumerle, Bienenfresser, Blassspötter, Heckensänger, Zwergohreule und diverse Spitzmausarten.

Atlantikküste und Mittelmeer

Der **reine Sandstrand und ein Strand aus Kies** verdanken ihren optischen Reiz vielleicht gerade der Abwesenheit von Pflanzen und Tieren – als Biotope sind sie **vergleichsweise artenarm.** Für Pflanzen bieten sie beispielsweise keine Möglichkeit der Verwurzelung, und nur wenige Spezialisten vertragen Salzwasser (sog. Halophyten wie Sode, Queller, Salzkraut).

Ein typischer Bewohner des Sandstrandes ist der **Sandflohkrebs** *(Talitrus),* der aber lieber in gestrandeten Algen Deckung sucht, als dass er auf dem bloßen Sand umherhüpft. Die meisten anderen Sandbewohner graben sich ein und bilden dabei eine röhrenförmige Behausung (Borsten- und Sandröhrenwürmer). Auf dem Sand direkt unter Wasser leben nur wenige vegetarische oder räuberische Schnecken, z.B. die Hornschnecke, *Cerithium,* die Netzreusenschnecke, *Nassarius,* und die Halsbandschnecke *(Natica).* In tieferem Wasser oder in Tümpeln mit stehendem Meerwasser können sich Algen entwickeln und bereits einer größeren Vielfalt von Tieren als Lebensraum dienen.

An **felsigen Küsten** entfaltet sich dann der ganze **Artenreichtum des Meeres** – mal abgesehen von der Möglichkeit, dass die Einleitung von Abwässern oder die letzte Tankerkatastrophe dort ihre nachhaltigen Wirkungen hinterlassen haben. Es ist unmöglich, an dieser Stelle die verschiedenen Schwämme, Seeigel-, Seestern-, Muschel-, Schnecken-, Krebs- und Fischarten aufzulisten.

Der Rand des Festlandes ist vor allem dort, wo er für den Menschen „unattraktiv" oder schwer zugänglich ist (etwa als Steilküste oder verschlammte Flussmündung), ein **Rückzugsgebiet für Wasservögel.** „Besucher" sind eigentlich immer „ungebetene Gäste", und man sollte die Tiere daher nur durch ein Fernglas beobachten.

Wald

Neben den tropischen Wäldern stellt sich der Tiergeograf unter „Wald" vor allem die sommergrünen Laubwälder gemäßigter Breiten vor, die sich überwiegend aus Eichen, Buchen und Ahorn zusammensetzen. Diesen Waldtyp wird man in Marokko jedoch vergeblich suchen, aber aufgrund der Restbestände nimmt man an, dass vor ein paar tausend Jahren das Rif, der Mittlere und der Hohe Atlas dicht bewaldet waren.

Die **Atlas-Zeder** *(Cedrus atlantica)* ist – wie der Name schon sagt – der typische Baum Marokkos und eine der wenigen ursprünglichen Arten. Sie wird im Rahmen von Aufforstungsprogrammen zusammen mit Libanon-Zedern *(C. libani)* und eingeführten Kiefern *(Pinus)* und Tannen *(Abies)* kultiviert. Auch Korkeichen *(Quercus suber)* sind in Marokko heimisch und bildeten vermutlich mit Stein- und Kermeseichen *(Q. ilex, Q. coccifera)* den ursprünglichen, immergrünen Eichenwald bis in eine Höhe von 1100 m. Weiter oben findet man Thuja und Wacholder *(Cupressaceen)*.

Reiner **Nadelwald** ist wegen der Ansäuerung der Böden ein recht schwieriger Lebensraum. Nadelbäume haben jedoch den wirtschaftlichen Vorteil, dass sie geringere Ansprüche an die Bodenbeschaffenheit und Wasserversorgung stellen und relativ schnell wachsen. Die Aufforstung der Zedern- und Eichenwälder mit teilweise nicht heimischen Laub- und Nadelbäumen ist ein Kompromiss zwischen den Nutzungsaspekten des Waldes und dem Bedürfnis nach Erhaltung oder Wiederherstellung einer relativ ursprünglichen Vegetation und Tierwelt.

Zum Wald gehören pflanzenfressende oder -saugende **Insekten:** Blattkäfer, Rüsselkäfer (an verschiedenen Eichenarten), *Coccinelliden* (erinnern an Marienkäfer – der VW-Käfer heißt auf Französisch *coccinelle*), *Chrysomeliden* (kleine, gedrungene, metallisch glänzende Käfer; eine Art ist auf Minze spezialisiert), Schmetterlinge und ihre Raupen, Bienen, Ameisen, (Holz-)Wespen und Zikaden – um nur einige zu nennen. „Ameisenlöwen", Wanderheuschrecken und Maulwurfsgrillen trifft man eher an trockenen Standorten. Hundert- und Tausendfüßler (die einen meint man gerade noch zählen zu können, bei den anderen versucht man es gar nicht mehr), Laufkäfer (dazu gehören die beiden häufig anzutreffenden Skarabäusarten) sowie Spinnen leben eher im Verborgenen.

Wegen der Vielfalt der Nahrungsquellen und der guten Deckung ist der **Wald bzw. der Waldrand bei Vögeln**

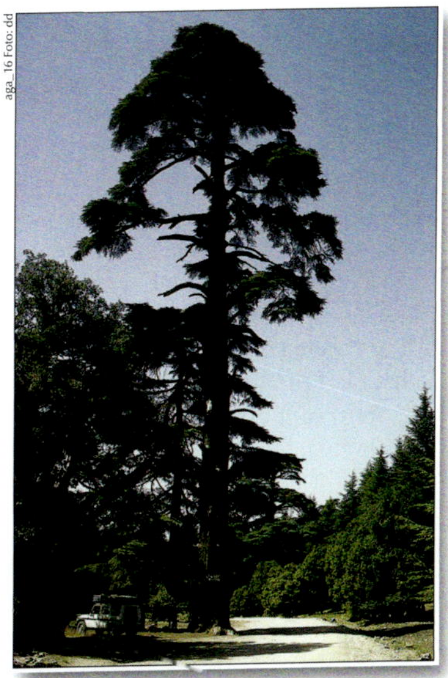
aga_16 Foto: dd

Die Atlas-Zeder, der für Marokko typische Baum

aga10_001 Foto: ad

Berberaffen im Mittleren Atlas

beliebt. Kuckuck, Eichelhäher, Grün- und Buntspecht, Amseln, Drosseln, Finken – Stare weniger –, aber Baumläufer, Meisen, Nachtigall, Fitis, Rotkehlchen, Ammern, Würger, Dorn- und Mönchsgrasmücke, Ziegenmelker, Uhu und Waldohreule sind entweder „alte Bekannte“ oder kommen in einer nah verwandten spezielleren Art vor: zum Beispiel Einfarbstar, Häherkuckuck, Rothalsziegenmelker, Zaunammer, Alpendohle, Berglaubsänger und Rotflügelgimpel. Spezielle Bewohner Marokkos sind z.B. die Atlasgrasmücke, der Diademrotschwanz und der Blauwangenspint.

Nagetiere wie Eichhörnchen und Mäuse gehören in den Wald, und in Marokko kommen zudem Stachelschweine *(Hystrix christata)* vor. Spezialisierte Insektenfresser sind der Wanderigel *(Erinaceus algirus)* und die Rot- und Weißzahn-Spitzmäuse (*Soricidae, Crociduridae* = Wimpernspitzmäuse), die aber auch einen Wurm nicht verschmähen. Neben dem Fuchs, dem marderartigen Wiesel, Dachs und Fischotter könnten in den marokkanischen Wäldern auch Ginsterkatzen *(Genetta genetta)*, Luchse und der Serval *(Felis lynx, F. serval)* vorkommen. Es soll noch Leoparden

(Panthera pardus) und Berberhirsche *(Cervus elaphus barbarus)* geben, aber es fehlen aktuelle Angaben dazu. Wildschweine *(Sus scrofa)* gibt es genug, da sie kaum gejagt werden.

Erwähnenswert im Vergleich zur heimischen Fauna ist sicher das Vorkommen der **Berberaffen** (*Macaca sylvanus*, franz. *magot*). Marokko besitzt - neben Algerien - die letzten nennenswerten Bestände dieser schwanzlosen, „winterfesten" Affenart, die vor den Kaltzeiten auch in Europa verbreitet war.

Stehende und fließende Gewässer bilden einen eigenen Lebensraum innerhalb des Waldes. Hier kommen Rohrkolben *(Thypha)*, Binsen *(Juncus)*, Süßgräser *(Poaceen)* und „passende" Tiere vor: Libellen, Barben, Hechte, Forellen (eingeführt), Frösche, Kröten, Salamander, Wasserschildkröten, (Bach)stelzen, Wasseramseln, Eisvögel und Gebirgsstelzen.

In felsige, höhere Lagen können sich Mufflons *(Ovis ammon)* und Mähnenschafe *(Ammotragus lervia)* zurückziehen. Einige Vogelarten bevorzugen die Felsen als unzugängliche Brutplätze (beispielsweise Greifvögel, verschiedene Segler, Blaumerle oder Alpenbraunelle).

Stachelschwein, Fuchs und Hase sowie die Landschildkröte und verschiedene Greifvogelarten kommen auch im offeneren Gelände und in den sich an den Wald anschließenden trockeneren Regionen vor. In diesen **Übergangsgebieten** kann man außerdem gestreiften Hyänen *(Hyaena hyaena)* begegnen.

Trockengebiete

Die **Macchie** (franz. *le maquis*) besteht aus immergrünen Sträuchern und Bäumen mit harten Blättern (1-6 m hoch). Dazu gehören Lorbeer *(Laurus)*, Erdbeerbaum *(Arbutus unedo)*, Myrte *(Myrtus)*, Lentisken *(Pistacia lentiscus)*, Rosmarin, Ginster *(Genista)*, Kreuzdorn *(Rhamnus)*, Baumheide *(Erica)* und aromatische Büsche wie Lavendel und Thymian. Sie bilden ein dichtes Gewirr von Zweigen und Ästen. Ihren Namen verdankt die Macchie der spanischen Bezeichnung für eine charakteristische Pflanze, die Zistrose *(Cistus)*.

Auf durchlässigem Kalkstein degeneriert die Macchie zur **Garrigue** (auch *Garide*). Die Vegetation besteht aus **niederwüchsigen,** ca. 1 m hohen **Sträuchern und Polsterpflanzen.** Zwischen bloßem Felsen wachsen z.B. Stechginster, Lavendel, Salbei und andere Gewürz- und Heilkräuter. Übergänge zu den Vegetationstypen Steppe und Wald kommen vor; oft sind die Gebiete nur kleinräumig und liegen wie Inseln zwischen anderen Regionen. Größere Areale, die aber auch unter menschlichem Einfluss stehen, befinden sich in der Meseta (Atlantikküste nördlich von Agadir bis Rabat und landeinwärts bis an den Fuß des Hohen und Mittleren Atlas) und in der Ebene von Sebou, die sich nordostwärts daran anschließt. Auch in der Garrigue gibt es Korkeichen, die hier aber nur Strauchhöhe erreichen.

In diesem Vegetationstypus sind **manche Tiere leichter zu finden und**

besser zu beobachten als im Wald oder in der Macchie: Ein einzelner Tritt kann eine Vielzahl von ihnen aufscheuchen. Man kann ihnen dann vorsichtig folgen. Wieder sind Insekten und insektenfressende Arten stark vertreten. Es gibt spezielle Heuschrecken, Spinnen (z.B. die Wolfsspinne *Lycosa*), Eidechsen, Schlangen und Vögel. Landschildkröten aufzuspüren, ist dagegen nicht so einfach. Skorpione lieben dunkle, feuchte Unterschlupfe, die sie nicht nur unter Steinen, sondern manchmal auch in Camper-Schuhen finden. Eine gewisse Vorsicht ist daher angebracht. Lässt man ihnen die Wahl, ziehen **Skorpione** und **Schlangen** auf jeden Fall die Flucht dem Angriff vor.

In der Garrigue gibt es auch **Chamäleons,** man muss sie nur finden – ihrer Anpassungsfähigkeit entspricht der Mangel an natürlicher Deckung. Dieser Mangel zieht eine Reihe von **Greifvögeln** (Bussard, Falke, Milan, Sperber, Steinadler oder gelegentlich die selteneren Schlangen-, Habichts- und Steppenadler) an, die Jagd auf kleinere Wirbeltiere machen. Verhältnismäßig häufig kann man im Bereich der Sous-Mündung und entlang der südlichen Atlantikküste das gestreifte **Zieselhörnchen** beobachten *(Xerus erythropus),* das nur einen Streifen auf der Flanke hat und ca. 20 cm groß ist. Sein Vetter, das **Atlashörnchen** *(Atlantoxerus getulus)* lebt an der Atlantikküste bis hinauf in die Höhen des 4000 m hohen Atlasgebirges, ist viel kleiner, besitzt drei helle Streifen auf der Flanke und hat einen körperlangen, buschigen Schwanz. Kleinere **Vögel** leben eher von Insekten, z.B. der Bienenfresser *(Merops apiaster)* und der Wendehals *(Jynx torquill)* sowie verschiedene Grasmückenarten (z.B. Brillen-, Weißbart-, Provence- und Samtkopfgrasmücke). Die verschiedenen dort vorkommenden Lerchenarten und die Wachteln bevorzugen „gemischte" Kost. Vor allem in der Dämmerung und in der Dunkelheit sind der Ziegenmelker *(Caprimulgus),* die Zwergohreule *(Otus scops),* der Steinkauz *(Athene noctua)* und Fledermäuse *(Hufeisennasen, Rhinolophus)* unterwegs auf der Jagd nach Insekten und anderen kleinen Tieren.

Natürliche Trockengebiete

Einiges spricht dafür, dass **Macchie und Garrigue** im Bereich der Mittelmeerküsten als Trockengebiete nicht auf klimatische Einflüsse, sondern vielmehr auf die **Einwirkung des Menschen zurückzuführen sind.**

Daneben gibt es in Marokko verschiedene **Formen natürlich entstandener Trockengebiete,** wo aufgrund der Bodenverhältnisse, Niederschläge und Temperaturen keine Bäume wachsen. Dort können nur Pflanzen und Tiere vorkommen, die besondere „Techniken" entwickelt haben, um ihren Wasserverbrauch einzuschränken. Viele Pflanzen wirken z.B. unscheinbar, weil die Blattoberflächen klein und die Stengel hart und holzig sind. Sprosse werden in Dornen umgewandelt und Blätter mit Haaren und Borsten versehen. Unauffälligkeit, Verholzung und Dornbildung schützen zugleich gegen saugende Insekten und Verbiss der Triebe durch Weidetiere. Charakteristisch für die Trockengebiete sind Dornsträucher wie beispielsweise der Kameldorn *(Zizyphus lotus)* und die Tamarisken *(Tamarix)*. In der atlantiknahen Sahara findet man in Strauchwüsten (z.B. *Rhus oxiacantha*) auch kaktusähnliche Wolfsmilchgewächse *(Euphorbiaceen)* und Arganien, in denen Ziegen klettern, um die Früchte zu fressen. Räumlich begrenzt, z.B. im Hohen Atlas und am Djabal Sarho, treten Trocken- und Wüstensteppen mit Halfa- oder Espartogras auf *(Stipa tenacissima, Lygeum spartum)*. Das Halfagras, das einen durchlässigen Standort bevorzugt, verdankt sein Überleben in den trockenen Gebieten vermutlich seiner Nützlichkeit: Im 19. Jahrhundert wurden seine hervorragenden Eigenschaften für die Papierherstellung entdeckt (Geldscheine, Zigarettenpapier), und es wird gelegentlich kultiviert.

Am Südfuß des Hohen Atlas begegnet man neben Kameldorn *(Zizyphus lotus)* und Akazien dem Kapernstrauch *(Capparis spinosa)* und an feuchten Standorten durchaus Oleander *(Nerium oleander)*.

An die mit Graspolstern durchsetzt e **Strauchwüste** schließt sich die **Hammada** mit Dornpolsterpflanzen (z.B. *Limoniastrum,* Bleiwurzgewächse) an. Dazwischen gibt es Areale mit Pflanzen, die die hohen Salzkonzentrationen im Boden vertragen, z.B. spezielle Sodenarten. Allmählich geht die Vegetation über in „echte" Wüste, deren „klassischer" Dornbusch, *Zilla spinosa,* ein Verwandter unserer Kohlpflanzen *(Brassicaceae)* ist. Einzelne Dünenstandorte *(nebkas)* bestehen u.a. aus Kameldorn, Retam *(Retama raetam),* Tamarisken, „Salzbusch" *(Atriplex),* Drinn *(Aristida pungens)* und „Keuschlamm" *(Vitex agni castus)*.

In diesem **Übergangsbereich zur echten Sandwüste** findet sich ein relativ **reiches Tierleben,** vor allem Insekten, Reptilien und Vögel: Felsenhühner, Trappen, Rennvogel, Steinschmätzer- und Lerchenarten, Triele, Flughühner (in Wassernähe), Felsen- und (evtl.) Brachschwalbe.

Die **Wüste** beherbergt Vertreter verschiedener Echsenfamilien mit sprechenden Namen wie Fransenfinger, Wüstenrenner, Dornschwanz oder Wühlechse (sog. Skinke). Skorpione und Schlangen (z.B. die giftige Hornviper, *Cerastes cerastes*) hinterlassen deutliche Spuren im Sand. Viele Arten sind aber nachtaktiv und graben sich tagsüber ein. Von Insekten, Schlangen und Echsen ernährt sich z.B. der Wüstenigel *(Parechinus aethiopicus)*. Größere Wirbeltiere, die von kleineren leben, passen sich deren Nachtleben an: z.B. die Sandkatze *(Felis margerita),* der Wüstenluchs/Caracal *(F. caracal)* und der Wüstenfuchs/Fennek *(Fennecus zerda)*. Umgekehrt vermeiden die Mhorr-, Dorcas- und Edmi-Gazellen, die vom spärlichen Pflanzenbewuchs leben können und nicht regelmäßig trinken müssen, ihre möglichen Feinde, indem sie tag- bzw. dämmerungsaktiv sind. Auch das Gundi, ein Verwandter der Meerschweinchen, ist dämmerungsaktiv und ein reiner

Pflanzenfresser. Seine Nagetierverwandten, die Mäuse, nutzen alle Nahrungs- und Zeit„nischen“: Tagsüber ist die Wüste der Tummelplatz für die Sandrennmaus *(Psammonys obesus)*, Springmäuse *(Jaculus)* sind nachtaktiv, die Stachelmaus *(Acomys)* dämmerungsaktiv.

Im Bereich der **Wadis und Oasen** kommen aufgrund der Feuchtigkeit wieder Tier- und Pflanzenarten vor, die stärker auf Wasser angewiesen sind, z.B. findet man hier verschiedene Natternarten (Vipernnatter, Diademnatter und die Sandrennatter) sowie Arten, die die Nähe des Menschen vertragen.

Nationalparks und Naturreservate

In Marokko gibt es bzw. entstehen zehn Nationalparks und 14 Naturschutzgebiete, die über das ganze Land verteilt sind.

Nationalparks

Als erster Nationalpark wurde 1942 der **Parc National du Toubkal** ausgewiesen, der 38.000 ha groß ist. Wie der Name bereits aussagt, umfasst dieser Park, das Gebiet um den höchsten Berg Marokkos, den 4167 m hohen Djabal Toubkal, der ca. 60 km (Luftlinie) südlich von Marrakesch im Hohen Atlas liegt. In den Höhen zwischen 800 m und 4000 m leben 16 verschiedene Säugetierarten, 50 verschiedene Vogelarten und zahlreiche Amphibien sowie Fischarten. Die bekanntesten Spezies sind das Mähnenschaf *(Moufflon à manchettes)* und der Lämmergeier. In diesem Park sind die meisten endemisch vorkommenden Pflanzenarten Marokkos zu finden. 15% des Parks sind mit Wald bedeckt, in dem die ältesten Eichen und Thujen des Landes wachsen. Auch zahlreiche Felsgravuren, die mehr als 5000 Jahre alt sind, gibt es im Nationalpark zu entdecken.

Bereits 1950 wurde der zweite Nationalpark – der **Parc National du Tazzekka** – auf einer Fläche von 680 ha rings um den Djabal Tazzekka (1980 m) ausgewiesen, um die Zedern auf dem Gipfel des Berges zu schützen. Er liegt ca. 80 km östlich von Fès und wurde auf 12.800 ha ausgeweitet, um die weitere Region mit ihren Wäldern und zahlreichen Höhlensystemen, vor allem die größten Tropfsteinhöhlen Nordafrikas – die Friatou-Grotten – mit einzubeziehen. Wichtige Wasserresourcen, Zedern- und Korkeichenwälder, 506 verschiedene Gefäßpflanzen (höhere Pflanzen mit Leitsystemen für Wasser) und verschiedenste Wildarten wie Hirsche, Rehe, Wildschweine, Wiesel, Luchs, Ginsterkatze, Igel, Stachelschwein und viele Fledermausarten, sind hier zu Hause. Der seltene Berberhirsch wurde 1993 wieder angesiedelt.

Erst 1991 entstand der nächste Nationalpark, diesesmal an den Mündungen des Oued Sous und Oued Massa in den Atlantik, südlich von Agadir. Der **Parc National de Souss-Massa**

aga08-152 Foto: ch

ist 34.000 ha groß und beherbergt 257 Vogelarten, 46 Säugetierarten, 40 Reptilien- und Amphienarten, neun verschiedene Fisch- sowie zahlreiche Schmetterlingsarten. Im Park ist weltweit noch das einzige Vorkommen des kahlköpfigen **Ibis (Waldrapp)** zu verzeichnen, der bis zum 17. Jahrhundert noch in den Alpen lebte und heute bis auf die Regionen nördlich und südlich von Agadir ausgestorben ist. Auch die seltene **Wassereule** ist hier beheimatet. Dorcas- und Mhorr-Gazellen, Oryx-. und Addaxantilopen, aber auch Strauße wurden hier ausgewildert. Dieses Gebiet liegt in einer Übergangszone, das vom gemäßigten Mittelmeerklima zum tropischen und saharaischen Klima übergeht, aber trotz weniger Niederschläge eine hohe Luftfeuchtigkeit, infolge der Temperaturunterschiede zwischen heißem Inlandsklima und dem vorbeiziehenden kalten Kanarenstrom, vorzuweisen hat. So ist durch dieses Klima auch ein großer Artenreichtum an Pflanzen zu verzeichnen. Verschiedenste Euphorbienarten, Dünengräser, Steppenvegetation und Arganienbäume sind hier zu finden. Die Feuchtzonen entlang der Flüsse bieten den Vögeln ideale Voraussetzungen zum Über-

Wassereule im Nationalpark Souss-Massa

wintern, sodass dieser Nationalpark ein beliebtes Durchzugsgebiet von Zugvögeln aus Europa ist.

Der **Nationalpark Al Hoceima** an der Mittelmeerküste umfasst 47.000 ha und schließt weite Zonen des Mittelmeers mit ein. Dieser landschaftlich einzigartige Küstenstreifen, mit klaren Felsbuchten und vorgelagerten Inseln, ist nur dünn besiedelt und kaum durch Straßen erschlossen. So konnten sich hier die fast ausgestorbene Mönchsrobbe, aber auch drei Delphin- und 69 Vogelarten erhalten. Zahlreiche Muscheln, Krustentiere, Fischarten und Schnecken leben im glasklaren Meereswasser.

Wenig bekannt ist der 60.000 ha große **Nationalpark Talassemtane** im Rif, zwischen Ceuta und Assifane. Das schroffe, calciäre Gestein bildet spektakuläre Felslandschaften mit Wäldern, Schluchten und fantastischen Aussichtspunkten. Mehr als 239 Pflanzenarten – erwähnt sei vor allem die Atlaszeder, die Schwarzkiefer und die einzige marokkanische Tannenart „abies marocana" – wachsen hier. 37 Säugetierarten, so auch der in Nordafrika beheimatete Berberaffe, leben in den Wäldern und finden Unterschlupf in den zahlreichen Höhlen. Von den 117 vorkommenden Vogelarten sind besonders der Lämmergeier und der Goldadler erwähnenswert.

Auf 53.000 ha dehnt sich der **Parc National d'Ifrane** im Mittleren Atlas. Dieses einzigartige Gebiet mit zahlreichen kleinen Vulkanseen, Flüssen, Quellen, Grotten und vielen Zedern- und Eichenwäldern ist aufgrund seiner kargen, steinigen Böden kaum besiedelt. Nur im Sommer findet man hier Halbnomaden, die ihre schwarzen Wollzelte auf den Hochplateaus aufstellen und ihre Schafen und Ziege hier weiden lassen. Diese Region ist das Gebiet mit den größten zusammenhängenden Zedernwäldern in Marokko. 37 verschiedene Säugetierarten gibt es hier. Deren in dieser Region wichtigster Vertreter, der Berberaffe, hat hier sein größtes Siedlungsgebiet, und auch wenige Leoparden soll es noch geben. 142 verschiedene Vogelarten und 33 verschiedene Amphibien- und Reptilienarten und so seltene Fische wie die Fario-Forelle sind hier noch heimisch.

Der **Parc National du Haut-Atlas Oriental** liegt im Hochgebirge zwischen einem relativ feuchten Gebiet im Norden und einer trockenen wüstenartigen Zone im Süden. Er umfasst 49.000 ha und zieht sich entlang der bis zu 3000 m hohen, schwer zugänglichen Hochplateaus um Imilchil. Die Berghänge sind im Norden von Zedern, Steineichen, Mittelmeerpinie, Thujen und Wacholder bewachsen und von zahlreichen Wasserläufen durchzogen, während auf den trockenen, zum Süden weisenden Hochebenen hauptsächlich Dornbuschgewächse wie der *Erinacea pungens* wachsen und, abgesehen von den Flussauen entlang der Siedlungsgebiete, keine Bäume mehr gedeihen. In dieser wilden, kargen Landschaft leben die letzten Leoparden und Berggazellen, und auch eine größere Population von Mähnenschafen ist noch anzutreffen.

Der **Parc National d'Iriqui** soll nahe der Grenze zu Algerien, südlich von Zagora, entlang des Wadi Drâa und des nur sehr selten wasserführenden Sees Lac Iriqui entstehen. Er wird im Norden durch die Ausläufer des Anti-Atlas bei dem Ort Foum Zguid begrenzt. Dieses Gebiet gehört bereits zur Sahara und kann die typische Wüstenflora und -fauna im Übergang zur Savanne vorweisen. Die goldgelben Sandgebiete sind mit Tamarisken und Akazien, diversen Wüstengräsern und Dornbuschgewächsen bewachsen, zwischen denen Dorcasgazellen, Wüstenschafe, Reptilien, Chamäleons, Geckos, Wüstenwarane und auch der Wüstenfuchs viele Verstecke finden. Auch hier sollen Oryx- und Addaxantilopen sowie Strauße ausgesetzt werden. Dieser Park ist mit Hilfe der deutschen GTZ (Gesellschaft für technische Zusammenarbeit) in Planung, jedoch scheiterte das Projekt bislang daran, dass die Gazellenjagd in der Region nicht verboten wurde, da das Gebiet für lukrative Jagdreisen marokkanischer Unternehmer mit saudi-arabischen Gästen genutzt wird.

Die im Folgenden beschriebenen Nationalparks existieren ebenfalls nur auf dem Papier:

Im Bereich des unteren Drâa, zwischen Djabal Bani und Djabal Ouarzik, entsteht der **Parc National du Bas Drâa.** In diesem Park, mit seinen schroffen Wüstenbergen und sandigen Tälern, gibt es noch große Bestände von *Acacia raddiana* (Mimosen) gemischt mit *Balanites* (Jochblattgewächsen) und Tamarisken.

Nach offiziellen Angaben sollen dort noch Geparden leben sowie Wildkatzen *(Caracal)*, Gazellen, Honigdachse, aber auch viele Reptilien, u.a. Kobras. Um 1940 wurden die letzten Krokodile ausgerottet.

Der südlichste, geplante Nationalpark auf dem Gebiet der Westsahara, ist der **Parc National de Dakhla,** der aus zwei Teilen besteht. Der sich weit südlich von Dakhla ins Landesinnere ziehende Teil des Parks um den Adrar Souttouf mit seinen von Sand durchzogenen Steinhügeln wird von Trockenflussbetten durchzogen, die mit Akazien bewachsen sind. Es gibt dort noch wenige Mähnenschafe (Moufflons) und Dorcas-Gazellen. Geplant ist aber die Wiederansiedlung einiger, früher in der Sahara heimischen Tierarten, u.a. von Addax- und Oryxantilopen. Der **Küstenbereich des Dakhla-Nationalparks,** die **Mönchsrobbenküste** (Côte de Monques) bei Aguergar, liegt im Grenzbereich zu Mauretanien, im Anschluss an den in Mauretanien ausgewiesenen Nationalpark Banque d'Arguin. Dieser Park zieht sich 180 km entlang der Küste und reicht zwölf nautische Seemeilen weit ins Meer. Wie der Name schon sagt, sind hier die seltenen Mönchsrobben zu Hause. Es soll sich weltweit um die größte Population handeln. Im Küstenbereich, der das Meer mit hellgelben Sanddünen begrenzt, sind noch Dorcasgazellen heimisch. Dieser Park ist wegen der ungeklärten Westsaharasituation, der Grenznähe und aus militärischen Gründen für Touristen nicht zugänglich.

Naturreservate

Es gibt in Marokko 14 Naturreservate, die meist in den achtziger Jahren auf Initiative der Wasser- und Forstverwaltungsbehörde gegründet wurden. Sie sollen sowohl das biologische Gleichgewicht erhalten als auch Studienzwecken und der Bewusstseinsbildung der Öffentlichkeit zum Erhalt des Ökosystems dienen.

Das **M'Sabih Talaa Naturreservat** ist eines der ältesten, von der Wasser- und Forstverwaltung gegründeten Reservate in Marokko. Seine Aufgabe ist es, die letzten Dorcas-Gazellen der Haouz-Ebene zu schützen. Die Population der Tiere ist mittlerweile auf 200 Stück angestiegen. Die Haouz-Ebene zwischen Marrakesch und Essaouira gehört zur semi-ariden Klimazone, und der jährliche Regenfall beträgt unter 200 mm im Jahr. Es wachsen u.a. Akazien, Kreuzdorngewächse und wilde Olivenbäume.

In einem neu errichteten, 40 km² großen **Gebiet zum Schutz der Mhorr-Gazellen** gelang ein einmaliges Experiment mit Hilfe deutscher Zoologen. Sechs Tiere der Gazellenart, die bereits als ausgestorben galt, wurden 1992 aus einem Reservat in Almeria im königlichen Jagdgebiet **R'Mila** bei Marrakesch untergebracht. *Dr. Henning Wiesner* vom Tierpark München Hellabrunn gelang es, die Gazellen auf 220 Tiere zu vermehren. Im Frühjahr 2009 wurden mit Hilfe des Ministeri-

aga08-151 Foto: ch

ums „Eaux et Fôrets et à la Lutte Contre la Désertification“ 18 Tiere südlich des Hohen Atlas bei **Mecissi** (zwischen Rissani und Alnif) in das Naturschutzprojekt umgesiedelt, wo sie ideale Lebensbedingungen vorfinden und durch einen Zaun gegen das Vieh der Nomaden geschützt sind.

Das **Réserve des Iles d'Essaouira** liegt auf den der gleichnamigen Stadt vorgelagerten Inseln. Die Inseln waren wegen des Purpurexports bereits den Phöniziern bekannt. Der Farbstoff, der vor allem den Prachtgewändern der Könige und Kardinäle seine rote Farbe verlieh, wurde aus der Muschel - *Murex,* bei uns als **Purpurschnecke** bekannt - gewonnen. Jetzt sind die Inseln in erster Linie Vogelschutz-Reservat und dem Besucher nur mit Sondergenehmigung zugänglich. Es brüten dort sehr seltene Vogelarten wie der Eleonorafalke und die gelbfüßige Heringsmöwe.

Marokko hat die meisten **Feuchtgebiete** in Nordafrika. So finden sich im Königreich mehr als zwanzig natürliche Seen und über dreißig Stauseen, viele Flussläufe - auch ein Flussdelta (Moulouya) und vier große Meereslagunen. Einige dieser Feuchtgebiete, vorwiegend Rückzugsgebiet vieler Vogelarten - auch durchziehender Vögel aus Europa - wurden als Naturreservate ausgewiesen. Vier Reservate wurden 1980 in die Schutzliste RAMSAR aufgenommen: das **Naturreservat Sidi Boughaba,** am gleichnamigen See bei Khenitra, das **Reservat Merja Zerga** bei Mulay Bousselham, das **Reservat Khnefiss** im Süden zwischen Tan-Tan und Tarfaya und das **Reservat d'Afennourir** im Mittleren Atlas.

Quellen: *Royaume du Maroc, Ministère de l'Agriculture et de Mise en Valeur agricole* und *Adminstration des Eaux et Forêts,* in Zusammenarbeit mit der GTZ: *Parcs nationaux et Reserves Naturelles du Maroc.*

aga08-156 Foto: ad

Agadir und nördliche Küste

aga08-157a Foto: ch

aga08-157b Foto: ch

Blick auf den Hafen von Agadir

Zeitschriftenladen in Essaouira

Luxusresort in Agadir

Überblick

Agadir liegt **zwischen Hohem Atlas, Sous und Anti-Atlas.** Der Hohe Atlas setzt sich im Süden nach dem Djabal Siroua mit dem Anti-Atlas fort. Die Ebene zwischen Anti-Atlas und Hohem Atlas nennt man Sous, begrenzt vom Oued Souss, der bei Agadir in den Atlantik mündet.

Der **Anti-Atlas** ist eines der ältesten Gebirge mit Höhen bis zu 2300 m und vielen trockenen Flusstälern. Die Vegetation ist wüstenähnlich, es fällt unter 200 mm Regen im Jahr. Nur in den Tälern wachsen Dattelpalmen, Oliven, Mandeln und Feigen. Die Bevölkerung lebt in erster Linie von Viehzucht (Ziegen und Schafe).

Dagegen ist der **Sous** eines der fruchtbarsten Gebiete des Landes. Durch die Flüsse des Hohen Atlas und Anti-Atlas, vor allem durch den Oued Sous, wird das Becken mit Wasser gespeist. Der Sous ist bedeutendes Anbaugebiet für Zitrusfrüchte, Bananen, Oliven, Artischocken, Tomaten und viele weitere Obst- und Gemüsesorten. Im Sous fällt unter 300 mm Regen im Jahr, vorwiegend in den Monaten November/Dezember und Februar/März. Die Jahresdurchschnittstemperatur liegt bei 19,5°C. Der Sommer ist heiß, wobei der Chergui (warmer Fallwind), welcher vom Anti-Atlas weht, die Temperatur noch erhöht.

Die **nördliche Atlantikküste bis Essaouira** ist bewachsen mit Aleppokiefern und dichter Macchia, die vor allem zwischen Tamri bis Tamanar Euphorbien- und Sukkulentenpolstern weicht. Dann geht sie wieder in die typische Macchiavegetation über, wie sie auch in anderen Mittelmeerländern zu finden ist. Hier wachsen vorwiegend Pinien, Lorbeer, Thujen und andere Koniferenarten, dazwischen niedrige verholzte Stauden und Sukkulenten. Die Küste mit schönen Buchten und Stränden zwischen Agadir und Essaouira ist ein beliebtes **Surfrevier.**

Die Landschaft um Agadir und Essaouira prägen zudem **Arganien.** Diese knorrigen Eisenholzbäume sind in Marokko endemisch, aus den gerösteten Samenkernen der reifen Arganienfrüchte wird in aufwendiger Handarbeit das wertvolle und ausgesprochen gesunde Arganienöl extrahiert. Auch in der Kosmetik findet Arganienöl Anwendung in Form von Cremes, in Shampoos und Hautölen. Immer mehr Frauenkooperativen, die Arganienöl herstellen, bieten ihre Produkte in Verkaufsläden direkt an Touristen an. Die Arganienfrüchte schmecken auch den marokkanischen Ziegen, und so kann man als Kuriosum und beliebtes Fotomotiv die Tiere dabei beobachten, wie sie auf den wackligen Ästen herumturnen, um die Früchte zu fressen.

Zwischen Tamrakht und Tamri ermöglicht das milde Klima den Anbau von **Bananen.** Die Küste wird begrenzt von niedrigen Ausläufern des Hohen Atlas mit dem Djabal Amsittene (905 m) als höchster Erhebung.

Agadir

VIII/A2

Agadir ist eine **moderne Hafen- und Industriestadt** mit dem drittgrößten Fischereihafen Marokkos (nach Lâayoune und Tan-Tan) sowie der **beliebteste Badeort** des Landes. Orientalisches Flair und großartige historische Sehenswürdigkeiten sucht man hier vergebens. Agadir ähnelt eher einer europäischen Badedestination als einer typischen Stadt Marokkos. Agadir hat mittlerweile um die **500.000 Einwohner**, darunter Araber und Berber. Mit den angrenzenden Gemeinden Ben Sergao, Inezgane, Aourir, Tamrakht, Taghazout und Aït Melloul ist die Millionengrenze bereits erreicht.

Da Agadir durch den vorbeifließenden (kalten) Kanarenstrom über ein **gleichmäßiges Klima** sowohl im Sommer als auch im Winter verfügt, wurde vor allem diese Stadt zur Touristenmetropole. Die mittleren durchschnittlichen Temperaturen liegen nicht unter 16°C und nicht über 27°C, die Wassertemperaturen fallen nicht unter 16°C, steigen aber auch nicht über 20°C, sodass für abgehärtete Naturen das Baden auch im Winter möglich ist. Wer's lieber warm mag, fröstelt selbst im Juli und August bei Wassertemperaturen um die 19°C und Lufttemperaturen von meist 25 bis 28°C. Der Himmel ist wegen des feuchten Kanarenstroms im Frühsommer oft bedeckt und lockert sich manchmal erst nachmittags auf. Regen ist allerdings selten – die Stadt zählt **300 Sonnentage im Jahr.** Bei diesem Klima kann man sich im Winter wie im Sommer wohlfühlen, ohne seinen Kreislauf zu strapazieren. Ähnlich wie die Kanaren entwickelte sich Agadir deshalb vor allem für Rentner zu einem Überwinterungsparadies. Gerade im Winter strahlt der Himmel in leuchtendem Blau, die Luft ist klar und von den wenigen Bergen der Umgebung hat man eine fantastische Fernsicht.

Die Stadt am Atlantik fehlt in keinem deutschen Reiseprospekt und gefällt nicht nur Sonnenanbetern: Aktivurlauber spielen hier Tennis und Golf, Surfer gleiten über die Wellen. Vor allem für Touristen mit wenig Zeit und **europäischen Komfort- und Konsumbedürfnissen** eignet sie sich als Urlaubsziel. Ebenso beliebt ist die Stadt unter Marokkanern: Sie gilt als Vorzeigeobjekt des modernen Marokko und Urlaubswunschziel Nummer Eins.

Agadir hat nach Marrakesch jährlich die meisten Übernachtungen und die **zweithöchste Bettenkapazität des Landes.** Der Tourismusplan „Agadir 2015" sieht u.a. vor, die Kapazität von derzeit rund 27.000 Betten bis 2015 auf 60.000 zu steigern. Dafür entstehen weitere 4- und 5-Sterne-Hotels, außerdem sollen der Flugverkehr ausgebaut und die Erholungsinfrastruktur erweitert werden.

Die **Stadtentwicklung** geht entsprechend rasch voran: In **Founty** am Südrand Agadirs wuchs in den letzten Jahren ein ganz neuer Stadtteil mit touristischer Infrastruktur aus dem Boden. Im alten Hafenbereich wurde 2007 das gigantische Projekt **Marina Agadir** mit Yachthafen, modernen

Apartmentanlagen und einer Flaniermeile mit Restaurants und schicken Boutiquen fertiggestellt. Auch die **Strandpromenade** wurde ausgebaut: Sie erstreckt sich nun über mehrere Kilometer von der Marina am Nordende der Bucht bis nach Founty im Süden der Stadt. Auch die Strände nördlich von Agadir um Taghazoute werden touristisch erschlossen: Überall wird an Straßen, Hotels und sonstiger Infrastruktur gebaut.

Nirgends ist der **Kontrast zwischen Tradition, Religion und modernem Leben** größer als in Agadir. Was man sich hier als Tourist erlauben darf, ist in keiner anderen marokkanischen Stadt möglich. Selbst noch so leicht bekleidete Damen und Herren auf der Strandpromenade werden kaum beachtet oder angesprochen, auch der sonst streng untersagte Alkoholgenuss in der Öffentlichkeit wird geduldet. Die **Folgen** bleiben nicht aus: So mancher Familienvater investiert sein Geld in das überall käufliche Bier, und die Nachtclubs und Casinos verführen nicht bloß Touristen dazu, ihr Geld loszuwerden. Auch das horizontale Gewerbe hat seine Hauptniederlassung in Agadir gefunden, nirgendwo sonst im Land bieten sich so viele weibliche und männliche Prostituierte an.

Auch ohne prägnante Sehenswürdigkeiten muss ein Aufenthalt in Agadir nicht zum reinen Strandurlaub werden. Wegen der günstigen Lage und den ausgezeichneten Versorgungsmöglichkeiten eignet sich die Stadt hervorragend als **Ausgangspunkt für Rundreisen**. Von Agadir kann man bequem und preiswert mit Mietwagen oder organisiert Tages- und Wochendausflüge ins Umland unternehmen und marokkanische Eindrücke par excellence mit nach Hause nehmen. Denn Städte wie Marrakesch oder Essaouira, auch der Anti-Atlas und die Umgebung von Tafraoute oder der südliche Atlantik sind auf guten Straßen leicht und schnell erreichbar. Auch als Anlandungsstelle für Kreuzfahrten (Oktober bis April) gewinnt Agadir an Attraktivität.

Geschichte

Die Ursprünge der Stadt sind unklar, einige Chronisten bringen sie mit dem antiken Hafen **Rusadir** in Verbindung, an dem auch Hanno, der bekannte phönizische Seefahrer, gelandet sein soll. Die eigentliche **Stadtgründung** geht auf das Jahr 1505 zurück, als der portugiesische Edelmann *Joaõ Lopes de Sequeira* um eine Quelle in der Nähe des Meeres die Festung Santa Cruz de Cap de Gue gründete. Später wurden daraus die Namen **Santa Cruz de Narba** und **Santa Cruz de Aguer.** *Don Francisco des Castro,* der Statthalter der Festung (1513–1521), ließ auf Wunsch des neuen Besitzers, des portugiesischen Königshauses, die Festung ausbauen und lieferte sich im Laufe der Jahre heftige Kämpfe gegen die benachbarten Berberstämme.

Muhamad ash-Shaykh errichtete 1531 in der Nähe eine Festung, um Santa Cruz einzunehmen. Dies gelang ihm schließlich zehn Jahre später. Dieser Berberwiderstand führte zur Etablierung der Saaditen-Dynastie, da die Sous-Berber *Al-Qa'im,* den Vater *Muhamad ash-Shaykhs,* um Hilfe gegen die Portugiesen gebeten hatten.

Unter der Herrschaft der **Saadier** wurde der Hafen ein **bedeutender Handelsplatz.** Ausgeführt wurden Zuckerrohr, Datteln, Wachs, Häute und Gold; Stoffe kamen ins Land. Durch die verstärkten Einfuhren von Rohrzucker aus Südamerika nach Europa verlor der Hafen jedoch an Bedeutung.

1751 wurde Dänemark das Handelsmonopol über Agadir übertragen. Der Sultan *Sidi Muhamad ibn Abdallah* verhinderte 1756 eine weitere Entwicklung des Hafens zugunsten der Stadt Mogador (Essaouira). 1819 sollen nach Berichten des Reiseschriftstellers *Cochelet* nur noch zwölf bewohnte Häuser in Agadir gestanden haben.

Anfang des 20. Jahrhunderts gründeten einige **deutsche Firmen** Niederlassungen in Agadir (Mannesmann, Marx & Co., Atlasgesellschaft, Gondafi-Gesellschaft). Dadurch gab es einen neuen Aufschwung. Der deutsche Wirtschaftsstützpunkt, der den einzigen sicheren und damit strategisch wichtigen Hafen zwischen Casablanca und Dakar bot, störte die französische Kolonialpolitik erheblich. Als Reaktion auf den **französischen Einmarsch in Marokko** kam es beinahe 1911 schon zum Ersten Weltkrieg, als das deutsche Kanonenboot „Panther" vor der Küste aufkreuzte, um den deutschen Bewohnern und Firmen „Schutz zu gewähren". Diese Episode ging als **„Panthersprung von Agadir"** in die Geschichte ein. Mit dem Beginn der Protektoratsherrschaft wurden diese Rivalitäten beendet, die deutschen Firmen mussten das Land verlassen. Deutschland bekam als Gegenleistung Teile von Französisch-Westafrika zur Kolonie Kamerun zugeschlagen.

Unter den Franzosen entwickelte sich die Stadt zu einem **Badeort.** 1936 wohnten erst 6000 Einwohner in Agadir, 1960 waren es schon 50.000.

Durch das **Erdbeben** am 29. Februar 1960, das nur 15 Sekunden dauerte, wurde die Stadt fast vollkommen zerstört und 15.000 Bewohner getötet. 1962 begann der Wiederaufbau; die Häuser wurden in erdbebensicherer Ganzbetonbauweise errichtet. Aber es entstanden keineswegs gesichtslose Einheitsbaracken, sondern ein Musterbeispiel architektonischer Stadtplanung der 1960er Jahre mit nur ein- bis zweistöckigen modernen Betonhäusern, die nach wie vor ziemlich fremdartig in Marokko wirken. Die Entwicklung zum Touristenort und zu einer wichtigen Hafenstadt begann mit diesem Neuanfang.

Ankunft

Kommen Sie mit dem Flugzeug auf dem modernen **Flughafen Al Massira** in Aït Melloul an, dann werden Sie dort von einem Vertreter Ihres Veranstalters oder des Hotels empfangen. Individual- und Pauschalreisende geben bei der Passkontrolle das im Flugzeug ausgefüllte Einreiseformular ab. Meist ist die Angabe eines Hotels notwendig – falls Sie nicht in Agadir übernachten, geben Sie irgendeines an. Individualreisende nehmen ein Taxi oder den günstigen Bus in die Stadt (vom Flughafen 25 km).

Sehenswertes

Kasbah

Außer der Kasbah, die von *Mulay Abdallah al-Ghalib* (1557–74) auf dem Hügel bei Agadir erbaut wurde, gibt es in der Stadt nichts Historisches zu besichtigen. Ein Ausflug auf die Kasbah, auf einem Felsen in 236 m Höhe liegend, lohnt sich weniger wegen der Ruinen als wegen des prachtvollen Ausblicks auf die Stadt und den Hafen.

Touristenviertel und Strand

Die **Hauptadern Agadirs** sind die Av. Hassan II., die Av. Mohammed VI. und die Av. Mohammed V., die als Durchgangsstraße die Wohn- und Verwaltungsviertel von den Hotelvierteln trennt. An der Av. Mohammed V. liegt die **Fußgängerpassage Aït Souss,** begrenzt von Grünanlagen, Sportplätzen und den beiden Museen sowie Pizza Hut, McDonald's und anderen Restaurants und Geschäften. Sie verbindet das Touristenviertel mit dem Zentrum und Talborjt. Vor der breiten und verkehrsreichen Av. Mohammed V. liegt der Strand mit seinen Hotelbauten, Strandanlagen, Geschäften und Restaurants – eine **Touristenstadt** für sich entlang des Bd du 20 Août und der Rue Oued Souss. Dieses touristische Retortenviertel unterscheidet sich exorbitant vom Rest Marokkos. In ihm liegen schicke Hotels, deren Stil vom Betonbau der 1970er Jahre bis zu der an maurische Stilelemente anknüpfenden Architektur der 1990er Jahre reicht. Für die wenig beschauliche Atmosphäre dieser Hochhaushotels entschädigt ein wenig der herrliche Blick aus den oberen Stockwerken. Zwischen den Hotelanlagen liegen Fußgängerstraßen mit Boutiquen, Eisdielen, Cafés und internationalen Spezialitätenlokalen mittelmäßiger Qualität.

Entlang des insgesamt 10 km langen **Sandstrandes,** besonders am Nordende der Promenade, finden Touristen zahlreiche Restaurants und Cafés, öffentliche Strandabschnitte mit Liegen und Sonnenschirmen (zu mieten), aber auch private Strandbereiche der Club- und Luxushotels mit Beachvolleyballplätzen. Zur Hochsaison in den Sommermonaten beaufsichtigen Rettungsschwimmer den Strand – ist die schwarze Flagge gehisst, sollte man nicht im Meer baden.

Die breite, z.T. palmengesäumte **Strandpromenade,** auf der Touristen wie Marokkaner gerne flanieren und sogar die Touristenpolizei patroulliert, erstreckt sich mittlerweile von der Marina bis nach Founty. Vor dem Tafouktkomplex befindet sich ein kleiner **Vergnügungsplatz.** An Festtagen und in der Hauptsaison im Sommer werden dort Spektakel aufgeführt. Es gibt Verkaufsstände, Karussells und Autoscooter zur Unterhaltung der Kinder und Jugendlichen.

Eine kleine **Bimmelbahn,** mit der eine 12 km lange Stadtrundfahrt unternommen werden kann, hat am Bd du 20 Août (gegenüber dem Eingang zum Vogelpark, s.u.) ihre Haltestelle. Im

aga13_002 Foto: ad

Sommer ist sie immer voll besetzt, an Feiertagen vor allem von Einheimischen. Im Juli und August, zur Urlaubszeit der Marokkaner, ist auch der Strand von Agadir vorwiegend von Einheimischen belegt.

Vallée des Oiseaux

In der Verlängerung des großen Platzes nach Nordosten, zwischen Bd du 20 Août und Av. Hassan II., liegt ein kleiner **Park mit zoologischem Garten** (Vallée des Oiseaux, Dienstag bis Sonntag 9.30–12.30 u. 14.30–18 Uhr, Eintritt 5 DH), der verschiedene Vogelarten aus allen Kontinenten und einige wenige Mufflons beherbergt. Leider werden viele Vögel schlecht gehalten und sehen entsprechend zerrupft aus.

Musée du Patrimoine Amazigh

An der Fußgängerpassage Aït Souss befindet sich dieses kleine **Berberkunstmuseum,** das täglich (außer Sonntag/Feiertagen) von 9.30–19.30 Uhr geöffnet hat (Eintritt 10 DH). Die kleine und sehr schöne Sammlung mit insgesamt 1000 Ausstellungsstücken zur südmarokkanischen Berberkunst enthält alte Töpfereien, Decken, Hausrat, alte Berberkleider und besonders im Untergeschoss viel Berberschmuck aus Silber. Es finden auch temporäre Sonderausstellungen statt. Das Museum verfügt über einen Ausstellungs-

Am langen Sandstrand von Agadir

raum, eine Bibliothek und einen Vortragsraum.

Founty und Ben Sergao

Geht man entlang der Rue Oued Souss vom Tikida Dunas Hotel noch weiter südlich, gelangt man zum bislang noch am wenigsten bebauten Strandabschnitt Agadirs. Leider wurde den ehemals hohen Dünen der Garaus gemacht, indem man die Flussmündung ausbaggerte. Das Eukalyptuswäldchen fiel den Baumaßnahmen im Founty-Viertel zum Opfer, das etwas oberhalb des südlichsten Strandabschnittes liegt. Inzwischen sind dort zahlreiche große Luxushotels mit eigener Infrastruktur entstanden (wie z.B. der Robinson Club) - und auch hier wird der Strand Stück für Stück zugebaut.

Noch weiter südlich in Richtung Inezgane liegt zwischen der Straße und dem Meer der riesige Königspalast inmitten gepflegter Gartenanlagen (ein weiterer Palast befindet sich weiter nördlich in Stadtnähe). Der Palast ist nicht zu besichtigen, die Pracht lässt sich nur von außen erahnen.

Nahebei an der Straße nach Inezgane befindet sich das **Wohnviertel Ben Sergao,** in dem vorwiegend die Verwaltungs- und Militärelite der Stadt wohnt. Auch der Reitclub, der Königliche Golfplatz und die **Golfplätze** des Dunes, Golf du Soleil sowie das Hotel Jacaranda unter deutscher Leitung liegen in diesem Viertel.

Eine weitere Attraktion in Ben Sergao ist **La Medina d'Agadir,** eine mit großem Aufwand errichtete **Kunsthandwerksstadt,** geschaffen von dem Italiener *Coco Polizzi* (www.medina-polizzi.com, tägl. 8.30–18.30 Uhr, Eintritt 40 DH). Auf einem Teil des 4 ha großen Terrains wurde ein architektonisches Meisterwerk geschaffen: eine Nachbildung einer kleinen, von Mauern umgebenen Medina aus Lehm und Schiefersteinen mit kunstvollen Fensterverzierungen, Gittern und Gewölben. Alles ist aus Naturmaterialien gebaut und mit original marokkanischem Dekor verziert. In einigen Räumen haben sich Kunsthandwerker angesiedelt, die exzellente Qualität zu Festpreisen bieten (Schmuck, Lampen, Lederwaren, Mosaiktische). Im Restaurant werden gute Tajine und Erfrischungsgetränke serviert. Ein Shuttlebus fährt täglich fast stündlich am Info-Kiosk La Medina d'Agadir nahe dem Club Med ab, hält aber auch bei diversen anderen großen Hotels (Hin- und Rückfahrt inkl. Eintritt 60 DH).

Einen Besuch wert ist auch der Komplex **Kasbat Souss** in Ben Sergao. Dort bieten Kunsthandwerker schöne Keramikwaren, Lampen, Schmuck und Bilder an (vgl. Kapitel Einkaufen).

Talborjt

Das Wohnviertel Talborjt nordöstlich des Touristenviertels zwischen Av. Mohammed V. und der Av. Moulay Abdellah ist das moderne **Wohnviertel der Mittelschicht.** Hier leben die gut gestellten Marokkaner, aber auch einige Ausländer, hauptsächlich Franzosen. Die noch besser verdienende Bevölkerungsschicht und die meisten Ausländer wohnen in der Cité Suisse am nördlichen Stadtrand. In Talborjt finden Touristen günstige Unterkünfte und Mittelklassehotels, Banken, das Ensemble Artisanat sowie viele Restaurants und Cafés. Diese sind häufig auf europäischen Geschmack und Geldbeutel zugeschnitten, aber preiswerter als im Touristenviertel.

Am Rand von Talborjt laden zwei gepflegte Stadtparks zur Erholung nach dem Einkaufsbummel ein: der **Jardin Olhao** und der **Jardin Ibn Zaidon** am südlichen Rand Talborjts.

Fischereihafen und Marina

In den **Fischereihafen,** der einen Besuch wert ist, werden Sie nach Vorlage Ihres Passes eingelassen. Die günstigste Zeit ist morgens vor 8 Uhr. Gehen Sie bis zum Ende des Hafens, wo sich die kleinen Kutter drängen. Hier kann man das Treiben der Fischer beim Löschen der Ware und beim Verkauf beobachten. In der großen Auktionshalle wird der Fisch verkauft und mit Lkws abgeholt. Auch im Einzelverkauf wird die Ware angeboten. Außerhalb des Hafentores (wenn man davor steht rechts) gibt es mehrere saubere, nummerierte **Imbissbuden** mit langen Tischen, wo man eventuell günstig Fisch essen kann. Der Preis ist unbedingt vorher auszuhandeln, bei Ankunft an den Buden wird man regelrecht von den Händlern überfallen, die ihre Bude anpreisen möchten ... Werden Sie sich nicht einig – der Nepp ist auch hier allgegenwärtig –, besuchen Sie besser eines der Restaurants an der Promenade. Sehenswert ist im Hafen der **Bau traditioneller Holzfischerboote** – erstaunlich, mit welcher Geschicklichkeit aus den halb fertigen Gerippe Boote entstehen.

2007 wurde in der Bucht neben dem Fischerhafen Richtung Stadt nach langer Bauzeit das prestigeträchtige Projekt **Agadir Marina** eröffnet. Das neue Vergnügungsviertel, das durch eine Mauer vom alten Hafen getrennt ist, beherbergt einen Yachthafen, teure Läden internationaler Ketten, Banken, Immobilienbüros, Parfümerien, ein Spa, einladende Restaurants und Cafés sowie noble Apartmentanlagen und ein Hotel. Besonders an Wochenenden flaniert hier die halbe Stadt die Promenade entlang, bummelt durch die schicken Boutiquen oder sitzt in einem Café und genießt den Sonnenuntergang mit Blick auf den Strand.

Großer Suq (Souk)

Lohnenswert ist ein Besuch des großen Suq (südöstlich des Zentrums an der Rue Chaib Al Kamra Mohammed Ben Brahim), vor allem am Samstag oder Sonntag. Auf dem Suq gibt es **alles, was das Herz begehrt:** frisches Gemüse, Obst und Gewürze, Töpferei- und Metallwaren, Lederwaren, Lampen, Kleidung, Schuhe, Teppiche, Schmuck, Elektrogeräte sowie allerlei Kitsch und Spielzeug aus asiatischer Fertigung. Man kann vielen Handwerkern bei der Arbeit zusehen. Ein Preisvergleich mit den Geschäften in der Stadt lohnt sich, um keinem Touristennepp zum Opfer zu fallen.

Sehr günstig und mit guter Auswahl präsentiert sich der **Suq von Inezgane,** 12 km südlich der Stadt. Großer

Markttag ist Dienstag und Freitag, dann ist das Treiben besonders bunt und die Auswahl noch vielfältiger.

Touristeninformation

- **Conseil Régional du Tourisme (CRT) Agadir,** Av. Hassan II., Tel. 0528 84 26 29, crtd-gaga@menara.ma. Meist wenig hilfreich und kaum Material.

Internetseiten über Agadir

- Die deutschsprachigen Seiten **www.agadir-net.com** geben einen guten Überblick über Hotels, Ferienwohnungen und Aktivitäten.
- **www.goagadir.com** und **www.agadir-tourisme.com** liefern touristische Informationen auf Französisch.

Stadtführungen/Ausflugsfahrten

Als **Stadtführer und Reiseleiter** für Ausflüge in alle möglichen Städte und in die nähere Umgebung ist der nette **Hassan Aferiad** zu empfehlen. Er ist staatlich anerkannter Reiseleiter und Deutschlehrer (Mobil 0661 18 88 52, h.aferiad@daad-alumni.de). *Hassan* arbeitet mit dem Tourismusberater *Hassan Aboutayeb* (Besitzer der Ecolodge Atlas Kasbah, vgl. Unterkünfte) zusammen – als Führer für deutschsprachige Gruppen, Dolmetscher und Lehrer für Tourismus-Studenten.

Ein weiterer empfehlenswerter Anbieter für individuelle Ausflüge in Kleingruppen (Minibusse) ist **Mustapha Ben Radi** (Mobil 0661 16 63 19, mustapha@erlebnis-property-maroc.com).

Der staatlich anerkannte, nette Reiseleiter und Deutschlehrer **Hassan Moukhsil** organisiert Touren in Agadir und Umgebung (Mobil 0661 70 12 19, www.moukhsil.wordpress.com).

Weitere offizielle, deutschsprachige Führer für Agadir und das ganze Land vermittelt die **Association Régionale des Guides et Accompagnateurs de Tourisme** (ARGAT), Tel. 0670 96 87 07, argatagadir@hotmail.com.

Auch diverse kompetente, deutsch sprechende **Fahrer von Grand Taxis** bieten individuelle Stadt- und Ausflugsfahrten an (siehe Taxis).

Unterkunft

Im Founty-Viertel südlich des Hotels Tikida Dunas direkt am Meer haben in den letzten Jahren diverse Luxushotels/-clubs neu eröffnet. Zu beachten ist, dass die Hotels an der Hauptdurchgangsstraße **Av. Mohammed V.** stark vom **Straßenlärm** betroffen sind. Die Hotels in **Talborjt** liegen meist relativ weit vom Strand entfernt. Bei einigen Hotels ist eine Buchung übers Internet oder einen Veranstalter (z.B. TUI, Neckermann) wesentlich preiswerter.

Klassifizierte Hotels

- **Atlantic Palace Dorint*******, Bd du 20 Août, Secteur touristique, Tel. 0528 82 41 46, www.atlanticpalace-agadir.com. Riesiges Luxushotel mit mehreren Restaurants, Bars und Discos, Poollandschaft, Gesundheits-/Wellnesspark, eigenem Strand (ca. 300 m entfernt), Tennisplätzen, Shuttle zum Golfplatz. Überdimensionale Eingangshalle mit kunstvollen Holzdecken im marokkanischem Stil (etwas plüschig und barock). Die schönen Zimmer haben mit den um die Pools und im Garten gruppierten Wohnbezirken individuellen Charakter. €€€€€B, Suite teurer.
- **Kenzi Europa*******, Bd du 20 Août, Tel. 0528 82 12 12, www.kenzi-hotels.com. Achtstöckiges Hotel mit toller Aussicht auf den Strandbereich (von den oberen Zimmern). Nicht direkt am Meer, aber mit eigenem Pri-

vatstrand Oasis. Die Zimmer sind hübsch, für fünf Sterne aber etwas klein. Sehr schönes Restaurant und Lounge. Fitnesscenter, Pool, Tennis/Squash und alle Annehmlichkeiten eines Luxushotels. €€€€ DZ ohne Frühstück.

● **Ryad Mogador Al Medina Palace*******, Bd du 20 Août, Tel. 0528 33 93 90, www.ryadmogadoragadir.com. Sehr schönes und komfortables Hotel im maurischen Stil, mit Pool und schöner Gartenanlage direkt am Strand. Mehrere Restaurants (mexikanisch, italienisch, marokkanisch etc.). DZ mit Frühstück €€€€.

● **Sahara** (Groupe Sahara)*****, Av. Mohammed V., Tel. 0528 84 06 60, www.sahara-agadir.com. Großes Hotel mit beheiztem Pool, Hammam und Tennisplätzen, marokk. und internat. Küche, Nachtclub. Im Cabaret Al Hambra finden gute arabische Musik- und Tanzvorstellungen statt, die auch die marokk. Oberschicht besucht. Herrliche Aussicht von den Zimmern in den oberen Stockwerken. Es gibt auch Bungalows, darin ist es nachts wegen des Nachtclubs jedoch öfters recht laut. DZ €€€€, REISE-KNOW-HOW-Leser erhalten 15% Rabatt.

● **Royal Atlas*******, Bd 20 Août, Tel. 0528 29 40 40, www.hotelsatlas.com. 2007 eröffnetes supermodernes Luxushotel direkt an der Strandpromenade. Das dreistöckige Gebäude mit klaren Formen umgibt eine schöne Poollandschaft mit Palmen (siehe Abb. rechts). Über 300 schicke Zimmer mit Balkon (Meer- od. Poolblick). Wellnesszentrum, Internet, marokk. und ital. Küche, angesagter Actor's Nightclub. DZ mit Frühstück €€€€€€.

● **Royal Mirage** (ex Sheraton)*****, Bd Mohammed V., Tel. 0528 84 27 41, www.royalmiragehotels.com. Sechsstöckiges Hotel mit allen Schikanen, leider laut wegen des Straßenverkehrs. Sehr zentral, Pool, Hammam, eigenes Casino nebenan, klimatisierte Zimmer und Bungalows mit Sat-TV. €€€€.

● **LTI – Agadir Beach Club******, Bd du 20 Août, Secteur touristique, Tel. 0528 84 43 43, www.lti.de. Noble Anlage direkt am Strand mit sehr komfortablen, geräumigen Zimmern und Apartments (für bis zu 5 Pers.). Etwas laut wird's in den Zimmern, die um offene Lobby mit der darunter liegenden Musikbar gruppiert sind. Restaurant, Nachtclub, Beauty- und Fitnesscenter, Tennis, schöner Pool im großen Garten. DZ inkl. HP €€€€A.

● **Le Tivoli******, Bd du 20 Août, Secteur touristique, Tel. 0528 84 76 40, tivoli@menara.ma. Komfortables, etwas schnörkelig-konservativ wirkendes Hotel mit vielen Pauschaltouristen. Die vier Blocks gruppieren sich um den schönen Garten mit großem Pool im Innenhof. Wellnessangebot, Volleyball, Tennis, Animation, Transfer zum Golfplatz. Große Zimmer mit Sat-TV und Balkon, z.T. mit Meerblick. Sehr freundlicher Service. Essen leider nicht besonders gut (geschmacksneutrales Einheitsessen). DZ €€€€, Frühstück 65 DH, Menü 160 DH.

● **Tikida Beach******, Rue Oued Souss, Secteur touristique, Tel. 0528 84 54 00, www.agadirtikida.com. Sehr schönes und komfortables All-inclusive-Hotel mit der richtigen Mischung aus marokkanischen und modernen Stilelementen. Große, klimatisierte Zimmer mit Sat-TV, Balkon oder Terrasse (Meer- od. Poolblick). Großer Pool im traumhaften Garten, direkt am Privatstrand. Breites Sport-, Wellnessangebot und Animationsprogramm (vom Arabischkurs bis Yoga), Thalassotherapiezentrum. Shuttlebus zum Golfplatz Golf

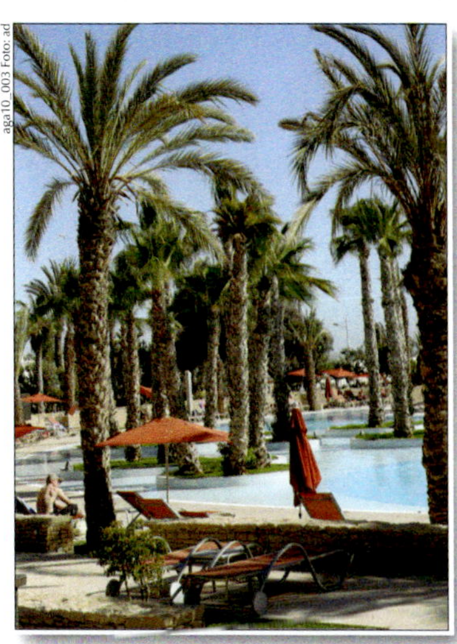
aga10_003 Foto: ad

AGADIR
200 m
Kasbah
Avenue
Umgehungsstraße
Hafen
Yachthafen/
Marina
Strand
Avenue Mohammed V.
Av. Tawada
s. Detailplan
nach Essaouira
ATLANTISCHER
OZEAN
Strandpromenade
Stadtverwaltung
Vogelpark
Uniprix
Rathaus
Place de
L'Espérance
Museum
Pass. Aït Souss
Boulevard du
Rue Oued Souss
Avenue
20 Août
Founty
QUARTIER
RESIDENTIE
Zankat Chouhada
Zankat de Paris
Z. de Madrid
Av. du Général Kettani
Hassan II
Zankat Mokthar
Nations Unies
Oued
Tidi
Moun
Jard
Olha
Presid. Kenne
1 Fischbuden
2 Les Blancs
3 Miramar
4 Miramar
5 Al Moggar
6 Camping
7 Dt. Konsulat
8 Marhaba
9 Marine-Heim
10 Résidence Tilila
11 Petite Suède
12 Sud Bahia
13 Royal Air Maroc
14 Aferni
15 Nejma
16 Mohammed V.
17 Kamal
18 Al Mountassir
19 Anezi
20 Odyssee Park Hotel
21 Royal Mirage
22 Kenzi Europa
23 Tafoukt
24 Royal Atlas
25 Ryad Mogador Al Medina
26 Pizza Hut
27 Tagadirt
28 Club Med
29 Les Almohades
30 Transatlantique
31 Argana
32 Mabrouk
33 Adrar
34 McDonalds
35 Royal
36 La Kasbah
37 Sahara
38 Taxis & Stadtbusse
39 Agadir Beach Club
40 La Scala
41 Caribbean Village
42 Tivoli
43 Omayades
44 Königspalast
45 Club Valtur
46 Atlantic Palace Dorint
47 Dunes d'Or
48 Amadil Beach
49 Tikida Beach
50 RIU Tikida Dunas
51 Ibis Moussafir
52 Grand Taxis
53 Fernbusbahnhof
54 Polyclinique
55 Krankenhaus Hassan II.

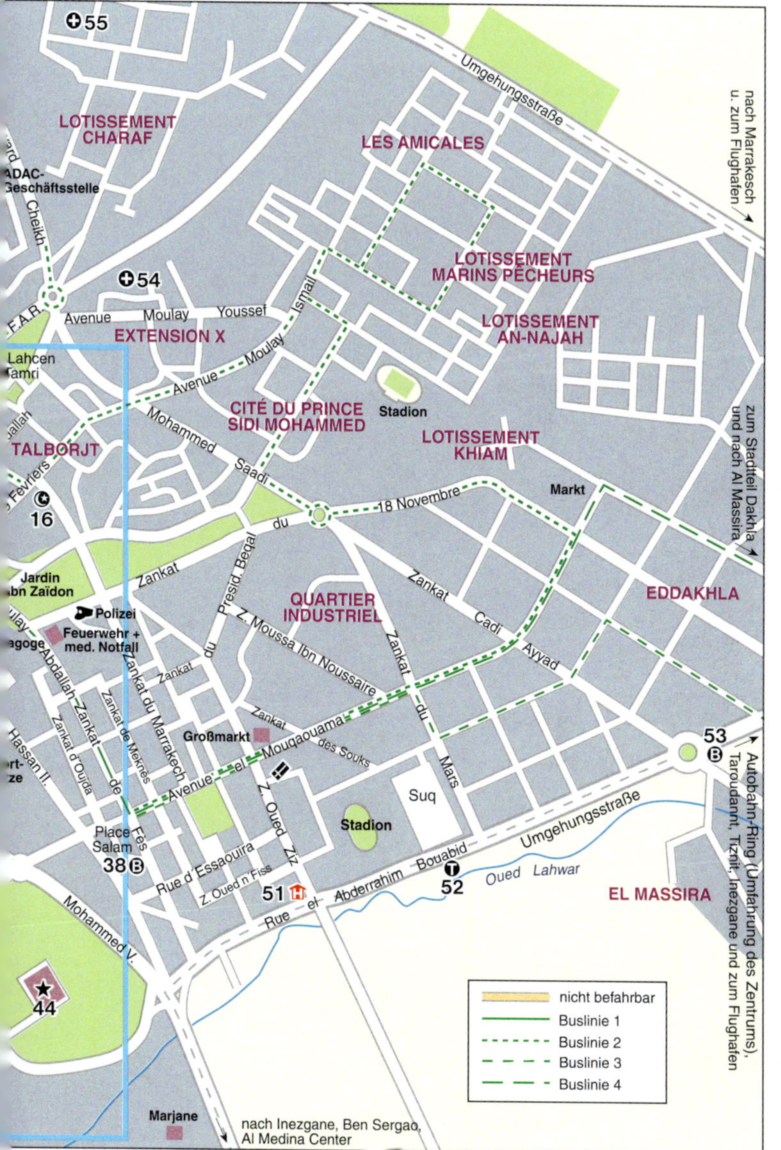
LOTISSEMENT CHARAF
LES AMICALES
LOTISSEMENT MARINS PÊCHEURS
LOTISSEMENT AN-NAJAH
EXTENSION X
CITÉ DU PRINCE SIDI MOHAMMED
Stadion
LOTISSEMENT KHIAM
TALBORJT
Markt
QUARTIER INDUSTRIEL
EDDAKHLA
EL MASSIRA
ADAC-Geschäftsstelle
Umgehungsstraße
nach Marrakesch u. zum Flughafen
zum Stadtteil Dakhla und nach Al Massira
Autobahn-Ring (Umfahrung des Zentrums), Taroudannt, Tiznit, Inezgane und zum Flughafen
Avenue Moulay Youssef
Avenue Moulay Ismail
Mohammed Saadi
18 Novembre
Zankat du
Presid. Beqal
Zankat Cadi Ayyad
Z. Moussa Ibn Noussaire
Zankat du Mars
Zankat des Souks
Avenue el Mouqaouama
Zankat du Marrakech
Zankat de Meknès
Zankat d'Oujda
Zankat de Fès
Abdallah
Hassan II.
Mohammed V.
Lahcen Tamri
Jardin Ibn Zaïdon
Polizei
Feuerwehr + med. Notfall
Großmarkt
Suq
Place Salam
Rue d'Essaouira
Z. Oued n'Fiss
Z. Oued Ziz
Rue el Abderrahim Bouabid
Oued Lahwar
Marjane
nach Inezgane, Ben Sergao, Al Medina Center
55
54
16
44
38
51
52
53
nicht befahrbar
Buslinie 1
Buslinie 2
Buslinie 3
Buslinie 4

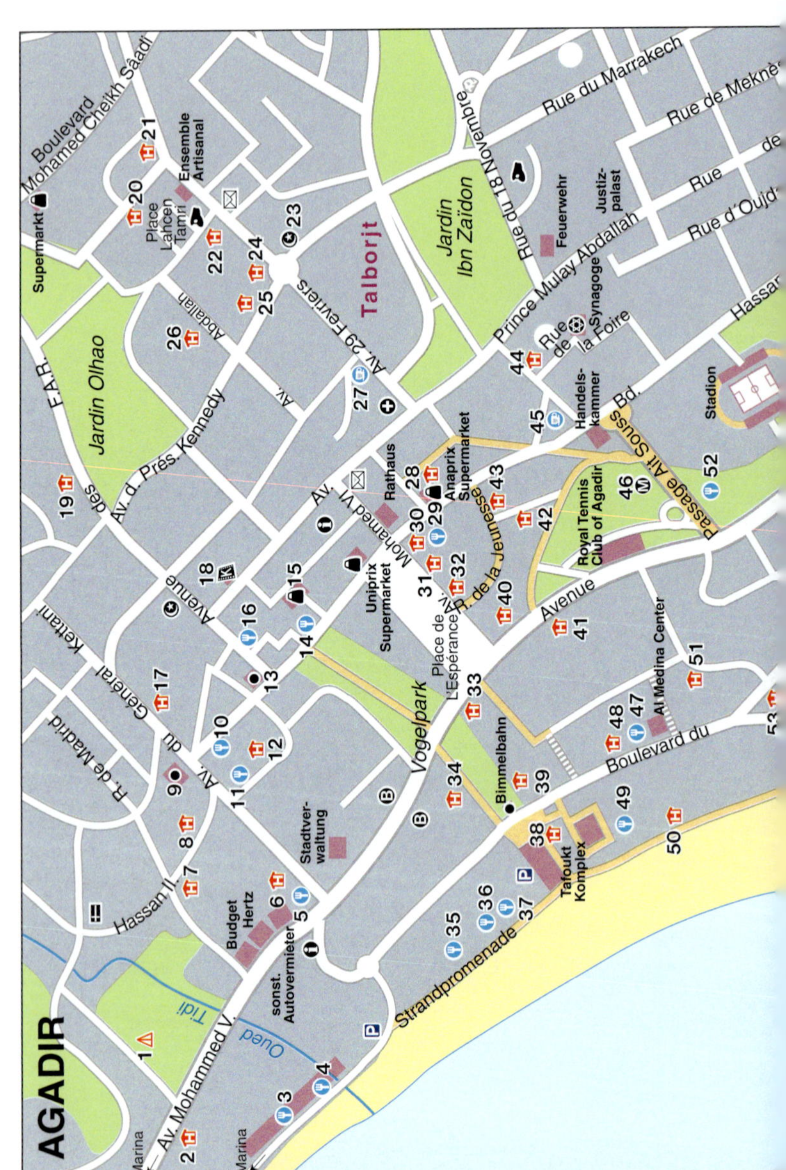
AGADIR
Talborjt
Jardin Olhao
Jardin Ibn Zaïdon
Vogelpark
Supermarkt
Boulevard Mohamed Cheikh Saadi
Ensemble Artisanal
Place Lahcen Tamri
Av. 29 Février
Rue du 18 Novembre
Rue du Marrakech
Rue de Meknès
Rue d'Oujda
Prince Mulay Abdallah
Feuerwehr
Justiz-palast
Synagoge
Rue de la Foire
Handels-kammer
Stadion
Av. d. Prés. Kennedy
F.A.R.
des
Rathaus
Anaprix Supermarket
Av. Mohamed VI
Uniprix Supermarket
Place de L'Espérance
R. de la Jeunesse
Royal Tennis Club of Agadir
Passage Aït Souss
Bd.
Avenue
Al Medina Center
Boulevard du
Hassan
Avenue Général Kettani
R. de Madrid
Av. du
Hassan II.
Stadtver-waltung
Bimmelbahn
Tafoukt Komplex
Strandpromenade
Budget Hertz
sonst. Autovermieter
Oued Tildi
Av. Mohammed V.
Marina

n. Inezgane, Ben Sergao, Taroudannt, Tiznit, Al Medina Center, zum Flughafen u. Marjane
65
Stadtbusse
66
67
Mohammed V.
Av. Mouquwana
68
64
58
61
62
63
69
20 Août
71
Komplex Caribbean Village
72
Supermarkt
70
73
Boulevard du 20 Août
Einkaufs-passage
76
Casino Le Mirage
60
77
79
75
Shops
Touristenpolizei
78
Palais des Congrès
80
81
82
Hotels im Founty-Viertel
59
Taxis
Rue de Oued Souss
74
Zeitungen
ATLANTISCHER OZEAN
N
100 m

du Soleil. Nightclub Papagayo angeschlossen. DZ all incl. €€€€€.

● **Jacaranda******, km 4, Route d'Inezgane, Ben Sergao, Tel. 0528 28 03 16, Kontakt in Deutschland: Tel. (04161) 55 87 05, www.jacaranda-hotel-agadir.com. Anfahrt: in Richtung Inezgane fahren, nach der Pépinerie New Garden und den Taxi-/Bushaltestellen rechts zum Al Madina abbiegen (großes blaues Schild), dann auf der linken Seite. Das erste „Ökohotel" Marokkos wird von der Deutschen *Christel Butz* geführt. Die etwas nüchtern wirkenden, komfortablen Zimmer mit Balkon und Sat-TV haben keine AC, sind aber nach Osten ausgerichtet und gut isoliert. Gutes Frühstück und Essen, auch individuelle Speisewünsche (z.B. Trennkost) werden berücksichtigt. Das Personal spricht deutsch. Günstige und ruhige Lage nahe am Golfplatz und am Flughafen. Beheizter Innenpool, Sauna und Pool im sehr schönen tropischen Garten mit Jacarandas und Palmen. DZ und Bungalows €€€€.

● **Atlas Amadil Beach******, Chemin des dunes, Secteur touristique, Tel. 0528 82 93 00, www.hotelsatlas.com. Sehr schönes Hotel mit prachtvoller Halle, tollem Garten, Pool und großem Spa-Bereich. Ausgezeichnetes marokk. Restaurant Dar Fes, auch gute ital. Küche im Restaurant La Vague. €€€€.

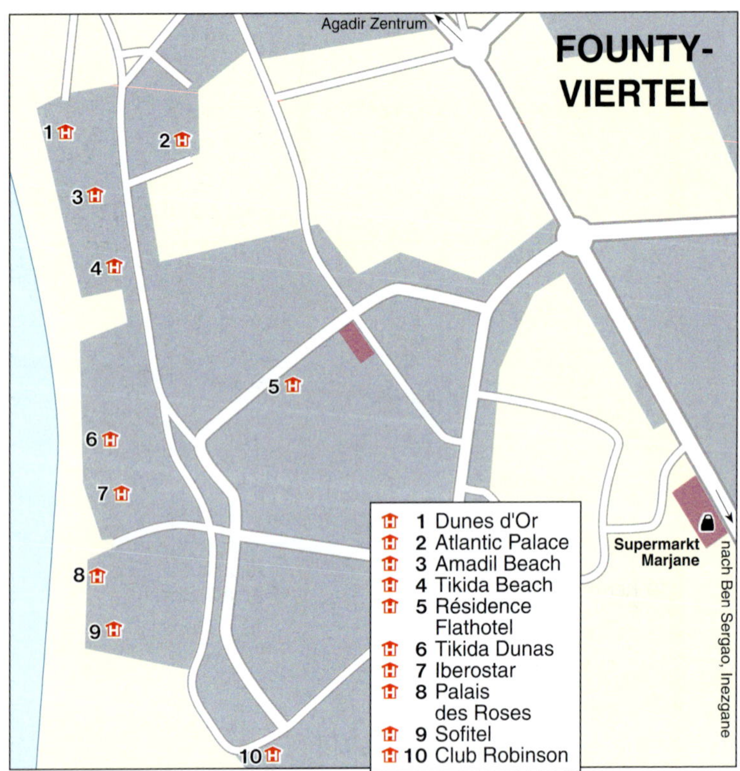

1 Camping
2 Al Moggar Garden Beach
3 Mimi La Brochette
4 diverse Restaurants
5 Marine-Heim
6 Résidence Tilila
7 Marhaba
8 Petite Suède
9 Royal Air Maroc
10 La Tour de Paris
11 Darkoum
12 Sud Bahia
13 Holiday Services (TUI)
14 Via Veneto
15 Marché Municipal
16 Mozartstube
17 Aferni
18 Kino Rialto
19 Res. Nejma
20 Canaria
21 Résidence Azour
22 Bahia
23 Mohammed V. Moschee
24 La Tour Eiffel
25 La Tour du Sud
26 Tamegroute
27 El Yacout
28 Atlantic
29 Scampi
30 Kamal
31 Louban
32 Les Palmiers
33 Odysee Park Hotel
34 Royal Mirage
35 Camels Steak House
36 Vendôme
37 McDonald's + Pizza Hut
38 Tafoukt Beach
39 Kenzi
40 Sacha
41 Anezi
42 Al Mountassir
43 Yasmina
44 Fleurie
45 Tafarnout
46 Musée Municipal
47 Taco Loco
48 Ryad Mogador Al Medina
49 Miso Thai Wok + Café del Mar
50 Royal Atlas
51 Tagadirt
52 Pizza Hut
53 Les Almohades
54 Club Med
55 Petit Dôme
56 Jardin d'Eau
57 Argana
58 Adrar
59 La Langouste
60 La Kasbah
61 Mabrouk
62 Royal
63 Sahara
64 McDonalds
65 Kino Salam
66 Solman
67 Cinq Parties du Monde
68 Königspalast
69 Omayades
70 Tivoli
71 Shems
72 Agador
73 Tamlelt Manador + Eingang zum Komplex
74 Agadir Beach Club
75 La Scala
76 Club Valtur
77 Le Mauresque
78 Dunes d'Or
79 Atlantic Palace Dorint
80 Amadil Beach
81 Tikida Beach
82 RIU Tikida Dunas

●**Anezi******, Av. Mohammed V., Tel. 0528 84 09 40, www.hotelanezi.com. Etwas unpersönliches Hochhaus, aber große und sehr schöne Gartenanlage mit Pool. Fantastischer Blick vom obersten (10.) Stock, z.B. von der Roof Garden Bar. Strandnähe, internat., marokk. und ital. Restaurant, Nightclub, Hammam. DZ und Apartments (mit Küche) €€€€B bis €€€€.

●**Argana******, Av. Mohammed V., Tel. 0528 84 83 04, www.argana-hotel.com. 238 Zimmer mit Bad/WC, Klimaanlage, Sat-TV und teilweise Balkon oder Terrasse. Internat. Küche, schallisolierte Disco/Nightclub, Gartenanlage mit großem Pool. Bis zum Sandstrand sind es ca. 10 Gehminuten. Das Hotel hat keinen 4-Sterne-Standard. DZ €€€€, Apartment €€€€A.

●**Tafoukt Beach******, Bd du 20 Août, Tel. 0528 84 01 23, www.tafoukthotel.com. Das Hotel wurde 2005 komplett renoviert. Sehr schöne Lobby (Funduq-Architektur) und Zimmer im maurischen Stil. Weitläufige Anlage mit hübschem Garten und Pool, um den sich die weißen Bungalows gruppieren. Direkter Strandzugang. Angeschlossener (öffentlich zugänglicher) Tafoukt-Komplex mit Läden und Restaurants. DZ oder Apartment (für bis zu 8 Pers.) €€€€ (je nach Saison).

●**Ramada Les Almohades******, Bd du 20 Août, Tel. 0528 84 02 33, www.ramada.com. Ca. 15 Gehmin. zum Zentrum. Schon etwas ältere, aber vor einigen Jahren renovierte Anlage mit schönem Garten. 321 Zimmer mit Sat-TV und Balkon, Restaurant, Disco, Pool mit Kinderbecken, Spielplatz, Volley- und Basketball, Tennis usw. Für Kinder (4–12) Miniclub mit Animationsprogramm. DZ ab €€€€, auch günstig über Neckermann buchbar.

●**Marhaba******, Av. Hassan II., Tel. 0528 84 06 70, hotel.marhaba@menara.ma. Sehr zentral gelegenes, strandnahes, angenehmes und freundliches Mittelklassehotel mit Pool und schönem Garten. 75 Zimmer mit Meerblick, zur Straße hin laut. DZ €€€, günstig über Neckermann buchbar.

●**Odyssee Park Hotel******, Bd Mohammed V., Tel. 0528 84 33 26, www.hotel-odysseepark.com. Das 2002 renovierte Mittelklassehotel bietet 140 Zimmer mit Balkon/Terrasse und Blick auf den hübschen Garten mit Pool oder auf den Vogelpark. Es liegt ca. 250 m vom Strand entfernt. Buffet-Restaurant, Café Vienna und Tapas-Bar, freundliches Personal. DZ €€€A.

●**Les Omayades******
Bd du 20 Août, Tel. 0528 84 22 12/13, 0528 84 03 69, Fax 0528 84 22 01. Vergleichsweise kleine Anlage im marokkanischen Stil mit 144 terrassenartig in Bungalows angelegten (klimatisierten) Zimmern mit Balkon. Zwei Restaurants mit marokkanischer und japanischer Küche. 800 m zum Strand, ruhig gelegen, netter Service und schöne Poolanlage. Günstige All-inclusive-Angebote von europäischen Veranstaltern (z.B. Neckermann).

●**Atlas Kasbah Ecolodge,** Tighanimine El Baz, Route d'Azrarag, Drarga, Mobil 0661 48 85 04, www.atlaskasbah.com. An der Kreuzung gegenüber des Metro-Supermarkts nach links abbiegen, von dort 5 km außerhalb der Stadt. Dieses Ökohotel im Kasbahstil in ruhiger Lage auf einem Hügel erhielt bereits Preise für nachhaltigen Tourismus (achtsamer Umgang mit Wasser und Energie, Abfallvermeidung). 12 hübsche Zimmer/Suiten im Berberstil (mit Bad), Restaurant mit Panoramaterrasse, Pool. Es sind diverse Aktivitäten in der ländlichen Umgebung möglich, auch kurze Koch- und Sprachkurse (Arabisch, Berberisch). DZ mit Frühstück €€€€.

●**Adrar*****, Av. Mohammed V., Tel. 0528 84 07 37, Fax 0528 84 05 45. Zentral gelegenes Hotel mit großem, sehr schönen parkähnlichen Garten. Ca. 500 m zum Strand. €€€A.

●**Tagadirt (Groupe Sahara)*****, Bd du 20 Août, Tel. 0528 84 06 30, www.groupesahara.com. Große Anlage im maurischen Stil, alle (schon etwas abgewohnten) Zimmer mit Bad und Heizung, freundliches Personal. Pool, Tischtennis und Tennis, Privatstrand mit Surfschule, Tanzabende mit Folklore, Kinderbetreuung und günstige Kinderpreise. €€€€.

●**Aferni*****, Av. Général Kéttani, Tel. 0528 84 07 30, www.aferni.com. Sauberes Mittelklassehotel mit Pool, europäischer Küche und sehr freundlichem Personal. Zimmer mit Bad, TV und z.T. Balkon. €€€, gutes Preis-Leistungs-Verhältnis.

●**Kamal*****, Av. Hassan II., Tel. 0528 84 28 17, www.hotelkamal.ma. Angenehmes, sauberes Mittelklassehotel ohne besonderes

Ambiente in zentraler Lage, ca. 15 Gehminuten zum Strand. Die 128 Zimmer mit Bad/WC und TV, z.T. mit Balkon, sind auf drei Etagen verteilt. Es gibt einen Pool, eine schöne Terrasse mit Blick auf den großen Platz und ein Restaurant mit marokkanischer und internationaler Küche (nicht besonders). DZ €€€.

- **Ibis Moussafir*****, Rue Abderrahim Bouabid (beim Souk), Tel. 0528 23 28 42, www.ibishotel.com. Gepflegtes Hotel im modernisierten maurischen Stil, mit Restaurant, Pool, WLAN und 104 Zimmern mit Sat-TV. Bewachter Parkplatz (kostenpflichtig). Wie alle Ibis-Hotels sehr gutes Preis-Leistungs-Verhältnis. €€€B, Reservierung empfehlenswert.
- **Sud Bahia*****, Av. des Administrations Publiques, Tel. 0528 84 07 82, www.sudbahiahotel.ma. An einer Nebenstraße im Zentrum, 15 Min. zum Strand. Älteres, empfehlenswertes Mittelklassehotel mit preiswertem Restaurant und freundlichem Personal. Die Zimmer auf vier Etagen sind komfortabel und sauber (mit Sat-TV und Balkon), zum Hof hin jedoch laut (Disco bis um 5 Uhr). Pool und Kinderbecken im Innenhof-Garten, Autovermietung im Haus. Kinder von 2–12 Jahren erhalten 50% Ermäßigung. DZ €€€.
- **Mabrouk*****, Bd du 20 Août, Tel. 0528 82 63 03 od 0528 84 06 06, www.hmabrouk.ma. Kleines Hotel mit hübschem Garten und Pool, Restaurant, bewachter Parkplatz. Zimmer mit Bad und TV. 5 Min. zum Strand, 15 Min. ins Zentrum. DZ €€€ inkl. Frühstück.
- **Al Mountassir****, Rue de la Jeunesse, Tel. 0528 84 30 74, 0528 84 32 28, Fax 0528 84 60 71. Angenehmes Mittelklassehotel mit Pool, aber ohne besonderes Flair. Um die Ecke kann man in der Pâtisserie Louban sehr gut frühstücken. DZ €€, der Preis kann bei längerem Aufenthalt verhandelt werden.
- **Talborjt*****, Rue de l'Entraide, Talborjt, Tel. 0528 84 03 86, Fax 0528 84 03 96. Sehr sauberes, empfehlenswertes Hotel im Zentrum der Stadt (jedoch weit zum Strand). Zimmer mit Bad €€, Frühstück zu teuer.
- **La Tour du Sud****, 75, Av. Kennedy, in Talborjt in der Nähe der Moschee Mohammed V., Tel. 0528 82 26 94, Fax 0528 82 48 46. Neueres, empfehlenswertes Hotel mit marokkanischem Ambiente. Hübsche, sehr gepflegte Zimmer mit Bad, TV und (meistens) Balkon. Im EG befindet sich ein nettes Straßencafé. DZ €€.
- **Solman****, Av. Hassan II., im Zentrum, Tel. 0528 84 45 65, hotelsolman@menara.ma. Sehr sauberes Hotel mit Pool, Bar/Restaurant, 10 Gehmin. vom Strand entfernt. DZ €€ ohne Frühstück.
- **Atlantic****, Av. Hassan II., Tel. 0528 84 36 61/62, www.atlantichotelagadir.com. Sauberes, 2004 renoviertes Hotel mit kleinem Garten, Pool, Sonnenterrasse, marokk. Restaurant und bewachtem Parkplatz. DZ mit Frühstück €€€ (saisonabhängig), bei Pauschalbuchung häufig preisgünstiger (z.B. TUI).
- **Miramar****, Av. Mohammed V., Tel. 0528 84 07 70, Fax 0528 84 87 84. Das kleine Hotel liegt an der Hauptstraße in Richtung Hafen und ist das älteste der Stadt. Sehr gepflegte, klimatisierte Zimmer, Bad und WC getrennt, sehr gutes französisches Restaurant (gehobene Preise, vgl. Restaurants). €€ DZ.
- **Royal****, Av. Mohammed V., Tel. 0528 84 06 75, Fax 0528 84 05 02. Hübsche, schon ältere Bungalowsiedlung mit Pool, gutes Preis-Leistungs-Verhältnis, zentrale Lage. DZ €€ bis €€€ (saisonabhängig).
- **Sindibad****, Place Lahcen Tamri, Talborjt, Tel. 0528 84 45 35, Fax 0528 84 24 74. Low-Budget-Hotel mit relativ großen, sauberen Zimmern und freundlichem Personal. Die Räume zum Hoteleingang/zur Straße sind nicht so ruhig. €€.
- **El Bahia****, Rue El Mehdi Ibn Toumert, nahe Place Lahcen Tamri, Talborjt, Tel. 0528 82 27 24, Fax 0528 82 45 15. Nettes, sauberes, besonders für Rucksackreisende empfehlenswertes Hotel. DZ mit Dusche auf dem Flur €, mit Dusche im Zimmer €€.
- **Cinq Parties du Monde***, Av. Hassan II., Tel. 0528 84 54 81, Fax 0528 84 25 04. Beliebtes, günstiges Travellerhotel. €.
- **Petite Suède***, Av. Hassan II./Général Kettani, Tel. 0528 84 07 79, www.petitesuede.com. Das Hotel liegt etwas laut an einer verkehrsreichen Ecke, dafür ist das Personal sehr freundlich, es gibt eine Autovermietung im Haus, die Zimmer mit Bad sind einfach und sauber. Von der netten Frühstücks-Dachterrasse hat man Meerblick. DZ €€ bis €€€ (je nach Saison), 10% Rabatt für REISE-KNOW-HOW-Leser.

Hotels im Founty-Viertel (südliche Rue Oued Souss)

Die ersten vier Hotels sind in ihrer Reihenfolge entlang des Strandes von Nord nach Süd angegeben. Die anderen befinden sich nicht direkt am Meer. Das ganze Founty-Viertel soll sich zum neuen Touristenzentrum der Stadt entwickeln - entsprechend viel wird gebaut.

• **RIU Tikida Dunas******, Chemin des Dunes, Tel. 0528 84 90 90, www.riu.com. Hotelkomplex direkt am Strand mit großer Gartenanlage, mehreren Pools, Wellnesszentrum und allem Komfort. Empfehlenswert. DZ €€€€.

• **Iberostar Founty Beach******, Rue Oued Souss, Cité Founty, Tel. 0528 84 44 44, www.iberostar.com. Clubanlage direkt am Strand, ca. 1 km vom Zentrum. Schöner Mix aus traditionellen und modernen Elementen. Die Zimmer im Bungalowstil sind um den weitläufigen Garten mit hübscher Poollandschaft gruppiert. Liegen und Sonnenschirme gebührenfrei, am Strand gegen Gebühr. 470 Zimmer mit Sat-TV, AC, Safe usw. Restaurants, Bar, Internet, Autoverleih, Sauna/Hammam, Fitness und Spa, Tennisplätze, Beach-Volleyball, Basketball. DZ mit Frühstück €€€€A, Zimmer mit Meerblick 300 DH extra. All-inclusive-Angebote von Neckermann.

• **Palais des Roses*******, Rue Oued Souss, Cité Founty, Tel. 0528 82 82 01, www.palaisdesroses.com. Riesige Luxushotelanlage mit 405 Zimmern und 25 Suiten, in deren Bädern jeden Tag frische Rosen ausgelegt werden. Die Anlage ist sehr schick und stilvoll traditionell gestaltet. Alle Annehmlichkeiten, 8000 m² Poollandschaft, 11.000 m² Thalasso- und Spa-Center, mehrere Nightclubs, Privatstrand mit Wassersport, Tennisplatz, Kinderbetreuung/-animation, Fitnessraum etc. Herrlicher Garten mit Teichen, Palmen und Kakteen. Schöne Terrassen mit Meerblick, orientalische Wasserpfeifenecke, Zigarrenbar. DZ/Suiten €€€€€.

• **Sofitel Agadir******* (Accor), Baie des Palmiers, Cité Founty, Tel. 0528 82 00 88, www.accorhotels.com. Durchgestyltes Luxushotel der Accor-Gruppe im Kasbah-Stil. 248 klimatisierte Zimmer und 25 Suiten mit Safe, Minibar, Sat-TV usw. Zwei Restaurants (international und Seafood), großer Pool, Privatstrand, Fitnesscenter, Hammam und Sauna, Tennis, Jet Ski. Hervorragender Service, aber sehr hohe Preise für Getränke und (dafür nicht angemessen gute) Speisen. DZ ab €€€€, bei Internetbuchung günstiger.

• **Résidence Flathotel,** Baie des Palmiers, Cité Founty, Tel. 0528 22 85 80, www.flathotelagadir.com. Recht hübsche Apartments für 4 Personen oder Studios mit Balkon €€€€, in der Nebensaison billiger. Schöner Pool mit Palmen im Innenhof.

• **Résidence Intouriste,** Lot G 9 Founty, Tel. 0528 23 75 15, www.intouriste.net. Modernes, etwas nüchtern und steril wirkendes Massenhotel. Die Apartments und Studios sind mit AC, Sat-TV, Telefon und Küche ausgestattet. Shop, Pool, Nightclub, Restaurant, 200 m zum Strand. DZ ohne Frühstück €€€€, Studio/Apartment für 2–5 Pers. €€€€A, in der Nebensaison verhandelbar, Kooperation mit Thomas Cook und Neckermann.

Unklassifizierte Hotels

• **Canaria,** 2, Place Lahcen Tamri, Talborjt, Tel. 0528 84 67 27. Die 21 Zimmer (mit oder ohne Dusche) gruppieren sich um den Innenhof. Kürzlich renoviert, saubere Sanitäranlagen, angenehme Travelleratmosphäre, aber arrogantes Management, keine Handtücher. DZ mit Dusche €, ohne €€, auch 3er-Zimmer.

• **La Tour Eiffel,** Rue du 29 Février, Tel. 0664 22 09 25, direkt gegenüber der Moschee Mohammed V. in Talborjt. Sehr einfach, aber sauber und okay, Dusche/WC auf dem Gang, Straßencafé/Restaurant mit preiswertem Essen im EG. 3er-Zimmer €B.

• **Tamegoute,** 38, Av. Allal Ben Abdellah, Talborjt, Tel. 0528 84 78 66, Eingang an der Gebäuderückseite. Sehr gepflegte und saubere Zimmer mit Bad (z.T. mit Balkon), recht neue Ausstattung, sehr gutes Preis-Leistungs-Verhältnis. €A.

• **Tamri,** 1, Av. President Kennedy, Tel. 0528 82 18 80. Sauberes Hotel in ruhiger Lage, warme Duschen auf dem Flur (Benutzung nur zu bestimmten Zeiten). DZ €€.

maagadsk Foto: dd

Luxus-Ferienanlage Club Valtur

• **Tiznine,** in Talborjt, hinter dem Hotel Ayour (Rue de l'Entraide), Tel. 0528 84 39 25. Einfaches Hotel mit sauberen Zimmern auf zwei Etagen um den Innenhof, Dusche/WC am Gang, nicht weit zum Café Yacout. Dreibettzimmer €A.

Wer nur eine Nacht in Agadir bleibt oder die Stadt als Durchgangsstation betrachtet, findet **in Inezgane** (7 km südlich von Agadir) in der Nähe des Busbahnhofs (Av. Mokhtar Souissi) viele günstige Hotels.

Clubhotels (all inclusive)

• **LTI Agadir Beach Club,** s.o.

• **Iberostar Founty Beach** und **RIU Tikida Dunas,** vgl. Hotels im Founty-Viertel.

• **Les Dunes d'Or****** (Framissima), Bd du 20 Août, Secteur touristique, Tel. 0528 82 99 00, www.fram.fr. Weitläufige Anlage mit über 400 klimatisierten Zimmern in mehreren zwei- bis dreigeschossigen (schon etwas älteren) Betonbungalows direkt am Strand. Ab ca. 1200 Euro/Person für 1 Woche mit Flug all incl. Wassersportzentrum (Base Nautique) angeschlossen.

• **Le Caribbean Village,** riesiger Komplex aus drei Groupe-Sahara-Hotels: **Agador, Tamlelt** und **Manador.** Eingang zum Komplex am Bd du 20 Août und Rue Oued Souss, Tel. 0528 84 71 01/02, www.groupesahara.com. Sehr schöne, weitläufige Anlage mit viel Grün, großzügig auf verschiedenen Ebenen angelegt. Die Blocks im maurischen Stil gruppieren sich um die zentralen Gemeinschaftsanlagen (Pool, Restaurants, Geschäfte, Bars). 500 m zum eigenen Strand und 20 Min. ins Zentrum. Tennis, Squash, Volleyball, Fitness.

• **Club Med,** Rue Oued Souss, Tel. 0528 84 06 01, 0528 84 05 42, www.club-med.de. Geschlossene Clubanlage mit traumhaft schönem Garten und eigenem Strand. 347 Zimmer in zweigeschossigen Bungalows, je nach Nähe zum Meer im Preis gestaffelt. Pendelbus zum Golf des Dunes mit Golfakademie. Tennisplätze, Reit- und Surfmöglichkeit, in allen Sportarten Unterricht möglich. Spa-/Wellness-Bereich (kostenpflichtig), Hammam, Sauna. Kinderbetreuung ab 4 Jahre inklusive, Babybetreuung kostenpflichtig. Ca. 20 Min. ins Zentrum.

- **Club Valtur,** Rue Oued Souss, Secteur balnéaire, Tel. 0528 44 99 5, www.club-valtur.de. Luxuriöser italienischer Club mit Casino und abendlichem Showprogramm (Cabaret, Musical). Wellness- und Kosmetikbehandlungen gegen Aufpreis. Eigenes Sportareal (Bustransfer) mit Tennisplätzen, Reitmöglichkeit, Mitbenutzung der Golfplätze Des Dunes und Royal Golf. 375 komfortable Zimmer mit Sat-TV. Eigener Strandbereich mit Liegen, der Club ist aber ca. 200 m vom Strand entfernt. 1 Woche all inclusive pro Person ab 450 Euro.
- **Club La Kasbah,** Bd du 20 Août, Tel. 0528 84 01 36, www.la-kasbah-agadir.com. Sehr schöne Bungalowanlage im orientalischen Stil in 52 ha großem Gartenareal, ca. 10 Min. zum Strand (privater Bereich mit Liegen), vier Restaurants (internationale, asiatische und marokkanische Küche), Disco. Plätze für Tennis, Squash, Basketball, Volleyball u.a. Reiten und Golf außerhalb der Anlage gegen Aufpreis. Der Außenpool ist im Winter beheizt. Fitness, Kosmetik und Hammam.
- **Club Al Moggar Garden Beach,** Bd. Mohammed V., Tel. 0528 84 22 70, www.hotelclubalmoggar.com. Schöne, schon etwas ältere Anlage, nur durch die Promenade vom Strand getrennt und ca. 15 Gehminuten vom Zentrum. Großer, parkähnlicher Garten mit Weiher, Tennis, Minigolf, Bolzplatz, Poolanlage mit Snackbar, Sauna und Hammam, Fitnessraum. 410 schlichte Zimmer in Reihenbungalows mit TV und AC, Balkon oder Terrasse. Schöne Lobby im marokkanischen Stil. Angenehmes, gut organisiertes Animationsprogramm. Pizzeria und marokkanisches Restaurant, Bar und Disco.
- **Robinson Club,** Chemin des Dunes, Founty, www.robinson.com, am südlichen Strand beim Königspalast. Das größte Hotel im Süden Marokkos wurde 2008 eröffnet. Die Clubanlage im marokkanischen Stil mit direktem Strandzugang am Südrand von Founty bietet alle erdenklichen Freizeitaktivitäten, mit großem Wellnessbereich, Poollandschaft, Tennisanlage etc. Ab ca. 880 Euro pro Woche all inclusive (mit Flug).

Ferienwohnungen

Bei den **„Résidence touristique"** genannten Unterkünften handelt es sich um **1- bis 2-Zimmer-Selbstversorger-Apartments** mit Kochnische, Geschirr und Kühlschrank. Viele Apartments kann man bei großen Reiseveranstaltern billiger vorausbuchen.

Schöne Ferienhäuser und Apartments jeder Größe an den Stränden nördlich von Agadir vermietet der **Holiday Club** von *Bernd Schweigert* in Taghazoute: Mobil 0668 32 52 83, www.taghazout.info (ab 30 Euro pro Nacht).

Auch **Thomas Kasan** vermittelt Mietwagen, Ferienhäuser und Apartments in Agadir oder Taghazoute: Tel. (in Deutschland): 0170 67 57 870, www.agadir-ferien.de.

- **Aparthotel Igoudar (Groupe Sahara),** Bd du 20 Août, Tel. 0528 84 03 99, www.groupesahara.com. Schöne Selbstversorger-Apartments (167) mit eigener Küche in einem verschachtelten Komplex auf verschiedenen Ebenen, vor allem für Familien geeignet, mit Pool und Garten. 2-Zimmer-Apartments für bis zu 4 Pers., 3-Zimmer-Apartments für 4–6 Pers. Ca. 150 m zum Privatstrand Sahara Beach.
- **Résidence Azour,** Av. 29 Février, Talborjt, Tel. 0528 84 38 59. Geräumige Zimmer und Apartments mit Küche und marokk. Salon, modern und sauber, aber ziemlich nüchterne, sterile Atmosphäre. €€€.
- **Résidence/Hotel Anezi,** Av. Mohammed V., Tel. 0528 84 09 40, www.hotelanezi.com.

Schöne Anlage mit Zimmern, Suiten und hübschen Apartments mit Sat-TV und Balkon (Blick auf Meer oder Garten). Die Einrichtungen des Hotels wie Pool, Sportanlagen etc. können mitgenutzt werden. 2-Zimmer-Apartment €€€€ (Preise saisonabhängig).

• **Résidence Farah,** Rue de la Foire, Tel. 0528 84 39 33, www.hotelresidencefarah.ma. 48 Studios (mit Kochnische) und 8 Apartments für bis zu 5 Pers. mit Küche, Salon, Bad und Balkon. 400 m zum Strand, zentrumsnah, marokkanisches Restaurant und Bar. Preise (im August etwas teurer): Studio für 2 Pers. €€, Studio für 4 Pers. und Apartment (bis 5 Pers.) €€€.

• **Résidence Fleurie,** Rue de la Foire, Tel. 0528 84 42 69, www.residence-fleurie.com. 48 klimatisierte Studios mit Telefon, Sat-TV und Kochecke mit Kühlschrank, Balkon. 5 größere Apartments, Cafeteria, Pool, Parkgarage. 10 Min. zum Strand. Studio für 2 Pers. €€€, Apartment für 4 Pers. €€€€.

• **Résidence Louban,** Av. Mohammed VI., sehr zentral beim Place de l'Espérance, Tel. 0528 82 65 01, 0528 82 64 99, loubanaga@menara.ma. 33 Apartments mit Kochnische, Kühlschrank, Bad, Balkon und Sat-TV für 4–5 Personen. Pool und Kinderbecken, 10 Min. Fußmarsch zum Strand. €€€€B bis €€€€, tägliche Zimmerreinigung.

• **Résidence Nejma,** Av. des F.A.R., Tel. 0528 84 19 75, www.hotelnejma.com. Mittelgroßes Hotel mit Restaurant, Pool, Zimmern und Studios (bis 3 Pers.) mit Küche und TV. €€€.

• **Résidence Sacha,** 2, Rue de la Jeunesse, Tel. 0528 82 55 68, www.agadir-maroc.com. Pool, bewachter und abgeschlossener Parkplatz, kostenloses Internet (WLAN), 10 Min. zum Strand. Studio mit Kochnische €€€, großes Apartment (4–5 Pers.) €€€€B (Preise saisonabhängig).

• **Résidence Shems,** Rue Hôtel de Ville, Tel. 0528 84 28 82, www.shems.ma. Sehr laut an der Kreuzung zur Av. Hassan II. gelegen. Bei Pauschalbuchung zu Hause mit Flug wesentlich billiger als bei Einzelbuchung. Vor Ort ab €€€ für ein Studio bzw. Apartment für 2–4 Personen mit Schlafzimmer, Wohnzimmer, Küchennische, Badezimmer mit Dusche und separater Toilette. Tägliche Zimmerreinigung, Pool und Sonnenterrasse.

• **Résidence Tafoukt,** Bd du 20 Août, Tel. 0528 84 08 75, vgl. Hotel Tafoukt. Sehr schöne Apartments, zwei Zimmer für bis zu 5 Pers. mit Bad und Küche (oft nicht eingerichtet bzw. ohne Herd), Balkon, tägliche Reinigung, etwas laut (Musik der umliegenden Lokale). €€€€B/Tag für 4–5 Pers.

• **Hotel/Résidence Tilila,** Av. du Général Kettani, Tel. 0528 84 06 66, hotel.res.tilila@menara.ma. Studios für bis zu 4 Pers. mit Bad, Küche, TV, Safe. Die hellhörigen, kleinen Zimmer mit Bad sind schon etwas abgewohnt und zur Straße hin laut. Terrassencafé und Restaurant angeschlossen. Ca. 200 m zum Strand. DZ €€, die Preise sind verhandelbar.

• **Résidence Yasmina,** Rue de la Jeunesse, Tel. 0528 84 30 84, www.residence-yasmina.com. Komfortable Apartments für bis zu 5 Personen. Ziemlich nah am Zentrum, aber weit zum Strand, schön angelegt, mit Pool und hübschem Gartenrestaurant, von der obersten Etage Meeresblick, bewachter Parkplatz. 4-Pers.-Apartment €€€€, DZ mit Frühstück €€€. Im Angebot vieler Reiseveranstalter, bei Pauschalbuchung und in der Nebensaison oft preiswerter.

• **Résidence Intouriste** und **Résidence Flathotel,** vgl. Hotels im Founty-Viertel.

Hotels in Inezgane

Wer nicht vorhat, länger in Agadir zu bleiben, sollte gleich in Inezgane übernachten, da fast alle Busse morgens von dort weiterfahren und eine Übernachtung in Agadir umständlicher und teurer wäre. Auch wenn am nächsten Morgen der Rückflug geht, ist Inezgane als Station für eine Nacht zu empfehlen. Von dort fährt der Bus Nr. 22 in 30 Min. zum Flughafen.

Manche der billigen Hotels sind schon ab 50 DH pro Nacht/Person zu bekommen.

• **Hazienda***,** km 6, Route d'Inezgane – Ben Sergao, Tel. 0528 33 36 21, Fax 0528 83 50 70. Schönes, kleineres Club-Hotel (Returlaub), von Wäldchen umgeben, nahe des Königspalasts, weit zum Meer. €€€€.

●**Pyramide*****, Chemin Oued Sous – Ben Sergao, Tel. 0528 83 47 05, Fax 0528 33 06 57. Kleines Hotel mit 25 Zimmern, schon etwas abgewohnt, mit Pool. DZ mit Bad €€.

●**Le Provencale****, km 9 Route d'Inezgane, an der Straße Agadir – Inezgane auf der rechten Seite, Tel. 0528 83 26 12, Fax 0528 83 34 31. Günstige Lage in der Nähe des Flughafens, sauberer Pool, außen unscheinbar, aber innen sehr gepflegt, freundlich und unaufdringlich. Kein Restaurant (nur Frühstück). DZ mit Bad €€.

●**La Pergola****, km 8 Route d'Inezgane, an der Straße Agadir – Inezgane auf der linken Seite, Tel. 0528 83 31 00, Fax 0528 83 50 25. Nettes, einfaches und sehr sauberes Hotel an der verkehrsreichen Straße Agadir – Inezgane mit herrlichem Garten. Unter französischer Führung, hervorragende französische Küche im gleichnamigen Restaurant. Ideal für die letzte Nacht vor dem Rückflug (Taxi zum Flughafen wird vermittelt). DZ €€B.

●**Aday****, Bd Mohammed V., Tel. 0528 83 37 84. Im Zentrum von Inezgane, rechts der Hauptstraße, sauberes und freundliches Hotel. DZ €.

●**Hagounia***, 9, Av. Mokthar Soussi, am Kreisel an der Hauptstraße Ait Melloul – Agadir, Tel. 0528 83 27 83. Größeres, einfaches und leider nicht besonders gepflegtes Hotel mit Parkplatz vor der Tür und Snackcafé im EG. DZ mit Bad (ohne Frühstück) €.

●**Louz Noufara***, Av. Mokthar Soussi, Tel. 0528 33 19 90 und 0528 33 20 46. Sehr sauberes Hotel direkt am Busbahnhof. Nettes englisch sprechendes Personal, ordentliche Zimmer. DZ mit Bad/ WC €€.

●Mehrere einfache, günstige Hotels befinden sich am Südende der Av. Mokhtar Soussi (vom Busbahnhof links).

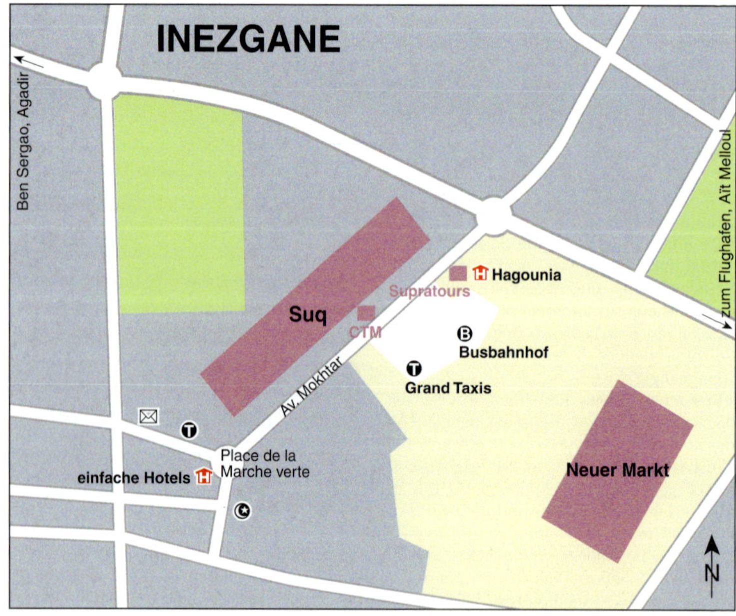

Campingplätze

• **Camping International,** Bd Mohammed V., Tel. 0528 84 66 83, 0528 84 09 21. Die ursprünglich schön konzipierte Anlage mit vielen Bäumen ist schon etwas abgewirtschaftet, aber okay. Es gibt einen gut sortierten Laden am Platz, auch frisches Obst und Gemüse. Im Winter ist der Platz voller Wohnmobil-Rentner, die Agadir als Überwinterungsquartier nutzen, im Sommer ist er ganz in der Hand marokkanischer Familien. Die sanitären Anlagen sind schlecht, aber meist sauber, außer im Hochsommer und von etwa Dezember bis März, wenn der Campingplatz mehr oder minder „überquillt". 20 DH/Pers., Zelt 20 DH, Auto 20 DH, Wohnmobil 60 DH, Motorrad 10 DH, heiße Dusche 15 DH.

• **Paradis Nomade,** Douar Azrarag, 15 km von Agadir entfernt, Tel. 0671 12 15 35, www.paradis-nomade.com. An der Kreuzung nach Marrakesch direkt gegenüber des Metro-Markts in kleine Teerstraße nach links abbiegen, durch Vororte, dann ausgeschildert (N 30°28,509', W 09°27,961'). Idyllischer und beliebter Traveller-Treffpunkt mit Gästehaus des französischen Paares *Jacqueline* und *Robby Derue*. Pool, Restaurant mit Alkoholausschank (Menü 170 DH), 8 DZ mit Bad und Terrasse (€€€), auch Übernachtung im Nomadenzelt möglich (340 DH/Pers. mit HP), gute sanitäre Anlagen mit heißer Dusche. Camping für 2 Pers. mit Auto/Caravan/Zelt (inkl. heißer Dusche und Poolbenutzung) 80 DH, Strom 20 DH. Ausflüge mit 4x4 und Quad möglich.

• Bei Aourir (7 km von Agadir, vgl. Route Agadir – Essaouira) hat Ende 2009 der **Campingplatz Atlantica d'Imourane** mit 450 Stellplätzen für Wohnmobile und Zelte eröffnet. Er liegt direkt am Meer, hat europäischen Standard, Restaurant und Pool. Man kann frischen Fisch direkt von den Fischern kaufen. 90 DH für 2 Pers. mit Fahrzeug, 20 DH Strom.

• Der komfortable Campingplatz **Atlantica Parc** am Meer befindet sich 25 km nördlich in Aghroud (vgl. Route Agadir – Essaouira).

Im Umkreis von Agadir (ca. 100 km nördlich und südlich) wurden Schilder mit dem Hinweis **„Camping interdit" (Camping verboten)** aufgestellt, um das Entstehen ganzer Wohnmobil-Städte im Winter zu unterbinden. Da sich Diebstähle häufen und das Abfallproblem immer dringlicher wurde, sahen sich die Behörden gezwungen, das wilde Campen zu verbieten. Das scheint aber viele Camper nicht zu stören – im Gegenteil: Manche beschweren sich auch noch, dass keine Abfalltonnen aufgestellt werden und lassen ihren Müll ungeniert liegen. So muss man sich häufig für seine Landsleute schämen!

Essen und Trinken

Im Gegensatz zu anderen Städten verfügen in Agadir die meisten größeren Restaurants über eine **Alkohollizenz.** Ein Hauptgericht in einem durchschnittlichen Touristenrestaurant kostet zwischen 50 und 100 DH.

Richtung Hafen/im Hafen

• **Le Miramar,** Bd Mohammed V., kurz vor dem Stadtende rechts in Richtung Hafen, Tel. 0528 84 07 70. Zum Hotel Miramar gehöriges hervorragendes Restaurant (s.a. dort) mit italienischer Küche und Seafood. Im Winter Kaminfeuer, im Sommer klimatisiert. Fischgerichte ca. 200 DH.

• Es gibt auch eine Reihe **kleiner Fischrestaurants am Hafen,** wo man inzwischen **abgezockt** wird und – fragt man nicht genau nach – so viel zahlt, als hätte man im Luxusrestaurant gegessen! Wenn man aber vorher einen Preis ausmacht, der normal klingt, ist die Portion klein, und man sitzt in Zeltverschlägen oder auf einfachsten Stühlen mit Billiggeschirr. Die Schlepper überfallen Touristen schon an der Einfahrt zum Hafen.

Im Zentrum und nördlich (Talborjt)

• **Darkoum,** Av. Général Kettani, Tel. 0528 220948. In diesem teuren Palastrestaurant werden marokkanische Spezialitäten serviert; auch Musikprogramm.

• **La Pampa,** 8, Av. Mohammed VI., Tel. 0528 82 80 18. Grillbraten und sehr gute marokkanische Spezialitäten, mittlere Preisklasse.

●**La Tour de Paris,** Av. Hassan II., Immeuble Bahia, Tel. 0528 84 09 06. Italienische Küche und leckerer gegrillter Fisch, mit Terrasse, auch gut zum Frühstücken.

●**Marine-Heim** (bei Hilde), Bungalow Marhaba, Bd Mohammed V., Tel. 0528 84 07 31. Mittelmäßige deutsche und franz. Küche.

●**Mozartstuben,** Tel. 0528 82 45 64, Place Hassan II. Deftige österreichische und internationale Küche. Kitschig-alpenländisches Interieur, Musik von Mozart. Tgl. außer So. 10–23 Uhr. Gericht ca. 95 DH.

●**Scampi,** Av. Hassan II., Tel. 0528 84 40 54. Gute internationale Küche mit Fisch und Meeresfrüchten.

●**Via Veneto,** Av. Hassan II., Tel. 0528 84 14 67. Sehr gute italienische Küche (Holzofenpizza u.a.), gutes Preis-Leistungs-Verhältnis.

Im Touristenviertel

Zwischen Av. Mohammed V. und Strand, Rue Oued Souss, Bd du 20 Août und an der Strandpromenade.

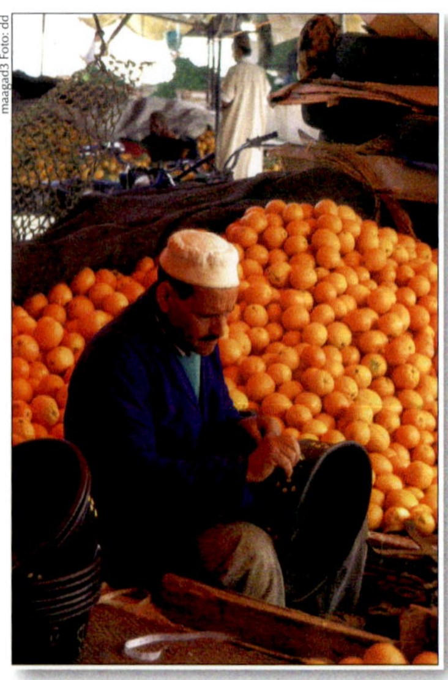

maagad3 Foto: dd

●**Café del Mar,** direkt an der Strandpromenade, in der Nähe des Hotels Royal Atlas. Auf der Terrasse mit gemütlichen Polstergarnituren werden Spaghetti (70 DH), Fleischgerichte (ca. 110 DH) oder Sandwiches (60 DH) serviert.

●**Camel's Steak House,** an der Strandpromenade. Marokkanische und europäische Gerichte von 55–110 DH.

●**Feyrouz,** im Al Madina Palace, Bd du 20 Août, Tel. 0528 84 53 53. Sehr gutes libanesisches Essen der oberen Preisklasse, besonders empfehlenswert sind die Vorspeisen (Mezze).

●**Jardin d'Eau,** Tel. 0528 82 37 06, Bd du 20 Août. Bekanntes Restaurant mit verspieltem Interieur. Küche (internat. Gerichte) und Service sind sehr gut, es gibt Live-Musik.

●**Jazz Restaurant,** Tel. 0528 84 02 08, Bd du 20 Août, neben Complexe Igoudar. Beliebtes Lokal mit abendlicher Live-Musik, gute Fleisch- und Fischgerichte.

●**Jean Cocteau (Shem's Casino),** Tel. 0528 82 11 11, Bd Mohammed V., im 1. Stock von Shem's Casino. Eines der besten Restaurants der Stadt mit französischer Küche der gehobenen Preisklasse.

●**La Langouste (Club La Kasbah),** Bd du 20 Août (schräg gegenüber dem Club Med), Tel. 0528 84 01 36. Sehr gute französische Küche mit Meeresfrüchten und Fischgerichten – das Restaurant war einmal die angesagteste Adresse in der Stadt. Mittlere Preisklasse.

●**La Scala,** Rue Oued Souss, nahe Club Valtur/Ecke Bd 20 Août, Tel. 0528 84 67 73. Hervorragendes Restaurant mit französischer und marokkanischer Küche, schönem Interieur und Gartenterrasse. Menü ca. 250 DH.

●**La Sirène,** 34, Complexe Aït Souss. Das Restaurant in der kleinen Fußgängerpassage serviert sehr gutes und üppiges Essen zum günstigen Preis.

●**Le Fouquet's,** Bd du 20 Août, Tel. 0528 84 16 86. Italienische und internationale Küche, mitternächtliches Menü mit Bauchtanz.

●**Le Mauresque,** Complexe Valtur (Ecke Bd du 20 Août/Rue Oued Souss), Tel. 0528 82 04 44. Relativ teures Restaurant mit verspielter Orientatmosphäre, schöner Gartenterrasse und lobenswertem Service. Fisch 160–330 DH, Tajine/Couscous ca. 140 DH.

- **Le Petit Dôme,** Bd du 20 Août, direkt am Eingang zum Zoo. Viel besuchtes günstiges Restaurant (Sandwiches, Frühstück, Steak u.a.) mit Garten, abends Musik.
- **Les Blancs,** am Nordende der Bucht/Promenade in der Marina, Tel. 0528 82 83 68. Auf der gemütlichen Terrasse der Strandbar kann man bei einem Cocktail herrlich den Sonnenuntergang genießen. Im Restaurant mit schickem Ambiente in einem Glaspavillon werden mediterrane Küche (Fischgerichte 170–580 DH) und Pizzas (80 DH) serviert.
- **Le Vendôme,** Tel. 0528 84 81 82, an der Strandpromenade. In diesem alteingesessenen Café/Restaurant gibt es ein einfaches Menü für 70–90 DH und günstiges Frühstück, Säfte sowie Alkoholika. Service und Essen sind leider nur mäßig gut.
- **Mexican Taco Loco,** Bd du 20 Août, ggü. Hotel Royal Atlas. Nette Terrasse mit Strohschirmen, gute mexikanische Speisen.
- **Miso Thai Wok,** an der Strandpromenade zwischen Hotel Royal Atlas und Café del Mar. Schickes Asia-Restaurant mit angenehmer Terrasse. Hier gibt's Sushi, Sashimi und thailändische Küche.
- **Mimi la Brochette,** an der Strandpromenade, Complexe Al Moggar, Tel. 0528 84 03 87. Beliebtes Restaurant mit guten und relativ günstigen Brochettes, Hähnchen und Fisch.
- **Oceana,** Bd Tawada, Tel. 0524 82 74 53. Gutes indisch-pakistanisches Restaurant an der nördlichen Promenade, nettes Interieur.
- Die **einfachen Lokale,** in die auch die einheimische Bevölkerung geht, sind vor allem nördlich der Av. Moulay Abdellah und um den Platz Lahcen Tamri zu finden, aber auch im Bereich des Busbahnhofes der städtischen Busse (Place Salam) und des Souks.

Cafés/Imbiss/Fastfood

Zahlreiche Cafés auch mit deutschem Kuchen und Eis gibt es vor allem entlang der Strandpromenade.

- Empfehlenswert sind die **Pâtisserie Tafarnout** in der Av. Hassan II. in Talborjt (hervorragendes Gebäck) und das bei Marokkanern sehr beliebte **Café Louban** in der Av. Prince Mulay Abdallah (üppiges Frühstück).
- Zu empfehlen ist auch die **Pâtisserie El Yacout** in der Av. 29 Février in Talborjt. Neben der Pâtisserie mit einer riesigen Auswahl an Gebäck befindet sich das hübsche Café im maurischen Stil mit schattiger Laubenterrasse. Hier kann man frische Säfte, Eisbecher, Crêpes, Couscous oder Tajine, aber auch Pizza und Sandwiches bestellen.
- **McDonald's** darf in Agadir nicht fehlen: Die Restaurants an der Av. Mohammed V. (Drive In) und am Strand an der Promenade (neben dem zweiten **Pizza Hut**) werden vor allem von Jugendlichen frequentiert.
- Am **Bd Hassan II.** befinden sich **mehrere Pizzerien.**

Nachtleben

Die großen Hotels bieten ein buntes Abendprogramm: von **Show-Veranstaltungen** à la Las Vegas bis zu Zaubervorstellungen, Bauchtanz und klassich marokkanisch-andalusischer Musik. Viele **Nachtclubs** (in denen nicht nur seriöses Publikum verkehrt ...), Discos und Bars mit Alkoholausschank sind an große Hotels angeschlossen. Der Eintritt in einen Club kostet zwischen 50 und 300 DH inkl. eines Getränks. Samstagnacht spielt sich alles Leben (der Einheimischen) auf der Strandpromenade und am Vergnügungspark (Rue de la Plage) ab. In der **Roof Garden Bar** im 10. Stock des **Hotel Anezi** genießt man das herrliche Panorama bei einem Cocktail (auch für Nicht-Gäste offen).

- **Papagayo,** im Tikida Beach Hotel. Die größte, coolste und von der Jugend Agadirs meistbesuchte Disco. Eintritt 200 DH (inkl. einem Getränk), im Juli/August teurer.
- **Dreams Disco,** an der Strandpromenade hinter dem Restaurant Tawada. Eine der modernsten und größten Discos der Stadt mit

Restaurant, Pub, Bar. Abendessen mit Live-Musik ab 18 Uhr, Disco ab 22 Uhr.

- **Flamingo Club,** im Agadir Beach Hotel, abendliche Kabarett-Shows, gute Cocktails, günstiger als die beiden obigen.
- **Sofitel Disco,** im Hotel Sofitel in Founty. Live-Musik bis Mitternacht, danach Disco (sonntags marokkanischer Abend). Im Sommer ist die Disco brechend voll mit Jugendlichen aus der schicken Szene. 30 Euro (!) Eintritt.
- **Actors Disco,** im Hotel Royal Atlas an der Strandpromenade. Moderne Disco im neuen Hotel, auch viel von Jugendlichen besucht.
- **Bar Fly und Factory,** im Hotel Tafoukt. Orientalisches Flair und Wasserpfeifen-Sitzecken locken in dieser Lounge und Disco vorwiegend über 30-jähriges Publikum an.
- **Mojito Disco Bar,** im Hotel Amadil. Arabisch-orientalische Live-Musik, Attraktion sind die Bauchtänzerinnen und Tänzerinnen aus Osteuropa. Es gibt auch ein Restaurant für hungrige Nachtschwärmer.
- Weitere Discos und Bars mit Alkoholausschank **in den großen Hotels.**

Kino und Fernsehen

In den **Kinos** laufen sowohl arabisch- als auch französischsprachige Filme, im Hauptprogramm meist amerikanische Reißer sowie arabische oder französische Produktionen, in der Regel Action-Filme. Das Programm erfährt man direkt an der Kinokasse, die Preise sind sehr niedrig. Für Touristen empfehlenswert sind zwei Kinos:

- **Cinema Rialto,** Tel. 0528 84 10 12, neben der Markthalle im Stadtzentrum (nur französische Filme).
- **Cinema Sahara,** Tel. 0528 82 25 65, im Viertel Talborjt am kleinen Markt, z.T. arabische Filme ohne Untertitel.

Fast alle **großen Hotels** in Agadir empfangen ihr **TV-Programm über Satellit,** sodass man die deutschen Programme wie von zu Hause gewohnt anschauen kann.

Sport

Agadir eignet sich perfekt für sportlich Aktive – jedes bessere Hotel bietet die Möglichkeit für Sportarten wie Tennis, Golf, Surfen, Segeln u.v.m.

Agadir ist nach Essaouira der wichtigste marokkanische **Surfer-Treffpunkt.** Vor allem die Spots an der nördlichen Küste bei Taghazoute sind international in der Surferszene bekannt.

Wer lieber aufs Meer hinaus will, um zu fischen, kann einen Tagesausflug mit modernen Yachten zum **Haifischfang** buchen (siehe „Ausflüge").

Flieger können im Aéro-Club d'Agadir in Inezgane ihrem Hobby nachgehen. **Gleitschirmflieger** starten von der Kasbah auf dem Hügel über Agadir oder an anderen schönen Plätzen an den südlichen Stränden.

Segler können in der Marina einen Katamaran chartern.

Fahrräder zur Stadterkundung kann man sich bei vielen Hotels ausleihen.

Und das Angebot der **Clubhotels** lässt natürlich auch keine Langeweile aufkommen: Bogenschießen, Tischtennis, Mini-Golf, Beach-Volleyball – die Liste ist endlos.

Aktivitäten wie **Jet Ski (Aquascooter), Bootsausflüge und Surfunter-**

Blick über den kilometerlangen Stadtstrand von Agadir

richt können über jedes große Hotel gebucht werden.

Surfen

Viele bekannte Surfspots befinden sich an der nördlichen Küste zwischen Taghazoute und Tamri (z.B. Killer Point, Anchor Point, Banana Beach, Devils Rock etc.). Beste Surfzeit ist Oktober bis April. Die eher ruhige Bucht von Agadir eignet sich besonders für Anfänger. Neben den unten genannten Stellen bieten auch zahlreiche Hotels Leihgeräte sowie Kurse an.

- Der **Holiday Club Agadir** des Deutschen *Bernd Schweigert* (Mobil 0668 32 52 83, www.taghazout.info) vermittelt Zimmer und Apartments in Taghazoute und an den besten Surfspots der Umgebung (vgl. Kapitel „Von Agadir nach Essaouira/Taghazoute"). *Bernd* kennt die Region wie seine Westentasche, verleiht Surf- und Kiteboards und gibt Tipps zu den besten Locations. Auch Angel- und Schnorchel-Ausflüge werden organisiert.
- Die **Endo-Surfschule** in Taghazoute ist ebenfalls in deutscher Hand. *Steffen Landgraf* und *Gerrit Handl* (Mobil 0667 13 17 44 oder 0668 39 51 24, www.endosurf.com, Büro in Wiesbaden: Tel. 06127 43 21) bieten Flughafentransfer, Unterkunft, Vollverpflegung, Surfunterricht, Leihmaterial und Begleitung zu den besten Surfspots an. Als Anbieter von Surfreisen seit 1999 gehört Endo Surf zu den besten Surfschulen in Marokko.
- Die Trendsportart **Kite-Surfen** findet auch in Marokko immer mehr Anhänger. Kite- und Windsurfzentren befinden sich nördlich von Agadir in Tamrakht und Taghazoute.
- An das Hotel **Les Dunes d'Or** ist ein Wassersportzentrum (Base Nautique, 9–17 Uhr) angeschlossen, das u.a. Katamarantouren anbietet und Ausrüstung verleiht. Mietpreise pro Stunde: Katamaran 400 DH, Surfsegel 200 DH, Body Board 100 DH, Kanu 150 DH.

maagad6 Foto: dd

- **Pauschalangebote für Surfer** mit Material, Transfers zu den besten Spots und Unterkunft im eigenen Surfcamp bietet **Dynamic Loisirs** an (www.surf-maroc.com).

Segeln

In der neuen **Marina Agadir** (Port de Plaisance) stehen 320 Plätze für Yachten zur Verfügung. In der Marina können Boote/Katamarane gemietet werden, und es steht jegliche sonstige Infrastruktur zur Verfügung. Infos zu Yachtcharter und Segelkursen beim **Yachtclub Agadir,** Tel. 0528 84 44 82, www.yachtclubagadir.com.

In den größeren **Hotels** können Segeltörns verschiedener Veranstalter gebucht werden (z.B. Agadir Beach Club, Hotel Les Dunes).

Fischen, Tauchen

- Ausflüge für Sportfischer in den Gewässern Agadirs (auch Hai- und Thunfischfang) sind mit dem modernen Boot von **Maroc Sport Fishing** möglich (Tel. 070 51 24 25, http://joudat.iliass.free.fr). Ein Tagesausflug zum **Hai- oder Thunfischfang** inkl. Essen kostet ca. 80 Euro.
- Tauch-/Fisch-/Harpunierausrüstung verkauft und verleiht **Hassan Pêche,** Av. Mohammed V., Inezgane (Tel. 0528 33 22 32, www.hassan-peche.com).

Tennis

- Bei **Royal Tennis d'Agadir** (Av. Hassan II., Tel. 0528 84 43 10, www.rtca.au.ma) stehen sieben Courts zur Verfügung. Außerdem haben fast alle großen Hotels und Clubs eigene Tennisplätze.

Golfen

Golfer buchen ihren Golfurlaub am günstigsten direkt pauschal beim Veranstalter. In Agadir stehen **drei Golfplätze** zur Verfügung. Die Greenfee beträgt für neun Löcher etwa 40 Euro, für 18 Löcher etwa 60 Euro. Gäste des Tikida Beach Hotels erhalten am Golf du Soleil und Gäste des Club Med am Golf des Dunes Sonderkonditionen.

- Der **Golf des Dunes** liegt rechter Hand der Straße in Richtung Ben Sergao (beschildert, Tel. 0528 83 46 90). Auf dem 80 ha großen Platz mit drei Parcours à 9 Löchern, Eukalyptusbäumen, Palmen und Wasserlöchern spielen vor allem Club-Med-Urlauber (Pendelbusse von dort). Auch Kursangebot.
- Der sehr schöne 36-Loch-Platz **Golf du Soleil** gehört zum Tikida Beach Hotel (Tel. 0528 33 73 29, www.golfdusoleil.com) und liegt ebenfalls in Ben Sergao in der Nähe des Golf des Dunes. Es verkehrt ein kostenloser Shutteleservice zum Club Valtur bzw. Tikida Beach, auch für andere Hotelgäste. Auch mehrtägige Kurse möglich (Golfakademie).
- Der 18-Loch-Platz **Royal Golf** mit Zypressen, Palmen und Eukalyptus ist einer der ältesten Marokkos (1955) und liegt 12 km südlich von Agadir Richtung Aït Melloul (Tel. 0528 24 85 51).

Reiten

Reiten oder nur mal auf dem Pferd bzw. Kamel rumhoppeln ist **am Strand** von Agadir möglich. Auch im Ausflugsprogramm der großen Hotels sind Pferdeausritte enthalten (siehe Aushänge in den Hotels). Zwei Stunden kosten etwa 250 DH.

- In Ben Sergao an der Route Richtung Inezgane, ca. 6 km von Agadir (gegenüber der Kaserne), liegt der **Royal Club Equestre d'Agadir,** Tel. 0528 33 30 93. 150 DH pro Std., Zehnerkarte 2000 DH, Zehnerkarte in der Gruppe 1500 DH mit Reitstunden.

Weitere Sportarten

- **Fliegen:** Der **Aéro Club d'Agadir** liegt am Flughafen Al Massira (Tel. 06612 17 94 54, www.aero-club-agadir.com) und ist für Hobbyflieger zuständig.

- **Gleitschirmfliegen: Parapente Maroc** bietet Wochenangebote inkl. Unterkunft, Verpflegung und mehrerer Flüge an diversen Plätzen entlang der südlichen Küste von Agadir. Auch Tandemflüge und individuelle Angebote (Mobil 0661 21 22 04, www.parapente-maroc.info).
- **Tagesausflüge mit Quad oder Buggy** organisiert **Agadir Offroad** in Aourir (Abholung vom Hotel in Agadir möglich, Tel. 0528 31 45 74, www.agadir-offroad.com).

Hammam, Massage

Ein Besuch im Hammam **(traditionelles, orientalisches Dampfbad)** mit Massage gehört zum Pflichtprogramm eines Marokkourlaubs und ist herrlich erholsam (s.a. Exkurs „Der Hammam – eine orientalische Institution"). Inzwischen haben fast alle größeren Hotels und Clubs ein eigenes Hammam, wenn nicht sogar ein komplettes Wellnesszentrum.

Preise: Hammam 50–100 DH; Massage: 100–250 DH.

Wesentlich günstiger (ca. 10 DH) sind die Hammams der Einheimischen, mit nach Geschlechtern getrennten Bereichen oder Besuchszeiten. Zu jedem Quartier gehört ein Hammam – das Badeerlebnis dort ist natürlich wesentlich authentischer als in der Hotelanlage, wenn auch nichts für Berührungsängstliche.

Einkaufen

Der **Souk** im Südosten der Stadt hat inzwischen dem Marché Municipal den Rang abgelaufen. Ob Souvenirs, Gewürze, Arganienöl, handwerkliche Produkte oder allerlei Plastik und Spielwarenramsch aus Fernost – hier ist alles einigermaßen preisgünstig zu haben. Seit es zahlreiche Beschwerden über Touristennepp gab, kontrolliert die Polizei, ob Touristen fair behandelt werden. Am Montag ist der Souk geschlossen! Lohnenswert – auch wenn man nicht einkaufen möchte – ist der Besuch des riesigen **Markts in Inezgane.** Hier gibt es von Lebensmitteln bis Möbeln alles Erdenkliche zu kaufen – zudem ist es günstiger und viel weniger touristisch als in Agadir.

Zeitungen

In den Läden am Strand und im Hotelviertel (z.B. Résidence Tafoukt oder am Bd du 20 Août) gibt es **deutsche Zeitungen und Landkarten** von Marokko zu kaufen, ebenfalls in dem Buch- und Zeitschriftenladen an der Av. Hassan II.

Souvenirs

In Agadir sind Souvenirs **relativ teuer,** dafür sind der Standard hoch und die Auswahl groß. Wer gut handelt, kann jedoch vor allem in touristenarmen Monaten durchaus günstige Preise erzielen.

Kunsthandwerk gibt es im Souk oder im Touristenviertel, in Ständen um den Marché Municipal und im (etwas verwaisten) **Ensemble Artisanal** in Talborjt (Av. 29 Février, So. geschl.). Dort werden hübsche Holz- und Keramikwaren, Lampen, Teppiche etc. in guter Qualität zu Festpreisen angeboten. Diverse Läden mit schönen Souvenirs findet man auch im **Tafoukt-Komplex** beim Tafoukt Hotel.

Günstig und in großer Auswahl kauft man Kunsthandwerk in Werkstätten an der Straße Agadir - Inezgane oder in der **Kasbat Souss** in Ben Sergao ein. In diesem Komplex mit idyllischem Innenhof und Café bieten Handwerker schöne Keramikwaren, Silberschmuck, Spiegel, Bilder, Lampen u.a. an (km 5 Route Principale d'Agadir, Ben Sergao, von Agadir kommend auf der rechten Seite, Tel. 0528 28 19 34).

Lebensmittel

Für größere Einkäufe von Lebensmitteln und Konsumwaren bietet sich der **Marjane-Supermarkt** an der Straße nach Inezgane im Founty-Viertel an. Dort kann man auch gutes und (im Vergleich zu den Touristenläden) günstiges **Arganienöl** einkaufen. Ein großer **Metro-Supermarkt** findet sich an der Umgehungsstraße im Westen der Stadt.

Die **Einkaufsmeile für Lebensmittel** und anderen Tagesbedarf (Zeitungen, Postkarten) ist die **Av. Hassan II.** in ihrem zentralen Bereich. Das nahe gelegene **Kaufhaus Uniprix** bietet Souvenir-Massenware, Konserven und Spirituosen. In Höhe von Post und Rathaus liegt der **Supermarkt Anaprix:** klein, aber gut sortiert, mit gutem Gemüse. Etwas weiter befindet sich die **Bäckerei und Konditorei La Veranda** u.a. mit gutem marokkanischem Mandel- und Blätterteiggebäck. Auch der **Marché Municipal** liegt in Gehweite. Hier gibt es Gewürze, Gemüse, Obst, Blumen, Fisch und Fleisch im Unterge-

aga_26 Foto: dd

schoss sowie Lebensmittelläden im Obergeschoss.

Diverse Lebensmittel, Dinge für den touristischen Bedarf (Sonnencreme u.a.) sowie Alkohol und Arganienöl verkauft der **Supermarché im Complexe Tamlelt** gegenüber dem Hotel Tivoli.

Fisch und Schalentiere sind auch im Hafen erhältlich. Dort sollte man möglichst forsch direkt die Fischverkaufsstellen ansteuern, da man sonst umweigerlich von „hilfreichen" Leuten zu den Händlern gelotst wird und Aufpreis zahlt.

Die **Herboristerie Kasbah d'Argane** (Tel. 0528 21 04 80, 124 Av. Kadi Ayad, Quartier Industriel) verkauft kosmetische Produkte und traditionelle Heilmittel aus Ölen und Kräutern. Speiseöl bzw. kosmetisches Arganienöl wird hier traditionell hergestellt. In den Verkaufsräumen werden sämtliche Anwendungsmöglichkeiten auf Deutsch erklärt und vorgeführt. Hier sind auch Massagen möglich (2 Std. für 30 Euro inkl. Hoteltransfer hin und zurück). Der Besuch einer Herboristerie - wo auch alle Arten von Gewürzen verkauft werden - steht auf dem Programm jedes organisiert reisenden Touristen.

Hinweise und Tipps

Kaufen Sie **Lebensmittel und Spirituosen nicht im Touristenviertel** ein. Dort sind die Preise um 10–20% höher. Das Einkaufen gestaltet sich in Agadir ansonsten recht einfach, da alle Händler (außer in den Gebieten nordöstlich der Stadt) zumindest ein bisschen deutsch sprechen. Sprüche wie „Wie geht's? Alles klar?", „Nur gucken, nix kaufen, gucken kostet nichts!" gehören zum Standardrepertoire jedes Händlers. Auch in den Hotels und Restaurants wird in mehreren Sprachen bedient.

Wollen Sie **in Ruhe einkaufen,** ohne zu feilschen, dann am besten in Talborjt (nordöstlich der Av. Moulay Abdellah in Richtung Place Lahcen Tamri). Hier ist das Einkaufszentrum der Einheimischen, Preisverhandlungen glücken nur in den wenigsten Fällen, da die Preise angemessen sind.

Bei einem längeren Aufenthalt in Agadir macht es sich bezahlt, **immer im gleichen Geschäft einzukaufen**.

Messing-, Silber- und Kupferwaren im Souk

Stadt- und Vorortbusse

Es verkehren die privaten, grünen **Zetrap-Busse** sowie öffentliche, blau-weiße **GAB-Busse.** Demnächst soll das Bussystem komplett erneuert werden, die spanische Gesellschaft **ALSA** ersetzt dann die Busgesellschaft GAB (Änderungen der Linien und Fahrzeiten möglich).

Abfahrtsorte: Ab Place Salam (im Südosten Agadirs, beim Kino Salam) nahe dem Souk. Von hier fahren auch mehrere Busse zum **Busbahnhof am Place Massira in Inezgane.** Die meisten Busse haben dort Aufenthalt, auch zum Flughafen muss man hier umsteigen. Vorsicht bei der Fahrt nach Inezgane: Es wurde wiederholt von Taschendieben berichtet!

Die meisten Stadtbuslinien halten außerdem **vor dem Royal Mirage Hotel** an der Av. Mohammed V.

Busse zu den Stränden in Richtung Tamri, Tarhazoute (Taghazout) (Nr. 12, 60 und 61) fahren stündlich.

Vom/zum Flughafen fährt die **Linie 22:** Flughafen – Inezgane, Fahrzeit 30 Min., ab 6 Uhr morgens alle 20 Min. (bis 20.30 Uhr). Der Bus hält ca. 500 m vom Flughafenausgang entfernt direkt an der Straße vor dem Gelände. Die Taxifahrer erzählen gelegentlich, dass es keinen Bus gäbe. Weiter **von Inezgane nach Agadir**: **Stadtbusse Nr. 20, 24 und 28**.

Preise: Innerstädtische Busfahrten kosten 4 DH, Fahrten nach außerhalb 9 DH.

Fernverkehrsbusse ab Agadir

- Der **Busbahnhof** ist von Talborjt an die südliche Umgehungsstraße Av. Mohammed Ben Brahim (östlich vom Souk) umgezogen.
- Der **zentrale Hauptbusbahnhof,** von dem die meisten Busse in alle Gegenden des Landes starten, befindet sich in Inezgane!
- Busse der **Privatlinien** verkehren ständig in alle Richtungen (an den Schaltern am Busbahnhof in Agadir od. Inezgane erkundigen).

CTM

- **CTM-Büro im Busbahnhof:** Tel. 0528 22 55 96. **Büro in Talborjt:** 1, Yacoub El Mansour, Tel. 0528 82 53 41.

Verbindungen und Preise:

- **Azrou – Ifrane – Fès:** tägl. abends ab Inezgane.
- **Safi – Casablanca:** 7x tägl. (davon 4x ab Inezgane), 9 Std., 210 DH.
- **Marrakesch:** 9x tägl. (davon 4x ab Inezgane), 4 Std., 95 DH.
- **Rabat – Meknès:** tägl. abends ab Inezgane.
- **Rabat – Larache – Tanger:** tägl. spätabends ab Inezgane.

Stadt- und Vorortbusse

Bus	Strecke	Distanz	Dauer
1	Pl. Salam – Av. Pr. Mulay Abdallah –Anza (über den Hafen)	9 km	30 Min.
2	Pl. Salam – Hôpital Hassan. II. (über Amicale)	10 km	40 Min.
3	Pl. Salam – Hôpital Hassan II. (über Bouargane)	8 km	30 Min.
4	Pl. Salam – Facultes (Uni – über Bouargane)	7 km	30 Min.
5	Pl. Salam – Pl. Massira (Inezgane, Umsteigen zum Flughafen)	10 km	30 Min.
6	Pl. Salam – Pl. Massira (Inezgane)	10 km	30 Min.
7	Pl. Massira (Inezgane) – Tarrast	3 km	26 Min.
8	Pl. Massira (Inezgane) – Koleaa (über Aït Melloul)	11 km	35 Min.
9	Pl. Massira (Inezgane) – Tikiouine (über Aït Melloul)	7 km	30 Min.
10	Pl. Massira (Inezgane) – Lamzar (über Aït Melloul)	7 km	35 Min.
11	Pl. Massira (Inezgane) – Temsia (über Aït Melloul)	12 km	35 Min.
12	Pl. Salam – Taghazout (über Hafen, Tamrakht)	21 km	50 Min.
13	Pl. Salam – Imiki (über Hafen, Tamrakht)	18 km	45 Min.
14	Pl. Salam – Tamri (über Hafen-Taghazout)	55 km	2 Std.
19	Pl. Massira – Drarga (über Aït Melloul – Tikiouine)	10 km	30 Min.
21	Pl. Salam – Aït Melloul (über Faculte – Tikikouine)	15 km	40 Min.
22	Pl. Massira (Inezgane) – Flughafen El Massira (Aït Melloul)	8 km	30 Min.
60	Pl. Salam – Taghazout (über Hafen)	18 km	45 Min.
61	Pl. Salam – Tamri (über Hafen und Taghazout)	55 km	2 Std.

Supratours

- **Supratours-Büro am Busbahnhof:** Tel. 0528 23 73 05. Abfahrt ab Inezgane oder ab Innenstadt (Supratours-Büro).

Verbindungen und Preise:

- **Marrakesch – Beni Mellal – Meknès – Fès:** tägl. 16 Uhr
- **Marrakesch:** 8x tägl. (z.T. ab Inezgane), Fahrzeit 3½–4 Std.
- **Essaouira – Safi:** tägl. morgens, bis Essaouira 3–4 Std., 60 DH.
- **Laâyoune – Boujdour – Dakhla:** 2x tägl., ca. 350 DH und 11 Std. bis Laâyoune.

Fernverkehrsbusse ab Inezgane

CTM

- **CTM-Büro in Inezgane:** 94, Av. Mokhtar Souissi, Tel. 0528 83 22 20.

Verbindungen und Preise:

- **Beni Mellal – Khénifra – Azrou – Fès – Oujda:** 1x tägl. Nachtbus, nach Beni Mellal 160 DH (8 Std.), nach Khénifra 200 DH, nach Azrou 225 DH, nach Fès 245 DH, nach Oujda 345 DH.
- **Laâyoune – Dakhla:** Nachtbus, 350 DH, 11 Std. bis Laâyoune, 22 Std. bis Dakhla.
- **Taroudannt:** 1x tägl., 30 DH, ca. 3 Std.
- **Marrakesch:** 3x tägl., 95 DH, ca. 4 Std.
- **Casablanca:** 3x tägl., 210 DH, 9 Std.
- **Taroudannt – Taliouine – Tazenakht – Ouarzazate:** 1x tägl. morgens, Ouarzazate 120 DH (6 Std.), Taliouine 70 DH, Taroudannt 30 DH (3 Std.), Tazenakht 100 DH.
- **Essaouira – Safi – El Jadida:** 1x tägl. morgens, nach Essaouira 70 DH (3–4 Std.), nach Safi 110 DH (6 Std.), nach El Jadida 140 DH (8 Std.).

Supratours

Die Supratours-Busse starten direkt vor dem Hotel Hagounia. Fahrzeiten vgl. CTM.

Verbindungen und Preise:

- **Marrakesch:** 4x tägl., 95 DH.
- **Azrou, Meknès, Fès:** 1x tägl., nach Fès 210 DH, nach Meknès 200 DH, nach Azrou 185 DH.
- **Essaouira – Safi:** tägl. morgens, nach Essaouira 65 DH, nach Safi 100 DH.
- **Smara, Tan-Tan, Guelmim, Tizinit:** tägl. abends, nach Tiznit 50 DH, nach Guelmim 80 DH, nach Tan-Tan 120 DH.
- **Guelmim, Bou Izakarne, Tiznit:** 2x tägl.
- **Dakhla, Laâyoune, Tan-Tan:** tägl. abends, nach Dakhla 350 DH, nach Laâyoune 210 DH, nach Tan-Tan 120 DH.

Flugverbindungen

Flughafen

- **Al Massira** (Aït Melloul, 25 km von Agadir), Tel. 0528 83 91 12, www.agadir-airport.com.
- **Busverbindung von und zum Flughafen** siehe im Abschnitt „Stadt- und Vorortbusse".
- Die **Wechselstube** im Flughafen wechselt keine Travellerschecks.

Flugbüros/Flugrückbestätigungen

- **Royal Air Maroc** in der Rue Général Kettani, Tel. 0528 82 91 20, landesweites Callcenter: Tel. 0900 0 0800.
- Fluginformationen von **LTU** bei Sahara Tours International (vgl. „Reisebüros"). Flugbuchungen/-änderungen für **Condor** bei **Univers Holidays**, für **TUI** bei **Holiday Services** (vgl. „Reisebüros"). Bei diesen Büros können auch kurzfristig One-way-Tickets gebucht werden, falls noch Plätze verfügbar sind (Barzahlung notwendig).

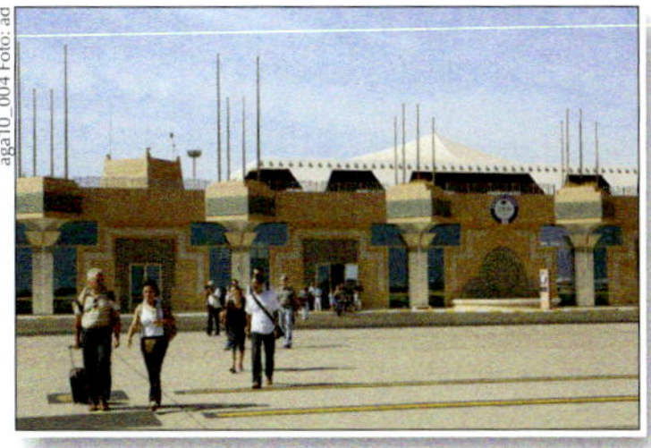

aga10_004 Foto: ad

Am Flughafen

Inlandsflüge

Inlandsflüge sind zwar einigermaßen preisgünstig, gehen aber fast immer über Casablanca, sodass der Flug oft länger dauert als eine Busfahrt.

Auslandsflüge

Auslandsflüge sind **vor allem in die afrikanischen Nachbarländer** nach Nouâkchott (Mauretanien), Dakar (Senegal) und Bamako (Mali) mit Royal Air Maroc interessant. Es fliegen aber auch mehrmals die Woche Flugzeuge der RAM in alle europäischen Hauptstädte, jedoch immer über Casablanca.

Inzwischen wird Agadir außer von RAM auch günstig von TUI, Condor, LTU und Air Berlin aus Deutschland direkt angeflogen (siehe „Reisetipps A–Z/Anreise").

Taxis

Petit Taxis (taxis rouges) verkehren innerhalb des Stadtgebiets. Um einen überteuerten Fahrpreis zu verhindern, sollte man auf Einschalten des Taxameters bestehen!

Vom/zum Flughafen fahren nur **Grand Taxis** (beige Mercedes, Festpreis: 150 DH, nachts 200 DH), deshalb ist es preiswerter, den Bus zu nehmen (siehe dort).

Die **Grand Taxis (Sammeltaxis)** können entweder komplett für Fahrten außerhalb des Stadtgebiets gemietet oder mit insgesamt sechs Personen geteilt werden (Sammeltaxi).

Der **Abfahrtsplatz der Sammeltaxis** befindet sich an der Umgehungsstraße in Richtung Flughafen gegenüber dem Souk (siehe Stadtplan). Grand Taxis warten aber auch am Busbahnhof, gegenüber dem Club Méd oder vor anderen großen Hotels.

Preise Sammeltaxis: ca. 60 DH p.P. nach Marrakesch und Essaouira, ca. 30 DH nach Taroudannt, ab/nach Inezgane ca. 5 DH p.P.

Ausflugsfahrten mit dem Grand Taxi

Von verschiedenen Lesern sehr empfohlen wurde Herr **Adi Ouali** (Taxi Nr. 593, Mobil 0668 80 55 86), der jeden Abend zwischen 19 und 22 Uhr vor dem Hotel Iberostar Agadir (Founty) zu finden ist. Das Taxi ist klimatisiert, Herr *Ouali* spricht sehr gut deutsch, ist sehr freundlich und angenehm. Auch wenn er keine Abstecher zu Teppichläden unternimmt, hat er bei mehrtägigen Fahrten Absprachen mit Hotels und Restaurants. Wer ihn über mehrere Tage engagieren will, sollte 2–3 Tage vorher Kontakt mit ihm aufnehmen.

Auch der sehr freundliche und sehr gut deutsch sprechende **Abdellah Abaidat** (Taxi Nr. 953, Mobil 0661 57 56 37, abaidat.abdellah@hotmail.com) bietet ein- oder mehrtägige Ausflugsfahrten an.

Ein sehr angenehmer Taxifahrer ist auch **Ahmed Zaky** (Taxi Nr. 96, Tel. 0528 20 46 42, Mobil 0661 70 98 75), der ebenfalls deutsch spricht.

Die deutschsprachigen Taxifahrer verlangen für individuelle Ausflugsfahrten zu verschiedenen Destinationen 100–180 Euro pro Tag (Verhandlungssache).

Am Flughafen sind für verschiedene Ausflugsziele **Festpreise für Grand Taxis** ausgeschrieben: nach Taroudannt - Tiznit - Aït Baha 450 DH, Tafraoute 900 DH, Taghazout - Aourir 300 DH, Mirleft 600 DH, Essaouira oder Guelmim 800 DH, Ouarzazate 1800 DH, Tan-Tan oder Marrakesch 1000 DH. Mehr als 20 kg Gepäck kosten extra.

Rund ums Auto

Autovermietung

Diesem Thema ist ein ausführliches Kapitel in „Reisetipps A–Z" gewidmet.

Die meisten Autovermietungen liegen am **Bd Mohammed V.** fast nebeneinander oder rund um die **Av. Hassan II.** Einige sind am Flughafen oder in den Hotels untergebracht. Sie sollten die Preise und Konditionen verschiedener Anbieter vergleichen, bei einigen Agenturen kann man den Preis auch verhandeln. Häufig sind die Tarife der in den Hotels untergebrachten Agenturen höher.

Thomas Kasan (vgl. „Ferienwohnungen") vermittelt **Mietwagen übers Internet:** www.agadir-ferien.de. Mietwagenbuchung auch über www.agadir-net.com.

Nachfolgend eine Auswahl empfehlenswerter Agenturen:

- **Avis,** Bungalow Marhaba, Av. Mohammed V., Tel. 0528 82 14 14; Flughafen Al Massira, Tel. 0528 83 92 44; Reservierungsbüro in Deutschland, Tel. 01805-21 77 02.
- **Budget,** Av. Mohammed V., Bungalow Marhaba, Tel. 0528 84 82 22. Preiswerter ab Deutschland.
- **Europcar/Interrent,** Bd Mohammed V./ Rue Hubert Giraud, Tel. 0528 84 02 03, und am Flughafen El Massira, Tel. 0528 84 03 37. Mittagspause zwischen 12 und 14.30 Uhr, sonntags nur vormittags. Reservierungszentrale in Casablanca: Tel. 0522 31 37 37.
- **Hertz Maroc,** Av. Mohammed V., Bungalow Marhaba, Tel. 0528 84 09 39.
- **Always Car,** Av. Mohammed V., in der Nähe des Hotels Marhaba, Tel. 0528 83 93 24.
- **Auto Cascade,** Av. Hassan II., Tel. 0528 84 45 04, www.auto-cascade.com.
- **First Car,** am Flughafen, Tel. 0528 83 92 97, www.firstcar.ma. Großer Vermieter mit mehreren Vertretungen im Land, kooperiert mit Sixt in Deutschland.
- **Holiday Cars,** am Flughafen, www.holidaycars.com. Günstige Tarife von Deutschland aus.
- **Johamacars,** Complexe Agador, 34, Bd. 20 Août, Secteur Touristique, Tel. 0528 84 29 08, www.johamacars.com. Der Geschäftsführer *Hassan* spricht gut deutsch.
- **Pacific Cars,** 8, Av. Mulay Ismail bis Rue 409, Cité Nahda, Tel./Fax 0528 82 46 06, www.moroccotime.com/pacificcars-agadir.
- **Star Cars,** 93, Av. Al Khaouarizmi, Cité Al Massira, Tel. 0528 84 32 29.
- **Tiznit Cars,** Av. Hassan II., Tel. 0528 82 24 478, www.moroccotime.com/tiznitcaragadir.
- **Tourist Car,** Bd Mohammed V., Bungalow Marhaba, Tel. 0528 83 93 18, Flughafen Al Massira, Tel. 0528 84 21 69. Ablieferung und Abholung am Flughafen möglich.
- **Week end Car,** 4, Bungalow Marhaba, Bd Mohammed V., Tel. 0528 23 06 63, Mobil 0662 51 30 47, www.week-end-car.com.

Werkstätten

- **Pannen-/Straßendienst,** Tel. 0177.
- **Motorradwerkstätte,** Av. Haj Lahbib, nahe der Abzweigung von der Av. Abdel Aziz el Massi. Herr *Id-Jelloul Lahcen* kennt sich auch mit größeren Bikes aus.
- **Auto-Hall,** Rue de la Foire, Tel. 0528 84 29 95, www.autohall.ma. Große Werkstatt für verschiedenste Modelle.

Automobilclub

Die ADAC-Filiale hilft Mitgliedern bei den nötigen Papieren (Zollbefreiungserklärung), falls ein Ersatzteil aus Deutschland eingeflogen werden muss, und bei sonstigen Problemen rund ums Auto (Auslandsschutzbrief).

- **Auslandsdienst ADAC, Sigrid Graetz** Rue Nation Unies/Ecke Rue Mokthar Soussi/Cité Suisse, Tel. 0528 84 37 52, adacsigi@gmx.net.

Fahrrad-/Motorrad-/ Vespaverleih

Die **Preise variieren** leicht im Laufe des Jahres (Sommer und Festtage sind am teuersten). Eine Vespa oder ein Motorrad kostet etwa: 1 Tag 250 DH, ½ Tag 150 DH, 1 Woche 1000 DH, 1 Std. 50 DH (jeweils inkl. Versicherung); ein Fahrrad ca. 100 DH/Tag. Motorrad-/Fahrradverleihe finden sich vor dem Hotel Les Almohades, nahe des Club Mediterranée und Beach Club am Bd du 20 Août und neben dem Hotel Salam.

Notfall

- **Polizei,** Route de Taroudannt, Tel. 0528 24 00 47.
- **Notruf** (landesweit), Tel. 019.
- **Feuerwehr,** Tel. 015.
- **Ambulanz,** Tel. 0528 23 23 23.
- **Apotheken** gibt es im gesamten Stadtgebiet (dort Aushänge zu den Nachtdiensten).

Krankenhäuser

- **Hôpital Hassan II.,** Route de Marrakech, Tel. 0528 84 66 86-88.
- **Clinique Al Massira,** Av. du 29 Février, Tel. 0528 82 08 49.
- **Clinique des Nations Unies,** Place des Nations Unies, Tel. 0528 82 52 31. Kleine, empfehlenswerte Privatklinik. *Dr. Hassan Messaouid* spricht auch englisch.

● **Clinique de la Residence,** 34, Rue Mehdi ben Toumert, Talborjt, Tel. 0528 82 45 97 oder 0528 82 52 11. Kleine, moderne Privatklinik des französischen Chirurgen *Dr. Paul Hemelin,* dieser spricht englisch und auch etwas deutsch.

Allgemeinärzte (deutschsprachig)

● **Dr. M. Akerbib,** 314a, Al Wifaq, Ben Sergao, Tel. 0528 28 13 73, Mobil 0662 28 48 52.
● **Dr. Mouhid,** 19, Rue du President Bekkay, Tel. 0528 82 64 04. Kinderarzt, wird von NUR empfohlen.
● **Dr. Grich,** Tel. 0528 84 17 50, Av. Hassan II., Immeuble Oumlil. Spanische Ärztin, wird ebenfalls sehr empfohlen.

Zahnärzte

● **Dr. Bouthrirt,** Place des grands taxis et des buses, Tel. 0528 82 18 03.
● **Dr. Touhami,** Av. Moulay Abdellah, Immeuble M 2, App. 4, Tel. 0528 82 26 48. Spricht englisch und hat in Frankreich studiert. Er arbeitet sauber und gut und hat eine moderne Praxis.
● **Dr. Berradea,** Av. Hassan II., Immeuble Oumlil, Tel. 0528 22 06 24. Die freundliche Ärztin arbeitet sehr kompetent.

Tierärzte

● **Dr. Krzystof Albert,** Rue 210, Appt. 9, Quartier Industriel (östliche Seitenstraße des Bd Hassan II., zwischen Klinik Assoulil und Klinik Argana), Tel. 0528 84 31 20.
● **Dr. Ali Ramich,** in Talborjt in der Nähe des Jardin Olhao und des französischen Instituts IFA, Mobil 0661 21 47 24.

Honorarkonsul

● 6, Rue de Madrid, Sec. Résidentiel, Tel. 0528 84 10 25, Fax 0528 84 09 26. Der Konsul **Hamza Choufani** ist sehr nett und hilfsbereit. Sprechzeiten: 9–12 Uhr (außer So.).

Banken/Wechselstellen

Bankautomaten (Abhebung mit Maestro-/EC-Karte) im gesamten Stadtgebiet. In fast allen größeren **Hotels** besteht Tauschmöglichkeit zum offiziellen Kurs, außerdem gibt es zahlreiche **Banken** in Talborjt. Die Wechselstube am Flughafen tauscht übrige Dirham in Euro zurück. Die **Bank** am Bd du 20 Août, im Gebäude des Hotels Al Madina Palace, hat auch Samstagvormittag, die Bank im Sahara-Hotel sieben Tage die Woche geöffnet!

Post, Telefonieren

● **Hauptpost** an der Av. Mohammed VI., geöffnet Mo. bis Fr. 8.30–12 und 14–18.30 Uhr.
● Zahlreiche **Téléboutiquen** und Telefonzellen mit Selbstwahl (Karten- und Münztelefone) sind über das gesamte Stadtgebiet verteilt. **Telefonkarten** gibt es am Kiosk und in vielen Läden. Lokale **SIM-Karten** von Méditel und Maroc Telecom sind ebenfalls in den Téléboutiquen oder an Kiosken erhältlich.

Reisebüros

Es können zahlreiche Reisebüros aufgesucht werden, die ein umfassendes Ausflugsprogramm anbieten (Preisbeispiele s.u. „Ausflüge"). Hier nur eine kleine Auswahl an empfehlenswerten Reiseagenturen:

● **Bakhzouz Tours,** 31/1 Fondation Hassan II., Bd Mohamed V., Mobil 0667 92 99 05, http://bakhzouz-tours.ifrance.com. Verschiedene Tages- und Zweitagestouren, z.B. Oued Massa, Taroudannt, Marrakesch und Essaouira, z.T. mit deutschsprachiger Reiseleitung.
● **Bovoyages,** Av. Général Kettani, Tel. 0528 84 25 18 oder 0528 82 92 30, www.bovoyages.com. Kompetente und zuverlässige Agentur, die mit vielen deutschen Veranstaltern zusammenarbeitet. Es können auch komplette Rundreisen für Selbstfahrer (inkl. Fahrzeug) im Voraus arrangiert werden. Ausflüge, Rundreisen, Mietwagen etc.
● **ExplorAction,** 8, Av. Hassan I., Tel. 0528 22 28 22, exploraction@menara.ma. Vielseitiges Programm (Trekking, Rundreisen, Reiten) in Zusammenarbeit mit Partnern in Südmarok-

Kleine Sklavinnen

von *Michael Kneissler*

Immer noch werden in Marokko jedes Jahr Tausende junger Mädchen vom Land **als Dienstmädchen an reiche Familien in der Stadt verkauft.** Viele dieser sogenannten „petites bonnes" werden missbraucht und vergewaltigt.

Malika ist erst 15 Jahre alt. Aber sie ist kein Kind mehr. Dafür hat sie zu viel erlebt. Sie wurde von ihrer Familie als Dienstmäd-chen verkauft, musste ihr Dorf verlassen, kam in die Stadt. Sie wurde von ihrem neuen Besitzer und seinen Freunden misshandelt und vergewaltigt, bis sie schwanger war. Dann wurde sie aus dem Haus gejagt. Jetzt steht sie vor einem zweistöckigen Gebäude im Industriegebiet von Agadir. Eine rostige Treppe führt hinauf, neben der Tür ist ein Schild angebracht: „Oum el Banine" (Mutter der Kinder). Es ist ihre letzte Hoffnung.

Malika klopft mit gesenktem Kopf. Die Tür öffnet sich. Eine große, starke Frau begrüßt das Mädchen, *Madame Edbouche,* die Leiterin der Hilfsorganisation. In Agadir trägt sie den Ehrentitel „Kriegerin".

Das Mädchen küsst der „Kriegerin" demütig die Hand. Aber *Majouba Edbouche* hält nichts von Demut. Fest drückt sie *Malika* an ihren mächtigen Busen und führt sie in das Büro. „Kopf hoch, Mädchen", sagt sie, „wir helfen Dir".

Oum el Banine ist die einzige Organisation im Süden Marokkos, die den kleinen Sklavinnen hilft, wenn sie missbraucht und verstoßen werden. Von der Gesellschaft sind diese Mädchen geächtet, uneheliche Schwangerschaften gelten als Schande. Die meisten verschwinden in der Illegalität, bringen ihre Kinder heimlich zur Welt, melden sie nicht an, schicken sie nicht zur Schule, gehen nicht zum Arzt. Mutter und Kind hören auf, offiziell zu existieren: Mitglieder einer Schattengesellschaft. Oum el Banine holt sie aus dieser Situation heraus. Im Frauenhaus können die Mädchen ihre Kinder zur Welt bringen. Sie lernen Lesen und Schreiben, während sich Kindergärtnerinnen um die Babys kümmern. *Madame Edbouche* schert sich nicht um konservative gesellschaftliche Regeln. Ihr gelingt es sogar, jährlich bis zu 60 illegale Kinder offiziell registrieren zu lassen und bis zu 100 Frauen aus der Schattenwelt zurückzuholen.

Viel Unterstützung findet sie dabei nicht. Aber der neue junge König ist auf ihrer Seite. Stolz zeigt sie Fotos, auf denen der Scheck zu sehen ist, den er ihr überreichte: 500.000 Dirham (rund 50.000 Euro). Aber das reicht bei weitem nicht. Deshalb hat die in Deutschland lebende marokkanische Autorin *Ouarda Saillo* die Hilfsorganisation „Tränenmond e.V." gegründet, die unter anderem Oum el Banine unterstützt. Wichtigstes Ziel ist ein zweites Frauenhaus. Es gibt Hunderte von Mädchen wie *Malika,* die dort Hilfe und Schutz zu finden hoffen.

Oum el Banine freut sich über Besucher. Bitte vorher anrufen: Rue Oued Ziz, Angle El Mouquaouama, Quartier industriel, Tel. 0528 82 08 66, oeb.direction@menara.ma.

• **Tränenmond e.V.** ist eine mildtätige, vom Finanzamt anerkannte Organisation. Sie wurde gegründet von der gebürtigen Marokkanerin *Ouarda Saillo,* die das Buch „Tränenmond" über das Schicksal ihrer Kindheit schrieb (Bastei Lübbe Verlag). Kontakt: Tränenmond e.V., c/o Presseagentur Knesebeck, Widenmayerstr. 25, 80538 München, www.traenenmond.de; Spendenkonto: 12343 bei der MerkurBank München (BLZ 701 308 00).

ko. Der alternative Tourismus soll ein Beitrag zur Dorfentwicklung in den besuchten Regionen leisten.

- **Holiday Services (TUI),** Av. Hassan II., Tel. 0528 84 12 20, www.holidayservices.co.ma, Vertretung von TUI und Hapag Lloyd. Hier kann man kurzfristig günstige Rückflüge ergattern. Netter deutschsprachiger Büroleiter *Mohammed.*
- **Omni Tours (Erg Tours),** Bd Mohammed V., Complexe Anezi, *Mohammed Aït Sidi Brahim,* Tel. 0528 84 11 11, www.ergtours.com, www.omni-tours.com. Man spricht englisch und deutsch. Bekannte und sehr empfehlenswerte Incoming-Agentur mit einem großen Fuhrpark von 4x4 bis Bussen, spezialisiert auf Wüstentouren (nach Tata, Merzouga, Zagora), aber auch Zweitagesausflüge nach Marrakesch (1300 DH) oder Tagesausflüge nach Taroudannt, Tafraoute oder in den Massa-Nationalpark (400 DH).
- **Sahara Tours International (LTU),** Bd du 20 Août, ggü. Hotel Agador (Complexe Agador), Tel. 0528 84 04 21 od. 0528 84 06 11, www.saharatoursinternational.com. LTU-Vertretung (u.a. Flüge).
- **Swift Travel,** 30, Bd Mohammed V., Fondation Hassan II, Complexe Transatlantique, Tel. 0528 82 43 37, swifttravel@iam.net.ma. Deutschsprachige Agentur mit breitem Ausflugsprogramm und Autovermietung.
- **Univers Holidays/Globus,** Bd du 20 Août, im 1. Stock neben Hotel Tivoli, Tel. 0528 84 50 51 und 0528 84 14 72, globus@marocnet.net.ma. Vertretung von Condor, Thomas Cook, Neckermann. Tagesausflüge, günstige Condor-Flüge nach Deutschland, netter deutschsprachiger Herr *Sami* im Büro.
- **Tarik Reisen,** Bd du 20 Août, neben dem Hotel Tivoli, Tel. 0528 82 28 78. Die kleine Agentur organisiert diverse (Tages-)Ausflüge nach Taroudannt, Marrakesch, Tiznit etc. in kleinen Gruppen. Man spricht deutsch.

Ausflüge

Organisierte Ausflüge

Alle oben genannten **Reisebüros** bieten Ausflugsprogramme von ein bis mehreren Tagen Dauer an. Die **großen Hotels** haben ein Standardprogramm an Ausflügen, das sie ihren Gästen zum Pauschalpreis anbieten. Auch mit Grand Taxis (Tagesmiete) sind individuelle Ausflüge möglich (vgl. oben Taxis).

Ein beliebtes Ausflugsziel, das von Reisebüros angeboten wird, ist z.B. **Tassila** im Massa-Tal mit Tajine-Essen im Berberzelt und Folkloredarbietungen – alles sehr touristisch. Die angebotenen Touren (ca. 10 Fahrzeuge voll besetzt) nach **Sidi R'bat** sind nicht zu empfehlen. Viel angenehmer ist es, sich für einen Tag ein Auto zu mieten, in aller Ruhe selbst zum schönen **Massa-Nationalpark** zu fahren und sich den Tag nach Gusto einzuteilen. Rucksackreisende können den Stadtbus Nr. 17 ab Inezgane bis zur Endstation und dann ein Taxi (ca. 6 km) weiter zum Massa-Park nehmen.

Ausflüge können auch nach **Sidi Moussa d'Aglou** bei Tiznit unternommen werden.

Ein empfehlenswerter Ausflug führt von Agadir über etwa 60 km zu den **Wasserfällen von Immouzzer** (vgl. das nächste Kapitel).

Von manchen Hotels werden relativ teure organisierte „Strapazenausflüge" für einen Tag nach **Marrakesch** oder zur **Speicherburg Id Aïssa** (Amtoudi) angeboten, die unserer Meinung nach unsinnig sind. Frühmorgens um 5 Uhr ist Abfahrt, eine Stunde bleibt für den Basarbummel in Marrakesch, zwei Stunden Badeaufenthalt und Ruhepause in einem Hotelgarten, dann geht es wieder zurück. Man sollte sich besser ein Auto mieten und solch einen Ausflug auf zwei bis drei Tage ausdehnen. Es gibt allerdings auch organisierte Ausflüge nach Marrakesch und **Taroudannt,** die zwei Tage dauern.

Auch für Ausflüge nach **Essaouira** sollte man sich länger als einen Tag Zeit nehmen.

Außerdem kann man eine schöne **Wanderung** durch die **Schlucht des Oued Tamrakht** (vgl. Route Agadir – Immouzzer) unternehmen. Die Wanderung startet in Imiki (mit Stadtbus Nr. 13 oder 50 erreichbar) und folgt auf einer Piste dem Oued Tamrakht in die Berge (1–2 Std. bis zum Dorf Tamzargout). Von Tamzargout kann man im Oued bergauf weiter bis ins Paradise Valley wandern (ca. 4 Std.).

- **Preisbeispiele für organisierte Ausflüge:** Halbtagesausflüge z.B. nach Taroudannt oder Immouzzer kosten etwa 250 DH, ein Tagesausflug nach Marrakesch ca. 750 DH, nach Essaouira oder Tafraoute ca. 400 DH, zum Massa-Nationalpark ca. 500 DH. Zweitagesausflüge z.B. nach Marrakesch und Essaouira können ab 1300 DH inkl. Übernachtung gebucht werden. Ein Berberabend in Tassila mit Folklore und Abendessen kostet ca. 300 DH.

Individuelle Ausflüge

Fast alle Ausflüge (mit Ausnahme der Bootsfahrten) lassen sich problemlos und meist angenehmer individuell durchführen. Nachfolgend einige Vorschläge für individuell geplante Tages- und Mehrtagesausflüge. Alle genannten Ziele sind gut mit öffentlichen Verkehrsmitteln zu erreichen. Wer Wartezeiten oder volle Busse scheut, sollte sich einen Mietwagen nehmen.

Tagesausflüge:
- Taghazoute – Tamri – Immouzzer
- Tiznit
- Sous-Massa-Nationalpark mit Massatal
- Taroudannt und Tiout
- Guelmim, Fort Bou Djerif
- Speicherburg Id Aissa, Amtoudi
- Speicherburg Tisrgane, Ida ou Gnidif

Zwei- bis Dreitagestouren:
- Essaouira (notfalls auch an einem Tag)
- Tafraoute (mit Agadir Tasguent 3 Tage)
- Marrakesch
- Gouelmim – Tarfaya – Laayoune (3 Tage)
- Tata – Akka (3 Tage)

Veranstaltungen

Gelegentlich werden im **Rathaus** von Agadir Ausstellungen gezeigt (z.B. zum Thema Stadtentwicklung), ebenso im **Institut Française** (neben der französischen Realschule Gaugin) und in der **Alliance Française** (Souissi) oder in der Industrie- und Handelskammer (Bd. Hassan II.).

In Agadir gibt es ein **Freilichttheater** (nahe der Av. Moulay Abdellah), in dem hin und wieder (meist zu wichtigen Feiertagen) Folklore oder Kinderveranstaltungen stattfinden.

Insgesamt ist das Kulturprogramm in Agadir noch sehr ausbaufähig. Hinweise auf Veranstaltungen beschränken sich auf Werbeaktionen am Veranstaltungstag, Aushänge oder Inserate in den Zeitungen. Für Touristen ist in den Hotels für Unterhaltung gesorgt.

Im Kuppelzelt **Agadir-Fantasia** in Ait Melloul werden Fantasias (Reiterspiele) vorgeführt, die über die Ausflugsprogramme der Veranstalter gebucht werden können. Die Touristen werden mit Minztee und marokkanischem Gebäck empfangen, und in den Programmpausen führen Schlangenbeschwörer ihre Tiere vor.

- **Semaine commerciale,** Handelswoche im November
- **Touristen- und Kulturwoche,** im Dez.
- **Kunsthandwerkswoche,** im Dezember
- **Festival du théâtre amazigh (Berbertheater),** im Juni
- **Kino-Festival,** im Dezember
- **Timitar Festival,** im Juli, Konzerte afrikanischer Gruppen mit Schwerpunkt auf der Musik der Berber, www.festival-timitar.com

Moussems und religiöse Feste

Moussems werden auch in Agadir gerne und oft gefeiert. Meist handelt es sich um lokale, kleinere Veranstaltungen zu Ehren eines Ortsheiligen oder zu einem bestimmten Anlass.

- **Moussem Sidi Bousta,** Ende Mai.
- **Moussem Sidi Boushab,** im gleichnamigen Ort bei Inezgane, 1. Juniwoche.
- **Moussem M'Hamed ben Amer,** in Aïn Nakhla bei Inezgane, 2. Junihälfte.
- **Moussem Sidi Abderrahmane,** in Aït Youssef bei Inezgane, Ende Juli.
- **Moussem Sidi Lhaj M'Barek,** in Inezgane, im August.
- **Moussem Tikki,** im Suq Jemaa Tikki, bei Inezgane, Mitte September.
- **Moussem Lallal Aicha,** Abdellah in Immouzzer Cercle Inezgane, September.
- **Manifestations Religieuses des Pecheurs,** in Agadir, im Oktober.
- **Moussem Sidi M'Hamed ou Amer,** in Zaouit Assif, bei Inezgane, 1. Oktoberwoche.
- **Moussem Sidi Yakoub,** im Douar Aferni bei Inezgane, im Dezember.
- **Moussem Immi Ouassif,** im gleichnamigen Dorf bei Inezgane, Dezember.

Ramadan in Agadir

Während der Tourist in anderen Regionen Marokkos im Ramadan mit einigen Einschränkungen rechnen muss, ist dies in Agadir nicht der Fall. Auch wenn die gläubigen Moslems das Ess- und Trinkverbot tagsüber natürlich einhalten, wird man in den Touristenrestaurants und -cafés normal bedient. **Ab 21 Uhr,** nach dem Fastenbrechen, herrscht dann **Volksfeststimmung** und alle sind unterwegs. Erst gegen 3 Uhr nachts beruhigt sich das Leben auf den Straßen allmählich.

Hammelfest (Aid al-Kabir)

Das Hammelfest findet zwei Monate und zehn Tage nach dem Ende des Ramadan statt. An diesem Tag wird **in jeder Familie ein Hammel geschlachtet.** Sollten Sie in dieser Zeit mitten in einem Wohngebiet wohnen, werden Sie wohl für ein bis zwei Nächte auf Schlaf verzichten müssen – denn dann steht auf jedem Balkon ein Hammel und wartet brüllend auf sein Ende.

Zu Beginn des Festtages stehen die Schlachter mit ihren geschärften Messern vor den Wohnhäusern bereit, um ihre blutige Arbeit zu verrichten. Nachdem der König öffentlich (Fernsehübertragung) einen Hammel geschlachtet hat, müssen auch alle anderen Hammel daran glauben. Gegen Mittag hängen schon die Felle über dem Balkon, und abends duftet es überall nach Essen. Zur Vorbereitung auf das Hammelfest werden vor dem Souk große Flächen für den Verkauf der Tiere geräumt.

- Die **genauen Termine** für alle Veranstaltungen und Feste sollten **im Touristenbüro** erfragt werden.

Von Agadir nach Immouzzer

Überblick

- **65 km**
- Die Anfahrt zum nordöstlich von Agadir gelgenen Ort Immouzzer des Ida Outanane führt durch das hübsche **Paradise Valley** (s.u.) und reizvolle Berggegend. Endpunkt sind die Wasserfälle beim Ort Immouzzer, der durch das **Honigfest,** das im Mai zur Honigernte gefeiert wird, Bekanntheit erlangte. Die Wasserfälle waren jedoch aufgrund der sommerlichen Trockenheit in den letzten Jahren regelmäßig ausgetrocknet. Dieser Ausflug ist bequem an einem Tag (mit evtl. Wanderung), notfalls auch als Halbtagesausflug machbar.
- **Nach Tamrakht** verkehren die **Stadtbusse Nr. 12, 13, 60 und 61,** von dort fährt man mit dem Taxi weiter.

Anfahrtsbeschreibung

Von Agadir geht es vorbei am Hafen Richtung Norden nach Essaouira und Taghazoute.

Etwa 10 km hinter Agadir ist **Aourir** und 1 km darauf der große Ort **Tamrakht** erreicht; bis hierher ist die Straße vierspurig ausgebaut. Erfrischungen bieten mehrere nette Cafés bzw. Restaurants. Der Ort ist bekannt für seine schmackhaften Tajines – Agadirer Familien fahren am Wochenende hierher zum Essen. Es werden kleine, sehr süße **Bananen** verkauft, die im Mündungsgebiet des Oued Tamrakht wachsen, daher wird der Ort auch „Banana Village" genannt. Markt ist am Mittwoch.

Unterkunft bietet die hübsche **Auberge Littoral** (Tel. 0528 31 47 26, www.hotellittoral.com, Restaurant mit Alkoholausschank, DZ mit Frühstück €€, mit Bad, sehr sauber und freundlich). Auch in der **Villa Solaria** von *Margrit* (Schweizerin) und *Mohammed Addi* kann man übernachten (Tel./Fax 0528 31 47 68 oder Mobil 0661 40 19 75, www.addimaroc.com). Es gibt komfortable DZ (€€), eine Ferienwohnung und Studios mit Meeresblick, Küche und Salon (€€€), kostenloses Internet sowie eine sehr schöne Dachterrasse. Zum Strand sind es 15 Minuten zu Fuß. Das Paar bietet auch Geländewagen-Touren im Umland an.

In Aourir zweigt rechts die Straße nach Immouzer des Ida Outanane ab. Kurz darauf folgt noch eine Kreuzung, an der Sie rechts abbiegen (Schild „Route de Miel"). Links geht es nach **Imiki,** von wo man eine schöne Wanderung entlang des **Oued Tamrakht** unternehmen kann (vgl. Agadir/Ausflüge).

Die schmale, ausgefranste Teerstraße nach Immouzzer führt durch karge Hügellandschaft mit Arganienbäumen. Hinter Aourir sieht man immer wieder Bienenkästen, denn im ganzen Tal wird ein sehr schmackhafter **Honig** produziert. Im weiteren Verlauf bildet der Fluss immer wieder schöne Felsgumpen, das Ufer säumen Arganien, Palmen und Oleander. In den 1970er Jahren wurde das Tal von den Hippies **Paradise Valley** genannt – durchaus treffend.

Vom Abzweig sind es 10 km (Gesamt-km 24) bis zum kleinen Dorf **Alma** (Oulma). Hier bieten Steinhändler Fossilien und Mineralien, Töpfer ihre handgefertigte Keramik an. Nach 1 km zweigt eine Straße rechts nach Agadir ab. Der Asphalt wird wieder besser.

Nach weiteren 8 km (Gesamt-km 33) erreicht man das kleine Dorf **Tamzargout** (zwei kleine Läden) und überquert dann den **Oued Tamrakht** auf einer gut ausgebauten Furt. In dieser reizvollen Landschaft sind auch Bananenanpflanzungen angelegt. Danach schlängelt sich die schmale Straße durch eine schöne Schlucht mit vielen Wassergumpen, die von großen Felsen und Oleandern sowie Palmen gesäumt sind.

4 km nach Tamzargout folgt ein kleiner, sehr einfacher, aber wunderschön gelegener Stellplatz namens **Bivouac La Vallée de Paradis** zum Campen an der Straße.

Weiter bergauf erreicht man bei km 33 (Gesamt-km 47) das Dorf **Tifrit** und das kleine, feine **Hotel Tifrit** mit herrlicher Aussichtsterrasse, hervorragendem Essen und Pool (Tel. 0528 21 67 08, Mobil 0661 65 42 31, www.hotel-tifrit.com, DZ mit HP €€€€, Etagenduschen, Menü 80 DH). Gegenüber liegt das **Café-Restaurant La belle Vallée,** kurz darauf folgt das **Café-Restaurant Panoramic** mit Honigverkauf.

Weiter bergauf befindet sich nach 3 km (Gesamt-km 50), vor dem Ort **Aksri** bzw. Aqasri, das edle französische Ausflugsrestaurant **La Bonne Franquette** mit Garten und Kaminzimmer. Dort kann man sich auch in eines der stilvollen fünf Zimmer, die sich um den Innenhof mit Pool gruppieren, einmieten (Tel. 0528 82 31 91, DZ mit HP €€€€).

1 km weiter folgt der Ort **Tifaouine** auf einer Hochebene mit Feldern. Nach den wenigen Häusern und der Schule von Timoulay erreichen wir bei Gesamt-km 56 eine Kreuzung.

Variante zu den Höhlen von Wintmoudoun

Bei km 56 (GPS-Daten W 30°39,40′, N 09°28,98′) zweigt rechts eine Route ab, die nach 39 km auf die N8 zwischen Agadir und Marrakesch einmündet. Folgt man dieser Straße 2 km, geht rechts eine Geländewagenpiste zu den **Grotten von Wintmoudoun** (ca. 20 km) ab.

Diese kaum erschlossene Höhle birgt das **längste unterirdische Flusssystem Nordafrikas** mit 8500 m topografischer Ausdehnung. Allein der Hauptstollen ist 6450 m lang. Tropfsteinlabyrinthe durchziehen das weitläufige Höhlensystem, das bislang nur von Spaläologen mit Schlauchboot oder Kanu erkundet werden kann. Zu Fuß mit Gummistiefeln und Taschenlampen ausgerüstet, kann man etwa 300 m ins Höhleninnere vordringen. Normalerweise meiden Marokkaner die Höhlen, da sich in ihnen Geister verbergen sollen – zahlreiche Mythen ranken sich um die darin lauernden Gefahren.

Man kann die Höhlen auch von der Hauptstraße Agadir – Marrakesch (N8) erreichen, in dem man 9 km vor Amskroud (von Marrakesch aus gesehen) in Richtung **Sidi Brahim ou Ali** abbiegt (15 km).

Fährt man bei km 56 geradeaus weiter, ist man 51 km hinter Tamrakht und **65 km von Agadir** im ca. 1150 m hoch gelegenen **Immouzzer des Ida Outanane** angelangt. Unterkunft und Erholung in dieser ruhigen Umgebung finden Touristen im komfortablen **Hotel des Cascades***** (Tel. 0528 82 60 16/23, saubere DZ mit HP €€€€) mit schönem Garten und herrlichem Ausblick von der Terrasse. Eine Tennisanlage und ein Pool stehen zur Verfügung, Jagden und Ausflüge werden organisiert.

Im Zentrum zweigt links (rechts geht es weiter nach Arhbalou) die steil abfallende Straße zu den **Wasserfällen** ab, welche man nach 4 km erreicht. Man parkt ca. 1 km vorher bei einem ausgewiesenen Parkplatz oder bei einem der Cafés und geht zu Fuß bzw. mit Führer zu den 400 m weiter oben rechts liegenden Wasserfällen, die in den letzten Jahren im Sommer meist trocken lagen. Nach der Führung zu den Wasserfällen wird ein Sprung vom Felsen in ein Wasserloch unterhalb der Fälle vorgeführt, den sich die „Kunstspringer" natürlich bezahlen lassen (wollen) – selbst nicht in Auftrag gegebene Vorführungen werden abkassiert ... Die Möglichkeit, im Becken ein Bad zu nehmen, ist eher theoretischer Natur, vor allem als Frau wird man hier verhältnismäßig ungeniert angestarrt.

Von der Panoramaterrasse der **Auberge Amalou** (Mobil 0661 53 09 35, badra.badra@caramail.com) hat man einen schönen Ausblick auf die Wasserfälle. In der Auberge gibt es ein Restaurant sowie zehn gepflegte und sehr saubere Zimmer, z.T. mit Bad und TV (DZ mit HP €€€). Wer sich länger hier aufhalten will und Interesse an der Bevölkerung und deren Traditionen hat, kann sich an *Abdellah Abidar* wenden, dessen Frau im Restaurant frisches Brot für die Besucher bäckt. *Abdellah* führt auf Wunsch auch Wanderungen in die Umgebung durch. Nebenan liegt das ebenfalls sehr ordentliche **Café/Restaurant Le Miel.**

Wenn man an der Kreuzung in Immouzzer rechts weiterfährt, kann man auf einer geteerten Straße zur Route Marrakesch – Agadir (N8) weiterfah-

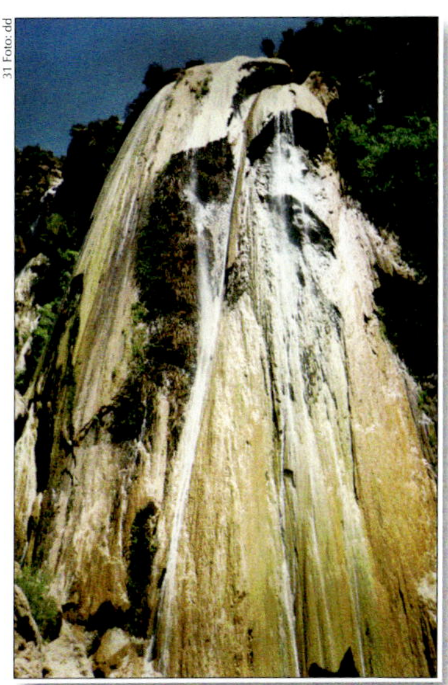

31 Foto: dd

Schleierwasserfall von Immouzzer

ren und den Ausflug als Rundfahrt planen. 29 km vor Amskroud mündet das Sträßchen bei N 30°42,708′, W 09° 12,973′ in die Hauptroute ein.

Von Agadir nach Essaouira

Überblick

- **172 km, N1**
- Gute Asphaltstraße durch hügelige Küstenlandschaft, bis Tamrakht vierspurig. Gute Busverbindung ab beiden Städten (siehe dort, Fahrzeit ca. 4 Std., mit Ausflugsbussen der Reiseveranstalter ca. 3 Std.). Zu den Stränden bei Taghazoute kann man mit den **Linienbussen** Nr. 12 und 60 stündlich von Agadir (Pl. Salam) aus gelangen. Die Linie 61 geht bis Tamri.

Essaouira ist als Ziel für einen **Tagesausflug** anstrengend, aber durchführbar. Um die unvergleichliche Atmosphäre Essaouiras kennen zu lernen, ist aber ein zweitägiger Aufenthalt zu empfehlen.

Bisher sind die **wunderschönen Strände** um und nördlich von Taghazoute noch relativ ruhig. Nur am Wochenende baden hier viele Marokkaner. Und von Dezember bis März stehen an manchen Plätzen die Wohnmobilisten in Zehnerreihen (für Abfallentsorgung und Wasserversorgung muss bezahlt werden). Der Strandabschnitt von Agadir bis Tamri wird momentan touristisch erschlossen. Die Straße ist zum Teil schon ausgebaut, eine neue Wasserleitung gelegt, und mit dem Bau von Hotelprojekten wird begonnen. Bald ist es vorbei mit der Idylle ...

Anfahrtsbeschreibung

Von Agadir fährt man die vierspurige, von Palmen gesäumte Av. Mohammed V. am Hafen vorbei, durchquert

aga02_154 Foto: dd

den Industrieort **Anza** und erreicht nach etwa 10 km den Ort **Tamrakht** (vgl. vorherige Route). In der Ortsmitte biegt eine ausgeschilderte Straße ins „Paradise Valley" und nach Immouzzer ab (vgl. vorherige Route).

Wer noch einen Abstecher zum Meer einlegen will, zweigt kurz hinter Tamrakht, nach einer kleinen Anhöhe, zum Strand ab. Am Friedhof vorbei, führt ein Feldweg direkt auf einen im Atlantik liegenden Felsen zu, der auch **Teufelsfelsen** genannt wird. Unbeschadet kann dieser aber nur bei Ebbe erreicht werden. Man spürt hier die Kraft des Atlantiks, denn riesige Brecher branden an die Felsen, und aus vielen kleinen Kratern spritzt das Wasser fontänengleich heraus. Alljährlich im Oktober findet hier die zweitägige **Fête Imouran** statt. Junge Mädchen versammeln sich in traditioneller Berbertracht, setzen sich bei Ebbe rund um den Felsen auf die Steine und warten bis das Wasser kommt und sie nass spritzt. Das ist ein Zeichen für eine baldige Hochzeit. Da auch viele junge Männer dem Fest beiwohnen, ist die Aussicht auf einen nachhaltigen Kontakt nicht auszuschließen.

Beim Teufelsfelsen (zwischen Tamrakht und dem Strand) hat im Jahr 2009 der große **Campingplatz Atlantica d'Imourane** neu eröffnet (vgl. Agadir/Camping).

5 km hinter Tamrakht ziehen sich bis nach Taghazoute riesige Baustellen neuer Hotelprojekte an der Meerseite der Straße entlang. Im **Taghazout Resort** sollen in den nächsten Jahren u.a. Hotels und ein 18-Loch-Golfplatz entstehen.

18 km nördlich von Agadir liegt **Taghazoute Plage** (Abzweig von der Straße), ein langer Sandstrand, der weniger überlaufen ist als die Strände in Agadir. Allerdings ist die Umgebung total vermüllt. Am südlichen Strandabschnitt, wo die Zufahrtsstraße endet, gibt es einen Parkplatz.

1 km weiter nördlich ist das nette Fischerdorf **Taghazoute** erreicht.

Frisches Brot aus dem Steinofen

Taghazoute

↗ VIII/A2

Noch geht es hier ruhig zu ... Da der Ort aber nach dem „Plan Azur" als einer der Hauptinvestitionspunkte für den Tourismus vorgesehen ist, verwandelt sich die Landschaft rundum langsam in eine Großbaustelle. Bislang kann man hier noch unter Individualreisenden Urlaub machen und Zimmer in Privathäusern, aber auch komfortable Ferienwohnungen mieten. Der in Taghazoute lebende *Bernd Schweigert* vermittelt Ferienhäuser und Zimmer und bietet alle Services für Surfer: **Holiday Club Agadir,** Mobil 0668 32 52 83, www.taghazout.info). Er kennt die besten Surfspots, gibt auf Anfrage Kurse, verleiht Surfbretter für Kite- und Windsurfing und organisiert Quadausflüge. In seiner **Surf-Pension** mit Küche, heißer Dusche, Internet und großer Dachterrasse bekommen Low-Budget-Traveller das Zimmer bereits für 8 Euro pro Person ohne Frühstück. Entweder man fragt im Café

Flouka nach „Bernard" oder ruft ihn an, um zur Surf-Pension geführt zu werden. Die Preise für ein Apartment schwanken je nach Größe und Ausstattung zwischen 30 und 150 Euro pro Tag und sind stark saisonabhängig. Wer möchte, kann sich eine herrliche Wohnung direkt am Strand oder Fischerhafen mit Balkon, Meeresblick, Küche und Kühlschrank, heißer Dusche und TV buchen.

Die beste Zeit zum **Surfen** ist von Oktober bis April, die besten Wellen gibt es von Dezember bis Februar. In der Zeit um Weihnachten, Ostern und Neujahr sollte man seine Unterkunft unbedingt vorreservieren.

Die **Endo-Surfschule** (www.endosurf.com) ist ebenfalls in deutscher Hand. *Steffen* und *Gerrit* (Mobil 0668 39 51 24, vgl. Agadir/Sport) bieten Unterkunft, Vollverpflegung, Surfunterricht und Begleitung zu den besten Surfspots an.

Bei einer strandnahen Übernachtung ist zu bedenken, dass die Fischer um 4 Uhr morgens ihre Boote starten und die Zweitakt-Motoren ganz sicher jeden Toten aufwecken. Bis alle Boote ausgelaufen sind, dauert es mindestens 30 Minuten ...

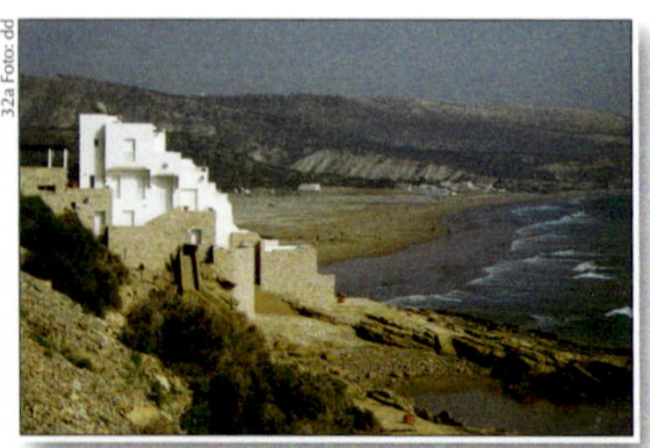

32a Foto: dd

Preiswertes und gutes Essen gibt es im schon erwähnten, netten **Café Flouka** an der Hauptstraße (z.B. gegrillter Fisch). Abzuraten ist vom einzigen Hotel (½€) im Ort (Berichte von Diebstählen!). Neben diversen Geschäften und einer Apotheke gibt es auch eine Reparaturwerkstatt für Surfbretter und einen Waschsalon. Stadtbusse fahren regelmäßig nach Agadir.

Nördlich von Taghazoute reihen sich zahlreiche schöne **Strände** aneinander (u.a. Paradis Plage, Miami Beach und Surfer's Point).

3 km hinter Taghazoute hat Ende 2009 der **Campingplatz Terre d'Ocean** (Tel. 061 93 51 348 oder 0528 20 05 15, http:// terredocean.wifeo.com) mit ordentlichen sanitären Anlagen und tollem Meerblick eröffnet. Es gibt einen Pool, einen Laden, ein Restaurant, Abwasserentsorgung für Wohnmobile, aber leider keinen Schatten. Man kann auch in eingerichteten Berberzelten übernachten. Camping ca. 75 DH für 2 Pers. mit Fahrzeug, 15 DH Strom.

27–30 km nördlich von Agadir erstreckt sich eine lange Bucht mit schönen, sauberen Sandstränden. Dort liegen der Ort **Immi Oudar** (Immouader) sowie **Paradis und Aghroud Plage.** Auch hier entstehen immer mehr neue Ferienapartments. In kleinen Läden und Cafés kann man sich versorgen.

Aghroud Plage

In Immi Oudar befindet sich der riesengroße und viel gelobte **Camping Atlantica Parc** (Tel. 0528 82 08 05, www.atlanticaparc.com) etwas abseits rechts der Straße (nicht direkt am Strand). Dieser Platz mit (nahezu) europäischem Standard ist sicherlich einer der besten und saubersten des Landes, allerdings in den Wintermonaten von Dutzenden europäischer Wohnmobilisten besetzt. Die modernen Einrichtungen wie der saubere Sanitärblock mit Waschmaschine und heißen Duschen, der schöne Pool mit Liegen, das Restaurant, das Internetcafé und der Laden mit täglich frischem Brot lassen kaum Wünsche offen. Leider sind die Bäume an den parzellierten Stellplätzen noch klein und spenden wenig Schatten. Langzeitcamper können auch Chalets, Bungalows, Wohnzelte und Caravans mieten. Gebühr 100 DH/Tag für 2 Pers. inkl. warmer Dusche, ab dem 4. Tag günstiger, Strom 20 DH/Tag.

Hinter Aghroud wird es ruhiger, die Straße führt kurvig die Felsküste entlang, die gelegentlich von Sandbuchten unterbrochen wird. Das hügelige Hinterland wirkt wüstenhaft, mit Euphorbien und Dornensträuchern.

43 km nördlich von Agadir liegt das **Cap Rhir** mit Leuchtturm und einigen Häusern. Den Leuchtturm kann man gegen Trinkgeld an den Wärter (verhandeln!) besichtigen. Eine Piste führt zu einem großen Standplatz an der Felsküste (zahlreiche Wohnmobilisten).

10 km weiter gelangt man zur **Plage Imi Ouassif,** einer tollen Bucht mit Sandstrand. Eine Piste führt links ab (verwittertes Schild) zu einem Standplatz an der Mündung des **Oued Aït-Ameur.**

Nach weiteren 4 km, bei Gesamt-Km 57, ist **Tamri** erreicht. Der kleine Markt- und Fischerort in hübscher Lage ist auch ein beliebter Surfspot, wenn in Taghazoute gerade die Wellen ausbleiben. Markttag ist Montag. Das Gebiet wurde bereits in der Steinzeit bewohnt, man fand in den Höhlen von Ifrane Oughoua zahlreiche Steinwerkzeuge. Im Mündungsgebiet des Oued Aït-Ameur (siehe oben) und an dessen Ufer gedeihen **Bananen,** die zwar klein sind, aber umso besser schmecken.

9 km hinter Tamri ziehen sich Sanddünen bis zum Meer. Hier gibt es noch **einsame Strände** und traumhafte Ausblicke aufs Meer, denn die Straße schlängelt sich bergauf und führt dann oberhalb der Küste weiter.

Ab km 72 entfernt sich die Straße vom Meer und führt durch das hügelige, karge Hinterland mit Arganienbäumen.

Bei km 79, nachdem man mehrere Siedlungen passiert hat, zweigt rechts eine Straße zur Barrage Sidi Moulay Abdallah (Stausee) ab. Kurz darauf quert man das **Oued Tamkouirint** auf einer Furt. Hier kann man sein Auto parken und das Oued hinunterlaufen. Nach etwa 10 Min. erreicht man die **Gouffre d'Agadir Imoucha,** wo das Flüsschen früher aus einer Schlucht über mehrere halbkreisförmige Terrassen in Wasserfällen nach unten zur Mündung fiel. Jetzt liegt es wegen des Stausees (s.u.) trocken. Am Ende der

Schlucht folgt das Dorf Tildi, wo viele Heilige begraben sein sollen.

Bei km 83 zweigt links ein Teersträßchen nach Immesouane Plage ab.

Abstecher nach Immesouane Plage ⇗ VIII/A1

5 km nach Verlassen der Hauptstraße erreicht man Immesouane Plage. An der Kreuzung am Ortseingang geht es geradeaus durch eine hässliche Neubausiedlung; unterhalb liegt der alte Ortskern mit einer schönen kleinen Sandbucht. Der Strand ist ein beliebtes **Surferziel,** es gibt Surfshops, Läden und einfache Fischrestaurants. Der kleine Fischerhafen voller blauer Boote und mit Leuchtturm ist recht malerisch. In der Markthalle finden frühmorgens Fischauktionen statt.

Die Surfschule **Planet Surf Morocco** bietet Kurse und Leihausrüstung an (Tel. 0528 21 87 83, Mobil 0660 73 80 15, www.planetsurf-morocco.com),

Unterkunft für Ferien abseits des Touristentrubels bietet die saubere und stilvoll eingerichtete **Auberge Kahina** (Tel. 0528 82 60 32, www.auberge-kahina.com, €) mit Terrassenrestaurant.

Biegt man an der Kreuzung am Ortseingang rechts ab, erreicht man nach ca. 400 m die **Auberge Tasra** (Tel. 0528 82 05 97, Mobil 0668 24 29 18, bijerch@web.de). Die hübsche Herberge mit Restaurant im Innenhof (Alkoholausschank, Tajine 50 DH) liegt zwar nicht direkt am Strand, ist aber dennoch die ideale Surferunterkunft. Die einfachen (laut eines Lesers z.T. ungepflegten) Zimmer sind in zwei Trakten um den Hofgarten untergebracht, die neueren Zimmer haben ein Bad (nur durch Duschvorhang abgetrennt, DZ €€), bei den älteren Zimmern befinden sich Dusche/WC auf dem Gang (DZ €). Traveller mit kleinem Geldbeutel können auch im Schlafsaal übernachten (50 DH/Pers.). An der Rezeption ist Geldwechsel möglich. Der Betreiber der Herberge lebt in Köln. Zur Surfsaison sollte man unbedingt reservieren.

Von der Auberge führt die kleine Teerstraße weiter entlang der Küste mit schönen Ausblicken aufs Meer.

7 km nach Immesouane Plage liegt **Immesouane** am Felshang oberhalb der Straße. Der größere Ort mit einer schönen gelbblauen Moschee hat gepflegte Oliven- und Obstgärten, die durch Trockenmauern und Feigenkakteen abgetrennt sind.

Der terrassierte **Imsouane Camping** (Mobil 0664 11 34 13, www.morocco-camping.com) wird von einem deutschen Ex-Profisurfer betrieben. Die sanitären Anlagen sind gut ausgestattet, es gibt Strom, eine Entsorgungsstation für Wohnmobile, ein Internetcafé sowie ein Restaurant. Die vielen angepflanzten Bäume spenden erst wenig Schatten. Auch Übernachtung im Berberzelt ist möglich (50 DH/Pers.). Camping: 40 DH/Pers. im Zelt oder Auto, Strom 20 DH/Tag.

Hinter Immesouane führt die Straße wieder ins Landesinnere und mündet bei km 18 (7 km hinter Immesouane) wieder in die Hauptstraße Richtung Tamanar (16 km).

Folgt man an der Kreuzung bei km 83 weiter der Hauptstraße, hat man 7 km weiter noch einmal die Möglichkeit, Richtung Immesouane (Plage) abzubiegen. Hier mündet obiger Abstecher 16 km vor Tamanar wieder in die Hauptroute.

Hübsche Dörfer liegen auf den mit Arganien bewachsenen rötlichen Steinhügeln verstreut. Entlang der weiteren Strecke bis Essaouira kann man bei Frauenkooperativen (teure) **Arganienölprodukte** direkt kaufen, z.B. Arganienöl (ca. 250 DH/½ l), Seifen, Cremes und Amlou, die „Berbernutella", eine leckere Mischung aus Arganienöl, Mandeln und Honig (ca. 100 DH pro Glas). Die freundlichen Frauen der Kooperativen erklären und demonstrieren die aufwendigen Arbeitsschritte zur Produktion des Öls.

Bei km 106 erreicht man den Ort **Tamanar,** das Zentrum der Haha-Nomaden, die vor allem für ihre Tänze bekannt sind. Es gibt eine Tankstelle und mehrere einfache Straßenrestaurants. Für eine Mittagspause empfiehlt sich das **Café/Restaurant Argana** nach der Ortsausfahrt auf der linken Seite mit netter Terrasse und Souvenirshop.

12 km nach Tamanar führt rechts ein Abzweig zu einem weiteren Stausee. Hinter dem Dorf **Oued Tassaraset** (124 km von Agadir) wird die Landschaft wieder gebirgiger, es wachsen viele Thujen-, Wacholder-, Oliven- und Arganienbäume in der dünn besiedelten Gegend. Am Straßenrand wird Arganienöl verkauft.

126 km hinter Agadir (20 km nach Tamanar) geht es bei einem kleinen Dorf links zum **Cap Tafelney** (Beschilderung aus Gegenrichtung: „Plage Tafdna"). Die schmale Teerstraße endet nach 13 km am Nordende einer traumhaften Bucht. Die weißen Häuschen des kleinen Fischerortes ziehen sich den Hang entlang, im Meer schaukeln blaue Fischerboote. Der schöne Sandstrand ist um den Ort herum verschmutzt, weiter weg aber sauber. Bei den Fischern kann man preiswert Fisch und Schalentiere kaufen. In mehreren Fischbuden gibt es einfache Gerichte, kleine Läden garantieren die Grundversorgung, wenn man einen unkonventionellen Strandurlaub bei den Fischern und ohne Touristen verbringen will.

3 km nach dem Abzweig zum Cap Tafelney führt rechts eine Piste zum **Djabal Amsittene,** der von oben eine herrliche Aussicht bietet.

136 km nördlich von Agadir liegt **Smimou,** ein kleiner Ort mit Läden, Straßenrestaurants und Tankstellen; Markt ist am Sonntag.

2 km hinter Smimou führt ein Abzweig links zum **Turm Had-Smimou** (10 km) und zu sehr ursprünglichen, der Küste vorgelagerten Bauerndörfern. Die Häuser sind durch Natursteinmauern und Kakteen abgetrennt, die Hügellandschaft entlang der Küste ist sehr idyllisch und auch für Wanderungen oder Reitausflüge geeignet. Mit dem Auto kann man jedoch nicht entlang der Küste weiterfahren.

12 km hinter Smimou (148 km nördlich von Agadir) folgt der kleine Ort **Tidzi** mit einer Arganienölkooperative. Die Straße führt weiter durch eine flache Landschaft mit Arganienbäumen, die Strecke ist nun weniger abwechslungsreich und Blick aufs Meer. Bei km 160 zweigt links vor der Brücke eine Straße zu den fantastischen Dünenstränden von **Sidi Kaouki** ab. Geradeaus geht es nach Essaouira weiter.

Abstecher nach Sidi Kaouki

↗ II/A3

Die Buslinie 2 verkehrt bis 21 Uhr etwa alle eineinhalb Stunden zwischen Essaouira und Sidi Kaouki. Gelegentlich gibt es auch Sammeltaxis von Sidi Kaouki nach Essaouira. Ein Grand Taxis ab Essaouira kostet ca. 150 DH.

8 km nach dem Abzweig von der Hauptstraße folgt eine Kreuzung bei einem großen, von Deutschland mitfinanzierten Windpark. Rechts geht es zum **Cap Sim** (2 km, Dorf mit Marabout und einfachem Café/Restaurant). Geradeaus führt die kleine, gute Teerstraße weiter nach Sidi Kaouki, das nach insgesamt 12 km erreicht ist. Am Parkplatz am Strand ist die Gendarmerie postiert, hier konnte man in der Vergangenheit günstig in einer der vielen **Fischbuden** essen. Diese brannten zwar En-

de 2009 ab, werden aber sicher schnell wieder aufgebaut.

Der kleine Ort mit **herrlichem langem Sandstrand** mit kleinen Dünen und stetigem starken Wind ist mittlerweile stark vom Tourismus geprägt. Der große **Marabout des Heiligen Sidi Kaouki** liegt direkt am Meer und wird vor allem von Frauen besucht, die auf Erfüllung ihres Kinderwunsches hoffen. Das Grab befindet sich neben dem eigentlichen Marabout.

Sidi Kaouki gilt neben Mulay Bouzerktoun (nördlich von Essaouira) als **eines der besten Kite- und Windsurfreviere Marokkos,** allerdings nur für geübte Surfer, da die Wellen ziemlich hoch sind. Am Strand kann man Sonnenschirme, -liegen und Quads mieten sowie kurze Kamelritte unternehmen. Im kleinen Café auf der Dachterrasse des bunt mit Graffiti bemalten Holzhauses des **Surfclubs Sidi Kaouki** kann man einen Tee trinken und die Aussicht auf den Strand genießen. Der Surfclub verleiht komplettes Surfequipment und bietet Lagerräume für die eigene Ausrüstung.

Die einsame Küstenlandschaft nördlich und südlich von Sidi Kaouki prägen Arganien, Ginster und Pinien. Vom Parkplatz im Ort führt die kleine Teerstraße weiter Richtung Süden. Hinter Sidi Kaouki folgen erst einige unschöne, unvollendete Baustellen, dann führt die Straße durch die karge Landschaft entlang der Küste nach **Sidi Mbarek,** von wo man z.B. eine schöne, lange Strandwanderung zurück nach Sidi Kaouki unternehmen kann (ca. 3 Std.).

Vorsicht: An den Stränden rund um Sidi Kaouki (nördlich und südlich) kam es in den vergangenen Jahren immer wieder zu Diebstählen, aufgeschnittenen Zelten und Autoeinbrüchen!

Unterkünfte/Camping in Sidi Kaouki:

Es gibt mittlerweile diverse im Ort verstreute Herbergen und Apartments für Surfer und Traveller. Infos zum Surfen und zu Unterkünften in Sidi Kaouki findet man im Internet unter **www.sidi-kaouki.com.**

- Die nette **Villa Soleil** (Tel. 0524 47 20 92, Mobil 0670 23 30 97, www.hotelvillasoleil.com) unter belgischer Führung hat geräumige Bungalows für bis zu vier Personen mit Bad und eigenen kleinen Innenhöfen (DZ €€€), ein kleines Restaurant und einen Salon mit offenem Kamin.
- Die sehr hübsche, kleine **Résidence Sidi Kaouki** (Tel. 0524 78 32 06, Mobil 0668 05 16 27, www.sidikaouki.com) unter deutsch-französischer Leitung ist ganz in Blau-Weiß gehalten und wird durch einen eigenen Brunnen versorgt. Es gibt zehn sehr gemütliche, saubere Zimmer und ein ausgesprochen nettes und gutes Restaurant mit abendlichem Candlelight-Dinner (mittags auf Vorbestellung frischer Fisch, Salate etc.). DZ mit Frühstück €€, Dinner 110 DH, warme Etagenduschen und Hammam. Es werden auch Ausflüge organisiert und Mietwagen vermittelt.
- Empfehlenswert ist außerdem das **Hotel La Pergola** (Tel. 0524 78 58 31, www.pergolamaroc.com) neben der Résidence Kaouki: liebevolle Betreuung durch den französischen Besitzer und das Personal, kleines Restaurant mit leckerem Essen, hübsches Ambiente, DZ €€ bis €€€ (je nach Saison).
- Die hübsch aufgemachte Herberge **Le Dauphin** (Tel. 0524 47 67 32, www.hotel-kaouki.com, €€B) bietet sechs Zimmer mit Balkon und Meerblick.
- Die nette deutsch-italienische **Auberge de la Plage – Club Equestre** (Tel. 0524 47 66 00, www.kaouki.com) von *Carina Fischer* und ihrem Mann *Gabrielle Meretti* hat ein gemütliches Restaurant, die zehn Zimmer mit Meerblick sind einfach, aber sauber, das Personal ist sehr nett (DZ ohne Bad €€, DZ mit Bad €€€).
- Die neueste und wahrscheinlich komfortabelste Unterkunft in Sidi Kaouki bietet **Windy Kaouki** (Tel. 0524 47 22 79, Mobil 0661 25 63 66, www.windy-kaouki.com). Die schicken, geräumigen Apartments für bis zu vier Personen sind modern marokkanisch gestaltet und haben eine Küche. Es gibt eine Garage zur Lagerung der Surfausrüstung, einen Pool und ein Restaurant. Apartment für 2 Pers. €€€€.
- An der Straße Richtung Süden führt ein beschilderter Abzweig links zum neuen Platz **Camping Kaouki Beach** (www.camping-kaouki-beach.com) mit sehr guten sanitären

aga10_005 Foto: ad

Anlagen (heiße Duschen), bepflanzten Stellplätzen mit Stromanschluss und Abwasserentsorgung für Wohnmobile. Morgens wird frisches Brot geliefert. Camping 60 DH für 2 Pers. inkl. Fahrzeug, ab drei Nächten 55 DH, Strom 15 DH.

- Fährt man noch einige Kilometer weiter südwärts, bieten sich auch **Wildcampingmöglichkeiten** (kein Müll und Abwasser hinterlassen!).

Wieder zurück auf der Hauptstraße folgt nach 1 km (bei Gesamt-km 161) der Abzweig zum **Flughafen Essaouira-Mogador.**

Bei km 164 zweigt rechts die Straße nach Casablanca und Marrakesch ab, und ein Schild weist auf den **Camping Le Calme** hin (9 km, vgl. Essaouira/Campingplätze). An der Kreuzung befindet sich die Universität Cadi Ayyad, und es entsteht der Ort **Essaouira Aljadida** mit riesigen Neubauten.

Weiter links in Richtung Essaouira kann man bei Gesamt-km 166 zum Ort **El Ghazoua** bzw. El Ghazoua links abbiegen. Nach dem **Restaurant km 8** (Mo geschl., franz. Küche) liegt rechts die **Solarwerkstatt Afrisol** (Hauptsitz in Casablanca) von *Peter Kiefer,* der auf Photovoltaik-Anwendungen (Solarstrom) aller Art (Land-Elektrifizierung, Wasserpumpen, Systeme für Häuser und Wohnmobile) und thermische Solarsysteme (Warmwasser, Heizung, Pool) spezialisiert ist. Er hat auch die

Am Strand südlich von Sidi Kaouki

sehr informativen Seiten www.essaouiranet.com ins Leben gerufen.

An der Straße in Richtung Essaouria liegen rechts die **Villa Damonte,** links die **Auberge Belle de Mai** (vgl. Essaouira/Hotels außerhalb).

2 km weiter (168 km hinter Agadir) zweigt links eine kleine Teerstraße nach Diabat ab (vgl. Essaouira/Ausflüge). Auch 1 km weiter bei einem Kreisverkehr und kurz vor der Brücke über den Oued Ksab kann man nach **Diabat** abbiegen. Hier traf sich in den 1970ern die gesamte Hippieszene, *Bob Marley* hatte hier ein Haus. Heute hat sich das beschauliche Dorf am Strand in eine Großbaustelle verwandelt: Hier entsteht das gigantische **Tourismusprojekt Mogador Essaouira** (vgl. Essaouira).

3 km weiter passiert man die luxuriöse **Résidence Dar Mimosas** linker Hand (vgl. Essaouira/Hotels außerhalb). Auf der rechten Seite erhebt sich der kleine **Leuchtturm Sidi Magdoul.** Kurz davor liegt etwas versteckt rechts der Straße (kein Schild) der **Campingplatz Sidi Magdoul.**

Nun beginnt die vierspurige Einfahrtsstraße nach Essaouira, das nach 1 km erreicht ist (Gesamt-Km 172).

Essaouira

↗ II/A2

Kein Tourist sollte es versäumen, dieses auf die Felsen des Atlantiks gebaute, charmante Fischerstädtchen zu besuchen. Das **frühere Mogador** hat inzwischen **99.000 Einwohner.** Die einstmals portugiesische Stadt verliert heute als Fischereistandort an Bedeutung und wird stattdessen touristisch immer mehr ausgebaut.

Attraktionen sind der Fischerhafen mit Werft, die alten Festungsanlagen, die rote Stadtmauer und vor allem die beeindruckende, **andalusisch geprägte Altstadt.** Bei einem Bummel durch die Gassen mit den malerischen weißen Häusern fallen besonders die schönen, gelb umrahmten Eingangsportale, Torbögen und blau getünchten Fenster und Türen ins Auge. Die Medina von Essaouira zählt seit 2001 zum **UNESCO-Weltkulturerbe.** Wie in vielen anderen Altstädten Marokkos wurden auch in Essaouira in den letzten Jahren viele alte Gebäude von Privatinvestoren umfassend renoviert und zu Gästehäusern oder Restaurants umfunktioniert.

Bei einem Bummel durch die Altstadt entdeckt man immer wieder neue Dinge, die Essaouira sein **unverwechselbares Flair** verleihen: Gemütliche, kleine Restaurants und Cafés, in denen man in Ruhe einen *Thé à la menthe* schlürfen kann, Galerien lokaler Künstler sowie unzählige Boutiquen mit Skulpturen und Kästchen aus Thujenholz, mit Musikinstrumenten der Gnaoua, bunten Lampen aus Kamelhaut u.v.m.

Die lebhafte **Künstler- und Musikszene** Essaouiras lockte schon in den 1970er Jahren Hippies, Beatniks und Künstler wie *Bob Marley*, die *Rolling Stones, Jimi Hendrix* und *Jim Morrison* an. Heute ist vor allem das jedes Jahr im Juni stattfindende **Gnaoua-Musikfestival** (www.festival-gnaoua.net) in-

mst_001 Foto: ad

ternational bekannt – dann sind alle Gästehäuser ausgebucht, und die ganze Stadt ist voller junger Alternativer und Musikfreunde.

Die „windy city", wie sie oft genannt wird, ist zudem ein bekannter **Surfer-Treffpunkt:** Inzwischen tummeln sich nicht nur Wind-, sondern auch zahlreiche Kite-Surfer im Wasser.

Bis Anfang der 1990er Jahre war Essaouira fast nur von Individualtouristen besucht, doch heute hält auch hier der Massentourismus Einzug. Immer mehr große Hotels, wie z.B. das Sofitel Essaouira & Spa und das Atlas Essaouira & Spa an der Strandpromenade, eröffnen in der Stadt. In Diabat (siehe Ausflüge) entsteht das riesige Tourismusprojekt **Mogador Essaouira** (www.mogadoressaouira.com), eine Parkanlage mit 18-Loch-Golfplatz, drei Luxushotels und -villas, einer „petite medina" mit Boutiquen und anderen Einrichtungen.

So trifft in Essaouira wie in Marrakesch Moderne auf Tradition. Viele Frauen tragen noch den traditionellen **Haik,** einen weißen Umhang mit schwarzem Gesichtsschleier, während europäische Touristinnen im Trägertop oder Bikini den Strand entlang flanieren. Kaum eine Stadt hat in den letzten zehn Jahren so vom Tourismus profitiert wie Essaouira und trotzdem ihren

Blick vom Hafen über die Stadtmauer

Charme bewahrt – angesichts der großen touristischen Bauprojekte und des Ausbaus zum Badezentrum fragt man sich allerdings, wie lange noch.

Geschichte

Das frühere Mogador ist wahrscheinlich nach dem Heiligen und berberischen Schutzpatron *Sidi Magdoul* (Grab am Eingang zur Stadt) benannt. Der Name könnte aber auch vom Wort *Amegdoul*, „die Wohlbehütete", abstammen.

Die Ursprünge des Hafens und Handelsplatzes gehen auf den karthagischen Admiral **Hanno** (um 465 v.Chr.) zurück, der hier einen Stützpunkt anlegte. Der Nubierkönig **Juba II.** unterhielt im 1. Jahrhundert Purpurmanufakturen. Der rötliche, von der **Purpurschnecke** gewonnene Farbstoff gab den vorgelagerten Inseln ihren Namen (Purpurinseln) und wurde zu hohen Preisen an die Römer geliefert.

Zu Beginn des 16. Jahrhunderts errichteten die Portugiesen unter König *Manuel I.* ein erstes Fort am Atlantik (1506). Sie tauften die Stadt Mogadouro. Zeitweise diente die Stadt auch Piraten als Unterschlupf.

Ihre heutige Form erhielt die Stadt erst Mitte des 18. Jahrhunderts. 1765 wurde Essaouira im Auftrag von Alaouiten-Sultan *Sidi Mohammed Ben Abdallah* und unter Mitwirkung des französischen Festungsarchitekten *Théodore Cornut* als Konkurrenzhafen zu

aga08-214 Foto: ad

Agadir und Salé erbaut. *Cornut* war ein Schüler von *Vauban,* der wiederum (u.a.) La Rochelle befestigte, die am Atlantik gelegene Partnerstadt von Essaouira. Im Gegensatz zu den anderen marokkanischen (Alt-)Städten verlaufen die Straßen schnurgerade.

Mogador wurde nach der Schließung des Hafens von Agadir (ab 1765) wichtiger **Hafen und Handelsplatz.** Zahlreiche jüdische Händler ließen sich in der Stadt nieder. Im 19. Jahrhundert beherrschte Mogador 40% des überseeischen Handels des Landes. **Karawanen** aus Timbuktu brachten Gold und Elfenbein aus dem Süden und tauschten es gegen Lederwaren, Salz und Zucker aus Marokko.

Erst im 20. Jahrhundert nahm die Bedeutung als Handelsstadt ab, als durch die französische Besetzung von Timbuktu der Saharahandel unterbrochen wurde und andere große Häfen wie Casablanca und Agadir immer mehr Konkurrenz machten.

Sehenswürdigkeiten

Wichtigste Straßen sind die Av. Oqba Ibn Nafi und deren Verlängerungen, Av. de Istiqlal sowie Rue Mohammed Zerktouni.

Bemerkenswert ist der **Uhrenturm** in der Stadtmauer an der Av. Oqba Ibn Nafi (bzw. Okba Ben Nafi). Am nördlichen Ende der Rue Mohammed Zerktouni liegt das Stadttor **Bab Doukkala.**

Im Hafen von Essaouira

Durch das Bab Doukkala oder von Südwesten entlang der Av. de l'Istiqlal erreicht man am leichtesten den lebhaften **Souk** an der Rue Mohammed Zerktouni. Hier kann man allerlei Alltagsgegenstände, Kleidung (am Souk Djedid) und Lebensmittel erstehen. Sehenswert ist der Innenhof des **Marché aux grains** (alter Getreidemarkt) mit dem netten Café Au bonheur des dames. Händler verkaufen Schmuck, Kleidung und Kunsthandwerk im Hof. Essaouira ist neben seinen Holzeinlegearbeiten (s.u.) auch für hübschen **Silberschmuck** bekannt, den Juweliere im **Souk des Bijoutiers** (nahe Rue Mohammed el Gorry) anbieten.

Am Südende der Altstadt liegt der ummauerte und von Festungstürmen flankierte **Fischereihafen,** den man durch die Port de la Marine betritt. Im Juni beginnt hier die Sardinenfischerei. Sehenswert sind der Trubel am Hafen – unter anderem die Fischauktion (meist vormittags) und das Einbringen der Netze sowie die **traditionellen Bootswerften,** die nach wie vor die blauen Holzfischerboote herstellen.

Vom Fischereihafen gelangt man über den Place Mulay Hassan und die Rue de la Sqala zu den alten **Festungsanlagen,** der **Sq(k)ala de la Kasbah.** Sie ist von Türmen flankiert und besitzt schöne, in Spanien gefertigte Bronzekanonen (Sevilla 1743). Die Westbastion kann man besteigen und über die Mauer einen Blick hinunter auf die Klippen des Atlantiks werfen.

Unterhalb der Sqala-Mauer verkaufen Künstler ihre Gemälde und Händler verschiedene **Holzeinlegearbeiten**

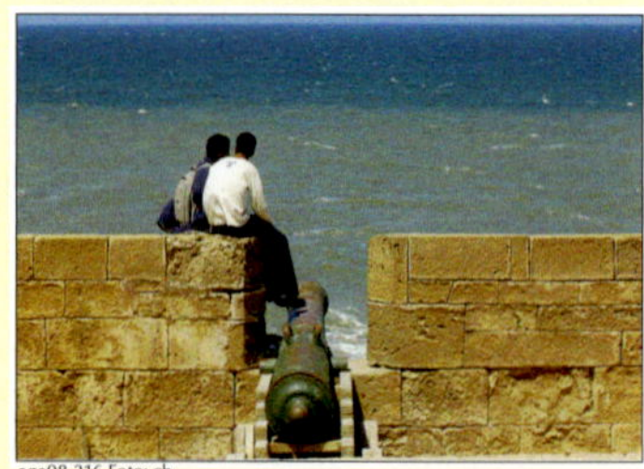
aga08-216 Foto: ch

Essaouira im Wandel

von *Norbert Schmidt*

Nein, nur nicht auf der Stelle treten. Essaouira ist und bleibt - zumal als Stadt, allein schon ihrer Lage am Meer wegen - in Bewegung. Unter anderem hat sich dort - vor Jahren schon - eine **Künstlerkolonie** mit Malern und Galerien sowie mit Musikern entwickelt. Essaouira wurde zu einem Ort mit viel (international anmutendem, Toleranz ausstrahlendem) Flair, der vor allem Individualtouristen gefallen konnte: Unabhängig von den finanziellen Möglichkeiten des Einzelnen war dies für die Gäste so etwas wie der Gegenentwurf zu Agadir.

Da war es kein Wunder, dass zunächst **in den 1970ern Aussteiger und Hippies** anlandeten - Jahrhunderte nach den frühen mediterran-atlantischen Seefahrern, nach Phöniziern, Portugiesern und Spaniern. In Essaouira wurde eben schon immer ein wenig exzentrischer gelebt, waren die Kif-Pfeifchen fester gestopft. Das ungeschriebene Gästebuch der Stadt verzeichnet Namen wie *Bob Marley, Brian Jones* samt *Rolling Stones, Jimi Hendrix* und *Jim Morrison.* Sie lebten hier oder oben in Diabat, ein paar Tage, Wochen oder Monate.

Essaouira verkörperte einen dieser auch in Europa kultivierten **Orte der Sehnsucht,** ein Platz für das Ausleben von Träumen einer kulturellen Neuorientierung, ein Relais der transkulturellen Lebensentwürfe, der alltäglichen Herausforderung - ein Schmelztiegel von Beatniks, Hippies, Künstlern, Geschäftsleuten und Abenteurer bis hin zu Sextouristen unterschiedlicher Spielart. Sie alle folgten Berbern, Arabern, Schwarzafrikanern, Juden, handelnden Europäern und Kolonialimperialisten nach.

Bob Marley, Brian Jones, Jimi Hendrix, Jim Morrison leben alle nicht mehr auf Erden, nur noch in den Herzen. Genauso wie das „alte" Essaouira. Die von Meerwinden mit so klangvollen Namen wie *Alizé* und *Taros* umwehte Stadt ist mal wieder verstärkt auf der **Suche nach einer neuen Identität.** Sie muss sich - tempora mutantur - dem Lauf der Dinge öffnen. Vergleiche gibt es zuhauf: Die älteren Semester erinnern sich an die Hippie-Insel Ibiza, die ganz „taff" Mallorca Paroli bot, an Torremolinos versus Marbella, an die Algarve der frühen Jahre. Der Feingeist weiß, welchen Weg der Pariser Existenzialisten-Stadtteil Saint-Germain nahm, nachdem dort *Juillette Gréco, Jean-Paul Sartre* und *Simone de Beauvoir* zu Ruhm gelangt waren, oder das kleine Fischerdorf Saint Tropez, nachdem sich *Brigitte Bardot* niedergelassen hatte.

Nichts ist für die Ewigkeit. Weil mittlerweile die meisten Gäste auch in Essaouira Urlauber sind und nicht mehr vor allem Reisende (vgl. *Paul Bowles,* „Thé au Sahara"/„Sheltering Sky"/„Himmel über der Wüste"), ist diese Stadt in der Entwicklung. Aus „Freak-City" wurde längst „Wind-City" oder **„Surf-City":** Essaouira ist - zusammen mit Sidi Kaouki (12 km südwärts) und Moulay Bouzerktoun (25 km nordwärts) - das „Tarifa am maghrebinischen Atlantik". Und niemand soll meinen, es gebe dort auch nur einen Tag Stillstand: Wer die Stadt nur für ein, zwei Jahre aus den Augen verliert, wird Teile von ihr nicht wieder erkennen. „Les grands projets" sind da oder werfen Schatten voraus.

In **Diabat** wachsen Golfplätze aus dem Boden, schieben Bulldozer das Gelände für den Bau von Hotels. Dahinter der vom Ex-Bürgermeister *Chabi* gebaute neue Stadtteil mit 11.000 Einwohnern. Auch in der Neustadt, in **Les Dunes,** ist das Wachsen und Gedeihen nicht zu übersehen. Ein neues Großhotel gleich neben der Provinzregierung, ein weiteres am Ortseingang.

Kaum anders in der **Medina,** die als UNESCO-Weltkulturerbe zertifiziert ist. Nahezu 40 Gästehäuser und rund 20 Hotels gibt es dort mittlerweile, einzelne in früheren Palästen, andere in charmanten Riads. Und von Jahr zu Jahr werden es mehr. Die angestammte Bevölkerung findet neuen Wohnraum in den HLM-Siedlungen jenseits des großen Boulevards.

Nicht nur im Tourismusministerium skizzieren sie **das Essaouira von morgen.** Zum Teil sind es verwegene, mithin absurde Ideen, die da zur Sprache kommen. Gottlob verworfen ist für den Moment das Vorhaben, für die professionellen Fischer weiter südwärts einen neuen Hafen zu errichten, um den angestammten Port als Yachthafen zu gestalten. Unmöglich, sagt da die konservative Seele: Hinten Weltkulturerbe – und vorn schnöde neue (Mammon-) Welt?!

Gleichwohl ist zu viel Kulturpessimismus fehl am Platz: Nach wie vor hat Essaouira diesen Liebreiz, den man schon immer schätzte. Das Geheimnis: Man darf ihn nicht suchen, man muss ihn finden.

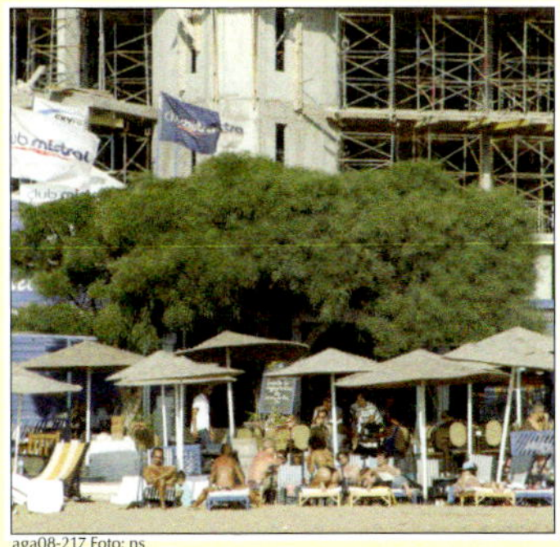

aga08-217 Foto: ns

aus Thujen- und Zitronenbaumholz, für die Essaouria bekannt ist. Die Preisvorstellungen der Händler sind häufig überhöht. In Agadir kauft man ähnliche Stücke im Supermarkt günstiger, allerdings nicht in gleicher Qualität.

An der Rue Laâlouj, die ebenfalls zur alten Festung führt, liegt das kleine **Volkskunstmuseum Sidi Mohammed Ben Abdallah,** Tel. 0524 47 23 00. Im 1. Stock des Museums sind Silberarbeiten, Waffen und Bilder der Stadt zu bewundern. Im Erdgeschoss findet man eine schöne Sammlung alter Musikinstrumente und eine Ausstellung über die Musikgeschichte der verschiedenen Stämme, vor allem der **Gnaoua,** deren ekstatische Tänze aus Westafrika stammen und durch ihre Ähnlichkeit zum Voodookult besonders bekannt sind. Die Gnaoua-Musik hat im volkstümlichen Glauben die Kraft, Krankheiten zu heilen und „baraka" zu übertragen. Das **Al-Qacha-Viertel** zwischen Sqala und Rue d'Oujda ist das Zentrum der Gnaoua-Musiker. Wer Glück hat, kann sie beim Musizieren und Tanzen beobachten (Vorsicht beim Fotografieren, vorher fragen!). Wer möchte, kann in Essaouira auch lernen, eines der traditionellen Instrumente zu spielen.

Am Nordrand der Medina (nördlich der Av. Mohammed Zerktouni) befindet sich die **Mellah,** das alte Judenviertel. Beim Bummel durch die Gassen zeigt sich die Stadt ganz anders als im touristischen Bereich um den Place Mulay Hassan. Viele der alten Häuser und schönen Torbögen verfallen, in den Ruinen sammelt sich der Müll.

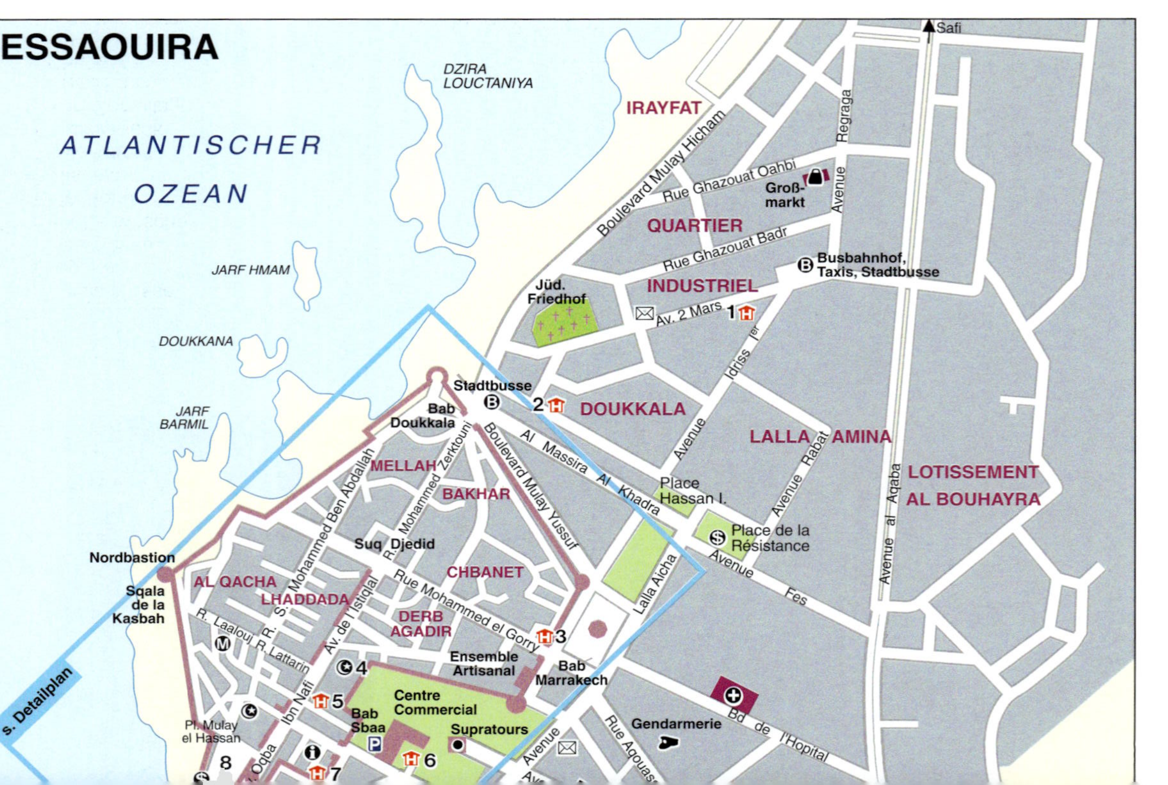
ESSAOUIRA
DZIRA
LOUCTANIYA
ATLANTISCHER
OZEAN
JARF HMAM
DOUKKANA
JARF
BARMIL
IRAYFAT
Safi
Boulevard Mulay Hicham
Rue Ghazouat Oahbi
Groß-
markt
Avenue Regraga
QUARTIER
Rue Ghazouat Badr
Busbahnhof,
Taxis, Stadtbusse
INDUSTRIEL
Jüd.
Friedhof
Av. 2 Mars
1
Idriss 1er
Stadtbusse
2
DOUKKALA
Bab
Doukkala
LALLA AMINA
Avenue Rabat
Avenue al Aqaba
LOTISSEMENT
AL BOUHAYRA
MELLAH
Mohammed Zerktouni
Boulevard Mulay Yussuf
Al Massira Al Khadra
Place
Hassan I.
BAKHAR
Place de la
Résistance
Avenue Fes
Suq Djedid
Nordbastion
CHBANET
Lalla Aicha
AL QACHA
Sqala
de la
Kasbah
LHADDADA
Mohammed Ben Abdallah
Av. de l'Istiqlal
Rue Mohammed el Gorry
3
DERB
AGADIR
R. Laalouj
R. Lattarin
4
Ensemble
Artisanal
Bab
Marrakech
5
Ibn Nafi
Centre
Commercial
Bab
Sbaa
Supratours
Gendarmerie
Bd de l'Hopital
Rue Aqouass
Pl. Mulay
el Hassan
Oqba
8
6
7
Avenue
s. Detailplan

Dzira Srira
Fischer-hafen
ATLANTISCHER OZEAN
Strand
Promenade
Boulevard Mohammed V.
Bd Mohammed V.
LOTISSEMENT AL AMAL
Schule
Rue P. Lalla Amina
QUARTIER ADMINISTRATIV
R. d. A. Lalla Hasna
R. Mulay Ali Scherif
QUARTIER DES DUNES
Province
Rue Lalla Maryiem
nach Marrakesch, Safi (entlang der Küste), 21, 22
nach Agadir, Safi, Marrakesch, Diabat und Sidi Kaouki, Camping
N
200 m
1 Palais d'Essaouira
2 Argana
3 Heure Bleu
4 Große Moschee
5 Méchouar
6 des Iles
7 Villa Maroc
8 Jack's Kiosk
9 Port Coquillage
10 Chez Sam
11 Chalet de la Plage
12 Sofitel Mogador
13 Supermarkt Fath
14 Vent de Dunes
15 Al Jasira
16 La Vague
17 Atlas
18 Ocean Vagabond + Club Mistral
19 Riad Zahra
20 Villa Quieta
21 Ryad Mogador
22 Ibis

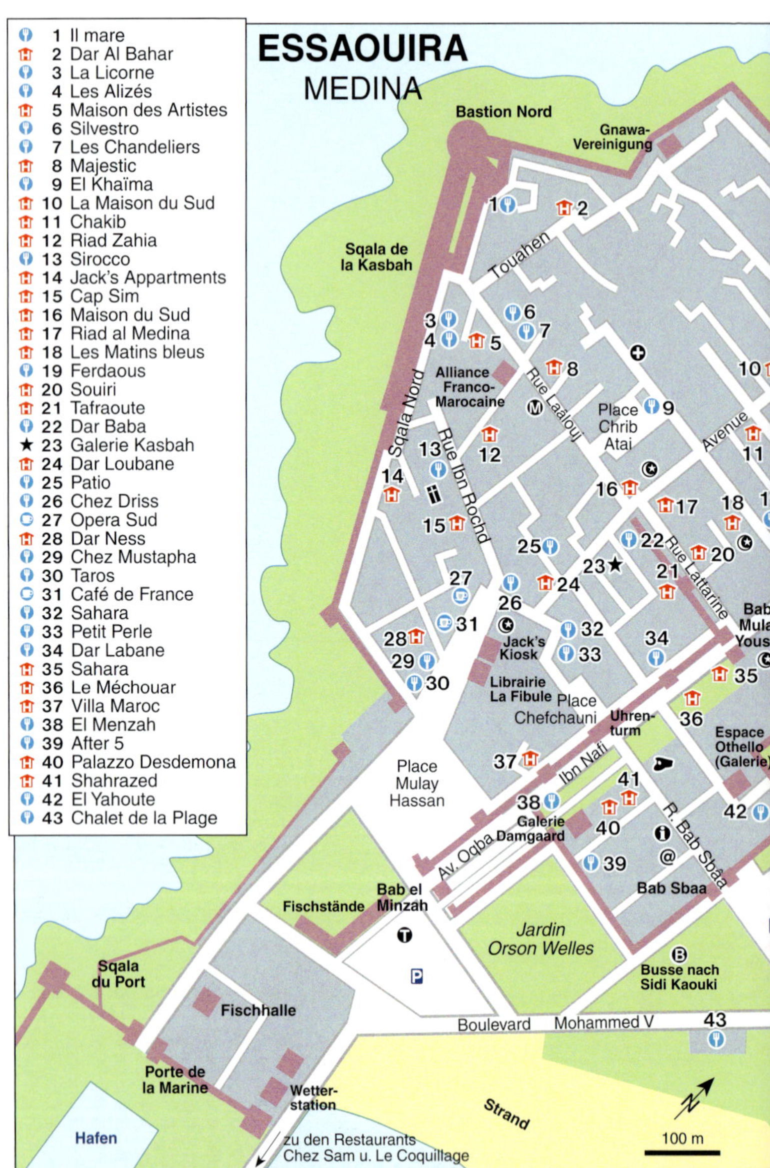
1 Il mare
2 Dar Al Bahar
3 La Licorne
4 Les Alizés
5 Maison des Artistes
6 Silvestro
7 Les Chandeliers
8 Majestic
9 El Khaïma
10 La Maison du Sud
11 Chakib
12 Riad Zahia
13 Sirocco
14 Jack's Appartments
15 Cap Sim
16 Maison du Sud
17 Riad al Medina
18 Les Matins bleus
19 Ferdaous
20 Souiri
21 Tafraoute
22 Dar Baba
23 Galerie Kasbah
24 Dar Loubane
25 Patio
26 Chez Driss
27 Opera Sud
28 Dar Ness
29 Chez Mustapha
30 Taros
31 Café de France
32 Sahara
33 Petit Perle
34 Dar Labane
35 Sahara
36 Le Méchouar
37 Villa Maroc
38 El Menzah
39 After 5
40 Palazzo Desdemona
41 Shahrazed
42 El Yahoute
43 Chalet de la Plage
ESSAOUIRA
MEDINA
Bastion Nord
Gnawa-Vereinigung
Sqala de la Kasbah
Touahen
Alliance Franco-Marocaine
Rue Laâlouj
Place Chrib Atai
Avenue
Sqala Nord
Rue Ibn Rochd
Rue Lattarine
Bab Mula Yous
Jack's Kiosk
Librairie La Fibule
Place Chefchauni
Uhrenturm
Espace Othello (Galerie)
Place Mulay Hassan
Ibn Nafi
Galerie Damgaard
R. Bab Sbâa
Av. Oqba
Bab el Minzah
Bab Sbaa
Fischstände
Jardin Orson Welles
Busse nach Sidi Kaouki
Sqala du Port
Fischhalle
Boulevard Mohammed V
Porte de la Marine
Wetterstation
Strand
Hafen
zu den Restaurants Chez Sam u. Le Coquillage
100 m

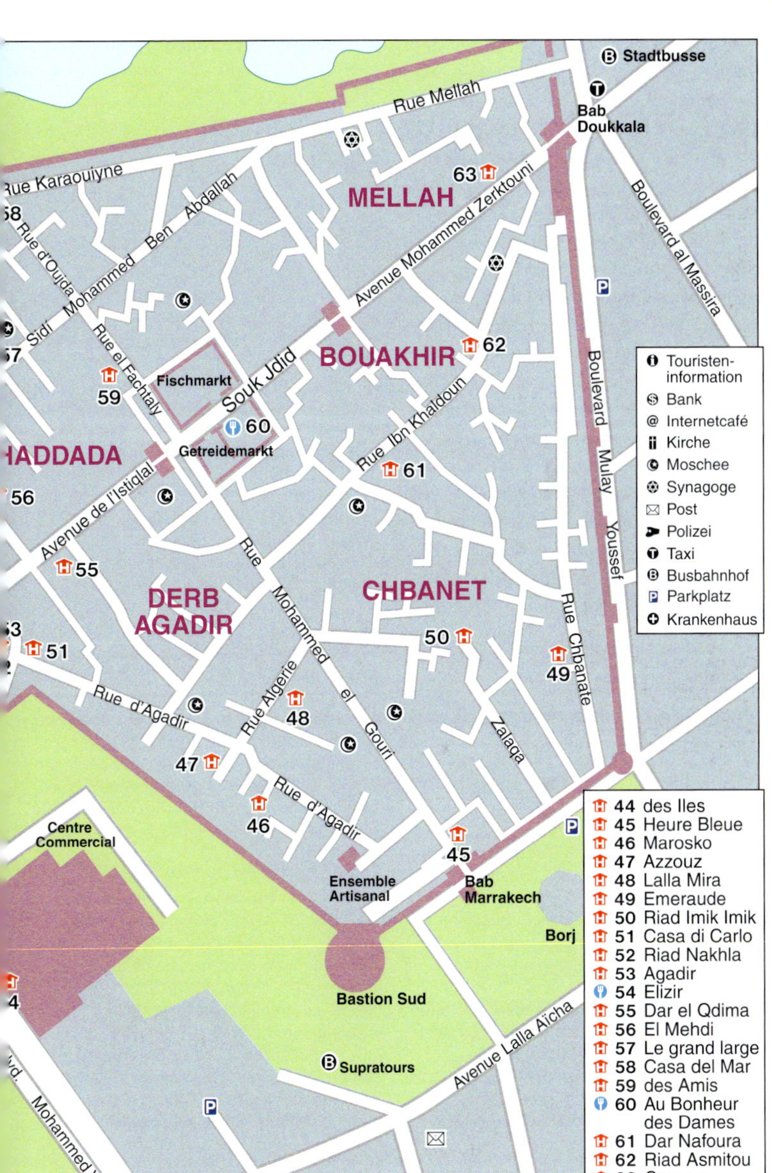
Stadtbusse
Bab Doukkala
Rue Mellah
Rue Karaouiyne
MELLAH
63
Avenue Mohammed Zerktouni
Sidi Mohammed Ben Abdallah
Rue d'Oujda
Boulevard al Massira
Rue el Fachtaly
Fischmarkt
59
Souk Jdid
BOUAKHIR
62
Rue Ibn Khaldoun
60
Getreidemarkt
HADDADA
Avenue de l'Istiqlal
56
61
Boulevard Mulay Youssef
55
DERB AGADIR
Rue Mohammed el Gouri
CHBANET
50
Rue Chbanate
49
51
Rue d'Agadir
Rue Algerie
48
Zalaqa
47
46
Rue d'Agadir
45
Centre Commercial
Ensemble Artisanal
Bab Marrakech
Borj
Bastion Sud
Supratours
Avenue Lalla Aïcha
Bd. Mohammed V
Touristen-information
Bank
Internetcafé
Kirche
Moschee
Synagoge
Post
Polizei
Taxi
Busbahnhof
Parkplatz
Krankenhaus
44 des Iles
45 Heure Bleue
46 Marosko
47 Azzouz
48 Lalla Mira
49 Emeraude
50 Riad Imik Imik
51 Casa di Carlo
52 Riad Nakhla
53 Agadir
54 Elizir
55 Dar el Qdima
56 El Mehdi
57 Le grand large
58 Casa del Mar
59 des Amis
60 Au Bonheur des Dames
61 Dar Nafoura
62 Riad Asmitou
63 Gnaoua

In der ganzen Medina haben sich zahlreiche Galerien angesiedelt. Am bekanntesten ist die **Galerie Van Damgaard** in der Rue Oqba Ibn Nafi, in der zahlreiche bekannte Künstler aus der Stadt und aus ganz Marokko ihre Bilder und Skulpturen ausstellen.

Eine kleine Galerie mit ansprechenden und günstigen Bildern, auch von nicht so bekannten Künstlern, ist die **Galerie Kasbah** von *Attar Kabir* in der Rue Tétouan (vgl. Einkaufen/Galerien). In den Seitenräumen befinden sich die Künstlerwerkstatt und Verkaufsausstellungen von Bildern, Holzskulpturen, Keramik, Teppichen, Messing.

Außerhalb der Altstadt führt der **Bd Mohammed V.** als breite Avenue am langen Strand entlang. An der **Strandpromenade** laden Cafés und Restaurants zum Verweilen ein. Badeurlauber können Liegen und Sonnenschirme mieten (25 DH/Tag). Die häufig **starke** (und kühle) **Brise** verleidet jedoch einen längeren Strandaufenthalt und zieht eher Surfer als Badende an.

Touristeninformation

- **Syndicat d'Initiative de Tourisme,** 10, Rue du Caire, beim Bab es Sbaa und in der Nähe des Uhrenturms, Tel. 0524 78 35 32, info@mogador-essaouira.com. Viele nützliche Informationen an der Pinnwand: Sportangebot, Adressen, Bus- und Zugfahrplan. Mittags 2–3 Std. geschlossen.
- Offizielle Internetseite der Stadt mit Infos zu Geschichte, Sehenswürdigkeiten, Hotels usw.: **www.mogador-essaouira.com.**
- Sehr informative Seiten über Essaouira, u.a. mit empfehlenswerten Hotels und Riads, sind **www.essaouiranet.com** (auch deutsch). Info-Tel. (*Patrick* oder *Kabira*): 0524 47 34 61 oder service@essaouiranet.com.
- Das **Magazin „Le Guido"** enthält diverse nützliche touristische Informationen zu Essaouira: www.leguido.com.

Unterkunft

Wie in Marrakesch schießen in Essaouira die privaten Gästehäuser *(Maisons d'Hôtes)* geradezu aus dem Boden. Auch die klassifizierten Hotels, vor allem im Luxussegment, nehmen stetig zu. Wie in den meisten Städten ist auch die Medina von Essaouira nicht mit dem Fahrzeug zugänglich. Am unbeschwerlichsten ist es, bei Ankunft kurz beim Hotel anzurufen, um sich mit dem Gepäck (Transport in Handkarren) abholen und zum Haus führen zu lassen.

In Diabat (vgl. unten) entsteht das touristische Mammutprojekt **Mogador Essaouira** mit mehreren Luxushotels. Dort befindet sich schon seit 2007 eine riesige Baustelle (Datum der Fertigstellung ungewiss).

Im Folgenden wird nur eine Auswahl an Hotels und Gästehäusern genannt.

Klassifizierte Hotels

- **Atlas Essaouira & Spa*******, Bd Mohammed V., Tel. 0524 47 99 99, www.hotelsatlas.com. Neues, sehr modernes Luxushotel der Atlas-Kette mit allen Finessen, etwas weiter entfernt von der Medina, dafür direkt am Strand. Schöner Pool, großer Spa-Bereich, mehrere Restaurants, 156 Zimmer mit Blick zum Garten oder Meer. DZ mit Frühstücksbuffet €€€€.
- **Heure Bleue Palais*******, 2, Rue Ibn Battouta, neben Bab Marrakech in der Medina, Tel. 0524 78 34 34, www.heure-bleue.com. Eines der besten Hotels am Platz in einem aufwendig renovierten, stilvoll gestalteten Stadtpalast aus dem 19. Jh. Das Gästehaus hat 35 auf drei Stockwerke verteilte Zimmer und Suiten mit DVD-Player und WLAN (z.T. mit Kamin), ein Hammam, Wellnessprogramm und ein marokkanisches Gourmet-Restaurant (Menü 500 DH). Im Restaurant und Patio brennt im Winter ein Kaminfeuer. Letzter Schrei ist der Pool auf dem Dach. DZ ab 300 Euro mit hervorragendem Frühstücks-

buffet (mit marokkanischem Gebäck) – teuer, aber seinen Preis wert.

•**Sofitel Thalasso Mogador*******, Bd Mohammed V., Tel. 0524 47 90 00, www.sofitel.com. Direkt an der Strandpromenade gelegenes Luxushotel, das keine Wünsche offen lässt: 117 Zimmer mit AC und Balkon, Garten, beheizter Pool, Thalassotherapie-Zentrum. DZ €€€€ bis €€€€€.

•**Hotel des Îles******, Bd Mohammed V., Tel. 0524 78 36 36, www.hotel-des-iles.com. Saubere Zimmer mit TV, Heizung und z.T. Meerblick im Hauptgebäude, größere und innen recht hübsch ausgestattete Bungalows mit Terrasse in um den Pool gruppierten, hässlichen Betonbauten. Parken direkt vor dem eigenen Bungalow möglich. Poolbenutzung für Nicht-Gäste möglich (75 DH). Das Hotel existiert seit 1948 und war einmal das beste Haus am Platz, heute ist es zu teuer für das Gebotene. DZ €€€€.

•**Ryad Mogador******, Route de Marrakech (vor der Stadt rechts in Richtung Safi), Tel. 0524 78 35 55, www.ryadmogador.com. Sehr schönes Hotel der Luxusklasse im Grünen mit Tennisplätzen, Pool, Reitanlage um die Ecke. DZ €€€€.

•**Al Jasira*****, 18, Rue Hubble-Ali Cherif, Quartier des Dunes (ausgeschildert), Tel. 0524 47 59 56, www.aljasirahotel-mogador.com. Traditionell gestaltetes, empfehlenswertes Hotel ca. 250 m vom Strand und 15 Min. vom Stadtzentrum entfernt, mit 32 sehr sauberen und hübschen Zimmern sowie sieben kleinen Suiten mit europäischem Komfort. Hübscher Pool, Dachterrasse und Terrasse im EG, Restaurant (nur mittags), sehr freundlich. €€€€ inkl. Frühstück.

•**Ibis*****, Route de Marrakech, an der Straße Richtung Casablanca/Safi/Marrakesch neben der Afriquia-Tankstelle, Tel. 0524 47 92 80, www.ibishotel.com. Das Hotel liegt sehr ruhig am Stadtrand, nah am Strand, aber recht weit von der Medina (ca. 25 Min. zu Fuß) entfernt. 151 gut ausgestattete Zimmer mit Bad, TV, Telefon und WLAN, Restaurant mit mediterraner Küche, schöner Pool. DZ €€€€, gutes Preis-Leistungs-Verhältnis!

•**Riad Al Madina*****, 9, Rue Attarine (vom Uhrenturm Richtung Medina, dann rechter Hand), Tel. 0524 47 59 07, Tel./Fax 0524 47 66 95, www.riadalmadina.com. Sehr stilvolles Hotel in einer ehemaligen Pascharesidenz aus dem 18. Jahrhundert mit hübschen, jedoch relativ kleinen Zimmern. Im Innenhof mit Pflanzen und Springbrunnen befindet sich das Restaurant. Im ehemaligen Hotel Pascha haben schon die Rock- und Popgrößen *Janis Joplin, Mick Jagger, Jimi Hendrix* und *Leonard Cohen* residiert. DZ inkl. Frühstück €€€€.

•**Riad Zahra*****, 90, Quartier des Dunes, Tel. 0524 47 48 22, www.riadzahra.com. Gästehaus (kanadische Führung) nahe der Dünen am Strand mit 23 sehr geschmackvoll eingerichteten, sehr sauberen Zimmern mit Bad und TV, Dachterrasse mit Blick über die Dünen und Pool. DZ €€€.

•**Emeraude****, 228, Rue Chbanate (beim kleinen Tor am Bab Marrakech), Tel./Fax 0524 47 34 94, www.essaouirahotel.com. Sehr schönes Hotel unter französischer Leitung in einem Stadthaus aus dem 18. Jh. (5 Min. vom Strand, 50 m vom Bab Marrakech). Die zwölf Zimmer gruppieren sich um den Innenhof, von der Dachterrasse bietet sich eine herrliche Aussicht. Im Restaurant wird original Souiri-Essen serviert. DZ mit Frühstück €€€.

•**Le Mechouar****, Av. Oqba ibn Nafi, neben Hotel Sahara, Tel. 0524 47 58 28, www.lemechouar.com. Traditionshotel (seit 1925) in zentraler Lage in der Medina, freundliches Personal, schickes Restaurant, Panoramaterrasse, schön eingerichtete, aber stickige Zimmer (Fenster zum Flur). Der Pub Le Corner im Erdgeschoss ist sehr beliebt (Alkoholausschank), daher evtl. laute Musikbeschallung bis frühmorgens. DZ mit Bad und TV €€, Suite (3 oder 4 Pers.) €€€.

•**Riad Nakhla****, 2, Rue d'Agadir (Nebenstraße der Av. L'Istiqlal, nahe Uhrenturm und Souk Djedid, direkt neben der Moschee), Tel./Fax 0524 47 49 40, www.essaouiranet.com/riad-nakhla. 18 gemütliche Zimmer mit Bad in einem sehr schönen Stadthaus aus dem 18. Jh. (mit Dachterrasse). Ein Führer wird vom Hotel umsonst gestellt; der englisch sprechende Manager hilft auch gerne bei der Vermittlung von Ausflügen. DZ €€, 3er-Zimmer €€€, große Suite €€€A, gutes Preis-Leistungs-Verhältnis!

• **Sahara****, Av. Oqba Ibn Nafi, Tel. 0524 47 52 92, www.essaouirariad.com/hotelsahara. Einfaches, sauberes Travellerhotel – die billigeren Zimmer gehen auf den Innenhof hinaus (€A bis €€), die teureren Zimmer haben Fenster nach außen (€€ bis €€A mit Bad/WC, je nach Saison). Manchmal laute Musikbeschallung von der Bar nebenan.

• **Cap Sim***, 11, Rue Ibn Rochd, Tel./Fax 0524 78 58 34. Empfehlenswertes, sehr sauberes und bei Travellern beliebtes Hotel mit netter Einrichtung und Panoramaterrasse. (Etwas kleine) DZ ohne Bad €, mit Bad €€ inkl. Frühstück. Kreditkarten werden akzeptiert.

• **Souiri***, 37, Rue Lattarine, Tel./Fax 0524 47 53 39, www.hotelsouiri.com. Freundliches, ruhiges und empfehlenswertes Hotel mit 36 auf drei Etagen verteilten, sauberen Zimmern und Panoramaterrasse. DZ mit Bad €€A, DZ ohne Bad (Etagendusche) €€, auch 3er-Zimmer mit/ohne Bad und ein Apartment mit zwei Zimmern und Küche.

• **Tafraoute***, 7, Rue de Marrakech, Tel. 0524 47 62 76, www.hoteltafraout.com. Sehr zentral in der Medina gelegenes, traditionell gestaltetes, einfaches und sauberes Gästehaus in einem Riad. DZ mit Dusche/WC €€€€.

Maisons d'Hôtes

Ausgewählte Gästehäuser in alphabetischer Reihenfolge:

• **Azzouz 7,** 7, Moulay Azzouz, Tel. 0524 47 28 50, www.azzouz7.net. Sieben hübsch dekorierte und saubere Zimmer mit Tadelakt-Bad, Dachterrasse mit Meerblick. Die junge Hausdame *Lamya* kümmert sich liebevoll um die Gäste. DZ €€€€.

• **Dar al Bahar,** 1, Rue de Touahen, in der Medina an der Stadtmauer zum Atlantik, Tel. 0524 47 68 31, www.daralbahar.com. Kleines, blitzsauberes, stilvoll renoviertes Altstadthaus mit schöner Dachterrasse und freundlichem Personal. Das „Haus am Meer" wird vom niederländisch-französischen Ehepaar *Lise* und *Jean-Claude* betrieben. DZ teilweise mit Meerblick, €€€ bis €€€€B inkl. gutem Frühstück.

• **Dar el Qdima,** 4, Rue Malek Ben Rahal (Seitenstraße der Av. L'Istiqlal), Tel./Fax 0524 47 38 58, www.darqdima.com. Die Räume in diesem alten Stadthaus haben ein zauberhaftes Interieur mit Tadlakt-Badezimmern und Zelliges. Außerdem gibt es eine herrliche Dachterrasse, das Personal ist sehr freundlich. Einer der Besitzer spricht deutsch. DZ €€€, sehr gutes Preis-Leistungsverhältnis

• **Dar Nafoura,** 30, Rue Ibn Khaldoun, zwischen Bouakhir und Chbanet-Viertel, gleich hinterm Souk, Tel. 0524 47 28 55, www.darnafoura.com. Die Bretonen *Sylvie* und *Jackie Renan* haben stets das Wohl der Gäste im Auge und sorgen für eine familiäre Atmosphäre in diesem empfehlenswerten Haus mit nur acht Zimmern unterschiedlicher Größe. Marokkanisches oder französisches Diner auf Anfrage. *Jackie* fuhr früher zur See und war dafür verantwortlich, dass bis zu 400 Gäste nicht einfach nur satt wurden. DZ €€€ inkl. Frühstück.

• **Dar Ness,** 1, Rue Khalid ben Walid, Tel. 0524 47 68 04, www.darness-essaouira.com. Dieser Riad unter französischer Leitung und mit angenehmer, persönlicher Atmosphäre liegt zentral direkt am Place Mulay el Hassan, Die auf drei Stockwerke verteilten Zimmer sind hell gestaltet, es gibt eine Dachterrasse. DZ €€€€B inkl. Frühstück.

• **La Casa del Mar,** 35, Rue d'Oujda, Tel./Fax 0524 47 50 91, Mobil 0668 94 38 39, www.lacasa-delmar.com. Mitten in der Medina überragt das schöne Haus die alte Stadtmauer. Es wurde liebevoll im mediterranen Ambiente von einem jungen Paar aus Mallorca ausgestattet. Von der Sonnenterrasse bietet sich ein wunderschöner Blick aufs Meer. Essen auf der Terrasse oder im Salon am gemütlichen Kaminfeuer. Organisation von diversen Aktivitäten möglich: Quad-, KTM- und 4x4-Ausflüge, Fahrradverleih, Kamelreiten, geführte Wanderungen, Surf-Ausrüstung zu mieten. €€€€€ (Preis saisonabhängig), Menü 150 DH.

• **Lalla Mira,** 14, Rue d'Algérie, Tel. 0524 47 50 46, www.lallamira.ma. Sehr empfehlenswertes, in freundlichen Farben gestaltetes „Bio-Hotel" der Deutschen *Feli Christ.* Das Haus liegt neben dem ältesten **Hammam** der Stadt, Lalla Mira, das Frau *Christ* sehr schön renoviert hat. Die Übernachtung kann also ideal mit einem Badbesuch verbunden werden (für Gäste freier Eintritt, tagsüber für

Frauen, ab 19 Uhr für Männer geöffnet). Das Personal kümmert sich liebenswürdig um die Gäste. Gutes Restaurant mit Gerichten aus lokalen Produkten (auch für Vegetarier und Vollwertköstler). Auf dem Dach gibt es eine kleine windgeschützte Terrasse und eine Sonnenterrasse mit Aussicht. Komfortable DZ oder Mini-Suite mit reichhaltigem (und gesundem) Frühstück €€€ bis €€€€B.

• **La Maison des Artistes,** 19, Rue Laâlouj, an der Sqala, Tel. 0524 47 57 99, Mobil 0662 60 54 38, www.lamaisondesartistes.com. Sehr schön gestaltete Zimmer zu unterschiedlichen Preisen (€€€A bis €€€€) mit Blick zur Terrasse, zum Patio oder zum Meer. Es herrscht eine angenehme und einladende Atmosphäre, WIFI im ganzen Haus.

• **La Vague Ocean Bleu,** 67, Moulay Ali Cherif, Quartier des Dunes (nahe Hotel Al Jasira und Vent des Dunes, 15 Min. zur Medina, nah am Strand), Tel./Fax 0524 47 23 24, www.essaouiranet.com/vague-ocean-bleu. Elf einfach ausgestattete, hübsche DZ €€, auch 3er- und 4er-Zimmer, mit HP plus 80 DH/Pers., Frühstück 25 DH. Bewachter Parkplatz und Lagerraum für Surf-Ausrüstung.

• **Les Matins Bleus,** 22, Rue de Drâa, Tel./Fax 0524 78 53 63, www.les-matins-bleus.com. Etwas versteckt und ruhig mitten in der Medina gelegenes Familienhaus, das von (u.a.) deutsch und englisch sprechenden Brüdern betrieben wird. Offener Innenhof mit zwei Stockwerken, auch Zimmer auf der Dachterrasse. Ausgesprochen positive Leserresonanz: sehr freundlich, hilfsbereit und sauber, gutes Essen. DZ €€€ mit Bad und Frühstück, Suite für 2 Personen €€€€B.

• **Maison du Sud,** 29, Av. Sidi Mohammed Ben Abdellah, Tel. 0524 47 41 41, www.maisondusud.net. Schönes, stilvolles Gästehaus mit vielen Topfpflanzen in zwei miteinander verbundenen Riads aus dem 18. Jh. Die unterschiedlich gestalteten, geräumigen Zimmer mit kleinem Salon und Tadelakt-Bad gruppieren sich auf mehreren Etagen um den hellen Innenhof (auch Familienzimmer für 4 Pers.). Auf der Dachterrasse kann man gemütlich im Nomadenzelt sitzen. Abendessen im Restaurant nach Vorbestellung, Menü 120 DH, kein Alkohol. Das Haus ist größer und etwas unpersönlicher als andere Riads, aber freundlich und empfehlenswert. DZ €€€€B, Leser dieses Buches erhalten 15% Rabatt!

• **Palazzo Desdemona,** 12–14, Rue Youssef al-Fassi, Tel. 0524 47 22 27, www.palazzo-desdemona.com. Zwei Stadthäuser aus dem 18. Jh. wurden zu einem edlen Riad mit Villencharakter verbunden. Es gibt 15 Zimmer/Suiten mit Kamin und Terrasse, DZ €€€€.

• **Résidence El Mehdi,** 15, Rue Sidi Abdessamih, Tel./Fax 0524 47 59 43, www.residence-elmehdi.com. Sehr schön renoviertes und ausgestattetes Stadthaus aus dem 19. Jh. mit Restaurant und Bar im Innenhof. Menü 100 DH. DZ €€€B inkl. Frühstück.

• **Riad Asmitou,** 33, Rue Bagdad/Ecke Rue Ibn Khaldoun, schräg gegenüber von Dar Nafoura (s.u.), Tel. 0524 47 37 26, Mobil 0661 08 22 81, www.riadasmitou.com. Die franz. „Sirocco"-Seniorchefin *Annie Garnier* und *Solange Barroux* haben ein exzellent ausgebautes und eingerichtetes Gästehaus eröffnet. Das Haus setzt auf Qualität und Charme:

aga08-225 Foto: ch

Eingang zum „Bio-Hotel" Lalla Mira

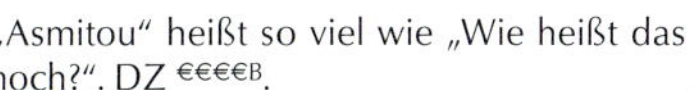

„Asmitou" heißt so viel wie „Wie heißt das noch?". DZ €€€€B.

- **Riad al Zahia,** 4, Rue Mohammed Diouri, Tel. 0524 47 35 81, www.riadalzahia.com. Schöner Riad (sechs Zimmer, zwei Suiten bis 4 Pers.) mitten in der Altstadt, nahe der Sqala und des Museums. WIFI im Haus. DZ mit Frühstück ab €€€€ (saisonabhängig).
- **Riad Imik Imik,** 25, Rue Zalaqa, in einer Sackgasse hinter L'Heure Bleue, Tel. 0524 47 69 47 oder Mobil 0672 04 61 67, www.riadimikimik.com. Die deutsche Eigentümerin *Britta Lüders* kümmert sich persönlich und engagiert um die Gäste in ihrem kleinen Riad in ruhiger und günstiger Lage nahe des Bab Marrakech (Haltestelle der Supratours-Busse). Die unterschiedlich gestalteten Zimmer mit Bad, kleiner Sitzecke und Tadelakt-Wänden verteilen sich auf zwei Etagen um den Innenhof (Fenster zum Hof oder zur Gasse). Auf der Dachterrasse kann man in der Hängematte relaxen. DZ (je nach Größe) €€€€€ inkl. Frühstück.
- **Riad Le Grand Large,** 2, Rue Oum Errabia (die erste große Gasse vom Platz Mulay el Hassan durch die Altstadt), Tel./Fax 0524 47 28 66, www.riadlegrandlarge.com. Sehr schönes familiäres Hotel in einem alten Stadthaus mit zehn Zimmern auf drei Etagen, Dachterrasse mit Blick, traditionell und sehr stilvoll gestaltet, Restaurant mit Pizza/marokkanischer/französischer Küche, gemütliche Zimmer mit WC/Bad, sehr sauber und freundlich. Direkt nebenan Hammam Mounia. Zimmer/Suite (bis 4 Pers.) inkl. Frühstück €€€ bis €€€€B.
- **Riad Marosko,** 66, Impasse Rue d'Agadir, Tel. 0524 47 54 09, www.riad-marosko.com. Schönes Haus mit Sonnenterrasse und Blick auf die Bucht von Essaouira. Sehr nette und gastfreundliche Betreiber aus der Bretagne. Sieben Minisuiten für bis zu 5 Personen, €€€A bis €€€€B.

Im Riad Al Madina lässt es sich gut aushalten

- **Vent des Dunes – Villa Sarah,** Villa 20, Quartier des Dunes (etwas außerhalb, nahe Hotel Al Jasira), Tel./Fax 0524 47 53 91, www.essaouiranet.com/ventdesdunes. In einer schönen alten Privatvilla, jedes Zimmer im marokkanischen Stil mit Bad und TV, Garten, Frühstück und Abendessen im Berberzelt, sehr ruhige Lage. Meerblick von der Dachterrasse. Bewachter Parkplatz und Garage für Sportgeräte (Windsurfer). DZ inkl. Frühstück im Vent des Dunes €€€B. Elf sehr geräumige Apartments in der Villa Sarah mit Kochecke, Badezimmer, Salon und Schlafzimmer, €€€.
- **Villa Maroc,** 10, Rue Abdellah Ben Yassine, Tel. 0524 47 31 47, www.villa-maroc.com. Ältestes und bekanntestes Gästehaus der Stadt, wunderschön in drei Medinahäusern aus dem 18. Jh. untergebracht. Die sehr schön traditionell gestalteten Zimmer (12 DZ, 5 Minisuiten, 4 Suiten für bis zu 4 Pers.) verteilen sich um den Innenhof mit Pflanzen und Vögeln auf verschiedenen Stockwerken. Mehrere Salons mit Kamin, Abendessen bei Kerzenlicht (sehr gut, kein Lunch). Wunderbare Dachterrasse mit Blick aufs Meer und den Hafen. Reservierung sinnvoll, da meist ausgebucht. Besitzer sind *Cornelia Hendry* (Schweizerin) und *Abderrahim Ezzaher.* Parken nur außerhalb am bewachten Parkplatz vor dem Hafen. DZ/Suite €€€€ bis €€€€€ mit üppigem Frühstück auf dem Dach.
- **Villa Quieta,** 86, Bd Mohammed V., Tel. 0524 78 50 04/5, www.villa-quieta.com. An der Stadteinfahrt gleich nach dem ersten Kreisverkehr rechts in eine kleine Straße abbiegen, dort ca. 100 m linker Hand. Das palastartige Gebäude mit einem stuckverzierten Salon mit Springbrunnen hat neben den zwölf DZ und zwei Suiten (mit wertvollen Eisenholzmöbeln) noch schöne Aufenthaltszimmer, manche mit Kamin, und eine Dachterrasse mit Liegestühlen und Meeresblick. Von hier sind es nur wenige Meter bis zum Strand und ca. 20 Min. zu Fuß zur Altstadt. Mietwagen und Exkursionen können organisiert werden. Sehr nette Betreuung der Gäste, WLAN, Parkplätze vor dem Haus. Individuell gestaltete, geräumige, aber schon etwas angestaubte DZ €€€€A inkl. üppigem Frühstück mit Gebäck und frischem Obst.

Unklassifizierte Hotels

●**Agadir,** 4, Rue Agadir, Tel. 0524 47 51 26, hotel.agadir@gmail.com, vom Hotel Mechouar kommend nach der Moschee in der ersten Seitengasse rechts. Einfaches Hotel in einem alten Hofhaus, die Zimmer (z.T. ohne Fenster) mit Etagenduschen sind schon recht abgewohnt, aber ordentlich und sauber. DZ mit Fenster €B, auf dem Dach ½€, warme Dusche 5 DH.

●**Casa di Carlo,** 17, Rue d'Agadir, Tel. 0524 78 36 85. Mit lokalem Kunsthandwerk eingerichtetes, sauberes Medinahaus, Zimmer auf drei Etagen, kleine Kunstgalerie im Erdgeschoss, freundliches Personal, reichhaltiges und günstiges Frühstück. Einfach, aber originell und vor allem für junge Traveller mit kleinem Budget sehr empfehlenswert! DZ € bis €€A (je nach Saison), Etagenduschen.

●**Chakib,** 2, Rue Abdesmih, Tel. 0524 47 52 91. Schöne, einfache Zimmer, direkt vor der Haustür liegt ein Frauen-Hammam. Die besten Zimmer liegen in der obersten Etage. ½€.

●**Gnaoua,** 89, Av. Zerktouni, Tel. 0524 47 52 34, beim Bab Doukkala. Neueres Haus mit hübschen, sauberen Zimmern mit Bad und z.T. mit Balkon. Einige Zimmer zum Innenhof sind etwas düster. DZ €€ bis €€€.

●**Hotel des Amis,** 24, Rue el Fachtali, Tel. 0524 47 27 70. Einfaches Hotel in der Medina, Dachterrasse mit schöner Aussicht. DZ ohne Bad ½€.

●**Majestic,** 40, Rue Laâlouj, Tel. 0524 47 49 09. Sehr ruhig und freundlich, Sanitäranlagen mäßig sauber, toller Blick von der Dachterrasse. DZ ohne Bad €, kein Frühstück.

●**Palais d'Essaouira,** 5, Av. 2 Mars (ggü. des hinteren Ausgangs des Busbahnhofs), Fax 0524 47 23 87, www.al-bab.com/hotelpalais. Einfache preiswerte Zimmer mit dicken Wolldecken für den Winter, sehr freundlich, 2-Sterne-Standard. DZ mit Bad €€, ab der zweiten Nacht günstiger.

●**Shahrazed,** 1, Rue Yussuf el Fassi, Tel. 0524 47 29 77, Fax 0524 47 64 36, hotelshahrazed @yahoo.fr. Günstig direkt am Bab Sbaa gelegen. Die großen Zimmer sind zur Straße hin laut, die Duschen nicht immer warm, aber das Personal ist freundlich. DZ mit Bad/WC €€, Zimmer für 4–5 Pers. €€€.

Hotels und Maisons d'Hôtes außerhalb der Stadt

●**Auberge Belle de Mai**, 8 km von Essaouira an der Straße Richtung Agadir in El Ghazoua, Tel. 0524 79 21 49, Mobil 0667 92 72 315, www.hotel-essaouira.com. Hübsches Hotel mit zehn sauberen und gemütlichen Zimmern (Etagenduschen), Terrasse und großem Garten. Restaurant mit provencalischer Küche (Fischgerichte, Bouillabaise). Evtl. ist Camping im Hof möglich. €€B (auch 3er- und 4er-Zimmer).

●**Auberge Tangaro,** 7 km in Richtung Agadir, Tel. 0524 78 47 84, www.auberge-tangaro.com. Das kleine, mehrmals renovierte Hotel mit gemütlichem Innenhof, Terrasse und kleinem Campingplatz gibt es seit 1920. Es liegt in bewaldeter, ruhiger Gegend und ist am Wochenende ein beliebtes Ausflugsziel. Leider ist es von hier etwas weit zum Meer

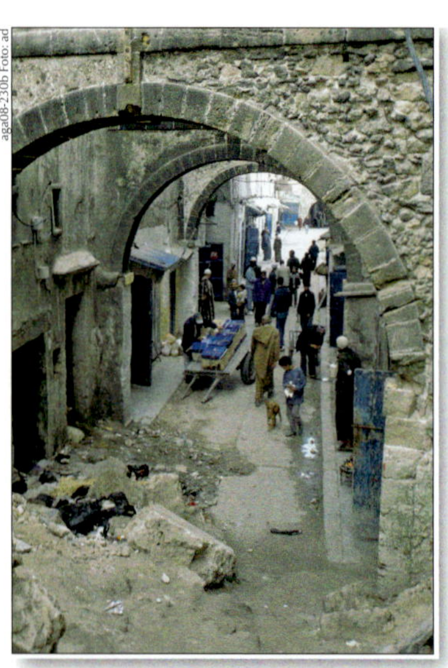

aga08-230b Foto: ad

Schutt und Müll
in der Altstadt von Essaouira

(½ Std. Marsch). Abends wird bei Kerzenlicht diniert. Wer es ruhig mag und Wandern dem Baden vorzieht, ist hier gut aufgehoben. Kamelausflüge möglich. DZ mit Kamin und inkl. HP €€€€B (2 Pers.), zur Ferienzeit teurer.

- **Baoussala,** El Ghazoua, 10 km von Essaouira, Tel. 0524 79 23 45, Mobil 0666 30 87 46, www.baoussala.com. In diesem Haus im traditionellen Kasbahstil sind sechs sehr hübsche, unterschiedlich gestaltete Suiten und Zimmer mit Bad untergebracht. Das 5000-m²-Gelände mit Eukalyptusbäumen eignet sich gut für einen ruhigen Urlaub abseits des Stadttrubels. Das marokkanische Essen wird in einem Berberzelt serviert. DZ mit Frühstück €€€€B, Taxi in die Stadt 90 DH.
- **Casa Naima,** 18 km außerhalb, bis Ausfahrt Ghazoua in Richtung Agadir, dann Richtung Marrakesch und nach Ida Ougourd rechts abbiegen. Mobil 0678 96 18 80, www.casanaima.com. *Séverine* und *Jacques* aus der Bretagne haben sich einen Lebenstraum erfüllt: In Ida Ougourd errichteten sie auf 30.000 m² Land mit Quellwasser im Jahr 2006 ein Wohn- und Gästehaus (600 m²) im Kasbahstil. Es gibt fünf Zimmer und einen Pool, mehrfach täglich besteht Stadtbus-Anschluss an der nahen Straße. Die Gastgeber sind sehr herzlich und führen auch zu den Souks im Ort oder in Had Drâa. DZ/Suite €€€A bis €€€€€
- **Dar Kenavo,** 13 km in Richtung Agadir, Mobil 0661 20 70 69, www.darkenavo.com. Die sehr schöne Anlage mit (beheiztem) Pool, Hammam und Leihfahrrädern eignet sich gut für einen Familienurlaub, sofern man motorisiert ist. Kamel- und Reitausflüge können organisiert werden. DZ mit Bad €€€, auch 3er- und 4er-Zimmer, Familiensuite €€€€B (mit Frühstück), Übernachtung im Berberzelt €, Menü 120 DH, Ermäßigung bei einem Aufenthalt über sechs Tagen.
- **Dar Mimosas,** ca. 7 km in Richtung Agadir bei El Ghazoua, Tel. 0524 47 59 34, www.odicy.com/en/villa-dar-mimosas-essaouira. Die neun luxuriösen Suiten von 120–300 m² Größe mit TV, Kamin, Telefon/Internet etc. liegen in der wunderschönen Gartenanlage (mit Pool) verteilt. Hier genießt man Ruhe und Exklusivität. Sehr teuer (DZ ab 240 Euro), Buchung über Veranstalter in Europa.
- **La Maison du Chameau,** Douar Laarab, 5 km in Richtung Marrakesch, Tel. 0524 78 50 77, www.passionmaroc.com. Das renovierte Farmhaus in ruhiger Lage mit Pool und schönem Garten verfügt über 8 hübsche Zimmer. Die Farm widmet sich – wie der Name sagt – den Kamelen. Es sind Reitkurse und Rundritte auf den hauseigenen *Meharis* (Rennkamelen) möglich. 1 Std. Kamelritt 100 DH, Tagesausflug 370 DH inkl. Picknick. DZ mit Frühstück €€ (je nach Saison). Es kann auch ein separates Haus mit 4 Zimmern für 4 bis 8 Personen gemietet werden.

Apartments/Ferienhäuser

Am Busbahnhof warten **Schlepper,** die gegen Provision Unterkünfte vermitteln. Falls Sie schon ein Hotel ausgesucht haben, lassen Sie sich nicht beirren. Ansonsten findet man hier evtl. auch Privatzimmer mit Familienanschluss.

Eine große Auswahl an schönen Apartments inkl. Beschreibung, Fotos, Preisen und direkter Buchungsmöglichkeit liefert die Internetseite **www.essaouiranet.com.**

- **Jack's Apartments,** Infos bei Jack's Kiosk, 1, Place Mulay Hassan (am Hauptplatz), Tel. 0524 47 55 38, www.jackapartments.com. Der deutschsprachige Schweizer *Jack Oswald* lebt in Essaouira, renovierte zahlreiche Häuser und vermietet darin schöne, traditionell eingerichtete Apartments direkt an der Stadtmauer (Rue de la Sqala) mit herrlichem Blick aufs Meer. Jedes Apartment hat Wohnzimmer, Schlafzimmer, Küche und Bad. Im Angebot stehen auch ein Landhaus außerhalb und eine wunderschöne Wohnung im ehemaligen britischen Konsulat. Die Preise variieren je nach Saison und Mietdauer zwischen 50 und 120 Euro pro Nacht.
- **Villa Sarah,** Villa 20, Quartier des Dunes, vgl. Maison d'Hôtes/Vent des Dunes.

Campingplätze

- **Sidi Magdoul,** Tel. 0524 47 21 96, von Agadir kommend kurz vor der Stadt rechts (hinter dem Leuchtturm), N 31°29,499',

W 09°45,739′. Der Platz mit Schatten spendenden Bäumen hat sehr saubere, geflieste Sanitäranlagen mit warmen Duschen (kosten extra, Schlüssel tagsüber beim Betreiber holen). Zur Hauptsaison ist der Platz häufig mit Wohnmobilen überfüllt. Morgens kann man frisches Gebäck einkaufen. 9 DH/Pers., Auto 10 DH, kleines Wohnmobil 15 DH, großes Wohnmobil/Bus 30 DH, Strom 10 DH, Motorrad 8 DH, Zelt 12–22 DH.

●**Stellplätze für Wohnmobile** befinden sich gegenüber des Leuchtturms Sidi Magdoul, beim Parkplatz am Hafen und an der Promenade am Bd Mohammed V. (30 DH/Nacht).

●**Camping des Oliviers,** Centre Ounagha, ca. 23 km Richtung Marrakesch, Mobil 0613 95 43 82, www.campingdesoliviers.com, N 31°31,97′, W 09°32,80′. Sehr schöner schattiger Platz mit Kinderspielplatz, Restaurant (im Sommer Disco), guten Sanitäranlagen (heiße Dusche) und Pool. Übernachtung auch in Bungalows (bis 5 Pers.) oder in eingerichteten Nomadenzelten möglich (€). 2 Pers. mit Auto/Caravan 80 DH (inkl. Poolnutzung und heißer Duschen, Ermäßigung bei längerem Aufenthalt), Strom 20 DH, Frühstück 35 DH.

●**Camping Le Calme,** in Idaougourd, ca. 10 km Richtung Marrakesch, Mobil 0661 53 04 13, www.campinglecalme.populus.ch, N 31°25,95′, W 09°39,40′. Gut ausgestatteter Platz mit Pool, Restaurant, Waschmaschine, schattigen Standplätzen und angeschlossenem Riad (DZ mit/ohne Bad €€). 2 Pers. mit Auto/Caravan 70 DH (inkl. Poolnutzung und heißer Duschen), Strom 25 DH.

●Außerdem ist Campen an der **Auberge Tangaro** möglich (s. Hotels außerhalb).

Essen und Trinken

Ausgewählte Restaurants und Cafés in alphabetischer Reihenfolge:

●**After 5** (ehemals Le Cinq), 5, Rue Youssef El Fassi, Tel. 0524 47 33 49, tägl. ab 12 Uhr. Schickes Restaurant mit Lounge und raffinierter, entsprechend teurer französischer Küche (Menü 200 DH). Sehenswertes Haus mit Gewölbe, ideal für einen „Apéro"!

●**Au Bonheur des Dames,** Marché aux Graines im Souk, Tel. 0524 47 59 68, www.bonheurdesdames-essaouira.com. In diesem kleinen, feinen Lokal halten die sympathischen Gastleute nicht nur 40 (!) verschiedene Sorten Tee, frische Saftcocktails sowie 15 verschiedene Kaffees bereit, sondern auch ein nur scheinbar minimalistisches, leckeres Tagesmenü (40 DH) mit frischen Waren aus dem Umland. Man sitzt sehr gemütlich im Hof des alten Getreidemarkts und kann mit dem Laptop seine Mails checken (WLAN). Alle Zutaten (inkl. Eiswürfel) sind mit Mineralwasser zubereitet oder gewaschen.

●**Chalet de la Plage,** 1, Bd Mohammed V., Tel. 0524 47 59 72, direkt am Strand. Wirkt mit der dunklen Einrichtung im Schiffsambiente sowie den in die Jahre gekommenen Obern nostalgisch-verstaubt, daher weniger stimmungsvoll als Chez Sam. Jedoch gutes Essen und sehr guter Service, Portionen nicht besonders üppig. Menü 85–170 DH. Alkoholausschank.

●**Chez Mustapha,** nettes Musik-Café direkt am Pl. Mulay Hassan neben dem alten Justizpalast. Man sitzt auf der Terrasse oder im Obergeschoss, es gibt Salate, Tajine, Pasta und Pizza (nicht besonders) für ca. 50 DH, auch günstiges Frühstück.

●**Chez Sam**, Tel. 0524 47 62 38, Mobil 0661 15 74 85, ganz am Ende des Hafens, tägl. 12–15 und 19–23 Uhr. Fast legendäres Restaurant am Platz mit hervorragender mariner Küche und Alkoholausschank (vorzüglicher Mogador-Wein aus der Region!). Urige Seemanns-Atmosphäre mit Blick aufs Hafenbecken, ein Fensterplatz zum Wasser sollte reserviert werden. Bei gutem Wetter kann man auf der Terrasse draußen am Meer sitzen. 3-Gänge-Menü ab 85 DH, ein Menü mit Languste kostet 250 DH, à-la-carte-Gerichte 80–100 DH (auch Fischtajine).

●**Dar Baba,** 2, Rue Marrakech, Tel. 0524 47 68 09. Sehr gutes italienisches Restaurant in einem Riad mit schönem Ambiente: hausgemachte Nudeln, Käse, Kuchen, Crème Caramel, italienischer Cappuccino, Wein, Bier.

●**Dar Loubane,** 24, Rue du Rif, Tel. 0524 47 62 96. In einem sehr schönen Stadthaus aus dem 18. Jh. untergebrachtes Restaurant mit französischem Flohmarktambiente und französisch-marokkanischer Küche. Gnaoua-Musik am Samstagabend. Gerichte ab 100 DH. Kreditkarten werden akzeptiert.

• **Elizir,** 1, Rue Agadir/Ecke Av. d'Istiqlal, Tel. 0524 47 21 03, www.elizir.com. Dieser kleine „Italiener" ist der letzte Schrei - eingerichtet wie ein Pop-Art-Museum, eine Junge-Leute-Heimatstube der 1960er und -70er Jahre. Sehr viel Atmosphäre, deshalb etwas teurer (Gericht ab etwa 70 DH).

• **El Khaïma,** Place el Khaïma/Rue Laâlouj. Hier sitzt man gemütlich und ruhig draußen oder unter einem Laubengang an einem schönen Platz in der Medina. Gutes Menü 60–80 DH.

• **El Minzah,** 3, Av. Oqba Ibn Nafia, Tel. 0524 47 53 08. Stilvolles Restaurant und Pianobar in einem schönen Gewölbesaal (mit WLAN). Hier kommen vor allem Meeresfrüchte auf den Tisch. Menü mit Fisch od. Tajine 95 DH, Gourmet-Menü mit Austern, Crevetten, Calamari und Languste od. Hummer für 290 DH; Alkoholausschank.

• **El Yakoute,** 14, Rue Mohamed El Ayachi, Mobil 0661 67 84 63. Marokkanisches Essen, freundliche Bedienung, angenehmes Ambiente. Menü ab 80 DH.

• **Ferdaous,** 27, Rue Abdesslam Lebadi (Nebengasse der Av. Ben Abdallah), Tel. 0524 47 36 55 (Reservierung nötig), tgl. 12–14.30 und 18.30–22.30 Uhr. Sehr gute marokkanische Küche im 2. Stock eines alten Stadthauses (Menü ca. 120 DH).

• **Il Mare,** 43, Rue de la Sqala, Tel. 0524 47 64 17, direkt an der Sqala-Mauer. Von der obersten Terrasse hat man einen sehr schönen Blick auf die Bastion und übers Meer. Menü ca. 150 DH, Fischgericht 130 DH, auch Pizza und Pasta (ca. 70 DH). Live-Musik und Alkoholausschank.

• **La Cantina,** 66, Rue Boutouil (am kleinen Platz in der Nähe der Mellah), Tel. 0524 47 45 15. In diesem Lokal unter englischer Führung werden hervorragende, selbst zubereitete Desserts wie Käsekuchen und Tiramisu (für 15 DH) serviert! Außerdem gibt es mexikanische und britische Küche mit viel Chili und einer großen Auswahl für Vegetarier.

• **La Licorne,** 26, Rue de la Sqala, Tel. 0524 47 36 26. Stilvolles Restaurant in einem Altstadthaus direkt an der Sqala, gute, z.T. vegetarische Gerichte (Tajine ab 85 DH, Fisch ab 100 DH, Menü 160 DH), gute Weinkarte. Jeden Abend ab 19 Uhr geöffnet und gut besucht.

• **La petite Perle,** Tel. 0524 47 50 50, zwischen dem Platz am Uhrenturm/Horloge und Pâtisserie Chez Driss. Kleines, nettes Restaurant nahe der Stadtmauer, abends marokkanische Live-Musik. Gute Küche zu günstigen Preisen (Tajine ab 40 DH). Sehr beliebt, daher oft voll (reservieren oder früh kommen!).

• **Le Coquillage,** Tel. 0524 47 66 55. Großes, sehr gutes Restaurant (Fischgerichte) am Hafen mit schöner Terrasse direkt am Wasser. Die Plätze im Speisesalon sind nicht so gemütlich. Menüs zwischen 120 und 250 DH (mit Languste), à-la-carte-Gerichte um 110 DH, Alkoholausschank. Kreditkarten werden akzeptiert.

• **Le Méchouar,** Av. Oqba Ibn Nafia, Tel. 0524 47 58 28 (vgl. auch Hotels). Gutes Restaurant mit sehr hübscher Gartenterrasse zur Straße. Es wird eine große Auswahl an marokkanischen und europäischen Hauptgerichten, Snacks und Frühstück serviert (Salate, Hamburger, Fischgerichte, Tajine etc.); auch gute Weinkarte. Regelmäßige Live-Konzerte spätabends im beliebten Pub Le Corner (Cocktails u.a.). Tajine 80–12 DH, Frühstück 15–35 DH.

• **Le Patio,** 28 bis, Rue Moulay Rachid (Nebengasse der Rue Laâlouj), Tel. 0524 47 41 66, nur abends geöffnet, Mo. geschl. In einem Riad untergebrachtes Feinschmeckerrestaurant, in dem vorwiegend Fischgerichte (bei Kerzenlicht) serviert werden. Sehr schönes Ambiente, super Essen zu gehobenen Preisen (Gericht ab ca. 120 DH).

• **Les Alizés**, 26, Rue de la Sqala, Tel. 0524 47 68 19. In diesem sehr beliebten Lokal (oft Warteschlangen) in Gewölberäumen direkt am Fuße der Stadtmauer gibt es sehr gute marokkanische Küche (Menü ca. 100 DH) und Weine.

• **Les Chandeliers,** 14, Rue Laâlouj, Mobil 0669 64 88 42, www.leschandeliers.net. Kleines, empfehlenswertes Restaurant (französischer Besitzer) in einem liebevoll restaurierten Stadthaus mit Gewölberäumen gegenüber des Museums. Gute französische und italienische Küche (auch Pizza zum Mitnehmen), guter Service und gehobene Preise, tolle Lounge mit Alkohollizenz.

● **Ocean Vagabond,** am südlichen Ende des Bd. Mohammed V. (auf Höhe der Villa Quieta), tägl. 8.30–18 Uhr, www.oceanvagabond.com. Chill-Restaurant und Wohlfühl-Café der Surferszene mit abwechslungsreicher Tageskarte (Putensteak, Pizza, div. Baguettes, Salate), netter Terrasse zum Meer und angeschlossenem Surfcenter (vgl. Sport). Alkoholausschank, Strandliegen für Gäste gratis.

● **Opera du Sud,** Place Mulay Hassan. Gute und günstige vegetarische Tajine und Frühstück, angenehm zum Sitzen und um das Treiben auf dem Platz zu beobachten. Menü ca. 50 DH.

● **Pâtisserie Chez Driss,** 10, Rue El Hajjali, direkt am Place Mulay Hassan. Führendes Kaffeehaus am Platz mit reicher Geschichte, wovon die zahllosen Fotos von prominenten Gästen an den Wänden Zeugnis ablegen. Sehr gutes Gebäck und günstiges Frühstück, mit Dachterrasse.

● **Ramses,** Rue Ibn Roched, gegenüber vom Sirocco, Tel. 0524 47 21 39. Grundsolide marokkanische Küche, nicht abgehoben. Merlan-Filet um 80 DH.

● **Silvestro,** 70, Rue Laâlouj, Tel. 0524 47 35 55. Sehr gute Pizzeria und Restaurant im Obergeschoss mit zwei Dachterrassen. Der Italiener *Pino Silvestro* und seine marokkanische Frau bedienen die Gäste stets mit einem Lächeln. *Silvestro* kochte bereits am Hof in Rabat. Pizzen für 60 DH, Fleischgerichte ca. 90 DH, auch Weinausschank.

● **Sirocco,** 15, Rue Ibn Rochd, Tel. 0524 47 23 96, Mobil 0661 08 33 72. *Anni Garnier,* die Hausherrin, führt das Restaurant mit Herzenswärme. Sie oder ihr Sohn *Gregory* kümmern sich persönlich um die Gäste. Mittlerweile hat sich das Restaurant vom Geheimtipp zur festen Größe in Essaouira gemausert. Sonntags Live-Musik. Schmackhaftes Essen, mittlere bis leicht gehobene Preisklasse (Gericht ab 80 DH). Exzellente Pastilla und zum Dessert *Fondant au chocolat!*

● **Taros Café,** 2, Rue de la Sqala/Ecke Place Moulay Hassan, Tel. 0524 47 64 07, www.taroscafe.com. Das Taros Café ist Restaurant, Roof-Garden, Boutique und Kunstgalerie in einem. Das stilvolle Haus von *Alain Fillaud* wird vor allem von internationalem Publikum besucht, die Preise bewegen sich daher im oberen Segment. Diniert wird im Salon, einen Digestiv, Cocktail oder Espresso genießt man auf der sehr schönen Dachterrasse mit Blick auf den Platz. Der Service ist vorbildlich, die Küche einfallsreich (Salate, Fisch, Fleisch, Gericht um 130 DH, kleine Portionen). Regelmäßig gibt es gute Live-Musik, auch Zaubershows.

● Die **Fischstände am Hafen** sind inzwischen in festen Buden an zwei Seiten des kleinen Platzes zwischen Bab El Minzah, Place Mulay Hassan und Fischmarkt angesiedelt. Hier kann man unkompliziert und günstig auf den aufgestellten Tischen und Bänken frisch gegrillten Fisch oder Meeresfrüchte essen. Die an den Zugängen angeschriebenen Preise gelten für alle Stände: z.B. gegrillte Sardinen 10 DH, 250 g Seezunge oder sechs Scampi 40 DH, Menü 60 DH , Salatteller 10 DH.

● Entlang der **Strandpromenade** am Bd Mohammed V. haben mehrere Restaurants und Cafés eröffnet, darunter das **Restaurant de la Baie** in einem nüchternen Glaspavillon. In der Cafeteria mit Terrasse zum Meer gibt es guten Cappuccino, alle Gerichte (Tajine, Fisch, Pizza) kosten um die 50 DH.

● Hervorragendes Essen (zu gehobenen Preisen) servieren auch das **Restaurant im Heure Bleue Palais** (marokkanisches Gourmet-Restaurant, vgl. Hotels) sowie das **Restaurant Côté Plage** im Hotel Sofitel (Fischgerichte, Tapas).

Sport

Surfen/Wassersport

● Das **Wassersportzentrum Club Mistral/ Ocean Vagabond** (Bd Mohammed V., Tel. 0524 78 39 34, www.oceanvagabond.com) mit Privatstrand (Liegestühle) befindet sich am südlichen Ende der Promenade (Höhe Villa Quieta, beim Denkmal in der Kreuzung) und bietet Kurse sowie Leihausrüstung für Wellenreiter, Windsurfer und Kitesurfer an. Ein dazugehöriges Gästehaus liegt in der Querstraße Lalla Aicha. Die Anfängerkurse finden vormittags statt, wenn der Wind noch nicht so stark ist. Ein Rettungsboot sorgt für ein gutes Sicherheitsgefühl. Leihgebühr für volle Surf-/Kiteausrüstung 60 Euro pro Tag bzw. 220 Euro pro Woche; 10-Stunden-Surfkurs 190 Euro.

- Ein **Fanatic Surfcenter** mit Leihausrüstung und Surfkursen liegt an der Strandpromenade schräg gegenüber des Sofitel Hotels (www.fanatic-boarderscenter.com).
- Auch **Essaouira Kite Surf** bietet Kite- und Windsurfkurse an: Mobil 0667 20 63 725 oder 0661 14 12 948, www.essaouirakitesurf.com.
- Das **Hotel Ryad Mogador** verfügt über ein eigenes **Wassersportzentrum** mit Spielplatz und Privatstrand an der Promenade (UCPA Kite Center). Außerdem kann man auf den Plätzen des Hotels **Tennis** spielen (ca. 100 DH/Std.).
- **Navette des Îles** (Tel. 0524 47 46 18, Kiosk im Hafen nahe Restaurant Chez Sam) unternimmt **Bootsausflüge** für Touristen. Eine einstündige Rundfahrt kostet 80 DH/Pers., 40 DH für Studenten und 20 DH für Kinder. Für dreistündige Ausfahrten mit dem Fischerboot (wetterabhängig) sind 200 DH/Pers. zu bezahlen.

Sonstiges

- **Quad-Exkursionen** organisiert **Sahara Quad,** 335 Lotissement Eraounak, Mobil 0668 58 73 97 oder 0673 44 95 41, www.essaouiratours.com. Ein zweistündiger Ausflug kostet 40 Euro, ein Tag (z.B. in Sidi Kaouki) 95 Euro.
- Die **Ranch de Diabat** bietet **Kamel- und Pferdetouren** entlang der Atlantikküste an und wurde von Lesern gelobt: Mobil 0662 29 72 03 oder 0670 57 68 41, www.ranchdediabat.com. Ein zweistündiger Ausritt mit dem Kamel oder Pferd kostet ca. 25 Euro, ein Tagesausflug mit Picknick 50 Euro. Es werden auch mehrtägige Trekks organisiert (Reitstrecke: mit dem Kamel 15–20 km täglich, mit dem Pferd bis ca. 40 km am Tag).
- Nahe Diabat, ca. 3 km von Essaouira, eröffnete Anfang 2010 der 18-Loch-Golfplatz **Golf de Mogador** mit schickem Clubhaus (www.golfdemogador.com, Tel. 0524 47 92 30).

Hammam/Wellness

Viele Riads haben ein eigenes Hammam für ihre Gäste. Die traditionellen Hammams für die Einheimischen sind zwar sehr günstig, aber nicht immer sauber.

- Ein kleiner, feiner Hammam ist **Lalla Mira** neben dem gleichnamigen Gästehaus (vgl. Maison d'Hôtes).
- Ein umfangreiches Verwöhnprogramm mit Massage, Hammam etc. bietet das **Heure Bleue Palais** an (vgl. Hotels, tägl. 10–13 Uhr für Nicht-Gäste, Tel. 0524 78 34 34).
- Eine empfehlenswerte Wellness-Adresse ist außerdem das schicke **Azur Art + Spa** (15, Rue Khalid Ben Walid, kleine Gasse neben dem Café de France am Place Mulay Hassan, Tel. 0524 78 57 94, www.azur-essaouira.com). Im Erdgeschoss dieses alten Stadthauses stellen lokale Künstler ihre Werke aus, im 1. und 2. Stock befinden sich ein großer Hammam, Massage- und Kosmetikräume sowie ein Ruheraum mit Kamin und kleiner Bar.

Einkaufen

Die ganze **Altstadt** von Essaouira ist ein Einkaufsparadies für Liebhaber geschmackvoller Wohneinrichtung, nicht verkitschter Souvenirs und Kunsthandwerk, für Bilder und Skulpturen sowie Kästchen und Truhen aus Thujenholz. Ein Laden reiht sich an den anderen, man hat die **Qual der Wahl.** Das Einkaufen in Essaouira ist meist **frei von Anmache.** Die Preise sind nicht niedrig, aber mit etwas Verhandlungsgeschick kann man noch Schnäppchen ergattern.

Zeitungen/Bücher

- Deutschsprachige Zeitungen und Bücher, Postkarten und Touristenkram gibt's bei **Jack's Kiosk** (Place Mulay Hassan, Tel. 0524 47 55 38, vgl. Apartments/Ferienhäuser).

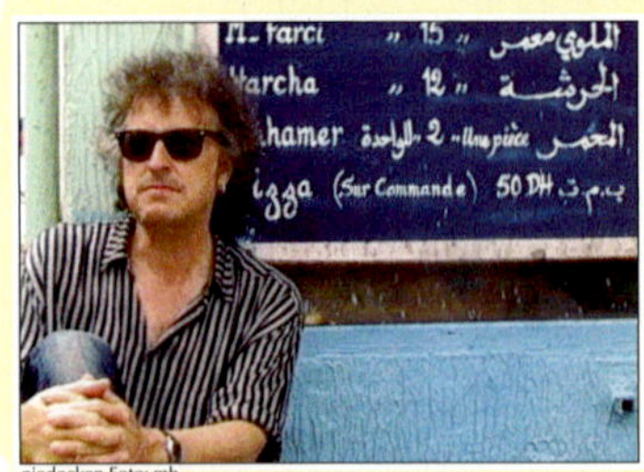

niedecken Foto: mh

„Ich wünsch' mir, du wöhrs he"

Der Kölner Künstler *Wolfgang Niedecken* („BAP") fährt seit 1987 nach Marokko.

von *Norbert Schmidt*

Ein 26. Mai. Ein Montag. Ein später Nachmittag in Essaouira. Eben zurück aus Diabat. Strandspaziergang. Nur Sand gespürt, nur Wasser. Nur Wellen, die kommen und gehen – die geboren werden und im selben Augenblick sterben. Zurück auf der Place Mulay al Hassan. Café de France – sich niederlassen an einem Tisch in der letzten Reihe. Hinter uns der tagsüber meist leere Gastraum mit den hellblauen Wänden, der antiquierten Pferdewetten-Werbung (oder ist's „Promo" für Pastis?) und dem einsamen Billardtisch in der Mitte. Vor uns die „Laufbahn", die Galerie. Jetzt im Frühling so grundehrlich: ohne Firlefanz all die Flaneure, ohne besonderen Antrieb die Voyeure.

Dort sitzen, einen Tee schlürfen. Den Duft einer Gauloise in der Nase. Schauen – und plaudern mit der Liebsten. Oder lesen: *Volker Perthes'* „Geheime Gärten". Während sie in *Tahar Ben Jellouns* „Sohn ihres Vaters" versunken ist. Oder ganz einfach zum Tagebuch greifen und schreiben. Wie er. Der Mann am Nebentisch.

Er? **Wolfgang Niedecken,** Südstadt-Kölner, Jahrgang 1951. Künstler. Als Maler den meisten Menschen im deutschen Sprachraum weniger bekannt, wohl aber als der Mann, der „BAP" ist und Rockmusiker und „Verdamp lang her", aber alles andere als von gestern. Der Mann, der auf einer Bühne stand mit *Mick Jagger,* der mit *Bruce Springsteen* „hungernde Herzen" besang und mit *Heinrich Böll* Gedanken zur Nation austauschte, der mit seinen Liedern und Alben die deutschen Musikcharts anführte, mit „BAP" Konzerthallen und Freilufttheater füllte und der – ganz simpel ausgedrückt – einer der „Großen" in der Szene ist.

Niedecken – ein bekennender „Marokkaner". Seit er seinen viel zu früh verstorbenen Malerfreund *Michael Buthe* traf, der sommers am Rhein arbeitete, den Winter über aber in Marrakesch und Taroudannt. Seit er spürte, dass es das mediterrane Licht auch jenseits dieses Meeres gibt. Auf dem Maghreb, an dessen Küsten. Seit 1987, als es ihn erstmals so ganz privatim nicht nach Griechenland verschlug oder in die Türkei. Seit er erstmals in Essaouira „Souvenirs" sammelte, mit buntem Lack ummantelte Holzstöckchen und zerfledderte Möwenfedern, eigenartig geformte Kiesel oder vergilbte Kaugummi-Papierchen mit arabischen Aufdrucken.

Ein 26. Mai. Ein Montag. Ein später Nachmittag in Essaouira. Niedecken sitzt im Café de France und schreibt – „ihr". Aber nicht nur „sie" empfängt die Botschaft von dort. Monate später auch die, die seiner Musik lauschen. Er beschreibt, in diesem Frühling, den blühenden Oleander, den Fluss der Zeit, den roten Klatschmohn im Kontrast zum blauen Himmel, die Fotos der Königshaus-Protagonisten in den Schaufenstern, die überfüllten Überlandbusse, den Markt in Rissani – vor allem aber die Sqala-Mauer in Essaouira, die rostigen Kanonen, die längst nicht mehr dazu taugen, den Seeweg um den afrikanischen Kontinent zu kontrollieren. Die Mauer nicht allein. Auch die Familie des „Hausmeisters", die – exakt unter dem Zimmer des Kölners in einem von Jack's Apartments – in einem alten Wehrturm wohnt. Zu ihr zählt *Fatima,* Tochter von *Zahra Chichti.* Das Mädchen verkauft, nach dem täglichen Besuch der Schule, die von der Mutter gemalten Bilder.

„Kanone op 'ner Muer, dozwesche Fatima,
mir selver op der Spur. Bess demnähx.
Inch Allah!"

In einer ganz frühen Lyrik des Kölners – er war und ist bei „BAP" der Text-Verantwortliche, eher selten der Komponist – ist unter dem Hinweis auf die weiland amtierende Idealfrau zu hören: „Doch du Maria heißt Marokko" („Liebesleed", 1979). Da hatte er noch keine genauen Vorstellungen vom früheren französischen Protektorat südlich der Meerenge bei Gibraltar. Es war eher wie eine ganz persönliche Verheißung. *Niedecken* bis dahin und dort, das war die Kasten-Ente mit dem Feingeist am Steuer, den es sommers südostwärts verschlug.

Als 1994 im Kölner Stadtmuseum *Niedeckens* Ausstellung „Pissjähl und Kackbrung" zu sehen war, hatte sich die Vision schon in Realität verwandelt: „Maria" war – nun auch öffentlich vernehmbar – in seine Biografie eingetreten. Etliche Werke belegten die Maghreb-Passion. Das zwei Quadratmeter große Bild „88/87" aus Lack, Sand, Metall und Papier auf Holz, geschaffen 1992, gab eindeutig Zeugnis vom Wandel in „W.N.". Marokko war (s)eine Leidenschaft geworden.

Etwa um diese Zeit besang *Niedecken* in „Paar Daach fröher" seinen Herbst-Blues (der so unbedingt und kongenial zu *Konstantin Weckers* „Vierziger"-Vergleich passt, demzufolge es zwar viel erscheine, wenn man sich 20 weitere Jahre vorstelle, 20 Sommer hingegen „verdammt überschaubar" seien): Schwalben ziehen in den Süden, das Jahr bei uns im Teutonischen neigt sich dem Ende entgegen. „... stell mir Marokko vüür, wie jedesmohl, wie jed Jahr, un dräum ich wöhr do." Und er bedauert, dies alles nicht ein paar Jahre früher so empfunden zu haben.

Niedecken blieb am Ball, kultivierte seine Obsession. Clip-Dreh für das besagte Lied aus dem „Pik Sibbe"-Album in Marrakesch, weitere private Reisen in den Maghreb. Ohne zwingende Sicht auf die Geschichte, auf die Tatsache, dass andere Rockstars – von *Jimi Hendrix* über *Brian Jones* bis *Cat Stevens* – dortselbst ihr vorübergehendes Seelenheil suchten. Wichtiger waren ihm, dem notorischen Leser, die Schriftsteller der Beat-Generation: *Ginsberg, Burroughs, Kerouac* und namentlich *Paul Bowles.*

„Ich habe immer von Marokko geträumt", erzählte er jüngst. Weil er es eben via *Buthe* aus einer sehr direkten zweiten Hand habe verfolgen können. Irgendwann in den späten 1990ern sei es dann gänzlich durchgebrochen. Einen Flieger nehmen nach Marrakesch, kurz emotional andocken und die (für den Mitteleuropäer in diesem Moment reduzierte) Schlagzahl der sinnlichen Offensive übernehmen. Dann nur noch sein. Als Maler. Als Musiker. „Das fließt ineinander. Es ist ja derselbe Mensch W.N., Licht und Helligkeit verursachen in mir eine Stimmung, die Bilder und Lieder prägen."

Diese geballte Macht der Farben und Formen und Stimmungen ist in dem unlängst veröffentlichten Lied „Rövver noh Tanger" zu spüren, das verschiedene Künstler als Zeugen für die Faszination von *Niedeckens* gelobtem Land heraufbeschwört: *„Delacroix, Buthe, Matisse, Bowles* und *Burroughs* – die sind ja alle aus dem gleichen Grund da hin: Marokko ist etwas Erreichbares und trotzdem ungeheuer exotisch."

Ein Stück wie „Ich wünsch' mir, du wöhrs he", eine scheinbar schwerelose Rumba, verdankt seine Leichtigkeit Niedeckens Marokko-Dasein. Mit dieser Form des „savoir vivre" ging und geht er immer wieder ganz behutsam um, wenn er den Fuß auf den afrikanischen Kontinent setzt. So wie 2003, als er sich – der Psycho-Hygiene und des Seelenfriedens wegen – mit seinem Freund und geschäftlichen Berater *Manfred Hell,* dem Chef der Outdoor-Marke Jack Wolfskin, für drei Wochen im alten Volvo gen Süden aufmachte. Ganz bewusst hatten sie wieder einmal den langen Landweg gewählt, die franko-iberische Vogelfluglinie, um die Distanz zu spüren, um Veränderungen entlang der vertrauten Strecken zu bemerken.

Mit der Familie schlug *Niedecken* mehrfach in Marokko auf; mal mit den fast erwachsenen Söhnen, mal mit seiner zweiten Frau *Tina* und den beiden kleinen Töchtern. Auch die schätzen es, „Chez Sam" im Hafen von Essaouira Fisch zu essen. Auch die kennen den mit Schuhen und Lampen handelnden „Dylanologen" *Abdelilah Srhir* und dessen Geschäft im Haus Nummer 61 in der Rue Sidi Mohammed, der *Niedecken* erkannt hatte, weil er dessen Gesicht in einer „Arte"-Sendung zum 60. Geburtstag von *Bob Dylan* gesehen hatte – in deren Verlauf der Kölner „My back pages" sang („Vill passiert sickher"). Vis-à-vis des Babouchen-Ladens ließ sich der „BAP"-Chef 2003 für die „Sonx"-Tour neue Bühnenhemden schneidern; aus grau-schwarz gestreiftem Djellabah-Stoff.

Niedecken wird wieder hinfahren. Nach Chefchaouen und M'Hamid, nach Essaouira und Moulay Bousselham. Wird *Dylans* „Blood on the tracks" in den CD-Player des Autos schieben und an *Bowles'* „Himmel über der Wüste" denken. Er wird wieder im Café de France sitzen und seine Tagebuchbriefe schreiben. Wird sich nach dem Schicksal von *Fatima* und *Zahra* erkundigen. Wird seine Liebsten und die Gemeinde grüßen: „Bess demnähx! Inch allah!"

- **www.bap.de**

- Eine gut sortierte Buchhandlung mit englischen und französischen Reiseführern, Postkarten usw. ist die **Librairie La Fibule** am Place Mulay Hassan.

Galerien/Kunst

- **Galerie Damgaard,** Rue Oqba Ibn Nafi, Tel. 0524 78 44 46, www.galeriedamgaard.com, tägl. 9–13 und 15–19 Uhr. 1988 gründete der Skandinavier *Frédéric Damgaard* eine Galerie mit Werken lokaler Künstler – ein Haus, das immer noch weit nach Europa hinein wirkt, auch wenn *Damgaard* 2006 die Räumlichkeit an *Alain Graffe* und *Claude Jadot* abgab. Die ganze Fülle lokaler Kunst ist dort zu sehen – und zu erwerben: *Tabal, Sanana, Akjait, Aït Tazarin.* Ein Haus, das besonnen und enthusiastisch zugleich geführt wird!
- **Galerie La Kasbah,** Attar Kabir, 4, Rue Tétouan, Tel. 0524 47 56 05. Das alte Gebäude (ein Funduq) ist ein Gesamtkunstwerk: Hier gibt es Antiquitäten, Kunsthandwerk, alte Türen, Keramik etc. zu kaufen. Ein Besuch lohnt sich auch ohne Kaufinteresse!
- **Marea Arte,** 7, Rue Youssef El Fassy, Tel. 0524 47 35 95, Mobil 0661 22 28 71 (*Sergio Baldini,* Direktor). „Gott wollte, dass die bescheidene Arbeit, die meine Schöpfung zu schaffen vermag, das Bild von Essaouira hat und genauso nützlich ist wie der Zement, mit dem man Wandlampen an die Mauern heftet." So steht es auf dem Votivbild, das 2006 zur Beisetzung von *Ruggero Giangiacomi* ausgegeben wurde. 76 Jahre war der Italiener aus Ancona alt, als er am katholischen Friedhof hinter dem Doukkala-Tor seine letzte Ruhe fand. Hier hatte er gewirkt, gearbeitet, ausgestrahlt. Unbedingt sehenswert.
- Eine sehr nette **Freiluftgalerie** findet man auf der Place Mulay Hassan und auf der Sqala. Am Platz ist jeden Tag **Mund-Maler Mustapha** tätig. Seine Werke und die seiner Helfer kosten 20 DH pro Stück. Oben auf der Mauer verkaufen **Fatima und Hasna Chichti** die Arbeiten ihrer Mutter *Sarah* bzw. von deren Bruder. *Fatima* fertigt zudem Henna-Tatoos.

Kunsthandwerk/Souvenirs

- **Artisanale de Bab Doukkala,** Mobil 0670 02 09 86. Im östlichen Flügel des Tores unterhält der lebenslustige *Mustapha* ein „Künstlerstübchen". Er verkauft alles, wovon er meint, es sei nach des Touristen Geschmack: Ölmalerei-Schinken, Metallarbeiten, Nippes-Kärtchen, Schmuck ... Leitspruch: „Vente en gros et en detail"! Tipp: Drei Ansichtskarten für 6 DH.

- Im **Ensemble Artisanal** in einem Hofkomplex direkt beim Bab Marrakech kann man Kunsthandwerk zu fairen Festpreisen einkaufen. Die große Silberwerkstatt verkauft hübschen Schmuck.
- Sehr schöne **Fès-Keramik** zu akzeptablen Preisen gibt es in der **Poterie de Fès** in der Rue de la Sqala Nr. 16.

Lebensmittel/Alkohol

- **Superette Al Fath,** gut sortierter Supermarkt im Quartier des Dunes, nahe Hotel Al Jasira.
- Am Bd Mulay Youssef, vom Bab Doukkala kommend der Mauer entlang, nach ca. 200 m auf der linken Seite, gibt es einen **Alkohol-Laden** (Bier und große Weinauswahl).

Vorsicht bei Gewürzen und Duftstoffen: Oft werden Touristen unechter Moschus oder Vanilleextrakte oder falscher Safran angedreht. Die Gewürzpreise sind völlig überhöht!

Stadtbusse

- Die **Linie 1** verkehrt bis Diabat.
- Die **Linie 2** fährt alle 2 Std. nach Sidi Kaouki.
- Die **Linie 3** verkehrt alle 2 Std. Richtung Süden nach Smimou.
- Die **Linie 4** fährt nach Hrarta.
- Die **Linien 5 und 6** verkehren Richtung Osten nach Had Drâa, El Hanchane.
- Die **Linie 7** fährt nach Sidi Ishak.
- Die **Linien 1** und **4** (in der Stadt) fahren auch am Strand entlang.

Eine Übersicht über die Stadtbuslinien mit Fahrplan findet man an der Anschlagtafel im Touristenbüro. Die meisten Linien verkehren bis 21 Uhr und **starten am Bab Doukkala.**

Fernverkehrsbusse

- Der zentrale **Busbahnhof** (Tel. 0524 78 52 41) befindet sich ca. 500 m nordöstlich der Medina in der Neustadt (10 Min. zum Bab Doukkala), Rue Ghazouat Badr, Quartier Industriel.

CTM-Busse

- **CTM-Büro am Busbahnhof,** Tel. 0524 78 47 64.

Verbindungen und Preise:

- **Agadir:** 1x tägl. nachmittags, 60 DH, Fahrzeit 3–4 Std. Wenn man einen Anschlussflug nach Deutschland bekommen will, dann ist es besser, ein Sammeltaxi zu nehmen. Es fahren auch Privatbusse mehrmals täglich.
- **Safi:** 2x tägl. vormittags, 40 DH, 2 Std.
- **Casablanca:** 2x tägl., 110 DH, 6 Std.
- **El Jadida:** 1x tägl., ca. 80 DH, 4 Std.
- **Marrakesch:** 2x tägl., 50 DH, 3 Std.

Supratours-Busse

- **Büro und Abfahrtsplatz** der Supratours-Busse gegenüber des Borj Sud (Av. Lalla Aicha, Tel. 0524 47 53 17) – im Voraus reservieren!

Verbindungen und Preise:

- **Agadir – Tan Tan – Laâyoune – Dakhla – Boujdour:** 1x tägl. vormittags, 3 Std. Fahrzeit bis Agadir (ca. 55 DH).
- **Marrakesch:** 4x tägl. (im Winter nur 2x) Fahrzeit ca. 3 Std., 65 DH. Der Mittagsbus hat Anschluss nach Tinerhir, Umsteigen in Marrakesch, 11 Std. Fahrzeit, 100 DH ab dort.
- **Safi:** 1x tägl.
- **Beni Mellal – Kasba Tadla – Khouribga:** 1x tägl.

Privatbusse

Private Busse diverser Gesellschaften fahren mehrmals täglich nach Marrakesch, Agadir und zu anderen Zielen (Casablanca, Rabat, Fès, Taroudannt etc.). Eine Reservierung ist nicht möglich, die Abfahrtszeiten wechseln ständig. Die privaten Busse sind zwar billiger, aber deutlich schlechter in Schuss.

Sammeltaxis/Taxis

- **Petit Taxis** am Bab Doukkala und am Bab Sbaa, ca. 10 DH im Stadtbereich. Ein Taxi zum Flughafen kostet ca. 100 DH.
- **Sammeltaxis** hinter dem Busbahnhof, z.B. nach Agadir ca. 75 DH/Pers. (3 Std. Fahrzeit), nach Marrakesch ca. 90 DH/Pers.
- **Grands Taxis** warten ebenfalls am Bab Doukkala. Preise für ein komplettes Taxi: nach Agadir (auch zum Flughafen) 500–700 DH, nach Marrakesch ca. 600 DH, nach Fès 2500 DH (ca. 10 Std.), nach Sidi Kaouki ca. 150 DH. Empfehlenswert sind die Taxifahrer *Aziz el Kouchi* (er spricht englisch), Mobil 0661 20 70 45, sowie der nette *Lahcen* (auch für allein reisende Frauen kein Problem), Mobil 0667 48 35 11.
- **Privater Taxiservice** zu landesweiten Zielen unter Tel. 0524 47 34 61, www.essaouiranet.com (deutschsprachig) oder **Transport Nawras Mogador,** Mobil 0661 20 70 45, www.transport-nawrasmogador.com (Tagesmiete 1200 DH, halber Tag 600 DH).

Flugverbindungen

- **Flughafen:** Tel./Fax 0524 47 67 04/05. Essaouira wird 2x die Woche von **Casablanca** aus von der **Royal Air Maroc** angeflogen.
- Außerdem gibt es noch die private Fluggesellschaft **Regional Airlines,** die internationale Flüge von Casablanca nach Essaouira bzw. Agadir verbindet.

Rund ums Auto

Autoverleih

- **Araucaria Car,** Tel. 0524 47 22 25, www.araucariacar.com. Klein- und Geländewagenvermietung.
- **Essaouira Travel Car,** 4, Rue Wad el Makhazin (Neustadt), Tel./Fax 0524 78 31 66, www.essaouiratravelcar.net. Kleinwagen ab 33 Euro/Tag, Rückgabe in anderen Städten möglich.
- Bei **www.essaouiranet.com** ist eine Autoanmietung bei verschiedenen Anbietern direkt übers Internet möglich.

Parken

Mehrere bewachte Parkplätze befinden sich rund um den Hafen und beim Bab Sbaa, nahe des Uhrenturms. Auch an der Strandpromenade (Bd Mohammed V.) gibt es Parkbuchten. Die Parkgebühr beträgt 40 DH für 24 Std.

Notfall

- **Polizei,** Tel. 019 oder 0524 78 48 80.
- **Gendarmarie Royale,** Tel. 0177.
- **Protection Civile** (Lebensrettung), Tel. 015.
- **Notarzt** (tagsüber), Tel. 0524 47 48 61.
- **Tierarzt,** Mobil 0661 56 16 10.
- **Notfallapotheke** im Rathaus.
- **Krankenhaus** (Hôpital Sidi Mohamed ben Abdellah) am Bd de l'Hôpital, Tel. 0524 47 27 16.

Geldwechsel

- Mehrere **Banken** verteilen sich rund um den Place Mulay el Hassan.
- **Travellerschecks** können im Hotel Riad al Madina getauscht werden.

Post

- Eine **Post mit Wechselbüro** befindet sich direkt neben dem Museum in der Av. Laâlouj. Die Hauptpost ist in der Neustadt in der Av. Lalla Aicha.

Internet

Es gibt **diverse Internetcafés,** z.B. beim Bab el Minzah in der Nähe des Place Mulay Hassan, beim Parkplatz am Hafen und in der Rue de Caire beim Touristenbüro. Immer mehr Hotels verfügen über drahtlosen Internetzugang (WLAN).

Feste/Veranstaltungen

- Im Juni findet in Essaouira das inzwischen sehr bekannte **Gnaoua-Festival** (www.festival-gnaoua.net) mit zahlreichen Musik- und

Tanzgruppen statt. Zu dieser Zeit unbedingt frühzeitig ein Hotel reservieren!

- Ende Oktober/Anfang November kommt es beim dreitägigen **Festival des Andalousies Atlantiques d'Essaouira** zu diversen Musikvorführungen.
- Folgende **Moussems** (Mausims) werden in Essaouira gefeiert: im April **Regraga,** im August **Moussem El Hmadcha,** Mitte September **Moussem Derkaouia** und (meist) Anfang November **Moussem Ghazia** und **Moussem Aissaouia.**

Sonstiges

- **Alliance Franco-Marocaine d'Essaouira,** Rue Lâalouj, 9, Rue Mohammed Diouri, Tel. 0524 47 61 97. Hier werden Französisch-Sprachkurse für Einheimische und Arabisch-Kurse für Ausländer gegeben. Darüber hinaus finden in der Einrichtung – eingeweiht 2004 vom damaligen französischen Innenminister *Sarkozy* – Kunstausstellungen, Musikveranstaltungen, Lesungen und Theateraufführungen statt.
- **Coeur de l'Amitié,** Siège Sicial Maroc, 1, Rue Chaouia. Eine Reihe engagierter Bürger nimmt sich, unabhängig von Herkunft und Stand, der gefallenen (Straßen-)Kinder von Essaouira an: warmes Essen, medizinische Versorgung, schulische Begleitung und Stringenz, Freizeitaktivitäten, Sozialisierung. Präsidentin ist *Marie Claude Zusatz,* Mobil 0662 49 56 91. Wer möchte, kann der Einrichtung einen Besuch abstatten.

Ausflüge

Wandert man den schönen, nicht immer sauberen Dünenstrand südwärts, gelangt man nach **Diabat.** In dem Küstenort mit kleinen Cafés befindet sich die Sultanspalast-Ruine von *Muhammed Ben Abdellah.* Diabat erlangte in den 1970er Jahren eine gewisse Bekanntheit als Hippie-Aussteigerziel, nachdem sich hier der Rockstar *Jimi Hendrix* mit Anhängern für einige Zeit niedergelassen hatte. In Diabat entsteht momentan im Zuge des „Plan Azur" der Regierung ein touristisches Großprojekt mit Luxushotels, Villen, Golfplatz etc. – die ehemals idyllische Umgebung ist eine Baustelle ...

Vor der Küste Essaouiras kann man zwei **Inseln (Îles de Mogador** bzw. Purpurinseln) besuchen, auf denen unter *Juba II.* Purpur gewonnen und nach Rom exportiert wurde. Die Inseln wurden als Naturreservat ausgewiesen, da auf ihnen der seltenen **Eleonora-Falke** brütet. Nur von Mai bis Oktober ist er hier auszumachen, ansonsten lebt er in Madagaskar. Auch von Essaouira aus kann man ihn am frühen Abend mit dem Fernglas und von einem guten Aussichtsplatz aus beim Insektenfang beobachten. Die Überfahrt zu den Inseln verhandelt man mit den Fischern im Hafen (150–500 DH). Man benötigt jedoch eine Genehmigung (Geduld und Beharrlichkeit sind gefordert) von der Province (Bd Mohammed V.). Die Inseln sind unbewohnt, nur zwei alte Festungen, eine Moschee und ein Gefängnis blieben aus vergangen Zeiten erhalten.

Zum Marabout und den Stränden von **Sidi Kaouki** vgl. Abstecher nach Sidi Kaouki.

Im Süden liegt ca. 58 km entfernt der **Djabal Amsittene** (905 m), auf den man hinaufwandern und die schöne Aussicht genießen kann. Auch eine schlechte Piste führt nach oben.

aga08-238 Foto: ch

Sous, Anti-Atlas und südliche Küste

aga_37 Foto: dd

aga08-239 Foto: ch

Die bemalten Felsen bei Tafraoute

Agadir Tislan

An der südlichen Atlantikküste

Überblick

Die vom Hohen und Anti-Atlas eingeschlossene Ebene, **Sous** genannt, ist eines der fruchtbarsten Gebiete des Landes. Die Flüsse des Hohen und Anti-Atlas, vor allem der Oued Sous, speisen das Becken mit Wasser. Das Gebiet um Agadir und die gesamte Sous-Ebene wird außerdem von den **Staudämmen** Tamzaourt (Richtung Marrakesch) und Youssef ben Tachfine (Richtung Tiznit – Massa) versorgt. Groß angelegte **Bewässerungssysteme** ober- und unterhalb der Erde leiten das wertvolle Nass auf die Felder und Plantagen.

Die Bewässerung ist für den Ernteerfolg unbedingt erforderlich, denn im Sous fallen **unter 250 mm Regen im Jahr.** Die Jahresdurchschnittstemperatur liegt bei 19,5°C. Niederschläge gibt es vorwiegend in den Monaten November/Dezember und Februar/März. Der Sommer ist heiß, wobei der vom Anti-Atlas wehende *Chergui* (warmer Fallwind) die Temperatur auf 30 bis 35°C erhöht.

Vom 16. bis 18. Jahrhundert wurden im Sous Zuckerrohr und Baumwolle angebaut, es war die reichste Provinz Marokkos. **Taroudannt,** die Hauptstadt des Sous, war nach den Königsstädten die viertgrößte Stadt des Landes. Erst zu Beginn des 19. Jahrhunderts ging die Bedeutung des Sous zurück, als die Zuckerrohrausfuhr wegen der südamerikanischen Konkurrenz zurückging. Ihre Bedeutung als **Landwirtschaftsgebiet** hat die Sous-Ebene jedoch behalten. Heute wachsen hier Zitrusfrüchte, Bananen, Oliven, Artischocken, Tomaten und viele weitere Obst- und Gemüsesorten, zum Teil in riesigen Gewächshäusern.

Der **Anti-Atlas** ist eines der ältesten Gebirge mit **Höhen bis zu 2300 m** und vielen trockenen Flusstälern. Die Vegetation ist wüstenähnlich, es fallen meist deutlich **unter 200 mm Regen im Jahr.** Nur am Küstenabhang findet sich eine artenreiche Vegetation mit Dattelpalmen, Oliven, Mandeln und Feigen. Der steile Nordhang ist vegetationsarm, der Südhang fast ohne Vegetation. Die Bevölkerung, die auf der Suche nach einträglicher Arbeit noch nicht in größere Städte abgewandert ist, lebt in erster Linie von der Viehzucht (Schafe und Ziegen).

Bewohnt werden der Sous und Anti-Atlas von den **Chleuh-(Schlöh-)Berbern,** die durch die Abgeschiedenheit ihres Lebensraums sowohl ihre Traditionen als auch ihre Sprache (Tachelheit) bewahren konnten. Sie leben meist in befestigten Dörfern, die, im Gegensatz zu den Lehmbauten weiter nördlich und östlich, aus Stein gebaut sind. Die Chleuhs unterhalten zahlreiche **Gemeinschaftsspeicher,** die – anders als Kasbahs – nur selten ganzen Stämmen Unterkunft bieten. Diese **Agadire** (Speicher) liegen in unwegsamem Gebiet, meist auf einer Bergkuppe, und können wie eine Burg nur durch einen Haupteingang betreten werden. Den Schlüssel zu den Speichern, in denen Lebensmittel, Schmuck und Wertgegenstände sicher gelagert werden, darf nur eine dazu bestimmte Vertrauensperson aufbewahren. Die oberen der bis zu sieben Stockwerke erreicht man über Trittstufen. Es fehlen Ecktürme, sodass das Gebäude ziemlich wuchtig wirkt. Manche Agadire hatten bis zu 300 Wohn-/Vorratsräume, früher fanden dort auch Ratsversammlungen statt. Jetzt werden nur noch wenige Speicherburgen regelmäßig benutzt, immer mehr sind dem Verfall preisgegeben. Viele Agadire, die im gesamten Atlas verstreut liegen, kann man von der Straße aus sehen. Die meisten befinden sich zwischen Aït-Baha und Tafraoute. Der größte Speicher ist der Agadir Id Aissa in der Nähe von Tarkjijt, der interessanteste und älteste der Agadir Tasguent zwischen Igherm und Tafraoute.

Ausgangspunkt für Reisen in den Anti-Atlas sind Agadir, Tiznit oder Taroudannt. Die Gegenden im südlichen Anti-Atlas, am südlichen Atlantik und in der marokkanischen Sahara sind noch sehr ursprünglich und weniger von Touristen besucht als die Region um Agadir und Essaouira.

Neue Arbeitsplätze und einen Gegenpol zur Landflucht im Anti-Atlas schuf der sukzessive Ausbau der **Häfen** entlang der südlichen Atlantikküste. Inzwischen ist Laâyoune mit Abstand der größte Fischereihafen des Landes (über 380.000 Tonnen Fisch pro Jahr), es folgen Tan-Tan, Agadir und Dakhla.

Im Übergang zur **Westsahara** und im Grenzgebiet zu Algerien fällt die **starke Präsenz des Militärs** auf – manchmal besteht die Hälfte der Bevölkerung aus Soldaten. In den Städten der Westsahara wird seit Jahren vom marokkanischen Staat hoch investiert, wohl auch um eine ideologische Bindung an Marokko zu fördern. Die Straßen sind gut ausgebaut, die Städte blitzsauber, die Märkte gefüllt, und es wird viel gebaut.

Von Agadir nach Taroudannt

Überblick

- **81 km, N10**
- Mehrmals täglich fährt ein **Bus von Inezgane** (Agadir) nach Taroudannt, außerdem wird dieses Ausflugsziel auch von den Veranstaltern und **Reisebüros** angeboten. Ein Tag zur Besichtigung inklusive An- und Rückfahrt reicht aus. Eine breite, gut ausgebaute und sehr verkehrsreiche Hauptverbindungsstrecke entlang vieler Orte verbindet die beiden Städte. In der gesamten Sous-Ebene werden in riesigen **Gewächshauszelten** vor allem Bananen, Tomaten und Paprika angebaut – ein Bananenzelt umfasst eine Fläche von zwölf Hektar. Auf großen **Plantagen** beiderseits der Straße wachsen Zitrusfrüchte. Falls Sie eine Plantage besichtigen möchten, halten Sie einfach an und fragen Sie – eine Besichtigung wird selten verwehrt. Die Fahrt nach Taroudannt ist ansonsten ohne landschaftliche Attraktionen.

Taroudannt

↗IX/C2

Die etwa **200.000 Einwohner** zählende, von einer mächtigen Mauer umgebene **Hauptstadt des Sous** ist wichtiges landwirtschaftliches Zentrum und liegt inmitten von Olivenhainen, Obst- und Weingärten. Eine nette Berberlegende erzählt die **Herkunft des Stadt-**

namens: Eines Tages verschwand der Oued Sous aus seinem Bett und nahm die Kinder einer Berberfrau mit sich, die an dessen Ufer lebte. Die Mutter rief daraufhin verzweifelt in der ganzen Umgebung „Taroua dant!" – „Meine Kinder wurden weggetragen!"

Geschichte

Taroudannt, eine Stadt **berberischen Ursprungs,** wurde 1030 von den Almoraviden besetzt. Anfang des 14. Jahrhunderts von den Meriniden zerstört, gewann sie bald wieder ihre Bedeutung als wichtigste Stadt des Sous zurück. Sie war Operationsbasis für die Angriffe gegen Agadir, das bis 1541 von den Portugiesen besetzt war. Die **Saadier** bauten die Stadt aus und machten sie in den Jahren zwischen 1520 und 1540 unter *Mohammed ash-Shaykh* zu ihrer **Hauptstadt,** bevor sie diese nach Marrakesch verlegten.

Taroudannt erlebte seine Blütezeit unter *Ahmad al-Mansur* (1576–1603) als **wichtiges Handelszentrum für Karawanen** nach dem Sudan (Regionen südlich der Sahara) – Handelsgüter waren vor allem Gold, Silber und Sklaven. Die Region wurde mit Hilfe der Sklavenarbeit zum landwirtschaftlichen Zentrum des damaligen Marokko. Hauptsächlich Zuckerrohr, Baumwolle, Indigo und Früchte zum Export wurden angebaut. Die Abschaffung des Sklavenhandels, der Niedergang des Zuckerhandels und die Schließung des Hauptausfuhrhafens Agadir im Jahre 1765 durch den Sultan *Mulay ar-Rashid* ließen Taroudannt an Bedeutung verlieren.

Im 20. Jahrhundert wurde die Stadt **Sitz des Rebellen El Hiba,** der gegen die Franzosen kämpfte und 1912 auch Marrakesch eroberte. 1913 erfolgte der Gegenschlag der Stämme der Glaoui, Goundafa und Mtougui aus dem Hohen Atlas, die Taroudannt einnahmen. 1917 wurde die Stadt von den Franzosen besetzt.

Der Aufstieg Agadirs hat der Stadt viel von ihrer früheren Bedeutung genommen. Sie ist jedoch nach wie vor wichtiger Handelsort für landwirtschaftliche Produkte.

Sehenswertes

Taroudannt ist fast vollständig von einer ca. 8 m hohen, mächtigen **Lehmmauer** mit Türmen und fünf Toren aus dem 16. Jahrhundert umgeben. Die Stadtmauer kann man bereits bei der Einfahrt in die Altstadt bewundern.

Taroudannt hat zwar keine großartigen Sehenswürdigkeiten zu bieten, besitzt aber viel Flair. Ein Bummel durch die **Medina und die Souks** ist auf jeden Fall lohnenswert, vor allem für Ausflugsgäste aus Agadir, die noch keine erhaltene Medina besucht haben. Hier lernt man noch ein Stück unverfälschtes Marokko kennen.

Das Herz der Medina bilden die belebten **Plätze El Alouine (Assaragh)** und **Talmoklate** mit ihren hübschen Cafés und den nahe gelegenen Souks, die zu den schönsten und lebendigsten des ganzen Landes zählen. Auch der **Markt am Sonntag** (Suq el Hed)

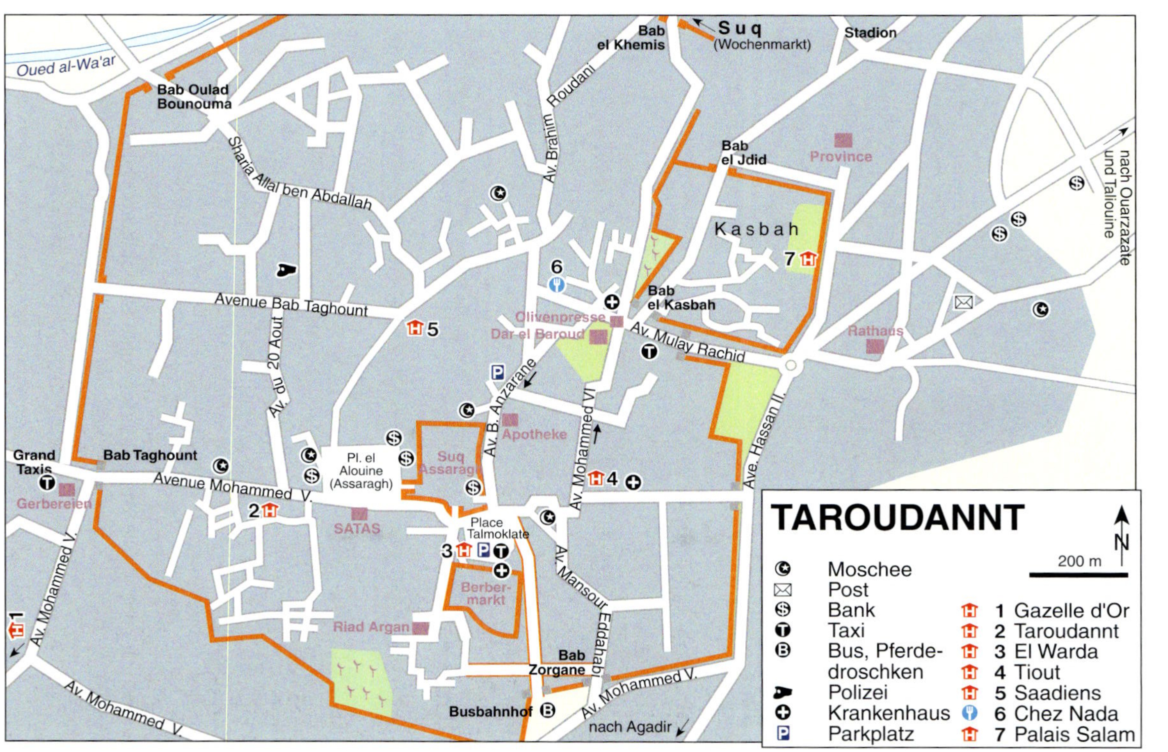
TAROUDANNT
Moschee
Post
Bank
Taxi
Bus, Pferdedroschken
Polizei
Krankenhaus
Parkplatz
1 Gazelle d'Or
2 Taroudannt
3 El Warda
4 Tiout
5 Saadiens
6 Chez Nada
7 Palais Salam
200 m
N
nach Ouarzazate und Taliouine
Stadion
Suq (Wochenmarkt)
Province
Rathaus
Kasbah
Bab el Jdid
Bab el Khemis
Bab el Kasbah
Av. Mulay Rachid
Ave. Hassan II.
Av. Brahim Roudani
Olivenpresse
Dar-el Baroud
Av. Mohammed VI
Av. B. Anzarane
Apotheke
Av. Mansour Eddahabi
Av. Mohammed V.
nach Agadir
Bab Zorgane
Busbahnhof
Place Talmoklate
Berbermarkt
Suq Assarag
Pl. el Alouine (Assaragh)
SATAS
Riad Argan
Avenue Bab Taghount
Sharia Allal ben Abdallah
Av. du 20 Aout
Avenue Mohammed V.
Bab Oulad Bounouma
Bab Taghount
Grand Taxis
Gerbereien
Oued al-Wa'ar
Av. Mohammed V.

aga08-268 Foto: ch

Afrikaforscher Gerhard Rohlfs über Taroudannt

„... Die Stadt ist ein einziger großer Garten, nur nach dem Zentrum drängen sich die Häuser, welche meist nur aus einem Erdgeschoss bestehen, mehr zusammen und hier befinden sich auch die Buden und Gewölbe, wo man arbeitet und verkauft, hier sind auch die Funduks. Moscheen gibt es eine große Anzahl, größere jedoch, die ein Minarett haben, nur fünf ...

Einen eigentlichen besonderen Handelszweig hat die Stadt nicht, man lobt die Lederarbeiten und Färbereien. Hauptgewerk ist die Kupferschlägerei, indess beschränkt sich das bloß auf Kessel, auf kleine Geschirre und Sachen, wie sie von den Eingeborenen hergestellt werden können. Aber wie ausgedehnt diese Manufaktur ist, geht am besten daraus hervor, wenn ich anführe, dass diese kupfernen Geschirre bis Kuka, Kano und Timbuktu ausgeführt werden. Und wie ergiebig müssen erst die Kupferminen in der Nähe von Tarudant sein, wenn man bedenkt, auf wie primitive Art die Eingeborenen dort eine solche Mine ausbeuten. Nach der Aussage der Eingeborenen soll nicht nur dies Metall, sondern auch Gold, Silber, Eisen und Magneteisenstein in großen Mengen vorkommen. Alle übrigen Landesprodukte sind wie in Agadir und im ganzen Sus-Lande sehr billig. Das Pfund Fleisch wird mit 2 Mosonen bezahlt, für eine Mosona erhält man 6–10 Eier und im Frühjahr noch mehrere.

Bei der Beschreibung von Tarudant kann ich nicht unerwähnt lassen, dass die einst so berühmten Zuckerplantagen heute nicht mehr existieren ...

Als im 16. Jahrhundert die Dynastie der Schürfa Marokko neu umgestaltete, suchten sie vor allen Dingen sich in Tarudant festzusetzen. Es wurde Zucker um Tarudant gepflanzt und um einen Ausgangshafen für das Produkt zu gewinnen, unternahm der Scherif Mohammend die Belagerung von Santa Croce, damals den Portugiesen gehörend. 1536 war dieser Hafen in den Händen der Gläubigen. Ein Slami oder übergetretener Jude hatte unter der Zeit Mühlen in Tarudant errichtet und von dem Augenblick an war der Handel mit Zucker ... der ergiebigste von allen marokkanischen Handelszweigen.

Auch christliche Sklaven wurden nun zur Fabrikation von Zucker verwandt, und nicht nur aus Marokko oder aus den Sudanländern kamen Leute nach Tarudant, um Zucker zu kaufen, auch Europäer stellten sich ein, sobald sie erfuhren, dass man sie gut behandle. Der Ertrag ergab für den Sultan jährlich 7500 Metkal, eine für damalige Zeit große Summe.

In welcher Zeit der Verfall des Zuckerbaues vor sich ging, habe ich nicht ergründen können, vielleicht wurden bei einer der so häufig in Marokko stattfindenden Revolten die Zuckergärten zerstört und nachdem nicht wieder angebaut. Aber die Erinnerung vom einstigen Zuckerreichthum in der Provinz existiert in Marokko heute noch."

(Bericht aus dem Jahr 1861,
Gerhard Rohlfs, „Reisen in Marokko")

rund um das Bab el Khemis (vormittags), zu dem die Bevölkerung aus dem ganzen Sous-Gebiet zusammentrifft, ist interessant und malerisch.

Taroudannt ist traditionell für seine **handwerklichen Arbeiten** bekannt, vor allem für **Silberschmuck** und die **Gerbereien.** In den Souks kann man Kunsthandwerk in guter Qualität und zu entsprechend gehobenen Preisen einkaufen.

Trotz berberischen Ursprungs ist die Stadt im Gegensatz zu ihrer Umgebung **stark arabisch geprägt.** Nur in wenigen Städten Marokkos begegnet man so vielen verschleierten Frauen, Indiz für einen hohen arabischen und konservativ-islamisch beeinflussten Bevölkerungsanteil. Ein dezentes Auftreten europäischer Reisender ist deshalb unbedingt angebracht.

Unterkunft

Klassifizierte Hotels

- **Gazelle d'Or*******, Tel. 0528 85 20 48, www.gazelledor.com. Eines der exklusivsten und schönsten Hotels in Marokko, ehemals Wohnsitz des französischen Barons *Pellenc* auf einem ca. 10 ha großen Grundstück. Es diente als Drehort für „Ali Baba und die 40 Räuber". Sehr aufmerksamer, höflicher und freundlicher Service, täglich frische Blumen, das Frühstück wird auf der Zimmerterrasse serviert. Das Hotel kann besichtigt werden (außer zur Mittagspause). Auch Wellness- und Fitness-Angebot. Sehr teuer, DZ €€€€€ mit HP.
- **Palais Salam******, Bd Moulay Ismail, in der Kasbah an der Stadtmauer, Tel. 0528 85 23 12, palsalam@menara.ma. Innerhalb der alten Kasbah, angrenzend an die Stadtmauern hat dieses tolle Hotel mit riesigem Palmengarten und zwei uralten Feigenbäumen im Patio eine einmalige Lage. Die Zimmer im alten Trakt sind sehr schön und gepflegt (mit versetzten Etagen). Diejenigen im neueren Trakt sind enger und weniger gemütlich. Freundliches und aufmerksames Personal, Dinner gegen Vorbestellung, Frühstück nicht besonders üppig. (Bezahlbares) DZ €€€€ inkl. Frühstück.
- **Saadiens****, Bordj Oumansour (in der Medina, direkt bei der Stadtmauer und in der ehemaligen Kasbah), Tel. 0528 85 24 73, hotsaadi@menara.ma. Schöne, saubere Zimmer, hübsche Dachterrasse, gelangweilter Empfang, Pool (gegen Eintritt auch für Nicht-Hotelgäste) und bewachter Parkplatz. Verlangen Sie die Zimmer mit Balkon nach hinten, diejenigen zur Straße sind laut, einige wenige haben kein Fenster und sind deshalb recht stickig. DZ mit Bad inkl. Frühstück €€.
- **Taroudannt***, Place el Alouine, Tel. 0528 85 24 16, Fax 0528 85 15 53. Einfaches, aber schönes, nostalgisch-verstaubtes Hotel mit Palmengarten im Innenhof. Die Zimmer sind relativ sauber, zur Straße hin laut, sonst ruhig. Zwei Parkplätze vor dem Hotel, sonst bewachter Parkplatz am Hauptplatz. Alkoholverkauf (auch an Auswärtige) an der Bar. DZ mit Bad/ohne WC €B, Dreierzimmer €, Preise saisonabhängig.
- **Tiout***, Av. Prince Heritier Sidi Mohamed, Ecke Rue Masgib el Kebir, gut ausgeschildert, Tel. 0528 85 03 41, Fax 0528 85 44 80. Hübsches, ordentliches und freundliches Mittelklassehotel mit bewachtem Parkplatz im Innenhof, Internet für die Gäste, Hammam, kein Alkoholausschank. DZ mit Balkon, AC und Bad €€€B inkl. Frühstück.

Maison d'Hôtes

- **Riad El-Aissi,** Mobil 0661 17 30 89 oder 0666 66 35 13, www.riadelaissi.com. 3 km außerhalb (Village Talaa) an der Route Richtung Agadir über Ameskroud, direkt an einem schönen Orangenhain. Hübsches Hotel im traditionellen Stil mit Restaurant und Pool. Die Besitzerin hat in Europa gelebt und kocht selbst für ihre Gäste. Klimatisierte Zimmer für 2 oder 3 Personen €€€, großes Zimmer oder Suite für bis zu 6 Personen €€€€B.
- **Dar Zitoune,** Tel. 0528 55 11 41/42, www.darzitoune.com. An der Stadtausfahrt Richtung Agadir auf der rechten Seite. 2005 eröffnetes schönes Gästehaus unter schweizeri-

scher Führung im marokkanischen Stil. 14 Bungalows im Garten mit Pool, Terrasse und Hammam. DZ od. Suite €€€€ inkl. Frühstück.

- **Dar al Qadiri,** Lotissement Al Amal, M'haïta, kurz vor der Stadtmauer, Tel. 0528 85 02 48, Dar_alqadiri@yahoo.fr. Saubere, hübsch eingerichtete und klimatisierte Zimmer mit Bad, freundlich, gutes Essen, von einem Leser sehr empfohlen. DZ €€.
- **L'Arganier d'Or,** 19 km Richtung Ouarzazate (N10) in Zaouiat Ifergane Aït Igasse, Tel. 0528 55 02 11/18, www.larganierdor-hotel.com. Schöner Riad zum Relaxen in ruhiger, ländlicher Umgebumg auf einer 3 ha Orangenfarm mit Pool und Hammam. Klimatisiertes Zimmer mit Bad €€€.

Unklassifizierte Hotels

- **El Warda,** Place Talmoklate, über einem Café, in dem sich viele Jugendliche treffen. Einfaches, sehr sauberes und freundliches Hotel, DZ mit/ohne Dusche ½€.
- **Roudana,** ca. 100 m rechts vom Hotel Tiout (beschildert). Einfach und sehr sauber, mit Dachterrasse, gutes Preis-Leistungsverhältnis, empfehlenswert, ½€.
- **Weitere einfache Hotels** gibt es um die Plätze El Alouine und Talmoklate.

Essen und Trinken

- **Chez Nada,** Foug Saguia, ca. 100 m vom Hospital in Richtung Innenstadt. Marokkanische und internationale Spezialitäten werden auf der Dachterrasse serviert. Geschmackvoll eingerichtet, sehr freundlich.
- **Frühstücken** kann man gut in den Cafés am Place El Alouine (Assaragh) für ca. 20 DH.

Einkaufen

- Ein paar Häuser vom Hotel Saadien entfernt liegt das **Maison de Miel,** wo man eine **große Auswahl an Honig** bekommt (Orangenblüten-, Thymian-, Eukalyptushonig).
- **Alkoholische Getränke** (Bier und Wein) werden im Hotel Taroudannt verkauft.
- Eine schöne Auswahl an **Teppichen** bietet der gut deutsch sprechende *Brahim Bihi* im **La Maison Nomade** nahe dem Place El Alouine in einer Gasse hinter der BMCE-Bank (Schild).
- In der Arganienkooperative und Herboristerie **Riad Argan** (Tel. 062 73 97 21) hinter dem Berbermarkt in der Mellah kann man sich die Verwendung von **Arganienöl,** natürlichen Kosmetikprodukten und Kräutern erklären lassen und diese auch kaufen.
- Gute **Arganienölprodukte** kann man auch in der Frauenkooperative in Tiout kaufen (vgl. Ausflug).

Busse

- **CTM-Büro,** Bd El Mansour Eddahbi, Bab Zorgane (nahe Busbahnhof).
- CTM- und Privatbusse (z.B. Sahara Voyages) fahren vom **Busbahnhof beim Bab Zorgan** außerhalb der Stadtmauern ab.

Verbindungen und Preise

- **Agadir:** mehrmals täglich, u.a. mit CT nach Casablanca um 21 Uhr, ca. 30 DH, ca. 1½ Std. Fahrzeit.
- **Marrakesch** (CTM-Bus): 1x tägl. um 21 Uhr (Bus nach Casablanca), Ankunft nachts, 90 DH, ca. 5 Std. Fahrzeit.
- **Ouarzazate:** Mittags fährt ein CTM-Bus über Taliouine, 79 DH, ca. 5 Std. Fahrzeit.
- **Casablanca** (CTM-Bus): 1x tägl. um 21 Uhr, 200 DH (über Agadir, Safi etc.), Fahrzeit ca. 9 Std., auch Privatbusse über Marrakesch mehrmals täglich.
- **Tata** (SATAS): tägl. morgens, Fahrzeit 5 Std., Preis ca. 60 DH, über Taliouine ca. 90 DH.

Sammeltaxis/Taxis

Sammeltaxis in alle Richtungen ab Place El Alouine und Bab Zorgan. Ein Sammeltaxi nach **Inezgane** (Agadir) kostet ca. 30 DH, ein Grand Taxi nach Moulay Brahim über den **Tizi-n-Test** 600 DH. Preiswerter fährt man über den Tizi-n-Test nach **Marrakesch,** wenn man erst mit dem Sammeltaxi nach Ouled Berhil (45 Min.) fährt und von dort mit dem Bus oder mit dem Sammeltaxi nach **Asni** (4 Std.); von dort weiter nach Marrakesch.

Ähnlich wie in Marrakesch verkehren in Taroudannt **Pferdedroschken** *(calèche)* als ro-

aga08-273 Foto: ad

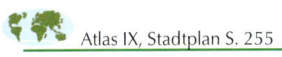

mantische Alternative zum Taxi. Mit den Kutschen kann man sich günstig z.B. von den Souks (Place El Alouine) zurück zum Hotel befördern lassen.

Feste/Veranstaltungen

- **Zahlreiche Moussems** finden in den Dörfern der Umgebung zwischen Juli und Oktober statt. Vor allem im August und September zur Erntezeit häufen sich die Moussems.
- **Moussem Rkeb Moulay Brahim,** in Taroudannt am 2. Tag von Aid Mouloud.
- Weitere **drei Moussems in Ouled Teima** während des Mouloud.
- Im April findet eine **Handwerksmesse** mit Kunsthandwerksausstellung statt.

Sonstiges

- In der Stadt gibt es mehrere **bewachte Parkplätze.**
- Post außerhalb der Medina **an der Straße nach Ouarzazate.**

Ausflug zur Oase Tiout

↗IX/C2

Anfahrt: Von Taroudannt 38 km Teerstraße bis Tiout. Fahren Sie zurück Richtung Agadir, nach 3 km über den Oued Sous, bis zum Kreisverkehr 6 km hinter Taroudannt. Hier Richtung Ouarzazate und Tata abbiegen. Die Straße führt an Orangenhainen, Oliven- und Arganienbäumen sowie Mais- und Getreidefeldern entlang. 16 km

Der Marabout in der Oase Tiout

nach dem Kreisverkehr (22 km ab Taroudannt) an der Kreuzung nach einer Tankstelle rechts auf eine schmale Teerstraße abbiegen Richtung Tiout (Schild)/Igherm, links geht es nach Aït Yazza, geradeaus nach Taliouine. 11 km weiter (33 km ab Taroudannt) rechts nach Tiout abzweigen (geradeaus weiter nach Igherm), das nach 5 km erreicht ist.

An der Ortseinfahrt auf der linken Seite befindet sich das Gebäude der **Arganienölkooperative Taitmatine** (Tel. 0528 85 25 51, www.targanine.com). Hier kann man den Frauen beim Klopfen der Arganienkerne, beim Rösten der Samenkerne und Extrahieren des Arganienöls zusehen. Außerdem wird gutes Arganienöl und die „Bernutella" Amlou, eine köstliche Mischung aus Honig, Mandeln und Arganienöl, zum Verkauf angeboten. Machen Sie nur Fotos, wenn die Damen damit einverstanden sind!

Am Ortsanfang rechts geht es auf einer Piste (300 m) zur hübschen **Auberge Tigmmi** (Tel./Fax 0528 85 05 55) unter Führung eines Franzosen. Die Herberge in einem alten Haus des Dorfes ist eine wahre Oase der Ruhe für Individualtouristen mit großen, sauberen und hübschen Zimmern (Bad/WC). Es gibt mehrere Salons, eine Dachterrasse mit schönem Blick und einen Innenhof mit Orangenbäumen und Springbrunnen. DZ €€€ mit Halbpension, sehr gutes Essen (Menü 50–120 DH).

Die hübsche **Palmenoase Tiout,** die vom 16. bis 19. Jahrhundert, zur Zeit des Zuckerhandels, recht bekannt war, wird im Südwesten überragt von einer mächtigen **Kasbah.** Zur ihr gelangt man ab der Kreuzung am Ende der Teerstraße links auf einer ausgefahrenen Piste (2 km). Auf dem Parkplatz am Ende der Piste (N 30°23,137′, W 08°41,578′) werden Busladungen an Touristen abgesetzt, die in die zum Restaurant umfunktionierte Kasbah zum Mittagessen pilgern. Das Menü im **Restaurant Kasbah Tiout** (Tel. 0528 55 05 75) kostet etwa 80 DH p.P., die Säle auf mehreren Etagen mit schönem Blick auf die Oase bieten Platz für 400 Personen. Die eigentliche Kasbah kann nicht mehr besichtigt werden, das Restaurant wurde als Betonbau oben draufgesetzt. Individualtouristen sind hier nicht besonders willkommen. Der Ausflug lohnt sich aber vor allem wegen des schönen Dorfs, das auch Wallfahrtsziel mit einem hübschen **Marabout** ist. Man kann Spaziergänge unternehmen oder in Begleitung eines Führes mit dem Esel durch die Oasengärten reiten.

Bei der **Rückfahrt** ist es möglich, an der Kreuzung von km 22 geradeaus weiter Richtung Aït Yazza zu fahren und von dort nach 3 km zum Dorf Freija zu gelangen.

Links der Straße liegt die ursprünglich sehr schöne Lehmburg **Kasbah Freija,** errichtet Ende des 19. Jahrhunderts. 2008 wurde sie renoviert und zum Hotel und Restaurant **Riad Freija** umgebaut, leider wenig authentisch (www.riadfreija.ma, Tel. 0528 85 10 03/04/05). Vorzüge sind die ruhige Lage, der schöne Pool, die Dachterrasse mit Blick auf die Umgebung und der große Innenhof mit Palmen und Brunnen, in dem auch das Essen serviert wird (kein Alkohol). Die Suiten und klimatisierten Zimmer (DZ €€€) wurden leider nicht mit Originalmaterialien gestaltet (Tapete statt Lehmverputz, Keramikfliesen statt Mosaiken).

1 km weiter endet der Teer, eine steinige Piste führt über das Oued Sous (ohne Wasser auch mit Pkw befahrbar). Dahinter geht es weiter auf Teerstraße nach **Aït Yazza** (2 km ab Freija), wo die Route an einer unbeschilderten Kreuzung bei GPS-Pos. N 30°30,204′, W 08°48,008′ in die Straße Marrakesch – Taroudannt einmündet. Von Taroudannt kommend, kann man hier rechts Richtung Kasbah Freija bzw. Tiout abbiegen. Von hier sind es noch 7 km bis Taroudannt.

Von Agadir nach Tafraoute

Überblick

- **155 km bis Tafraoute, R105**
- **275 km bis Tiznit, R104**
- **Ca. 370 km als Rundfahrt bis nach Agadir, N1**
- Für diese **schöne und sehr lohnenswerte Rundstrecke** sollte man mindestens zwei, besser aber **drei Tage** einplanen. Eine landschaftlich großartige Alternative (mit Terrassenfeldern) ist die ungefähr ähnlich weite Strecke von Aït-Baha nach Tanalt und von dort über Taguenza ins Ammelntal bzw. direkt von Tanalt nach Tiznit.
- **Mit öffentlichen Verkehrsmitteln:** Es fahren mehrmals täglich Busse von Agadir bzw. Inezgane über Aït-Baha nach Tafraoute (und umgekehrt).

Anfahrtsbeschreibung

Agadir über die Straße nach Ben Sergao und Inezgane (Av. Mohammed V. nach Süden in Richtung Founty) verlassen. Inezgane ist etwa 7 km nach Agadir erreicht (Busbahnhof und großer Markt). Weiter geht es auf palmengesäumter, vierspuriger Schnellstraße nach **Aït Melloul** (ca. 10 km hinter Agadir). Die geschäftige und stark expandierende Stadt am Oued Sous ist sozusagen Vorort von Agadir und Wohnstadt vieler in Agadir arbeitender Marokkaner. Es gibt viele Geschäfte für den alltäglichen Bedarf und Restaurants – hier herrscht im Gegensatz zu Agadir typisches marokkanisches Kleinstadtleben. In Aït Melloul werden die schwarz-weißen Makhzenzelte *(tentes caïdales)* hergestellt, außerdem gibt es zahlreiche Produzenten von Keramikfliesen.

Am Kreisverkehr in Aït Melloul geht es links nach Ouarzazate, rechts nach Tiznit und geradeaus nach Tafraoute. 4 km weiter zweigt an einem weiteren Kreisverkehr die Straße zum **Flughafen Al Massira** ab. Die nun nicht mehr vierspurig ausgebaute Straße nach Tafraoute führt geradeaus (rechts nach Tiznit) durch flache Steppenlandschaft mit Arganienbäumen, Feigenkakteen und Gewächshäusern. Es herrscht viel Verkehr, daher ist Vorsicht geboten.

Bei km 28 erreicht man **Biougra,** einen geschäftigen und hübsch begrünten Ort mit vielen Neubauten und allen Versorgungsmöglichkeiten. In Biougra findet Mitte August ein schöner Moussem statt. An der Ortsausfahrt bietet das relativ neue **Hotel Targante** (Tel. 0528 81 91 66, sotayour@menara.ma, DZ mit Bad €€) Unterkunft.

Hinter dem Ort **Imi-Mqorn** (km 43) wird die karge, steinige Landschaft hügeliger, auf den knorrigen **Arganienbäumen** klettern Ziegen auf der Futtersuche. Aus dem nussartigen Samenkern der Arganienfrüchte wird Speiseöl gewonnen (vgl. Exkurs „Der Arganbaum").

4 km hinter Imi-Mqorn geht es auf der schmalen Teerstraße kurvig bergauf bis **Aït-Baha** (km 60, Abzweig rechts in den Ort). Am Sonntag findet hier ein Wochenmarkt statt, es gibt eine Tankstelle, Cafés und einen Grand-Taxi-Stand. Übernachtung ist im empfehlenswerten **Hotel Al Adarissa***** möglich (Tel. 0528 25 44 61/62): freundlich, abgeschlossener Parkplatz, sehr saubere und ordentliche Zimmer mit TV und Bad (DZ €€), von der Terrasse des Cafés/Restaurants blickt man auf die Berge.

3 km hinter dem Ort (km 63) zweigt links eine kurze Piste zur **„Coopérative Agricole Féminine Maoriga"** ab (Schild). Die Frauen der Kooperative stellen hier Arganienöl her. Man kann sich die verschiedenen Arbeitsschritte erklären lassen und gutes Arganienöl direkt kaufen (ca. 250 DH/Liter).

Die kleine Bergstraße windet sich dem Tal des **Oued Aït-Baha** entlang bis auf 1300 m hinauf. Der Fluss wurde in den letzten Jahren zu einem See gestaut, an seinem Ufer liegt der kleine Ort **Had Aït M'Zal.** Es geht weiter durch wildromantisches Bergland mit Arganien, Mandelbäumen, Kakteen und schönen Ausblicken hinunter ins Tal des Oued Aït-Baha (ab ca. km 76). Steinhäuser kleben an den terrassierten Hängen, auf denen Getreide und Mais angebaut werden.

Nachdem man einige kleine Dörfer passiert hat, führt die Straße ab ca. km 101 wieder bergab ins Tal. Kurz darauf eröffnet sich ein toller Blick auf den auf einem Hügel thronenden, kreisförmigen Agadir Tizourgane. An der V-Kreuzung bei km 105 geht es links nach Tafraoute und zum Parkplatz für den (unbedingt lohnenswerten) Besuch des Agadirs, rechts ins Dorf **Ida Ougnidif/Tioulit** unterhalb der Speicherburg. Hier ist das **Gebiet der Illalen,** einer Konföderation von 18 Stämmen, von denen jeder einen Speicher besitzt, in dem die Ernte und wichtige Familiengüter gelagert werden. Innerhalb der Speicher gibt es bis zu 300 verschließbare Fächer. Der Schlüssel befindet sich im Besitz des Familienoberhauptes.

Der **Agadir Tizourgane** wurde im 13. Jahrhundert als Getreidespeicher errichtet und dann im Zuge der kriegerischen Auseinandersetzungen zwischen den Berberstämmen immer mehr als Zufluchtsstätte für die Dorfbewohner genutzt. Der heutige, von einer Ringmauer umgebene Komplex mit Speicherkammern, Moschee und dreißig Steinhäusern entstand so bis ins 16. Jahrhundert. Bis zur Unabhängigkeit Marokkos lebten noch 35 Familien im Agadir. Dann wanderten sie in moderne Häuser oder auf der Suche nach Arbeit in größere Städte ab. Heute wohnen nur noch drei Familien im Agadir Tizourgane. Die Bewohner des Dorfes Tioulit nutzen die Speicherkammern teilweise immer noch zur Lagerung von Getreide und Wertgegenständen. Bei einem Spaziergang durch die schmalen Gassen (Eintritt 10 DH) kann man die alte Architektur bewundern: Die Flachdächer der Häuser aus grauem Bruchstein sind mit Erde beschwert und werden von Deckenbalken aus Arganienholz getragen. Holztüren führen ins Innere, in das nur wenig Licht durch die kleinen Fensterchen fällt.

Seit 2005 wurde der Agadir mit Unterstützung des Kulturministeriums teilweise renoviert, einige Häuser setzten Familien aus dem Dorf in Privatinitiative wieder instand. Zur Bewahrung der einzigartigen Atmosphäre wurden die Stromleitungen für die wenigen bewohnten Häuser – im Gegensatz zu allen anderen Orten Marokkos – unterirdisch verlegt.

Die nette Familie *Mussali* engagiert sich besonders für den Erhalt des Agadirs und betreibt ein **Maison d'Hôtes** in einem der alten Steinhäuser. *Jamal* und *Malika Mussali* (Mobil 0661 94 13 50, www.tizourgane-kasbah.com) führen die saubere, authentische Herberge, die sie sehr schön und mit Liebe zum Detail hergerichtet haben. Es gibt fließend Wasser und Strom, einen kühlen Berbersalon, eine schattige und gemütliche Dachterrasse mit Blick auf die Berge und kleine hübsche Zimmer mit Dusche und WC auf dem Gang (240 DH/Pers. mit HP). Ein großes Familienzimmer hat ein eigenes Bad. Die Mutter backt fantastisches Brot in der Pfanne, das zum Frühstück auf der Terrasse serviert wird. *Jamal* führt gerne durch die Anlage und unternimmt bei Interesse **Wanderungen** in der Umgebung, z.B. zu einem anderen Agadir oder zur Palmenoase Targa'n'Touchka (Markt am Sonntag). Wer möchte, kann auch mehrtägige Touren unternehmen oder an einem Tag den Djabal Lekst (2359 m) nach Tafraoute überschreiten. Neben der Herberge befindet sich ein Hammam. Dieser Ort eignet sich perfekt für ein paar geruhsame (Wander-)Tage auf dem Land!

Weiter auf der Hauptstraße erreicht man bei km 112 **Madao,** eine große Siedlung im Tal des von unzähligen Mandelbäumen gesäumten Oued Aït-Baha, dahinter die Kulisse der im Nachmittagslicht rot schimmernden Berge. Hier kann man in einem Café oder Restaurant einkehren.

Danach führt die schmale Straße wieder bergauf nach **Sidi M'Zal** (km 122), einem großen Ort mit vielen neuen Häusern. Es gibt einen Marabout und eine hübsche alte Zaouia.

Bei km 134 zweigt links eine Teerstraße (15 km) nach **Aït Abdallah** und Igherm ab, beides sehr schön gelegene Anti-Atlas-Dörfer. Rechts führt die Hauptstraße weiter nach Tafraoute. Nach 1 km (km 135) ist die **Passhöhe Tizi Mlil** (1650 m) erreicht. Die recht ausgefranste, schmale Straße führt in Serpentinen und mit grandiosem Ausblick ins Tal.

Bei km 143 liegt die **Zawia Sidi Abd el Jabar** unterhalb der Straße, umrahmt von hohen, rötlichen Granitber-

ma07_630 Foto: ad

Der Arganbaum

von *Brigitte Hanemann*

Der Arganbaum ist eine **nur in Südmarokko vorkommende Baumart.** Es handelt sich wohl um das einzige Tertiärrelikt Europas und Nordafrikas, das die klimatischen Veränderungen bis ins heutige Quartär überlebt hat und noch von beachtlicher wirtschaftlicher und sozialer Bedeutung ist.

Die heutigen Arganienbestände sind jedoch großflächig in sehr schlechtem Zustand, und eine natürliche Fortpflanzung dieser an die Trockenheit hervorragend angepassten Art durch Aussamen ist kaum mehr zu beobachten. Gleichzeitig kann man einen generellen Rückgang dieser Baumart feststellen.

Auf Anfrage der marokkanischen Regierung wird im Rahmen eines Projektes der Gesellschaft für technische Zusammenarbeit (GTZ) eine Methodologie zum Schutz der Arganbäume unter gleichzeitiger nachhaltiger Nutzung erarbeitet; Ziel ist die Schaffung eines Biosphärenreservates.

Botanische Charakteristika der Arganie

Der Arganbaum *(Argania spinosa (L.) Skeels)* ist im Deutschen auch unter dem Namen **Eisenholzbaum** bekannt. Es handelt sich dabei um einen immergrünen Baum, der eine Höhe von bis zu 10 m erreichen kann. Meist wird er 5–6 m hoch und seine dichte, breitkugelige Krone bis zu 10 m breit. Der Stamm hat eine rauhe, rissige Rinde, die Zweige sind dornig. Die Blätter erreichen 2–4 cm Länge und 1 cm Breite. Die unscheinbaren gelblichgrünen Blüten erblühen im April in den Achseln der Blätter. Die Frucht ist etwa oliven- bis taubeneigroß, gelb und reift im September heran, der harte Stein enthält ein bis drei Samen und ist von einer fleischigen Schale umgeben. Die natürliche Fortpflanzung erfolgt durch Aussamen (heute kaum mehr zu beobachten) oder durch Schößlinge aus dem Wurzelstock. Die Altersbestimmung ist bei den Arganien äußerst schwierig, da aufgrund der Holzdichte, es handelt sich ja um einen Eisenholzbaum, keine Jahresringe vorhanden sind. Man geht davon aus, dass die Bäume maximal 250 Jahre alt werden können.

Die besonders gute Anpassung der Arganie an die extremen klimatischen Verhältinisse hat ein Überleben des Baumes bis in die heutige Zeit ermöglicht. Die Arganie ist gleichzeitig **Flach- und Tiefwurzler** (die Wurzeln können bis zu 50 m in die Tiefe reichen). So kann sie sich sowohl das Oberflächenwasser als auch tiefer liegende Grundwasserschichten erschließen. Der Arganbaum ist nicht frostresistent, verträgt aber durchaus Temperaturen von bis zu 50°C. Verlängerte Trockenheitsperioden kann der Baum dank seiner speziellen Überlebensstrategie überstehen, indem er seine Blätter abwirft und so den nächsten Niederschlag oder eine Erhöhung der Luftfeuchte, sogar mehrere Jahre hindurch, in einem latenten Ruhestadium abwartet.

Verbreitungsgebiet

Das Verbreitungsgebiet des Arganbaumes, die sogenannte **Arganeraie,** ist klimatisch bestimmt. Man findet den trockenheits- und wärmeliebenden Baum ausschließlich in Südwestmarokko auf einem Areal von etwa 700.000 Hektar. Die Arganeraie erstreckt sich von Safi im Norden bis zum Draâtal im Süden, von der Atlantikküste im Westen bis zum Westabfall des Djabal Siroua. Es umfasst also die südlichen Abhänge des westlichen Teils des Hohen Atlas mit seinen zum Teil tief eingeschnittenen Tälern, die nördlichen Abhänge des westlichen Anti-Atlas und die dazwischenliegenden weiten Abflussbecken der Flüsse Souss und Massa.

Klima

Im Verbreitungsgebiet der Arganie ist **ozeanisch geprägtes, mediterran-arides Klima** vorherrschend. Es ist gekennzeichnet durch starke Luftfeuchtigkeit und starken Tau, häufigen und dauerhaften Nebel und Wind. Das mediterran-aride Klima des Verbreitungsgebietes ist gekennzeichnet durch folgende Werte: die Niederschläge liegen zwischen 120 und 400 mm pro Jahr, die Temperaturen liegen zwischen 3,8 und 50°C. Der Arganbaum wächst in Höhenlagen zwischen 0 und 700 m.

Boden

Arganbäume wachsen auf allen Bodentypen, auf Silizium-, Kalk-, Lehm-, Sand-, Kies-, Alluvionsböden, Kalkkrustenböden etc. Der einzige Boden, der von den Arganien gemieden wird, ist bewegter Sand. Sobald die Wanderdünen jedoch gefestigt sind, entwickeln sich die Arganien recht gut.

Der Arganbaum erfüllt eine Reihe von **wichtigen Funktionen im geoökologischen System:** Er ist zum einen ein wichtiger Bodenverbesserer, was man daran erkennen kann, dass im Schattenbereich der Arganbäume die Vegetation meist dichter ist als außerhalb. Durch seine flachen und tiefen Wurzeln schützt er den Boden vor Erosion, da er die Erde gut zusammenhält. So traten z.B. im Winter 1995/96 die größten Erosionsschäden vor allem in den Gebieten auf, in denen die Arganeraie abgeholzt worden war. Nicht zuletzt ist der Arganbaum ein wichtiger Schutz vor Desertifikation vor allem in den wüstennahen Gebieten.

Die flächenmäßige Bedeutung der Arganien lässt sich an folgenden Zahlen für Marokko festmachen: Nach den Steineichenwäldern, die 29,2% der Gesamtwaldfläche Marokkos bedecken und den Thujawäldern mit 18,8% liegen die Arganienbestände mit 15,1% an dritter Stelle, die Korkeichenwälder folgen mit 7,8% und die Zedernwälder mit 2,5%.

Nutzung

Die Nutzung des Arganbaumes ist eng verbunden mit der **bodenrechtlichen Situation.** Die marokkanische Regierung erkannte schon Anfang des 20. Jahrhunderts die wirtschaftliche und ökologische Bedeutung der Arganienwälder, die stark im Rückgang begriffen waren. Sie erließ 1925 und 1938 Gesetze zu deren Schutz, die das **Gewohnheitsrecht der Berberstämme** bezüglich der Nutzung regeln sollten. Die Wälder gelangten so in staatlichen Besitz, gleichzeitig gewährte der Staat der ansässigen Bevölkerung folgende Nutzungsrechte: Weiderecht für die Tierherden; Ernterecht für die Arganfrüchte; landwirtschaftliches Nutzungsrecht für die Böden; Holzsammeln; Entnahme von Ästen für den Bau von Umzäunungen; Entnahme von Brennholz, Bauholz und zur Holzkohleherstellung; Entnahme von Erde, Sand, Steinen, Kalk und Gips; *droit de se clore:* Recht, ein Stück Land für eine bestimmte Zeit (bis zur Reife des angebauten Getreides) aus der allgemeinen Nutzung auszuschließen.

Für ein und dieselbe Fläche kann Nutzungsrecht und Besitzrecht unterschiedlichen Personen bzw. dem Staat zugeschrieben sein; darüberhinaus können sowohl Nutzungsrecht als auch Besitzrecht kollektiv oder individuell sein.

Daneben gibt es aber auch durch das Gewohnheitsrecht *(orf)* festgelegte Privatflächen *(melk),* welche eingezäunt werden dürfen. Flächen, auf denen nur ein Nutzungsrecht besteht, dürfen dagegen nicht eingezäunt werden, da sie nach der Ernte wieder der Gemeinschaft zufallen.

Darüber hinaus ist bei der **Vererbung** das islamische Recht gültig. Die Realteilung sieht vor, dass die Töchter die Hälfte des Anteils der Söhne erhalten. Boden und

Bäume können getrennt voneinander vererbt werden.

Des Weiteren gibt es keine Parzellierung, sondern oft existieren auch Konfliktgebiete zwischen verschiedenen Stämmen. Das ist etwa der Fall, wenn die *finage* (entspricht wohl in etwa der Gemarkung) von verschiedenen Dörfern *(douar)* nicht eindeutig festgelegt ist.

Der oft zu beobachtende sehr unterschiedliche Zustand von direkt nebeneinander stehenden Bäumen lässt sich wohl am ehesten durch die unterschiedlichen Nutzungsrechte erklären: Die unter kollektivem Nutzungsrecht stehenden Bäume sind sehr degradiert, Privatbesitz dagegen ist gut gepflegt.

Von der ansässigen Bevölkerung wird der Arganbaum in vielfältiger Weise genutzt.

Von den Frauen wird in einem aufwendigen Verfahren in Handarbeit **Arganöl** aus den Arganfrüchten gewonnen: Im September werden die Arganfrüchte aufgesammelt. Alle Familienmitglieder sind daran beteiligt, wobei die Männer den Transport der gefüllten Säcke mit dem Muli ins Dorf übernehmen, während Frauen und Kinder die Früchte Stück für Stück unter den Bäumen aufsammeln. Die folgenden Arbeitsgänge sind nun reine **Frauensache:** Das Fruchtfleisch wird mit einem Stein abgeschlagen. Dann werden die Kerne mit einem Stein geknackt und die ein bis drei Samen entnommen. Die Samen werden nun über dem Feuer geröstet, gemahlen und dann unter Zugabe von Wasser so lange geknetet, bis das Öl austritt. Für die Herstellung von 1 Liter Arganöl arbeitet eine Frau zehn Stunden. Das ist auch der Grund, weshalb die Arganölproduktion zurückgeht: Die jungen Frauen sind nicht mehr bereit, diese schwere Arbeit zu verrichten. Arganöl ist sehr hochwertig und hat einen charakteristischen nussigen Geschmack. Es ist 5–10x so teuer wie normales Öl, und wird deshalb hauptsächlich zum Eigenverbrauch, aber auch zum Verkauf hergestellt. Die mangelnde Wettbewerbsfähigkeit im Vergleich zu subventionierten Speiseölen ist ein weiterer Grund für den Rückgang der Produktion. Darüberhinaus ist die Vermarktung des Arganöls für die Frauen sehr schwierig: nachdem Frauen nicht auf den Markt *(suq)* gehen, sind sie oft auf einen Zwischenhändler angewiesen, oder können ihr Produkt überhaupt nicht kommerzialisieren. Dabei stellt das Arganöl häufig ihre einzige Einnahmequelle dar. Das Arganöl findet nicht nur in der Küche Verwendung, sondern auch für die Haar- und Babypflege. Kalt gepresstes Arganöl wird auch in der Kosmetikindustrie verwendet.

Die Arganeraie wird als **Waldweide für Ziegen-, Schaf- und/oder Kamelherden** genutzt. Die Tiere fressen die unter den Bäumen wachsende Vegetation, bei Fortschreiten des Sommers wird die Arganie als Zusatzfutter genutzt, vor allem die Ziegen erklettern die Bäume und fressen Früchte, Blätter und die jungen Zweige. Weiterhin wird an die Tiere der bei der Ölgewinnung anfallende Pressrückstand als Ölkuchen verfüttert. Ein Teil des Fruchtfleisches wird getrocknet und als Futtervorrat angelegt. Es stimmt allerdings nicht, dass, wie man oftmals lesen kann, die Argansamen nur keimen können, wenn sie einmal den Verdauungstrakt einer Ziege passiert haben.

Unter den Arganbäumen wird der Boden teilweise landwirtschaftlich genutzt. Angebaut wird in der Regel Gerste, wobei die jeweilige Fläche bis zur Ernte aus der allgemeinen Weidenutzung genommen wird.

Das **Arganholz** wird von der Bevölkerung in vielfältiger Weise genutzt: Sie verwendet es als Brenn- und Bauholz, zum Bau von Umzäunungen und zur Holzkohlegewinnung. Auch die Nussschalen werden genutzt und dienen als Brennmaterial.

Die Bevölkerung entnimmt aus dem Boden der Arganeraie Sand, Steine, Erde, Kalk und Gips als Baumaterial.

Forstwirtschaft

Der marokkanischen Forstverwaltung *(Direction des Eaux et Foręts)* obliegt die forstwirtschaftliche Betreuung der Arganeraie. Aufgrund der beschriebenen intensiven Nutzung der Arganeraie können die Samen nicht auskeimen. Es ist deshalb eine gängige Verjüngungspraxis, die Bäume auf riesigen Flächen bis auf einen Baumstumpf abzuschneiden. Diese Flächen werden dann für einige Jahre aus der Nutzung genommen. In der Zeit treiben die Wurzelstöcke buschig aus. Die besten Triebe werden selektiert oder das buschige Wachstum belassen. So kann man sich auch das strauchartige Aussehen des Arganbaumes erklären, das wohl auf diese Verjüngungstechnik zurückzuführen ist.

Gefährdung

Heute kann man einen Rückgang der Arganeraie beobachten, die Größe des Verbreitungsgebietes und auch die Bewuchsdichte nehmen ab. In weniger als einem halben Jahrhundert hat die Bestandsdichte von 100 Bäumen pro Hektar auf 30 Bäume pro Hektar abgenommen. Daran kann man feststellen, dass die Gesetzgebung an die heutigen Verhältnisse nicht mehr angepasst ist. Nach einer Studie des *Institut Agronomique et Vétérinaire Hassan II.* in Agadir kann man davon ausgehen, dass die Arganienbestände mit einer Geschwindigkeit von 0,5 Arganien pro Hektar und Jahr abnehmen. Bei einem Fortdauern dieses Trends wird in 50 Jahren zwischen Aoulouz und Agadir kein einziger Arganbaum mehr stehen. Abgesehen von der flächenmäßigen Verringerung der Arganbestände schreitet auch die Degradation der derzeitigen Bestände fort.

Die grundlegenden **Faktoren** für die gegenwärtige Bedrohung der Arganien liegen wohl in der Bevölkerungszunahme, der daraus folgenden Zunahme der Tierzahlen und der Ausweitung der landwirtschaftlichen Nutzflächen sowie im Aufkommen von finanziell wesentlich rentableren Intensivkulturen.

Rodung oder übermäßige Holzentnahme

Zur Ackerlandgewinnung werden heute sowohl illegal als auch legal große Flächen gerodet. Beispielsweise fiel ein großer Teil eines der wichtigsten zusammenhängenden Arganwaldgebiete, des **Forȩt de Ademine** dem Bau des neuen Flughafen von Agadir zum Opfer. Im gesamten Souss-Massa-Becken sind wie in allen Ebenen die wesentlich rentableren Intensivkulturen auf dem Vormarsch und verdrängen so die Arganeraie. Der zunehmende Bevölkerungsdruck führt auch in immer abgelegeneren Gebieten die Bevölkerung dazu, zum Teil illegal ihre Getreideanbauflächen zulasten der Arganbäume zu erweitern.

In manchen Regionen ist auch eine übermäßige Holzentnahme festzustellen: So werden die traditionellen Badeeinrichtungen *(hammam)* beispielsweise immer noch mit Holz beheizt. Alleine in Marrakesch gibt es etwa 250 Hammams, den enormen Holzverbrauch kann man sich lebhaft vorstellen.

Überweidung

Allgemein ist ein **Wandel in der Nutzung** der Arganbäume festzustellen: Die früher vorherrschende Funktion als Fruchtbaum weicht immer mehr der Weidenutzung.In vielen Gebieten leiden vor allem die Bestände mit kollektivem Beweidungsrecht unter dem zunehmenden Beweidungsdruck. Gerade in trockenen Jahren stehen vielerorts die Arganbäume als einzige Futterquelle zur Verfügung. Überhöhte Viehbestände sind ebenfalls als Ursache zu sehen. Die Ziegen erklettern die Kronen der Bäume und fressen von oben die Blätter, Zweige und Früchte ab. Dieser Verbiss führt bei dauerhaftem Einwirken zu irreversiblen Schäden. So gaukelt das malerische Bild der Ziegen im Arganbaum eine falsche Idylle vor.

Dazu kommt die **Nomadenproblematik,** die sich seit der Annektion der Westsa-

aga08-278 Foto: ch

hara bemerkbar macht. 1975 gewährte König *Hassan II.* den Nomaden der Westsahara das Recht, im gesamten Staatsgebiet frei umherzuziehen. Davon machen diese auch Gebrauch. Sie sind modern ausgestattet mit Lkws und fahren mit riesigen Herden vom Süden herauf, weiden alles ab und so schnell wie sie gekommen sind, ziehen sie auch wieder weiter. Dabei handelt es sich im Souss um Herden mit über 70.000 Stück Vieh. Die lokale Bevölkerung ist darüber natürlich nicht sehr erfreut.

Überalterung der Bestände

Aufgrund der intensiven Beweidung, der Nutzung der Früchte und der landwirtschaftlichen Nutzung der Arganeraie ist seit dem Anfang des 20. Jahrhunderts eine natürliche Waldverjüngung nicht mehr möglich. Mittlerweile kann man von einer starken Überalterung der derzeitigen Bestände sprechen. Man kann davon ausgehen, dass die Wurzelstöcke nur eine begrenzte Lebensdauer haben; wenn diese einmal überschritten ist, so ist ein neuerliches Austreiben der Schößlinge und damit eine Waldverjüngung nicht mehr möglich.

Das Projekt „Conservation et Développement de l'Arganeraie"

Die Bedrohung des einzigartigen und für den Südwesten Marokkos wichtigen Ökosystems Arganeraie ist auch der marokkanischen Regierung nicht verborgen geblieben. In Zusammenarbeit mit der deutschen Bundesregierung rief sie nach einigen Vorstudien 1995 das Entwicklungsprojekt der GTZ *Conservation et Développement de l'Arganeraie* ins Leben. Eingebettet in den Rahmen eines Biosphärenreservates sollen sowohl der Schutz der Bäume als auch deren dauerhafte und nachhaltige Nutzung ermöglicht werden. **Verschiedene Forschungsprojekte** wurden in Auftrag gegeben, um unter anderem die Fortpflanzung auf andere Art und Weise zu erproben, die Produktionsleistung zu erhöhen, die Haltbarkeit des Arganöls zu verbessern, seine Absatzwege zu erforschen und die Herstellung zu vereinfachen, die genetische Verschiedenartigkeit des Baumes zu erforschen und zu Zuchtzwecken einzusetzen. Mit der Bevölkerung werden andere wirtschaftliche Einnahmequellen gesucht und verwirklicht. Damit sollen die anhaltende Landflucht und die Arbeitsmigration eingedämmt werden. Auf eine gleichberechtigte Einbindung der Frauen wird dabei geachtet. Nicht zuletzt muss ein solches Projekt einhergehen mit einer Reform der Besitz- und Nutzungsrechte. Derzeit werden in ausgewählten Testregionen in partizipativer Weise mit der Bevölkerung Vorgehensweisen erarbeitet, die dann auf das zukünftige Biosphärenreservat Arganeraie anwendbar sind.

So kann man hoffen, dass die Arganeraie im Bewusstsein der Bevölkerung wieder den Stellenwert einnehmen wird, den sie bei der ursprünglichen Berberbevölkerung vor dem Eindringen arabischer Holzhändler innehatte. Diese nutzten die Arganbäume noch im Sinne der Nachhaltigkeit, ohne den Begriff überhaupt zu kennen.

Verkauf von Arganöl im Ammelntal

gen der Djabal-Lekst-Kette. Das Dach der Zaouia ist wie bei allen marokkanischen Heiligtümern mit grün lasierten Ziegeln gedeckt. Jedes Jahr im Sommer findet ein Moussem zu Ehren des Heiligen statt.

Es folgen viele malerische Dörfer mit rosafarbenen Häusern vor grandioser Bergkulisse, Arganien und Palmen gedeihen im Tal.

Nach gut 149 km (hinter Agadir) zweigt eine Teerstraße rechts nach **Oumesnat** (beschildert) und ins **Ammelntal** ab (vgl. Tafraoute/Ausflüge).

Auch bei der Kreuzung 2 km weiter (151 km hinter Agadir) führt eine Teerstraße rechts ins Ammelntal und weiter nach **Tahala** und über Tanalte nach Anezi und Tiznit (eingangs erwähnte Variante). Eine **Rundfahrt** (vgl. Tafraoute/Ausflüge) durch das Tal bis Tahala und zurück über Afella Adaï lohnt sich auf jeden Fall – die alten Häuser der Dörfer kleben an den Berghängen des Djabal Lekst (2359 m) oder sind imposant auf Hügeln gebaut.

Abstecher nach Oumesnat ⇗XV/D1

Zweigt man bei km 149 oder 151 rechts ab, gelangt man über ein schmales Betonsträßchen (später Piste, 8 km, gut ausgeschildert) zum Parkplatz im Dorf Oumesnat mit dem **Maison traditionelle.** Dort renovierte die Familie *Ahrass* ein 400 Jahre altes traditionelles Haus und gab es für Touristen zur Besichtigung frei – der Besuch ist unbedingt lohnenswert! Der blinde, liebenswerte alte Herr *Abdessalam* oder (meistens) sein Sohn *Mustapha* führen sachkundig durch das Haus (Eintritt 10 DH plus Trinkgeld für die Führung und den Tee). Sie erzählen über Traditionen und Architektur und erklären die alten Gerätschaften und deren Funktionsweise. Mittlerweile ist dieses kleine Museum ziemlich bekannt bei internationalen und marokkanischen Touristen. Die alten, mehrstöckigen Häuser der Region sind aus Bruchstein gebaut und mit Lehm verputzt. Das Dach tragen Balken aus Palm- und Arganienholz. Im Erdgeschoss des *Maison traditionelle* waren ursprünglich die Tiere untergebracht, im Obergeschoss befinden sich die Küche, ein Getreidespeicher und der Salon, auf der Terrasse und im Obergeschoss liegen die Schlafräume und ein Webstuhlzimmer. Am Ende der Führung erhält man einen erfrischenden Tee im liebevoll dekorierten Salon und kann (bei Interesse) Arganienöl kaufen.

Rachid, ein Bruder von *Mustapha,* betreibt direkt neben dem Maison traditionelle ein **Maison d'Hôtes** (Mobil 0666 91 77 68 oder 0666 91 81 45, masiondhote@gmail.com). Das nette Gästehaus besteht aus zwei Teilen: Im alten Trakt in einem traditionellen Haus gibt es vier einfache Zimmer, die sich zwei Bäder teilen. Die sechs Zimmer im neuen Trakt sind komfortabler, mit Klimaanlage und eigenem Bad, aber weniger authentisch. Alle Zimmer sind sehr sauber und hübsch im Berberstil gehalten. Von der Dachterrasse hat man einen schönen Ausblick. Wenn man mit dem Taxi von Tafraoute kommt, reicht ein Anruf, und man wird mit einem Gepäckesel am Parkplatz abgeholt.

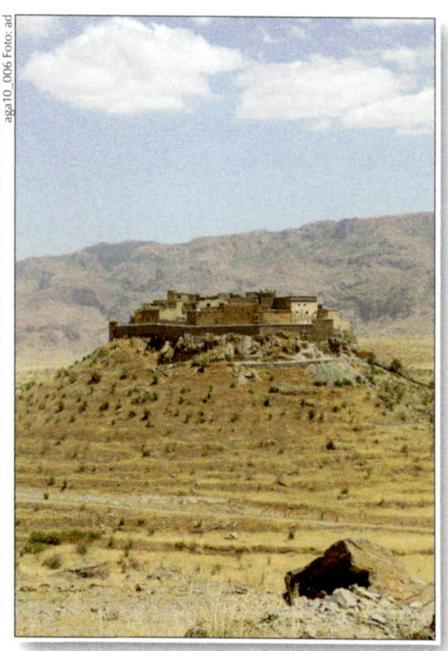

aga08-248a Foto: ch

aga10_006 Foto: ad

Ein Mitglied der Familie führt auch gerne durch den alten Dorfkern oberhalb der (weitgehend verwilderten) Oasengärten. Die vielen schönen, zwischen Arganien, Palmen und Feigenkakteen am Hang gelegenen Häuser verfallen leider großteils. Die Fassaden vieler Ruinen mit Lokba-Verzierungen sind immer noch sehenswert. Es existieren auch noch zwei alte Olivenölmühlen im Ort, die jedoch nicht mehr in Betrieb sind.

Fährt man von Tafraoute in Richtung Oumesnat, sollte man seine Augen auf die große runde Gipfelformation richten, die hinter Oumesnat aufragt. Mit etwas Fantasie erkennt man schlitzförmige Katzenaugen und eine Schnauze – den **„Tête de Lion“** (Löwenkopf).

Weiter entlang der Hauptroute ist nach gut 155 km Tafraoute erreicht.

In der Umgebung von Tafraoute (rechts: Agadir Tizourgane)

Tafraoute

XV/D1

Diese auf 1000 m Höhe gelegene **Dattelpalmen-Oase** hat etwa 8000 Einwohner und ist das Zentrum der Chleuh-Berber. Der Ort ist wild gewachsen und deshalb selbst nicht besonders schön. Reizvoll ist vor allem die **karge Gebirgswelt der Umgebung** – die Region zählt zu den landschaftlich schönsten in Marokko. Auf einem Hügel oberhalb des Dorfes liegt das staatliche Touristenhotel Les Amandiers. Von dort hat man eine schöne Aussicht auf den Ort, den im Abendlicht rosafarben schimmernde Granitberge und -felse umgeben. Besonders malerisch sind die alten, an die Felshänge gebauten Wohnhäuser im Ammelntal und in der 6 km entfernten Oase Adaï. Die Fassaden der mehrstöckigen, mit Lehm verputzten Steinhäuser sind z.T. mit sogenannten **Lokbas** dekoriert, drei- und viereckige, aus Schieferstein gesetzte Löcher, die man mit Pferde- oder Maultierschwanzhaaren verstopft. Auch die heute vorwiegenden neuen Betonhäuser passen sich in ihren Rosatönen, mit den farblich abgesetzten Fenstern und Türen und den Zinnen auf dem Dach gut in die Landschaft ein.

Die **Bevölkerung** von Tafraoute ist Touristen gegenüber sehr freundlich. Die Frauen kleiden sich traditionell in lange schwarze, am Saum bunt bestickte Gewänder. In Tafraoute trifft man im Gegensatz zu anderen Orten keine bettelnden Kinder und selten aufdringliche Jugendliche. Die Bewohner gelten als geschickte Kaufleute, deren Handelstradition bekannt ist. Viele arbeiten in den Städten im Norden oder sammeln Berufserfahrung im Ausland. Jede Familie besitzt ihren eigenen kleinen Oasengarten mit Obstbäumen, Gemüse und Gewürzpflanzen, die heute jedoch oft brachliegen. In der Region gedeihen viele **Mandelbäume,** die Ende Februar prächtig blühen. Zu diesem Zeitpunkt findet auch das bekannte **Mandelfest** statt.

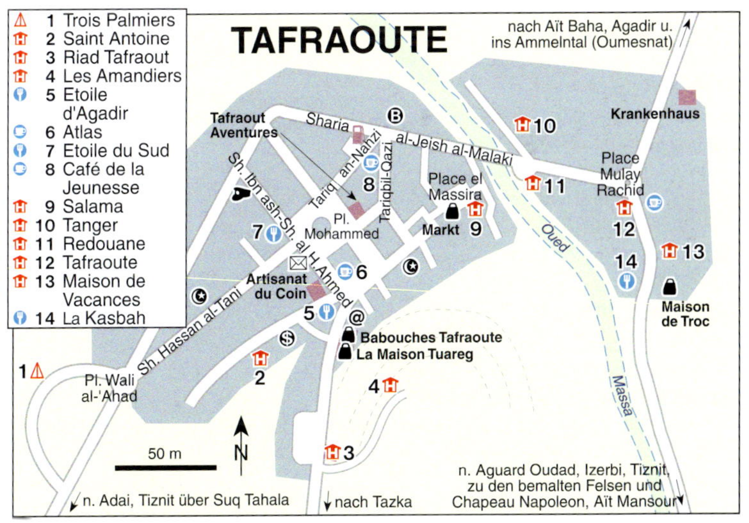

Tafraoute bietet alle Versorgungsmöglichkeiten mit Hotels, Restaurants, Markt, Tankstelle, Post, Bank etc. Der **Wochenmarkt** (Souk) findet immer mittwochs statt.

Sehenswertes

In der Umgebung von Tafraoute kann man tagelang wandern, Rad fahren oder klettern und die **malerischen Dörfer im Ammelntal** besuchen.

Nur wenige Kilometer von Tafraoute entfernt liegen **großartige, von der Winderosion geschaffene Felsformationen** aus Granit. Besonders bekannt sind der **Chapeau Napoléon** bei Aguard Oudad, der **Tête du Lion** bei Oumesnat und der **Clownsfelsen** nahe Tazzeka (Tazka).

Neben den bizarren Formen der Granitberge sind **Les Peintures** – vom belgischen Künstler *Jean Vérame* **blau, violett, rot und schwarz bemalte Felsen** bei Aguard Oudad – eine der Hauptattraktionen für Touristen (vgl. Ausflüge).

In der Umgebung Tafraoutes gibt es außerdem **Felsgravuren** zu entdecken. Am leichtesten erreichbar ist die **Gazellengravur** zwischen den Dörfern Adaï und Tazzeka (vgl. Ausflüge). Ihre Authentizität wird allerdings bezweifelt.

Nicht versäumen sollte man den Besuch des *Maison traditionelle* in **Oumesnat,** den man mit einem Spaziergang durch den alten Ortskern und die Oasengärten verbinden kann (siehe vorherige Routenbeschreibung).

Information

- Interessante touristische Informationen zu Tafraoute und Umgebung bietet die guten französisch- und englischsprachigen Internetseiten **www.tafraout.info.**

Unterkunft

Klassifizierte Hotels

- **Les Amandiers******, Tel. 0528 80 00 88, www.hotel-lesamandiers.com. Das Hotel im Kasbahstil liegt auf einer Anhöhe mit tollem Blick auf den Ort (vor allem zum Sonnenuntergang). Von außen erhielt das Hotel zwar einen neuen Anstrich, innen aber herrscht eher Krankenhausatmosphäre, und die Zimmer mit Balkon, Bad und TV haben keinen 4-Sterne-Standard mehr (abgewohnte Möbel). Das Personal ist freundlich, der zwischen Granitfelsen gelegene Pool und die Terrasse sind schön. DZ €€€, Frühstück 30 DH (preiswert und gut), mittelmäßiges Menü 120 DH.
- **Saint Antoine*****, Av. Mokhtar Souissi, Tel. 0528 80 14 97, www.hotelsaintantoine-tafraout.com. Etwas gesichtsloser Neubau mit gefliesten Wänden, aber großer Pool im hübschen Hofgarten sowie komfortable, große Zimmer mit Bad, TV und Klimaanlage. Kostenloses Internet für Gäste (auch WIFI), Alkoholausschank im Restaurant, Parken vor dem Haus möglich. DZ mit Frühstück €€€.
- **Salama****, im Zentrum beim Markt, Tel. 0528 80 00 26, www.hotelsalama.com. Das Hotel existiert seit 1966 und wurde 2006 komplett saniert: sehr hübsche, klimatisierte Zimmer im marokkanischen Stil mit TV und Bad (manche mit Balkon und Bergblick), gemütliche Kaminecke in der Lobby, schöne Panorama-Dachterrasse, Parkplatz vor dem Haus, gutes Essen im Restaurant/Café im EG. DZ ohne Frühstück €€, gutes Preis-Leistungs-Verhältnis.

Günstige Hotels

- **Auberge Les Amis,** Place Mulay Rachid, Tel. 0527 54 30 93. Einfache neue Herberge mit zehn Zimmern mit Dusche/WC auf dem Gang. DZ €.

● **Tafraoute,** Place Mulay Rachid (bei der Afriquia-Tankstelle), Tel. 0528 80 00 60. Einfache Zimmer mit Waschbecken, WC/Dusche auf dem Gang, ordentlich und okay, bessere Wahl als Tanger und Redouane. Unterstellmöglichkeit für Fahrräder und Motorräder. ½€.

● **Tanger,** an der Brücke übers Oued im Zentrum, Tel. 0528 80 01 90. Sehr einfaches, aber sauberes Hotel mit durchgelegenen Matratzen, WC/Dusche auf dem Gang, auch einige Zimmer mit WC und Waschbecken. DZ €.

● **Redouane,** am Oued im Zentrum, kleine, sehr einfache Zimmer mit Waschbecken und angeschlagener Möblierung, WC/Duschen auf dem Gang, freundlich, nur für Low-Budget-Traveller mit niedrigen Ansprüchen. ½€.

Maisons d'Hôtes in Tafraoute und im Ammelntal

● **Chez Amaliya,** ca. 5 km außerhalb Richtung Agadir, gleich nach dem Abzweig ins Ammelntal, Tel. 0528 80 00 65, www.chez-amaliya.com. Dieses große Hotel im Kasbahstil liegt vor der fantastischen Bergkulisse des Djabal Lekst und bietet den höchsten Komfort am Platz. Es hat 14 sehr stilvoll marokkanisch gestaltete und klimatisierte Zimmer mit Bad, die sich um den Hofgarten mit schönem Pool gruppieren. Auf dem Dach bietet ein Apartment mit zwei Zimmern und Küche genug Platz für eine Familie. Außerdem gibt es ein schickes Restaurant, einen Salon mit Spielen und Büchern sowie eine moderne Bar mit Wein und Bier. DZ €€€.

● **La Tête du Lion,** 5 km außerhalb Richtung Agadir (1 km nach dem Abzweig ins Ammelntal auf der rechten Seite), Tel. 0528 80 11 65, www.latetedulion.com. Die acht klimatisierten, sehr gepflegten Zimmer mit Bad und Telefon gruppieren sich um den Hofgarten. Es gibt ein kleines Restaurant auf der Dachterrasse (Alkoholausschank). Verschiedene Aktivitäten können organisiert werden (Wanderungen, 4x4-Ausflüge). DZ mit Frühstück €€€.

● **L'Arganier d'Ammelne,** ca. 5 km außerhalb Richtung Agadir (1 km nach dem Abzweig ins Ammelntal auf der linken Seite), Mobil 0661 92 60 64, Tel. 0528 80 00 20, www.arganierammelne.com. 2006 von einem franz.-marokk. Ehepaar eröffnetes Hotel mit neun unterschiedlich gestalteten Zimmern (geräumiges Bad) und zwei Familiensuiten. Im kleinen Restaurant im Berberstil (gutes Essen, zum Frühstück auch Arganienölprodukte), im Salon mit Fernseher oder auf der Dachterrasse mit toller Aussicht lässt es sich gut aushalten. DZ €€. Das angeschlossene Campingareal bietet noch wenig Schatten (kleine Olivenbäume), vgl. Camping.

● **Maison de Vacances,** an der Straße Richtung Aguard Ouadad/Tiznit, Mobil 0662 87 96 57, maison_de_vacances@yahoo.fr. Der deutsche *Richard Marten* vermietet zwei schöne Apartments mit Küche, Salon und Schlafzimmer (€€€€) und ein Zimmer mit Küche und Bad (€€€). Auch Mountainbikeverleih (80 DH/Tag).

● **Riad Tafraout Maison d'Hôtes,** an der Straße zum Hotel Les Amandiers, Tel. 0528 80 00 31, www.riad-tafraout.com. Das Interieur des ansonsten hübschen Gästehauses wirkt etwas übertrieben orientalisch-afrikanisch. Alle acht Zimmer (mit Bad, TV) sind sauber, ordentlich und klimatisiert. Beeindruckend sind die massiven Holztüren aus Mali. Im Obergeschoss locken eine Sauna und ein Jaccuzzi. DZ ohne Frühstück €€€€.

● **Yamina,** ca. 6 km außerhalb Richtung Agadir (Pistenabzweig nach Tandilt), Mobil 0670 52 38 83, Tel. 0528 21 66 21, www.yamina-tafraout.com. Ein franz.-marokk. Paar betreibt diese sehr schöne authentische Unterkunft mit nur vier (klimatisierten) Gästezimmern in einem traditionellen Lehmhaus in ruhiger Lage. DZ €€€ mit HP (sehr gutes Essen).

Campingplätze

Alle Plätze sind im Winter hoffnungslos überfüllt mit Wohnmobilen, die hier z.T. mehrere Wochen verbringen.

● **Tazka,** Tel. 0528 80 14 28, www.camping-tazka.com. Gepflegter Platz etwa 600 m außerhalb an der Straße Richtung Tiznit (Aday). Die Sanitäranlagen sind sauber, Abwasserentsorgungsmöglichkeit für Wohnmobile, Internet, leider wenig Schatten. Preise: 12 DH/Pers., 18 DH Caravan, 10 DH Auto, 25 DH Lkw oder großer Caravan, 20 DH Strom, Zelt 10 DH, Motorrad 8 DH, heiße Dusche 10 DH.

- **Granite Rose,** Ende 2009 neu eröffneter, ummauerter Platz neben Tazka. Jeder Stellplatz hat Stromanschluss und Wasserhahn, die Sanitäranlagen sind gepflegt (warme Duschen). Es gibt eine Waschmaschine und kabelloses Internet (WIFI). Der Besitzer *Omar* ist sehr hilfsbereit.
- **Trois Palmiers,** an der Straße Richtung Tiznit, N 29°43,30', W 08°58,77'. Ummauerter Platz mit wenig Schatten, im benachbarten Palmenhain stehen bei großem Andrang ebenfalls Dutzende Wohnmobile. Sehr einfache, nicht immer saubere Sanitäranlagen. Maximale Durchfahrtshöhe 3,40 m. Es gibt auch Bungalows zur Miete (sauber). Preise: 10 DH/Pers. und Pkw, 15 DH Zelt oder Caravan, Motorrad 8 DH, heiße Dusche 10 DH (nicht immer funktionstüchtig), Strom 18 DH.
- **La Vallée d'Ammelne,** 5 km Richtung Agadir auf der rechten Seite, Mobil 0667 59 92 80 *(Mr. Salmi).* 2009 eröffneter Platz; wenig Schatten, Pool (evtl. ohne Wasser), kleines Café. Die sanitären Anlagen sind okay, aber schon jetzt etwas angeschlagen. 70 DH für 2 Pers. mit Caravan und heißer Dusche.
- **L'Arganier d'Ammelne,** 5 km Richtung Agadir, vgl. Maison d'Hôtes. Hübsches Gästehaus mit angeschlossenem Campingareal (kahler Sandplatz). Die frisch gepflanzten Olivenbäume bieten erst wenig Schatten. 10 DH/Pers., Auto und Zelt, 15 DH Caravan, heiße Dusche 6 DH, Motorrad 7 DH, Lkw 25 DH.
- Sehr schöne **Wildcampingplätze** findet man in der gesamten Umgebung unter den hohen Dattelpalmen. Auch in der Nähe der bemalten Felsen (vgl. Ausflüge) gibt es schöne Stellplätze. Lassen Sie keinen Müll liegen!

Essen und Trinken

Alkoholausschank nur in den Hotels Les Amandiers und Saint Antoine.

- Im **Café de la Jeunesse** gibt es gutes und günstiges Frühstück.
- **Etoile d'Agadir,** am Place de La Marche Verte (gegenüber Artisanat du Coin). Beliebtes Restaurant und Straßencafé mit Terrasse, gute und preiswerte Tajine (35–40 DH), auch tolles Frühstück (ca. 25 DH).
- **Etoile du Sud,** Folkloredarbietungen im Original-Hochzeitszelt im Garten. Inzwischen ist das Restaurant so stark von Touristengruppen frequentiert, dass Qualität und Service nicht immer gleich gut sind (Menü ca. 90 DH). Ein Besuch lohnt sich, wenn gerade keine Gruppen da sind.
- **La Kasbah,** an der Straße Richtung Aguard Oudad (ggü. Maison de Troc). In diesem Restaurant unter französischer Führung gibt es sehr gutes Essen in gemütlicher Atmosphäre (Menü 90 DH, Tajine ab 60 DH, exzellente Brochettes), Alkoholausschank.
- **Marrakech,** im Zentrum, einfaches und günstiges Restaurant mit sehr guten Tajines (auch vegetarisch, Menü 55 DH), frisch gepresstem Saft, Omelettes, Suppen. Auch zum Frühstücken empfehlenswert.

Sport/Aktivitäten

- Der sympathische, gut deutsch sprechende **Ahmed Ouardarass** von **Tafraout Aventure** am Hauptplatz im Zentrum (Tel. 0528 80 13 68, Mobil 0661 38 71 73, www.tafraout-aventure.com) organisiert zuverlässig und kompetent jegliche Art von Aktivitäten – Wanderungen, Mountainbiketouren, 4x4-Ausflüge etc. – und gibt Tipps für die besten Kletterfelsen oder Paragliding-Startplätze. Hier kann man sich bestens über die Region informieren und eine gute Übersichtskarte mit allen touristisch interessanten Orten rund um Tafraoute erstehen. Ein Tagesausflug ins Aït-Mansour-Tal und zu den bemalten Felsen oder zum Agadir Tasguent und ins Ammelntal kostet z.B. 300 DH/Pers.
- Man sollte sich unbedingt genug Zeit nehmen, um eine Tagestour oder sogar eine mehrtägige **Wanderung** in der tollen Gebirgswelt aus Granit zu unternehmen. Konditionsstarke und trittsichere Wanderer können zwei der höchsten Berge des Anti-Atlas, den **Djabal Lekst** (2359 m, vgl. Ausflüge) oder den **Adrar Mqorn** (2344 m), besteigen.

- Kompetente mehrsprachige **Bergführer** vermittelt Tafraout Aventure (s.o.).
- Quadtouren in der Umgebung unternimmt **Tafraout Quadbikes** von *M. Said Oussidi* (Mobil 0670 40 93 84, Av. Mohamed V.).
- Auch der Laden gegenüber des Maison Tuareg (vgl. Einkaufen) vermietet **Quads** (150 DH/Std.) **und Fahrräder** mit Helm für (je nach Qualität) 50–150 DH/Tag. Fahrräder (Mountainbikes) können außerdem bei Artisanat du Coin (vgl. Einkaufen), bei Tafraout Aventure (s.o.) und beim Maison de Vacances (vgl. Maison d'Hôtes) gemietet werden (70–150 DH/Tag). Man sollte unbedingt die Qualität der Reifen überprüfen und ein Reparaturset mit Flickzeug mitnehmen.

Einkaufen

Da der Ort für Agadir-Pauschaltouristen zum Pflichtprogramm zählt, sind natürlich genügend Souvenirläden vorhanden. Wer sich Zeit nimmt zum Stöbern, kann auch noch Antiquitäten finden, die anderswo nicht mehr aufzutreiben sind.

- **Artisanat du Coin,** Place de la Marche Verte (direkt bei der Post), Mobil 0661 70 05 25, Tel. 0528 80 10 45. Im Laden der Familie *El Najah* wird man freundlich und unaufdringlich bedient. Hier kann man **Schmuck und Souvenirs** kaufen, auch selbst gefertigte Stücke von Vater *Brahim el Najah,* der sich hervorragend in der Gegend auskennt. Es werden faire Festpreise verlangt, die unter denen in den Großstädten liegen. Auch **Mountainbikes** sind zu mieten (80 DH am Tag).
- Tafraoute ist bekannt für seine vorne abgerundeten, handgefertigten **Babuschen** (Sandalen) aus Ziegenleder. Diese findet man entweder in großer Auswahl auf dem Souk oder im gut sortierten Laden von *Leyla* (der Tochter von *Brahim el Najah,* s.o.), **Babouche Tafraout,** am Place de La Marche Verte. Sie verkauft auch hübsche Lampen.
- Wer Teppiche, Lampen oder Fossilien kaufen will, ist im **Maison du Troc** an der Straße nach Aguard Oudad gut aufgehoben. *Lahcen* und *Mohammed* spechen sehr gut deutsch. Kelimkissen können nach individuellen Vorgaben bis zum nächsten Tag genäht werden.
- Gut beraten wird man auch im **Maison Touareg** (Av. Mohamed V., Richtung Hotel Les Amandiers, Tel. 0528 80 02 10, www.maisontouareg.com), auch wenn die Mitglieder des Clans der Familie *Aït Sidi Brahim* in ihren Tuareggewändern im ganzen Ort Touristen ansprechen, was zuweilen nervig sein kann. Die Verkäufer kennen sich sehr gut mit Teppichen aus und erläutern ohne Kaufzwang Traditionen und Muster. Wer sich zum Kauf entschließt, kann mit Kreditkarte oder in Devisen bezahlen. Die Teppiche werden auf Wunsch auch zuverlässig nach Europa verschickt.
- Teure Arganienölprodukte wie Arganienöl (350 DH für 250 ml), Seifen, Cremes und Amlou (150 DH) sind bei **Argan Tafraout** am Place El Masira El Khadra, dem Marktplatz, erhältlich.

Busse

- Das Büro des privaten Busunternehmens **S.T.C.R.** befindet sich nahe des Hotels Redouane (Mobil 0670 68 73 53). Fahrplan: **Aït-Baha – Inezgane – Marrakesch – Casablanca – Rabat – Larache – Asilah – Tanger:** 1x tägl. abends (S.T.C.R.-Nachtbus), bis Aït-Baha ca. 2½ Std. Fahrzeit (32 DH), bis Inezgane ca. 3½ Std. (45 DH), bis Marrakesch 9 Std. (120 DH), bis Rabat 14 Std. (195 DH), bis Tanger 18 Std. (266 DH).
- **CTM** (Tel. 0528 80 17 89) startet einmal tägl. morgens **nach Casablanca.**
- Weitere Privatbusse fahren täglich **über Tiznit nach Agadir, Marrakesch und Casablanca** (z.B. Sahara Voyages tägl. 8.30 Uhr).

Sammeltaxis/Taxis

Sammeltaxis fahren die Strecke **nach Tiznit** regelmäßig, aber auch nach **Aït-Baha** oder nach **Tanalte** und Aït-Baha. Grand Taxis können auch für Ausflugsfahrten in der Umgebung angemietet werden.

aga08-244 Foto: ch

Dattelpalmenhain im Ammelntal

Post/Bank/Internet

- Die **Post** liegt am Place de La Marche Verte (mit Wechselbüro).
- **Internetcafé** an der Straße Richtung Hotel Les Amandiers.
- Eine **Bank mit Geldautomat** (BMCE) befindet sich neben dem Hotel Saint Antoine.

Feste/Veranstaltungen

- **Mandelfest,** www.festivalamandiers.com, im Februar.
- **Moussem Sidi Ahmed ou Said,** in Adaï, Mitte August.
- In Anameur findet dreimal im Jahr, im Januar, März und Mai, ein **Fest zu Ehren des Marabout Chezelhamiz,** mit großem Essen im Freien, statt.

Ausflüge

Nicht motorisierte Touristen können die beschriebenen Ausflüge entweder bei Tafraout Aventure als Tagesausflug buchen oder ein Grand Taxi anmieten.

Rundfahrt durchs Ammelntal

Eine Tour ins wunderschöne Ammelntal mit seinen ursprünglichen Dörfern und der grandiosen Granitfelsenkulisse sollte man auf keinen Fall verpassen. Eine gute Übersichtskarte zu dieser Strecke erhält man im Büro von Tafraout Aventure (vgl. Tafraoute/Sport/Aktivitäten). Der Ausflug führt als **Rundfahrt von Tafraoute über das Ammelntal nach Tahala** und von dort wieder zurück über Afella Adaï nach

UMGEBUNG VON TAFRAOUTE UND AMMELNTAL
nach Aït Baha, Biougra und Agadir
Tioulit
Agadir Tizrgane
R 105
Agadir Tasguent
Tiguermine
nach Igherm
Aït Abdallah
R 106
Imi N-Tanout
Dj. Lekst 2359 m
Tagdichte
nach Tiznit, Tanalt und Anezi
Anergui
Anameur
Tazoulte
Oumesnat
Maison traditionelle
Tandilte
Agouchtim
Tighzt
Touli
Ammelntal
R 104
Sidi Abd el Jeber
Titki
Ighalene
Adrar Wirane
Tizi Mlil 1650 m
Azrou Ouado
4 km
TAFRAOUTE
2 km
Taguenza
Adaï
Aguard Oudad
Tarhzout
Tirmtmat
Aït Omar
Afella Adaï
Ilig
Tazka (Tazzeka)
4 km
Tizgui
Aoussift
Adrar Mqorn 2344 m
Adrar Tafraoute 1801 m
Assaka
Tighrnt
Dou Talzort
Ayerd
Taourirt
Aït Ben Saïd
Tarhrart
12 km
Tahala
Aguersif
Dousdram
7 km
Aghelay
Tasrirte
Taghaoute
11 km
Tigharassine
(Tizerkim)
Tizerkine
Talkaount
Aït Daoud
Tansemt
Tinzguit
Iriaoun
Izourzne
12 km
Timguelchte Schlucht
Tanrarte
nach Tiznit über Tizourhane + Col de Kerdous
Tarsouat
Taoudit
Amzouar
Amanouz
Tiouri
8 km
Azzmour
5 km
Aït Baha
Timguelchte
Aït Mansour Schlucht
3 km
Tiwadou (Tiouadou)
Gdourt
Aït Bel
3 km
2 km
4 km
Aguerd Imlal
Suq Afella Ighir (Suq Had Issi)
Aït Bounouh
Mine
nach Izerbi und Tiznit
Campingplatz
Piste
0
5
km
nach Aït Herbil, Tamanart
Ukas Felsgravuren
1 Châpeau de Napoleon
2 Les peintures
3 Gazellen-Felsgravur
4 Kamelfelsgravur
5 Tête de Lion = Berg (Löwenkopf)
6 Jüd. Friedhof
N
M

ag5398ch Foto: dd

Oumesnat im Ammelntal

Tafraoute (R104). Die Route ist durchgehend asphaltiert und ohne Abstecher etwa 41 km lang.

Verlassen Sie Tafraoute auf der Teerstraße Richtung Agadir/Aït Baha. Nach **4 km** folgt eine **V-Kreuzung,** links geht es ins westliche Ammelntal, rechts kann man einen lohnenswerten Abstecher nach **Oumesnat** und zum *Maison traditionelle* (vgl. Route Agadir – Tafraoute) unternehmen.

Die **Ammeln** – ein Berbervolk, das zur Hauptgruppe der Chleuh gehört – haben in ganz Marokko einen Ruf als gute Händler. Es gibt im Ammelntal **vier Berberstämme:** Afella Wassif, Aït Smaybun (Anameur), Aguns Wassif und Tahala, die in 46 Dörfern *(Douars)* leben. Die meisten der für die Region typischen zinnenbewehrten Häuser aus Bruchstein, mit weißer Ornamentikbemalung und Lokba-Verzierungen auf dem Lehmverputz, verfallen. Viele Ammeln haben die Region verlassen und arbeiten die meiste Zeit des Jahres im Ausland oder in großen Städten wie Casablanca – das Ersparte fließt häufig in Form eines modernen Familienhauses wieder zurück in die alte Heimat. Die neuen, mehrstöckigen und rosa getünchten Gebäude mit weiß umrahmten Fenstern prägen inzwischen das Landschaftsbild rund um Tafraoute.

Gleich hinter dem Abzweig ins Ammelntal liegt das komfortable **Kasbahhotel Chez Amaliya** auf der rechten Seite (vgl. Tafraoute/Maison d'Hôtes). Die schmale, ausgefranste Teerstraße führt durch im Sommer sehr trockene Felslandschaft mit Arganien und Palmen. Auf der rechten Seite ragen die imposanten Granitberge des **Djabal Lekst** (2359 m) auf. Kleine Stichstraßen oder Pisten führen zu den Dörfern, die an den Berghängen kleben.

4 km nach dem Abzweig (km 8 ab Tafraoute), unmittelbar vor dem Dorf **Aït Ougmass,** zweigt bei einem gemauerten Wegweiser eine steile, teilweise betonierte Straße nach **Tagdichte** (1422 m) ab. Das Dorf ist Ausgangspunkt für die Besteigung oder Überschreitung des Djabal Lekst (vgl. Ausflug weiter unten).

4 km weiter (km 12 ab Tafraoute) führt eine schmale Teerstraße rechts ab Richtung **Tanalt.** Von Tanalt kann man auf einer westlichen Alternativroute nach Aït-Baha fahren (vgl. Route Agadir – Tafraoute). Folgt man der Teerstraße vom Abzweig nur etwa 2 km, kann man bei einem kleinen Wegweiser rechts auf eine Piste nach **Anergui** (1469 m) abbiegen. Die 7 km lange Piste führt sehr kurvig und steil (ohne Seitenbegrenzung) bergauf. Die größten Steigungen sind betoniert. Es bietet sich ein grandioser Ausblick nach unten! Anergui thront wie ein Adlerhorst auf einer Bergkuppe, darunter fallen die rot-braunen Felshänge steil ab. Vom oberen Ortsrand kann man auf einem Pfad bis zum Talschluss wandern oder in einer Tagestour den Djabal Lekst nach Tagedichte überschreiten (vgl. Ausflug weiter unten).

Folgt man weiter der Hauptstraße (ohne Abstecher nach Anergui), ist bei **km 13** (1 km weiter) das Dorf **Taguenza** erreicht. Bei **km 16** führt eine Furt über den **Assif Almouloud,** und die Straße entfernt sich vom Ammelntal und den Bergen.

3 km weiter (km 19) zweigt eine kleine Piste rechts nach Tiremtmate (weißer Wegweiser) ab. Biegt man hier ab und hält sich nach ca. 200 m links, bieten sich schöne Wildcampingmöglichkeiten entlang eines kleinen Oueds. Nach 3 km auf holpriger Piste (mit Vorsicht auch mit Pkw möglich) erreicht man das Dorf **Tiremtmate.** Dort kann man einen schönen Spaziergang entlang des Flüsschens mit Oleander und Froschteichen unternehmen und mit Hilfe eines einheimischen Führers evtl. auch die dortigen **Felsgravuren,** die Gazellen darstellen, entdecken.

Bei **km 24** ist der Ort **Assaka** erreicht. 3 km weiter (km 27 ab Tafraoute) mündet diese Route beim großen Ort **Tahala** in die Teerstraße R104 ein. Links geht es nach Tafraoute (17 km), rechts nach Tiznit (90 km).

7 km hinter Tahala passiert man das Dorf **Boutabi.** 3 km danach (km 37 ab Tafraoute) zweigt unmittelbar vor Afella Adaï rechts eine Piste (arabisches Schild) zu den **bemalten Felsen** ab (siehe nächsten Ausflug). Das Dorf **Afella Adaï** liegt in wunderschöner Kullerfelsenlandschaft.

Nur 1 km weiter folgt **Adaï.** Dort befinden sich links der Straße an den Felshängen und auf einem Hügel besonders schöne Häuser.

2 km hinter Adaï (**km 40** ab Tafraoute) führt eine kleine Piste rechts ab (N 29°42,705′, W 08°59,455′) in den Palmenhain zu den **Gravuren von Tazzeka** (Tazka, 1 km). Rechts oberhalb der Piste kann man an einem Felsen eine ca. 3 m große Gazelle und eine Kuh erkennen (N 29°42,685′, W 08°59,311′). Über das Alter der (nachgeritzten) Gravuren lässt sich streiten ... Die Piste durchquert das Dorf Tazzeka und mündet 2 km nach dem Abzweig von der Hauptroute (bei N 29°42,574′, W 08°59,174′) in die Teerstraße zwischen Tazzeka und Tafraoute (1 km) ein.

Fährt man nicht über die Gravuren und Tazzeka, sondern die Teerstraße weiter, folgt nur etwa 1 km nach dem Abzweig (Gesamt-km 41) Tafraoute.

Rundfahrt zu den bemalten Felsen

Diese etwa 25 km lange Rundfahrt führt von Tafraoute über Aguard Oudad zu den bemalten Felsen *(Les Peintures)* und über Afella Adaï zurück nach Tafraoute.

Von Tafraoute geht es südwärts (am Platz östlich des Oueds rechts) in Richtung Izerbi/Tiznit durch malerische Landschaft mit Palmen, mächtigen Granitfelsen und den typischen rosaroten Häusern des Anti-Atlas. Nach knapp 3 km erreicht man **Aguard Oudad.** Das hübsche Dorf liegt rechter Hand in einem Palmenhain am Fuße des sogenannten **Chapeau Napoléon** (dt.: Napoleonshut), einem eigenartigen Turmfelsen, der dem berühmten Hut des Kaisers ähnlich sehen soll. Etwa 6 km hinter Tafraoute zweigt links die Straße ins Aït-Mansour-Tal nach Afella Ighir ab (vgl. folgenden Ausflug). Nur 400 m weiter (km 6,4 ab Tafraoute) führt eine Piste rechts ab zu den **bemalten Felsen (frz.: Les Peintures, engl.: Painted Rocks).** Vorsicht: Aus der anderen Richtung (Tiznit) kommend, sieht man die Beschilderung beim Abzweig nicht (N 29°39,613′, W 08°57,702′). 2,5 km weiter (ca. km 9 ab Tafraoute) spaltet sich die Piste auf: Rechts geht es zum Parkplatz, von dem man ca. 10 Min. bergab zu den Felsen wandert. Keine Wertsachen im Wagen lassen, es wurde von Autoaufbrüchen berichtet!

Der belgische **Maler Jean Vérame** bemalte hier die bis zu 30 m hohen

paintedr Foto: ks

matafkl Foto: dd

Granitfelsen in den Farben Blau, Rot, Schwarz und Violett ganzflächig oder in geometrischen Mustern. Im Einklang mit der Natur und den Farben des Himmels entstand hier 1984 eine „Phantasmagorie" von 2 km Länge und 800 m Breite. 20.000 Kilo Farbe, nach altägyptischen Rezepten hergestellt, wurden in zwei Monaten vermalt – nachdem der Künstler bereits ähnliche Projekte auf Korsika, in den Cevennen, im Tibestigebirge und im Sinai verwirklicht hatte. Die Malereien in dieser Traumlandschaft sind im **Farbenspiel von Licht und Schatten** zu verschiedenen Tageszeiten wirklich eindrucksvoll. Da die Felsen Wind und Wetter ausgesetzt sind, war natürlich nicht zu vermeiden, dass die Farben verblassen – zum Erhalt des Kunstwerks sollte deshalb nicht auf den bemalten Stellen der Felsen herumgeklettert werden. Aber dazwischen zu wandern und die Gesamtansicht von oben zu genießen, ist ein echtes Erlebnis.

Mit einem Fahrzeug mit hoher Bodenfreiheit oder einem Geländewagen kann man mit Vorsicht beim vorher genannten Abzweig (km 9) auf holpriger Piste auch links weiterfahren, um direkt in den Kessel zu den bemalten Felsen zu gelangen (ca. 1 km,

Agadir Oudad am Chapeau Napoléon

Les Peintures (Painted Rocks)

N 29°40,189', W 08°58,466'). Bei der Gabelung 5 km weiter (Gesamt-km 14) geht es rechts auf einer anderen Strecke nach Aguard Oudad zurück oder links weiter auf besserer Piste nach Afella Adaï. Links entlang trifft man nach weiteren 4,2 km (Gesamt-km 18,2) bei einer kleinen Schule, einem arabisch beschrifteten Wegstein und dem Hinweis „Circuit Touriste" auf die Straße nach Tafraoute – nun rechts weiter nach Afella Adaï, Adaï und Tafraoute (ca. 5 km).

Rundfahrt durchs Aït-Mansour-Tal

Dieser wunderschöne Tagesausflug führt in einer **Rundfahrt von Tasrirte durch die Aït-Mansour-Schlucht nach Souk d'Afella Ighir und durch die Schlucht von Timguelchte** zurück nach Tasrirt. Die gesamte Route ab/bis Tafraoute ist 91 km lang. Die schmale Teerstraße durchs Aït-Mansour-Tal ist meist gut. In Souk d'Afella Ighir endet der Asphalt, die weitere Piste bis zurück zur Kreuzung bei Tasrirte sollte man nur mit robustem Fahrzeug mit viel Bodenfreiheit befahren (oder mit dem Mountainbike). Auf der gesamten Strecke muss der Fluss häufig auf Betonfurten gequert werden – nach starken Regenfällen kann die Straße daher überschwemmt oder beschädigt sein.

Von Tafraoute geht es auf schmaler Teerstraße über Aguard Oudad (2 km) nach Süden. Bei km 6 zweigt diese Route links ab nach Afella Ighir (beschildert), geradeaus geht es nach Tarsouate/Izerbi und zu den bemalten Felsen (vgl. vorigen Ausflug). Die Straße schlängelt sich mit herrlichem Ausblick hinauf auf den **Adrar Mqorn** (2344 m).

18 km hinter Tafraoute führt beim Dorf **Tasrirte** in einer Rechtskurve eine Piste links ab nach Timguelchte (arabischer Wegweiser, N 29°36,800', W 08°55,144'). Hier mündet diese Rundfahrt am Ende wieder ein – mit 4x4 kann man sie natürlich auch umgekehrt befahren. Mit Pkw geht es auf der Teerstraße weiter geradeaus nach Aït Mansour.

Schon 7 km weiter (km 25 ab Tafraoute) eröffnet sich eine spektakuläre Bergkulisse: Die Straße folgt dem von Palmen und Oleander gesäumten Flusstal in der Aït-Mansour-Schlucht.

Bei km 30 sind der zwischen hohen rot-braunen Felswänden eingeschlossene Palmenhain von **Aït Mansour** und der Ort **Tiouri** erreicht. Die gesamte Region mit ihren vielen Oasen nennt sich **Afella Ighir.** Man glaubt sich im Garten Eden: In den Oasen entlang des Flusstals gedeihen Dattelpalmen, Oleander, Oliven und Feigen. Es folgen das Dorf **Gdourt** (km 35) und der schöne, leider verfallene **Ksar Aguerd Imlal** (km 38).

Die Route hat nun mehr Pistencharakter (gut befahrbar), bevor sie 40 km hinter Tafraoute in eine größere Teerstraße einmündet (N 29°29,885', W 08°49,333'): Diese Rundfahrt führt links weiter zum Ort **Souk d'Afella Ighir** (1 km, Sonntagsmarkt), Wohnort für die Arbeiter der nahe gelegenen Goldmine von Akka.

1 km nach dem Ort folgt man weiter der Piste geradeaus und verlässt die

Teerstraße, die zur Mine führt. 3 km weiter (km 45 ab Tafraoute) ist **Tiwadou** in einem Palmenhain erreicht. Bei einer Téléboutique am Ortseingang geht es rechts zur **Herberge von Mohammed Sahnoun** (kein Schild, Mobil 0667 09 53 76, Tel. 0528 21 66 09, m_sahnoun@hotmail.com, 70 DH pro Pers. mit Frühstück). Die überaus gastfreundliche Familie bietet Unterkunft in drei sehr einfachen, aber netten Zimmern in ihrem Lehmhaus. Die sanitären Anlagen sind sauber. Besonders idyllisch ist der schattige Oasengarten, in dem man Tee oder hervorragende Tajine serviert bekommt. Wer möchte, kann hier auch sein Zelt aufschlagen. *Mohammed* gibt Tipps zu Aktivitäten und ist ein guter Führer für die Region.

Beim hübschen Dorf **Timguelchte** mit Zaouia (km 47) beginnt die spektakuläre **Schlucht von Timguelchte.** Die Schotterpiste (hohe Bodenfreiheit erforderlich) folgt dem Flusstal mit Arganien, Oleander, Palmen, Oliven und Granatäpfeln zwischen den hohen rotbraunen Felswänden. Die Dörfer **Imi Ouazal** (km 53) und **Tizerkine** (km 55) umgeben herrliche Oasengärten. Alte Teerreste auf der folgenden Strecke verschlechtern die Piste eher. Bis zu den Ruinen des **Ksar Taghaoute** (km 66), die rechts auf einer Kuppe thronen (neuer Ort etwas später), durchfährt man eine einsame Gegend, die sich auch gut als Terrain für Mountainbiker eignet.

Bei km 73 sind wieder das Dorf **Tasrirte** und die Teerstraße zurück nach Tafraoute erreicht (vgl. km 18).

Variante mit 4x4: Biegt man an der Kreuzung bei km 40 nach rechts ab, gelangt man auf Teerstraße nach Izerbi. Wer mit dem Geländewagen unterwegs ist, kann zunächst dieser Straße folgen und 4 km nach der Kreuzung auf eine Piste links abzweigen (kein Wegweiser, N 29°28,031′, W 08°50, 977′). Die steinige, sehr holprige Piste (8 km) folgt dem Oued Tazougart zu den mehrere tausend Jahre alten **Felsgravuren von Ukas** beim **Guelta Imtkan** (N 29°24,693′, W 08°51,513′).

Besteigung des Djabal Lekst

Der Djabal Lekst (2359 m), **höchster Berg der Region,** kann von den Dörfern Tagedichte (1422 m) oder Anergui (1469 m) im Ammelntal bestiegen werden (Anfahrt zu den Orten vgl. Ausflug „Rundfahrt durchs Ammelntal"). Der kürzere Weg (ca. 5 Std. Auf- und Abstieg, rund 1000 Höhenmeter) führt vom oberen Ortsrand in **Tagedichte** über einen Geröllhang steil bergauf bis zum Gipfel mit grandiosem Ausblick auf die karge Landschaft des Anti-Atlas und die Dörfer rundum.

Von **Anergui** auf der Westseite der lang gezogenen Djabal-Lekst-Kette kann man den Berg auch nach Tagedichte überschreiten. Diese anstrengende Tour dauert einen ganzen Tag (ca. 7 Std. Gehzeit). Der Weg startet am Parkplatz am obersten Ende des neuen Ortsteils von Anergui. Treppenstufen führen bergauf zu einem steinigen Pfad, der einem kleinen, herrlich ruhigen Tal bis zum Talschluss folgt und dann in Serpentinen zum Plateau

Azarah und weiter nach Tagdichte führt.

Für beide Touren sind Trittsicherheit, Bergschuhe und gute Kondition unbedingte Voraussetzung. Es gibt kaum Schatten, daher gehören eine Kopfbedeckung, genug Wasser und Proviant ins Gepäck. Der Weg ist schwer zu erkennen und nur gelegentlich mit Steinmännchen markiert, daher empfiehlt es sich sehr, einen Bergführer anzuheuern. In der Gegend gibt es Wildschweine und Gazellen.

Von Tafraoute über Igherm nach Taroudannt

Überblick

- **Ca. 185 km (ohne Abstecher), R106 und R109.**
- Einspurige, teilweise löchrige und ausgefranste Teerstraße. Die Strecke nach **Igherm** (107 km) und weiter nach Taroudannt ist geteert. Das landschaftlich schönste Stück reicht bis 6 km hinter Aït Abdallah. Der Höhepunkt dieser Route, nur wenige Kilometer abseits der Hauptstrecke, ist der Agadir Tasguent.

Streckenbeschreibung

Ab Tafraoute Richtung Aït-Baha fahren und nach 4 km rechts Richtung Agadir/Oumesnat (vgl. Route Agadir – Tafraoute) abbiegen. Links geht es ins Ammelntal (s.o.).

Etwa 7 km hinter Tafraoute geht es links nach **Oumesnat** zum *Maison traditionelle* (vgl. Route Agadir – Tafraoute). Die schmale Teerstraße ist ziemlich ausgefranst.

Bei km 10 kann man links einen Abstecher zum Dorf **Imi'n'Tizghrt** (Wegweiser) mit vielen schönen alten Steinhäusern am Hang und zur **Arganienölkooperative Al Baraka** unternehmen. Die Kooperative liegt ca. 1 km nach dem Abzweig; man kann vor dem Gebäude mit der Aufschrift „Association Jaideco" parken und durch die Oasengärten zur Kooperative spazieren, wo die Frauen wertvolles Speiseöl, Cremes und Seifen produzieren. Man kann direkt bei ihnen einkaufen.

Etwa 11 km hinter Tafraoute liegt links die Zaouia des *Sidi Abd el Jebar* (vgl. Route Agadir – Tafraoute). Nun geht es bergauf, bis bei km 20 die Passhöhe **Tizi Mlil** (1650 m) erreicht ist.

1 km weiter führt die Hauptstraße links weiter nach Aït-Baha und Agadir, **hier rechts abbiegen** nach Igherm und Aït Abdallah (beschildert). Die kurvige Straße führt durch karge braune Berglandschaft entlang eines Flusstals mit vielen Mandelbäumchen (Blüte im Februar).

Der große Ort **Aït Abdallah** auf etwa 1500 m Höhe ist bei **km 36** erreicht. Der Wochenmarkt findet am Samstag statt. Die nun etwas bessere Straße führt bergauf zum Pass **Tizi'n' Tarakatine** (ca. 1690 m).

50 km hinter Tafraoute erreicht man das Dorf **Tiguermine,** nach Igherm geht es geradeaus weiter.

Abstecher zum Agadir Tasguent

↗ IX/C3

In Tiguermine angekommen, sollte man sich unbedingt etwas Zeit zur Besichtigung der imposanten Speicherburg Agadir Tasguent nehmen. Entweder man fährt sie direkt an (z.T. steinige Piste) oder nimmt sich im Dorf einen **Führer** und läuft zu Fuß. Zu empfehlen ist **M'hamed Aït Omar,** der in einem der ersten Häuser von Tiguermine wohnt.

Zum Agadir direkt am Ortsanfang links auf eine gute Piste (bergauf) abbiegen (N 29°52,485', W 08°43,352'). Nach 3 und 4 km folgen zwei Dörfer; weiter geradeaus. 6 km nach dem Abzweig biegt man an der Dorfeinfahrt von **Alma** mit hübschen alten Steinhäusern links ab (weißes arabisches Schild und Steinwegweiser „Agadir Tasgint"). Pkw sollten besser hier parken, denn die folgende Piste (2 km) bis zum Agadir ist holprig und steinig. Der Parkplatz beim Dorf unterhalb des Agadir Tasguent ist 8 km nach dem Abzweig von der Hauptstraße erreicht (N 29°54,935', W 08°44,788'). Die Dorfkinder begrüßen Neuankömmlinge umgehend und betteln nach Kugelschreibern und Bonbons. Ein mit Steinen gepflasterter Weg führt bergauf zum Eingang in den Agadir. Die Wärterfamilie von *Ibrahim Agouri* erwartet ein Trinkgeld (ca. 20 DH/Pers.).

Im renovierungsbedürftigen, aber dennoch sehr sehenswerten **Agadir Tasguent,** der keine Ecktürme oder Zinnen hat, befinden sich 200 Speicherkammern mit sehr schön geschnitzten und bemalten Türen. Die Räume, in denen das Hab und Gut der Dorfbewohner lagerte, sind über enge Gänge, die oberen Zellen nur über in die Mauer integrierte Trittstufen aus Steinen erreichbar. Der ganze Speicher ist **aus Schiefersteinen ohne Mörtel** errichtet und hat sieben, mit Arganienholzbalken gestützte Stockwerke, fünf Innenhöfe, Stallungen, eine Zisterne und eine Moschee – alles in einem Bau, falls im Kriegsfalle die Bevölkerung des Dorfes hier Zuflucht suchen müsste. Der größte Schatz ist jedoch eine schriftliche **Aufzeichnung des Gewohnheitsrechtes der Berber** („droit coutumier") auf Holztafeln, die fast 1000 Jahre alt sein soll. Dieses Gewohnheitsrecht, das Regeln über die Schlichtung von Streitigkeiten und die Aburteilung von Vergehen vorsieht, wurde jahrhundertelang in mündlicher Form weitergegeben, angeblich von

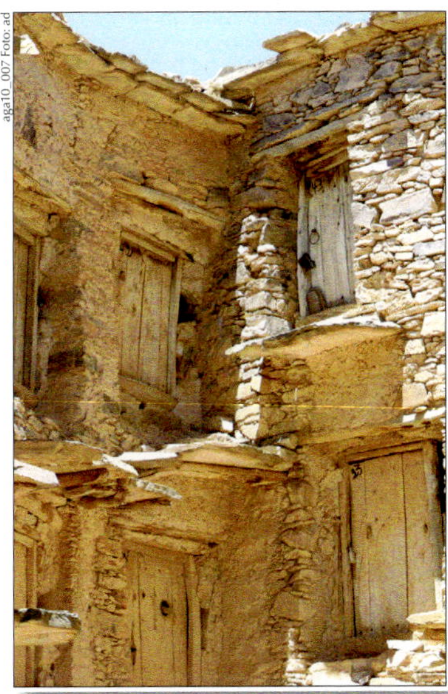
aga10_007 Foto: ad

Im Agadir Tasguent

Frauen auf Schiefertafeln und erst später auf die Holztafeln eingeritzt. Die Tafeln gelten als Heiligtum und lagern in einem Turm, der mit zwölf Schlössern verschlossen ist. Die zwölf Schlüssel sind auf zwölf vertrauenswürdige Schlüsselhalter verteilt. Auch wenn das Gewohnheitsrecht mittlerweile in Buchform vorliegt, gelten die Tafeln doch als Sensation, denn bis auf wenige Ausnahmen – z.B. in Form der Tuaregschrift Tifinagh – wird den Berbern keine eigene Schrift zugestanden.

Weiter in Richtung Igherm durchfährt man eine karge braune Hügellandschaft mit Getreidefeldern. Bei km 71 kleben die Lehmhäuser des Dorfes **Illigh** unterhalb einer auffälligen Felskuppe malerisch links der Straße am Hang. Auch der alte Ortskern von **Azoura** (km 74) am terrassierten Hang rechts unterhalb der Straße bietet ein schönes Fotomotiv. Hinter **Tagadirt Nait Ali** (km 76), das rechts auf einem Hügel thront, führt die Straße durch eine Felsenge mit markanten Spitzen. An der T-Kreuzung bei **km 95** geht es links weiter nach Taroudannt und rechts nach Igherm und Tata.

Der große Ort **Igherm** auf 1706 m Höhe liegt nur etwa 500 m südlich der Kreuzung. Es gibt einige einfache Cafés/Restaurants, eine Tankstelle und diverse Läden. Der Wochenmarkt findet am Mittwoch statt.

Variante nach Tata

Folgt man von Igherm weiter der guten Teerstraße **R109 Richtung Süden,** gelangt man nach Tata. Diese schöne Alternativroute führt durch eine wüstenhafte Landschaft: Die kargen, bizarr in Schichten gefalteten Berge sind durchzogen von palmengesäumten Wadis, malerische Dörfer mit rosaroten Häusern wie **Issafèn** (sehenswerter Souk am Donnerstag) und **Tizgui Ida Oubaloul** liegen an der Strecke. Bei Tata mündet die Route in die N12 Richtung Akka/Bou Izakarne bzw. Foum-Zguid ein. Von Igherm fahren auch Busse nach Tata.

An der Kreuzung von km 95 weiter Richtung Norden (Taroudannt) führt die Straße in vielen Windungen bergauf und -ab durch eine karge Gebirgsgegend mit Arganien und Getreidefeldern. Es sind zwei Pässe zu überwinden, dann geht es kurvig bergab.

65 km hinter Igherm (km 160 ab Tafraoute) ist die Sous-Ebene erreicht, links zweigt eine kleine Straße nach **Tiout** ab, dort kann man eine Arganienölkooperative besuchen (vgl. Taroudannt/Ausflug). Dahinter ist die Teerstraße nur noch einspurig.

80 km hinter Igherm (km 175 ab Tafraoute) mündet bei **Aït Yazza** die R109 in die Hauptstraße N10 ein (aus der Gegenrichtung an dieser unbeschilderten Kreuzung rechts abbiegen nach Igherm, N 30°30,204′, W 08°48, 008′). Kurz zuvor passiert man die zum Hotel umgebaute **Kasbah Freija** (vgl. Route Agadir – Taroudannt) am Oued Sous.

Auf der N10 links weiter sind es nur noch 7 km nach **Taroudannt** (vgl. Route Agadir – Taroudannt), das etwa 182 km nach Tafraoute erreicht ist.

Von Tafraoute nach Tiznit

- **117 km, R104 u.a.**
- Es gibt **nach Tiznit zwei bzw. drei Strecken,** die bei Ida Oussemlal wieder zusammenführen. Die erstbeschriebene Hauptroute ist kürzer, die nachfolgend beschriebene Variante die landschaftlich reizvollere, die durch einsame Landschaft über Izerbi bzw. noch kürzer an dem Ort vorbei nach Jemaa Ida Oussemlal führt. 10 km kürzer als die Hauptroute ist der direkte Weg von Tafraoute Ortsmitte in Richtung Westen nach Adaï und Afella Adaï sowie Tahala. Eine zusätzliche **Alternativstrecke** führt über das **Ammelntal** nach **Tamlat** und **Anezi** (siehe Variante) und von dort auf kürzerem Weg nach Tiznit.
- Zu den **Busverbindungen** nach bzw. von Tiznit siehe bei Tafraoute bzw. Tiznit.

Route 1

Folgen Sie ab Tafraoute der Wegweisung nach Tiznit und Agadir, bis nach ca. 4½ km die Abzweigung nach Oumesnat und ins östliche Ammelntal erreicht ist. Biegen Sie hier links ins westliche Ammelntal ab. Etwa 12 km hinter Tafraoute führt eine schmale Teerstraße rechts ab Richtung **Tanalt.** Diese Route verläuft über Anezi nach Tiznit (vgl. Variante) bzw. über Tanalt nach Aït-Baha.

Variante Tafraoute – Anezi – Tiznit (bzw. Tanalte – Aït-Baha)

Biegen Sie **bei dem Abzweig** (N 29°44,25′, W 09°02,12′) **rechts ab.** Kurz darauf führt eine sehr schöne Serpentinenstrecke bis auf 1400 m Höhe. Immer wieder bieten sich tolle Ausblicke auf Dörfer und Terrassenfelder, die mit Arganien, Oliven- und Mandelbäumen bepflanzt sind. Feigenkakteen (Opuntien) begrenzen die Felder. Nach knapp 15 km passiert man ein Dorf. Schöne Häuser liegen überall weit verstreut an den Hängen.

Wiederum ein Wegweiser und **Abzweig** folgen **nach 22 km** (N 29°44,32′, W 09°08, 82′). Rechts geht es nach Tanalt (10 km) und Aït-Baha (83 km). Diese Strecke führt über **Tanalt,** das bei **km 34** erreicht ist (Militärfort, Tankstelle) durch das **Oued Takoucht.** Bei **km 51** erreicht man die **Passhöhe** bei Tlata Aounouenz mit Cafés und Läden, durchquert den Ort (nicht auf die rechts abzweigende Straße nach Souk el-Had de Targa abbiegen) und stößt auf ein Oued mit Oleander, Palmen und einem kleinen Staubecken. **6 km weiter** liegt ein Platz mit Zisterne. Bei **km 67** ist eine Palmenoase am Oued Anguerif erreicht, den man auf einer ausgebauten Furt durchquert. **69 km** nach dem Abzweig hält man sich im Ort Kehmis Aït Moussa rechts und fährt bergauf durch ein mit Arganien und Euphorbien bewachsenes Hügelland. Bei **km 86** erreicht man **Sidi Abdallah,** ein Straßendorf, bei km 114 bzw. 124 **Aït-Baha.**

Fährt man jedoch in **Richtung Tiznit,** weist der Wegweiser **geradeaus** nach **Anezi** (30 km). Zurück zeigt der Wegweiser „Tafraoute 34 km". Immer wieder passiert man schöne Siedlungen, u.a. den größeren Ort **Amaghouz.**

Einen **weiteren Abzweig** mit Wegweiser erreicht man bei km 31,5: links nach Tafraoute (über Suq Tahala und ins Ammelntal, zurück Tanalt), rechts weiter Richtung Anezi (N 29°43,03′, W 09°11,90′). Die Straße schlängelt sich weiter durch das Bergland bis man bei km 40,3 wiederum auf einen **Wegweiser** trifft: Amaghouz zurück, links Souk el-Khemis, **rechts weiter** (N 29°41,61′, W 09° 15,83′) und 2½ km (Gesamt-km 42,8) wieder ein **Abzweig** rechts nach Aït-Baha – wir fahren **geradeaus weiter** und stoßen bei km 54,5 auf den großen Ort **Anezi** (Ortsmitte). Hier links weiter und bei km 58,5 geradeaus weiter (Teerabzweig nach links). Nach 2 km liegt unterhalb der Straße ein schönes Dorf mit bemalten Häusern und **Lokba-Verzierungen.** Unsere Straße mündet hier auf die Straße in Richtung Tiznit; links weiter (N 29° 41,42′, W 09°30,82′) bis wir **bei ca. km 113** beim Kreisverkehr am südlichen Stadtrand **Tiznit** erreichen.

Die **Hauptstrecke in Richtung** (Souk el-Had) **Tahala und Tiznit** windet sich durch Bergland mit Arganien und Mandelbaumbestand. Nach 25 km erreicht man (Souk el-Had) **Tahala,** das früher ein Zentrum der Juden war. Ab hier führt ebenfalls eine Straße ins (westliche) Ammelntal und nach Tafraoute. Über **Souk Tnine de Tarsouale** (km 39), einem Ort in karger Gebirgslandschaft, zieht sich die Straße bergauf bis **Jemâa Ida Oussemlal** (bzw. Tizourhane) bei **km 52,** einem großen Marktort mit Tankstelle.

Links zweigt die Straße nach Foum-el-Hassane (110 km) und zur nachfolgend beschriebenen **Route 2** (Asphaltstraße Tafraoute – Izerbi, 60 km) ab. Weiter geht es durch Hügelland mit Kornfeldern im Sommer. Im Frühjahr ist die Hochebene mit einem grünen Flaum bewachsen und von blühenden Obstbäumen gesäumt.

7 km (km 59) hinter Jemâa Ida Oussemlal führt ein Teersträßchen (C7076) links nach **Ifrane de l'Antiatlas** (Ida-Oumarkt), der ehemals größten jüdischen Ortschaft in Marokko, ab (siehe Route Bou Izakarne – Tata – Foum-Zguid).

61 km hinter Tafraoute ist die Passhöhe **Col de Kerdous** erklommen. Von hier eröffnet sich eine herrliche Aussicht auf die bizarren Granitberge.

1 km weiter erhebt sich das **Hotel Kerdous** auf 1200 m Höhe (Tel. 0528 86 20 63, www.hotel-kerdous.com). Das ehemalige Bordj Tiffermit wurde zu einem schönen 4-Sterne-Hotel umgebaut. Jedes Zimmer (mit Bad, AC und TV) ist in traditionellem Stil eingerichtet und unterschiedlich gestaltet. Im schönen Speisesaal oder im Innenhof (mit Pool, nicht immer Wasser) wird hervorragendes Essen serviert. Wer Abgeschiedenheit liebt, sollte hier einkehren und das Hotel als Basis für Ausflüge nach Tafraoute und in die Umgebung nutzen. In den Wintermonaten kann es jedoch sehr kalt werden und starken Morgennebel geben, der sich im Laufe des Vormittags auflöst. Rucksackreisende, die mit dem Bus anreisen, werden manchmal etwas misstrauisch beäugt. Keine Zahlung mit Kreditkarte möglich! DZ mit Frühstück €€€, Menü ca. 100 DH, Weinausschank.

Auf der weiteren Strecke passiert man einen kleinen Ort mit schönen roten Häusern, vielen Feigenkakteen und Terrassenfeldbau.

Nach 74 km ist **Tirhmi,** ein größerer Ort mit Verkauf von bemalten Töpfereiwaren, erreicht.

80,5 km hinter Tafraoute besteht die Möglichkeit, zum Marabout und **Wallfahrtsort Sidi-Ahmed-ou-Moussa** abzuzweigen. Hier liegen der gleichnamige Idrissiden-Scherif, der im Jahre 1563 verstorben ist, und seine vier Söhne begraben. Die Marabout-Cherifen beherrschten dieses Gebiet (Tazeroualt) bis 1882. Das Grabmal (Marabout) und die Wallfahrstätte bzw. Sitz der religösen Bruderschaft (Zaouia) erreicht man über eine breite Treppe, die zum großen, mit grünen Tonziegeln gedeckten Gebäude führt (kein Zutritt für „Ungläubige"). Dreimal im Jahr (März, April, August) pilgern Wallfahrer hierher zum Grabmal.

Die Anhänger der Bruderschaft haben als **Akrobaten** im 19. Jahrhundert in der Zirkuswelt, vor allem wegen ihrer Spring- und Pyramidenbaukunst, international Bekanntheit erlangt.

Die schlechte Straße nach Sidi-Ahmed-ou-Moussa führt 10 km durch eine landschaftlich sehr schöne Gegend, der Ort liegt hübsch an einem Fluss und ist noch sehr ursprünglich. 4 km weiter folgt der von einer alten Kasbah gekrönte Ort **Iligh** mit ruhmreicher Vergangenheit als Zentrum des Zuckerhandels im Sous.

Die Straße nach Tiznit durchquert hügeliges, dünn bewachsenes Gebiet. Entlang eines Palmentals geht es bis km 88 zu einem malerischen Dorf mit Moschee am Hang. Die weitere Route bis **Sidi Assaka** führt am fruchtbaren **Oued Assaka** entlang, an dem Palmen, Feigenbäume und Arganien gedeihen.

117 km von Tafraoute erreicht man Tiznit.

Route 2

Diese Route verläuft von **Tafraoute** über **Izerbi** nach **Ida Oussemlal.** Es gibt noch eine kürzere Variante, die Izerbi umgeht und im Dorf nach der Passhöhe direkt nach Souk Khèmis des Aït Oufka führt.

Verlassen Sie Tafraoute in Richtung **Aguard Oudad,** das nach knapp 3 km erreicht ist (siehe Ausflüge Tafraoute). Die weitere Strecke säumen riesige Granitfelsen.

Etwa 19 km hinter Tafraoute stößt man auf den Ort **Tnine Tarzoual** mit einer schönen Moschee. Die Beschilderung ist nur auf Arabisch. Nach einigen Kilometern wachsen wieder viele Arganienbäume. Weiter auf schmaler, kurviger Straße bis **Izerbi** bei ca. 33,5 km. Dieser Ort imponiert durch ein bereits von weitem sichtbares, palastartiges Gebäude eines Ministers und andere eindrucksvolle neue Häuser. Es gibt auch eine alte Kasbah.

Nach einem Straßenknick nach Westen ziehen sich eigenartige kammartige Felsspitzen wie Bänder entlang der Straße.

Beim Ort **Aït Oufka** (km 49,5, N 29° 30,098', W 09°08,496') zweigt eine kleine Teerstraße links ab. Die Straße geht 4 km vor Souk Anefg (19 km ab der Kreuzung, bei N 29°24,359', W 09°15,272') in eine steinige Piste über, auf der man mit Geländewagen bis zur **Speicherburg von Id Aissa (Amtoudi)** in Richtung Süden fahren kann (insgesamt 50 km).

Bei **Ida Oussemlal** (km 60) biegt die Straße rechts nach Tanalt/Tafraoute ab, geradeaus geht es weiter auf der vorher beschriebenen Hauptroute nach **Tiffermit** (km 66) und über den **Col de Kerdous** (km 69) nach Tiznit.

Tiznit

↗XIV/B1

Überblick

Die stark expandierende Stadt hat **86.000 Einwohner** und liegt in einer von Kakteen und Euphorbien bewachsenen Ebene. Tiznit hat typischen Wüstenstadtcharakter und ist von einer

6 km langen Mauer mit sechs Toren umgeben. Die Altstadt mit den lebhaften Souks hat wegen der vielen Neubauten leider etwas an Charme verloren. **Markttag** ist der Donnerstag. Tiznit war vor allem wegen seines kunstvoll gefertigten Silberschmucks, seiner ziselierten Waffen und Kupferarbeiten bekannt. Mittlerweile sind sie hier allerdings teurer als anderswo.

Geschichte

Die Stadt wurde 1882 von **Sultan Mulay Hassan** gegründet, wenn auch Legenden behaupten, dass **Lalla Fatima Tiznit** hier vor 1500 Jahren bereits eine Siedlung gegründet haben soll. Ende des 19. Jahrhunderts wurde Tiznit zum Handelszentrum und Ausgangspunkt vieler Karawanen in den Süden. 1912 ging die Stadt in die Geschichte ein, als sich der Rebell und Thronanwärter **El Hiba** dort zum Sultan ausrufen ließ. 1917 wurde der Ort von den französischen Truppen unterworfen. Die Franzosen unterhielten hier bis 1956 eine Garnison, und auch heute noch ist Tiznit ein wichtiger Militärstützpunkt.

Sehenswertes

Sehenswert sind die alten **Stadtmauern,** das **Minarett** der großen Moschee mit ihren hervorstehenden Querstangen, die beim Lehmbau als Abstützungen dienten und typisch sind für die Lehmbauweise südlich der Sahara (Sahel). Weniger interessant ist die **Source bleue,** eine in einem reizlosen Betonbecken gefasste (fast trockene) Quelle, die auf die als Heilige verehrte *Lalla Fatima Tiznit* zurückreichen soll, die sich einst hier niedergelassen hatte.

Einen Besuch wert (aber nicht spektakulär) ist **La Perle du Sud** (Tel. 0528 60 01 01), ein großes **Souvenirgeschäft** mit schöner Auswahl in einem alten, 200 m² großen Paschapalast aus dem 19. Jahrhundert. Hier fertigen Kunsthandwerker filigranen Schmuck, und man kann ihnen bei der Arbeit zusehen. *Boujemaa* berät gerne auf Englisch oder Deutsch.

Die **Schmuckhändler** liegen in der Nähe des Place Méchouar. Goldschmuck kostet 200–250 DH pro Gramm, Silberschmuck 8–15 DH pro Gramm, je nach Verarbeitung.

Unterkunft

Klassifizierte Hotels

- **Idou Tiznit******, Av. Hassan II. (gegenüber des Hotels Tiznit am Kreisverkehr), Tel. 0528 60 03 33 od. 60 04 44, www.idoutiznit.com. Das beste Hotel am Platz mit Pool und klimatisierten DZ €€€ bis €€€€ inkl. Frühstück, Preise saisonabhängig.
- **Tiznit*****, Rue Bir Anzarane, Tel. 0528 86 21 11 oder 86 38 86, am Kreisverkehr der Ausfallstraßen nach Agadir und Tafraoute. In die Jahre gekommenes Hotel mit reizvollem Innenhof (Folkloreveranstaltungen), Pool und Restaurant/Bar. Das Hotel verfügt über großzügige, traditionell eingerichtete Familienzimmer mit Blick auf den Innenhof und ebenso schöne Standardzimmer; diejenigen nach vorne zur Straße hin sind etwas laut. DZ €€
- **De Paris****, Av. Hassan II. (gegenüber Hotel Tiznit am Kreisverkehr), Tel. 0528 86 28 65, Fax 0528 60 13 95. Älteres, kleines Hotel. Saubere und ordentliche Zimmer, freundlich, DZ mit Bad und WC €. Restaurant im EG, Frühstück 14 DH, gute Tajine.

● **Assaka****, Av. Lalla Abla, Tel. 0528 60 22 86, hotelassaka@hotmail.com. Neueres Hotel an der Straße nach Agadir.

Unklassifizierte Hotels

● Mehrere sehr einfache Hotels liegen am und **um den Place Méchouar** (z.B. Atlas, Touristes).

● **Hotel du Sahel,** Route de Tafraoute, ggü. Hotel Tiznit. Am Kreisverkehr hinter der Stadt links abbiegen und dann gleich rechts, wo die Straße nach Agadir abgeht. Nettes Personal, sauberes DZ ohne Dusche/WC €B.

● **Al Mourabitine,** am Ende der Straße, die nördlich vom Place Méchouar abzweigt, im 1. Stock. Sauber und einfach. DZ mit Etagendusche ½€.

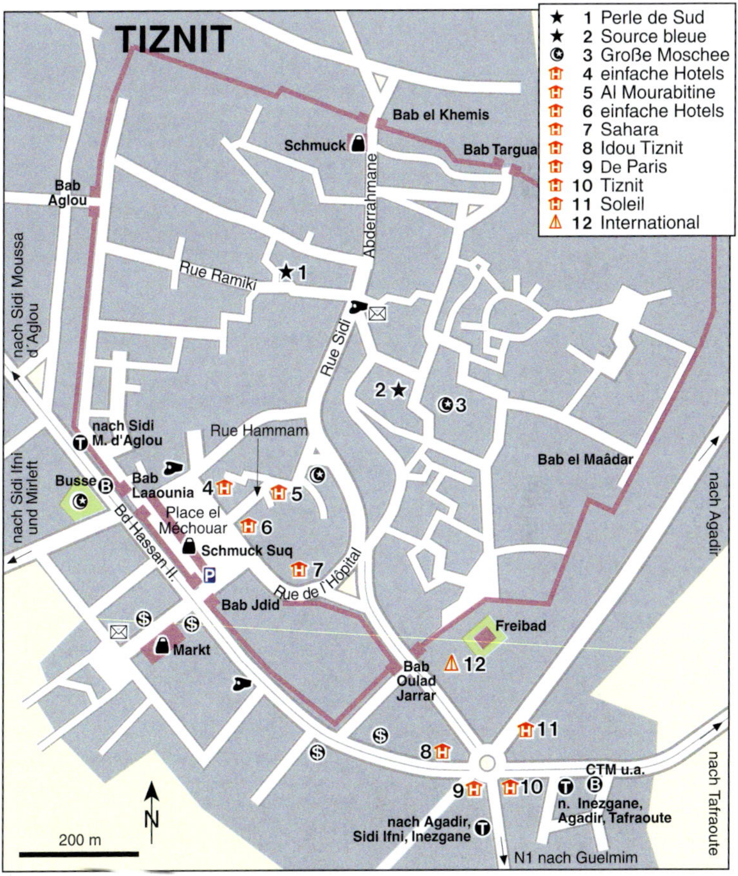

TIZNIT

- ★ 1 Perle de Sud
- ★ 2 Source bleue
- 3 Große Moschee
- 4 einfache Hotels
- 5 Al Mourabitine
- 6 einfache Hotels
- 7 Sahara
- 8 Idou Tiznit
- 9 De Paris
- 10 Tiznit
- 11 Soleil
- 12 International

Bab el Khemis, Schmuck, Bab Targua, Bab Aglou, Abderrahmane, Rue Ramiki, Rue Sidi, nach Sidi Moussa d'Aglou, nach Sidi M. d'Aglou, Rue Hammam, Bab el Maâdar, Busse, Bab Laaounia, Place el Méchouar, Schmuck Suq, nach Sidi Ifni und Mirleft, Bd Hassan II., Rue de l'Hôpital, Bab Jdid, Markt, Freibad, Bab Oulad Jarrar, nach Agadir, CTM u.a. n. Inezgane, Agadir, Tafraoute, nach Agadir, Sidi Ifni, Inezgane, N1 nach Guelmim, nach Tafraoute, 200 m, N

Campingplatz

- **Municipal International,** vom Zentrum kommend am Kreisel beim Hotel Idou Tiznit links (von Agadir kommend rechts). Die Rezeption ist nur von 8–11 und 18–22 Uhr besetzt. Recht schöner ummauerter Kiesplatz mit Bäumen, nebenan befindet sich das öffentliche Schwimmbad. Die sanitären Anlagen sind gepflegt und sauber – empfehlenswert! Tarife: 14 DH/Pers., 20 DH Caravan, 12 DH Auto, 10 DH Motorrad, 7 DH heiße Dusche, 10 DH Zelt, 42 DH Lkw.

Einkaufen

- Der **Marché Municipale** (Obst, Gemüse, Fleisch, Frischwaren) liegt an der Hauptstraße Hassan II. links (von Tafraoute kommend).
- Ein **Supermarkt** befindet sich hinter dem Hotel Idou Tiznit (Supermarché Idou Tiznit).

Busse

- Die meisten Busgesellschaften unterhalten Büros am Place Méchouar, Ecke Rue Yaqub el Mansur. **Es gibt keinen zentralen Busbahnhof,** die Fernbusse halten an verschiedenen Stellen, z.B. nahe des großen Kreisverkehrs an der Straße Richtung Tafraoute (vgl. Stadtplan).
- **CTM-Büro** am Place Méchouar (Tel. 0528 86 23 29) und im Quartier Industriel (Route Tafraoute, ggü. Banque populaire), Tel. 0528 86 66 93.
- **Supratours-Büro,** Hay Youssoufia, Tel. 0528 60 00 50. Supratours fährt nach Marrakesch (100 DH).

CTM-Verbindungen und Preise

- **Inezgane – Agadir – Marrakesch – Casablanca – Rabat – Tanger:** tägl. CTM-Nachtbus; Fahrzeit nach Tanger ca. 17 Std., 350 DH; nach Agadir ca. 2 Std., 40 DH; nach Marrakesch 120 DH; nach Casablanca 220 DH.
- **Tafraoute:** 2x tägl., 3½ Std. Fahrzeit, 20 DH.
- **Guelmim – Tan-Tan – Laâyoune – Dakhla:** 1x tägl. spätabends, nach Guelmim auch frühmorgens. Fahrzeit nach Guelmim 2 Std., 40 DH; nach Laâyoune 9 Std., 190 DH; nach Tan-Tan 80 DH; nach Dakhla 310 DH.
- Es fahren außerdem **Privatbusse** ab Place Méchouar nach Agadir, Tafraoute, Mirleft, Sidi Ifni etc.

Stadtbusse

Stadtbusse fahren am Bab Laaounia ab. Es verkehren folgende Linien: Linien 11 und 8 nach Aglou (vgl. Ausflüge), Linie 26 über Mirleft nach Sidi Ifni, Linie 22 nach Sidi Aglou (Umsteigemöglichkeit nach Massa mit Bus Nr. 17 aus Inezgane), Linie 12 Barrage Youssef ben Tachfine, Linie 14 nach Aït Jerrar (östlich von Bou Izakarne), Linie 18 nach Anezi im Anti-Atlas, Linie 19 nach Tirmi, Linie 21 nach Ait Erkha im Anti-Atlas.

Sammeltaxis/Taxis

Sammeltaxis halten am Place Méchouar oder am Bab Laaounia. Nach **Sidi Infi** 40 DH, **Mirleft** ca. 35 DH, **Agadir** 30 DH, **Tafraoute** 45 DH.

Post

- Das **Hauptpostamt** befindet sich vor dem Haupttor Bab Aït Jerrar links (von Tafraoute kommend).

Sonstiges

- **Banken** befinden sich am Bd Hassan II.
- Zentral **parken** kann man am Place Méchouar oder an der Stadtmauer beim Bab Laaounia.
- **Mietwagen** gibt es bei **Cosmos Cars** (13, Av. Hassan II., Tel. 0528 86 43 06, Mobil 0661 34 27 07) oder bei **Toudert Cars** (28, Centre Commercial Al Qods, Tel. 0528 60 09 00).

Feste/Veranstaltungen

- **Moussem Sidi Abdellah ou Said,** an der Straße nach Massa (Resmouka), 1. Woche im Juni.
- **Moussem Sidi Alhmed,** Ende August.

- **Moussem Cheikh Maa El Ayine,** in Souk Khemis de Tiznit, Ende August.
- **Moussem Sidi Moussa d'Aglou,** im gleichnamigen Ort, im September.

Ausflüge

In Tiznit zweigt eine alte Straße nach Westen zum langen und schönen **Strand Sidi Moussa d'Aglou** ab (Beschilderung „Aglou Plage 17 km", Stadtbusse Nr. 11 und 8 ab Tiznit). Vom geplanten touristischen Ausbau ist bis auf die fertiggestellte gepflasterte Promenade am Meer mit zwei Restaurants noch nicht viel zu spüren. Der Fischerort ist nach wie vor sehr ruhig, es gibt ein paar Läden, eine Post und einen Gendarmerieposten. Der Strand wird bevorzugt von der Tizniter Bevölkerung aufgesucht, aber auch europäische Aussteiger haben sich hier niedergelassen.

Am Ortseingang auf der rechten Seite liegt der **Camping Aglou Plage,** ein trostloser ummauerter Platz ohne Schatten und mit dreckigen Sanitäranlagen (60 DH für 2 Pers. inkl. Auto und Dusche, Strom 15 DH, Motorrad 10 DH, Zelt 15 DH). Das **Hotel Aglou Beach***** (Tel./Fax 0528 86 61 96, agloubeach@hotmail.com) ist etwas steril, liegt aber schön oberhalb der Promenade. Die Preise sind angemessen (€€€, Frühstück für 20 DH, Essen 45–80 DH), die Freundlichkeit lässt zu wünschen übrig, die Zimmer sind ordentlich, sauber und modern ausgestattet. Campen am Strand ist nicht erlaubt, Wohnmobile können aber auf dem Platz unterhalb des Hotels über Nacht stehen bleiben (gegen Gebühr).

Einladend ist das **Restaurant Idou Aglou** in einem hübschen Backsteinbau mit Terrasse zum Meer an der Promenade. Hier gibt es Sandwiches, Tajine und Fischgerichte (45–60 DH pro Gericht). Am anderen Ende der Promenade kann man im **Restaurant La Corniche** einkehren (Eisbecher, Frühstück, verschiedene Menüs mit Tajine und Fisch).

Biegt man vor dem Campingplatz rechts in die Piste ein (gen Norden), erreicht man nach ca. 2 km in den Fels der Steilküste gehauene **Grottenwohnungen** (Troglodytenhäuser), wo Fischer leben. Im Buch „Moroccan Interiors" (Taschen-Verlag) sind Bilder dieser Wohnungen zu sehen. Die Höhlen werden aufgrund des touristischen Interesses immer bunter, der Abfall am Strand immer mehr. Die Fischer sind sehr freundlich, man kann ihnen beim Einholen des Fangs zusehen.

Von Tiznit bieten sich außerdem **Tagesausflüge** in den **Massa-Nationalpark,** nach **Mirleft** (schöne Badebuchten) und **Sidi Ifni** (ehemalige spanische Enklave) an; siehe dazu die nächste Route bzw. Guelmim – Tan-Tan – Tarfaya.

Von Tiznit über den Massa-NP nach Agadir

- **92 km, plus ca. 30 km Abstecher, N1**

Hinter Tiznit führt die Straße durch eine langweilige Gegend, die gelegentlich durch Eukalyptusaufforstungen und Palmen unterbrochen wird. Lediglich 25,4 km hinter Tiznit wird die Landschaft beim Oued Massa etwas hügeliger.

32 km nach Tiznit zweigt rechts eine Teerstraße zum **Yussuf-Ibn-Tashfin-Stausee** ab, der das Wasser des Oued Massa sammelt. Der Stausee liegt eingebettet zwischen kahlen Steinbergen. Die Staumauer wird vom Militär bewacht. Baden und Campen ist nicht möglich.

3 km weiter führt kurz vor der **Auberge Le Musée – Maison de Massa** (Mobil 0666 15 29 98, saubere DZ inkl. warmer Dusche, freundlich, gemütlicher Innenhof und kleines Museum, €) ein Abzweig links nach Massa.

Bei **km 39** nach Tizinit zweigt links eine **Straße zum Massa-Nationalpark** und nach Sidi R'bat ab (Schild „Camping International Wassay Beach 10 km", N 30°01,031', W 09°34,782'), rechts geht es nach Biougra. Von hier lohnt sich ein Abstecher zum Park.

Abstecher zum Massa-Nationalpark

VIII/A3

1. Variante/zum südlichen Parkrand: 5 km auf Asphalt bis zum Dorf **Arhbalou** fahren, **dort rechts** in Richtung Sidi R'bat abbiegen. Nach etwa 1,6 km rechts weiter auf einer Piste (immer am Oued Massa entlang) bis zum südlichen Nationalpark-Eingang beim Dorf **Sidi Ben Zarane** (2 km, N 30°03, 337', W 09°39,231'). Am Parkplatz mit Museum, Infotafeln und Picknickbänken in einem kleinen Eukalyptushain sollte man den Pkw abstellen. Von dort kann man zu Fuß am Ufer des Oued Massa durch den Park bis zum Meer und dem nördlichen Parkeingang wandern (2,5 km). Folgt man in Arhbalou der Straße nach links, so gelangt man über Massa und Tassila bis nach Aglou Plage (39 km).

2. Variante/zum nördlichen Parkrand: Diese Route führt nach Sidi R'bat. In Arhbalou (s.o.) ebenfalls rechts abbiegen, aber nach etwa 1 km auf eine beschilderte Piste zum Ksar Massa und nach Sidi R'bat nach oben rechts abbiegen (N 30°02,121', W 09° 38,040'). Immer geradeaus der Hauptpiste entlang des Parkzauns folgen (nicht links den Strommasten entlang). Nach ca. 6 km (ab dem Abzweig von der Teerstraße) sind **Sidi R'bat** und Ksar Massa erreicht. Im kleinen Dorf gibt es einen Surfshop und zwei Unterkünfte: Ksar Massa und Auberge La Dune. Unterhalb des Orts liegt der nördliche Eingang zum Nationalpark.

Die herrliche Anlage **Ksar Massa** direkt oberhalb des Strands (Mobil 0661 28 03 19, Fax 0528 25 57 72/22 47 13 72, www.ksarmassa.com, €€€€ inkl. Frühstück) verfügt über 11 geräumige, individuell und farbenfroh gestaltete Zimmer mit Tadlakt-Bädern, eine Villa mit zwei Zimmern und Nomadenzelte. Den Pool umgibt eine schöne Gartenanlage mit Palmen und Aloe auf mehreren Terrassen. Der Service ist freundlich und gut. Von der Terrasse hat man einen herrlichen Blick aufs Meer, hier wird mittags hervorragender frischer Fisch serviert (auch für Nicht-Gäste). Im Kaminsalon mit Bibliothek und Spielen kann man sich an kühlen Tagen die Zeit vertreiben. Im Spa-Bereich gibt es einen beheizten Pool, Jaccuzzi, Fitnessgeräte und Massageangebot.

Auch die **Auberge La Dune** oberhalb von Ksar Massa ist empfehlenswert (Mobil 0666 80 78 24, www.ladune.de, DZ €€€): hübsche Gästezimmer mit Bad, Balkon und Meerblick, auch Übernachtung im Berberzelt und Camping möglich, saubere sanitäre Anlagen, gutes Essen.

Südlich von Sidi R'bat zieht sich der Massa-Park entlang, im Norden kann man rechts vor dem Ksar Massa auf einer ausgefahrenen Sandpiste oberhalb des Strands Richtung Norden bis zum nächsten Fischerdorf bei Douira fahren. Hier gibt es wunderschöne einsame Strände aus Muschelsand und ausgespülte Felsen. Die Fischer sind freundlich und zeigen gerne ihre **Höhlenwohnungen.** Die Piste kann man auch bis Tifinite weiterfahren, sie wird allerdings für Pkw zu sandig.

3. Variante/nach Sidi Ouassai Plage: Nach Sidi Ouassai und zum Campingplatz ebenfalls in Arhbalou rechts abbiegen, nach 1,6 km weiter der Teerstraße folgen (nicht rechts auf der Piste zum Parkeingang). Die Straße führt nun in einem Bogen zur Brücke über den Oued Massa und nach **Sidi Ouassai Plage** (8 km), einem kleinen Dorf mit Marabout. Die Straße endet oberhalb des Strandes. Hier kann man parken und einen Spaziergang zur Mündung des Oued Massa und zum nördlichen Parkeingang bei Sidi R'bat unternehmen (ca. 3 km). Auf dem ummauerten Gelände des **Camping International Sidi Wassay Plage** (Tel. 0528 21 75 59, www.wassaybeach.com) in ruhiger Lage direkt am Strand gibt es schattenlose Stellplätze mit Stromanschluss. Die sanitären Anlagen sind gut. Man spricht deutsch. Ca. 80 DH/Pers. inkl. Auto, Strom u. heißer Dusche, zur Hochsaison teurer. Es gibt auch Zimmer (€€€).

Der **Nationalpark Oued Massa** existiert seit 1991, ist 338 m² groß und wurde mit Hilfe der deutschen Entwicklungshilfegesellschaft GTZ aufgebaut. Im Park wurden aus dem Zoo Hannover stammende **Säbelantilopen, Mendesantilopen und Mhorr-Gazellen** sowie **Strauße** angesiedelt, die zuvor restlos ausgestorben waren und sich hier mittlerweile gut eingelebt haben und vermehren. Leider sieht man die scheuen Tiere meistens nicht. Am Ufer des Oued Massa, das vom Parkeingang bei Sidi Ben Zarane am besten zugänglich ist, kann man Wasservögel wie **Löffler, Flamingos, Reiher, Ibisse** sowie verschiedene seltene Vogelarten beobachten (Zwergseeschwalbe, Brauner Sichler). Besonders lohnenswert ist das im Herbst, wenn die **Vögel** auf ihrem Zug gen Süden hier Halt machen. Auch alles mögliche Kleingetier wie Streifenhörnchen oder Schildkröten sind hier zu finden.

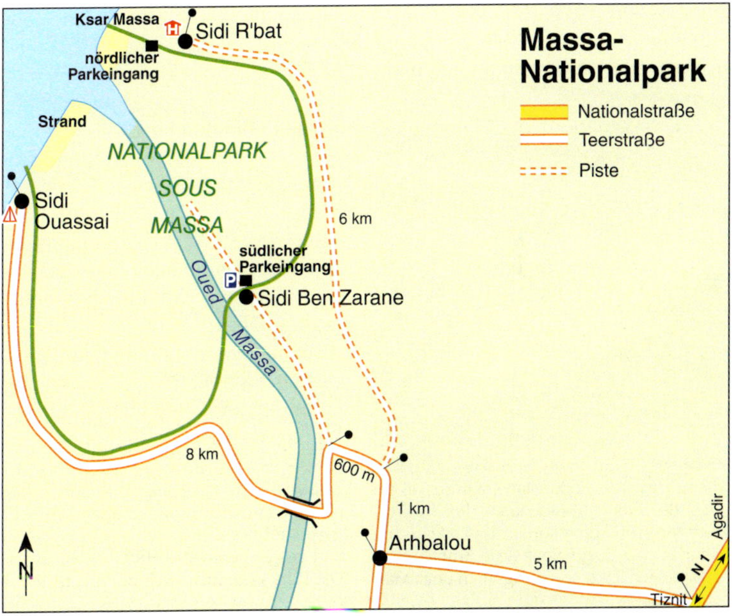

Das fruchtbare **Tal des Oued Massa,** an dessen Ufern Getreide, Gemüse und Obst angebaut werden, ist von sandigen, auf der Westseite hoch aufragenden Ufern begrenzt. Entlang dieses Steilabfalls liegen hübsche und ursprüngliche Orte mit weiß gekalkten Moscheen und Umzäunungen aus Feigenkakteen. Meistens ist das Mündungsgebiet durch Dünen vom Meer getrennt, und der Fluss erreicht nur noch nach starken Regenfällen das Meer.

Am Nationalparkeingang bei Sidi Ben Zarane warten die deutsch sprechenden **Touristenführer Lahcen Mjat** (Mobil 0671 05 31 29, überteuerte 150 DH für 2 Std. Führung) und **Lahcen Ahuilat** (Mobil 0648 10 80 16) auf ein Engagement.

Von Tiznit fährt der **Stadtbus Nr. 22** bis nach Sidi Abou, dort kann man in **Bus Nr. 17 aus Inezgane** nach Massa – Aghbalou umsteigen. In Aghbalou Mitfahrgelegenheiten nach Sidi Ouassai, Sidi R'bat oder Sidi Ben Zarane.

ag5379ch Foto: dd

Weiter entlang der Hauptstraße nach Agadir folgen die expandierenden Straßenorte **Had Aït Belfa (km 43), Arbya Aït Boutayeb (km 50)** und **Tin Mansour (km 51)** mit diversen Tankstellen und Cafés/Restaurants.

Etwa 61 km hinter Tiznit biegt nach links eine Straße zum Meer nach **Tifnite** ab, die bei einem Parkplatz am langen Sandstrand endet (hier können Wohnmobile campen). Das kleine ursprüngliche Fischerdorf war einmal für den Ausbau als Touristikzentrum vorgesehen. Die groß angekündigten Projekte sind scheinbar im Sande verlaufen, denn hier gibt es nach wie vor nur den sehr schönen Sandstrand, einen Gendarmerieposten und eine Haltestelle für Grand Taxis.

Bis Agadir ist die Straße nun vierspurig ausgebaut (mit viel Lkw-Verkehr). Bei km 66 kann man im Kreisverkehr rechts nach Biougra und Aït-Baha abbiegen. In **Biougra** finden im Oktober die Moussems Sidi Amzal und Sidi Messaoud statt. Wenige Kilometer weiter liegt der Ort **Sidi Bibi** etwas östlich der Straße (4 km). Samstags findet dort ein netter Markt statt. Im August wird hier drei Tage der Moussem Sidi Bibi veranstaltet, ein riesiger Markt mit vielen Zelten zur Übernachtung, Kinderkarussell und Fantasia, zu dem alles, was Füße, Esel oder Lkw hat, anreist.

Kleine Moschee im Tal des Oued Massa

Die Straße zum **Flughafen Agadir Al Massira** (Aït Melloul) zweigt bei km 74 rechts ab. Kurz darauf ist die Kleinstadt **Aït Melloul** (Zentrum), 5 km weiter **Inezgane** erreicht (Busbahnhof der Überlandbusse, vgl. Agadir).

Hinter dem Vorort **Ben Sergao** (km 85, siehe Agadir) fährt man nach insgesamt **92 km** (plus Abstecher) ab Tizinit in **Agadir** ein.

Von Tiznit über Bou Izakarne nach Tata

Überblick

- **Ca. 311 km, 68 km auf der N1 bis Bou Izakarne, dann R102 und N12 nach Akka und Tata.**
- Die Strecke ist **durchgehend asphaltiert.** Auch zur Speicherburg Id Aïssa (Amtoudi) führt eine Teerstraße. Bis Bou Izakarne ist der Verkehr dicht, dann geht es durch eine meist reizvolle Wüstengegend, in der sich karge braune Bergzüge und malerische Palmenoasen mit fast vegetationslosen Sand- und Steinebenen abwechseln. Absolutes Highlight entlang der Strecke ist die Speicherburg Id Aïssa (Amtoudi). In der wunderschönen Umgebung kann man sich tagelang aufhalten und wandern. Von Tiznit fahren Grand Taxis und ein SATAS-Bus nach Tata.

Anfahrtsbeschreibung

Hinter Tiznit reihen sich große Tankstellen mit Restaurants aneinander. Man fährt durch dicht besiedelte Gegend und erreicht bei km 30 eine weite, von Bergen eingesäumte Ebene mit Arganienbäumen und Olivenhainen.

Die verkehrsreiche Straße führt bergauf durch eine mit Arganien bewachsene Hügellandschaft, bis bei **km 38** der Pass **Tizi-Mighert** (1057 m) erreicht ist. In Gegenrichtung bietet sich im Winter bei klarem Wetter ein herrlicher Blick auf die Ebene vor Tiznit.

Nach 42 km wird der große Straßenort **Tleta Akhssass** mit Café-Restaurants und einer Tankstelle passiert. Bei **km 68** ist **Bou Izakarne** erreicht, ein großer Marktort und Verkehrsknotenpunkt ohne Attraktionen (Bank, Tankstelle, einfaches Hotel). Busse verkehren mehrmals täglich nach Laâyoune sowie nach Guelmim, Tiznit und Agadir. Ein Supratours-Bus fährt nach Marrakesch. In Bou Izakarne biegt diese Route auf die R102 (gute Teerstraße) links Richtung Akka und Tata ab.

14 km hinter Bou Izakarne ist der große Ort **Timoulaye** erreicht. Von hier kann man auf einem schmalen Teersträßchen nach **Ifrane de l'Antiatlas** (Abzweig bei N 29°10,077', W 09°34,099') und weiter nach Jemâa Ida Oussemlal und Tafraoute fahren. Der Marktort Ifrane de l'Antiatlas liegt schön am Fluss Assif Ifrane mit Dattelpalmenhainen und Obstgärten im Außenbereich. Nordöstlich des modernen Ortsteils, auf der anderen Seite des Flusses, liegt das alte Judenviertel (Mellah) auf einem Hügel. Ifrane war einmal **eine der größten** und einflussreichsten **jüdischen Siedlungen** in Südmarokko und wurde „Klein-Jerusalem" genannt. Die Lehmgebäude der Mellah verfallen leider, es existieren noch eine (verschlossene) Synagoge und ein jüdischer Friedhof. Unterkunft findet man in Ifrane de l'Antiatlas bei der gastfreundlichen Familie

Addi in ihrem Haus **Tiggmi Alhana** (DZ € mit HP p.P., bei N 29°14,162′, W 09°26,991′, ca. 500 m zu Fuß ab dem Parkplatz).

Berge begrenzen die Straße bis zur großen Palmenoase **Tarhjijt** (Taghjeht) etwa 37 km hinter Bou Izakarne.

5 km hinter Tarhjijt (42 km ab Bou Izakarne) führt eine Straße über die schöne alte Oase **Tainzirt** nach Tnine Wadai und Amtoudi (Id Aïssa, s.u.). Der Abzweig für diese Strecke befindet sich bei GPS-Pos. N 29°03,024′, W 09°21,661′.

Etwa 14 km hinter Tarhjijt (51 km ab Bou Izakarne) kann man links nach **Amtoudi** zur unbedingt sehenswerten Speicherburg von Id Aissa abbiegen.

Ausflug nach Amtoudi zum Agadir Id Aïssa ⇗XV/C2

14 km hinter Tarhjijt (N 29°04,903′, W 09°15,645′, Wegweiser „Aday 10 km, Amtoudi 26 km“) zweigt eine schmale Teerstraße zum großen Ort mit Palmenhain **Tnine Wadai (d'Adaï)** ab, wo die Straße von Tainzirt (vgl. oben) bei einem Kreisverkehr einmündet. Eine kleine Teerstraße führt rechts weiter zur Oase Id Aïssa. Der Ort Id Aïssa mit der schon früh sichtbaren Speicherburg ist etwa 24 km nach dem Abzweig von der Hauptstraße erreicht.

Von Tnine Wadai kann man auch links zum hübschen Ort **Timoulaye n'Ouamalougt** (12 km) fahren, wo ebenfalls ein Agadir auf einem Hügel thront. Ein Abstecher zur gefassten **Quelle Lalla Melaka** ist wenig lohnenswert.

Die ganze Region entlang des schönen Flusstals des Assif Boulgous wird **Amtoudi** genannt. Das **Dorf Id Aïssa am Fuße des Agadir Id Aïssa,** der auf einem hohen Felsvorsprung thront, besteht aus einem alten Ortsteil auf der West- und einem neuen Ortsteil auf der Ostseite des Oueds. Etwa 800 Berber vom Stamm der Aït Herbil leben hier. Zur Hochsaison im Winter besuchen vormittags **Busse voller Touristen** aus Agadir den Ort und lassen sich auf Eseln zur Speicherburg hinaufbringen – im Sommer und am Nachmittag ist man ganz alleine. Trotz des gelegentlichen Massenansturms haben das Dorf und die Gegend ihren Charme behalten. Die Menschen sind nach wie vor freundlich und hilfsbereit und haben es verstanden, vom Tourismus zu profitieren, ohne ihr Dorf und die Gemeinschaft zu zerstören.

Am Ortseingang auf der linken Seite befindet sich das **Hotel-Restaurant-Camping Amtoudi** (Mobil 0666 92 25 41). Das Campingareal besteht nur aus einem schattenlosen Kiesplatz mit Strom. Die einfachen, ordentlichen Zimmer gruppieren sich um einen kleinen Innenhof und sind sehr sauber (Duschen/WC am Gang, €€). Es gibt auch ein nettes Restaurant mit traditioneller Polstereinrichtung (Tajine/Couscous ca. 60 DH). Campingtarife: 40 DH/Pers., Strom 20 DH, heiße Dusche 5 DH.

Speicherburg Id Aïssa in Amtoudi

Am Ortseingang rechts geht es auf einer kleinen Piste durch den neuen Ortsteil runter zum Oued und zur **Auberge Ondiraitlesud** (ca. 1,5 km, beschildert, Tel. 0528 78 94 14, Mobil 0672 50 57 15, http://ondiraitlesud.ma.free.fr). Die geräumigen und kühlen Zimmer mit Bad sind gemütlich und charmant gestaltet. Es gibt auch einfachere, aber ebenfalls nette Zimmer ohne Bad und eine günstige Zeltunterkunft (DZ mit Bad €€). Die Gemeinschaftsduschen/WC sind sauber. Im Hofgarten mit Palmen und Aprikosen sitzt man gemütlich, Gäste können hier auch zu Mittag essen (gute Tajine 50–70 DH). Leider ist die Betreuung nicht besonders herzlich. Es können mehrtägige Trekks in der landschaftlich wunderschönen Umgebung organisiert werden. Fußfaule mieten sich einen Esel, um zur Speicherburg hinaufzureiten. Ein schöner Ganztagesausflug führt von Id Aïssa über das Felsplateau oberhalb des Flusses zum Agadir Aglaoui, zur Quelle und dann über ein anderes Plateau zurück zur Herberge (200 DH für eine Gruppe).

Bei der Auberge ist der sehr freundliche und kompetente **Touristenführer Abdullah** zu finden. Eine Führung durch die Speicherburg Id Aïssa kostet 100 DH für bis zu 4 Pers. Zur Besichtigung des Agadir überquert man bei der Herberge das Flussbett zum alten Ortsteil und steigt von dort auf einem breiten Steinpfad etwa eine halbe Stunde bergauf. Schlüsselhalter *Mo-*

Sous, Anti-Atlas und südliche Küste

aga_42 Foto: dd

hammed öffnet den Eingang für Touristen (Eintritt 15 DH).

Von der Auberge Ondiraitlesud sollte man unbedingt eine sehr schöne **Wanderung** (hin und zurück 2–3 Std.) entlang des Flussbetts Richtung Osten durch die **Schlucht des Assif Boulgous** unternehmen. Bewässerungskanäle plätschern durch Oasengärten mit Palmen, Oleander, Getreidefeldern, Granatapfel- und Feigenbäumen. Oberhalb der Schlucht thront der **Agadir Aglaoui** wie ein Adlerhorst. In den vielen Gumpen am Ende der Schlucht bei den Quellen kann man herrlich baden (aber bitte nicht zu freizügig!).

Agadir Id Aïssa

↗XV/C2

Etwa 100 m über dem Dorf und dem Flusstal thront der Agadir Id Aïssa imposant auf einem Felsen. Die aus Bruchstein ohne Mörtel errichtete Speicherburg aus dem 12. Jahrhundert ist eine der ältesten und besterhaltenen in Marokko. Sie wurde noch bis 1950 als Speicher für Getreide und Wertgegenstände sowie als Zufluchtsstätte (für Mensch und Tier) bei Stammeskonflikten genutzt. Die 75 verschließbaren Kammern sind heute immer noch im Privatbesitz der Familien. Früher bewachten drei Wärter in drei Wachtürmen rund um die Uhr den Agadir. Die Bewohner des Tals bezahlten sie dafür mit Naturalien (Olivenöl, Getreide) oder Geld. Bei einem Überfall zogen sich die Menschen in die Burg zurück; damit sie auch länger ausharren konnten, gibt es im Komplex eine Zisterne mit drei Brunnen, Bienenzellen, eine gemeinschaftliche Küche und eine Moschee. Ein Zimmer (Schlüssel vom Wärter) dient heute als kleines Museum für alte Gebrauchsgegenstände und mehrere hundert Jahre alte Aufzeichnungen auf Holz.

Die einspurige, gute Teerstraße (N12) führt weiter durch eine braune Landschaft von Wüstenbergen mit kleinen Oasen. 81 km hinter Bou Izakarne (30 km nach dem Abzweig nach Amtoudi, N 29°07,998′, W 08°57,915′) zweigt links eine Straße zu den Oasen **Tamanart** (Aït Herbil) und **Tamessoult** ab. Von dort kann man auf einer Geländewagenpiste über Ukas bis ins Aït-Mansour-Tal fahren (vgl. Tafraoute/ Ausflüge).

Etwa 102 km nach Bou Izakarne führt eine Teerstraße rechts nach **Foum-el-Hassane** (**Fam el Hism**, 5 km) und nach **Assa** (geteert). Foum-el-Hassane ist eine hübsche Oase mit Palmenhain, Arkadenläden und Marktplatz. Weiter geht es durch eine karge Landschaft mit Hammada (Steinwüste) und grau-braunen Bergen.

Etwa 139 km hinter Bou Izakarne passiert man das Dorf **Tisgui El Haratine** und 2 km weiter die Oase **Aït Ouabelli.** Schräg geschichtete Berge ziehen sich links und rechts der Straße entlang, kleine Oasen liegen in malerischen Palmenhainen.

162 km hinter Bou Izakarne ist der Ort **Touzounine** in einem großen Palmenhain erreicht.

Der große Ort **Akka** mit viel Militärpräsenz, kleinen Läden, einfachen Restaurants und einer Tankstelle liegt 181 km von Bou Izakarne entfernt.

Etwa 3 km hinter Akka, beim Ortsschild, zweigt links eine Straße in Richtung Agadir Ouzim und El Kebab ab, von wo man zum **Agadir Azro** und zu den Quellen von Aït Rahal gelangen kann.

Abstecher nach Aït Rahal

Nördlich von Akka erstreckt sich ein Palmenhain bis nach Aït Rahal **mit Quelle** und mehreren **Süßwassertümpeln.** Bei obigem Abzweig trifft man nach 2,6 km auf zwei Dörfer hintereinander, bis 600 m danach die Piste hinunter ins Oued führt. Rechts oberhalb des Flusses fallen die Befestigungsmauern des **alten Ksar** und des Speichers von **Azro** steil zum Oued hinab. Nach weiteren 2 km durchqueren wir abermals ein Oued und nach einem weiteren Kilometer (Gesamt-km 6 seit dem Abzweig) ein Lehmdorf. Bei **km 7** ist **Aït Rahal** erreicht.

Hier biegt man am Anfang des Dorfes links ab und stößt ca. 300 m weiter auf den Fluss, der hier Kaskaden und Tümpel bildet. Wandert man durch den Palmenhain rechts zur Quelle, bieten sich **beschauliche Szenen:** Männer in traditioneller Kleidung auf Pferden und Eseln, Frauen mit schwarzen, bunt bestickten Tüchern, badende Jugendliche, Froschtümpel und Palmenhaine. Der **Souk** von Aït Rahal wird am **Donnerstag** auf dem Marktplatz oberhalb des Flusstales abgehalten. Fährt man die Straße ab der Flussfurt 7 km nach Süden, gelangt man 1 km südwestlich von Akka wieder auf die Hauptverbindungsstraße N12).

Etwa 9 km hinter Akka (190 km von Bou Izakarne) zweigt rechts eine Piste nach **Oum el Aleg** (ca. 1 km) ab. Durchfährt man den Ort, findet man am zweiten Bergrücken nach dem Dorf **Felsgravuren** („gravures rupestres", evtl. im Ort nach einem Führer fragen).

Immer wieder flankieren Bergrücken und Palmenhaine die Strecke. **Nomaden** in weißen Zelten schlagen in der Region ihre Lager auf.

Etwa 48 km hinter Akka (229 km von Bou Izakarne) weist ein Schild **„Historical Monument Site rupestre Tiggane 0,8 km"** zu Felsgravuren, die an einem flachen Felsrücken liegen und schwer zu finden sind. Ein weiteres Schild, das Gravuren anzeigt, finden wir bei km 34 beim **Oued Misakaou.** Ca. 500 m entfernt sind an einem Felshügel diverse Gravuren unterschiedlicher Qualität zu entdecken.

Die Straße führt weiter durch öde Wüstengegend. Etwa 14 km vor Tata beginnt der Palmenhain. An einer von hellem Sand flankierten Felswand bieten sich ruhige Picknick- oder Übernachtungsplätze an. Durch den Palmenhain von Tata erreicht man 62 km hinter Akka (243 km hinter Bou Izakarne, 311 km von Tiznit entfernt) die Stadt Tata.

Tata

↗XVI/B1

Die im Norden und Westen von ausgedehnten Palmenhainen umgebene 40.000-Einwohner-Stadt am Bergzug **Djabal Bani** entwickelte in den letzten Jahren eine neue Dynamik. Vorbei ist die Zeit, als es nichts zu sehen gab und nur Militär das Straßenbild dominierte. Die Zahl der in Tata stationierten Grenzsoldaten beträgt nurmehr 300. Die Bevölkerung der Hauptstadt der Provinz Tata besteht hauptsächlich aus **Chleuh-Berbern** und **Haratin,** den dunkelhäutigen Abkömmlingen ehemaliger Sklaven). Der Araberanteil liegt bei 10%. Die Menschen in Tata sind offen und freundlich. Der Bürgermeister engagiert sich sehr für den infrastrukturellen Ausbau von Tata, auch mit internationaler Unterstützung aus Frankreich und Deutschland (vgl. Exkurs).

Die Ortschaft bietet sich für kleinere und größere **Wüsten-Unternehmungen** an. Sie ist noch nicht von Touristen überlaufen und herrlich ruhig. Ein Bummel durch die **Oasengärten** am Rande der Stadt ist ebenso schön wie eine Wanderung hinaus zum Marabout oberhalb des Stadtteils Agadir-Lehne. Empfehlenswert sind **Ausflüge in die Douars** im Süden der Stadt: Tazart mit verfallender Mellah, El-Ayoun mit genossenschaftlich genutztem Waschwasserbrunnen, Jebair mit einer 350 Jahre alten Karawanserei aus Lehm-Mauerwerk (im Ort nach dem Schlüssel fragen).

Eine Wüstenoase geht die Zukunft an

von *Norbert Schmidt*

Die Offenheit, mit der die Tataoui ihren Gästen begegnen, ist Teil der **Kommunalpolitik.** So ist man beispielsweise stolz auf die Erfolge der Schulentwicklung. Der Anteil der Mädchen in den Eingangsklassen entspricht – dank eines UNESCO-Programms – der gesellschaftlichen Wirklichkeit: Beide Geschlechter sind gleich stark vertreten.

Im Rathaus bemüht man sich um **internationale Teilhabe** an der kommunalen Entwicklung: China, Frankreich, Japan, Monaco oder etwa „Brot für die Welt" bringen sich in Tata ein.

Wer in der Mairie bei **Bürgermeister Moulay Mehdi Lahbibi** (Tel. 0528 80 20 01 oder 0661 38 71 05) nachfragt, bekommt Auskunft über einzelne Projekte. Etwa den kooperativen Brunnenbau im Douar Taldnount: Die Bewässerungsanlage trägt zur Ernährung von rund 700 Menschen bei. Oder über die Initiative „Agouni" zur Frauen-Gleichstellung im ländlichen Raum.

Nicht zu vergessen die 1999 eingeleitete und 2003 unterzeichnete **Freundschaftsakte zwischen Tata und dem oberhessischen Städtchen Lich:** Unter anderem begegnen sich regelmäßig die Beschäftigten der neuen Poliklinik Tata und des Krankenhauses in Lich, Hebammen und Schwesternschülerinnen hospitieren in der Partnerstadt.

Touristeninformation

- **Office du Tourisme,** 70, Bd Mohammed V., Mobil 0661 81 19 07.

Unterkunft

Klassifizierte Hotels

- **Relais des Sables*****, Av. des F.A.R. (stadtauswärts Richtung Igherm/Taroudannt), Tel. 0528 80 23 01/02, Fax 0528 80 23 00, N 29°44,364', W 07°58,461'. Das eigentlich hübsche Hotel im Kasbahstil wurde in den letzten Jahren leider wenig gepflegt: Die in Bungalowblocks untergebrachten Zimmer sind einfach eingerichtet und schon recht abgewohnt, im Bad funktioniert nicht immer alles. Das Hotel ist aber immer noch beliebter Treffpunkt der Reisenden, sehr freundlich und hat einen (etwas trüben) Pool; auch Alkoholausschank. Stellmöglichkeit für Camper auf dem Parkplatz (geringe Gebühr). DZ mit Frühstück €€, Minisuite mit AC €€€.

• **La Renaissance****, 9, Av. des F.A.R., Tel. 0528 80 22 25, m.belkassan@menara.ma, N 29°44,522', W 07°58,498'. Dieses Hotel mit angenehmer Atmosphäre, internationalem Publikum, Alkoholausschank und gutem Essen besteht aus zwei Gebäudeteilen. Im neueren, gemütlichen Haus mit großer Terrasse (links der Straße von Igherm kommend) sind die schöneren und teureren Zimmer untergebracht. Der Service könnte besser sein, der Pool im alten Haus hat eine zweifelhafte Wasserqualität. DZ €, Suite €€.

Maison d'Hôtes

• **Dar Infiane,** am Ortsrand Richtung Taroudannt, Tel. 0528 80 24 408, Mobil 0661 44 16 53, www.darinfiane.com. Der französische Besitzer *Patrick Simon* hat die alte Kasbah von Tata geschmackvoll und originell renoviert: zehn komfortable DZ mit Bad, Heizung und Klimaanlage, Internet, üppiges Frühstück. Die Besichtigung ist lohnenswert. Es können Ausflüge organisiert werden. DZ €€€€B, Essen 200 DH.

Unklassifizierte Hotels

• Die Hotels **Essalam** und **Sahara** sind sehr einfach und nicht immer sauber.

Campingplätze

• **Camping Municipale,** Tel./Fax 0528 80 33 56. Etwas versteckt gelegen an der Straße nach Agadir-Lehne: Von Akka kommend in Richtung Zentrum fahren, immer geradeaus halten und kurz vor dem Ortsausgang auf der linken Seite. Der im Winter mit Wohnmobilisten völlig überfüllte Campingplatz mit ordentlichen Waschräumen und Stromanschlüssen hat 80 Standplätze. Der Platzwart *Larbi Fertoud* ist ein exzellenter Begleiter bei Touren in die Umgebung. Ca. 60 DH für 2 Pers. mit Fahrzeug. Neben dem Camping (200 m) wurde 2009 ein **öffentliches Freibad** eröffnet, das von einem alten Brunnen gespeist wird.

• **Tata Titi,** Mobil 0671 47 14 51, campingtatatiti@hotmail.com. 6 km nördlich von Tata (N 29°49,17', W 07°59,50') legten die Niederländer *Peter Bouwman* und *Tilly Smitz* 2006 diesen einfachen Platz mit schattigen Stellplätzen und kleinen Sanitäranlagen an. Ca. 60 DH für 2 Pers. mit Fahrzeug, kein Strom.

• **Bivouac El Khayma,** außerhalb in Richtung Foum-Zguid hübsch beim Palmenhain gelegen, Mobil 0672 30 38 06. Stellplatz für Camper mit Beduinenzelten und Restaurant.

Verkehrsverbindungen

Taxis fahren **ab dem Al-Massira-Platz** im Ortskern. Ein neuer Busbahnhof befindet sich am Ortseingang (von Igherm kommend); **Busverbindungen:** Agadir – Casablanca 4x tägl., Ouarzazate 4x tägl., Tan-Tan 2x tägl., Fès 1x tägl., Rabat 2x tägl., Preise: Agadir 70–80 DH, Casablanca 170 DH, Ouarzazate 130 DH, Fès 200 DH.

Sonstiges

• Es gibt u.a. zahlreiche **Läden,** eine **Bank,** zwei Bankautomaten, **Souvenirläden,** ein **Internetcafé** und **Tankstellen.** Der **Markt** liegt kurz vor dem Ortsende rechts (von Igherm kommend); dort bei etwas verlotterten Häusern und Neubauten links abbiegen. **Souk** sonntags neben dem neuen Busbahnhof.

• Zu empfehlen ist das **Café/Restaurant Soyez les bien venus au Monde du Rêve** am Busbahnhof neben dem Taxistand.

• **Souvenirs** (Teppiche, Schmuck, Fossilien etc.) im **Maison Tuareg** bei *Hassan Anouar,* 16, Av. des F.A.R., im **Maison Nomade** und im **Maison du Patrimoine Tataoui.** Es gibt ein **Kunsthandwerkshaus,** in dem u.a. Silberarbeiten und Teppiche hergestellt werden.

• Einen Besuch wert ist die **Teppich-Kooperative.** Wer sie besichtigen möchte, wende sich an *Mohammed Idrame,* Mobil 0666 33 03 50.

• Ein Leser empfahl den **Automechaniker Moklis** (Schild an der Hauptstraße, an der Tankstelle nach ihm fragen).

• Im Mai findet ein **Theater-Festival** statt.

• **Notfall: Poliklinik,** Tel. 0528 80 20 01.

Von Tata über Foum-Zguid nach Tazenakht

Überblick

- **N12 und R111, 228 km bzw. 285 km** (auf der R108 ins Drâatal).
- Bis Foum-Zguid führt eine sehr gute **Teerstraße,** danach wird sie schmäler und ist nur noch eineinhalbspurig. Diese Wüstenstrecke ist landschaftlich meist schön, vor allem um Tissint und hinter Foum-Zguid in Richtung Tazenakht. **Sammeltaxis** fahren von Tata nach Tissint, Foum-Zguid und Tazenakht. Ein **CTM-Bus** fährt von Tissint nach Tazenakht und Ouarzazate und von dort weiter nach Casablanca.

Die **alternative Route** über Bou-Azzer und Aït Semgane ins Drâa-Tal (Teerstraße R108) ist ohne große Höhepunkte und verläuft entlang eines Wadis mit Streudörfern.

Anfahrtsbeschreibung

Der Abzweig in Richtung Tissint führt in der Ortsmitte von Tata an der Kaserne vorbei nach Osten. Die Straße verläuft kilometerlang schnurgerade durch Hammada (Steinwüste), die durch die Bergkette des Djabal Bani im Süden und Norden begrenzt wird. Nach **30 km** ist **Akka Iguiren,** eine sehr malerische Oase an einem Oued, erreicht. Die Strecke führt südlich am Ort vorbei und passiert nach gut **52 km** den großen Palmenhain **Trit,** eine Häuseransammlung zur Linken, zur Rechten säumen hohe Berge die Straße.

Ein weitere Palmenoase folgt nach 7 km. Der **Oued Tissint** verläuft links der Straße (nicht immer mit Wasser). Er hat tiefe Furchen in den lehmig-sandigen Boden gegraben und hier eine bizzare Wüstencanyonlandschaft geschaffen. Bei **km 62** kann man auf einer Piste zum Rand des Canyons gelangen, wo sich für Wohnmobilisten hübsche Wildcampingmöglichkeiten bieten. Nach weiteren 6 km ist bei **km 68** Tissint erreicht.

Tissint ↗XVII/C/D1

Die ursprüngliche Oase aus fünf Ksour befindet sich vor der Einfahrt in den neuen Ortsteil auf der anderen Seite des canyonartig ausgewaschenen Steilufers des Oued Tissint. Die alten Steinhäuser kleben malerisch am Abbruch des Hangs zum Fluss. Die meisten Menschen sind in den neuen Ortsteil mit lebhafter Bautätigkeit umgezogen. Im Juli findet ein **Moussem** für den Heiligen des Ortes am Marabout im alten Ortsteil statt. Die sehr freundliche Bevölkerung **(Chleuh-Berber)** trägt die für Südmarokko und Mauretanien typischen blau-schwarzen Kleider *(Fukias).* Es gibt ein kleines Bordj am Ortseingang links, dort Passkontrolle und Aufnahme der Personalien von Durchreisenden.

Fährt man am Ortseingang bei dem Kontrollposten geradeaus (N 29°54, 443′, W 07°18,995′), anstatt dem rechtwinkligen Knick der Hauptstraße zu folgen (Schild „Cascades d'Atiq"), erreicht man nach 300 m eine Piste, die hinab zum **Oued Tissint** mit den **Kaskaden** führt. Hier hat sich ein großes Wasserbecken gebildet, das man mitten in der Wüste nie vermuten würde und von der Hauptstraße aus nicht sieht. Gelegentlich (in regenärmeren Jahren) liegt es trocken. Wenn genügend Wasser da ist, kann man baden, ansonsten ist die Wasserqualität zweifelhaft. Das Wasser ist wegen des hohen Salzgehaltes frei von Bilharziose (laut WHO). Am Postgebäude hinter den Arkaden führt eine Treppe hinunter zum Oued Tissint. Wer mit dem Auto unterwegs ist, parkt besser hier.

Eine noch bessere Badealternative zu den stark besuchten Kaskaden bietet sich 8 km weiter außerhalb in Richtung Foum-Zguid oder wenn man dem Schild in Richtung „Cascades" folgt, dann den Fluss auf einer Furt überquert und noch wenige Kilometer weiterfährt.

Unterkunft bieten das einfache **Hotel-Restaurant Essalam** (direkt oberhalb der Kaskaden) oder das ebenfalls einfache **Hotel El Hana** (½€). Campen kann man im **Campement VIP Akka Nait Sidi** (Mobil 0661 61 01 70, darinfiane@wanadoo.net.ma), dort ist auch Übernachtung im Nomadenzelt in der Wüste möglich.

Souk ist am Montag – die beste Gelegenheit für Rucksackreisende, mit einem Lkw oder Sammeltaxi in Richtung Tata weiterzukommen, da dorthin kein Bus fährt.

Ein **CTM-Bus** fährt von Tissint ca. um 6 Uhr über Foum-Zguid, Tazenakht, Ouarzazate, Marrakesch, Benguerir und Settat nach Casablanca.

Bei **km 72** ziehen sich weitere Palmenhaine zur Linken des Oued Tissint, der wegen des Salzgehaltes Oued Melh genannt wird. Nach etwa 4 km (bei N 29°50,963', W 07°15,300') kann man mit Geländewagen, Mountainbike oder zu Fuß die Straße in Richtung Fluss verlassen und auf ein kleines Steinhaus mit zwei Palmen zuhalten. Dann – je nach Belastbarkeit des Fahrzeugs – bis zu einer leicht geneigten Fläche weiterfahren (N 29°51,097', W 07°15,323'). Dieser Platz ist ein hervorragender Übernachtungsplatz und von der Straße aus nicht einzusehen. Ein Naturpool mit ca. 3 m Wassertiefe (je nach Jahreszeit) ist in wenigen Schritten erreicht.

Etwa bei **km 86** kann man zu Fuß in nördlicher Richtung zum Oued gehen und trifft auf einen Salzsumpf mit Palmen und Wassertümpeln (Bademöglichkeit). Prähistorische Felszeichnungen gibt es oben auf dem westlichen Ausläufer des kleinen, von der Straße gut sichtbaren Höhenzuges.

Nach weiteren 3½ km erreicht man das Dorf **Mirhimina.** Weiter führt die Straße durch Hammada, die ab und zu von Sanddünen südlich der Straße aufgelockert wird.

Bei **km 135** (N 30°03,652', W 06° 52,152') sind ein Wegweiser und die **Abzweigung zur Zawia Abd-er-Rahman und zum Lac Iriki** erreicht. Der Lac Iriki füllte sich früher in regenreichen Jahren mit Wasser des Oued Drâa, was wegen des Baus eines Stausees am Oberlauf des Flusses heute nur noch selten passiert. Östlich des Lac Iriki zieht sich ein großes Dünengebiet bis M'hamid (siehe dort).

Nach weiteren 5 km erreicht man bei **km 140** Foum-Zguid.

Foum-Zguid

XI/C3

Das ganz in Rosatönen gehaltene, **ruhige Wüstenstädtchen** Foum-Zguid mit etwa 10.000 Einwohnern liegt am trockenen Oued Zguid am Fuße des Djabal Bani. Ein großer Torbogen an der Ortseinfahrt heißt Besucher willkommen. In Foum-Zguid selbst gibt es keine Sehenswürdigkeiten, die Umgebung bietet sich jedoch für Ausflüge an, z.B. zum Lac Iriki und zu den Dünen des Erg Chegaga weiter im Osten (vgl. Kapitel Drâatal/M'hamid).

Billige, einfache Unterkunft bieten das **Hotel Bani** und das **Hotel Iriki** mit Café-Restaurant (besser als ersteres Hotel, gute und preiswerte Tajine). Am komfortabelsten wohnt man im sehr schönen **Gästehaus Bab Rimal** in der Palmeraie (Tel. 0524 39 41 95, www.maroc-desert.com, contact@bab-rimal.com, DZ €€€€): in Bungalows untergebrachte Suiten und Zimmer, Restaurant, schöner Pool im Palmengarten, eigener Spa mit Wellnessangebot. Beim **Khayma Park** am Südrand der Stadt in sehr ruhiger Lage kann man campen oder in einem eingerichteten Nomadenzelt übernachten (½€ pro Pers., mit Strom, saubere sanitäre Anlagen, gutes Restaurant, khaymaparc-camping@hotmail.com).

Markttag ist der **Sonntag,** am Mittwoch findet ein kleiner Gemüsemarkt auf dem Souk hinter dem Café Iriki statt. Die Gendarmerie liegt oberhalb des Hauptplatzes (Gebäude mit Treppen und arabischer Aufschrift).

Ein **CTM-Bus** fährt 1x täglich morgens in zwei Stunden nach Tazenakht. Nach Tissint fährt abends ein Bus weiter nach Tata.

Knapp 5 km hinter Foum-Zguid zweigt beim Dorf **El Mhamid** eine breite Piste rechts ab in den Palmenhain und über das Oued (großes Schild „Zagora"). Hier kann man auf einer seit Jahren zur Asphaltierung vorbereiteten Piste nach Zagora fahren. Nach Tazenakht geht es weiter geradeaus.

An der weiteren Strecke fährt man durch zahlreiche Dörfer, Palmenhaine und Schluchten in schöner Landschaft und erreicht bei **km 206** den Abzweig nach Bou-Azzer und Agdz (69 km). Diese geteerte Alternativroute führt erst durch Berge und erreicht nach 16 km das unattraktive Bergbaudorf **Bou-Azzer,** in dem Kobalt, Nickel und Kupfer abgebaut werden. Weiter geht es landschaftlich unspektakulär entlang eines trockenen Flusstals über die große Palmenoase **Tasla** bis nach Agdz im Draâ-Tal.

Nach Tazenakht folgt man der R108 weiter nach links (Nordwesten, etwas mehr als 21 km).

Von Tiznit nach Guelmim

Überblick

- **105,5 km, N1**
- Die breite, **gute Teerstraße** führt durch Halbwüste. Die Landschaft hat durch **Eukalyptus-, Arganien-, Palmen- und Olivenanpflanzungen** sowie **Getreideanbau** in den

letzten Jahren ihren öden Charakter verloren. Zahlreiche neue Orte entstanden entlang der Straße. Die landschaftlich attraktivere Strecke führt von Tiznit über Moussa d'Aglou und Sidi Ifni entlang des Meeres nach Guelmim (siehe Route Tiznit – Sidi Ifni – Guelmim).

- Gute **Busverbindungen** mehrmals täglich (siehe bei Tiznit bzw. Guelmim).

Anfahrtsbeschreibung

Die verkehrsreiche, zunächst vierspurig ausgebaute Straße führt auf **68 km** nach **Bou Izakarne** (Beschreibung vgl. Route Tiznit – Bou Izakarne – Tata).

76 km hinter Tiznit befindet sich der Ort **Tagant** mit Tankstelle und vielen Geschäften. Nach etwas mehr als 105 km fährt man in Guelmim ein.

Guelmim

↗XIV/B3

Guelmim, eine **stark expandierende Garnisonsstadt** in wüstenhafter Umgebung, hat **121.000 Einwohner.** Die nicht gerade attraktive Neustadt umgeben bergige Ausläufer des Anti-Atlas. Einst war Guelmim ein wichtiger Handelsposten für Karawanen aus Schwarzafrika, die hier auch Wasser schöpften – „Aguelmim" bedeutet auf Masirisch (Sprache der Berber) „wo es Wasser gibt". Die Männer der Region tragen traditionell eine **blaue Djellabah,** die Frauen hüllen sich in bunte Wickeltücher. Wegen ihres blauen Umhangs werden die ursprünglich nomadisch lebenden Mauren in der Westsahara auch „Blaue Männer" genannt.

Der interessante **Souk** und der berühmte **Kamelmarkt** für die Touristen finden am Samstag an einem Platz an der Straße in Richtung Tan-Tan statt, für die Einheimischen schon am Freitagabend. Der Kamelmarkt hat seine wirtschaftliche Bedeutung für die Bevölkerung verloren, da durch den Westsahara-Konflikt der Nomadismus stark abgenommen hat, keine Karawanen mehr verkehren und die Menschen sesshaft werden. Die Kamele dienen jetzt u.a. der Touristenbeförderung, sei es für einen kurzen Ausritt oder auch eine längere Tour.

Die gesamte Region Guelmim – Es-Smara soll in den nächsten Jahren massiv touristisch entwickelt werden. **Großprojekte** sind u.a. am Plage Blanche sowie an den Mündungen von Oued Drâa (Foum Drâa) und Oued Chbika (Foum Chbika) an der Atlantikküste geplant. Bisher sind diese Naturparadiese noch ruhig und weitgehend unberührt ...

Touristeninformation

- **Conseil Régional du Tourisme (C.R.T.),** 17, Rue Lahbab (ggü. Wilaya auf der linken Seite), Tel. 0528 87 31 85, www.crt-guelmim.com. Hier bekommt man ein recht informatives, dreisprachiges Heftchen mit Infos zu Sehenswürdigkeiten in der Region.

Unterkunft

Klassifizierte Hotels

- **Au rendez-vous des Hommes bleus*****, Av. Hassan II. (an der Straße Richtung Sidi Ifni), Tel. 0528 77 28 21, Fax 0528 770556. Das Hotel hat keinen 3-Sterne-Standard. Die klimatisierten Zimmer mit TV sind okay, die

Bäder allerdings etwas schmuddelig und angeschlagen. Im Café im EG gibt es kein Essen. DZ €€A.

- **Facomtour*****, Farah Complexe Touristique, in Tighmert (12 km Richtung Assa), Tel. 0528 77 20 10, Mobil 0667 92 52 90. Camping, Restaurant und Hotel mit hübschen Zimmern. DZ €€.
- **Salam***, Av. Youssef Ben Tachfine (Richtung Tan-Tan), Tel. 0528 87 20 57, Fax 0528 77 09 12. Die Zimmer sind relativ sauber, aber laut vom Straßenlärm und den nächtlichen Gesellschaften im EG. DZ ohne Frühstück €.
- **Bahich***, 31, Av. Abaynou, Tel. 0528 77 21 78, bahich_hotel@hotmail.com. Einfaches Hotel im Zentrum, Zimmer mit Dusche €€.

Unklassifizierte Hotels

Es gibt diverse einfache, unklassifizierte Hotels in der Stadt.

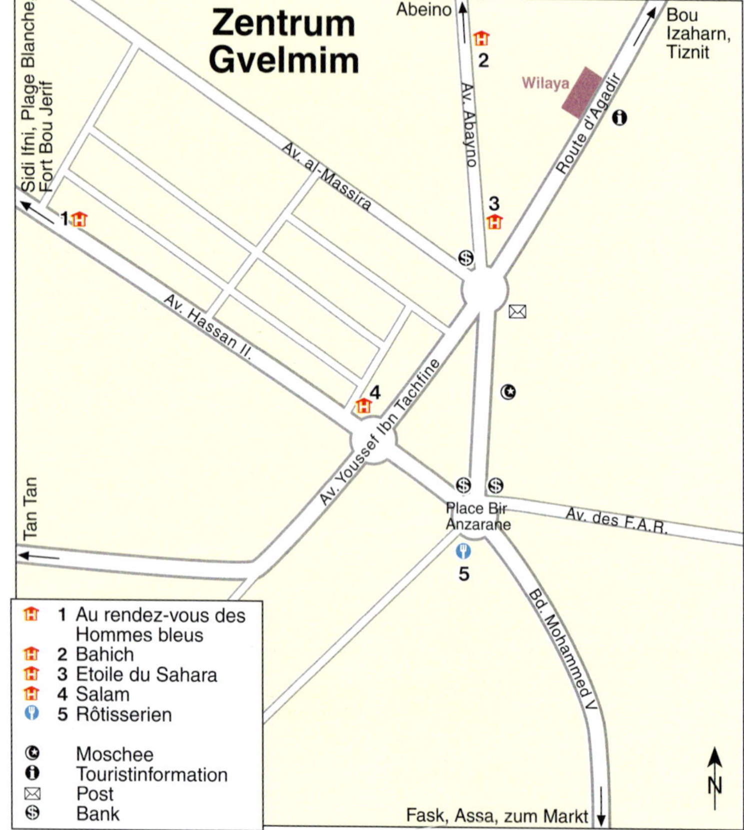

- **Abaynou,** am Thermalbad Abeïno (s.u.).
- **Arkaba,** Tel. 0528 87 18 65, Herberge in Tighmert (12 km Richtung Assa).
- **Etoile du Sahara,** Av. Mohammed VI., Tel. 0528 87 10 95, an der Stadteinfahrt auf der rechten Seite. Nettes Restaurant und Café im EG, im OG ordentliche Zimmer mit schon etwas angeschlagenen Badezimmern. DZ €€.
- **Fort Bou Jerif,** ca. 42 km von Guelmim, etwas abseits der Straße zum Plage Blanche (vgl. nächste Route).

Campingplätze

- In **Abeïno** (vgl. Ausflüge).
- Beim **Fort Bou Jerif** (siehe nächste Route).
- **Porte du Sahara,** 2 km vor Guelmim (von Tiznit kommend) auf der rechten Seite, N 29°01,012′, W 10°01,662′. Schattenloser, etwas trostlos wirkender Platz direkt an der Straße. Kleine Lauben zum Sitzen bieten zumindest ein bisschen Schutz vor der Sonne.
- **Domaine Khattab,** 12 km von Guelmim entfernt in Tighmert (Route nach Assa), Tel./Fax 0528 87 18 12, N 28°58,178′, W 09°57, 255′. Der große und schattige Platz liegt auf einem Bauernhof. Es gibt auch Zimmer in Bungalows. Einfache, aber saubere Sanitärräume, jedoch sehr viele Hunde am Platz (nachts Gebell). Ca. 40 DH/Fahrzeug.

Essen und Trinken

- In den **Grilllokalen** *(Rôtisserie)* am Place Bir Anzarane gibt es zu Mittag Grillhähnchen, Tajine und Omelettes (gut und günstig).
- Im **Restaurant des Hotels Etoile du Sahara** (Stadteinfahrt Guelmim von Bou Izakarne kommend) sitzt man nett auf der Terrasse und isst Brochette, Pizza und Sandwiches oder trinkt Milchshakes und Kaffee (allerdings ausschließlich männliches Publikum).

Busse

- **Busbahnhof** an der Av. Abaynou (von Bou Izakarne kommend am Kreisverkehr rechts nach Abeïno).
- **CTM-Büro,** Tel. 0528 87 27 07

Verbindungen und Preise

- **Laâyoune – Tan-Tan – Dakhla:** CTM 5x tägl. bis Laâyoune, ca. 150 DH; bis Dakhla 1x tägl., ca. 16 Std. Fahrzeit, 280 DH.
- **Agadir – Marrakesch – Casablanca:** CTM 1x tägl. (abends) bis Marrakesch, 125 DH, ca. 9 Std. Fahrzeit; bis Casablanca ca. 12 Std., 255 DH; nach Agadir ca. 5 Std, ca. 65 DH.
- **Privatbusse** nach **Sidi Ifni** (2x tägl., ca. 15 DH) und **Dakhla** (1x tägl., 250 DH).
- **Supratours** fährt nach **Marrakesch,** 130 DH, ca. 9 Std., und **Dakhla.**

Sammeltaxis

Grand Taxis/Sammeltaxis fahren am Markt (Straße Richtung Assa) und am Busbahnhof ab: nach **Abeïno** (7 DH), **Bou Izakarne** (30 DH), **Tiznit** (50 DH), **Tan-Tan** (ca. 50 DH) und **Sidi Ifni** (20 DH).

Feste/Veranstaltungen

Im Jahresverlauf finden in der Region zahlreiche **Moussems** statt (Termine im Touristenbüro erfragen). Die **Guedra,** der traditionelle Knietanz der Bewohner um Guelmim, ist meist nur noch im Rahmen von Touristenveranstaltungen zu bewundern.

Sonstiges

- Ein **offizieller Führer** fürs Umland ist beim Hotel Salam zu bekommen *(Brahim Aybich).*
- Als **Touristenführer** empfahl ein Leser den französisch sprechenden **El Abdi Habib,** Mobil 0668 729 47 78, habibidesert@yahoo.fr. Er führt kompetent durch die Medina oder in die Umgebung.
- Der **Markt** liegt vom Place Bir Anzarane an der Straße Richtung Assa.
- Am Place Bir Anzarane gibt es zwei **Banken mit Geldautomat** sowie ein Wechselbüro. Weitere Banken an der Straße Richtung Assa.

Ausflüge

Abeïno ⇗XIV/B2

Bis Abeïno sind es 13 km. Nach 4 km auf der Straße nach Sidi Ifni geht es rechts ab (beschildert „Source Thermal, Oasis"). In diesem nicht besonders ansprechenden Ort gelangt man zur 39 Grad heißen **Schwefelquellen** mit ordentlichen, getrennten Badebereichen für Frauen und Männer (Eintritt 10 DH).

Vor einigen Jahren wurde das **Hotel Abaynou** (Tel. 0528 87 28 92, thermale-guelmim@yahoo.fr) mit zwei Restaurants an der Thermalstation gebaut. Campen kann man am **Camping Britta Dancy** (ca. 1,5 km Piste von Abeïno, schöne Stellplätze in einem Garten, sanitäre Anlagen leider in schlechtem Zustand, 60 DH für 2 Pers. inkl. Fahrzeug und Strom).

Plage Blanche ⇗XIV/A3

Schöner Dünenstrand im Südwesten Guelmims und südwestlich von Fort Bou Jerif, der aber im Gegensatz zu seinem Namen nicht weiß ist (siehe nächste Route).

Guelmim – (Fort Bou Jerif) – Plage Blanche

Überblick

- **62 km bis Plage Blanche, bis Fort Bou Jerif ca. 42 km (davon 9 km Piste).**
- Die Teerstraße mit betonierten Furten wurde 2009 rundum erneuert. Zum Fort Bou Jerif (ab Kreuzung zum Plage Blanche) sind es 9 km Piste. Mit **Taxi** ab Guelmim-Zentrum (kein Sammeltaxi, diese fahren nur bis Laksabi).

Die Region soll im Zuge des „Plan Azur" zur **Tourismusentwicklung** in Marokko umfassend touristisch erschlossen werden – der Bau der Teerstraße war der Anfang. Hotelbauten am Plage Blanche sollen folgen.

Anfahrtsbeschreibung

Im Zentrum von Guelmim von Tiznit kommend rechts (NW) in Richtung Laksabi und Sidi Ifni abbiegen. Bei **km 1,5** überquert die Straße auf einer Brücke den Oued Lakhdar. Bei **km 2** zweigt vor dem Torbogen, der die Stadtausfahrt markiert, die Route **links** nach Laksabi, zum Plage Blanche und zum Fort Bou Jerif ab (beschildert, N 29°00,058′, W 10°04,399′). Nach Sidi Ifni geht es geradeaus weiter.

Nach **12 km** zeigt ein Torbogen den Ortsbeginn von **Laksabi** an, kurz danach geht es rechter Hand zum Plage Blanche und Camping Fort Bou Jerif (Schild). Geradeaus führt die Straße in den Ort.

Bei **km 15** folgt erneut eine Gabelung (N 29°00,052′, W 10°11,616′). Rechts geht es nach Taligouine und Ouadai Assaka (alte 4x4-Strecke nach Fort Bou Jerif), geradeaus weiter zum Plage Blanche und nach Fort Bou Jerif.

Bei **km 33** ist der **Abzweig nach Fort Bou Jerif** (N 29°00,409′, W 10°20, 700′) erreicht (vgl. Abstecher).

Abstecher nach Fort Bou Jerif ⇗XIV/A2

Die 9 km lange, etwas holprige und löchrige, aber mit Vorsicht auch mit Wohnmobil oder VW-Bus befahrbare Piste führt direkt

aga_43 Foto: dd

Zwischen Guelmim und Fort Bou Jerif

zum Campingplatz und Motel und an diesen vorbei zum alten Fort. Es geht durch eine einsame Hügellandschaft, in der hin und wieder Saharaoui-Nomaden ihre weißen Zelte aufschlagen.

Bei **Gesamt-km 42** ist das **Motel Fort Bou Jerif** erreicht – das Gelände mit Campingplatz, Restaurant, Pool und mehreren Gebäuden ähnelt selbst ein bisschen einer Festung mit Zinnen und Türmchen. Der Franzose *Pierre Gerbens* betreibt diesen Stützpunkt für Off-Roader, Naturfreunde und Wüstenfans nahe eines alten französischen Forts (Mobil 0672 13 00 17, Fax 0528 87 30 39, www.boujerif.com, N 29°04,940', W 10°19,853'). Der Platz ist gleichzeitig Infobörse für Saharadurchquerer, die nach Mauretanien unterwegs sind. Übernachtungsmöglichkeit besteht im Nomadenzelt (€), im komfortablen (3-Sterne-)Hotel (geräumige DZ inkl. Frühstück €€€€), im (2-Sterne-)Petit Hotel mit kleinen, netten Zimmern (€€€) oder im einfachen Motel mit Gemeinschaftssanitäranlagen (€€€). Alle Zimmer sind sehr sauber, das Duschwasser ist hier in der Wüste etwas salzhaltig. Strom gibt es bis 23 Uhr, dann wird der Generator abgeschaltet. Auf Vorbestellung kann man ausgezeichnetes, aber teures Essen genießen (Menü 180 DH, Frühstück 40 DH, auch Alkoholausschank) – Spezialität des Hauses sind Tajine mit Kamelfleisch und als Dessert eine Früchte-Tajine mit Zimt und Honig. Auch das Campingareal ist sehr gepflegt, vor allem die sanitären Anlagen haben europäischen Standard (30 DH/Pers., 20 DH/Auto oder Motorrad, 30 DH/Geländewagen oder Wohnmobil).

Die Gegend hat ein sehr angenehmes Klima, da kühle Meereswinde hier für Abkühlung sorgen. Die Region eignet sich hervorragend für (ornithologische) **Wanderungen** oder **Ausflüge** mit dem Geländewagen, per

Kamel oder Pferd. *Pierre Gerbens* ist gerne bei der Organisation verschiedener Aktivitäten behilflich.

Etwa 15 Minuten zu Fuß (1,3 km) vom Platz entfernt thront über dem Tal des **Oued Assaka** das **Fort Bou Jerif** (1935 von den Franzosen erbaut), mit herrlichem Ausblick auf das Oued, in dem sich in feuchteren Jahren und im Winter zwischen Steinen eine Art Badebecken bildet. Auch Wasserschildkröten und viele Frösche leben dort. Die steinige Piste von hier nach **Foum Assaka** (Mündung des Oued Assaka) und weiter in Richtung Süden zum Plage Blanche kann nur mit Geländewagen befahren werden.

Weiter auf der Hauptroute in Richtung Plage Blanche (ohne Abstecher) erreicht man bei **km 39** ein **Dorf** mit Moschee. Es geht durch eine hügelige, karge Landschaft mit einigen Getreidefeldern.

Bei **km 60** mündet von rechts die Piste von Foum Assaka ein (ca. 35 km, steinig und schlecht, nur mit 4x4).

Etwa **62 km hinter Guelmim** endet die Teerstraße bei einigen Häusern, einem Funkmast der Marine Royale und dem einfachen **Hotel Dromedaire** mit schäbigen Bungalows. Hier können Wohnmobile stehen bleiben, das Toilettenhäuschen ist allerdings verfallen und vermüllt.

Unterhalb eines Steilabbruchs liegt der Strand **Plage Blanche** mit kleinen weißen Dünen und der Flussmündung. Auf der anderen Flussseite liegt ein kleines Fischerdorf. Der Strand ist schön, aber leider nicht weiß, sondern eher gelbbraun und auch nicht gerade sauber. Hier fließt der kalte Kanarenstrom vorbei, sodass sich vor allem im Hochsommer, wenn die Temperaturunterschiede zwischen Inland und Wasser hoch sind, ein Nebelband von ca. 40 km Breite die Küste entlangzieht. Zum Baden ist es daher oft zu kalt.

Von Tiznit über Sidi Ifni nach Guelmim

Überblick

- **137 km, R104, N12**
- Die **landschaftlich schöne Strecke** führt an wildromantischen Steilküstenabschnitten mit kleinen Sandbuchten vorbei. Sidi Ifni ist wegen seiner kolonialen Atmosphäre interessant, die im krassen Kontrast zu Agadir steht: dort Touristenrummel und moderne Neubauviertel, im abgelegenen Sidi Ifni ein nostalgisch-verstaubtes Stadtbild mit nur wenigen Touristen.
- **Busverbindung** ab Guelmim bzw. Tiznit (Stadtbus Nr. 26 über Mirleft nach Sidi Ifni alle 2 Std.), auch **Sammeltaxis.** Zur schönen Bucht Legzira kann man sich mit dem Bus am Abzweig absetzen lassen und ca. 2 km zu Fuß laufen. Zurück muss man den Bus an der Straße anhalten.

Anfahrtsbeschreibung

Ab Tiznit die Straße in Richtung Sidi Moussa d'Aglou (Aglou Plage) und Sidi Ifni wählen.

Nach 3 km zweigt eine Straße nach **Aglou Plage** ab, geradeaus geht es direkt weiter nach Sidi Ifni. Die Teerstraße über Aglou Plage entlang des Meeres ist schöner und weniger kurvig als die Hauptstrecke, deshalb ist man hier kaum länger nach Sidi Ifni unterwegs als durchs Inland.

Rechts weiter Richtung Aglou Plage passiert man etwa bei **km 13** einen

Abzweig rechts nach Tassila und weiter zum Massa-Nationalpark (weißer Steinwegweiser, Teerstraße).

Sidi Moussa d'Aglou ist bei **km 15** erreicht (siehe Tiznit/Ausflüge). Genau gegenüber des Campingplatzes zweigt die Straße nach Sidi Ifni ab und führt oberhalb von Strand und Hafen an einer kleinen Ferienhauskolonie vorbei. Das hübsche Gästehaus **Le Chant du Chameaux** (Mobil 0667 90 49 91, www.chantduchameau.com) in einem roten Haus liegt rechts der Straße (kleine Zufahrtspiste, 1 km) oberhalb des Strandes in ruhiger Lage. Im netten Steingarten mit Terrasse gibt es auch Nomadenzelte, in denen man übernachten kann (DZ mit Frühstück €€€, im Nomadenzelt €€).

Ab km 22 entstehen große Ferienvillen entlang der Straße. Auf den nächsten Kilometern laden **lange Sandstrände** mit kleinen Dünen zum Verweilen und Baden ein.

Bei km 24 folgt **Sidi Bou Ifdail.** Die Ranch **Les 2 Gazelles** von zwei Französinnen im Ort bietet Ausritte und Reitstunden an (www.les2gazelles.com, Mobil 0666 26 66 86, 350 DH für einen halbtägigen Ausritt). Im hübschen Gästehaus werden auch Zimmer mit Bad vermietet (DZ mit Frühstück €€€).

Es geht entlang einer Steilküste mit starker Brandung, die gelegentlich durch kleine Sandbuchten an den Flussmündungen unterbrochen wird.

Bei **km 41** mündet beim Dorf **Gourizim** diese Route in die Hauptstraße von Tiznit ein, rechts geht es weiter nach Mirleft.

47,6 km hinter Tiznit führt rechts eine kleine Straße zum **Plage Mirleft** (Imin Tourga) am Oued Mirleft entlang. Die Straße endet an einem Parkplatz oberhalb des von roten Felsen umrahmten schönen Sandstrands an der Flussmündung.

Bei **km 48** ist Mirleft erreicht.

Mirleft ⇗**XIV/B1**

Das ehemals kleine, kaum besuchte Fischerdorf Mirleft hat sich in den letzten Jahren **enorm entwickelt.** Überall entstehen neue Ferienhäuser, vor allem Franzosen investieren hier. Mittlerweile bieten mehrere Gästehäuser komfortable und schöne Unterkunft für Surfer oder Urlauber an, die an den schönen Sandstränden der Umgebung relaxen möchten. Im Zentrum (links der Straße) gibt es einen Markt mit vielen Lebensmittel- und Souvenirläden, Cafés, eine Tankstelle, eine Post, eine Bank und ein Internetcafé.

Das in einen Teil des alten französischen Militärforts (von 1935) integrierte **Les 3 Chameaux** auf einem Hügel oberhalb des Orts ist die teuerste und komfortabelste Unterkunft am Platz (Tel. 0528 71 91 87, Mobil 0666 54 85 79, www.3chameaux.com, DZ oder Suiten €€€€). Eine Piste führt vom Ortszentrum links der Straße hinauf zum Fort (ca. 1 km). In den alten Gemäuern herrscht rustikales Landhausambiente mit einem fantastischen Blick auf Mirleft und das Meer. Die Zimmer und Suiten sind sehr schön marokkanisch gestaltet, mit Tadelakt-Bädern, z.T. auch mit Terrasse (Berg- oder Meerblick) und Kamin. Es gibt einen Pool, im Restaurant wird Alkohol ausgeschenkt (Menü 195 DH). Bei Interesse kann das französische Eigentümerpaar diverse Aktivitäten organisieren: Quad-Exkursionen, Ausritte mit Eseln oder Pferden, Surf- und Angelausflüge etc.

Biegt man an der Kreuzung in Mirleft rechts ab (statt links ins Zentrum), gelangt man in das Villenneubauviertel **Les Amicales** mit diversen Unterkünften (Zimmervermietung) und zum Viertel Aftas bei der schönen **Plage d'Aftas.**

Empfehlenswert ist das sehr hübsche kleine Haus **Sally's Bed & Breakfast** mit fünf Zimmern (Les Amicales, Tel. 0528 71 94 02, Mobil 0661 46 98 88, www.sallymirleft.com, DZ mit Bad €€€A). *Sally* ist begeisterte Reiterin und hat das Haus extravagant mit marokkanischen Antiquitäten, alten Fotos und Reiterutensilien dekoriert, zudem bietet sich ein toller Blick auf die Klippen oberhalb des Strands.

Eine sehr erholsame Atmosphäre herrscht auch auf dem großen Farmgelände von **Le Ksar** (Aftas, Tel. 0528 71 90 85, Mobil 0667 19 90 62, liliane @ksar-molina.com, DZ €€€) von *Cat* und *Gilles Molina*. Auf der grünen Anlage mit kleinem Pool, Bougainvilleen, Palmen und vielen Singvögeln kann man nach Reservierung auch als Nichtgast im **Restaurant La Ksar Dine** (tägl. außer Sonntag) speisen (Menü ab 110 DH). Es werden diverse Aktivitäten angeboten (Quad, Surfen, Reiten, Wandern, Fischen etc.).

Zum **Camping Gîte Nomade** biegt man im Ort beim Wegweiser rechts ab Richtung Aftas (Mobil 0671 50 52 75). Der kleine Hofplatz ist sauber und recht liebevoll gestaltet mit vielen Pflanzen. Es gibt allerdings keinen Schatten und auf der begrenzten Größe des Hofs nur wenige Stellplätze (20 DH pro Wohnmobil, Person und Zelt, 10 DH Auto, 10 DH Strom, 30 DH Waschmaschine, auch Apartments zu vermieten).

Im Ortszentrum (links der Straße), etwas weiter vom Strand entfernt, kann man im hübschen **Hotel Atlas** mit mehreren Terrassen und nettem Restaurant (direkt am Markt, Tel. 0528 71 93 09, www.atlas-mirleft.com, Zimmern mit/ohne Bad €€, zu teuer) oder im einfachen, sauberen **Hotel du Sud** (DZ €) übernachten. Sehr gut und günstig isst man im benachbarten **Restaurant Mirleft:** Tajine (1 Std. Vorbestellzeit) und Snacks wie Omelette und Salat.

Quad-Exkursionen in der Umgebung unternimmt **Anzid Quad Evasion,** Mobil 0677 75 65 48, www.anzidquadevasion.com. **Surfkurse und Angelausflüge** organisiert **Mirleft Ride** (an der Straße nach Les Amicales, Mobil 0678 26 55 70). Arganienölprodukte wie Arganienöl, Seifen und Cremes verkauft **Argan Art de Vie** im Zentrum.

Die Strecke weiter in Richtung Sidi Ifni folgt einer wild zerklüfteten Steilküste mit schönen Ausblicken aufs Meer.

3 km hinter Mirleft ist **Sidi Mohammed Ben Abdallah** mit sehr schönem Sandstrand, Felsinseln und Felstor er-

aga_47 Foto: dd

reicht. Unterkunft findet man in der **Auberge Dar Najmat** direkt oberhalb der Bucht. Hier und in den folgenden Buchten weisen Schilder auf „Camping interdit" hin, da diese Buchten ehemals von unzähligen Touristen als Wildcampingquartier genutzt wurden.

21 km hinter Mirleft zweigt rechts bei einem gemauerten Wegweiser und Schildern eine kleine Piste zur Bucht von Legzira ab (1 km, für Pkw problemlos). Im Jahr 2009 war am Abzweig eine neue Feriensiedlung im Bau.

Legzira

Hauptattraktion an diesem ca. 3 km langen, sehr schönen **Strand** sind zwei gewaltige, von Wind und Wellen geformte Felstore aus rotem Sandstein (Achtung vor Steinschlag unter den Toren!). Die ehemals sehr ruhige und idyllische Bucht von Legzira hat sich in den letzten Jahren touristisch stark entwickelt. Mittlerweile gibt es mehrere Gästehäuser, und es herrscht ziemlicher Trubel – dennoch lohnt sich ein Besuch zum Baden oder Spazieren.

Einfach, ordentlich und sauber sind die Zimmer in der Auberge/Restaurant **Legzira Chez Abdoul** mit schattiger Terrasse (Mobil 0662 54 06 37, DZ inkl. Halbpension mit Dusche/WC auf dem Gang €€ pro Pers.).

Die Felstore in der Bucht von Legzira

Auch der **Beach Club Legzira** (Mobil 0670 52 28 00, www.legzirabeachclub.com) bietet neben einer Terrasse mit Meerblick saubere, gut ausgestattete Zimmer mit Bad – allerdings haben nur manche ein Fenster nach außen zum Meer (DZ €€B). Der Empfang fällt eher gelangweilt aus.

Der junge *Abdallah* vom unmittelbar benachbarten **Sable d'Or** ist sehr freundlich und um das Wohl seiner Gäste bemüht. Die sauberen, ordentlichen Zimmer (mit und ohne Bad, mit Fenster zum Gang oder zum Meer) verteilen sich auf drei Etagen. Von der Terrasse genießt man einen herrlichen Blick aufs Meer und den Sonnenuntergang (Mobil 0661 30 24 95, sabledor1@gmail.com, DZ mit Bad €A mit Frühstück).

In allen Herbergen kann man sehr leckeren frisch gegrillten Fisch essen (ca. 70 DH). Strom gibt es in Legzira erst nach Sonnenuntergang (vom Generator).

Auf dem Plateau oberhalb der Bucht gibt es einen **Stellplatz für Wohnmobile** mit Entsorgungshäuschen und Toilette mit Wasseranschluss. Der Wächter verlangt 15 DH pro Nacht.

---

32 km hinter Mirleft (ca. 80 km von Tiznit) erreicht man hinter einer Brücke eine Kreuzung: Rechts geht es zu den Campingplätzen und zum Hotel Aït Bamrane, links nach Guelmim und Laâyoune, geradeaus ins Zentrum von Sidi Ifni.

Sidi Ifni

⇗ XIV/A2

Die ehemalige Garnisonsstadt mit riesigen Kasernenruinen hat etwa **20.000 Einwohner** und versprüht einen maroden Charme. Die **Art-déco-Gebäude** aus der spanischen Kolonialzeit der 1930er Jahre um den Place Hassan II. verfallen zusehends, vor allem im Sommer wirkt die Stadt mit den alten Gemäuern sehr verschlafen und verstaubt.

Der **Sand- und Kiesstrand** unterhalb des Felsabbruchs ist recht hübsch und vor allem für Surfer interessant – leider ist er häufig ziemlich vermüllt. Von wirtschaftlicher Bedeutung für die Stadt ist der **Fischfang,** vor einigen Jahren wurde ein neuer Fischerhafen 5 km südlich der Stadt errichtet.

Geschichte

Sidi Ifni diente den Spaniern schon Ende des 15. Jahrhunderts als Stützpunkt für den Sklavenhandel und die Fischerei. Im 16. Jahrhundert fiel die Festung mit dem Namen Santa Cruz del Mar Pequeña nach diversen Aufständen zurück in marokkanische Hände. Erst nach dem spanisch-marokkanischen Krieg 1860 wurde das Gebiet als Enklave wieder an Spanien abgetreten und in den 1930er Jahren unter *Franco* zum wichtigen Militärstützpunkt ausgebaut. 1957 fand ein Aufstand der marokkanischen Bevölkerung gegen Spanien statt, weitere Angriffe von marokkanischer Seite folgten. 1969 wurde das Gebiet schließlich an Marokko zurückgegeben.

Unterkunft

Klassifizierte Hotels

- **Bellevue****, 9, Place Hassan II., gegenüber dem Rathaus, Tel. 0528 87 50 72, Fax 0528 78 04 99. Das Hotel im kolonialspanischen Stil (1958 errichtet) in toller Lage über den Klippen des Atlantiks hat schon bessere Zeiten gesehen und viel Charme verloren. Es gibt ordentliche, aber angestaubte Zimmer mit Waschbecken und Dusche/WC auf dem Gang oder Zimmer mit Bad und kleinem Balkon zum Innenhof. Die Zimmer im neuen Trakt sind besser ausgestattet. Das Personal ist etwas träge. Sicherer Parkplatz im Hof. DZ mit Bad €€€, ohne Bad €, Menü 80 DH.
- **Aït Bamrane***, Rue de la Plage, Tel. 0528 78 02 17. Dieses typisch marokkanische Hotel direkt am Strand hat ordentliche, einfache Zimmer mit Bad und TV, z.T. mit Meerblick. Die Terrasse zum Meer ist ohne Schatten und nicht besonders gemütlich. Bewachter Parkplatz vor der Tür. DZ €€B.

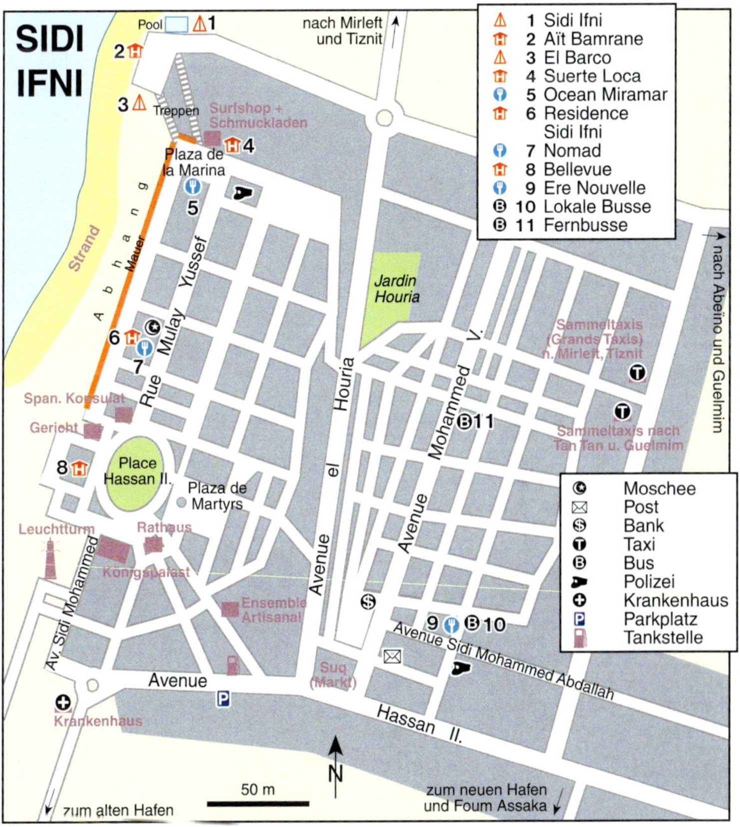

SIDI IFNI

1 Sidi Ifni
2 Aït Bamrane
3 El Barco
4 Suerte Loca
5 Ocean Miramar
6 Residence Sidi Ifni
7 Nomad
8 Bellevue
9 Ere Nouvelle
10 Lokale Busse
11 Fernbusse

Moschee
Post
Bank
Taxi
Bus
Polizei
Krankenhaus
Parkplatz
Tankstelle

• **Suerte Loca***, Tel. 0528 87 53 50, suerteloca36@yahoo.com. Dieses saubere, einfache Travellerhotel mit vielen Topfpflanzen hat die angenehmste Atmosphäre aller genannten Unterkünfte und ist ideal für Surfer. Es gibt eine Dachterrasse mit hübschem Salon und Meerblick, dort auch günstige Übernachtung auf Matratzen möglich (50 DH/Pers.). Die freundliche Managerin *Malika Ayad* spricht englisch. Im kleinen Restaurant im EG (mit Crêpes und Kuchen) gibt es einen Billardtisch und eine Internetecke. DZ ohne Bad €, DZ mit Bad €€B, Duschen/WC am Gang etwas marode, aber sauber.

• Außerdem befinden sich **Gästehäuser am Strand von Legzira** (s.o.).

Ferienwohnungen

• **Résidence Sidi Ifni,** 4, Av. Mulay Abdellah, Tel. 0528 87 67 76, www.residencesidi-ifni.com. Restaurant im EG, marokkanisch eingerichtete, komfortable Apartments (€€ pro Person), schattiges Berberzelt auf der Dachterrasse mit Meerblick.

Campingplätze

• **El Barco,** neben dem Hotel Aït Bamrane, Tel. 0528 78 07 07, www.elbarco-ifni.com. Freundlicher Campingplatz mit kleinem Restaurant und Terrassencafé direkt am Strand (Mauer zwischen Camping und Meer). Die sanitären Anlagen sind sauber. Die angeschlossenen, sehr ordentlichen Apartments mit Küche, Bad, TV und Terrasse mit Meerblick sind in der Nebensaison recht günstig (€€). Camping 60 DH für 2 Pers. inkl. Fahrzeug und heißer Dusche, Strom 20 DH.

• **Sidi Ifni,** Tel. 0528 87 67 34, unterhalb des Hotels Suerte Loca. Der staubige Platz ohne Schatten ist durch eine Mauer vom Meer getrennt (direkter Zugang zum Kiesstrand möglich). Die sanitären Anlagen sind sauber und okay. Abwasserentsorgung für Wohnmobile möglich, auch Zimmervermietung in Betonbungalows (€). 60 DH für 2 Pers. inkl. Fahrzeug, heißer Dusche und Strom.

• **Municipal,** heruntergekommene Schutthalde im Süden direkt am Meer. Die sanitären Anlagen sind funktionsfähig, aber marode. Nur für Camper, die es gerne billig mögen: 10 DH/Pers., 12 DH Caravan, 20 DH Strom, 5 DH Auto, 8 DH Zelt.

Essen und Trinken

• **Snack Les Fleurs,** Av. Hassan II. Klein und nett, gute Brathähnchen, lobenswerter Service und Essen.

• **Ere Nouvelle,** Av. Sidi Mohammed Abdallah, gegenüber der Polizei, Tel. 0528 87 52 98. Gut und preisgünstig.

• **Nomad,** 9, Av. Mulay Yussef (auf der Rückseite der Résidence Sidi Ifni). Sehr nettes und gutes Lokal mit lockerer Atmosphäre und viel Musik von Rai bis Rock und Pop. Im Juni geschlossen.

• **Ocean Miramar,** 3, Av. Mulay Abdellah (oberhalb des Hotels Suerte Loca an der Treppe), Tel. 0528 87 66 37. In diesem sehr gepflegten freundlichen Restaurant sitzt man im gemütlichen Innenraum oder auf der Dachterrasse mit Meerblick. Es gibt u.a. Pizza (ab 45 DH) und Fischgerichte (ab 50 DH).

• In den **Restaurants Tagout** und **La Barandilla** bei der Résidence Sidi Ifni werden sehr günstige Tajine und Brochettes (ca. 30 DH) auf der Terrasse mit Blick aufs Meer serviert.

Busse

Nach **Inezgane** 2x tägl. (über Mirleft), ca. 30 DH, 4 Std. Fahrzeit; nach **Marrakesch** um 5 Uhr morgens, ca. 90 DH, 9 Std. Fahrzeit.

Sammeltaxis

• Zum **Flughafen von Agadir** 40 DH (das ganze Taxi kostet 400 DH).

• Nach **Agadir** kostet das ganze Taxi 250 DH (Sammeltaxi 45 DH), nach **Mirleft** 10 DH (Sammeltaxi).

Sonstiges

• Es gibt einen **Markt** (Marché Municipal), ein **Postamt,** eine **Bank,** eine **Tankstelle** und **Internetcafés.** Am Samstag **Wochenmarkt** auf dem ehemaligen Flugplatz.

- Einmal jährlich im Sommer findet ein großer **Moussem** (Fest mit Reiterspielen) statt.
- Neben dem Hotel Suerte Loca betreibt *Malika Ayad* einen **Schmuckladen** mit hübschen Perlenketten, Arganienölprodukten und Souvenirs. Wenn der Laden geschlossen hat, im Hotel nach ihr fragen. Direkt nebenan befindet sich ein **Surfshop,** in dem man auch Mountainbikes leihen kann (80 DH/Tag).

Im Zentrum von Sidi Ifni zweigt eine Teerstraße zum Fischerhafen und weiter nach Foum Assaka ab.

Weiter in Richtung Guelmim führt die schmale Teerstraße durch kleine Orte und bergiges Küstenland. 22 km hinter Sidi Ifni liegt der kleine Ort **Mesti.** Hier kann man Arganienölprodukte direkt bei der **Frauenkooperative Tafyoucht** einkaufen.

49 km hinter Sidi Ifni führt links eine Teerstraße zu den **Thermalquellen von Abeïno** (vgl. Guelmim/Ausflüge) – geradeaus weiter.

54 km hinter Sidi Ifni zweigt rechts die Straße zum Plage Blanche und Fort Bou Jerif ab (vgl. vorhergehende Route). Nach etwa 137 km Fahrt ab Tiznit (57 km ab Sidi Ifni) ist Guelmim erreicht.

Von Guelmim nach Tarfaya

Überblick

- **334 km, N1**
- **Gute Asphaltstraße,** die ursprünglich als Versorgungsachse für die marokkanischen Truppen in Richtung Westsahara gebaut wurde. Die Strecke in die Westsahara ist bis zur mauretanischen Grenze bei Guergarat frei befahrbar, bei den Kontrollposten vor und nach den Städten wird man als Tourist meist durchgewunken – hinter Laâyoune muss man die genauen Personendaten abliefern. Gute **Busverbindung** ab Guelmim (s. dort).

Für Abenteuerlustige ist eine **Weiterfahrt nach Nouâdhibou** in Mauretanien problemlos möglich (Visum notwendig).

Die Strecke sollte **nicht bei Nacht** befahren werden (viele Lkw mit überhöhter Geschwindigkeit!).

Die **Küstenlandschaft** bis Tarfaya präsentiert sich als eine flache Steppe, gesprenkelt mit niedrigen Büschen, Sukkulenten und den grauen, stacheligen Euphorbia-Polstern. In wenigen Regionen wird Getreide angebaut, auf den restlichen, karg bewachsenen Flächen weiden Schafe und Ziegen. Die Wüstenlandschaft wird durch breite, canyonartige Quertäler verschiedener Oueds unterbrochen. Von diesen führen nur die **Oueds Drâa und Chbeika** gelegentlich Wasser. In den Mündungsgebieten kann man häufig **Flamingos** und andere Wasservögel beobachten, es finden sich auch traumhafte Übernachtungsplätze. Besonders schön sind das Naturschutzgebiet um das **Sebkha Naila** und die Salzsenken *(Sebkhas)* vor Laâyoune.

Viele Dutzende Kilometer führen jedoch durch **öde, flache und langweilige Gegenden,** die Radfahrer angesichts der starken Seitenwinde vom Meer und der Eintönigkeit verzweifeln lassen.

Anfahrtsbeschreibung

Von Guelmim führt die Straße weitgehend durch flache Landschaft – die Berge sind etwas weiter weg – bis zum Ort **Ras Oumlil** (Tankstelle, Restaurants, Geschäfte) bei km 56.

Hier beginnen braune, im Winter vegetationslose Berge, und die Straße schlängelt sich über 16 km bergauf zu einer Passhöhe (350 m). In umgekehrter Richtung bieten sich bei klarer Luft fantastische Ausblicke auf die Ebene in Richtung Guelmim.

aga08-302 Foto: ch

Bei km 108 ist das **Oued Drâa** (mit Kontrollposten) nahe an dessen Mündung ins Meer erreicht. Hier beginnt die Provinz Tan-Tan.

Bei km 127 zweigt eine asphaltierte Straße nach **M'sied** (frei befahrbar) ab.

1 km weiter ist Tan-Tan erreicht, das seine Gäste mit zwei lebensgroßen Kamelstatuen an der Stadteinfahrt begrüßt.

Menschenleere Strände an der südlichen Atlantikküste laden zum Surfen ein

Tan-Tan

↗ XVIII/B2

Die ca. **71.000 Einwohner** zählende Stadt mit großen Kasernen ist **Gouverneurssitz,** hat eine Kasbah, mehrere Moscheen und einen großen Souk. Im Zuge der hohen marokkanischen Investitionen in der Westsahara entstanden auch in Tan-Tan diverse Neubauviertel und Parkanlagen rings um die Stadt. Der Hafen von Tan-Tan wurde mit großem Aufwand zum **Hochseehafen** ausgebaut. Die Küstengewässer sind sehr fischreich – jährlich werden hier mehr als 116.000 Tonnen Fisch eingeholt. Die saubere und gepflegte Stadt dient als Versorgungszentrum für den Süden – angefangen von Elektrogeräten bis zu jeder Art von Lebensmitteln gibt es alles zu kaufen. Ein großes Geschäftsviertel (Suq Hebodmaire) liegt links von der Durchgangsstraße.

Geschichte

Die Region wird schon von dem berühmten Historiker *Ibn Khaldoun* erwähnt, der bereits von den Anfängen der Islamisierung und den Auseinandersetzungen zwischen Berbern und Arabern in der Region berichtet. Das Gebiet war ursprünglich von Sanhaja- und Zenata-Berbern besiedelt, die aber nach und nach von den arabischstämmigen **Beni Hassan** dominiert wurden. Diese breiteten sich über den ganzen Süden Marokkos bis in die Westsahara aus. Das Hassania, ein arabischer Dialekt, wird auch in der Westsahara von den Saharaouis gesprochen, von denen viele der Ethnie der Beni Hassan angehören.

Im 14. Jahrhundert, als die **Spanier** die Kanarischen Inseln besetzten, fassten sie auch an der Küste südlich von Tan-Tan (an der Khnefiss-Mündung) Fuß und errichteten dort ein Handelsfort, das auch als Sklavenzwischenlager diente. Immer wieder gab es Kämpfe mit den Bewohnern des Hinterlandes, vor allem die Assa-Marabouts vereinten sich, die 1524 die Spanier vertreiben konnten. Später drangen die **Portugiesen** an der Drâamündung ins Hinterland ein und lieferten sich Kämpfe mit der Bevölkerung. Bald beherrschten die Portugiesen die ganze Atlantikküste mit ihren Forts.

Mit der Ausweitung der Handelsniederlassungen und der Dominanz der europäischen Mächte in Marokko gelangte der schottische Händler *McKenzie* in die Region und errichtete in Tarfaya das **Casa Mar** (siehe dort), eine Burg im Meer, die als Handelslager diente. Zucker, Munition, Waffen und Gold wurden über dieses Zwischenlager transportiert, bis Sultan *Hassan I.* dem Treiben ein Ende setzte.

Ende des 19. Jahrhunderts eroberten die Spanier abermals das Gebiet südlich des Drâa und kolonisierten es bis hinunter nach Mauretanien. Die **spanische Kolonie Río de Oro** wurde geschaffen. 1953 überließen die Spanier das Gebiet nördlich von Tah-Daora den Marokkanern.

Die **„Befreiung" der Westsahara,** der **Grüne Marsch,** als 350.000 unbewaffnete Zivilisten zu Fuß in die gerade von den Spaniern verlassene Westsahara einmarschierten, startete am 6. November 1975 in Tan-Tan.

Information

- **www.tantanville.ma,** Informationen zur Stadt auf Französisch.

Unterkunft

- **Hagounia*****, Av. El Wahda, in El Ouatia (Tan-Tan Plage), Tel. 0528 87 90 20, hotel-hagounia@menara.ma. Typisch marokkanisches Mittelklassehotel in einem Neubau, Zimmer mit Bad und TV, Restaurant.
- **Sables d'Or****, 125, Av. Hassan II., Tel. 0528 87 80 69. Das nette kleine Hotel gehört *Brahim Boufous,* der 17 Jahre in Frankreich lebte. Schöne Zimmer mit Dusche und TV, €.
- **El Madina***, 68, Av. Hassan II., Tel. 0528 76 09 28, einfach.

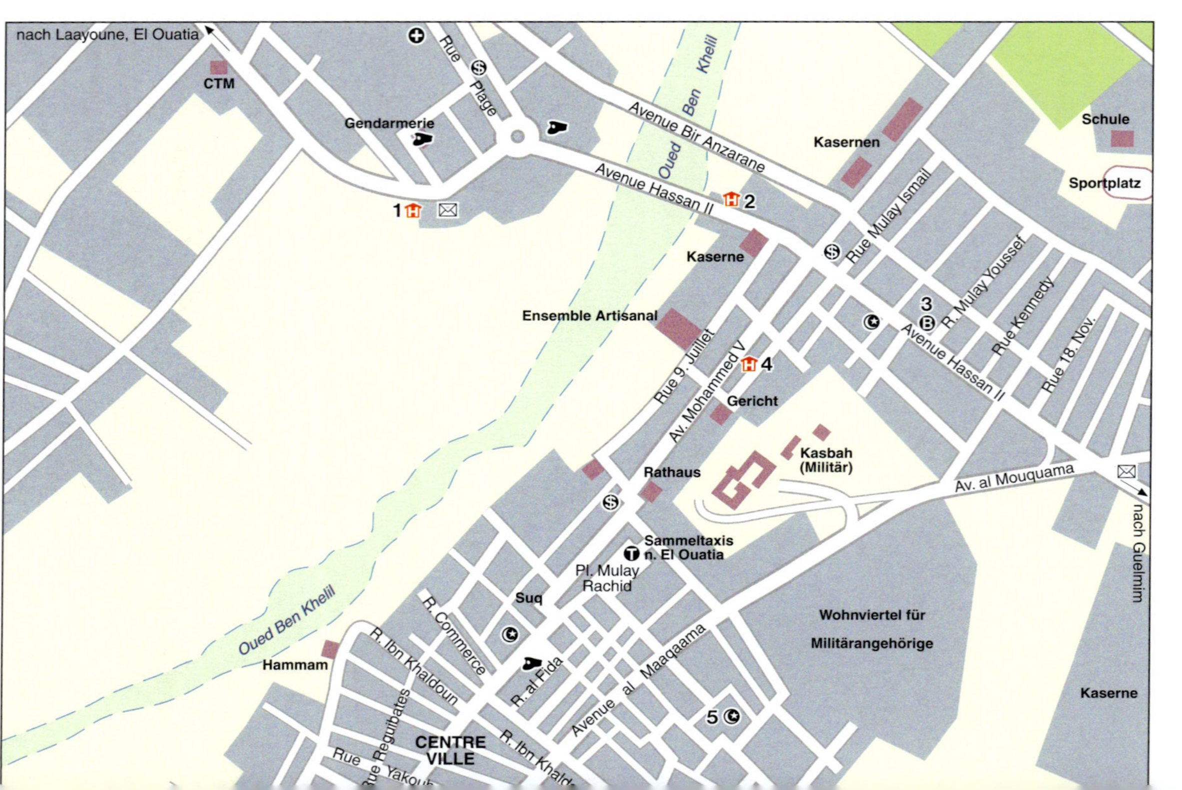
nach Laayoune, El Ouatia
CTM
Rue Plage
Gendarmerie
1
Avenue Bir Anzarane
Oued Ben Khelil
Avenue Hassan II
2
Kasernen
Schule
Sportplatz
Kaserne
Rue Mulay Ismail
3
R. Mulay Youssef
Rue Kennedy
Rue 18. Nov.
Avenue Hassan II
Ensemble Artisanal
Rue 9. Juillet
Av. Mohammed V
4
Gericht
Kasbah (Militär)
Rathaus
Av. al Mouquama
nach Guelmim
Sammeltaxis n. El Ouatia
Pl. Mulay Rachid
Suq
Wohnviertel für Militärangehörige
Oued Ben Khelil
Hammam
R. Commerce
R. Ibn Khaldoun
R. al Fida
Avenue al Maaqaama
5
Kaserne
Rue Reguibates
CENTRE VILLE
R. Ibn Khaldoun
Rue Yakoub

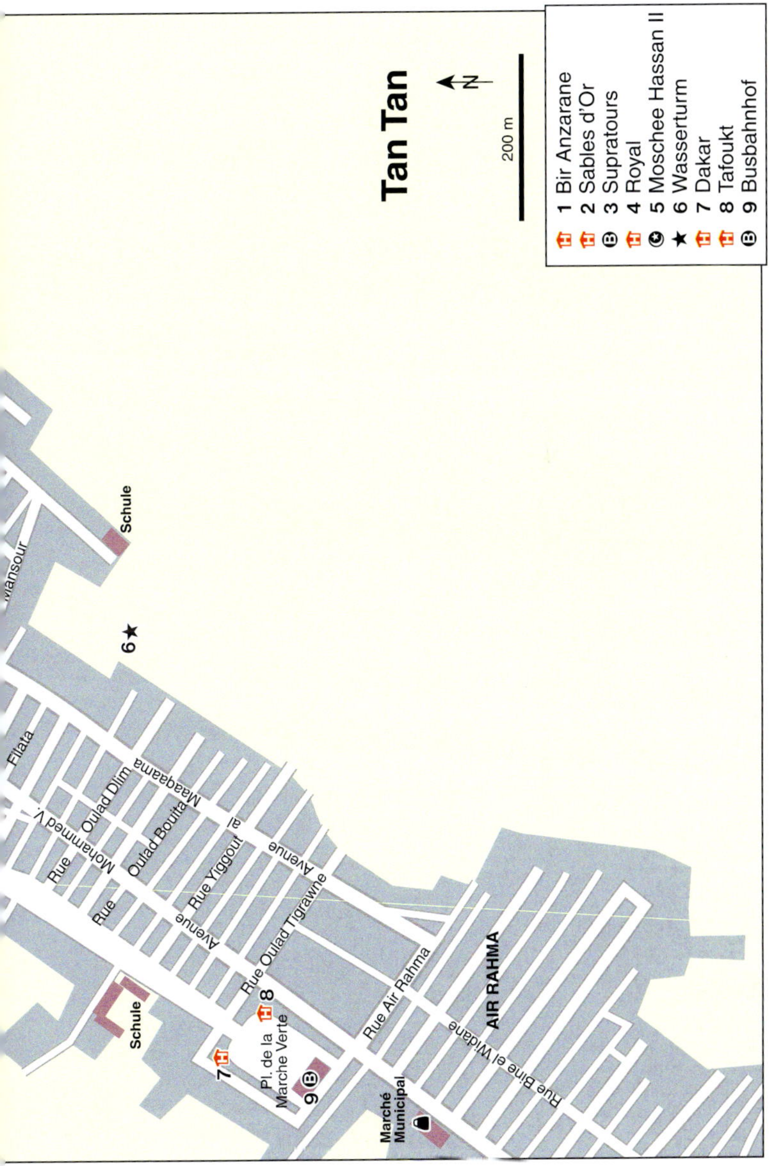

Tan Tan

200 m

N

- 1 Bir Anzarane
- 2 Sables d'Or
- 3 Supratours
- 4 Royal
- 5 Moschee Hassan II
- 6 Wasserturm
- 7 Dakar
- 8 Tafoukt
- 9 Busbahnhof

Mansour
Filata
Rue Mohammed V.
Rue Oulad Dlim
Rue Oulad Bouita
Avenue Maaqaama
Avenue al
Rue Yiggout
Rue Oulad Tigrawne
Schule
Schule
Pl. de la Marche Verte
Marché Municipal
Rue Air Rahma
Rue Bine el Widane
AIR RAHMA

•**Bir Anzarane***, 154, Av. Hassan II., an der Straße nach El-Ouatia, Tel. 0528 87 78 34. Empfehlenswert.
•**Afra,** Av. Bir Anzarane, Tel. 0528 76 50 16, www.hotelafra.ma. Ordentliche Zimmer mit Bad €€.
•**Villa Ocean** und **Auberge Les 2 Chameaux,** vgl. El Ouatia (Tan-Tan Plage).
•Sehr einfache günstige Hotels findet man am Busbahnhof (Place de La Marche Verte), z.B. **Tafoukt** (sauber, heiße Dusche, etwas hellhörig, sehr freundlich) und **Dakar.**

Campingplatz

•**Ksar Tafnidilt,** nördlich von Tan-Tan bei einem alten Fort (5 km Piste ab dem Abzweig bei km 106, siehe vorherige Beschreibung), Mobil 0666 84 81 65, www.tafnidilt.net, N 28°32,755', W 10°59,569'. Großer Campingplatz, Herberge und empfehlenswerter Traveller-Treffpunkt, vor allem für Leute, die mit dem Geländewagen weiter zum Plage Blanche fahren. Es gibt Nomadenzelte, Zimmer mit und ohne Bad (€ bis €€€), ein Restaurant und einen Pool. Menü 180 DH, Camping 40 DH/Pers. mit Fahrzeug, Übernachtung im Nomadenzelt 60–100 DH/Pers.

Busse

•**CTM-Büro** an der Av. de la Plage, Tel. 0528 76 58 86.
•**Supratours-Büro** an der Av Hassan II., Tel. 0528 87 77 95.
•Der zentrale **Busbahnhof** *(gare routière)* liegt an der Av. Mohammed V./Rue Ain Rahma. Auch diverse Privatbusse verkehren hier.

Verbindungen und Preise

•**Laâyoune** (Dakhla): 1x tägl. (über Nacht) mit CTM, 100 DH, Fahrzeit ca. 7 Std.
•**Marrakesch (über Agadir):** 2x tägl. (über Nacht) mit CTM, 165 DH, ca. 11 Std.; nach Agadir 90 DH, ca. 7 Std.
•Die **Supratours-Busse** verkehren 2x tägl. nach **Laâyoune**, 1x tägl. nach **Dakhla** und 2x tägl. nach **Agadir** und weiter nach **Marrakesch.** Preise in etwa wie CTM.
•**Private Busse** fahren nach **Assa** und **Fam el-Hism** oder nach **Bou Izakarne** und **Tiznit.**

Sammeltaxis/Taxis

•**Petit und Grand Taxis** warten am Hauptplatz El Amir Mulay Abdallah.
•**Sammeltaxis** nach Guelmim ca. 40 DH, nach Laâyoune ca. 90 DH, nach Tiznit ca. 80 DH.

Notfall

Bereitschaftsapotheken sind **La Grande Pharmacie,** 13, Place Lala Meryem/Av. Mohamed V., Tel. 0528 76 59 34, und **Pharmacie Sahara,** 104, Av. Hassan II., Tel. 0528 87 75 73. Das Krankenhaus **Hôpital Hassan II.** liegt an der Av. de la Plage (Straße Richtung Laâyoune, Tel. 0528 87 71 74).

Sonstiges

•Diverse **Banken mit Geldautomat** entlang der Av. Hassan II.
•Viele günstige **Restaurants** findet man an der Av. Hassan II. und rund um den Place de La Marche Verte beim Busbahnhof (z.B. Ennajma, freundlich und gutes Essen).
•**Feste: Moussem Tan-Tan** (Touristen- und Folklorefestival) im September, **Moussem Chbika** im Mai.

Ab Tan-Tan führt die gute Teerstraße nach El Ouatia. Die Strecke Ouatia (Tan-Tan Plage) – Tarfaya wurde zur Besetzung der Westsahara 1975 in Windeseile ausgebaut.

Wenige Kilometer hinter Tan-Tan zweigt links eine Straße zum Flughafen und 1 km weiter nach Es-Semara (Smara) in der Westsahara ab.

20 km hinter Tan-Tan (km 150) führt bei einer Tankstelle die Straße geradeaus nach El Ouatia und links weiter nach Tarfaya und Laâyoune.

Der aufstrebende Ort **El Ouatia** (ehemals **Tan-Tan Plage**) mit vielen Neubauten liegt 2 km abseits der Hauptstraße (an obiger Kreuzung geradeaus). Er dient als Sommerfrische für die Bewohner von Tan-Tan. Der **Fischereihafen** wurde enorm vergrößert, sodass hier inzwischen nach Laâyoune landesweit die größten Fischmengen pro Jahr eingeholt werden (vgl. Tan-Tan). Seit 1998 ist der Ort Sitz des nationalen Meeresforschungsinstituts. Im Juli findet in El Ouatia ein Folklore-Festival statt. Zum Essen kann man in Fischrestaurants einkehren.

Bei der **Auberge Les 2 Chameaux** (www.aubergecampingdes2chameaux.com) kann man campen und in Zimmern oder im Nomadenzelt übernachten. Es gibt Stellplätze mit Strom, eine Gemeinschaftsküche, Internet, einen Fernsehsalon und ein Restaurant (70 DH/Pers. im Nomadenzelt, Camping 100 DH für 2 Pers. mit Fahrzeug, DZ €€). Eine Campingmöglichkeit nur 200 m vom Strand entfernt besteht auch in der **Résidence Sable d'Or** mit Restaurant und Bungalows (Tel. 0528 87 90 80, DZ €€, saubere und gute sanitäre Anlagen, Camping ca. 50 DH/Fahrzeug).

Hinter El Ouatia, in Richtung Tarfaya, führt die Straße die ersten 15 km nahe des Kiesstrandes entlang. Dann folgt Steilküste, an der sich meterhohe Wellen brechen. Eine flache Wüstenlandschaft breitet sich ins Landesinnere aus. Viele Fischer stehen mit meterlangen Angelruten am Steilabbruch. Bei ihnen kann man günstig frischen Fisch einkaufen.

Eine Kormoran-Kolonie hat sich bei km 174 unter den Küstenfelsen eingenistet. 6 km weiter (km 180) mündet das **Oued Chbeika** ins Meer.

Die Mündung des **Oued Ma Fatma** ist bei km 209 erreicht. Hier sieht man ebenso häufig Flamingos, wie auch an der Mündung des **Oued El Ouaar** (km 218, Brücke). Eine schöne Sandbucht wird von schwarzen, ausgewaschenen Felsterrassen mit Höhlen und Muschelbänken begrenzt.

Kurz darauf trifft man auf drei Tankstellen links der Straße. Ab hier kann man wesentlich **preiswerter** (zoll- und steuerfrei) **tanken** als im Norden. Das gesamte Gebiet der Westsahara ist zoll- und steuerfrei!

Bei km 238 trifft man auf die **Station de la Marine.** Nebenan findet man ein großes **Loch mit Meereseinbruch** rechts der Straße.

1 km weiter (Gesamt-km 239) ist der Ort **Sidi Akhfennir** erreicht. Einfache Häuser, eine Tankstelle und viele Cafés säumen die Straße. Empfehlenswert ist der **Camping Courbines d'Argent** hinter dem Ort mit sauberen Sanitäranlagen direkt am Meer; auch Nomadenzelte und Zimmer sind zu mieten (€€ mit VP).

Die Steilküste endet und geht in einen schönen, **kilometerlangen Sandstrand** über.

Bei **km 261** steht rechts ein gemauerter Wegweiser, der auf einen Abzweig in das **Naturschutzgebiet Reserve Naila – Sebkha Naila** hinweist. 1 km weiter trifft man auf ein kleines Fischerhäuschen am Ende der Zufahrtsstraße. Zur Übernachtung auf dem Parkplatz dort braucht man eine Genehmigung der Polizei in Akhfennir (kosten- und problemlos); der arabisch sprechende Aufpasser macht darauf aufmerksam. Von hier führt eine breite Treppe runter zum Meer und zum Sebkha (leider mit angeschwemmtem Müll). Auch wenn man die Hauptstraße nach Laâyoune 3 km weiterfährt, hat man Ausblick nach rechts unten auf das schöne Naturschutzgebiet um den Salzsee, an einer großen, tiefblauen, von gelben Sanddünen und Schilf gesäumten Lagune. Hier tummeln sich neben diversen anderen Vögeln auch viele Flamingos.

Die Straße führt nun ca. 1 km vom Meer entfernt weiter gen Süden.

Das große **Sebkha Debira** bzw. **Tamzra** (km 278) breitet sich rechter Hand der Straße aus. An der Küste liegt das **Marabout des Sidi Lemsid** *(Sidi El Msid)*. Das Sebkha ist von einer Kette gelber Sanddünen eingerahmt und erstreckt sich von Westen nach Osten auf einer Länge von 25 km. An seiner Mündungslagune stehen die Reste eines viereckigen kleinen Forts, das seinerzeit die Einfahrt zum „Puerto Cansado" beschützte. Das ganze Küstenplateau ist übersät mit Muschelschalen, darunter fand man früher auch allerhand prähistorische Artefakte wie Pfeilspitzen, kleine Steinbeile, auch eine Menge Straußeneierschalen, manche mit Ornamentik versehen, sowie kleine Ringe aus diesem Material, welche einst die Frauen als Halskettenschmuck getragen haben mögen. Auch Skelettstücke von Walfischen wurden an dieser Küste gefunden. Ein Abstecher lohnt sich sowohl landschaftlich als auch auch wegen des traditionellen Salzabbaus.

Bei km 310 führt die Straße wieder am Meer entlang, darunter liegt die Steilküste mit Sandstrand.

Etwa ab km 326 bis Tarfaya sind immer wieder **gestrandete Schiffe** an der Küste zu sehen – die Ursache für die vielen Havarien ist uns leider nicht bekannt.

3 km vor Tarfaya führt ein Abzweig links nach Laâyoune (ca. 100 km), rechts geht es nach Tarfaya.

Tarfaya

↗XX/A1

Viele Kasernen deuten auf die Wichtigkeit als militärischer Stützpunkt hin. Bereits unter den Franzosen war Tarfaya, damals wegen des vorgelagerten Kaps **Cap Juby** genannt, ein wichtiger Posten. Es gab einen Leuchtturm, der die Schiffe vor den Klippen der Steilküste warnt, und die Postfliegerstation des französischen Militärs, von der aus Briefe in die westafrikanischen Kolonien geflogen wurden. Der berühmte Schriftsteller **Antoine de Saint-Exupéry** war hier 1927–1929 als Postkurierflieger stationiert. Hier holte er sich die Inspiration für einige seiner wichtigsten Bücher wie „Wind, Sand und Sterne", „Der kleine Prinz" oder „Stadt in der Wüste". Nach den schönen Beschreibungen des bekannten Schrift-

Schiffswrack in der Nähe von Tarfaya

stellers erwartet man sich hier mehr als diesen kleinen Ort am Ende der Welt. Man kann jedoch noch die Kolonialfassade der französische Kaserne, in der jetzt marokkanisches Militär untergebracht ist, bewundern. Ein kleines Denkmal soll an den berühmten Flieger erinnern: ein aus Rohren zusammengeschweißtes Metallflugzeug am Strand, gegenüber der Kaserne. Von hier genießt man auch einen sehr schönen Ausblick auf den weiten Sandstrand und das **Casa Mar** (siehe Tan-Tan/Geschichte), das der Schotte *McKenzie* mitten im Wasser errichten ließ.

Das Trinkwasser in Tarfaya ist leicht salzhaltig und von schlechter Qualität. Im Ort gibt es viele Geschäfte und einige Restaurants zur Einkehr. Einfache Unterkunft findet man bei privaten Zimmervermietern. Empfehlenswert ist das **Hotel Casa Mar** (Mobil 0674 60 31 75, DZ €€€) mit voll eingerichteten, sauberen Apartments mit Küche und Meerblick. Die Leute sind sehr freundlich, ein gutes Restaurant ist angeschlossen (Fisch und Meeresfrüchte, Menü ca. 120 DH).

An der Straße nach Laâyoune liegt der ausgebaute Fischerhafen. Die unberührten Sanddünenstrände weiter südlich in der Westsahara sind vor allem für **Surfer** interessant.

mal_04 Foto: ad

aga08-312 Foto: ch

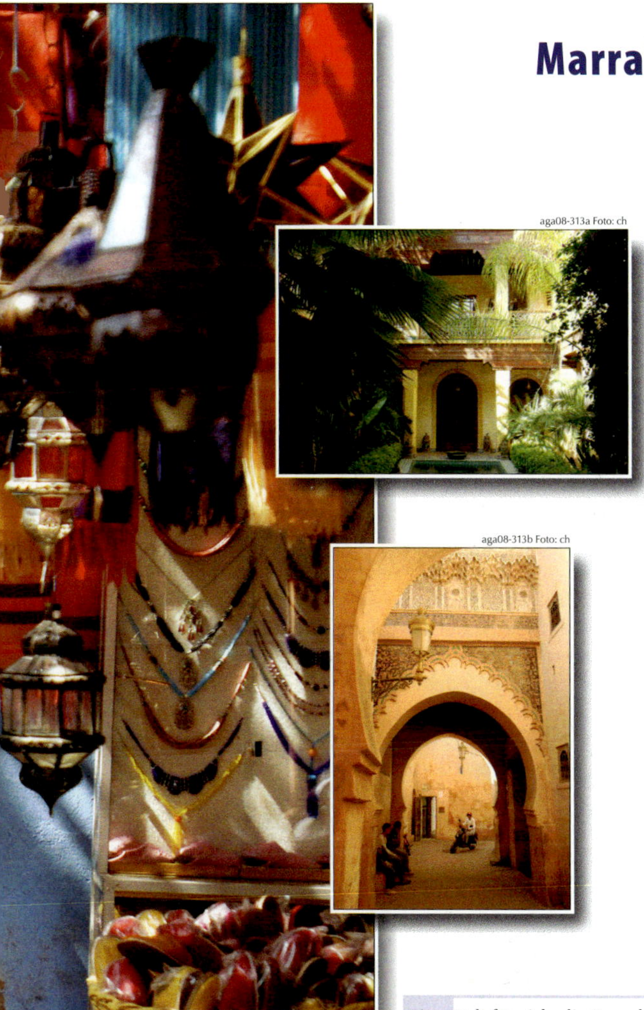

aga08-313a Foto: ch

aga08-313b Foto: ch

Marrakesch

↗III/D2

Eine Welt für sich: die Suqs der Stadt

In einem Riad in der Medina

Eingang zur Medersa Ben Youssef

Überblick

Marrakesch, das **Zentrum Südmarokkos,** liegt in etwa 465 m Höhe auf der **fruchtbaren Haouz-Ebene** nördlich des Hohen Atlas, dessen 4000 m hohe Gipfel nur 50 km südlich der Stadt aufragen. Auf den Anbauflächen der Region Haouz, die jahrhundertelang mit Khettaras (unterirdischen Kanälen) bewässert wurden, wachsen vor allem Olivenbäume und Getreide. Die Gebirgskette des Hohen Atlas prägt das **Klima** der Region und auch bei Temperaturen von über 35°C im Sommer weht in den Abendstunden noch ein kühler Wind von den Bergen her. Die hohen Lagen des Gebirges bedeckt von Ende Dezember bis Ende März meist eine dicke Schneeschicht – der Hohe Atlas bildet in dieser Zeit bei klarem Wetter eine traumhafte Kulisse am Horizont von Marrakesch. Der Atlantik (z.B. die Surferstadt Essaouira) ist knapp 200 km entfernt und daher auch auf einem Tagestrip zu erreichen.

Der Name der Metropole leitet sich vom Wort *Mraksch* (= „die Stadt") ab, die Stadt selbst wiederum war namensgebend für das Land Marokko. Im Stadtgebiet von Marrakesch leben heute knapp **eine Million Einwohner,** die sich stolz *Marrakchis* nennen. Die Marrakchis gelten unter Marokkanern als fröhliche sowie gastfreundliche und warmherzige Leute. Traditionell sind sie als begnadete Geschichtenerzähler bekannt, das Zentrum der mündlichen Überlieferung alter und neuer Geschichten bildet dabei natürlich der Djamâa-el-Fna.

Nähert man sich Marrakesch vom Flughafen, also aus dem Südwesten, so präsentiert sich die Stadt als ein blühender Park: mit Palmenalleen, Rosen, Oleander, Bougainvilleen und plätschernden Springbrunnen. An den blitzsauberen Einfahrtsstraßen schießen Neubauviertel mit noblen Eigentumswohnungen aus der Wüstenerde. Vorbei an den Menara-Gärten gelangt man in die **Hivernage** westlich der Altstadt. Hier reiht sich ein Luxushotel mit exotischem Garten und Poollandschaft an das nächste.

Weiter nördlich schließt **Guéliz** an, die unter den Franzosen errichtete Neustadt und heute bevorzugtes Wohngebiet der Mittelschicht mit mehrgeschossigen Mietshäusern. Im Nordosten fällt der einzige Hügel der Stadt auf, der **Djabal Guéliz** mit einer Militärbasis. Entlang der **Hauptverkehrsader Av. Mohammed V.** gibt es Banken, Straßencafés, Restaurants, Boutiquen, Autovermietungen, Reisebüros und Immobilienagenturen. Natürlich fehlt auch McDonald's nicht – dort hängt das obligatorische Porträt des jungen Königs neben der Statue von *Ronald McDonald.* In der Neustadt überwiegt das moderne Leben: Die Männer tragen dunkle Hose und Hemd, die Frauen offenes Haar und Jeans.

Am südöstlichen Ende der Av. Mohammed V. markiert die **Stadtmauer** den Eingang in die **Medina,** die Altstadt. Die ockerrot gestrichenen Hauswände und Stadtmauern verhalfen Marrakesch zu seinem Beinamen „Al Hamra" oder „La Rouge" – die „Rote

Stadt". Die **Kutubiya-Moschee** thront als Wahrzeichen von Marrakesch über der Medina. Schon von Weitem sichtbar, dient ihr mächtiges Minarett als Orientierungsmarke, um zum Djamâa-el-Fna hin bzw. wieder aus der Medina herauszufinden.

Der nahe gelegene „Platz der Geköpften" **Djamâa-el-Fna** ist zweifellos die größte Attraktion in Marrakesch. Am Nachmittag kann man hier Schlangenbeschwörer, Artisten und Gnaoua-Musiker beobachten. Der Djamâa-el-Fna trennt die Medina in einen nördlichen Teil mit den ausgedehnten Souks (Märkten) und einen südlichen Abschnitt mit Sehenswürdigkeiten wie dem El-Bahia- und El-Badi-Palast sowie dem Kasbah-Viertel.

Hinter den fensterlosen Mauern der Altstadt verbergen sich prachtvolle Hofhäuser, sogenannte **Riads** oder **Dars,** mit Mosaiken, Springbrunnen, Stuckornamenten und Zedernholzschnitzereien – einst Residenzen von Wesiren oder Sultanen. Jahrzehntelang drohte diesen z.T. einige hundert Jahre alten Häusern der Verfall. Nach der Unabhängigkeit und dem Abzug der Franzosen aus der Neustadt drängten arme Familien vom Land in die Medina, oft teilten sich mehrere Großfamilien die Geschosse der Häuser. Die bisherigen Bewohner der Altstadt, Angehörige der oberen Mittelschicht, zogen in die modernen Häuser der Neustadt um. Die Medina marginalisierte, war übervölkert, dreckig, ohne Strom und fließend Wasser. Das alte Kunsthandwerk in den Häusern konnte nicht instand gehalten werden. Angestoßen durch Berichte über die Medina in den europäischen Medien entwickelte sich ab den 1990er Jahren schließlich ein internationaler Immobilienmarkt für Wohnhäuser in der Altstadt.

Heute besitzen nicht mehr nur noch Reiche und Künstler einen Riad, auch Rentner und Orientliebhaber aus aller Welt gestalten sich in Marrakesch ihren eigenen kleinen Palast als privates Wohnhaus oder Maison d'Hôtes. Die **Immobilienpreise** steigen jährlich rasant, sodass eine Investition in Marrakesch schon als bombensicheres Geschäft gilt (zumindest vor der globalen Wirtschaftskrise). Inzwischen hat sich die ganze internationale Prominenz von *Mick Jagger* bis *Kate Moss* in Marrakesch eingekauft. Entsprechend präsentiert sich die Altstadt heute: ordentlich gepflasterte Gassen mit funktionierender Stromversorgung und Kanalisation, an jeder Ecke Läden mit Waren für den touristischen Bedarf.

Nördlich der Medina und jenseits der Stadtmauern breitet sich der einzige Dattelpalmenhain nördlich des Hohen Atlas aus: die **Palmeraie.** Hier leben die Reichen der Stadt in großzügigen Villen, hier befindet sich ein Golfplatz und entstehen ständig neue Oberklassehotels.

Außerhalb des Zentrums liegen auch die großen **Gärten** der Stadt, die unter den Almohaden nach andalusischem Vorbild entstanden: die **Jardins Menara und Agdal,** beides alte Obst- und Olivengärten, in denen sich die Bevölkerung zum Picknick und zur Erholung trifft.

Geschichte

Im Gegensatz zu den Zentren des Nordens wie etwa Fès ist Marrakesch keine arabische Stadt, sondern berberischen Ursprungs. Nomaden des Sanhaja-Berberstamms (Almoraviden genannt) brachen Mitte des 11. Jahrhunderts Richtung Norden auf, um ihr Einflussgebiet zu erweitern. Wahrscheinlich im Jahr 1062 errichtete der Anführer der Almoraviden, **Abu Bakr,** ein Militärlager nördlich des Hohen Atlas, wo vorher nur gelegentlich Karawanen Halt gemacht hatten.

Sein Vetter **Yussuf Ibn Tashfin** (Regierungszeit 1061–1107) ließ die erste Moschee, einen Markt und unterirdische Bewässerungskanäle (*foggaras* bzw. *khettaras* genannt) erbauen. Die Siedlung wurde strategischer Stützpunkt zur Eroberung des Nordens und dann zur prosperierenden **Hauptstadt eines Almoraviden-Reiches,** das sich bis nach Andalusien erstreckte.

Der Sultan **Ali Ibn Yussuf** (1107–1143), Sohn *Ibn Tashfins,* baute Marrakesch aus und ließ die mächtige, neun Kilometer lange Stadtmauer errichten, die die Medina noch heute teilweise umgibt. Marrakesch erstrahlte in höfischem Glanz, diente als spirituelles und ökonomisches Zentrum mit neuen Moscheen, Koranschulen und Krankenhäusern.

Der vermeintliche Sittenverfall und die weniger strenge Befolgung der islamischen Lebensregeln unter *Ali Ibn Yussuf* führten dazu, dass sich islamische Erneuerer um **Ibn Tumart** gruppierten. Nachdem dieser 1121 aus der Stadt vertrieben worden war, zog er sich in die Festung Tin Mal südlich von Marrakesch im Hohen Atlas zurück. Dort predigte er den Islam und nannte sich „Mahdi" – „Der von Gott Gesandte". Seine Anhänger bezeichneten sich als „El Muwahidun". Daraus entstand der Begriff **Almohaden** für die neue Herrscherdynastie, die unter **Abd el Moumen** (1130–1163) im Jahr 1147 Marrakesch eroberte. Alle Bauwerke der Stadt bis auf die Stadtmauer wurden zerstört, die Almoravidenherrscher ermordet. Wenig später bauten die Almohaden die Stadt mit monumentalen Palästen, Moscheen und Stadttoren wieder auf. Sie errichteten die **Kutubiya-Moschee** und legten erstmals riesige **Gärten** mit Wasserreservoiren an (z.B. Agdal und Menara). Unter den nachfolgenden Herrschern *Abu Yaqub Yussuf* (1163–1184) und **Abu Yussuf Yaqub Al Mansour** (1184–1199) erblühte Marrakesch als Kulturstadt und erfreute sich starker Zuwanderung. *Al Mansour* („der Siegreiche") stellte die Kutubiya-Moschee fertig, ließ neue Souks sowie eine Kasbah mit zwölf Palästen errichten. Die maurische Architektur und Kunst erlebten ihren schöpferischen Höhepunkt. Nach dem Tod *Al Mansours* leiteten Zwistigkeiten um die Thronfolge und Aufstände umliegender Berbervölker den Niedergang der Almohaden ein.

Unter der Dynastie der **Meriniden** ab dem Jahr 1269 erholte sich Marrakesch nicht. Fès wurde zur neuen Hauptstadt erklärt, die „Rote Stadt" fristete ein Schattendasein.

aga08-317 Foto: ch

Die Stadtmauer von Marrakesch

Erst unter den **Saadiern** ab der Mitte des 16. Jahrhunderts erwachte die Hauptstadt des Südens wieder zum Leben. Der Sultan **Muhammad ech-Cheikh** (1554–1557), der 1554 Fès eroberte und die Meriniden-Elite ermorden ließ, entschied sich für Marrakesch als Hauptstadt des neuen Reiches. Die Saadier verhalfen Marrakesch zu einem neuen Wirtschaftsaufschwung und errichteten einige der prachtvollsten historischen Bauten, so z.B. den El-Badi-Palast, die Bab-Doukkala-Moschee und die Saadier-Gräber. Unter **Moulay Ahmed al-Mansour** (1578–1603) blühte der transsaharische **Karawanenhandel,** der das Reich bis an den Niger und in den Sudan erweiterte. Zu Anfang des 17. Jahrhunderts traten die **Alaouiten** die Nachfolge der Saadier an. Der prunksüchtige König **Moulay Ismaïl** (1672–1727) betrieb Raubbau an den Palästen der Saadier, ließ die Saadier-Gräber zumauern und andere Prachtbauten in der Kasbah vernichten, zerstörte den El-Badi-Palast und transportierte den Marmor von dort nach Meknès ab, um dort seine neue *Ville impériale* (Königsstadt) zu errichten.

Ende des 19. Jahrhunderts verloren die Alaouidenherrscher immer mehr an Einfluss, örtliche Paschas und mächtige Berberfürsten gewannen an

Macht. Der Pascha **Madani al-Glaoui** unterstützte **Moulay Hafidh,** den Bruder des amtierenden Sultans, im Kampf um den Thron und wurde, als dieser die Sultanswürde erlangte, mit zahlreichen Machtbefugnissen ausgestattet.

Am 30. März 1912 unterzeichnete *Moulay Hafidh* die **Konvention von Fès,** mit der fast ganz Marokko (der nördlichste Teil unterstand spanischer Kontrolle) unter französisches Protektorat gestellt wurde. Die französische Armee verbündete sich mit **Thami al-Glaoui,** Angehöriger des Berberstammes der Glaoua und jüngerer Bruder *Madani al-Glaouis,* und vertrieb nur wenige Monate nach dem Einmarsch des Berberrebellen *El Hiba* im August 1912 diesen aus der Stadt. *Thami al-Glaoui* wurde zum neuen Pascha ausgerufen und kooperierte mit den Franzosen. Er verschaffte sich durch diese Verbindung zahlreiche Vorteile und wurde bald einer der einflussreichsten Männer Marokkos.

Als *Mohammed V.* 1956 den Thron eines unabhängigen Königreichs bestieg, war es aus mit der Macht *al-Glaouis.* Drei Jahre später starb der einst so mächtige Pascha, sein Vermögen wurde vom Staat beschlagnahmt. Prächtige Stadtpalais in der Medina von Marrakesch und große Kasbahs im Süden Marokkos zeugen noch heute von seiner früheren Macht.

Sehenswertes

In der **Altstadt** findet man nicht nur die wichtigsten sehenswerten Monumente wie etwa die Kutubiya-Moschee, die Medersa Ben Youssef und die Saadier-Gräber, sondern erlebt bei einem Bummel durch die Souks, die Mellah und das Kasbah-Viertel auch **orientalisches Alltagsleben.** Die gesamte Medina erschließt man am besten zu Fuß, große Teile sind ohnehin für den Autoverkehr gesperrt. Die wichtigsten Orientierungsmarken, die sich als Ausgangspunkt für eine Stadttour anbieten, sind die Kutubiya-Moschee und der Djamâa-el-Fna.

Djamâa-el-Fna

Der Djamâa-el-Fna, der **„Platz der Gehenkten“,** bietet zweifellos das größte Schauspiel, ist die bedeutendste Attraktion und das **historische Zentrum der Stadt.** Hier wurden einstmals Verbrecher und Rebellen hingerichtet und ihre Köpfe so lange ausgestellt, bis nur noch die kahlen Schädel übrig blieben. Heute wird der gepflasterte Platz nachmittags von den Darbietungen der Akrobaten, Tänzer, Schlangenbeschwörer, Märchenerzähler und Musikanten beherrscht

Durch das **Gewirr von Menschen** tönt das Glockengeläut der Wasserverkäufer, das Hauptfotomotiv für Touristen. Frauen sitzen auf niedrigen Hockern und bieten Hennatattoos für Füße und Hände an. Männer aus dem Süden verkaufen Wundermittelchen vom Strauß und andere Essenzen.

Auch wenn man schnell annimmt, es würde sich bei dem Spektakel am Platz um eine Touristenshow handeln – das Gegenteil ist der Fall! Touristen sind zwar eine willkommene Einkommensquelle, aber vor allem abends ist das Areal voller Einheimischer, die den Märchenerzählern und Musikern lauschen, an Geschicklichkeitsspielchen teilnehmen oder die Dienste der Wunderheiler in Anspruch nehmen. Für viele Analphabeten oder die Wenigen, die keinen Fernseher besitzen, ist die *Halka* (= der Gesprächs- oder Erzählkreis) das einzige Amüsement im tristen Alltag. Seit Jahrhunderten ist der Djamâa-el-Fna ein **Platz der Begegnung, des Handels und des Austauschs.** Wegen seiner Einzigartigkeit wurde er von der UNESCO 2001 in die Liste der „Meisterwerke des mündlichen und immateriellen Erbes der Menschheit" aufgenommen. Auch kulinarisch hat der Platz einiges zu bieten. Zahlreiche **Saftstände** verkaufen frisch gepressten, köstlichen Orangensaft (3 DH pro Glas). Andere Buden bieten diverse Dattelsorten, Nüsse und getrocknete Früchte an. Und zur Dämmerung weichen die Märchenerzähler, Schlangenbeschwörer und Akrobaten: Fahrbare, nummerierte **Garbuden** – inzwischen mit Strom und Anschluss an die Kanalisation – mit großen Kesseln, Tischen und Bänken öffnen ihre Küche. Bald duftet es nach Kebab, Suppe und Zuckergebäck. Ganze gedünstete oder gebratene Hammel- und Ziegenköpfe, kleine gekochte Schnecken mit gestreiftem Schneckenhaus, gegrillter Fisch, Kefta, die roten Merguez-Würstchen und allerlei Salate werden angeboten. Wer sich nicht scheut, einheimische Speisen zu probieren, kommt hier voll auf seine Kosten! Preiswert und erstaunlich hygienisch (die Gesundheitsbehörde kontrolliert regelmäßig) kommen die Speisen hier täglich frisch auf den Tisch. Der Preis für ein Gericht sollte vorher ausgehandelt werden bzw. auf der Speisekarte angegeben sein.

Ob tagsüber oder abends: All die optischen und akustischen Eindrücke am Djamâa-el-Fna auf sich wirken zu

aga08-319 Foto: ad

Gnaoua-Musiker auf dem Djamâa el Fna

aga08-320 Foto: ad

Djamâa-el-Fna – Platz der Geköpften

von *Franz Riegel*

Die Sonnenstrahlen erreichen die ersten Stuhlreihen. Ich sitze auf der Terrasse des Café France bei Milchkaffee und Croissant. Magere Maultiere traben vorbei. Sie sind vor Karren gespannt und ziehen Wagen voller Wollbündel in die Souks.

Der **Schlangenbeschwörer** kommt über den leeren Platz. Ich erkenne ihn an der grauen Djellabah und an der Art, wie er seinen Turban gewickelt hat. Er zählt dem Aufseher einige Dirham in die Hand und breitet an seinem Stammplatz den Teppich aus. Es ist ein kleiner, verblichener Teppich, etwa so groß wie ein Gebetsteppich, darauf legt der Schlangenbeschwörer seine Gerätschaften aus: einen wassergefüllten Blecheimer, in den er die Schlangen steckt, wenn sie zu lebendig werden, ein Tamburin und eine Flöte. Die beiden Kobras sind in einen Leinenbeutel eingesperrt.

Mohammed schiebt seinen zweirädrigen Karren vor sich her. Er hat **Orangen** geladen. An seinem Standplatz angekommen, spannt er das Sonnendach auf, schraubt die Saftpresse an die Wagenwand und beginnt, die Orangen zu einer Pyramide aufzuschichten.

Neben der Schießbude sitzen einige Männer, trinken Pfefferminztee und rauchen Kif. Der Schlangenbeschwörer geht hinüber und setzt sich zu ihnen. Er langt in die Kapuze seiner Djellabah und zieht auch ein Kif-Pfeifchen hervor. Die ersten Touristen schlendern über den Platz. Eine Flöte trillert, der **Wasserverkäufer** klingelt mit seinem Glöckchen und rückt sich den Fransenhut zurecht. „Machen Sie ein Foto! Nur fünf Dirham!", bettelt er. Und wehe, einer der Touristen hebt die Kamera und will nicht zahlen! Der Schlangenbeschwörer sitzt auf seinem Teppich und trinkt Tee. Schon halb zehn Uhr und immer noch kein Betrieb auf dem Djamâa. Zwei dunkelhäutige, ehemalige **Haratin** in der Tracht der „Blauen Männer" eilen zum Souk. Sie tragen weite, indigofarbene Gewänder und gelbe Pantoffel.

Der Schlangenbeschwörer stellt das Tablett zur Seite, spannt seinen Sonnenschirm auf und nimmt die Flöte in die Hand. Der Djamâa-el-Fna ist aufgewacht!

Um einen halbnackten Mischling hat sich ein Kreis gebildet. Im Gesicht des **Gauklers** hängen zwei Skorpione, um seinen Hals winden sich Schlangen. Mit den Zähnen hat er einen Dornschwanz gepackt. Er stampft im Kreis, Speichel rinnt ihm aus dem Mundwinkel. Er tanzt um eine Eidechse, der er zuvor den Schwanz abgeschnitten hat. Daneben windet sich eine Baumschlange, deren Kiefer und Schwanz mit einer Nadel zusammengesteckt sind. In der Mitte des Kreises hockt eine Frau, die einen Buben im Arm hält. Der steht manchmal auf, stolpert auf einen der Zuschauer zu und erhält eine Münze. Der Gaukler grunzt, und wenn ihm der Junge zu nahe kommt, stößt ihn der Vater mit einem Fußtritt zurück. Dem Jungen wird eine der Schlangen um den Hals gelegt. Die kleine Hand, die er dem Publikum entgegenstreckt, ist zerstochen und geschwollen. Mit der anderen Hand streichelt er den Kopf der Natter und lächelt. Plötzlich schreit er auf: Eine Echse hat sich in seinem Arm verbissen. Der Vater löst sie ab, und der Junge versteckt sich im Schoß seiner Mutter. Er schluchzt, und schläft über seiner Traurigkeit ein. Die Show geht weiter.

Im Verborgenen wird ein anderes Spiel gespielt: Der **Spieler** legt ein Stück Schnur zu einem verdrehten Achter aus und setzt einen Geldbetrag. Der Mitspieler setzt den gleichen Betrag dagegen. Er muss seinen Finger in eine der Schlingen halten und gewinnt den Einsatz, wenn die Schnur beim Wegziehen an seinem Finger hängen bleibt. Ich sehe zweien zu, die spielen. Der Spieler trägt einen speckigen, zerrissenen Anzug und Gummistiefel. Mit einer schnellen Bewegung hat er aus der Schnur einen doppelten Achter gelegt. Zweimal 100 Dirham liegen neben der Schlinge, viel Geld, mehr, als ein Bauer im Monat verdient. Und wie ein Bauer sieht der Mitspieler aus, der jetzt raten muss, welche der beiden Schlingen die echte ist. Er sticht mit dem Finger in die rechte Schlinge, und es ist ganz offensichtlich, dass er gewinnen wird. Der Spieler zieht an der Schnur, und tatsächlich, sie bleibt am Finger des Bauern hängen. Er streicht das Geld ein. Wieder legt der Spieler die Schlinge zum Achter. Und wieder tippt der Bauer in die richtige Schlinge. Er wird die 200 Dirham so offensichtlich gewinnen, dass ein Raunen durch die Zuschauer geht. Ist der Mann mit der Schnur nicht ganz richtig im Kopf? Oder ist da ein Trick dabei, oder eine List? Der Spieler zieht an der Schlinge, sie bleibt am Zeigefinger des Bauern hängen. Er schiebt die zwei 100-Dirham-Scheine ein und ist schon in der Menge verschwunden.

„Willst Du spielen?" Der Mann mit der Schnur zupft mich am Ärmel. „Nur zum Spaß!", drängt er, weil ich zögere. „Nur probieren!" Er legt die Schnur, und wieder ist ganz deutlich zu sehen, welche der Schlingen halten wird. Ich tippe hinein, der Spieler zieht, die Schnur bleibt am Finger hängen. Ich habe gewonnen. Der Mann mit der Schnur legt griesgrämig zwei weitere Scheine dazu und legt die Schnur von neuem. Die Schlinge ist so eindeutig zu erkennen ... Auf dem Boden liegen 400 Dirham, eine Menge Geld! Davon könnte ich eine Woche leben. Ich bin sicher, dass ich das System durchschaut habe. Noch einmal folge ich den Windungen der Schnur, nein, ich irre mich nicht. Ich tippe in die richtige Schlinge und grinse schadenfroh. Um uns hat sich ein enger Kreis gebildet, die Zuschauer murmeln beifällig. Der Mann zieht an, die Schnur gleitet an meinem Finger vorbei. Das verstehe ich nicht. Habe ich einen Augenblick lang nicht aufgepasst? Der Knoten ist genauso fest wie vorher. Ich lange in meinen Beutel und lege einen weiteren Schein auf den Tisch. Wieder erkenne ich die „richtige" Schlinge eindeutig, und wieder gleitet sie an meinem Finger vorbei. Einen dritten Schein verliere ich noch, dann bin ich von dem Spiel mit der Schnur geheilt.

Als ich *Mohammed,* dem Teppichhändler, von meinem Spiel mit der Schnur erzähle, lacht er mich aus. „Es ist ein Kunststück", sagt er, „es gibt verschiedene Arten, die Schnur zu legen, und wer es versteht, kann die Schlingen so kunstvoll legen, dass keine einzige Schlinge hält". Einer seiner Freunde könne mir den Trick mit der Schnur sicherlich beibringen, für ein kleines Entgelt selbstverständlich. So kaufe ich diesmal keinen Teppich bei *Mohammed.* Ich gebe das Geld *Mohammeds* Freund, der mir dafür das Spiel mit der Schnur beibringt ...

aga08-321 Foto: ad

aga08-327 Foto: ch

lassen, ist ein einzigartiges und unvergessliches Erlebnis! Das ganze Schauspiel lässt sich am angenehmsten von einer Dachterrasse der vielen Cafés rund um den Platz aus beobachten. Man muss zur Benutzung dieser Aussichtsterrassen allerdings ein Getränk konsumieren oder einen kleinen Obolus bezahlen.

Achtung: Ein **Foto** auf dem Djamâa-el-Fna ist nirgends mehr umsonst zu haben – mit dem **Trinkgeld** für ihre Darbietungen verdienen die Künstler schließlich ihr tägliches Brot. Inzwischen werden zum Teil recht unverschämte Preise verlangt, man sollte jedoch nicht mehr als 10 DH (angemessen sind max. 5 DH) für ein Bild bezahlen! Heimliche Schnappschüsse aus dem Handgelenk können aggressive Reaktionen und unangemessen hohe Forderungen der Schausteller provozieren und sollten daher gar nicht erst versucht werden!

Die Kutubiya-Moschee

Das monumentale Minarett der Kutubiya-Moschee, das **Wahrzeichen der Stadt,** überragt die Dächer der Medina und dient als Orientierungspunkt aus allen Richtungen, um zum Djamâa-el-Fna zu finden.

Die Moschee wurde 1158 bis 1162 anstelle einer ersten Moschee erbaut, die nach der Fertigstellung der Kutubiya abgerissen wurde. Die Pfeilerstümpfe auf der Nordseite neben der Moschee und einige Mauerreste unter (zerschlagenen) Glasdächern zeugen von dem alten Bau.

Das **Minarett** der Kutubiya ist das einzige fertiggestellte der Almohadenzeit. Mit dem Hassan-Turm in Rabat und der Giralda in Sevilla – beides architektonische Vorbilder der Kutubiya

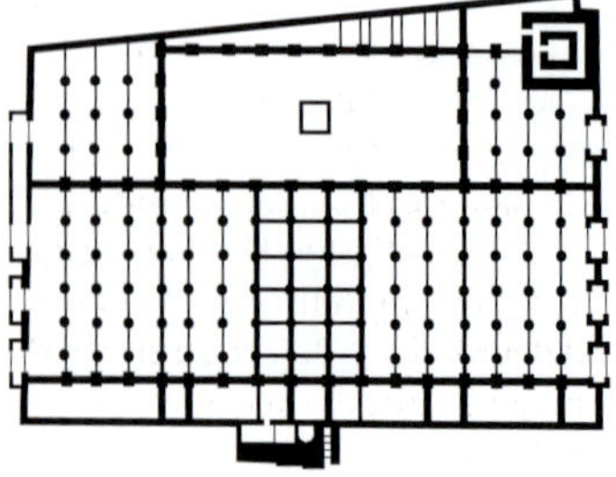

Grundriss und Minarett der Kutubiya-Moschee

– dient das Minarett bis heute als Modellbeispiel marokkanischer Architektur. Seinen Namen erhielt es von den *Kutubiyn,* den Buchhändlern, deren Buden sich früher um das Gebäude gruppierten. Das Minarett misst 12,8 m in der Seitenlänge, ist bis zur Terrasse 69 m und zusammen mit den vergoldeten, die Turmkuppel krönenden Kugeln 77 m hoch. Außen verziert den Turm auf allen Seiten unterschiedliches, herrliches Dekor mit Blendarkaden und grünen Mosaikkacheln am oberen Abschluss. Am Fuße des Minaretts befinden sich die Reste einer *Koubba* (= Grabstätte) einer als heilig verehrten Frau, genannt *Lalla Zohra Bint el Kuch,* Tochter eines schwarzen Fürsten (was im arabisch-berberischen Kastensystem sehr selten war) aus dem 17. Jahrhundert. Sie ist Vorbild für viele Frauen Marrakeschs, und oft werden ihr zu Ehren Kinder geweiht.

Das 90 m lange Gebäude der **Moschee** aus Ziegelsteinen wurde in T-Form mit einem Quer- und 17 Langschiffen errichtet. Mit ihren Hufeisenbögen, Pflanzenornamentkapitellen und dem beeindruckenden Gewölbedekor ist die Kutubiya eine der schönsten Moscheen Nordafrikas. Fast 20.000 Gläubige finden in ihr Platz. Bis zu ihrer Renovierung in den 1990er Jahren beherbergte die Kutubiya-Moschee noch eine wertvolle Minbar (Gebetskanzel) aus dem 12. Jahrhundert, die nun im Palais El-Badi ausgestellt ist. In Marokko dürfen Moscheen und Zaouias von Ungläubigen nicht betreten werden, daher bleibt Touristen ein Blick ins Innere leider verwehrt.

Der **Jardin Kutubiya** an der Südwestseite der Moschee wurde im 12. Jahrhundert von *Abd el Moumen* errichtet, Vorbild waren die andalusischen Gärten mit ihrer Blütenpracht und ihren Wasserspielen. In dieser gepflegten Parkanlage nur wenige Fußminuten vom Djamâa-el-Fna entfernt lässt es sich herrlich zwischen Jasmin- und Pomeranzenbäumen, Rosen, Jacarandas und Palmen spazieren – mit Blick und guter Fotoperspektive auf das majestätische Minarett der Kutubiya-Moschee. Der Park beherbergt die Stadtbibliothek von Marrakesch.

Die nördliche Medina und die Souks

Die Souks von Marrakesch sind **die größten des Landes,** die Orientierung im Gassengewirr fällt jedoch nicht so schwer wie z.B. in Fès oder anderen orientalischen Altstädten. Die traditionell nach Handwerkszweigen und Warenangebot gegliederten Soukviertel beginnen an der Nordseite des Djamâa-el-Fna. Ziemlich ungestört kann man morgens zwischen 8.30 und 10 Uhr oder mittags von 13 bis 14.30 Uhr durch die Souks bummeln, dann öffnen gerade die Läden bzw. manche machen Mittagspause und im Souk ist am wenigsten los, weil die Touristengruppen entweder noch nicht unterwegs sind oder bereits zu Mittag essen. Die wichtigsten Durchgangsgassen in Richtung Musée de Marrakech und der Medersa Ben Youssef sind die Rue Mouassine, die Rue Souk Smarine und die Rue Kennaria.

aga08-324 Foto: ad

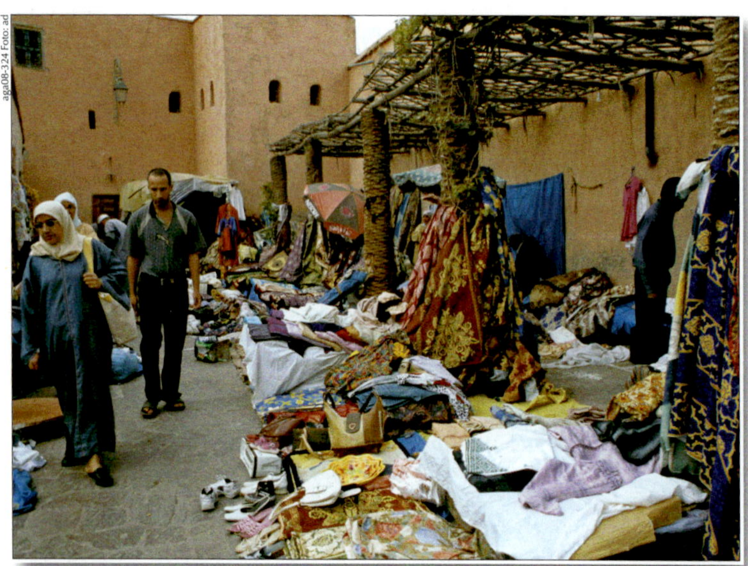

Linker Hand des Cafés Les Terrasses de l'Alhambra am nördlichen Djamâa-el-Fna gelangt man zunächst in eine schmale Gasse mit Olivenverkauf und Garbuden. An den Theken mit Schafsköpfen und Tanjia-Tontöpfen kann man schön beobachten, wie **Méchoui** zubereitet wird. Das auf einen Holzpflock gespießte ganze Lamm wird durch eine Luke im Boden in den Ofen abgelassen. Fertig gegart wird es an der Stange herausgezogen, zerkleinert und direkt an kleinen Tischen serviert. Links weiter beginnt hinter einem Torbogen die gedeckte **Rue Souk Smarine** mit dem **Textilien-Souk.** Hier reihen sich kleine Läden mit Djellabahs, Babuschen, aber auch moderner Kleidung und Souvenirs aneinander. Bald weist ein Schild nach rechts zum Platz Rahba el-Kedima („Marché des épices") und kurz darauf zum Teppichmarkt Criée Bérbère („Souk principale des tapis").

Kleidermarkt am Place Rahba Kedima, wo früher Sklaven verkauft wurden

Beim **Rahba Kedima** befand sich der alte Sklavenmarkt, auf dem über viele Jahrhunderte schwarze Sklaven versteigert wurden. Jetzt haben sich hier die Gewürzhändler und Quacksalber niedergelassen, die sich mit dem wohlklingenden französischen Namen *Herborist* (= Kräuterkundige) schmücken. In allerlei Tiegeln und

Behältnissen findet man die eigenartigsten Mixturen und Grundessenzen. Aphrodisiaka und Mittel, die Frauen Fruchtbarkeit verschaffen sollen, lebende Chamäleons und Schildkröten, getrocknete Echsen, Rosenwasser, Moschusparfüm, die buntesten Gewürzschalen von Safran bis Paprika und die Gewürzmischung *Ras el Hanut* – alles gibt es hier zu kaufen: ein Eldorado für Liebhaber exotischer Spezialitäten und Fotografen. Auf dem Platz bieten Frauen auch allerlei hübsche Korbwaren feil.

Auf dem **Souk el Ghezel** unmittelbar südlich des Rahba Kedima verkaufen Händler dicke Wollbündel, und Frauen bieten Gebrauchtkleider an. Nördlich des Rahba el-Kedima befindet sich der Teppichmarkt **Criée Berbère,** wo noch regelmäßig Teppichauktionen stattfinden.

Beim Rahba Kedima spaltet sich die stark frequentierte Hauptgasse in die Rue Souk Attarine und die Rue Souk el-Kebir v-förmig auf. Folgt man der Gasse **Souk el-Kebir** bzw. Souk al Henna nordwärts, führen zunächst Torbögen auf der linken Seite in die sogenannte **Kissaria** mit Touristenläden und Bekleidung, dann folgen Lederwarenshops, bevor der Platz vor dem Musée de Marrakech, der Koubba und der Medersa Ben Youssef erreicht ist.

Folgt man am Rahba Kedima links der Rue Souk Attarine, passiert man die **Souks der Kupferschmiede,** die u.a. Töpfe, Teekannen und Lampen fertigen. Hält man sich rechts, geht es weiter in den **Souk des Babouches** mit den traditionellen Pantoffeln in allen Größen und Farben.

In den Gassen links des Souk Attarine liegt der **Wollfärber-Souk.** Die quer über die Gassen gehängten bunten Wollbündel galten früher als Highlight für Fotografen und erfüllten das Klischeebild orientalischer Farbenpracht. Heute hat sich das Bild gewandelt: Mit dem Import gefärbter Stoffe, künstlicher Färbemittel und zunehmender industrieller Färbung hat das Handwerk an Bedeutung verloren und nur noch wenige Färber sind übrig geblieben. War früher schon die Herstellung der richtigen Mischung von natürlichem Farbstoff mit der dazu passenden Beize eine Kunst für sich, die über Generationen weitergegeben wurde, ist das Färben mit chemischer Farbe heute problemlos für jedermann möglich. Statt Naturfasern werden heute vor allem ganze Kleidungsstücke und fertige Stoffe gefärbt. In einem für Touristen zugänglichen Färberhof kann man noch beobachten, wie die Stoffe in erwärmten Kesseln gefärbt und anschließend zum Trocknen aufgehängt werden. In den Gassen des Viertels werden schöne kräftig-bunte Stoffe in allen Größen an Touristen verkauft.

Der **Holzschnitzer-Souk (Souk Chouari)** befindet sich nur eine Gasse weiter. Dort entstehen Tische, Stühle, Hocker, Kästchen und allerlei andere Dinge aus Holz. Zwischen dem Souk Attarine und dem Place Ben Youssef (Musée Marrakech, Koubba Almoravide) befindet sich das **Viertel der Eisenschmiede (Souk Haddadine)** mit ihren lärmenden und rauchenden Werkstätten. Hier kann man Lampen und andere schmiedeeiserne Waren direkt vom Handwerker kaufen.

Folgt man – statt zum Holzschnitzer- und Wollfärber-Souk bzw. zur Moschee Mouassine links abzubiegen – der Rue Souk Attarine noch etwas nach Norden und biegt dann rechts auf die Riad Laarous ab, gelangt man zum **Ledermarkt (Souk Cherratine).** In der Nähe der Moschee Ben Youssef sitzen die Lederhändler vor Stapeln noch ungefärbter und -geschnittener Tierhäute und verkaufen diese weiter. In kleinen Werkstätten wird daraufhin das Leder zugeschnitten und z.B. zu Pantoffeln verarbeitet.

Westlich der Wollfärber- und Holzschnitzer-Souks erreicht man den arg verfallenen, kunstvoll mit Stuck und Zedernholzschnitzereien ausgestatteten **Brunnen Fontaine el Mouassine,** der größte der Stadt. Die abgesperrte Brunnenanlage umfasst drei überdachte Viehtränken und einen davon getrennten Brunnen für die Stadtbewohner. Die Fontaine el Mouassine gehört zu der für das Viertel namensgebenden **Moschee El-Mouassine,** die der Saadier-Sultan *Moulay Abdallah* Ende des 16. Jahrhunderts errichten ließ. Zur Moschee gehörten ursprünglich neben dem Brunnen auch ein Hammam, eine Koranschule, Unterkünfte für Staatsbeamte und eine Bibliothek.

In einer Gasse südlich der Moschee erreicht man die **Galerie des deutschen Malers Hans-Werner Geerdts,** ein Besuch sollte jedoch telefonisch angemeldet werden. Nur ein Stück weiter entlang der **Rue Mouassine** zweigt gegenüber der Westseite der Moschee eine Gasse zum Kulturcafé Dar Cherifa ab. Entlang der Rue Mouassine erreicht man in südlicher Richtung wieder den Djamâa-el-Fna.

Von der Mouassine-Moschee Richtung Norden und dann auf der Rue Dar El Bacha nach Westen gelangt man zum **Dar el Bacha.** In diesem hundert Jahre alten Palast, wo einst Pascha *al-Glaoui* residierte, entsteht derzeit ein Museum.

Weiter entlang der Rue Dar el Bacha erreicht man die große **Bab-Doukkala-Moschee,** die von der Mutter *Ahmed el-Mansours, Lalla Messaouda,* im 16. Jahrhundert angelegt wurde. Nur wenig westlich führt das Stadttor **Bab Doukkala** hinaus aus der Medina. Hier warten Taxis, die auf Wunsch zurück zum Djamâa-el-Fna fahren.

Musée de Marrakech

Schon der Hof vor dem Eingang des Museums lädt zum Verweilen ein: mit einem hübschen kleinen Café und einem Museumsladen mit Postkarten und französischsprachiger Literatur über Marokko. Das Museum ist in einem Palast aus dem 19. Jahrhundert, dem **Dar M'Nebhi,** untergebracht. Es wird von der *Fondation Omar Benjelloun* betrieben, die drei historische Stätten restauriert hat: die Medersa Ben Youssef, die Koubba Almoravide und eben dieses Museum. Dem Geschäftsmann und Kunstsammler *Omar Benjelloun* (1928–2003), der zeitweise bei Mercedes-Benz in Deutschland arbeitete, ist es zu verdanken, dass sich diese großartigen Monumente heute in einem außerordentlich guten Zustand befinden. Im Eingangsbereich sind Bilder von den Restaurierungsarbeiten im Jahr 1997 ausgestellt. Der 2000 m² große Dar M'Nebhi war Ende des 19. Jahrhunderts Residenz des Verteidungsministers *Mehdi M'Nebhi* unter Sultan *Moulay Abdelaziz*. Nach der Unabhängigkeit beherbergte das Gebäude die erste Mädchenschule in Marrakesch.

Um den riesigen **700 m²-Innenhof** mit Marmor- und Mosaikboden gruppieren sich vier Salons und der traditionelle Hammam. Den ursprünglich offenen Hof mit drei Brunnenschalen bedeckt heute ein Zeltdach, von dem eine gigantische orientalische Metalllampe hängt. Neben dem Bahia-Palast demonstriert dieses Gebäude sicher am anschaulichsten den Prunk des Sultans und seiner Mitarbeiter im 19. Jahrhundert: Säulen und Böden voll feiner Mosaike, bemalte Stuckornamente, kunstvoll geschnitzte Zedernholztäfelungen und -decken.

In den seitlichen **Salons** informieren Tafeln in Französisch über die Ausstellungsstücke in den Vitrinen (Schmuck, Stickereien, Stoffe, Keramik, Teppiche).

In der **Douiria** (= kleines Gästehaus) finden temporäre **Ausstellungen** mit Werken zeitgenössischer Künstler oder zu kulturellen Themen statt. Außerdem dient das Dar M'Nebhi gelegentlich als Veranstaltungsort für Konzerte, Theateraufführungen und Seminare.

- **Info: www.museedemarrakech.ma,** Tel. 0524 36 09 11, tägl. 9–18.30 Uhr.

- **Eintritt:** Für die Einrichtungen der *Fondation Omar Benjelloun* sind **Kombitickets** erhältlich (kein Einzeleintritt möglich); „Ticket 1 Monument" (nur Medersa Ben Youssef): Erwachsene 50 DH, Kinder (8–18 Jahre) 20 DH; „Ticket 3 Monuments" (Koubba Almoravide, Medersa Ben Youssef, Museum): Erwachsene 60 DH, Kinder 30 DH.

Medersa Ben Youssef

Die **einst größte und bedeutendste Koranschule des Maghreb** in einem der ältesten Gebäude der Stadt ist sicher eine der wichtigsten Sehenswürdigkeiten in Marrakesch.

Die **Gründung** dieser religiösen Lehr- und Wohnstätte geht auf die Meriniden im 14. Jahrhundert zurück, verdankt aber ihre heute noch erhaltene prachtvolle Gestalt dem späteren Saadier-Sultan *Abdallah el-Ghalib* (1557–1574). Die Medersa diente als Lehrstätte für theologische Studien und beherbergte vor allem Studenten aus den ländlichen Regionen, die hier zwischen ihrem 14. und 27. Lebensjahr wohnten. Der Lehrbetrieb wurde erst 1960 eingestellt und das Monument von 1999 bis 2002 aufwendig renoviert.

Die Medersa befindet sich ebenso wie die gleichnamige **Moschee Ben (Ibn) Youssef** (erbaut Anfang des 19. Jahrhunderts auf den Ruinen früherer Moscheen) am gepflasterten **Platz Ben Youssef.** Das bronzene Eingangsportal versteckt sich hinter einem Torbogen in einem engen Durchgang zwischen Moschee und Medersa auf der rechten Seite.

Den großen **Patio** (= Innenhof) der Lehranstalt betritt man durch eine

aga_53 Foto: dd

prächtige Mashrabiya-Tür aus Zedernholz. Die Mashrabiya-Technik wurde auch an den Fenstern des Obergeschosses meisterhaft angewendet: ein Gitterwerk aus gedrechselten, auf Stifte gezogenen Zedernholzteilen, die zu geometrischen Ornamenten ineinandergesteckt werden. Den Boden des Innenhofs mit viereckigem Wasserbecken bedeckt Carrara-Marmor, der einst nach gleichem Gewicht gegen Zucker eingetauscht wurde.

Die Koranschule Medersa Ben Youssef, einst die größte des Maghreb

Die strukturelle und dekorative Gestaltung ist beispielhaft für vollendete maurische Architektur: mehrfarbige Kachelmosaike auf den unteren Wänden, Stützpfeiler mit Stuckkapitellen, Stuckornamente und arabische Schriftbänder mit den wiederkehrenden Begriffen „Friede“ und „Allah“ über den Mosaiken, im oberen Teil der Wände Täfelungen aus Zedernholz bzw. die genannten Mashrabiya-Fenster. Die ganze obere Fassade sowie die Türbögen sind mit Stuckdekorationen verziert, das Dach – typisch für religiöse Bauwerke – mit grünen glasierten Ziegeln ausgestattet.

Das **Wohnheim** im oberen Stockwerk (Zugang über den Vorraum) beherbergt 132 Kammern, in denen je zwei bis drei Studenten wohnten. Mehrere kleine Innenhöfe sorgen für Luft und Licht. In einigen kleinen Zimmern sind noch Gebrauchs- und Einrichtungsgegenstände der damaligen Studenten ausgestellt. Durch die Fenster kann man einen Blick nach unten in den großen Hof werfen.

● **Info:** Tel. 0524 39 09 11/12, tägl. 9–18.30 Uhr (außer an Feiertagen).
● **Eintritt:** 50 DH, für die Einrichtungen der *Fondation Omar Benjelloun* sind auch günstigere Kombitickets erhältlich (vgl. Musée de Marrakech).

Koubba El-Badiyin

Direkt am Platz Ben Youssef gegenüber der Moschee Ben Youssef befindet sich die Koubba El-Badiyin bzw. **Koubba Almoravide** in einem abgesperrten Ausgrabungsareal etwas unter dem heutigen Bodenniveau. Die Koubba ist eines der wenigen Überbleibsel aus der Dynastie der Almoraviden. Sie wurde etwa um 1120 errichtet und erst im Jahr 1948 wiederentdeckt. Stufen führen nach unten zur zweigeschossigen Koubba mit quadratischem Grundriss, Fensterbögen im oberen Teil und einem großen Kuppeldach.

Besonders die Innenseite der **Kuppel** mit dem filigranen Dekor in Form von kunstvoll in den Stein geschlagenen Muscheln, Rosetten, Ranken und Blumen ist sehenswert. In der Mitte unter der Kuppel befindet sich ein rechteckiges Becken für Waschungen. Französische Tafeln geben Detailinformationen über die Stätte: Demnach war die Koubba das Zentrum einer Wasch-, Brunnen- und Latrinenanlage, von der heute nur noch Ruinen geblieben sind.

● **Eintritt:** Für diese Einrichtung (tägl. 9–18 Uhr) der *Fondation Omar Benjelloun* sind ausschließlich Kombitickets erhältlich; „Ticket 2 Monuments" (Koubba, Musée de Marrakech): Erwachsene 40 DH, Kinder 20 DH; „Ticket 3 Monuments" (Koubba, Medersa Ben Youssef, Musée de Marrakech): Erwachsene 60 DH, Kinder 30 DH.

Dar Cherifa

Hinter einem unscheinbaren Eingang ohne Türschild verbirgt sich dieses Kleinod. Der Dar Cherifa wurde im 16. Jahrhundert errichtet und gilt als das **älteste erhaltene Wohnhaus der Stadt.** *Abdellatif Ait Ben Abdallah,* Chef der Agentur „Marrakech Riads" und Kenner der Kunstszene in Marrakesch, setzte zahlreiche Riads in der Altstadt instand und renovierte auch dieses wunderschöne Hofhaus mit viel Feingefühl. Die Flügeltüren und Verkleidungen aus geschnitztem Zedernholz und die Stuckornamente wurden nicht mit Farbe und Beton überkleistert, sondern in ihrer ursprünglichen Schönheit belassen.

In dem Gebäude finden Kulturveranstaltungen (Konzerte, Lesungen etc.) u.a. in Zusammenarbeit mit dem „Dialogpunkt Deutsch" und dem Institut Français sowie wechselnde Kunstausstellungen (Malerei, Kalligrafie, Bildhauerei, Fotografie etc.) statt. Im Innenhof mit Polsterecken oder auf der Dachterrasse kann man für eine kleine Verschnaufpause Platz nehmen, die Atmosphäre sowie marokkanische Gerichte (Menü 120 DH), frische Säfte oder Tee mit Gebäck (15–25 DH) genießen. Dabei besteht zudem die Möglichkeit, in französischsprachiger Literatur zu schmökern.

- **Info:** 8, Derb Charfa Lakbir, Mouassine, Medina, Tel. 0524 42 64 63, Fax 42 65 11, Mobil 0661 16 36 30, **Eintritt frei.**
- **Wegbeschreibung:** Gegenüber der Moschee Mouassine in die mit „Riad les Jardins Mouassine, Dar Justo" beschilderte Gasse einbiegen, links um die Ecke, die nächste Gasse rechts durch einen niedrigen Durchgang, an der Tür direkt dahinter auf der rechten Seite anklopfen.

Jenseits der Souks

Nördlich des Musée de Marrakech und der Medersa Ben Youssef endet das touristische Terrain. Doch ein Spaziergang durch die Viertel jenseits der Souks, in denen **fast nur Einheimsche** unterwegs sind, kann auch für Touristen interessant ausfallen.

Nur wenig nördlich der Medersa befindet sich die **Fontaine Echroub ou Chouf** aus der Saadier-Zeit (16. Jahrhundert). Der einstmals prächtige Brunnen mit einem kunstvoll mit Ornamenten geschmückten Vordach aus Zedernholz ist zwar noch in Betrieb, aber stark renovierungsbedürftig.

Entlang der Rue Bab Taghzout geht es weiter nördlich durch Wohnviertel zu den Grabstätten der Stadtheiligen *Sidi Ben Slimane* und *Sidi Bel Abbès* (s.u.). Das heute innerhalb der Stadtmauern liegende Tor **Bab Taghzout** begrenzte einst die Altstadt, bis man die Stadtmauern erweiterte, um das Heiligtum von *Sidi Bel Abbès* mit einzuschließen.

Zaouia Sidi Bel Abbès

Die Zaouia Sidi Bel Abbès wurde Anfang des 17. Jahrhunderts für den 1204 verstorbenen heiligen *Abou el Abbès Ahmed ben Jafar* unter den Saadiern errichtet und 1998 von König *Hassan II.* renoviert. Besucher sollten auf jeden Fall den **Innenhof** der Anlage besichtigen und das schmucke **Eingangsportal** zum Mausoleum mit Stuckornamenten und grünem Ziegeldach bewundern. Durch ein kleines Gitterfenster kann man einen Blick ins Innere der Zaouia werfen, die von Nichtgläubigen nicht betreten werden darf. Im Schatten des Arkadengangs vor der Moschee und dem Mausoleum halten sich Alte, Blinde und Behinderte auf, als deren Beschützer *Sidi Bel Abbès* gilt. Neben dem Eingang zum Mausoleum befindet sich eine kleine Sonnenuhr und gegenüber ein sehr schöner Brunnen mit feinen Mosaiken.

Von der Zaouia Sidi Bel Abbés kann man sich zur nahe gelegenen **Zaouia Sidi Ben Slimane** führen lassen, von der von außen aber nur das grüne Kuppeldach und ein kleiner Brunnen vor dem Eingangsportal sichtbar sind. *Sidi Bel Abbès* und *Sidi Ben Slimane* sind zwei der sieben Stadtheiligen Marrakeschs, für die jeweils ein Heiligtum in der Stadt errichtet wurde.

Gerberviertel

Das Gerberviertel von Marrakesch ist nicht so groß und malerisch wie das von Fès. Dennoch erhält man einen guten Eindruck von den **harten Arbeitsbedingungen** der Handwerker, die in großen Betonbottichen Rinds-,

Kamel- und Ziegenleder gerben und färben. Für eine Visite eignet sich am besten der Vormittag, wenn es am betriebsamsten ist.

Wenn man vom Stadttor Bab Debbargh (Parkplatz an der Stadtmauer) aus kommend (in Richtung Medina-Zentrum) gleich in die erste Gasse links und noch einmal links um die Ecke biegt, gelangt man in einen Gerberhof (Torbogen mit Aufschrift „Tannerie"). In für unsere Verhältnisse unerträglichem **Schmutz und Gestank** sind hier auch viele Jugendliche bei der Arbeit. Ein *gardien* (franz. Wächter) verlangt evtl. ein paar Dirham Trinkgeld für die Besichtigung und fürs Fotografieren. Ein weiterer Gerberhof befindet sich in der ersten Gasse rechts ab dem Bab Debbargh hinter einer Holzflügeltür, ebenso in der Rue Bab Debbargh Richtung zentrale Medina (Musée de Marrakech). Geruchs- und schmutzempfindliche Naturen sollten sich allerdings gut überlegen, ob sie einen Besuch wagen ...

Die südliche Medina

Die von Souvenirläden flankierten Hauptgassen vom Djamâa-el-Fna in Richtung Süden zum Place Ferblantiers, zum Marché couvert, zur Mellah und zum Kasbah-Viertel sind die parallel verlaufenden **Rue Riad Zitoun el Kedim** und **Rue Riad Zitoun el Djedid.** Über letztere erreicht man am schnellsten das Dar-Si-Said- und das Dar-Tiskiwin-Museum sowie den Bahia-Palast. Über die **Fußgängerzone Rue Bab Agnaou** mit Restaurants und Shops und weiter über die Rue Oqba Ben Nafia gelangt man am einfachsten zum Bab Agnaou, dem schönsten Tor der Stadt und Eingang zum Kasbah-Viertel. Die Riad Zitoun el Kedim und Riad Zitoun el Djedid treffen im Süden auf einen hübschen **Rosengarten** mit Sitzbänken, wo sich abends die Marrakchis zum Plaudern treffen und Pferdekutschen auf Kundschaft warten. Hier befinden sich auch der überdachte Souk der Juweliere und der Eingang zum alten Judenviertel (Mellah) durch den Mellah-Markt.

Südlich angrenzend liegt der **Place des Ferblantiers,** das Quartier der Lampenmacher. Um den rechteckigen Platz gruppieren sich Läden, in denen Handwerker Lampen aus Messing, Kupfer und Eisen fertigen. Wer ein Stück orientalisches Alltagsleben hautnah erfahren möchte, der stattet dem **Marché couvert** an der Av. Houmman El Fetouaki einen Besuch ab: In den überdachten Markthallen verkaufen Händler frisches Obst, Gemüse, Fisch, Fleisch und Geflügel.

Dar-Si-Said-Museum

Östlich der Rue Riad Zitoun El Jedid und etwas nördlich des Bahia-Palastes liegt das Dar Si Said. Dieses viel besuchte **Volkskunstmuseum** wurde in einem Palast aus dem 19. Jahrhundert untergebracht und beherbergt eine **umfangreiche Sammlung berberischen Kunsthandwerks** aus Marokko. Im Eingangsbereich befindet sich eine Holzausstellung mit antiken Gebrauchsgegenständen und Architekturelementen (Türen, Balustraden,

Fenster) aus Zedern-, Pinien-, Oliven-, Feigen- und Nusshölzern. In den Salons des Innenhofs mit Springbrunnen und großen Bäumen sind u.a. Waffen, Musikinstrumente und Werkzeuge ausgestellt. Besonders sehenswert ist das Obergeschoss mit seinem prunkvollen **Festsaal:** Mosaike an Wänden und Böden, bemalte Stuckdekorationen und hohe Zedernholzdecken mit kunstvoller Bemalung verleihen dem Haus auf dieser Etage echten Palastcharakter. Im Untergeschoss ist das Gebäude dagegen schon stark baufällig: Risse in den Wänden, bröselnder Putz, stark in Anspruch genommene Bodenmosaike, marode Toiletten. Renovierungsarbeiten 2008 verbesserten die Situation etwas. In einem Zwischengeschoss können noch einige alte Küchenutensilien besichtigt werden.

- **Info:** Tel. 0524 44 24 64, Di.–Fr. 9–12.15 u. 15–18.15 Uhr, Fotografieren verboten.
- **Eintritt:** Erwachsene 20 DH, Kinder unter 12 Jahren 5 DH.
- **Wegbeschreibung:** Das Museum liegt östlich der Rue Riad Zitoun Djedid, von wo es zwei beschilderte Zugänge gibt. Entweder man geht durch den südlichen Torbogen gegenüber dem Préfecture-Parkplatz vorbei am Dar Tiskiwin und biegt in die erste Gasse links ab, oder man spaziert durch den nördlicheren Torbogen (z.B. vom Djamâa-el-Fna aus) in Richtung Museum (beschildert).

Dar-Tiskiwin-Museum

Der Niederländer **Bert Flint** lebt seit mehr als 50 Jahren in Marrakesch. Seine Leidenschaft für die Traditionen und Kulturen der Menschen in Marokko sowie der Sahara- und Sahelländer veranlasste ihn dazu, 1985 ein privates Museum zu eröffnen. Hier präsentiert er seine wertvolle Sammlung, die er auf seinen vielen Forschungsreisen erwarb. 2006 vermachte *Bert Flint* das „Maison Tiskiwin“ der Universität von Marrakesch Cadi Ayyad. Das übergreifende Thema des Volkskunstmuseums ist der **kulturelle und wirtschaftliche Austausch zwischen Marokko und den heutigen Sahelstaaten,** der vor allem in Form des Karawanenhandels seit Jahrhunderten stattfindet. Die Ausstellungsräume gruppieren sich in zwei Etagen um den stuckverzierten Innenhof des Altstadthauses. Die Säle zeigen Kleidung, Utensilien des täglichen Lebens, Schmuck oder Arbeitsgegenstände der Regionen und Völker entlang der Karawanenroute von Marrakesch durch die Sahara nach Agadez und weiter in den Sahel bis nach Timbuktu. Auf dem virtuellen Rundgang von Marrakesch nach Timbuktu und zurück bewundert man u.a. Teppiche, Stoffe, landwirtschaftliche Utensilien im Oasenfeldbau, Lederwaren und Schmuck der Tuareg sowie Holzfiguren und Kleidung westafrikanischer Völker.

- **Info:** tägl. 9–12.30 u. 15–18 Uhr.
- **Eintritt:** Erwachsene 15 DH, Kinder 10 DH.
- **Wegbeschreibung:** Der Eingang zum Museum liegt in einer kleinen Quergasse der südlichen Rue Riad Zitoun Djedid. Vom Préfecture-Parkplatz geht es durch einen Torbogen mit zum Verkauf ausgehängten Teppichen in die Gasse (Schild).

Bahia-Palast

Der Bahia-Palast trägt den Namen der Lieblingsfrau des Großwesirs **Ba Ahmed Ben Moussa,** der den Alaouiten-Sultan *Moulay Abdelaziz* Ende des

aga10_008 Foto: ad

19. Jahrhunderts bei den Regierungsgeschäften unterstützte bzw. diese faktisch leitete. Angeblich lebte er mit vier Frauen und 80 Konkubinen in diesem riesigen Palast. Nach seinem Tod ließ sich die französische Protektoratsverwaltung in dem Komplex nieder. Die 50 prachtvoll im maurischen Stil mit geschnitzten und bemalten Zedernholzdecken, Stuckverzierungen und Marmor ausgestatteten Räume stehen heute leer. Der Gesamtkomplex bildet ein **Labyrinth** aus miteinander verbundenen Zimmern, Sälen, Innenhöfen und Hofgärten. Bei einer Besichtigung oder Führung kann man sich ein gutes Bild über den **Prunk** und die Ausstattung (inkl. Harem) orientalischer Fürstenhäuser um die vorletzte Jahrhundertwende verschaffen. Auch die herrlichen **Gärten** von Petit Riad (kleines Hofhaus) und Grand Riad (großes Hofhaus) mit Zitronenbäumen, Palmen und Bambussen lohnen die Besichtigung. In den Salons des Grand Riad versprechen die Kalligrafiebänder aus Stuck über den Mosaiken dem Bewohner des Hauses „Reichtum und Gesundheit". Die Mosaike, Schnitzereien und Säulen im Gebäudeteil „Grande cour d'honneur" sowie im Grand Riad waren lange Zeit stark renovierungsbedürftig, im Frühjahr 2008 wurden schließlich Arbeiten zur Wiederherstellung begonnen.

Im Bahia-Palast

- **Info:** So.–Do. 8.30–11.45 u. 14.30–17.45 Uhr, Fr. 15–17.45 Uhr.
- **Eintritt:** 10 DH
- **Wegbeschreibung:** Das unscheinbare Eingangstor in einer Mauer liegt an der südlichen Riad Zitoun Djedid nördlich des Place des Ferblantiers (kleines Schild).

El-Badi-Palast

Südlich des Place des Ferblantiers befinden sich die Ruinen des Palastes El Badi. Der Komplex wurde ab 1578 von dem Saadier-Sultan **Ahmed el-Mansour** erbaut. Der Sultan wählte dafür einen Ort auf dem Gelände eines almohadischen Gartens und importierte für den Bau kostbare Materialien aus der ganzen Welt, so auch italienischen Marmor. Doch der Prunk blieb nicht lange erhalten: Der Alaouiten-Sultan *Moulay Ismaïl* ließ um 1700 große Teile des Palastes abtragen, um eine neue *Ville impériale* (Königsstadt) in Meknès zu errichten. Verbliebenes Dekor wie Mosaike und Stuck an Wänden und Böden vernichtete er. Heute lässt sich nur noch erahnen, dass der El-Badi-Palast einst eine der prächtigsten und größten Palastanlagen des Maghreb war.

Die Palasträumlichkeiten waren um einen rechteckigen Hof von 135 x 110 m mit einem großen Wasserbecken und Blumenrabatten angeordnet, der noch heute die einstigen Dimensionen des Palastes verdeutlicht. Mehr als die **Ruinen** der Palastanlage begeistern die Touristen heute meist die unzähligen **Störche,** die überall auf den Mauern nisten und sich von einem Turm des Palastes oder der Terrasse eines Cafés am Place des Ferblantiers schön fotografieren lassen.

Unter dem Hof des Palastes liegen ausgedehnte **Gefängnisse,** von denen oben nur die Lichtluken erkennbar sind. In den finsteren, staubigen Gewölben kann man sehen, wo die Gefangenen angekettet waren – es darf allerdings bezweifelt werden, ob sämtliche unterirdischen Räume als Gefängnis dienten; eher wurde ein Teil als Versorgungsräume genutzt. Die Freiflächen des El-Badi-Palastes sind jährlicher Hauptschauplatz des großen Folklorefestivals „Festival National des Arts Populaires".

ag539Sch Foto: dd

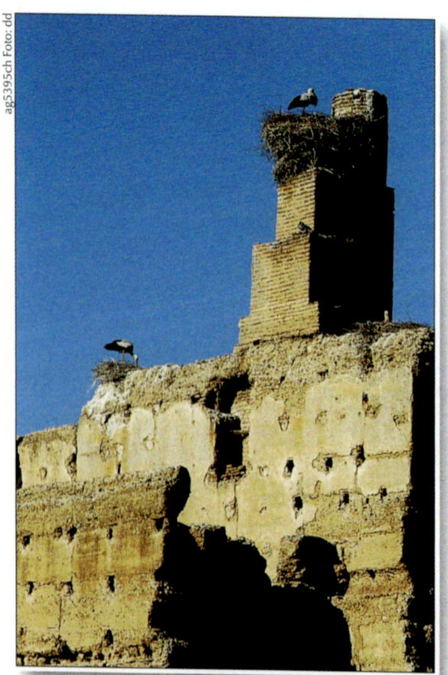

Storchennester auf den Mauern des El-Badi-Palastes

Folgt man dem Schild „Minbar de la Kutubiya", erreicht man im südlichen Bereich des Ruinengeländes einen Raum, in dem das renovierte **Minbar** (Gebetskanzel) der Kutubiya-Moschee und eine Ausstellung zur Renovierung der Kanzel besichtigt werden können. Das Minbar aus der Almoravidenzeit gilt als die feinste erhaltene Holzarbeit aus dem islamischen Spanien (Al-Andalus) des Mittelalters. Es wurde 1137 in Córdoba im Auftrag des Almoraviden-Sultans *Ali Ibn Youssuf* entworfen. Die über 100 Bauteile aus Zedern-, Eben- und Sandelholz wurden anschließend 800 km nach Marrakesch transportiert und dort zusammengesetzt. Seit seiner Wiederherstellung in den 1990er Jahren ist das Minbar etwas stiefmütterlich im Palais El Badi ausgestellt – ursprünglich sollte es im Mittelpunkt eines neuen Museums für islamische Kunst stehen. Das Minbar mit acht Stufen, auf denen normalerweise der Vorbeter (Imam) beim Freitagsgebet steht, ist fast 4 m hoch, 1 m breit und 3,50 m tief. Kunstvolle Schnitz- und Einlegearbeiten mit geometrischen und floralen Mustern bedecken die Seitenwände, arabische Kalligrafiebänder mit religiösen und historischen Inskriptionen umgeben jede Flanke.

- **Info:** tägl. 8.30–11.45 u. 14.30–17.45 Uhr.
- **Eintritt:** 10 DH, Minbar 20 DH extra.

Kasbah-Viertel

Das schönste Tor der Stadt, **Bab Agnaou,** führt in das von Mauern umgebene Kasbah-Viertel am Südrand der Medina. Das Bab Agnaou blieb als einziges von acht Einlasstoren ins almohadische Kasbah-Viertel bis heute erhalten. Das **reich ornamentierte Steintor** mit übereinander liegenden Hufeisenbögen war einst von zwei Wachtürmen flankiert. Heute wird es deshalb auch „Widder ohne Hörner" genannt. Während die Medina Wohnraum für die marokkanischen Muslime bot und die Mellah für die Juden eingerichtet wurde, beherbergte die Kasbah schon vor der Errichtung der Mellah die gesamte Infrastruktur für den Hofstaat des Sultans. Der Almohaden-Sultan *Yakoub el-Mansour* ließ diese durch Mauern geschützte *Cité imperiale* Ende des 12. Jahrhunderts errichten. Der Saadier-Sultan *Ahmed el-Mansour* baute die Kasbah später aus.

Eine breite Gasse führt vom Bab Agnaou direkt auf die 2006 umfassend renovierte, 70 x 77 m große **Kasbah-Moschee** im Zentrum des Viertels zu. Auch sie stammt aus der Almohaden-Dynastie unter *Yakoub el-Mansour* (12. Jh.). Ihr Minarett aus Bruch- und Ziegelstein mit seinem schönen Rautendekor galt die folgenden Jahrhunderte als beispielhaft für weitere Moscheebauten. Gleich südlich der Moschee führt eine Gasse zu einer der bedeutendsten Sehenswürdigkeiten der Stadt, den Saadier-Gräbern (s.u.).

Etwas abseits des Touristenrummels um die Kasbah-Moschee und die Saadier-Gräber kann man bei einem Bummel durch die Hintergassen noch ein Stück ursprüngliches Quartiersleben beobachten. Hier gibt es im Vergleich zur nördlichen Medina noch kaum

Maison d'Hôtes. Östlich schließen die hohen Mauern des alten **Königspalastes Dar el Makhzen** an. Der Königspalast wurde um 1747 vom Alaouiten-Sultan *Mohammed Ben Abdallah* erbaut, später erweitert und unter König *Hassan II.* umfassend renoviert. Von außen ist lediglich die hohe Mauer mit Eingangstoren sichtbar, die Palastanlage kann nicht besichtigt werden. Während des Besuchs des Königs sind die Portale stark bewacht und es darf nicht fotografiert werden.

Saadier-Gräber

Der Alaouiten-Sultan *Moulay Ismaïl* ließ nicht nur den El-Badi-Palast zerstören, sondern auch dieses Kunstwerk seiner Vorgängerdynastie zumauern, sodass es erst 1917 von den Franzosen wiederentdeckt wurde. Die Gräber sind **in zwei verschiedenen Bauten** untergebracht, auch im Innenhof mit schönen Königs- und Dattelpalmen befinden sich Grabsteine.

Das südliche Gebäude gleich links des Eingangs besteht aus drei miteinander verbundenen Sälen. Im **Saal des Mihrab** wird das zentrale, reich verzierte Kreuzgratgewölbe von vier Carrara-Marmorsäulen getragen. Der Saal der drei Nischen besteht – wie der Name sagt – aus drei mit Stuck und Mosaiken verzierten Nischen mit Gräbern von Nachkommen der Saadier-Herrscher.

Absoluter Höhepunkt der Besichtigung ist der **Saal der zwölf Säulen:** In diesem quadratischen Raum tragen vier Gruppen von jeweils drei weißen Säulen aus Carrara-Marmor mit bemerkenswerten Kapitellen die reich mit Stalaktitenschmuck verzierte Kuppel des Saals. Die Wände bedecken bis auf zwei Meter Höhe kleinteilige, ungemein kunstvoll gefertigte Kachelmosaike in Ornamenten und Arabesken. Den Abschluss der Mosaike bilden Kalligrafiebänder, darüber spannt sich eine Zedernholzdecke. Der Raum beherbergt den Sarkophag des Saadier-Sultans *Moulay Ahmed el-Mansour* (mittleres Grab).

Das **nördliche Gebäude** mit zwei Sälen auf der anderen Seite des Hofs ist weniger prunkvoll ausgestattet, aber dennoch sehr sehenswert. Dort und im Hof wurden weitere Angehörige der Saadier-Dynastie wie etwa Kinder, Frauen und Soldaten bestattet.

Die Saadier-Gräber sind eine der wichtigsten touristischen Sehenswürdigkeiten der Stadt, deshalb drängelt sich in der Hauptsaison vor allem vormittags eine **Unmenge an Besuchern** durch die Anlage. Man sollte den Gräbern deshalb möglichst gleich nach der Öffnung oder kurz vor der Schließung einen Besuch abstatten.

- **Info:** tägl. 8.30–11.45 u. 14.30–17.45 Uhr.
- **Eintritt:** 10 DH

Mellah – das Judenviertel

Östlich des Place des Ferblantiers breitet sich die Mellah aus, das ehemalige Judenviertel. Typisch für das Modell der islamischen Stadt ist die Abgrenzung der islamischen Wohn- und Geschäftsviertel von nicht-islamischen Einflüssen. In Marokko fand dies Ausdruck in der Abschiebung der größten religiösen Minderheit, der Juden, in ein ummauertes Judenviertel, die sogenannte Mellah. Fès war die erste Stadt, in der Anfang des 15. Jahrhunderts eine Mellah entstand, Mitte des 16. Jahrhunderts wurde ein Judenviertel in Marrakesch errichtet, weitere Städte folgten.

Die Mellah von Marrakesch wurde an der Stelle errichtet, wo sich einst die königlichen Stallungen befanden, die gesamte jüdische Gemeinschaft musste umsiedeln. Nur ein abschließbares Tor zur Kasbah erlaubte Einlass in die Mellah, wo die jüdische Bevölkerung die kommenden Jahrhunderte – weniger eingesperrt als (in der unmittelbaren Nähe des Sultanspalastes mit seiner Garde) **geschützt vor Angriffen von außen und nichtjüdischen Einflüssen** – lebte. Heute umfasst die jüdische Gemeinde in Marrakesch nur noch etwa 260 Mitglieder, und das tägliche Leben in der Mellah wird von den marokkanischen Muslimen dominiert.

Der Eingang zum alten Judenviertel führt durch den gedeckten **Mellah-Markt Bab es Salam** an der Ostseite des Rosengartens (Südende der Av. Hommam El Fetouaki). Hier türmen sich farbenfrohe Gewürzberge, kleine Läden verkaufen Dinge des täglichen Bedarfs. Vom Markt am nordwestlichen Ende der Mellah gelangt man in deren Gassen, wo sich das Leben zunächst kaum von dem in anderen Teilen der Medina unterscheidet. In der Mellah wurde **noch nicht so viel in Hausrenovierungen investiert,** und so bröckelt an vielen Fassaden der Putz – alles wirkt ein bisschen morbider, ärmer und schmutziger als rund um den Djamâa-el-Fna. In den Seitengassen findet man gelegentlich noch architektonische Hinweise auf die jüdische Vergangenheit: Die mehrgeschossigen Häuser tragen Erker aus Holz, große Fenster mit Läden, und spanische Eisenbalkone weisen zur Straße, wogegen sich die Häuser der muslimischen Viertel nur nach innen öffnen und kaum Fenster nach außen aufweisen.

Im Zentrum der Mellah nahe dem Place Souweka versteckt sich die 500 Jahre alte, von außen nicht als solche erkennbare **Synagoge.** Ein liebenswerter Blinder namens *David Paris* führt Interessierte durch das Gebäude, gibt französische Erklärungen und erwartet zum Schluss ein Trinkgeld (ca. 40 DH). Vom großen blau-weißen Innenhof mit hebräischen Schriftbannern an den Balkonen betritt man rechts den schönen Gebetssaal. Freitagabends und samstags ist die Synagoge für Touristen geschlossen.

Spaziert man von der Synagoge ostwärts, so erreicht man die interessanteste Sehenswürdigkeit der Mellah: den von einer weißen Mauer umfassten **Jüdischen Friedhof.** Ein Wärter öffnet Besuchern das Metalltor (für ca. 40 DH Trinkgeld). Auf dem großen Gelände führt ein betonierter Weg durch die Reihen Hunderter weißer, eng aneinanderliegender Gräber. Viele weisen hebräische Widmungen auf, neuere Grabsteine informieren auch über den Namen und das Todesdatum des Verstorbenen.

Die Gärten

Jardin Majorelle

Der französische Künstler **Jacques Majorelle** (1886–1962) vereinte die auf seinen Reisen durch alle Kontinente gesammelten exotischen Pflanzen in diesem wunderschönen Garten, den er 1947 für die Öffentlichkeit zugänglich machte. 1980 erwarben der in Oran geborene Modeschöpfer *Yves Saint-Laurent* und dessen Lebensgefährte *Pierre Bergé* die Gärten. Vor der umfassenden Renovierung im Jahr 2000 war dieser beinahe mystisch schöne Platz kaum bekannt. Heute drängeln sich schon am späten Vormittag unzählige Touristen auf den schmalen Wegen - ein früher Besuch ist deshalb ratsam.

Die Blütenpracht, das **üppige Grün** und das Ausmaß der Pflanzen in diesem verwunschenen Garten sind beeindruckend: Lotus, Papyrus, Bougainvillea, Bambus, riesige Kakteen, dazwischen leuchtend blau gestrichene Gemäuer und Bassins mit Wasserschildkröten. Eine kleine Broschüre (erhältlich im Shop) informiert über die hier zu beobachtenden Vögel.

Im ehemaligen Atelier von *Majorelle* ist heute das **Musée d'Art islamique** untergebracht (15 DH extra Eintritt). Dieses Museum beherbergt neben Werken des französischen Künstlers die persönliche Sammlung islamischer Kunst von *Pierre Bergé* und *Yves Saint-Laurent,* u.a. wertvolle Keramik, Textilien, Schmuck und Waffen.

- **Info: www.jardinmajorelle.com,** Tel. 0524 30 18 52, Hunde nicht erlaubt, Okt. bis April 8–17.30 Uhr, Mai bis Sept. 8–18 Uhr, im Ramadan 9–17 Uhr.
- **Eintritt:** 30 DH.
- **Wegbeschreibung:** Der Garten liegt nördlich des Bab Doukkala in Guéliz und ist am besten mit einem Taxi oder der Pferdekutsche zu erreichen.

Jardins de la Ménara

Die Gärten bieten sich als letzter Programmpunkt eines anstrengenden Besichtigungstages an, von dort kann man dann mit dem Taxi zum Hotel zurückkehren. Ursprünglich im 12. Jahrhundert unter den Almohaden errichtet, wurden die Ménara-Gärten im 19. Jahrhundert unter Sultan *Moham-*

aga08-363 Foto: ad

Ruhe in der Stadt - der Jardin Majorelle

med ibn Abd el-Rahman als **Obst- und Olivenplantagen** neu angelegt.

Vom Eingangstor am Ende der Av. de la Ménara führt eine breite Promenade durch die von Bewässerungskanälen durchzogenen Olivenhaine in Richtung Wasserbassin. Im Gegensatz zu den menschenleeren Agdal-Gärten (s.u.) sind hier marokkanische Schulklassen unterwegs, treffen sich junge Leute zum Flanieren und Plaudern, picknicken marokkanische Familien im Schatten der knorrigen Olivenbäume. Touristengruppen lassen sich auf Kamelen mit bunten Sätteln ablichten.

Am linken Ende des zentralen Bewässerungsbeckens von 150 x 200 m thront ein **Pavillon** vom Ende des 19. Jahrhunderts mit einem Pyramidendach aus grün glasierten Ziegeln. Das von Palmen und Oliven umrahmte **Wasserbecken** mit dem malerischen Pavillon ist eines der beliebtesten Prospekt- und Fotomotive – vor allem vor der Kulisse der schneebedeckten Gipfel des Hohen Atlas an klaren Tagen im Winter. Der Eingang zum Pavillon liegt auf dessen Rückseite, vom oberen Stockwerk bietet sich ein lohnenswerter Ausblick über die Gärten und die Stadt bis zum Djabal Guéliz. Die Innenräume sind leer, einzig bemerkenswert sind die bemalte Holzdecke im Erd- und das Kuppeldach im Obergeschoss.

- **Info:** tägl. 8–18 Uhr.
- **Eintritt:** in die Gärten frei, für den Pavillon 10 DH.
- **Wegbeschreibung:** Die Ménara-Gärten sind entweder mit dem Petit Taxi (ca. 30 DH ab Djamâa-el-Fna), der Calèche oder dem Bus Nr. 11 ab Place de Foucault erreichbar. Zu Fuß läuft man von der Kutubiya-Moschee ca. 30 Min. entlang der Av. de la Ménara vorbei an den großen Hotels der Hivernage.

Agdal-Gärten

Die Gartenanlagen wurden bereits 1157 unter den Almohaden gegründet und sind damit eine der ältesten der arabisch-islamischen Welt – **älter als die Gärten der Alhambra.** Angeblich gab *Abd el Moumen* den Auftrag, einen *Jardin imperial* in der Nähe der Sultanspaläste zu errichten. Während die Olivenernte den Almohaden großen Ertrag einbrachte, lagen die Gartenanlagen unter den Meriniden und Ouattasiden brach. Erst im 16. Jahrhundert (unter dem Saaditen *Moulay el-Mansour)* wurden die Gärten regeneriert und das Bewässerungssystem wieder in Betrieb genommen.

Die heute ummauerten und umzäunten Agdal-Gärten sind 515 Hektar groß und werden über einen **Kanal vom Stausee Lalla Takerkoust** am Rande des Hohen Atlas bewässert. Etwa 30.000 Oliven-, 24.000 Orangen- und Mandarinen-, 7000 Granatäpfel- und 720 Feigenbäume bringen jährlich eine reiche Ernte.

Die Gartenanlagen selbst sind nur bedingt sehenswert – z.B. wenn man ein bisschen ländliche Ruhe genießen und allein zwischen den Baumreihen mit schmalen Bewässerungsrinnen aus Erde schlendern möchte. Gelegentlich picknickt eine marokkanische Familie im Schatten eines Olivenbaums. Der Hauptzugang zu den Gärten befindet sich beim großen **Wasserbassin El**

Hana. Ein Wärter öffnet das Zugangstor beim Gebäude einer alten Ölmühle (Trinkgeld wird erwartet). Im braunen Wasser des betonierten Bassins schwimmen dicke Karpfen, am Horizont zeichnet sich der Hohe Atlas ab.

- **Info:** Zugang zum Bassin nur Fr. und So. geöffnet, **Eintritt frei.**
- **Wegbeschreibung:** Zugang über den Méchouar südlich des Königspalastes (bei Besuch des Königs gesperrt) oder vom Stadttor Bab Ighli entlang der Stadtmauer Richtung Süden, dann links in die Rue d'Agdal bis zum Eingangstor auf der rechten Seite (unbeschildert). Von allen anderen Seiten sind die Gärten verschlossen und die Eingänge nur schwer auffindbar. Der weite Weg entlang der Straße bis zum Bassin bietet keinerlei Schatten, daher lässt man sich besser mit dem Taxi oder der Pferdekutsche am Eingangstor beim Grand Bassin absetzen und vereinbart einen Abholungstermin.

Palmeraie

Bei der Palmeraie handelt es sich um den **einzigen Dattelpalmenhain nördlich des Hohen Atlas,** angeblich zufällig entstanden, als *Youssouf Ben Tachfin* im 11. Jahrhundert mit seinen Truppen hier lagerte und diese Dattelkerne hinterließen. Heute sind die Palmen eine exotische Kulisse für Villen und Hotels. Bis 2012 plant man die Anpflanzung von 300.000 neuen Palmen.

Die 12.000 Hektar große Palmeraie im Norden der Stadt ist weniger ein zusammenhängender Oasengarten als vielmehr ein Areal für große Hotelprojekte, riesige Privatanwesen der Schönen und Reichen und für den Golfplatz **Golf de la Palmeraie.** Die Palmeraie ist neben der Hivernage das teuerste Wohnviertel der Stadt und wie an den südlichen Ausfallstraßen schießen auch hier immer mehr luxuriöse Appartementanlagen und Hotels aus dem Boden. Eine 22 km lange Rundfahrt, der **Circuit de la palmeraie,** führt durch die Palmenhaine, umgrenzt von Hotelmauern, mit Baustellen, einzelnen Oliven- und Zitrusgärten und Reitkamelen für Touristen. Bei der Runde „Marrakech Romantique" im offenen Doppeldecker von Marrakech Tour (vgl. unten) kann man sich einen Eindruck von der Palmeraie verschaffen, ein Autoausflug dorthin oder Aussteigen auf dem Weg lohnt sich jedoch nur für speziell Interessierte.

Cyber Parc (Arset Mulay Abdelslam)

Ein Besuch im sauberen, schönen Cyber Parc bzw. Arset Mulay Abdelslam direkt an der Av. Mohammed V. zwischen Medina und Guéliz lässt den Lärm, Smog und tobenden Verkehr der Stadt vergessen. **Familien, Studenten und Jugendliche** flanieren zwischen den akkurat geschnittenen Sträuchern, Jacarandas, Zitronenbäumen, Pinien, Palmen und Oliven. In der Mitte des Parks bietet ein modernes **Cybercafé** kostenpflichtigen Internetzugang. Im westlichen Teil wandelt sich der Charakter des Parks von englisch-gepflegt zum Oasengarten mit kleinen Erdbewässerungskanälen unter Palmen und Oliven.

Am Haupteingang ist in einem Glaspavillon eine kleine **Ausstellung** der Maroc Telecom zur Entwicklung der Telekommunikation in Marokko untergebracht.

aga08-333 Foto: ad

Internetterminals im Cyber Park

Die Neustadt (Guéliz und Hivernage)

Die Neustadt, das heutige Viertel Guéliz, entstand in der Kolonialzeit im Westen der Medina als **modernes Wohnviertel** für die Franzosen außerhalb der Stadtmauern.

Heute erstickt Guéliz im Verkehr, und für Fußgänger wird es zunehmend unangenehm, sich im Verkehrslärm und Smog an der Hauptstraße, der **Av. Mohammed V.,** zu bewegen. Guéliz ist besonders zum **Einkaufen, Essen und Ausgehen** geeignet, sonst aber ohne besondere Sehenswürdigkeiten. In den mehrstöckigen rosa Betonbauten entlang der Av. Mohammed V. und in den Seitenstraßen sind Shops mit Kleidung und Souvenirs, Restaurants, Cafés und Bars, Lebensmittelläden, Banken, Immobilienbüros, Reiseagenturen und Autovermieter untergebracht.

Am großen **Place du 16. Novembre** entstand in den letzten Jahren die repräsentative **Marrakech Plaza,** ein moderner Gebäudekomplex mit Läden und Apartments vor einem hübschen Platz mit Springbrunnen und Palmen. Dahinter, an der Ecke von Rue des Nations Unies und Rue Ibn Toumert, wurde der neue **Marché central** mit Lebensmitteln und Schnittblumen errichtet.

Am **Place Abdelmoumen** an der Kreuzung zum Bd Zerktouni laden viele Cafés mit schattiger Terrasse auf dem Gehsteig zu einer Verschnaufpause ein. Das am Platz gelegene Office du Tourisme hält Informationen für Besucher bereit.

Entlang der **Av. Mohammed Abdelkrim El Khattabi** gelangt man südwärts zur Kreuzung der Av. Mohammed VI. mit der Av. Hassan II. Hier thront der Stolz der Marrakchis, das 2001 fertiggestellte **Théâtre Royal** des tunesischen Star-Architekten *Charles Boccara*. Der gelbe Bau mit großer Kuppel, Säulen und Backsteinen weckt von außen Assoziationen zu Moscheen und Tempeln in Ägypten. Das Gebäude ist u.a. Veranstaltungsort beim Filmfestival *(Festival international du Film de Marrakech)* sowie für Theater- und Musikvorführungen.

Beim Théâtre Royale beginnt der südliche Abschnitt der **Av. Mohammed VI.** Entlang dieser vierspurigen, palmenflankierten Prachtmeile sind große Luxushotels, Cafés und Restaurants sowie der Kongresspalast *(Palais des Congrès)* angesiedelt.

Die sogenannte **Hivernage** zwischen Av. Moulay el Hassan und Av. de la Ménara schließt westlich an die Medina und südlich an Guéliz an. In diesem blitzsauberen und mit Palmen und Oliven begrünten Quartier reihen sich edle Apartmentanlagen und Luxushotels aneinander. Die Hivernage ist neben der Palmeraie das teuerste Wohnviertel der Stadt.

Praktische Infos

Touristeninformation

- **Office du Tourisme (ONMT),** Place Abdelmoumen, Guéliz, Tel. 0524 43 61 31/39. Der nicht immer freundliche Herr am Schalter gibt Touristen auf Englisch und Französisch Auskunft, ist aber bei größerem Andrang schnell überfordert. Kostenlose Broschüren, keine Detailinfos oder Empfehlung von Stadtführern.
- **Infos im Web:**

- **www.marrakech-info.com:** Deutschsprachige Seite mit Infos zur Stadt und Buchungsmöglichkeit von Hotels und Riads.
- **www.marrakech-cityguide.com:** Aktuelle Infos und Adressen (franz./engl.) zu allen Aspekten der Stadt: Sehenswürdigkeiten und Stadtviertel, Restaurants, Hotels, Shopping, Nachtleben etc.

Stadtführungen

Kompetente deutschsprachige Stadtführer verlangen für eine halbtägige Führung ca. 300 DH und für den ganzen Tag ca. 500 DH (unabhängig von der Personenzahl). Der Preis sollte immer vorher vereinbart werden! Die Hotels halten in der Regel eine Liste empfehlenswerter Stadtführer bereit.

Empfehlenswerte offizielle und des Deutschen mächtige Führer für alle Sehenswürdigkeiten sind: *Hassan Moumen* (Mobil 0661 58 16 81), *Jamal Benihoud* (Mobil 0662 20 32 81, falkoniti@hotmail.com), *Abdelkader Dizi* (Mobil 0667 96 49 12), *Omar Faris* (Mobil 0661 16 36 22) und *Ahmed Tija* (Tel. 0524 30 03 37).

Seit einiger Zeit klappert ein **Sightseeingbus** in 1½ Std. alle wichtigen Sehenswürdigkeiten der Stadt ab und fährt in einer zweiten Runde auch durch die Palmeraie. Zusteigemöglichkeiten zum roten „Marrakech-Tour"-Doppeldecker bestehen zwischen 9 und 20 Uhr u.a. am Place Abdelmounen in Guéliz und am Park Arset el-Bilk südlich des Djamâa el-Fna gegenüber der Kutubiya-Moschee. Das Ticket für beide Runden (**„Marra-**

kech Monumental" und **„Marrakech Romantique"**) kostet 130 DH (Erwachsene) bzw. 65 DH (Kinder) und hat 24 Std. Gültigkeit. Infos: www.city-sightseeing.com.

Hotels in der Neustadt

Ohne **Reservierung** ist ein Unterkommen in den größeren Hotels zur Hauptsaison an Ostern, Weihnachten und zu Ferienzeiten schwierig!

Fast alle **Hotels in der Neustadt** verfügen über eigene **bewachte Parkplätze,** mit Ausnahme einiger Hotels direkt an der Av. Mohammed V. (hier gibt es öffentliche bewachte Parkplätze).

Günstig

- **Toulousain,** 44, Rue Tariq Ben Ziad, Guéliz, Tel. 0524 43 00 33, www.hoteltoulousain.com. Zentral gelegenes einfaches Traveller-Hotel mit Parkmöglichkeit im Hinterhof. Nebenan befindet sich das sehr empfehlenswerte Café du Livre (s.u.). Ruhig und angenehm, netter Innenhof, (z.T. recht Hitze stauende) DZ mit Dusche/WC inkl. Frühstück €€, auch günstigere Zimmer ohne Bad. Sauber, nur an manchen Stellen blättert der Putz.

Mittelklasse

- **El Andalous******, Av. Président Kennedy, Hivernage, Tel. 0524 44 82 26, www.elandalous-marrakech.com. Im Hotelviertel, ca. 10 Min. zur Kutubiya-Moschee. Komfortables Hotel der oberen Mittelklasse im andalusischen Stil. Schöner Garten mit Pool, Wechselstube in der Lobby. Große, geschmackvoll und modern ausgestattete Zimmer mit Balkon, Klimaanlage und Sat-TV. DZ €€€€ inkl. üppigem Frühstücksbuffet.
- **Ibis – Moussafir*****, Av. Hassan II., Place de la Gare (direkt am Bahnhof), Tel. 0524 43 59 29 33, www.ibishotel.com. Schönes Mittelklassehotel mit Pool, freundlichem Service und gutem Frühstück, €€€. Die Räume nach vorne sind laut, besser Zimmer zum Garten verlangen. Ein weiteres Ibis-Hotel liegt an der Ausfahrtsstraße Richtung Casablanca.
- **Moroccan House Hotel*****, 3, Rue Loubnane, Ecke Bd Zerktouni, Guéliz, Tel. 0524 42 03 05/06, www.moroccanhousehotels.com. Dieses empfehlenswerte Hotel ist etwas übertrieben kitschig-orientalisch im Stil eines Riads gestaltet. Das Personal ist sehr freundlich, ein Pool bietet Erfrischung. Die 50 Zimmer verschiedener Farbgebung und Kategorie sind mit Baldachinbett, TV und Klimaanlage ausgestattet. DZ ohne Frühstück €€€.
- **Oudaya*****, 147, Rue Mohammed El Beqal (Nordende), Tel. 0524 44 85 12 oder 44 71 09, www.oudaya.ma. Zentrumsnahes, modernes und relativ großes Hotel mit marokkanischen Stilelementen, ca. 20 Min. Fußmarsch zum Djamâa-el-Fna. Sehr freundlich und korrekt, schöner Pool im Hof, Hammam, behinderten- und kinderfreundlich, viel von Veranstaltern gebucht. Gut ausgestattete, saubere und klimatisierte Zimmer (z.T. klein) mit Sat-TV (gebührenpflichtig) und Balkon zum Hof. Kein Hotelparkplatz. Restaurant mit Weinausschank. DZ €€€.
- **Ryad Mogador Menara*****, Ecke Bd 11 Janvier/Bd Prince My Abdellah, am Bab Doukkala, Tel. 0524 43 86 46, www.ryadmogador.com. Modernes, großes 3-Sterne-Hotel der Ryad-Mogador-Kette mit Pool, Parkplatz und gutem Preis-Leistungs-Verhältnis. Die Zimmer sind mit Sat-TV und Klimaanlage ausgestattet. Kein Alkoholausschank. Ca. 15 Min. Fußmarsch zum Djamâa-el-Fna. DZ €€€.

Oberklasse

Die modernen Oberklasse-Hotels in der Neustadt (v.a. in der Hivernage) unterscheiden sich kaum in Komfort, Ausstattung und Angebot (klimatisierte Zimmer mit TV, mehrere Restaurants, Sport- und Wellnessangebot). Daher werden hier nur einige ausgewählte Adressen genannt.

- **Golden Tulip Farah*******, Av. Président Kennedy, Hivernage, Tel. 0524 44 89 52, www.goldentulipfarahmarrakech.com. Komfortables, großes 4-Sterne-Hotel mit Pool im herrlichen Palmengarten, Restaurant und Bar mit hübscher Terrasse zum Pool (Alkoholausschank). Zimmer mit TV und Klimaanlage, schöne zweigeschossige Bungalows für vier Personen, europäisch geprägtes Frühstücks- und Abendbuffet (20 Euro). DZ 120 Euro, Bungalow 250 Euro.

• **La Mamounia Palace*******, Av. Bab Djedid (zwischen Stadtmauer und Kutubiya-Moschee), Tel. 0524 38 86 00, www.mamounia.com. Das legendäre und weltbekannte Luxushotel (139 Zimmer, 71 Suiten) wurde nach dreijähriger Renovierung im Sept. 2009 glamourös wiedereröffnet. Das ursprünglich aus dem Jahr 1923 stammende, von *Henri Probst* entworfene Traditionshotel verbindet die märchenhafte Atmosphäre aus 1001 Nacht mit Art déco und dem Komfort des 21. Jh. Es diente als Kulisse für zahlreiche Filme und als Domizil für Aristokraten, Stars und Politiker, darunter Stammgast *Winston Churchill.* Sterneköche sorgen in den Restaurants fürs leibliche Wohl, der 2500 m² große Spa-Bereich garantiert Entspannung. Unbedingt einen Besuch wert (auch für Nichtgäste) ist der traumhafte, 7 ha große Mamounia-Park. Zimmer ab 600 Euro.

Maisons d'Hôtes und Hotels in der Medina

Maisons d'Hôtes sind Gästehäuser in alten, meist sehr **schön renovierten Stadthäusern** der Medina (Riads oder Dars, vgl. Exkurs „Le-

aga10_09 Foto: ad

ben wie ein Pascha in der Medina von Marrakesch"). Die mittlerweile mehreren hundert Gästehäuser der Altstadt sind **in der Regel nicht mit dem Auto zugänglich!** Die ungenauen Pläne der Medina mit ihren unzähligen Gässlein reichen zur Orientierung bzw. zum problemlosen Auffinden der Häuser nicht aus. Rufen Sie deshalb am besten vorher in der jeweiligen Unterkunft an und lassen Sie sich (z.B. vom Djamâa-el-Fna) abholen, den Gepäcktransport organisieren und einen bewachten Parkplatz in der Nähe zeigen. Am Djamâa-el-Fna kann man auch Träger mit Gepäckkarren anmieten (ca. 20 DH, vorher verhandeln!). Eine Reservierung ist für alle genannten Gästehäuser unbedingt empfehlenswert.

Maisons d'Hôtes in der **nördlichen Medina** liegen in den Quartieren Kennaria, Dabbachi, Azbezt, Mouassine, Kat Benhadid, Riad Larousse, Bab Doukkala, u.a. nördlich des Djamâa-el-Fna. Gästehäuser in den Quartieren Riad Zitoun el Jdid, Riad Zitoun el Kedim, Berrima, Mellah, Kasbah u.a. zählen wir zur **südlichen Medina.**

Günstig

Die meisten preiswerten Gästehäuser liegen **südlich des Djamâa-el-Fna,** z.B. in den Seitengassen der Rue Bab Agnaou und der Rue Riad Zitoun el Kedim.

- **Ali,** Rue Mulay Ismail (wenige Schritte vom Djamâa-el-Fna), südliche Medina, Tel. 0524 44 49 79, www.hotel-ali.com. Travellertreffpunkt Nr. 1 in Marrakesch, internationales junges Low-Budget-Publikum. Zimmer laut, nicht klimatisiert und sehr klein, aber sauber, bewachter Parkplatz. Jeden Abend günstiges All-you-can-eat-Büffet, eigener Pizzaofen. Hier treffen sich auch die marokkanischen Bergführer – wer eine Trekkingtour plant, kann hier Kontakte knüpfen. Abends lebhaftes Treiben im Café zur Straße. Wechselbüro (auch am Wochenende und abends geöffnet). Es können Tagesausflüge (z.B. nach Ouzoud) gebucht werden. Übernachtung auf der Dachterrasse mit tollem Blick auf den Platz (Matratze und Schlafsäcke vorhanden) 50 DH inkl. Frühstück. DZ mit Frühstück €€, auch 3er-Zimmer.
- **Chellah,** 14, Derb Skaya, Riad Zitoun el Kedim, südliche Medina, Tel./Fax 0524 44 29 77. Einfaches Hotel mit zehn Zimmern mit Etagenduschen und WC in einer staubigen Nebengasse, drei Zimmer sind groß genug für 3 bis 4 Personen. Großer Innenhof mit schönen Zitronenbäumen, Springbrunnen und Sitzgelegenheit. Einigermaßen freund-

Beliebtes Fotomotiv:
der Pavillon in den Menara-Gärten

Marrakesch

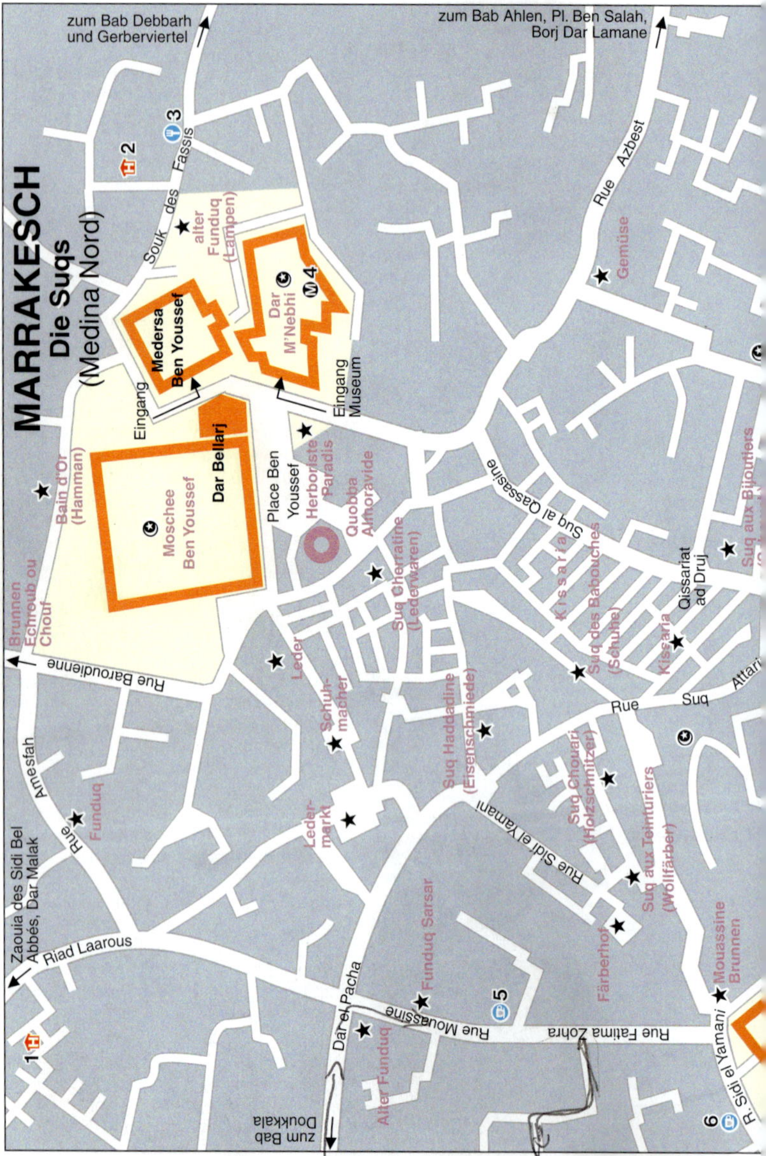

MARRAKESCH
Die Suqs
(Medina Nord)

zum Bab Debbarh und Gerberviertel
zum Bab Ahlen, Pl. Ben Salah, Borj Dar Lamane
Souk des Fassis
3
2
alter Funduq (Lampen)
Medersa Ben Youssef
Eingang
Dar M'Nebhi
4
Eingang Museum
Dar Bellarj
Moschee Ben Youssef
Bain d'Or (Hamman)
Brunnen Echroub ou Chouf
Place Ben Youssef
Herboriste Paradis
Quobba Almoravide
Rue Azbest
Gemüse
Suq al Qassasine
Kissaria
Suq Cherratine (Lederwaren)
Suq des Babouches (Schuhe)
Qissariat ad Druj
Kissaria
Suq aux Bijoutiers
Rue Baroudienne
Leder
Schuhmacher
Suq Haddadine (Eisenschmiede)
Rue
Suq
Attarine
Rue Amesfah
Funduq
Ledermarkt
Suq Chouari (Holzschnitzer)
Suq aux Teinturiers (Wollfärber)
Rue Sidi el Yamani
Zaouia des Sidi Bel Abbés, Dar Malak
Riad Laarous
Dar el Pacha
Funduq Sarsar
5
Färberhof
Mouassine Brunnen
Rue Mouassine
Rue Fatima Zohra
1
Alter Funduq
zum Bab Doukkala
R. Sidi el Yamani
6

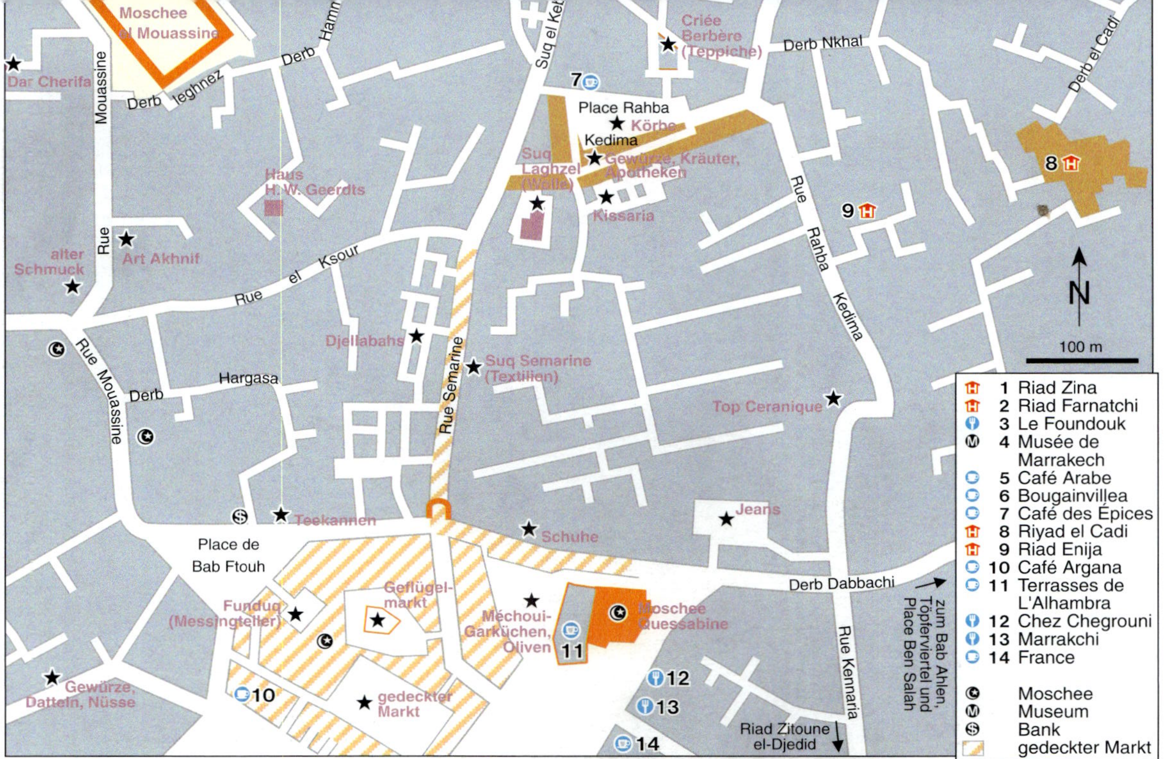
Moschee el Mouassine
Dar Cherifa
Mouassine
Derb Ieghnez
Derb Hamm
Suq el Keb
Criée Berbère (Teppiche)
Derb Nkhal
Derb el Cadi
7
Place Rahba
Körbe
Kedima
Suq Laghzel (Wolle)
Gewürze, Kräuter, Apotheken
Kissaria
Haus H. W. Geerdts
Rue
Art Akhnif
alter Schmuck
Rue el Ksour
Rue Rahba Kedima
8
9
N
100 m
Djellabahs
Suq Semarine (Textilien)
Rue Semarine
Rue Mouassine
Derb
Hargasa
Top Ceranique
Teekannen
Jeans
Schuhe
Place de Bab Ftouh
Derb Dabbachi
zum Bab Ahlen, Töpferviertel und Place Ben Salah
Geflügelmarkt
Funduq (Messingteller)
Méchoui-Garküchen, Oliven
Moschee Guessabine
11
12
13
14
10
Rue Kennaria
Gewürze, Datteln, Nüsse
gedeckter Markt
Riad Zitoune el-Djedid
1 Riad Zina
2 Riad Farnatchi
3 Le Foundouk
4 Musée de Marrakech
5 Café Arabe
6 Bougainvillea
7 Café des Épices
8 Riyad el Cadi
9 Riad Enija
10 Café Argana
11 Terrasses de L'Alhambra
12 Chez Chegrouni
13 Marrakchi
14 France
Moschee
Museum
Bank
gedeckter Markt

Marrakesch

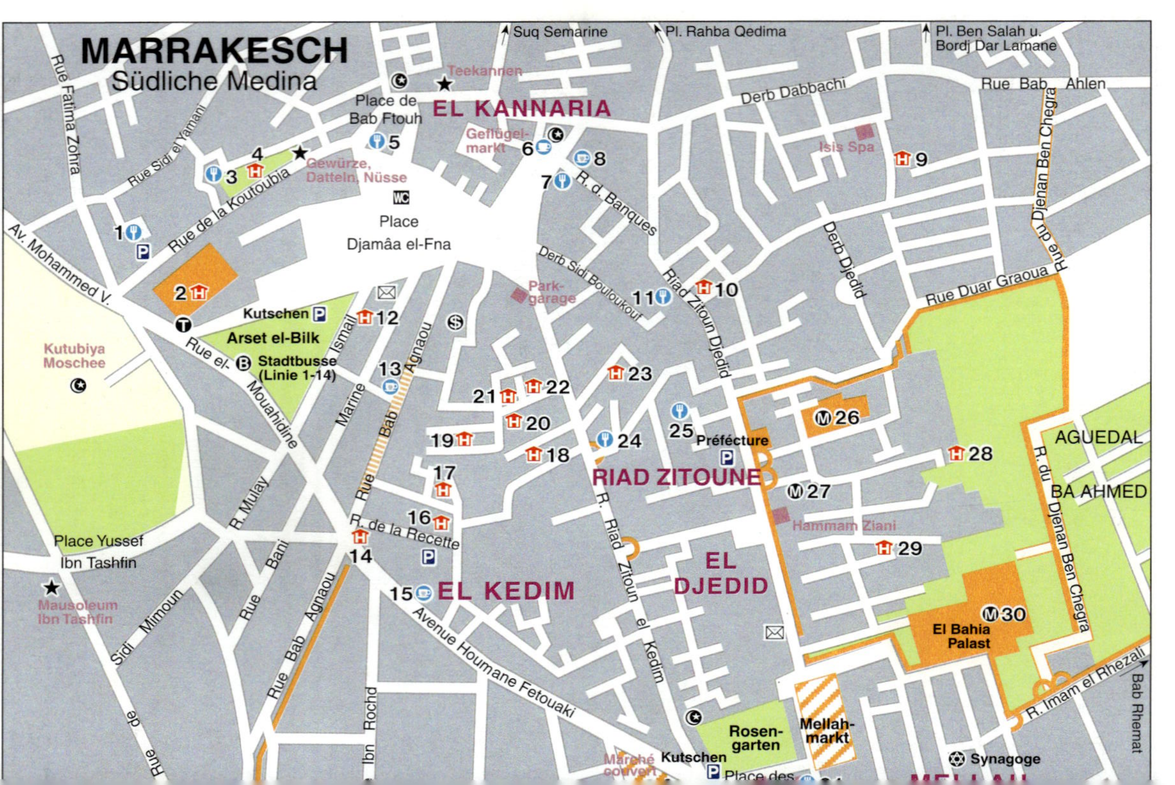
MARRAKESCH
Südliche Medina
Rue Fatima Zohra
Rue Sidi el Yamani
Rue de la Koutoubia
Av. Mohammed V.
Kutubiya Moschee
Place de Bab Ftouh
Teekannen
EL KANNARIA
Gewürze, Datteln, Nüsse
Geflügelmarkt
Place Djamâa el-Fna
Suq Semarine
Pl. Rahba Qedima
Pl. Ben Salah u. Bordj Dar Lamane
Derb Dabbachi
Rue Bab Ahlen
Isis Spa
R. d. Banques
Derb Sidi Bouloukouf
Parkgarage
Riad Zitoun Djedid
Derb Djedid
Rue Duar Graoua
Rue du Djenan Ben Chegra
Kutschen
Arset el-Bilk
Stadtbusse (Linie 1-14)
Rue el-Mouahidine
Rue Ismail
Rue Marine
Rue Bab Agnaou
R. de la Recette
R. Mulay
Rue Bani
Place Yussef Ibn Tashfin
Mausoleum Ibn Tashfin
Rue Sidi Mimoun
Rue de
Ibn Rochd
EL KEDIM
Avenue Houmane Fetouaki
R. Riad Zitoun el Kedim
RIAD ZITOUNE
Préfécture
Hammam Ziani
EL DJEDID
AGUEDAL
BA AHMED
R. du Djenan Ben Chegra
El Bahia Palast
R. Imam el Rhezali
Bab Rhemat
Synagoge
Mellahmarkt
Rosengarten
Marché couvert
Place des
1
2
3
4
5
6
7
8
9
10
11
12
13
14
15
16
17
18
19
20
21
22
23
24
25
26
27
28
29
30

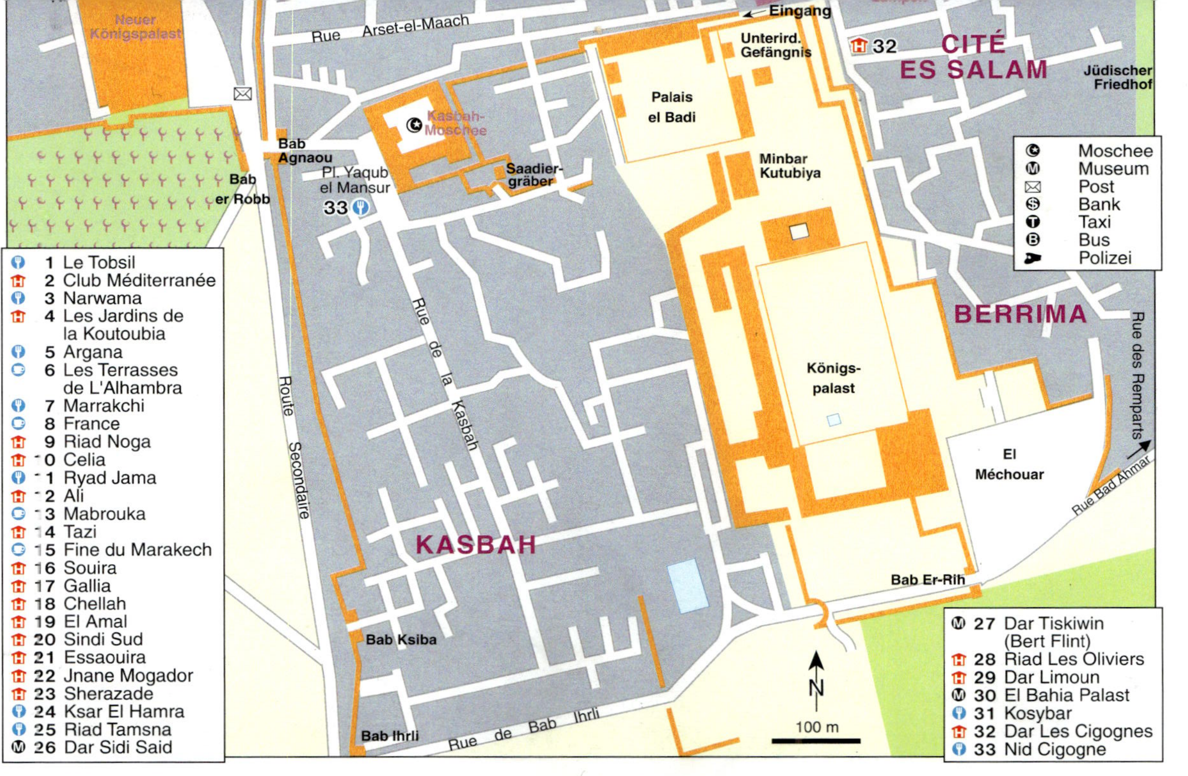
Neuer Königspalast
Rue Arset-el-Maach
Eingang
Unterird. Gefängnis
32
CITÉ ES SALAM
Jüdischer Friedhof
Palais el Badi
Kasbah-Moschee
Bab Agnaou
Bab er Robb
Pl. Yaqub el Mansur
33
Saadier-gräber
Minbar Kutubiya
Moschee
Museum
Post
Bank
Taxi
Bus
Polizei
BERRIMA
Rue des Remparts
Königs-palast
El Méchouar
Rue Bad Ahmar
Rue de la Kasbah
Route Secondaire
KASBAH
Bab Er-Rih
Bab Ksiba
Bab Ihrli
Rue de Bab Ihrli
N
100 m
1 Le Tobsil
2 Club Méditerranée
3 Narwama
4 Les Jardins de la Koutoubia
5 Argana
6 Les Terrasses de L'Alhambra
7 Marrakchi
8 France
9 Riad Noga
10 Celia
11 Ryad Jama
12 Ali
13 Mabrouka
14 Tazi
15 Fine du Marakech
16 Souira
17 Gallia
18 Chellah
19 El Amal
20 Sindi Sud
21 Essaouira
22 Jnane Mogador
23 Sherazade
24 Ksar El Hamra
25 Riad Tamsna
26 Dar Sidi Said
27 Dar Tiskiwin (Bert Flint)
28 Riad Les Oliviers
29 Dar Limoun
30 El Bahia Palast
31 Kosybar
32 Dar Les Cigognes
33 Nid Cigogne

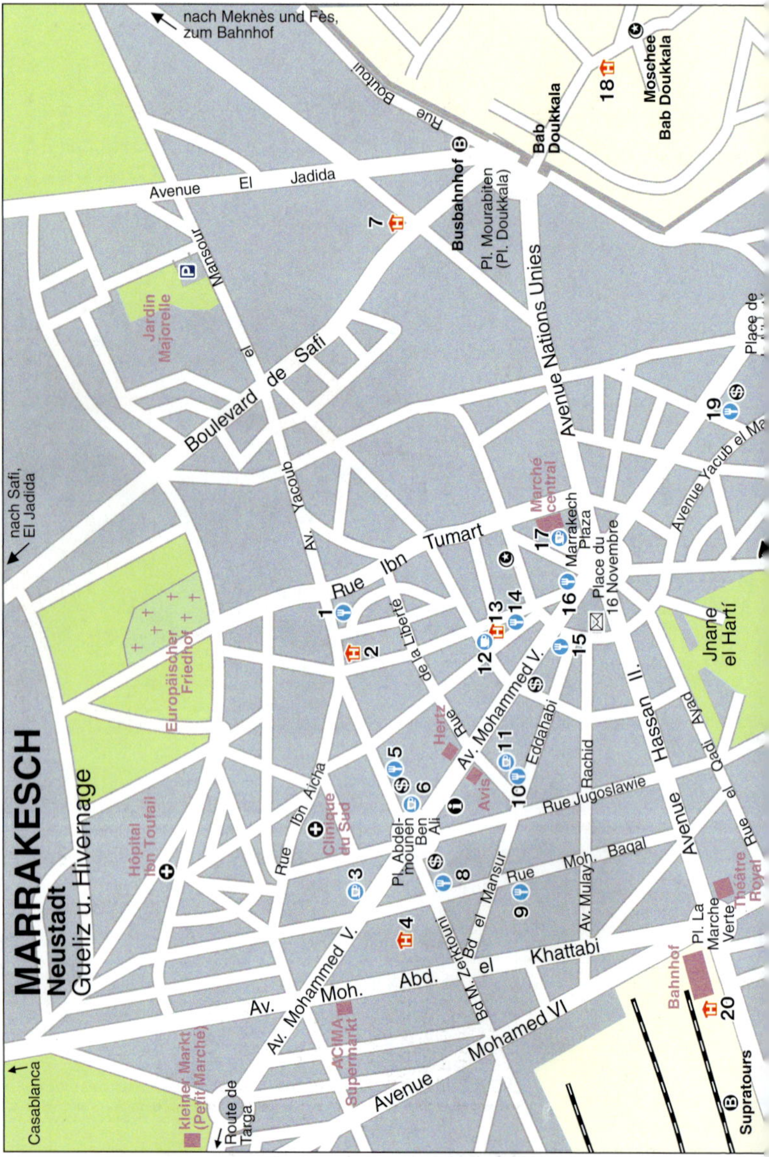
MARRAKESCH
Neustadt
Gueliz u. Hivernage
nach Meknès und Fès, zum Bahnhof
nach Safi, El Jadida
Casablanca
Route de Targa
Avenue El Jadida
Rue Boutoul
Busbahnhof
Bab Doukkala
Moschee Bab Doukkala
Pl. Mourabiten (Pl. Doukkala)
Mansour
el
Jardin Majorelle
Boulevard de Safi
Avenue Nations Unies
Av. Yacoub
Rue Ibn Tumart
Rue de la Liberté
Marché central
Marrakech Plaza
Place du 16 Novembre
Avenue Yacub el Ma
Place de
Europäischer Friedhof
Hôpital Ibn Toufail
Rue Ibn Aicha
Clinique du Sud
Pl. Abdel-mounen Ben Ali
Hertz
Avis
Av. Mohammed V.
Eddahabi
Rue Jugoslawie
Rachid
Hassan II.
Jnane el Harti
Qadi Ayad
Rue el
Rue Moh. Baqal
Bd el Mansur
Av. Mulay
Avenue
Théâtre Royal
Pl. La Marche Verte
Bahnhof
Supratours
Bd M. Zerktouni
Av. Moh. Abd. el Khattabi
Avenue Mohamed VI
ACIMA Supermarkt
kleiner Markt (Petit Marché)
1 2 3 4 5 6 7 8 9 10 11 12 13 14 15 16 17 18 19 20

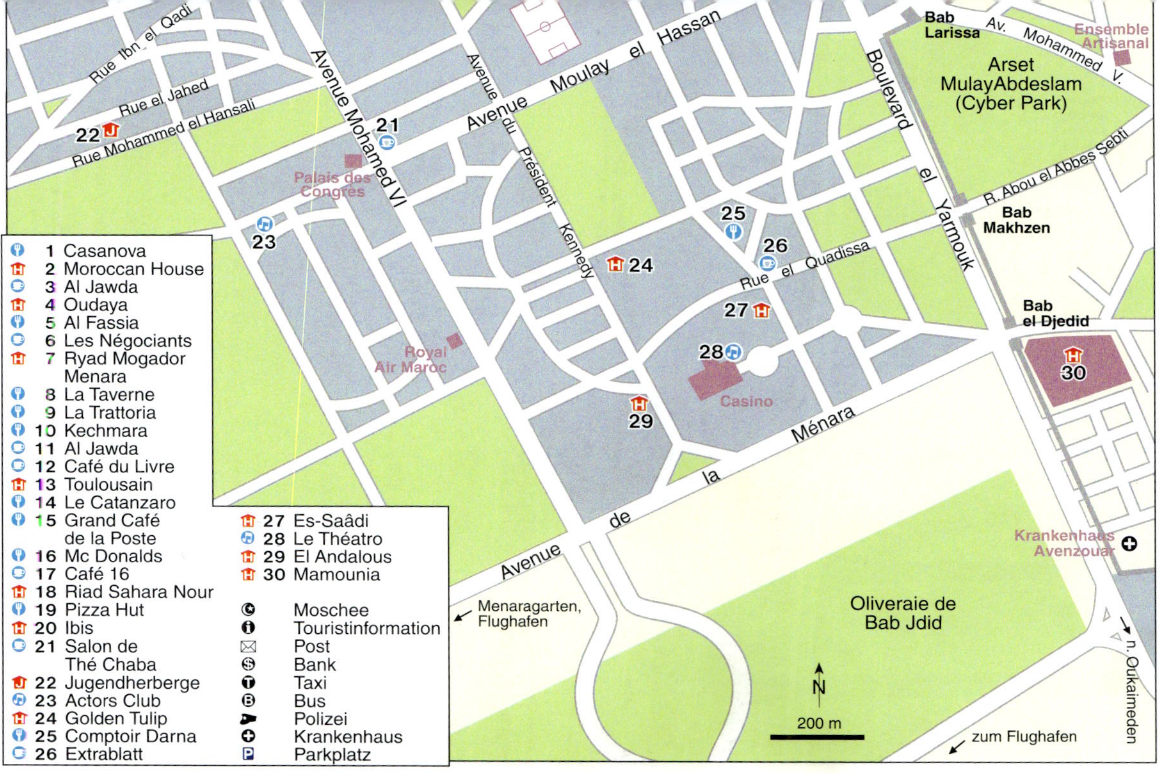
Rue Ibn el Qadi
Rue el Jahed
Rue Mohammed el Hansali
Avenue Mohamed VI
Avenue Moulay el Hassan
Avenue du Président Kennedy
Boulevard el Yarmouk
Bab Larissa
Av. Mohammed V.
Ensemble Artisanal
Arset MulayAbdeslam (Cyber Park)
R. Abou el Abbes Sebti
Bab Makhzen
Bab el Djedid
Rue el Quadissa
Palais des Congrès
Royal Air Maroc
Casino
Avenue de la Ménara
Krankenhaus Avenzouar
Menaragarten, Flughafen
Oliveraie de Bab Jdid
n. Oukaimeden
N
200 m
zum Flughafen
1 Casanova
2 Moroccan House
3 Al Jawda
4 Oudaya
5 Al Fassia
6 Les Négociants
7 Ryad Mogador Menara
8 La Taverne
9 La Trattoria
10 Kechmara
11 Al Jawda
12 Café du Livre
13 Toulousain
14 Le Catanzaro
15 Grand Café de la Poste
16 Mc Donalds
17 Café 16
18 Riad Sahara Nour
19 Pizza Hut
20 Ibis
21 Salon de Thé Chaba
22 Jugendherberge
23 Actors Club
24 Golden Tulip
25 Comptoir Darna
26 Extrablatt
27 Es-Saâdi
28 Le Théatro
29 El Andalous
30 Mamounia
Moschee
Touristinformation
Post
Bank
Taxi
Bus
Polizei
Krankenhaus
Parkplatz

aga10_010 Foto: ad

lich, nicht so hübsch wie Hotel Essaouira. DZ € ohne Frühstück. Keine Verköstigung im Haus möglich.

•**El Amal,** 93, Derb Sidi Bouloukate, in einer ruhigen Seitengasse der Riad Zitoun el Kedim, südliche Medina, Tel. 0524 44 50 43, kaoutar_zahi@yahoo.fr. DZ € ohne Frühstück (20 DH). Etwas dunkle, einfache und ordentliche Zimmer mit Waschbecken in einem kleinen, grün gestrichenen Hofhaus. Die Dachterrasse ist leider ohne Schatten. Saubere Etagenduschen. DZ € ohne Frühstück.

•**Essaouira,** 3, Derb Sidibouloukate (Seitengasse der Riad Zitoun el Kedim), südliche Medina, Tel. 0524 44 38 05, www.jnanemogador.com/hotelessaouira-marrakech.htm. Am Südende des Djamâa-el-Fna durch einen Torbogen in die Riad Zitoun el Kedim einbiegen – links liegt eine kleine Parkgarage –, dann ca. 5 Min. bis zum Hotel rechts in der zweiten kleinen Seitengasse. Einfaches, hübsches und sauberes, daher beliebtes Travellerhotel in einem kleinen Riad mit bunt bemalten Holzbalkonen. Hellhörige Zimmer mit Waschbecken oder eigenem Bad auf zwei Etagen um den Innenhof. Abendessen auf Bestellung. Dachterrasse mit Snackbar und Blick auf die Stadt und die Berge (Übernachtung auf der Terrasse 30 DH). DZ €€ mit Etagendusche (warm), nur eine Toilette pro Gang, DZ mit Bad/WC €€€ ohne Frühstück.

•**Gallia****, 30, Rue de la Recette (Seitengasse der Rue Bab Agnaou), südliche Medina, Tel. 0524 44 59 13, www.ilove-marrakech.com/hotelgallia. In diesem renovierten alten Stadthaus wird man sehr freundlich empfangen, den schönen Innenhof ziert eine große Palme, die 19 Zimmer sind sauber und klimatisiert. Häufig ausgebucht, Reservierung notwendig. DZ €€€ inkl. Frühstück.

Bild oben: Stilvoller Luxus im Riad Noir d'Ivoire; rechts: im Riad Zina

● **Grand Hôtel Tazi****, Av. El Mouahidine/ Rue Bab Agnaou, Tel. 0524 44 27 87, Fax 44 21 52. Gute, zentrale Lage am Ende der Rue Bab Agnaou, aber verkehrsreiche Ecke. Lobby mit Wechselstube und prachtvollem Stuckdach, der Empfang ist nicht immer freundlich. Die großen, sauberen, klimatisierten und z.T. mit TV ausgestatteten Zimmer reihen sich an einen endlosen dunklen Gang. Die Bäder sehen nicht mehr alle einladend aus (mehrere Zimmer zeigen lassen). Teilweise wenig fachmännische Renovierungsversuche. Im Hof gibt es einen kleinen Pool. Es gibt Bier. DZ €€€ ohne Frühstück.

● **Jnane Mogador****, 116, Riad Zitoun el Kedim, Derb Sidi Bouloukat, südliche Medina, nur wenige Meter vom Djamâa-el-Fna, Tel./ Fax 0524 42 63 23/24, www.jnanemogador.com. Kleiner, hübscher Riad mit zwei Stockwerken, Internetecke, 18 schönen Zimmern mit TV und Klimaanlage, Dachterrasse ohne Schatten, kleiner Hammam. DZ mit Frühstück €€€.

● **Riad Celia,** 1, Douar Graoua, Riad Zitoun Djedid, südliche Medina, Tel. 0524 42 99 84/81, www.hotelriadcelia.com. Schlichter, sauberer und freundlicher Riad. Die klimatisierten Zimmer mit Bad gruppieren sich auf drei Etagen um den Innenhof mit riesiger Palme. Hübsche Dachterrasse. Günstige Lage nur wenige Minuten vom Djamâa-el-Fna. DZ €€€ inkl. Frühstück.

● **Riad Les Oliviers,** 47/48, Rue de la Bahia, Riad Zitoun Djedid, südliche Medina, nahe Bahia-Palast in versteckter Nebengasse, Tel. 0524 38 63 58, Mobil 0662 09 35 69, riadlesoliviers@yahoo.fr. 16 ordentliche, schlicht ausgestattete Zimmer (fast alle mit Klimaanlage) in zwei miteinander verbundenen Häusern, sehr schöne Dachterrasse mit Bar. Netter Innenhof mit Salons und umlaufendem Holzbalkon, Hammam. Viele organisierte Gruppen. Preiswerte Alternative, um in einem (wenn auch nicht so persönlichen) Riad in der Medina zu übernachten. DZ mit AC €€€-€€€€, DZ mit Ventilator €€€B.

● **Sherazade****, 3, Derb Djamaa, Riad Zitoun El Kedim (ca. 5 Min. vom Djamâa-el-Fna), südliche Medina, Tel./Fax 0524 42 93 05, www.hotelsherazade.com. Am Südende des Djamâa-el-Fna durch einen Torbogen in die Riad Zitoun el Kedim einbiegen – links liegt eine kleine Parkgarage –, dann in die dritte Straße auf der linken Seite. Sehr nettes, sauberes Hotel im marokkanischen Stil mit 21 Zimmern, das vom deutsch-marokkanischen Paar *Sabina* und *Ahmed Benchaira* geführt wird. Ein – im Vergleich zu den teureren Maison d'Hôtes – einfaches Stadthaus und beliebtes Travellerhotel. Sehr gutes Frühstück 5 Euro, Halbpension 15 Euro, DZ mit Bad €€€ (z.T. mit Klimaanlage), DZ mit (sauberem) Etagenbad €€. Keine Kreditkartenzahlung, Vorausbuchung notwendig.

● **Sindi Sud,** 109, Riad Zitoun el Kedim, Derb Sidi Bouloukate, südliche Medina, 10 m vom Hotel Essaouira, Tel. 0524 44 33 37, sindisud@caramail.com. Einfaches Hotel mit freundlichem Personal, schöner Dachterrasse und ordentlichen Zimmern, gutes Preis-Leistungs-Verhältnis.

Mittelklasse

● **Bordj Dar Lamane,** 11, Ben Salah, Derb Koudia (direkt beim Place Ben Salah und der gleichnamigen Moschee), nördliche Medina, Tel. 0524 37 85 41, Info in Deutschland: Tel.

Marrakesch

aga10_011 Foto: ad

0711 47 50 78, www.marokko-exklusiv.de/riad.htm. Unter deutsch-marokkanischer Leitung steht dieser schöne, farbenfrohe Dar im traditionell marokkanischen Stil. Das Haus hat sieben komfortable Zimmer, die sich auf zwei Stockwerken um den Innenhof mit Brunnen gruppieren (untere Zimmer relativ dunkel). Von der Dachterrasse genießt man einen herrlichen Blick über die Dächer Marrakeschs. Die Gäste werden liebevoll von der sehr gut Deutsch sprechenden Hausdame Latifa betreut. Hervorragende Küche, Weinausschank, individuelle Organisation von Ausflügen möglich, spezialisiert auf Golfreisende. DZ €€€€.

•**Dar Limoun,** 71, Derb Jamaa, Riad Zitoun Djedid, Tel. 0524 38 18 09, http://darlimoun.free.fr. Gute Lage nahe des Bahia-Palastes und Dar-Si-Said-Museums, Taxis bis zum Préfecture-Parkplatz, wenige Minuten zum Djamâa-el-Fna. Die Franzosen *Cathérine* und *Jean-Pierre Quesnay* (spricht deutsch) kümmern sich rührend um die Gäste ihrer drei geräumigen Zimmer. Im offenen Innenhof des kleinen, hübschen Riads mit Springbrunnen wächst u.a. eine riesige Bananenstaude. Auf der Terrasse (leider ohne Blick) serviert *Cathérine* ein üppiges Frühstück mit selbst gemachten Kuchen und Konfitüren. Klimatisierte, marokkanisch gestaltete Zimmer, auch genug Platz für Kinder. Abholung vom Flughafen, Essen auf Vorbestellung (z.B. die Spezialität Marrakeschs: *Tanjia*). DZ €€€€B, kleines Zimmer auf der Dachterrasse 40 Euro, Kinder bis 6 Jahre kostenlos, bis 12 Jahre 10 Euro extra.

•**Dar Malak,** 20, Derb Assabane, Riad Laarouss, nördliche Medina, Mobil 0667 48 19 36, www.darmalak.com, um die Ecke des Riad Zina. Die sympathischen Franzosen *Eric* und *Rose Ruel* kümmern sich persönlich um die Gäste ihres hellen „Hauses der Engel" mit nur drei Zimmern und einer Suite. Der Künstler *Eric* stellt in einem Atelier seine Gemälde aus. Bemalte Stuckdecke, ansonsten minimalistische Gestaltung, kleiner Hammam, WLAN, sehr ruhige Lage, Essen auf Bestellung. DZ €€€€B, in der Hauptsaison plus 15%.

•**La Terrasse des Oliviers,** 79, Derb Derdouba Ahset Ihiri, Bab Doukkala, nördliche Medina, Tel./Fax 0524 38 72 48, Mobil 0665 14 64 51, www.terrasse-des-oliviers.com. Schönes kleines Gästehaus in kräftigen Rottönen und mit verspielten Details, alte Architektur z.T. noch erhalten (Zedernholzdecken), offener Innenhof mit Wasserbassin und Olivenbäumen, tolle Dachterrasse voller Pflanzen, freundliche und entspannte Atmosphäre. Mit Pkw vom Bab Moussoufa zugänglich. DZ/Suite €€€€ inkl. Frühstück (je nach Saison).

•**Riad Johenna,** 25, Derb Sidi Boulafdail, Rue Kennaria, südliche Medina, Mobil 0667 44 50 44, www.riad-johenna.com. Der Oberbayer *Hans Kraus* renovierte mit seiner marokkanischen Frau *Sabah* liebevoll dieses kleine Riad, in dem man sich wie zu Hause fühlt und persönlich betreut wird. Die drei Zimmer mit altem Stuck, Tadlakt, AC/Heizung und eigenem Bad orientieren sich zum kleinen offenen Innenhof, der bei Regen abgedeckt wird. Auf der Dachterrasse kann man die Geräuschkulisse des Djamâa-el-Fna miterleben. Ideale Lage nahe des Platzes, erreichbar über die Riad Zitoun Djedid in der ersten Gasse rechts nach dem Cinéma Eden. DZ (je nach Saison) €€€ bis €€€€€.

•**Riad Lena,** 8, Derb el Hammam (kein Türschild), Riad Laarouss, nördliche Medina, Tel. 0524 38 96 85, Mobil 0661 28 02 79, www.riadlena.com. Sehr schönes, in sanften Farben und mit Leinen gestaltetes Haus. Kleines Badebecken im Innenhof, chillige Dachterrasse mit schattigen Sitzecken und Restaurant (Alkoholausschank). Elf nach Gewürzen (Safran, Zimt etc.) benannte Zimmer und große Suiten für bis zu 4 Pers., angenehmer Kaminsalon im EG. Nicht weit vom Musée de Marrakech. DZ inkl. Frühstück (je nach Saison) €€€€B-€€€€A.

•**Riad Noga,** 78, Derb Jdid, Douar Graoua. Tel. 0524 37 76 70, 38 58 46, www.riadnoga.com. Vom Djamâa-el-Fna auf der Derb Dabbachi nach Osten, nach der Kreuzung mit der Rue Kennaria die vierte Gasse rechts run-

Ein Paradies mitten in der Medina von Marrakesch: der Riad Noga

mar_001 Foto: ad

aga08-350 Foto: ch

Leben wie ein Pascha in der Medina von Marrakesch

von *Prof. Dr. Anton Escher*
und *Dipl. Geogr. Sandra Petermann*
(Geografisches Institut der
Johannes-Gutenberg-Universität Mainz)

Wo ist das Unauffindbare findbar, wo das Unmögliche möglich, und wo werden dem Menschen alle Wünsche erfüllt? Glaubt man dem bekannten Filmarchäologen *Indiana Jones,* dann existiert nur ein Ort, an dem dies zutrifft: Marrakesch! Allein der Name Marrakesch genügt, um in der Fantasie und Vorstellung der Europäer den **„Zauber des Orients“,** die Sehnsucht nach dem „Taumel des Seins“ und das Versprechen zur Befriedigung aller sinnlichen Bedürfnisse zu erzeugen. Wenn man durch die Altstadt von Marrakesch bummelt und einen Blick hinter die zum Teil für Besucher geöffneten Türen der hohen Hausmauern wirft, entdeckt der Flanierende eine märchenhafte Welt: Verwinkelte Ateliers, kunstvolle Galerien, luxuriöse Gästehäuser, exotische Restaurants, völkerkundliche Museen und prachtvolle Privatdomizile mit Innenhofgärten (die berühmten **Riads**) laden ein, in die Welt der Paschas aus 1001 Nacht einzutauchen.

Zu Beginn des französischen Protektorats fanden europäische Künstler wie *Jacques Majorelle* den Weg nach Marrakesch, ihnen folgten über Tanger amerikanische Schriftsteller der Beat-Generation, der internationale Jet-Set und über Essaouira mit Blumen bekränzte Hippies. Heute besuchen nahezu alle Marokko-Touristen die rote Stadt. Im Gegensatz zu vielen verfallenden Altstädten des Orients, in denen die unterste Bevölkerungsschicht des Landes lebt, erfreut sich die Medina von Marrakesch eines vorher nicht gekannten Glanzes. Für die umfassende **Renovierung vieler Wohnhäuser** sind Europäer verantwortlich, von denen sich bereits Ende des 20. Jahrhunderts 150 in der Altstadt etabliert hatten. Heute sind über 1300 Wohnhäuser, Hauskombinationen bis hin zu ganzen Sackgassenabschnitten Eigentum ausländischer Investoren, und die Neu-Marrakechi bauen ihren Wohnsitz nach orientalistischen Vorstellungen aus und um. Angestoßen wurde der ungeahnte europäische Zuzug einerseits durch den jungen belgischen Architekten *Quentin Wilbaux,* der in den 1990er Jahren Hunderte Wohnhäuser in der Altstadt durch Vermessung und Kartierung wissenschaftlich erfasste und einige Jahre später zusammen mit seinem marokkanischen Freund *Abdellatif Ait Ben Abdallah* über eine Immobilienfirma vermarktete. Andererseits bewirkten die Medien, allen voran das französische Fernsehen mit einer Sendung über den Hauskauf in den Altstädten von Marrakesch und Essaouira, dass die Medina nicht mehr lediglich Reiche und Künstler anzieht. In Zeitungen, Journalen, Spielfilmen und im Internet werden das orientalische Bild und das märchenhafte Image der Stadt Marrakesch sowie die Attraktivität der Riads immer wieder thematisiert. Im Laufe der letzen Jahre wurden so – ermöglicht durch die historische Bausubstanz und begleitet von wirtschaftlichen und politischen Veränderungen in Marokko – die Bedingungen für eine **weltweite Vermarktung der Altstadt-Immobilien** von Marrakesch geschaffen. Und die Nachfrage nach diesem Angebot scheint, trotz der Terroranschläge von New York und Casablanca und der globalen Wirtschaftskrise, nicht nachzulassen. Auch hat die Anwesenheit der Ausländer inzwischen dazu beigetragen, dass die kommunale Infrastruktur der Altstadt (Wegepflasterung, Parkanlagen, Wasser- und Stromversorgung sowie Kanalisation) erneuert wurde. Der ausländische Zuzug in die Altstadt wird weiter anhalten, und der Immobilienmarkt zwischen den Europäern wird sich verstärken. Marokkaner aller Schichten finden die Medina wieder attraktiv und investieren. Insgesamt kann die **Entwicklung der Medina** für den größten Teil der Menschen in der Stadt, für Marokkaner und Europäer, als positiv bezeichnet werden. Das nicht immer konfliktfreie Zusammenleben von Marokkanern und Europäern hat allerdings lediglich dann eine Zukunft, wenn sich beide Seiten gegenseitig in ihren kulturellen Unterschieden anerkennen und achten. Nur so werden Europäer den Zauber des Orients dauerhaft in Marrakesch genießen können.

• **Literatur:** *Escher, Anton* und *Petermann, Sandra* (2004): Gentrification in den Altstädten des Königreichs Marokko. – *Meyer, Günter* (Hrsg.): Die Arabische Welt im Spiegel der Kulturgeografie. Veröffentlichungen des Zentrums für Forschung zur Arabischen Welt (ZEFAW) Band 1, Mainz, S. 154–162.

aga08-351 Foto: ch

ter (ca. 10 Min. Fußmarsch). Das Riad Noga ist eine Oase der Ruhe inmitten der Medina! Das Gästehaus der Deutschen *Gabi Noack-Späth* besteht aus zwei wundervoll renovierten Stadthäusern mit Innenhof. Im Patio des ersten Hauses mit Orangenbäumen kann man in der Polsterecke in Marokkobüchern schmökern. Im erdroten Patio nebenan befindet sich ein erfrischender Pool. Sieben individuell eingerichtete, hübsche DZ unterschiedlicher Größe mit Bad, Heizung/Klimaanlage, Sat-TV/DVD, z.T. mit offenem Kamin, WLAN im ganzen Haus. Auf der Dachterrasse sitzt man herrlich beim Frühstück oder Dinner mit Kerzenlicht (auch Alkoholausschank). DZ/Suite €€€€ (saisonabhängig), Reservierung notwendig!

• **Riad Sahara Nour,** 118, Derb Dekkak, Bab Doukkala, nördliche Medina, Tel. 0524 37 65 70, www.riadsaharanour-marrakech.com. Kulturelles Begegnungszentrum und Gästehaus mit fünf Zimmern. Musiksalon, Bibliothek mit Marokko-Literatur und Zeitschriften, Kalligrafie-Kurse für Gäste möglich. Zwei große, helle Suiten und zwei kleine Zimmer auf der Dachterrasse (kein Blick), alle hübsch individuell gestaltet (z.B. Africa Suite). Sonniger Innenhof mit Zitrus- und Olivenbäumen. Der engagierte Besitzer *François* will den Dialog zwischen den Kulturen fördern. DZ bzw. Suite inkl. Frühstück €€€€B-€€€€. 10% Rabatt für Besitzer dieses Buches!

• **Riad Zina,** 38, Derb Assabane, Riad Larousse, nördliche Medina, Tel. 0524 38 52 42, www.riadzina-marrakech.com. Von der Gasse Riad Larousse hinter öffentlichem WC links in Derb Assabane, Eingang versteckt hinter einem niedrigen Durchgang. Die deutsche *Beate Prinz* gestaltete das 350 Jahre alte Stadthaus mit nur drei Gästezimmern und einer Suite modern und mit kreativen Details. Weißer, heller Innenhof mit gigantischen Kakteen und stylischem Mobiliar. Kleine, hübsche Dachterrasse mit schattiger Sitzecke und Liegestühlen. Ruhige und familiäre Atmosphäre, WLAN. *Beate* ist Reiterin und kann Tipps für Reitausflüge und andere Unternehmungen geben. DZ €€€€A, große Suite mit offenem Kamin und kleiner Privatterrasse 220 Euro. Frühstück, Tee und Softdrinks sind inklusive.

Oberklasse

• **Dar Les Cigognes,** 108, Rue de Berrima südliche Medina, Tel. 0524 38 27 40, www.lescigognes.com, an der Hinterseite des El-Badi-Palastes, mit Pkw zugänglich. Top-End-Luxus für anspruchsvolle Reisende oder die Flitterwochen in zwei vom Star-Architekten *Charles Boccara* schick renovierten Häusern aus dem 17. Jh.: Decken, Türen und Balkone aus dunklem Zedernholz, helle Polstermöbel, offener Patio und Stuckbögen. Freundlicher, professioneller Service - hier kann man sich von der Massage bis zum Soukbummel oder Ausflug nach Essaouira alles organisieren lassen. Alkoholausschank, jeden Abend Teilnahme an einem 90-minütigen Kochkurs möglich. Große Dachterrasse voller Blühpflanzen mit Blick auf die Störche auf den Mauern des El-Badi-Palastes. 11 Zimmer und Suiten mit offenem Kamin und AC. DZ/Suite €€€€€. Preise saisonabhängig.

• **La Maison Arabe,** 1, Derb Assehbe, Bab Doukkala, nördliche Medina, Tel. 0524 38 70 10, www.lamaisonarabe.com. Luxuriöses, dennoch nicht protziges Haus aus mehreren miteinander verbundenen Riads, super Frühstück, Afternoon Tea mit marokkanischem Gebäck, Pool und Hammam. Interessierte können sich zu einem Koch-Workshop anmelden. Standard-DZ €€€€€ mit Sat-TV, Minibar, Heizung/AC etc., auch Suiten mit Balkon, im Juli vergünstigte Preise.

• **Les Jardins de la Koutoubia*******, 26, Rue de la Koutoubia, südliche Medina, Tel. 0524 38 88 00, www.lesjardinsdelakoutoubia.com. In einem historischen Palast aus dem 18. Jh. entstand 2002 ein Luxushotel mit über 100 Zimmern in bester Lage zwischen Kutubiya-Moschee und Djâmaa el-Fna. Orientalischer Prunk und Architektur verbinden sich hier ohne Kitsch mit modernem Komfort - ein Traumhotel für Genießer. Luxuriöser Clarins-Spa, Tiefgarage, Restaurants mit indisch-asiatischer, europäischer und marokkanischer Küche. DZ oder Suite €€€€€, Frühstücksbüfett 19 Euro.

• **Noir d'Ivoire,** 31–33, Derb Jdid (kein Türschild), Bab Doukkala, nördliche Medina, Tel. 0524 38 09 75, www.noir-d-ivoire.com. Dieser wahrhaft elegante Riad im lebhaften Bab-Doukkala-Viertel wurde ganz in Erdfarben und Schwarz gehalten und ist eine der Top-Adressen in der Stadt. Es gibt einen Hammam, Massage- und Fitnessraum, Salons mit kleiner Bibliothek sowie eine Boutique mit Waren lokaler Designer. Die sechs Zimmer mit Tadlakt-Bädern und drei großen Suiten mit Jaccuzzi und Privatterrasse sind individuell und stilvoll gestaltet. Einmalig in Marrakesch: ein eigener Weinkeller mit einer internationalen Auswahl an edlen Tropfen. DZ oder Suite €€€€€.

• **Riad Enija,** 9, Derb Mesfioui, Rahba Lakdima, nördliche Medina, Tel. 0524 44 09 26, 44 00 14, www.riadenija.com. Kein Schild an der Tür, auf der linken Seite am Ende der Gasse (Haus Nr. 9). Betreiber dieses Traums aus 1001 Nacht sind die Schweizer *Ursula Haldimann* und *Björn Conerdings*. Sehr schicker, professionel gestylter Komplex aus drei alten, wunderschönen Stadtpalästen mit einem wahren Urwald im größten Innenhof. Stuck, Zedernholzschnitzereien, Zelliges, Töpfe mit riesigen Palmen, Räucherstäbchen und Kerzen, mehrere Patios mit Springbrunnen, Restaurant im Gewölbekeller. DZ €€€€€.

• **Riad Farnatchi,** Derb el Farnatchi, Rue Souk el Fassis, Qua'at Ben Ahid, nördliche Medina, Tel. 0524 38 49 10/12, www.riadfarnatchi.com. Dieser traumhafte Riad besteht aus mehreren miteinander verbundenen Häusern des 16. Jh. und liegt mitten in der Medina in direkter Nachbarschaft zur Medersa Ben Youssef. Die neun sehr stilvoll marokkanisch gestalteten Suiten mit mehreren Räumen sind z.T. größer als die meisten Stadtwohnungen und bedienen alle Ansprüche: Kamin, Tadlakt-Wände und -Böden, Sat-TV, DVD, WLAN und Privatterrasse. Architektonische Highlights sind der Mosaik-Badebrunnen im ersten Innenhof sowie der Speisesalon mit Rankenrelief bis zur Decke und thronartigen Ledersesseln - das Essen selbst ist leider nur mittelmäßig (marokkanische Weine). Die Kanadierin *Lynn Paris* kümmert sich persönlich um die Gäste und gibt Tipps für alle Belange. Das Personal spricht englisch.

• **Riyad el Cadi,** 86/87, Derb Moulay Abd el Kader, Dabbachi, nördliche Medina, Tel. 0524 37 86 55, www.riyadelcadi.com. Dieses edle Gästehaus besteht aus sieben miteinander verbundenen Hofhäusern mit 14 komfortablen Zimmern oder Suiten. Das Ensemble wurde ursprünglich vom ehemaligen deutschen Botschafter in Rabat, *Dr. Herwig Bartels,* eingerichtet. Heute steht es unter der Führung seiner Tochter *Julia Bartels.* Das Haus mit bedeutenden Antiquitäten aus aller Welt und exquisitem Designer-Interieur überzeugt durch einen gewissen Minimalismus. Das Haus ist zugleich ein Museum für die Sammelstücke, z.B. antike Berbertextilien und eine Galerie orientalischer Textilien aus dem osmanischen Reich (15.–17. Jh.). Hammam, kleiner Pool, Innengarten, WLAN und großzügige Terrassen. DZ bzw. Suite €€€€€.

Riad-Vermittlungsagenturen

Folgende Agenturen helfen bei der Vermittlung von Zimmern bzw. Suiten in Maison d'Hôtes (alle Kategorien) oder der Miete bzw. dem Kauf ganzer Häuser in der Medina:

- **Medina,** 102, Rue Dar el Bacha, Souika sidi abd al Aziz, Medina, Tel. 0524 44 24 48, www.marrakech-medina.com.
- **Marrakesch Riads,** 8, Derb Charfa Lakbir, Mouassine, Medina, Tel. 0524 42 64 63, www.marrakech-riads.net.
- **Riads au Maroc,** 1, Rue Mahjoub Rmiza, Ménara, Guéliz, Tel. 0524 43 19 00, www.riadomaroc.com.

Clubhotels

- **Club Méd La Medina,** Tel. 0524 44 40 16, www.clubmed.de. Dieser Club Méd liegt zentral in der Medina direkt beim Djamâa-el-Fna. 207 Zimmer im maurischen Stil mit Klimaanlage, TV usw. 1000 m² Spa-Bereich, Tennis, Fitness etc. Ein weiteres Club-Resort befindet sich in der Palmeraie. 1 Woche inkl. Flug, Verpflegung und Aktivitäten ca. 1400 Euro/Pers. (je nach Saison).
- **Riu Tikida Palmeraie,** km 6 Route Fés, Annakhil, Tel. 0524 32 74 00, www.riu.com. Ende 2009 eröffnetes Clubhotel mit 388 Zimmern, etwa 5 km außerhalb des Zentrums in einem Palmenhain. Pool, Hallenbad, Wellnesszentrum, Tennisplätze, Kinderbetreuung und Animationsprogramm. Pauschalangebote z.B. über TUI.

Jugendherberge

- **Auberge de jeunesse,** Rue el Jahed, Hivernage, Tel. 0524 44 77 13, aubergemarrakech@hotmail.fr, www.hihostels.com, in einer Parallelstraße zum Bd el Hansali. Sehr saubere, ruhig gelegene Herberge. Etwa 8 Euro mit Frühstück im Mehrbettzimmer.

Campingplatz

- **Camping Ferdaous,** Tel. 0524 31 31 67, N 31°43,144', W 07°58,918', 13 km außerhalb an der Straße Richtung Casablanca (Route de Casa) auf der linken Seite (rosa Gebäude, ca. 100 m vor der dunkelblau/gelben Tankstelle links abbiegen; bzw. von Casablanca kommend ca. 100 m nach der Tankstelle rechts). Der verfallende, heruntergekommene und durch den Straßenverkehr sehr laute Platz ist in mit Bäumen und Büschen umzäunte Bereiche geteilt (ohne Schatten). Die sanitären Anlagen sind nur mittelmäßig gepflegt und nicht voll funktionstüchtig. Preis pro Person/Tag mit Wohnmobil ca. 50 DH. Mit Taxi oder Bus kommt man zur Medina.
- **Le Relais de Marrakech,** in der Palmeraie, Mobil 0664 71 73 28, www.lerelaisdemarrakech.com, N 31°42,408', W 07°59,407'. Vom französischen Paar *Gilles* und *Joelle* betriebener Campingplatz und Kasbahhotel mit marokkanischem Restaurant (Alkohollizenz, sehr gutes Essen auf Vorbestellung, drahtloses Internet). Die noch wenig schattigen Stellplätze mit Stromanschluss verteilen sich in der schönen Gartenanlage mit Pool (Sonnenliege). Die sanitären Anlagen mit heißer Dusche haben europäischen Standard. Auch Übernachtung in komfortablen Berberzelten möglich (€€, z.T. mit Bad). Camping 70 DH für 2 Pers. mit Auto, Strom 25 DH, Waschmaschine 60 DH. DZ mit Bad im Kasbahhotel €€€. Mit dem Grand Taxi kommt man in die Medina.

Essen und Trinken

Erste Adresse für ein erlebnisreiches Mahl in Marrakesch sind natürlich die **Garbuden am**

Djamâa-el-Fna, wo man neben Einheimischen zu Abend isst. Hier gibt es nahezu alles: Salate, eingelegtes Gemüse, Eier, Fleischspießchen, gegrillten Fisch, Tajine, Suppe und sogar Schnecken und Schafsköpfe. Die Stände sind normalerweise sehr hygienisch, die Speisen werden frisch zubereitet und lagern nur kurz. Vorsicht: Manchmal werden nicht georderte Beilagen einfach mitserviert, diese müssen extra bezahlt werden. Preisbeispiele: Brochette-Spieß 3–5 DH, Tajine/Couscous ca. 25 DH, Salat ca. 10 DH.

Sehr lecker ist der **frisch gepresste Orangensaft** von den zahlreichen Verkäufern auf dem Platz. Der Preis beträgt 3 DH pro Glas. Achten Sie darauf, dass der Saft wirklich frisch gepresst und kein (evtl. verkeimtes) Eiswasser beigemischt wird!

Neben dem obligatorischen „Dinner" am Djamâa-el-Fna empfiehlt es sich, in einem der **Palastrestaurants** à la 1001 Nacht ein delikates Menü zu genießen (z.B. Dar Zellij, Le Foundouk, Le Tobsil). Dort muss der Tisch allerdings frühzeitig reserviert werden, am besten von zu Hause aus! In einigen der teuren Restaurants mit marokkanischer Speisekarte kann nur ein ganzes Menü zu einem Komplettpreis und nicht à la carte bestellt werden. Getränke sind manchmal schon im Preis (300–600 DH) enthalten. Häufig gehört Live-Musik, manchmal auch Bauchtanz zum Rahmenprogramm.

In den **günstigen und mittelpreisigen Restaurants** muss nicht immer gleich ein ganzes Menü konsumiert werden, dort bekommt man einen Salat auch schon ab 15 DH und eine gute Tajine ab 60 DH.

In der Medina

- **Café Arabe,** 184, Rue el Mouassine, nördliche Medina, Tel. 0524 42 97 28, www.cafe-arabe.com, tägl. 10–24 Uhr. Delikate, teure italienische und marokkanische Küche (kleine Portionen) im Innenhof eines eleganten Riads. Auf der Dachterrasse herrscht abends chillige Lounge-Atmosphäre auf weißen Polstergarnituren. Auch Sonntagsbrunch.
- **Chez Chegrouni,** direkt am Djamâa-el-Fna. Das ausschließlich von Touristen frequentierte hübsche Café hat die höchste Terrasse am Platz – von hier oben bietet sich ein entsprechend toller Blick auf das Treiben. Das Essen ist recht günstig, kann aber bei starkem Andrang etwas dauern. Salate 10 DH, Couscous/Tajine 60 DH.
- **Dar Yacout,** 79, Rue Sidi Ahmed Soussi (beim Bab Doukkala), Tel. 0524 38 29 29. Dieses Palastrestaurant mitten in der Medina ist eine der teuersten und besten Adressen der Stadt, eine Reservierung ist daher lange im Voraus notwendig. Bauchtanz gehört mit zum Programm. Menü 770 DH inkl. Getränke, Mo. geschlossen.
- **Dar Zellij,** 1, Kaasour, Sidi Ben Slimane, nördliche Medina, Tel. 0524 38 26 27, www.darzellij.com, nur mit Reservierung, dann Abholung durch Mitarbeiter des Restaurants an der Moschee Sidi Ben Slimane (mit Taxi erreichbar). Hervorragende marokkanische Küche in einem wunderschönen Riad aus dem 17. Jh. ohne überflüssigen Orient-Kitsch: Hier speist man bei dezenter Live-Musik in äußerst romantischer Atmosphäre unter Orangenbäumen im offenen, weißen Innenhof mit Arkaden, vorher gibt es einen Aperitif auf der Dachterrasse. Die Ober sprechen auch englisch. Üppiges 3-Gänge-Menü 350 DH, Menü Gourmand 400 DH, Menü Degustation 450 DH, Alkoholausschank (u.a. marokkanischer Wein).
- **Kosybar,** 47, Place des Ferblantiers, Tel. 0524 38 03 24. In diesem orientalisch-schicken Riad mit Bar und empfehlenswerten marokkanischen Weinen sitzt man am besten auf den Ledergarnituren der Dachterrasse – inklusive Blick auf die Störche des El-Badi-Palastes und herrlich kühlenden Wasserzerstäubern. Ein Gericht (internationale Küche von Tajine bis Sushi) kostet ca. 160 DH.
- **Ksar el Hamra,** 28, Sabt Ben Daoud (in einer Quergasse zwischen Riad Zitoun Kedim und Djedid), Tel. 0524 42 76 07, www.restaurantksarelhamra.com, tägl. außer So. Der offene Innenhof dieses prächtigen Riads mit vielen Pflanzen und einem Springbrunnen sorgt für eine gemütliche Stimmung. Ein Menü kostet 400–450 DH.

Eine Institution am Djamâa-el-Fna: das Café de France

●**Le Foundouk,** 55, Souk Hal Fassi, Kat Bennahid, nördliche Medina hinter dem Musée de Marrakech, Tel. 0524 37 81 90, www.foundouk.com, Küche von 12–24 Uhr. Exklusive Adresse in einem renovierten Funduq (Karavanserail), das vornehm in dunklen Tönen und einem Mix aus marokkanischen Elementen und modernem Design gestaltet ist. Sehr gutes Essen, Vorspeisen (Tarte, Lachs, Salate etc.) 45–135 DH, Hauptspeisen (Couscous, Pastilla, Tajine, Filet, Pasta) 120–170 DH. Auch marokkanische Weine und Cocktails.

●**Le Marrakchi,** 52, Rue des Banques, direkt am Djamâa-el-Fna (Nordende), Tel. 0524 44 22 77, www.lemarrakchi.com, tägl. 12–1 Uhr, Abendessen ab 19.30 Uhr. In diesem (klimatisierten) Restaurant direkt am Platz mit tollem Blick aus dem verglasten Obergeschoss sitzt man auf roten Samtsesseln an vornehm gedeckten Tischen. Das orientalische Flair für das ausschließlich touristische Publikum wird perfekt inszeniert. Service und Essen sind gut, die Preise zu hoch (Menü mit Couscous/Tajine 260 DH, Couscous oder Grillgerichte je 130 DH). Auch Weine und Aperitifs.

●**Le Nid de Cigogne,** 60, Place des tombeaux Saadiens, Tel. 0524 38 20 92. Von den drei Terrassen des von einer Frauenkooperative geführten hübschen Restaurants gegenüber den Saadier-Gräbern hat man einen schönen Blick auf die Storchennester und die Kasbah-Moschee. Hier gibt es Tajine zu vernünftigen Preisen (70 DH).

●**Le Tobsil,** 22, Derb Abdellah Ben Hessaien, Bab Ksour, nördliche Medina, Tel. 0524 44 40 52 oder 44 15 23, Mi.–Mo. ab 19.30 Uhr. Sehr gutes und unter in Marrakesch lebenden Ausländern beliebtes Restaurant in einem schönen, relativ kleinen Dar mit beigem Tadlakt, Palmen, Bogengang und Galerie. Auf diese exklusive Adresse weist kein Schild hin und es öffnet nur nach Reservierung. Jeden Abend treten Gnaoua-Musiker auf. Das feste Tagesmenü kostet 600 DH inkl. (auch alkoholische) Getränke.

●**Narwama,** 30, Rue Koutoubia (Seitengasse vom Bd Mohammed V., ggü. Kutubiya-Moschee), Tel. 0524 44 08 44, narwama@menara.ma, tägl. abends geöffnet. Diese große „Oriental Lounge" in einem alten Riad ist

aga08-361 Foto: ad

gleichzeitig schickes Restaurant und Bar. Im roten Innenhof mit riesigem Bambus und knalliger Einrichtung herrscht eine chillige Atmosphäre. Der thailändische Chefkoch sorgt für Abwechslung, falls man schon genug Tajine und Couscous gegessen hat: thailändische (mild bis sehr scharf), mediterrane, vegetarische und marokk. Küche für 140–350 DH pro Gericht. Zu späterer Stunde nimmt man auf den pinkfarbenen Polstersesseln der Salons noch einen Cocktail oder ein Glas Wein in internationaler Gesellschaft ein.

• **Riad des Mers,** 411, Derb Sidi Messaoud, Bab Yacout, nördliche Medina beim Bab Doukkala, Tel. 0524 37 53 04, www.ilovemarrakech.com/riaddesmers, tägl. mittags und abends. Hier werden gute Meeresspezialitäten in einem stilvoll renovierten Riad serviert. Menü 250 DH, Gericht ca. 140 DH.

• **Ryad Mabrouka,** Fußgängerzone Rue Bab Agnaou (südlicher Djamâa-el-Fna). Großes und stark frequentiertes Touristenrestaurant mit kühlenden Wasserzerstäuber-Ventilatoren im gemütlichen Hof und einer schattigen Terrasse im OG. Pizzas (45–60 DH), Salate (25–45 DH), Tajine (ca. 60 DH), Grillgerichte, Eisbecher 30–80 DH. Vorsicht: Die Kellner schlagen ihr Trinkgeld eigenmächtig auf die Rechnung – ggf. reklamieren!

• **Ryad Tamsna,** 23, Derb Zanka Daika, Seitengasse der Riad Zitoun el Djedid (vom Préfecture-Parkplatz ca. 200 m Richtung Norden, dann hinter Pâtisserie links durch einen kleinen Torbogen, nächste Gasse rechts), Tel. 0524 38 52 72, www.tamsna.com, tägl. geöffnet. Dieser sehr schöne Riad mit hellem Innenhof und modernem Interieur ist gleichzeitig ein feines Restaurant (marokkanische und senegalesische Küche), Kulturcafé und Galerie. In den Salons oder auf der Dachterrasse lassen sich die schön renovierten Zedernholz- und Stuckarbeiten bewundern, von der Dachterrasse bietet sich ein herrlicher 360°-Blick auf die Medina. Für Mittag- und Abendessen Reservierung notwendig. Menü 250–350 DH.

In der Neustadt

• **Al Fassia,** 55, Bd Zerktouni, Guéliz, Tel. 0524 43 40 60 oder 43 79 73, alfassia@menara.ma, tägl. außer Di. Das Al Fassia ist eine der bekanntesten und besten Adressen für marokkanische Küche (aus Fès) und doch nicht zu teuer (Tajine und Couscous für ca. 120 DH, Mittagsmenü 160 DH). Im eleganten marokkanischen Interieur mit niedrigen Tischen und Polsterhockern bzw. Sitzecken bedienen nur Frauen, die in einer Kooperative organisiert sind. Auf Vorbestellung (ab 4 Pers.) gibt es Mechoui und Pastilla. Alkoholausschank, Reservierung sinnvoll.

• **Cantanzaro,** 50, Rue Tarik Ibn Zaid, Tel. 0524 43 37 31, neben Hotel Toulousain, tägl. 12–14.30 und 19.15–23 Uhr. Obwohl von außen wenig attraktiv, herrscht in diesem beliebten Restaurant mit italienischer Küche innen echte Pizzeria-Atmosphäre, leider ohne Tageslicht. Der Laden ist selbst mittags voll mit marokk. und internat. Publikum. Pizza aus dem Steinofen, Pasta, Wein und Bier, Menü ca. 130 DH. Reservierung notwendig (oder lange Wartezeit).

• **Casanova,** 221, Av. Yacoub el Mansour, Guéliz, Tel. 0524 42 37 35, ristorantecasanova@menara.ma, tägl. 12–15 u. 19–24 Uhr. Auf der hübschen Terrasse mit Orangenbäumen und Topfpflanzen oder im modernen Interieur mit Bar bekommt man in diesem italienischen Restaurant relativ preiswerte hausgemachte Pasta (70–120 DH) oder (nur abends) Pizza aus dem Holzkohleofen (55–80 DH) serviert. Jeden Abend unterhält ein Pianist die Gäste.

• **Comptoir Darna,** Av. Echouada, Hivernage, Tel. 0524 43 77 02, www.comptoirdarna.com, tägl. 20–2 Uhr. Hier bringen junge, hübsche Marokkanerinnen internationale und marokkanische Gerichte auf den Tisch. Trotz des sehr guten Service und Essens sind die Preise überhöht (Vorspeisen ab 75 DH, Hauptgericht ab 160 DH). Die Lampen und Räucherstäbchen sorgen für orientalisches Ambiente, im OG füllt sich die Lounge, bevor täglich um 22.30 Uhr eine sehr sehenswerte Bauchtanzshow beginnt. Alkoholausschank, Reservierung notwendig, Kreditkarten werden akzeptiert.

• **La Taverne,** 23, Bd Zerktouni, Guéliz, ggü. Cinéma Colisée, Tel. 0524 44 61 26. Der weiße Innenraum des freundlichen Restaurants mit marokkanischen und internationalen Gerichten (Menü 125 DH) wirkt etwas nüchtern-steril, dafür sitzt man sehr schön im schattigen Hofgarten mit Biergartenatmosphäre (Weinausschank).

- **La Trattoria de Giancarlo,** 179, Rue Mohamed El Beqal, Guéliz, Tel. 0524 43 26 41, www.latrattoriamarrakech.com, tägl. 19.30–23.30 Uhr. Hier öffnen die sehr korrekten und zuvorkommenden Ober dem Gast schon die Taxitür und führen zum Aperitif (marokkanischer Wein, Bier, Cocktails u.a.) mit Olivensnack in den sehr schönen Vorgarten mit Palmen und Bambus. Der Hauptgang (wechselnde italienische Gerichte, keine Pizza) wird in eleganter Atmosphäre im offenen Innenhof voller großer Pflanzen am Rand eines beleuchteten Wasserbassins eingenommen. Wasserzerstäuber von oben kühlen die Luft ab. Die Salons sind mit Kunst im hispano-maurischen Stil dekoriert. La Trattoria ist wohl das beste italienische Restaurant der Stadt - mit sehr fairen Preisen: Pasta, Fleisch- und Fischgerichte 120–160 DH, auch italienische Desserts. Nur mit Reservierung.
- **Sur une Ardoise,** Route de Targa, am Nordende von Guéliz nahe des Petit Marché (Verlängerung der Av. Mohammed V.), Tel. 0524 43 02 29, relativ weit vom Zentrum, Parkplatz vor der Tür, tägl. außer So. 12–14.30 und 20–22.30 Uhr. Dieses Restaurant im Bistrostil mit sehr guter französischer Küche zu vernünftigen Preisen bietet Abwechslung von den üblichen marokkanischen Gerichten. Alkoholausschank, Gericht 80–130 DH.

Cafés und Pâtisserien 

Alkohol wird in den kleinen Lokalen und Cafés in der Medina nicht ausgeschenkt!

In der **Neustadt** reihen sich mehrere Straßencafés entlang der Av. Mohammed V., besonders um den Place Abdelmounen.

In der Medina

- **Café Argana,** Djamâa-el-Fna. Das hübsche, alteingesessene Terrassencafé bietet einen schönen Blick über das Treiben auf dem großen Platz. Es gibt gute Eisbecher und Gebäck von der Pâtisserie im EG.
- **Café Bougainvillea,** 33, Rue el Mouassine, nördliche Medina. Ganz in den lila-pinken Farben der Bougainvillea-Blüten gehaltenes nettes Café zum Entspannen in einem hübschen Innenhof mit wechselnden Ausstellungen marokkanischer Künstler. Neben frischem Orangensaft gibt es auch Milchshakes und Crêpes. Ideale Zwischenstation bei einem Bummel durch die Souks; die laute marokkanische Musik kann etwas nerven. Pasta und Pizza 30–50 DH, Tajine 55–70 DH.
- **Café des épices,** 75, Rahba Kedima, www.cafedesepices.net. Dieses sehr nette Café liegt mitten in der Medina auf halbem Weg zwischen Djamâa-el-Fna und Musée de Marrakech. Hier sitzen junge Traveller bei chilliger Musik auf der (heißen) Dachterrasse, auf niedrigen Polstern oder Basthockern im kühlen Zwischengeschoss oder an Tischen im Erdgeschoss mit Terrasse. Neben gutem Espresso gibt es Sandwiches (45 DH) und frische Säfte. Vom Dach hat man einen tollen

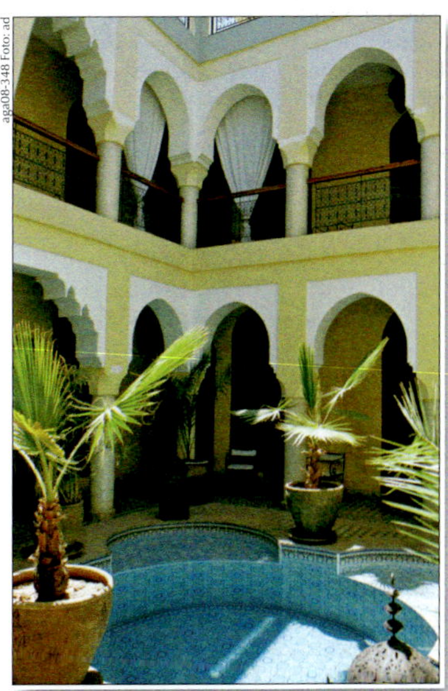
aga08-348 Foto: ad

Der schöne Innenhof des Riad Lena

Blick auf den kleinen Platz Rahba Kedima mit den Korbhändlerinnen (guter Fotostandort).

●**Café de France,** nördlicher Djamâa-el-Fna. Das Café ist eine der ältesten Institutionen für Touristen am großen Platz. Im EG gibt es neben den üblichen Getränken mittelmäßige Gerichte à la carte – dort sitzt man in der ersten Reihe, wenn junge Akrobaten ihre Kunststücke vorführen. Auf der Terrasse im 1. Stock wird das Standard-Touristenmenü (Tajine und Couscous, 90 DH, zu teuer) serviert, von der Panoramaterrasse im 2. Stock (nur Getränke) bietet sich der schönste Blick.

●**Café Les Terrasses de l'Alhambra,** direkt am Djamâa-el-Fna. Dieses moderne Café im stylisch-andalusischen Outfit ist immer voller Touristen, die hier Lavazza-Kaffee, leckere Eisbecher, Panachés, aber auch Gerichte wie Couscous und Pizza mit Blick auf den Platz genießen. Das Untergeschoss ist innen klimatisiert, auf der Terrasse sorgen Wasserzerstäuber für Kühlung, unter der Markise auf der oberen Terrasse heizt es sich mittags stark auf.

●**Fîne du Marrakech,** Av. Houmman el Fetouaki. In der Auslage dieser von Marokkanern wie Touristen gleichermaßen frequentierten Pâtisserie liegen bergeweise zuckrig-klebrige Versuchungen. Beim Straßenverkauf gibt es neben Gebäck frische Croissants, im bestuhlten Inneren auch Café au Lait.

●**Ryad Jama,** 149, Rue Kennaria/Anfang Riad Zitoun Djedid. Ein unauffälliges Schild in der Riad Zitoun Djedid (vom Djamâa-el-Fna südwärts) weist rechts in den kleinen Innenhof (Holztür mit Haus-Nr. 149), geöffnet 12–15 und 18.30–22 Uhr. Hier sitzt man schattig und gemütlich wie in einer Gartenlaube unter einem Orangenbaum und einer großen Palme und genießt einen frischen Orangensaft oder das Tagesgericht (z.B. Couscous für 50 DH).

In der Neustadt

●**Café 16,** Place du 16 Novembre (Marrakech Plaza), Guéliz, Tel. 0524 33 96 70, www.16cafe.com. Das Motto dieses sehr modernen, in freundlichem Weiß und Hellgrün gestalteten Cafés und Restaurants am zentralen Vorzeigeplatz Marrakech Plaza könnte lauten: frisch und gesund. Denn werden sehr leckere, toll angerichtete Salate (z.B. mit Lachs, 90–120 DH) und Sandwiches (ca. 100 DH), verschiedene frisch gepresste Säfte, 16 Sorten Tee, aber auch diverse Eisbecher (30 DH) und Sorbets sowie Schokofondue serviert. Man sitzt im kühlen, großzügigen Innenraum oder auf der Terrasse unter Sonnenschirmen. Hier treffen sich sowohl Marokkaner als auch Ausländer zur Mittagspause.

●**Café du Livre,** 44, Rue Tarik Ben Ziad, Guéliz, im Hinterhof vor dem Hotel Toulousain, Tel. 0524 43 21 49, www.cafedulivre.com, tägl. (außer So.) 9.30–21 Uhr. In dieser Einheit aus (klimatisiertem) Café, Restaurant und kleiner Bibliothek lässt es sich herrlich in verschiedensprachiger Literatur (Zeitschriften, Bücher, Reiseführer) über Marokko schmökern, nebenbei via WLAN mit dem Laptop die Mails checken und einen Kaffee trinken. Wegen der eher versteckten Lage im Hinterhof im OG ist das Café für Touristen noch ein Geheimtipp. U.a. gute Salate (z.B. geräucherter Forellensalat), Sandwiches (50–75 DH) und Tapas, Alkoholausschank. Es werden auch einige Bücher verkauft, ausgelesene Romane können getauscht werden.

●**Café Extrablatt,** Ecke Av. Echouada/Rue al Quadissia, Hivernage, www.extrablatt-marrakech.com, tägl. 8–24 Uhr. Auf der großen Terrasse des Extrablatt in der grünen Hivernage treffen sich die junge marokkanische Oberschicht sowie in der Stadt lebende Ausländer und Touristen. Hier kann man in Ruhe ein Frühstück (ab 35 DH) oder einen hübsch angerichteten, leichten Mittagssnack (Sandwiches, Salate 35–65 DH, Pizza ab 45 DH) genießen. Saftcocktails, diverse Kaffees, flotter Service, gutes Preis-Leistungs-Verhältnis.

●**Café les Négociants,** Place Abdelmoumen, Guéliz. Das alteingesessene Straßencafé nach französischem Vorbild ist bei Marokkanern und Ausländern gleichermaßen beliebt. Unter der schattigen Markise sitzt man auf der Gehsteigterrasse und beobachtet den Verkehr an der Av. Mohammed V.

●**Kechmara,** Rue de la Liberté, www.kechmara.com, Mo.–Sa. 7.30–24 Uhr. Dieses durchgestylte In-Café mit verglaster Front, einigen Stühlen auf dem Gehsteig und weißem minimalistischen Interieur mit schwarzafrikanischen Bildern und Skulpturen könnte auch in München oder Mailand junges Publikum anziehen. An der Longbar gibt es Cocktails, an den Tischen mit weißen Plastikschalenstühlen gutes Frühstück (Crêpes, Schokocroissants, Saftcocktails etc.) sowie wechselnde Gerichte (Menü 150 DH).

● **Le Grand Café de la Poste,** Ecke Bd el Mansour Eddahabi/Av. Imam Malik, Guéliz (direkt ggü. der Hauptpost), www.grandcafedelaposte.com, tägl. 8–1 Uhr. In diesem traditionsreichen Café (seit 1925) gibt es nach Aussagen in Marrakesch lebender Ausländer das beste Frühstück der Stadt (8–12 Uhr). Man sitzt auf der hübschen Terrasse oder im eleganten Salon mit kolonialem Ambiente. Feine französische à-la-carte-Gerichte (mittags und abends) ab ca. 110 DH, Kreditkarten werden akzeptiert.

● **Pâtisserie Al Jawda,** 11, Rue de la Liberté, Guéliz, tägl. 8–20.30 Uhr. Eine der populärsten Pâtisserien der Stadt: Im kleinen Verkaufsladen kann man aus *Madame Alamis* hausgemachten köstlichen Gebäckvariationen mit Mandeln, Feigen, Honig, Sesam und Orangenblüten auswählen (180 DH/kg). Es gibt auch (für den Export mit Biosiegel bezeichneten) Honig, Marmelade und Arganöl. Im dazugehörigen **Straßencafé Al Jawda Plus** an der Av. Mohammed V. (Nr. 84) gibt es das Gebäck zum Tee, Saft oder Kaffee.

● **Salon de Thé Tchaba,** Av. Mohammed VI. (ggü. Palais de Congrès), Guéliz. DER Ort in Marrakesch für echte Teeliebhaber: In den Räumlichkeiten im Zen-Stil stehen fast 100 aromatische Teesorten zur Auswahl, dazu gibt es Gebäck auf Teebasis (z.B. Teemakronen). Die noblen Teesorten kann man auch kaufen.

● Für Fastfood-Liebhaber steht ein **McDonald's** am Place du 16. Novembre bereit sowie beim Marjane-Supermarkt weiter nördlich. An der südlichen Av. Mohammed V. gibt es zudem einen **Pizza Hut.**

Nachtleben

Das Nachtleben spielt sich hauptsächlich in den **Discos in Guéliz** bzw. in den teuren **Hotels der Hivernage** ab, an die meist eigene Nightclubs und Bars angeschlossen sind – dort wird auch überall Alkohol von Bier bis Champagner ausgeschenkt. Inzwischen kann man in Klubs wie Pacha oder Le Théatro kaum unterscheiden, ob man sich in Marrakesch oder in einem entsprechenden Etablissement in Europa befindet. Einige Klubs bieten wochentags auch eine Ladies' Night mit kostenlosen Getränken an.

● **Actor's,** im Hotel Médina & Spa, Av. Mohammed VI., tägl. ab 23 Uhr, www.actorsmarrakech.com, Eintritt 150–200 DH. Der Klub eröffnete zum Filmfestival 2006, um die Filmstars im VIP-Bereich zu empfangen. Am Mittwoch Ladies' Night, täglich wechselnde Musik von Salsa, Funk bis zu orientalischen Klängen.

● **Casino de Marrakech,** Av. El Qadissia, Hivernage, 50 m vom Hotel Es-Saâdi, www.casinodemarrakech.com, Tel. 0524 44 88 11, tägl. 14–4 Uhr. Im ältesten Kasino des Landes (1952) gibt es außer Roulette, Blackjack, Poker und Spielautomaten Live-Musik sowie Tanz- und Akrobatikshows.

● **Comptoir Darna,** Av. Echouada, Hivernage, www.comptoirdarna.com. Elegantes Restaurant im EG und am Wochenende prall gefüllte Lounge im OG mit gemischtem Publikum aus gestylten Marokkanern und Ausländern, aber auch normalen Familien und Touristen. Täglich um 22.30 Uhr beginnt eine spektakuläre Show mit attraktiven Bauchtänzerinnen, die sich auch nicht scheuen, auf die Tische zu steigen. Im kleinen Hofgarten mit Boutique schmusen Pärchen in den Polsterecken.

● **Jad Mahal,** 10, Rue Haroun Errachid, Fontaine de la Mamounia, Hivernage, Tel. 0524 43 69 84. Samstagabends taucht man hier in eine andere Welt ein: In der schicken Lounge trifft sich die solvente ausländische und marokkanische Society bei Live-Musik zu einem oder mehreren Cocktails.

● **Le Théâtro,** Av. El Qadissia, Hivernage (im Hotel Es-Saâdi), www.theatromarrakech.com, tägl. ab 23.30 Uhr. Dieser Klub ist momentan eine der ersten Adressen im Nachtleben der Stadt. Bekannte DJs (House) und Live-Spektakel unterhalten das hippe marokkanische und internationale Publikum. Dienstags Ladies' Night.

• **Pacha,** Bd Mohammed VI., Nouvelle zone hôtelière de l'Agdal (einige Kilometer außerhalb des Zentrums), Tel. 0524 38 84 00, www.pachamarrakech.com, tägl. ab 23.30 Uhr, Eintritt 100–150 DH. Während im Münchener Ableger des schicken Pacha-Klubs Sommerfeste mit dem Motto „A trip to Marrakesch" stattfinden, wird in dieser Partyburg in Form einer Kasbah europäische Freizügigkeit unter dem Dresscode „From Kaftan to Highheels" gefeiert.

Kinos

• **Cinéma Mabrouka,** Rue Bab Agnaou, Medina, Tel. 0524 44 33 03, in der Fußgängerzone südlich des Djamâa-el-Fna. Das kleine Kino neben dem Restaurant Ryad Mabrouka zeigt aktuelle amerikanische Kinofilme auf Französisch. Eintritt 15–25 DH.

• **Megarama,** Av. Mohammed VI./Jardins d'Agdal, hinter dem Pacha Club einige Kilometer außerhalb der Neustadt, Tel. 0890 10 20 20, www.megarama.info. Eines der am modernsten ausgestatteten Kinos in Marokko mit klimatisierten Sälen. Hollywoodfilme in französischer Sprache. Eintritt 30–40 DH.

• **Colisée,** Bd Zerktouni, zentral in Guéliz, Tel. 0524 44 88 93. Aktuelle Hollywoodstreifen, drei Vorstellungen täglich, Eintritt 25 oder 35 DH, montags Kinotag.

• Jährlich findet das **Marrakech International Filmfestival** mit internationaler Prominenz statt.

Fahrrad und Quad

• Um die Entfernungen zwischen der Medina und Guéliz besser zu überbrücken, kann man sich z.B. vor dem Hotel Es-Saâdi oder El Andalous in der Hivernage ein **Fahrrad** ausleihen. Auch neben dem Hotel Ali am Südende des Djamâa-el-Fna sowie in einem Moped- und Radshop an der Rue Bab Agnaou (neben dem Restaurant Mabrouka) gibt es Fahrräder zur Miete. Die Tagesmiete beträgt jeweils ca. 80 DH.

• **Locaquad,** Mobil 0661 33 25 33, www.locaquad.com. Geführte Quad-Fahrten in der Palmeraie ab 40 Euro/Pers.

Sport

Schwimmen

• Baden ist **in einigen der Luxushotels** gegen Gebühr möglich (z.B. El Andalous, nicht im Mamounia, Es-Saâdi, oft recht teuer). Das **Piscine Municipale** (öffentliches Schwimmbad) liegt in der Rue des Remparts.

• **Oasiria,** km 4, Route d'Amizmiz, Cherifia (gegenüber Club Equestre), Tel. 0524 38 04 38, www.oasiria.com. Schönes Familienbad auf einem 10 ha großen Gelände mit Oliven- und Eukalyptusbäumen. Wellenbad, 500 m langer Wasserkanal, in dem man sich Gummireifen treiben lassen kann, Toboggans, Pirate und Kid's Lagoon für Kinder. Diverse Restaurants, mitgebrachtes Picknick nicht erlaubt. Großer Parkplatz. Vom 15. Juni bis 31. August zwischen 9.30 und 15 Uhr verkehrt alle 45 Min. ein kostenloser Shuttlebus ab dem Parkplatz an der Kutubiya-Moschee. Tageseintritt für Kinder 100 DH, Erwachsene zahlen 180 DH.

Hammam und Wellness

Wellness ist in, und daher eröffnen auch in Marrakesch immer mehr Oasen für das körperliche Wohlbefinden, vor allem in stilvoll renovierten Riads. Authentischer (und um ein Vielfaches billiger!) ist es, ein Quartier-Hammam aufzusuchen. Alle großen Hotels der Neustadt bieten Massagen, Hammam und Kosmetikbehandlungen an.

• **Bain d'Or,** in der Gasse an der Rückseite der Ben-Youssef-Moschee, Öffnungszeiten für Männer 6–11 u. 21–24 Uhr, für Frauen 11–21 Uhr, Eintritt 8 DH. Der älteste Hammam der Stadt wird noch heute von den Bewohnern des Quartiers genutzt. Bei diesem Bad handelt es sich um einen traditionellen Hammam, d.h. ohne Privatbehandlung oder besondere Wahrung der Intimsphäre wie bei Touristeneinrichtungen. Dafür erlebt man hier ein Stück authentischer marokkanischer Alltagskultur.

• **Isis Spa,** 12, Derb Jdid, Derb Dabachi, Medina, Tel. 0524 38 45 50, www.riad-isis.com, 9–21 Uhr, nur mit Reservierung, Paket aus Hammam, ½ Std. Massage und Rhassoul-

Maske für 300 DH. Die Mitarbeiterinnen von Chefin *Layla* versprechen u.a. eine herrlich erholsame, zarte Massage bei Synthesizer-Entspannungsmusik in einem im Zen-Stil renovierten Riad.

- **Hammam Ziani,** Riad Zitoun Djedid, ggü. dem Préfecture-Parkplatz nördlich des Eingangs zum El-Bahia-Palast, www.hammamziani.ma, tägl. 7–22 Uhr, getrennter Frauen- und Männerbereich. Wer sich in einem Quartier-Hammam nicht wohlfühlt, ist in diesem sehr sauberen Bad richtig. Mo.–Do. 35 DH Eintritt, Fr.–So. 45 DH, Massage 100 DH.

Trekking/Bergsteigen

Ab Marrakesch bieten sich v.a. mehrtägige Touren im Hohen Atlas an, z.B. auf den Djabal Toubkal von Imlil aus.

Sehr empfehlenswerte deutschsprachige **Bergführer** für individuelle Trekkingtouren (z.B. am Djabal Toukbal, M'goun, Djabal Sahgro usw.) sind *Abdeslam Ourbati* (Mobil 0676 79 03 66, abdou_ourbati@yahoo.fr oder abdourbati@gmail.com) und *Mohammed Kadaoui* (Mobil 0661 87 35 10, www.nomade-escapade.com). Ein weiterer empfehlenswerter Bergführer (französischsprachig) ist *Benyounesse Elahmadi* (Mobil 0661 70 92 42, younessee@hotmail.com. Kontakt zu Bergführern kann man auch jeden Abend im Hotel Ali knüpfen.

Bergtouren und -führer, Trekking und Wüstentouren bieten bzw. vermitteln auch viele **Veranstalter und Reisebüros** an (s.u.).

- **Club Alpin Français Casablanca,** www.caf-maroc.com. Informationen über Bergsteigen und Skifahren in der Toubkal-Region (Hütten, Führer, Karten).

Reiten

- **Les écuries de l'Atlas,** Aït Ourir (ca. 40 km außerhalb der Stadt), Mobil 0663 50 06 43, laurent_tomasso@yahoo.fr. *Laurent Tomasso* bietet schöne Ausritte in der Umgebung von Marrakesch an. Er holt interessierte Reiter in Marrakesch ab, der Umgang ist unkompliziert und persönlich. ½ Tag Ausritt 650 DH, 1 Tag 950 DH inkl. Fahrt, Wasser und Verpflegung.

Golfen

- **Palmeraie Golf Club,** die 18-Loch-Anlage mit sieben Wasserhindernissen wurde vom legendären Golfplatzarchitekten *Robert Trent Jones* gestaltet. Zum Platz gehört das 5-Sterne-Hotel Palmeraie Golf Palace.
- **Golf d'Amelkis,** Mitte der 1990er von *Cabbel Robinson* angelegter Platz mit 18 Löchern zwischen Erdwällen und Wasserhindernissen für technisch versierte Spieler.
- **Royal Golf,** der 18-Loch-Platz unter Palmen, Zypressen und Zitrusbäumen wurde bereits in den 1920ern angelegt.

Einkaufen

Traditionelles Handwerk

- **Souvenirs** gibt es in der größten Auswahl in der Medina in den Souks, hier muss man aber bis aufs Äußerste handeln (meist ist etwa ein Drittel des erstgenannten Preises möglich)! Auch in der Neustadt bekommt man Souvenirs – die Auswahl ist kleiner, dafür sind sie manchmal günstiger.
- Empfehlenswert für alten, echten **Schmuck** sind diverse Läden in der **Rue Mouassine** (nördliche Medina, beginnend am Place Bab Ftouh).
- Im **Ensemble Artisanal** an der Av. Mohammed V. kann man Kunsthandwerk zu Festpreisen kaufen. Vor allem zur Preisinformation vor dem Souk ist ein Besuch anzuraten.
- **Töpferwaren** gibt es im Töpferviertel beim Bab Rhemat (außerhalb der Stadtmauer).
- Utensilien für die marokkanische Teezeremonie gibt es am Ostende des Bab Fteuh oder in der Rue Riad Zitoun Djedid: ziselierte Teetabletts, marokkanische **Teekannen** in verschiedenen Formen und Größen sowie hübsche rot, grün oder blau verzierte Gläser.
- Gerade angesagte **marokkanische bzw. arabische Musik** kann man günstig an dem großen CD-Stand am Djamâa-el-Fna kaufen.
- Im **Gewerbeviertel Sidi Ghanem** (4 km außerhalb an der Straße nach Safi) bieten diverse Läden stilvolle Einrichtungsgegenstände und Kunsthandwerk an. Besonders schön sind z.B. die handgefertigten Kerzen von *Amira Bougies* (www.amirabougies.com).

●L'Orientaliste, 15, Rue de la Liberté, Mo.–Sa. 9–12.30 u. 15–19.30 Uhr. In diesem kleinen Laden kann man allerhand hübsche Dinge aus Thujenholz, Leder, Keramik, Stoff und Schmiedeeisen zu fairen Preisen entdecken. Zudem gibt es orientalische Bilder, Schmuck und Parfums.

Kleidung/Stoffe

●La Maison du Kaftan marocain, 65, Rue Sidi Yamani, Mouassine, Medina. Hier gibt es das traditionelle marokkanische Übergewand für Frauen in allen Variationen.

●Carrefour des Tisserands/Art Ouarzazate, 1, Rue Kennaria/Ecke Rue des Banques, nahe Djamâa-el-Fna. Ein Schild weist von der Gasse in das Untergeschoss eines Hinterhofgebäudes, wo man zwischen 10 und 14 Uhr zusehen kann, wie auf Webstühlen die Stoffe gefertigt werden. Handgefertigte, schöne Webware aller Farben, Größen und Muster (Tischdecken, Kissenbezüge, Taschen etc.).

●Scènes de Lin, 70, Rue el Houria (Rue de la Liberté), Guéliz, Mo.–Sa. 9.30–13 und 15.30–19.30 Uhr. Schicker Laden in der Neustadt mit Dekorations- und Einrichtungsgegenständen für das modern-orientalische Interieur in knalligen Farben: Stoffe, Vorhänge, Kissen, Taschen etc., vor allem in Leinen.

Teppiche

●Boutique Rachid, 57, Riad Zitoun Kedim (gegenüber Derb Jdid), südlich des Djamâa-el-Fna, Medina, Tel. 0524 44 05 82. Dieser kleine Laden ist an seiner beschrifteten Markise und den zur Gasse ausgehängten Teppichen erkennbar. Der junge, sehr gut deutsch sprechende und weitgereiste *Rachid* verkauft Kelims aus dem Mittleren und Hohen Atlas. Er erklärt sehr fachmännisch die Bedeutung häufig verwendeter Motive, gab bereits Seminare für deutsche Studenten und organisiert auch Ausflüge in Tadlakt-Betriebe.

●Art Akhnif, 6, Rue Mouassine, Medina, Tel. 0524 42 60 96. Schöne Kelims und Kelim-Kissenbezüge, auch andere Teppiche und Überzüge in verschiedenen Farben und Größen werden im kleinen Verkaufsraum präsentiert. Keine Touristenanmache, die Beratung ist freundlich, die Preise sind fair.

Supermärkte/ Lebensmittel/Gewürze

●ACIMA Supermarché, 107, Av. Mohamed Abdelkrim el Khettabi, tägl. 8.30–22 Uhr. Zentral in der Neustadt gelegener, gut sortierter Supermarkt (auch Alkohol und Schweinefleischprodukte) mit Tiefgarage.

● Marjane, Route de Casablanca, Semlalia, tägl. 9–22 Uhr. Riesiger Hypermarché nördlich der Neustadt. Europäisches Warenangebot von Alkohol über Lebensmittel bis zu Kleidung. Gutes und günstiges (Bio-)Arganienöl. Ein weiterer Marjane befindet sich an der Straße Richtung Essaouira.

●Gewürze, Kräuter und Öle gibt es an Ständen rund um den **Rahba Kedima** in der nördlichen Medina und im **Marché Central** in der Neustadt. Besonders gut für den Lebensmitteleinkauf eignet sich der **Mellah-Markt** *(Marché couvert)* an der Av. Hoummam El Fetouaki nahe des Place des Ferblantiers.

●Die **Herboristerien,** die zurzeit mehr und mehr aus dem Boden sprießen und im Prinzip ausschließlich an Touristen verkaufen, bieten **Gewürze** meist zu überteuerten Preisen an. Dort werden in kommerziellen Verkaufsshows (oft auch auf Deutsch) allerlei traditionelle Heilmittel gegen Rheuma, Blähungen, Husten etc. und diverse Mittelchen für die Schönheit präsentiert.

Buchhandlungen/Zeitschriften

Deutsche Zeitungen und Zeitschriften vom „Spiegel" bis zur „Gala" werden an der Bude neben dem Café Les Terrasses de l'Alhambra am Nordende des Djamâa-el-Fna sowie an Straßenständen entlang der Av. Mohammed V. (z.B. am Place Abdelmoumen) in Guéliz verkauft.

●Librairie Papeterie Chatr, 19–21, Av. Mohammed V., Guéliz. Sehr große Buchhandlung mit guter Auswahl an (auch fremdsprachiger) Literatur zu allen Themenbereichen.

●Marra Book, 53, Derb Kabada, Av. des Princes, südliche Medina. Café und Buchhandlung in einer Seitengasse der Rue Bab Agnaou. Gute Auswahl an englischer und französischer Literatur sowie Karten zu Marrakesch und Marokko.

Kunst und Kultur

- **Dar Cherifa,** 8, Derb Charfa Lakbir, Mouassine, Medina, Tel. 0524 42 64 63, Mobil 0661 16 36 30. Im Herzen der Medina liegt dieser stilvoll renovierte Riad aus dem 16. Jh. mit wunderschönen Zedernholzarbeiten. Hier finden Kulturveranstaltungen in Zusammenarbeit mit dem „Dialogpunkt Deutsch" und dem Institut Français sowie regelmäßige Kunstausstellungen statt. Im Innenhof mit Polsterecken oder auf der Dachterrasse kann man für eine kleine Verschnaufpause vom Medinarummel Platz nehmen und marokkanische Gerichte sowie frische Säfte oder Tee mit Gebäck genießen. Eintritt frei.

  Wegbeschreibung: Gegenüber der Moschee Mouassine in die mit „Riad les Jardins Mouassine, Dar Justo" beschilderte Gasse einbiegen, links um die Ecke, nächste Gasse rechts durch einen niedrigen Durchgang, an der Tür direkt dahinter auf der rechten Seite anklopfen.
- Wer sich für Malerei interessiert, dem sei ein Besuch beim sehr bekannten Maler und Schriftsteller **Hans Werner Geerdts** empfohlen. *Hr. Geerdts* lebt seit Jahrzehnten in Marrakesch, schreibt über das Leben in der Medina und malt mit Aquarell-, Öl- und Acrylfarbe. Viele seiner Gemälde hängen in den Luxusriads der Stadt. Er hat in seinem Privathaus in der Medina die **Galerie Dar Fenan** eröffnet, in der man nach telefonischer Vorankündigung vorbeischauen kann: Tel. 0524 39 04 44, 51, Derb el Hammam, Gasse südlich der Moschee Mouassine.

Stadtbusse

Eine Haupthaltestelle für Busse in die Neustadt, zu den Ménara-Gärten oder zum Flughafen befindet sich **am Place Foucault** zwischen Djamâa-el-Fna und Kutubiya-Moschee (Fahrpreis: 4 DH).

- **Linien 1–11:** Alle Linien (außer 6 und 9) fahren über die Neustadt (Av. Mohammed V.).
- Die **Linien 4 und 12** fahren zum Jardin Majorelle.
- Die **Linien 3 und 10** fahren zum Bab Doukkala.
- Die **Linien 4, 5 und 12** fahren zum Gare Routière (Busbahnhof), die **Linie 11** in die Av. de la Ménara in die Nähe des Flughafens.
- Die **Linien 3 und 8** fahren vom Bahnhof ins Stadtzentrum.
- Die **Linie 19** fährt halbstündlich vom Flughafen zum Busbahnhof und zum Place Foucault (Djamâa-el-Fna).

Fernverkehrsbusse

- Der **Busbahnhof** *(gare routière)* für Privat- und CTM-Linien liegt am Place el-Mourabiten (nahe Bab Doukkala), Tel. 0524 43 44 02. Ein weiterer **CTM-Bahnhof** (und -Büro) befindet sich in der Rue Abou Baker Seddik, Tel. 05 24 44 74 20.
- Busse privater Linien an den Nordrand des Hohen Atlas (z.B. Amizmiz, Setti Fatma, Asni) fahren auch am **Place er Robb** ab.
- Der Busbahnhof von **Supratours** (mit Fahrkartenschalter, kleinem Café und Aufenthaltsraum) liegt an der Av. Hassan II., etwas westlich vom Bahnhof, Tel. 0524 43 55 25. Einen Tag im Voraus buchen!

Supratours

- **Essaouira:** 4x tägl., Fahrzeit 2½ Std., 65 DH.
- **Agadir:** 5x tägl., Fahrzeit 4½ Std., 90 DH.
- **Tiznit – Guelmim – Tan-Tan – Tarfaya:** tägl., bis Tiznit 100 DH, Guelmim 130 DH, Tan-Tan 180 DH, Tarfaya 240 DH.
- **Ouarzazate – Kelâa Mgouna – Boumalne – Tinerhir:** 1x tägl. nachmittags, bis Ouarzazate Fahrzeit 4 Std., 70 DH, Kelâa Mgouna 90 DH, Boumalne 100 DH, Tinerhir 110 DH.
- **Fès:** 1x tägl. morgens, über Beni Mellal, Kasba Tadla, Khénifra, Azrou und Ifrane.
- **Casablanca:** mehrmals tägl., Fahrzeit 4 Std.

CTM

- **Agadir:** 9x tägl., Fahrzeit 5 Std.
- **Casablanca:** 8x tägl., 4 Std., 90 DH.
- **Essaouira:** 2x tägl., 3 Std.
- **Ouarzazate:** 3x tägl. (davon ein Nachtbus), 5 Std., ca. 75 DH.
- **Errachidia:** 1x tägl., 10 Std., ca. 130 DH.
- **Laâyoune:** 1x tägl., 17 Std., ca. 280 DH.
- **Zagora:** 1x tägl., 8 Std.
- **Smara:** 1x tägl., 14 Std.

Private Linien

Verschiedene Gesellschaften (Büros am Gare Routière Bab Doukkala) bieten u.a. mehrmals täglich Verbindungen nach **Fès** (ca. 9 Std. Fahrzeit) und **Meknès** (ca. 6 Std. Fahrzeit), **Agadir, Taroudannt, Essaouira und Ouarzazate** (Fahrzeit 7 Std.) an. Die Busse sind schlechter in Schuss als diejenigen von Supratours und CTM.

Eisenbahn

- Der nagelneue, repräsentative **Bahnhof** befindet sich in der Av. Hassan II. im Westen der Neustadt, Tel. 0524 44 65 69. Zu Fuß mit Gepäck ist der Marsch in die Medina sehr mühsam, man sollte daher besser mit dem Taxi fahren; zur Jugendherberge sind es nur ca. 10 Minuten!

Verbindungen und Preise

- Genaue Abfahrtszeiten im Internet unter **www.oncf.ma.**

aga08-366 Foto: ad

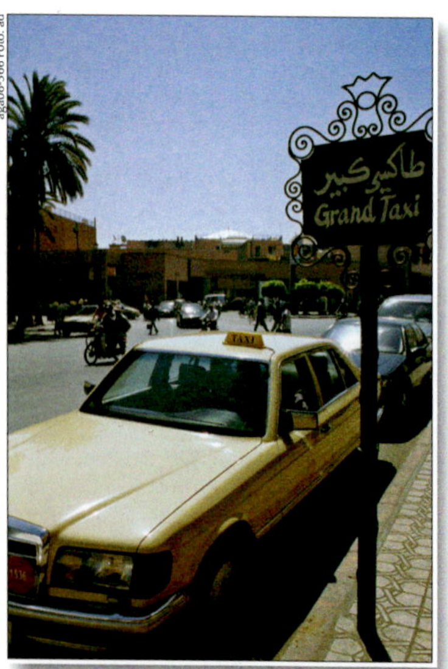

- **Casablanca – Rabat (– Tanger):** 9x tägl. (davon zwei Nachtzüge), Fahrzeit nach Casablanca 3¼ Std., nach Rabat 4 Std., nach Tanger 9 bzw. 10 Std. Preise: nach Tanger 2. Kl. 205 DH (im Liegewagen 350 DH); nach Rabat 2. Kl. 120 DH; nach Casablanca 2. Kl. 90 DH.
- **Casablanca – Rabat – Fès:** 8x tägl., Fahrzeit 7½ Std. bis Fès. Preise: nach Fès 2. Kl. 195 DH.

Flugverbindungen

Der **Flughafen Marrakesch-Ménara** liegt 6 km südwestlich des Zentrums, Fahrzeit ca. 15 Minuten aus der Neustadt, Tel. 0524 44 78 65. **Grand Taxi** vom Flughafen zur Innenstadt offiziell 100 DH, **Petit Taxi** 50 DH, meist wird deutlich mehr verlangt (handeln!).

Am Flughafenparkplatz befindet sich die Haltestelle des **Shuttlebusses Nr. 19** (Navette), der von 6.30 bis 0.15 Uhr halbstündlich zum Busbahnhof und Djamâa-el-Fna fährt (einfache Fahrt 20 DH, hin und zurück 30 DH). Etwa 300 m entfernt vom Flughafengebäude an der Hauptstraße hält auch der **Linienbus Nr. 18** (3,50 DH).

Inlandsflüge

Alle Flüge über Casablanca: Besser die Bahn oder den Bus nehmen, da die Flugreisezeit mit Umweg über Casablanca meist mindestens genauso viel Zeit in Anspruch nimmt.

- **Agadir:** tägl., ca. 600 DH.
- **Fès:** 6x wö., ca. 700 DH.
- **Casablanca:** mehrmals tägl., ca. 600 DH.
- **Oujda:** 5x wö., ca. 1000 DH.
- **Tanger:** 6x wö., ca. 1200 DH.

Auslandsflüge

Air Berlin, Atlas Blue, EasyJet, Ryanair und TuiFly fliegen Marrakesch (z.T. nur saisonal) von verschiedenen deutschen und schweize-

Grand-Taxi-Haltestelle

rischen Flughäfen an. Weitere Verbindungen mit Royal Air Maroc über Casablanca (u.a. nach Genf, Wien, Zürich).

Sammeltaxis/Taxis

Petit Taxi

Eine **Stadtfahrt** darf tagsüber 10–25 DH kosten, nachts ca. 30 DH, je nach Entfernung. Die Taxifahrer in Marrakesch zocken inzwischen schamlos ab und schalten das Taxameter meistens nicht ein – also hart verhandeln! Taxistände z.B. am Djamâa-el-Fna, am Bab er Robb und am Bab Doukkala.

Grand Taxi (Sammeltaxi)

- Die Grand Taxis (Mercedes-Limousinen) nehmen bis zu fünf Passagiere mit und dürfen auch außerhalb des Stadtgebietes verkehren, z.B. für **Ausflugsfahrten für den ganzen Tag** (600–700 DH). Wenn man sich ein Fahrzeug bis zu einem bestimmten Ziel als Sammeltaxi mit anderen (marokkanischen) Passagieren teilt, verringert sich der Fahrpreis entsprechend. Grand Taxis (Sammeltaxis) warten z.B. gegenüber dem Place de Foucault sowie beim Gare Routière entlang der Stadtmauer nördlich des Bab Doukkala. Fahrpeise der Sammeltaxis (teilbar durch die Zahl der Fahrgäste): nach Imlil ca. 200 DH, nach Asni ca. 150 DH, nach Ouarzazate ca. 70 DH pro Fahrgast. Wenn man nach **Aït Benhaddou** oder **Telouèt** will, ist es möglich, sich an der Kreuzung zu den jeweiligen Orten absetzen zu lassen und von dort weiterzutrampen. Vom **Flughafen** zum Djamâa-el-Fna oder nach Guéliz kostet die Fahrt 100 DH (offizieller Preis).
- Ein **Taxiservice** (deutschsprachig) wird unter der Info-Nr. 0524 47 34 61 betrieben bzw. im Internet unter www.marrakech-info.com/unterkuenfte/taxi.htm.

Pferdedroschken

Mit den allgegenwärtigen Pferdedroschken **(calèche)** kann man sich zu allen Sehenswürdigkeiten fahren lassen. Haltestellen befinden sich z.B. am Place de Foucault, beim Place de la Liberté Richtung Hivernage, am Westende der Kutubiya-Gärten nahe dem Hotel La Mamounia und beim Jardin Majorelle. Der offizielle Preis für 1 Stunde Fahrt beträgt 90 DH. Meist werden jedoch mindestens 100 DH für eine einfache Strecke unabhängig von der gefahrenen Zeit verlangt – daher hart verhandeln! Der ausgehandelte Preis gilt für die ganze Kutsche, also für max. vier Personen.

Rund ums Auto

Die Ausschilderung in der Stadt ist schlecht. Wer sich nicht verfahren will, sollte ein Petit Taxi vorausfahren lassen.

Parken

- Im Gegensatz zu anderen marokkanischen Städten kann man in der Medina fast direkt **beim Djamâa-el-Fna** gut parken. In den großen Straßen **um die Kutubiya-Moschee** finden sich zahlreiche bewachte Parkplätze sowie ein umauertes Gelände bei der Moschee (40 DH/24 Std.). Beim C.T.M.-Hotel befinden sich bewachte Park- und Garagenplätze (auch für „non-residents"), 25–40 DH/Tag je nach Größe des Autos. Ein weiterer Parkplatz zentral in der Medina liegt gegenüber der Préfecture an der **Riad Zitoun Djedid.**
- In der **Av. Mohammed V.** kann man sowohl am Mittelstreifen als auch auf beiden Seiten bewacht parken (40 DH/Tag).
- Die **Saadier-Gräber** sind sehr gut mit dem Auto erreichbar, da man beim Bab er Robb problemlos parken kann.
- Auch die **Gärten Menara und Agdal** haben bewachte Parkplätze.

Autovermietung

Empfehlenswerte, zuverlässige Autovermieter in Marrakesch sind:

- **Avis,** 137, Av. Mohammed V., Tel. 0524 43 25 25, geöffnet 8–12 u. 14–19 Uhr; auch am Flughafen, Tel. 0524 43 31 69.
- **Always Car,** Tel. 0524 44 67 97, Fax 43 09 38, Complexe Kawkab (Nähe Av. Mohammed VI.) und am Flughafen.
- **Amsterdam Car,** 112, Bd Mohammed V., Guéliz, Mobil 0661 13 18 06, www.amsterdamcar.com.

- **Beautiful Car,** 92, Bd Zerktouni, 1. Stock, App. 2, Tel. 0524 44 99 87, www.marrakech-info.com/beautiful.
- **Budget,** Bd Zerktouni, Guéliz, Tel. 0524 43 11 80, auch am Flughafen, www.budget.com, geöffnet Mo.–Sa. 8.30–12 u. 14.30–19 Uhr.
- **Europcar,** 63, Bd Zerktouni, Guéliz, Tel. 0524 43 12 28, www.europcar.com, auch am Flughafen (Tel. 0524 43 77 18) und im Sofitel Hotel.
- **First Car,** 234, Bd Mohammed V., Résidence Zaher, Tel. 0524 43 87 64, und am Flughafen, www.firstcar.ma. Zentrale Reservierungsstelle in Casablanca: Tel. 0522 30 00 07, contact@firstcar.ma.
- **Flash Car,** Rue Tarik Ibn Ziad (Hotel El Boustane), Guéliz, Tel. 0524 43 39 13, www.flash-cars.net.
- **Sisters Car,** 10, Rue Fatima El Fihria, Guéliz, Mobil 0661 18 12 63, locationsisterscar @hotmail.co, oder über Hotel Sherazade bzw. Essaouira.
- **Hertz,** 154, Av. Mohammed V., Tel. 0524 44 99 84, www.hertz.com, geöffnet 8–12 u. 14.30–18.30 Uhr, sonntags 9–12 Uhr; auch am Flughafen, Tel. 0524 44 72 30.
- **Khouloud Car,** 67, Bd. Mansour Eddahbi, Immeuble Belkahia, Guéliz, Tel./Fax 0524 43 59 99.
- **Lhasnaoui Rent,** Ecke Av. Allal El Fassi und El Yacoub Mansour, Imm. Omairi II, Tel. 0524 31 24 15, www.lhasnaouirent.com.
- **Magdaz Car,** 2, Imm. Zoubairi, Rue Bani Marine Lalla Rkia, 1. Stock, nahe franz. Konsulat und Total-Tankstelle, Tel. 0524 38 57 47, www.magdazcar-marrakech.com.
- **Medloc Maroc,** 75, Rue Ibn Aïcha, 1. Stock, Guéliz, Tel. 0524 43 57 57, www.medloc-maroc.com.
- **Najm Car,** Résidence Jakar, Ecke Av. Mohammed V. und Rue Mohammed El Baqal, Tel. 0524 43 79 09, www.najmcar.com.
- **Rabia Cars,** 11, Rue Rahal Ben Ahmed, Semlalia, Tel. 0524 43 00 35, www.rabiacars.com.
- **Sixt,** 9, Rue el Mansour Eddahabi, Tel. 0524 43 31 84, und am Flughafen, Tel. 0524 43 17 99, www.sixt.de.

aga08-347 Foto: ad

Autohändler/Werkstatt

- **Toyota du Maroc,** Route de Casablanca, 41, El Koudia, Tel. 0524 31 23 37. Sehr gute Werkstatt.

Notfall

- **Polizei,** Tel. 19.
- **Touristenpolizei,** Tel. 0524 38 48 01.
- **Feuerwehr,** Tel. 15.
- **Notarzt,** Tel. 0524 40 40 40, 400 DH.

Arzt/Krankenhaus

- **Dr. Gertrud Michaelis,** 7, Rue Ibn Sina, Guéliz, Tel. 0524 44 83 43. Deutsche Allgemeinmedizinerin.
- **Polyclinique du Sud,** Rue Yougoslavie, Ecke Rue Ibn Aicha, Guéliz, Tel. 0524 44 79 99. Von Ausländern in Marrakesch bevorzugt genutzte Privatklinik, 24-Std.-Notfallaufnahme.

Apotheken

Apotheken gibt es **im gesamten Stadtgebiet.** Die Nachtdienste der Apotheken *(pharmacies de garde)* werden wöchentlich neu eingeteilt. Infos beim Syndicat des Pharmaciens de Marrakech, Tel. 0524 44 75 20 oder 43 72 28.

Banken/Wechselstellen

- **Banken mit Geldautomaten** sind **überall im Stadtgebiet** anzutreffen und auch rund um den Djamâa-el-Fna in der Medina.
- Die **Wechselstube im Hotel Ali** am Djâmâa el-Fna hat auch abends und sonntags geöffnet.

Post

- **Place du 16. Novembre,** Av. Mohammed V. (Hauptpost) und am Djamâa-el-Fna.

Teestand am Djamâa-el-Fna

Internet

Nahe des Djamâa-el-Fna, in der Rue Bab Agnaou, im **Cyber Parc** (vgl. Sehenswertes) sowie in der Neustadt gibt es diverse modern ausgestattete **Internetcafés.** Die Stunde online kostet 5–10 DH (in den teuren Hotels bis zu 40 DH).

Reisebüros/-veranstalter

- **Cultures Natur Voyages,** Rue Oum R'Bia, Imm. Nakhil, Appt. 19, Guéliz, Tel. 0524 43 98 66, www.culturenaturevoyage.com. Bergsteigen, Skitouren, Pferde- und Kameltrekking, 4x4-Touren und andere Aktivtouren.
- **Ideal Tours,** Av. Mohammed V., Immeuble Les Amandiers, 1. Stock, App. A3, Guéliz, Tel. 0524 88 70 63, Mobil 0661 60 28 48. Halbtages- und Tagestouren in die Umgebung von Marrakesch, aber auch längere Touren in den Hohen Atlas oder ins Drâa-Tal.
- **Marabout Travel/Amalou Voyages,** *Brigitte Zahner* und *Lahoucine Taha,* B.P. 7288 Sidi Abbad, 40000 Marrakech, Tel./Fax 0524 43 22 42, www.maraboutreisen.ch. *Brigitte* ist Schweizerin, *Lahoucine* stammt aus dem Aït-Bougoummez-Tal. Beide sprechen deutsch und sind spezialisiert auf Wanderungen, Landrovertouren und Themenreisen. Auf ökologische und soziale Verträglichkeit wird besonderen Wert gelegt. Professionelle Betreuung, Reisen in Kleingruppen, Kontakt zur Bevölkerung. Auch individuelle Touren für Familien.
- **Omni Tours,** 220, Av. Mohammed V., Guéliz, Tel. 0524 43 84 71, Mobil 0661 38 64 67, www.omnitoursmaroc.com. Bekannte und empfehlenswerte Incoming-Agentur mit einem großen Fuhrpark von 4x4 bis Bussen, spezialisiert auf Wüstentouren (nach Tata, Merzouga, Zagora), aber auch Tages- und Zweitagesausflüge zu verschiedenen Zielen.
- **Sahara Services Travel,** 88, Bd Zerktouni, Imm. Moutassali, App. 38 (4. Stock), Guéliz, Tel./Fax 0524 42 06 73, Mobil 0661 77 67 66, www.saharaservices.info. Zuverlässige, kompetente und empfehlenswerte Agentur des gut englisch sprechenden *Abdou Benalila* mit Hauptvertretung in Mhamid. Individuelle

Programmgestaltung, 4x4-Wüstentouren, Kameltrekking usw., Begleitung durch deutschsprachige Führer möglich.

- **Sport Travel,** 154, Bd Mohammed V, Tel. 0524 43 63 69, www.sporttravel-maroc.com. Diese professionell arbeitende Agentur ist spezialisiert auf aktive Reisende: Trekking-, Ski- und Pferdetouren, Mountainbiking, Canyoning etc.
- **Tamsilt,** *Beatrice Buschor* (deutschsprachige Schweizerin) und *Lahoucine Oulkadi,* Tel./Fax 0524 34 37 98, tamsilt@menara.ma, Poste Medina, B.P. 211, 40000 Marrakech. *Lahoucine* ist geprüfter Bergführer und stammt aus dem Aït-Bougoummez-Tal, einer beliebten Bergsteigerregion Marokkos. In kleinen Gruppen führen *Beatrice* und *Lahoucine* durch die Berge und die Wüste – zu Fuß oder per Fahrzeug, mit Muli oder Kamel (sehr empfehlenswert). Sie betreiben auch eine schöne Auberge in Agouti.
- **Tourisport,** 213, Av. Mohammed V., App. 31, Tel. 0524 44 81 39, www.tourisport.ma. Trekking-, Ski-, Mountainbike-Touren, Surfen, Paragliden u.a.
- **Unitours Maroc,** Av. du Prince My Abdellah, Rés. Ahlam II, Immeuble D, Tel. 0524 44 69 13, www.unitourismorocco.com. Großer marokkanischer Veranstalter: Golfreisen, Autoverleih, Vermittlung von Riads, Rundreisen.

Es gibt zahllose **Trekkinganbieter** in und um Marrakesch, die allerdings **nicht immer legal** arbeiten. Man sollte bei der Auswahl eines Veranstalters deshalb nicht nur auf den Preis, sondern auch darauf achten, dass die Touren ökologische und soziale Prinzipien berücksichtigen. Ein seriöser Anbieter kann daher keine Dumping-Preise bieten.

Feste/Veranstaltungen

- **Festival National des Arts Populaires (FNAP),** www.marrakech-festival.com, eine Woche im Juli. Dies ist die größte und wohl bedeutendste Kulturveranstaltung der Stadt mit Folklore-Musikgruppen und Artisten aus allen Teilen Marokkos. Bei den Spektakeln im El-Badi-Palast und an anderen Veranstaltungsorten kann der Besucher die kulturelle Vielfalt Marokkos und ihre musikalischen Ausprägungen kennenlernen: traditionelle Musik der Berber aus dem Hohen Atlas, andalusisch geprägte Melodien aus Nordmarokko, mystische Rhythmen der Gnaoua aus Essaouira usw.
- **Festival International du Film de Marrakech,** www.festivalmarrakech.info, acht Tage Ende Nov./Anfang Dez. Jedes Jahr Anfang Dez. kommt zum Internationalen Filmfestival unter Schirmherrschaft von König *Mohammed VI.* für ein paar Tage ein bisschen Hollywoodglamour nach Marrakesch. In den letzten Jahren wurde der rote Teppich z.B. für internationale Produzenten und Stars wie *Martin Sheen, Leonardo diCaprio, Susan Sarandon, Martin Scorsese* und *Roman Polanski* ausgerollt. Das Festival widmet sich internationalen Filmen jeden Genres. An den Veranstaltungsorten (u.a. Kinos Mabrouka und Colisée, Palais des Congrès, Djamâa-el-Fna) werden mehr als 460 Filme gezeigt, darunter auch nicht nominierte, international ausgestrahlte Kinofilme.

Ausflüge

Organisierte Ausflüge

Hotels und Reisebüros bieten eine breite Palette an Ausflügen an (150–500 DH je nach Entfernung und Dauer): **Tagesfahrten** ins Ourika-Tal, nach Asni und Aghbalou, nach Asni und Ouirgane, nach Ouarzazate, nach Essaouira und Zweitagesfahrten nach Zagora.

Viele große Hotels oder gute Maisons d'Hôtes bieten auch ein **Stadtbesichtigungsprogramm** an, z.B. Souk-Besuch mit Besichtigung der Medersa Ben Youssef, Kutschfahrt entlang der Stadtmauer mit Besuch des Jardin Majorelle, der Menara-Gärten, des Agdal-Gartens etc.

Oft kann man auch einen **Fantasia-Abend** (Fantasia und Mechoui-Abendessen) oder **Berber-Abend** (mit Vorführungen und Abendessen im Zelt) buchen.

Ausflüge auf eigene Faust

(mit Mietwagen, Sammeltaxi oder öffentlichen Verkehrsmitteln)

Halbtagesausflüge zum Stausee des **Oued N'Fiss – Lalla Takerkoust** 20 km südlich (mit Bade- und Einkehrmöglichkeit).

Als **Tagesausflug** bietet sich die Weiterfahrt nach **Ouirgane** und **Tameslout** an, einem religiösen Zentrum in der Haouz-Ebene. Hier liegt die Zaouia des **Sidi Ahmed Ben Laaroussi,** dem Mann, der viele Wunder bewirkte und angeblich in 366 Wissenschaften bewandert war. Die Zaouia ist leider innen nicht zu besichtigen, dafür die Reste einer alten Kasbah. Anfahrt: 19 km von Marrakesch in Richtung Taroudannt, nach 5 km in Richtung Amizmiz abbiegen und bei km 15 wieder rechts. Ein wichtiger Moussem findet am Aid el Fitr statt, siehe Feiertage und islamischer Kalender.

Tagesausflüge können auch ins **Ourika-Tal** und nach **Oukaïmeden** unternommen werden, nach **Mulay Brahim** (Wallfahrtsort) oder **Asni, Ouirgane** und nach **Tin Mal** zur Gründermoschee der Almohaden; ferner nach **Demnate – Pont Naturel Imi-n-Ifri** und zu den **Saurierabdrücken** und zu den **Ouzoud-Wasserfällen.**

Zweitagesausflüge bieten sich an nach **Telouèt,** zu der Kasbah des Paschas *El Glaoui,* und nach **Aït Benhaddou,** zu dem von der UNESCO geschützen Lehmksar. Beide liegen auf der Strecke in Richtung **Tizi-N-Tichka** und Ouarzazate. Telouèt geht auch an einem Tag.

Dreitagesausflüge: Wandern im **Nationalpark Djabal Toubkal,** mit Anfahrt über Asni und **Imlil,** ab dort zum **Djabal Toubkal,** oder nach Agouti oder Tabant im **Aït-Bougoumez-Tal.**

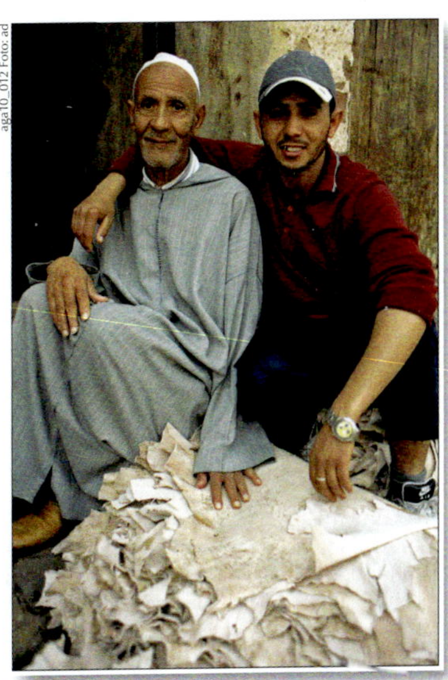

aga10_012 Foto: ad

Lederverkäufer im Souk

aga08-374 Foto: ch

Nördlicher Hoher Atlas

aga08-375a Foto: ch

aga08-375b Foto: ch

Imposant: die Bergkette des Hohen Atlas

Moschee und Zawia Tin Mal

Garten des Hotels La Roseraie (Ouirgane)

Überblick

Der **Hohe Atlas** ist das **höchste Gebirge in Nordafrika.** Seine Nordseite ist dicht bewachsen und von reißenden Bergflüssen durchzogen. Diese Region ist den Alpen oder dem französischen Zentralmassiv wesentlich ähnlicher als die Atlassüdseite. Statt Fichten, Tannen und Buchen gedeihen hier Eichen, Thujen und Wacholder, aber auch Zedern, und die sprudelnden Bäche unterscheiden sich nur wenig von unseren Gebirgsflüssen.

Im Hochgebirge liegt von Ende Dezember bis Ende März meist eine dicke Schneedecke, manche Pässe sind kurzzeitig gesperrt, Pistenfahrten müssen im Winter gänzlich unterbleiben.

Wer sich **aktiv betätigen** will, kann sich zu einer Trekkingtour oder im Frühjahr zu einer Skitour aufmachen. Zu Fuß knüpft man auch am einfachsten Kontakte zu den freundlichen Bewohnern der ursprünglichen Dörfer entlang der Gebirgstäler mit Terrassenfeldern, Apfel- und Walnussbäumen. Für Wandertouren eignen sich die Regionen um Asni, Imlil, Ouirgane, Oukaïmeden oder Setti Fatma sowie das Aït-Bougoummez-Tal bei Agouti und Tabant (südlich Azilal, siehe Ausflüge Azilal). Für mehrtägige Touren kann man sich einen lizensierten Bergführer sowie Gepäckmulis anmieten. Buchungsmöglichkeiten für Trekking-, Ski-, Wildwasser-, Mountainbike- oder Geländewagentouren gibt es in Marrakesch in spezialisierten Reisebüros (siehe dort).

Erst auf der trockeneren Atlassüdseite oder in den Ebenen um Marrakesch wachsen **Palmen,** die auf der im Winter schneereichen Nordseite des Hohen Atlas nicht mehr gedeihen. Die mächtigen **Kasbahs** der Berberfürsten und Paschas sind ebenfalls erst auf dem Weg in den Süden zu sehen.

Ausgangspunkt für eine Erkundung des Südens sind in der Regel Marrakesch oder die Touristenstadt **Ouarzazate.** Insgesamt sind der Hohe Atlas und der Süden sicherlich die Gegenden Marokkos, in denen man auf verhältnismäßig kurzen Entfernungen die meisten Kontraste und landschaftlichen Höhepunkte erlebt.

Zu den Ouzoud-Wasserfällen und dem Stausee Bin-el-Ouidane

Überblick

- **195 km von Marrakesch bis zu den Ouzoud-Wasserfällen, 257 km bis Bin-el-Ouidane; N8, R304.**
- Gute **Busverbindungen** bestehen mehrmals täglich **zwischen Marrakesch und Beni-Mellal** (314 km). Aussteigen an der Kreuzung nach Aït Attab, weiter in Richtung Aït Attab und in die Abid-Schlucht fahren Sammeltaxis oder Taxis, ebenso bis zu den Ouzoud-Wasserfällen (20 DH). Von dort zurück mit dem Taxi oder per Anhalter bis zur Kreuzung nach Azilal – Marrakesch (Buszusteigemöglichkeit in beide Richtungen).
- Die hier beschriebene Route zu den Ouzoud-Wasserfällen (195 km) führt nach **Aït Attab** und in die **Abid-Schlucht,** wo die Wasserfälle liegen. Die im ersten Drittel langweilige Strecke führt im weiteren Verlauf male-

risch durch Steineichen und Thujenwälder oberhalb der Abid-Schlucht entlang und zum Bin-el-Ouidane-Stausee. Der Ausflug (ohne Abid-Schlucht) kann in Marrakesch in Reisebüros gebucht werden. Die Tour ist in zwei bis drei Tagen mit dem Mietwagen oder mit öffentlichen Verkehrsmitteln zu machen.

- Eine landschaftlich weniger reizvolle **Alternativroute** führt von Marrakesch auf der R210 und R304 (gute Teerstraßen) über Demnate von Süden zu den Wasserfällen (vgl. „Von Azilal nach Demnate").

Anfahrtsbeschreibung

Die Tour beginnt in Marrakesch-Nord an der Kreuzung in Richtung Ouarzazate (Hotel Tikida links). Bei km 5,2 geht es geradeaus weiter nach Fès und Beni-Mellal, rechts nach Ouarzazate. Nach 11,5 km liegt an der Straße das **Hotel Sidi Mansour** (schöne Gartenanlage, Pool). Weiter geht es durch dicht besiedeltes Landwirtschaftsgebiet (Oliven und Zitrusfrüchte).

Nach 51 km ist der große Ort **Tamelelt** erreicht.

Bei km 54,7 besteht rechts die Möglichkeit, nach **Demnate** und **Azilal** und auch auf direktem Weg (R208) zu den Ouzoud-Wasserfällen zu gelangen (nicht über die Schlucht El Abid).

Der weitere Streckenverlauf ist dünn besiedelt. Bei km 67 liegt linker Hand ein Gebirgszug, danach folgen große Landgüter *(domaines)*.

Die hübsche Kleinstadt **El Kelâa des Sraghna** mit Straßencafés ist nach ca. 82 km erreicht. Übernachten kann man im **Hotel Zaouia***** (am Stadtanfang links, mit Pool) oder im kleinen, einfachen Hotel Tassaout (rechts im Zentrum).

Fahren Sie bei der Kreuzung bei km 82,5 rechts nach Beni-Mellal; links geht's nach Casablanca. 6 km weiter ist der **Canal Tassaout** zu sehen, ein breiter Bewässerungskanal, der die Ebene zwischen Beni-Mellal und Marrakesch bewässert.

Bei **km 122,4** führt rechts wieder ein Abzweig nach Azilal (R307), geradeaus geht es weiter nach Beni-Mellal und Fès; hier beginnt der Mittlere Atlas.

Der Ort **Sidi Ben Taya** bzw. **Pont d'Jmahene** folgt nach ca. 124 km. In dem Landwirtschaftsgebiet werden vorwiegend Oliven, Kartoffeln und Weizen angebaut.

Bei **km 146,6** liegt der Ort **Khemis des Oud Ayad.** Hier muss man rechts nach Aït Attab (25 km) einbiegen (Imbissbuden an der Kreuzung).

Kurz danach folgt eine V-Gabelung: Es geht rechts, bergauf am Steinbruch vorbei. Euphorbienpolster und Gehöfte mit Ölbäumen liegen am Weg.

Nach **158 km** wird eine kleine **Passhöhe** (980 m) passiert, dann geht es bergab – der Bewuchs ist wesentlich dichter. Einige Bauerngehöfte sind auf der typischen roten Erde dieser Region gebaut. Der große Taleinschnitt des **Oued El Abid** liegt vor uns.

In dem Ort **Aït Attab** bei **km 168,8** gibt es eine Tankstelle und ein gutes Lebensmittelangebot. Markttag ist am Mittwoch. Ein Bus fährt in Richtung zur Straße nach Marrakesch bzw. Beni-Mellal.

In Aït Attab geht es geradeaus weiter. Die Straße windet sich bergauf ins Tal des Oued El Abid und folgt dann diesem nach Süden. Über eine Stahl-

ag5392ch Foto: dd

Schön anzusehen: die Ouzoud-Fälle

brücke geht es bei **km 177** über den **Oued El Abid** (550 m). Die Straße schlängelt sich in vielen Serpentinen durch Thujen, Wacholder, Pinien- und Eichenwald bergauf am Canyonrand entlang. Die Sicht auf die Oued Abid-Schlucht und Aït Attab ist bei klarer Sicht überwältigend.

Die landschaftlich sehr schöne Strecke führt durch kaum besiedeltes Gebiet und trifft bei knapp **km 193** auf den Weiler **Ouzo** und ein Forsthaus. 1 km weiter spannt sich eine Stahlbrücke über den Fluss.

Kurz danach (km 194,6) ist das Dorf **Ouzoud** erreicht. Zurück: beschildert nach „Aït Attab 26 km", links nach Azilal.

Ouzoud

↗V/C1

Der Ort Ouzoud ist wegen der **höchsten und schönsten Wasserfälle Marokkos** bekannt. Diese fallen in mehreren Etagen 110 m über rote Sinterterrassen nach unten, wenn nicht eine lang anhaltende Trockenheit nur noch Rinnsale übrig lässt. Im Juli und August entwickelt sich der Platz zum Treffpunkt von Marokkanern und Touristen. Dann sammelt sich viel Müll am Flussufer und das eigentlich klare Wasser fließt vom aufgewühlten Schlamm dreckig braun dahin. Ruhig und zum **Baden** einladend ist es nur noch ein ganzes Stück weiter unten, wo der Trubel aufhört.

Vom Parkplatz in Ouzoud führt (vorbei am Hotel Dar Essalam und Chellal d'Ouzoud) ein betonierter Fußweg nach links zu den Wasserfällen. Entlang des Wegs mit vielen Treppenstufen nach unten reihen sich Souvenirbuden und Tajine-Restaurants aneinander. Trotz des touristischen Hochbetriebs wirkt die Szenerie mit den vielen Kakteen, Feigenbäumen, Oliven und Oleandersträuchern recht idyllisch. Im Gebüsch springen Makakenaffen herum, die frech Ausschau nach Essbarem halten.

Der Weg verzweigt sich nach etwa 5 Min. Fußmarsch: Der linke Betonpfad führt zu einer **Aussichtsplatt-**

form mit schöner Fotoperspektive auf die Wasserfälle, der rechte hinab zum Fuß der Fälle. Für Fotografen herrscht am frühen Nachmittag das beste Licht, morgens und abends liegen die Wasserfälle im Schatten. Bis ganz unten sind es ca. 15 Min. Fußmarsch ab dem Parkplatz, der Aufstieg in der Mittagshitze ist recht schweißtreibend. Schon vom Weg aus bieten sich tolle Ausblicke auf die Wasserfälle.

Am Fuß der Fälle gibt es eine kleine, marode und deshalb gesperrte Metallbrücke. Man kann mit aus Tonnen zusammengebastelten Booten den Fluss überqueren oder eine „Ausflugsfahrt" flussabwärts unternehmen (nicht gerade sehr vertrauenerweckend). Baden ist offiziell verboten, daran hält sich aber keiner.

Vom Platz im Ort rechts am Riad Cascades d'Ozoud vorbei kann man auch an die Oberkante der Wasserfälle (schöner Blick, nicht gesichert, also Vorsicht!) und auf einem steilen Weg auf der rechten Seite der Fälle nach unten gelangen.

In der Ortschaft und bei den Hotels bieten sich **Führer** an, die Ihnen z.B. das „Mexican village", ein Lehmdorf, das an die Pueblodörfer in Mexiko erinnert, zeigen. Zu den Wasserfällen brauchen Sie keinen Führer, vielleicht aber für Ausflüge zu grottenähnlichen Auswaschungen nahe der Flussufer mit vielen Fledermäusen. Wer Trekking und Bergtouren in der reizvollen Umgebung unternehmen will, sollte sich an den staatlich geprüften **Bergführer** *Mustapha Jabbor* wenden (im Ort fragen).

In Ouzoud kann man neben den Wasserfällen noch alte **Öl- und Mehlmühlen** in Betrieb besichtigen.

Hotels

- **Riad Cascades d'Ouzoud,** Tel. 0523 42 91 73 oder Mobil 0662 14 38 04, www.ouzoud.com. Komfortabler, geschmackvoll im Berberstil gestalteter Riad in einem restaurierten zweistöckigen Lehmhaus mit Innenhof. Die neun rustikalen Zimmer (alle mit Bad und Heizung, zum Teil mit AC) sind sehr schön. Vom Restaurant auf der Dachterrasse hat man einen herrlichen Blick. Hier kann man einen beschaulichen Urlaub weitab vom Großstadttrubel verbringen (auch Organisation von Ausflügen). Sehr gutes Menü für 120 DH (nur für Gäste oder auf Bestellung). DZ oder Minisuite €€€€B inkl. Frühstück, Kinder bis 5 Jahre frei, bis 10 Jahre 50% Ermäßigung.
- **Chellal d'Ouzoud/des Cascades,** vom Hotel Essalam ca. 100 m am Weg zu den Wasserfällen, Tel. 0523 42 91 80 oder Mobil 0672 38 47 91, http://hotelchellal.weebly.com. Einfache, aber sehr ordentliche und saubere Zimmer mit Bad, empfehlenswert. Hübsches Restaurant mit Terrasse (Menü 60 DH). DZ €€€€ inkl. Frühstück.
- **Dar Essalam,** *chez Mohammed,* Tel. 0523 45 96 57. Der Betonbau wirkt von außen ordentlich, ist innen jedoch ungepflegt und der Putz bröckelt. Sehr einfache Zimmer (€), Duschen/Toiletten auf dem Gang (okay). Restaurant im Innenhof.
- **Hôtel de France,** Tel./Fax 0523 42 91 76, http://hotel-de-france.sup.fr. Etwas außerhalb des Ortes auf der anderen Flussseite, beschildert, N 32°01,006', W 06°43,041'. Ordentliches Hotel mit sehr sauberen Zimmern mit und ohne Bad (€€B). Camping im Garten mit Olivenbäumen möglich (für Caravans wenig Platz), 20 DH/Pers. Restaurant (70 DH für Tajine oder Couscous, Frühstück 30 DH).
- **Kasbah Ouzoud,** neben dem Camping Zebra am Ortseingang, Tel. 0523 42 92 10, www.kasbahouzoud.com. Voll eingerichtete, hübsche Zeltzimmer im Garten mit Pool (auch für Nicht-Gäste gegen Gebühr nutz-

bar), marokkanisches Restaurant im Festzelt, sicheres Parken im Hof möglich. DZ €€€€.

Campingplätze

- **Camping Zebra,** 1 km außerhalb am Ortseingang von Ouzoud, Mobil 0666 32 85 76, www.gewoongaan.nl, N 32°00,351', W 06° 43,177'. Die Holländer und Afrikareisenden *Paul* und *Renate* eröffneten im Jahr 2009 diesen kleinen Campingplatz. Es gibt ein Zeltrestaurant (Menü 85 DH), ein Hammam, saubere (heiße) Duschen und WCs sowie zehn Zimmer mit unterschiedlichem Komfort. Camping 65 DH für 2 Pers. mit Auto, Strom 15 DH. Buchung von 4x4-Wüstentouren und Ausflügen in der Umgebung möglich.
- **Camping Amalou,** an der Straße Richtung Azilal, Mobil 0668 14 47 92. Relativ großer, ebener Platz in schönem Olivenhain, im Winter und Frühjahr mit Caravans überfüllt. Die Toiletten und Duschen sind zu dieser Zeit in sehr schlechtem Zustand. Stromanschluss. 30 DH/Auto, 10 DH/Pers. mit Zelt.
- **Oberhalb der Wasserfälle am Fluss** finden sich einfache, meist wenig gepflegte Campingplätze (darunter Camping de la Nature) mit einfachsten Sanitäranlagen in schöner Lage zwischen Pappeln und Olivenbäumen.

Essen und Trinken

- **Relais de Titrite,** kleines, hübsches Restaurant am Platz gegenüber dem Riad Cascades d'Ouzoud. Gute, frisch zubereitete Tajine (evtl. längere Wartezeit).
- **Diverse einfache Restaurants** am Platz, weitere **Tajine-Stände und Cafés** auf dem Weg zu den Wasserfällen.

Sammeltaxis/Taxis

Die Leute von den **Campingplätzen oder Hotels** sind bei der Taxibeschaffung behilflich. Ein Sammeltaxi bis Marrakesch kostet ca. 480 DH für 6 Pers. (bei voller Belegung also 80 DH/Pers.). Ab der Kreuzung Marrakesch - Azilal hält morgens und nachmittags ein Bus nach Marrakesch.

17 km hinter Ouzoud (Gesamt-km 211) mündet die Route in die Straße nach Azilal, zum Stausee Bin el-Ouidane und nach Beni-Mellal (links) ein. Rechts geht es nach Demnate und Marrakesch (R304).

Links weiter fährt man an einem Oliven- und Obstanbaugebiet entlang, danach geht es bergauf durch eine steinige Gegend mit Macchia, kleinen Steineichen und Wacholderbäumen. Dann folgt ein landwirtschaftlich genutztes Gebiet, die steinige Erde ist mit Weizen, Mandel- und Olivenbäumen bepflanzt, dazwischen liegen wenige Häuser. Bei km 231 ist Azilal erreicht.

Azilal

↗V/C1

Die gepflegte, ruhige Provinzstadt Azilal (1400 m) mit ihren rosa Häusern ist in den letzten Jahrzehnten enorm gewachsen und beherbergt inzwischen **85.000 Einwohner.** Entlang der von Platanen gesäumten Durchgangsstraße Av. Hassan II. liegen viele Verwaltungsgebäude, Cafés, Internetcafés und Banken. Unterhalb der Av. Hassan II. und des kleinen Hauptplatzes bei der großen Moschee befindet sich der Souk mit vielen Läden.

Azilal ist Ausgangspunkt für Fahrten ins Aït-Bougoumez-Tal (Agouti) und für **Trekking- bzw. Mountainbiketouren im Hohen Atlas:** auf den Djabal Azourki, 3690 m; zum Lac d'Izourar; nach Aït Bougoumez, zur Steinkathedrale *(Cathédrale des Roches);* zum Irhil M'goun, 4071 m; ins M'goun-Tal weiter bis Kelâa M'gouna zur Straße der Kasbahs. Aït Mohammed und das südliche Tabant im Aït-Bouguemez-Tal sind die Zentren der marokkanischen Bergsteigerschulen.

In der Nähe von Azilal, in einem Trockenflussbett nahe der Ortschaft Woudane, fand man 1987 eines der größten **Dinosaurierskelette** der Welt, die ca. 165 Mio. Jahre alten Überreste eines *Atlasaurus Imelakai.* Die Ausgrabungsarbeiten dauerten Jahre, die über 500 Kilo schweren Knochen mussten mit dem Hubschrauber ausgeflogen werden. Jetzt ist das Skelett im Bergbaumuseum in Rabat zu besichtigen.

Die Berberfrauen tragen in der Gegend von Azilal sehr schöne bunte, mit Pailletten verzierte Umhängetücher, die man auf dem **Souk am Donnerstag** kaufen kann.

Touristeninformation

- **Délégation du Tourisme,** Av. Mohammed V., Tel. 0523 45 87 22, dtazilal@menara.com. Hier kann man eine sehr gute Touristenkarte der Region kaufen (1:250.000).

Unterkunft

- **Assounfou***, Av. Hassan II., Tel. 0523 45 92 20, Fax 0523 45 84 42. 26-Zimmer-Hotel im Zentrum von Azilal. DZ (nicht immer sauber) mit Dusche, Sat-TV und Frühstück €€. Mit Terrassenrestaurant.
- **Binazi***, 1 km außerhalb an der Straße Richtung Aït Mohammed auf der rechten Seite, Tel. 0523 45 82 61, http://binazi.eu.ma. Neues Hotel im marokkanischen Stil mit Restaurant und sechs sehr sauberen Dreibett-Zimmern (einfach ausgestattet) mit Bad, z.T. mit Balkon. Im noch wenig eingewachsenen Garten gibt es einen großen Pool. Man kann auch im Schlafsaal übernachten. DZ €€ bis €€€ mit Frühstück.
- **Souss***, im Zentrum an der Av. Hassan II., Tel. 0523 45 81 14. Einigermaßen sauberes Hotel am großen Platz rechter Hand (von Marrakesch kommend), DZ €.
- **Tanout***, Richtung Bin-el-Ouidane an der Ortsausfahrt auf der rechten Seite, Tel. 0523 45 93 23, www.hoteltanout.com. Die meist ordentlichen, z.T. klimatisierten Zimmer sind fast alle nordseitig orientiert (im Sommer kühler und kein Straßenlärm). DZ mit Bad €€, einfaches Zimmer ohne Bad €.

Essen und Trinken

An der Av. Hassan II. liegen einfache Cafés und Restaurants. Zu empfehlen ist das **Restaurant Ibnou Ziad,** linker Hand an der Av. Hassan II., ca. 100 m vor dem Hauptplatz: gute, preiswerte Tajine (ca. 40 DH), viel besucht; im 1. Stock gibt es ruhigere Plätze.

Busse

Der **Busbahnhof** liegt nahe des Av. Hassan II./Ibn Ziad im Zentrum.

- **Beni-Mellal:** 5x tägl., 1½ Std..
- **Casablanca:** 4x tägl., 5 Std..
- **Marrakesch** (Agadir): 3x tägl., 3–4 Std.
- Nach **Agouti** (Aït-Bouguemez-Tal) verkehren Sammeltaxis (s.u.).

Sammeltaxis/Taxis

Grand Taxis halten hinter der großen Moschee im Zentrum. Sammeltaxis zu den **Ouzoud-Wasserfällen** (ca. 20 DH) fahren jedoch meist auf dem Souk von einer Anhöhe ab – von Marrakesch kommend auf der linken Seite der Hauptstraße.

Ein Sammeltaxi nach **Marrakesch** kostet ca. 80 DH p.P., nach **Beni-Mellal** ca. 40 DH, nach **Agouti** bzw. **Tabant** 40 DH und nach **Aït Mohammed** ca. 30 DH.

Trekking/Ski/Kajak

Azilal ist das **Bergsteigerzentrum Marokkos.** Viele (lizensierte) Führer für Berg-, Ski oder Kajak- und Riverrafting-Touren werden über das Touristenbüro vermittelt. Bei allen Bergführern ist eine vorherige Anmeldung sinnvoll bzw. notwendig, da sie häufig unterwegs sind.

- Sehr zu empfehlen ist die Agentur **Tamsilt** des geprüften Bergführers **Lahoucine Oulkadi,** Mobil 0661 08 45 87, tamsilt@menara.ma, oder in Marrakesch unter Tel. 0524 34 37 98. *Beatrice Buschor* aus der Schweiz und *Lahoucine* führen Trekking- und Geländewagentouren durch und gehen sehr auf die Wünsche der Gäste ein. *Lahoucine* spricht u.a. englisch und deutsch. Die Familie von *Lahoucine* führt auch eine Gîte d'Etape in Agouti (s. dort).
- Von einem Leser wurde der erfahrene Bergführer **Mustapha Almazdi** (mustalma@hotmail.com) sehr empfohlen. Er spricht französisch und englisch und organisiert Touren ganz nach den Wünschen der Teilnehmer. Fragen Sie im Ort nach ihm.
- Empfohlen wird zudem der Bergführer **Lahoucine Outezdot,** der im Aït-Bouguemez-Tal eine Gîte d'Etape mit leckerer Küche und Familienanschluss betreibt. Er vermittelt auch andere Führer (Tel. 0667 25 63 54).

Sonstiges

- **Moussem Sidi Hmad ou Ameur,** im Douar Aganane, Caidat Aït M'Hamed (Aït Mohammed); in der 1. Maiwoche.

Hinter Azilal führt die Straße in **Richtung des Stausees Bin-el-Ouidane** durch steinige Gegend mit Steineichen, Getreidefeldern und verfallenden Tighremts (Steinburgen). Nach einer kleinen Passhöhe (ca. 1500 m, 13 km hinter Azilal) verläuft die Straße bergab und es bietet sich ein toller Ausblick auf den weit verzweigten Stausee mit seinen Inseln und Lagunen. Die Erde rund um die Seeregion leuchtet dunkelrot – welch ein Kontrast zum hellblauen Wasser des Sees!

Bei km 257 (26 km nach Azilal) sind die Kaserne und der Ort **Bin-el-Ouidane** (Markttag ist Donnerstag) erreicht.

Etwa 1 km hinter Bin-el-Ouidane führt die Straße über die Staumauer mit Militärposten (Fotografieren verboten!). An der Kreuzung bei Bin-el-Ouidane (2 km) kann man entweder links nach Afourer oder rechts entlang des Stausees nach Ouaouizarth und Tilouggite abbiegen.

Stausee Bin-el-Ouidane

⇗V/C,D1

Der riesige Stausee Bin-el-Ouidane, der 1955 fertiggestellt wurde, schließt die Schluchten des Oued el Abid ab, der zwischen der Hauptkette des Mittleren Atlas und dem parallelen Vorgebirge zum Hohen Atlas, dem Dir, verläuft. Der See liegt **auf 1200 m Höhe** zwischen Bergen und Wäldern. Die Ufer sind mit Euphorbienpolstern bewachsen, die im Frühjahr herrlich blühen. Auch Affen soll es beim Stausee geben. Das Seewasser dient zur Bewässerung der Ländereien und Obstplantagen um das Gebiet von Beni-Mellal.

Die Staumauer wird vom Militär bewacht – hier ist **Fotografieren verboten!** Das Verbot wird damit begründet, dass solche Objekte für das Land von immenser Bedeutung und der Stolz

Blick über den Stausee Bin-el-Ouidane

der Nation seien – und somit auch Ziel eines Anschlags sein könnten.

Es befinden sich einige Ansiedlungen nahe des Sees, die Umgebung lädt zum **Wandern** ein. In den letzten Jahren entstanden auch diverse schicke Ferienhäuser (s.u.) entlang des Ufers.

Die **schönen Lagunen** kann man mit halbwegs geländegängigem Fahrzeug erreichen. Am Seeufer lässt sich **campen.** Die Ufer sind jedoch leicht verschlammt, vielleicht sollte man die Hügel etwas oberhalb mit netten Pinien- und Olivenwäldchen zur Übernachtung im Zelt vorziehen. Mit einem Boot kann man schöne Ausflüge unternehmen oder angeln (Erlaubnis über die Forstämter).

Unterkunft

- **Bin el Ouidane,** ca. 6 km in Richtung Ouaouizarht, Tel. 0523 44 26 00 oder Mobil 0661 43 00 07, www.hotelbinelouidane.com. Sehr hübsch im Berberstil dekorierte Suiten/Appartements für bis zu 6 Pers., z.T. mit Küche und Terrasse – ideal für einen (Familien-)Urlaub in ländlicher Idylle. Gemütliches Zeltrestaurant auf der Dachterrasse mit Seeblick, Garten mit Pool. Diverse (Wasser-)Aktivitäten können organisiert werden.
- **Chems du Lac******, am Ortseingang von Bin-el-Ouidane auf der linken Seite, Tel. 0523 44 01 01, www.chemshotels.com. Neues, großes 4-Sterne-Hotel mit Pool und modern ausgestatteten klimatisierten Zimmern und Suiten (z.T. mit Jaccuzzi und Kamin). DZ €€€€.
- **Maison d'Hôtes du Lac,** ca. 3 km Richtung Afourer/Beni-Mellal, unterhalb der Staumauer am Oued el Abid (beschilderter Abzweig links runter), Mobil 0666 64 21 83 oder 0662

ag5394ch Foto: dd

17 80 11. Nettes Gästehaus mit Traumpanorama auf den von Pinienwald gesäumten breiten Fluss. Vier Zimmer mit Bad € p.P., Essen auf Bestellung. Camping ist auf einem kleinen Terrain unterhalb der Terrasse möglich (25 DH/Pers.). Für Camper gibt es nur ein (sehr sauberes) WC mit Eimerdusche. Ein kleiner Pfad führt runter zum Fluss, wo man im ziemlich kalten Wasser herrlich baden kann. Die **Auberge du Lac** etwas weiter unterhalb (dort endet die Zufahrtsstraße) verfällt, auf dem gegenüberliegenden Gelände unter großen Bäumen kann man noch wild campen (keine sanitären Anlagen).

Weiterfahrt nach Beni-Mellal

Fährt man an der Kreuzung bei Bin-el-Ouidane **weiter in Richtung Ouaouizarht,** folgt die Straße dem mit Olivenbäumen bewachsenen Seeufer. Über kleine Feldwege kann man immer wieder das Ufer erreichen (Badegelegenheiten). Nach 15 km liegt rechter Hand **Ouaouizarht** etwas oberhalb des Stausees. Im Ort gibt es diverse Geschäfte, Cafés, einfache Unterkunft und eine Tankstelle. In der Ortsmitte zweigt eine Straße rechts Richtung Zaouiat Ahansal ab (Schild „Gîte d'etape La Cathédrale"). Die sehr schmale, ausgefranste Teerstraße endet in Tilouggite, die weitere (landschaftlich grandiose) Strecke bis ins Aït-Bougoumez-Tal ist nur mit Geländewagen befahrbar (steinige Piste). Auf Teerstraße und landschaftlich schöner Strecke gelangt man von Ouaouizarht weiter nach Beni-Mellal (R306).

Fährt man von Bin-el-Ouidane **weiter in Richtung Afourer,** erreicht man ca. 3 km nach dem Ort den Abzweig zum Maison d'Hotes du Lac und zur Auberge du Lac unterhalb der Staumauer am El-Abid-Fluss (vgl. Unterkunft). 3 km weiter thront ein schöner Tighremt links unterhalb der Straße. Es geht kurvig bergauf bis zu einer Passhöhe (ca. 1300 m) etwa 16 km hinter Bin-el-Ouidane. An den Hängen wachsen Pinien, Steineichen und Mandelbäumchen. Nun geht es in Serpentinen bergab, es eröffnen sich herrliche Ausblicke auf die fruchtbare Ebene von Beni-Mellal.

Etwa 32 km hinter Bin-el-Ouidane (29 km ab dem Abzweig zu den Herbergen) ist der große Ort **Afourer** erreicht (Tankstelle, Krankenhaus, Straßenrestaurants, Bank mit ATM). **Unterkunft** bietet das große, für Gruppenreisende eingerichtete **Hotel Le Tazarkount****** (Tel. 0523 44 01 01, www.tazarkount.com, DZ €€€€€) mit Wellnessangebot und Pool im großen Garten. Es werden u.a. Wander-, Angel- und Reitausflüge in der Region organisiert.

Die Straße führt hinter Afourer bergab in die Ebene von Beni-Mellal, die intensiv landwirtschaftlich genutzt wird. 6 km hinter Afourer mündet die Route in die breite, verkehrsreiche **Hauptstraße von Marrakesch nach Beni-Mellal** (N8) ein. Rechts entlang sind es noch 19 km bis **Beni-Mellal** (Zucker- und Obstanbauzentrum, nicht besonders sehenswert). Nach links besteht die Möglichkeit, nach Marrakesch (280 km) zurückzufahren.

Von Azilal nach Demnate

Überblick

- **70 km bis Demnate, R304; Weiterfahrt nach Marrakesch auf der R210 und N8 möglich (etwa 100 km ab Demnate).**
- **Gute Teerstraße. Busse** fahren von Beni-Mellal oder Marrakesch nach Azilal bzw. Demnate, **Sammeltaxis** nach Ouzoud und Imi-n-Ifri. Der Ausflug kann gut mit den Ouzoud-Wasserfällen kombiniert werden, allerdings sollte dann überlegt werden, ob man die zusätzlichen Kilometer bis zum Bin-el-Ouidane-Stausee fährt.

Anfahrtsbeschreibung

Azilal in Richtung Westen (vorbei an großer Ziz-Tankstelle) verlassen. Die Strecke führt durch eine steinige Hügellandschaft mit Getreidefeldern, Öl-, Mandel- und Olivenbäumen.

20 km hinter Azilal folgt der Abzweig zu den Ouzoud-Wasserfällen rechts. Von den Wasserfällen kommend biegt man an dieser Kreuzung rechts Richtung Marrakesch ab.

Bei **km 42** ist der kleine, wenig attraktive Ort **Tanannt** erreicht (Tankstelle). Halblinks bzw. geradeaus geht es nach Demnate und zur Naturbrücke von Imi-n-Ifri, rechts nach Bzou und zur N8 (Schnellstraße zwischen Marrakesch und Beni-Mellal). 5 km weiter folgt ein weiterer Abzweig zur N8 (Beschilderung nach Casablanca).

Bei **km 59** zweigt links die Straße nach Demnate und Imi-n-Ifri ab, links weiter. Geradeaus geht es nach Tamelelt zur N8.

Nach 66 km geht es zum Cercle de Demnate rechts ab; geradeaus weiter.

70 km hinter Azilal ist Demnate erreicht.

Demnate

↗IV/B2

Der große Ort liegt hübsch zwischen Bergen, Olivenbäumen und Pinien. Sehenswert sind die (leider verfallende) alte Stadtmauer und der Sonntagsmarkt. In den Läden kann der Lebensmittelbedarf gedeckt werden, es gibt eine Tankstelle und eine Bank mit Geldautomat. Das einfache **Hotel Atlas** liegt direkt hinter dem Busbahnhof (Tel. 0523 50 82 16, sehr sauber, freundlich, DZ mit Dusche €). Ebenfalls zu empfehlen ist das **Hotel Marrakech** an der Straße Richtung Marrakesch (Tel. 0523 50 69 96, sehr sauber, leider etwas Straßenlärm, Etagendusche mit warmem Wasser). Sehr hübsch wohnt man im traditionell gestalteten Gästehaus **Kasbah Timdaf** (Tel. 0523 50 71 78, www.kasbah-timdaf.com, DZ mit Bad im Berberstil €€€). Die Herberge liegt etwas außerhalb auf einem Hügel mit tollem Ausblick (Abholung in Demnate bei Anruf).

Von Demnate bestehen **Busverbindungen** nach Marrakesch (7x täglich, 30 DH, 2 Std. Fahrzeit), nach Azilal und Beni-Mellal und weiter nach Casablanca (etwa 8x täglich). **Grand Taxis (Sammeltaxis)** halten an der Kreuzung, an der es rechts nach Marrakesch und links nach Imi-n-Ifri geht (ca. 50 DH bis Marrakesch, ca. 40 DH nach Imi-n-Ifri).

aga_59 Foto: dd

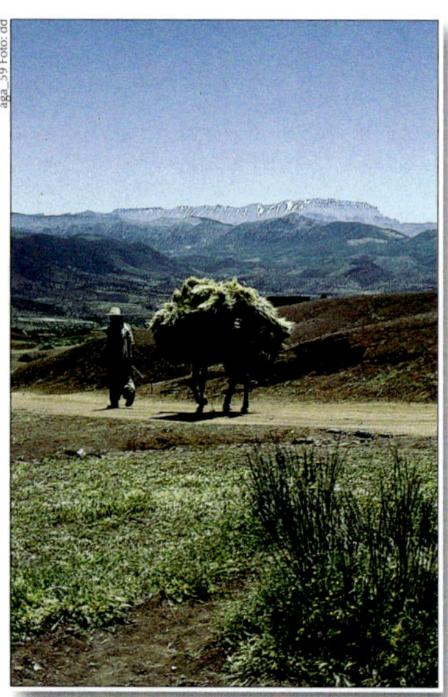

Gebirgsidylle südlich von Imi-n-Ifri

Ende September wird der **Moussem Sidi Ali Ben Hamdouch** gefeiert.

Ausflüge

Imi-n-Ifri

Biegen Sie in Demnate Richtung Imi-n-Ifri ab. Am Haus der Forst- und Wasserverwaltung *(Eaux et Fôret)* vorbei und durch Pinienwälder bergauf, ist nach 6 km Imi-n-Ifri mit der **Pont Naturel** erreicht: Der **Oued Lakhdar** hat sich unter der Erde und dem Stein durchgegraben und eine **Naturbrücke** geschaffen. Man kann von der Brücke zum Fluss hinuntersteigen (ca. 20 Min.) und unter der Brücke hindurch und auf der anderen Seite mit etwas Kletterei nach oben gelangen (ca. 45 Min.). Die Gegend ist sehr schön: An den Steilhängen zur Brücke nisten in kleinen Höhlen und Nischen unzählige Vögel, im Fluss leben Wasserschildkröten. Jedes Jahr findet hier am 15. Tag nach dem Aid el Kabir ein Moussem statt.

Unterkunft bietet die einfache, aber saubere **Gîte d'Etape Imi-n-Ifri.** Wer es etwas komfortabler mag, steuert das **Riad Aghbalou** an (Tel. 0523 50 74 98, www.iminifri-riad.com): 10 Zimmer mit oder ohne Bad (€€ bis €€€), Pool im Garten, Essen auf Bestellung. Es steht auch eine Gemeinschaftsküche zur Verfügung.

Imi-n-Ifri ist **Ausgangspunkt für Ausflüge** und **Wanderungen** in der Umgebung. Unter anderem kann man bei Imi-n-Ifri Dinosaurierspuren (s.u.) und Felszeichnungen entdecken. Eine landschaftlich sehr reizvolle Teerstraße führt weiter ins Tessaouttal im Hohen Atlas und bis kurz vor Ouarzazate. Außerdem besteht von Imi-n-Ifri eine Pistenverbindung nach Osten über Aït Blal nach Abachkou (Aït Bouwli) und ins Aït-Bougoumez-Tal (nur mit Geländewagen).

Dinosaurierabdrücke

V/C2

Gegenüber der Gîte d'Etape Imi-n-Ifri zweigt eine kleine Teerstraße nach links von der Hauptstraße ab. Die nach etwa 30 m links wegführende Piste nicht beachten. Bei **km 4** ist ein kleiner Pass erreicht, dann geht es weiter bergab in einen Talkessel. Es bietet sich ein herrlicher Blick auf den Hohen Atlas und einige Dörfer. Bei **km 7** führt die Straße bei einem Steinabbruch (flache, schräge Platten) nach unten. Kurz vor zwei Dörfern auf einem Hügel befinden sich die Saurierabdrücke auf den 20 x 10 m großen, roten Steinplatten links von der Straße (von oben gut zu erkennen; N 31°43,578', W 06° 54,502). Meist stehen die Dorfkinder schon auskunftsbereit auf den Platten. Es soll in ca. 4 km Entfernung (zu Fuß etwa 1 Std.) weitere Abdrücke geben.

Weiterfahrt nach Marrakesch

Von Demnate geht es auf der guten R210 durch die landwirtschaftlich intensiv genutzte Haouz-Ebene mit Olivenhainen, Getreidefeldern und Zitrusfarmen. Im großen Ort **Sidi Rahal** (51 km hinter Demnate) gibt es eine Tankstelle, diverse Straßenrestaurants und eine Grand-Taxi-Haltestelle. 86 km hinter Demnate mündet die Route in die N8 ein (Vorsicht: viele Verkehrskontrollen!). Dann sind es noch etwa 15 km bis Marrakesch.

Von Azilal ins Aït-Bougoumez-Tal

Überblick

- **68 km bis Agouti, ca. 80 km bis Tabant, R302.**
- Die Strecke ist bis kurz vor Tabant geteert und mit Pkw befahrbar (ca. 2 Std. Fahrzeit). Vorsicht bei Gegenverkehr auf der einspurigen, schmalen Bergstraße. Der Asphalt ist (besonders nach starken Regenfällen) z.T. löchrig und an manchen Stellen (besonders im Bereich von Flussfurten) unterbrochen. Ab Azilal fahren **Minibusse und Sammeltaxis.** Hinter Imelghas in Richtung Zaouiat Ahansal ist die Piste nur noch für Geländewagen oder Mountainbikes und nicht im Winter befahrbar. Das Aït-Bougoumez-Tal ist Ausgangspunkt für **Wanderungen** und mehrtägige **Trekkings** rund um den Djabal M'goun (4068 m). Ohne Vorbuchung kann man auch direkt ab Agouti oder Tabant Bergführer und Gepäckmulis anheuern.

Anfahrtsbeschreibung

Biegen Sie in Azilal ca. 1 km nach dem Zentrum (von Marrakesch kommend) nach rechts ab (Beschilderung „Réserve naturelle de Tamga").

Etwa 8 km hinter Azilal zweigt links eine Straße nach **Aït M'hamed** ab (ca. 3 km, Schild), rechts geht es weiter nach Aït Bougoumez.

4 km weiter erhebt sich eine hohe Schichtsteinkasbah (bzw. Tighremt oder Irherm) links unterhalb im Tal (Aguerd-n-Ouqidoun). Das grüne Tal des Assif Bernat ist von Pappeln und Feldern begrenzt, die roten Häuser aus Schichtstein mit Flachdächern zieren weiß umrahmte Fenster. Es geht durch Berglandschaft mit Getreidefeldern, Pinien, Wacholder und Steineichen. Die Region ist sehr ursprünglich, die Berber haben sich ihre Traditionen abseits des Touristentrubels bewahrt.

36 km hinter Azilal ist die **Passhöhe Tizi-n-Oughbar** (2250 m) erreicht. Es bietet sich eine grandioser Blick nach unten. Einige Kilometer fährt man einen Sattel entlang bevor die Straße in

Serpentinen und weiten Kurven bergab ins **Lakhdar-Tal** führt. Die ersten (im Frühjahr schneebedeckten) Gipfel des Hohen Atlas tauchen auf.

54 km hinter Azilal führt eine Furt über den breiten Gebirgsfluss **Oued Lakhdar,** der zur Schneeschmelze viel Wasser führt.

Die Straße verläuft nun oberhalb entlang des von Feldern und Mandelbäumen gesäumten Flusstals. Malerische mehrgeschossige Lehmgehöfte kleben an den steilen Hängen. Wieder bieten sich großartige Ausblicke und Fotomotive! Die Landschaft hat immer mehr Gebirgscharakter, die Berge ragen hoch über dem Flusstal auf.

Bei km 66 biegt die Teerstraße nach Osten in das **Aït-Bougoumez-Tal** (sprich Aït Bugmes) ein. Das Tal ist nach der dort lebenden Volksgruppe benannt (*Aït* = abstammend von) und wird auch **Vallée des hereuses** genannt – das Tal der Glücklichen –, denn der Fluss führt hier selbst in trockenen Jahren ausreichend Wasser. Dank des kontinentalen Gebirgsklimas in 1800 m Höhe (zwischen November und März liegt Schnee, im Sommer herrschen südeuropäische Temperaturen) sind die Ernten gut, und es wachsen viele Obst-, vor allem Apfelbäume. Die Dörfer sind inzwischen an die Stromversorgung und das Telefonnetz angeschlossen, die Bewohner leben vorwiegend von der Landwirtschaft und immer mehr auch vom Tourismus.

3 km weiter, 69 km nach Azilal, ist Agouti erreicht.

Agouti

↗V/C2

Das Dorf in 1800 m Höhe ist ein beliebter Ausgangspunkt für Trekkingtouren, lohnt sich aber auch für einen längeren Aufenthalt im angenehmen Bergklima. Wer keine größeren Unternehmungen plant und sich nur erholen will, kann gemächlich durch die Felder spazieren, auf einem Muli reiten oder die **Apfelfarm** von *Hussein el Hadi,* der in Deutschland gearbeitet hat, besuchen. Einen wunderschönen Blick hat man von der **zerfallenen Speicherburg** auf einem Hügel. Ebenso lohnenswert ist ein Besuch der **Schnitzerkooperative** in Agouti. Im Ort gibt es kleine Lebensmittelläden und eine Téléboutique.

Unterkunft

Im ganzen Aït-Bougoumez-Tal gibt es **zahlreiche Gîtes d'Etape,** einfache Unterkunftshäuser bei Einheimischen mit gemeinschaftlichen Toiletten und (warmen) Duschen (Übernachtung ca. 50 DH/ Pers.). Essen gibt es meistens nur auf Bestellung.

- **Auberge Flilou – La maison berbère,** gleich am Ortseingang von Agouti auf der linken Seite, Tel. 0524 34 37 98, tamsilt@menara.ma (Anfragen werden auf Deutsch beantwortet). Die Familie des diplomierten Bergführers *Lahoucine Oulkadi,* der in Marrakesch das Reiseunternehmen Tamsilt führt, betreibt diese hübsche, marokkanisch gestaltete und sehr saubere Gîte d'Etape sowie das **Restaurant Chez Ismaïl** auf dem Dach im Nomadenzelt mit herrlichem Blick auf das M'goun-Massiv. *Ismaïl* und *Said* kümmern sich um die Gäste, wenn *Lahoucine Oulkadi* und die Schweizerin *Béatrice Buschor* auf Tour sind (vgl. „Azilal/Trekking"). Im schattenlosen Hof kann man campen (30 DH/

aga10_013 Foto: ad

Pers.) oder sicher parken. Übernachtung im Schlafsaal ½€ (Gîte), im DZ mit oder ohne (heißer) Dusche/WC € p.P. (mit HP €€/Pers.). Fahrradmiete möglich (150 DH/Tag).

- **La Casbah du M'goun,** im Dorf Douar Aguerd N'Ouzrou gegenüber Sidi Moussa auf der anderen Flussseite, Mobil 0662 77 81 48, www.kasbah.ecotours-ma.com. Diese vom deutsch sprechenden Bergführer *Ahmed Nassiri* geführte Herberge in einer stilvoll renovierten Original-Kasbah wurde von Lesern sehr empfohlen. *Ahmed* gibt Tipps zu sämtlichen Aktivitäten in der Region von Trekking, Klettern, Paragliding bis hin zu Skitouren etc. DZ im Berberstil €€€B mit Frühstück, Abendessen 100 DH.
- **Dar Itrane,** vgl. Imelghas weiter unten.
- **Dar Sihamou,** ca. 9 km von Agouti Richtung Tabant (1 km hinter der Kreuzung auf der linken Seite), Mobil 0661 07 34 82. Wunderschönes kleines Steinhaus mit Zimmern im Berberstil (mit Bad), toller Aussicht von der Terrasse auf den Mosesberg und gutem Essen (auf Bestellung) im Kaminzimmer. Reservierung notwendig. DZ €€€B.

Sammeltaxis

Nach Azilal fahren Sammeltaxis (Grand Taxis) für ca. 40 DH pro Person, von dort nach Marrakesch ca. 80 DH pro Person.

Wanderungen

Das **Aït-Bougoumez-Tal** und das **M'goun-Massiv** zählen zu den **schönsten Trekking- und Wanderregionen Marokkos** – von einfachen Wanderungen bis zur Besteigung des 4000ers Djabal M'goun ist hier alles möglich. Der organisierte Trekkingtourismus gewinnt deshalb zunehmend an Bedeutung. Als Besu-

Blick vom Mosesberg ins Aït-Bougoumez-Tal

cher der Region sollte man unbedingt ein- oder mehrtägige Ausflüge zu Fuß unternehmen. Bei der Vermittlung von Bergführern und Gepäckmulis sowie der Routenwahl sind die genannten Unterkünfte behilflich.

Sehr nützliche Informationen über die Region sowie die Gîtes liefert die Karte der Professoren *Herbert Popp* und *Mohammed Aït Hamza* **„Kulturtrekking im Zentralen Hohen Atlas"** (1:100.000), zu beziehen über die Geografische Fakultät der Universität Bayreuth (www.stadtgeo.uni-bayreuth.de/de/publications/maghreb-karten). Zudem gibt es noch zwei hervorragende Karten der *Division de la Cartographie* in Rabat: **Carte touristique Region Tadla – Azilal,** 1:250.000, Maroc Haut Atlas, **Carte des randonnés de Zaouit Ahançal,** 1:100.000. Wenn man Glück hat, erhält man die Karten auch im Touristenbüro in Azilal oder Beni-Mellal.

Von Agouti ist eine schöne Tageswanderung durch die **Schlucht des Assif-n-Arous** - ein enger Cañon mit steilen Sandsteinwänden - lohnenswert, ferner der Besuch der nahe gelegenen Ortschaft Arous, deren Stampflehmhäuser an einem Hang oberhalb grüner Felder liegen.

Auf einer Tagestour kann man außerdem die **Schlucht von Ikhis** erkunden sowie einfache **Felsgravuren in Aït Bouwli (Abachkou),** das von Agouti in zwei Stunden Fahrt auf Piste erreichbar ist. Von dort führt auch eine Piste über Aït Blal nach Demnate und zu den Dinosaurierspuren bei Imi-n-Ifri.

Von Tabant kann man eine Tageswanderung auf den **Pass Tizi-n-Aït Imi** (2905 m) unternehmen.

Besteigung des Djabal M'goun

↗V/C2

Zur Besteigung des Djabal M'goun (4071 m) sollte man sich vier Tage Zeit nehmen. Entweder man heuert sich über eine der Herbergen einen Bergführer (ca. 300 DH/Tag) und Gepäckmulis (ca. 120 DH/Tag) für die Tour an, oder man trägt seinen Rucksack selbst (sollte dann aber Zelt, Matte, Schlafsack und genug Verpflegung einpacken). Auch im Mai kann es auf über 3000 m noch schneien – warme Kleidung ist also ein Muss!

Am ersten Tag marschiert man von Agouti zunächst auf einer Piste auf die andere Flussseite Richtung Süden zum Dorf **Aït Said** (4 km, 1 Std.) am Eingang zum Arous-Tal. Im Dorf gibt es eine Gîte d'Etape. Weiter geht es auf einem kleinen Fahrweg zum sehr ursprünglichen, sehenswerten Dorf **Arous** (ca. 1,5 Std. ab Agouti) mit der Gîte d'Etape Tamazirt (www.tamazirtreizen.nl). Dort endet die Piste und startet auch die Wanderung in die Arous-Schlucht (s.o.). Auf einem nur gelegentlich markierten Saumpfad geht es den Assif Arous entlang, immer leicht bergan. Nach ca. 1 Std. Marsch ab Arous kommen die Terkeddit- und M'goun-Bergketten in Sicht. Nach 3–4 Std. Gesamtgehzeit ist bereits die erste Tagesetappe erreicht: die Schäferhütten von **Azib'n'Ikis** (2300 m), die idyllisch auf einer grünen Alm mit plätschernden Gebirgsbächen liegt. Hier kann man zelten.

Am zweiten Tag zweigt man bei Ikis auf einem Weg nach rechts (Westen) in ein Seitental ab (weiße Pfeile am Boden) und folgt diesem bergauf bis fast ans Ende des Talkessels. Dann geht es in Serpentinen steil bergauf in Richtung eines roten markanten Felsblocks und vorbei an einer kleinen Quelle (letztes Wasser bis zum Terkeddit-Plateau!). Nach etwa zwei anstrengenden Stunden erreicht man einen Sattel (6 Std. ab Agouti). Weiter über einen zweiten Sattel erreicht man nach noch einmal 2 Std. Marsch auf einem Serpentinenpfad den **Tizi-n-Aghouri** auf 3400 m – hier ist die Höhe schon deutlich spürbar. Bei klarem Wetter bietet sich ein toller Ausblick auf die M'goun-Kette. Vom Pass geht es wieder in steilen Serpentinen bergab zum **Terkeddit-Plateau mit der Terkeddit-Hütte** (2910 m) unterhalb des Djabal M'goun. In der Hütte gibt es Lagerbetten, Essen, Wasser und Getränke, im Sommer auch heiße Duschen (Refuge de Terkeddit, Tel. 0524 43 99 68, 90–130 DH/Pers., www.sporttravel-maroc.com/refuge.html). Im Umkreis der Hütte gibt es gute, ebene Zeltplätze. Zwischen Dezember und April kann man von der Hütte aus **Skitouren** unternehmen.

Am dritten Tag steht die Besteigung des Djabal M'goun auf dem Programm. Der höchste Gipfel der Kette ist 4071 m hoch und bis auf die erforderliche Höhenanpassung nicht schwierig zu besteigen. Der Aufstieg ab dem Terkeddit-Plateau dauert etwa 5 Std. und führt z.T. über Geröll und lose Steine. Oben ist es meistens sehr windig, dafür hat man einen grandiosen Ausblick.

Am vierten Tag steigt man in einer langen Etappe über den Pass und Azib'n'Ikis wieder ab nach Agouti. Sehr fitte Bergsportler können die Tour natürlich auch in drei Tagen bewältigen.

Wer noch länger trekken möchte, kann vom Terkeddit-Plateau über das Oulilimt- ins Ouzighimt-Tal wandern und von dort Richtung Süden durch das M'goun oder Ameskar-Tal bis ins Dadès-Tal zur Straße der Kasbahs (mind. 5 Tage).

Die Straße führt **von Agouti weiter** durch das idyllische, grüne Aït-Bougoumez-Tal mit Getreidefeldern, Pappeln, Walnuss- und Obstbäumen, ursprünglichen Lehmhäusern und Kasbahs – im Frühjahr vor der Kulisse schneebedeckter Gipfel. Das Leben scheint hier noch wie vor 100 Jahren abzulaufen: Haupttransportmittel ist der Esel, die Felder werden mit Hacke und Sichel bearbeitet, das Wasser vom Dorfbrunnen geholt. Die alten mehrstöckigen Lehmhäuser sind nicht nur Wohnstätte für die Menschen, sondern auch für ihre Schafe und Ziegen, deren Ställe sich im nach Süden geöffneten Obergeschoss befinden.

Beim Ort **Sidi Moussa,** nur 7 km von Agouti entfernt, thront der sogenannte **Mosesberg** (2008 m) mit einer alten, runden **Speicherburg** in der Mitte des Tals. Die Lehmburg beherbergt das Grab des Marabout *Sidi Moussa*. Ein Fußpfad führt vom Dorf zunächst zum Funkmast und dann in Serpentinen bergauf zur Speicherburg (ca. 20 Min.). Von oben bietet sich ein fantastischer Blick auf das Tal, das sich hier in das Assif-n-Rabat- und das Assif-n-Aït-Hkim-Flusstal teilt. Ein Wärter bewacht das Gebäude, serviert den Besuchern Tee und erlaubt gegen ein kleines Trinkgeld die Besichtigung. Die Burg ist etwa 200 Jahre alt, dank des Engagements der Talbewohner gut erhalten und sehr sehenswert. Neben Speicherkammern für Wertgegenstände und die Ernte der Familien birgt eine dunkle Kammer das **Grabmal des Heiligen Sidi Moussa.** Frauen pilgern traditionell hierher, um für die Erfüllung ihres Kinderwunsches zu bitten. Es gibt außerdem einige alte Gebrauchsgegenstände zu bewundern, über eine Holzleiter kann man aufs flache Dach steigen. Der alte Wärter, dessen Bilder innen aushängen, ist nur noch selten anwesend – er soll mittlerweile über 100 Jahre alt sein.

1 km hinter Sidi Moussa endet die Teerstraße an einer **Kreuzung:** Rechts geht es nach Tabant, links auf steiniger Piste nach Imgelghas.

Der Ort **Tabant** auf der anderen Flussseite ist ebenfalls Bergsteigerort, Sitz einer Bergführerschule und Ausgangspunkt für die „Große Atlasdurchquerung", eine anstrengende zweiwöchige Trekkingtour für Wanderer mit Ausdauer. Lohnenswert ist ein Besuch des Marktes am Sonntagvormittag. Sehr hübsch wohnt man im **Dar Sihamou** nur 1 km nach der Kreuzung Richtung Tabant auf der linken Seite (vgl. Agouti/Unterkunft). Dino saurierspuren findet man in **Ibbakliouineim.**

Fährt man an der Kreuzung (8 km hinter Agouti) links, erreicht man **Imelghas** (1860 m), ein weiteres beliebtes Wanderziel. Dort betreibt *El-Ouakhmi Said* eine einfache, saubere und gemütliche **Gîte d'Etape** (Matratzenlager, warme Dusche 10 DH, Frühstück 20 DH, Abendessen 40 DH). Es gibt im Speiseraum eine gute Bibliothek mit Literatur zur Region. Vorausbuchung über die *Délegation du Tourisme* in Azilal (siehe dort). Komfortable Unterkunft findet man außerdem im **Dar Itrane** gleich am Ortseingang links oben in einem sehr gemütlichen, schönen alten Lehmhaus mit Innenhof (kurze Piste ca. 300 m bergauf, Tel. 0524 45 93 12, www.dar-itrane.com, DZ €€€B/Pers. mit HP). Die hübschen Zimmer (auch zwei Familienzimmer) im Berberstil haben Tadelakt-Bäder, von der Terrasse bietet sich ein toller Ausblick, in den beiden Salons kann man am Kamin sitzen oder in der Bibliothek stöbern. Hier bekommt man auch viele Tipps und sogar Beschreibungen für individuelle oder geführte Wanderungen in der Umgebung.

Die holprige Piste hinter Imelghas ist mit Vorsicht auch mit Pkw befahrbar. Sie führt leicht bergauf entlang des Flusstals durch die ursprünglichen Dörfer **Aït Wanougdal, Ifrane** und nach **Aït Ouham** (ca. 20 km nach Agouti) auf etwa 2050 m Höhe. Die Kinder betteln gelegentlich nach Kugelschreibern und Bonbons.

Hinter Aït Ouham ist die Piste nur noch mit dem Geländewagen befahrbar (z.T. tief ausgewaschen, sehr steinig). Sie führt über den Tizi-n-Tirghist (2600 m) und den Tizi-n-Illisi (2600 m) in Richtung Zaouia Ahansal (ca. 70 km hinter Agouti). Von dort geht die Strecke weiter bis zum Stausee Bin-el-Ouidane, ab Tilouggite auf Teerstraße. Eine genaue Beschreibung der Route ist unserem Reise-Know-How-Handbuch „Marokko – vom Rif zum Antiatlas" zu entnehmen.

Von Marrakesch nach Amizmiz und Ouirgane

Überblick

- **86 km, Asphalt.**
- An der Straße nach Amizmiz thronen drei schöne **Kasbahs,** mächtige Wohnburgen aus rotbraunen, dicken Lehmmauern mit zinnengekrönten Ecktürmen, auf denen Störche nisten. Die Bäche in den Tälern säumen rosa blühender Oleander und bewaldete Berghänge. Walnuss-, Mandel-, Ölbäume und Feigen wachsen hier. Entlang des Oued N'Fiss führt diese landschaftlich großartige Strecke bis zur Passstraße von Agadir/Taroudannt nach Asni (R203). Es fahren **Busse und Sammeltaxis** ab Marrakesch.

Anfahrtsbeschreibung

Man verlässt Marrakesch auf der Straße in Richtung Ouirgane und Asni und fährt nach 5 km geradeaus weiter. Die Straße nach Asni (und weiter über den Tizi-n-Test) bleibt links. An der Kreuzung liegt das schöne **Restaurant Ksar Rifia.**

Bei **km 32** führt eine Brücke über den **Oued N'Fiss.** Flussabwärts liegt der 7 km lange **Stausee Lalla Takerkoust,** der in erster Linie der Bewässerung der Haouz-Ebene dient. Trotz der Schilder „Baden verboten" kommen am Wochenende zahlreiche Badegäste. Angeblich gilt das Badeverbot auch nur für Nichtschwimmer ... Einige Bereiche um den See wurden mit Pinien aufgeforstet, und es finden sich nette Picknick-, Camping- und Badeplätze in der Nähe des Seeufers. Zum Stausee werden in Marrakesch auch organisierte Ausflüge angeboten. Unterkunft bietet die **Villa du Lac** (Tel. 0524 30 98 98, www.villadulac-marrakech.com) mit schönem Garten direkt am Ufer, kleinem Pool und sechs marokkanisch eingerichteten Zimmern mit Tadlakt-Verputz und Bad (DZ €€€ p.P. mit HP).

Weiter entlang der Straße nach Amizmiz liegt bei **km 49** linker Hand der Straße die **Zaouia** des Heiligen **Sidi Boudhaj,** der hier sehr verehrt wird.

Bei **km 54** ist **Amizmiz** erreicht. Den 11.000-Einwohner-Ort auf ca. 1000 m Höhe teilt der Fluss in zwei Teile. Dienstags ist großer Souk – einer der größten, ganz und gar untouristischen Märkte im Hohen Atlas, auf dem sich die Cleuh-Berber der Gegend treffen. Hier werden hübsche Tongefäße verkauft. Seit 2004 findet in Amizmiz jährlich im Sommer ein **Festival** mit Folkloreveranstaltungen und Kunsthandwerksausstellungen statt.

Die **Umgebung von Amizmiz** ist sehr schön. 4 km südlich des Ortes, nahe der Straße nach Marrakesch, erreicht man über eine unbefestigte Straße die nette Unterkunft sowie das gute Restaurant **La Source bleue** (Hinweisschilder beachten) mit wunderbarer Aussicht. Exklusive Unterkunft findet man bei Amizmiz in der luxuriösen **Maroc Lodge** (Mobil 0661 20 25 37, infos@maroc-lodge.com) mit herrlichem Garten, Pool, Gourmet-Küche und vier 80 m² großen Bungalows für bis zu 4 Personen (mit Schlaf- und Wohnzimmer mit Kamin, getrennter Toilette, Terrasse etc.; Buchung ab drei Nächten; €€€€€).

In Amizmiz folgt man dem Wegweiser „Ouirgane". Die Straße führt durch kahle Hügellandschaft, die teilweise mit Eukalyptus aufgeforstet wurde und erreicht bei **km 60,5** das Dorf **Am-**

ag5383ch Foto: dd

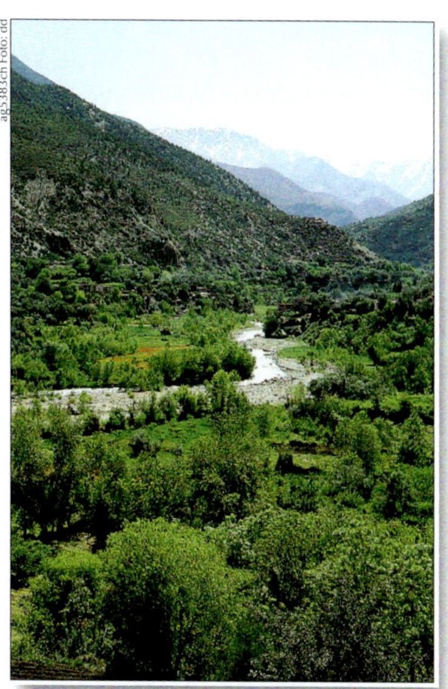

Unterwegs im Tal des Oued N'Fiss

ghrass. Man fährt an weiteren Weilern und kleinen Dörfern vorbei, bis bei **km 71,5** eine **betonierte Furt** durch den Oued N'Fiss führt. Auf der Ostseite etwas oberhalb liegt das Dorf Aouzzer.

Die Straße geht kontinuierlich bergauf bis zur **Passhöhe** bei **km 79.** Weiter bergab durch ein schönes Bergland mit Aussicht auf das Oued-N'Fiss-Tal. An den Hängen wachsen Ginster, Salbei, Lavendel, Absinth, Zistrosen, Thujen und Wacholder, die im Frühjahr herrlich blühen.

An einer Saline rechter Hand vorbei führt die Straße durch Olivenhaine und Felder. Bei **km 86** ist **Ouirgane** erreicht.

Von Marrakesch ins Ourika-Tal und nach Oukaïmeden

Überblick

- **79 km, Asphalt, P2017.**
- Die Straße führt durch das sehr schöne Ourika-Tal mit rauschenden Flüsschen, vielen Chalets, Restaurants und Hotels. Im Tal wachsen Früchte wie Erdbeeren, Kirschen, Pfirsiche, Feigen und Walnüsse. Fährt man bis Setti Fatima, findet man am Ende des Ourika-Tales (ca. 30 Min. Fußmarsch) schöne Wasserfälle. Von dort bieten sich mehrtägige **Trekkingtouren,** z.B. zum Djabal-Yagour-Plateau (interessante Felsgravuren), an. Auch in Oukaïmeden beginnt eine schöne Trekkingtour über den Tizi-n-Eddi-Pass (2928 m) ins Imenane-Tal (Gîtes z.B. in Ouaneskra, Imsker). Die Wege führen durch ursprüngliche Berberdörfer mit Terrassenfeldern und die fantastische Bergwelt des Hohen Atlas. Gepäckmulis können angemietet werden.
- **Sammeltaxis** fahren bis Setti-Fatima oder Oukaïmeden; ein **Bus** ab Marrakesch bis Arhbalou, dann weiter mit Taxi. Man kann den Ausflug auch in Marrakesch buchen.

Anfahrtsbeschreibung

Ab Marrakesch geht es auf guter Teerstraße mit herrlichem Blick auf den im Frühjahr verschneiten Atlas entlang der Stadtmauer in Richtung Süden (Richtung Asni, Ourikatal).

Nach 9 km liegt das **Restaurant Le Touggana** (Tel. 0524 37 62 78) mit feiner italienischer und internationaler Küche an der Strecke (stylish-knalliges Interieur, Terrasse, u.a. Salate, Fisch- und Fleischgerichte für ca. 150 DH).

Bei km 25 ist der Abzweig rechts nach **Tahanaoute** zu ignorieren, 500 m weiter geht es links nach **Tnine Ourika** bzw. **Dar-Caïd-Ouriki.**

Die Straße führt nun bergauf entlang des herrlich grünen Ourika-Tals. Rote Berghänge begrenzen die Straße. Weiter oben hat man schöne Ausblicke auf das Tal. Die netten Herbergen **Les Jardins d'Ourika** (km 30 ab Marrakesch, luxuriöse DZ €€€€, mit Pool, Tel. 0524 48 21 16, Mobil 0661 33 42 59, www.jardins-ourika. com) und ca. 8 km weiter **Le Jardin de Timalizene** mit dem idyllischen Café des Arts am Fluss (beschilderter Zugang über die Brücke, hübsches Lehmhaus, geräumige Zimmer mit Tadelakt-Bad €€€ p.P. mit HP, Hammam, Tel. 0524 48 40 59, www.timalizene.net) laden dazu ein, ein paar Tage im Ourika-Tal zu verbringen.

Linker Hand der Straße liegt etwa bei **km 31,5** der kleine **Camping Ourika Amassine** inmitten eines wunderschön angelegten Gartens. Man kann über eine Treppe zum Ourikafluss gelangen und hier oder im Garten zelten. Die sanitären Anlagen sind sehr einfach und nicht besonders sauber.

Bei km 35 ist **Asguine** erreicht, ein kleiner Ort mit Läden und dem **Hotel Ourika***** direkt an der lauten Hauptstraße (Tel. 0524 48 45 62, DZ €€, mit Pool).

37 km hinter Marrakesch führt die Straße links nach Ourika und ins Ourika-Tal. Rechts geht es nach Oukaïmeden (siehe spätere Beschreibung). Wir fahren links weiter. Bei **km 38** ist **Arhbalou** mit dem gleichnamigen Hotel erreicht. Es geht geradeaus ins Ourika-Tal (24 km).

Bei km 40 liegt rechts **La Kasbah de L'Ourika,** ein riesiges Luxus-Restaurant im Palast-(Kasbah-)Stil.

Wenig weiter folgt links das hübsche **Hotel/Restaurant Amnougour** (klimatisierte Zimmer mit Bad, Pool, Restaurant mit Alkoholausschank, Tel. 0524 44 45 45, DZ €€). Bei **km 43** bietet die schön gelegene, hübsche **Auberge Ramuntcho**** Unterkunft (Tel. 0524 48 45 21, www.ramuntcho.ma, 14 Zimmer mit Bad €€).

Der kleine Ort **Traghf** bzw. **Ighref** folgt bei **km 44.** Zum alten Ortsteil gelangt man nur über eine Treppe. Die Moschee im Ort steht direkt am Rande einer tiefen Schlucht. Hier bieten sich gute Wandermöglichkeiten, ebenso im nächsten Ort **Oulmès,** wo ebenfalls viele Cafés, kleine Restaurants und einfache Hotels bereitstehen.

Weiter geht es entlang des Flusstals durch schöne Gegend. Bei **km 48** durchfährt man **Tazitounte** und 2 km darauf **Imi-n-Taddart.**

52 km nach Marrakesch liegt **Assgaouar** mit dem **Café-Auberge Tafoukt** bzw. **Assgaour.** Darauf folgt direkt anschließend der Ort **Setti-Fattma** mit einfachen Cafés und dem **Hotel Timichi** (sehr sauber, schöner Blick, Etagenduschen mit warmem Wasser). Bei Hochwasser muss man das Auto hier stehen lassen, wenn Teile der Straße überschwemmt sind.

Ganz am Talende liegt das schöne, mit viel Liebe zum Detail gestaltete **La Perle d'Ourika** (Mobil 0666 34 95 99, perledelourika@hotmail.com, DZ mit warmer Dusche €). Die Aussicht von hier ins Tal ist großartig.

Es bieten sich **sehr schöne Wandermöglichkeiten,** z.B. die eingangs erwähnte Tour zu den Wasserfällen. Zahlreiche Führer bieten sich dafür an (zum Teil recht aufdringlich).

Der erste Wasserfall ist sehr leicht zu finden: Die Straße bis zum Ende fahren, am großen Parkplatz parken (5 DH). Rechts hinter dem Parkplatz ist der eigentliche Ort Setti-Fatima mit kleinen Restaurants. Gegenüber der Restaurants links über einen kleinen Holzsteg auf die andere Seite des Flusses gehen, an einem kleinen Café vorbei und dann immer bergauf dem Bachlauf und den vielen Touristen nach. Diese schöne, etwa halbstündige Wanderung führt durch ein sehr grünes Tal mit Nussbäumen und großen Felsen bergauf (ein wenig Klettern ist angesagt), bis man unterhalb des Wasserfalles zu einem kleinen Café kommt. Wer gut zu Fuß ist, kann noch weiter nach oben in die Berge wandern (feste Schuhe). Im Winter ist der Weg ohne Führer nicht leicht zu finden und sollte nur bei trockenem Wetter ohne Schnee begangen werden.

Zurück, bis 1 km hinter Arhbalou, ist es an der Kreuzung möglich, **weiter nach Oukaïmeden** zu fahren. Die Straße schlängelt sich in Serpentinen durch eine schroffe Berglandschaft nach oben.

Oukaïmeden

↗IV/A3

Der Bergort auf 2650 m Höhe ist **Marokkos einziges hochalpines Skigebiet.** Am Ortsanfang befindet sich ein kleiner Stausee. Hier fühlt man sich eher ins schottische Hochland versetzt als in Marokko. Im Vergleich zur Hitze in Marrakesch ist es angenehm kühl, die Berge sind meist in Wolken gehüllt, sodass man durchaus einen Pullover gebrauchen kann. Über 2000 m Höhe wächst noch Ginster, ansonsten findet man nur noch wenig Vegetation.

Ein neuer Sessellift am Ende der Straße führt auf den 3265 m hohen **Djabal Oukaïmeden,** weitere Schleppliftanlagen erschließen das Gebiet. Im Ort und auf der Bergstation steht ein Skiverleih zur Verfügung.

In und bei Oukaïmeden gibt es einige kaum mehr erkennbare bzw. zerstörte **Felsgravuren** zu sehen: eine sonnenförmige Gravur hinter der Ladenzeile beim Refuge de Club Alpin Français, eine Kuh und ein Dolch auf den Felsplatten am Ortseingang rechts hinter den Häusern.

Den Ort verunstalten einige **hässliche Betonbauten,** es gibt ein Sportzentrum, Restaurants (auch eine Pizzeria), kleine Läden, Hotels, Gendarmerie und die Baracken des *Bataillon des Skieurs.* Im Sommer wirkt der Ort bis auf einige Schaf- und Ziegenherden, die hier oben weiden, sehr verlassen.

Am Ortsende von Oukaïmeden an einer Kreuzung kann man in Richtung Radio-/TV-Station (auf dem Berg) rechts (links geht's zu den Liften) auf einer kurzen Piste (bei späterem Abzweig wieder rechts) zu einer **Aussichtsplattform** (2740 m) fahren. Hier hat man einen großartigen Panoramablick auf den Tizi-n-Test, Djabal Toubkal und Marrakesch. Mit Glück sieht man einen der seltenen Bartgeier.

Die gute Piste am Ende der Teerstraße beim Sessellift führt auf den **Tizi-n-Eddi** (2928 m). Von dort bietet sich eine tolle Aussicht auf das Imenane-Tal. Zu Fuß wandert man etwa zwei Stunden bis zum Pass.

Unterkunft

- **Club Louka******, Tel. 0524 31 90 80, www.clublouka.com. Das ältere Hotel gleich am Ortsanfang links (beim See) hat 101 komfortable Zimmer mit Heizung, TV und Panoramaterrassen. Es gibt sehr gutes Essen auf Vorbestellung. Der Pool wird erst bei einer gewissen Auslastung geheizt. Ski-, Kletter- und Trekkingtouren können organisiert werden, auch Verleih von Mountainbikes. DZ €€€€€ inkl. HP.
- **Chez Juju,** Tel. 0524 31 90 05, www.hotelchezjuju.com. Herberge im französischen Hüttenstil, recht komfortable Zimmer mit Bad, üppiges Frühstück.
- **Le Courchevel,** Tel. 0524 31 90 92, www.lecourchevelouka.com. Einfach ausgestattete

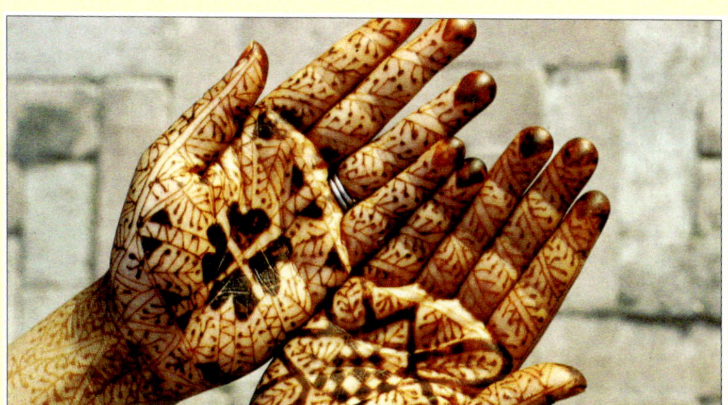
henna Foto: wg

Henna – uralte Kulturpflanze und Segensbringer

von *Jamila Guntermann*

Der **Name „Henna"** soll aus dem Persischen stammen und bezieht sich auf den Hennastrauch (lat.: *Lawsonia inermis*). Dieser ist beheimatet in Nord- und Ostafrika, in Vorder- und Ostasien sowie in Australien. Die Blätter liefern einen rotbräunlichen Farbstoff, die Blüten werden zu einem wohlriechenden Parfümöl verarbeitet. Die Wurzel gibt zusätzlich roten Farbstoff für fettende Öle ab.

Bekannt war Henna bereits zur altägyptischen Zeit. Bei den alten Römern wurde es zu kosmetischen Zwecken verwendet.

Bei den islamischen Völkern gilt Henna noch heute als Überträger von „Baraka" (göttlicher Segen) und wird von einer „Neqqacha/Hennaya" (Henna-Zeremonienmeisterin) bei Hochzeitsfeierlichkeiten o.Ä. in stundenlanger Arbeit auf die Hände und Füße der Braut mit einem zarten Spitzenmuster aufgetragen. Diese kunstvollen **Körperbemalungen** färben sich später von Grün zu Rot. Zu den Füßen der Braut, traditionsgemäß in Grün und Weiß gekleidet, steht ein großes Messingtablett mit den vorgeschriebenen Schalen voller Henna, getrockneter Rosenknospen und Nelken sowie den Zuckerhüten (Symbole der Reinheit), Eiern (Symbole der Fruchtbarkeit) und den drei kleinen Tellern mit Dufthölzern oder Gewürzen, die verbrannt werden und einen intensiven Geruch verbreiten, der die bösen Geister von der Braut fernhalten soll. Den orientalischen Männern und Kindern werden des öfteren dabei die Handinnenflächen leicht mit Henna betupft.

Hauptanwendungsgebiet von Henna ist jedoch die Verwendung als **kosmetisches Mittel,** hauptsächlich zur Haarfärbung, wobei die nassen Haare mit Henna (eine Paste, zu einem grünlichen Schlamm zusammengerührt) bestrichen werden. Nachdem die Paste eingezogen und wieder ausgewaschen ist, ist die rötliche Färbung der Haare erkennbar.

Einige Orientalen benutzen Henna als durchblutungsanregendes **Heil- und Schönheitsmittel** für die Fußsohlen. Henna wird außerdem noch verwandt zur Färbung von Leder und Textilien sowie für Cremes und Lotionen.

Zimmer mit Bad, aufmerksamer Service, Restaurant und Aufenthalts-/TV-Raum mit Kamin, Bar mit Alkoholausschank. DZ ab €€€€ €€, auch Lagerbetten €€€ inkl. HP.

- **Chalet d'Oukaïmeden****, Tel. 0524 31 90 36, www.cafmaroc.com. Unterkunft des **Club Alpin Français** im schweizerischen Chaletstil mit Bettenlager und Zimmern. € p.P., Frühstück 25 DH, Essen 90 DH. Reservierung beim Club Alpin notwendig (Adresse siehe Internet oder Exkurs „Bergsteigen am Djabal Toubkal").

Von Marrakesch über den Tizi-n-Test nach Taroudannt

Überblick

- **229 km (bis Asni 48 km), Asphalt, R203.**
- Diese **landschaftlich sehr schöne Strecke** ist etwas abenteuerlicher als die Passstrecke über den Tizi-n-Tichka. Auf der Nordseite ist der Asphalt gut und relativ neu, auf der Südseite auf den ersten Kilometern nach dem Pass ausgefranst und löchrig. Die Strecke ist vor allem auf der Südseite extrem kurvig und schmal. Bei Gegenverkehr wird es regelmäßig spannend, wer nun wohin ausweicht ... Wintersperre bei frischem Schneefall. Zwischen Asni und Ouled Berhil gibt es keine Tankstelle!

Manchen Reisenden ist es wohler, die Straße in umgekehrter Richtung zu fahren, da man dann auf der komplizierteren und gewundeneren Südseite die Felswand und nicht den ungesicherten Abhang neben sich hat, vor allem bei schlechtem Wetter. Bei Nebel ist diese Strecke ausgesprochen unangenehm zu fahren, es lohnt sich, auf besseres Wetter zu warten. **Für Wohnanhänger und überdimensionale Wohnmobile ist sie nicht geeignet.** Auch für **nicht schwindelfreie Fahrer** kann der Abschnitt zwischen der Passhöhe und den nachfolgenden 15 km problematisch sein.

- Mit dem **Bus oder Sammeltaxi** in Marrakesch vom Bab er Robb nach Asni. Von dort fahren Busse nach Ouled Berhil. Viele Busse fahren nur bis Asni, es gibt aber auch einen Privatbus nach Taroudannt. Außerdem besteht Sammeltaxiverkehr. Bis Mulay Brahim kostet ein Grand Taxi komplett ca. 500 DH (für 5 Fahrgäste).

Anfahrtsbeschreibung

Ab Marrakesch beachten Sie die Beschilderung nach Taroudannt, bei km 5 geht es links in Richtung **Taroudannt** weiter, rechts nach **Amizmiz.**

Bei km 30 ignorieren Sie den Abzweig links ins Ourika-Tal. Bei km 31 liegen vor dem Ort **Tahanaoute** eine Tankstelle und ein Marktgelände, wo dienstags ein **schöner Markt** stattfindet. Trotz vieler Touristen aus Marrakesch ist dieser Wochen-Souk noch recht ursprünglich.

Nach 1 km ist der große Ort Tahanaoute, nach 34 km das Dorf **Saour** erreicht. Viele Souvenirläden bieten an der Straße Waren zum Verkauf an.

Nach 3 km führt eine Brücke über den **Asif Reraïa.** Rote Lehmhäuser, die sich kaum von der Umgebung abheben, ziehen sich entlang der Hänge.

Bei km 47 besteht die Möglichkeit, zur Zaouia und nach Mulay Brahim abzuzweigen (4 km).

Mulay Brahim

↗ III/D3

Dieses schön gelegene Bergdorf auf 1200 m Höhe ist ein **Wallfahrtsort,** der nach dem „Heiligen" *Mulay Brahim* benannt ist. Einige Tage nach

Mauladbeginn findet dort ein wichtiger **Moussem** statt, der unbedingt sehenswert ist. Mulay Brahim ist in erstere Linie Wallfahrtsziel für Frauen mit unerfülltem Kinderwunsch.

Es gibt eine **Wohn- und** eine **Marktregion.** Diese erreicht man, wenn man am Ortseingang bei den Restaurants oder beim Hotel Haute Roches parkt und linker Hand die Treppen nach oben geht. Beim Aufgang drängen sich die Frauen, um ihren Geschlechtsgenossinnen die Hände mit **Henna** zu verzieren – das bringt „baraka", den göttlichen Segen (vgl. Exkurs oben). Die Tradition der Hennabemalung ist vor allem in Wallfahrtsorten zu sehen und auch bei Hochzeiten üblich. Touristinnen können sich ebenfalls schmücken lassen (Preis verhandeln!). Der Souk-Bereich zieht sich zur Zaouia hin, und je näher man dem Heiligtum (an dem grünen Dach zu erkennen) kommt, desto mehr Devotionalien werden verkauft.

Vom Marktbereich gelangt man zum Wohnbereich. Dazwischen kann man noch die **heiligen Quellen** besichtigen und im Wohnbereich sehr schöne Einblicke in das Leben einer ländlichen Gemeinde gewinnen.

Beim Ort beginnen die Schluchten des Mulay Brahim mit dem **Oued Mulay Brahim.**

Mulay Brahim wirkt von der Straße aus etwas schmuddelig und touristisch: Cafés, geschmückte Reitpferde und Kamele usw. Hierher kommen aber **fast nur marokkanische Pilger** und Ausflügler aus Marrakesch, und der Ort ist als typischer kleiner Wallfahrtsort (evtl. mit Führung) sehr sehenswert.

Übernachten kann man im ziemlich heruntergekommenen **Hotel Haut Roches** (€) oder im ebenfalls einfachen (mäßig sauber, Klospülung mit Eimer) **Star Hotel** etwas oberhalb (€ ohne Frühstück). Wer es komfortabler will, sollte in Imlil oder Ouirgane eine Unterkunft suchen.

Folgt man der Straße weiter, so gelangt man auf das Plateau (fantastische Aussicht) und weiter nach Aguergou (ca. 10 km) und nach weiteren 5 km zur **Kasbah Tifferouine,** einem Ausflugsziel marokkanischer Veranstalter (mit hübschem Grill-Lokal).

Hinter Mulay Brahim schlängelt sich die Straße hinauf ins Bergland. Es wachsen Oleander, Thuja, Kiefern und Steineichen. Nach 48 km ist Asni erreicht.

Asni

↗ III/D3

Asni hat eine herrliche Silberpappelallee, die die ganze Straße überdacht. Im Ort stehen eine Kasbah und Sommerhäuschen wohlhabender Bewohner von Marrakesch. Wochenmarkt ist am Samstag. Von Asni kann man Wanderungen oder Bergtouren in den Hohen Atlas unternehmen. Der Ort ist Ausgangspunkt für eine Djabal-Toubkal-Besteigung von Imlil aus (siehe unten und Exkurs). Asni ist außerdem das Zentrum für die Mineralien- und Fossilienverkäufer des Hohen Atlas. Überall

Bergsteigen im Djabal-Toubkal-Gebiet

Imlil bzw. **Aroumd** sind die Ausgangsorte für die Besteigung des Djabal Toubkal und viele weitere Bergtouren im Hohen Atlas. In Imlil (vgl. Asni/Ausflüge) gibt es mehrere Cafés, Lebensmittelläden, einen bewachten Parkplatz, einige Herbergen und eine Hütte des *Club Alpin Français* (CAF) mit schattigem Campingplatz für Zelte. Das *Bureau des guides* neben der Hütte des CAF am Parkplatz vermittelt Bergführer für die Toubkal-Besteigung (ca. 300 DH/Tag). In Imlil kann man auch Mulis für den Gepäcktransport anmieten (ca. 100 DH/Tag). Vertrauen Sie sich nur staatlich geprüften, diplomierten Bergführern an (Ausweis zeigen lassen). Es empfiehlt sich, hier oder in Aroumd (s.u.) zu übernachten, damit genügend Zeit für den langen Marsch zur Toubkal-Hütte bleibt.

Für die **Besteigung des Toubkal** rechnet man 3 Tage. Für eine Rundtour über mehrere Gipfel sind 5 Tage zu veranschlagen. In der Regel steigt man am ersten Tag bis zur Hütte auf und verbringt dort den Nachmittag zur Akklimatisation (wichtig!). Am zweiten Tag geht es auf den Gipfel und wieder zurück zur Hütte, am dritten Tag steigt man über Sidi Chamharouch bis Imlil ab. Sehr fitte Bergsteiger können auch am Gipfeltag wieder ganz bis Aroumd absteigen, dann sind allerdings knapp 1000 anstrengende Höhenmeter im Aufstieg und über 2000 Höhenmeter im Abstieg zu bewältigen.

Ab Aroumd rechnet man etwa 4–5 Stunden Gehzeit bis zur **Toubkal-Hütte** (ex Neltner) auf 3207 m. Von dort sind es noch 3–4 Std. bis zum Gipfel auf 4167 m Höhe. Die Tour ist generell nur für geübte Geher zu empfehlen, der Anstieg zum Gipfel führt z.T. über loses Geröll (Trittsicherheit unbedingt notwendig). Schon im September und bis in den Mai kann es in der Höhe schneien – warme Funktionskleidung, Regenschutz, Mütze und Handschuhe müssen ins Gepäck. Die Hütten bieten einfache Versorgungsmöglichkeiten. Wer zeltet, muss seine Lebensmittel und Ausrüstung selbst mitbringen.

Die Toubkal-Hütte sowie die neuere und gepflegtere **Hütte Le Mouflon** (Mobil 0663 76 37 13, 0663 76 31 09, afoud@wanadoo.net.ma) daneben etwas unterhalb sind ideale Zwischenstationen für die Besteigung des Djabal Toubkal und weitere Gipfel rund ums Mizane-Tal. Beide bieten eine Kochgelegenheit für mitgebrachte Verpflegung. Mineralwasser, Tee/Café, Snacks und eine warme Mahlzeit (z.B. Couscous, Tajine) sind erhältlich. Die Hütten haben Lagerschlafplätze sowie heiße Duschen für Bergsteiger. Es gibt auch einen Mulistall für die Gepäcktiere. In der Umgebung der Hütten sowie weiter unterhalb entlang des Bachs finden sich ebene Flächen für **Zelte.** In der Toubkal-Hütte des *Club Alpin Français* können Alpenvereinsmitglieder ermäßigt übernachten (ca. 60 DH), Nichtmitglieder zahlen in beiden Hütten etwa 90 DH pro Nacht (Preise saisonabhängig, heiße Dusche extra). Die Umgebung der Hütten ist von den vielen Wandergruppen schon stark in Mitleidenschaft gezogen worden: überall Müll und Hinterlassenschaften mit Klopapierfahnen. Jeder Bergsteiger sollte deshalb seinen Müll wieder mit ins Tal nehmen und das Klopapier verbrennen!

In Imlil folgt man der Straße geradeaus bergauf bis zur Betonbrücke mit Hochwassermauer und dem Schild „Parc National du Toubkal". Weiter geht es auf dem Fahrweg und schließlich auf Pfaden durch die Terrassenfelder mit Walnussbäumen entlang des Tales bis nach Aroumd.

Alternativ kann man (zu Fuß oder mit dem Auto) die 5 km lange Piste am Berghang oberhalb **nach Aroumd** nehmen. Eine kleine Brücke quert zum Schluss den Fluss zum hübschen Terrassendorf.

Der Aufstieg

Von Aroumd geht es entlang der Ostseite des Flussbetts ca. eine ½ Stunde talaufwärts, bis ein breiter Pfad beim grünen Nationalparkschild links nach oben abzweigt. Zur Zeit der Schneeschmelze oder nach Regenfällen kann der Fluss recht reißend sein, ansonsten liegt er meist trocken.

Auf dem einfachen, nur leicht ansteigenden Pfad geht es in etwa 2 Stunden zum Pilgerort **Sidi Chamharouch** (2500m), wo der Bach auf einer Betonfurt überquert wird. Unter dem großen, weiß bemalten Stein wurde angeblich ein Heiliger verschüttet. Pilger kommen hierher zum Freitagsgebet und hoffen auf Erfüllung ihrer Wünsche. Es gibt mehrere Souvenirbuden und einen Kiosk mit Getränken und Schokoriegeln. Der weitere Weg führt noch vor den Buden rechts vorbei in Serpentinen aufwärts. In 2–3 Stunden ist der weite Kessel mit den Campplätzen und zwei Hütten erreicht.

Der Gipfelaufstieg führt durch den südlichen **Irhzer n'Ikhibi,** das Tal, das etwa bei der Toubkal-Hütte ins Haupt-(Mizane-)Tal mündet. Es handelt sich um einen steilen, nach Westen exponierten Anstieg, der vormittags lange im Schatten liegt.

Von der Hütte aus überquert man den Bach und steigt in dem zunächst steilen Seitental auf: entweder rechts, unangenehm und mühsam durch Schutt und Geröll, oder weiter links durch Rinnen und über Bänder des Felsabbruches, der die linke Talseite versperrt. Das Tal wird bald flacher. Es geht weiter über große Felsblöcke, dann wieder über Schutt, bis man eine Art Kessel erreicht. Schräg rechts führt der Weg über steiles Geröll zur Toubkal-Scharte **(Tizi-n-Toubkal)** und dann nach links einfach über den SW-Grat zum Gipfel. Die Gehzeit beträgt 3–4 Stunden ab der Toubkal-Hütte. Der Weg ist nur unregelmäßig mit Steinmännchen markiert.

Weitere Gipfel im Bereich der Toubkal-Hütte

Neben dem Djabal Toubkal gibt es noch eine ganze Reihe anderer leicht zugänglicher hoher Berge.

Den **Ras n'Ouanoukrim** (4083 m) und die **Timesgouida** (4089 m) erreicht man über den Felsgrat nach Westen, später über Geröll zu den Gipfeln **Akioud** (4010 m) und **Afella** (4015 m) über die Amrharas-N'Igli-oua-Scharte.

Ein weiteres beliebtes Ziel ist der **Tazaghart** (3980 m), dort kann man in der im Sommer bewirtschafteten Tazaghart-Hütte (ex Lepiney) übernachten. Den Schlüssel dafür bekommt man im Winter in Tizi Oussem ausgehändigt.

Diese Routen auf die höchsten Atlasgipfel sind auch als **Skihochtouren** möglich. März bis Mai gilt als die beste Zeit hierfür.

Für Kletterer gibt es jede Menge Routen, zumeist Gratklettereien mittlerer Schwierigkeitsgrade, jedoch auch extrem schwierige Wandklettereien. Die bekanntesten Kletterberge in der Region sind **Tadat** (3760 m), **Le Clochtons** (3963 m) und **Tadaft** (ca. 3900 m) sowie der Djabal-Toubkal-Westgipfel. Je nach Jahreszeit sind in den diversen Rinnen und Couloirs auch Eis- und kombinierte Fahrten möglich.

Informationen zum Bergsteigen und Skifahren bei:

- **Club Alpin Français** (CAF), 50, Bd Sidi Abderrahamane, 20200 Casablanca, Tel. 0522 98 75 19, www.caf-maroc.com. Infos und Reservierung für die Toubkal-Hütte.
- **Bureau des guides Imlil,** neben der Hütte des CAF im Zentrum von Imlil, Tel. 0524 48 56 26, www.bureaudesguidesimlil.com. Geöffnet Mo–So 8–18 Uhr.
- **Karte:** „Djebel Toubkal im Hohen Altas", Touristikkarte, 1:100.000 und 1:60.000, Spruck/Zylka 1999, FH Karlsruhe.
- Empfehlungen für geprüfte **Bergführer** siehe bei Marrakesch („Sport/Bergsteigen") und bei Asni/Imlil.

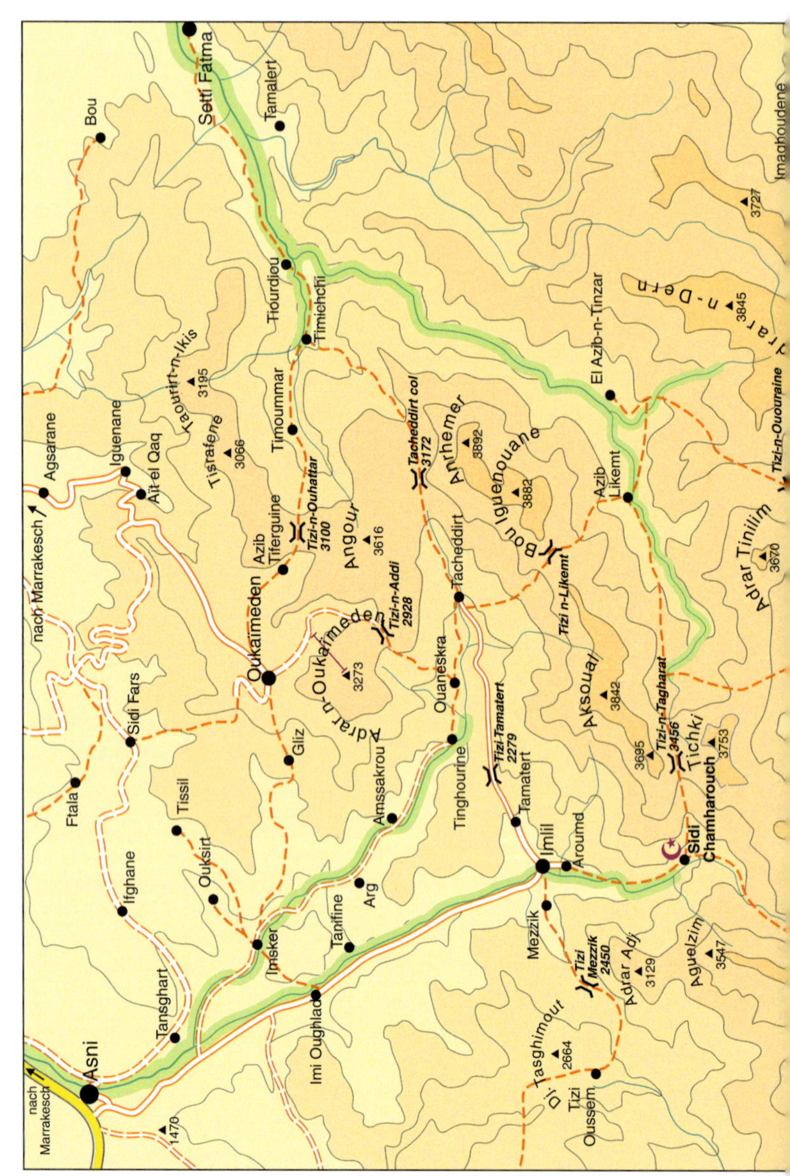
Setti Fatma
Tamalert
Bou
Imaghoudene
3727
Tiourdiou
Timichchi
El Azib-n-Tinzar
Adrar n-Dern
3845
Taourirt-n-Ikis
3195
Timoummar
Tacheddirt col
3172
Anrhemer
3892
Tizi-n-Ouourane
Agsarane
Iguenane
Aït el Qaq
Tisrafene
3066
Bou Iguenouane
3882
Azib Likemt
nach Marrakesch
Azib Tiferguine
Tizi-n-Ouhattar
3100
Angour
3616
Tizi n-Likemt
Tacheddirt
Adrar Tinilim
3670
Oukaïmeden
Tizi-n-Addi
2928
Adrar n-Oukaïmeden
3273
Ouaneskra
Aksoual
3842
Tizi-n-Tagharat
3456
Tichki
3753
3695
Sidi Fars
Gliz
Tinghourine
Tizi-Tamatert
2279
Tamatert
Ftala
Tissil
Amssakrou
Sidi Chamharouch
Ifghane
Ouksirt
Arg
Imlil
Aroumd
Tanfine
Imsker
Mezzik
Tizi Mezzik
2450
Adrar Adj
3129
Aguelzim
3547
Tansghart
Imi Oughlad
Tasghimout
2664
Asni
nach Marrakesch
1470
Tizi Oussem

TREKKING RUND UM DEN TOUBKAL
Moschee
Schutzhütte
Pass
Teerstraßen
Pisten
Wege bzw. Maultierpfade
N
2 km
3843
Le Mouflon
4015
4167
Tizi-n-Ouanoums 3684
Tizi-n-Ouagane 3735
Amrourough
3258
Dj. Ouanoukrim
4088
Lac Ifni
Azrou Izouggâhene
3368
Imhilene
Amsouzart
Andous
Tanmirselt
Idal
Issoual
Azrou
Zaout
Izagguene
Assarag
Imouldighene
Ikis
2333
Amzerkou
Tizoughine
2296
Anerou
Imourkusane
Tangharant
2430
Talmod'at
nach Aoulouz

entlang der Straße zum Tizi-n-Test bieten die **Fossilienhändler** ihre echte oder auch gefälschte Ware feil.

Unterkunft

- **Kasbah Tamadot,** ca. 4 km in Richtung Imlil, Tel. 0524 36 82 00, www.kasbahtamadot.virgin.com. Dieses luxuriöse Hideaway mit 24 mit wertvollen Antiquitäten ausgestatteten Zimmern und Suiten sowie sehr komfortablen Zeltzimmern lässt keine Wünsche offen – ideal für die Flitterwochen oder (wer es sich leisten kann) für ein paar Entspannungstage. Das Kanoun Restaurant steht mit Reservierung auch Nicht-Gästen offen (Hauptgericht ab 200 DH). Für Entspannung sorgen der Innen- und Außenpool, ein Tennisplatz und der Hammam mit diversen Wellnessangeboten. DZ ab 360 Euro.
- Weitere (bezahlbare) Unterkünfte in Imlil und Ouirgane (s.u.).

Verkehrsverbindungen

- **Sammeltaxis bis Imlil** für ca. 10 DH.
- **Taxi nach Marrakesch** (komplett für 4–5 Personen) ca. 400 DH, **Bus/Sammeltaxi** ca. 15 DH.
- **Bus nach Ouled Berhil:** 2x tägl., 40 DH.

Ausflug nach Imlil

↗III/D3

Lohnenswert ist ein Abstecher zum 1740 m hoch gelegenen Bergdorf **Imlil** (17 km schmale Teerstraße) im Mizane-Tal mit vielen Nussbäumen auf Terrassenfeldern. Der schön gelegene Ort ist mittlerweile stark von Touristen und Tagesausflüglern aus Marrakesch frequentiert: Cafés und Souvenirhändler und immer mehr Herbergen reihen sich aneinander. Imlil ist letzter Versorgungspunkt für eine Besteigung des **Djabal Toubkal,** des höchsten Berges Nordafrikas (4167 m, vgl. Exkurs „Bergsteigen im Djabal-Toubkal-Gebiet"). Inzwischen wurde eine Teerstraße von Imlil weiter gen Osten über Tamatert bis nach Tacheddirt fertiggestellt.

Von Imlil lohnt sich eine Wanderung zum höher gelegenen **Aroumd** etwas weiter südlich im Mizane-Tal (vgl. Exkurs): Die Steinhäuser des ursprünglichen Dorfes thronen am Hang oberhalb des Flusstals. Auf der gegenüberliegenden Flussseite beginnt der Aufstieg zum Djabal Toubkal.

Unterkünfte in Imlil und Aroumd

- **Aksoual,** im Zentrum von Imlil, Tel. 0524 48 56 12. Einfaches und sauberes Hotel mit Café, DZ ½€.
- **Atlas Gîte Imlil** (*Chez Jean Habib*), ca. 700 m vom Zentrum am Ortsausgang (über die Brücke und vorbei an der Schule), Tel. 0524 48 56 01, atlasgite@yahoo.fr. Nette Herberge eines Franzosen, Zimmer mit oder ohne Bad €€€€ inkl. HP.
- **Atlas Toubkal** und **Gîte Chez l'Habitant** von *Omar le Rouge*, in Aroumd, Tel. 0524 48 51 41, Omar_id_mensour@hotmail.com. Treffpunkt der Toubkal-Trekker, freundlich, gutes Essen, warme Dusche, Schlafsack oder Leintuch selbst mitbringen. Die Sanitäranlagen sind nicht immer sauber.
- **Club Alpin Français** (CAF), im Zentrum von Imlil, Tel. 0524 48 51 22, Mobil 0677 30 74 15, cafmaroc@menara.ma. Hütte des französisch-marokkanischen Alpenvereins mit Bettenlager (ca. 60 DH/Pers.), Essen auf Bestellung, Camping im Garten möglich. Mulis zum Gepäcktransport können organisiert werden.
- **Dar Mezik,** Mobil 0661 34 44 31, azdourb@hotmail.com. Die Herberge in einem Steinhaus oberhalb von Imlil wird vom pensionierten Bergführer *Brahim Azdour* und seinem Bruder *Hassan Ben Mohammed Azdour* (siehe unten bei Bergführer) betrieben. Das Essen ist sehr gut und üppig. DZ € bis €€ p.P. mit Frühstück.

• **Gîte Imlil** *(Slimane Baadoud)*, am Ortsausgang von Imlil, über die Brücke, dann ca. 100 m hinter der Schule (ca. 7 Min. Fußmarsch vom Zentrum), Mobil 0661 24 16 43 oder 0661 40 61 91, www.naturetrek-maroc. com. Diese Herberge des erfahrenen geprüften Bergführers *Slimane* (s.u.) hat 10 Zimmer mit WC/heißer Dusche und eine schöne Terrasse. DZ €, Abendessen 60 DH.

• **Imi n'Ouassif,** im Zentrum von Imlil ca. 100 m abseits der Hauptstraße gelegen, Mobil 0662 10 51 26, iminouassif@imlil.ma. Empfehlenswerte, sehr saubere Herberge von *Mohammed Bouinbaden* (pensionierter Bergführer), € pro Person mit HP.

• **Kasbah du Toubkal,** Tel. 0524 48 56 11, www.kasbahdutoubkal.com, zentrale Reservierung über Tel. (0044) 18 83-74 43 92 (UK). Die renovierte und zum Hotel umfunktionierte Kasbah (ca. 20 Min. Aufstieg) thront über dem Ort in der Mitte des Tals. Die im Berberstil dekorierten Suiten und Zimmer sind sehr schön, sollten aber weit im Voraus reserviert werden und haben ihren Preis. Es gibt auch ein Familienhaus mit drei Zimmern sowie zwei Berbersalons (für 3–4 Pers.) mit gemeinschaftlichen Duschen/WC. Von den Terrassen bietet sich ein herrlicher Ausblick auf das Mizane-Tal und die Bergwelt. Das Hotel engagiert sich in Form einer Association für die Entwicklung der Region. Es können diverse Tagesausflüge und Trekkings gebucht werden (inkl. geführter Toubkal-Besteigung). DZ ab €€€€€ inkl. Frühstück.

• **Les Etoiles du Toubkal,** im Zentrum von Imlil, Tel. 0524 48 56 18, www.hotel-etoiletoubkal.com. 18 Zimmer mit Bad, Terrassenrestaurant mit Aussicht, DZ €€ inkl. Frühstück.

Bergführer

Als lizensierte Bergführer für die Region sehr zu empfehlen sind **Slimane Baadoud** (Mobil 0661 24 16 43 oder 0661 40 61 91, www.maroctrekking.com), **Mohammed Id Belaid** (Gîte Atlas Toubkal in Aroumd, Tel. 0524 48 56 xx) sowie **Hassan Ben Mohammed Azdour** (Mobil 0666 39 59 21, www.trektoubkal.com). Sie stellen individuelle Touren (von einfachen Spaziergängen im Tal bis zu zehntägigen Trekkings) zusammen, organisieren den Gepäcktransport mit Mulis sowie die Übernachtungen und Verpflegung während des Treks.

Weitere Führer vermittelt das **Bureau des guides** (Führerbüro) beim Parkplatz neben der Hütte des Club Alpin Français in Imlil (siehe Exkurs), Tel. 0524 48 56 26, www.bureaudesguidesimlil.com.

Weitere (deutschsprachige) Bergführer siehe bei Marrakesch.

Bei **km 50** hinter Marrakesch zweigt links die Straße nach **Imlil** ab, Ausgangspunkt der Toubkalbesteigungen. Bald weicht der Wald Getreidefeldern.

Nach 61 km zweigt rechts die Zufahrt zur **Kasbah de Ouirgane** ab, eine sehr schön gelegene Herberge mit weitem Blick übers Tal (Tel. 0524 48 48 37, KasbahdeOuirgane@hotmail.com, DZ €€€, Camping vor dem Haus möglich).

Vor Ouirgane zeigt ein Steinschild den Weg zum schönen, von Franzosen geführten **Landhaus La Bergerie** (Tel. 0524 48 57 17, www.labergerie-maroc.com, Suiten von €€€€B bis €€€€, Menü 150 DH) mit Pool. Hier kann man herrlich entspannen oder ins Restaurant mit Kaminsalon und Terrasse einkehren.

Wenig später folgt Ouirgane (rechts Abzweig nach Amizmiz).

Ouirgane

↗ III/D3

Der beliebte Ausflugs- und Sommerkurort **Ouirgane** eignet sich als Ausgangspunkt für Wanderungen und andere Unternehmungen in der schönen, ruhigen Umgebung. Einige ansprechende Unterkünfte laden dazu ein, hier ein paar Tage zu verweilen – zum Beispiel zur Entspannung nach einem hektischen Stadtaufenthalt in Marrakesch.

Sehr schöne Unterkunft finden Urlauber in der exklusiven Hotelanlage **La Roseraie****** (Tel. 0524 43 91 28, www.laroseraiehotel.com, DZ mit HP €€€€A) mit Tennisplätzen, Pool, Reitstall und Reitplatz in herrlicher Berggegend direkt am Fluss. Das Essen ist sehr gut und wird im Sommer im duftenden Rosengarten serviert.

Gegenüber des Hotels Roseraie, auf der anderen Flussseite, liegt das **Au Sanglier qui Fume,** das „rauchende Wildschwein", – in diesem Restaurant und Hotel gibt es auch zwei (nicht rauchende) Wildschweine, einen Affen und ein bewohntes Storchennest. Die bungalowähnlichen Reihenhäuschen (DZ mit Dusche/WC €€€€B p.P. inkl. HP) sind geschmackvoll gestaltet und liegen in einem romantischen Garten mit Obstbäumen, Stockmalven, rauschendem Bach und Pool. Die französische Küche und Bier/Wein sind gut, das Personal ist sehr freundlich.

Nahe der Ortsmitte befindet sich die romantisch gestaltete Herberge **Chez Momo II** (Tel. 0524 48 57 04 oder 0524 48 57 12, www.aubergemomo.com). Sie liegt mitten in einem Olivenhain, hat einen Pool, einen netten Salon mit Kamin und stilvolle Zimmer und Suiten (DZ €€€€B inkl. HP).

Sehr empfehlenswert ist auch **La Bergerie** (Tel. 0524 48 57 17, www.labergerie-maroc.com, DZ mit Frühstück €€€€). Hier herrscht gemütliche Landhausatmosphäre, es gibt komfortable (beheizte) Zimmer und einen Pool im grünen Garten. Im Restaurant mit Kamin wird gute französische und marokkanische Küche serviert.

Hinter Ouirgane verläuft die Straße **weiter durch sehr schöne Gebirgslandschaft** im grünen Tal des **Oued N'Fiss.** Der Fluss ist seit 2008 zu einem See, der **Barrage Yacoub El Mansour,** aufgestaut, der u.a. Marrakesch mit Wasser versorgt.

Bei km 94 ist der kleine Ort **Oued Agoundis (Ijoukak)** mit Forsthaus erreicht. Etwa 1½ km weiter gibt es eine Tankstelle. Ein Abzweig führt nach **Talat n'Yacoub,** einem wichtigen Zentrum des Goundafa-Stammes. Dort kann man in der **Gîte d'Etape Imnir** des freundlichen *Lahcen Imnir* (Mobil 0662 03 63 64) übernachten. Das Privathaus in ruhiger, sehr schöner Lage bietet einfache, hübsche Gästezimmer mit gemeinschaftlichen Duschen und WC (½€ inkl. Frühstück, Essen auf Bestellung).

Etwas entfernt thronen links und rechts der Straße zwei mächtige Kasbahs, die **Goundafa-Kasbahs Agadir N'Gouj** (rechts) und **Kasbah Tagoundaft** (links).

Etwa 100 km nach Marrakesch führt ein Abzweig rechts nach **Tin Mal.**

Tin Mal

↗IX/D1

Auf einer kleinen Brücke überquert man den Oued N'Fiss und erreicht nach ca. 1 km oder 15 Min. Fußweg die **festungsartige Moschee** auf dem Hügel über einem Lehmhüttendorf in wunderschöner Umgebung.

Die Moschee und Zaouia Tin Mal ist **Ursprungsort der Almohaden.** Der von den Almorawiden verfolgte *Ibn Tumart* fand 1120 hier Zuflucht. Der Marabout wurde von seinen Anhängern als Mahdi verehrt, bekehrte die hier wohnenden Masmuda-Berber zum Islam und gründete das Kloster Ribat. Die Klosterbrüder nannten sich „Al Mohawadun", daraus wurde später der Name „Almohaden" (s.a. „Land und Leute/Geschichte").

Der Nachfolger von *Ibn Tumart,* **Abd al-Mu'min,** eroberte von hier aus in sieben Jahren Marokko. Marrakesch wurde Hauptstadt. Tin Mal blieb weiter heiliger Ort und letzte Zufluchtsstätte der Almohaden, als die Meriniden das Reich eroberten. Die **Moschee** ließ *Abd al-Mu'min* 1154 erbauen, sie wurde 1276 von den Meriniden zerstört. Schon seit 1993 wird die Moschee mit großem Aufwand von Stuttgarter Architekten renoviert und kann gegen eine Eintrittsgebühr von 10 DH/ Pers. besichtigt werden.

Im Dorf gibt es die einfache **Gîte d'Etape Chez Lahcen.**

---

116 km hinter Marrakesch liegt das Dorf **Idni.** Ungefähr 1½ km hinter Idni ist eine **Barrière de Neige** eingerichtet, das heißt ab hier bzw. bei km 152 wird bei starkem Schneefall die Strecke von Süden her gesperrt.

Steile Abhänge ohne Begrenzung fallen hinab zum **Oued N'Fiss.** Oleander, Walnussbäume und im Frühjahr blühende Iris säumen das Flussufer. An die stark erodierten Hänge sind kärgliche Lehmhäuser gebaut, die sich kaum von der roten Erde abheben.

Bei **km 135,6** ist der Pass **Tizi-n-Test** in 2093 m Höhe erreicht. Am Pass gibt es einen Mineralienstand und eine Parkbucht mit Aussicht. Beim Pass liegt auch der kleine **Camping du Col** (Schild). Ab dem Pass ist eine sehr schöne Wanderung entlang der Piste zu einer Fernsehstation möglich (ca. 2 Std., traumhafte Aussicht).

Das **Hotel und Café** mit Panoramaterrasse **La Bellevue** 1 km weiter ist freundlich, einfach und sauber (Mobil

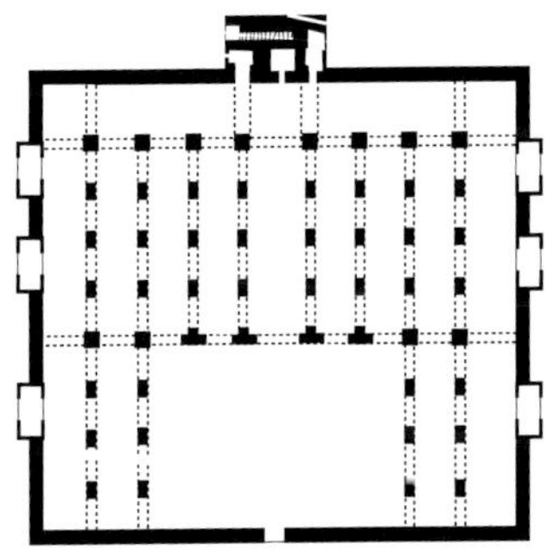

Grundriss der Moschee von Tin Mal; siehe auch Bild auf der nächsten Seite

ma07_808 Foto: ad

0667 59 57 58, € p.P. mit HP, Dusche/WC am Gang, nettes Restaurant mit Kamin), der Besitzer ist sehr geschäftstüchtig.

Auf der Südseite des Tizi-n-Test wurden die Berghänge mit Pinien aufgeforstet, um die fortschreitende Erosion einzudämmen. Die schmale Straße führt bergab, immer wieder bieten sich herrliche Ausblicke. Nach 3–4 km ragt ein Felsüberhang über die Straße, der Fahrzeugen über 3,50 m Höhe Probleme bereiten dürfte.

Lavendel, Ginster, Steineichen und Stechpalmen wachsen an den Hängen, weiter in Serpentinen bergab. Innerhalb von 30 km führt die Straße von 2000 m Höhe bis auf eine Höhe von nur noch 500 m im Soustal!

152 km hinter Marrakesch trifft man auf eine weitere Barrière de Neige, daneben Mineralienhändler und ein einfaches Café.

Ca. **164 km** hinter Marrakesch flachen sich die Hänge des Hohen Atlas zur Sous-Ebene hin ab, und das Arganiengebiet beginnt. Auf den **Arganienbäumen** klettern die Ziegen bis in die oberen Äste, um die im Sommer reifen Früchte zu erhaschen (vgl. Exkurs „Der Arganbaum").

Bei **km 175,4** mündet die Strecke in die breite Straße Richtung Taroudannt (rechts) und Ouarzazate (links) ein.

Der große Ort **Oulad Berhil** ist etwa bei **km 184** erreicht. Ein Hinweisschild führt zum **Palais Riad Hida** (Tel./Fax 0528 53 10 44, www.riadhida.com). Bei den Schildern im Zentrum unmittelbar links auf eine Piste, die am Markt vorbeiführt, abbiegen und dann 1,1 km geradeaus. Hier hat *Mohammed Laafissi* ein Restaurant in einem 1860 gebauten **Palast eines Paschas** eingerichtet. Der prachtvoll renovierte Palast mit sechs Zimmern (€€€€) ist mit typisch maurischem Dekor ausgestattet. Im schönen Garten mit tropischen Pflanzen, Pool und Terrasse stolzieren Pfauen umher. Besonders schön ist das Zimmer Nr. 10, das ehemalige Schlafgemach des Paschas.

Ein Bus über den Tizi-n-Test fährt von Ouled Berhil zweimal am Tag nach Asni, es verkehren auch Sammeltaxis nach Taroudannt.

Entlang der weiteren Strecke mit vielen Orten wird **Landwirtschaft** betrieben – das fruchtbare Soustal zieht sich von Ouled Berhil bis nach Agadir. Immer wieder passiert man große Zitrusfrucht-Plantagen und Landgüter.

Bei **km 229** ist **Taroudannt** erreicht. Bis Agadir sind es noch ca. 67 km.

Die Moschee von Tin Mal ist Ursprungsort der Almohaden

Marrakesch – Tizi-n-Tichka – Ouarzazate

Überblick

- **204 km, Asphalt, N9.**
- Von Marrakesch führt die meist gute (nur z.T. brüchige) Teerstraße in landschaftlich wunderschöner Gegend hinauf zum Tizi-n-Tichka auf 2260 m Höhe. Vor allem im Frühjahr, wenn die Kakteen und Oleanderbüsche blühen, ist der Ausblick in die Gebirgstäler ein

Genuss. Man sollte unbedingt einen der zwei großen **Atlas-Pässe** – Tizi-n-Tichka oder Tizi-n-Test (*Tizi* = berberisch „Pass") – befahren, da diese zu den **landschaftlich schönsten Routen Marokkos** zählen. Die unserer Meinung nach schönere (und abenteuerlichere) Strecke verläuft über den Tizi-n-Test. Der Tizi-n-Tichka ist breit und gut ausgebaut und für Wohnanhänger geeignet. Er ist auch im Winter (mit Unterbrechungen bei Schneeräumarbeiten) passierbar.

Die Berge des **Hohen Atlas,** die hier die natürliche Trennlinie zur Sahara bilden, sind fast unbesiedelt, die Täler werden zum Obst- und Getreideanbau auf Terrassenfeldern genutzt. Die Bewohner leben in kleinen Häusern aus Stampflehmerde mit Flachdächern aus Knüppelholz, die stufenartig entlang der Berghänge gebaut werden. Ein Gemeinschaftsspeicher **(Agadir)** gehört zu den Dörfern des Hohen Atlas. Eine **Kasbah,** die meist dem Wohnsitz der Fürsten diente, bestimmt vor allem das Ortsbild auf der Atlassüdseite. Hier im Glaoui-Land sind das vor allem die Kasbahs des Paschas *El Glaoui* (siehe auch Geschichte von Marrakesch).

Die Bewohner der Täler verdienen sich ein Zubrot durch den Verkauf von **Halbedelsteinen und Fossilien,** die sie entweder selbst suchen oder von Zwischenhändlern erwerben – Vorsicht vor Fälschungen!

Südlich des Tizi-n-Tichka **täuschen Autofahrer gelegentlich Pannen vor** und bitten Touristen, eine bestimmte Adresse aufzusuchen, um Hilfe zu holen – man landet dann in einem Teppichladen. Die gleiche Masche versuchen Hirtenjungen auf der Strecke nach Zagora, mit der Bitte, eine dringende Nachricht zu überbringen.

- Es fahren **Busse nach Ouarzazate** (4 Std. Fahrzeit, siehe bei Marrakesch).

Anfahrtsbeschreibung

Man verlässt Marrakesch entweder über die nördliche Umfahrung der Altstadt (Wegweiser, ca. 7 km bis zum Abzweig ab Djamâa el-Fna) am Golfplatz vorbei und zweigt dann nach ca. **10 km** ab obigem Abzweig **rechts** in Richtung Ouarzazate ab. Oder man fährt alternativ ab der Innenstadt in Richtung Süden (schlecht zu finden) am Königspalast vorbei (während der Anwesenheit des Königs gesperrt) durchs Bab Ahmar zur Route des Remparts und dann rechts.

Ca. 3 km nach der Stadtausfahrt passiert man den Metro-Supermarkt, dann führt die Straße über die fruchtbare **Haouz-Ebene**. Im Frühjahr bietet sich bei klarem Wetter ein fantastisches Panorama auf die Palmeraie, die grünen Felder und die Berge des Hohen Atlas.

30 und 36 km hinter Marrakesch zweigt links eine Straße zum Ort **Aït Ourir** ab; es geht geradeaus weiter.

5 km weiter passiert die Straße die **Pont** (Brücke) **du Zate.** Ein hübsches Café mit Panoramaterrasse zum Fluss lädt zu einer Rast ein. Zimmer gibt es im Hotel **Le Coq Hardi** (Tel. 0524 48 00 56, www.coqhardimarrakech.com, DZ €, mit Pool).

Bei **km 51** im Ort **Oued Touama** kann man sich im kleinen, sehr sauberen Hotel **Dar Oudar** (Tel. 0524 48 47 72, www.daroudar.moonfruit.fr) einmieten. Es gibt zehn einfache Zimmer mit Du/WC (€) und ein Restaurant. Das Personal ist sehr freundlich.

Bei km 63 ist der kleine Ort **Toufliht/Aït Barka** erreicht. Einfache Unterkunft bietet die **Auberge Toufliht** (Tel. 0524 48 48 61, DZ €€B).

Die Straße führt bergauf zunächst durch Pinien- und Steineichenwälder, dann nimmt die Landschaft immer mehr Gebirgscharakter an und wird karger. Es geht über den **Tizi-n-Aït Imguer** (1470 m bei km 67) mit Blick auf den Djabal Tistouit (3224 m), links unten das Dorf Aghbalouh.

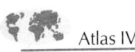

Bei **km 91** durchfährt man den Ort **Taddert** mit Cafés, Restaurants und Lkw-Rastplatz 1 km weiter. Das Tal des Oued Tazlida ist im Ortsbereich leider vermüllt. Übernachten kann man in der sehr einfachen **Auberge des Noyers** (€). Bei Taddert befindet sich eine *Barrière de neige,* ab dort ist im Winter nach Schneefällen die Straße evtl. zeitweise gesperrt (Wartezeit 2–3 Std.).

Die weitere, landschaftlich schöne Strecke führt in **Serpentinen** durch schroffe und steil zerklüftete Berge mit einigen knorrigen Wacholderbäumen an den Hängen. Im Kontrast dazu stehen die grünen Täler mit sprudelnden Bächen und ursprünglichen Dörfern. Es gibt Stellplätze mit Aussicht an der Straße.

Bei **km 103** liegt das **Restaurant Assanfou** (Mobil 0667 43 10 03) mit Garten, Terrasse und Spielplatz in schöner Lage rechts an der Straße. Das Interieur ist nostalgisch gestaltet, es gibt gute Pizza, Tajine, Brochette (jeweils ab ca. 45 DH), Salate und Frühstück.

107 km nach Marrakesch überquert die Straße die **Passhöhe von Tizi-n-Tichka** auf 2260 m. Ein marodes Steinmonument markiert den Pass, in ebenso baufälligen Häuschen werden Fossilien angeboten. Die Straße führt nun bergab.

Etwa bei **km 111** zweigt links rechtwinklig eine **Teerstraße nach Telouèt** und **Anemiter** ab, mit **Pistenverbindung nach Aït Benhaddou** entlang des Asif-Ounila-Tals. Dieser 75 km lange Abstecher (35 km Piste) gehört zu den schönsten Strecken in Marokko und verbindet die beiden Highlights Telouèt und Aït Benhaddou. Da die Piste besonders zwischen Anemiter und Aït Benhaddou teilweise sehr schmal, tief ausgewaschen, steil und steinig ist (nur mit 4x4!), sind in diesem Buch nur die Abstecher nach Telouèt bzw. weiter südlich nach Aït Benhaddou beschrieben. Geländewagenfahrer finden die Pistenbeschreibung mit GPS-Koordinaten im Reisehandbuch „Marokko – vom Rif zum Anti-Atlas" (REISE KNOW-HOW).

Der **Abstecher** bzw. die Strecke **nach Telouèt** verläuft vom Tizi-n-Tichka **durch das Tal des Oued Imarene** und eine grandiose, stark zerklüftete Gebirgswelt. Bei klarem Wetter hat man herrliche Ausblicke auf die Berge des Hohen Atlas.

Vorsicht: An der Straße postieren sich **faux guides,** die sich als Führer für die Kasbah in Telouèt aufdrängen wollen – einfach weiterfahren!

20 km nach dem Abzweig ist Telouèt erreicht.

Telouèt

↗IV/B3

Telouèt auf 1870 m Höhe hat mehrere Restaurants und einfache Übernachtungsmöglichkeiten für Touristen zu bieten. Markttag ist der Donnerstag. Etwas erhöht thront ca. 800 m nach dem eigentlichen Ort rechter Hand das von zinnenbewehrten Mauern umgebene **Dar Glaoui,** einst Herrschaftssitz eines der mächtigsten Berberfürsten, des *El Glaoui* (sprich *Glawi*). Die El-Glaoui-Stammesfürsten beherrschten das Glaoui-Bergland südlich von Marrakesch und kontrollierten hier die Handelswege. Am mächtigsten wurde der **Pascha Thami El Glaoui** (1879–1956), der sich während der Protektoratszeit mit den Franzosen verbündete und durch das Berberdekret, das eine getrennte Entwicklung für die arabische und berberische Bevölkerung vorsah, begünstigt wurde. Der Pascha nutzte dies weidlich aus und wurde im französisch besetzten Marokko mächtiger als der Sultan.

Erbaut wurde die **Kasbah** von Telouèt Anfang des 20. Jahrhunderts von *Thami el Glaoui.* Als seine Residenz wurde sie kunstvoll im maurischen Stil mit Stuckverzierungen, zedernholzgeschnitzten und herrlich bemalten Deckendekoren und bunten Fayencen ausgestaltet. In der Kasbah des *El Glaoui,* die lange Zeit ein kultureller Mittelpunkt war, ist es jetzt still geworden, der Fürstensitz verfällt zusehends. Der Staat steckt mit Ausnahme der Kasbah Taourirt in Ouarzazate kein Geld in die Renovierung der ehemaligen Paläste des ungeliebten Franzosenfreundes *Thami el Glaoui.* Trotz des schlechten Zustands ist zu erahnen, welche Pracht hier geherrscht haben muss. Es gibt noch einige prunkvoll ausgestattete Räume zu besichtigen, am besten erhalten sind das Empfangszimmer und der Harem. Von der Dachterrasse aus hat man einen wunderbaren Ausblick auf die umliegenden Berge.

Bei der Ankunft am Dar Glaoui fährt man am besten gleich durchs Tor und parkt dort kostenlos. Hier wartet auch der sehr nette offizielle Führer auf Besucher. Inzwischen wird Telouèt von ganzen Geländewagenkolonnen voller Touristen aus Richtung Aït Benhaddou angefahren.

Unterkunft/ Essen und Trinken

- **Auberge Telouèt Chez Ahmed,** 500 m vom Ort in Richtung Kasbah, Tel. 0524 89 07 17, www.telouet.com. Hier gibt es gutes Essen im Nomadenzelt sowie einfache Übernachtungsmöglichkeiten, auch auf der Dachterrasse. Der sehr freundliche Besitzer *Ahmed Boukhas* hat im Neubau gegenüber weitere einfache, saubere Zimmer (mit/ohne WC, z.T. funktioniert nicht mehr alles) sowie einen marokkanischen Salon eingerichtet. Wer mehrere Tage bleiben möchte, kann sich auch in hübsche private Wohnhäuser einmieten (Informationen über die Herberge).
- **Gîte de Lac,** im Ortsteil Iaarabene, 550 m vom Hauptort entfernt, Mobil 0668 19 29 17, www.trek-atlas.com. Die einfache Herberge und Trekkerunterkunft wird von *Mohammed Bennouri* betrieben und liegt 5 Min. oberhalb des Souks; saubere und schlichte 2- und Mehrbettzimmer mit Gemeinschaftsdusche, gutes Essen, sehr freundlich. DZ €€ mit voller Verpflegung.
- **La Kasbah Chez Abdelkarim,** *Abdelkarim* ist sehr freundlich und hilfsbereit, gutes marokkanisches Essen. Zimmer € p.P. mit HP (Dusche/WC auf dem Gang).
- **Lion d'Or,** Tel. 0524 89 07 14. Kleine, einfache und saubere Herberge, auch Camping und Übernachtung auf der Dachterrasse möglich, gutes Essen. DZ €.

Einkaufen

- Im Zentrum befindet sich das **Maison Nomade** der Brüder *Alla,* die schöne Kelims und

aga_69 Foto: dd

Berberschmuck zu vernünftigen Preisen anbieten.

Busse

- Ein Bus fährt ab Anemiter und Telouèt frühmorgens **nach Marrakesch** (ca. 60 DH).
- **Nach Ouarzazate** fahren bei Bedarf Kleinbusse.

Nach 31½ km endet die Teerstraße bei **Anemiter.** Hier liegt die saubere **Auberge Anmiter** (Tel. 0524 89 07 80) am gegenüberliegenden Flussufer (schwer zu finden, evtl. hinführen lassen). Die Herberge hat einen schönen Salon und serviert einfaches, aber gutes Essen (DZ €).

Von Anemiter kann man eine schöne acht- bis neunstündige **Wanderung zum Tamda-See** unternehmen. Dafür nimmt man sich am besten zwei Tage Zeit und übernachtet unterwegs in der Gîte d'Etape, 2 Std. Gehzeit von Anemiter entfernt. 200 m nach Beginn der Teerstraße zweigt eine Piste (von Anemiter kommend) rechts ab. Die Piste führt zwischen Hügeln hindurch und links am Berghang an mehreren Dörfern vorbei, um sich vor dem Dorf Tizgha in einen Muliweg zu verwandeln. Den geht es weiter durch eine Talenge in einen Boden voller Gärten. Der Weg führt weiter auf der rechten Talseite, um an einer breit ausgetretenen Kreuzung links abzubiegen, so-

Blick von der Kasbah auf Telouèt

bald man etwas rechts das rosa Minarett der Moschee sehen kann. Im nächsten Dorf **Aloukrite** gibt es eine Herberge *(Gîte)*. Dann folgt der Maultierweg konsequent dem Bach und durchquert noch ein weiteres Dorf, dann wird es etwas einsamer. An einer tief eingeschnittenen Stelle mit einer steineren Schäferhütte geht es (dem Wasser nach) links bis in den weiten Talboden hinein. Dort weiter rechts bis zum See (manchmal trocken). Die grandiose Berglandschaft in diesem Hochtal ist unbedingt sehenswert. Wasser gibt es aus dem Bach (entkeimen!) und aus einer Quelle kurz unterhalb des Sees. Wer Zeit und Ausrüstung zur Übernachtung hat (es kann kalt werden), dem sei der Ausblick von der Bergkette im Norden (3600 m) empfohlen. Zurück geht es auf dem gleichen Weg.

In Anemiter beginnt die eingangs erwähnte Piste, die über 30 km bis Tamdakht führt, wo die **Asphaltstraße nach Aït Benhaddou** beginnt.

Fährt man vom Tizi-n-Tichka ohne Abstecher entlang der N9 weiter, erreicht man bei **km 113** das Dorf **Agouelmous** mit Häusern aus roter Erde, die mit den grünen Terrassenfelder kontrastieren. 1 km weiter kann man beim **Café/Restaurant Tizi-n-Tichka** eine Rast einlegen. Es gibt eine Aussichtsterrasse mit lohnendem Blick auf der Rückseite, saubere Toiletten und Läden von Mineralienhändlern.

6 km weiter folgt der kleine, hübsche Ort **Irherm-n-Ougdal** mit einfachen Restaurants, einer Herberge und Souvenirläden. Links oberhalb thront eine bewohnte **Speicherburg (Agadir).** Im Ort befindet sich die **Barrière de neige,** falls man aus der anderen Richtung kommt. 2 km weiter folgt ein Rastplatz mit Restaurant und Mineralienläden.

Beim großen Ort **Agouim** (km 130) geht rechter Hand eine Straße zum Lac d'Ifni auf der Südseite des Djabal Toubkal ab.

Eingebettet in die tolle Felsenlandschaft liegt bei **km 145** oberhalb des Dorfes **Tisselday** das **Gästehaus I Rocha** am Hang (kleines Schild an der Zufahrtspiste, Mobil 0667 73 70 02, www.irocha.com, DZ €€€ pro Pers. mit HP). Die sehr hübsche, rustikale Herberge hat sieben Zimmer im Berberstil mit Bad, gruppiert um einen kleinen Hof. Hier herrscht eine sehr ruhige, erholsame Atmosphäre, die Gäste werden nett betreut. Es gibt eine schattige Terrasse mit Ausblick, einen kleinen Pool und einen gemütlichen Salon mit Kamin.

Bei **km 155** folgt das hübsche **Café-Restaurant Issalene** im Kasbahstil und 3 km weiter **Imini** mit einer kleinen Steinkasbah und dem Gästehaus **Kasbah Imini** (Mobil 0666 23 03 21, Kasbah_Imini2001@yahoo.fr, DZ € bis €€ je nach Saison): Es gibt zehn einfache, sehr saubere und originelle Zimmer mit Dusche/WC auf dem Gang, einen netten Innenhof und einen ummauerten Parkplatz; die Leute sind sehr freundlich, das Essen ist gut, und als Zugabe gibt es noch eine schöne Aussicht von der Terrasse.

Bei **km 172** zweigt rechts die Straße nach Tazenakht (N10, 64 km) ab.

176 km nach Marrakesch zweigt in **Tabourath** links die Teerstraße zum befestigten Dorf Aït Benhaddou ab (8 km), das unbedingt einen Abstecher lohnt. An der Kreuzung gibt es eine Tankstelle und eine Auberge.

Aït Benhaddou

↗IV/B3

Das Ksar Aït Benhaddou steht seit 1987 als **Weltkulturerbe** unter dem Schutz der UNESCO. Hier wurden zahlreiche Filme gedreht, darunter „Sodom und Gomorrha" (1962), „Lawrence von Arabien" (1962), *Martin Scorceses* „Die letzte Versuchung Jesu" (1988), „Gladiator" (2000), „Alexander" (2004) und „Königreich der Himmel" (2005).

Aït Benhaddou ist ein **wunderschönes Beispiel traditioneller Lehmbauarchitektur** der Berber. Das Ksar (= befestigtes Dorf) auf der östlichen Seite des **Oued Mellah** besteht aus einem Labyrinth an Häusern, Türmen und Kollektivspeichern, von denen es sechs Stück in Aït Benhaddou gab. Die aus Stampflehm errichteten und mit Ornamenten geschmückten Häuser liegen ineinander verschachtelt am Berghang und sind als Ensemble ein beeindruckender Anblick. Lange Zeit verfielen die Gebäude, da die Bewohner in moderne Häuser im neuen Ortsteil auf der Westseite des Oued Mellah (*mellah* = Salz, benannt nach dem leicht salzhaltigen Wasser) umzogen und die Kasbahs nicht mehr instand hielten. Erst in den letzten Jahren wurden viele Kasbahs renoviert.

Über die Teerstraße erreicht man zunächst den **neuen Ortsteil,** der sich in den letzten Jahren enorm entwickelt hat. Inzwischen gibt es diverse Herbergen, Cafés, Restaurants und Souvenirbuden, die auf Touristenfang sind. Mittags strömen die Besucher scharenweise aus den Bussen und kehren in ein Restaurant ein, bevor das alte Ksar besichtigt wird. Planen Sie möglichst den frühen Vormittag oder späten Nachmittag für Ihre Besichtigungstour ein. Lassen Sie sich nicht von Führern, die nur abkassieren oder sich als illegaler Guide aufdrängen wollen, zu vermeintlichen Parkplätzen leiten.

Ein empfehlenswerter **offizieller Führer** ist **Hassan Boulkayed** (Mobil 0667 59 84 97), der sich sehr für die Erhaltung des Ksar einsetzt und ein kleines Museum eingerichtet hat. Er betreibt auch ein kleines Gästehaus (vgl. Unterkunft). Besonders lustig ist eine Führung mit dem über 70-jährigen **Abdoul „Le Chakal",** der gebrochen deutsch spricht. Er kann über das Hotel La Kasbah oder Mobil 0663 22 07 61 kontaktiert werden. Für eine zweistündige Führung sind 100 DH Honorar angemessen.

Ein **großer Parkplatz** befindet sich von Ouarzazate kommend rechts (von Telouèt kommend links) der Straße vor dem *Complexe touristique La Kasbah.* Von dort führt der Weg an einigen **Souvenirläden** vorbei hinunter zum Oued und zum Ksar auf der anderen Flussseite. Das alte **Ksar** ist nur zu Fuß erreichbar. Falls das Oued Wasser führt, muss es über Trittsteine und Sandsäcke oder mit Eseln überquert werden. Wenn man die Anlage eher links über ein kleines Rundbogentor betritt, werden 10 DH pro Person Eintritt verlangt (Beitrag zur Restaurierung dieses privaten Bereichs). Man kann aber auch rechts außenrum den weißen Pfeilen folgen und betritt so das Ksar von der anderen Seite, ohne Eintritt zu zahlen.

Verfolgt von „faux guides" geht es wirr durch schmale Gassen und über Steintreppen. Dunkle Gänge führen unter Häusern hindurch. Eine neue **Steintreppe** führt ganz nach oben auf den Hügel der alten Festung, von wo man einen herrlichen Blick auf die Umgebung, die niedriger gelegenen Häuser und die vielen Storchennester (im Frühjahr) auf den verzierten Türmen hat. Hier befinden sich die Ruinen eines Agadirs, eines Kollektivspeichers für die Bewohner des Ortes.

In der Hauptgasse durch das Ksar liegt rechter Hand die **Boutique La Kasbah** der Familie *El Yagoubi* (schönes Kunsthandwerk und Souvenirs). Daneben befindet sich das Haus der Familie von *Ibach Brahim,* das man als **„Maison berbère"** besichtigen kann (Trinkgeld). Das einfache, typische Haus mit einigem Original-Interieur vermittelt eine Vorstellung vom traditionellen Wohnen. Ein weiteres **„Maison traditionelle"** (Trinkgeld) ist im oberen Bereich des Dorfes zu finden. Es gehört dem überaus netten *Ali Aït Malik* und seiner Familie; *Ali* informiert auf Wunsch über das traditionelle Wohnen.

Am Geburtstag des Marabout und Schutzpatrons *Sidi Ali Ouamate* im August wird ein großer **Moussem** veranstaltet. Nach einem ausgiebigen Mahl gehen alle ins Dorf zurück, dann wird zum Takt der Bendirs und Flöten die ganze Nacht hindurch gesungen und getanzt.

Unterkunft/ Essen und Trinken

Hinweis: Das Duschwasser in Aït Benhaddou ist leicht salzig. Alle Unterkünfte bieten Exkursionen in der Umgebung an.

- **Auberge Tiguami Khadija,** an der Hauptstraße, Mobil 0660 85 31 84, pension_khadija@hotmail.com. Von einem Leser sehr empfohlene Herberge eines österreichisch-marokkanischen Ehepaars: hübsche, geräumige und saubere Zimmer, sehr gute Tajine, leckeres Frühstück mit Amlou (Arganienöl mit Mandeln und Honig).
- **Auberge Tomboctou,** 2 km außerhalb an der Straße Richtung Tamdakth, Tel. 0524 88 28 49, www.auberge-tombouctou.com. Hübsche Herberge im Lehmbaustil in ruhiger Lage, einfache DZ €
- **Auberge Trid,** am Ortseingang rechts, Tel. 0524 88 48 72. Freundliches Personal, sehr sauber, kalte Dusche, sehr gutes und reichhaltiges Essen. DZ € mit HP.
- **Complexe touristique La Kasbah,** gegenüber des Restaurant La Kasbah, von Ouarzazate kommend am Ortsanfang rechts, Tel. 0524 89 03 02/08, www.hotel-lakasbah.com. Großes Kasbahhotel mit riesigem Parkplatz (Caravan-Stellplatz), das Interieur ist etwas seltsam kitschig-marokkanisch gestaltet. Die klimatisierten Zimmer (zum Teil mit Balkon) im Hauptgebäude am Parkplatz sind sauber

Abdoul „Le Chakal" führt mit Begeisterung und Spaß durch das Weltkulturerbe Aït Benhaddou

und ordentlich, aber etwas düster. Der Pool und der große Garten mit tollem Blick auf das Ksar befinden sich hinter dem Hotel (Richtung Ksar) am Oued. Schöne Frühstücksterrasse. DZ €€€ bis €€€A p.P. mit HP.

● **Dar Mouna,** hinter dem Hotel La Baraka Richtung Oued (kleines Schild), Tel. 0528 84 30 54, www.darmouna.com. Nettes Maison d'Hôtes mit 12 gemütlichen Zimmern mit AC und Blick auf den schönen Pool oder das Ksar. Restaurant mit Kamin. Herrliche Aussicht von der Terrasse. DZ €€€€B inkl. HP.

● **Kasbah du Jardin,** Tel. 0524 88 80 19, www.kasbahdujardin.com. Schönes, empfehlenswertes Hotel mit Pool, nettem marokkanischen Salon zum Relaxen und freundlichem Besitzer. Die Frau des Hauses kocht Couscous, Tajine, Salat, Berber-Omelett. Vor dem Haus Garten und Olivenhain (Campingmöglichkeit). DZ mit Bad €€€ inkl. Frühstück, im Nomadenzelt €.

● **Kasbah Defat,** ca. 3 km außerhalb an der Straße Richtung Tamdakth. Hübsche Herberge mit Pool, sehr freundlich, günstige einfache DZ €€€.

● **Kasbah Ellouze,** in Tamdakth, vgl. Ausflug.

● **Kasbah Hajja Aït Ben Haddou,** Mobil 0652 03 38 25 oder Tel. 0524 88 72 22, www.ait-benhaddou.com. Sehr schönes Gästehaus in einer renovierten Kasbah aus dem 18. Jh. mitten im alten Ksar. Es gibt ein (auch für Nicht-Gäste geöffnetes) Restaurant und Café mit sehr schöner Terrasse. 8 traditionell gestaltete Zimmer mit Bad €€€€B inkl. Frühstück.

● **La Baraka,** Tel. 0524 89 03 05, www.hotel-labaraka.com. Günstiges, sauberes Hotel im Kasbahstil mit gutem Zeltrestaurant (Menü ab 80 DH). Man kann auch campen, auf der Dachterrasse oder im Nomadenzelt übernachten (30 DH/Pers.). DZ mit Bad (z.T. klimatisiert/beheizt) ab €.

● **Le Ksar d'Aït Benhaddou,** von Ouarzazate kommend auf der rechten Seite. Diese ordentliche Herberge mit Campingplatz und Restaurant hat einfache Zimmer mit und ohne eigenem Bad (saubere gemeinschaftliche WCs). Für Camper gibt es einen Stellplatz mit noch kleinen Olivenbäumen (kein Schatten) direkt an der Straße. DZ € p.P. inkl. HP.

ma04_491 Foto: ad

- **Maison d'Hôtes von Hassan Boulkayed,** Mobil 0667 59 84 97. Die Herberge des Touristenführers bietet sechs saubere, einfache Zimmer mit Bad (€€ p.P. mit HP) und einen tollen Blick auf den Ksar.
- **Riad Maktoub,** von Ouarzazate kommend an der Ortseinfahrt auf der rechten Seite, Tel. 0524 88 86 94, www.riadmaktoub.com. Sehr hübsches, komfortables Gästehaus im traditionellen Lehmbaustil, kleiner Pool im Innenhof. DZ mit Bad €€€€B.
- **Rose du Sable,** Tel. 0524 89 00 22, www.larosedusable.com. Hübsche Herberge mit traditionell eingerichteten, sehr sauberen Zimmern (Dusche), gutem Essen und freundlichen Betreibern. DZ € p.P. mit HP (gutes Preis-Leistungs-Verhältnis).

Ausflug zur Kasbah Tamdakth

IV/B3

Vorbei an den Herbergen **Kasbah Defat** und **Auberge Tomboctou** führt die Teerstraße von Aït Benhaddou über ca. 6 km nach Tamdakht. Die mächtige **Kasbah Tamdakht** gehörte wie diejenigen in Telouèt und Ouarzazate einst dem Glaoui-Pascha. Nachdem die Lehmburg lange leer stand und verfiel, wurde in den letzten Jahren ein Teil renoviert. Der prächtige Komplex ist Wohnsitz von Tauben, Falken, Blauracken und Eulen, auf den Türmen haben Störche ihre Nester gebaut. Es ist möglich, die schöne Kasbah (10 DH) und die Oasengärten zu besichtigen.

Direkt neben der Kasbah liegt das wunderschöne Hotel **Kasbah Ellouze** unter Führung des sehr netten französischen Paares *Michel* und *Colette Guillen* (Tel. 0524 89 04 59, www.kasbahellouze.com, DZ €€€€B mit HP). Das traditionelle Lehmhaus hat neun sehr hübsche, große Zimmer im rustikalen Berberstil mit Balkon, Bad und AC. Die Terrassen und Zimmer bieten zum Teil einen herrlichen Blick auf die Kasbah, das Oued und die Störche. Kühle, gemütliche Salons sind ideal zum Ausruhen nach einer Besichtigung in der Hitze. Organisation von Exkursionen (z.B. mit Kamelen) in die reizvolle Umgebung möglich.

Zurück auf der Teerstraße nach Ouarzazate liegt 1 km weiter der **Camping Tissa** auf der rechten Seite (einfache, saubere Sanitäranlagen, großer, gemütlicher Salon, gutes Essen auf Bestellung, wenig Schatten).

Bei **km 190,5** (von Marrakesch aus, ohne Abstecher) zweigt rechts eine Straße zur **Kasbah Tiffoultoute** (2 km) und nach Zagora ab. Die Kasbah des ehemaligen Kalifen *Abderrachmane* liegt imposant über dem Oued Drâa. Die Kasbah wird jetzt als **Restaurant/Auberge** betrieben und ist beliebtes Ausflugslokal für Gruppen und Folkloreabende. Die Aussicht vom zinnenbewerten Dach auf das Drâatal ist sehr schön.

Nach **192 km** ist **Tamassint** erreicht. Hier ist das **Hotel Oscar** ausgeschildert (3-Sterne-Standard, schön renoviert, Garten mit Pool, Tel. 0524 88 22 12, Fax 0524 88 27 66, DZ €€€). Daneben liegen die älteren **Atlas-Filmstudios** (www.atlasstudios.com), die man besichtigen kann (50 DH Eintritt für eine halbstündige Führung, an der Rezeption des Hotels zu zahlen). Den Eingang flankieren riesige Imitationen ägyptischer Statuen. Die Gegend zwischen Aït Benhaddou und Zagora dient als Kulisse für zahlreiche internationale Filme mit Starbesetzung. In den Atlas-Filmstudios erhalten Besucher einen Einblick in die Filmindustrie Marokkos. Viele der hier ausgestellten Kulissen mit Gipsfassaden und Holzgerüsten sind verstaubt oder in schlechtem Zustand – die Führung durch die surreale Szenerie mitten in der Wüste ist dennoch interesant. Zu bewundern sind u.a. der tibetische Tempel aus „Kundun", der Papp-Düsenjet aus dem „Juwel vom Nil", der ägyptische Tempel aus „Asterix und Obelix – Mission Kleopatra" sowie die Jerusalem-Kulisse aus „Königreich der Himmel".

Auch das riesige Areal der neuen **CLA Studios** 2 km vorher links an der Straße kann man besichtigen, wenn nicht gerade Dreharbeiten stattfinden.

Nach weiteren 4 km, bei Gesamt-km 196 (ohne Abstecher), ist Ouarzazate erreich – an einem Kreisverkehr mit einer Filmrollenplastik in seiner Mitte.

Ouarzazate – Taliouine – Taroudannt

Überblick

- **293 km, N9, N10; 260 km, P1706**
- **Gute Teerstraße** an der Südseite des Hohen Atlas und den Ausläufern des Anti-Atlas entlang, landschaftlich meist reizvoll. Die erste Bachfurt zwischen Ouarzazate und Tazenakht kann nach Regenfällen evtl. unpassierbar und gesperrt sein. Die Straße zwischen Tazenakht und Taliouine ist sehr gut und schnell befahrbar. Die Gegend ist häufig sehr trocken und wirkt dann öde, aber nach Regenfällen und im Frühsommer sprießen Gras und Blumen – dann gleicht sie einer Prärielandschaft aus Wildwestfilmen. Sehr schön ist die Landschaft um Taliouine.
- Es fahren **Busse ab Ouarzazate** in Richtung Agadir (Abfahrtszeiten und Preise siehe bei Ouarzazate).

Anfahrtsbeschreibung

Fahren Sie ab Ouarzazate in Richtung Marrakesch. Von dort erreicht man bei **km 15** den Ort **Tabourath** (Tankstelle und Auberge). Rechts führt ein Abzweig nach Aït Benhaddou, geradeaus geht es weiter.

Nach 19 km zweigt links die Straße nach Agadir ab (Wegweiser), weiter durch einsame Hügellandschaft.

Bei **km 56** ist **Anezal** (Anzel) erreicht, ein Ort in schroffer Felsgebirgslandschaft. Unterkunft bietet die **Auberge Sirwa:** Die um den Innenhof gruppierten Zimmer (DZ €) mit schöner Aussicht sind einfach ausgestattet, die WC-Spülung funktioniert leider nicht immer. Der nette und zurückhaltende Besitzer führt durch die Oasengärten des Ortes.

Bei **km 63** geht es bergauf – das Felsgebirge erinnert an den Sinai, die Ausblicke auf das Umland sind herrlich.

Den **Pass Tizi-n-Bachkoum** (1700 m) erreicht man nach 67 km, danach geht es 2 km bergab in einen weiten, hügeligen Kessel bis **Tazenakht** (km 82).

Tazenakht

X/B2

Es gibt in diesem angenehmen Ort einen sehr schönen **Markt** im Arkadenhof (Wochenmarkt am Donnerstag, mit Viehmarkt). Das Gelände für den Wochenmarkt befindet sich ca. 2 km außerhalb in Richtung Talioune. Neben Tankstellen bieten mehrere Restaurants einfache Kost.

Unterkunft

Übernachtung im einfachen, sauberen und freundlichen **Zenaga** (Tel. 0524 84 10 32, besseres Zimmer € mit Bad, heißes Wasser nur am Abend und dann auch nicht immer, Essen angeblich nicht besonders) direkt an der Hauptstraße in der Ortsmitte. Die großen Zimmer im motelähnlichen **Etoile** gruppieren sich um einen Innenhof, der Pool ist riesengroß, aber nie als solcher in Benutzung. Neuer ist das kleine, ordentliche **Taghdoute** links an der Hauptstraße im Zentrum (einfach, sehr sauber, mit Terrassencafé, DZ mit Frühstück €).

Busse

- Dienstags fährt von Tazenakht ein Bus über Ouarzazate **nach Marrakesch** (70 DH, Fahrzeit 7 Std.).

Links führt ein Abzweig nach Foum-Zguid, unsere Route geht rechts weiter nach Taroudannt.

14 km hinter Tazenakht, bei km 96, liegt linker Hand ein verfallenes Ksar mit Moschee und Marabout, die **Zawia Sidi Lahsain.**

Bei **km 108** ist der größere Ort **Kourkouda** erreicht (Tankstelle, Fossilienverkauf). Ein alter Ksar schmiegt sich an den Hang. Weiter führt die Straße durch etwas öde, braune Hügel in der Halbwüste. Die Schafhirten in dieser dünn besiedelten Region sind sehr freundlich und zurückhaltend.

Nach **139 km** beginnt der Ort **Tinfrat** mit zwei Marabouts links der Straße. Der Hauptort mit Cafés und Safranverkauf folgt erst 2 km weiter. Bei **km 144** ist das Dorf **Sidi Hssaine** mit Tankstelle erreicht.

Bei **km 151** zweigt links eine Straße nach Tata und Agadir-Melloul (36 km) ab.

Knapp 2½ km weiter geht es zum Dorf **Ifri** ab, das sehr schön an einem Flüsschen liegt. Auf dessen Ostseite erhebt sich eine Felswand, in die von fern nicht sichtbar ein **Agadir** mit vielen raffiniert in den Fels geschlagenen und mit Türen verschlossenen Kammern. Den Speicher kann man mit dem Speicherwärter *Lahcen* besuchen, der im Dorf wohnt. Am Dorfanfang führt ein Abzweig zu einer Schule, an dieser fahren wir vorbei bis zum Wasserturm. Dort parken und in Richtung Moschee laufen, in der Gasse rechts davor einbiegen und nach *Lahcen* fragen (N 30°26,726′, W 07°50,440′). Innen kann man nicht sehr viel sehen, es ist ziemlich dunkel, verschachtelt und eng, aber von außen ist der Speicher sehr imposant. Es ist kein offizielles Eintrittsgeld zu zahlen, aber der Wärter verdient ein Trinkgeld (ca.

50 DH). Beim Ort kann man im Herbst auch die Felder sehen, auf denen der Safran angebaut wird.

Zurück an der Kreuzung ist ohne Abstecher bei **km 165** Taliouine erreicht.

Taliouine

↗X/A2

Die stark expandierende und sehr angenehme **Palmenoase** mit etwa 6000 Einwohnern ist von den schroffen Bergen des Hohen Atlas (Djabal Siroua) im Norden und im Süden vom Anti-Atlas umgeben. Eine **Kasbah** mit schöner Ornamentik im oberen Bereich thront auf einem Hügel an der Ortseinfahrt. Sie wurde von Pascha *El Glaoui* errichtet. Hinter der Kasbah im alten Ortskern findet montags ein sehenswerter großer **Markt** statt.

Der Ort lohnt sich aufgrund seiner schönen Lage für einen längeren Aufenthalt und für Ausflüge in die umliegenden Täler und Berge des über 3000 m hohen **Djabal Siroua** – ein reizvolles Gebiet für mehrtägige **Trekkingtouren** (s.u.).

Die Gegend zwischen Tazenakht, Taliouine und Aoulouz ist **Safranland:** Hier wird Safran angebaut, der in den Dörfern verkauft wird (ca. 30 DH pro Gramm). Für 1 g Safran müssen die Stempel von 140 bis 230 Krokussen geerntet werden (Ernte im Okt./Nov.).

aga10_014 Foto: ed

Unterkunft

- **Ibn Toumert*******, Tel. 0528 53 41 25, www.hotelibntoumert.com. Schon etwas verstaubtes, überdimensioniertes Hotel mit 100 Zimmern und Pool in schöner Lage neben der Kasbah. Der Esssaal hat den Charme eines Krankenhauses (Essen nicht besonders), sehr freundliches Personal. DZ €€€
- **Auberge Souktana,** an der Hauptstraße auf der rechten Seite (von Ouarzazate kommend), Tel. 0528 53 40 75, souktana@menara.ma. Das empfehlenswerte kleine Hotel wird vom engagierten Besitzer *Ahmed Jadid* und seiner französischen Frau *Michelle* betrieben. Es gibt hübsche Zimmer mit Bad sowie Klimaanlage/Heizung im Haus oder kleine Hütten (mit Waschbecken) und winzige Zelte (mit Betten) im Garten (sehr saubere gemeinschaftliche Duschen und WC). Im Garten kann man auch campen, es ist jedoch wenig Platz für Fahrzeuge (eher für Zelt und Motorrad geeignet). Von der schattigen Gartenterrasse des Restaurants (sehr gutes Essen, Menü ca. 80 DH) hat man einen schönen Blick auf die Kasbah. Innen sitzt man gemütlich am Kamin. DZ mit Bad €€B ohne Frühstück, Hütte €, Zelt 80 DH/ 2 Pers., **Camping** 12 DH p.P., Auto 8 DH, heiße Dusche 6 DH. Es können Trekkingtouren im Djabal Siroua organisiert werden (mit Führer, Gepäckmuli, Essen und Übernachtung im Zelt).
- **Auberge Askaoun,** gegenüber Le Safran, nach der Furt über das Oued am Ortseingang auf der rechten Seite, Tel. 0528 53 40 17. Das empfehlenswerte Hotel wurde 2008 komplett renoviert. Große, einfach ausgestattete, sehr ordentliche Zimmer mit oder ohne Bad, z.T. mit Balkon. Im Terrassenrestaurant werden Spezialitäten mit Safran serviert. DZ mit Bad €€, (ältere) Zimmer ohne Bad €.
- **Siroua,** in der Ortsmitte links abbiegen. Inzwischen recht heruntergekommenes einfaches Hotel, Camping möglich (kein Schatten). DZ €.
- **Le Safran,** am Ortsanfang auf der linken Seite, Tel./Fax 0528 53 40 46, www.auberge-safran.fr.fm. Auberge mit sauberen Zimmern in sehr schöner Lage mit Blick auf die Kasbah, fast alle Zimmer mit WC/Bad (sanitäre Anlagen mäßig). Der sehr nette Besitzer und diplomierte Bergführer *Mahmoud Mohiydine* spricht gut englisch und bietet Touren in den Anti- und Hohen Atlas an. DZ mit Bad inkl. Frühstück €€. Menü mit Safran-Gerichten ca. 70 DH (Weinausschank).

Campingplätze

- **Toubkal,** ca. 2 km vor Taliouine rechts (von Tazenakht kommend), Tel. 0528 53 40 17, Mobil 0661 83 84 23. Sehr schöner Campingplatz (auf zwei Terrassen) und Auberge mit sauberen Sanitäranlagen, einfachen Zimmern (€ mit Bad) inmitten der schönen Gartenanlage (Rasen!) mit Pool, kleinem Laden und einem Berberzeltrestaurant. Das Personal ist sehr freundlich.
- Außerdem Camping bei den Hotels Soukthana und Siroua (s.o.) möglich.

Einkaufen

- Die schwarz-gelben (mit Safran gefärbten) **Wollteppiche** sind eine Besonderheit dieser Gegend. Inzwischen gibt es mehrere Teppichkooperativen bzw. -läden in Tazenakht und Taliouine. Die erste Kooperative wurde von *Wilfried Stürzer* aufgebaut, der sich intensiv mit Berberteppichen und dessen Geschichte befasst und auch ein Buch darüber geschrieben hat (*W. Stürzer, H. Reinisch:* Berber. Hersberger Collection). Die Kooperative liegt ca. 10 km außerhalb, jedoch sind Besuche nicht besonders erwünscht, da die Teppiche lieber zentral vermarktet werden.
- In Taliouine gibt es am Ortsanfang von Ouarzazate kommend auf der rechten Seite eine **Safran-Kooperative,** die *Coopérative Souktana du Safran* (Schild, tägl. 8–20 Uhr), wo man das wertvolle Gewürz direkt einkaufen kann. Es gibt einen kleinen Ausstellungsraum mit alten Gebrauchsgegenständen aus der Region und einen Verkaufsraum mit Infos über den Safrananbau.

Verkehrsverbindungen

- **Busse** verkehren nach Ouarzazate, Taroudannt und Agadir.

• **Sammeltaxis** bedienen die Nebenstrecken in die Umgebung.

Ausflüge

Von der Auberge Souktana aus werden mehrtägige **Trekkingtouren** ins Djabal-Siroua-Gebiet veranstaltet. Es geht durch traumhaft schöne vulkanische Wüstenberge mit Basaltsäulen und schwarzen Schluchten mit Palmen (die Wanderzeit beträgt 3–5 Stunden täglich).

Von Taliouine lohnt sich ein Ausflug zum **Agadir** (Speicherburg) von **Ifri** (vgl. vorherige Beschreibung).

Empfehlenswert ist auch ein Ausflug nach **Askaoun** im **Djabal-Siroua-Gebiet** auf landschaftlich sehr schöner Strecke (10 km Asphalt, dann gute Piste; Askaoun: GPS N 30°54,034′, W 07°47,932′, über Tozro und Tala: GPS N 30°36,450′, W 07°50,189′). Dort wird Safran angebaut. Eine Rundfahrt über Aoufour – Aoulouz und zurück nach Taliouine ist möglich.

---

13 km hinter Taliouine bzw. 178 km hinter Ouarzazate liegt der Ort **Iouzioua Ounneïne** bzw. **Assaki** (Tankstelle und Geschäfte). Nach der Brücke über den **Oued Assaki** zweigt eine geteerte **Straße nach Igherm (90 km, R106) und Tata** ab, eine lohnenswerte Variante (Speicherburgen, bizarre Gebirgslandschaft), falls man den Anti-Atlas besuchen will.

Nach dem Oued weicht die karge Felslandschaft mit Palmenoasen und Kasbahs Arganienbäumen und Getreidefeldern. Es bietet sich immer wieder ein schöner Ausblick auf den Atlas.

29 km hinter Taliouine bzw. bei km 194 führt links die Straße P1706 in Richtung **Agadir** und Taroudannt. Diese Strecke nach Agadir und Taroudannt ist ungefähr 35 km kürzer, aber landschaftlich langweiliger. Geradeaus führt die (hier beschriebene) alte Route (N10) über **Aoulouz** nach **Ouled Berhil.**

Abkürzung in Richtung Agadir

Nach der Kreuzung führt diese kürzere Variante (P1706) auf sehr guter Straße durch das flache, landwirtschaftlich extensiv genutzte **Sous-Tal** mit Obsthainen, Weizen, Zuckerrohr und Arganienbäumen über **Khemis Arazane (km 47)** bis zur Einmündung in die Straße **Agadir – Taroudannt** bei **km 71.** Geradeaus weiter nach Taroudannt (6 km), links nach Tata – Igherm.

Bei **km 202** erreicht man auf der N10 **Aoulouz,** einen großen Ort mit Tankstelle und Geschäften.

Die Kreuzung rechts nach Marrakesch über den Tizi-n-Test ist bei **km 237** erreicht. Links geht es weiter nach Taroudannt/Agadir.

Km 244 Oulad Berhil (vgl. Beschreibung „Nach Asni, Ouirgane und über den Tizi-n-Test nach Taroudannt"). Weiter führt die Straße durch dicht besiedelte Regionen und erreicht bei **km 293 Taroudannt.**

aga08-422 Foto: ch

Ouarzazate und das Drâatal

aga08-423a Foto: ch

aga08-423b Foto: ch

Filmkulisse in den Atlas-Filmstudios

Mythos Timbuktu

Schön restauriert: Kasbah Asslim in Agdz

Überblick

Überquert man den Atlashauptkamm, wähnt man sich in einer anderen Welt. Die Berge werden kahl und unwirtlich, in **dünn bewachsenen Hochtälern** ziehen die Menschen mit ihren Viehherden umher und wohnen in Zelten, Höhlen oder Lehmhäusern, die in den Orten zu **mächtigen Lehmburgen** *(kasbahs)* oder verschachtelten Wohnkomplexen (*ksar*, pl. *ksour*) ausgebaut sind. Die felsigen, im Abendlicht rot schimmernden Südhänge des Hohen Atlas sind von tiefen Schluchten durchzogen, in denen Palmen wachsen und Terrassenfeldbau betrieben wird.

Wir befinden uns im **Land der Kasbahs,** jenes Gebiet Marokkos, das in jedem Reiseprospekt vorgestellt wird. Vor allem für individuell Reisende, Geländewagen- und Motorradfahrer, Radler und Wanderer, gibt es in Südmarokko viel zu entdecken. Auch **Kamelexkursionen** ab Zagora oder M'hamid sind eine schöne Möglichkeit, die Gegend naturnah zu erleben.

Das **Klima im Süden** ist durch starke Temperaturunterschiede geprägt. Trockene, sehr heiße Sommermonate mit Tagestemperaturen bis über 40°C und Nachtwerten bis zu 28°C stehen der Winterzeit gegenüber, in der es nachts manchmal bis zu -5°C abkühlen kann, tagsüber aber in der Regel angenehme 25°C herrschen. Auch Regenfälle sind im Winter, heftige Gewitter manchmal auch im Sommer, zu erwarten. Für den Winter empfiehlt sich wegen der kühlen Abende und Nächte warme Kleidung. Im Sommer ist es in stickigen Zimmern kleiner Hotels ohne Klimaanlage oder Ventilator dagegen kaum auszuhalten. Dann sollten Reisende mit schmalem Geldbeutel besser mit dem Schlafsack auf der Dachterrasse (Sternenhimmel inklusive) oder auf einem Campingplatz übernachten.

Als günstiger Ausgangspunkt für Exkursionen in den Süden bietet sich Ouarzazate mit seiner sehr guten Hotelinfrastruktur an.

Ouarzazate

↗ XI/C1

Ouarzazate (sprich Warsasat) hat sich vom ehemaligen Militärstützpunkt zu einer **sauberen und modernen Stadt** mit **158.000 Einwohnern** gemausert. Schon während der Protektoratszeit war die Stadt wichtiger Militärstützpunkt und nach dem Krieg waren auch deutsche Kriegsgefangene in Ouarzazate interniert. Nach der Unabhängigkeit nutzten die Marokkaner den Ort weiterhin als Militärbasis.

In den 1980er Jahren wurde im Zuge der Förderung des Wüsten- und Rundreisetourismus die touristische Infrastruktur von Ouarzazate wesentlich ausgebaut, die Stadt erhielt ein **neues Gesicht.** Braune und rote Häuser, Mauern mit weiß abgesetzten Zinnen, ein hübscher Hauptplatz (Place du 3 Mars) mit Springbrunnen, eine pal-

Die Kasbah Taourirt in Ouarzazate

mengesäumte **Fußgängerzone** (Rue du Marché) und ein prunkvolles Hotelviertel geben dem Ort das Aussehen und das Ambiente einer Touristenstadt mit marokkanischem Lokalkolorit. Das Konzept ging auf, und so nutzen inzwischen viele internationale Reiseveranstalter Ouarzazate als Ausgangsort für Rundtouren. Pauschaltouristen fliegen von Casablanca zum kleinen Flughafen der Stadt ein.

Aber Ouarzazate ist nicht nur eine Touristenstadt mit Hotels, Supermärkten, Autovermietungen, Reiseagenturen und Restaurants. Ouarzazate ist neben Tanger, Essaouira, Aït Benhaddou, Marrakesch und Erfoud eine **Filmmetropole.** *Bernardo Bertolucci, Martin Scorsese, Oliver Stone, Orson Welles* und *Alfred Hitchcock* sind nur ein paar der berühmten Regisseure, die sich Marokko als Drehort auswählten. Die Filmografie ist lang: Es begann mit Hitchcocks „Der Mann, der zu viel wusste" 1956. Es folgten – um nur wenige zu nennen – „Lawrence von Arabien" (1962), „The Jewel of the Nile" (1985), „Himmel über der Wüste" (1990), sämtliche Folgen von „Die Bibel" (1994–1999), „Kundun" (1997), „Die Mumie" (1999), „Gladiator" (2000), „Alexander" (2004), „Asterix & Obelix: Mission Kleopatra" (2002), „Königreich der Himmel" (2005) und zuletzt „Die Päpstin" (2009). Einige Kulissen können in den **Atlas-Filmstudios** wenige Kilometer vor Ouarzazate (von Marrakesch kommend, siehe

mar_003 Foto: ed

Route Marrakesch – Ouarzazate) besichtigt werden. 2005 wurden die **Studios CLA** (www.cla-studios.com), die größten Marokkos mit einer Investitionssumme von 10 Mio. Dollar, in etwa 2 km Entfernung der Atlas-Filmstudios an der Straße nach Marrakesch eröffnet. Außerdem öffnete 2007 ein **Musée du Cinéma** (Eintritt 30 DH) gegenüber der Kasbah Taourirt, neben dem Centre Artisanal, seine Pforten. Darin steht u.a. die Kulisse einer weißen Kirche mit Glockenturm aus dem Bibelfilm „Bethlehem". Dieser falsche Kirchturm ist z.B. aus den oberen Etagen der Kasbah Taourirt zu sehen. Ein Monument mit zwei Filmrollen in der Mitte des Kreisverkehrs an der Stadteinfahrt aus Richtung Marrakesch symbolisiert Ouarzazates Status als Filmstadt.

Sehenswertes

Ouarzazate hat fast keine Sehenswürdigkeiten zu bieten. Wegen der zentralen Lage zwischen Hohem Atlas und Wüste eignet sich die Stadt jedoch hervorragend als Ausgangspunkt für Ausflüge in die Umgebung.

Die **Kasbah Taourirt** am östlichen Rand von Ouarzazate – einst Wohnsitz des Paschas von Marrakesch (*El Glaoui,* siehe Marrakesch und Telouèt) – ist der Inbegriff der stadtähnlichen Kasbah mit Fürstensitz und Wohnvierteln. Der riesige, verschachtelte Bau hinter hohen Mauern bot einst einem ganzen Stamm Unterkunft. Das Kasbahviertel hinter dem Palastgebäude ist auch heute noch bewohnt. Der sehenswerte Palastbereich hat schöne Holz- und Stuckverzierungen in den Innenräumen und wurde vor einigen Jahren renoviert. Die Besichtigung kostet 10 DH, ein offizieller Führer (es gibt auch einen deutsch sprechenden Herren) verlangt für eine etwa einstündige Führung ca. 60 DH.

Das **Kasbahviertel** hinter der Kasbah Taourirt (Durchgang links vom Haupteingang des Palastes) ist ein Dorf für sich: verschieden hohe Lehmbauten, eine Burg, Türme und eine *Mellah* (Judenviertel). Alles fügt sich zu einem Ganzen zusammen, der Kasbah – in diesem Falle die ganze Altstadt, einst eine der größten ganz Marokkos. In der **Mellah** wohnen keine jüdischen Bewohner mehr. In der Synagoge ist eine Teppichweberei untergebracht. Ein Rundgang durch die verwinkelten Gassen des Kasbahviertels ist ein faszinierendes Erlebnis, auch wenn sich hier schon einige Souvenirhändler niedergelassen haben und Kinder sich als Führer aufdrängen. Die Bevölkerung ist freundlich, durch den Touristenansturm mittlerweile aber nicht mehr ganz so begeistert von den Fremden.

Gegenüber der Kasbah, auf der anderen Straßenseite, werden in einem Ladenkomplex allerlei Souvenirs und Teppiche verkauft. Dort befindet sich auch ein **Ensemble Artisanal** mit Teppichkooperative, daneben das Musée du Cinéma (vgl. oben).

Einen Besuch wert ist der kleine **Souk** (bis 22 Uhr), der zwar nicht mit den Märkten der großen Städte konkurrieren kann, aber durchaus eine nette Auswahl an Waren bietet. Markttag ist der Sonntag.

Am Place du 6. Novembre gibt es einen kleinen **zoologischen Garten** mit einheimischen Tieren wie Berberaffen, Pfauen, Störchen, Ziegen, Erdmännchen. Der Park ist ganz nett, die Gehege aber sind sehr trostlos und der Spielplatz verfallen.

Die **Kasbah Tiffoultoute** an der Verbindungsstraße Marrakesch – Zagora (ca. 10 km) liegt imposant auf einem Hügel über dem Oued Drâa. Vor allem wegen der schönen Aussicht von der Dachterrasse und der grandiosen Außenkulisse lohnt sich ein Besuch (Eintritt 10 DH, inkl. Tee). Außerdem kann man die Fahrt dorthin gleich mit einem Restaurantbesuch in der Kasbah verbinden.

Die **Kasbah des Cigognes** (Storchenkasbah) und ein anderes Ufer des Stausees erreicht man ebenfalls auf der Strecke in Richtung Zagora. Wenn man etwa 4 km hinter Ouarzazate links abbiegt (Beschilderung „Dar Daif"), erreicht man die alte Festung mit den Storchennestern. In der Kasbah ist nun das Gästehaus Dar Daif untergebracht (siehe Unterkunft).

Der **Stausee Mansour ed Dahbi** ist von schroffen Wüstenbergen umgeben und ca. 15 km von Ouarzazate entfernt. Hier entstanden an einem kleinen Bereich des Nord-Ufers ein Nobelwohnviertel und ein Touristikkomplex mit (mittlerweile aufgelassenem) Golfplatz, Surf- und Segelcenter. Das mit Palmen und mediterranen Pflanzen begrünte Villenviertel ist aber in den Anfängen stecken geblieben. Das Viertel wirkt unwirklich und abgeschieden inmitten der ansonsten kahlen Uferlandschaft. Das Ufer des Stausees kann man nicht besuchen, die Zufahrt an der Straße Richtung Zagora ist durch das Militär gesperrt.

Zum Ausflugsprogramm der Hotels gehört ein Abstecher in die 15 km entfernte **Palmenoase Fint,** die recht hübsch gelegen ist und sich eigentlich nur lohnt, wenn man sonst wenig Gelegenheit hat, eine Oase im herkömmlichen Sinne zu sehen. Zu erreichen ist sie, wenn man auf der Straße in Richtung Zagora und dann gleich beim nächsten Ort nach rechts auf die Umgehungsstraße um Ouarzazate fährt. Nach ca. 1,5 km folgt ein Schild, das links zur Oase weist. Die Oase selbst liegt hinter einem Bergrücken.

Touristeninformation

- **Délégation du Tourisme de Ouarzazate,** Av. Mohammed V., Tel. 0524 88 24 85, www.ouarzazate.com. Das Touristenbüro organisiert Tagesfahrten ab Ouarzazate, ansonsten nicht besonders freundlich, kaum Material.
- Infos im Internet unter **www.ouarzazate-tourisme.org.**

Unterkunft

Klassifizierte Hotels

- **Le Bérbère Palace*******, Tel. 0524 88 31 05, Fax 0524 88 30 71, www.ouarzazate.com/leberberepalace. Sehr gutes und gepflegtes Hotel mit geräumigen Zimmern und allem Komfort. Erstklassiger Service, auch am Pool Barbetrieb bis 1 Uhr nachts, WLAN im Haus. Das Restaurant ist zu teuer, das Frühstücksbüfett dafür üppig und gut. DZ €€€€€B.
- **New Bélère******, Bd Mulay Rachid, Tel. 0524 88 28 03, Fax 0524 88 31 05, www.belere-hotels.com. Wiedereröffnung nach Renovie-

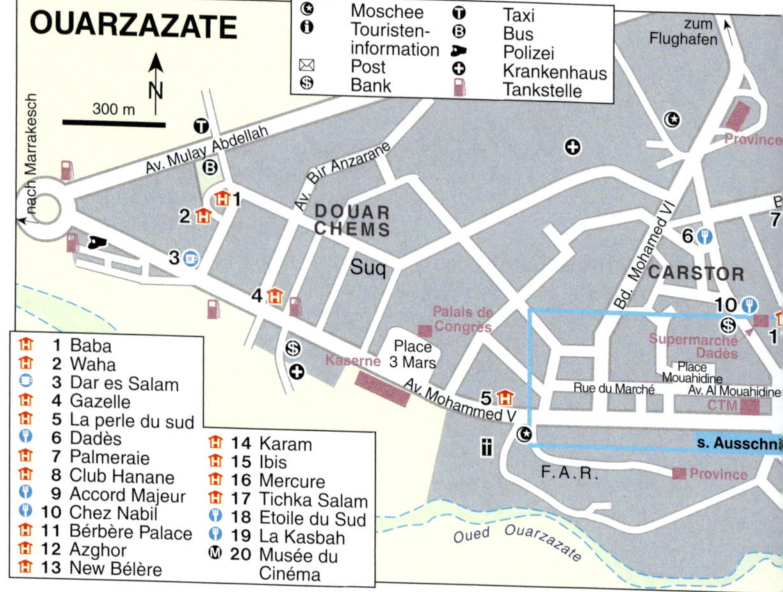

rung im Frühsommer 2010: schönes Hotel im Kasbahstil, erholsamer Garten mit Pool, bewachter Parkplatz. Viele Pauschaltouristen, Reservierung zur Hochsaison empfehlenswert. €€€€ inkl. Frühstücksbüfett (sehr gutes Preis-Leistungsverhältnis).

- **Framissima Karam Palace******, Bd Mulay Rachid, Tel. 0524 88 2225/22, farahot@menara.ma. Sauberes, schönes Hotel, auch mit Apartments, sehr gutes Abendbüfett, schöne Lage. DZ €€€€.
- **Farah Al Janoub******, Av. Erraha (Hotelviertel), Tel. 0524 88 48 88 oder 88 51 06/69, farahot@menara.ma. Luxuriöses Hotel mit allem Komfort. DZ €€€€.
- **Club Hanane******, Av. Erraha (Hotelviertel), Tel. 0524 88 57 48/97 oder 88 25 55, www.clubhanane.com. Sehr komfortabeles Clubhotel im Kasbahstil mit Pool und Hammam, laute Klimaanlage. Man gibt sich wenig Mühe, da die meisten Reisenden nur auf der Durchreise sind. DZ €€€€.
- **Kenzi Azghor******, Bd Mulay Rachid,Tel. 0524 88 65 01, www.kenzi-hotels.com. Sehr hellhörige Zimmer, Essen nicht besonders. DZ €€€€B ohne Frühstück.
- **Le Fint******, Av. Mohamed V. (gegenüber der Kasbah Taourirt), Tel. 0524 88 48 86, www.finthotel.com. Hübsches Hotel mit 74 Zimmern, Restaurant, Pool und nettem Restaurant mit Aussichtssterrasse.
- **Ametis Club Karam******, Bd Mulay Rachid, Tel. 0524 88 25 24, www.ametishotelsmaroc.com. Clubhotel im Kasbahstil mit Pool. Zimmer und Apartments mit Bad, AC/Heizung, Sat-TV und Minibar.
- **Mercure****** (ex Club Méd), Bd Mulay Rachid, Tel. 0524 89 91 00, www.accorhotels.com. Das zur Accor-Gruppe gehörende Hotel lässt nach der Renovierung keine Wünsche mehr offen: Pool, Fitnessstudio, schönes Ambiente, WLAN, Tennisplatz, Haustiere erlaubt. Gutes Frühstücksbüfett. Abends legt an der Bar ein DJ Tanzmusik auf. DZ €€€€€.

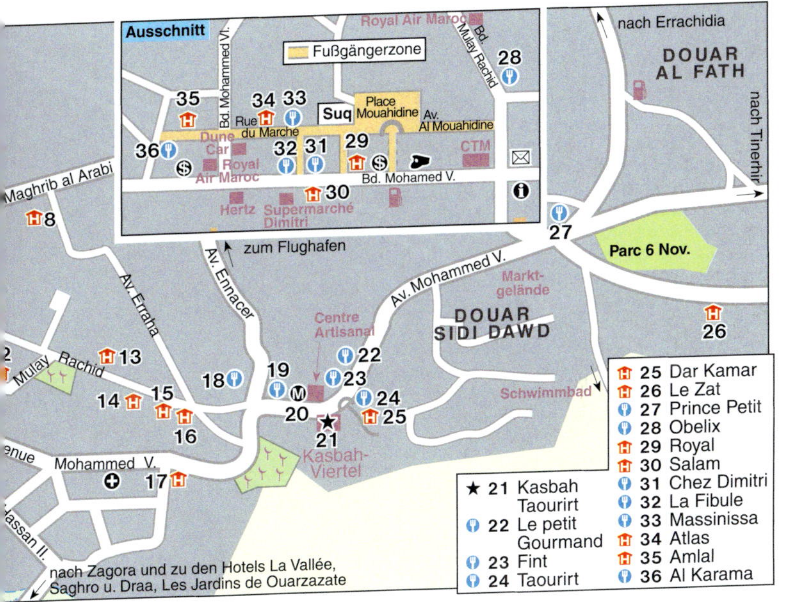

● **La perle du sud*****, 39/40, Av. Mohamed V., Tel. 0524 88 86 40/41, www.hotelperledusud.com. Hübsches Hotel mit 68 klimatisierten Zimmern (mit TV) und Pool.

● **Les jardins de Ouarzazate,** in Tabounte, außerhalb der Stadt an der Straße nach Zagora, Tel. 0524 85 42 00, www.lesjardinsdeouarzazate.com, hotellesjardins@yahoo.fr. Hübsches Kasbahhotel in ruhiger Lage, schöne Frühstücksterrasse zum Palmengarten mit Pool, kabelloses Internet im Haus, klimatisierte Zimmer mit TV, von der Hauptstraße manchmal laut. DZ €€ mit Frühstück (gutes Preis-Leistungsverhältnis!).

● **Ibis Moussafir*****, Bd Mulay Rachid, Tel. 0524 89 91 10, www.ibishotel.com. Wie die meisten Ibis-Hotels sehr empfehlenswert: Pool, klimatisierte Zimmer, gutes Preis-Leistungsverhältnis. DZ €€€B.

● **Riad Tichka Salam*****, Av. Mohamed V., Tel. 0524 88 33 35, Fax 0524 88 27 66. Schönes, ruhiges Hotel mit Pool, bewachter Parkplatz. Wenn Touristengruppen eintreffen leidet die Qualität des Essens und es bleiben evtl. nur einfachere Zimmer für Individualreisende. DZ €€€€.

● **Sogatour Le Zat*****, Aït Gdif, an der Straße Richtung Tinerhir, Tel. 0524 88 25 21, lezat@sogatour.ma. Der ruhig gelegene Flachbau mit dem „Charme" der 1970er Jahre liegt etwas weitab des Zentrums. Das Hotel wurde 2001 renoviert, ist aber immer noch altmodisch eingerichtet. Kleiner Garten, Pool, WLAN, kostenloser Parkplatz, hellhörige Zimmer mit AC, fast nur Gruppenreisende. DZ €€€A, für das Gebotene zu teuer.

● **Mabrouka*****, km 2, Route Zagora – Tarmigte, Tel. 0524 85 48 61, Fax 0524 85 44 43. Schönes Hotel mit Pool, Zimmer mit AC €€.

● **Palmeraie*****, Bd Al Maghreb al Arabi (Hotelviertel), Tel. 0524 88 72 92/9, Fax 0524 88 57 49, www.ouarzazate.com/hotelpalmeraie. Schönes Mittelklassehotel mit Pool, kinderfreundlich. Jeweils drei Zimmer (mit Heizung, Klimaanlage) auf Bungalows verteilt, die locker im schönen Garten gruppiert sind. DZ €€€A (evtl. verhandelbar).

● **Drâa*****, Tabounte, Route de Zagora, Tel. 0524 85 47 61, www.ouarzazate.com/hotel-draa, hoteldraa2000@yahoo.fr. Im Ortszentrum von Tabounte, an der Hauptstraße direkt an der Kreuzung Zagora – Agadir und Marrakesch. Sehr hellhöriges, sauberes Hotel mit Pool (nicht immer mit Wasser), Restaurant ohne Fenster (nicht besonders und zu teuer), Panoramaterrasse und Straßencafé, bewachter Parkplatz. DZ mit AC und WC/Dusche €€A mit Frühstück.

● **La Vallée***, in Tabounte, außerhalb der Stadt an der Straße nach Zagora, hinter der großen Furt über den Oued Ouarzazate, Tel. 0524 85 40 34, www.hotellavalleemaroc.com. Beliebtes Travellerhotel mit hübschem Innenhof mit Pool, Zeltrestaurant mit Live-Berbermusik (gutes, reichliches Essen, Alkoholausschank). Der Außenbereich ist schmucker als die einfachen Zimmer, in denen zum Teil nicht mehr alles voll funktionsfähig ist. DZ €€ mit Bad und Frühstück, Zimmer ohne Duschen auf der Dachterrasse €A (Duschen im EG funktionieren nicht alle).

● **La Gazelle***, Av. Mohamed V., Tel. 0524 88 21 51, Fax 0524 84 47 27. Sparsam möblierte, etwas muffige Zimmer, gruppiert um einen Innenhof mit kleinem Garten. Gutes Essen, schöner und sauberer Pool, Parkmöglichkeit im Hof. DZ mit Bad €A bis €€B inkl. Frühstück, in der Nebensaison billiger.

● **Amlal***, Rue du Marché, Tel. 0524 88 40 30, www.hotelamlal.com. Sauberes, vor wenigen Jahren renoviertes Hotel, DZ mit Dusche/WC sowie AC €€ plus (reichhaltiges) Frühstück. Autovermietung im Haus.

Maison d'Hôtes

● **Dar Kamar,** 45, Kasbah Taourirt, kleine Zufahrt ins Kasbahviertel direkt links vom Haupteingang der Kasbah, dort Parkplatz (bewachen lassen!), dann ca. 100 m zu Fuß erste Gasse rechts bergab, Tel. 0524 88 87 33, www.darkamar.com. Die Atmosphäre in diesem Lehmbau, einem alten Gerichtshof

aga08-430 Foto: ad

aus dem 17. Jh., ist einmalig. Die spanischen Betreiber *Carmen* und *Juan Antonia* haben hier einen künstlerischen und sehr stilvollen Mix aus alter marokkanischer Lehmarchitektur und schwarzafrikanischen Elementen geschaffen: Springbrunnen und Waschbecken aus Fossilien, Tadlakt-Bäder, afrikanische Masken und Gebrauchsgegenstände, bunte Lampenvariationen, Bilder von Afrikareisen usw. Im Restaurant lässt es sich vornehm und sehr gut dinieren (Menü 250 DH). Von der Dachterrasse hat man einen fantastischen Blick auf die Umgebung und das Kasbahviertel. Zur Entspannung gibt es ein Hammam (mit Massage). Klimatisierte Zimmer mit Bad (je nach Kategorie) €€€€.

- **Dar Daif,** Douar Talmasla, 5 km außerhalb Richtung Zagora (Abzweig beschildert, N 30°54,35′, W 0652,85′), Tel. 0524 85 49 47 oder 0524 85 42 32, dardaif@gmail.com. 12 sehr schöne Zimmer in der alten Storchenkasbah, herrlicher Palmengarten und Pool. DZ €€€€.
- **La Terrasse des Délices,** in der Oase Fint (vgl. Sehenswertes), ca. 15 km von Ouarzazate, Mobil 0668 51 56 40, www.terrasse-des-delices.com. Dieses familiäre Gästehaus in ruhiger Umgebung hat 13 im Berberstil dekorierte Zimmer mit Bad. Das Abendessen wird im Berberzelt serviert, dazu gibt es Livemusik. Ausflüge (z.B. mit dem Esel) in die Umgebung möglich. DZ €€€€ mit HP.
- **Les Tourmalines,** außerhalb beim Stausee, Tel. 0524 88 71 07, www.lestourmalines.net. Sehr sauberes Hotel mit Pool am Seeufer, unter der Leitung eines netten französischen Ehepaares, wunderbarer Blick auf den Stausee und den Atlas, Essen im Berberzelt. Klimatisiertes Zimmer €€€€ inkl. Frühstück.

Unklassifizierte Hotels

- **Atlas,** Rue du Marché, Tel. 0524 88 22 07. Sehr einfach, aber ordentlich und sauber. ½€.
- **Baba,** direkt beim Busbahnhof. Einfaches, helles und freundliches Hotel. Die Zimmer sind sauber, aber nicht immer mit frischer Bettwäsche. Große DZ ohne Bad ½€, mit Bad €, mit AC €€.
- **Habib,** am Busbahnhof. Einfache Zimmer mit Waschbecken, Toiletten mäßig sauber. Ruhig, ca. 15 Min. zu Fuß ins Zentrum. ½€.
- **Royal,** 24, Av. Mohamed V., Tel. 0524 88 22 58. Einfaches, nicht ganz ruhiges Hotel mit schönem Empfangsraum und Innenhof. Einige DZ mit (warmer) Dusche, aber ohne WC, sonst Etagenduschen. Die Sanitäranlagen sind sauber, der Empfang ist freundlich. ½€.
- **Saghro,** ca. 2 km außerhalb in Tabounte, an der Kreuzung zur Straße nach Zagora, Tel. 0524 85 43 05. Empfehlenswerte Budget-Unterkunft mit ordentlichen Zimmern und heißer Dusche. DZ €B.
- **Salam,** Av. Mohamed V., Tel. 0524 88 25 12. Preiswertes, meist sauberes Hotel, in dem viele Rucksackreisende absteigen. Sehr hilfsbereiter Chef. Duschen und WC im Zimmer, Fenster zum Flur. ½€.
- **Waha,** direkt beim Busbahnhof, Tel. 0524 88 66 66. Einfach, 3er-Zimmer und DZ mit/ohne Bad (€).

Campingplatz

- **Camping Municipal,** Tel. 0524 88 25 78, N 30°46,509′, W 05°33,265′. Hinter der Kasbah Taourirt in Richtung Stausee, dann ca. 1 km nach der Kasbah rechts (4 km vom Zentrum). Schattige Standplätze, im Winter mit Wohnmobilen überfüllt, einfache sanitäre Anlagen (leider schon etwas heruntergekommen und auch nicht immer sauber). Trinkwasser nur in der Küche am Empfang (chlorig). Nebenan liegt das öffentliche Schwimmbad. Abends kann man mehrere Touristen-Folkloreveranstaltungen akustisch mitverfolgen. Preise: ca. 40 DH für 2 Pers. mit Fahrzeug, 20 DH Strom, 10 DH warme Dusche.

Essen und Trinken

In den **Hotels,** z.B. im La Gazelle bzw. Hotel La Vallée, isst man gut und preiswert (mit Alkoholausschank). Preiswerte Restaurants gibt es auch um den **Souk** und in der **Av. Mohamed V.** gegenüber der Touristeninformation.

Aussicht von der Dachterrasse des Maison d'Hôtes Dar Kamar

- **Accord Majeur,** schräg gegenüber Bérbère Palace, Tel. 0524 88 24 73. Hier wird mittags und abends eine gelungene Mischung aus marokkanischer und südfranzösischer Küche serviert (Tajines, Suppe, Foie gras und Coupe arabica), auch Weine aus Meknès, etwas gehobene Preisklasse.
- **Al Karama,** Rue du Marché, Lotissement du centre, Tel. 0524 89 02 52. Einfaches, empfehlenswertes Restaurant, Supermarkt im EG. Kleines, gutes Menü ab ca. 40 DH, reichlich garnierte Sandwiches für 20 DH.
- **Chez Dimitri,** 22, Bd Mohamed V., Tel. 0524 88 73 46. Nur von 19.30–22 Uhr geöffnet. Schönes Restaurant, stilvolles Ambiente mit Autogrammfotos vieler Filmstars an der Wand, gute Küche, Alkoholausschank. Das Restaurant profitiert vom Ruf vergangener Zeiten. Hauptgericht ab ca. 80 DH, Kreditkarten werden akzeptiert.
- **Chez Nabil,** Bd Mulay Rachid, Tel. 0524 88 45 45, beim Supermarché Dadès. Gutes marokkanisches Essen, auch Café und Eisdiele, gemischtes Publikum (Marokkaner und Touristen), gehobene Preise.
- **Dadès,** Bd Mulay Rachid, neben dem Supermarkt Dadès (beim Busbahnhof), Tel. 0524 89 06 98. Marokkanisches, frisch zubereitetes und preiswertes Essen (ca. 50 DH für ein Fleischgericht).
- **Erraha,** 11, Rue al Mouahidine (beim Busbahnhof), Tel. 0524 88 40 41. Freundliches Personal, gute Pizza und Pasta.
- **Etoile du Sud,** Bd Ennacer/Av. Mohamed V., Tel. 0524 88 30 73. Großes Restaurant nahe der Kasbah mit Terrasse und Abendveranstaltungen (v.a. für Gruppen).
- **Fint,** Av. Mohamed V., Tel. 0524 88 48 86. Herrliche Terrasse, gutes Essen (ca. 100 DH/Menü).
- **La Datte d'Or,** Bd Mulay Rachid, Tel. 0524 88 71 17. Gepflegtes Restaurant mit marokkanischer Küche.
- **La Fibule,** Av. Mohamed V., neben Chez Dimitri, Tel. 0524 88 48 42. Gemütliches, preiswertes und gutes Restaurant und Café (Eisdiele), hervorragende Harira (Suppe).
- **La Kasbah,** Tel. 0524 88 20 33. Gegenüber der Kasbah Taourirt, schöner Blick auf die Kasbah, Menü (ab 80 DH) zu teuer für das Gebotene.
- **La Rose des Sables,** 2 km außerhalb Richtung Zagora/Marrakesch, hinter der Furt über das Oued (gegenüber dem Hotel La Vallée), Tel. 0524 88 57 00. Empfehlenswertes Restaurant und Café mit marokkanischer Küche sowie Pizza und Pasta, man sitzt schön auf der Terrasse.
- **Le petit gourmand,** 512, Bd Mohamed V., Tel. 0524 88 73 88. Hübsches Café-Restaurant an der Ortseinfahrt von Tinerhir kommend. Pizza oder Tajine ca. 40 DH, auch Salate und Hamburger.
- **Massinissa,** Rue du Marché, in der Fußgängerzone beim Souk, Tel. 0524 88 46 46. Recht nette Terrasse, Brochettes, Steak/Couscous/Tajine ab ca. 40 DH.
- **Obelix,** Bd Mulay Rachid, Tel. 0524 88 71 17. Hübsches Restaurant im ägyptischen Stil in zentraler Lage, gutes Essen.
- **Pâtisserie Dar es Salam,** am Ende der Av. Mohamed V. in Richtung Marrakesch rechts. Hier gibt es neben Brot und Backwaren auch gutes und preiswertes Frühstück (schneller Service).
- **Patisserie Al Ailia,** gegenüber dem Marché Couvert. Gute und leckere Kuchenauswahl, französisches Ambiente.
- **Pizza Veneziano,** Bd Mulay Rachid, neben dem Obelix, Tel. 0524 88 76 76. Gute Pizza zum vernünftigen Preis, Terrasse, aufmerksame Bedienung.
- **Pizzeria Royal,** Av. Mohamed V., Tel. 0524 89 00 42. Pizza oder Tajine ab ca. 40 DH, auch Frühstück und Sandwiches.
- **Snack El Hassania,** 32, Rue du Marché (zwischen Hotel Atlas und dem Souk). Kleines, schlichtes Restaurant, dafür preiswert und schmackhaft, freundlich und ehrlich (Tajine 30 DH).
- **Snack Taourirt,** neben der Kasbah Taourirt. Nettes Café/Restaurant mit Terrasse, Menü ca. 70 DH.

Sport

Tennis, Baden

- Ein **Sportzentrum** mit Tennisplätzen gibt es im Hotelviertel oberhalb der Av. Mohamed V. (gegenüber dem Hotel Bélère). Alle großen Hotels haben einen Pool.

- Auch beim **Complexe touristique** (Richtung Camping) mit gutem Restaurant (und folkloristischen Abendveranstaltungen) gibt es einen Pool.

Trekking

- Empfehlenswert für die Organisation von Bergtouren ist der lizensierte Bergführer **Slimane Baadoud.** Er spricht neben französisch auch fließend englisch (Mobil 0661 24 16 43 oder 0661 40 61 91, www.maroctrekking.com, naturetrekking@yahoo.fr). *Slimane* organisiert Berg- und Skitouren, Pferde- und Kameltrekking etc. im ganzen Land.
- Weitere **Bergführer** für die Gegend sind *Mohammed Elkhattabi* (Mobil 0662 13 21 76) und *Rachid Tahiri* (Mobil 0679 14 79 28). Bergführer kann man außerdem über das **Bureau des guides et accompagnateurs** in Agdz und Kelâa M'gouna anheuern. Auch das Touristenbüro in Ouarzazate vermittelt Bergführer.

Einkaufen

- **Marché Municipal (Marché couvert),** in einer nördlichen Parallelstraße bzw. am Platz zur Av. Mohamed V. (von Marrakesch kommend links). Hier gibt es alle Frischwaren.
- **Supermarché Dimitri,** in der Av. Mohamed V. (gegenüber Restaurant Chez Dimitri). Gute Auswahl an Konserven, Alkoholika und Drogeriewaren. Geöffnet von 8–21 Uhr.
- **Supermarché Dadès,** Av. Mulay Rachid, neben Restaurant Chez Nabil. Gutes Angebot, aber teurer als in kleinen Geschäften, Mittagspause bis 16 Uhr.
- **Souvenirgeschäfte** gibt es in und um die Kasbah Taourirt und im Hotelviertel gegenüber dem Hotel Bélère. In der Av. Mohamed V. gibt es eine **Teppichweberkooperative** und in der ehemaligen Synagoge im Kasbahviertel eine **Teppichweberei.**
- Außerdem hat Ouarzazate einen kleinen, interessanten **Souk** (bis 22 Uhr geöffnet).

Busse

- Der **CTM-Busbahnhof** liegt an der Av. Mohamed V.; Büro: 5, Av. Mohamed V., Tel. 0524 88 24 27 (tgl. 7–22 Uhr). CTM bietet nur noch wenige Verbindungen an, ansonsten Privatbusse zu verschiedenen Zielen mehrmals täglich.
- Der **Busbahnhof für Privatlinien** liegt am westlichen Stadtrand an der Parallelstraße zur Av. Mohamed V. 50 m südlich halten auch die Sammeltaxis. Das **SATAS-Büro** befindet sich am Place du 3 Mars, Tel. 0524 88 31 66.
- In Ouarzazate verkehrt ein gelber **City-Bus,** der z.B. die Atlas-Filmstudios anfährt und alle halbe Stunde an den Haltestellen mit gelben Schildern abfährt.

Vorsicht: An den Busbahnhöfen lauern viele **faux guides,** die Touristen gegen hohe Provision in bestimmte (nicht unbedingt gute) Hotels schleppen wollen.

aga10_015 Foto: ad

Auf den Lehmmauern im Kasbahviertel nisten Störche

Verbindungen und Preise

- **Inezgane/Agadir:** 5x tägl. SATAS-Busse, 7 Std. Fahrzeit, 1x tägl. CTM-Bus, ca. 80 DH.
- **Agdz – Zagora – M'hamid:** 1x tägl. mit SATAS oder CTM, ca. 40 DH.
- **Boumalne – Tinerhir:** 2x tägl. mit SATAS.
- **Casablanca:** CTM-Bus 1x tägl., ca. 9 Std. Fahrzeit.
- **Marrakesch:** CTM-Bus 4x tägl., 80 DH, ca. 5 Std. Fahrzeit, 1x tägl. Supratours-Bus, 70 DH.
- Um nach **Aït Benhaddou** zu kommen, besteht die Möglichkeit, den Bus nach Marrakesch zu nehmen und an der Kreuzung (Tabourath) auszusteigen. Dort findet man für die restlichen 11 km meist eine Mitfahrgelegenheit.

Taxis

Vom Flughafen (nur 3 km vom Stadtzentrum) werden häufig Fantasiepreise verlangt (vor allem nachts) – nicht mehr als 25 DH zahlen! Tagsüber kostet das Petit Taxi einheitlich 4 DH im ganzen Stadtbereich.

Stadttaxis

Abfahrt an drei verschiedenen Stellen (für unterschiedliche Richtungen) beim Busbahnhof für Privatlinien, am westlichen Stadtrand an der Parallelstraße zur Av. Mohamed V., **Taxis in Richtung Norden,** u.a. Marrakesch und Aït Benhaddou. .

Der Standplatz für die **Taxis nach Osten,** z.B. nach Skoura, Tinerhir, Erfoud (mit Umsteigen), liegt auf einem staubigen Gelände an der N10 außerhalb der Stadt noch etwas hinter dem Abzweig zum Zoo. Man hangelt sich auf dieser Strecke von Ort zu Ort, z.B. bis M'gouna, von M'gouna nach Boumalne du Dadès, von Boumalne nach Tinerhir.

Sammeltaxis/Grand Taxis

Abfahrtsplätze siehe oben. Ein Grand Taxi (jeweils komplett angemietet für 5 Personen) nach Ouarzazate über Aït Benhaddou und zurück nach Marrakesch kostet 500 DH. Nach Aït Benhaddou hin und zurück 200–300 DH, nach Zagora 300 DH. Ein komplettes Taxi nach Skoura kostet 70 DH.

Flugverbindungen

- **Flughafen,** Taourirt, Tel. 0524 88 22 97.
- **Royal Air Maroc,** 1, Bd Mohamed V., Tel. 0524 88 50 80. Die Flugpläne wechseln halbjährlich.
- Täglich Flüge nach **Casablanca** und von dort Anschlussflüge in andere (marokkanische und europäische) Städte.

Rund ums Auto

Das Fahrzeug über Nacht unbedingt nur auf einem **bewachten Parkplatz** abstellen, denn insbesondere im Kasbahviertel besteht Einbruchgefahr!

Autovermietung

- **Amzrou Transport touristique,** 41, Bd Mohamed V., Tel. 0524 88 23 23, Mobil 0661 16 07 48, www.amzroutrans.com. Bietet auch diverse Exkursionen in die Umgebung an (u.a. Oase Fint, Tamnougalte, Telouèt).
- **Avis,** Ecke Bd Mohamed V./Place du 3 Mars, Tel. 0524 88 80 00, und am Flughafen. Geöffnet Mo bis Sa 8–19 Uhr, So bis 12 Uhr.
- **Budget,** Av. Mohamed V., Tel. 0524 88 42 02 und am Flughafen. Geöffnet Mo bis Sa 8.30–12 und 14.30–17 Uhr, So 9–12 Uhr.
- **Drâa Car,** *Abdellah Rahmouni,* Imm. Charafi Nr. 2 (beim Hotel Amlal), Tel. 0524 88 81 06, Mobil 0661 64 64 46. Gute Autos, günstige Angebote, positive Leserresonanz.
- **Dune Car,** Av. Mohamed V., Tel. 0524 88 73 91, beim Hotel Amlal und Restaurant Es Salam. Sehr freundlich und zuvorkommend.
- **Europcar,** Av. Mohamed V./Place du 3 Mars und am Flughafen, Tel. 0524 88 20 35.
- **Hertz,** 33, Bd Mohamed V., Tel. 0524 88 20 84. Mo bis Fr 8–12 und 14.30–18.30 Uhr, So 9–12 Uhr.
- **Sam Tour,** 9, Av. Mulay Rachid, Tel./Fax 0524 88 70 54. Seriös und ausgesprochen freundlich. Autos werden ins Hotel gebracht und wieder abgeholt.
- **Tafoukt Cars,** 88, Rue d'Errachidia, Tel. 0524 88 26 90, www.tafouktcars.com, tafouktcars@hotmail.fr.
- **Week End Car,** 4, Av. Mohamed V./Place du 3 Mars, Tel. 0524 88 28 80. Guter Service,

kulant und empfehlenswert, die Autos vor Abfahrt genau kontrollieren.

Siehe auch Reisebüros: Einige vermieten Geländefahrzeuge. Preisvergleich und Handeln lohnen sich.

Werkstätten

- **Garage Tichka,** 75, Av. Mohamed V., Tel. 0524 88 51 96.
- **Garage Raquiq,** *El Habib* und *Mohammed*. Quartier Industriel, Tel. 0668 37 69 91. Führt Reparaturen zuverlässig und kompetent aus. Gute Leserresonanz.
- **Motocycles** (Morabit), 19, Rue al Mouahidine, Tel. 0524 88 21 13, Mobil 0668 67 51 80, saidmor@hotmail.com. Kleines Motorrad- und Fahrradgeschäft (Leserempfehlung) mit Spezialwerkzeug, Ersatzteilen und -schläuchen. Der junge Besitzer ist ehrgeizig, hilfsbereit und hat faire Preise.

Notfall

- **Notruf,** Tel. 190
- **Feuerwehr,** Tel. 150 oder 0524 88 21 15
- **Polizei,** Tel. 190, Av. Mohamed V.
- **Nachtapotheke,** Tel. 0524 88 44 18
- **Rotes Kreuz,** Tel. 0524 88 36 35.
- **Krankenhaus,** Hôpital Sidi Hssaine Bennasser, Hay Sidi Hssaine, Tel. 0524 88 21 28 oder 88 22 00.

Reiseveranstalter/-büros

Diverse Büros rund um den Place du 3 Mars und den Place Al Mouahidine. Empfehlenswert sind folgende Agenturen:

- **Daya Travels,** Av. Mohamed V., Tel./Fax 0524 88 77 07. Verleih guter Fahrräder ohne Nepp. Es wird holländisch, englisch und französisch gesprochen; sehr freundlich.
- **Desert et Montagne,** Village Talmassla, Tel. 0524 85 49 49. Wüstenreisen und Bergtouren, Verleih von Geländewagen.
- **Farhana,** 23, Rue du Marché, Mobil 0662 15 30 35, Tel. 0524 88 53 04, www.maroc-tours.ch, farhana@maroc-tours (Korrespondenz auf Deutsch). Agentur unter marokkanisch-schweizerischer Führung mit individuellen Tourangeboten (buchbar in Marokko oder der Schweiz): von Halbtagesausflügen bis zu mehrtägigen Touren mit Übernachtung, mit 4x4 oder Kamel.
- **Holidays Services,** 11, Av. Mohamed V. (neben Hotel La Gazelle), Tel. 0524 88 61 01, www.holidayservices.co.ma. Das renommierte Büro organisiert vor allem Touren für große Reiseveranstalter, hat aber auch ein eigenes Ausflugsprogramm.
- **Ideal Tours,** Tel. 0524 88 70 63, Av. Moulay Rachid, www.idealtoursmaroc.com. Diverse Halbtages- und Tagesausflüge.
- **Iriqui Excursions,** Place du 3 Mars, Tel. 0524 88 57 99, www.iriqui.com. Ausflüge mit 4x4, Kameltouren. Agenturchef ist *Labbas Sbaï*.

Post/Banken

- **Hauptpost** an der Av. Mohamed V./Bd Mulay Rachid.
- Diverse **Banken mit Geldautomat** entlang der Av. Mohamed V., außerdem am Bd Mulay Rachid. Wechselstube gegenüber dem Hotel New Bélère. Sonntags auch im Supermarkt Dimitri Wechseln möglich.

Feste/Veranstaltungen

- **Semaine de Ouarzazate,** in Sidi Daoud bei Ouarzazate, im April.
- Weitere fünfzig Moussems finden in der Provinz Ouarzazate in der Zeit zwischen 7 Rabia I und 20 Rabia I statt.
- **Symphonies de Desert,** im Juni. Klassische Konzerte in der Wüste (Näheres über das Fremdenverkehrsamt).

Ausflüge

Individuelle Ausflüge

Nach **Aït Benhaddou** und **Telouèt** (großes Ksar mit Kasbahs, Glaoui-Fürstensitz). Die Verbindungsstrecke zwischen beiden Orten sollte nur mit Geländefahrzeug befahren werden!

Wenn man nicht über ein eigenes Auto verfügt und mit öffentlichen Verkehrsmitteln fährt (bis Tabourath, dann per Anhalter), sollte man sich zumindest für den Rückweg von Aït Benhaddou von anderen Touristen mitnehmen lassen.

Entlang der **Straße der Kasbahs** in Richtung Skoura, Kelâa M'gouna und Tinerhir (siehe nachfolgende Route).

Ins **Drâatal,** zu den **Cascade du Drâa** und nach **Agdez** (siehe nachfolgende Route).

Zum **Stausee** und zur **Oase Fint** (siehe Stadtbeschreibung oben).

Zu den **Atlas-Filmstudios** siehe Anfahrtsbeschreibung nach Ouarzazate.

Organisierte Ausflüge

In allen großen **Hotels** hängen **Ausflugsprogramme** aus, z.B. auch zur Oase Fint, nach Boumalne du Dadès oder zu den Kasbahs in Skoura und Kelâa M'gouna (Straße der Kasbahs). Halbtagestouren im Reisebüro nach Aït Benhaddou kosten zwischen 200 und 600 DH/Pers. (je nach Teilnehmerzahl), im privaten Taxi etwa 350 DH (Verhandlungssache!). Alle hier genannten Reisebüros führen Ausflüge und Mehrtagestouren durch.

Ouarzazate – Agdz – Zagora

Überblick

- **Ca. 250 km, gute Teerstraße, N9.**
- Die Route führt durch wild zerklüftete braune Wüstenberglandschaft bis Agdz, dann landschaftlich sehr schön entlang der Palmenhaine des **Oued Drâa** (südliche Straße der Kasbahs). Der Drâa ist von einem breiten Palmenband gesäumt, er führt in der Regel Wasser bis Zagora, in regenreichen Jahren bis M'hamid, und versickert dann in der Sahara. Der Oued Drâa erreicht als einziger Fluss Marokkos aufgrund des Staudamms in Ouarzazate den Atlantik nicht mehr – davor wenigstens noch von Zeit zu Zeit. Sein lang gezogenes Flussbett und die Mündung sind allerdings sowohl auf der Landkarte als auch in natura gut zu erkennen. Viele erhaltene **Kasbahs** und ursprüngliche **Ksour** sind auf der linken Drâa-Seite zu bewundern. Die Gegend lieferte die traumhaft schönen Landschaftsbilder für *Bertoluccis* Film „Der Himmel über der Wüste".
- **Busse** verkehren ab Ouarzazate.

Anfahrtsbeschreibung

Im Zentrum von Ouarzazate vor dem Tourismusamt rechts abbiegen, dann führt eine Furt über den Oued Ouarzazate. **2 km** hinter Ouarzazate liegen die Hotels Les jardins de Ouarzazate und La Vallée (vgl. Ouarzazate/Unterkunft). Bei der darauffolgenden **Kreuzung** geht es rechts nach Marrakesch und geradeaus weiter nach Zagora.

Nach **4 km** zweigt links die Zufahrt zum Gästehaus Dar Daif (Kasbah des Cigognes, vgl. Ouarzazate/Sehenswertes) ab.

37 km hinter Ouarzazate ist der Ort **Aït Saoun** erreicht.

Hinter dem Ort geht es in Serpentinen bergauf zum **Tizi-n-Tinififft** (1660 m), der bei **km 51** erreicht ist. 4 km weiter auf der Straße bergab folgt ein Aussichtspunkt – das Panorama auf das grüne Drâatal inmitten der braunen Berglandschaft ist sehr schön. Die gänzlich unbewachsenen Gesteinsschichten sind wie verrutschte Tortenböden schräg übereinander gefaltet. In einem engen Cañon zwängt sich der Drâa durch die faszinierenden Wüstenberge.

Zweigen Sie bei km 58 beim Schild **„Cascades de Tizgui"** links zu den kleinen Wasserfällen ab. Dieser Abstecher führt über eine Piste durch hügeliges Gelände (Vorsicht mit dem Pkw!). Fahren Sie nach ca. 6 km bei einer Pistengabelung links. Bei km 8 geht es links steil bergab, bis nach ca. 700 m ein kleiner Parkplatz erreicht ist. Rechts führt die Piste weiter zum **Douar Tizgui,** eine Palmenoase im breiten Flusstal des Oued Drâa.

Vom Parkplatz erreicht man links an einem steinigen Flussbett (Hinweisschild) entlang nach acht Minuten die **Cascades de Tizgui.** Der kleine Wasserfall (in regenarmen Jahren eher ein Rinnsaal oder auch trocken) ergießt sich hier von einer romantischen Schlucht mit Palmen und Tümpeln nach unten in ein Wasserbecken. Ist genügend Wasser vorhanden, kann man hier herrlich baden und die Rinne von der letzten Steinstufe als Rutsche benutzen. *Omar* hat hier ein bescheidenes Freiluftrestaurant errichtet und betrachtet sich als Wärter der Wasserfälle – bei ihm kann man einen Tee trinken. Die am Parkplatz wartenden Kinder drängen sich recht penetrant als Führer oder Wächter fürs Auto auf.

Zurück auf der Hauptstraße erreicht man nach 2 km (km 59 ab Ouarzazate) das Dorf **Ourika** (1100 m) in einem Palmenhain.

Agd(e)z ist 67 km hinter Ouarzazate erreicht.

Agd(e)z

↗XI/D1

Das Städtchen (900 m) war früher eine französische Garnison. Die Festung, in der jetzt das marokkanische Militär stationiert ist, thront auf einem kleinen Berg über dem Marktplatz, wo am Donnerstag ein sehr schöner **Souk** stattfindet (bis mittags 12 Uhr, links der Straße nach Zagora). Der sympathische Ort liegt im Oued Drâa am Fuße des 1531 m hohen **Djabal Kissane,** der als schwarzer, lang gezogener Tafelberg die Kulisse bestimmt.

In den Läden an der Durchgangsstraße kann man leider nicht mehr ungestört einkaufen, einige Händler wollen ihre Ware recht aufdringlich an den Mann bringen. Wenn man sich davon nicht abhalten lässt, findet man bisweilen sehr schöne Dinge. Dennoch: Wem es in Ouarzazate zu touristisch und modern ist, der wird sich in Agdz wohl fühlen, denn die Menschen hier – im Siedlungsgebiet der **Mezguita-Berber** – sind freundlich und (abgesehen von den Basaristen) keineswegs aufdringlich. Die schöne Lage im Drâatal lädt zu Ausflügen in die Umgebung ein.

Wenn man von der Hauptstraße links in Richtung „Camping Palmeraie" (Beschilderung) durch sehr ursprüngliche alte Wohnviertel geht bzw. fährt, erreicht man nach etwa 2,5 km die beiden, lange Zeit verfallenden **Kasbahs Qaid Ali (Asslim)** in der Palmeraie. Die untere Kasbah mit hohen Wehrtürmen direkt neben dem Campingplatz ist 150 Jahre alt, im angeschlossenen Riad kann man Zimmer mieten (vgl. Unterkunft/Camping Kasbah Palmeraie). Die obere Kasbah ist ca. 250 Jahre alt. Beide Lehmburgen gehören der Familie *Aït el Qaid;* in den 1950er Jahren lebten noch etwa 200 Mitglieder des Familienclans in den beiden Kasbahs. Der Soziologe *M'Barek Aït el Qaid,* einer von vier Brüdern, eröffnete 1990 den Campingplatz, um durch die Einnahmen den Erhalt der Kasbahs zu gewährleisten. Sein Großvater war der letzte Qaid des nördlichen Drâatals *(Qaid Ali).* Inzwischen wurde die untere Kasbah mit Hilfe der privaten Organisation Lehmexpress (www.lehmexpress.de), der Bauhaus-Universität Weimar und freiwilligen Helfern teilweise restauriert. Im Obergeschoss ist eine kleine Ausstellung untergebracht, die die Architektur der Kasbah und die Renovierung dokumentiert. Die Ausmaße der alten Familienresidenz sind beeindruckend; es bleibt noch viel Restaurierungsarbeit zu tun. Von den sechs Türmen hat man – besonders im Abendlicht – einen herrlichen Blick auf den Djabal Kissane und auf den verschachtelten Ksar sowie die Oasengärten. Die Kasbah kann in Begleitung eines Familienmitglieds besichtigt werden (25 DH Eintritt, vgl. Camping La Palmeraie).

Unterkunft

- **Dar Qamar,** in der Palmeraie, ca. 2 km vom Zentrum entfernt (Richtung Kasbah/Campingplatz Kasbah Qaid Ali), Tel. 0524 84 37 84, www.darqamar.com. Sehr schön in den Palmenhain eingebettetes Gästehaus im Lehmbaustil, mit Pool und sieben stilvollen Zimmern mit Tadelakt-Bädern. DZ €€€€.
- **Kasbah Drâa,** vor Agdz (von Ouarzazate kommend) auf der linken Seite, Tel. 0524 84 33 46. Einfache, ordentliche Zimmer in einem Bungalow im schönen großen Oliven- und Obstgarten, gutes Restaurant (vgl. auch „Essen und Trinken"). DZ mit Bad €€.
- **Kasbah Qaid Ali,** einfache Zimmer in den Lehmgemäuern der alten Kasbah (vgl. Camping Kasbah Palmeraie weiter unten).
- **Kissane*****, Av. Mohammed V., am Ortsanfang rechts (von Ouarzazate kommend), Tel. 0524 83 30 44, kissane@menara.ma. Das einzige klassifizierte Hotel erfüllt keinen 3-Sterne-Standard, der Pool ist nicht immer gefüllt. Alkoholausschank. DZ €€.
- **Riad Tabhirte,** Mobil 0678 45 80 76 oder 0668 68 00 47, www.riadtabhirte.com, tabhirte.maroc@yahoo.fr. Hübsches Gästehaus mit Hofgarten. 3 Zimmer mit Bad (€€€€ inkl. Frühstück) unter Führung von *Hussein Achabak* und seiner französischen Frau *Evelyne Fabre.* Es gibt auch günstige und nette Nomadenzelte im Garten. Sicherer Parkplatz, Internetverbindung.
- **Rose du Sable,** in der Palmeraie, ca. 2 km vom Zentrum entfernt (Richtung Campingplatz/Kasbah Asslim), Tel. 0524 88 64 52, Mobil 0661 33 86 01, www.rosedusable.com. Hübsches, in traditioneller Lehmbauweise errichtetes Gästehaus der Schweizerin *Katrin Bänziger.* Die 8 (2er- und 3er-) Zimmer mit AC/Heizung schmücken originelle Ornamente aus verschiedenfarbigen Graniten. 4 klimatisierte Zimmer im OG und auf dem Dach mit eigenem Bad und Blick über die Palmeraie. Die etwas düsteren Zimmer im EG mit Innenhof und TV-Salon teilen sich zwei Bäder. Es gibt einen hübschen kleinen

aga08-439 Foto: ch

Garten mit einer schattigen Laube und einem kleinen Pool. Sehr ruhige Lage in der Palmeraie, entspannte Atmosphäre, üppiges Menü auf Bestellung (150 DH). Ausflüge können organisiert werden (Kameltouren, mit 4x4 etc.). DZ €€€A inkl. Frühstück.

Campingplätze

● **Kasbah Palmeraie,** Tel. 0524 84 36 40, www.casbah-caidali.net, g.aitelcaid@gmail.com, N 30°42,700', W 06°26,795'. In der Ortsmitte bei der abknickenden Hauptstraße nach links abbiegen (Schild), dann ca. 2 km kaputte Teerstraße und Piste bis zum Platz (200 m hinter dem Gästehaus Rose du Sable auf der rechten Seite). Der weitläufige Platz liegt romantisch und ruhig unter hohen Dattelpalmen (dennoch wenig Schatten) zwischen der **Kasbah Qaid Ali** und den Oasengärten. Er wird von *Aziz Aït al Qaid* und seiner französischen Frau *Gaelle* betrieben. Die Sanitäranlagen sind relativ neu und sauber, es gibt Stromanschlüsse für Caravans. Die Zisterne wurde zu einem herrlich erfrischenden Schwimmbecken (mit Fröschen) umgebaut. Neben dem Pool gibt es ein nettes Restaurant, in dem man auf Bestellung essen kann (Menü 65 DH). Es besteht auch die Möglichkeit, im ca. 100 Jahre alten hübschen Riad neben der Kasbah einfache **Zimmer** zu mieten (saubere Dusche/WC separat). *Gaelle* spricht deutsch und führt kompetent durch die Kasbah. Hier kann man sehr viel über die Umgebung erfahren und gute Tipps für Ausflüge bekommen. Auf Wunsch werden diverse Ausflüge (z.B. Cascades de Tizgui, Kasbah Tamnougalte) organisiert. Nach Tamnougalte marschiert man von hier aus etwa 2 Std. (8–9 km). **Preise:** Camping 13 DH/Pers., Auto 10 DH, Caravan 20 DH, Zelt 10 DH, Strom ab 10 DH, Zimmer im Riad € p.P. (je nach Saison), Besichtigung der Kasbah 25 DH.

Ladenzeile in Agdz

Gegenüber befindet sich ein **Hammam** (Frauen nachmittags, morgens und abends Männer, 10 DH).

- Eine weitere Camping- und Übernachtungsmöglichkeit im Nomadenzelt besteht beim **Camping La Palmeraie Caravane Targuix** (ausgeschildert) in der Nähe der Kasbah Qaid Ali, aber nicht so schön und mit wenig Schatten, dafür preiswerter.

Essen und Trinken

- **Kasbah Drâa,** vor Agdz (von Ouarzazate kommend) auf der linken Seite, Tel. 0524 84 33 46. Kasbahrestaurant in einem schönen Olivengarten mit hübscher Terrasse und nüchtern gefliestem Speisesaal für die Bustouristen, die hier Halt machen (saubere WCs). Menü bis ca. 100 DH, Frühstück 30 DH.
- **Sable d'Or,** im Ortskern an der Hauptstraße, Mobil 0671 73 27 14. Gutes, preiswertes Essen (Tajine ca. 40 DH), auch Pâtisserie.

Verkehrsverbindungen

Die Busse von Marrakesch, Ouarzazate und Casablanca halten in Agd(e)z auf dem Weg nach Zagora.

- **Zagora:** CTM-Bus 2x tägl., 2 Std. 15 Min. Fahrzeit, ca. 25 DH.
- **Ouarzazate:** 2x tägl., 2 Std., ca. 20 DH.
- **Marrakesch:** CTM-Bus 1x tägl. abends, ca. 6 Std. Fahrzeit, ca. 100 DH.
- **Casablanca** (über Ouarzazate, Marrakesch): CTM-Bus 2x tägl. (morgens und abends), ca. 10 Std. Fahrzeit, ca. 180 DH.
- **Sammeltaxis** halten beim Marktplatz und im Zentrum (z.B. nach Zagora und Ouarzazate).

Feste/Veranstaltungen

- **Moussem Sidi El Haj,** im Douar Zaouite Taoudacht bei Agdz, im August.
- **Moussem Sidi Hssaine,** in Agdz, Ende September.
- **Moussem Zaouite Timesla,** bei der gleichnamigen Zaouia bei Agdz, am 18 Rabia I.
- **Moussem Sidi Ameur,** im Douar Sidi Ameur bei Agdz, 12 Rabia I.

Sonstiges

- Ein gute **Werkstätte** gibt es an der Straße nach Zagora (ca. 1 km, *Garage mechanique*).
- Im Ort gibt es eine **Post,** ein **Internetcafé** und einen **Geldautomaten** (bei der Post).
- Das **Bureau des guides** im Zentrum vermittelt Bergführer für die Region.

Hinter Agdz ändert sich die Szenerie. Die Strecke führt durch das Tal des Oued Drâa und ist landschaftlich recht abwechslungsreich und schön. Das Flusstal wird zur Linken von dem hohen Bergzug des Djabal Kissane begrenzt – davor ein breiter Saum von Dattelpalmen, Oleander und vielen Kasbahdörfern: Dar Cheikh-el-Arabi, Dar Fatima u.v.m. Tamarisken, Gomphocarpus-Büsche und Schirmakazien geben der Landschaft einen ostafrikanischen Anstrich.

Ein lohnender Abstecher führt bei **km 72** (5 km hinter Agdz) links über die Brücke in den **Ksar Tamnougalte.**

Tamnougalte

↗XI/D1

Hier finden sich mehrere schöne Kasbahs innerhalb des befestigten Dorfes (Ksar), darunter auch die **älteste Kasbah des Drâatals.** Die Besichtigung des alten Ksar sollte man sich keinesfalls entgehen lassen. Jahrhundertelang war die **Kasbah Tamnougalte** – was übersetzt so viel wie „Ort des Zusammentreffens" bedeutet – Herrschaftssitz und Schutzburg für die umliegenden Dörfer (vgl. Exkurs unten). Ihre Gründung geht auf den Begründer der Alawitendynastie, *Mulay Rachid,* zurück, der im 17. Jahrhundert herrschte. Tamnougalte war ein wichtiger Marktflecken auf der Karawanenroute in Richtung Timbuktu. Die Kasbah als Fürstensitz und Karawanserei sicherte den Machtanspruch der Herrscher in diesem Gebiet.

Bereits auf dem Weg ins Dorf passiert man nach ca. 1 km die links auf einem Hügel thronende etwa 60 Jahre alte **Kasbah Taouirt** (nicht zu verwechseln mit der Kasbah Taourirt in Ouarzazate) – besser bekannt als das „Fort Bounoura" aus *Bernardo Bertoluccis* Film „Himmel über der Wüste" (1990). Für den Film wurden eigens ein Tor gebaut und eine Sanddüne angekarrt, um das Fort Bounoura, in dem der Hauptdarsteller starb, stilecht darzustellen. Leider verfällt die Kasbah heute (Besichtigung möglich).

Kurz darauf befindet sich auf der rechten Seite das Hotel Kasbah Itrane (vgl. Unterkunft). Die schmale Piste führt rechts durch ein Eingangsportal – vorbei am Marabout Sidi Abdullah ou Ali – in den Ksar Tamnougalte zum Parkplatz vor dem Restaurant Chez Yacoub. Direkt am Eingang in den Ksar beim Parkplatz befindet sich ein Hammam (tagsüber für Frauen, nachts für Männer geöffnet).

Der **Ksar Tamnougalte** ist ein **verschachteltes Labyrinth** aus dunklen Gängen, die die drei Qa'id-Kasbahs miteinander verbinden. Es leben noch etwa zehn Familien im Ksar, der teilweise mit Hilfe der *Association pour Developpement Tamnougalte* renoviert wurde. In den Kasbahs mit prachtvollen Innenhöfen und Salons kann man alte Gebrauchsgegenstände bewundern. Besonders interessant ist die Architektur aus traditionellen Bauelementen einer Kasbah (Lehmmauern, Holztüren, Deckenbalken aus Palmholz) und maurischen Elementen (Bogengänge, Deckenbemalungen). Sehenswert ist auch der **Funduq Labarjj** mit Stuckverzierungen, Säulen und bemalten Tamariskenholzdecken. Besonders schön ist auch das Eingangstor in den Ksar mit einer alten geschnitzten Holztür.

Wer die Kasbahs besichtigen möchte, sollte bei Chez Yacoub nach *Hassan* fragen (Tel. 0524 84 38 70, Mobil 0670 01 90 88). Eine **Führung** durch die Kasbahs und das alte, verfallende Judenviertel (Mellah) kostet pro Kasbah 10 DH (30 DH für alle drei, plus Trinkgeld für den Führer) und dauert gut 1 Std.

Unterkunft/ Essen und Trinken

- **Chez Yacoub** in der Kasbah (direkt am Parkplatz), Tel. 0524 84 33 94, www.chezyacob.com, tamougalte@yahoo.fr. Nettes Restaurant im kühlen marokkanischen Salon, sehr freundlich, gutes Menü mit Tajine/Couscous/Brochette für ca. 90 DH. In dem verwinkelten alten Haus werden auch einfache, romantische Zimmer vermietet (€€ inkl. HP p.P., Dusche/WC auf dem Gang).
- **Jardin Tamnougalte,** an der Zufahrtspiste nach Tamnougalte am anderen Flussufer auf der rechten Seite, Tel./Fax 0524 84 36 14. Die freundliche Familie von *Ismail Elalaoui*

aga_110 Foto: dd

Tamnougalte – die Geschichte einer Kasbah und viel mehr …

von *Muriel Brunswig-Ibrahim*

Jahrhundertelang war die Kasbah von Tamnougalte **Herrschaftssitz und Schutzburg** für die umliegenden Dörfer. Herrschaftlich, wenn auch vom Verfall bedroht, ist sie heute noch. Nicht nur der bekannte Regisseur *Bernardo Bertolucci* hat die Schönheit und die Mystik dieses Ortes erkannt. Zahlreiche Filme wurden hier gedreht, und es war für keinen schwer, den Zauber Tamnougaltes einzufangen.

Irrtümlicherweise wird die Kasbah Tamnougalte oft mit ihrer Schwester Taouirt verwechselt, die nur wenige hundert Meter daneben stolz auf einem Hügel thront. Stolz auch darauf, dass sie in dem berühmten Film „Der Himmel über der Wüste" eine Rolle spielen durfte: die des Fort Bounoura, in welchem der Protagonist stirbt. Abgesehen davon hatte sie keine Funktion. Erst vor 60 Jahren erbaut und nie vollendet, war sie nicht mehr als ein „Lückenfüller" im Konkurrenzkampf zwischen Glawi- und Qa'id-Familien. Nicht so die Kasbah Tamnougalte, die sich inmitten des alten Dorfes erhebt. Sie war die **erste Kasbah des Drâatals,** sie kann auf eine lange und bewegte Geschichte zurückblicken.

Ein alter Mann, würdig im blauen Anzug, eine Zigarette im Mundwinkel, ansonsten jedoch zahnlos, erzählt die Geschichte seiner Familie. Er ist der Neffe des vorletzten Qa'ids von Tamnougalte und über 80 Jahre alt. Er freut sich, dass eine Europäerin etwas über seine Familie erfahren möchte und so beginnt er zu erzählen:

Weißt Du, sagte er, das ist eine lange Geschichte. Erinnerst Du Dich an *Mulay Rachid?* Ich frage ihn, ob er damit den Begründer der Alawiden-Dynastie meint, den Vorvater des heutigen Königs, der Mitte des 17. Jahrhunderts die Macht übernahm. Natürlich den, wen denn sonst? Nach einer kurzen Pause, in der ich zweifelnd gemustert werde, ob ich es wohl wirklich wert bin, dass man mir diese Geschichte anvertraut, nimmt der alte Mann den Faden wieder auf: **Mulay Rachid** war unzufrieden. Jahrelang hatte er das Herrscherhaus beobachtet und den steten Verfall seiner Macht erkannt. Ihm war klar, dass die Dynastie dem Untergang geweiht war, und so beschloss er, das Schicksal in seine Hände zu nehmen und selbst Sultan zu werden. Das Problem war *Ben Micha'il,* ein Jude, der immer an der Seite des Sultans war und ihn beschützte. Wenn man die Macht wollte, musste man an *Micha'il* vorbeikommen – aber wie? Er fragte seinen engsten Vertrauten, **Ali Mansur.** *Ali,* ein gewitzter Berber aus dem Rifgebirge, überlegte und ersann einen teuflischen Plan: *Micha'il* war für seine Gier nach Gold bekannt. Also würde er eine Kiste mit Gold erhalten, die so groß sein sollte, dass darin *Ali* selbst und zwei weitere Krieger Platz hätten. Die Kiste wurde zu *Micha'il* gesandt, und als dieser sie öffnete, sprangen die Krieger heraus, töteten den Mann und erlangten so die Herrschaft für *Rachid.* Meuchelmord also, der den ersten Sultan der neuen Dynastie an die Macht brachte, die bekannte Geschichte vom trojanischen Pferd.

Der alte Mann fragt mich, ob dieser Umstand ein schlechtes Bild auf seine Familie werfe, denn, man ahnt es schon, der mutige *Ali Mansur* war niemand anderes als der Vorfahr der Familie *Ad't al-Qa'id,* die bis zum heutigen Tag in der Kasbah lebt. Ich weise darauf hin, dass dies nicht der einzige Fall gewaltsamer Machterlangung sei und er sich deswegen keine Sorgen zu machen brauche. Er freut sich, denn *Ali Mansur* war es, der auf diese Weise die Herrschaft der Familie im Drâatal etablierte.

Mulay Rachid hatte aus den Fehlern seiner Vorgänger gelernt. Ein zentral geführter Staat, das hatte die Geschichte bewiesen, ließ sich nicht regieren. Also setzte er Verwalter ein, **Gouverneure,** die in seinem Namen das Land regierten. Als Dank für das, was *Ali Mansur* mit seinen zwei Brüdern für ihn getan hatte, ernannte er ihn zum **Qaid** (arab. Führer, Gouverneur) des Drâatals und ließ als dessen Herrschaftssitz die erste **Kasbah** in Tamnougalte errichten. Und da steht sie noch heute. Sichtlich angeschlagen, aber sie steht. Großartig das Tor, reich verziert die Innenräume. *Jalil,* der Großneffe des alten Mannes, der mir so spannend die Geschichte seiner Familie erzählte, führt mich durch die Burg und erklärt mir ihre Funktionen, denn eine Kasbah war mehr als nur ein Herrschaftssitz. Sie war Schutzburg für umliegende Dörfer, die den Stammeskriegen ausgesetzt waren, sie war Versammlungsort für den Dorfrat, Wohnort für die Herrschaftsfamilie und Marktfleck zugleich. Mit einer Fackel führt er mich durch dunkle Gänge von Hof zu Hof, erklärt mir die Architektur des Lehmbaus und erzählt mir viel über die Geschichte des Hauses. Von einer Kasbah gelangen wir über die Dächer zur nächsten, denn bald schon wurden mehr und mehr Kasbahs errichtet, zwei davon im selben Dorf, die anderen in Sichtweite der jeweils nächsten – eine Kette von Kasbahs, die sich, parallel zum Fluss, das Tal entlang bis nach Zagora zieht.

Tamnougalte, was in der Übersetzung so viel bedeutet wie „Ort des Zusammentreffens", war seit ewigen Zeiten ein **wichtiger Marktfleck** auf der langen Handelskarawanenstraße von Fès nach Timbuktu: die erste Oase, wenn man – von Marrakesch kommend – die Berge des Hohen Atlas und des Tinifift hinter sich gelassen hatte, die letzte für die Karawanen, die Gold, Elfenbein, Sklaven und Salz vom Süden nach Marrakesch transportierten.

Die Kasbahs des Drâatales nördlich von Zagora blieben in den Händen der Nachkommen *Alis.* Starb ein Qa'id, übernahm – ganz im Sinne *Mulay Rachids* – der älteste Bruder dessen Funktion. So war es ausgemacht, damals, 1656, als *Ali Mansur* die Herrschaft im Drâatal übernahm. Denn seine Brüder waren es gewesen, mit deren Hilfe er *Ben Micha'il* hatte meuchelmorden können. Nur unter der Bedingung, dass es keinen Bruder mehr gibt, darf das Amt an den ältesten Sohn übergeben werden oder – falls es diesen nicht gibt – an den Neffen. Auf diese Weise wurde es bis Mitte der 40er Jahre des 20. Jahrhunderts gehandhabt, als die Familie ihren Titel abgeben musste. Nicht nur das, sie verlor ihren Besitz, ihr Land, ihre Kasbahs und somit ihre Ehre. Schuld daran war das französische Kolonialsystem, oder, besser gesagt, der kollaborierende Berberfürst **Tami ibn Mohammed al-Maswari al-Glawi.**

Betretenes Schweigen, als ich nach diesem Mann frage, dann blitzt Zorn aus den Augen des alten Mannes, der mir so schön die Geschichte seiner Vorfahren erzählt hatte. „Ein Verräter" zischt er, „nicht wert, dass man sich seiner erinnert". Natürlich bin auch ich empört, möchte dann aber doch mehr erfahren über diesen Mann, der auch von offizieller Seite in Marokko totgeschwiegen wird. Von den Menschen des Südens erfährt man nicht mehr, als dass die Glawis Verräter waren, Zorn bei der Erwähnung seines Namens. Kramt man aber ein wenig in der Literatur, wird man schnell fündig: Auf ihn gehen prächtige Kasbahs wie die Kasbah Taouirt in Ouarzazate oder Telouèt zurück.

Schon im 19. Jahrhundert schaffte es der **Berberclan der Glawa,** sich durch skrupellose Kämpfe als größter Großgrundbesitzer des Südens zu etablieren. Seine Herrschaft war gefürchtet, seine Brutalität bekannt.

aga5384ch Foto: dd

Während die Berber erbittert gegen die französische Vorherrschaft kämpften, nutzte jener berüchtigte *Tami ibn Mohammed* die Gunst der Stunde und schloss sich den **Franzosen** an, die das Land 1912 zu ihrem Protektorat erklärt hatten. Spätestens damit begann sein Verrat. Seite an Seite mit den Franzosen erkämpfte sich der „Sultan des Südens", wie er zu dieser Zeit genannt wurde, die Vorherrschaft im Drâatal. Bis Mitte der 1940er Jahre konnten sich die Qa'ids mit Hilfe der Bevölkerung noch halten, dann wurde der letzte Widerstand gebrochen. *Si Ali,* der letzte Qa'id von Tamnougalte (welch Ironie des Schicksals, dass der letzte Qa'id denselben Namen trug wie der erste), musste ins Exil, seine Familienmitglieder wurden aus der Region verbannt, einige wanderten ins Gefängnis.

Heute noch sichtbares Zeugnis dieser Zeit der großen **Konkurrenz zwischen den sultanfreundlichen Qa'ids und den franzosentreuen Glawis** sind die zahlreichen Kasbahs, die mit Beginn des 20. Jahrhunderts in der Region entstanden. Jede Familie versuchte, mit dem Bau einer Kasbah die andere Familie zu übertrumpfen. Wo eine Qa'id-Kasbah stand, wurde in direkter Nachbarschaft eine Glawi-Kasbah errichtet; exponierte Orte, wie der Hügel bei Tamnougalte, wurden durch den Bau einer Kasbah „besetzt". Nicht nur die wunderschöne Kasbah Taouirt von Tamnougalte besteht fast nur aus den Außenmauern, **viele Kasbahs wurden nie vollendet,** waren wie Taouirt nur „Lückenfüller" im Konkurrenzkampf. Heute zerfallen die Glawi-Kasbahs mehr und mehr, nur wenige werden – im Zeichen eines zunehmenden Tourismus – zögernd restauriert. Das erzählt mir der alte Mann nicht ...

Der Triumph der Glawi hielt nicht lange an. Schon 1956 musste sich *Tami ibn Mohammed* ergeben und sich dem **Sultan Mohammed V.** unterwerfen. Sein Besitz wurde verstaatlicht, seine Familie wanderte nach Frankreich aus. Er selbst starb nur wenige Monate nach seiner Niederlage. Der Untergang des einen war der Sieg des anderen: Aufgrund ihrer langen Sultanstreue erhielt die Familie *Ad't al-Qa'id* ihren Besitz zurück. Natürlich konnte das alte System der Qa'id-Herrschaft in dem jungen Staat nicht übernommen werden, aber die Ehre war wiederhergestellt und *Si Ali* konnte eines zufriedenen Todes sterben. Er hinterließ seinen Söhnen und Neffen zehn Kasbahs. Ein paar davon sind heute zerfallen, denn die Lebensdauer einer Kasbah ist – wenn man sie nicht fortwährend erneuert und restauriert – kurz. Die meisten aber sind von den Nachfahren der Erben bewohnt, darunter sind zwei, die man besichtigen kann. Die eine ist die „Originalkasbah" in Tamnougalte, inzwischen fast 350 Jahre alt, die andere ist die **Kasbah Qaid Ali (Asslim)** in Agdz.

Der alte Mann lächelt mir zu und gebietet seinem Enkel, mir noch einmal Tee einzuschenken. Ob ich noch eine andere Geschichte hören möchte, die Geschichte vom furchtlosen *Abdelkrim,* der die Franzosen bekämpfte. Mir scheint, er muss beweisen, dass *al-Glawi* keine Brüder hatte. Ich nicke begeistert. Er zündet sich eine Zigarette an, nimmt einen Schluck des köstlichen Tees und beginnt zu erzählen ...

Kasbah Taouirt

vermietet nette, saubere Zimmer mit Bad (DZ €€€ mit Frühstück), die in einem sehr schönen Palmengarten liegen. Wer möchte, kann auch campen oder im Nomadenzelt übernachten.

- **Kasbah Itrane,** Tel. 0524 84 33 17, Mobil 0666 77 88 20. Das leider etwas wenig kreativ gestaltete Hotel im Kasbahstil liegt schön direkt am Palmengarten, es gibt ein Restaurant mit Terrasse zum großen Pool. Großzügige Zimmer mit schlichten gefliesten Bädern (€€ p.P. mit HP) und kleinere, einfachere Zimmer (etwas günstiger).

Busse

- Busse **nach Zagora und Ouarzazate** (20 DH) können an der Hauptstraße angehalten werden.

Variante: Wer nicht auf der Teerstraße Richtung Zagora weiterfahren möchte, kann von Tamnougalte aus die Piste nehmen, die links des Drâa an zahlreichen schönen Lehmdörfern und Kasbahs vorbei nach Süden führt. Sie ist ab Tansikht allerdings nicht mehr für Pkw befahrbar.

Wieder Richtung Zagora geht es auf der Hauptstraße schön entlang des palmengesäumten Drâatals mit malerischen Oasengärten und Ksour.

Bei **km 83** (16 km hinter Agdz) führt eine 1 km lange Piste zu dem Ort **Timidarte.** Am Eingang zum alten Ksar liegt die **Kasbah Timidarte** aus dem 17. Jh., die *Hussein Achabak* in jahrelanger Arbeit sehr authentisch mit alten Handwerkstechniken restauriert und zu einer Herberge umgestaltet hat (Mobil 0668 68 00 47, www.kasbah-timidarte.com, kasbah-timidarte@hotmail.com). Die sauberen Zimmer im OG mit Dusche/WC auf dem Gang sind sehr einfach ausgestattet (Matratze auf dem mit Teppich belegten Boden). Zwei Zimmer haben ein eigenes Tadelakt-Bad (DZ €€ mit Frühstück). Es gibt einen Garten im Hof, auf Wunsch wird Essen zubereitet. Von der Dachterrasse hat man einen schönen Blick auf den gänzlich verlassenen Ksar. Der freundliche *Abdou* kümmert sich um die Gäste.

Bei **km 91** (24 km hinter Agdz) zweigt bei **Tansikht** links die Straße (R108) nach Nekob und Tazzarine ab. Hier liegt unter Palmen die kleine Auberge Tansikht. Wenig später führt die Straße an der kleinen Staumauer **Barrage Deriaba** vorbei.

Bei **km 108** (41 km hinter Agdz) thront die imposante **Kasbah Othmane** rechts oberhalb der Straße (Besichtigung möglich). Im Ort gibt es eine Tankstelle.

Der Ort **Tinzouline** (Tankstelle, Geschäfte, Souk am Montag und Donnerstag) mit beeindruckender Kasbah folgt 13 km weiter (Gesamt-km 121). Die diversen Cafés/Restaurants im Ort haben Tajine anzubieten (Preis unbedingt im Voraus aushandeln). In der Nähe von Tinzouline gibt es **prähistorische Gravuren** *(gravures rupestres)* von Gazellen, Straußen und Reitern. Die Zufahrt (7 km schlechte Piste, dann ca. 250 m zu Fuß das Oued entlang) ist schwer zu finden, daher sollte man sich einen Führer nehmen.

Bei **km 128** (61 km hinter Agdz) führt eine Piste über eine Brücke auf die andere Seite des Drâa zum Ort **Zorgane** (2 km). Dort gibt es eine nette, aus Lehm gebaute Gîte d'Etape **Chez Hammou Aït Hssaine** (Tel./Fax

0524 84 65 08, Mobil 0667 35 90 80, aithssaine12@hotmail.com) mit sauberen, ordentlichen Zimmern mit Gemeinschaftsdusche (DZ €). Die Herberge liegt nach der Durchquerung des Palmenhaines am Rande der Berge nahe des alten Ksar. Es ist auch Camping möglich.

Weiter entlang der Teerstraße reiht sich ein verfallender Ksar an den anderen. Ein breiter, schöner Palmenhain säumt den Drâa. Die Frauen der Region tragen schwarze Umhänge und sind zwar nicht ganz verschleiert, ziehen aber oft den Umhang vor das Gesicht, wenn sich ein Fremder nähert.

Es besteht immer wieder die Möglichkeit, einen Abstecher zu den **Oasen** auf der anderen Drâaseite zu machen, die von Touristen kaum besucht werden und noch um einiges ursprünglicher sind als die Orte entlang der Hauptroute.

149 km hinter Ouarzazate (82 km hinter Agdz) geht es links ab auf die andere Flussseite zum liebevoll und hübsch angelegten **Camping Oued Drâa** unter großen, schattigen Palmen. Es gibt leckere marokkanische Küche, die Familie ist sehr nett, die sanitären Anlagen einfach. Bei Interesse kann man die Familienkasbah besichtigen. Preise: im Berberzelt 50 DH/Pers., Camping ca. 20 DH/Pers.

2 km weiter, bei **km 151,** liegt der noch gut erhaltene, sehenswerte Ksar von **Tissergate.** Im Gegensatz zu den meisten Ksour in der Region wurde in Tissergate in den Erhalt der alten Baustruktur investiert und die Häuser auch an das Stromnetz angeschlossen. Deshalb leben heute noch 92 Familien im Ksar mit seinem Labyrinth aus überdachten Gassen. Die meisten Männer arbeiten jedoch auswärts in Rabat oder Casablanca.

Unterkunft bietet das **Dar El Hiba** (Tel. 0524 84 78 05, Mobil 0661 61 06 48, hoteldarelhiba@menara.ma) in einer liebevoll hergerichteten Kasbah mit leider sehr hellhörigen, einfachen Zimmern und hervorragendem Essen (DZ €€€ inkl. Frühstück). Der sehr nette Besitzer *M. Larbi* sorgt für eine individuelle, familiäre Atmosphäre.

Sehr empfehlenswert ist das wunderschöne Gästehaus **Le sauvage noble** (Tel. 0524 83 80 72, Mobil 0661 34 84 13, Korrespondenz in Deutsch per E-Mail: sauvage.noble@yahoo.de, www.sauvage-noble.org) der Reiseagentur Renard Bleu Touareg (vgl. Zagora). In dem sehr stilvoll mit traditionellen Materialien restaurierten Lehmhaus gibt es 16 individuell gestaltete, romantische Zimmer mit Tadelakt-Bädern (€€€) und z.T. mit Jacuzzi. Im herrlichen Rosengarten sorgt ein Planschpool für Erfrischung. Von der Sonnenterrasse bietet sich ein herrlicher Blick auf die Palmeraie. Der Anthropologe *Abdellah Najji,* der sich um die Gäste kümmert, kann viel über die Region erzählen und spricht gut deutsch. Von hier aus kann man diverse Ausflüge in die interessante Umgebung unternehmen (z.B. in die Palmeraie, nach Tamegroute) und viel über die Lebensweise in den Oasen lernen – ideal für einen ruhigen, authentischen Landurlaub! Bei einem geführten Rundgang durch den Ksar erfährt

aga10_016 Foto: ad

man mehr über die Sozialprojekte von Renard Bleu Touareg, z.B. beim Besuch einer Teppichkooperative.

Nur etwa 2 km hinter Tissergate zweigt links die Zufahrt zum **Camping Oasis Enchantée** ab (vgl. Zagora/Unterkunft).

Nach 157 km (90 km hinter Agdz) ist Zagora erreicht.

Zagora

↗XII/A2

Die **große Garnisonsstadt** liegt **am Rande der Wüste** an den palmengesäumten Ufern des Drâa und wird von den Wüstenbergen **Djabal Adafane** (1027 m) und **Djabal Zagora** (974 m) im Osten begrenzt. Auf dem Djabal Zagora befinden sich Reste einer Almoravidenfestung aus dem 11. Jahrhundert. Da sich dort das Militär niedergelassen hat, ist die Zufahrt mit dem Auto verboten, man darf aber in etwa einer halben Stunde zu Fuß hinaufwandern (schöner Fernblick über das Drâatal und die Palmenoasen).

Zagora war früher wichtige Karawanenstation – das inzwischen erneuerte, viel fotografierte Schild „52 Tage nach Timbouctou" im Zentrum (gegenüber der Gendarmerie) zeugt davon. In der Protektoratszeit war die Stadt französischer Militärstützpunkt.

Wegweiser in Zagora

Die Stadt hat mittlerweile etwa **45.000 Einwohner** und expandiert enorm – auf der vierspurigen Einfahrtsstraße von Agdz kommend passiert man zunächst riesige Neubauviertel, bevor man das alte Zentrum mit den rosafarbenen Häusern und den Geschäften unter Arkaden erreicht. Die Infrastruktur ist gut, man kann sich hier mit allen Vorräten eindecken. Die Bewohner leben traditionell von der Landwirtschaft, zunehmend aber auch vom Tourismus. Ankommende Touristen werden vor allem in der Nebensaison von nervigen Schleppern geradezu überfallen.

Zagora eignet sich hervorragend als Basisstation für **Wüstenexkursionen** mit dem Auto bzw. Taxi, zu Fuß oder mit dem Kamel oder auch nur zum Relaxen in einem der Hotels unter Palmen. Mittwochs findet ein **schöner, sehenswerter Markt** statt.

Der Oasenfeldbau wird vorwiegend für den Eigenbedarf entlang des Oued Drâa betrieben. In den **Oasengärten von Amezrou** (ca. 2 km südlich vom Zentrum) kann man noch das traditionelle Bewässerungssystem bewundern, bei dem die Kanäle gezielt blockiert und wieder geöffnet werden, um die verschiedenen Parzellen zu bewässern. Ausgangspunkt für einen Spaziergang durch die Gärten ist der Weg zum Camping Amezrou, der links am Hotel Fibule du Drâa vorbeigeht und dann (an einigen Häusern vorbei) in den Palmenhain führt. Die **Kasbah** im alten Ksar Amezrou kann besichtigt werden. Dort wird auch altes Kunsthandwerk verkauft (u.a. Töpferwaren).

Mit Unterstützung der deutschen GTZ (Gesellschaft für technische Zusammenarbeit) wurde im Jahr 2000 das Réserve de Biosphère des Oasis du Sud Marocain (RBOSM) von der UNESCO anerkannt. Das riesige **Biosphärenreservat** erstreckt sich über die Grenzen der Provinzen Zagora, Ouarzazate und Errachidia. Ziel des Projekts ist die nachhaltige und ökologisch sinnvolle Entwicklung der Oasenregionen unter Berücksichtigung ihres kulturellen und architektonischen Erbes. Das Fortschreiten der Desertifikation soll durch die Oasenbewirtschaftung verhindert werden.

Für die Lebensbedingungen der Nomaden und der Oasenbewohner engagiert sich das **Tourismus- und Sozialprojekt Renard Bleu Touareg,** gegründet vom deutschen Verein **Azalay e.V.** (www.azalay.de) und dem aus der Region stammenden Anthropologen *Abdellah Najih.* Auf einer von Nomaden begleiteten Kameltour (vgl. Ausflüge/Kameltouren) oder in ihrem Gästehaus in Tissergate (Le sauvage noble, siehe dort) erfährt man mehr über die verschiedenen Projekte (z.B. Frauenkooperativen, Nomadenschule, Brunnenbau).

Unterkunft

Klassifizierte Hotels

• **Reda Zagora******, Richtung Amezrou, kurz vor der Drâa-Brücke, Route de M'hamid, Tel. 0524 84 70 70, Fax 0524 84 70 12. Großzügige Hotelanlage mit Pool, die schon bessere Zeiten gesehen hat. Klimatisierte, nicht immer saubere Zimmer mit alter Möblierung, kein 4-Sterne-Standard. DZ €€€€ (evtl. verhandelbar).

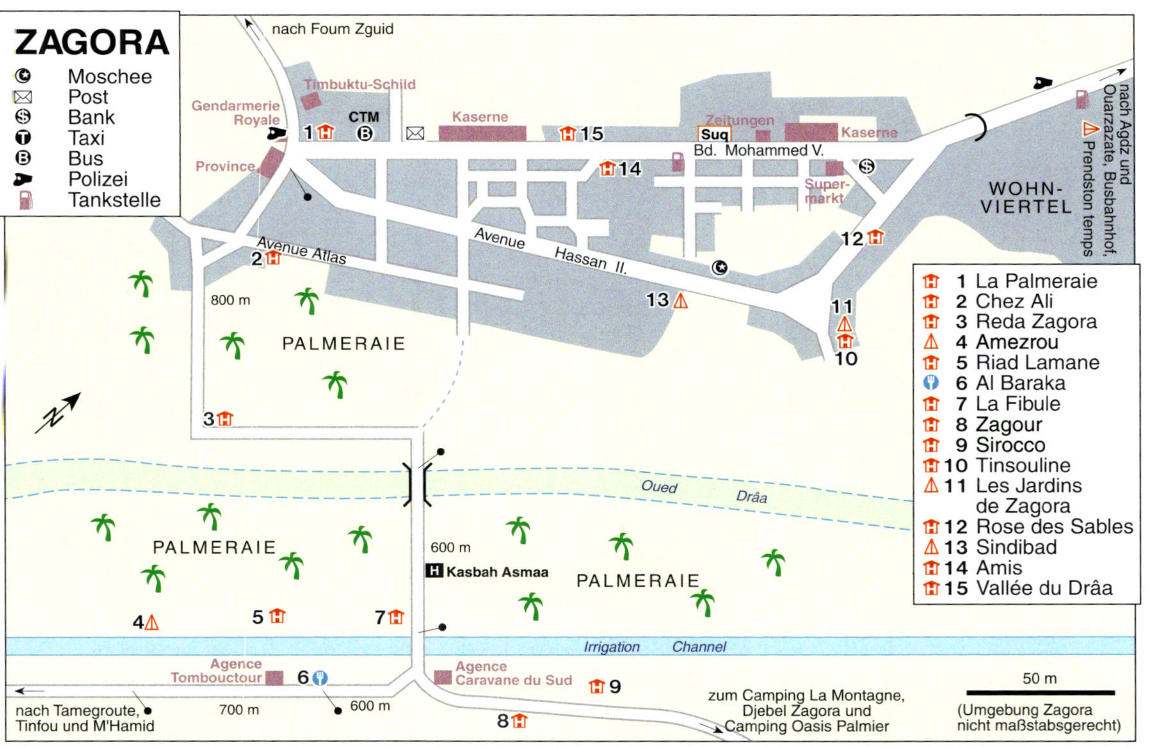
ZAGORA
Moschee
Post
Bank
Taxi
Bus
Polizei
Tankstelle
nach Foum Zguid
Timbuktu-Schild
Gendarmerie Royale
CTM
Kaserne
Zeitungen
Suq
Bd. Mohammed V.
Province
Super-markt
WOHN-VIERTEL
nach Agdz und Ouarzazate, Busbahnhof,
Prendston temps
Avenue Atlas
Avenue Hassan II.
800 m
PALMERAIE
Oued Drâa
600 m
Kasbah Asmaa
Irrigation Channel
Agence Tombouctour
Agence Caravane du Sud
nach Tamegroute, Tinfou und M'Hamid
700 m
zum Camping La Montagne, Djebel Zagora und Camping Oasis Palmier
1 La Palmeraie
2 Chez Ali
3 Reda Zagora
4 Amezrou
5 Riad Lamane
6 Al Baraka
7 La Fibule
8 Zagour
9 Sirocco
10 Tinsouline
11 Les Jardins de Zagora
12 Rose des Sables
13 Sindibad
14 Amis
15 Vallée du Drâa
50 m
(Umgebung Zagora nicht maßstabsgerecht)

•**Ksar Tinsouline******, Av. Hassan II. (im Zentrum nach dem Torbogen links), Tel. 0524 84 72 52, tinsouline@menara.ma. Vor einigen Jahren renoviertes, älteres Hotel mit Pool im Garten und Hammam, saubere Zimmer, jedoch kein 4-Sterne-Standard. DZ €€€€.

•**Palais Kasbah Asmaa******, Tel. 0524 84 75 55, www.asmaa-zagora.com. Palastartiger Bau neben Kasbah Asmaa (s.u.) mit 95 Zimmern und Pool im Palmengarten, orientalisches Flair, komfortable Zimmer mit AC/Heizung (DZ €€€€€), Bar und Restaurant.

•**Kasbah Asmaa*****, Richtung Amezrou nach der Drâa-Brücke, Tel. 0524 84 75 99, www.asmaa-zagora.com. Das angenehme Hotel mit orientalischer Atmosphäre hat einen hübschen Garten mit Pool, einen bewachten Parkplatz gegenüber und großzügige klimatisierte Zimmer mit Balkon (am ruhigsten mit Blick zum Pool und Garten). DZ €€€ mit (gutem) Frühstück.

•**Sirocco*****, Tel. 0524 84 61 25, www.kasbah-sirocco.com. Über die Drâa-Brücke in Richtung Camping Montagne (vom Zentrum kommend links) abbiegen, dann ca. 150 m auf der linken Seite. Sehr schöne Anlage im Kasbahstil mit Garten und Pool, freundlichem Personal und 20 komfortablen Zimmern mit AC und guten Sanitäranlagen. DZ €€€€B inkl. reichhaltigem Frühstück.

•**La Fibule du Drâa*****, in Amezrou, ca. 300 m nach der Brücke des Oued Draâ, Tel. 0524 84 73 18, fibule@menara.ma. Angenehmes, schönes Travellerhotel im Kasbahstil mit Pool und Bar im ummauerten Palmengarten, gutes Restaurant im marokkanischen Stil (Weinausschank). Die Rezeption ist leider etwas aufdringlich und geschäftstüchtig (bieten Ausflüge an). DZ (schon etwas verwohnt) mit Bad und AC €€€, sehr einfache Zimmer im alten Teil des Hotels (klein und eng, mit Gemeinschaftsdusche) €A.

•**La Perle du Drâa*****, in Amezrou, ca. 4 km in Richtung M'hamid links an der Teerstraße, Tel. 0524 84 62 10, www.perledudraa.ma, perledudraa@yahoo.fr. Das typisch marokkanisch gestaltete Mittelklassehotel mit 40 klimatisierten Zimmern (mit Bad und Balkon) wirkt schon etwas abgewohnt, doch der Empfang ist sehr freundlich, es gibt einen bewachten Parkplatz, einen großen Pool im Garten und kabelloses Internet. Nichtgäste dürfen den Pool benutzen, wenn sie hier zu Mittag essen. DZ €€€ inkl. Frühstück. 10% Ermäßigung für Reise-Know-How-Leser.

•**Zagour****, hinter der Drâa-Brücke links abbiegen, dann ca. 100 m auf der rechten Seite am Fuße des Djabal Zagora, Tel. 0524 84 61 78. Das von außen unscheinbare Hotel hat seinen früheren Charme verloren, dennoch: saubere Zimmer mit Bad und AC, Pool, schöne Terrasse mit Blick auf die Palmengärten. DZ €€€ (verhandelbar).

•**Ternata****, Av. Mohammed V., Tel. 0524 84 69 69, ternata_zagora@yahoo.fr. Neueres dreistöckiges Hotel im Zentrum mit ordentlichen klimatisierten Zimmern mit TV und AC, Dachterrasse, Parkplatz und Pool. DZ €€ (je nach Saison).

•**La Palmeraie***, Av. Mohammed V., Tel. 0524 84 70 08. Empfehlenswertes Hotel mit angenehmer Atmosphäre, gutem Restaurant, freundlichem Personal und sauberen, geräumigen, etwas nüchtern eingerichteten Zimmern mit Bad (€€B). Bewachter Parkplatz.

Unklassifizierte Hotels und Maisons d'Hôtes

•**Chez Ali,** Av. Atlas, Tel. 0524 84 62 58, www.chez-ali.com. Diese nette, kleine Herberge in einem traumhaften Garten hat ein sehr hübsches Restaurant, einfache, sehr saubere Zimmer (€€ inkl. HP für 2 Pers.) mit gemeinschaftlichen Sanitäranlagen im Garten sowie komfortable, schöne Zimmer mit Bad. Traveller mit kleinerem Budget kommen in günstigen Berberzelten unter (½€). Der Besitzer ist sehr freundlich und hilfsbereit. Die hauseigenen Kamele kommen bei Wüstentouren zum Einsatz (empfehlenswert).

•**Dar Douni,** 3 km außerhalb in Richtung Camping La Montagne auf der linken Seite zwischen Straße und Flusstal, Tel. 0524 84 70 61. *Gîte d'étape* der Familie *Azizi Naji* mit Matratzenlagern (2- und 5-Personen-Zimmer) und Kochgelegenheit. Es gibt eine große Terrasse, einen schönen Garten, warme Duschen und saubere Toiletten. ½€.

•**Dar Nakhla,** am Rande der Palmeraie von Amezrou, Mobil 0668 88 63 94 *(Brahim)*, www.riadzagora.fr. Kleines, ruhiges Gästehaus mit nur vier klimatisierten Zimmern mit Bad, Terrasse mit Aussicht. DZ €€€B.

● **Dar Raha,** in Amezrou, Tel. 0524 84 69 93, www.darraha.com, darraha_zagora@yahoo.fr. Neun hübsche, individuell im Berberstil dekorierte Zimmer (je drei teilen sich ein Bad) in einem renovierten Lehmhaus. Dachterrasse mit schönem Ausblick, Vermittlung von kompetenten Führern für Kameltrips oder durch die Oase. Die französischen Betreiber verkaufen eine interessante Broschüre über den alten Ksar Amezrou. DZ €€€.

● **Karim Sahara,** Hay Mansour Dhabi, 500 m hinter der Polizei auf der linken Seite, Mobil 0662 41 55 70, karimsahara2001@caramail.com. Kleine, familiäre Herberge mit Terrassenrestaurant, Zimmer mit Bad € p.P. inkl. Frühstück.

● **La petite Kasbah,** in Amezrou, an der Straße nach M'Hamid auf der rechten Seite, Tel. 0524 84 80 43, Mobil 0671 51 61 97, petitekasbah@yahoo.fr. Gästehaus der freundlichen und hilfsbereiten Familie von *Brahim El Badri,* gutes Essen im netten Restaurant. Es gibt fünf Doppelzimmer mit Bad (€ p.P. inkl. Frühstück).

● **Riad Lamane,** im Palmenhain von Amezrou, Tel. 0524 84 83 88, www.riadlamane.com. Das sehr schöne Gästehaus von *Mohammed El Hachimi,* der zeitweise in Deutschland lebt, ist eine wahre Oase: mit fantastischem Garten, Bibliothek und Pool unter Dattelpalmen. Im Garten gibt es in Bungalows untergebrachte DZ mit Dachterrasse (inkl. HP €€€€) und befestigte Zeltzimmer mit Gemeinschaftsbad (€€€ inkl. HP).

● **Riad Marrat,** im Palmenhain von Amezrou, Tel. 0524 84 67 66. Schönes Gästehaus im orientalischen Stil mit Pool, Garten und Dachterrasse mit Blick auf die Oase. Zimmer mit AC/Heizung und Bad €€€ p.P. mit HP.

● **Vallée du Draâ,** Av. Mohammed V., Tel. 0524 84 71 10. Einfaches, aber sauberes und sehr angenehmes Budget-Travellerhotel. Die Räume zum Innenhof sind ruhig, zur Straße laut. DZ mit/ohne Bad €.

● **Le sauvage noble** und **Dar el Hiba** in Tissergate, siehe dort.

● Einfache und günstige Unterkunft finden Backpacker auch beim Camping Prends ton temps (s.u.).

Campingplätze

● **Amezrou,** in Richtung Amezrou, unmittelbar hinter dem Hotel La Fibule du Drâa rechts abbiegen (noch vor dem Kanal), Tel. 0524 84 74 19. Der saubere, kleine und angenehme Platz liegt idyllisch inmitten eines großen, wunderschönen Palmengartens – es gibt sogar Rasen. Die Sanitäranlagen sind sehr gut in Schuss, haben warme Duschen (10 DH) und Sitzklos. 10 DH p.P./Zelt/Wohnmobil/Auto, 5 DH/Motorrad.

● **La Montagne,** auf der anderen Seite des Oued Drâa in ruhiger Lage am Fuße des Djabal Zagora in Richtung Amezrou, Mobil 0666 41 58 06. Das schöne Gelände unter schattigen Tamarisken ist inzwischen nicht mehr gut gepflegt (die sanitären Anlagen sind baufällig und nicht besonders sauber).

73a Foto: dd

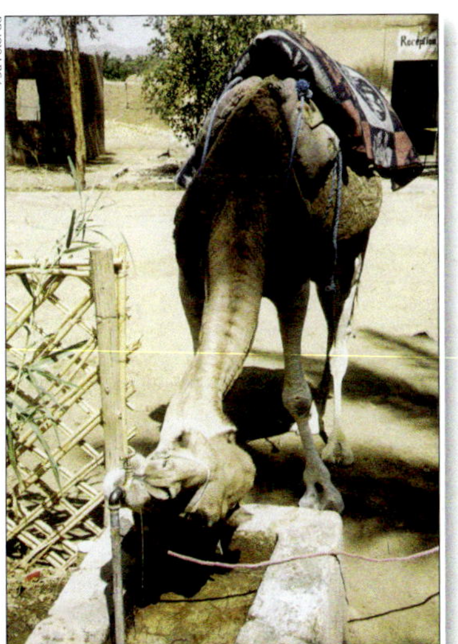

Camping La Montagne: das Kamel, das aus dem Wasserhahn trinkt

Der englisch sprechende Betreiber *Mohammed Azaghar* ist ein angenehmer Gesprächspartner, der gerne über das Oasenleben erzählt. Seine **Kameltouren** (mit den eigenen Kamelen) in die Umgebung sind nach wie vor sehr empfehlenswert und wurden von vielen Lesern gelobt (vgl. Ausflüge/Kameltouren). Camping: 10 DH p.P. und Auto, 5 DH/Zelt.

- **Les Jardins de Zagora,** am nordöstlichen Ende der Av. Hassan II., links neben dem Hotel Ksar Tinsouline, Tel. 0524 84 69 71. Empfehlenswerter, schöner Platz in zentraler und dennoch ruhiger Lage mit sauberen sanitären Anlagen. Der Betreiber *Mohammed Akhatar* ist sehr nett und spricht gut englisch. Camping 20 DH p.P. inkl. warmer Dusche, Caravan/Auto/Zelt 10 DH, Strom 20 DH. Auch Berberzelte und Zimmer mit Bad (€). Kamel- und 4x4-Ausflüge möglich.
- **Oasis Enchantée,** Mobil 0677 87 35 79, www.oasis-enchantee.com. 2 km vor Zagora von Agdz kommend auf der linken Seite (300 m Piste, gegenüber Friedhof), N 30° 22,154′, W 05°50,460′. Schöner, ummauerter Platz unter Palmen mit Pool und Restaurant. Camping 18–25 DH/Pers. (je nach Saison), Auto/Zelt 15 DH, Strom 20 DH, auch Übernachtung im Nomadenzelt möglich.
- **Oasis Palmier,** auf der anderen Seite des Oued Drâa, an der Piste Richtung Camping Montagne, Mobil 0666 56 97 50, N 30° 19,378′, W 05°49,508′. Sehr gepflegter, kleiner Platz in einem herrlichen, schattigen Palmengarten. Der freundliche Besitzer tut alles, damit sich seine Gäste wohlfühlen, und alles – sogar die Toiletten! – ist liebevoll dekoriert. Die kleinen sanitären Anlagen sind sehr sauber, das Essen ist gut. 20 DH Auto, 10 DH/ p.P. und Zelt, Strom 10 DH, Motorrad 5 DH.
- **Prends ton temps,** Hay El Mansour Dhabi (von Agdz kommend vor dem Zentrum links, beschildert), Tel. 0524 84 65 43, Mobil 0671 72 80 18, f_laalili@yahoo.fr, N 30°20,262′, W 05°49,920′). Der Platz trägt den netten Namen „Nimm Dir Zeit" – so könnte das Motto vieler Marokkaner lauten. Das Campingareal mit Palmen hat eher Parkplatzcharakter, der Garten mit den darum gruppierten kleinen Hütten ist aber sehr liebevoll gestaltet (ordentliche, einfache Zimmer mit gemeinschaftlicher Dusche/WC €). Prends ton temps liegt näher am Busbahnhof (ca. 2 km) als die anderen Unterkünfte im Zentrum. Der Besitzer *Belaid* ist ein lustiger Typ, der gerne für seine Gäste musiziert. Camping 50 DH für 2 Pers. mit Auto.
- **Sindibad,** Tel. 0524 84 75 53, nahe Hotel Tinsouline, N 30°19,580′, W 05°50,000′. Der Platz inmitten eines großen Palmengartens hat ein schönes, von Quellwasser gespeistes Schwimmbecken (nicht immer gefüllt). Die sanitären Anlagen sind extrem einfach und meist schmutzig. Es gibt auch sehr kleine, einfache Zimmer (½€) und ein nettes Restaurant mit sehr gutem Essen und üppigem Frühstück. Der Platz ist Treffpunkt für jüngere Touristen und Marokkaner. 10 DH pro Person, Auto und Zelt.

Essen und Trinken

- **Al Baraka,** in Amezrou, ca. 700 m vom Hotel Fibule in Richtung Tamegroute, rechts der Straße. Großes, gepflegtes Restaurant mit freundlicher Bedienung, Blick auf die Palmeraie und marokkanischem Ambiente. Ein sehr gutes Menü ist für 90 DH zu haben (Tajine und Couscous, gutes Gebäck).
- **Chez Ali,** siehe „Unklassifizierte Hotels". Sehr gut, freundlich und preiswert.
- **La Fibule du Drâa,** siehe „Klassifizierte Hotels". Gutes Essen mit Musik im schönen Speisesaal, auch Weinausschank. Qualität, Service und Wartezeit variieren.
- **La Rose des Sables,** Av. Allal Ben Abdellah, im gleichnamigen Hotel. Üppiges und sehr gutes Menü, auch Frühstück.

Busse

- Das **CTM-Büro** befindet sich in Tamgroute, Tel. 0524 84 73 27.
- Der **Gare routière** (Bahnhof für Fernbusse) befindet sich ca. 2 km vor dem Stadttor (von Agdz kommend), der regionale Busbahnhof liegt kurz hinter dem Stadttor links.

Verbindungen und Preise

- **Ouarzazate – Marrakesch:** CTM-Bus 1x tägl. am Abend, ca. 130 DH, ca. 8 Std. Fahrzeit (Ankunft nachts). Nach Ouarzazate ca. 50 DH (ca. 3½ Std.), nach Agdz 20 DH.

- **Agdz:** Privatbusse, 20 DH. Auch die CTM-Busse nach Marrakesch fahren über Agdz. Fahrzeit 30 Min.
- **Ouarzazate – Casablanca:** 1x tägl. CTM-Nachtbus, ca. 200 DH. Fahrzeit nach Ouarzazate ca. 3½ Std., nach Casa ca. 12 Std.
- **M'hamid:** 1x tägl. (nachmittags) CTM-Bus, 2 Std. Fahrzeit, ca. 20 DH.
- **Agadir:** Privatbusse über **Ouarzazate** (lange Strecke mit vielen Stopps, endet nachts in Inezgane). Besser mit dem Bus nach Ouarzazate und dann weiter nach Agadir.
- **Tazzarine – Rissani:** Kleinbus um 9 Uhr morgens, Umsteigen in Tazzarine (ca. 3 Std.).

Taxis

Sammeltaxis (Grand Taxis) fahren vom Busbahnhof nach **Ouarzazate** (ca. 10 DH), **Tamegroute** (ca. 7 DH), **M'hamid** (mit Umsteigen in Tamgroute, 25 DH) und **Tazzarine** (45 DH). Am Busbahnhof kann man ein Petit Taxi (5 DH) nehmen, wenn man zu den entfernteren Hotels in Amezrou will.

Rund ums Auto

- Ein Leser empfahl die ordentliche **Werkstatt Garage Iriki** in der Av. Atlas.

Feste/Veranstaltungen

- **Moussem Zaouite Tamegroute,** bei der bekannten Zaouia am 10. Moharrem (siehe „Ausflüge").
- **Moussem Sidi Ali ou Brahim,** im Ksar Tinsouline, im August.

Ausflüge

Organisierte Ausflüge

Folgende professionell arbeitende, empfehlenswerte Agenturen bieten diverse Geländewagen- und andere Wüstenexkursionen in der Umgebung an:

- **Tombouctour,** 79, Av. Mohammed V., Tel. 0524 84 82 07, www.tombouctour.ch; Kontakt in der Schweiz *(Monika Grunder Dakhamat):* Tel. 0041/43/205 25 00, info@tombouctour.ch. Die kompetente Agentur organisiert Kameltrekkings, Mountainbike- und Geländewagentouren (auch 4x4-Vermietungen) und arbeitet mit deutschen Veranstaltern zusammen. Frau *Grunder* engagiert sich zudem für das **Projekt AMINA** zur Verbesserung der Lebensumstände der Frauen der Region. Ein Verkaufsgeschäft für die von den Frauen hergestellten Produkte ist geplant (Gewürze, Marmelade, Oliven-/Arganöl, Kosmetika etc.).
- **Biosahara Exploration,** 14, Av. Mohammed V./Rue ancien Marché, Tel. 0524 84 73 52, www.biosahara.com; Kontakt in der Schweiz (deutschsprachig): Tel. 0041/78/658 82 43, schweiz@biosahara.com. *Houcine El Kharassi* spricht englisch und legt Wert auf naturnahe, ökologisch vertretbare Reisen.
- **Saharastern,** Rue Alal Ben Abdullah, gegenüber dem Hotel Ksar Tinsouline, Mobil 0671 86 73 97, www.saharastern.com; Kontakt in Deutschland: Tel. 0179/7485705, info@morocco-interiors.com. Der Agenturchef *Hassan El Ayachi* spricht deutsch.
- **Sahara Aventures,** Hay El Massira, Tel. 0524 84 70 26, www.saharaaventure.com. Der freundliche *Brahim al Meddiki* organisiert zuverlässig und zu fairen Preisen 4x4-Touren in der Wüste. Sein Sohn, der die Touren begleitet, gibt Erklärungen in Englisch.

Kameltouren

Zagora ist das Zentrum der Kameltouren-Anbieter, sodass man als Neuankömmling mit (nicht immer seriösen!) Angeboten überhäuft wird. Man sollte vor der Buchung unbedingt Preisvergleiche anstellen und sich versichern, ob der Tourenanbieter tatsächlich über eigene Kamele, Equipment, Bivouacs etc. verfügt und nicht nur vermittelt und Provision kassiert. Der **Konkurrenzkampf** ist inzwischen enorm, sodass es sogar Behauptungen gibt, Anbieter würden Touristen bestechen, damit diese (positive bzw. die Konkurrenz verleumdende) Leserbriefe an den Verlag schicken. Uns ist es nicht möglich, in der Flut von Lob und Beschimpfung die Wahrheit herauszufinden – die unten (in alphabetischer Reihenfolge) genannten **Agenturen** können jedoch guten Gewissens empfohlen werden.

In der Regel werden Kameltouren von einer Stunde bis zu einer Woche angeboten – wobei es schon etwas Kondition bedarf, mehrere Tage auf einem schaukelnden Kamelrücken durchzustehen. Es steht jedoch jedem frei, zur Schonung des Hinterteils und für ein abwechslungsreiches Wüstenfeeling etappenweise neben dem Kamel zu laufen. Unterwegs übernachtet man in einfachen **Bivouacs** (befestigten Nomadenzelten mit Teppichen und Matratzen) oder wahlweise unter freiem Himmel in der Wüste. Zur **Ausrüstung** gehören ein guter Sonnenschutz (Hut mit Nackenschutz oder Chech), feste Schuhe, ein Tagesrucksack, eine Taschenlampe und im Winter ein eigener warmer Schlafsack. Radlerhosen schonen das Gesäß auf dem harten Sattel. Der Tourenanbieter sollte für die Wasserversorgung unterwegs sorgen (Mineralwasserflaschen oder abgekochtes Teewasser). Vor der Buchung sollte man sich versichern, ob das Essen unterwegs frisch zubereitet wird (z.B. im Feuer gebackenes Fladenbrot, Gemüse-Tajine) oder nur aus Konservenkost besteht. Zudem sollte der Führer über passable Sprachkenntnisse verfügen (zumindest in Französisch!). Der Kamelführer erwartet am Ende des Trips ein Trinkgeld.

Der **Preis** einer Kameltour hängt oft von der Teilnehmerzahl ab: 1 Std. 100–150 DH, ein ½ Tag ca. 250 DH; eine Nacht mit Abendessen, Frühstück und Übernachtung im Nomadenzelt 400–600 DH; ein Tag von 8–17 Uhr 350–450 DH mit Essen; drei Tage 1000–1400 DH mit Verpflegung. Getränke müssen gesondert bezahlt werden.

- **Brahim Tours,** gegenüber dem Hotel Ksar Tinsouline, Zagora, Mobil 0672 31 66 10 *(Brahim El Haddouchi)* oder 0678 56 47 85 *(Youssef),* www.brahimtours.com. Die Agentur unter marokkanisch-schweizerischer Führung wurde von einer Leserin wärmstens empfohlen: nette, zurückhaltende, freundliche Betreuung, gutes Essen unterwegs, Berücksichtigung individueller Wünsche, Organisation auch von Gruppenreisen.
- **Caravane Azul,** Tel. 0524 84 75 13, Mobil 0668 88 57 46, www.caravaneazul.com. Von Lesern gelobte Agentur von *Ahmad Boucetta:* kompetente Organisation von Kameltouren am Erg Chegaga, fürsorgliche Betreuung unterwegs.
- **Caravane du Sud,** gegenüber dem Hotel La Fibule du Drâa, Tel. 0524 84 74 97, www.caravanedusud.com. Die Agentur von *Ali Yassine* bietet ein individuelles Tourenprogramm mit 4x4 oder Kamelen. Der Führer *Mohammed* wurde sehr gelobt.
- **Caravane Mille Etoile,** 45, Av. Mohammed V., Tel. 0524 84 62 35, Mobil 0668 94 93 82. Mehrere Leser lobten den Kamelführer *Abdellah Douini,* bei dem sich auch alleinreisende Frauen wohlfühlen – professionell, zuverlässig und immer korrekt.
- **Discovering South Morocco,** 3 km südlich von Zagora an der Straße nach M'hamid, gegenüber dem Restaurant La Baraka, Tel. 0524 84 61 15, Mobil 0667 23 35 83, www.discoveringsouthmorocco.com. Die Touren von *Mohammed Sirirou* wurden von Lesern gelobt: gute Organisation, authentisches Wüstenerlebnis.

- **Jnane Dar,** in Tamegroute, Tel. 0524 84 06 22, www.jnanedar.ch. Das Gästehaus in Tamegroute (s. dort) unter Führung von *Abdessadek Naciri* und *Doris Paulus* (deutschsprachig) hat eigene Kamele in Ouled Driss (bei M'hamid) und organisiert zuverlässig mehrtägige Exkursionen.
- **Mohammed Azaghar (Camping Montagne),** Tel. 0524 84 75 78, Mobil 0666 41 58 06, www.azagarscamels.de, Hossahara@yahoo.fr. *Mohammed* hat viele Kamele und war einer der ersten Anbieter in Zagora. Er organisiert zuverlässig und kompetent auf die individuellen Wünsche der Kunden abgestimmte Kameltouren (von einigen Stunden bis zu mehreren Tagen) zu fairen Preisen. Die französischsprachigen Tourenbegleiter sind freundlich und bereiten das Essen unterwegs frisch zu (keine Konserven, im Sand gebackenes Brot).
- **Renard Bleu Touareg,** Av. Mohammed V., Tel. 0524 83 80 72, www.renard-bleu-touareg.org, www.azalay.de. Die Agentur des freundlichen Anthropologen *Abdellah Najih Azizi* (spricht gut deutsch), der als Nomade aufwuchs, setzt sich für sozial und ökologisch verantwortlichen Tourismus ein. Kompetente Organisation, Zusammenarbeit mit deutschen Veranstaltern, sehr positives Feedback. *Abdellah* begleitet die Touren und kann sehr viel über die Region erzählen.

Individuelle Ausflüge

Ein Halbtagesausflug führt 18 km südöstlich von Zagora zum Ort Tamegroute mit einem altem Ksar, der **Zawia Tamegroute** und einer interessanten Töpferkooperative (siehe dort). Weitere mögliche Ausflüge führen nach **M'hamid,** zu den **Dünen von Tinfou** und zum **Erg al-Yahudi** bzw. **Erg M'hazil.** Für die Tour bis M'hamid einschließlich der Abstecher sollte ein ganzer Tag veranschlagt werden.

Zagora – M'hamid

Überblick

- **91 km, Teerstraße N9.**
- Die einspurige Teerstraße führt durch wenig abwechslungsreiche Wüstenlandschaft mit kleinen Dünen und Sandverwehungen, einigen Tamarisken und Dattelpalmen. Richtiges **Wüstenfeeling** erlebt man erst hinter M'hamid: Voraussetzung für eine Fahrt zu den Dünen des Erg Chegaga und zum Lac Iriki sind ein Geländewagen und Wüstenerfahrung. In Zagora oder M'hamid können aber auch 4x4- oder Kameltouren bei den Veranstaltern und in Hotels gebucht werden.
- Ab Zagora bzw. ab Marrakesch verkehrt einmal täglich ein **Bus nach M'hamid.**

Anfahrtsbeschreibung

Im Zentrum von Zagora zweigt links die Straße nach Amezrou und M'hamid ab (vorbei am repräsentativen Bau der Préfécture und über die Drâa-Brücke); rechts geht es nach Foum Zguid (Straße im Ausbau). Nach 18 km ist Tamegroute erreicht.

Tamegroute

↗XII/A2

Die wichtigste Sehenswürdigkeit des Ortes ist die **Zawia Tamegroute.** Dieses berühmte Heiligtum des Nassirya-Ordens beim Duar Tamgroute wurde im 17. Jahrhundert von *Mohammed Bennacer* gegründet. Es enthält eine **alte Bibliothek,** welche 4189 handgeschriebene Bücher und Schriften beherbergt (im Jahr 2006 renoviert). Die ältesten Handschriften stammen aus der Zeit vom Ende des 12. bis zum 16.

Jahrhundert; sie sind in einem gläsernen Wandschrank untergebracht und können natürlich nicht herausgenommen werden.

In der Zaouia, dem Marabout neben der Bibliothek, befinden sich die **Gräber** von sieben heiligen Männern und einer heiligen Frau, die unter großen, grünen Brokatdecken in einem Raum mit sehr schöner Wanddekoration ruhen. Auch der Vorraum, der besichtigt werden kann, hat schöne Holzintarsien sowie eine prächtige Holztüre.

Zu finden sind die Zaouia und Bibliothek, wenn man im Ort links abbiegt (beschildert) und dann rechts vor dem großen Platz mit den Souvenirläden parkt. Die Zaouia mit ihrem grün gedeckten Dach ist nicht zu verfehlen. Hier tummeln sich viele Kinder, die das Auto bewachen wollen – wer diesen Service in Anspruch nehmen möchte, sollte den Preis vorher aushandeln (maximal 5 DH). Sonntags sind keine Besichtigungen möglich.

Der Ort Tamegroute ist sonst wegen seiner grün glasierten **Töpferwaren** bekannt. Die Handwerker formen die Töpfe mit der Hand auf einer runden Drehscheibe, die mit den Füßen gedreht wird. Die Töpfer haben sich zu einer Kooperative zusammengeschlossen (Verkaufsraum an der Hauptstraße links), in der man günstig die sehr schöne Keramik kaufen kann. Die Leute der Kooperative sind sehr freundlich und führen auch gerne durch den Ort.

Der alte, noch sehr ursprüngliche Ortsteil von Tamegroute besteht aus einem noch intakten **Lehmksar** mit engen, zum Teil überdeckten Gassen und verschachtelten Bauten. Touristen werden dort nicht besonders gern gesehen. Der interessante und völlig untouristische **Markt** in Tamegroute findet am Samstag statt.

Unterkunft

- **Jnane Dar,** gegenüber der Bibliothek, Tel. 0524 84 06 22, Mobil 0661 34 81 49, www.jnanedar.ch. Das Hotel wird von *Doris Paulus* und ihrem Geschäftspartner *Abdessadek Naciri* (deutschsprachig) engagiert geführt. Die hübsche Herberge hat fünf einfache Zimmer und zwei Mini-Suiten mit Bad im Haus inmitten eines großen Palmen-, Blumen- und Gemüsegartens. DZ unterschiedlicher Größe €€ bis €€€, Zimmer ohne Bad €, auch Dreibettzimmer und eine Suite für bis zu 6 Pers., im Nomadenzelt ½€. Sehr gutes Essen im Garten in einem wunderschönen Pavillon. Es gibt einen Pool (nicht immer gefüllt) und einen abgeschlossenen Parkplatz. Kameltouren können vor Ort gebucht werden. Ein Leser empfahl den vom Hotel vermittelten Führer *Hassan Boudlal* (Mobil 0677 78 09 53), der auch einen Souvenirladen gegenüber betreibt.

Weiter in Richtung M'hamid ist etwa bei km 25 **Tinfou** erreicht. Links etwas abseits der Straße liegt das **Kasbah Hotel Sahara Sky** (Mobil 0667 35 19 43, www.hotel-sahara.com) unter der Leitung des Deutschen *Fritz Gerd Koring*. Das Hotel im Kasbahstil steht einsam in der Wüste, direkt an den **Dünen von Tinfou.** Ist der Eigentümer abwesend, macht das große Haus einen versandeten und wenig gepflegten Eindruck – die Gästebetreuung

In der Bibliothek der Zawia Tamegroute

und das Essen lassen dann ziemlich zu wünschen übrig. Attraktion des Hotels ist das **Sternenobservatorium** mit Teleskopen auf der Dachterrasse. Klimatisierte, einfach ausgestattete DZ mit Bad €€ p.P.

Ungefähr 6½ km danach wird das Oued Drâa überquert und die Straße führt über eine kleine Passhöhe durch Ausläufer der schwarzbraunen, kahlen Berge des **Djabal Bani.**

58,5 km hinter Zagora weist ein Schild links zum **Bivouac Auberge Aït Issfoul** (ca. 2 km Piste durch einen Palmenhain, Tel. 0524 84 83 02). Vom Restaurant mit Nomadenzelt hat man einen traumhaft schönen Blick auf die Wüstenlandschaft. Übernachtung im Zelt (mit HP ½€ p.P.) oder in sehr einfachen Zimmern (HP €), heruntergekommene sanitäre Anlagen.

Tagounite, eine Wüstenoase mit Militärbasis, Geschäften, Restaurants und der letzten Tankstelle (!), folgt nach 64½ km. Ein Abzweig links führt zum **Ksar Nasrate** (9,5 km), einem malerischen Lehmdorf mit Palmenhain, zu einer sehenswerten Kasbah und zur Geländewagenpiste nach Hassi Remlia und Taouz. Am Ortseingang führt ein Abzweig links zum einfachen **Camping Les Palmeraies** der Familie *Omari* (Mobil 0666 05 20 02) auf einem recht hübschen, aber wenig schattigen Palmengrundstück mit festen Nomadenzelten (Gemeinschaftsküche, WC/Duschen okay, Camping 30 DH/Auto, 10 DH heiße Dusche).

74 Foto: wg

Linker Hand steht nach 66½ km die schöne **Kasbah Aït Arbaa.**

Ab km 73 steigt die Straße zur Passhöhe **Tizi-Beni-Salmane** an. Auf einem Kegelberg steht ein Turm, ein Torbogen weist auf die Passhöhe hin. Der Blick zurück ins Draâtal ist sehr schön.

Bei **km 75,8** zweigt eine 6 km lange, gute Piste zu den Dünen des **Erg al-Yahudi** (auch Erg Lihoudi genannt), den Judendünen, ab. Einer Legende nach soll hier einmal ein Jude, der die Nomadenzelte am Rande der Dünen als Händler aufsuchte, verschwunden sein. In Vollmondnächten hört man ihn rufen ... In den Bivouacs (fest installierte Nomadenzelte), die von organisierten Gruppen angesteuert werden, kann man übernachten. Geländewagenfahrer können an den Dünen wild campen (Pkws bleiben hier stecken). Vom Erg Yahudi ist es möglich, M'hamid auf einer Wüstenpiste (nur 4x4) direkt anzusteuern.

Bei **km 84,4** ist **Ouled Driss** erreicht. In diesem Ksar mit Kasbah wurde ein kleines, informatives Museum zum Leben in der Kasbah errichtet (Schild im Dorf, von Zagora kommend rechts). Zur Unterkunft eignet sich **Carrefour des Caravanes** (Tel./Fax 0524 84 86 65) in schöner Lage im Palmenhain, umgeben von Sanddünen, mit kleiner Auberge und Campingplatz. Der nette und unaufdringliche Besitzer *Mahjub Chems ed-Din* ist lizensierter Fremdenführer und organisiert zuverlässig 4x4- und Kameltouren. Die einfachen Zimmer und die sanitären Anlagen sind sauber, aber nicht voll funktionsfähig. Übernachtung in Nomadenzelten möglich, Alkoholausschank im Freiluftrestaurant.

Direkt an der Hauptstraße lädt das **Café Fata Morgana** zu einer Rast ein. Man mag es kaum glauben: Mitten in der Wüste serviert die deutsche Besitzerin *Isolde Neumann-Nzinga* köstlichen, hausgemachten Kuchen und Cappuccino (Tel. 0524 84 68 69, über Mittag und im Sommer geschlossen).

Ca. bei km 85 zweigt links eine Piste ab. Hier liegt die nette **Auberge Oasis.** Folgt man der schlechten, aber auch für Pkw befahrbaren Piste, gelangt man nach wenigen Kilometern zur Herberge **Auberge Kasbah Touareg** mit sehr einfachen, aber sauberen Zimmern in einer ursprünglichen Original-Familienkasbah (½€, keine Leintücher). Die Bäder sind blitzblank. Restaurant und Camping sind angeschlossen, Mama kocht!

Zurück auf der Straße liegt 1,5 km hinter Ouled Driss die sehr schöne Anlage **Dar Azawad** und wenig später **Chez Le Pacha** (vgl. M'hamid).

Bei knapp km 88 folgt der **Camping Paradise Garden.** Das Terrain liegt am Rande eines Dattelpalmenhaines und war Mitte 2010 geschlossen.

Nach 91 km erreicht man M'hamid.

M'hamid

↗XII/A3

Die **große Oase** (ca. 8000 Einwohner) liegt am Oued Drâa und besteht aus insgesamt **acht Ksour.** M'hamid ist Endpunkt der Asphaltstraße, liegt unmittelbar an der algerischen Grenze und ist deshalb militärisch von Bedeutung. M'hamid selbst hat keine besonderen Attraktionen zu bieten, ist aber **Ausgangspunkt für reizvolle Wüstentouren,** sodass die Oase im Frühjahr und im Herbst/Winter einem Offroader-Treffpunkt gleicht, während sie außerhalb der Saison recht verlassen und staubig wirkt. Neu ankommende Touristen werden sofort mit Angeboten für Wüstentrips per Geländewagen oder Kamel überhäuft (Vorsicht vor Schleppern).

Im Ort gibt es ein großes Fort, einen kleinen Souk, wo man preiswerten Stoff für den obligatorischen Kopfschal *(chech)* kaufen kann, diverse (Souvenir-) Geschäfte und eine Sanitätsstation. Eine Tankstelle und einen Geldautomaten sucht man vergeblich! Der wöchentliche **Souk** findet montags statt.

Viele Frauen sind von Kopf bis Fuß in leuchtend blaue, rote oder orange Baumwolltücher gehüllt – ihre ethnische Verbindung zu den Sahrawis in der Westsahara und Mauretanien lässt sich nicht leugnen.

Sehr schön ist ein Bummel durch die Palmenhaine am Oued Drâa oder eine Tour im Geländewagen zum Dayet Chegaga (einem Zeitsee) und dem angrenzenden **Erg M'Hazil (Erg Chegaga)** etwa 60 km westlich von M'hamid (ca. 2 Std. Fahrt), zur Zawia Abd er Rahman und der Oase Source Sacrée. Sehenswert ist auch die weite Lehmebene des **Lac Iriki** in einsamer Wüstenlandschaft zwischen den Sanddünen und dem Gebirgszug des Djabal Bani. Der Erg M'Hazil (Erg Chegaga) ist neben dem Erg Chebbi bei Erfoud das zweite große **Sanddünengebiet** Marokkos. Hier herrscht zwar vor allem um Ostern ebenso wie am Erg Chebbi touristischer Hochbetrieb, und es gibt inzwischen viele fest installierte Bivouacs diverser Veranstalter, dennoch erlebt man hier mitten in der Landschaft, weit entfernt von einem Ort und der Teerstraße, noch mehr (manchmal sogar einsames) Wüstenfeeling als in Merzouga.

Unterkunft

- **Chez le Pacha,** Ouled Driss, ca. 3 km vor M'hamid, Tel. 0524 84 86 96, www.chezlepacha.com, N 29°49,666' W 05°40,346'. Sehr schöne, traditionell gestaltete Anlage mit Garten des Veranstalters Tombouctour (vgl. Zagora). Hier kann man in komfortablen, befestigten Nomadenzelten (mit Bett, €€A p.P. mit HP) mit zentralen Sanitäranlagen oder in klimatisierten/beheizten Zimmern und Suiten mit Bad und Sitzecke einen entspannten Wüstenurlaub verbringen (€€€€, Suiten auch mit Terrasse). Ausgezeichnetes klimatisiertes Restaurant (im Winter mit Kamin), schöner Pool und Bar. Das Personal spricht z.T. deutsch. Über die Agentur Tombouctour sind von hier aus Tages- und Mehrtagesausflüge per Kamel und 4x4 möglich. Beim Hotel werden Gewürze, Oliven- und Arganöl, Kosmetika, Marmeladen etc. des sozialen **Frauenprojekts AMINA** verkauft, das die Frauen der Region dabei unterstützt, auf selbstständiger Basis den Lebensunterhalt für die Familie zu sichern.
- **Dar Azawad,** Ouled Driss, ca. 4 km vor M'hamid, Tel. 0524 84 87 30, Mobil 0661 24 70 18, www.darazawad.com. Die wunderschöne Anlage in einem blühenden Garten mit Pool und Sonnenterrasse wird von einem Franzosen geführt. Die 15 sehr stilvoll in einem Mix aus traditionellen und modernen Elementen gestalteten, klimatisierten Zimmer und Suiten sind in Lehmbungalows im Gar-

ten verteilt (DZ €€€€ inkl. HP für 2 Pers.). Das Restaurant befindet sich in einem Pavillon im Garten, die Bar im gemütlichen Kaminsalon. Es gibt auch etwas günstigere, komfortable und hübsche Nomadenzelte mit Bad. Sicheres Parken möglich.

- **Kasbah Azalay,** El Ghizlane, im Ort links auf die andere Ouedseite abbiegen, Tel. 0524 84 80 96/98, Mobil 0661 68 62 74, www.azalay.com, N 29°49,267', W 05°43, 067'. Das stilvolle, sehr gepflegte Kasbah-Hotel auf einem großen Gartenareal mit Palmen und Oleander hat sehr schöne, komfortable Zimmer und Suiten mit AC, Kühlschrank, TV und Mosaikbädern. Im marokkanischen Restaurant wird sehr gutes Essen und Wein serviert. DZ inkl. Frühstück €€€€, im Nomadenzelt €.
- **Kasbah Sahara Services,** direkt am Ortseingang auf der rechten Seite, Tel. 0524 42 06 73, Mobil 0661 77 67 66, www.hotelmhamid.com. Hübsches Lehmhaus mit sechs fest installierten Zelten im Garten und acht kleinen, einfachen, netten Zimmern mit Bad. Traveller können sich hier austauschen und Touren über Sahara Services (vgl. Reiseagenturen) direkt buchen. Gutes Essen im Restaurant, DZ €€ p.P. mit HP, Zelt € p.P.
- **La Boussole du Sahara,** am Ortsende an der Piste in Richtung Lac Iriqi, Mobil *(Khalifa)* 0672 73 25 64, boussoledesahara@yahoo.fr. Die Herberge der sehr freundlichen Familie *Boudani* wirkt ein wenig unordentlich und verstaubt, aber die Zimmer mit gemeinschaftlicher Dusche/WC (½€) sind für einfache Ansprüche okay.
- **Tabarkat,** Douar Kdar Bounou, etwa 3 km vor M'hamid auf der linken Seite, Tel. 0524 84 86 88, www.tabarkat.com. Hübsches Hotel im Kasbahstil in einem ummauerten Palmengarten mit Pool, 22 klimatisierte Zimmern mit Bad (€€€), Restaurant und sichere Parkmöglichkeit.

Campingplätze

Camping ist an diversen Plätzen vor M'hamid (siehe Anfahrt auf den vorherigen Seiten) und auf der anderen Seite des Flusses in den Palmenhainen möglich (im Ort links abbiegen). Hier liegen **drei Campingplätze:**

- **El Khaïma,** Mobil 0662 13 21 70, www.aubergeelkhaima.com. *Bachir Elkhadiri* vermietet einfache Zimmer in der Lehmkasbah (sehr freundlich). Zelten ist direkt auf dem schattigen Palmengelände möglich.
- **Hamada du Drâa,** Tel. 0524 84 80 86, Mobil 0662 13 21 54, www.hamada-sahara.com. Hübsche Anlage mit nettem Vorgarten, Berberzelten (€ p.P. inkl. Frühstück) und Restaurant. Der Service ist aufmerksam und freundlich, im Rezeptionsgebäude steht kostenloses Internet zur Verfügung. Camping ca. 60 DH für 2 Pers. mit Fahrzeug.
- **M'hamid Oasis,** Mobil 0661 34 83 68, Tel. 0524 84 80 55. Schöner Platz des sehr netten *Dr. Mohammed Ali Khoumani* in einem großen Dattelpalmenhain. Im Zeltrestaurant wird einfaches Essen mit Gemüse der Saison und selbst gebackenem Brot serviert. Die sanitären Anlagen sind leider schlecht. Neben Camping ist auch Übernachtung im Nomadenzelt möglich.

Reiseagenturen

Zuverlässige Veranstalter von Kamel- und Geländewagentouren in der Wüste sind:

- **Desert Life,** Douar Ait Ghnima, Mobil 0667 23 78 60 oder 0613 03 69 72, desertlife.tours@gmail.com oder boulfrifri2005@hotmail.com. Die Agentur von *Mohammed Boulfrifri* wurde von Lesern sehr gelobt. Individuelle Programmgestaltung mit 4x4- und Kameltouren in der Wüste, der Preis ist verhandelbar.
- **Iriqi Excursions,** am Hauptplatz im Zentrum (El Ghizlane), Tel. 0524 88 57 99 (Zentrale in Ouarzazate, s. dort), www.iriqui.com. Die zuverlässig arbeitende Agentur unterhält zwei Bivouacs an der Oasis Sacrée und an den Dünen. Der Preis der eher teuren Touren ist verhandelbar.

Dunes de Chegaga bei M'hamid

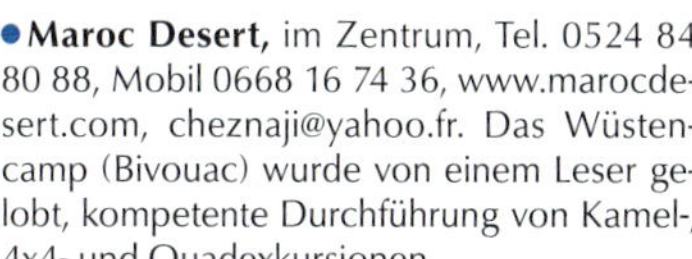

- **Maroc Desert,** im Zentrum, Tel. 0524 84 80 88, Mobil 0668 16 74 36, www.marocdesert.com, cheznaji@yahoo.fr. Das Wüstencamp (Bivouac) wurde von einem Leser gelobt, kompetente Durchführung von Kamel-, 4x4- und Quadexkursionen.
- **Mhamid Travel,** im Zentrum (El Ghizlane), Tel. 0524 88 59 49, Mobil 0666 39 79 76, www.mhamid-travel.com. Agentur der erfahrenen Brüder *Mohammed* und *Ismail Isbai* (siehe Hotel Kasbah Azalay). Zuverlässig und gut organisierte Kamel- und 4x4-Touren mit Bivouac am Erg Chegaga.
- **Nomads Travel,** Douar Ait Ghnima, Mobil 0642 50 22 96, www.nomads-travel.com. Agentur unter deutsch-marokkanischer Führung (*Christine Goerig* und *Zaid Harmach*) mit individuellem Tourenprogramm per Kamel oder Geländewagen.
- **Sahara Services,** am Hauptplatz im Zentrum neben dem Restaurant Dunes d'Or (Buchung auch über Kasbah Sahara Services möglich), Mobil 0661 77 67 66, www.saharaservices.info, N 29°49,517', W 05°43,205'. Sehr empfehlenswerte Agentur des gut englisch sprechenden *Abdoul Benalia. Abdoul* kann jede Art an Aktivität und Tour organisieren, auch mit Abholung am Flughafen in Ouarzazate oder Marrakesch. Er ist Betreiber der gleichnamigen Herberge im Ort, verfügt über neue Landcruiser und ein eigenes fest installiertes Bivouac an den Dünen des Erg Chegaga. Auch alleinreisende Frauen fühlen sich auf seinen Touren wohl. Ein Kameltrip mit einer Übernachtung im Bivouac inkl. Verpflegung kostet 800 DH für 2 Pers. (günstiger bei mehr Personen), 10% Discount für Besitzer dieses Buches!
- **Sahara Trip,** im Zentrum (El Ghizlane), Mobil 0670 02 00 33 oder 0661 40 82 32, caravanedereve@hotmail.com. Kleine Agentur des freundlichen *Ali Laghfiri,* Geländewagentouren zu den Dünen, eigenes Bivouac in der Wüste (ca. 10 km von Mhamid).

mal_003 Foto: ad

aga08-464 Foto: ch

Die Straße der Kasbahs

Der alte Ksar el Khorbat bei Tinejdad

Hotel im Kasbahstil (Tizzarouine)

Ein echtes Erlebnis: die Dadès-Schlucht

Von Ouarzazate nach Tinerhir

Überblick

- **165 km, N10.**
- Die **„Straße der Kasbahs"**, wie diese beliebte Hauptverbindungsstrecke durch spektakuläre Landschaften genannt wird, führt – nomen est omen – an zahlreichen festungsartigen Lehmburgen (Kasbahs) und -dörfern (Ksour) vorbei. Zum Teil sind sie verfallen, viele sind aber noch gut erhalten oder wurden in den letzten Jahren in Privatinitiative renoviert.

Im ersten Routenabschnitt zieht sich die Straße **flussaufwärts am Dadès entlang,** mit schönen Oasendörfern, Dattelpalmen und Kasbahs. Der Fluss entspringt im Hohen Atlas und windet sich in einem tiefen Cañon hinab zur Dadès-Schlucht. Bei Boumalne du Dadès mündet er aus dem Hohen Atlas in die Hochebene zwischen Boumalne und Ouarzazate. Nördlich von Boumalne gibt es in der **Dadès-Schlucht** eindrucksvolle Felsformationen zu bewundern. Vor Ouarzazate wird der Fluss zu einem großen See gestaut.

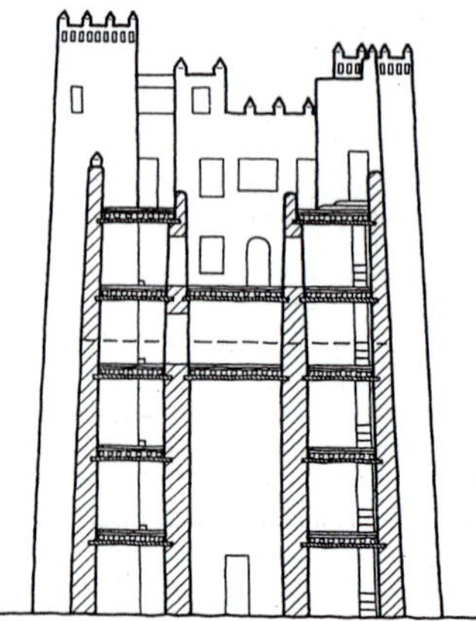

Die Kasbah von Skoura (Abb. aus W. Wrage: „Straße der Kasbahs")

Skoura ist die größte Dattelpalmenoase Marokkos und kann mit prächtigen Kasbahs aufwarten. **Tinerhir** hat einen fast ebenso großen Palmenhain, der eingebettet zwischen rötlich-braunen Bergen malerisch am Oued Todrha (Todgha) liegt. Hier beginnt die Straße in die **Todrha-Schlucht** mit ihren mächtigen, steil aufragenden Felswänden.

Anfahrtsbeschreibung

Bei der Kasbah von Taourirt in Ouarzazate nimmt die Route ihren Anfang. Von dort verläuft die N10 in östlicher Richtung zunächst über ein Wüstenplateau. 1 km nach der **Auberge Le Lion blanc** (Tel. 0254 88 57 57, DZ €) mit schönem Palmengarten an der Straße liegt rechts der Stausee **Mansour ed Dahbi** (siehe Ouarzazate) bei km 18. Es bietet sich ein schöner Ausblick auf den See.

Nach 39 km ist Skoura erreicht.

Skoura

V/C3

In dieser herrlichen, großen **Palmenoase** mit typischer Oasenbewirtschaftung liegen auf der nördlichen Seite des (meist trockenen) Oueds zahlreiche schöne Kasbahs versteckt, die mit Ornamenten verzierte Mauern und Türme aufweisen. Viele der **Kasbahs** von Skoura sind verlassen und dem Verfall preisgegeben, einige jedoch wurden in den letzten Jahren renoviert und als Herbergen wiederbelebt. An der Straße stehen neue Betonhäuser, in die die Bewohner auf der Suche nach mehr Komfort umgezogen sind. Der Lehmbau ist vielen Bewohnern zu mühsam geworden, da die Häuser nach starkem Regen immer wieder restauriert werden müssen.

Direkt an der Straße auf der linken Seite liegt die **Kasbah Aït Ben Moro** mit Souvenirstand, ca. 2 km vor dem Ortsanfang von Skoura (von Ouarzazate kommend). Sie wurde in ein stilvolles **Hotel** umfunktioniert (vgl. Unterkunft).

Typisch für die Region ist die Herstellung von **Rosenwasser,** das überall an der Straße der Kasbahs verkauft wird. Auch in Skoura gibt es große Rosengärten zur Gewinnung von Rosenwasser und -öl.

Versteckt im nordöstlichen Palmenhain neben einer Quelle im großen Oasengarten liegt die wunderschöne **Kasbah Aït Abou Ali** (siehe Abstecher unten).

Die große und unbedingt sehenswerte **Kasbah Amerhidil** aus dem 17. Jahrhundert erreicht man, indem man kurz hinter der Kasbah Aït Ben Moro links abbiegt (N 31°02,865', W 06° 34,337', Schild „Les jardins de Skoura"). Die mit bemalten Felsen markierte Piste führt durch das Flussbett auf die andere Seite des Oueds. Insgesamt ca. 900 m von der Teerstraße entfernt liegt die Kasbah (N 31°02, 779', W 06°34,867'). Sie ist auch gut zu Fuß durch die Oasengärten vom Parkplatz des Hotels Ben Moro erreichbar. Eine Besichtigung der prachtvollen Lehmburg ist gegen ein Trinkgeld (20–50 DH) für den kompetenten Führer möglich. Die engagierte Familie *Naciri,* der die Kasbah seit Generationen gehört, hat das Gebäude kompetent renoviert. In einem kleinen Museum im EG sind alte Werkzeuge und Gebrauchsgegenstände zu sehen. Die Kasbah wurde vor allem durch *Werner Wrages* Standardwerk „Die Straße der Kasbahs" bekannt und ist auf dem 50-DH-Schein abgebildet. An die alte Kasbah baute die Familie ein Gästehaus an (vgl. Unterkunft).

Unterkunft

- **Chez Ayad,** kurz vor Skoura an der Hauptstraße, Tel. 0524 85 20 47, www.chezayad.com, chezayad@yahoo.fr. Schöne Unterkunft in einer echten renovierten Kasbah (ca. 100 Jahre alt). *Hassan Ayad* und seine Familie empfangen Gäste herzlich und sind sehr freundlich. Es gibt sechs DZ mit Bad (€€ inkl. Frühstück), auch barrierefreie Zimmer im EG. Gutes Frühstück und Abendessen auf der Terrasse im Palmengarten.
- **Chez Slimani,** Mobil 0661 74 68 82, Anfahrt wie zur Kasbah Amerdihil (s.o.), der Beschilderung folgen, kleiner Eingang in der Mauer rechts (N 31°03,039', W 06°34,925'). Sehr einfache, saubere Gîte d'Etape in hübscher Familienkasbah, Schlafraum mit Matratzen, kleiner Salon, schattiger Garten. ½€.
- **Chez Talout,** Oulad Arbia, Mobil 0662 49 82 83, www.talout.com, taloutabde@yahoo.fr. Schöne Herberge mit Restaurant und Dachterrasse und Blick über die Oase. Klimatisierte/beheizte, komfortable DZ mit Bad inkl. Frühstück €€€.
- **Dar Lorkam,** ca. 5 km abseits der Hauptstraße in der Palmeraie (andere Seite des Oueds), Tel. 0524 85 22 40, www.dar-lorkam.com. Liebevoll gestaltete Herberge in ruhiger Lage mit Pool, nette Zimmer im Berberstil mit Bad (€€€ p.P. inkl. HP). Das Essen wird mit Gemüse aus dem Garten zubereitet.
- **Espace Kasbah Amridil,** unmittelbar neben der Kasbah Amerhidil, Tel. 0524 85 22 97,

nassirilarbi@yahoo.com. Hübsches Gästehaus in einer im Original-Lehmbaustil nachgebildeten Kasbah, freundlicher Empfang, marokkanische Küche.

- **Kasbah Aït Ben Moro,** Tel./Fax 0524 85 21 16, www.aitbenmoro.com, hotelbenmoro @yahoo.fr. Die Kasbah aus dem 18. Jh. wurde vom Spanier *Juan de Dios Romero* stilvoll und authentisch instand gesetzt und zu einem komfortablen Hotel umgestaltet. Die 13 beheizbaren Zimmer mit Bad und drei Turmzimmer mit Dusche/WC am Gang sind sehr gemütlich, z.T. mit Blick auf die Palmeraie. Von der Terrasse im schönen Garten genießt man den Sonnenuntergang über der Oase. Es gibt sehr gutes Essen und marokkanische Weine. DZ €€€ p.P. inkl. HP.
- **La Palmeraie,** Tel. 0662 15 30 49. Nette Gîte d'Etape der Familie *El Gharbi* in einer Kasbah, ca. 800 m vom Zentrum im Douar Rouha. Übernachtung in Zimmern oder auf der Dachterrasse möglich (€).
- **Les Jardins de Skoura,** Tel. 0524 85 23 24, Mobil 0661 73 04 61, www.lesjardinsdeskoura.com. Anfahrt wie zur Kasbah Amerdihil (s.o., Schild an der Straße), im Flussbett rechts halten und durch die Palmeraie hindurch immer den orangefarbenen Pfeilen folgen (ca. 3 km, N 31°03,605', W 06°35,730'). In diesem Landhotel unter französischer Führung mit schönem Garten mit Hängematten und Pool herrscht eine wunderbar ruhige und erholsame Atmosphäre. Hübsche, sehr große Zimmer und Suiten (€€€€B inkl. Frühstück) im Berberstil, z.T. mit Kamin und Privatterrasse (Familiensuite).
- **Les Nomades,** Mobil 0661 89 63 29, azizberber@hotmail.fr, ca. 600 m hinter dem Dorf am Rande des Palmenhains. Gästehaus im Kasbahstil der freundlichen Familie *Assilah*. Zimmer mit Bad € p.P. inkl. HP.

Campingplatz

- **Amridil,** Mobil 0666 25 11 54, nördlich der Hauptstraße am Oued, ummauertes Gelände nahe der Kasbah (Wegweiser). Netter Empfang, saubere sanitäre Anlagen, schattiger Salon/Restaurant, Essen auf Bestellung, Stellplätze leider ohne Schatten.

Essen und Trinken

- **La Kasbah,** Tel. 0524 85 20 78, ajebran@yahoo.com, in der Ortsmitte direkt an der Straße. Hier gibt es gutes Essen mit Ziegenkäse-Spezialitäten. Die Betreiber vermieten auch hübsche **Zimmer** (DZ €€) im Berberstil mit Tadelakt-Bädern oberhalb des Restaurants.
- Im **Café des Roses** machen ganze Busladungen an Touristen Halt.

Sonstiges

- Ein **Grand Taxi nach Ouarzazate** kostet ab Skoura etwa 25 DH. Die Busse von Ouarzazate nach Tinerhir halten z.T. in Skoura.
- Zahlreiche **Moussems** finden in den umliegenden Dörfern zwischen 12. und 20. Rabia I statt; in Skoura selbst der **Moussem Sidi Othmane** am 14. Rabia I.
- Der Veranstalter Sport Travel (Marrakesch, siehe dort) betreibt eine **Pferderanch** in Skoura, wo Reiter Ausritte unternehmen können. Anfahrt: Von Ouarzazate kommend in Skoura links ab auf die Teerstraße nach Toundout, vor der Auberge Bouarif links auf eine Piste, nach 500 m ist die Ranch erreicht (Douar Tiriguioute, Mobil 0661 22 52 63). 1 Std. Ausritt kostet 130 DH, 1 Tag mit Picknick 470 DH.

Abstecher zur Kasbah Aït Abou Ali

Dieser Abstecher ist **auch für Radfahrer und Fußgänger empfehlenswert,** da er durch die Oasengärten von Skoura führt. Man kann direkt vom Ortszentrum starten und über das Oued in Richtung Nordosten dorthin gelangen.

Kurz vor Ortsende in Richtung El Kelâa, Tinerhir weist das Schild „Gîte d'etape Kasbah Aït Abou Ali" nach links. Entlang der Teerstraße geht es knappe 7 km bis zu einem Dorf mit einer Kasbah. Dort auf eine Piste links abbiegen und nach 2,4 km auf einer kleinen Brücke ein Oued überqueren (N 31°06,056', W 06°33,897'). Kurz darauf wieder auf guter Piste ein Oued queren. Weiter durch die Oasengärten: Nach 1,1 km erreicht man ein kleines Dorf. Weiter an Lehmmauern entlang geradeaus durch die Gärten, nach 500 m rechts abbiegen (Pfeil auf Mauer). Nach 800 m liegt links die wunderschöne **Kasbah Aït Abou Ali** (N 31°06,442', W 06°34,714'). Die Herberge mit einfachen, sauberen Zimmern verfügt auch über Nomadenzelte, in denen man übernachten kann. In den herrlichen Gärten gibt es ein Quelle und jede Menge Dattelpalmen – eine herrliche Oase der Ruhe abseits der Touristenströme.

Hinter Skoura führt die N10 weiter durch wüstenartige Gegend, die lediglich im Drâatal grüne Farbe zeigt. Entlang der Straße liegen malerische Kasbahs. Die Hauptverbindungsstrecke führt dann bergauf über ein ödes Plateau zum Pass **Tizi-n-Taddert** (km 61, 1370 m). Danach geht's hinab ins grüne Dadès-Tal nach **Imassine** (km 66).

Aït Ridi, ein kleiner Ort mit Dattelpalmenhain und vielen Kasbahs, ist nach 85 km erreicht. Hier steht rechts der Straße ein großer, pilzförmig erodierter Felsen, der als Aussichtsplattform dient. Unterhalb gibt es Souvenirläden, einen Parkplatz und Cafés.

4 km weiter führt eine Brücke über den **Assif M'goun.** In der Nähe haben sich viele Restaurants, Cafés und Steinverkäufer entlang der hübschen Palmenhaine angesiedelt.

Die landschaftlich sehr schöne Strecke führt weiter entlang des Dadès, der sich tief in den roten Sandstein gegraben hat.

Bei km 89 liegt das **Hotel Rosa Damaskina** (Tel. 0524 83 69 13, www.rosadamaskina.com) an der Pont d'Almou (Brücke) mit herrlichem Blick und einfach ausgestatteten, sauberen Zimmern (DZ mit Bad €€B p.P., üppiges Frühstück). Im Restaurant kann man zu Mittag essen.

El Kelâa des M'gouna folgt bei km 94.

El Kelâa des M'gouna

↗V/D3

Die schöne Oase mit ca. **15.000 Einwohnern** liegt 1467 m hoch am Fluss Assif M'goun, der hier vom Hohen Atlas kommend ins Dadès-Tal mündet und wenige Kilometer vor El Kelâa des M'gouna in den Dadès-Fluss fließt. Auf einem Felsen, der die Oase überragt, liegt die **Kasbah** des früheren Pascha von Marrakesch, *El Glaoui.* Es bieten sich im Ort viele Führer dorthin an. Die Kasbah gab dem Ort seinen Namen: *Kelâa* bedeutet Festung, *M'gouna* heißt der hier ansässige Stamm.

Die Oase ist vor allem durch die Herstellung von **Rosenwasser und -öl** bekannt, Ersteres wird für die Kosmetik sowie zum Backen und Kochen verwendet, Letzteres dient als Essenz für die Parfümherstellung. In Kelâa des M'gouna wird Mitte Mai die bekannte **Fête des Roses** gefeiert.

Markttag ist der **Mittwoch.** Der Markt ist größer als in Boumalne und sehr sehenswert.

Unterkunft

- **Kasbah Itran,** Richtung Rosental, Tel. 0524 83 71 03, Mobil *(Mohammed)* 0662 62 22 03, www.kasbahitran.com. Maison d'Hôtes in traditioneller Lehmbauweise unter spanisch-marokkanischer Führung, sieben Zimmer mit Bad €€ bis €€€B (inkl. Frühstück).

ag5403ch Foto: dd

●**Ksar Kaissar,** 3 km hinter dem Zentrum Richtung Tinerhir links ab (Schild), Tel. 0524 83 67 42/76. Komplex mit 64 klimatisierten Zimmern, 50 Höhlenzimmern und großem Pool. Die Zimmer im alten Hotelteil sind nicht so sauber, die im neueren besser. Es gibt einen terrassenartig angelegten **Campingplatz** mit schönen, schattigen Wohnmobilstellplätzen und toller Aussicht.

●**Hotel du Grand Atlas,** Av. Mohammed V., Einfaches, ordentliches Hotel mit Duschen/WC am Gang.

Campingplätze

●**Camping M'goun,** 15 km vor Kelâa M'gouna von Ouarzazate kommend auf der linken Seite (lange Mauer entlang der Straße, N 31°10,250', W 06°15,00'). Campingplatz des Veranstalters M'goun Tours (vgl. Ausflüge) am Südrand des Mgoun-Massivs auf einem Farmgelände. Es gibt ebene, von Rosenhecken und Zypressen begrenzte Stellplätze mit Strom und Wasser, moderne Sanitäranlagen. 2 Pers. inkl. Fahrzeug 60 DH.

●Camping auch am **Ksar Kaissar,** s.o.

Verkehrsverbindungen

●Der **private Bus nach Boumalne** kostet ca. 5 DH (sehr viele Stopps unterwegs), vor allem am Markttag ist die Fahrt ein Erlebnis.

●**Sammeltaxis nach Boumalne** 6 DH, nach **Ouarzazate** ca. 15 DH.

●**Marrakesch** (über Ouarzazate): 1x tägl. Supratours-Bus, 90 DH, ca. 6 Std.

Ausflüge

Von El Kelâa kann man einen Ausflug ins **Rosental (Vallée des Roses)** unternehmen. Der Abzweig in der Ortsmit-

Im Rosental bei Bou Thraghrar

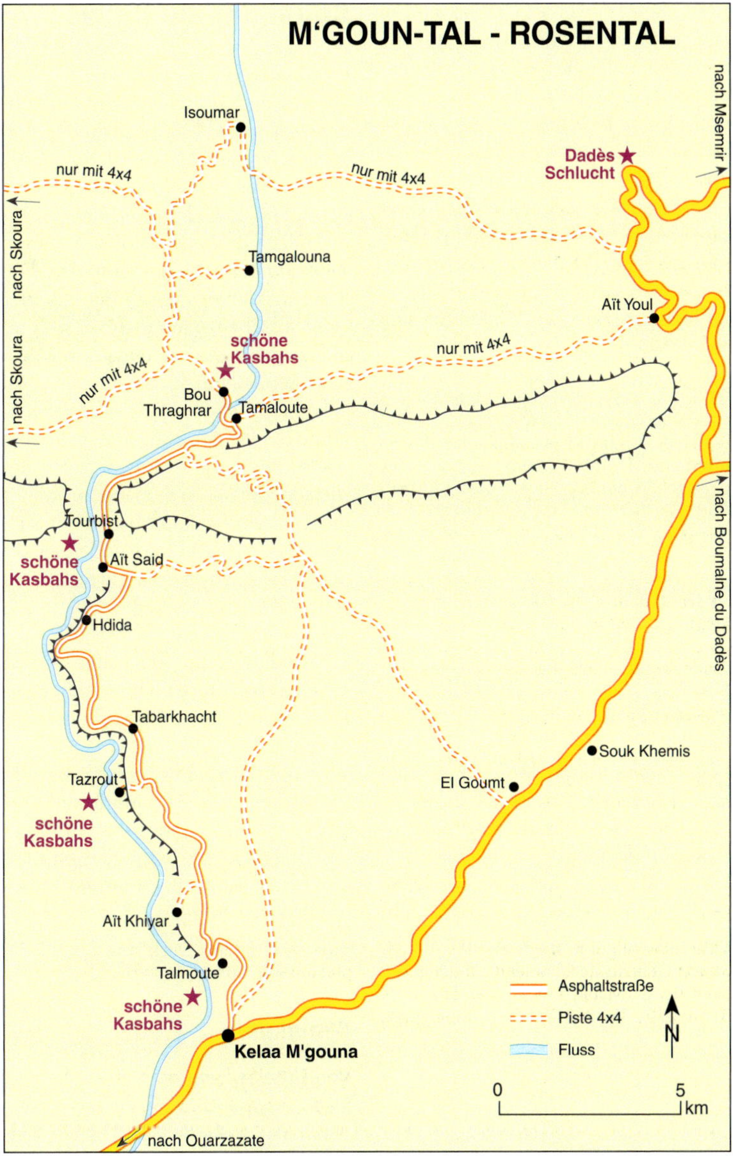

M'GOUN-TAL - ROSENTAL

nach Msemrir
Isoumar
Dadès Schlucht
nur mit 4x4
nur mit 4x4
nach Skoura
Tamgalouna
Aït Youl
schöne Kasbahs
nur mit 4x4
nur mit 4x4
nach Skoura
Bou Thraghrar
Tamaloute
Tourbist
schöne Kasbahs
Aït Said
nach Boumalne du Dadès
Hdida
Tabarkhacht
Souk Khemis
Tazrout
El Goumt
schöne Kasbahs
Aït Khiyar
Talmoute
schöne Kasbahs
Kelaa M'gouna
nach Ouarzazate

Asphaltstraße
Piste 4x4
Fluss
N
0 5 km

te ist ohne Hinweisschild. Die Strecke ist inzwischen bis **Bou Thraghrar** geteert. Nur anfänglich und dann wieder ab Hdida führt die Straße direkt am Tal entlang und bietet herrliche Ausblicke auf das unten gelegene Flusstal – dazwischen geht es durch uninteressante Steinwüste. Deshalb sollte man unbedingt einen Abstecher direkt ins Flusstal bzw. eine Wanderung dorthin unternehmen. Bei Bou Thraghrar führt eine 4x4-Piste nach Aït Youl in der Dadès-Schlucht.

- Tipps für Unternehmungen in der Region (Wanderungen, Ausflüge etc.) gibt das **Bureau des guides et accompagnateurs de montagne** 1 km vor Kelaa M'gouna (Tel. 0524 83 73 68/71) und in Souk el Khemis (s.u.). Die Büros vermitteln Bergführer.
- Ausflüge in die Umgebung organisiert auch der Reiseveranstalter **M'goun Tours** unter deutscher Leitung (Aït Sedrat Gharbia, km 13, Kelâa M'gouna/Ouarzazate, Tel. 0537 71 76 23, www.mgoun-tours.de).

Zaouiat el Bir folgt nach 103 km. Ab hier führt die Route durch dicht besiedeltes Gebiet, man kommt nur noch langsam vorwärts. Nur noch gelegentlich bieten sich Ausblicke auf die Kasbahs und die Berge.

Bei km 108 ist **Souk el Khemis** erreicht. Rechts neben der Straße steht eine schön renovierte **Kasbah mit Museum** (beschildert), außerdem das *Bureau des guides et accompagnateurs de montagne*, das Bergführer vermittelt (Tel. 0524 85 04 11).

Bei km 115 ist Boumalne erreicht.

Boumalne du Dadès

↗VI/A3

Das Markt- und Verwaltungszentrum der Region hat **etwa 11.000 Einwohner**. Es liegt auf 1586 m zwischen den kahlen, verwitterten Berghängen des Hohen Atlas im Norden und des Djabal Saghro im Süden. Der schöne, von mächtigen Kasbahs umgebene Ort ist **Zentrum der Aït-Atta-Nomaden.** Die Bewohner leben in erster Linie von der Landwirtschaft (Gemüse-, Obst-, Getreideanbau), die hier entlang der Flüsse im Terrassenfeldbau betrieben wird. Palmen gedeihen auf dieser Höhe aufgrund der Winterkälte nicht mehr.

Markttag ist am Mittwoch, ein Besuch des **Souks,** zu dem alle Bewohner der Umgebung kommen, lohnt sich (Marktgelände ca. 2 km außerhalb an der Straße nach Tinerhir). In Boumalne steht eine schöne **Kasbah,** die noch als Speicherburg genutzt wird.

Unbedingt einen Abstecher wert ist die **Dadès-Schlucht** (vgl. Ausflüge unten). Die Schlucht ist zumindest im oberen Bereich eindrucksvoller als die Todrha-Schlucht. Die Teerstraße endet bei Msemrir, wer nicht bis dorthin vordringt, sollte zumindest bis Aït Oudinar fahren. Schon nach wenigen Kilometern flussaufwärts thronen imposante Kasbahs in dem von roten Felsen umrahmten grünen Flusstal – eine faszinierende Landschaft voller Kontraste.

Unterkunft

Klassifizierte Hotels

- **Xaluca Dadès*****, Tel. 0524 83 00 60, www.xaluca.com. Kasbahhotel mit tollem Blick über das Dadès-Tal, Pool, Hammam und 110 hübschen, afrikanisch gestalteten Zimmern mit Bad, TV, kabellosem Internet und Heizung/AC. DZ €€€€.

● **Kasbah Tizzarouine,** am Ortsausgang Richtung Tinerhir rechts abbiegen (beschildert), dann einige 100 m Piste, Tel. 0524 83 06 90. Großes Hotel im Kasbahstil mit Pool, die Terrasse am hinteren Ende der riesigen Anlage bietet einen tollen Blick auf Boumalne. Eines der zwei hübschen Restaurants befindet sich in einem Berberzelt (abends Folklore mit zum Teil aufdringlichen Tänzerinnen), meist gutes Essen und aufmerksamer Service (in der Hauptsaison bei viel Gruppenandrang evtl. weniger gut). Übernachtung in Standard-Zimmern, in kleinen Höhlenzimmern (ohne Fenster, mit eigener Terrasse) oder in Berberzelten möglich (bei Ansturm nicht immer sauber). DZ €€€ bis €€€€B (je nach Saison).

● **Gorge de Dadès** (ex Chems)**, in der Kurve Richtung Tinerhir, Tel. 0524 83 00 41, Fax 0524 83 13 08. Ordentliches Hotel mit schöner Aussicht und Restaurant oberhalb des Ortes. DZ mit Dusche und Balkon €€. Das Hotel vermittelt den von Lesern gelobten, englisch sprechenden Führer *Jaouad Ahouri* für die Umgebung.

● **Soleil Bleu***, oberhalb des Ortes (2 km) in Richtung Tinerhir und dann links (vom Hotel Madayeq ca. 400 m weiter auf Piste), Tel. 0524 83 01 63. In den Zimmern mit und ohne Blick ins Tal ist nicht immer alles voll funktionsfähig, aber sie sind sauber. Das Personal ist sehr freundlich. Es gibt ein Restaurant mit sehr schöner Terrasse und herrlichem Blick. Alte Zimmer mit Bad im EG €€A, neue Zimmer im 1. Stock €€€ inkl. HP. **Camping** im Hof 10 DH p.P. und Fahrzeug (Stellplatz wenig ansprechend, sanitäre Anlagen aber sauber).

● **Vallée des Oiseaux***, Bd Mohammed V. (am Ortsende in Richtung Tinerhir links), Tel./Fax 0524 83 07 64. Nettes Hotel mit einfachen Zimmern mit Dusche/WC (nur durch Vorhang abgetrennt), sehr freundliches Personal, gutes Essen in einem großzügigen Speiseraum. DZ mit Bad €B, ohne ½€.

Unklassifizierte Hotels

● **Al Manader,** Av. Mohammed V. (ca. 500 m außerhalb in Richtung Tinerhir auf der rechten Seite), Tel. 0524 83 01 72, aubergealmanader@hotmail.com. Empfehlenswerte Alternative zu den klassifizierten Hotels: schöne, saubere und geräumige Zimmer mit heißer Dusche und WC (nur durch Vorhang abgetrennt), vom Balkon herrlicher Blick ins Tal. Sehr freundliches Personal und gutes Essen, eigener Parkplatz. DZ mit Bad €, ohne Dusche/WC ½€.

● **Bougafer,** links hinter der Bushaltestelle (von Ouarzazate kommend), einfach und sauber, nett eingerichtet, hübsche Terrasse und Dachterrasse. ½€ mit Dusche/Waschbecken (ohne WC), auch 3er-Zimmer.

aga09-475 Foto: ch

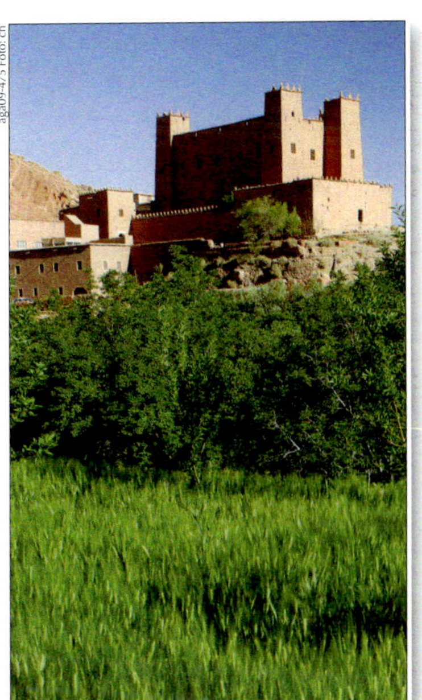

Kasbah in Boumalne du Dadès

Herbergen in der Dadès-Schlucht

Die Unterkünfte sind entsprechend ihrer Reihenfolge entlang der Straße durch die Dadès-Schlucht aufgelistet (von Süden nach Norden).

- **Auberge Panorama****, in Aït Ibrirne in der Dadès-Schlucht, ca. 11 km von Boumalne, Tel. 0524 83 15 55, www.auberge-panorama.sup.fr, auberge-panorama@hotmail.fr. Hübsche Herberge im Kasbahstil mit Restaurant und Panoramaterrasse. Die sieben sauberen Zimmer mit Bad sind unterschiedlich und liebevoll gestaltetet. DZ €€
- **La Kasbah de Mimi,** ca. 12 km von Boumalne in der Dadès-Schlucht, Tel. 0524 83 05 05, mimi.kasbah@laposte.net. Sehr schönes Kasbahhotel mit Pool und Restaurant unter französischer Führung. DZ mit HP €€€ p.P.
- **Kasbah Aït Arbi**, ca. 12 km von Boumalne in der Dadès-Schlucht, Tel. 0524 83 17 23. Diese Herberge der netten Familie *Hammou* hat eine sehr schöne Aussichtsterrasse und saubere Zimmer mit warmer Dusche (€), man kann auch auf der Dachterrasse übernachten. Touren in die Umgebung und die Besichtigung der Kasbah Aït Arbi können organisiert werden.
- **Les 5 lunes – chez Daoud,** ca. 23 km von Boumalne in der Dadès-Schlucht, Tel. 0524 83 07 23, www.les5lunes.c.la. Die Herberge der Familie *Ochatou* mit Restaurant und fünf Zimmern im Berberstil wurde liebevoll-verspielt gestaltet. DZ €€
- **Auberge Aït Oudinar – Gorges du Dadès,** in Aït Oudinar, ca. 25 km von Boumalne in der Dadès-Schlucht, Tel. 0524 83 02 21, Mobil 0676 60 02 85, www.aubergeaitoudinar.com. Die sehr schön direkt am Fluss gelegene familiäre Herberge ist liebevoll marokkanisch eingerichtet, die Zimmer sind sauber und haben Bad, AC und Balkon. Gutes Essen wird auf der Terrasse oder im angeschlossenen Berberzelt serviert. Der kleine Campingplatz neben der Herberge ist schattig. Von hier aus kann man in Begleitung eines Familienmitglieds eine sehr schöne Wanderung durch einen Nebenschlucht des Dadès unternehmen (vgl. Ausflüge weiter unten). DZ mit HP €€ p.P.
- **Chez Pierre****, ca. 26 km von Boumalne in Aït Oudinar, Tel. 0524 83 02 67, http://chezpierre.ifrance.com. Ein Franzose betreibt diese aus Lehm im Kasbahstil errichtete Herberge mit acht Zimmern mit Bad und Heizung. Es gibt mehrere Terrassen, einen Pool und hervorragendes, viel gelobtes Essen (Menü ab 10 Euro). Es werden auch (Wander-)Ausflüge organisiert und Mountainbikes verliehen. DZ €€€.
- **La Gazelle,** in Aït Ouffi, ca. 27 km hinter Boumalne in der Dadès-Schlucht, Tel. 0524 83 17 53. Nette, saubere Herberge, auch günstige Übernachtung im Nomadenzelt oder im Salon möglich. DZ mit Dusche €, ohne Dusche ½€.
- **La Fibule**, ca. 27 km von Boumalne in der Dadès-Schlucht (bei Aït Oudinar), Tel. 0524 83 17 31, mustaphaDades@hotmail.com. Empfehlenswerte Herberge mit netten Leuten und gutem Essen. DZ mit kleinem Heizofen inkl. HP €€B.
- **Hotel des Peupliers,** in Aït Ouffi, ca. 28 km hinter Boumalne in der Dadès-Schlucht, Tel. 0524 83 17 48, echaouich@yahoo.fr. Das einfache, saubere Hotel mit Restaurant und Campingmöglichkeit gehört Mohammed Echaouich, der Wanderungen zu den in den Bergen lebenden Höhlennomaden führt. DZ mit warmen Duschen €B p.P. mit HP.
- **Kasbah de la Vallée,** in Aït Ouffi, ca. 28 km hinter Boumalne in der Dadès-Schlucht, Tel. 0524 83 17 17. Teurer als die anderen einfachen Herbergen in Aït Ouffi, sehr kleiner Campingplatz angeschlossen, gutes Essen. Die sanitären Anlagen (heiße Duschen) im Hotel können von Campern mitbenutzt werden. Am Abend werden Berbertänze aufgeführt. DZ (je nach Kategorie) € bis €€.
- **Auberge Tissadrine**, in Aït Ouffi, ca. 28 km hinter Boumalne in der Dadès-Schlucht, Tel. 0524 83 17 45. Einfache, aber sehr angenehme Herberge der freundlichen Brüder *Ourizi Lahsen, Daud* und *Youssef* in traumhafter Lage direkt am Fluss. Hübsche Zimmer mit heißer Dusche, kleines Restaurant mit preisgünstigem und gutem Essen, Camping möglich, Strom ab 19 Uhr. Ein Tagesausflug in die Berge wird gratis angeboten. DZ EE inkl. HP
- **Atlas Berbère,** am Ortsausgang von Aït Ouffi, ca. 28 km hinter Boumalne in der Da-

dès-Schlucht. Kleines, sehr hübsches Hotel im Kasbahstil, sehr schöne DZ (€B), Terrasse am Fluss und auf dem Dach, netter Besitzer, sehr gutes Essen, kleiner Souvenirshop.

- **Le Vieux Chateau,** am Ortsausgang von Aït Ouffi, ca. 28 km hinter Boumalne in der Dadès-Schlucht, Tel. 0524 83 17 19, Fax 0524 83 02 21. Wegen seiner Dimensionen wirkt das Hotel etwas steril, aber die Leute sind sehr nett. Jeden Abend wird Musik gemacht. Lärmempfindliche Gäste sollten im linken Flügel schlafen, da rechts der Generator brummt. Große, freundliche Zimmer (€).
- **La Kasbah de Victor,** ca. 30 km hinter Boumalne in der Dadès-Schlucht, Tel. 0524 83 16 80, www.kasbahdevictor.com, lakasbahdevictor@yahoo.fr. Kleines, empfehlenswertes Kasbahhotel: herzlicher Empfang, fantastischer Blick in die Schlucht, gutes Essen im Nomadenzelt (auch Weinausschank), Pool, nur drei Zimmer (mit Bad). DZ €€.
- **Taghia,** ca. 32 km hinter Boumalne, direkt vor der engsten Stelle der Dadès-Schlucht, Tel. 0524 83 12 62. Eine Fußgängerbrücke führt über den Fluss zu dem an die Felswand gebauten Hotel am anderen Ufer. Einfach, sauber, warme Duschen, freundliche Leute, gutes Essen, Campingmöglichkeit im Hof. DZ €.
- **La Source du Dadès,** ca. 32 km hinter Boumalne, direkt vor der engsten Stelle der Dadès-Schlucht, Tel. 0524 83 12 58, source.dades@yahoo.fr. Drei ordentliche, einfache DZ mit HP €€ p.P.
- **Berbère de la Montagne,** ca. 34 km hinter Boumalne in der Dadès-Schlucht bei Imdiazen, Tel./Fax 0524 83 02 28, www.berbere-montagne.ift.fr, Asmoun3000@yahoo.fr. Nettes und sauberes Kasbahhotel mit Restaurant und Campingplatz. Zimmer mit Bad €€, Zimmer ohne Bad €.
- **Au nom de la rose,** ca. 100 m hinter Berbère de la Montagne (34 km von Boumalne bei Imdiazen), Tel. 0524 83 13 65, Mobil 0678 75 47 46. Kleine Herberge mit drei sauberen Zimmern mit Bad, hübschem Salon, leckerem Essen und sehr freundlichem Besitzer, der auf Wunsch eine reizvolle dreistündige Wanderung in eine Nebenschlucht und zu den Höhlen der Nomaden begleitet. DZ €€ p.P. mit HP.

Essen und Trinken

- **Bougafer,** beim gleichnamigen Hotel (s.o.). Schöne, von Wein überwachsene Terrasse, gutes Menü ca. 70 DH, Treffpunkt der Bergführer (auch Vermittlung).
- In viele Herbergen entlang der Straße in der Dadès-Schlucht kann man zum Mittagessen einkehren.

Busse

Die **Privatbusse** fahren mehrmals täglich an der Sammeltaxihaltestelle etwa 100 m südlich der Moschee an der Hauptstraße ab.

- **Ouarzazate** und **Marrakesch:** mehrmals tägl. (u.a. Supratours), 30 DH bis Ouarzazate (2½ Std. Fahrzeit), 100 DH bis Marrakesch (6–7 Std. Fahrzeit).
- **Errachidia – Merzouga:** Supratours-Bus 1x tägl. nachmittags (kommt von Marrakesch), ca. 40 DH bis Errachidia (4 Std. Fahrzeit), ca. 90 DH bis Merzouga (6 Std.).
- **Tinerhir** und **Errachidia:** CTM und Supratours 1x tägl., Fahrzeit nach Tinerhir ca. 75 Min. (10 DH), nach Errachidia 4 Std.
- **Erfoud:** Privatbusse mehrmals tägl., ca. 40 DH, 4 Std. Fahrzeit.

Sammeltaxis/Grand Taxis

Mittags ab der Bushaltestelle (bei der Moschee) in die Dadès-Schlucht bis **Aït Youl** 5 DH und bis **Aït Oudinar** 15 DH, bis **Msemrir** ca. 25 DH, nach **Tinerhir** ca. 15 DH. Nach **Ouarzazate** 20 DH, Abfahrt an der Hauptstraße ca. 100 m südlich der Moschee. In den **Djabal Saghro** nach **Iknioun**n fahren nur Lastwagen. Ein komplettes Grand Taxi nach **Agadir** für 4 Pers. kostet ca. 1200 DH.

Sonstiges

- Im Zentrum gibt es **Banken** (mit Geldautomat) und **Internetcafés.**
- Die **Post** liegt oberhalb des Zentrums zwischen den Hotels Madayeq und Soleil bleu.

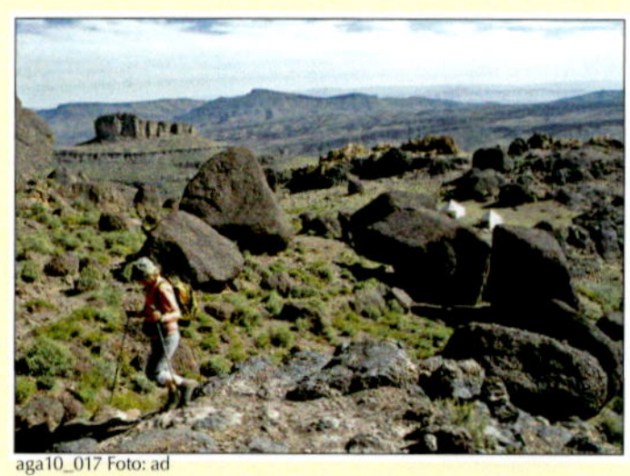
aga10_017 Foto: ad

Trekking im Djabal Saghro

Das Djabal-Saghro-Massiv zieht sich als östliche Fortsetzung des Antiatlas 200 km vom Drâatal bis zum Ziz im Süden Marokkos. Das Gebirgsmassiv ist **eine der unwirtlichsten Regionen des Landes** mit nur durchschnittlich 200 mm Regenfall im Jahr. Im Frühjahr zieren ein paar gelbe, weiße und blaue Farbflecke die Hänge dieser schwarz-braunen Steinwüste. Knorrige Wacholderbäume – die einzigen Bäume in dieser Höhe – neigen sich in Windrichtung. Die karge Bergwelt ist Lebensraum der **Berber vom Volk der Aït Atta.** Sie betreiben bescheidene Landwirtschaft in den tief eingeschnittenen, grünen Tälern. Auf ihren Feldern gedeihen Weizen, Gerste, Henna, Mandel- und Walnussbäume. Ihre traditionelle Lebensgrundlage ist die Wechselweidewirtschaft. Im Winter weiden die Aït Atta ihre Ziegen und Schafe in der Sahara südlich der Berge, im Frühjahr treiben sie die Tiere auf die Hänge des Djabal Saghro, nach deren Abweidung ziehen sie schließlich in den Hohen Atlas, der nach der Schneeschmelze neue Weidegründe bietet.

Das Djabal-Saghro-Massiv fasziniert durch die Klarheit von **Formen und Farben:** bizarr erodierte Felsen, Steine und Kiesel in Schwarz-braun, die in unvergleichlicher Weise mit dem klaren, kristallblauem Himmel kontrastieren. Das hohe geologische Alter von 200 bis 500 Millionen Jahren zieht zudem Geologen, Fossiliensammler und Naturliebhaber an. Besonders bekannt ist das **Bab'n'Ali,** das „Tor von Ali": zwei markante, nebeneinander stehende Felsdaumen inmitten der imposanten Bergkulisse nördlich von Nekob.

In vier Tagen können **Wanderer** mit etwas Kondition das Massiv durch fantastische Schluchten hindurch, vorbei an markanten Felstürmen und -spitzen, ursprünglichen Berberdörfern und über mehrere Gipfel von mehr als 2000 Metern Höhe, durchqueren. Der Trekk startet am Nordrand des Djabal Saghro in **Tagdilt** (südlich von Boumalne du Dadès) oder von Süden in **Handour** (nördlich von Nekob). Im Frühjahr kann es nachts noch empfindlich kalt werden, mit Temperaturen nahe an der Nullgradgrenze. Tagsüber herrschen dafür angenehme 25 bis 35 Grad, während es im Sommer bis zu 45 Grad heiß wird. Am romantischsten ist die Übernachtung in Zelten unter dem klaren Sternenhimmel. Es ist aber auch möglich, in einfachen Gîte d'Etapes – von Berberfamilien geführten, einfachen Unterkünften in den Oasen – unterzukommen (Schlafsack mitbringen). Wer sein Gepäck nicht selbst tragen möchte, kann in Boumalne oder Nekob bei den dortigen *Bureaux des guides et accompagnateurs* Mulitreiber mit ihren Tieren anmieten. Ein marokkanischer **Bergführer** sollte auf jeden Fall angeheuert werden, da die Wege nicht markiert sind und die Orientierung auf den weit verzweigten Pfaden schwer fällt. Ein Bergführer kostet pro Tag ca. 30 Euro, dazu kommen die Kosten für Maultiere und Mulitreiber, sodass man mit Kosten von 60 bis 100 Euro pro Tag (für die gesamte Gruppe) rechnen muss.

Etappen

1. Tag: Tagdilt (1670 m, südlich von Boumalne du Dadès) – Tizi-n-Tazoughat (2200 m) – Tizi-n-Iferd (2500 m) – Almoun-n-Ouarg (2200 m). Gehzeit ca. 7 Std., 900 Höhenmeter Aufstieg, 300 Höhenmeter Abstieg.

2. Tag: Almoun-n-Ouarg – Kouaouch (2592 m) – Igli (1730 m). Gehzeit ca. 7 Std., 400 Höhenmeter Aufstieg, 900 Höhenmeter Abstieg.
3. Tag: Igli – Afourar-Schlucht (1440 m) – Bab'n'Ali (1380 m). Gehzeit ca. 4 Std., 350 Höhenmeter Abstieg.
4. Tag: Bab'n'Ali – Irhazzoun (1300 m) – Handour (1200 m, 15 km nördlich von Nekob). Gehzeit ca. 7 Std., 150 Höhenmeter Aufstieg, 250 Höhenmeter Abstieg.

Unterkunft/Versorgung

- **Gîte d'Etape in Tagdilt:** Einfache, aber saubere Unterkunft des herzlichen *Brahim Bourig* (**Gîte de Bourig,** Mobil 0661 77 67 08) mit seiner Familie. 50 DH p.P. in zwei Salons mit Matratzen, heiße Dusche 10 DH, gutes Essen auf Bestellung.
- Beim **Lagerplatz in Igli** gibt es Duschen, Softdrinks und Schokoriegel.
- Beim **Bab'n'Ali** stehen ein Shop mit Getränken und die ordentliche, einfache **Auberge Tazlout** (Tel. 0524 93 97 40, Mobil 0661 68 81 70) für Mountainbiker und Trekker zur Verfügung.
- Auch am Endpunkt des Trekkings in **Handour** (nahe Nekob) gibt es eine nette, saubere **Gîte d'Etape.**
- In einigen Dörfern kann man bei Berberfamilien einen Tee trinken und evtl. Wasserflaschen kaufen, ansonsten muss das **Proviant** selbst mitgebracht werden.

Karte

- **„Kultur-Trekking im Dschebel Saghro"** von *Mohammed Aït Hamza* und *Herbert Popp,* 1:100.000, beziehbar über www.stadtgeo.uni-bayreuth.de/de/publications/maghreb-karten.

Ausflüge

Der Ort eignet sich als Ausgangspunkt für Touren in die wildromantische **Dadès-Schlucht** (s.u.), ins **Rosental** (am interessantesten zur Rosenernte im Mai, vgl. Kelâa M'gouna) oder nach Süden ins **Djabal-Saghro-Massiv.** Außerdem werden von den Hotels Touren ins **Vallée des Oiseaux** (Vogeltal) angeboten.

Das **Bureau des guides et accompagnateurs de montagne** in Souk el Khemis (kurz vor Boumalne, Tel. 0524 85 04 11) kann Touren in die Dadès-Schlucht und ins Rosental organisieren und Führer bzw. Bergführer vermitteln.

Sehr reizvoll sind Trekkingtouren im Massiv des **Djabal Saghro** (vgl. Exkurs), einem wild zerklüfteten, bergigen Wüstengebiet vulkanischen Ursprungs. Durchquerungen zu Fuß werden auch von deutschen Trekkingveranstaltern angeboten (Start ab dem Dorf Tagdilt etwas südlich von Boumalne).

Außerdem sind Wanderungen in den Hohen Atlas zu den Höhlennomaden oberhalb der Dadès-Schlucht oder zur **Todrha-Schlucht** bei Tinerhir möglich.

Ausflug in die Dadès-Schlucht

(Zur Beschreibung der Unterkünfte siehe bei Boumalne du Dadès/Unterkunft.)

Wer über kein eigenes Fahrzeug verfügt, kann mit dem Sammeltaxi bis Aït Youl oder Aït Oudinar fahren oder ein ganzes Grand Taxi anmieten (ca. 300 DH für einen halben Tag).

Die Straße in die Dadès-Schlucht ist bis Msemrir asphaltiert, auf den letzten 10 km vor dem Ort ist der Belag allerdings von Überschwemmungen und Steinschlag stark beschädigt. Hinter Msemrir ist die Piste (nach Imilchil bzw. in die Todrha-Schlucht) nur noch mit Allrad oder hochbeinigem Fahrzeug (z.B. VW-Bus) befahrbar.

Von Boumalne in Richtung Ouarzazate geht es nach dem Ortszentrum rechts (Schild „Gorge Dades, Msemrir 60 km"). Der **Dadès** windet sich als grünes Band durch die Landschaft und bildet einen wunderschönen Kontrast zu den kargen Felsbergen. **Oasengärten** mit Feigen-, Walnuss- und Obstbäumen sowie Silberpappeln gedeihen im Tal. Wegen der relativ hohen Lage und Kälte im Winter wachsen hier nur vereinzelt Palmen. Die Straße führt weiter in großen Kehren bergauf. Viele Häuser reihen sich entlang des Tales, darunter immer mehr Herbergen und Restaurants.

Bei km 7 liegt rechter Hand im Tal die imposante **Kasbah Aït Youl,** zusammen mit der braunen Bergkulisse ein beliebtes Fotomotiv. Bei **Aït Ibrirne** (km 10) bietet die hübsche **Auberge Panorama** im Kasbahstil rechts an der Straße Unterkunft und Möglichkeit zur Einkehr. 2 km weiter folgt die **Kasbah de Mimi,** ebenfalls ein schönes Kasbahhotel (vgl. Boumalne du Dadès/Unterkunft). Etwa 14 km hinter Boumalne liegt die einfache **Auberge Miguirne** mit Restaurant links der Straße.

Zwischen **km 15** und **km 17** fallen rechter Hand auf der anderen Flussseite **bizarre Felsformationen** (-verwerfungen) auf, die häufig in Marokko-Prospekten und auf Postkarten abgebildet sind. Sie werden wegen ihrer Form auch „Affenpfoten" genannt. Im grünen Tal stehen die Reste einer Kasbah. Oberhalb bietet sich ein Parkplatz für einen Fotostopp an.

Bei km 17 ist der Ort **Tamlalt** mit Auberge und Campingmöglichkeit erreicht. Nur ein kurzes Stück weiter thront die schöne **Kasbah Aït Arbi** in fantastischer Landschaft. Man kann sie besichtigen (10 DH). Kurz danach folgt das **Hotel/Restaurant Kasbah Aït Arbi** (vgl. Boumalne du Dadès/Unterkunft).

Danach zweigt links die Piste Richtung Rosental (siehe bei El Kelâa M'gouna) ab. Diese Route kann man als Geländewagenfahrer auf dem Rückweg als Variante zur Hauptstraße Richtung Kelâa M'gouna wählen.

Bei km 22 folgt das Dorf **Aït Ali** mit einer Teppichkooperative. Das Hotel und **Restaurant Les 5 lunes – chez Daoud** (vgl. Boumalne du Dadès/Unterkunft) liegt 1 km weiter rechts der Straße.

Bei km 25 passiert man **Aït Oudinar,** einen langgezogenen kleinen Marktort. An der Straße (links gleich nach der Brücke) liegt die sehr empfehlenswerte **Auberge Gorges du Dadès** mit **Campingplatz** (vgl. Boumalne du Dadès/Unterkunft). Ein Mitglied der Betreiberfamilie führt auf Anfrage

Felsformationen in der Dadès-Schlucht

aga08-480 Foto: ch

gerne auf einen benachbarten Aussichtsberg mit Höhlennomaden und weiter in eine Nebenschlucht des Dadès. Eine **Rundwanderung** von hier über den Berg in die kleine, spektakuläre Nebenschlucht bis in die Dadès-Schlucht und durch die Oasengärten zurück zur Herberge dauert ca. 3 Std. und ist sehr lohnenswert (ca. 100 DH Trinkgeld für mehrere Personen, festes Schuhwerk notwendig!).

1 km hinter Aït Oudinar befindet sich rechter Hand am Hang die **Auberge Chez Pierre.** Nur 700 m weiter folgt die **Auberge La Fibule** (vgl. Boumalne du Dadès/Unterkunft).

Serpentinenstraße in der Dadès-Schlucht

Kurz darauf, bei **km 27,5,** ist **Aït Ouffi** erreicht, ein kleiner Ort, der sich die Felswände an der Straße entlangzieht. Reisende haben hier die Auswahl zwischen **mehreren Herbergen,** z.B. Hotel des Peupliers, La Gazelle, La Kasbah de la Vallée, Auberge Tissadrine, Atlas Bérbère, Le Vieux Chateau (vgl. Boumalne du Dadès/Unterkunft). Von den Unterkünften aus bietet sich eine **spektakuläre Wanderung** an: Gleich unterhalb der Auberge Tissadrine kann man über eine Baumstamm-Brücke über den Dadès balancieren und dann in eine Seitenschlucht einbiegen. Die Schlucht verengt sich immer mehr, und man wandert zwischen

hohen Felswänden und über einige Felsblöcke hinweg talaufwärts – eine reizvolle Cañoning-Tour auf dem Trockenen! Diese Wanderung kann man auch von der anderen Richtung in Aït Oudinar beginnen; sie mündet dann hier wieder in die Dadès-Schlucht.

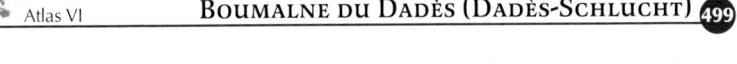

Hinter Aït Ouffi verengt sich die Schlucht. Die Felswände ragen immer höher und spektakulärer neben der Straße auf, die sich in Serpentinen weiter bergauf windet.

30 km hinter Boumalne (2,5 km weiter) thront das relativ neue Hotel **La Kasbah de Victor** links der Straße in einer Kurve über der Schlucht (vgl. Boumalne du Dadès/Unterkunft).

Ab **km 32** durchfährt man den **engsten Abschnitt der Schlucht.** Die Straße führt auf den nächsten Kilometern direkt am Fluss entlang. Nach starken Regenfällen ist sie hier oft überschwemmt, entsprechend beschädigt ist der Asphalt). Direkt am Eingang in die enge Schlucht liegen die Herbergen **Taghia** und **La Source du Dadès.** Etwa 1 km weiter (km 34), wo sich das Tal wieder etwas weitet, befindet sich die Unterkunft **Berbère de la Montagne** (vgl. Boumalne du Dadès/Unterkunft).

Etwa bei **km 36** ist **Aït Toukhsine** erreicht. Die Häuser und Felder im Tal umgibt die Kulisse stark zerklüfteter und schräg gefalteter, brauner Berge. Es wachsen Pappel-, Äpfel-, Feigen- und Walnussbäume.

Bei **km 47** verengt sich das Tal wieder, die Straße führt auf einer kleinen Brücke über den Dadès und zunächst unmittelbar am Wasser entlang. Dann schlängelt sich die Route eng am Felshang entlang bergauf (Vorsicht: Steinschlag!). Auf 2100 m Höhe angekommen, bietet sich ein **grandioses Panorama in den Cañon des Dadès.** Unten windet sich der Fluss in grünen Schleifen durch die grau-braunen, schroffen Berge.

Ab **km 54** geht es wieder bergab ins Flusstal. Etwa bei **km 59** ist **Msemrir** erreicht. Den großen Ort umgeben Felder mit Mais, Getreide und Apfelbäumen. Wochenmarkt ist am Samstag. Im Spätherbst, Winter und Frühjahr ist es hier oben sehr kalt, es wurde uns von -10° C im April berichtet! Neben anderen einfachen Herbergen bietet sich die einfache **Auberge El Warda** als Unterkunft an. Der Besitzer *Mohammed Outakhchi* ist Bergführer, sehr hilfsbereit und kompetent.

In Msemrir endet die Teerstraße. Die weitere Route nach Agoudal und Imilchil befindet sich im Ausbau. Die breite Schotterpiste konnte Mitte 2010 bis etwa km 100 mit Pkw befahren werden, danach wurde die Piste sehr steinig, steil und schmal und war nur mit Geländwagen befahrbar. Von Msemrir kann man mit 4x4-Geländewagen über ein Hochtal (2700 m) auch bis in die **Todrha-Schlucht** weiterfahren (dort ab Aït Hani geteert).

Wieder **zurück in Boumalne** geht es auf der N10 in Richtung Tinerhir durch eine baumlose Hochebene ohne besonderen Reiz. Die Route ist im Norden begrenzt durch den Hohen Atlas, im Süden durch den Djabal Sarhro.

135 km hinter Ouarzazate folgt der Ort **Imiter** mit schönen Kasbahs.

Nach 165 km ist Tinerhir (Tineghir) erreicht.

Tinerhir (Tineghir) ⇗VI/B2

Dieses ehemalige Festungsdorf liegt auf 1342 m inmitten einer großen Palmenoase. Es setzt sich aus **25 Oasendörfern** zusammen, die sich das Tal entlangziehen. Tinerhir ist Kreisstadt und Verwaltungszentrum für 72 Orte des Umkreises. Durch den Tourismus ist Tinerhir in den letzten Jahren stark expandiert. Die etwa **40.000 Einwohner** leben vom **Oasenfeldbau** sowie von Handel und Tourismus. Die Oasenfelder werden traditionell in Terrassen angelegt: Die Dattelpalme als höchster Baum beschattet Obstbäume und Sträucher und diese wiederum die Bodenkulturen (Gemüse, Getreide). Zur Bewässerung durchzieht ein System aus Erd- oder Betonkanälen die Felder.

Einen Spaziergang durch die Oase startet man am besten kurz nach dem Abzweig der Straße in die Todrha-Schlucht (dort auf der linken Seite parken). Grundsätzlich ist es angebracht, beim Bummel durch die Gärten die dort arbeitenden Bauern um Erlaubnis zu fragen oder einen einheimischen Führer zu nehmen, da es sich um private Grundstücke handelt.

Auf einem Hügel über Tinerhir erhebt sich eine einstmals imposante **Kasbah** des Pascha *El Glaoui* (1919 erbaut). Heute ist sie großteils verfallen.

Tinerhir bietet alle Versorgungsmöglichkeiten. Sonntags und montags findet auf dem Souk-Gelände am Stadteingang (von Boumalne kommend) ein **großer Wochenmarkt** statt.

Touristeninformation

- Touristische Informationen zu Tinerhir findet man im Internet unter **www.tinghironline.com** (engl. und franz.)

Unterkunft

Klassifizierte Hotels

- **Kenzi Bougafer******, am Ortsanfang auf der linken Seite (von Boumalne kommend), Tel. 0524 83 32 60, 0524 88 32 60, Fax 0524 83 32 82. Großes Hotel mit komfortablen (geheizten/klimatisierten) Zimmern und einem schönen Pool. DZ €€€€ inkl. Frühstück (Preis-Leistungsverhältnis okay).
- **Saghro******, Tel. 0524 83 41 81, Fax 0524 83 43 52. Schön auf einem Hügel gelegen, mit herrlichem Ausblick und Pool, gutes Frühstück, aber wenig ansprechendes Abendbüfett, saubere, im Winter kalte Zimmer (die Heizung funktioniert nicht immer). DZ €€€€, in der Nebensaison günstiger.
- **Kasbah Lamrani*****, Bd. Mohammed V. (am Ortsanfang links (von Boumalne kommend), Tel. 0524 83 50 17, www.kasbahlamrani.com. Sehr schönes Hotel im Kasbahstil, mit Restaurant im Berberzelt (sehr gute marokkanische und europäische Küche). Bewachter, schattiger Parkplatz vor dem Haus, Pool und Garten mit Olivenbäumen. Die klimatisierten Zimmer sind großzügig und geschmackvoll eingerichtet (€€€A). Service wird großgeschrieben: Das Personal ist zuvorkommend und freundlich.
- **Tomboctou****, Av. Bir Anzarane, Tel. 0524 83 51 91 oder 0524 83 46 04, www.hoteltomboctou.com, N 31°30,917', W 05°32, 028'. Das sehr schöne, stimmungsvolle Hotel ist in einer 1944 errichteten Kasbah des *Cheikh Bassou Ou Ali* untergebracht. Es gehört dem Schweizer *Edi Kunz,* der auch die

Reiseagentur Suprateam Travel betreibt (diverse Ausflugsprogramme, vgl. Reiseveranstalter). Im schönen, ruhigen Garten gibt es einen Pool und ein Restaurant im Festzelt (gutes Essen, Alkoholausschank). Das mehrsprachige Personal ist freundlich, von der Dachterrasse bietet sich ein toller Blick über die Stadt. Eigener Parkplatz mit Wächter. Kartenmaterial zur Umgebung ist an der Rezeption zu bekommen – hier kann man auch gut Infos zur Region einholen. DZ mit Bad und AC/Heizung inkl. Frühstück €€€, Suite €€€€, auch Familienzimmer. Kreditkarten werden (mit Aufschlag) akzeptiert.

Unklassifizierte Hotels

- **Agdal,** Av. Mohammed V., Tel./Fax 0524 83 57 63. Relativ neues Hotel mit 11 sehr sauberen Zimmern und sehr netter, bemühter Familie. € p.P. inkl. HP (günstig).
- **Bachir,** 369, Av. Mohammed V., Tel. 0524 83 36 23, Fax 0524 83 30 60. Einfaches, neueres Hotel mit 12 Zimmern (Duschen auf dem Gang). DZ €A mit Frühstück.
- **El Fath,** 56, Av. Hassan II., Tel. 0524 83 48 06. Die sanitären Anlagen und Zimmer des kleinen, einfachen Hotels (Travellertreffpunkt) sind nicht immer sauber, aber die Besitzer sind freundlich und das Essen ist gut und preiswert. DZ (Du./WC am Gang) ½€.
- **Kasbah,** 69, Av. Mohammed V., Tel./Fax 0524 83 44 71, www.lakasbah-barkaoui.com, Barkaouimohamed2006@yahoo.fr. Glauben Sie den Schleppern im Ort nicht, die behaupten, das Haus hätte geschlossen! Empfehlenswertes und oft gelobtes Restaurant und Hotel mit leckerem Essen (Couscous, Brochettes, Tajine für ca. 50 DH) im gemütlichen Speiseraum. Der sehr freundliche, englisch sprechende Besitzer *Mohammed El Barkaoui* ist sehr um seine Gäste bemüht und weiß gut über Berbertraditionen Bescheid. Es gibt saubere und hübsche Zimmer mit und ohne Bad (heißes Wasser), neuere DZ (z.T. mit AC/Heizung) €€ p.P. inkl. HP. Überdachte, abgeschlossene Parkplätze für Autofahrer.
- **L'Avenir,** 27, Rue Zaïd Ouhmed (im Zentrum), Tel. 0524 83 45 99, http://avenir.tineghir.net. Der einheimische Besitzer ist nett, aber geschäftstüchtig und etwas aufdringlich. Einfache, zweckmäßige Zimmereinrichtung, saubere sanitäre Anlagen mit warmen Duschen auf dem Flur, sehr gutes Essen mit frischen Zutaten. DZ €, auch Übernachtung auf der schönen Dachterrasse möglich.

Herbergen in der Todrha-Schlucht

- **Festival,** ca. 5 km von Tinerhir in Richtung Todrha-Schlucht, Mobil 0661 26 72 51, www.auberge-lefestival.com. Herberge in ruhiger Lage mit sauberen und gut ausgestatteten, in den Fels gehauenen Höhlenzimmern. Das Essen ist gut, der Eigentümer *Adi* kümmert sich liebevoll um seine Gäste. Hier kann man auch (schattenlos) zelten. DZ €€€.
- **Le Soleil,** ca. 8 km von Tinerhir in Richtung Todrha-Schlucht, Tel./Fax 0524 89 51 11, www.hotelcampinglesoleil.com. Hübsches, sehr sauberes Hotel mit Pool, Restaurant und Camping neben einem hübschen Garten. Für Camper gibt es parzellierte, bepflanzte Stellplätze, sehr gute und saubere Sanitäranlagen, warme Duschen, eine Waschmaschine und Abwasserentsorgungsmöglichkeit für Womos. Koch *Mohammed* spricht deutsch und kocht sehr gut. 22 DH Wohnmobil, je 18 DH pro Auto/Zelt/Person, Strom 25 DH. DZ €€B mit Dusche und WC, auch Übernachtung auf der Terrasse möglich.
- **Amazir,** 8,5 km hinter Tinerhir in Richtung Schlucht auf der rechten Seite, Tel. 0524 89 51 09, www.lamazir.com. Hübsches, sehr sauberes kleines Hotel mit Pool und Restaurant vom Besitzer des Camping Atlas. DZ mit Bad €€€ inkl. Frühstück.
- **Aicha,** 12 km von Tinerhir in Richtung Todrha-Schlucht, Tel. 0524 89 52 10, maisonaicha@yahoo.fr. Empfehlenswertes kleines Gästehaus, DZ mit Frühstück €A.
- **Riad Toudra,** 13 km von Tinerhir in Richtung Todrha-Schlucht, Tel. 0524 89 50 31, todra2@caramail.com. Das Hotel von *Monsieur Hamou* hat hübsche, sehr saubere Zimmer im marokkanischen Stil mit Dusche/WC (€). Schöne Dachterrasse mit Blick auf den Fluss.
- **Valentine,** 13 km von Tinerhir in Richtung Todrha-Schlucht, Tel. 0524 89 52 25, Mobil 0667 05 86 12, abdul.valentine@yahoo.fr. Empfehlenswerte Herberge mit sechs saube-

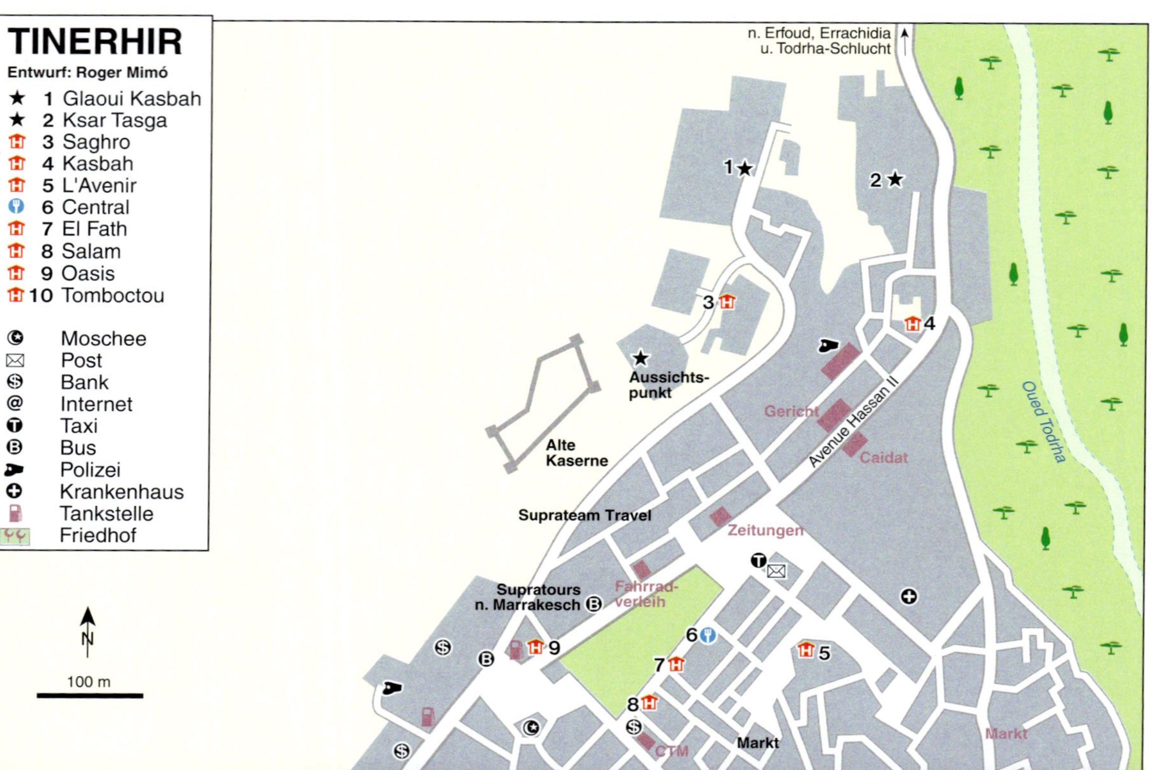
TINERHIR
Entwurf: Roger Mimó
1 Glaoui Kasbah
2 Ksar Tasga
3 Saghro
4 Kasbah
5 L'Avenir
6 Central
7 El Fath
8 Salam
9 Oasis
10 Tomboctou
Moschee
Post
Bank
Internet
Taxi
Bus
Polizei
Krankenhaus
Tankstelle
Friedhof
N
100 m
n. Erfoud, Errachidia
u. Todrha-Schlucht
Oued Todrha
Avenue Hassan II
Gericht
Caidat
Aussichts-
punkt
Alte
Kaserne
Suprateam Travel
Zeitungen
Supratours
n. Marrakesch
Fahrrad-
verleih
CTM
Markt
Markt

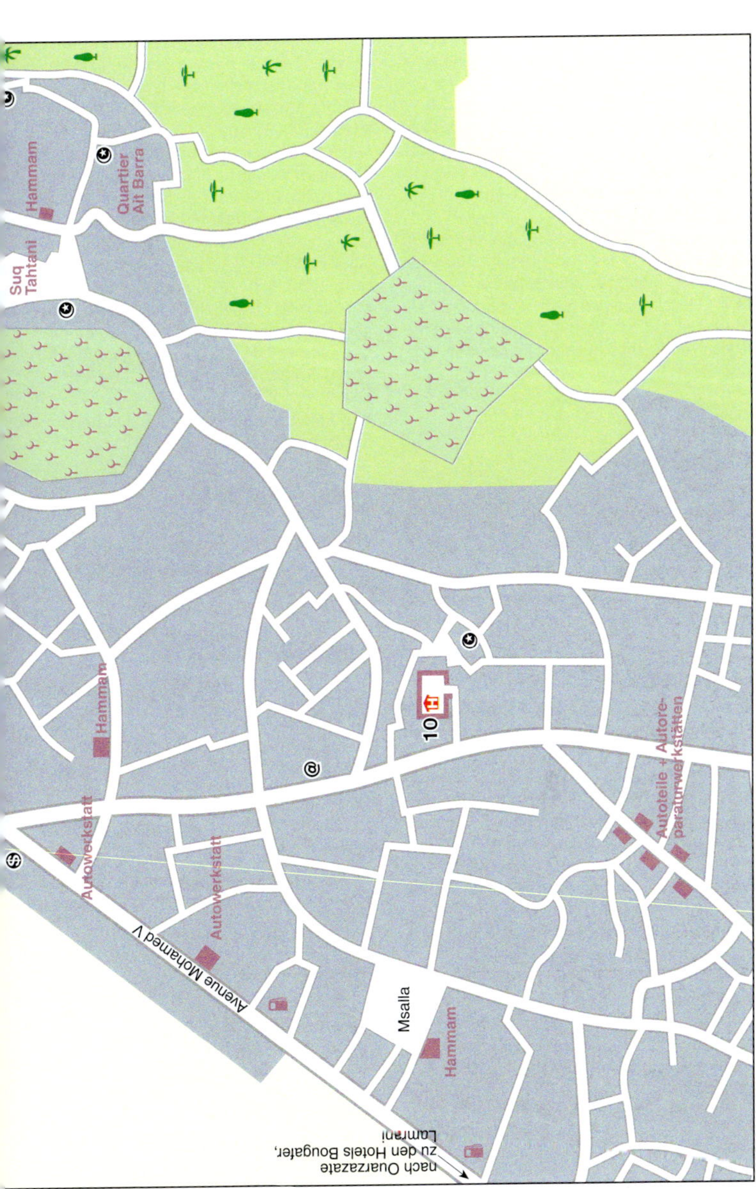
Hammam
Quartier Ait Barra
Suq Tahtani
Hammam
Autowerkstatt
Autowerkstatt
Avenue Mohamed V
10
Msalla
Hammam
Autoteile + Autoreparaturwerkstätten
nach Ouarzazate zu den Hotels Bougafer, Lamrani

ren Zimmern (DZ, 3er- oder 4er-Zimmer mit Bad €€ inkl. Frühstück). Es gibt gutes Essen, die sehr nette Betreiberfamilie ist bei der Organisation von Ausflügen behilflich.

- **Yasmina,** 15 km von Tinerhir in toller Lage an der engsten Stelle in der Schlucht, Tel. 0524 83 42 07, 0524 89 51 18. Das Essen ist etwas einfallslos, Strom vom Generator. DZ mit Dusche/WC €€B.
- **Hotel des Roches,** neben dem Yasmina in der Schlucht (15 km von Tinerhir), Tel. 0524 89 51 34. Einfache, aber saubere Zimmer, heiße Duschen, gutes Essen und freundlicher Manager, DZ €€. Yasmina und des Roches liegen beide sehr hübsch, da es aber tagsüber von Touristen wimmelt, hat man erst abends seine Ruhe.

Campingplätze

- **Atlas,** 9 km von Tinerhir in Richtung Todrha-Schlucht, Tel. 0524 89 50 46. Sehr schöner Campingplatz unter riesigen, schattigen Palmen: netter Besitzer, Restaurant (Essen okay), saubere sanitäre Anlagen, heiße Duschen, auch Zimmervermietung (€), manchmal etwas laut, da viele Feste gefeiert werden. Camping 10 DH p.P., Zelt/Auto 15 DH, Strom 15 DH.
- **Le Lac – Garden of Eden,** 9 km von Tinerhir, direkt neben Camping Atlas auf der rechten Seite, Tel. 0524 89 50 05, www.aubergecampinglelac.com. Schöner Platz in idyllischer Lage zwischen Palmen oberhalb der Oasengärten, direkt an der heiligen Quelle – das glasklare Quellbecken befindet sich talaufwärts gleich hinter dem Camping. Ein Ableitungskanal führt quer über das Gelände und eignet sich gut zum Kühlen von Getränken und zum Baden. Das freundliche Personal (spricht französisch und spanisch) ist gerne bereit, Gäste durch die Oasengärten und zu einer halb verfallenen Kasbah zu führen. Camping 20 DH p.P., Zelt/Auto 10 DH, Motorrad 6 DH. Auch Übernachtung in Zimmern (mit oder ohne Bad € bis €€), im Nomadenzelt oder auf der Dachterrasse möglich (30 DH). Gutes Essen auf Bestellung.
- **Source des Poissons Sacrés,** Mobil 0668 25 53 09. Schattiger und sehr idyllischer Platz oberhalb des Camping Le Lac. Die heilige Quelle ist in ein Becken gefasst, in dem Fische herumschwimmen. Einfache, saubere sanitäre Anlagen, ebensolche Zimmer (€).
- **Ourti,** Tel./Fax 0524 83 32 05, am Ortsanfang von Tinerhir (von Boumalne kommend). Kleiner, ummauerter Platz mit Eukalyptusbäumen, schönem Pool (Juli bis Sept.) und sehr sauberen, großzügig bemessenen Sanitäranlagen (heiße Duschen). Es gibt auch einen Salon mit marokkanischem Restaurant und sehr ordentliche Zimmer mit Balkon und Moskitonetz (DZ €B inkl. Frühstück). Übernachtung auf der Dachterrasse möglich. Camping 12 DH p.P., Zelt 10 DH, Auto/Motorrad 8 DH, Wohnmobil 12 DH, Pool 20 DH.
- **Le Soleil,** siehe oben unter „Herbergen in der Todhra-Schlucht“.

Essen und Trinken

- **Central,** 48, Av. Hassan II. (gegenüber einer kleinen Parkanlage). Ausgezeichnete Tajine (ca. 45 DH), auch vegetarisch.
- **Chez Michèle,** 2 km Richtung Todrha-Schlucht (Aït Ourjdal), Tel. 0524 83 51 51. In den Salons oder auf der Panoramaterrasse wird französische und marokkanische Küche serviert.
- **El Fath,** Av. Hassan II. (vgl. „Unklassifizierte Hotels“), gutes und preiswertes Essen.
- **Inass,** ca. 3 km von Tinerhir Richtung Todrha-Schlucht auf der linken Seite, Tel. 0524 83 33 00. In diesem hübschen Gartenrestaurant wird sehr gute Tajine u.a. in schattigen Lauben oder im Nomadenzelt serviert. Viele Gruppen halten hier zum Mittagessen.
- **Kasbah,** Av. Mohammed V. (vgl. „Unklassifizierte Hotels“), sehr empfehlenswert.

Busse

Es fahren CTM- und private Busse.

- **Merzouga** (über Errachidia): 1x tägl. (nachmittags) Supratours-Bus aus Marrakesch, 80 DH, 5 Std. Fahrzeit.
- **Goulmima – Errachidia:** mehrmals tägl., bis Errachidia 30 DH, knappe 3 Std. Fahrzeit.

- **Erfoud – Rissani** (über Errachidia): tägl., ca. 40 DH.
- **Ouarzazate:** mehrmals tägl., ca. 3 Std., ca. 40 DH.
- **Agadir** (über Ouarzazate): 1x tägl., 14 Std., ca. 150 DH.
- **Marrakesch** (über Ouarzazate): 1x tägl. mit Supratours (aus Errachidia), 8 Std., 110 DH.
- Langstreckenbusse verkehren nach **Fès** und **Tanger.**

Sammeltaxis/Taxis

Sammeltaxis (am Platz vor der Post) in alle Richtungen. Nach **Tinjedad** ca. 1 Std., ca. 20 DH. Zum Eingang der **Todrha-Schlucht** (nahe Restaurant Central) ca. 30 Min. (ca. 7 DH), mit Trucks kommt man auch weiter bis **Aït-Hani** oder **Imilchil.** Nach **Erfoud** muss man den Umweg über Errachidia in Kauf nehmen.

Wer von Tinerhir mit öffentlichen Verkehrsmitteln zur **Dadès-Schlucht** will, sollte mit dem Bus oder Sammeltaxi erst bis Boumalne fahren und von dort mit den zahlreichen Taxis in die Schlucht.

Reiseveranstalter

- **Suptrateam Travel,** 126, Av. Bir Anzarane (siehe Stadtplan), Tel. 0524 83 29 89, Mobil 0661 24 36 02, www.supratravel.com. Erfahrener, zuverlässiger Veranstalter unter schweizerisch-marokkanischer Führung: Trekking, Geländewagen-, Quad- und Fahrradtouren, Kameltrekking, Rundreisen etc.

Einkaufen

- Im **Supermarkt Chez Michèle** an der Av. Mohammed V. (in Richtung Boumalne auf der linken Seite) werden europäische und marokkanische Waren sowie Alkohol verkauft (im Ramadan geschlossen).

Hotels in der Todrha-Schlucht

Ausflug in die Todrha-Schlucht

↗VI/B2

Von Tamtattouchte im Hohen Atlas windet sich der **Oued Todrha** Richtung Süden durch die enge Schlucht. Den Fluss säumen Palmen und Oleander, links und rechts ragen die steilen Felswände in schwindelerregende Höhe, Ziegen klettern auf schmalen Pfaden entlang der steil abfallenden Schluchtränder.

Die **Straße von Tinerhir** in die Todrha-Schlucht ist bis Aït Hani geteert (zum Teil nur einspurig und löchrig). Zwischen Aït Hani und Agoudal (über den Tizi Tirherhouzine, 2700 m) sind momentan weitere Aspahltierungsarbeiten im Gang. Ab Imilchil führt eine Teerstraße nach El Ksiba.

aga-489 Foto: ch

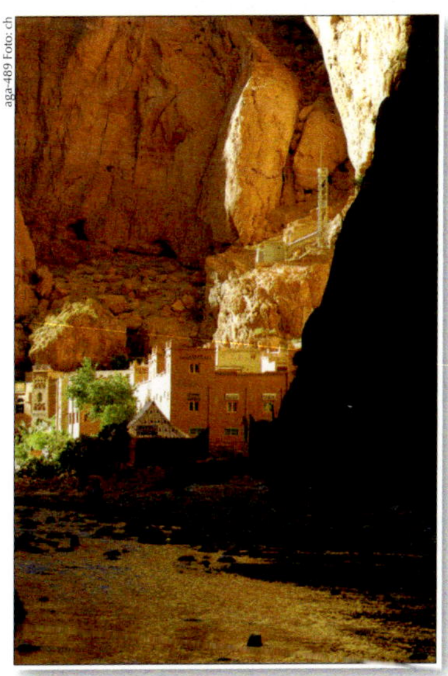

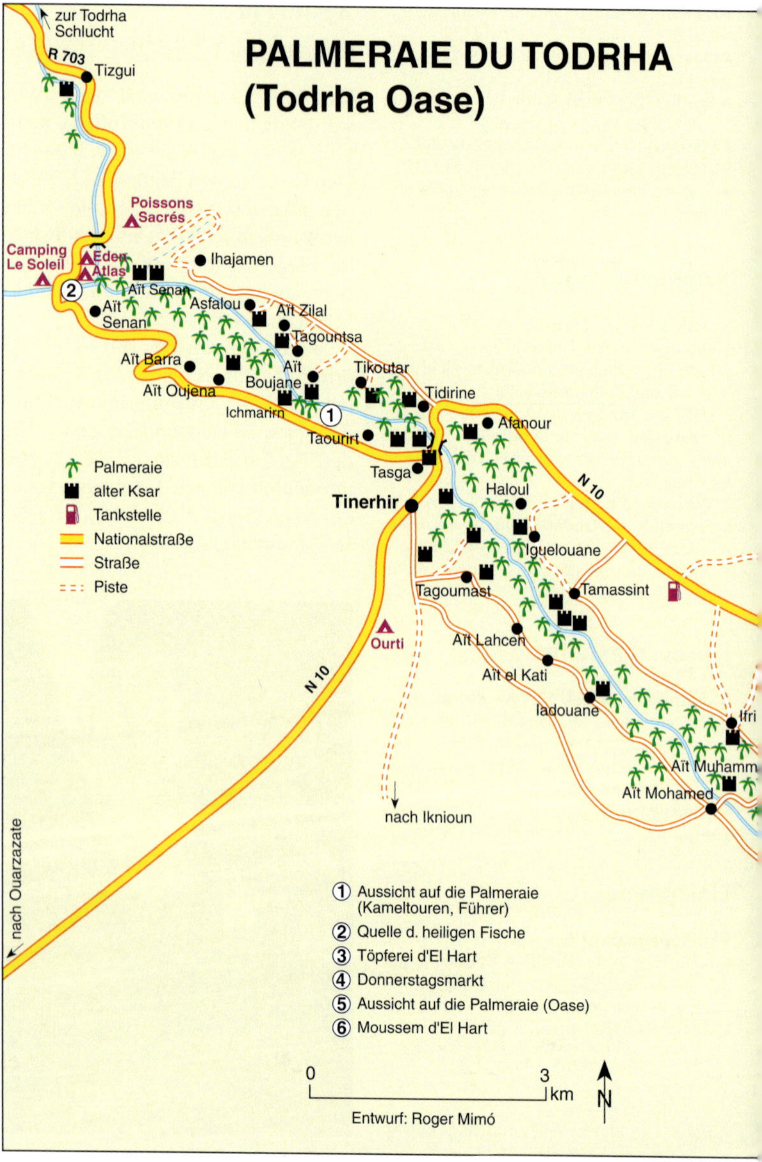
PALMERAIE DU TODRHA
(Todrha Oase)
zur Todrha Schlucht
R 703
Tizgui
Poissons Sacrés
Camping Le Soleil
Eden
Atlas
Ihajamen
Aït Senan
Aït Senan
Asfalou
Aït Zilal
Tagountsa
Aït Barra
Aït Oujena
Aït Boujane
Tikoutar
Tidirine
Ichmarirn
Taourirt
Afanour
Tasga
Tinerhir
Haloul
N 10
Iguelouane
Tagoumast
Tamassint
Ourti
Aït Lahcen
Aït el Kati
Iadouane
Ifri
Aït Muhamm
Aït Mohamed
N 10
nach Iknioun
nach Ouarzazate
Palmeraie
alter Ksar
Tankstelle
Nationalstraße
Straße
Piste
1 Aussicht auf die Palmeraie (Kameltouren, Führer)
2 Quelle d. heiligen Fische
3 Töpferei d'El Hart
4 Donnerstagsmarkt
5 Aussicht auf die Palmeraie (Oase)
6 Moussem d'El Hart
0
3
km
N
Entwurf: Roger Mimó

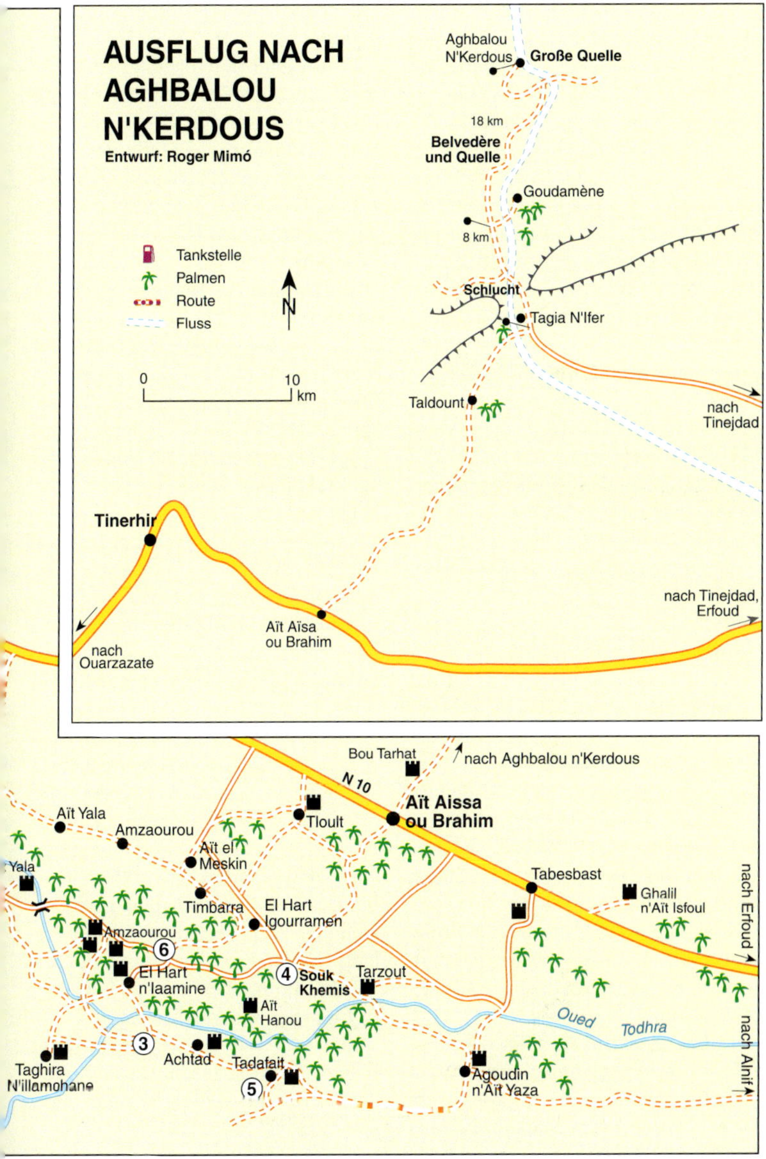

AUSFLUG NACH AGHBALOU N'KERDOUS
Entwurf: Roger Mimó
Tankstelle
Palmen
Route
Fluss
N
0
10
km
Aghbalou N'Kerdous
Große Quelle
18 km
Belvedère und Quelle
Goudamène
8 km
Schlucht
Tagia N'Ifer
Taldount
nach Tinejdad
Tinerhir
nach Ouarzazate
Aït Aïsa ou Brahim
nach Tinejdad, Erfoud
Bou Tarhat
nach Aghbalou n'Kerdous
N 10
Aït Aissa ou Brahim
Aït Yala
Amzaourou
Aït el Meskin
Tloult
Yala
Timbarra
El Hart Igourramen
Tabesbast
Ghalil n'Aït Isfoul
nach Erfoud
Amzaourou
6
El Hart n'laamine
4
Souk Khemis
Tarzout
Aït Hanou
Oued Todhra
3
Taghira N'illamohane
Achtad
Tadafait
5
Agoudin n'Aït Yaza
nach Alnif

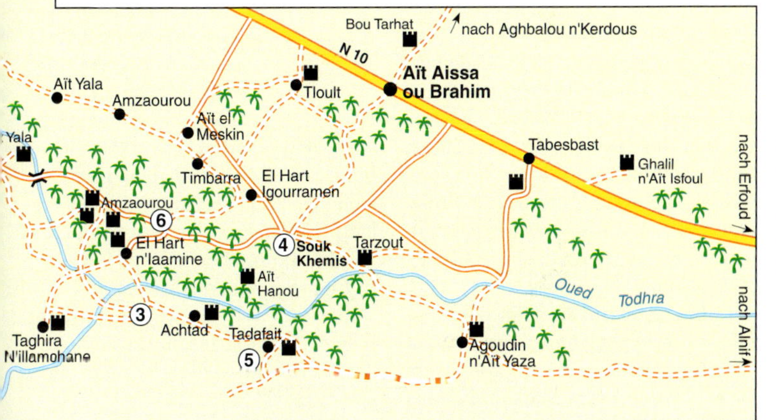

Im Frühjahr kann die Straße nach starken Regenfällen unpassierbar und stark beschädigt sein, während im Sommer der Fluss nur bis zur Auberge Yasmina fließt. Wenn man nicht die ganze Rundfahrt durch die Todrha- zur Dadès-Schlucht (oder umgekehrt) unternehmen will oder kann (bisher nur mit 4x4), sollte man keinesfalls versäumen, wenigstens einige Kilometer hineinzufahren oder zu wandern. Bis Aït Hani verkehren Sammeltaxis.

Eine lohnenswerte Variante ist die **Drei-Schluchten-Rundfahrt** durch die Todrha-Schlucht nach Aït Hani, von dort nach Assoul und durch eine wunderschöne Schlucht nach Imiter und Amellago. Zurück geht es auf mittlerweile asphaltierter Straße durch die Rheris-Schlucht nach Goulmima (ausführliche Beschreibung in „Marokko – vom Rif zum Anti-Atlas", Reise Know-How).

1 km von Tinerhir in Richtung Goulmima zweigt links die Straße in die Todrha-Schlucht ab (R703). 8½ km hinter dem Abzweig reihen sich bei dem Ort **Aït Ouritane** mehrere Campingplätze aneinander (siehe Tinerhir). Alle liegen schattig im Palmenhain.

1,5 km weiter am **Camping Le Lac – Garden of Eden** liegt das **Restaurant** (und Camping) **Source des Poissons Sacrés** (siehe bei Tinerhir), wo man Halt machen sollte, um die glasklare idyllische „Quelle der heiligen Fische" zu besichtigen.

12 km nach Tinerhir folgt das empfehlenswerte **Maison d'Hôtes Aicha** (vgl. Tinerhir) links der Straße. 1 km weiter kann man im **Maison d'Hôtes Valentine** Unterkunft finden (vgl. Tinerhir).

1 km weiter (km 14) folgt ein Parkplatz mit dem **Restaurant/Auberge La Vallée** gegenüber, kurz darauf das **Hotel Mansour** und **Etoile des Gorges** (beide sauber). Hier beginnt die Todrha-Schlucht: Am besten man parkt hier und wandert zu Fuß weiter.

Bei **km 15** befindet sich rechts das **Hotel-Restaurant Yasmina,** daneben das **Hotel des Roches** (siehe Tinerhir). Beide Häuser liegen ausgesprochen hübsch nahe der Segen bringenden Quelle, die eingangs der Schlucht entspringt (rechter Hand vor der Brücke).

Bei den Hotels ist die engste und **spektakulärste Stelle** der Strecke erreicht. Die roten Felswände ragen steil in den klaren, blauen Himmel. Eine betonierte, häufig von Überschwemmungen beschädigte Furt führt durch den Fluss. Hier wimmelt es zu manchen Jahreszeiten von Touristen und an Wochenende auch von einheimischen Picknickern. Im Winter ist es dagegen ziemlich ruhig. Früher sammelte sich der **Touristenstrom** am Anfang der Schlucht, seit der Asphaltierung dringt er bis hinauf nach Tamtattouchte vor. Die Schlucht hat dadurch viel von ihrem ursprünglichen Reiz eingebüßt: Souvenirhändler reihen sich aneinander, Taxis und Busse parken entlang der Straße, die Felsen sind von Graffiti verunstaltet, spärlich bekleidete Touristen wandern umher.

Kletterer mit eigener Ausrüstung haben die Möglichkeit, in mehreren gesicherten Routen die Wände zu erklimmen.

Hinter dem engen Teil der Schlucht führt die Straße in gleichmäßiger Steigung entlang des Todrha bergan, ab und zu muss der Fluss gequert werden. Wanderer sollten nach 2–3 km umdrehen, da der weitere Weg durch die Schlucht keine Abwechslung bietet. Wanderer mit Ausdauer können bis Tamtattouchte laufen und oberhalb am östlichen Rand der Todrha-Schlucht bis zu den alten Ksour vor Tinerhir hinuntergehen. Durch die Oasengärten geht es dann nach Tinerhir. Dafür ist ein ganzer Tag einzuplanen.

Nach 17 km trifft man auf die letzten Palmen, viele Furten führen durch das Kiesbett. Bei km 29 ist ein kleiner Marabout erreicht, und 3 km danach führt ein Abzweig links nach **Msemrir** (in der Dadès-Schlucht).

Tamtattouchte, ein größerer Ort mit vielen Kasbahs am Ende der Todrha-Schlucht, ist bei **km 33** erreicht. Vor allem im Winter kann es hier auf etwa 1800 m Höhe recht kühl werden. Übernachtsmöglichkeit besteht in der Herberge **Chez Baddou** (Mobil 0669 35 42 82, auberge_baddou@caramail.com) gleich zu Beginn des Ortes mit einfachen, blitzsauberen Zimmern im 1. Stock (€, Dusche/WC am Gang), einem gemütlichen Aufenthaltsraum mit Bibliothek, einem schön angelegten Campingplatz (warme Duschen) und gutem Restaurant. Der Besitzer *Moha Abaz* ist sehr freundlich und gibt viele gute Ratschläge. *Ahmed* bietet sich als Führer z.B. nach Agoudal oder zu einem kleinen Salzbergwerk an. Schräg gegenüber auf einem Hügel mit schöner Aussicht liegt die **Kasbah Taymat (Chez Moha)** mit etwas komfortableren Zimmern und gemütlichem Innenhof (ebenfalls warme Gemeinschaftsduschen und WC). Daneben bzw. direkt gegenüber von Baddou befindet sich die einfache **Auberge Bougafer** (Mobil 0670 22 35 36, www.auberge-bougafer.com, DZ ohne Bad € p.P. inkl. HP, mit Bad €€ p.P. inkl. HP), in der der nette Chef persönlich und gut kocht. Eine Leserin empfahl das Restaurant der **Auberge Haut Atlas (Chez Brahim).** Auch die **Auberge Les Amis** (Mobil 0670 23 43 74, amistamt@yahoo.fr) am Ortseingang rechts wurde von Lesern sehr gelobt: freundlich, luftige, große und recht hübsche Zimmer mit Dusche/WC (€€ p.P. inkl. HP), betrieben von zwei gastfreundlichen Brüdern (einer spricht deutsch). Man kann auch auf der Dachterrasse übernachten oder auf dem Gelände campen.

Von Tinerhir nach Goulmima und Errachidia

Überblick

- **138 km, N10.**
- Der letzte, weniger besuchte Teil der Straße der Kasbahs führt von Tinerhir weiter durch **karge, steinige Wüstenlandschaft.** Die Bergzüge des Djabal Tisdafine im Norden und des Djabal Ougnat im Süden begrenzen die Route über Goulmima bis nach Errachidia.

Anfahrtsbeschreibung

43 km hinter Tinerhir zweigt bei Fahnen und dem Schild „Sources, Musée,

Galerie d'Art" links eine Piste (500 m) zu den **Quellen** und dem Museum **Lalla Mimouna** ab. Hier hat der Künstler *Zaïd Abbou*, der auch eine Galerie in Tinejdad betreibt (s.u.), mit sehr viel Engagement ein **Freiluftmuseum** geschaffen und fünf vormals vernachlässigte und vermüllte Quellen gesäubert und in Steinbecken gefasst. Der sehr freundliche *Zaïd* hat in Heidelberg studiert, spricht hervorragend deutsch und führt selbst durch die Anlage. Auf dem großen, bepflanzten Areal widmen sich die Gebäude mit antiken Ausstellungsstücken verschiedenen Themen wie Landwirtschaft, Nomaden, Kunsthandwerk, Handschriften und Wasser. *Zaïd* will die Menschen der Region für Umweltthemen sensibilisieren, Kultur vermitteln und vor allem die glasklaren, türkisfarbenen, gas- und mineralhaltigen Quellen schützen. Seine Sammlungen und sein Wissen über die Kultur sind wirklich beeindruckend und den Eintritt von 50 DH wert. In einer kleinen angeschlossenen **Galerie** verkauft er eigene Kalligrafien sowie Werke lokaler Künstler. Es gibt ein Café und ein sehr sauberes Toilettenhäuschen.

4 km weiter folgt eine große Tankstelle mit Café/Restaurant. Noch 1 km weiter (48 km ab Tinerhir) zweigt rechts beim Schild „Musée des Oasis, Maison d'Hôtes el Khorbat" eine Piste ab. Auf dieser gelangt man zum malerischen Ksar El Khorbat (ca. 1 km) mit dem **Maison d'Hôtes El Khorbat** (Tel.

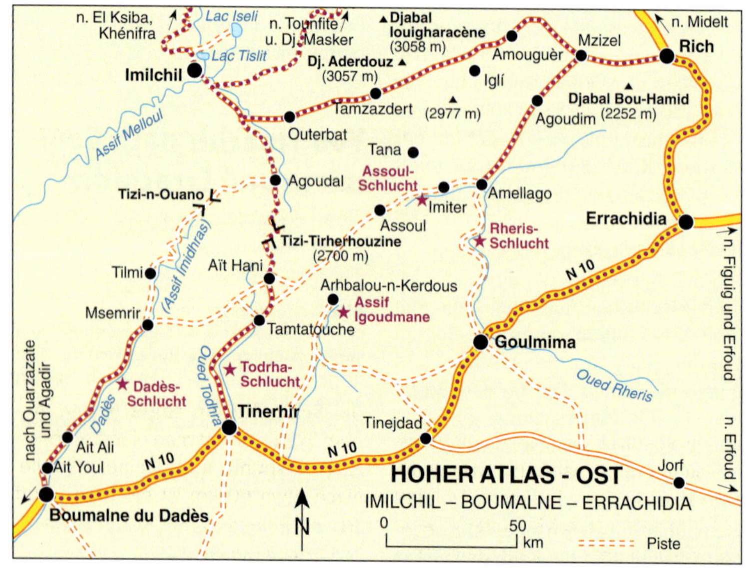

0535 88 03 55, www.elkhorbat.com) des Spaniers *Roger Mimo*. In drei renovierten, alten Häusern des Ksar ist ein sehr informatives **Museum** (Eintritt 20 DH) über die Berber zwischen Dadès, Drâa und Ziz untergebracht. In vier Sprachen werden deren Lebensweise und Traditionen erklärt. *Roger*, der Marokko wie seine Westentasche kennt, führt bei Interesse selbst durch das Museum und gibt den Besuchern viele Tipps zur Umgebung. In drei weiteren zusammengeschlossenen Häusern sind die Gästezimmer untergebracht: große, einfach eingerichtete Zimmer im Berberstil mit AC, zum Teil mit eigener Terrasse. Man wohnt hier dunkel und kühl zwischen den dicken, alten Lehmmauern (DZ €€€ p.P. mit HP). Wer möchte, kann im kühlen Salon oder auf der Terrasse zu Mittag essen (gutes Menü ab 80 DH).

Ein **Spaziergang** durch den sehr ursprünglichen, verfallenden Ksar el Khorbat mit seinen symmetrisch angeordneten, gedeckten Gassen ist ein Erlebnis! *Roger* will nach und nach mehr Häuser renovieren und die Infrastruktur verbessern, sodass das alte Lehmdorf besiedelt und erhalten bleibt.

Bei km 50 hat die Straße Tinejdad erreicht.

Tinejdad

↗VII/C2

Der große Ort bietet alle Versorgungsmöglichkeiten, ist aber nur von geringem touristischem Interesse. Es lohnt sich ein Blick in **Zaïds Galerie,** eine unglaublich umfangreiche Kunsthandwerksausstellung mit altem marokkanischen Interieur und Schmuck, Töpferwaren, Hausrat, Büchern und Fotos. Sie wird geführt von dem sehr netten *Zaïd* (s.o.) und seiner Frau. Er sammelt seit über 25 Jahren alte Gegenstände seines Landes, und bei Interesse kann man ihm auch etwas abkaufen. Der Besuch ist wirklich zu empfehlen, auch wenn man nur durch die Ausstellungsräume und den tollen Garten spaziert. Es gibt kaum irgendwo einen Laden oder auch ein Museum, wo so eine Fülle an schönen Gegenständen zu sehen ist!

Mehrere einfache **Restaurants** bieten sich für eine Einkehr an. Unterkunft findet man im **Hotel Reda** (Mobil 0671 70 89 42). Sammeltaxis und **Busse** verkehren nach Erfoud, Errachidia und Ouarzazate.

Ausflug nach Aghbalou N'Kerdous

↗VI/B2

Dieser Ausflug (ca. 60 km Teerstraße) führt durch eine hübsche Schlucht zur **Quelle** Aghbalou N'Kerdous. 3 km hinter Tinejdad (1 km nach dem Abzweig nach Erfoud) zweigt eine neue Teerstraße links ab. Die Straße führt durch die Dörfer Ksiba N'Igouramène, Tadert N'Oumira (in der Nähe gibt es präislamische Tumulusgräber) und Irbiben nach Taghia N'Ifer und durch die **Schlucht von Tagia N'Ifer.** Auf dem Weg passiert man einen schönen Aussichtspunkt mit kleiner Quelle. Nach etwa 60 km ist die große und schön gelegene Quelle Aghbalou N'Kerdous erreicht.

Kurz nach Tinejdad zweigt rechts die R702 nach Erfoud ab; geradeaus weiter. 74 km hinter Tinerhir liegt Goulmima.

Goulmima

↗VII/C2

Die saubere, expandierende Stadt mit ihren roten Häusern hat etwa **15.000 Einwohner** und besteht aus einem neuen und einem alten Teil. In der **Neustadt** befinden sich alle wichtigen Geschäfte, die CTM-Busstation, Tankstellen, Banken und das Krankenhaus. Auf dem ummauerten **Souk-Gelände** findet am Donnerstag der Wochenmarkt statt. Die unbedingt **sehenswerte Altstadt** (Beschilderung „Ksar Goulmima") 1,2 km südlich der Neustadt ist ein typischer Lehmksar aus engen, dunklen und zum Teil überdachten Gängen mit einem Hauptplatz, einer Moschee und einem alten, sehr schönen Eingangstor mit quadratischen Ecktürmen. Hier leben ungefähr 3000 Einwohner, die noch freundlich auf Touristen reagieren. Mit einem der netten Führer hat man auch manchmal Gelegenheit, ein Wohnhaus zu besichtigen.

Im Zentrum links zweigt eine Straße ab, die durch die **Schluchten des Oued Gheris** (Rheris) nach Ammelago und weiter nach Rich durch fantastische Landschaft führt (inzwischen asphaltiert).

Unterkunft/Camping

- **Camping des Tamaris,** Av. Hassan II. (am Stadteingang auf der linken Seite von Tinejdad kommend), Tel. 0535 88 54 13, www.chez-michele.com. Empfehlenswerter Campingplatz unter französischer Leitung: gute sanitäre Anlagen, sauberer Pool (nicht immer gefüllt), teilweise schattig.
- **Oasis Youth Hostel Palmeraie,** Secteur 3, Hay Ouatman, Mobil 0666 90 84 42, arjikamal@yahoo.fr. Schön gelegene, geräumige Jugendherberge *(auberge de jeunesse)* mit guten Zimmern (€).

Die **Strecke hinter Goulmima** führt über eine wenig abwechslungsreiche Hochebene. Bei km 132 ist Errachidia erreicht.

Errachidia

↗VII/D1

Die stark wachsende Universitäts-Stadt am Kreuzungspunkt zweier Straßen weist die typischen rosa-weißen Mauern und Häuser des Südens auf, hat mehr als **200.000 Einwohner** und ist wichtiger Standort der marokkanischen Truppen. Früher war Errachida Stützpunkt der Fremdenlegion. Die Stadt hat keine besonderen touristischen Attraktionen zu bieten, doch die Lage am Rande der Sahara macht sie zu einem guten Ausgangspunkt für Ausflüge in die Wüste und Oasen (Ziz-Schlucht, Erfoud, Rissani, Erg Chebbi). In Errachidia sind beste Versorgungsmöglichkeiten gegeben.

Touristeninformation

- **Office de Tourisme,** Av. Mulay Ali Cherif, Tel. 0535 57 09 44.

Unterkunft

Klassifizierte Hotels

- **Kenzi Rissani******, Av. Mulay Ali Cherif, am Ortsausgang Richtung Erfoud, Tel. 0535 57 25 84, 57 21 86, www.kenzi-hotels.com. Von außen wenig ansprechender Betonbau mit komfortablen, klimatisierten Zimmern mit TV. Es gibt einen Pool, Bar, Restaurant und einen bewachten Parkplatz. DZ €€€ bis €€€€€
- **Errachidia****, 31, Rue Ibn Battouta (beim Busbahnhof), Tel. 0535 57 04 53. Angenehmes, sauberes Hotel mit Restaurant. DZ mit Bad €€A
- **M'Daghra****, 92, Rue M'Dghra/Oued Lahmer, Tel. 0535 57 40 47, Fax 0535 57 40 49. Sauberes, aber etwas dunkles Hotel, DZ mit Bad €A.

Maison d'Hôtes/ Unklassifizierte Hotels

- **Auberge Tinit,** Route de Goulmima (am Stadtrand Richtung Ouarzazate), Tel. 0535 79 17 59, www.auberge-tinit.info, tinit_auberge2000@yahoo.fr. Das Hotel im Kasbahstil unter marokkanisch-südtirolerischer Leitung hat einen schönen, großen Garten mit Pool (schattige Sitzlauben), um den sich die

ERRACHIDIA

Moschee
Touristeninformation
Post
Bank
Taxi
Bus
Polizei
Tankstelle

1 Meski
2 Renaissance
3 Lipton
4 M'Daghra
5 Le France
6 Errachidia
7 Imilchil
8 La Porle

hübschen Zimmer mit Bad gruppieren. Ruhige Lage, Internet verfügbar. Nicht-Gäste können auf der Terrasse zwischen 12 und 15 Uhr gut zu Mittag essen. DZ mit Frühstück €€€.

- **Le France,** Rue Ibn Battouta, Tel. 0535 57 09 97. Einfaches, neueres Hotel in zentraler Lage, Café im EG. DZ € bis €€.
- **Le Riad,** Route de Goulmima, Tel. 0535 79 10 06/07, www.hotelleriad.com. Sehr schönes Gästehaus mit tollem Pool im Garten und komfortablen Zimmern/Suiten mit Sat-TV, AC, kabellosem Internet etc. (€€€€B).
- **Renaissance,** 19, Rue Mulay Youssef (ca. 200 m vom Busbahnhof), Tel. 0535 57 26 33. Etwas heruntergewirtschaftet, aber für einfache Ansprüche okay. DZ mit Dusche (nur abends warm) HP €€B. Der freundliche Besitzer ist sehr geschäftstüchtig (Preise für Ausflugsangebote prüfen).

Essen und Trinken

- **La Perle,** Rue Sidi Bou Abdallah (gegenüber dem Hotel Oasis). Gemütliches Restaurant mit gutem Essen zu fairen Preisen, saubere Toiletten.
- **Imilchil,** Av. Mulay Ali Cherif. Gute Tajines, schöne Außenanlagen, nettes Personal.
- **Lipton,** Av. Mulay Ali Cherif. Preiswert und gut.
- **Al Boustane,** Rue d'Erfoud (nach der Brücke in Ri. Erfoud). Nettes Restaurant/Café mit Grünanlage.
- **Tinit,** vgl. Auberge Tinit oben. Gutes Essen auf der Gartenterrasse.

Busse

- **CTM-Büro:** Tel. 0535 57 20 24.
- **Marrakesch** (über **Ouarzazate**): tägl. mit Supratours und CTM (frühmorgens), 155 DH, ca. 10 Std. Fahrzeit.
- **Tinerhir – Boumalne du Dadès – Ouarzazate:** mehrmals tägl., bis Tinerhir 30 DH (ca. 2½ Std.), bis Boumalne 40 DH (ca. 4 Std.).
- **Agadir** (über Ouarzazate, Tazenakht): tägl. Privatbusse, 25 Std. Fahrzeit (!), ca. 200 DH.
- **Casablanca:** 1x tägl. CTM-Nachtbus, Fahrzeit ca. 12 Std., 175 DH.
- **Erfoud** und **Rissani:** mehrmals tägl., 2 Std. Fahrzeit, ca. 30 DH.
- **Bouarfa** und **Figuig:** mehrmals tägl. Privatbusse nach Bouarfa, Umsteigen nach Figuig.

Sammeltaxis/Taxis

Der Sammeltaxiparkplatz befindet sich bei der Moschee. Die Taxis verkehren nach Süden und Norden. Preise: nach **Erfoud** ca. 20 DH, nach **Tinjedad** ca. 15 DH.

Rund ums Auto

- Die zuverlässige **Renault-Werkstatt Sjilmassa** liegt an der Hauptstraße rechts am Stadtanfang Richtung Erfoud.

Post/Banken

- **Hauptpost** an der Av. Mulay Cherif (von Ouarzazate kommend an der Stadteinfahrt).
- Es gibt **mehrere Banken mit Geldautomat.**

Ausflüge

Von Errachidia kann man gut Ausflüge zur **Source Bleue de Meski** (Richtung Erfoud) unternehmen (siehe im nächsten Kapitel).

Auch zum **Stausee Hassan Adakhil Tirhiourine** und in die **Ziz-Schlucht** zum Tunnel der Legionäre (an der Strecke nach Midelt) lohnt sich ein Ausflug.

Imilchil

VI/A,B1

Ein lohnenswerter **2-Tages-Ausflug** führt nach Imilchil im Hohen Atlas. 63 km nördlich von Errachidia zweigt eine Straße nach Rich ab (4 km). Von dort führt eine z.T. beschädigte Teerstraße (130 km, Fahrzeit 3½–4 Std.) über Igli, Aït el Rhazi, Aït-Taddert, Outerbat bis Imilchil. Auf der Strecke müssen viele Furten durchquert werden, was nach starken Regenfällen evtl. problematisch sein kann.

Imilchil liegt auf einem wunderschönen Hochplateau am Fluss Assif Melloul auf 2100 m Höhe, das Ortsbild prägen die **mächtigen Kasbahs.** Interessant ist die Tracht der Aït-Hadiddou-Frauen mit schwarz-weiß gestreiften Wollumhängen und den roten Wolltroddeln. Am häufigsten wird sie in den benachbarten Orten zwischen Agoudal und Imilchil getragen.

Imilchil wurde vor allem durch den Mitte September (Freitag bis Sonntag) stattfindenden **Moussem der Bräute** bekannt. Eigentlicher Veranstaltungsort ist **Agda** etwas südlich von Imilchil. Die hier lebenden **Aït Hadiddou** mit ihren Untergruppen Aït Brahim und Aït Yazza gehören zur großen Berbergruppe der Beraber. Sie treffen sich hier mehrere Tage zu Ehren eines Lokalheiligen. Die Frauen dieser Bergstämme sind frei und selbstständig. Auf dem bekannten **Heiratsmarkt** von Imilchil werden Braut und Bräutigam von den Eltern vermittelt oder von den Kandidaten selbst ausgewählt. Dieser Brauch entwickelte sich angeblich deshalb, weil im ganzen Jahr irgendwo Hochzeiten stattfanden und dazu immer sämtliche Aït Hadiddou der Umgebung eingeladen wurden. Um das zu vereinfachen und die Hochzeit preiswerter zu gestalten, wurde der einmal jährliche Hochzeitstermin ins Leben gerufen. Da die Frauen nach einer Trennung den Ehepartner frei wählen können, sind die Scheidungen sehr häufig geworden. Damit geht der Brautpreis, den die Familie des Ehemannes zahlen musste, verloren. Am Moussem sind die Frauen der Aït Hadiddou stark geschminkt und geschmückt. Die verheirateten Frauen und die Geschiedenen erkennt man an der hohen, spitzen Haube. Ist man sich einig geworden oder wurde die Vermählung vorher schon von den Eltern abgesprochen, marschiert man am letzten Tag des Moussem zum Qadi, um den Heiratsvertrag aufzusetzen. Wenn der Vertrag unterschrieben ist, wird in der Qubba der Marabout der Segen des Heiligen erfleht.

Inzwischen ist der Heiratsmarkt zu einem **Touristenspektakel** geworden: Der ganze Moussem gleicht einem riesigen Markt mit vielen Tieren und sonstigen Waren – Verheiratungen finden kaum mehr statt. Trotzdem ist der Moussem sehenswert, vor allem freitags, wenn Viehmarkt ist. Die meisten Touristen kommen erst am Samstagnachmittag, am Sonntag ist es bereits wieder ruhig. Übernachten kann man während des Moussems in Nomadenzelten bei D'Agda (mit Wolldecken ca. 120 DH p.P.) und in den kleinen Hotels der umliegenden Orte. Dort darf man auch sein Zelt aufstellen.

Imilchil lädt wegen der schönen Gebirgslandschaft in der Umgebung zum **Wandern** ein (z.B. entlang des Flusstals des Assif Melloul). Im Ort existieren eine Tankstelle, mehrere Herbergen, einige Straßencafés und diverse Läden zur Versorgung. Am Samstag wird in Imilchil ein sehr ursprünglicher **Markt** abgehalten.

Das Hammam – eine orientalische Institution

Zur Grundausstattung jedes Quartiers einer orientalischen Altstadt gehört - ebenso wie die Bäckerei, der Markt und die Moschee - ein Hammam. Erst in den letzten Jahrzehnten wurden die alten marokkanischen Stadthäuser mit sanitären Anlagen versehen, vorher war die Körperwäsche nur in Hammams möglich. Zudem ist die rituelle „große Waschung" (z.B. nach Geschlechtsverkehr) eine religiöse Pflicht der Moslems. Der **regelmäßige Besuch** eines öffentlichen Bades gehört heute noch zum Alltag der Marokkaner. Auch der Marokko-Reisende sollte sich einen Besuch im orientalischen Dampfbad nicht entgehen lassen.

Die Hammams sind entweder **nach Geschlechtern** in zwei Bereiche **geteilt** oder es gibt unterschiedliche Besuchszeiten. Frauen haben für gewöhnlich tagsüber Zutritt, in den Abend- und Nachtstunden (z.T. die ganze Nacht) ist der Hammam für die Männer reserviert. Kleine Jungs gehen übrigens mit ihren Müttern ins Hammam – hier bekommen sie gleichzeitig die ersten Aufklärungsstunden.

Ein Hammam ist **traditionell viergeteilt** in einen Ruhe- und Umkleideraum, einen Kaltraum, einen mittleren warmen Raum und einen Heißraum. Der Hammam wird von unten über einen Holzofen beheizt. An der Eingangstheke bezahlt man den Eintritt (ca. 10 DH) und kann seine Kleidung und den Rucksack zur Aufbewahrung abgeben. In den Shops neben dem Hammam oder am Eingang werden die notwendigen Utensilien verkauft: ein Schrubbhandschuh für die Haut (ca. 20 DH) und eine kleine Portion der dunklen, schmierigen und etwas unangenehm riechenden Olivenseife (franz. *savon noir,* ca. 5 DH).

Mit **Unterhose oder Badeanzug** bekleidet wäscht man sich in den drei unterschiedlich temperierten Räumen ausführlich mit warmem, lauwarmem und kaltem Wasser aus kleinen Wandbrunnen oder Wasserhähnen (kleine Eimer dienen als Schöpfgefäße).

Berührungsängste sollte man als Tourist nicht mitbringen: Die marokkanischen Männer und Frauen gehen wohlmeinend zur Hand und reiben sich gegenseitig mit der schwarzen Seife ein. Frauen färben sich zudem die Haare mit Henna oder enthaaren sich – perfekte Sauberkeit ist hier im Gegensatz zu den kommerziellen Bädern nicht immer gewährleistet.

Zur Hammamroutine gehört auch, dass Badmitarbeiter einem mit dem mitgebrachten Handschuh kräftig den Körper abrubbeln, sodass sich ganze Spaghettirollen an alter Haut ablösen – eine Art marokkanisches **Ganzkörperpeeling** (franz. *gommage*). Die Männer erhalten meist eine gliederverbiegende Massage. Wohlig-erschöpft und mit einem nie gekannten Gefühl von Sauberkeit entspannt man schließlich noch ein bisschen im Ruheraum oder bei einem Tee im nächsten Straßencafé.

Direkt an der Teerstraße von Imilchil Richtung El Ksiba/Beni-Mellal (ca. 3 km Richtung Norden) liegt der **Lac Tislit,** ein schöner, von Birken umgebener See. Man kann eine kleine Wanderung rund um den See unternehmen oder in der Auberge Tislit einen Tee trinken. Nicht weit entfernt gibt es noch einen weiteren See, den **Lac Iseli** (ca. 9 km von Imilchil). Dieser See ist unbewohnt und liegt in kahler, unwirtlicher Umgebung. Die beiden Seen werden als Braut (Lac Tislit) und Bräutigam (Lac Iseli) bezeichnet. Der Sage nach sind sie durch die Tränen eines Liebespaares entstanden, das nicht heiraten konnte, weil die beiden Stämme, von denen Braut und Bräutigam

aga10_018 Foto: ad

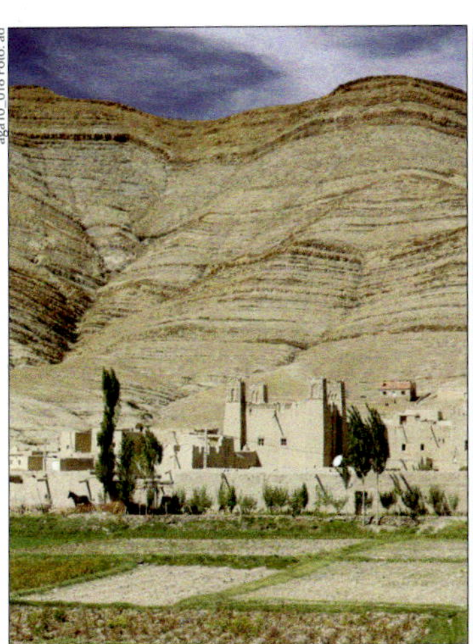

aga10_019 Foto: ad

abstammten, verfeindet waren. Die Legende wird in enge Verbindung zum Heiratsmarkt gebracht. Die Seen sind sehr fischreich, im Lac Iseli lebt ein endemischer Fisch, der 1940 erstmalig entdeckt wurde und dessen Bestand regelmäßig kontrolliert wird.

Übernachtung ist u.a. in folgenden Herbergen möglich:

- **Kasbah Adrar,** an der Ortsausfahrt Richtung El Ksiba, Tel. 0523 44 21 84. Hotel im Kasbahstil mit Restaurant und Mehrbettzimmern mit Dusche (warmes Wasser) und Toilette. DZ € p.P.
- **Chez Bassou,** Tel./Fax 0523 44 24 02, www.chezbassou.com. Der Betreiber dieses ordentlichen Hotels und Restaurants, *Bassou Chabou,* ist Bergführer. Es gibt einfache, saubere Zimmer mit und ohne Bad.
- **Toudra,** Chez Baamti Hammou, im Zentrum, Tel. 0523 44 29 30, Mobil 0672 47 75 43. Die einfachen und sauberen Zimmer mit WC/Dusche am Gang (€) verteilen sich auf zwei Etagen. Netter Besitzer, gutes Essen.
- Direkt am **Tislit-See** (an der Route Richtung El Ksiba) kann man im empfehlenswerten **Hotel du Lac – Auberge Tislit** übernachten oder dort campen (Tel. 0535 52 48 74, Fax 0535 52 70 39). Die Pächter sind sehr freundlich, die kleinen Zimmer (warme Dusche am Gang) einfach, aber ordentlich und sehr sauber, im Winter wird im großen Salon der Kamin eingeheizt. Zimmer inkl. gutem Essen zum fairen Preis (€A p.P. mit HP).
- Ein empfehlenswerter und freundlicher **Bergführer** für die Region ist **Lhoussain Oukhatar** (Mobil 0666 10 30 80, oukhatarimilchil@yahoo.fr). Er betreibt mit seiner Familie auch eine nette **Gîte d'Etape** mit sauberen 4er-Zimmern, einem kleinen Salon und sehr einfachen sanitären Anlagen (kalte Dusche).
- Ein **Bus** fährt jeden zweiten Tag **nach Rich** (Mo, Mi, Fr, am Sa wegen des Marktes zweimal, nicht am So). Sammeltaxis und Lkw verkehren täglich nach Kasba Tadla (von dort Weiterfahrt mit dem Bus möglich).

Bild links: Imilchil mit seinen alten Kasbahs; rechts: der Lac Tislit im Herbst

aga08-504 Foto: ad

Das Tafilalet und der Südosten

aga_86 Foto: dd

aga10_020 Foto: ad

Unterwegs im Erg Chebbi

Ksar Oulad Abd el Halim (bei Rissani)

Dünenlandschaft

Errachidia – Erfoud – Rissani

Überblick

- **104 km, N13.**
- Hinter Errachidia führt die sehr gute Teerstraße durch trockene Wüstenlandschaft mit Streusiedlungen **entlang des Ziz-Tals.** Der Oued Ziz fließt ca. 1 km westlich in einem tiefen Taleinschnitt mit grünen Oasengärten, Palmen und Lehmdörfern – der Kontrast zu den Wüsten-Plateaubergen der Umgebung könnte nicht stärker sein.
- Auf der Strecke besteht eine **gute Busverbindung.**

Anfahrtsbeschreibung

16 km hinter Errachidia zweigt eine kleine Straße ins Tal zu den Quellen von Meski ab (600 m).

Abstecher zur Source Bleue de Meski ⇗VII/D2

Die „Blaue Quelle von Meski" oberhalb des Ziz-Flusses liegt in einem tiefen, von Palmen gesäumten Taleinschnitt. Sie wurde während der französischen Protektoratszeit gefasst und fließt durch **mehrere Steinbecken** – wovon das größte als Schwimmbad genutzt wird – in die Oasengärten. Die Becken mit kaltem, sehr klarem Wasser, in dem Fische schwimmen, säumen hohe Dattelpalmen. Zwischen den **Palmengärten** liegt ein schöner, schattiger Campingplatz mit Restaurant und einigen Souvenirläden (alle mit guter Auswahl). Fast jeder Händler spricht deutsch, die meisten sind wenig aufdringlich und durchaus bereit, Tipps zu Unternehmungen in der Umgebung zu geben.

Die schön konzipierte Anlage ist im öffentlichen Besitz, die sanitären Anlagen sind leider – vor allem bei voller Belegung des Campingplatzes – in schlechtem hygienischen Zustand. Meski ist im Sommer **Treffpunkt der marokkanischen Jugend** und von Soldaten. Vor allem am Wochenende sind die Plätze rund um das Schwimmbecken voll besetzt. Außerhalb der Saisonzeiten im zeitigen Frühjahr und Spätherbst findet man die Anlage meist ordentlich vor.

Campinggebühren: 15 DH p.P., 10 DH Auto, Zelt 20 DH, Wohnmobil 20 DH. Eintritt nur fürs Schwimmbad 6 DH, für Camper frei. Parken nur zum Besichtigen kostet 5 DH.

Oberhalb **im Ort** gibt es eine kleine Post, eine Téléboutique, einen Laden und ein Restaurant, das (außerhalb der Saison auf Vorbestellung) gutes Essen bietet.

Von der Blauen Quelle empfiehlt sich ein **Ausflug zur anderen Seite des Flusses,** wo die halb verfallene **Kasbah Meski** steht. Die Kasbah liegt auf einem Felssporn, von dem sich vor allem morgens oder abends ein schöner Blick auf das Flusstal eröffnet. Man kann direkt vom Campingplatz hinunter durch die Oasengärten ins malerische Ziz-Tal laufen, wo Frauen am Fluss Wäsche waschen und Bauern die Felder bestellen. Beim Waschplatz kann man relativ trockenen Fußes den Fluss überqueren, hinauf zur Kasbah laufen und diese zu Fuß umrunden – ein Ausflug, der sich lohnt! Am Campingplatz bieten sich auch Führer zur Kasbah an.

In Bewässerungskanälen und Tümpeln der Oase (nicht im Badebecken mit fließendem Wasser) ist evtl. Vorsicht vor einer Bilharziose-Infektion geboten.

Zurück auf der Hauptstraße befindet sich ca. 10 km hinter der Quelle ein Parkplatz und **Aussichtspunkt** mit herrlichem Blick auf das Ziz-Tal und seine Palmenhaine. Der tiefe Taleinschnitt des Oued Ziz zieht sich als grünes Band, gesäumt von Lehmdörfern und Plateaubergen, durch die Wüste.

2 km weiter liegt die **Zawia Amelkus** rechts im Palmenhain, danach sieht man sehr schöne Lehmksour rechts der Straße.

Aoufouss, ein großer Ort mit Geschäften und Tankstelle, folgt 42 km nach Errachidia. Schöne rosafarbene Häuser mit rot-weißen, zinnengekrönten Arkaden schmücken das Dorf. Ab hier ist die Landschaft besonders sehenswert.

Am palmenbewachsenen Ziz-Tal entlang führt die Straße nun in das Gebiet des **Tafilalet** und nach Erfoud.

Bei **km 59** spritzt auf der rechten Seite nahe der Straße eine **Wasserfontäne** aus einem Becken. Amerikanische Geologen haben hier nach Wasser gegraben und reichlich gefunden! Es wird durch den Schwemmdruck des Atlas nach oben befördert. Aber der Schein trügt: Da das Gebiet des Tafilalet im Tertiär von einem Ozean bedeckt war, ist die Sedimentstruktur ziemlich kalziumhaltig. Das Wasser der ganzen Region ist leicht salzhaltig. Probieren ist der Gesundheit nicht abträglich, jedoch für den täglichen Gebrauch ist es unnütz.

Bei km 73 ist der Ort **Maadid** erreicht. Der alte Ksar hat ein prächtiges Eingangstor aus der Almohadenzeit und ist von mächtigen Mauern und schönen Oasengärten umgeben.

Erfoud folgt bei km 77.

Erfoud

VII/D3

Die Stadt hat ca. **25.000 Einwohner** und ist **Hauptstadt des Tafilalet.** Der einst malerische Ort aus roten Lehmbauten liegt auf 802 m Höhe am Fuße des Djabal Erfoud (935 m). Er wurde 1917 von den Franzosen gegründet und war **im Mittelalter Karawanenstützpunkt** auf dem Weg nach Sijilmassa (20 km südlich von Erfoud). Sklaven und Gold wurden aus Schwarzafrika nach Marokko, Arabien und später auch in die europäischen Länder gebracht.

Erfoud selbst hat keine besonderen Sehenswürdigkeiten aufzuweisen, ist aber als Ausgangspunkt in das – neben dem Erg M'Hazil/Chegaga (südlich von M'Hamid) – einzige Dünengebiet Marokkos, den **Erg Chebbi,** zum **versteinerten Korallenriff** und in die südlichen Wüstenoasen Merzouga und Taouz interessant. Auch das manchmal im Herbst (zur Dattelernte) stattfindende **Dattelfest** ist sehenswert.

Es gibt gute Versorgungsmöglichkeiten und einen kleinen **Souk** mit Frischwaren (siehe „Einkaufen") und einigen kunsthandwerklichen Dingen. Diverse Kunsthandwerksläden bieten Waren für Touristen an.

Erfoud ist bekannt für seine **Fossilien.** Das fossilienreiche Gestein wird aus Steinbrüchen versteinerter Korallenriffe in der Umgebung gewonnen und anschließend bearbeitet (geschliffen und poliert). Die versteinerten Meerestiere wie Tintenfische mit Gehäuse (Belemniten und Ammoniten), Seelilien, Trilobiten und Schnecken stammen aus dem Devon (vor 320 bis 400 Millionen Jahren). Man geht davon aus, dass die Sahara damals von einem Flachmeer bedeckt war. Trilobiten stammen meist nicht von den Fundstellen bei Erfoud, sondern aus dem 110 km entfernten Alnif. Strikt abzuraten ist vom Kauf der ebenfalls angebotenen jungsteinzeitlichen Steinbeile und Pfeilspitzen – deren Ausfuhr

Das Tafilalet

Das Tafilalet-Gebiet erstreckt sich **südlich von Erfoud** über eine Länge von 30 km und eine Breite von 4–16 km. Am Horizont der blauschwarzen Steinwüste dehnt sich der **Erg Chebbi** aus, Berge gelber Sanddünen, durchwachsen von einigen Grasbüscheln, im Sand Spuren von Käfern, Vögeln und Schakalen, die die spärlichen Grasbüschel nach Wüstenratten durchsuchen.

Sijilmassa, im 10. und 11. Jahrhundert Hauptstadt dieser Landschaft, war so mächtig, dass sie sich mit Fès und Marrakesch messen konnte. Die Ursprünge von Sijilmassa sind umstritten, nach *Leo Africanus* war es eine römische Gründung, nach dem Geografen *El Bekri* eine Gründung des Schmieds *Midrar* aus Meknès. Jedenfalls war es die **Wiege der Alouiten:** Von hier brachen die Chorfa, Nachkommen Mohammeds und Begründer der jetzt noch regierenden Alouiten-Dynastie, Anfang des 17. Jahrhunderts auf, die religiöse Erneuerung ins ganze Land zu tragen. Sie eroberten Marrakesch und unter *Mulay Rachid* 1666 auch Fès und den Norden. Das Tafilalet war wichtiges **Karawanen- und Handelszentrum.** Von hier zogen die Karawanen nach Timbuktu und Schwarzafrika, auf ihrem Rückweg brachten sie Sklaven und Gold mit. Doch der Stern des Tafilalet erlosch langsam, und auch *Mulay Ismail,* der große Sultan von Meknès und Beherrscher Marokkos über einen Zeitraum von 55 Jahren, konnte Ende des 17. Jahrhunderts die Region, aus der seine Vorfahren stammten, nicht wieder voranbringen – Sijilmassa wurde bedeutungslos.

Heute ist das Tafilalet bekannt für die Herstellung von **Töpferwaren** und besonders schönen **Ledererzeugnissen,** den sogenannten Filali. Diese werden mit dem speziellen Gerbstoff „Takaout" präpariert, der dem Leder seine natürliche Farbe lässt.

Im Tafilalet kämpfen Menschen, Tiere und Pflanzen einen ungleichen **Kampf gegen den Sand.** Der Wüstensturm bläst Myriaden von Sandkörnern ins Kulturland, haushohe Dünen wälzen sich wandernden Sandwogen gleich und überfluten die Oasen, sodass die Menschen zum Abwandern gezwungen werden. Die Gegenwehr ist mühsam: Hecken aus Palmenzweigen werden gegen den Wind errichtet und Reihen bestimmter genügsamer Gräser angepflanzt, deren Wurzeln den Boden festigen. Im Windschatten der Gräser kommt dann der Sand zur Ruhe.

Das Tafilalet ist das **größte zusammenhängende Oasengebiet Marokkos.** Hier wachsen unzählige Dattelpalmen, und die Menschen kultivieren in ihren Oasengärten, die mit Khettaras und Schöpfbrunnen *(Segouias)* bewässert werden, Gemüse, Getreide und Futterpflanzen. Die Kulturen werden von Obstbäumen beschattet, diese wiederum von den Dattelpalmen. Die Trockenheit Anfang der 1980er und 1990er Jahre hat das Tafilalet stark in Mitleidenschaft gezogen. Die Palmenhaine sind in vielen Bereichen verdorrt, zudem macht eine gefährliche Pilzkrankeit den Bäumen zu schaffen. Der Bevölkerung wurde somit die wichtigste Lebensgrundlage entzogen. Nach den „mageren Jahren" der Trockenheit folgten zwar wieder bessere Zeiten, für viele Oasenbauern und Palmenhaine war es jedoch zu spät.

Als Licht am dunklen Horizont erscheint der **anwachsende Tourismus,** von dem sich viele Einwohner einen finanziellen Aufschwung versprechen. Zu wünschen wäre wegen der permanenten Wasserknappheit ein ökologisch angepasster Tourismus, der die Wasserreserven nicht zur Befriedigung touristischer Luxusbedürfnisse ausbeutet – angesichts überlaufender Hotelpools andernorts und der steigenden Ansprüche vieler Touristen höchstwahrscheinlich ein unrealistischer Wunsch ...

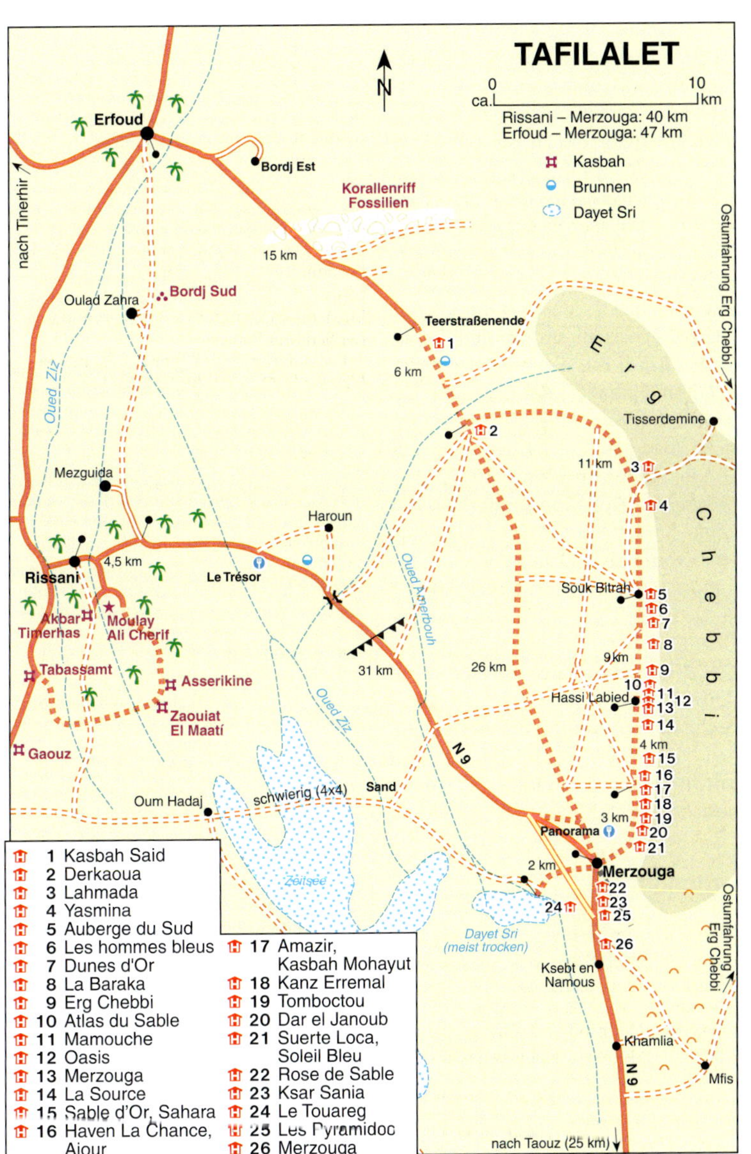
TAFILALET
0 10
ca. km
Rissani – Merzouga: 40 km
Erfoud – Merzouga: 47 km
Kasbah
Brunnen
Dayet Sri
Erfoud
Bordj Est
nach Tinerhir
Korallenriff Fossilien
15 km
Oulad Zahra
Bordj Sud
Teerstraßenende
1
6 km
Erg Chebbi
Ostumfahrung Erg Chebbi
Oued Ziz
2
Tisserdemine
11 km
3
4
Mezguida
Haroun
Rissani
4,5 km
Le Trésor
Oued Amerbouh
Souk Bitrah
5
6
7
8
Akbar
Timerhas
Moulay Ali Cherif
Tabassamt
Asserikine
31 km
26 km
9 km
9
10
11
12
13
Hassi Labied
Zaouiat El Maatí
Oued Ziz
Gaouz
N9
14
4 km
15
16
17
18
19
20
21
Sand
Oum Hadaj
schwierig (4x4)
3 km
Panorama
Merzouga
2 km
Zeitsee
22
23
24
25
26
Dayet Sri (meist trocken)
Ksebt en Namous
Ostumfahrung Erg Chebbi
Khamlia
Mfis
N9
nach Taouz (25 km)
1 Kasbah Said
2 Derkaoua
3 Lahmada
4 Yasmina
5 Auberge du Sud
6 Les hommes bleus
7 Dunes d'Or
8 La Baraka
9 Erg Chebbi
10 Atlas du Sable
11 Mamouche
12 Oasis
13 Merzouga
14 La Source
15 Sable d'Or, Sahara
16 Haven La Chance, Aiour
17 Amazir, Kasbah Mohayut
18 Kanz Erremal
19 Tomboctou
20 Dar el Janoub
21 Suerte Loca, Soleil Bleu
22 Rose de Sable
23 Ksar Sania
24 Le Touareg
25 Les Pyramides
26 Merzouga

ist verboten. Mehrere Fossilienwerkstätten in Erfoud (an der Straße Richtung Rissani) führen durch ihren Betrieb und verkaufen diverse Schalen und Anhänger bis zu ganzen Tischplatten und Springbrunnen aus geschliffenem Fossilienstein (vgl. „Einkaufen"). Vorsicht: Besonders schöne und große Ammoniten entpuppen sich immer wieder als Fälschung und sind geschickte Steinmetzarbeit und nicht gut geschliffene Fossilien.

Vom **Bordj Est,** einem Fort, das sich auf dem **Djabal Erfoud** über dem Ort erhebt, hat man eine grandiose Aussicht über das Tafilalet, vor allem bei Sonnenuntergang. Man kann bis zu einer Aussichtsplattform unterhalb des Gipfel hinauffahren. Das Fort am Gipfel ist vom Militär besetzt.

Kunstwerke der besonderen Art sind in Richtung Tinejdad zu bewundern. Dort findet man mitten in der Wüste die **„Himmelstreppe"** und die **„Goldene Spirale"**, die der Künstler und Architekt *Hannsjörg Voth* geschaffen hat. Diese Freiluftkunst kann man **nur mit autorisiertem Führer ab Fezna** besichtigen.

Unterkunft

Klassifizierte Hotels

Fast alle Hotels bieten verschiedene (4x4) Exkursionen in die Wüste an.

- **Belere******, an der Straße nach Rissani, Tel. 0535 57 81 90, www.belerehotels.ma. Viel von Reisebussen frequentiertes Luxushotel mit Bungalows; Pool, Zimmer mit AC, internationales Buffet-Restaurant, freundliches Personal. €€€€.
- **Chergui******, außerhalb an der Straße nach Errachidia (5,5 km), Tel. 0535 57 85 04, www.hotelchergui.com. Großes Kasbahhotel mit 100 klimatisierten Zimmern mit TV; schöner Pool mit Palmen, marokkanisches Restaurant, Hammam, kabelloses Internet (WIFI). DZ mit Halbpension für 2 Pers. €€€€.
- **El Ati******, ca. 1 km außerhalb Richtung Rissani, Tel. 0535 57 73 73, www.hotelati.com. Der klotzige Bau hat wenig Atmosphäre, die Zimmer sind jedoch komfortabel (mit AC) und sauber, das Personal freundlich. Großer Pool im Innenhof (wenig Schatten), kabelloses Internet. DZ €€€€, gutes Abendbuffet.
- **Kasbah Xaluca******, 5 km an der Straße nach Errachidia (in Maadid), Tel. 0535 57 84 50/51, www.xaluca.com. Sehr schönes, stilvolles Kasbah-Hotel der Xaluca-Gruppe mit Liebe zum Detail: geschmackvoll eingerichtete, geräumige Zimmer, Suiten und Bungalows (Waschbecken aus Fossilienstein usw.) mit AC, Sat-TV, Decken aus Palmholz, Betten auf Steinsockeln. Restaurant mit gutem Essen, großer Pool, beheizter Innenpool und schöner SPA-Bereich, sehr freundliches Personal, reichhaltiges Frühstück. Camping im Hinterhof möglich mit separaten Sanitäranlagen. DZ mit Frühstück €€€, Suite €€€€.
- **Ksar Assalassil******, ca. 1 km außerhalb an der Straße Richtung Errachidia, Tel. 0535 57 82 27, http://hotelksarassalassil.e-monsite.com. Luxus-Herberge im Kasbahstil in ruhiger Lage, schöner Pool im Palmengarten, bewachter Parkplatz. 14 klimatisierte, saubere und geräumige Zimmer und Suiten mit Sat-TV und drahtlosem Internet (WIFI). DZ €€€€ bis €€€€€ mit Frühstück.
- **Palms Hotel Club******, ca. 4 km außerhalb an der Straße nach Rissani, Tel. 0535 57 61 44, www.palmotel.com. Großer Komplex im Kasbahstil in einem Palmengarten mit Pool, klimatisierte Zimmer mit Sat-TV, Hammam. DZ €€€€ (vergleichsweise teuer).
- **Kasbah Tizimi*****, Route de Jorf (in Richtung Tinejdad ca. 700 m ab Kreuzung), Tel. 0535 57 61 79, www.kasbahtizimi.com. Schönes Kasbah-Hotel mit Pool, die klimatisierten Zimmer sind geschmackvoll im marokkanischen Stil ausgestattet. DZ/Suite €€€ bis €€€€B inkl. Frühstück, je nach Kategorie und Saison.

- **Salam*****, Route de Rissani, Tel. 0535 57 64 25 od. 57 60 23, Fax 0535 57 64 26. Älteres, gut ausgestattetes Hotel mit sauberen, klimatisierten Zimmern. Der Empfang ist nicht immer freundlich. Gutes Essen, bewachter Parkplatz, schöner Garten mit Pool. DZ €€€.
- **Tafilalet*****, Av. Mulay Ismail, Tel. 0535 57 65 35, www.hoteltafilalet.com. Mittelklassehotel mit hübschem, zweiteiligen Innenhof mit Pool, Bar und Garten. Saubere, schon etwas abgewohnte DZ mit Frühstück €€€€, 15% Rabatt für Reise-Know-How-Leser.
- **Canne***, 85, Av. Mulay el Hassan, Tel. 0535 57 86 95. Gut geführtes Hotel unter französischer Leitung an der Straße zum Souk, hellhörige Zimmer, ansonsten gut, mit Restaurant. DZ €A inkl. Frühstück.
- **Farah Zouar – Chez Gaby***, Av. Mulay Ismail, Tel. 0535 57 62 30 oder 0535 57 81 11, www.hotelchezgaby.com, am Ortsanfang von Rissani kommend, gegenüber des Hotels Salam. Saubere Zimmer (sehr hellhörig) und Suiten mit Bad, TV und AC. Dachterrasse, bewachter Parkplatz, schöner Pool. DZ €€.
- **Sable D'Or***, 141, Av. Mohamed V. (im Zentrum), Tel. 0535 57 63 48, an der Hauptkreuzung im Ort, schräg gegenüber der Post. Freundlich, ruhig, Essen mäßig. Saubere DZ mit Dusche/WC €.

Unklassifiziertes Hotel

- **Merzouga,** Av. Mohamed V., Tel. 0535 57 65 32. Nettes, sauberes Hotel, sehr freundliche Leute, die sich zusammen mit Geschäfts-

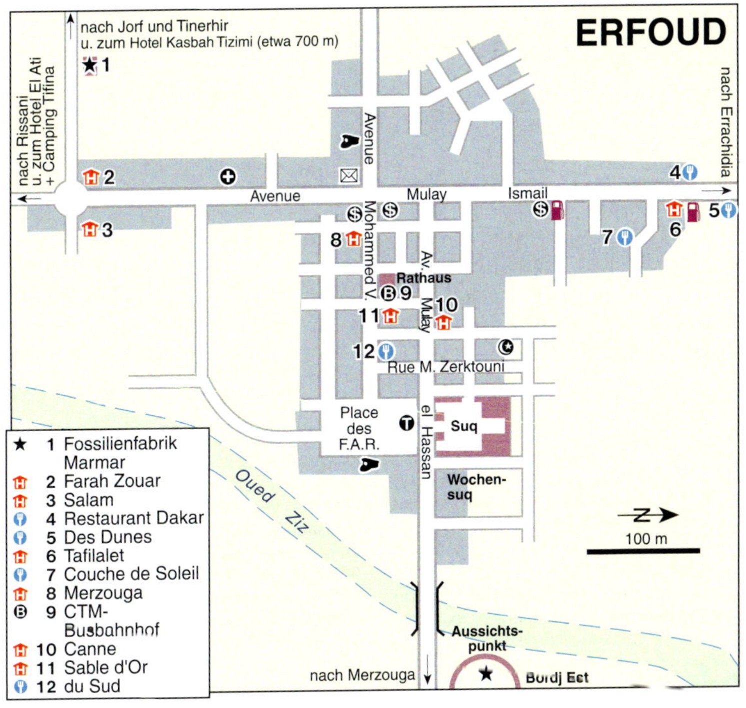

aga08-527 Foto: ch

führer *Mohammed Abdellaove* rührend um die Gäste kümmern (sprechen englisch). DZ mit Bad ½€, mit reichhaltigem Abendessen und Frühstück €A, Übernachtung auch im Berberzelt.

Campingplatz

● **Camping Tifina,** www.tifina-marokko.com. Im Jahr 2007 eröffneter großer und ummauerter Campingplatz auf der rechten Straßenseite einige Kilometer Richtung Rissani. Sauber und gepflegt, unter französischer Führung, wenig Schatten, auch Übernachtung im Bungalow oder Berberzelt möglich. Camping für 2 Pers. mit Zelt, Auto oder Wohnmobil 70 DH, Strom 25 DH.

Poolanlage des Hotels Kasbah Tizimi

Essen und Trinken

● **Café du Sud,** Av. Mohamed V. Sehr gutes Restaurant, in dem auch die Einheimischen essen gehen (marokkanische Küche), mittlere Preise (Verhandlungssache).

● **Dadani,** Av. Mohamed V., Tel. 0535 57 79 58, angemehme Atmosphäre auf der Terrasse, auch alleinreisende Frauen fühlen sich hier wohl, wechselndes Tagesmenü und gute Tajines.

● **Dakar,** Av. Mulay Ismail (ggü. Ziz-Tankstelle), Mobil 0661 35 16 52. Gepflegtes, gutes und günstiges Restaurant mit Suppen, Salaten, Pizza (40–50 DH), Brochette und Tajine (50–60 DH). Der Besitzer zeigt gerne unverbindlich seine Fossiliensammlung im UG.

● **Des Dunes,** Av. Mulay Ismail, Tel. 0661 351652, neben der ZIZ-Tankstelle. Besitzer ist *Sadek Ettayek,* dessen Brüder die Hotels der Xaluca-Gruppe managen. Sehr gutes Essen, hervorragende Spezialität des Hauses ist ein Fleischragout in Tajine, genannt *Kalia*.

● **Le Couche du Soleil,** Av. Mulay Ismail, preisgünstiges Essen in angenehmer Atmosphäre.
● **Le Clap,** 7, Rue Allal Ben Abdellah, am Busbahnhof beim CTM-Schalter. Sehr gut und freundlich. Weibliche Bedienung!

Einkaufen

● Die Av. Mulay el Hassan führt direkt auf den Souk zu. An ihr sowie an der Av. Mohamed V., die ebenfalls zum Place des F.A.R und zum Markt bzw. Taxistandplatz führt, sind sämtliche wichtigen Geschäfte, **Banken** und **Tankstellen** zu finden. Am Platz vor dem Souk (Place des Forces Armee Royale) befinden sich die **Polizei** und andere wichtige Ämter sowie ein großer Parkplatz.
● Den **Souk** erreicht man durch einen rotweißen Eingangsbogen. Neben dem Eingangstor liegen rechter Hand diverse Souvenirgeschäfte, in denen man günstig einkaufen kann. Hinter dem Hofbereich des Souk, auf dem Waren der Saison, z.B. im Herbst Datteln, angeboten werden, liegt der überdachte Bereich des **Lebensmittel-Souks.** Hier gibt es jede Menge gutes und preiswertes Obst und Gemüse, Milchprodukte etc. Der **große Wochenmarkt** am Sonntag findet neben dem Souk-Gelände statt.
● Einen **Supermarkt** gibt es an der Av. Mohamed V. gegenüber dem Hotel Sable d'Or. Daneben befindet sich ein Geschäft für **Autoersatzteile** (besonders Geländewagen).
● In Erfoud kann man wunderschöne geschliffene **Fossilien** einkaufen. Bei **Adarissa Atelier – Pierre d'Erfoud** (Tel. 0535 57 75 96 oder 0535 57 71 59, am Ortsausgang Richtung Rissani auf der linken Seite neben einer Tankstelle) und bei der **Fossilienfabrik Marmar** (an der Straße Richtung Tinerhir) kann man sich von einem deutsch sprechenden Führer durch die Fabrik führen lassen. Hier kann man beobachten, wie der Fossilienstein mit verschiedensten Werkzeugen poliert und bearbeitet wird. In der großen Verkaufsausstellung mit (verhandelbaren, relativ hohen) Preisen gibt es alle denkbaren Gegenstände aus Fossilienstein bzw. präparierte Fossilien aller Größen. Bezahlung mit Kreditkarte ist möglich, große bzw. schwere Waren werden auch nach Europa verschickt.

Busse

● **CTM-Büro** an der Av. Mohamed V.
● Busgesellschaft **Salam** an der Av. Mulay Ismail, Tel. 0535 57 60 41.

Verbindungen und Preise

● **Errachidia** und **Meknès:** je 1x tägl. morgens mit CTM und Supratours, 110 DH, 8 Std. Fahrt nach Meknès; nach Errachidia ca. 2 Std.
● **Rissani:** mehrmals tägl., ca. 15 DH, Fahrzeit ca. 30 Minuten.
● **Fezna** (Himmelstreppe) bzw. **Tinejdad:** Kleinbus gegenüber der Post, 5 DH nach Fezna, 15 DH nach Tinejdad, Fahrzeit 2–3 Std.
● **Rich und weiter nach Midelt:** 4x tägl., nach Rich ca. 40 DH, 2 Std. Fahrt; nach Midelt ca. 65 DH, 3 Std. Fahrt.
● **Errachidia – Tinerhir – Ouarzazate – Marrakesch**: 1x tägl. mit Supratours, bis Tinerhir 3½ Std. Fahrzeit, bis Ouarzazate ca. 7 Std., bis Marrakesch ca. 12 Std.
● **Merzouga:** tägl. Supratours-Bus über Rissani (40 DH, vgl. auch Merzouga). Man sollte sich vorab über eine Rückfahrmöglichkeit am gleichen Tag erkundigen, sonst muss man sich auf eine Übernachtung in Merzouga einstellen (empfehlenswert).

Sammeltaxis/Taxis

● **Abfahrt der Sammeltaxis:** Pl. des F.A.R.
● **Tinerhir:** ca. 20 DH p.P., das komplette Taxi für 400–800 DH, 1½ Std. Fahrzeit.
● **Rissani, Merzouga:** Ein **Sammeltaxi-Kleinbus** fährt mehrmals tägl. bis 21 Uhr über Rissani nach Merzouga (12 DH/Pers., Gepäck extra).

Rund ums Auto

● **Garage Chez Aziz,** neben Café des Dunes, empfehlenswerte Werkstatt und Pannendienst, Mobil 0661 67 41 02

- Empfehlenswert ist auch die kleine **Werkstatt von Mohammed Ben Messaoud** in der Stadtmitte auf der linken Seite schräg gegenüber eines Supermarché (Av. Mulay Ismail): zuverlässig und faire Preise (Mobil 0668 35 23 46, auch englisch).

Feste/Veranstaltungen

- Im September, anlässlich der Dattelernte, findet das **Dattelfest** statt (ein Wochenende).

Ausflüge

In allen Hotels und im Ort kann man Touren **zum Erg Chebbi oder nach Rissani** buchen. Je länger man wartet, um so preiswerter werden die Angebote. Merzouga und die Dünen sind inzwischen auf Teerstraße über Rissani erreichbar, daher sind hohe Preise für einen Geländewagen nicht mehr gerechtfertigt. Das Wüstenerlebnis ist jedoch auf der Pistenfahrt entlang der Dünen von Erfoud nach Merzouga größer – besonders schön ist eine Umrundung des Erg Chebbi (zwischen 60 und 85 km, je nach Strecke). Wer zum **Sonnenuntergang** nach Merzouga fahren will, sollte spätestens um 15 Uhr aufbrechen, um noch genügend Zeit zu haben, die Dünen zu erklimmen. Schöner ist der Sonnenaufgang, da die Sonne hier hinter den Dünen aufgeht, während sie über Merzouga untergeht.

Ein Tagesausflug mit dem Geländewagen zu den Dünen ab Erfoud kostet etwa 1200 DH für bis zu 6 Personen.

Anbieter

- Empfehlenswert sind (landesweite) Geländewagentouren mit **Brahim Karaoui,** der gut englisch und deutsch spricht und in Merzouga das hübsche Riad Nezha betreibt; Mobil 0661 98 79 77.

Von Erfoud aus geht es an Palmenhainen entlang, am Palms Hotel Club (links) vorbei, auf der breiten Teerstraße **nach Rissani.**

5 km hinter Erfoud überquert man eine Khettara (Foggara), einen unterirdischen Bewässerungskanal.

Nach 15 km ist das Hotel Kasbah Asmaa ereicht, 2 km weiter (km 17) das Hotel Kasbah Ennasra (siehe Rissani). Dort zweigt rechts die **Straße nach Alnif und Tazzarine** ab (ZIZ-Tankstelle). Nach wiederum 1 km geht es an einer V-Gabelung links nach Merzouga und rechts ins Zentrum von Rissani, das bei Gesamt-km 104 erreicht ist.

Rissani

↗VII/D3

Rissani liegt am Rande der Wüste, zählt ca. **10.000 Einwohner** und ist einer der Orte, die in keinem Reiseprogramm fehlen. Der Massentourismus hat seine Spuren hinterlassen: Aufdringliche Kinder, die im Extremfall mit Steinen werfen, und so viele, zuweilen recht aufdringliche *faux guides* (nicht lizensierte Führer), wie der Erg Chebbi Sandkörner zählt. Wenn man hier alleine spazieren geht, hat man wenig Ruhe. Trotzdem ist Rissani ein hübscher

Willkommen in Rissani

Oasenort mit rosa getünchten Lehmhäusern, einer großen Kasbah und einem herrlichen, inzwischen aber auch touristischen Markt – alles umrahmt von einem riesigen Palmenhain. In den Oasen rings um das Dorf wird noch typische Oasenbewirtschaftung betrieben. Wichtigste Handelsware ist die Dattel.

Geschichte

Rissani war das legendäre **Sijilmassa,** die **ehemalige Hauptstadt des Tafilalet,** von der aber außer ein paar kläglichen Mauerresten 2 km außerhalb Rissanis nichts mehr erhalten ist.

Der marokkanische Reisende *Leo Africanus* (1495 bis ca. 1550) führt die Gründung auf die Römer zurück, der Geograf *Al-Bekri* glaubt an eine Gründung im Jahre 757. Damit wäre das Reich Sijilmassa eines der ersten Sultanate auf islamischem Boden. 922 errangen die Fatimiden die Staatsgewalt über das Wüstenreich, und 1056 besetzten die Almoraviden Sijilmassa, danach folgten die Almohaden und 1255 die Meriniden.

Im Mittelalter war der Ort ein bedeutender **Karawanenstützpunkt** und Handelszentrum, in dem Datteln, Salz, Leder- und Metallwaren gegen Gold, Elfenbein und Sklaven getauscht wurden. Mitte des 17. Jahrhunderts eroberten die Alawiden-Cherife aus dem Tafilalet unter *Mulay al-Rashid* (1664–1672) Fès und Marrakesch und grün-

aga08-515 Foto: ch

deten die auch heute noch regierende Alawiden-Dynastie. Zahlreiche Kasbahs wurden errichtet, nach und nach aber wurde Rissani zur Hauptstadt des Tafilalets, und Sijilmassa verfiel.

Sehenswertes

Torbogen

Die Einfahrt von Rissani schmückt ein großer, prachtvoll verzierter **Torbogen,** der unter *Hassan II.* zum Gedenken an seine aus der Gegend stammenden Vorfahren errichtet wurde.

Markt

Besonders sehenswert ist der Markt. **Sonntag** ist großer, **Dienstag und Donnerstag** kleiner Markt. Zwischen den Mauern des **Souk** hocken die Händler mit Gemüse, unter den Arkaden befinden sich die Läden mit der Handwerkskunst sowie die Bäcker und Fleischer. In einigen Höfen werden Schafe, Ziegen, Hühner und vieles mehr verkauft. Der Handel dürfte sich – abgesehen von modernen Errungenschaften wie Uhren, Textilien sowie Plastikwaren, die auch auf dem Markt verkauft werden – noch genauso abspielen wie vor hundert Jahren. Hier lässt es sich wunderbar beobachten, zuhören, staunen. Auch wenn man selbst nichts kaufen will, ist der Markt ein Erlebnis.

Unübertroffen jedoch ist der **Parkplatz der Nomaden.** Nein, kein Parkplatz für Autos oder Fahrräder – ein Eselsparkplatz und ein kleiner Kamelparkplatz. Vor zwei umfriedeten Höfen werden die Sättel der Vierbeiner gelagert, dies allein schon ein imposanter Anblick. Im Hof selbst wimmelt es von Eseln, die dicht gedrängt stehen, oftmals auch übereinander, da man ja selten so viele hübsche Eselinnen auf einmal trifft ... Man stelle sich mal die Situation übertragen auf unsere Autos vor: Man parkt seinen Wagen im Parkhaus und einige Monate später ist man stolzer Besitzer eines „Baby"-Autos – zweifellos eine Kapitalanlage! Dies ist es sicher auch für die Berber, wenn ihre Eselstute nach einem Markttag in Rissani trächtig ist. So hat sich für viele der Markt in zweifacher Hinsicht gelohnt.

Kasbahs

Neben dem Hotel El Filalia liegt der sehenswerte **Ksar Abouam** mit der **Kasbah Mulay Ismail.** Der Lehmkomplex mit seinen verschachtelten Gassen und Innenhöfen hat ein gut erhaltenes, prachtvolles, von mächtigen Türmen flankiertes Eingangstor. Der Ksar diente als Kulisse für die Filme „Marco Polo", „The secret of the Sahara" und „Himmel über der Wüste". Im Komplex ist der schöne Kunsthandwerksladen von *Hafid* und *Ismail Dribi Alaoui,* La Maison Saharienne (s.u.), mit mehreren Ausstellungsräumen untergebracht, wo man sehr unaufdringlich in Deutsch beraten und in keinster Weise zum Kauf genötigt wird. Ein kleines, sehenswertes **Museum** ist in einer Kasbah gegenüber dem Hotel Sijilmassa untergebracht, ebenso ein **Ensemble Artisanal** (staatlicher Kunsthandwerksladen mit Festpreisen).

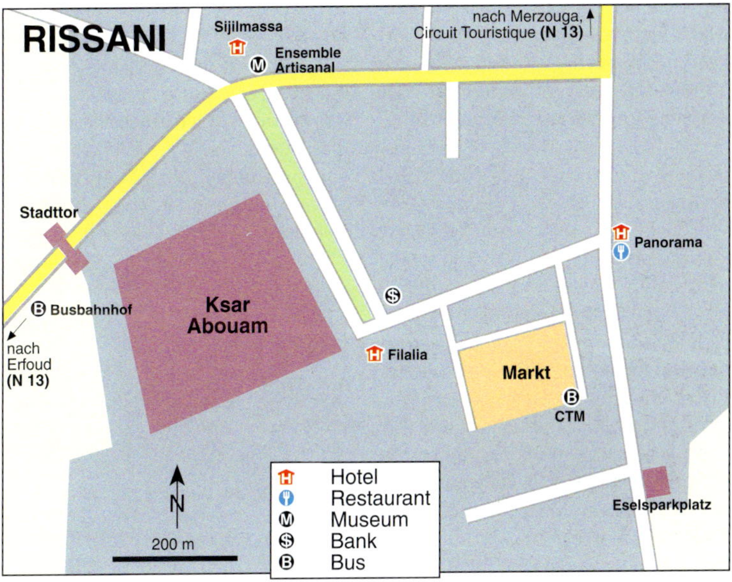

RISSANI
Sijilmassa
Ensemble Artisanal
nach Merzouga, Circuit Touristique (N 13)
Stadttor
Panorama
Busbahnhof
Ksar Abouam
nach Erfoud (N 13)
Filalia
Markt
CTM
Eselsparkplatz
N
200 m
Hotel
Restaurant
Museum
Bank
Bus

Mausoleum Mulay Ali Cherif

Nicht unbedingt lohnenswert ist ein Besuch des 2 km entfernten Mausoleums (Zaouia) von *Mulay Ali Cherif,* da Nicht-Moslems die Moschee und mosaikgeschmückte Grabkammer nicht betreten dürfen. *Mulay Ali Cherif* ist ein Vorfahre des jetzigen Königs.

Oasenrundfahrt

Auf der Oasenrundfahrt *(circuit touristique)* passiert man zahlreiche schöne Ksour, so das **Ksar Abbar,** ein riesiger Lehmbaukomplex mit herrlicher Ornamentik auf dem von mächtigen Türmen flankierten Eingangstor. Diesen Komplex schuf der Sultan *Mulay Abd al-Rahman* Mitte des 19. Jahrhunderts, der hier sowohl seine Schätze als auch seine zahlreichen Frauen von einer schwarzen Leibgarde bewachen ließ. 2 km weiter auf der Piste, die am Mausoleum vorbeiführt, gelangt man zu den Resten des **Ksar Oulad Abd al-Halim** aus dem 19. Jahrhundert, das noch bewohnt ist und einst eines der schönsten Wehrdörfer in der Wüste war. Inzwischen stark verfallen, zeugt es doch von einer prunkvollen Vergangenheit, und Reste einstmals kunstvoller Lehmhausarchitektur sind noch zu besichtigen. Das malerische, aber auch kärgliche Leben zwischen den halb verfallenen Mauern ist zumindest genauso interessant, wie es die Reste aus alten Zeiten sind. Sehenswert ist auch das **Ksar Dar al-Beida** (18. Jahrhundert), für das sogar Marmor aus

Volubilis herangeschafft wurde. Teilweise sind die Außenmauern und Wehrtürme noch gut erhalten. Weiter auf der Oasenrundfahrt kommt man durch zahlreiche, zum Teil abgestorbene Palmenhaine und erreicht nach insgesamt 20 km („Circuit Touristique Rissani - Zaouia Mulay Ali Sherif - Rissani") wieder Rissani von Süden her.

Die Dörfer können besichtigt werden, da man jedoch häufig von Kindern regelrecht „überfallen" wird, ist es hier evtl. sinnvoll, einen offiziellen Führer mitzunehmen, der einem etwas Ruhe verschafft.

Insgesamt lohnt sich die Rundfahrt nicht, interessant sind nur die ersten 8–10 km an der Zaouia vorbei entlang der alten Ksour. Zudem ist die Straße für Pkw eher schlecht.

Unterkunft

Klassifizierte Hotels

●**Kasbah Asmaa*****, Tel. 0535 77 40 83, Fax 0535 57 54 94, asmaabivouac@yahoo.fr, ca. 3 km vom Zentrum in Richtung Erfoud auf der linken Seite. Hübsche, mit traditionellen Elementen gestaltete Anlage mit sehr schönem Garten. Das Essen ist sehr gut. Die Zimmer sind nicht mehr alle gut in Schuss, das Personal ist nicht immer freundlich. DZ €€€A inkl. Frühstück.

●**Kasbah Ennasra,** ca. 2 km außerhalb Richtung Erfoud, Tel. 0535 77 44 03, www.kasbahennasra.net. Schönes Kasbahhotel mit 15 Zimmern (auch Familienzimmer) mit Himmelbett, Bad, AC und kleiner Terrasse. Pool im hübschen Innenhof, gemütliches Restaurant (Alkohol) mit Terrasse zum Hof, Parkplatz. DZ €€€€B (saisonabhängig).

Unklassifizierte Hotels

●**El Filalia,** Grand Place Rissani (bei der Bushaltestelle), Tel. 0535 57 51 03, Fax 0535 57 58 56. Die Zimmer sind einfach und nicht immer sauber, manche etwas rauchig und stickig, da die Fenster nach innen zu einem Schacht weisen. Die Duschen und Toiletten (mäßig sauber) liegen auf dem Flur (kein warmes Wasser). Organisation von 4x4-Touren nach Merzouga (relativ teuer). DZ €, auch Übernachtung auf der Dachterrasse möglich.

●**Merzouga,** größeres Hotel und Café-Restaurant an der Straße Richtung Merzouga. Einfache, geräumige Zimmer mit Bad, kleiner Innenhof, gutes Essen. DZ €€.

Jugendherberge

●**Auberge de la jeunesse,** 107, Hay Moulay Slimane, gegenüber dem Marktplatz, Tel. 0535 57 53 89, ryh2007@gmail.com, www.hihostels.com. Die Herberge ist in einem geräumigen Haus untergebracht und sehr sauber, die Sanitäranlagen sind einfach. Es gibt eine Küche im Keller. Übernachtung mit Jugendherbergsausweis ab 35 DH, DZ 80 DH, Vierbettzimmer 150 DH. Die Herberge ist nach Leserinformationen offenbar nicht immer geöffnet.

Essen und Trinken

Eine **Spezialität** des Tafilalet ist **Maflouka,** auch „Berberpizza" genannt: ein großes, mit Fleisch, Zwiebeln, Knoblauch, 44 Gewürzen und Eiern gefülltes Fladenbrot. Dieses sehr leckere Gericht gibt es häufig nur auf Vorbestellung, besonders gut nahe dem Markt (Aufschrift „Maflouka") bei *Fatima.* Die meisten Herbergen am Erg Chebbi offerieren ebenfalls Maflouka.

●Empfehlenswert sind die Restaurants **Toumbouctou** und **Merzouga** an der Straße Richtung Merzouga.

Einkaufen

●**Maison Saharienne,** Ksar Abouam, zwischen Kasbah und Moschee, Tel. 0535 57 52 89, Mobil 0661 35 16 85. Der nette Laden gehört *Hafid Dribi,* der sehr freundlich und sachkundig ist. Er verkauft schöne Teppiche und Schmuck, Kupfer- und Lederarbeiten.

- Außerdem gibt es noch die Souvenirläden **Maison Touareg,** Tel. 0535 77 01 75, an der Stadtausfahrt Richtung Merzouga, mit einem großen Sortiment an Teppichen und Kunsthandwerk, und **Maison Bedouine** in Richtung Mausoleum Mulay Cherif.

Verkehrsverbindungen

Die **Busse und Sammeltaxis** fahren ab dem **Gare Routière** vor dem Stadttor (in Richtung Erfoud). Der **CTM-Bahnhof** ist neben dem Hotel El Filalia im Zentrum.

Verbindungen und Preise

- Mehrmals täglich Busse und Sammeltaxis nach **Erfoud** und weiter nach **Errachidia** (ca. 50 DH). Die Sammeltaxis sind schneller und nur unerheblich teurer als die Busse.
- Supratours fährt jeden Abend über **Errachidia** und **Midelt** nach **Fès** (9–11 Std. Fahrzeit). Es verkehren auch Busse weiter nach **Meknès.** Außerdem fährt täglich ein Supratours-Bus nach **Marrakesch** (via Erfoud, Errachidia, Tinerhir, Boumalne du Dadès, Ouarzazate).
- Weitere Fernverkehrsbusse fahren täglich nach **Zagora, Rich, Rabat, Tanger und Casablanca** (Nachtbusse).
- Nach **Tinerhir** gibt es einen Direktbus via Erfoud (ca. 35 DH plus Gepäck).
- Mit **Mercedes-Kleinbus** weiter zu diversen Stellen des Erg Chebbi bzw. nach **Merzouga** mehrmals täglich ab Markt (12 DH/Pers.), Rückfahrt am Nachmittag oder am nächsten Tag frühmorgens. Nach Merzouga verkehrt auch ein **Supratours-Bus** täglich (siehe dort).

Sonstiges

- Für den Notfall stehen ein **Centre Medical** und **Apotheken** zur Verfügung. Das nächste Krankenhaus befindet sich in Erfoud.
- Ein empfehlenswerter offizieller **Stadtführer** ist *Mohammed Nacuer*, Mobil 0662 56 29 20, der meist neben dem Restaurant Sijilmassa (am Souk an der Hauptstraße) auf Kundschaft wartet. Er ist sehr nett und spricht u.a. englisch und deutsch.

Feste

- Im Frühjahr findet das **Recontre de Musique Melhoun,** ein Musikfestival mit klassischer Musik, statt.
- Mitte Dezember gibt es an der Université Mulay Ali Cherif ein Fest.
- Seit 2003 findet in Rissani und Merzouga regelmäßig das **Festival des Musiques du Désert** statt (www.festivaldudesert.ma).

Ausflüge

Bei Merzouga bzw. Taouz liegen am **Erg Chebbi** – neben den Dunes de Chegaga südlich von M'hamid die einzigen höheren **Sanddünen** Marokkos (bis zu 200 m hoch). Wegen der vielen Herbergen entlang der Dünen findet man hier Wüsteneinsamkeit nur viele Kilometer abseits der Piste bzw. auf der Ostseite des Dünengebietes. Trotzdem empfinden Saharaneulinge den Erg Chebbi als das Wüstenerlebnis schlechthin. Touren nach Merzouga werden von den Hotels in Erfoud und Rissani angeboten, am schönsten ist ein Dünenspaziergang oder Kamelausflug zum Sonnenaufgang. Die Preise für eine Tour sind meist verhandelbar und hängen vor allem von der Dauer ab (ob Halbtagestour oder mit Übernachtung/Essen, s.a. Ausflüge bei Erfoud).

Wer über ein eigenes Fahrzeug und Zelt verfügt, kann den Sonnenauf- bzw. -untergang wesentlich ruhiger und stimmungsvoller abseits des Trubels in den Dünen genießen, denn Campingmöglichkeiten gibt es am Rande des Erg Chebbi genug.

Sehr schön ist der **Dayet Sri,** ein flacher Zeitsee in der Wüste, der nach den vielen starken Regenfällen in den letzten Jahren immer wieder Wasser führte. Hier kann man gelegentlich auch Flamingos und badende Kamele beobachten. Auch beim Café Yasmina am Nordrand des Erg Chebbi und südlich von Merzouga bilden sich in regenreichen Jahren Seen, die zusammen mit den Sanddünen ein herrliches Bild ergeben.

Rissani – Merzouga

Überblick

- **39 km, N13, gute Asphaltstraße.**
- Die seit 2002 asphaltierte Strecke führt zunächst sehr kurvenreich durch die Oasengärten und den Palmenhain von Rissani, dann geradeaus Richtung Osten. Die beeindruckende Silhouette der **Dünen** ist bei klarem Wetter schon am Horizont zu sehen. Entlang der Route erstreckt sich ein regelrechter Schilderwald der unzähligen Auberges am Erg Chebbi (Infos zu den Unterkünften bei Merzouga).
- **Mercedes-Kleinbusse** und ein **Supratours-Bus** verkehren ab Erfoud und Rissani (siehe dort), **organisierte Touren** werden von den Hotels angeboten.

Anfahrtsbeschreibung

Rissani an der Gabelung (bei GPS-Pos. N 31°17,308′, W 04°15,441′) links Richtung Nordosten verlassen (Wegweiser von *faux guides* geschwärzt). Es geht links vorbei am Souvenirshop Maison Touareg.

Nach **6 km** liegt das **Hotel/Restaurant Le Trésor** (Mobil 0662 05 33 59) an der Straße, ein kleiner, ummauerter Campingplatz in der kahlen, flachen Ebene. Es stehen sehr einfache Zimmer (€) zur Verfügung.

Bei **km 12** führt eine **Brücke** über den **Oued Ziz.** Hier gibt es gelegentlich Gendarmerie-Kontrollen. Dann folgt der erste Pistenabzweig Richtung Erg zur Kasbah Hotel Said (12 km) und Auberge Derkaoua (5 km).

Km 16, Abzweig zu den Auberges Lahmada (14,5 km), Bérbères (10 km), Kasbah Yasmina (14 km), La Caravane (12 km), Salama chez Youssef (13 km).

17 km hinter Rissani zweigt links die Piste nach **Hassi Labied** (Schild) ab.

Km 23, Abzweig zu Les Hommes Bleu Riad Maria, Les Dunes d'Or (6 km), La Baraka (6 km), Auberge Café du Sud (8 km), Kasbah Erg Chebbi (5 km).

Km 29, Abzweig zu Atlas du Sable, Ocean des Dunes, Secret du Sahara, Nasser Palace (jeweils 2 km). Alle paar Meter folgen weitere Abzweige und Schilder zu Herbergen an den Dünen.

Km 35, Abzweig zum Hotel/Restaurant Panorama, das wie eine Festung vor den Dünen auf einem kleinen Hügel thront.

1 km weiter ist die Ortseinfahrt von Merzouga mit Supermarkt und Quadverleih (links) erreicht, N 31°08,640′, W 04°03,356′.

Merzouga

↗ VII/D3

Diese **kleine Wüstenoase** (ca. **3000 Einwohner**) liegt **am Rande des Erg Chebbi,** des größten Dünengebiets Marokkos. Rotgelb schimmern die ca. 100 m hohen Dünen im Abend- oder

Morgenlicht und wirken wie ein Abziehbild der großen algerischen Wüstenlandschaften. Die Vermarktung ist dementsprechend, der Ort lebt – abgesehen von geringfügiger Landwirtschaft – von Touristen. Seit der Fertigstellung der Teerstraße eröffnen immer mehr (meist einfache) Herbergen mit Café/Restaurant und Campingplatz entlang der Dünen. Besonders im Frühjahr herrscht in Merzouga touristischer Hochbetrieb und das Motorenbrummen der Quads sorgt nicht gerade für erholsames Wüstenfeeling. Die Preise für Ausflüge sind zum Teil übertrieben teuer: Ein kurzer Kamelritt hinauf auf die Dünen wird gelegentlich sogar für mehr als 200 DH verkauft – zu Fuß ist man schneller auf den Dünen. Auch Flaschenwasser wird in Merzouga wesentlich teurer verkauft, eine Bevorratung in Rissani ist ratsam. Etwas abseits der Herbergen kann man dennoch sehr schöne Wanderungen im Dünengebiet unternehmen.

Auch ein Besuch der **Oasengärten** und die Besichtigung der **Bewässerungsanlagen** ist lohnenswert. Es existieren noch ein paar wenige Ziehbrunnen, an denen die Frauen das Wasser holen.

Die Weiterfahrt in den Süden nach Taouz (nahe der algerischen Grenze) bietet – abgesehen vielleicht von einem Besuch der Gnaoua-Musiker in Khamlia – wenig. Dort gibt es Felszeichnungen, die man jedoch nur mit Führer besuchen kann.

3 km westlich von Merzouga liegt der **Dayet Sri,** ein flacher See, der in regenreichen Jahren im Winter Wasser führt und wo man von Zeit zu Zeit auch Flamingos antrifft. Der See trocknet während einer längeren Trockenperiode aus. Fahren Sie vom Restaurant des Amis die Mauer entlang in Richtung Westen, danach gleich rechts die Piste entlang, die erste Abzweigung wieder rechts und dann ziemlich geradeaus. Die Piste führt auf leichte Hügel zu, von wo aus der See gut zu überblicken ist (auch mit Pkw kein Problem, GPS-Koordinaten siehe Karte Tafilalet).

Unterkunft

Bei den meisten der genannten Auberges ist Camping möglich, alle bieten diverse **Aktivitäten** für Touristen an: Kameltrips in die Dünen zum Sonnenauf- oder -untergang (max. 200 DH/Pers.), Kameltouren in den Erg mit Übernachtung im Berberzelt und Verpflegung (300–700 DH), Quadtouren und Wanderungen zur höchsten Düne. Ein halbtägiger Geländewagenausflug kostet 700–1200 DH. In vielen Herbergen wird abends Live-Musik für die Besucher gemacht.

Inzwischen habe sich diverse **faux guides** darauf spezialisiert, ankommende Touristen (z.T. bereits im Bus nach Merzouga) abzufangen und gegen hohe Provision in eine Herberge zu schleppen. Lassen Sie sich auch von hartnäckigen Überredungsversuchen nicht beirren und steuern Sie direkt die von Ihnen gewählte/gebuchte Unterkunft an, um Nepp und Betrug zu verhindern!

Herbergen in Merzouga und südlich Richtung Taouz

• **Africa,** Mobil 0668 69 02 41 oder Tel. 0535 57 72 66, Aubergeafrica@gmail.com. Einfache, sehr saubere Herberge mit Strom, schön gelegen direkt vor den Dünen am Dorfrand. Sehr nette, zurückhaltende Familie, angenehme und ruhige Atmosphäre, gute marokkanische Gerichte. Zimmer mit und ohne Bad €.

- **Chez Julia,** am Ortseingang links (beschildert), hinter der Moschee, Mobil 0670 18 13 60. Kleine, einfache, sehr saubere Auberge mit 5 Zimmern und Restaurant, betrieben von der Österreicherin *Julia Günther*. 2 Zimmer teilen sich je eine Dusche und WC. *Julia* legt Wert auf individuelle Betreuung und gibt gute Tipps für die Erkundung der Umgebung. Persönliche und ruhige Atmosphäre, besonders für alleinreisende Frauen eine gute Anlaufadresse. Von der Dachterrasse hat man einen schönen Ausblick. € bis €A p.P. mit HP, marokkanische und österreichische Küche (Schnitzel und Kaiserschmarrn in der Wüste!) für 45–120 DH.
- **Chez Tonton,** von Rissani kommend 500 m hinter dem Supermarkt links, Mobil 0666 66 04 61, www.cheztonton-merzouga.com. Kleine, nette Herberge des gastfreundlichen *Ahmed Aït Bahaddou* und seiner Familie. 6 saubere, hübsche Zimmer mit Bad €€B (z.T. klimatisiert).
- **Kasbah Le Touareg,** am Ortsausgang 2 km in der Palmeraie, gegenüber der großen Düne, Tel./Fax 0535 57 72 15 oder Mobil 0662 09 70 86, www.kasbahletouareg.com. Die Anlage im Stil einer Kasbah bietet saubere, einfache Zimmer, die sich um den großen Garten mit Palmen und Oleander gruppieren. Es gibt auch einen ummauerten Campingplatz und ein Nomadenzelt. 10 Zimmer ohne Dusche im alten Trakt €B, 32 Zimmer mit Bad (einige mit AC) €A bis €€ p.P. inkl. HP, auf der Terrasse 30 DH p.P., im Nomadenzelt 25 DH. Camping 30 DH p.P. inkl. Poolnutzung.
- **Ksar Bicha,** am Rande der Oase, 150 m vom Palais Berbère (vgl. Einkaufen), Tel. 0535 57 71 13, Mobil 0666 50 64 81, www.ksarbicha.com, N 31°06,438′, W 04°00,635′. Hübsche und saubere Herberge mit bepflanztem Innenhof, reichhaltigem und gutem Essen, Pool. Es gibt ordentliche Zimmer mit geräumigem Bad (heißes Wasser und AC), von der Dachterrasse schöner Blick auf die Dünen. Der sehr freundliche Betreiber *Ali* spricht deutsch. DZ inkl. HP €€€, Menü 100 DH.
- **Ksar Sania,** Merzouga, N 31°05,115′, W 04°00,453′, Tel. 0535 57 74 14 oder Mobil 0661 35 99 10, www.ksarsaniahotelmerzouga.com. Das komfortable Ksar Sania unter französischer Führung wurde von der Flut im Jahr 2006 komplett zerstört und in den letzten Jahren wieder aufgebaut. Traditioneller (klimatisch vorteilhafter) Lehmbau mit hübschen, stilvoll gestalteten Zimmern mit Bad, auch Hütten/Berberzelte ohne Bad – empfehlenswert. DZ mit Bad €€ p.P. mit HP, Camping 25 DH/Pers.
- **Lac de Sahara,** vor der großen Düne in Merzouga, Mobil 0661 78 72 75, Tel. 0535 57 72 02, N 31°05,569′, W 04°00,271′. Einfach eingerichtete, aber saubere Herberge mit nettem Aufenthaltsraum, sehr freundlich, kein Strom. Die teureren Zimmer sind recht geräumig. ½€ bis €B.
- **Les Portes du Desert,** Mobil 0667 61 13 03 Tel. 0535 57 79 30, www.lesportesdudesert.com, N 31°04,793′, W 04°00,616′. Sauberer Campingplatz und hübsche Herberge südlich von Merzouga, sehr schön direkt an den Dünen gelegen. Pool, klimatisierte Zimmer mit Bad, Restaurant. DZ €€€, Übernachtung im Berberzelt 30 DH, Camping 20 DH/Fahrzeug.
- **Les Pyramides,** am südlichen Ortsausgang zwischen Hotel Merzouga (s.u.) und Kasbah Le Touarg (s.o.), Mobil 0670 13 76 73, www.aubergelespyramides.com. Schöne Herberge im Kasbahstil, gutes Essen, *Mohammed* ist sehr um seine Gäste bemüht. Zimmer mit eigenem Bad €€B, Zimmer mit sehr sauberer (warmer) Dusche/WC am Gang €, Übernachtung auf der Terrasse 25 DH, Camping 40 DH (mit Strom).
- **Les Roches,** von Rissani kommend 100 m hinter dem Stadttor links in Zufahrtsweg abbiegen, Mobil 0670 36 27 84 oder 0672 76 518, roche_lahcen@yahoo.com. Schöne einfache Zimmer. Sehr aufmerksames Personal (spricht z.T. deutsch), das intensiv für die angebotenen Kameltouren wirbt ... DZ € p.P. mit HP, im klimatisierten Zimmer €€ p.P., Camping inkl. Strom 50 DH.
- **Merzouga – Chez Sadoq,** von Rissani kommend immer geradeaus durch Merzouga bis zur Anlage (ca. 2 km), Tel./Fax 0535 57 63 22, www.chezsadoq.com. Großer, ummauerter Hof mit hübschen Beduinenzelten (mit Betten) direkt an den Dünen und gro-

ßem Zeltrestaurant. Die Zimmer sind einfach, aber sauber, Toiletten auf dem Gang. € p.P. inkl. HP.

- **Nomad Palace,** ca. 6 km südlich von Merzouga Richtung Taouz, Mobil 0661 56 36 11 *(Ali)*, www.adventureswithali.com, N 31°02, 831′, W 03°59,743′. Hübsches und komfortables Kasbahhotel mit traditionell gestalteten Zimmern (mit Bad), die sich um den Innenhof gruppieren. Ruhige Lage am Erg Chebbi abseits des großen Touristentrubels. DZ €€ p.P. mit HP.
- **Panorama,** ca. 1 km von Merzouga Richtung Hassi Labied, Mobil 0662 08 55 73 und 0667 25 99 52, www.aubergepanorama.com. Die Herberge mit empfehlenswertem Restaurant liegt links auf einem Hügel mit herrlichem Ausblick, ca. 1 km entfernt von den Dünen (N 31°06,873′, W 04°00,765′). Der Besitzer *Youssef Aït Behaddou* kümmert sich nett um die Gäste. Sehr saubere Zimmer mit Bad €€ p.P./HP, auf der Dachterrasse oder im Nomadenzelt 25 DH.
- **Riad Nezha,** im Zentrum von Merzouga, N 31°06,02′, W 04°00,50′, Tel. 0535 57 65 89, Mobil 0661 98 79 77 oder 0661 53 65 58, www.riadnezha.com. Dieses stilvolle, gepflegte Kasbahhotel unter der professionellen Führung des deutsch sprechenden *Brahim Karaoui* hat große, hübsche Zimmer und Suiten im marokkanischen Stil (alle mit Bad und Klimaanlage). Von der Dachterrasse bietet sich ein toller Blick über die Oase und auf die Dünen. Die Betten sind sehr komfortabel. Gutes Essen im Restaurant oder auf der Hofterrasse, kostenloses Internet, Pool im Bau – sehr empfehlenswert! *Brahim* und seine Frau *Aicha* organisieren diverse Aktivitäten (Kameltouren, Bivouacs etc.) und tun alles, um die Kunden zufriedenzustellen. DZ/Suite inkl. Halbpension €€€ p.P. (angemessenes Preis-Leistungs-Verhältnis).
- **Rose de Sable,** an der Straße nach Taouz, Tel. 0535 57 71 45, Mobil 0666 03 91 81, www.aubergerosedesable.com, N 31°04, 848′, W 04°00,524′. Schöne und sehr saubere Auberge im Kasbahstil mit 14 Zimmern und Pool. Der Besitzer *Brahim* spricht gut englisch. DZ mit Bad €€ p.P. inkl. HP, auch Übernachtung auf der Dachterrasse und Camping möglich.

Herbergen entlang des Erg Chebbi

Die meist einfachen Gästehäuser befinden sich alle an der Piste entlang der Dünenwestseite südlich der Kasbah Derkaoua bis Hassi Labied und Merzouga. **Die nachfolgend genannten Herbergen sind von Nord nach Süd geordnet,** die erstgenannten Unterkünfte sind folglich am weitesten von Merzouga entfernt (vgl. auch Übersichtskarte Tafilalet). Die meisten Unterkünfte sind über direkte Querpisten (auch mit Pkw) erreichbar, die von der Teerstraße Rissani – Merzouga abzweigen (Beschilderung beachten). Gehobenen (europäischen) Standard bieten die Herbergen Yasmina, Riad Mamouche, Mohayut, Kanz Erremal, Tombouctou, Dar Janoub und Suerte Loca.

- **Kasbah Hotel Said** und **Kasbah Derkaoua,** vgl. unten „Variante: Auf Piste von Erfoud nach Merzouga".
- **Lahmada,** am nördl. Erg Chebbi (N 31°13, 063′, W 03°58,750′), ca. 350 m zu den Dünen, Mobil 0661 40 98 16 oder 0661 35 16 93, www.freewebs.com/kasbahbivouaclahamada. Einfache Herberge mit Zimmern und Berberzelten, geschäftstüchtige Leitung. Die WCs/Duschen könnten sauberer sein (hängt von Belegung ab, warmes Wasser). Strom wird abends zugeschaltet. DZ mit HP €€, gutes Couscous.
- **Yasmina,** 11 km Piste ab dem beschilderten Abzweig von der Teerstraße (von Rissani kommend) und ca. 14 km ab der Auberge Derkaoua (Piste von Erfoud kommend), Mobil 0661 35 16 67, www.hotelyasminamerzouga.com. Die ziemlich abgeschiedene, komfortable Herberge von *Youssef Karaoui* ist in einer ehemaligen Moschee am Rande der Dünen untergebracht. Bei reichlich Regen liegt ein See direkt zwischen den Dünen und der Auberge. Großer Speisesaal, auch Übernachtung auf der Dachterrasse möglich, urige und angenehme Atmosphäre (abends Live-Musik), schöner Pool, freundliches Personal, das ein wenig deutsch spricht. Gepflegte DZ mit Bad (warme Dusche) und Terrasse €€ p.P. mit HP, mit AC €€€B p.P. mit HP, Übernachtung im Berberzelt 200 DH/HP.

●**Auberge du Sud,** Mobil 0661 60 28 85 *(Hamid)* oder 0661 21 61 66 *(Moha),* www.aubergedusud.com. Rustikale (einfache), saubere Zimmer (z.T. mit AC), netter Manager *Hamid,* freundliches, deutsch sprechendes Personal, ungezwungene Atmosphäre, Pool. DZ € bis €€, reichhaltiges und gutes Essen, auch Übernachten auf der Terrasse und Camping möglich.

●**Dunes d'Or,** ca. 20 km ab Derkaoua, Mobil 0661 35 06 65, Tel. 0535 57 71 46, www.aubergedunesdor.com, N 31°12,096', W 04° 01,642'. Sehr schöne, saubere und freundliche Herberge in einem hübschen Areal mit Bäumen und Bänken vor den Dünen und einem Pool. Hübsche, recht komfortable DZ/ Suite (z.T. mit Heizung/AC) €€ bis €€€€ p.P. mit HP, Übernachtung auf der Terrasse oder im Berberzelt 200 DH p.P. mit HP, auch Camping möglich.

●**Les Hommes Bleus,** Tel. 0535 77 01 75 oder Mobil 0661 21 61 52, aubergeleshommesbleus1@yahoo.fr, direkt an den Dünen, N 31°11,750', W 04°01,740'. Sehr hübsch, nettes Restaurant, saubere Zimmer mit Bad, Wohnmobilstellplätze mit Strom, auch Übernachtung im Berberzelt möglich. DZ €€ p.P. mit HP.

●**La Baraka,** 6 km Piste ab dem beschilderten Abzweig von der Teerstraße (von Rissani kommend), Mobil 0662 41 19 18, http://auberge-labaraka.com. Kleine Herberge und Campingplatz der netten Familie von *Mohammed Otalb,* hübsch zwischen kleinen Bäumen gelegen, direkt an den Dünen. DZ mit oder ohne Bad € p.P. inkl. HP.

●**Erg Chebbi,** ca. 22 km ab Derkaoua, Mobil 0668 75 38 54 *(Zaid),* www.ergchebbi.net, N 31°11,00', W 04°02,00'. Gepflegtes Gelände mit Garten im Innenhof, freundliche Leute, komfortable Unterkunft direkt an den Dünen, ideale Lage für einen Spaziergang bei Sonnenaufgang zur höchsten Düne des Erg. Gutes Essen auf Bestellung. Schöne, große und saubere (leider etwas hitzestauende) DZ mit Dusche €€ p.P. mit HP.

●**Atlas du Sable,** in Hassi Labied, Tel. 0535 57 70 37, www.alielcojo.com. Sehr saubere

aga08-522 Foto: ch

Zimmer und klimatisierte Suiten im Berberstil, mit Bad (warme Dusche), gutes Essen, sehr freundlich, mit Pool.

- **Riad Mamouche,** Tel. 0535 57 60 77, Mobil 0666 66 21 10, www.riad-mamouche.com. 2009 eröffnetes, komfortables Haus mit Innenhof und Dachterrasse mit schönem Blick auf die Dünen, erfrischender Pool, Skiverleih (!). Hübsche klimatisierte DZ mit Bad €€ p.P. mit HP.
- **Oasis,** in Hassi Labied, Mobil 0661 73 90 41, www.auberge-oasis.net. Die sehr freundlichen Brüder *Oubana* bieten in ihrer Herberge einfache, saubere Zimmer mit und ohne Dusche an. Man kann auch auf der Terrasse übernachten. Organisiert werden u.a. Ausflüge in das Gnaoua-Dorf südlich von Taouz.
- **Merzouga,** in Hassi Labied, Mobil 0661 25 46 58 *(Lahcen)* oder 0667 76 68 32 *(Ali)*, www.merzouga-guesthouse.com, N 31°08,320′, W 04°01,336′. Die Herberge der sehr freundlichen Familie *Seggaoui* bietet saubere Zimmer mit heißer Dusche, einen netten marokkanischen Salon, ein Speisezimmer mit Kamin (gutes Essen) und eine schöne Dachterrasse. Die Familie betreibt auch einen Souvenirladen für Fossilien. *Lahcen* spricht deutsch und informiert gerne über die Region. DZ mit HP €€ p.P.
- **La Source,** in Hassi Labied, Tel. 0535 57 80 44, www.auberge-lasource.com. Die sehr freundlichen und deutsch sprechenden Brüder *Hassan* und *Omar* mussten die Herberge direkt an den Dünen nach den Überschwemmungen 2006 komplett neu aufbauen. Einfache, saubere Zimmer mit oder ohne (warmer) Dusche/WC € p.P. mit HP, mit Bad und Klimaanlage €€€ p.P. mit HP.
- **Kasbah Sable d'Or,** in Hassi Labied, Tel. 0535 577859, www.kasbah-sable-dor.com. Kleine Herberge mit vier einfachen Zimmern im Berberstil, Nomadenzelt und Campingareal (mit heißen Duschen und Strom). Das französisch-marokkanische Paar *Isabelle* und *Rachid* ist ein herzlicher Gastgeber, *Isabelle* kocht selbst für ihre Gäste (gutes Essen). Zimmer mit/ohne Bad € p.P. inkl. HP, Camping 20 DH/Fahrzeug plus 15 DH für Strom, im Nomadenzelt oder auf der Dachterrasse 40 DH/Nacht.
- **Sahara,** ca. 4 km nördlich von Merzouga in Hassi Labied, Abzweig von der Teerstraße ab Rissani bei km 32 (N 31°08,100′, W 04°01,122′), Tel. 0535 57 70 39, www.aubergesahara.com. Die kleine, hübsche, sehr saubere Herberge direkt an den Dünen wird von den netten Brüdern *Bourchuk* geführt. Sie hat kleine Zimmer mit Gemeinschaftsbad und neuere Zimmer mit Bad und AC, einen schönen Salon und einen Pool mit Liegen. Abends Trommelkonzert. Camping (mit sanitären Anlagen) unter Palmen 20 DH p.P., DZ mit Bad €€ p.P. mit HP, auch Übernachtung auf der Dachterrasse oder im Nomadenzelt möglich (30 DH).
- **Haven La Chance,** ca. 4 km nördlich von Merzouga in Hassi Labied, Abzweig von der Teerstraße ab Rissani bei km 30, Mobil 0661 47 72 28, www.desert-hotel.com. Kleine, familiäre Herberge mit 12 Zimmern (mit Bad, z.T. klimatisiert) im traditionellen Stil. Es gibt auch ein Restaurant und Berberzelte (170 DH/Nacht). Campingmöglichkeit auf dem Gelände (mit Duschen/WC und Strom 60 DH/Kfz). DZ mit Bad €€ p.P. inkl. HP.
- **Kasbah Aiour,** Hassi Labied, N 31°07,960′, W 04°00,985′, Tel./Fax 0535 57 73 03, Mobil 0662 08 16 20, aiour@euskalnet.net. Nette, saubere Zimmer mit oder ohne Bad. Etwas lieblos zubereitetes Essen, Nomadenzelt mit Teebewirtung. DZ €€ mit HP.
- **Kasbah Mohayut,** ca. 3 km nördlich von Merzouga, Mobil 0666 03 91 85, www.mohayut.com, N 31°07,869′, W 04°01,034′. Diese sehr schöne Herberge mit Camping von *Mohammed Oubadi* („Moha" im Namen) und der deutschen Reiseveranstalterin *Jutta Payne* („Jut") liegt direkt neben dem Riad Amazir. *Mohammed* spricht sehr gut deutsch, ist sehr nett und hilfsbereit und kennt sich hervorragend in der Gegend aus. Die Anlage ist komfortabel und schön konzipiert: Es gibt große, geschmackvolle Zimmer mit Bad/WC und zwei Bungalows. Ein großer Wohnmobilstellplatz mit Strom, sauberen Toiletten, warmen Duschen und Entsorgungsstation (60 DH für Auto mit 2 Pers.) steht für Camper zur Verfügung (Waschma-

Auberge Kasbah Mohayut bei Merzouga

schine vorhanden). Hübsches Restaurant mit Weinausschank. DZ mit HP €€€ p.P., mit AC €€€A, auch Suiten mit Dachterrasse €€€€.

● **Riad Amazir,** neben obiger Herberge direkt an den Dünen, Tel./Fax 0535 57 72 03, Mobil 0669 11 40 47, http://amazir.merzouga.free.fr. Liebevoll gestaltete Herberge von *Mohammed Aït Bahadou* mit toller Aussichtsterrasse auf die Dünen und 20 hübschen, einfachen Zimmern mit eigenem Bad, zum Teil mit Zugang zur Terrasse. Es gibt ein nettes Restaurant. Wenige Zimmer ohne Bad im Altbau mit sehr sauberen Gemeinschaftsduschen und WCs €, DZ mit Bad €€ p.P. mit HP.

● **Kanz Erremal,** 3 km außerhalb von Merzouga Richtung Hassi Labied, Tel. 0535 55 84 82, Mobil 0666 03 91 78, www.kanzerremal.com, N 31°07,741', W 04°00,819'. Die sehr schöne und im Vergleich zu den meisten anderen sehr komfortable Auberge im Kasbahstil liegt direkt am Dünenrand. Den großen Innenhof/Salon umgibt eine offene Galerie zum 1. OG. Die 10 großen DZ und Suiten mit Bad (z.T. mit AC/Ventilator) und vier Turmzimmer sind sehr hübsch im Berberstil gestaltet und bieten zum Teil einen tollen Ausblick direkt auf die Dünen. Es gibt auch einen Pool. Camping (moderne sanitäre Anlagen) und Übernachtung im Nomadenzelt neben dem Hotel oder in den Dünen möglich. Frühstück 40 DH, sehr gutes Dinner 120 DH (Alkoholausschank). DZ €€€ p.P. mit HP.

● **Kasbah Tombouctou,** direkt neben Kanz Erremal Richtung Merzouga (N 31°07,633', W 04°00,802'), Tel. 0535 57 84 50/51, www.xaluca.com. Der große Komplex im Kasbahstil mit mehreren Lehmgebäuden und vielen Türmchen direkt an den Dünen hat ein bisschen Disneyland-Charakter. Die sehr geräumigen, originell und sehr schön dekorierten Suiten (mit AC und Tadelakt-Bädern) verteilen sich auf drei Blocks und sind sehr sauber. Es gibt einen Pool, ein Hammam (mit Massage), von der Terrasse des Restaurants hat man Dünenblick (üppiges Abend- und Frühstücksbuffet, Alkoholausschank). Hier kommen vor allem Gruppen unter. Kamel-/Quad-/4x4-Touren in den Dünen. Camper können den Parkplatz nutzen (sanitäre Anlagen vorhanden). Zimmer oder Suite €€€ bis €€€€€ inkl. Frühstück.

● **Dar el Janoub,** südlich angrenzend an die Kasbah Tombouctou (N 31°07,579', W 04° 00,880'), Tel. 0535 57 78 52 oder Mobil 0672 08 56 58, www.dareljanoub.com. Wunderschönes Maison d'Hôtes, das mit schlichter Eleganz überzeugt, statt dick mit marokkanischen Stilelementen aufzutragen. Helle, freundliche Wohlfühl-Atmosphäre, etwas trüber Pool. 21 Zimmer mit AC in kleinen Bungalows mit Garten, zum Teil mit Privatterrasse, eigene Stromversorgung. Sehr schöne schattige Terrasse mit Blick direkt auf die Dünen. DZ ab €€€ p.P. inkl. HP.

● **Chez Tirhi – Suerte Loca,** von der Teerstraße ab Rissani bei km 33 links abbiegen (Schild), an den Dünen südlich des Hotels Tombouctou (N 31°07,434', W 04°00,713'), Tel./Fax 0535 57 65 77, Mobil 0661 38 18 43, www.tuaregexpeditions.com. Sehr schöne, großzügig angelegte Herberge mit großem Innenhof, Restaurant, großem Wohnmobilstellplatz und Pool. Sehr saubere und geschmackvoll eingerichtete Zimmer mit Bad (z.T. mit Heizung/AC) €€€ p.P. mit HP, im Berberzelt 150 DH.

Essen und Trinken

● **Tifawt,** *chez Boujouija,* im Zentrum nach dem Torbogen links, dann nach 200 m auf der rechten Seite. Gute marokkanische Küche, *Lahcen* gibt Tipps zur Umgebung.

● **Panorama,** zwischen Merzouga und Hassi Labied auf einem Hügel mit herrlichem Weitblick auf Merzouga und den Dayet Sri (vgl. Unterkunft), Menü ca. 70 DH.

● Gutes Essen erhält man auch im **Riad Nezha** (Mittagessen), im **Restaurant des Amis** und in der **Kasbah Mohajut.**

Einkaufen

Am **Markt** und in kleinen Läden sind alle Lebensmittel erhältlich.

● **Le Palais Berbère,** Mobil 0661 98 79 77 Der sehr schöne Teppich- und Kunsthandwerksladen im Norden des Ortes nahe des Mobilfunkmastes (400 m vom Zentrum, großes Schild) gehört *Brahim Karaoui,* der u.a.

sehr gut deutsch spricht und auch das Riad Nezha betreibt (vgl. Herbergen in Merzouga). Die Teppiche der Familien werden in Kommission genommen und bei *Brahim* verkauft (faire Preise). *Brahim* unternimmt **Geländewagen-Touren** im ganzen Land, z.B. zu den Felsgravuren von Taouz oder rund um den Erg Chebbi (700–1200 DH/Tag für bis zu 4 Pers.).

Taxis und Busse

Die Verbindungen in Merzouga sind nicht so gut wie in den meisten anderen Orten Marokkos – eine frühzeitige Organisation des Transports ist sinnvoll. Ein **Sammeltaxi-Kleinbus** fährt mehrmals täglich bis 21 Uhr nach **Rissani** (ca. 15 DH/Pers., Gepäck extra, Abfahrt im Zentrum beim Café des Amis). Die meisten **Taxis** fahren am Torbogen beim Militär frühmorgens ab (Sonnenaufgang); nachmitags geht es von Rissani gegen 14 Uhr zurück. Die Herbergenbesitzer helfen gerne, eine Fahrmöglichkeit zu beschaffen.

Täglich um 19 Uhr fährt ein **Supratours-Bus** über **Rissani** (20 DH), **Erfoud** (40 DH), **Errachidia** (50 DH) und **Midelt** nach **Fès.** Außerdem verkehrt neuerdings ein Supratours-Bus **zwischen Merzouga und Marrakesch** (via Rissani, Erfoud, Errachidia, Tinerhir, Boumalne du Dadès, Ouarzazate). Der Bus startet jeden Morgen um 8 Uhr in Merzouga, die Fahrt bis Marrakesch dauert etwa 13 Std. Preise: nach Tinerhir 80 DH, nach Boumalne du Dadès 105 DH, nach Ouarzazate 130 DH, nach Marrakesch 200 DH.

Post

- Die Post befindet sich in dem rosafarbenen Gebäude mit grünem Dach am Ortseingang. Hier kann man auch **telefonieren**.

Variante: Auf Piste von Erfoud nach Merzouga

Diese **46 km lange Strecke** ist nur auf den ersten 17 km asphaltiert und dann Piste. Pkw-Fahrer sollten nach Merzouga und zu den Herbergen die geteerte Route über Rissani wählen, vor allem wenn man über keine Wüsten- oder Pistenerfahrung verfügt! Will man das Ganze als Rundtour unternehmen, so ist es mit dem Pkw günstiger, erst von Rissani nach Merzouga und zurück diese Route nach Erfoud zu fahren, da dann bei kritischen Sandstellen manchmal bergab gefahren werden kann. Möchten Sie es als Pkw-Fahrer dennoch versuchen, so sollten Sie sich nicht zu sehr den Dünen nähern und auf den ausgefahrenen Spuren bleiben. Auch mit großen Wohnmobilen mit geringer Bodenfreiheit sollte diese Strecke keinesfalls gewählt werden (Gefahr des Aufsitzens bei Wadidurchfahrten, Bewässerungskanälen, Abbruchkanten etc.). Zu den Herbergen zweigen gute Pisten von der Teerstraße ab, die auch mit Wohnanhängern und Caravans befahrbar sind. Mit GPS-Gerät kann man sich nach den in der Tafilalet-Karte und bei den Herbergen genannten Koordinaten orientieren.

Die Straße von Erfoud führt am Souk und Hauptplatz vorbei (der Beschilderung Busbahnhof/Souk folgen), geradeaus über den Ziz-Fluss (nach starken Regenfällen evtl. nicht passierbar) und am Bordj Est vorbei.

Etwa **9 km** östlich von Erfoud erstreckt sich links ein 350 Millionen Jahre altes **Korallenriff,** wo schöne Versteinerungen zu finden sind (N 31° 22,851′, W 04°10,422′). Die Straße ist ziemlich durchlöchert, sodass man besser auf die Piste daneben aus-

weicht. Danach folgen einige Abzweige zu Fossilienläden.

2 km weiter geht links eine Piste zu einem **Fossiliensteinbruch** (5 km). Nach 2 km erreicht man die Häuser der **Familie Seggaoui** und anderer Familien, die Fossilien aus dem Steinbruch abbauen. Man kann dort auch einkaufen, sollte aber handeln und sich vorher in Erfoud bereits einen Überblick über die Preise verschafft haben. *Ahmed Seggaoui* hat hier inzwischen ein wahres Museum errichtet. Neben sonstigen Souvenirs gibt es geschliffene und Rohfossilien, ganze Drusen, noch unpolierte Steinplatten und ein riesiges Lager an Tonkrügen. Polierte Fossilien werden an zahlreichen weiteren Ständen entlang der Piste verkauft. Auch **Brahim Boumia** nahe dem Haus der *Seggaouis* bietet Fossilien zum Verkauf an. Er ist sehr bescheiden und unaufdringlich. Zu empfehlen ist außerdem der Laden des netten **Ali Tirhi** (La Carriere des Fossiles de Boutachrafine).

Bei **km 17** endet die Teerstraße. Die Route verläuft etwas links der alten Straße als breite Wellblechpiste weiter.

Bei **km 19** führt eine Zementfurt über ein Oued. Ein 20 m hoher Sendemast dient als Orientierung. 200 m rechts davon liegt das **Kasbah Hotel Said** (N 31°18,869′, W 04°06,287′, Mobil 0664 49 40 50 und 0661 70 30 82, Tel./Fax 0535 57 71 54, www.kasbah-hotel-said.biz) des Spaniers *Fredi* und des Betreibers des Restaurant du Sud in Erfoud, *Said*. Das sehr schöne Hotel mit geschütztem und begrüntem Innenhof verfügt über 17 geschmackvolle Zimmer mit Bad und einen Pool. Auch Übernachtung im Nomadenzelt und Camping ist auf einem ummauerten Gelände möglich. DZ €€€B p.P. mit HP.

Km 23 Furt und Wadi, die Telegrafenleitung endet hier. 200 m weiter folgt die **Auberge Kasbah Derkaoua** (N 31°17,451′, W 04°05,599′, Tel./Fax 0535 57 71 40, Mobil 0661 34 36 77, www.aubergederkaoua.com). Hübsches, sehr gepflegtes Hotel mit zehn geschmackvollen klimatisierten Zimmern (DZ €€€). Es stehen ein herrlicher kleiner Garten und ein schöner Pool (für Nicht-Hotelgäste 40 DH p.P.) zur Verfügung. Übernachtung in Nomadenzelten möglich. Man kann dort Pferde ausleihen und Reitstunden nehmen. Die Herberge ist von Erfoud auch gut mit dem Pkw erreichbar.

Bei **km 31** geht es nordwestlich zu den Dünen, die Hauptpiste zieht sich rechter Hand nordwärts. Fährt man hier weiter, erreicht man bei **km 34** einen Schilderwald der Herbergen und kommt ebenfalls zu den Dünen.

Nachdem man den Abzweig zur netten Auberge **Oasis** (vgl. Merzouga/Herbergen entlang des Erg Chebbi) passiert hat, ist etwa bei km 46 Merzouga erreicht.

Variante: Von Merzouga nach Taouz

Die Weiterfahrt auf der Teerstraße Richtung Süden bietet landschaftlich nur wenig Abwechslung.

Nach Taouz kurz vor Merzouga rechts der unbeschilderten Asphalt-

aga08-510 Foto: ch

straße nach Süden folgen. Nach **7 km** erreicht man das Dorf **Khamlia,** das für seine **Gnaoua-Musiker** schwarzafrikanischer Herkunft bekannt ist. Musikinteressierte können hier mehr über die Gnaoua erfahren. Einfache Unterkunft bietet das **Dar El Khamlia** (Mobil 0670 91 43 51, www.khamlia-house.com, DZ €). 1 km vor Khamlia kann im **Nomad Palace** übernachtet werden (vgl. Merzouga).

Bei **km 12** führt links ein Abzweig ostwärts nach M'Fis zu den Bleiminen (7,5 km).

Bei **km 21** ist **Taouz** nahe der (geschlossenen) algerischen Grenze erreicht; hier endet die Teerstraße im Nichts. Ein kleines Café ist die einzige Versorgungsmöglichkeit in diesem Dorf mitten in der Wüste. Nahe des Ortes gibt es Bleiminen, im Nordwesten wenig spektakuläre Felszeichnungen, zu denen man sich von Jugendlichen gegen Bakschisch führen lassen kann. Im Ort werden Fossilien sowie prähistorische Faustkeile, Haifischzähne etc. zum Verkauf angeboten.

Im hübschen Gästehaus **Itrane Sahara** in **Jdaid** (ca. 15 km abseits der Hauptstraße von Taouz, N 30°52,85', W 04°08,47', Mobil 0662 18 667, www.itranesahara.com) mitten in der Wüste kann man Urlaub abseits des Touristentrubels am Erg Chebbi machen (Quad-Exkursionen, Wanderungen etc.).

Kameltour im Erg Chebbi

Erfoud – Tinejdad

Überblick

- **87 km, R702.**
- Diese **Abkürzungsstrecke zurück zur Straße der Kasbahs** führt durch eine schöne Wüstengegend auf einer guten Straße mit einigen Sandverwehungen (vorausschauend fahren). Nach starken Regenfällen kann die Route im Bereich von Furten überschwemmt oder beschädigt sein.
- **Busverkehr** zwischen Erfoud und Tinejdad spärlich, besser mit dem **Sammeltaxi.**

Anfahrtsbeschreibung

In Erfoud biegen Sie – vom Zentrum kommend – bei der Kreuzung zu den Hotels Farah Zouar und Salam rechts in Richtung Tinejdad ab (Beschilderung). Nach 4½ km liegt ein Ort mit schöner Lehmkasbah links der Straße.

Bei **km 7** führt eine Furt über den **Oued Gheris,** der bei Regen im Frühjahr viel Wasser führt. Rechts der Straße befindet sich ein versteinertes Korallenriff.

Jorf, einen größeren Ort mit Palmenhain und schönem Ksar, Tankstelle und Geschäften, erreicht man nach **19 km.** Hier findet mittwochs ein ursprünglicher, sehenswerter Wochenmarkt statt.

Bei **km 22** fallen rechter Hand beim Ort **Achouria** eine Reihe von Erdhaufen neben der Straße auf: Es handelt sich um Wartungsschächte einer **Foggara/Khettara.** Dieses unterirdische Bewässerungssystem beförderte früher gutes (weniger salzhaltiges) Wasser aus höheren Lagen am Rande des Atlas in die Oasen. Die Kanäle wurden von Sklaven ausgehoben und über die Schächte instand gehalten bzw. von Sand befreit. Man kann auf die Aushubkegel gehen und einen Blick in die Tiefe werfen. Souvenirhändler haben am Parkplatz ein Nomadenzelt aufgebaut. Die Foggaras sind heute nicht mehr in Betrieb.

Bei **Fezna (km 26)** zweigt eine Straße zum Stausee von Fezna ab. In der Oase findet man Unterkunft im komfortablen und schönen Kasbahhotel **Ksar Jallal** der Französin *Hélène Viant-Benardt* (Tel. 0535 78 95 07 oder Mobil 0661 08 16 49, www.ksarjallal.com, DZ €€€€).

Abstecher zur „Himmelstreppe"

Wer die Himmelstreppe besuchen möchte (6–7 km von Fezna entfernt; vgl. Exkurs), muss Folgendes beachten: Die Kunstwerke sind bewacht und werden zu bestimmten Zeiten als Atelier privat genutzt. **Ohne einen vom Künstler autorisierten Führer können die Kunstwerke nicht besucht werden!** Wer die „Himmelstreppe", die „Goldene Spirale" oder das neueste Projekt „Stadt des Orion" besichtigen möchte, meldet sich bei dem **Führer Cheikh Hassan** aus Fezna einen Tag vorher telefonisch an: Mobil 0661 43 53 50. Nur er und der autorisierte Bewacher der Kunstwerke, *Brahim Ben Moha,* sind befugt, den Besucher für einen Beitrag von 200 DH p.P. bzw. 500 DH mit Anfahrt im Geländewagen (mit Vorsicht und bei Trockenheit auch im Pkw) zu den Kunstwerken zu bringen (auch Gruppenvergünstigungen). Ihr Unkostenbeitrag wird für die Führung zu den Kunstwerken, deren Überwachung und Pflege verwendet. Die Führung zu Fuß dauert 2–3 Stunden, mit dem Geländewagen ca. 1 Stunde. Die Besichtigung erfolgt unter Aufsicht des Führers und auf eigene Gefahr.

Mit dem Auto sollten Fahrten durch die Ksour von Fezna und deren Oasengärten vermieden und zum Schutz der Landschaft nur die vom Führer vorgegebenen Pisten be-

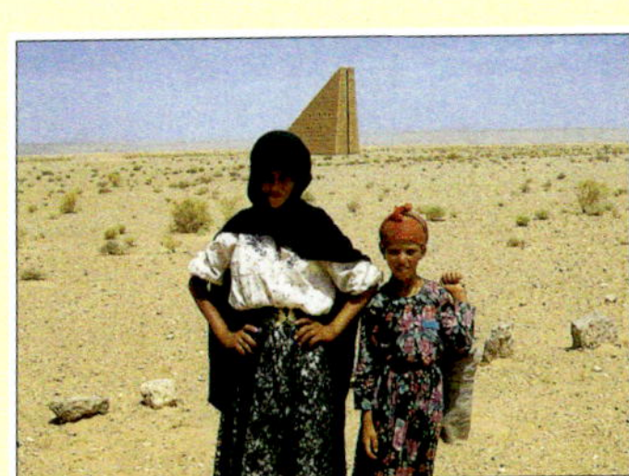
ag5404kl Foto: dd

Kunst in der Wüste – die Himmelstreppe und die Goldene Spirale

Die aus Lehmziegeln gefertigte **„Himmelstreppe"** des **Münchner Künstlers Hannsjörg Voth** wurde 1986 fertiggestellt und hat die Form eines Dreiecks. Das Dreieck, dessen langer Schenkel 23 m misst (Boden), hat eine Höhe von 16 m. Die Hypothenuse beträgt 28 m: Hier verläuft zwischen zwei 140 cm hohen und 52 cm breiten Wangen-Brüstungen eine Treppe mit 52 Stufen. Die Stirnseite des Dreiecks ist an der Basis 6,80 m breit und verjüngt sich bis zur Spitze auf 3,60 m. Diese senkrechte Seite wird durch einen 60 cm tiefen Einschnitt profiliert und vertikal gegliedert. Die 52 Treppenstufen führen zu einer Plattform, die 4 m unterhalb der Spitze des Bauwerks liegt.

Im Inneren der Treppe befinden sich im oberen Raum zwei Flügel mit Federkleid aus handgeschmiedeten Messern. Die Spannweite beträgt 3,50 m.

Das zehn Jahre später realisierte Objekt der **„Goldenen Spirale"** hat, wie der Name sagt, die Form einer Spirale und ist über einen Brunnen gebaut. Der Grundriss ist aus neun Viertelkreisen konstruiert. Die Spirale wurde mathematisch durch eine Summenreihe wiedergegeben, in der jede Zahl die Summe der zwei vorangegangen zahlen ist: 1, 2, 3, 5, 8, 13, 21, 34, 55, 89 usw. („Fibonacci-Reihe" des *Leonardo von Pisa,* 1180–1250). Jede Tirade dieser Summenreihe ergibt eine Annäherung an den Phi-Wert des Goldenen Schnittes. Diese Verbindung des Goldenen Schnittes über die Fibonacci-Reihe ist eine Gesetzmäßigkeit, die in vielen ungestört ablaufenden Prozessen in der Natur stattfindet: in Kristallen, Muscheln, Pflanzen, auch im menschlichen Körper.

Die Umfassungsmauer der Anlage erreicht nach 260 m den höchsten Punkt von 6 m. Eine aufgeschüttete Rampe führt ins Zentrum der Spirale.

„Sehr geehrte Besucher,

dank der Genehmigung und Unterstützung durch das Königreich Marokko konnte ich die „Himmelstreppe", die „Goldene Spirale" und die „Stadt des Orion" in der Marha-Ebene bauen. Ihr Interesse an meinen Kunstwerken ehrt und freut mich. Doch meine Motive, diese Skulpturen in der Marha-Ebene zu realisieren, waren und sind, dort in Ruhe und Abgeschiedenheit meiner künstlerischen Arbeit nachgehen zu können. Ich habe diese Kunstwerke entworfen, ihre Realisierung organisiert und selbst finanziert.

Zehn Jahre konnte ich dort ungestört arbeiten. Doch seit geraumer Zeit wird das Interesse von Kunstfreunden und Touristen, diese Skulpturen zu besichtigen, immer größer, leider zum Nachteil der Kunstwerke und meiner künstlerischen Arbeit. Durch unsachgemäßes Verhalten vieler Besucher häuften sich die Schäden an den Bauwerken. Um diese bedauerlichen Folgen zu vermeiden, bitte ich Sie um Verständnis, dass eine kontrollierte Führung zu den Kunstwerken und deren Überwachung notwendig geworden sind.

Ich bitte Sie, die Hinweise des Führers und Bewachers zu beachten, denn ich habe Ihnen die Verantwortung übertragen, die Kunstwerke und ihr Umfeld zu schützen."

Hannsjörg Voth

fahren werden. Als Barriere gegen Motorräder und Geländewagen wurden um die Kunstwerke **Steinkreise** gesetzt. Fahrzeuge müssen auf den ausgewiesenen Plätzen außerhalb der Steinkreise parken. Die Strecke von den Steinkreisen zu den Skulpturen ist zu Fuß zurückzulegen, denn die Plätze gehören zu den Kunstwerken.

Die Goldene Spirale kann in den Wintermonaten von Oktober bis März nicht besichtigt werden. Der Künstler möchte in dieser Zeit ungestört dort seiner Arbeit nachgehen und bittet um Verständnis.

Wieder auf der Hauptstraße sieht man bei km 27 rechts der Straße **Ruinen** einer Karawanserei oder einer Festung.

Nach 1½ km überquert die Straße erneut eine Foggara mit zum Teil 1,50 m hohe Ausgrabungshügel bei den Zustiegslöchern.

Nach 35 km beginnen die Oasendörfer entlang des **Oued Gheris.**

Touroug, eine große Oase mit einem alten Ksar, passiert man nach 52 km.

Etwa 67 km hinter Erfoud liegt der große Ort **Mellab** mit einem alten Lehmksar und neuen rosafarbenen Häusern zwischen schräg gefalteten Bergen in idyllischer Lage am Oued Todrha.

83½ km von Erfoud entfernt mündet die R702 beim einem Café/Restaurant in die N10: Rechts geht es nach Errachidia, links nach Tinejdad und Ouarzazate.

Bei km 87 ist Tinejdad erreicht.

Rissani – Tazzarine – Nekob – Draâtal

Überblick

- **231 km, N12, R108**
- Diese **durchgehend asphaltierte Route** ins Drâatal bietet sich zur Rückfahrt an, um nicht auf gleicher Strecke wieder nach Ouarzazate zurückzukehren. Bis Nekob ist die Straße meist gut (zum Teil porös, einige Löcher) und zweispurig, danach sehr löchrig und nur einspurig befahrbar (Vorsicht bei Gegenverkehr).

  Die schöne Strecke, die zwischen **Djabal Saghro** und der **Sahara** nördlich der algerischen Grenze verläuft, ist weniger frequentiert als die Straße der Kasbahs, bietet aber auch weniger Höhepunkte. Sehenswert sind **Tazzarine** und die nahe gelegenen Felsgravuren sowie die Palmenoase **Nekob** mit ihren vielen Kasbahs.
- Eine **Busverbindung** besteht von Rissani aus (siehe Rissani). **Sammeltaxis** verkehren nach Alnif bzw. Nekob. Ab Tazzarine gibt es Sammeltaxis Richtung Zagora, d.h. bis zur Straße N9 (Ouarzazate – Zagora), ab dort Sammeltaxis in beide Richtungen.

Anfahrtsbeschreibung

Verlassen Sie Rissani Richtung Erfoud. Fahren Sie beim Schild „Circuit Touristique“ geradeaus weiter. Nach **3 km** zweigt bei der ZIZ-Tankstelle die Straße links nach Alnif und Tazzarine ab. Geradeaus geht es nach Errachidia.

Nur wenige Kilometer weiter kündigt sich mit kleinen Sanddünen das Ende der Tafilalet-Oasen an. Bei **km 11** erstreckt sich ein fossiles Korallenriff rechts der Straße.

Kurz danach bei **km 12** (9 km nach dem Abzweig) führt bei einem alten, kleinen weißen Pfeilschild „Forces Armée Royale" eine Piste nach rechts (nordwärts) auf einen **kreisförmigen Berg mit Krater** zu. Besser ist es aber, erst 12 km nach dem Abzweig (N 32° 16,165', W 04°24,706') abzubiegen. Hier führt die breite Piste ohne Umweg und für jedes Fahrzeug befahrbar zu dem Berg, der bei N 31°17,858', W 04°24,099' erreicht ist. Dieser Berg ist nach Westen hin offen und durch eine große, dicke Mauer bis auf einen ca. 3 m breiten Einlass zugemauert. Eine Zufahrt führt nach innen, eine schmale Piste nach oben bis an den Kraterrand. Von oben hat man eine herrliche Aussicht auf die ehemalige Meeresebene und die Korallenriffabhänge. Das Gestein enthält auch Fossilien. Der Krater diente früher angeblich Karawanen als Schutz vor Sandstürmen und später der französischen Armee als Festung. Bei den Einheimischen heißt er *Lamdouar,* was so viel wie „runder Berg" bedeutet.

Nach 23 km liegt das **Bordj Taguerroumt** zur Linken. Bis Mecissi erstreckt sich ein schwarzes und schroffes Bergmassiv zur Rechten.

Mecissi, ein kleiner Ort mit spärlichen Versorgungsmöglichkeiten und Tankstelle, ist nach **55 km** erreicht. Unterkunft bieten das einfache **Camping Restaurant Tombouctou** und **Camp Azourite** (Schild). Das Café im Camping Tombouctou hat eine nette Terrasse und guten, frisch gebackenen Kuchen, aber auch Steaks bzw. Brochettes werden serviert.

Weiter verläuft die Route durch schwarzbraune Wüstenlandschaft mit kleinen Bergen, Dornbüschen und einzelnen Akazien. Bei **km 80** folgt **Achbarou,** eine lang gezogene Palmenoase. Ein zerfallenes Ksar liegt malerisch am Berg links der Straße. Weiter führt die Strecke entlang eines palmenbestandenen Flusstales.

Alnif, ein stark expandierender Ort mit Militärposten, ist bei **km 94** erreicht. Die nicht besonders attraktive Siedlung mit ihren rot-weißen Häusern ist bekannt für die hier käuflichen Trilobiten (fossile Urkrebse, Vorsicht vor Fälschungen!). Es gibt eine große Tankstelle und den kleinen **Souvenir- und Mineralienladen** von *Ihmadi Mohand* (trilobites@caramail.com) gegenüber des Hotels Bougafer. *Ihmadi* hat Geologie studiert und ist eine kompetente Informationsquelle für Fundstellen oder die Zuordnung selbst gesuchter Fossilien. Schlepper duldet er nicht in seinem Laden. Alle Preise sind fair und angeschrieben. Auch *Mohammed Bouyiri* (Mobil 0672 15 29 52) kann in seinem Laden gegenüber der Afriquia-Tankstelle sehr viel über die Region und seine Fossilien- und Mineraliensammlung erzählen.

Empfehlenswert ist laut einem Leser das neuere **Hotel Le Palmier** (Mobil 0667 20 23 025, benamerlomar@yahoo.fr) mit sechs Zimmern mit warmer Dusche. Die Betreiber *Lahcen* und *Mohammed* sind sehr freundlich und unternehmen Exkursionen in die Berge und zu Fossilienfundstellen. Hier finden auch Wohnmobile einen Stellplatz.

Bei **km 103** taucht die Palmenoase **Tisernay** am **Oued Tazlaft** zwischen schwarzen Bergen auf. Die Straße führt durch flache Steinwüste, die von Bergketten gesäumt wird.

13 km südwestlich von Alnif bietet die **Kasbah Meteorites** (Ksar Tiguirna, Tel. 0535 78 38 09, Mobil 0670 78 00 71, www.kasbahmeteorites.com) mitten in der Wüste empfehlenswerte Unterkunft für Traveller: klimatisierte Zimmer mit Bad und TV (DZ €€), großer Pool, marokkanisches Restaurant mit Alkohollizenz.

Nach **124 km** passiert man **Imi-n-Ouzrou,** den Hauptort einer großen Palmenoase, die sich über mehrere Kilometer hinzieht.

Bei **km 152** mündet die Straße von Taghbalte und Zagora ein.

Bei **km 155** ist Tazzarine erreicht.

Tazzarine

↗XII/B1

Die grüne, sehr schöne und ursprüngliche **Palmenoase mit großen Kasbahs** wird nach und nach vom Tourismus entdeckt. Tazzarine ist noch lange nicht so überlaufen wie die Oasen entlang der Straße der Kasbahs, obwohl es ebenso schön ist wie viele Orte entlang der Route Tinerhir – Ouarzazate. Lehmhäuser, enge Gassen und Bewässerungskanäle in den Oasengärten prägen das Ortsbild, die Bevölkerung ist sehr freundlich. Tazzarine eignet sich hervorragend als Ausgangspunkt für 4x4-Touren oder Trekkingtouren in den Djabal Saghro. Nahebei befindet sich ein Militärstützpunkt. Es gibt außerdem einen hübschen Marabout mit Friedhof, einige Geschäfte und eine Tankstelle.

Unterkunft/ Campingplätze

- **Bougafer,** Tel. 0524 83 90 05, Fax 0524 83 90 86. Von Agdz kommend rechts über die Brücke, Beschilderung „Village touristique", am Ortsanfang sofort links. Das ehemals schöne Hotel (DZ €€€A HP für 2 Pers.) mit Restaurant und Pool erhielt in den letzten Jahren sehr schlechte Leserkritiken (Bettwäsche und Handtücker dreckig, Personal muffig, kein gutes Essen, Preisnachforderungen am Abreisetag etc.). Der etwas sterile, ummauerte Campingplatz bietet nur wenig Schatten, ist aber auch für größere Wohnmobile geeignet (25 DH p.P. inkl. Fahrzeug, Strom 10 DH, Poolbenutzung extra 40 DH).
- **Camping Amasttou,** gut ausgeschildert, Tel. 0524 83 90 78, Fax 0524 83 84 64, N 30°46,509', W 05°33,265'. Der wunderschön gelegene Campingplatz unter Palmen ist zweigeteilt: Der rechte Platz ist nicht mehr zu empfehlen, der linke (wo sich die Anmeldung befindet) ist dagegen sehr schön mit guten Sanitäranlagen und schattigen Sitzgelegenheiten im gepflegten Garten. Gutes Essen im Zeltrestaurant, auch Übernachtungsmöglichkeit im luftigen Nomadenzelt (mit Matratzen und Bettwäsche) und in etwas heißen kleinen Zimmern (mit Ventilator, € p.P. inkl. warmer Dusche). Pro Person 15 DH, Wohnmobil 24 DH, Zelt 12 DH, Strom 12 DH, warme Dusche 9 DH, Kind 6 DH. Der Campingplatz ist für große Wohnmobile wegen der Anfahrt durch schmale Gassen und unter niedrigen Stromleitungen hindurch mühsam zu erreichen, auch etwas Bodenfreiheit ist notwendig. Der Campingplatz liegt mitten zwischen Lehmmauern des alten Ksar am Rande der **Oasengärten.** Von hier kann man wunderbar die Gärten und die alten Ortsteile besichtigen. Es werden auch **Ausflüge** zu den nahe gelegenen **Felszeichnungen** Tirourirines und Abdi Boulili und Aït Ouazik, zu den Wasserfällen Imi Nougizi Noukbache und nach Taghbalte organisiert. Auch **Kameltouren** sind möglich. Die netten Patrons *Lahcen* bzw. *Brahim El Ouarzazi* sind gerne bei allen Fragen behilflich oder vermitteln einen Führer zur Besichtigung der örtli-

chen **Kasbahs Aït Chaib** und **Aït-Ali Ouhda.** In einer der Kasbahs ist ein kleines, sehenswertes **Museum** eingerichtet (Eintritt 10 DH). Gute Detailkarten über die Gegend hängen in der Rezeption aus.

- **Camping Serdrar,** Mobil 0667 23 80 22 und 0666 48 10 34, camping.sardrar@caramail.com, N 30°43,318', W 05°28,547'. Südöstlich von Tazzarine in Richtung Oum Jrane: An der Ortsausfahrt links (von Alnif kommend) auf Teerstraße abbiegen, nach 12 km wieder links ab (Schild) auf Piste, weitere 5 km bis zum Camping. Großes Gartengelände mit Palmen und Berberzelten zur Übernachtung sowie einem Restaurant. Sanitäre Anlagen mit heißen Duschen. Es gibt auch einige Zimmer.
- **Les Jardins de Tazzarine,** Zaouiat Sidi Msaâd, Tel. 0524 83 93 23, www.lesjardinsdetazzarine.com, N 30°45,793', W 05°33, 104'. Von Alnif kommend durch den Ort fahren und über die Brücke, dann noch etwa 3,4 km der Beschilderung folgen. Die familiäre Auberge mit Campingplatz eignet sich perfekt für einen ruhigen Aufenthalt in der Oase: Übernachtung im gemütlichen Nomadenzelt (mit Betten und Strom € p.P. inkl. Frühstück) oder im Zimmer, herzlicher Empfang der Familie *Ziani,* gutes Essen mit frischen Produkten aus dem Garten (Menü 55 bis 120 DH), saubere Sanitäranlagen.
- **Oasis de Mezgarne,** Mobil 0661 74 36 17, N 30°46,869', W 05°31,403'. 7 km vor Tazzarine links auf Piste abbiegen (3 km, für Pkw auf dem letzten Stück evtl. zu sandig). Hier kann man in ruhiger Lage auf einem ehemaligen Farmgelände campen oder im Berberzelt übernachten (€ p.P. inkl. Frühstück). Küche für Selbstversorger, Dusche (abends und morgens warm). Es werden verschiedene Exkursionen in der Umgebung angeboten (per 4x4 oder Kamel).

Verkehrsverbindungen

Sammeltaxi frühmorgens **nach Zagora** (Abfahrtsstelle nahe der Tankstelle vor der Téléboutique). Möglichst schon am Vortag buchen. Um **nach Ouarzazate** zu kommen, kann man auch mit dem **Taxi** bis Tansikht mitfahren und dann dort in ein Taxi umsteigen (kaum Wartezeit) oder den **Bus** nach Ouarzazate anhalten.

Ausflüge

Organisierte Ausflüge

Die Herbergen können Ausflüge zu den nahe gelegenen **Felszeichnungen Tirourirines, Abdi Boulili** und **Aït Ouazik** sowie zu den **Wasserfällen Imi Nougizi Noukbache** und nach **Taghbalte** organisieren. Auch Kameltouren oder die Miete eines kompletten Landrovers (1100 DH pro Tag) sind möglich.

Zu den Felsgravuren von Aït Ouazik

↗XII/B1–2

Durchgehend gute, steinige Piste. Notfalls (mühsam) auch mit normalem Pkw möglich!

Ab der Kreuzung links weiter fahren, nach 400 m kommt wieder eine Kreuzung, rechts weiter, N 30°41,034',

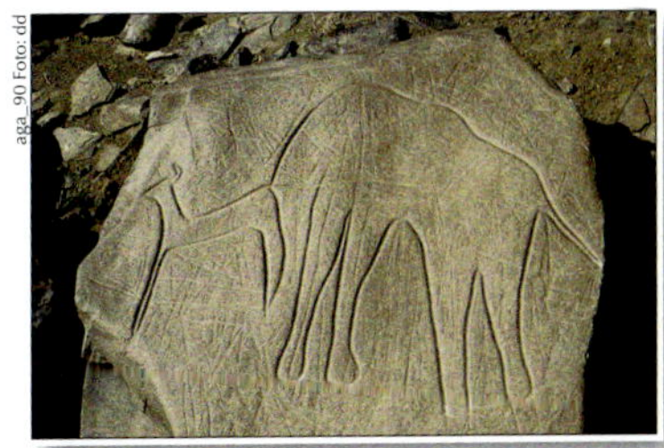

aga_90 Foto: dd

Felsgravur in Aït Ouazik

W 05°38,485'. Rechte Spur über Hammada wählen. Nach 1 km bei N 30°41,381', W 05°37,372' trifft man auf einen **Parkplatz mit Steinhaus bzw. kleinem Café** (Softdrinks 7 DH) oberhalb des Oueds auf dem Hügel. Es gibt mittlerweile auch einen Wärter. An der Abbruchkante zum Oued finden sich auf am Boden liegenden Steinen zahlreiche **schöne Gravuren,** wie Gazellen, Strauße, Rinder und Fische (N 30°41,126', W 05°39,069'); etwa 500 m weiter ebenso. Bitte achten Sie darauf, nichts zu zerstören oder gar auf den Steinen herumzusteigen, es wurde ohnehin schon von den Einheimischen zu viel zerstört; sie verwendeten Steine sogar zum Hausbau. Die Gravuren sind unwiederbringlich und an die 8000 Jahre alt, bitte bedenken Sie das!

Es geht auf der gleichen Piste wieder zurück.

Die **Straße in Richtung Nekob** führt durch eine sehr schöne Wüstenlandschaft parallel zum Oued, gesäumt von Palmen und Bergen. Nach 6 km endet der Palmenhain von Tazzarine.

Ca. 10 km nach Tazzarine liegt der kleine Ort **Tamsahalte.** Hier zweigt links eine 1 km lange Piste zum **Hotel Riad du Sud** ab (Tel. 0524 88 64 53, Fax 0524 88 64 50, €€€€B p.P. mit HP). Die Familie *Laandour* betreibt diese ruhig gelegene Herberge in einer renovierten Kasbah auf einem Hügel. Das Riad du Sud hat 10 etwas dunkle, dafür kühle und saubere Zimmer mit Bad sowie AC/Heizung, die um einen Innenhof mit Garten und Berberzelt gruppiert sind. Von der Terrasse bietet sich ein schöner Blick auf die Oase.

22 km von Tazzarine bzw. 178 km von Rissani entfernt erreicht die Straße den kleinen Ort **Ilal.**

6 km weiter liegt **Aït Massaoud,** ein kleiner Ksar mit Moschee und Kasbah.

Bei Gesamt-km 191 ab Rissani, 36 km hinter Tazzarine, folgt Nekob.

Nekob

↗XII/A1

Der expandierende Ort liegt auf 1000 m Höhe. Es gibt eine Geschäftsstraße, einen Mechaniker, ein *Bureau des guides en montagnes* (Vermittlung von Führern für Djabal-Saghro-Trekking) und eine Tankstelle. Markt ist am Sonntag. Was man von der Hauptdurchgangsstraße nicht sieht, sind der große Palmenhain und die vielen mächtigen Kasbahs im Ort – es sollen 45 Stück sein, die meisten sind noch bewohnt.

Nekob liegt am Südrand des kargen, erdgeschichtlich uralten Massivs des **Djabal Saghro,** das man bei einem fünftägigen, sehr lohnenswerten Trekking nach Boumalne du Dadès durchqueren kann (vgl. Exkurs im Kapitel „Die Straße der Kasbahs"). Das Massiv ist nicht nur ein Paradies für Wanderer, sondern auch für Mineralien- und Fossiliensammler. Eine Leserin empfahl den in Nekob lebenden *Hammou Maarir,* der Geografie studiert hat und sehr gut englisch spricht, als Führer für eine Djabal-Saghro-Tour (Mobil 0673 51 94 35, azoul.hamou@gmail.com).

Am Ortseingang von Nekob zweigt rechts eine beschilderte Piste (etwa 200 m, s.u.) zur **Kasbah Baha Baha** (Tel. 0524 30 78 01, www.kasbahabaha.com) ab. Die 50 Jahre alte Kasbah wurde 1999 von *Lahcen* und *Brahim El-Ouarzizi* – erster betreibt auch den Camping Amasttou in Tazzarine – zum Hotel umgebaut. Die gesamte Anlage ist liebevoll eingerichtet, mit einem kleinen ethnografischen Museum (10 DH), Pool und stilvollem Restaurant. Zu besichtigen ist auch die alte und restaurierte Küche, wo sich Besucher über traditionelle Kochweisen kundig machen können. Von der Terrasse hat man einen herrlichen Blick über das ganze Tal. Zwei Zimmer haben ein Bad, die Etagenduschen sind jedoch sehr sauber. Alles in allem eine traumhafte Anlage, in der es sich wunderbar ein paar Tage in Ruhe entspannen lässt. DZ mit Bad €€€, im Nomadenzelt € (mit Matratzen und frischer Bettwäsche).

Eine weitere Unterkunftsmöglichkeit ist die empfehlenswerte **Kasbah Imdoukal** (Hinweisschild an der Straße, nahe Kasbah Baha Baha, Tel. 0524 83 97 98, kasbah.imdoukal@wanadoo.fr) in traditioneller Lehmarchitektur: 18 Zimmer im Berberstil mit Bad und AC/Heizung €€€€B, Pool, Restaurant.

Am Ortsausgang Richtung Tazzarine (1 km) befindet sich die familiäre **Auberge Ennakhile Saghro** (Tel. 0524 83 97 19, Mobil 0672 64 15 11, www.kasbah-nkob.com) im Kasbahstil links an der Straße: fünf hübsche Zimmer (mit Bad), Restaurant, toller Ausblick von der Dachterrasse. Der junge Betreiber *Houssaine Benaamer* ist sehr freundlich und spricht gut englisch. DZ ohne Bad € p.P. inkl. HP, DZ mit Bad €€ p.P. inkl. HP.

Etwa 4 km hinter Nekob liegt der Ort **Aït Ouzzine** am Fuß schwarzer Tafelberge. Hier findet man schöne Unterkunft im **Maison d'Hôtes Ksar Jenna** im Kasbahstil (Tel. 0524 83 97 90, www.ksarjenna.com) links an der Straße. Das Gästehaus hat einen paradiesischen Garten mit Rasen, Palmen, Rosen in allen Farben und Sorten, Oleander, Orangen etc. Die sieben Zimmer sind hell in Pastellfarben gestaltet und komfortabel mit AC und schönen Bädern versehen (DZ €€€€ p.P. mit HP). Es gibt eine Bar in einem verglasten Pavillon im Hof. Gemütliches marokkanisches Restaurant. Das Haus ist eine wahre Oase inmitten der wüstenhaften Landschaft!

Die Straße weiter in Richtung Drâatal führt durch flache steinige Steppe mit niedriger Buschvegetation.

Ca. 40 km hinter Nekob (Gesamt-km 231) mündet die Route nördlich von **Tamsikht** in die N9 enlang des Drâatals. Rechts geht es nach **Agdz** (29 km) und **Ouarzazate** (ca. 100 km), links nach **Zagora** (66 km).

aga08-538 Foto: ch

Anhang

aga08-539a Foto: ad

aga08-539b Foto: ad

Das grüne Tal des Oued Dadès

Berberkinder im Gebiet des Djabal Saghro

Fischstand am Hafen von Essaouira

Sprache

In Marokko ist **Arabisch** die **offizielle Amts- und Landessprache.**

Französisch ist seit der Kolonialzeit **Verkehrs-, Bildungs- und Handelssprache,** also bei Behörden, in Büros und im Geschäftsverkehr üblich. Es ist Pflichtfach in den Schulen, in den meisten höheren Schulen sogar Unterrichtssprache. Straßen- und Hinweisschilder sind oft auf Französisch abgefasst. In den Ferienhotels und an populären Ausflugszielen hat man sich auf die ausländischen Besucher eingestellt. Hotelpersonal, Fremdenführer und Souvenirhändler verblüffen oft mit passablen Deutschkenntnissen. **Speisekarten** in den Touristenlokalen sind häufig zusätzlich in **Deutsch und Englisch** abgefasst.

Außerhalb der Touristenzentren muss man ohne Kenntnis wenigstens der wichtigsten französischen Grundbegriffe und Redewendungen mit Verständigungsschwierigkeiten rechnen. Es lohnt sich also, vor der Reise die Französischkenntnisse aufzupolieren und zumindest ein Wörterbuch oder kleinen Sprachführer mitzunehmen. Wer sich gar die Mühe macht, wenigstens ein paar Begriffe, Grußformeln, Redewendungen etc. auf Arabisch zu lernen, erleichtert Kontakte mit den Bewohnern und steigt in deren Achtung. In Marokko werden zusätzlich noch drei verschiedene Berbersprachen gesprochen; hier kann die Verständigung sehr schwierig werden.

Sehr zu empfehlen für den Aufenthalt in Marokko sind zwei handliche und sehr praxisnahe Sprachführer aus der Kauderwelsch-Reihe des REISE-KNOW-HOW-Verlags: **„Marokkanisch-Arabisch – Wort für Wort“** sowie **„Französisch – Wort für Wort“.**

Aussprache/Umschrift

Die folgende Auflistung soll helfen, Laute des marokkanischen Arabisch, die im Deutschen nicht existieren, annähernd richtig auszusprechen. Aufgrund einer einfacheren Handhabung müssen allerdings Zugeständnisse hinsichtlich der Differenzierung der Laute gemacht werden. Als Hilfe sei empfohlen, einheimische Radio- bzw. Fernsehsendungen zu hören, um ein Gefühl für Klang und Aussprache zu bekommen. Ebenso sollte man stets auf der Straße, im Café, im Souk oder sonstwo mit offenen Ohren unterwegs sein, dann ist man bald soweit, Unterschiede zu identifizieren und für den eigenen Sprachgebrauch nutzbar zu machen.

Damit Sie nicht die arabische Schrift lernen müssen, bedienen wir uns einer Umschrift, bei der in der Regel ein Zeichen einem arabischen Buchstaben entspricht – so gibt es keine Zweifel, ob „ch“ französisch oder deutsch zu lesen ist, ob „sh“ wie im Englischen ein Laut ist oder „s“ und „h“.

Konsonanten

- **sh** – wie das deutsche „sch“
- **j** – stimmhaftes „sh“ wie im franz. „Journal“
- **dj** – stimmloses „Dsch“ wie in „Dschungel“
- **r** – ein rollendes Zungen-„r“
- **gh** – Zäpfenchen-„r“ wie in Norddeutschland oder Frankreich

- **'** – Stimmabsatz, wie z.B. im Deutschen: „Vor'ab" oder „Neckars'ulm"
- ***** – der in europäischen Sprachen nicht existierende Kehlkopfverschlusslaut 'Ain; es ist ein Würgelaut, der zur Folge hat, dass die folgenden Vokale dunkler gesprochen werden
- **s t d z** – emphatische, gepresste Varianten von s, t, d und z; sie verdunkeln den folgenden Vokal
- **h** – wie im Deutschen, doch immer hörbar, wie z.B. in Betle**h**em
- **h** – stark gehauchter h-Laut (als ob man sich zum Wärmen der Finger in die Hände haucht)
- **ch** – wie in deutsch „Dach"
- **z** – stimmhaftes weiches „s" wie in deutsch „Rose".
- **q** – hinten im Rachen gebildetes kehliges „k" (wie im Tiroler Dialekt)
- **w** – wie in englisch „what", mit beiden Lippen gebildet
- **y** – wie im Deutschen das „j"

Die Konsonanten **b d g f k l m n s t** werden wie im Deutschen ausgesprochen und geschrieben. Doppelte Konsonanten werden deutlich gelängt ausgesprochen! Das Doppel-n im Deutschen (z.B. „rennen") entspricht im Marokkanischen einem einfachen Konsonanten.

Selbst- und Zwielaute

Ai, au wie im Deutschen. Unterscheiden sie Kurzvokale **(a ä e i o u)** und Langvokale **(â ê î ô û).** Häufig ist der flüchtige Murmellaut ë, den es auch im Deutschen gibt: Gëbirgë, bëdankën etc.

Betonung

Langvokale werden immer betont! Man halte sich aber an die Daumenregel, dass in einem Wort ohne Langvokale üblicherweise die letzte Silbe betont wird, wenn ein Wort jedoch mit zwei Konsonanten aufhört, wird die vorletzte Silbe betont: fëhë'mt = ich habe verstanden, tëntkällem = ich spreche.

Ein Vokal am Ende eines Wortes wird niemals betont.

Kleine Sprachhilfe

Deutsch	Marokkanisch	Französisch
Die wichtigsten Worte und Redewendungen:		
ja	nâ*m, îye	oui
nein	lâ	non
bitte	*afak, lla ichallëk	s'il vous plaît
danke	shukran	merci
in Ordnung	wachcha	d'accord
viel, zu viel	bzâf	beaucoup, trop
wenig	shwîya	(un) peu
billig	rëchîs	bon marché
teuer	ghâli	cher
groß, alt	kbîr	grand, agé
klein, jung	sghir	petit, jeune
lang	twêl	long
kurz	qsîr	court
es gibt	käyin	il y a
es gibt nicht (kein)	makäyinsh	il n'y a pas
ich will	bghît	je veux
ich will nicht	mabghïtsh	je ne veux pas

Deutsch	Marokkanisch	Französisch
ich brauche, ich muss	chassni	il me faut
geben Sie mir	shibli, *âtinî	donnez-moi
komm/kommt	aji/ajiu	viens/venez
verschwinde/t	sirr/sirru	dégage/z la piste
	auch: ba*d minni/ba*du minni	
schau/schaut	shûf/shûfu	regarde/z
ich bin Österreicher/in	äna nemsâwi/nemsawîya	je suis Autrichien/ne
ich bin Deutscher/-e	äna almâni/almanîya	je suis Allemand/e
ich bin Schweizer/in	äna swîsri/swisrîya	je suis Suisse
ich bin verheiratet	äna mëmzuwwush	je suis marié/e
ich bin nicht verheiratet	äna mâshi mëmzuwwush	je ne suis pas marié/e
gut	mëziyân	bon
schlecht	chaib	mauvais/mal
schön	zwîn	beau/belle
hässlich	chaib, qbîh	laid
wie viel (kostet das)?	bschhâl (häd shi)?	combien (ça fait)?
nichts	wâlu	rien
ich will nichts	ma bghît wâlu	je ne veux rien
Achtung!	bâlak!	attention!
Entschuldigung!	smähli	éxcusez-moi
Was hast du gesagt?	shnu gulti	Qu'est-ce que tu as dit?
Ich habe nicht verstanden	ma fhëmtsh	je n'ai pas compris
noch einmal bitte!	*ud min fadlëk	encore une fois
so Gott will, hoffentlich	in sha'allâh	ésperons-le
im Namen Gottes	bismillâh	
gelobt sei Gott	al hamdu lillâh	
Begrüßung, Gespräch:		
Grüß Gott (höflich)	as salâmu *alêkum	bonjour, bonsoir
– Antwort:	wa *alêkum as-salâm	
wie geht's ?	labâs, ki dêr (m)	comment ça va ?
	ki dêra (w)	
– Antwort:	labâs al-hamdu lillâh	
guten Morgen	sëbâh ël-chêr	bonjour
guten Abend	msa ël-chêr	bonsoir
gute Nacht	lêla sa*îida,tisbah *ala-chêr	bonne nuit
Mahlzeit! Guten Appetit!	bismillâh	bon appétit
zum Wohl	bisaha	à votre santé
(beim Essen, nach dem Hammam)		
– Antwort:	llah *tik ës-saha	
auf Wiedersehen	bëslâma, mâs:aläma	au revoir
bitte (als Aufforderung)	tfaddal (m),tfaddali (w)	s'il vous plaît
	tfaddlu (Mz)	
Haben Sie Kinder?	wash *andëk ëddrâri?	avez-vous des enfants?
Junge/n	wuld/wulâd	garçon/s
Mädchen/Mz	bënt/bnât	jeune/s fille/s

Deutsch	Marokkanisch	Französisch
Hilfszeitwörter:		
ich habe	*andi	j'ai
du hast	*andëk	tu as
er hat	*andu	il a
sie hat	*andha	elle a
wir haben	*andna	nous avons
ihr habt	*andkum	vous avez
sie haben	*andhum	ils ont

„Sein" wird in der Gegenwart nicht gebildet. „Haben" wird eigentlich umschrieben: als „bei mir ist" usw. (*and = bei + Possesivpronomen).

Zahlen:		
eins	wâhid	un
zwei	juj	deux
drei	tlâta	trois
vier	arb*a	quatre
fünf	chamsa	cinq
sechs	sëtta	six
sieben	sb*a	sept
acht	tmaniya	huit
neun	tës*ud	neuf
zehn	*ashra	dix
elf	hadâsh	onze
zwölf	tnâsh	douze
13	tlätash	treize
14	ërb*atash	quatorze
15	chamstâsh	quinze
16	sëttâsh	seize
17	sb*atash	dix-sept
18	tamantâsh	dix-huit
19	ts*atâsh	dix-neuf
20	*ishrîn	vingt
21	wâhid u-*ishrîn	vingt-et-un
22	tnên u-*ishrîn	vingt-deux
23	tlâta u-*ishrîn	vingt-trois
30	tlätîn	trente
40	ërb*în	quarante
50	chamsîn	cinquante
60	sëttîn	soixante
70	sbë*în	soixante-dix
80	tmanîn	quatre-vingts
90	tës*în	quatre-vingts-dix
100	mîyya	cent
1000	alf	mille

Reisegesundheits-informationen zu Marokko

Stand: Juli 2010
© Inhalte: Centrum für Reisemedizin

Die nachstehenden Angaben dienen der Orientierung, was für eine geplante Reise in das Land an Gesundheitsvorsorgemaßnahmen zu berücksichtigen ist. Die Informationen wurden uns freundlicherweise vom Centrum für Reisemedizin zur Verfügung gestellt. Auf **www.travelmed.de/CRM** werden diese Informationen stetig aktualisiert. Es lohnt sich, dort noch einmal nachzuschauen.

Die nachstehenden Angaben wurden nach bestem Wissen und sorgfältiger Recherche zusammengestellt. Eine Gewähr oder Haftung kann nicht übernommen werden.

Klima

Nordwesten mediterran beeinflusst mit trockenheißen Sommern und milden, niederschlagsreichen Wintern; landeinwärts zunehmend kontinentales Klima mit abnehmenden Niederschlägen; in den Sahararandgebieten trockenheißes Wüstenklima; durchschnittliche Temperatur in Rabat im Januar 13 °C, im Juli 23 °C.

Impfungen

- **Einreise-Impfvorschriften: keine.**

Empfohlener Impfschutz:

- **Generell: Standardimpfungen nach dem deutschen Impfkalender,** speziell Tetanus, Diphtherie und Hepatitis A.
- Bei Reisen durch das Landesinnere unter einfachen Bedingungen (Rucksack-/Trekking-/Individualreise) mit einfachen Quartieren bzw. Hotels, bei Camping-Reisen, Langzeitaufenthalten, einer praktischen Tätigkeit im Gesundheits- oder Sozialwesen sowie bei engem Kontakt zur einheimischen Bevölkerung ist ein Impfschutz gegen Typhus, Hepatitis B, Polio und Tollwut (bei vorhersehbarem Umgang mit Tieren) zu erwägen.

Wichtiger Hinweis:

Welche Impfungen letztendlich vorzunehmen sind, ist abhängig vom aktuellen Infektionsrisiko vor Ort, von der Art und Dauer der geplanten Reise, vom Gesundheitszustand sowie dem evtl. noch vorhandenen Impfschutz des Reisenden.

Da im Einzelfall unterschiedlichste Aspekte zu berücksichtigen sind, empfiehlt es sich immer, rechtzeitig (4 bis 6 Wochen) vor der Reise eine persönliche Reise-Gesundheits-Beratung bei einem reisemedizinisch erfahrenen Arzt oder Apotheker in Anspruch zu nehmen.

Malaria

Risiko: Mai bis Oktober.

- **Sehr geringes,** herdförmiges **Risiko** in ländlichen Gebieten der Chefchaouen-Provinz (Nordmarokko).
- **Malariafrei** sind die übrigen Landesteile, die Stadtgebiete und Touristenorte.

Ratschläge zur Reiseapotheke

Vergessen Sie nicht, eine kleinere oder größere Reiseapotheke mitzunehmen (zumindest Medikamente gegen Durchfall, Fieber und Schmerzen sowie Verbandstoff, Pflaster und Wunddesinfektion), damit Sie für kleinere Notfälle gerüstet sind.

Nicht vergessen: Medikamente, die der Reisende ständig einnehmen muss!

Aktuelle Meldungen

- **Darminfektionen:** Risiko für Durchfallerkrankungen landesweit, gelegentlich auch für Typhus. Nahrungs- und Trinkwasserhygiene beachten, ggf. Impfschutz gegen Typhus.

Glossar

Ashura bzw. **Achoura:** Neujahr, auch Kinderfest
Agadir: Umfriedung; befestigter Platz; befestigter Speicher
Aguedal: Gärten und Obsthaine der Sultane
Agoumi: entspricht etwa dem Begriff „Alpweide"
Aguelmame: See
Ahaidous: Tanz der Dorfbevölkerung im nördlichen Atlas
Ahwach: Tanz der Dorfbevölkerung im südlichen Atlas
Aid al Kebir: das große Fest (erinnert an das Opfer Abrahams)
Aid al Seghir: das kleine Fest – Abschluss des Fastenmonats Ramadan
Ain: Quelle
Aït: Söhne von ..., Leute der ... (Stammesname)
Amghar: Dorfältester; wohlhabender Dorfbewohner
Arhour: Brunnen für die Bewässerung (mit Rampe für Zugtiere)
Asif: Wasserlauf
Assarag: Tanzplatz
Azrou: Felsen

Bab: Tor, Durchgang
Balek: Warnruf wie „Achtung!"
Ben (Mz. *Beni*): Sohn des (der) ...
Bir: Brunnen
Bled: offenes Land (Gegensatz zur Stadt)

Chech: Gesichtstuch/-schleier (meist blau, weiß oder schwarz, 5–7 m lang)
Chergui: heißer Südwind, Wüstenwind
Chleuh (Schlöh): Berberstamm im Anti-Atla
Chouari: Tragkorb mit zwei großen Taschen, den man über den Rücken des Esels legt
Couscous: Gericht aus Weizen- oder Hirsegrieß mit Schaf- oder Hühnerfleisch und Gemüse

Dir: Geländerücken; in die Ebene hinauslaufender Sporn
Dirham: marokkanische Währung (DH)
Dar (Mz. *Duar* bzw. franz. *Douar*): Haus; ländliche oder vorstädtische Siedlung; Gruppe von Zelten oder Häusern
Djama: Moschee
Djamâa bzw. **Djemâa:** Versammlung der Bevölkerung eines Gebietes; Versammlungsplatz
Djabal bzw. **Djebel:** Berg
Djedid: jung, neu
Djellabah: weites, mantelartiges Kleid mit Kapuze; wird von Männern und Frauen im Freien getragen
Djinn (Mz. *Djnoun*): Dämon, Geist
Doum: Zwergpalmenart

Erg: Sandwüste

Fantasia: wilder Ritt, bei dem Gewehre abgefeuert werden (aus dem Spanischen)
Fata: rituelles Gebet
Fellah: Bauer
Fina: Hauskleid der Frau; Schleier, der über das Hauskleid getragen wird
Fkih: Lehrer an einer Koranschule
Funduk (franz. Foundouk): Herberge, Karawanserai, traditionelles (Stadt-)Haus

Gara (Mz. *Gour*): isolierter Tafelberg; Zeugenberg
Gharbi: Westwind, Meerwind
Ghezzou: Raubzug; Teilnehmer an einem Raubzug
Gnawa (franz. Gnaoua): Meist schwarze Musiker (Ursprungsland Guinea), die islamischen Orden angehören und deren Gesängen und Tänzen Heilkraft zugesprochen wird; oft auf dem Djamâa-el-Fna-Platz in Marrakesch zu sehen
Guedra: röhrenförmige Töpferarbeit (mit Fell bespannt als Tamburin verwendet); Volkstanz in Guelmim
Guich: bewaffneter arbischer Stamm, vom Sultan zur Überwachung eines Gebietes angesiedelt

Hadj: Wallfahrt nach Mekka
Haik: weibliches Kleidungsstück, Überwurf (nur noch selten getragen)
Hammada: Felswüste, Steinwüste
Hammam: islamisches Bad
Haratin: dunkelhäutige, aus der marokkanischen Sahara stammende Bevölkerung
Harira: kräftige Suppe zum Fastenunterbrechen im Ramadan

Imam: frommer Mann, der das Gebet in der Moschee leitet
Imazighen: freie Leute, Freie
Irherm (Igherm): Umfriedung; befestigter Platz; befestigter Speicher

Kaftan: besticktes Kleid aus kostbarem Stoff
Kaid: siehe Qaid
Kalif: Herrscher der Gläubigen; Nachfolger Mohammeds
Kanoun bzw. **Qanun:** Holzkohlebecken aus gebrannter Erde oder Metall
Kasbah: befestigter Wohnsitz einer Sippe, bzw. Ansammlung von mehren Tighremts, vor allem im südlichen Marokko
Kerkour: Pyramide, auf die jeder Vorbeigehende einen Stein legt, um Unglück abzuwenden
Kesra: rundes Brot
Khammès: Pächter, der ein Fünftel der Ernte erhält
Khettara: unterirdischer Bewässerungskanal
Khoms: Vereinigung verschiedener Stämme
Kibla (Qibla): Gebetsmauer in der Moschee, nach Osten (Mekka) gerichtet
Kissaria: Markthalle für Stoffe, Leder, Parfüm usw.
Koubba: siehe Qubba
Ksar (Mz. *Ksour*): von lat. „castrum"; in Marokko befestigtes Lehmdorf im Süden oder Osten des Atlas

Maghreb: Westen/Land des Sonnenuntergangs/Okzident; Sammelbegriff für die Länder Marokko, Tunesien, Algerien
Maghzen: Regierung des Sultans
Mahdi: der durch Gott bestimmte Führer (z.B. *Ibn Tumart*)
Makina: Fabrik
Marabut (franz. Marabout): islamischer Heiliger; wegen seiner Frömmigkeit und seines beispielhaften Lebens angesehener Mann bzw. sein Grabmal
Mechwar (franz. Mechouar): Versammlungsplatz der Stämme vor dem Sultanspalast
Mechoui: im geschlossenen Ofen gebratenes Schaf
Medersa: Schule, Hochschule der Muslims, zugleich Wohnhaus der Studenten
Medina: Stadt; traditioneller Stadtteil; Altstadt
Mellah: Judenviertel, Judenstadt
Mihrab: apsisförmige Gebetsnische in der Kibla (s.o.)
Minbar: Kanzel in der Moschee, meist neben der Mihrab (s.o.)
Mouloud bzw. **Maulad:** Geburtsfest des Propheten oder eines Heiligen
Moussem (franz.) bzw. **Mausim:** Fest oder Pilgerfahrt zu Ehren eines Schutzheiligen
Msid: Koranschule

Nouala: Hütte aus Schilfrohr und Lehm mit Strohhäcksel

Oued bzw. **Wadi:** Wasserlauf, Fluss
Oulad bzw. **Ulad:** Söhne des ...

Pastilla (auch Bastilla): mit Taubenfleisch und Eiern gefüllte Pastete (aus dem Spanischen)

Qaid: Chef, Stammesoberhaupt
Qubba: Kuppel; gebraucht für Marabut mit runder Kuppel über quadratischem Grundriss

Ramadan bzw. **Ramadhan:** Fastenmonat im islamischen Kalender
Ras el Hanout: Gewürzmischung, der man allgemeine und besondere Heilwirkung zuspricht
Ribat: befestigtes Kloster
Ryad bzw. **Riad:** Innengarten eines Hauses, auch Herrenhaus oder Palast
Ryal: Münzeinheit – 0,05 Dirham (vom span. „Real")

Scherif (Mz. *Schorfa*): angeblicher Nachkomme des Propheten Muhammad; siehe chérif
Seguia: offener Bewässerungskanal
Sidi: mein Herr!
Suq bzw. **Souk (franz.):** in der Einzahl – Markt, meist Wochenmarkt; in der Mehrzahl – Marktgassen einer Stadt; die Wochenmärkte tragen die Namen der Tage, an denen sie stattfinden: *el had* = Sonntag, *et tnine* = Montag, *et tleta* = Dienstag, *el arba* = Mittwoch, *el khemis* = Donnerstag, *el djema* = Freitag, *es sebt* = Samstag

Tachelhit: einer der drei Berberdialekte in Marokko

Tajine: Fleisch mit Soße, in spitzdeckeligem Tontopf geschmort
Takbilt: politische Einteilung der Berberbevölkerung des Hohen Atlas (arabisch-berberische Mischform)
Taleb (Mz. *Tolba*): Student an einer islamischen Hochschule
Tamazight: einer der drei Berberdialekte in Marokko
Tarbouch: männliche Kopfbedeckung (städtisch)
Tigemmi: Haus
Tighremt: Umfriedung; befestigte Burg oder Speicherburg, auch Kasbah
Tirs: gute schwarze Ackerböden
Tit: Quelle
Tizi (franz. Col): Passübergang

Umma: Gemeinschaft der mohammedanischen Gläubigen

Zawia bzw. **Zaouia (franz.):** Heiligtum, kleine Moschee; Sitz einer religiösen Bruderschaft
Zellij bzw. **Zelliges:** Mosaik aus farbigen Keramikstücken, verwandt mit dem spanischen „azul" (= blau); „azulejos"
Zenata: nomadisierende Berber (aus dem Osten zugewandert); sie sprechen einen der drei Berberdialekte Marokkos

Literatur

Einen guten geografischen und **landeskundlichen Überblick** bietet aus der Reihe „Länderprofile" des Klett-Verlages das Buch „Marokko – ein islamisches Entwicklungsland mit kolonialer Vergangenheit" von *Klaus Müller-Hohenstein* und *Herbert Popp*. *Prof. Popp* vom Geografisch-Sozialwissenschaftlichen Institut der Universität Bayreuth hat noch einige andere Bücher zu speziellen Themen über Marokko herausgebracht, die lesenswert sind. Für Liebhaber alter Bücher sind die Reprints englischer Reiseberichte wie „A Ride in Morocco", „Morocco and the Moors", „Morocco: Its people and its places" von Darf Publishers in London (www.darfpublishers.com) eine wahre Fundgrube an Hintergrundinformationen sowie geschichtlichen und volkstümlichen Gegebenheiten. Staat und Gesellschaft sind sehr gut und informativ und durchaus kritisch in dem Buch „Staat, Öffentlichkeit und Zivilgesellschaft in Marokko" (1997, leider vergriffen) von *Dr. Sonja Hegasy* beschrieben.

Wer sich für **politische und Wirtschaftsdaten** interessiert, sollte einen Blick auf die Websites des Bundesministeriums für Wirtschaftliche Zusammenarbeit (BMZ, www.bmz.de) werfen. Dort kann man diverse Informationen zum Partnerland Marokko einsehen. Weitere wirtschaftliche Informationen (z.B. für Investoren) veröffentlicht die Germany Trade & Invest (www.gtai.de, frühere Bundesstelle für Außenhandelsinformation). Auch die Außenstelle der Industrie- und Handelskammer in Casablanca bietet diverse Publikationen an (www.dihkcasa.org).

Als **sehr gute Hintergrundliteratur** sind die sozialkritischen Romane einiger marokkanischer Schriftsteller wie *Mohammed Mrabet*, *Mohammed Choukri*, *Tahar Ben Jelloun* u.a. zu empfehlen. Besten Einblick in das marokkanische Sozialgefüge liefert auch die Soziologin und Feministin *Fatima Mernissi* mit ihren zahlreichen Büchern.

Einen stimmungsvollen Einblick in die Landschaften und Kultur Marokkos bieten natürlich diverse **Bildbände.** Doch viele Bildbände haben zwar hervorragende Fotos, aber häufig sehr klischeehafte Texte, die wenig in die Tiefe gehen, nicht aktuell sind oder nur die wichtigsten touristischen Regionen abdecken.

Das Buch **„Zeit für Marokko"** (Bruckmann Verlag) verbindet wunderschöne Fotos des professionellen Reisefotografen *Christian Heeb* mit Tipps zu den stilvollsten Unterkünften und ausführlichen Hintergrundtexten von *Astrid Därr.* Ebenfalls empfehlenswert ist das schöne Buch von *Margaret Courtney-Clarke* „Die Berberfrauen. Kunst und Kultur in Nordafrika" aus dem Frederking und Thaler-Verlag, München. Wer sich für Architektur und Innenausstattung marokkanischer Häuser interessiert, wird sich für das Buch **„Moroccan Interiors"** oder **„Morocco Style"** (dreisprachig) von *Lisa Lovatt-Smith* aus dem Taschen-

Verlag begeistern. Es zeigt traditionelle Häuser, Wohnformen, Villen aus marokkanischen Städten und deren Einrichtung in hervorragender Qualität – eine echte Augenweide!

Kurzweilige Geschichten verschiedener bekannter Marokko-Literaten (u.a. *Elias Canetti, Fatima Mernissi, Tahar Ben Jelloun*) enthält das Buch **„Reise nach Marokko – Kulturkompass fürs Handgepäck"** aus dem Unionsverlag.

Einen sehr guten Kurzüberblick über die marokkanische Mentalität bieten das Buch von *Muriel Brunswig-Ibrahim* **„KulturSchock Marokko"** (Reise Know-How Verlag) und das Sympathiemagazin **„Marokko verstehen"** (Studienkreis für Tourismus und Entwicklung e.V., www.sympathiemagazin.de). Beide Publikationen informieren ausgezeichnet über Land und Leute und helfen dabei, die kulturelle Barriere zwischen Tourist und lokaler Bevölkerung zu überwinden.

Wer in Marokko mehr Zeit in Städten verbringt, kann in den teilweise sehr gut sortierten Buchhandlungen eine Unzahl an französisch- und zum Teil auch englischsprachigen Titeln zu Marokko finden. Auf die große Zahl von **französischsprachiger Literatur** wird hier nicht näher eingegangen.

Spezialisiert auf Bücher über den arabischen Kulturraum sind folgende **Verlage:** Verlag Donata Kinzelbach in Mainz (www.kinzelbach-verlag.de), Edition Orient in Berlin (www.edition-orient.de), Edition Wuquf – Hanspeter Mattes (nur online unter www.wuquf.de). Der Unions-Verlag in Zürich (www.unionsverlag.com) sowie der Leno Verlag in Basel (www.lenos.ch) bringen ebenfalls viele Romane und Erzählungen arabischer Schriftsteller heraus.

Die **Deutsch-Maghrebinische Gesellschaft e.V.** (www.dmag-bonn.de) und die **Deutsch-Marokkanische Gesellschaft e.V.** (www.deumages.de) haben umfangreiche Literaturlisten herausgegeben. Bei der Deutsch-Marokkanischen Gesellschaft kann man sich auch Bücher ausleihen und eine Literaturliste im Internet einsehen.

Landkarten

Als Übersichtskarte für das gesamte Land ist die Marokko-Karte von **Reise Know-How** (world mapping project) im Maßstab 1:1 Mio. zu empfehlen (der Atlas in diesem Buch entstammt dieser Karte). Einen sehr guten Überblick gibt auch die Marokko-Karte von **Michelin** 1:1 Mio. mit einigen Nebenkarten 1:600.000. Auf dieser Karte sind auch die Pisten und Nebenstrecken genau erkennbar (für Mountainbike- und Geländewagenfahrer).

Wer sich für **Regionalkarten** mit detaillierten Ausschnitten interessiert oder mit GPS navigieren will, ist mit den Karten der Division Topographique (Rabat, 1:250.000) gut bedient. Sie sind verhältnismäßig neu, jedoch für die Grenzgebiete im Süden und die Westsahara nicht erhältlich. Manche Karten sind genehmigungspflichtig und nur unter großem Aufwand zu bekommen, einige Blätter vergriffen, jene über die südlichen Gebiete werden gar nicht an die Öffentlichkeit ausgeliefert. Wichtig sind die Detailkarten 1:100.000 vor allem für Bergsteiger und Mineraliensammler im Hohen Atlas, die Karten 1:250.000 auch für Geländewagenfahrer, die die Nebenpisten im Anti-Atlas und Saharabereich befahren wollen.

Als Ersatz kann man für diese Gebiete auf topografische **russische Generalstabskarten** (mit kyrillischer Beschriftung, aber deutscher Beschreibung der Legende und Übersetzung des kyrillischen Alphabets) im Maßstab 1:1 Mio., 1:500.000, 1:200.000 und 1:100.000 zurückgreifen. Sie sind für fast alle Teile Marokkos (auch digital) erhältlich bei Därr Expeditionsservice, München (Tel. 089 28 20 32, www.daerr.de).

Buchtipp – Praxis-Ratgeber:
- Wolfram Schwieder
Richtig Kartenlesen
(Reise Know-How Verlag)

Bei den örtlichen Tourismusämtern gibt es sehr gute **touristische Karten** der Region Azilal-Zaouia Ahansal und El Ksiba, welche auch den Hohen Atlas bis ins Aït-Bougoumez-Tal und ins M'goun-Tal abdecken und für Trekker und Mountainbiker geeignet sind. Der Preis ist jedoch mit 400 DH pro Karte viel zu hoch angesetzt. Es werden von allen Karten nur Einzelblätter (gegen schriftlichen Antrag vor Ort mit Passnummer) verkauft, größere Mengen werden nicht herausgerückt. Für Trekker nützlich sind auch die Wanderkarten von *Mohammed Aït Hamza* und *Herbert Popp* „Kultur-Trekking im Dschebel Saghro (Südmarokko)" und „Kultur-Trekking im Zentralen Hohen Atlas" (erhältlich über das Geografische Institut der Universität Bayreuth: www.stadtgeo.uni-bayreuth.de/de/publications/maghreb-karten).

Eine DVD mit **digitalen topografischen Karten** für Garmin-GPS-Geräte ist erhältlich bei Garmin Deutschland (TOPO Marokko von *Michael Hantsche,* www.garmin.de) oder bei Outdoorfachhändlern wie dem Därr Expeditionsservice (www.daerr.de).

Bei mitgebrachten Landkarten sollte man darauf achten, dass die **Westsahara als marokkanisches Gebiet** eingetragen ist, denn sonst werden die Karten an der Grenze konfisziert.

HILFE!

Dieses Reisehandbuch ist gespickt mit unzähligen Adressen, Preisen, Tipps und Infos. Nur vor Ort kann überprüft werden, was noch stimmt, was sich verändert hat, ob Preise gestiegen oder gefallen sind, ob ein Hotel, ein Restaurant immer noch empfehlenswert ist oder nicht mehr, ob ein Ziel noch oder jetzt erreichbar ist, ob es eine lohnende Alternative gibt usw.

Unsere Autoren sind zwar stetig unterwegs und versuchen, alle zwei Jahre eine komplette Aktualisierung zu erstellen, aber auf die Mithilfe von Reisenden können sie nicht verzichten.

Darum: Schreiben Sie uns, was sich geändert hat, was besser sein könnte, was gestrichen bzw. ergänzt werden soll. Nur so bleibt dieses Buch immer aktuell und zuverlässig. Wenn sich die Infos direkt auf das Buch beziehen, würde die Seitenangabe uns die Arbeit sehr erleichtern. Gut verwertbare Informationen belohnt der Verlag mit einem Sprechführer Ihrer Wahl aus der über 220 Bände umfassenden Reihe „Kauderwelsch".

Bitte schreiben Sie an:
Reise Know-How Verlag Peter Rump GmbH, Pf 14 06 66, D-33626 Bielefeld,
oder per E-Mail an: info@reise-know-how.de

Danke!

www.reise-know-how.de

REISE KNOW-HOW online

Unser Kundenservice auf einen Blick:

- Vielfältige Suchoptionen, einfache Bedienung
- Alle Neuerscheinungen auf einen Blick
- Schnelle Info über Erscheinungstermine
- Zusatzinfos und Latest News nach Redaktionsschluss
- Buch-Voransichten, Blättern, Probehören
- Shop: immer die aktuellste Auflage direkt ins Haus
- Versandkostenfrei ab 10 Euro (in D), schneller Versand
- Downloads von Büchern, Landkarten und Sprach-CDs
- Newsletter abonnieren, News-Archiv

Die Informations-Plattform für aktive Reisende

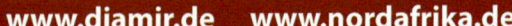

Anhang

Register

Die Autorinnen

Erika Därr, geb. 1949, ist seit 1971 auf allen Kontinenten unterwegs. Das erste Land außerhalb Europas, das sie besuchte, war Marokko. Auf vielen mehrwöchigen Reisen, allein oder mit Familie, lernte sie Land und Leute kennen und lieben. Nach mehreren Sahara-Durchquerungen gründete sie 1976 mit ihrem Mann *Klaus* den mittlerweile verkauften Reiseausrüstungsladen „Därr Expeditionsservice". Sie schrieb 1981 die erste Auflage des Globetrotterführers „Marokko – vom Rif zum Anti-Atlas" und verlegte das Buch im Eigenverlag. 1984 war sie Mitbegründerin von Reise Know-How und arbeitete bis 2002 als Verlegerin – und heute noch als Autorin mehrerer Reiseführer in der Verlagsgruppe. Bis 2008 reiste sie zusammen mit ihrem Mann mehr als fünf Jahre mit einem Allrad-Wohnmobil durch alle Kontinente. *Erika Därr* brachte für diese Auflage die Kapitel „Land und Leute" und „Reisetipps A–Z" auf den neuesten Stand. Mehr über die Autorin unter www.daerr.info.

Seit der 4. Auflage hat Tochter **Astrid Därr,** geb. 1977, die komplette Aktualisierung des vorliegenden Reiseführers übernommen. *Astrid* war seit ihrem ersten Lebensjahr mit ihren Eltern in Afrika unterwegs. Inzwischen bereiste sie alle Kontinente auf eigene Faust, darunter auch mehr als 30 Länder Afrikas. Mit einem alten Toyota Landcruiser durchquerte sie Afrika in mehreren Etappen von München bis Kapstadt. Die Diplom-Geografin befasste sich schon während ihres Studiums intensiv mit dem Maghreb, u.a. mit ihrer Diplomarbeit über Investoren in der Medina von Fès. *Astrid Därr* ist Autorin diverser Reisebücher in verschiedenen Verlagen, darunter „Marokko" und „CityTrip Marrakesch" (Reise Know-How), „Zeit für Marokko" und „Zeit für Safari" (Bruckmann Verlag). Als Reisejournalistin und Reiseleiterin ist sie mehr als fünf Monate im Jahr im Ausland unterwegs. Für den Trekkingreise-Veranstalter Hauser Exkursionen GmbH führt sie u.a. regelmäßig Reisegruppen durch Marokko. Mehr über die Autorin unter www.durchafrika.info.

Danksagung

Unser besonderer Dank gilt den Bekannten, Freunden und Fotografen, die wesentlich zur Aktualisierung dieser Auflage beigetragen haben. Zu nennen sind v.a. *Norbert Schmidt, Christian Heeb, Ahmed Ouardarass* aus Tafraoute, Brahim Karaoui aus Merzouga und *Abdoul Benalia* aus M'Hamid. Danke auch an alle LeserbriefschreiberInnen für unzählige Anregungen, Informationen und Tipps!

Fotonachweis

Die meisten Bilder sind von **Astrid und Erika Därr** (gekennzeichnet mit den Buchstabenkürzeln ad, ed und dd) sowie von **Christian Heeb** (ch; www.heebphoto.com), dem unser besonderer Dank gilt. Hinzu kommen außerdem: *Helmut Hoffmann-Buchardi,* hhb; *Karl Schlessmann,* ks; *Otfried Herrmann,* oh; *Werner Gartung,* wg; *Henning Janzen,* hj; *Vera Fleig,* vf; *Kerstin Mücke,* km; *Manfred Hell,* mh; *Norbert Schmidt,* ns.

aga10_ed

aga10_ad

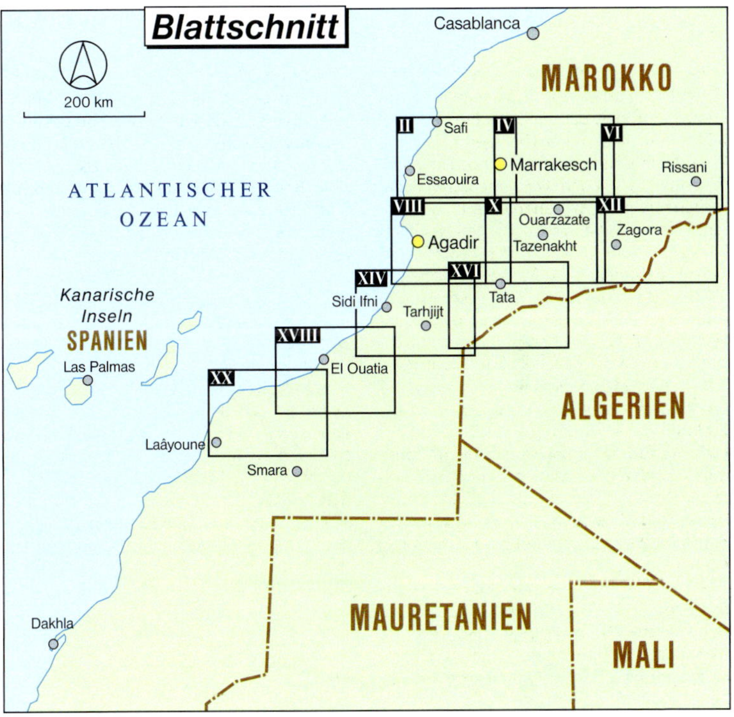

Hinweis: Die nachfolgenden Karten sind Ausschnitte aus der Marokko-Karte des **world mapping project** von Reise Know-How (Maßstab 1:1 Mio.).

Die **Schreibweisen** in den Karten können von denen im Buch abweichen. Im Atlas werden im Wesentlichen arabische Schreibweisen, im Buch meist die französischen und häufig auch in Marokko üblichen verwendet. Im Land variieren die Ortsschilder und Bezeichnungen, eine Vereinheitlichung lässt sich schwer vornehmen. Übliche Transkriptionsprobleme sind: Ou (franz.) = W; gh (arab.) = r; das französische Endungs-e ohne Akzent wird im Arabischen weggelassen, oft auch Vokale im Wort, z.B. Ouarzazate = Warzazat, Tinher = Tinghir.

Die **Zeichenerklärung** zu den Karten findet sich auf der letzten Atlasseite.

Anschluss Karte VIII

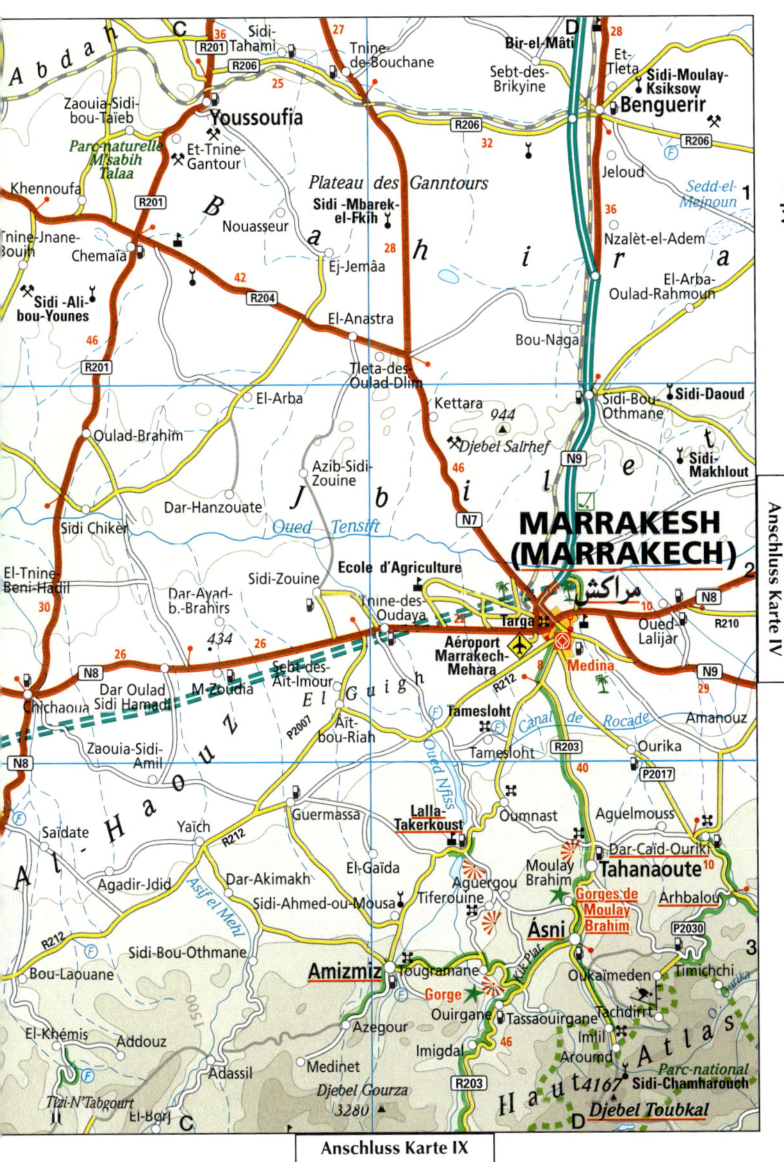

Anschluss Karte IX

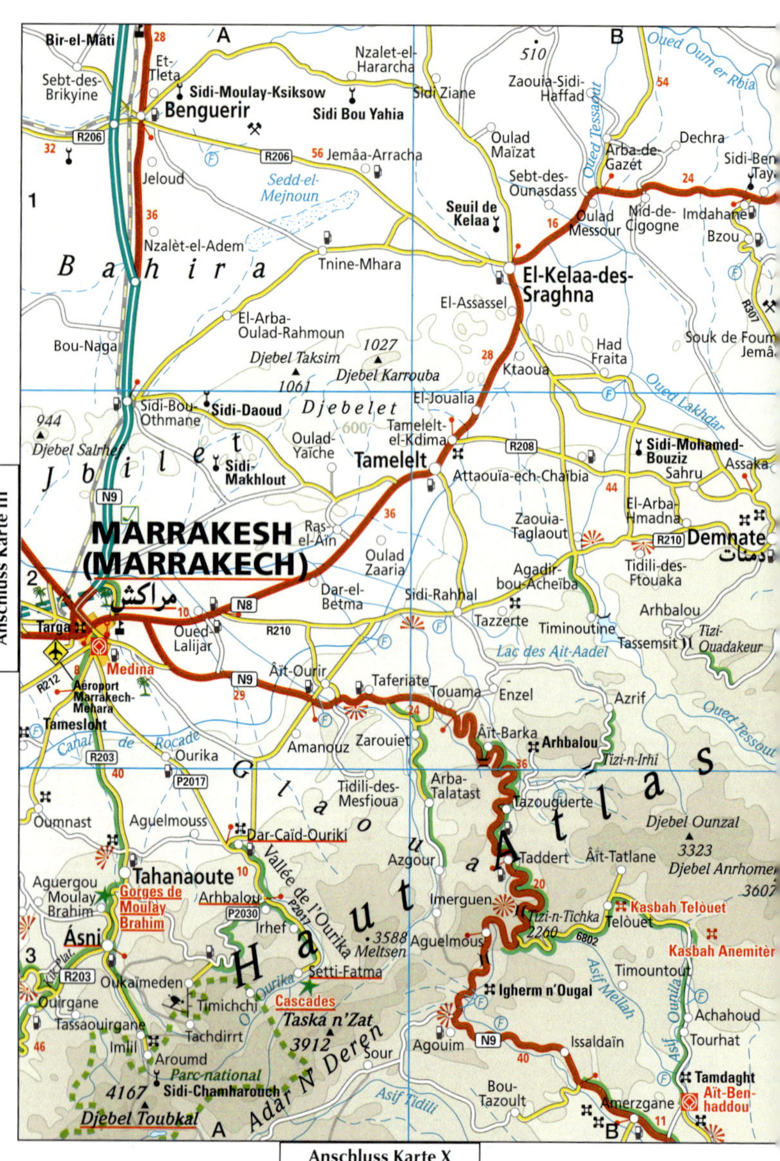

Anschluss Karte III

Anschluss Karte X

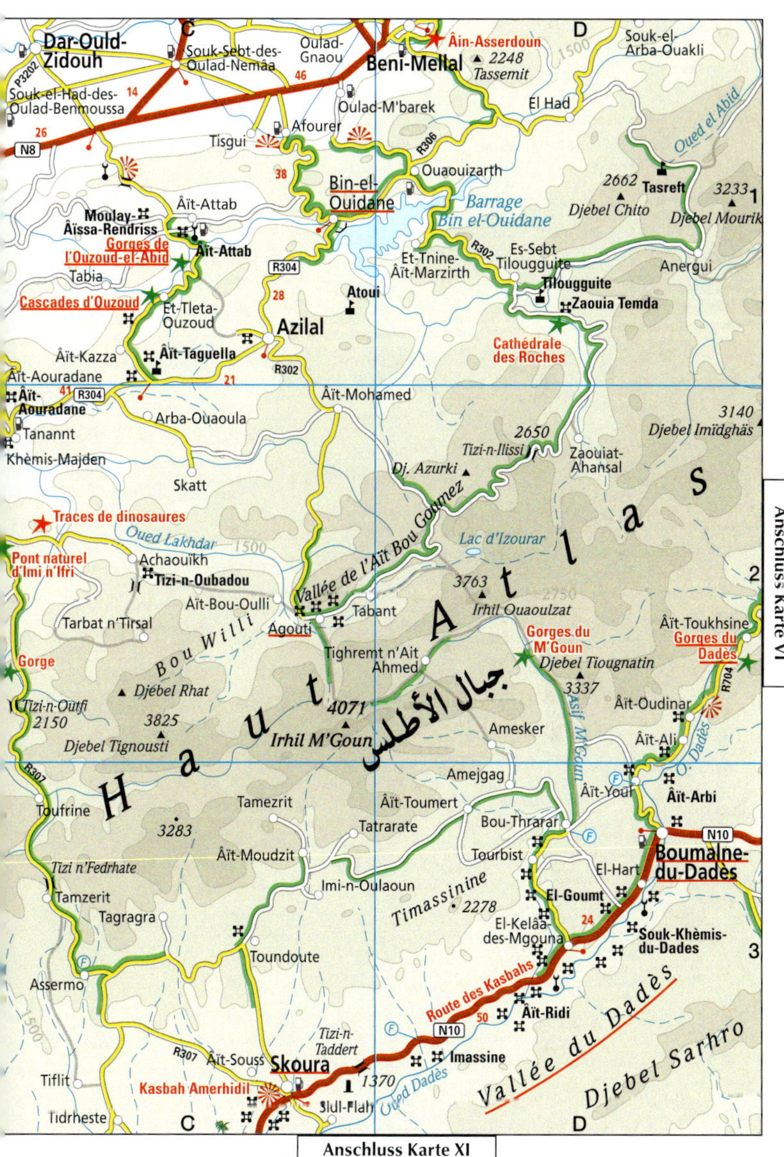
Dar-Ould-Zidouh
Souk-Sebt-des-Oulad-Nemâa
Oulad-Gnaou
Beni-Mellal
Âin-Asserdoun
2248 Tassemit
Souk-el-Arba-Ouakli
Souk-el-Had-des-Oulad-Benmoussa
Oulad-M'barek
El Had
Afourer
Tisgui
Oued el Abid
Ouaouizarth
Bin-el-Ouidane
Barrage Bin el-Ouidane
2662 Tasreft
Djebel Chito
3233
Djebel Mourik
Moulay-Âïssa-Rendriss
Âït-Attab
Gorges de l'Ouzoud-el-Abid
Tabia
Es-Sebt Tilougguite
Et-Tnine-Âït-Marzirth
Anergui
Tilougguite
Zaouia Temda
Atoui
Cascades d'Ouzoud
Et-Tleta-Ouzoud
Azilal
Cathédrale des Roches
Âït-Kazza
Âït-Taguella
Âït-Aouradane
Âït-Mohamed
Arba-Ouaoula
Tanannt
Khèmis-Majden
Skatt
2650
Tizi-n-Ilissi
Zaouiat-Ahansal
3140
Djebel Imïdghâs
Dj. Azurki
Traces de dinosaures
Oued Lakhdar
Pont naturel d'Imi n'Ifri
Achaouïkh
Tizi-n-Oubadou
Vallée de l'Aït Bou Goumez
Lac d'Izourar
3763
Irhil Ouaoulzat
Aït-Bou-Oulli
Tabant
Agouti
Tarbat n'Tirsal
Bou Willi
Haut Atlas
جبال الأطلس
Gorge
Gorges du M'Goun
Djebel Tiougnatin
Âït-Toukhsine
Gorges du Dadès
Tighremt n'Ait Ahmed
Djebel Rhat
Tizi-n-Outfi 2150
3825
Djebel Tignousti
4071
Irhil M'Goun
3337
Asif M'Goun
Âït-Oudinar
Amesker
Âït-Ali
O. Dadès
Amejgag
Âït-Youl
Âït-Arbi
Toufrine
Tamezrit
Âït-Toumert
Tatrarate
Bou-Thrarar
3283
Âït-Moudzit
Tourbist
Boumalne-du-Dadès
El-Hart
Tizi n'Fedrhate
Tamzerit
Imi-n-Oulaoun
Timassinine 2278
El-Goumt
Tagragra
El-Kelâa-des-Mgouna
Souk-Khèmis-du-Dades
Toundoute
Assermo
Route des Kasbahs
Âït-Ridi
Tizi-n-Taddert
Imassine
Âït-Souss
Skoura
1370
Tiflit
Kasbah Amerhidil
Oued Dadès
Vallée du Dadès
Djebel Sarhro
Tidrheste
Sidi-Flah
Anschluss Karte VI
Anschluss Karte XI
Atlas

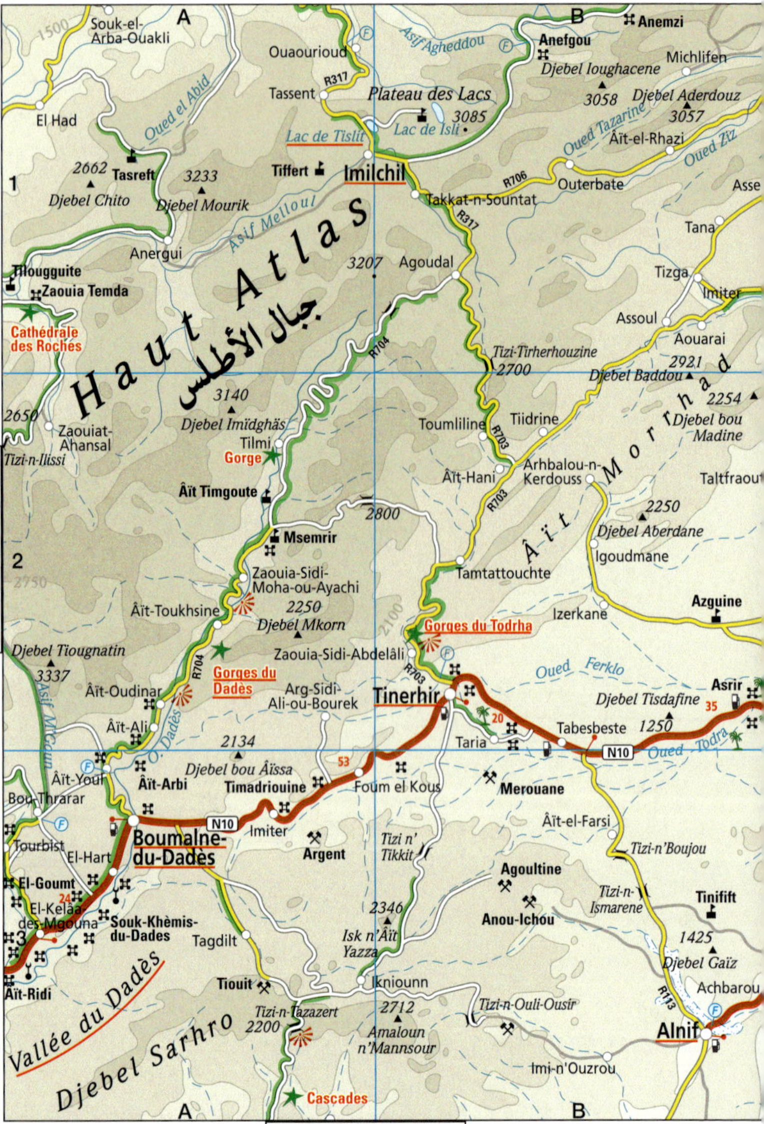

Anschluss Karte V

Haut Atlas
جبال الأطلس

Souk-el-Arba-Ouakli
El Had
Tasreft
2662
Djebel Chito
3233
Djebel Mourik
Oued el Abid
Anergui
Tilougguite
Zaouia Temda
Cathédrale des Roches
Ouaouriloud
R317
Tassent
Plateau des Lacs
Lac de Tislit
Lac de Isli
3085
Tiffert
Imilchil
Asif Melloul
Asif Agheddou
Anefgou
Anemzi
Djebel Iougħacene
3058
Michlifen
Djebel Aderdouz
3057
Oued Tazarine
Âït-el-Rhazi
Oued Ziz
R706
Outerbate
Takkat-n-Sountat
Asse
Tana
3207
Agoudal
Tizga
Imiter
Assoul
Aouarai
Tizi-Tirherhouzine
2700
2921
Djebel Baddou
Âït Morrhad
2254
Djebel bou Madine
R704
2650
Zaouiat-Ahansal
Tizi-n-Ilissi
3140
Djebel Imïdghäs
Tilmi
Gorge
Âït Timgoute
Toumliline
Tiidrine
R703
Âït-Hani
Arhbalou-n-Kerdouss
Taltfraout
2800
2250
Djebel Aberdane
Igoudmane
Msemrir
2
2750
Zaouia-Sidi-Moha-ou-Ayachi
2250
Djebel Mkorn
Âït-Toukhsine
Tamtattouchte
Izerkane
Azguine
2100
Gorges du Todrha
Djebel Tiougnatin
3337
Zaouia-Sidi-Abdelâli
Gorges du Dadès
Oued Ferklo
Âït-Oudinar
Arg-Sidi-Ali-ou-Bourek
Tinerhir
Asrir
Djebel Tisdafine
35
20
Âït-Ali
O. Dadès
Asif M'Goun
2134
Taria
Tabesbeste
1250
N10
Oued Todra
Âït-Youl
Âït-Arbi
Djebel bou Âïssa
Timadriouine
53
Foum el Kous
Merouane
Bou-Thrarar
Âït-el-Farsi
Boumalne-du-Dadès
Imiter
Argent
Tizi n' Tikkit
Tizi-n'Boujou
Tourbist
El-Hart
Agoultine
El-Goumt
24
El-Kelâa-des-Mgouna
3
Souk-Khèmis-du-Dades
2346
Anou-Ichou
Tizi-n-Ismarene
Tinifift
Tagdilt
Isk n'Âït Yazza
1425
Djebel Gaïz
Âït-Ridi
Tiouit
Iknioun
R113
Achbarou
Vallée du Dadès
Tizi-n-Tazazert
2200
2712
Amaloun n'Mannsour
Tizi-n-Ouli-Ousir
Alnif
Djebel Sarhro
Imi-n'Ouzrou
Cascades
A
B
1

Anschluss Karte XII

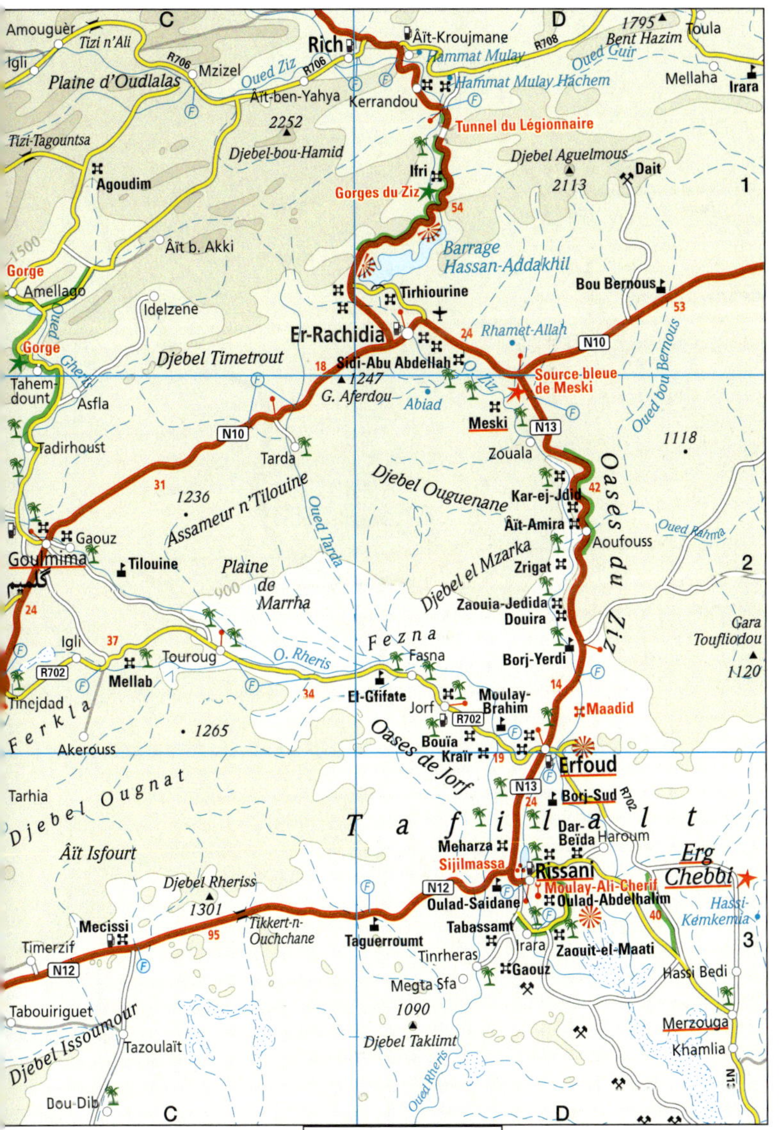

Anschluss Karte XIII

Anschluss Karte II

Anschluss Karte XIV/XV

Anschluss Karte III

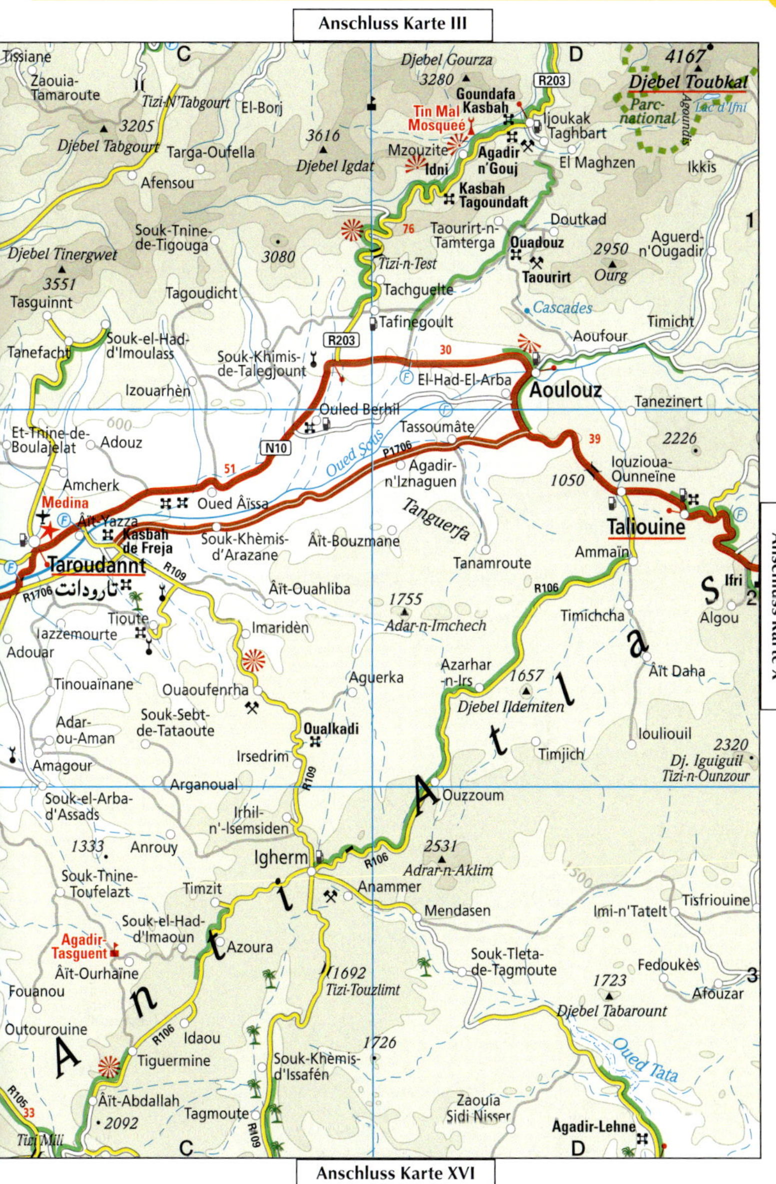

Anschluss Karte X

Anschluss Karte XVI

Anschluss Karte IV

Anschluss Karte IX

Anschluss Karte XVI

A
B
1
2
3
4167 Sidi-Chamharouch
Djebel Toubkal
Parc national
Lac d'Ifni
Agoundis
R203
3280
Goundafa Kasbah
Ijoukak
Taghbart
El Maghzen
Tin Mal Mosqueé
Agadir n'Gouj
Taourirt-n-Tamterga
Doutkad
Ouadouz
Taourirt
2950 Ourg
Cascades
Adar N' Deren
Amsouzart
Ikkis
Tizgui
Aguerd-n'Ougadir
Akechtim
Asif Tidili
Bou-Tazoult
Tidzi
N9
Amerzgane
12
P32c
11
Zaouia-Idermi
Taora
Aït-Bou-Ktir
N10
El-Borj
57
Tamora
Aït-Kalla
Agrilao
2048
Tachokchte
Tizi-n-Melloul
Tizi-n-Tleta
Tammellakout
Anezal
Bachkoun
Tizi-n-Bachkoum
1700
Timicht
Askaoun
Aoufour
El-Had-El-Arba
Aoulouz
Tanezinert
3304
Djebel Siroua
2100
Nekob
Tarhdoute
Tafounent
Tazenakht
39
2226
Tala
Aït-Amrane
1050
Iouzioua-Ounneïne
Anammer
Anti-Atlas
Taliouine
Tanamroute
Ammaïn
Timassinine
Taourirt
Zaouia-Taskount
23
Agoudim
Ifri
Irhahi
1886
N10
1650
61
Tizi-n-Taghatine
Tizi-Ikhsane
Kourkouda
R106
Timichcha
Algou
Agouinès
Angarf
Tamârouft
Azarhar-n-Irs
Aït Daha
1657
Djebel Ildemiten
Tamjercht
2037
1923
Issil
Djebel Maouas
Timjich
Ioulioui
2320
Dj. Iguiguil
Agadir-Melloul
Asarrakh
Imarhatèn
Tizi-n-Ounzour
Ougni
2073
Djebel Ouiouguen
900
1500
Imi-n'Tatelt
Tisfriouine
Douagadir
Agmour
Tisnassemine
Fedoukès
1723
Djebel Tabaroun
Afouzar
Akka-Irhen
Cascade de Tissinnt
1400
Tissinnt
Targannt
6837
Trit
Tissint
Djebel Bani
Oued Tata
Kasba-el-Jouâ
N12
Zaouia Sidi Nisser
Sidi-bou-Tazert
70
Agadir-Lehne
Akka-Irhém
1306
Hassi Haroua

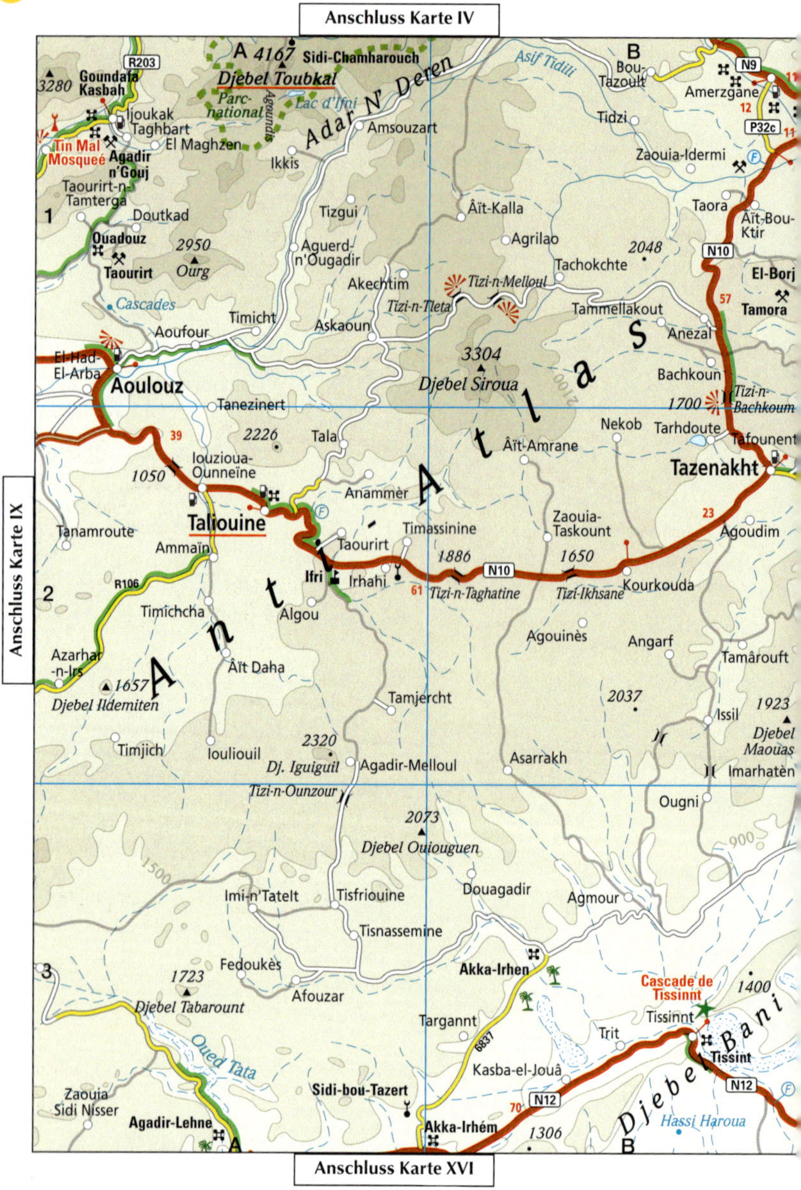

Anschluss Karte V

Anschluss Karte XII

Anschluss Karte VI

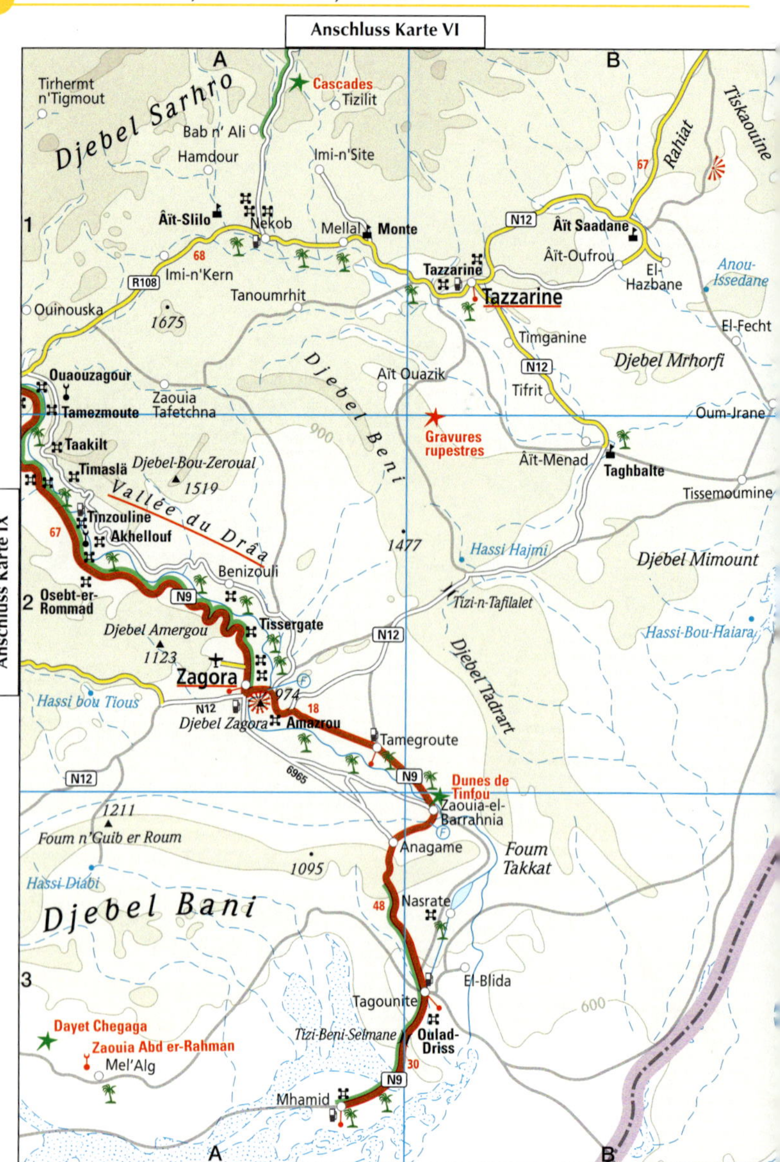

Anschluss Karte IX

Anschluss Karte VII

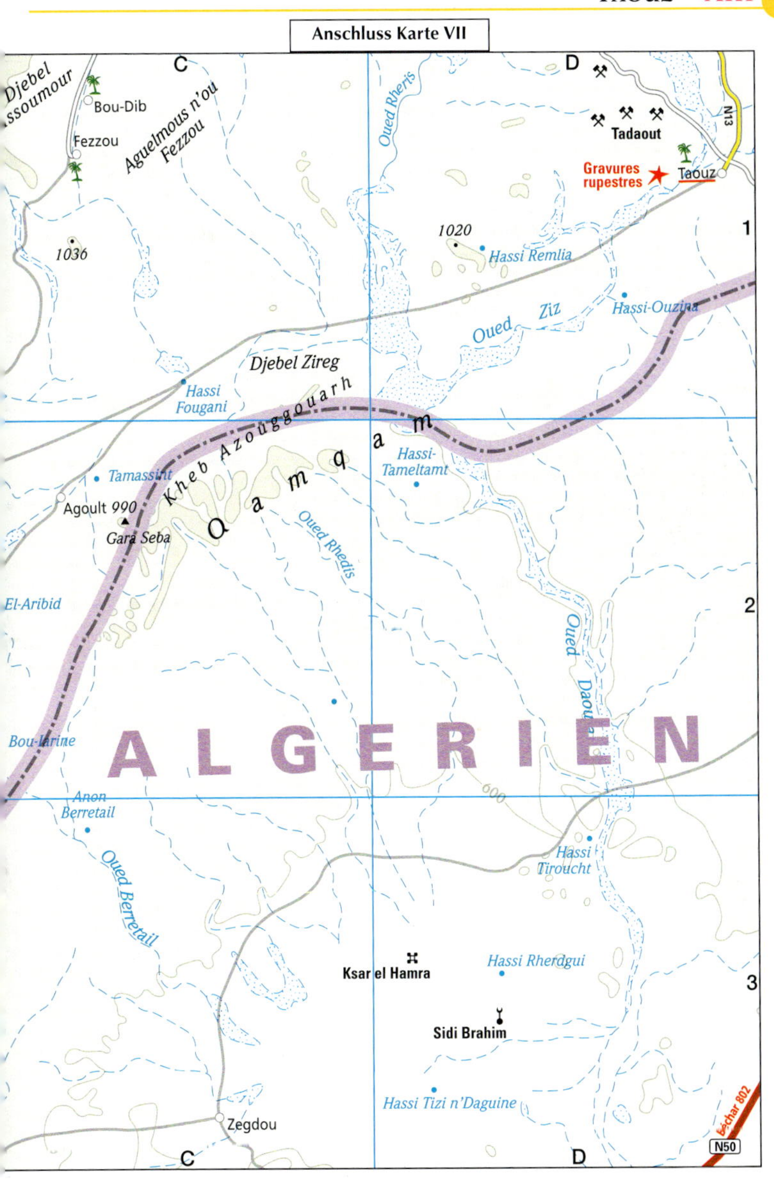

Djebel Issoumour
Bou-Dib
Fezzou
Aguelmous n'ou Fezzou
1036
Oued Rheris
Tadaout
Gravures rupestres
Taouz
N13
1020
Hassi Remlia
Oued Ziz
Hassi-Ouzina
Djebel Zireg
Hassi Fougani
Kheb Azouggouarh
Qamqam
Hassi-Tameltamt
Tamassint
Agoult 990
Gara Seba
Oued Rhedis
El-Aribid
Oued Daoura
ALGERIEN
Bou-larine
Anon Berretail
Oued Berretail
600
Hassi Tiroucht
Ksar el Hamra
Hassi Rherdgui
Sidi Brahim
Hassi Tizi n'Daguine
Zegdou
Béchar 802
N50
C
D
1
2
3

Anschluss Karte XIX

Anschluss Karte VIII/IX

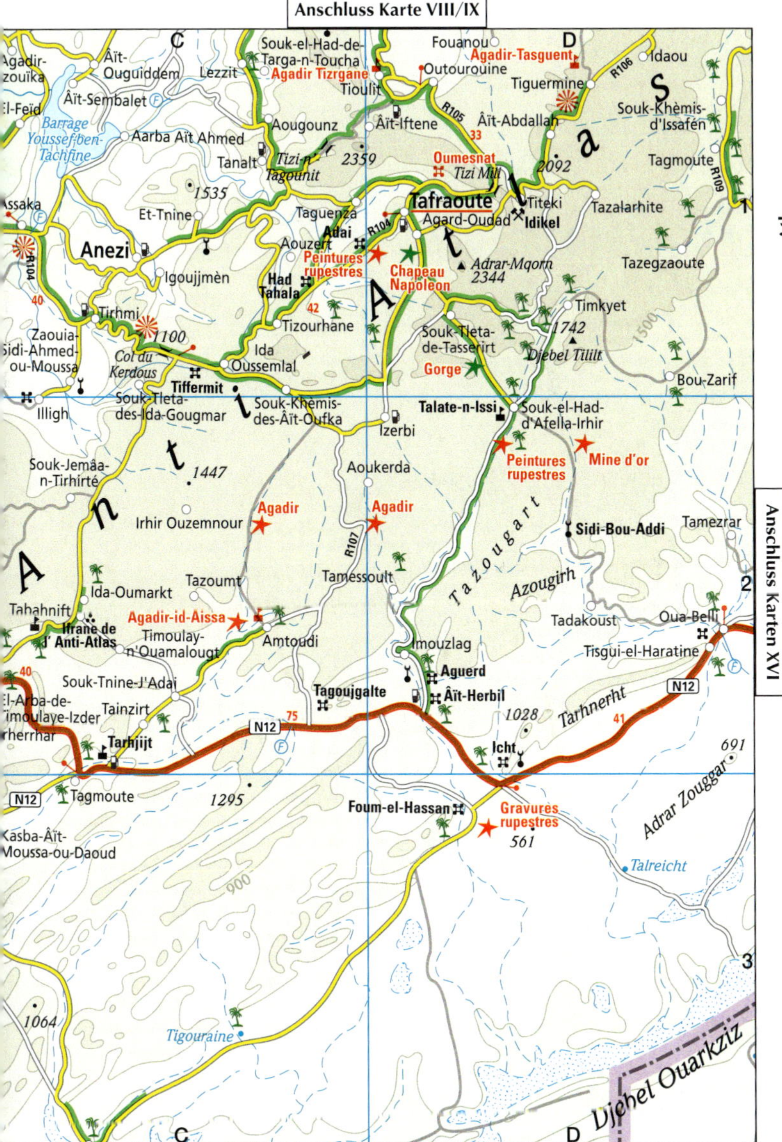

Anschluss Karten XVI

Atlas

Anschluss Karte IX/X

Anschluss Karte XV

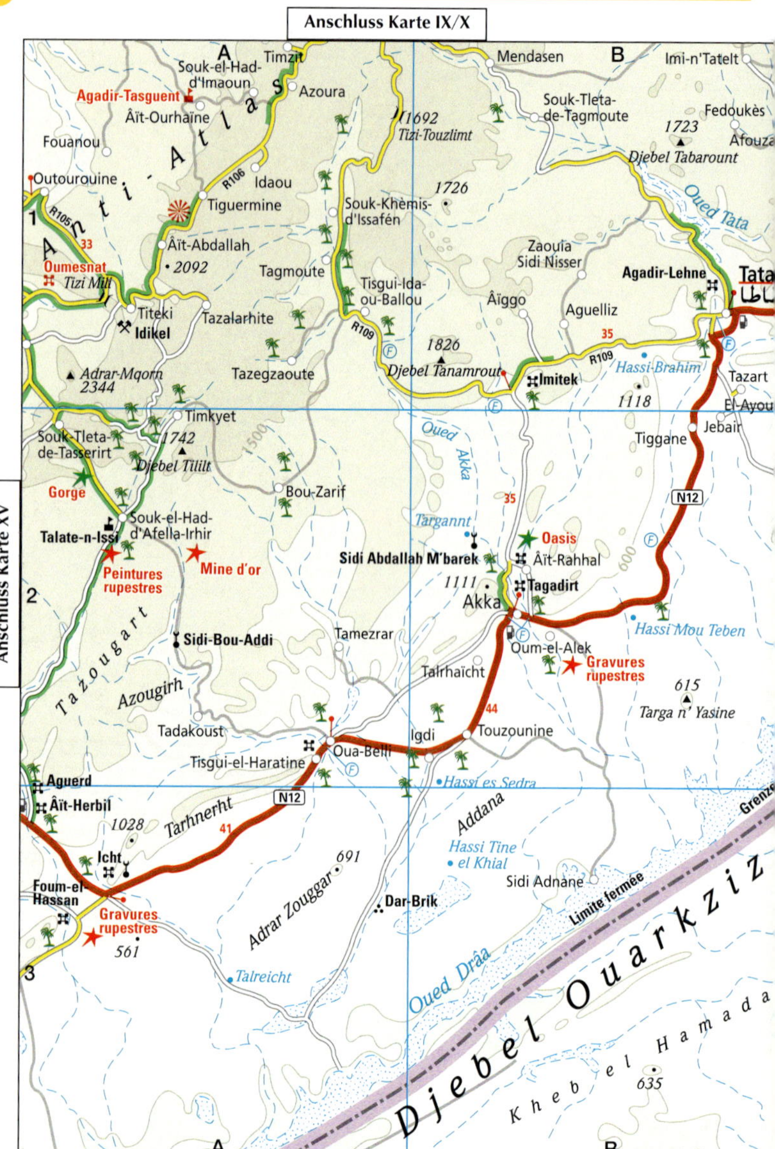

Anschluss Karte X/XI

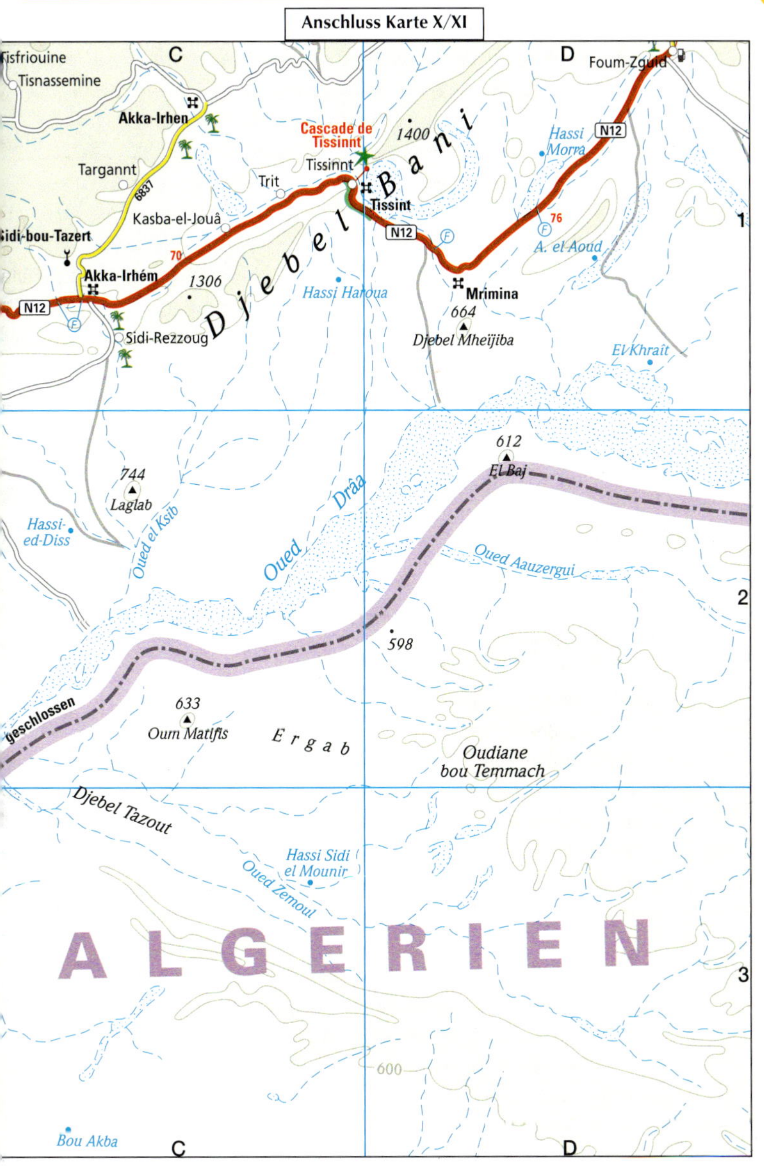

A
B
ATLANTISCHER
OZEAN
1
2
3
El Ouatia
25
Tan-Ta
El-Ouatia
248
R101
N1
Hameidia-
el-Gueblia
Dar-Chebik
Sidi Akhfennir
Al-Khaloua
Abatteh
Oued Tadnissite
R101
Aglatlbell
Hassi Jrayfia
A
B
Anschluss Karte XXI
Anschluss Karte XXI

Anschluss Karte XIV

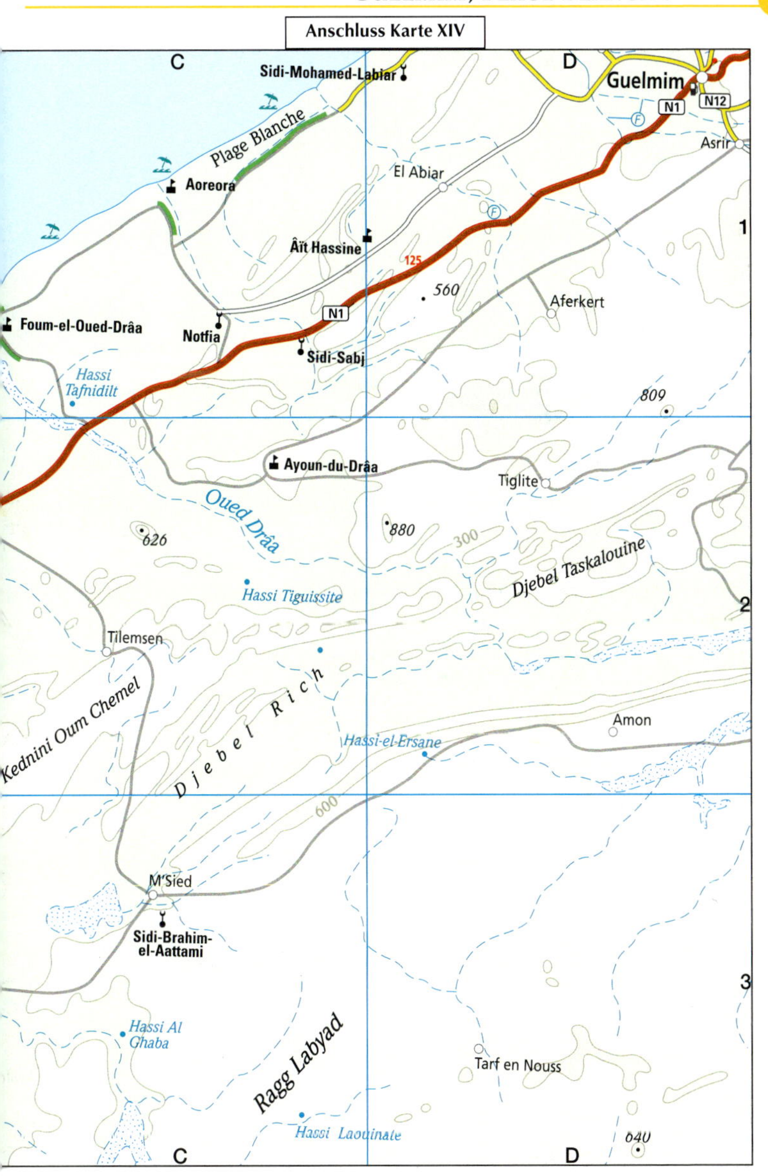

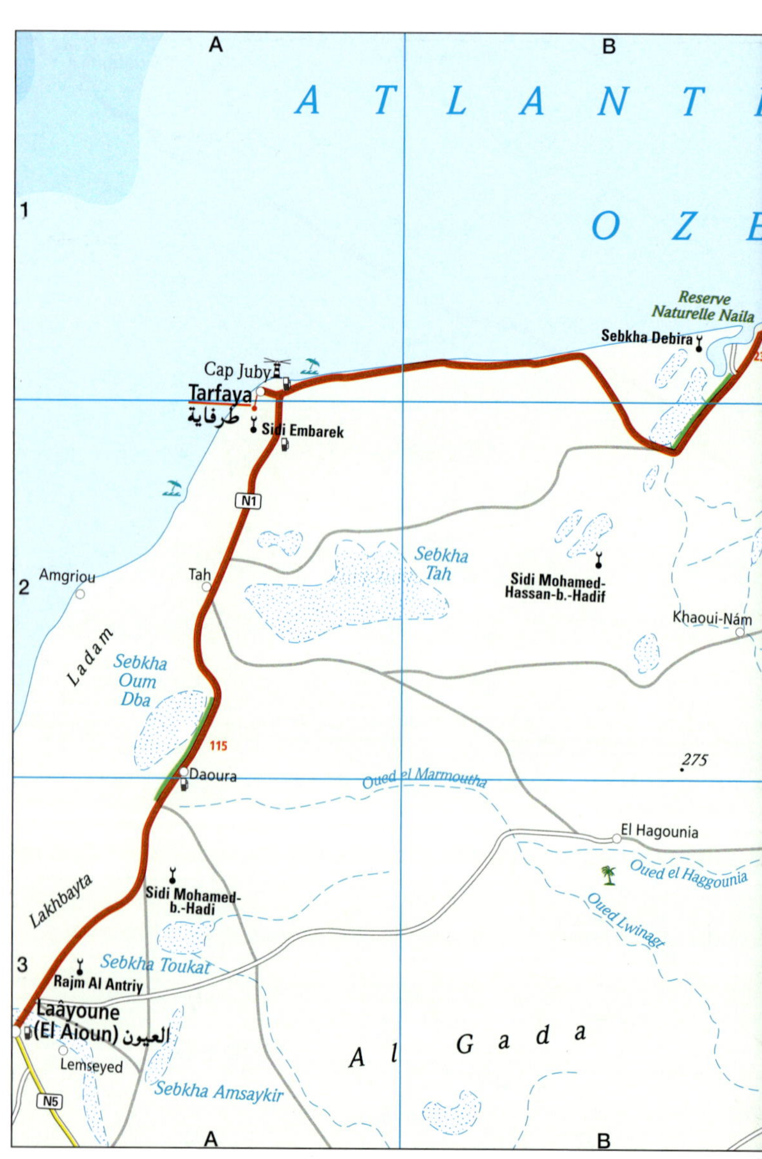

A
B
1
2
3
A T L A N T I
O Z E
Reserve Naturelle Naila
Sebkha Debira
Cap Juby
Tarfaya
طرفاية
Sidi Embarek
N1
Amgriou
Tah
Sebkha Tah
Sidi Mohamed-Hassan-b.-Hadif
Khaoui-Nám
Ladam
Sebkha Oum Dba
115
275
Daoura
Oued el Marmoutha
El Hagounia
Oued el Haggounia
Oued Lwinagt
Lakhbayta
Sidi Mohamed-b.-Hadi
Sebkha Toukat
Rajm Al Antriy
Laâyoune (El Aioun) العيون
Lemseyed
N5
Sebkha Amsaykir
Al Gada
A
B

Anschluss Karte XVIII

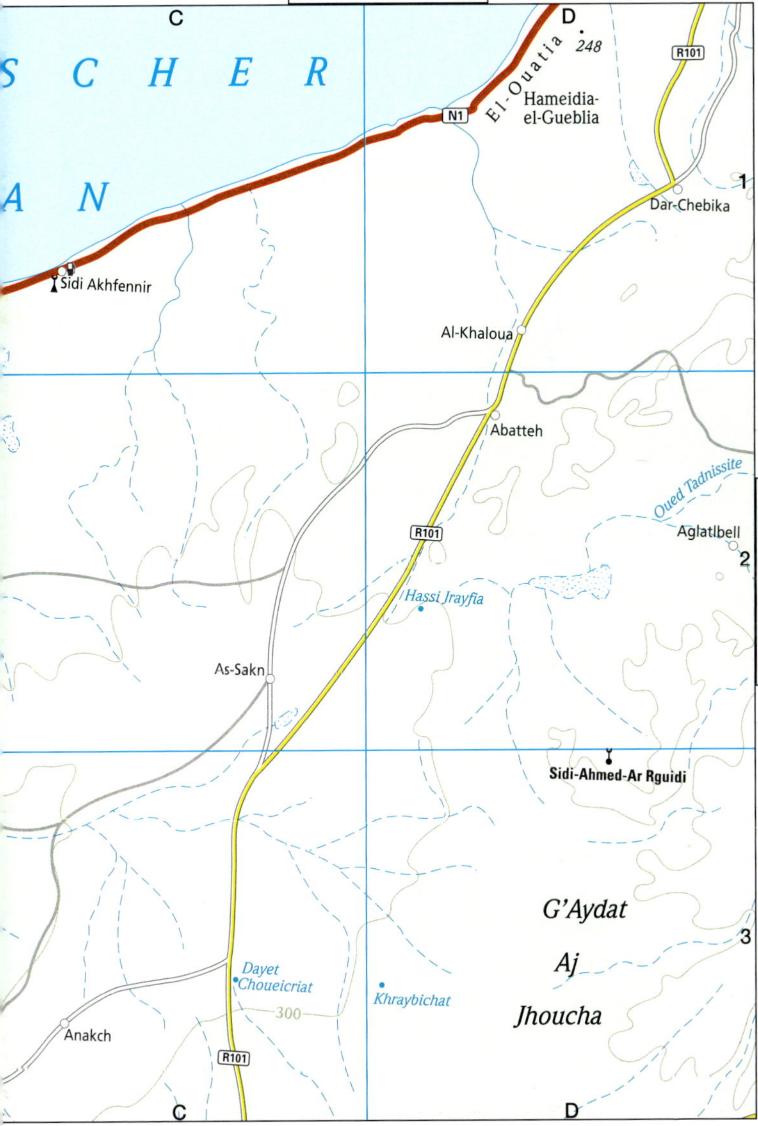

C
D
S C H E R
A N
248
El-Ouatia
Hameidia-
el-Gueblia
R101
N1
Dar-Chebika
1
Sidi Akhfennir
Al-Khaloua
Abatteh
Oued Tadnissite
Aglatlbell
2
R101
Hassi Jrayfia
As-Sakn
Sidi-Ahmed-Ar Rguidi
G'Aydat
Aj
Jhoucha
3
Dayet
Choueicriat
300
Khraybichat
Anakch
R101
C
D

Anschluss Karte XVIII

Zeichenerklärung

Symbol	Bedeutung	Bedeutung	Symbol
A1 N6 R505 6502	Straßennummern	Aussichtspunkt	
	Autobahn / im Bau	Sehenswürdigkeit / Naturdenkmal	
	Autobahn in Planung	Fort sehenswert	
	Schnellstraße	Turm / Kasbah sehenswert	
	Fernstraße	Moschee sehenswert	
	Nebenstraße (asphaltiert)	Marabout sehenswert	
	Schotterstraße	Archäologischer Fundort sehenswert	
	Fahrweg	Höhle / Bergwerk	
36	Entfernung in Kilometern	Campingplatz / Golfplatz	
	Eisenbahn / Industriebahn	Zoo / Naturpark	
	Landschaftlich schöne Strecke	Brunnen / Oase	
	Fluss / See / Wehr	Thermalbad / Strand	
	Fluss periodisch	Angeln / Surfen	
	Salzpfanne, Salzsee, Salzmulde	Skigebiet / Leuchtturm	
	Tankstelle / Erdölförderung	UNESCO Welterbe	
	Pipeline	Furt befestigt / natürlich	
3304 *Djebel Siroua*	Berg mit Name (Höhe in m)	Hafen / Jachthafen	
	Internatl. Flughafen / Flugplatz	Besuch empfohlen von Reise Know-How	Agouti

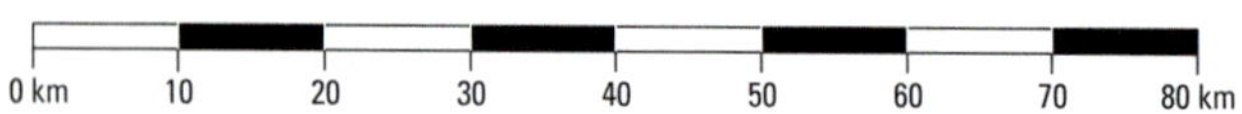